M. Michaela Hampf
Empire of Liberty

M. Michaela Hampf

Empire of Liberty

Die Vereinigten Staaten von der Reconstruction
zum Spanisch-Amerikanischen Krieg

DE GRUYTER
OLDENBOURG

Wir danken der Deutschen Forschungsgemeinschaft und dem Open Access Publikationsfonds der Freien Universität Berlin für ihre Unterstützung.

ISBN: 978-3-11-077768-0
e-ISBN (PDF): 978-3-11-065774-6
e-ISBN (EPUP): 978-3-11-065374-8

This work is licensed under the Creative Commons Attribution-Non-Commercial-NoDerivs 4.0 License. For details go to http://creativecommons.org/licenses/by-nc-nd/4.0/

Library of Congress Control Number: 2019945627

Bibliografische Information der Deutschen Nationalbibliothek
Die Deutsche Nationalbibliothek verzeichnet diese Publikation in der Deutschen Nationalbibliografie; detaillierte bibliografische Daten sind im Internet über http://dnb.dnb.de abrufbar.

© 2021 Walter de Gruyter GmbH, Berlin/Boston
Dieser Band ist text- und seitenidentisch mit der 2019 erschienenen gebundenen Ausgabe.
Einbandabbildung: traveler1116 / DigitalVision Vectors / Getty Images
Druck und Bindung: CPI books GmbH, Leck

www.degruyter.com

Vorwort

Das vorliegende Buch entstand als Habilitationsschrift an der Universität Trier. Es analysiert die US-amerikanische Geschichte vom Ende des Amerikanischen Bürgerkriegs bis zum Epochenjahr 1898. Obwohl der Erste Weltkrieg oder der Große Krieg, wie er in der englischsprachigen Forschung zuweilen noch genannt wird, gemeinhin als Beginn einer amerikanischen Dominanz in der Weltpolitik gesehen wird, die dann nach dem Zweiten Weltkrieg ihren Zenit erreichte, möchte ich argumentieren, dass der Aufstieg der Vereinigten Staaten zu einer imperialen Macht bereits nach 1865 erfolgte, langsam zwar und durchaus nicht linear, doch aber merklich und nachhaltig. Der titelgebende Fokus des Buches liegt daher auf der Zeit von der *Reconstruction* zum Spanisch-Amerikanischen Krieg – der Zeit, in der die innenpolitischen Veränderungen, die zum Teil das Resultat des Bürgerkriegs selbst waren, zum Tragen kamen. Die Stärkung der Exekutive zu Lasten der Legislative, die Schaffung neuer exekutiver Zuständigkeiten sowie die Professionalisierung des Beamtenapparats waren aber schon vor dem Bürgerkrieg in Gang gesetzt worden und mündeten nun in der raschen Industrialisierung der Vereinigten Staaten vor allem im Osten des Landes und der Konzentration von Kapitalien mithilfe neuer wirtschaftlicher Akteure: die „Inkorporierung" der USA, also die Überführung des Kapitals in Aktiengesellschaften und die horizontale wie vertikale Integration der Produktion. Die Analyse dieser Vorgänge kann indessen nicht auf der politischen oder wirtschaftlichen Ebene verharren, denn jeder der erwähnten Aspekte hatte tiefgreifende Folgen für Gesellschaft und Kultur. Deshalb sollen die gesellschaftsgeschichtlichen und kulturhistorischen Ebenen des allmählichen Übergangs von einem expandierenden Nationalstaat zu einer hegemonialen Macht ausführlich beleuchtet werden. Dies schließt die Technikgeschichte ebenso ein wie die Geschichte der „hohen" Kultur, aber auch der entstehenden Massen- und Konsumptionskultur.

Der vorliegende Text ist das Ergebnis der Arbeit vieler Menschen, auch wenn er von einer Autorin geschrieben wurde – hier gilt nach wie vor die Frage Michel Foucaults „Was ist ein Autor". Mein tiefer Dank gilt Ursula Lehmkuhl, die das Habilitationsverfahren betreut hat und die mich seit vielen Jahren als freundschaftliche und kollegiale Mentorin in allen Belangen unterstützt hat, ferner den GutachterInnen in diesem Verfahren, Adelheid von Saldern und Lutz Raphael. Besonderer Dank gilt auch den Archivaren und Archivarinnen der Bancroft Library in Berkeley, California, wo ich mich 2013 zu Archivarbeiten aufhalten durfte. Das Center for European Studies an der University of California in Berkeley unter Leitung von John M. Efron war dabei mein mehr als großzügiger Gastgeber – einmal mehr, weil ich schon 1997 dort geforscht habe. Johns Stellvertreterin

Beverly Crawford Ames und ihr Stab sorgten mit ihrer Gastfreundschaft für in jeder Hinsicht geradezu ideale Arbeitsbedingungen. Gleiches gilt für die Bibliothek der *American Philosophical Society* in Philadelphia, wo ich 2011 das Glück hatte, arbeiten zu können.

Meine Studierenden am John-F.-Kennedy Institut der Freien Universität Berlin und an der Universität Kassel haben durch ihr Interesse und ihre kritischen Diskussionen über die amerikanische Geschichte sehr zum Gelingen dieses Buches beigetragen. Jessica Gienow-Hecht und der Universitätsbibliothek der Freien Universität gebührt Dank für ihre Unterstützung der Open Access-Publikation. Rabea Rittgerodt hat den gesamten Publikationsprozess mit ihrer Fachkenntnis und großem Wohlwollen betreut. Mehrere Menschen haben geholfen, das Manuskript in eine lesbarere Form zu bringen. Julia Botov und Ralph Lange haben den Text kritisch durchgearbeitet und nicht mit Hinweisen gegeizt.

Wie bei jedem meiner – nicht nur wissenschaftlichen – Projekte hat Norbert Finzsch mich unermüdlich, unbedingt und umfassend unterstützt. Ihm danke ich aus tiefstem Herzen.

Die Habilitationsschrift ist meinem Sohn Jonathan aka „Johnny" Hampf gewidmet, der im März 2012 geboren wurde.

Michaela Hampf   Berlin, im März 2019

Inhalt

Verzeichnis der Abbildungen und Tabellen —— XI

1	**Einleitung —— 1**	
1.1	Fragestellung —— 1	
1.2	Forschungsstand —— 13	
	Empire —— 13	
	Primat der Innenpolitik —— 20	
1.3	Quellengrundlage —— 23	
1.4	Aufbau der Arbeit —— 24	
2	**Theoretische und methodische Fundierung —— 30**	
2.1	Narrativität —— 30	
2.2	Pfadabhängigkeit —— 32	
2.3	Das Ereignis —— 49	
2.4	Diskurse und Dispositive —— 54	
3	**Verfestigung des Spannungsfelds von Sklaverei- und Industriegesellschaft und der Ideologie der „White Supremacy": Die *Reconstruction*, 1863–1876 —— 57**	
3.1	*Lock-in 1:* Die Reetablierung der alten Pflanzerklasse —— 60	
3.2	Land und Arbeit —— 68	
3.3	Landlose Pächter und das *Sharecropping* —— 90	
3.4	Der Tod Abraham Lincolns und die Präsidentschaft Andrew Johnsons —— 100	
3.5	Gegenbewegungen: Congressional Reconstruction —— 106	
3.6	*Lock-in 2:* Der Abzug der Armee aus den Südstaaten 1876 —— 124	
3.7	*Lock-in 3:* Die Präsidentschaftswahl 1876 und der Kompromiss von 1877 —— 142	
3.8	Der Triumph der weißen Suprematie —— 160	
4	**Siedlerimperialismus und Rassismus: Landnahme, Besiedlung des Westens und Urbanisierung, 1860–1900 —— 170**	
4.1	Besiedlung, Umsiedlung, Landnahme —— 172	
4.2	Die neokoloniale Wirtschaft des „Neuen Südens" —— 192	
4.3	Von der Familienfarm zum Agrobusiness —— 198	
4.4	Die Besiedlung der Great Plains und des fernen Westens —— 207	
4.5	*Critical Juncture 4:* Der *Indian Appropriation Act* von 1871 —— 214	

4.6 *Lock-in 4:* Vertreibung und Dezimierung der *Native Americans* —— 221
4.7 Urbanisierung und Einwanderung —— 226

5 **Die Entstehung einer mobilen und expansionistischen Klassen- und Konsumgesellschaft: Wirtschaft und Politik im Gilded Age, 1877–1900 —— 255**
5.1 Transport-, Kommunikations- und Marktrevolution, 1863–1893 —— 259
5.2 *Lock-in 5:* Der Eisenbahnbau als Schlüsselindustrie für Spekulation, Expansion und Konzentration —— 265
5.3 *Critical Juncture 5:* Landgeschäfte zur Finanzierung der Eisenbahnen —— 267
5.4 Körperschaftsrecht und der amerikanische Kapitalismus (*Lock-in 6*) —— 273
5.5 Die Entstehung des Massenmarktes —— 284
5.6 Das Platzen der Spekulationsblase im Eisenbahngeschäft, 1893 —— 288
5.7 Laissez Faire, Sozialdarwinismus und *Small Government* —— 301

6 **Die Radikalisierung sozialer Konflikte im Kontext von Masseneinwanderung und Rassismen, 1870–1900 —— 320**
6.1 Klassenkämpfe, Streiks und die Etablierung eines Systems der rechtlichen und ökonomischen Diskriminierung, 1877–1882 —— 321
6.2 Der große Eisenbahnstreik von 1877 —— 326
6.3 Diversität und Spaltung der arbeitenden Bevölkerung —— 334
6.4 Das Auseinanderbrechen von Arbeit und Kapital, 1870–1894 —— 358
6.5 *Critical Juncture:* Die Arbeiterbewegung im Spannungsfeld von Klassenkampf und Sozialpartnerschaft —— 362

7 **Die imperiale Gesellschaft: Territoriale Expansion als „soziales Sicherheitsventil" —— 378**
7.1 Populismus und die Macht sozialer Bewegungen: Politik und Gesellschaft in den 1890er Jahren —— 380
7.2 Die Revolte der Bauern: Soziale Konflikte in den 1880er und 1890er Jahren —— 383
7.3 Die „Labor Wars": Arbeitskämpfe und Sozialimperialismus —— 391

7.4	Wirtschaftskrise und Kritik am Wertesystem des Industriekapitalismus, 1893–1894 —— **409**	
7.5	*Lock-in 8:* Das Scheitern der „Partei des Volkes", 1896 —— **415**	
7.6	*Lock-in 9:* Der Spanisch-Amerikanische Krieg, 1898 —— **424**	
8	**Zusammenfassung** —— **455**	
9	**Quellenverzeichnis** —— **459**	
9.1	Archivquellen und unveröffentlichte Primärquellen —— **459**	
9.2	Veröffentliche Quellen —— **459**	
9.3	Sekundärliteratur —— **483**	

Personenregister —— **571**

Ortsregister —— **576**

Verzeichnis der Abbildungen und Tabellen

Abbildungen

Grafik 1: Die Konstitution und Entwicklung von Pfaden —— 39
Grafik 2: Reactive Sequence und Conjuncture nach Mahoney —— 42
Grafik 3: Landzuweisungen durch den US-Kongress in Acres, 1850–1871 —— 182
Grafik 4: Exporte agrarischer Rohstoffe 1860–1920 —— 197

Tabellen

Tabelle 1: Landschenkungen des Bundes an Eisenbahnen in Acres —— 183
Tabelle 2: Beschäftigungsstruktur der Textilindustrie im Norden und Süden im Vergleich —— 193
Tabelle 3: Holzunternehmen im Süden —— 197
Tabelle 4: Durchschnittliche Zolltarife der Vereinigten Staaten —— 207
Tabelle 5: Staatliche Landsubventionen für die Union Pacific —— 269
Tabelle 6: Vergleich des Absatzes von lebendigem Vieh mit Kühlfleisch —— 285
Tabelle 7: Gründungen von Konzernen und Insolvenzrate —— 291
Tabelle 8: Wahlbeteiligung —— 304
Tabelle 9: Durchschnittliche Jahreslöhne der Industriearbeiter —— 322
Tabelle 10: Großhandelspreise für Weizen und Baumwolle in Dollar —— 387
Tabelle 11: Streikaktivitäten der 1880er Jahre —— 393
Tabelle 12: Geschätzte Arbeitslosigkeit in Prozent —— 409

1 Einleitung

1.1 Fragestellung

„I am persuaded no constitution was ever before so well calculated as ours for extensive empire & self government."[1] (Thomas Jefferson)

Wie erklärt man den Aufstieg der USA von einer britischen Kolonie zur globalen Hegemonialmacht in einem Zeitraum von knapp 140 Jahren von der Revolution bis zum Ersten Weltkrieg? Welche Bedeutung hat dabei die nach dem bzw. mit dem Bürgerkrieg einsetzende forcierte „Nationsbildung", die im Kontext der Besiedlung, der Etablierung eines kapitalistischen Systems à l'Américaine, der Ausbildung eines sich von Europa deutlich unterscheidenden Systems der Regulierung von Arbeit und Kapital, der nicht Durchsetzbarkeit sozialistischer Ideen (Sombart) und der Politik des „small government" und „laissez-faire" stattfand und konstruiert wurde? Kurz: Welche Bedeutung hatte die spezifisch amerikanische Entwicklung mit ihrem Fokus auf den innenpolitischen und innergesellschaftlichen Problemkontext für die Entstehung bzw. Entwicklung der diskursiven Formation des „Empire for Liberty" (Jefferson), das sich spätestens mit dem Spanisch-Amerikanischen Krieg in eine außenpolitische Maxime übersetzte und handlungsleitend für die offensive amerikanische Hegemonialpolitik nach dem Weltkrieg wurde, ja – mit den Worten William A. Williams – das Empire zu einem „Way of Life" machte?[2]

Das Eingangszitat von Thomas Jefferson im Kontext der amerikanischen Revolution belegt eindrucksvoll, wie tief die Idee der Expansion in der amerikanischen Geschichte verwurzelt ist. Gleichzeitig wird auch deutlich, wie eng die Vorstellung an Selbstbestimmung und Freiheit gebunden war. Als Jefferson diese Zeilen an James Madison schrieb, war er weder auf eine natürliche Grenze noch auf eine bestimmte politische Form dieses „Empire of Liberty" festgelegt, sondern hätte sich auch eine lose Konföderation in Nordamerika vorstellen können. Entscheidend aber war, dass dieses amerikanische *Empire* sich von den europäischen

---

[1] Brief Thomas Jeffersons an James Madison, 27. April 1809; zitiert in Cogliano, Francis D. Emperor of Liberty: Thomas Jefferson's Foreign Policy. New Haven, CT: Yale University Press, 2014, S. 245.
[2] Williams, William Appleman. Empire as a Way of Life: An Essay on the Causes and Character of America"s Present Predicament, along with a Few Thoughts about an Alternative. New York: Oxford University Press, 1980.

Imperien dadurch unterscheiden sollte, dass es untrennbar mit der Verteidigung und Verbreitung von Freiheit verknüpft sein sollte. Von der Monroe-Doktrin über die Zivilisierungsbestrebungen amerikanischer Missionare bis hin zum Spanisch-Amerikanischen Krieg ist die Idee des „empire for liberty" immer wieder als Legitimationsgrundlage für eine aggressive expansionistische Politik herangezogen worden. Dieser inhärente Widerspruch ist Gegenstand der vorliegenden Studie.

Bei der Beantwortung der Frage nach den Ursachen des amerikanischen Imperialismus hat sich spätestens seit William Appleman Williams bahnbrechender Studie „The Tragedy of American Diplomacy", Fritz Fischers „Griff nach der Weltmacht" und Hans-Ulrich Wehlers „Imperialismus" in der Forschung eine Debatte um den Primat der Innenpolitik in der Geschichte des Imperialismus etabliert.[3] Besonders im Zusammenhang mit dem 100. Jahrestag des Kriegsausbruchs im August 1914 erlebte die Geschichtswissenschaft eine Neuauflage des „ersten Historikerstreits" der deutschen Geschichtswissenschaft, der „Fischerkontroverse".[4] Christopher Clarks kontroverses Buch „The Sleepwalkers", das rechtzeitig zum Jahrestag die Spekulationen über die Kriegsschuldthese beflügelte, hat heftige Kontroversen ausgelöst, die vor allem in der deutschen Presse ausgetragen worden sind.[5] Vertreter einer Auffassung, die den Imperialismus in erster Linie als Ausdruck einer Energie sehen, die durch innenpolitische Ereignisse befeuert wurde, und Historiker, die das „Spiel der Mächte"[6], die die These von der schachspielartigen Inszenierung außenpolitischer Konflikte ohne direkte Rückkoppelung an innenpolitische Problematiken vertreten, sind zwar selten geworden, doch scheint es, als würde die Neuauflage dieser Debatte die Gegner

---

3 Williams, William Appleman. The Tragedy of American Diplomacy. Cleveland, OH: World Pub. Co, 1959. Das Buch wurde neu aufgelegt als ders. The Tragedy of American Diplomacy: 50th Anniversary Edition. New York: W.W. Norton & Co, 2009. Fischer, Fritz. Griff nach der Weltmacht: Die Kriegszielpolitik des kaiserlichen Deutschland 1914/18. Düsseldorf: Droste, 1961. Übersetzt als ders. Germany's Aims in the First World War. New York: W. W. Norton, 1967. Wehler, Hans Ulrich. Imperialismus. Königstein im Taunus: Athenäum Verlag. Droste, 1979. Kehr, Eckart und Wehler, Hans Ulrich. Der Primat der Innenpolitik: Gesammelte Aufsätze zur preußisch-deutschen Sozialgeschichte im 19. u. 20. Jahrhundert. Berlin: de Gruyter; 1970.
4 Mombauer, Annika. The Fischer Controversy, Documents and the ‚Truth' About the Origins of the First World War. Journal of Contemporary History, Band 48, No. 2, Special Issue: The Fischer Controversy after 50 Years (2013):290–314.
5 Clark, Christopher M. The Sleepwalkers: How Europe Went to War in 1914. London, New York: Allen Lane, 2012. Winkler, Heinrich August. Und erlöse uns von der Kriegsschuld. Die Zeit. 18. August 2014. Jessen, Jens. Das Märchen vom Revisionisten. Die Zeit. 14. August 2014.
6 Hellmann, Gunther, Vagner, Wolfgang und Baumann, Rainer. Deutsche Außenpolitik: Eine Einführung. Wiesbaden: Springer, 2014, S. 69.

von einst wieder polarisieren und den Konsens von der Interdependenz von Außen- und Innenpolitik angreifen.[7] Die vorliegende Arbeit stellt dezidert die innergesellschaftlichen Bestimmungsfaktoren und sozialstrukturellen und soziokulturellen Grundlagen der Entwicklung der amerikanischen Gesellschaft hin zu einer imperialen und zutiefst expansiven Gesellschaft ins Zentrum der Untersuchung, ohne dabei allerdings die Interdependenz von Innen- und Außenpolitik und die Bedeutung transnationaler Kräfte auf die Gestaltung des amerikanischen Außenverhaltens in Abrede zu stellen.

Aus der Politikwissenschaft kamen nach dem scheinbaren Niedergang der Vereinigten Staaten in der Mitte der 1970er Jahre (Stichwort: Krise der hegemonialen Stabilität ausgelöst durch den Zusammenbruch des Bretton-Woods-Systems) durch den Neo-Realismus neue interdisziplinäre Anstöße in die Geschichtswissenschaft. Diese bezogen sich auf das internationale Staatensystem, doch werden im Zuge der Anwendung neorealistischer Ansätze in der Geschichtswissenschaft auch Modelle denkbar, die innenpolitische Entwicklungen aus der außenpolitischen Mächtekonstellation ableitbar machen.[8] Zwar operierten die USA auch in der zweiten Hälfte des 19. Jahrhunderts nicht in einem außenpolitischen Vakuum, aber es fehlten ein ausgeprägtes Bündnissystem und die Notwendigkeit, sich bei den politischen Entscheidungen in erster Linie von Machterwägungen in Bezug auf andere Staaten leiten zu lassen. Interdependenzansätze argumentieren ja, dass alle Staaten in erster Linie danach streben, Macht zu erwerben. Daher könne die Kooperation von Staaten untereinander nur von vorübergehender Dauer sein und baue auf der gemeinsamen Gegnerschaft zu einem dritten Staat auf. Sicherlich ist Macht eine aus den internationalen Beziehungen nicht wegzudenkende Kategorie, doch zeigen verschiedene Beiträge von Historikern und Historikerinnen auch der Vereinigten Staaten, dass es immer wieder Staaten gibt, die sich anders verhalten. Diese Kritiker haben auch auf die Bedeutung der Innenpolitik für die Außenpolitik bestimmter Nationen hingewiesen.[9] Nach 1898 mag eine stärkere Betonung der außenpolitischen Belange

---

[7] Hellmann, Gunther, Vagner, Wolfgang und Baumann, Rainer. Deutsche Außenpolitik, S. 15. Die Autoren betonen, die generelle und systematische Gegenüberstellung von Innen- und Außenpolitik als einerseits hierarchisch und demokratisch legitimierte und andererseits anarchische Form der Politik sei obsolet. Siehe auch List, Martin, Behrens, Maria, Reichardt, Wolfgang und Simonis, Georg. Internationale Politik: Probleme und Grundbegriffe. Opladen: VS Verlag für Sozialwissenschaften, 1995, S. 17 f.
[8] Resende-Santos, João. Neorealism, States, and the Modern Mass Army. New York: Cambridge University Press, 2007. Resende-Santos erklärt u. a. die Emulation europäischer Militärorganisation in drei lateinamerikanischen Staaten im 19. Jahrhundert aus einem neorealistischen Ansatz.
[9] May, Ernest R., Rosecrance, Richard N. und Steiner, Zara (Hg.). History and Neorealism. Cambridge, New York: Cambridge University Press, 2010. Siehe hier vor allem die Beiträge von

der USA merkbar z sein, doch würde auch das noch nicht ausreichen, um die Gültigkeit der neorealistischen Interpretation der US-Geschichte zuzulassen. Zudem ist die gewachsene Bedeutung der Außenpolitik gegen Ende des 19. Jahrhunderts das Ergebnis innenpolitischer Verschiebungen und Brüche. Der neorealistische Ansatz ist auch deshalb nicht zufriedenstellend, weil er in ahistorischer Weise Aspekte wie Idee, Wahlfreiheit, Bewusstsein und Gewissen aus der Gleichung nimmt.[10] Auch das Konzept der „Soft Power" nach Joseph Nye ist mit einem neorealistischen Ansatz unvereinbar.[11] Ja, sogar auf dem Gebiet der militärischen Macht, die nach neorealistischer Auffassung eines der Kernresiduen von „Macht" darstellt, gibt es nach Carol Atkinson eine „weiche militärische Macht".[12] Weiterführender als (harte) „Macht" scheint mir der Ansatz der Hegemonie nach Antonio Gramsci zu sein, die zwar den Aspekt der Herrschaft nicht ausklammert, ihn aber in eine bestimmte Weltsicht einbindet. Im Falle des Kapitalismus ist es nicht der Staat, der als Hegemon auftritt, sondern das sozioökonomische System, das allerdings diskursiv begründet und abgesichert wird.[13] Diese Überlegungen werden uns im Folgenden noch weiter beschäftigen.

Gleichermaßen quer zu der Debatte um den Primat der Außen- bzw. Innenpolitik liegt das die Historiographie zur Geschichte der USA lange Zeit dominierende Meisternarrativ des *American Exceptionalism*, eines Ansatzes, der von der grundlegenden Unterschiedlichkeit der europäischen und der US-amerikanischen Kultur und Geschichte ausgeht. Auf der Grundlage von Ideen wie Freiheit, Gleichheit, Individualismus, Republikanismus, Demokratie und Laissez-Faire hätten sich die USA erheblich anders entwickelt als Europa und der Rest der

---

John M. Owen, Ernest R. May und Robert S. Litwak. Robert Litwak hat unlängst darauf hingewiesen, dass in der amerikanischen Außenpolitik neorealistische und liberale Argumente nebeneinander und zeitgleich vertreten worden sind. Litwak, Robert. Regime Change: U.S. Strategy through the Prism of 9/11. Washington, DC, Baltimore, MD: Woodrow Wilson Center Press. Johns Hopkins University Press, 2007, S. 20. Lehmkuhl, Ursula. Pax Anglo-Americana: Machtstrukturelle Grundlagen anglo-amerikanischer Asien- und Fernostpolitik in den 1950er Jahren. München: Oldenbourg, 1999. Nye, Joseph S. Power and Interdependence Revisited. International Organization. 1987; 41 (4):725–753. Keohane, Robert O. und Nye, Joseph S. Power and Interdependence. Boston: Longman, 2012.
10 Teschke, Benno. The Myth of 1648: Class, Geopolitics, and the Making of Modern International Relations. London, New York: Verso, 2003, S. 15 f.
11 Nye, Joseph S. Soft Power: The Means to Success in World Politics. New York: Public Affairs, 2004.
12 Atkinson, Carol L. Military Soft Power: Public Diplomacy through Military Educational Exchanges. Plymouth: Rowland & Littlefield, 2014.
13 Laclau, Ernesto und Mouffe, Chantal. Hegemony and Socialist Strategy: Towards a Radical Democratic Politics. London, New York: Verso, 2014.

Welt.[14] Diese Argumentation lässt sich auch für andere nationalhistorische Narrative aufzeigen, etwa in der Debatte um den deutschen Sonderweg[15], der angeblichen Einzigartigkeit der „Grande Nation" Frankreich oder in den Ansätzen, die Englands Nationalgeschichte als Teil einer von Europa losgelösten Entwicklung begreifen.[16] Ganz anders ist die Debatte um die „Asiatische Produktions-

---

14 Lipset, Seymour Martin. American Exceptionalism: A Double-Edged Sword. New York: W.W. Norton, 1996, S. 17–19, 165–174. Die Literatur zum American Exceptionalism ist kaum überschaubar. Ich führe nur einige wenige Titel allgemeiner Art an. Seit 9/11 und der stärkeren Präsenz postkolonialer Ansätze gerät das Konzept zunehmend unter Beschuss und wird in der Regel lediglich von Angehörigen des konservativen oder rechten Lagers verteidigt. Bacevich, Andrew J. The Limits of Power: The End of American Exceptionalism. New York: Metropolitan Books, 2008. Barrick, Michael Mathers. The Dangerous Delusion of American Exceptionalism. Granite Falls, NC: Defiantly Rural Pub, 2011. Brooks, Stephen. American Exceptionalism in the Age of Obama. New York: Routledge, 2013. Gingrich, Newt und Haley, Vince. A Nation Like No Other: Why American Exceptionalism Matters. Washington, DC, New York: Regnery Pub., 2011. Haupt, Claudia E. Religion-State Relations in the United States and Germany: The Quest for Neutrality. Cambridge, New York: Cambridge University Press, 2012. Hietala, Thomas R. Manifest Design: American Exceptionalism and Empire. Ithaca, NY: Cornell University Press, 2003. Hodgson, Godfrey. The Myth of American Exceptionalism. New Haven, CT: Yale University Press, 2009. Kohut, Andrew und Stokes, Bruce. America against the World: How We Are Different and Why We Are Disliked. New York: Times Books, 2006. Madsen, Deborah L. American Exceptionalism. Jackson, MS: University Press of Mississippi, 1998. Pease, Donald E. The New American Exceptionalism. Minneapolis, MN: University of Minnesota Press, 2009. Saito, Natsu Taylor. Meeting the Enemy: American Exceptionalism and International Law. New York, London: New York University Press, 2010. Shafer, Byron E. Is America Different? A New Look at American Exceptionalism. Oxford, New York: Clarendon Press. Oxford University Press, 1991. Söderlind, Sylvia und Carson, James Taylor. American Exceptionalisms from Winthrop to Winfrey. Albany, NY: State University of New York Press, 2011.
15 Bracher, Karl Dietrich. Deutscher Sonderweg: Mythos oder Realität? München: R. Oldenbourg, 1982. Eiben, Jürgen. Von Luther zu Kant: Der deutsche Sonderweg in die Moderne. Eine soziologische Betrachtung. Wiesbaden: Deutscher Universitäts Verlag, 1989. Grebing, Helga, von der Brelie-Lewien, Doris und Franzen, Hans-Joachim. Der „Deutsche Sonderweg" in Europa 1806–1945: Eine Kritik. Stuttgart: W. Kohlhammer, 1986. Mitterauer, Michael. Die Entwicklung Europas: Ein Sonderweg? Legitimationsideologien und die Diskussion der Wissenschaft. Wien: Picus, 1999. Ponso, Marzia. Una storia particolare: „Sonderweg" tedesco e identita europea. Bologna: Il mulino, 2011. Raulet, Gérard. Historismus, Sonderweg und dritte Wege. Frankfurt am Main, New York: P. Lang, 2001. Weber, Gabriele. Die europapolitische Rolle der Bundesrepublik Deutschland aus der Sicht ihrer EG-Partner: Deutscher Sonderweg oder europäische Musterrolle? Bonn: Europa Union, 1984. Zimmerman, Mosche. Darkah Ha-Meyuhedet Shel Germanyah Ba-Historyah. Yerushalayim: Hotsa'at sefarim 'a. sh. Y.L. Magnes, ha-Universitah ha-'Ivrit, 1989.
16 Weisbrod, Bernd. Der englische „Sonderweg" in der neueren Geschichte. Geschichte und Gesellschaft. 1990 Jan 1; 16 (2):233–252. Wellenreuther, Hermann. England und Europa: Überlegungen zum Problem des englischen Sonderwegs in der europäischen Geschichte. Finzsch, Norbert und Wellenreuther, Hermann (Hg.). Liberalitas: Festschrift für Erich Angermann zum

weise" verlaufen, die den asiatischen Nationen in Abgrenzung zum „Normalfall" Europa generell absprach, entwicklungs- und modernisierungsfähig zu sein.[17] Immerhin war dieses Konzept produktiv, als aus der Kritik an der marxistischen Theorie der asiatischen Produktionsweise das *Subaltern Studies Collective* um Ranajit Guha und anderen entstand.[18] Es sieht so aus, als ob der Sonderweg der *einen* der Normalweg der *anderen* Historiker und Historikerinnen bei der Abfassung eines *Master Narrative* wäre. Das Argument, jede Nationalgeschichtsschreibung müsse danach trachten, ein historisch spezifisches und singuläres Narrativ zu schaffen, um die Idee der Nation zu rechtfertigen, mithin sei jede

---

65. Geburtstag. Stuttgart: F. Steiner, 1992, S. 89–124. Beerbühl, Margrit Schulte. War England ein Sonderfall der Industrialisierung? Der ökonomische Einfluss der protestantischen Immigranten auf die Entwicklung der englischen Wirtschaft vor der Industrialisierung. Geschichte und Gesellschaft. 1995 Oct 1; 21 (4):479–505. Bergmann, Peter. American Exceptionalism and German „Sonderweg" in Tandem. The International History Review 23, no. 3 (2001):505–34. Cherepanova, Rozaliya. Discourse on a Russian „Sonderweg": European Models in Russian Disguise. Studies in East European Thought 62, no. 3/4 (2010):315–329. Corner, Paul. The Road to Fascism: An Italian Sonderweg? Contemporary European History 11, no. 2 (2002):273–95. Kocka, Jürgen. Der „Deutsche Sonderweg" in der Diskussion. German Studies Review 5, no. 3 (1982):365–379. Ledford, Kenneth F. Comparing Comparisons: Disciplines and the Sonderweg. Central European History 36, no. 3 (2003):367–374. Siemon-Netto, Uwe. Sonderweg: The Closing of the German Mind. The National Interest, no. 70 (2002):33–43. Smith, Helmut Walser. When the Sonderweg Debate Left Us. German Studies Review 31, no. 2 (2008):225–240.

17 Brook, Timothy (Hg.). The Asiatic Mode of Production in China. Armonk, NY: M.E. Sharpe, 1989. Bailey, Anne M. und Llobera, Josep R. The Asiatic Mode of Production: Science and Politics. London, Boston: Routledge & Kegan Paul, 1981. Dunn, Stephen Porter. The Fall and Rise of the Asiatic Mode of Production. London, Boston: Routledge & Kegan Paul, 1982. Hira Singh. The Asiatic Mode of Production: A Critical Analysis. Toronto: Dept. of Sociology, University of Toronto, 1983. Krader, Lawrence und Kovalevskii, M. M. The Asiatic Mode of Production: Sources, Development and Critique in the Writings of Karl Marx. Assen: Van Gorcum, 1975. O'Leary, Brendan. The Asiatic Mode of Production: Oriental Despotism, Historical Materialism, and Indian History. Oxford, Cambridge, MA: B. Blackwell, 1989. Sawer, Marian. Marxism and the Question of the Asiatic Mode of Production. The Hague: Nijhoff, 1977. Tokei, Ferenc. Essays on the Asiatic Mode of Production. Budapest: Akademiai Kiado, 1979. Meissner, Werner. China zwischen nationalem ‚Sonderweg' und universaler Modernisierung: Zur Rezeption westlichen Denkens in China. München: W. Fink, 1994.

18 Guha und die *Subaltern Studies Group* nahmen an diesem historiographischen Narrativ Anstoß, kritisierten den Marxismus mit seiner Teleologie und fokussierten ihr Narrativ auf die Massen der Bauern und Tagelöhner anstelle des „historischen Subjekts" des Marxismus, dem Industrieproletariat. Guha, Ranajit. Subaltern Studies: Writings on South Asian History and Society. 12 Bände. Delhi, New York: Oxford University Press, 1982–2005. Ders. Dominance without Hegemony: History and Power in Colonial India. Cambridge, MA: Harvard University Press, 1997. Ders. Elementary Aspects of Peasant Insurgency in Colonial India. Durham, NC: Duke University Press, 1999.

Nationalgeschichtsschreibung „exzeptionell", wurde in der Forschung indessen nicht hinreichend aufgegriffen.[19] Kein geringerer als der Doyen der amerikanischen *Labor History*, Leon Fink, hat kürzlich darauf hingewiesen, dass selbst das *Gilded Age* und die *Progressive Era* Epochen waren, die sich nur in ihrem globalgeschichtlichen Zusammenhang richtig verstehen lassen.[20]

Die lange geforderte, aber angesichts der Wirkmächtigkeit des Paradigmas des *American Exceptionalism* erst in den 1990er Jahren in Publikationen aber auch größeren Verbundforschungsprojekten eingelöste Transnationalisierung der amerikanischen Geschichte suchte sowohl das nationalgeschichtliche Paradigma als auch den methodologischen Nationalismus zu überwinden und legte den Fokus auf „transgressing national boundaries and examining the way ideas, people, institutions, and goods move and circulate between different societies".[21] Es sei beabsichtigt „links and flows [...] people, ideas, products, processes and patterns that operate over, across, through, beyond, above, under, or in between polities and societies" auf hemisphärische Perspektiven und auf Bewegungen und Verflechtungen zu untersuchen, die politische Grenzen transzendieren.[22]

---

19 Finzsch, Norbert. Reconstruction and „Wiederaufbau" in German and American Perspective: Some Remarks on the Comparison of Singular Developments, „Sonderweg" and Exceptionalism. In: Finzsch, Norbert und Martschukat, Jürgen (Hg.). Different Restorations: Reconstruction and „Wiederaufbau" in the United States and Germany: 1865–1945–1989. Providence, RI, Oxford: Berghahn, 1996, S. 1–24.
20 Fink, Leon. The Long Gilded Age: American Capitalism and the Lessons of a New World Order. Philadelphia, PA: University of Pennsylvania Press, 2015, S. 5 f. Zur Globalgeschichte siehe Conrad, Sebastian, Randeria, Shalini und Sutterlüty, Beate. Jenseits des Eurozentrismus: Postkoloniale Perspektiven in den Geschichts- und Kulturwissenschaften. Frankfurt am Main, New York: Campus, 2002. Friedman, Jonathan und Randeria, Shalini. Worlds on the Move: Globalization, Migration, and Cultural Security. London, New York, New York: I.B. Tauris. Distributed in the United States by Palgrave Macmillan, 2004. Osterhammel, Jürgen. Die Verwandlung der Welt. Eine Geschichte des 19. Jahrhunderts. München: Beck, 2009. Ders. The Transformation of the World: A Global History of the Nineteenth Century. Princeton, NJ: Princeton University Press, 2014. Osterhammel, Jürgen und Petersson, Niels P. Globalization: A Short History. Princeton, NJ: Princeton University Press, 2005. Sachsenmaier, Dominic. Global Perspectives on Global History: Theories and Approaches in a Connected World. Cambridge, New York: Cambridge University Press, 2011. Conrad, Sebastian. What Is Global History? Princeton, NJ: Princeton University Press, 2016.
21 Patel, Kiran Klaus. ‚Transnations' among ‚Transnations'? The Debate on Transnational History in the United States and Germany. Amerikastudien / American Studies. 2009; 54 (3):451–472, S. 452.
22 Thelen, David. The Nation and Beyond: Transnational Perspectives on United States History. The Journal of American History. 1999; 86(3):965–975, hier S. 967. Iriye, Akira and Saunier, Pierre-Yves. The Palgrave Dictionary of Transnational History. Basingstoke: Palgrave Macmillan, 2009. Schiller, Nina Glick, Basch, Linda G. und Blanc-Szanton, Cristina. Transnationalism: A New

Dieser Paradigmenwechsel weg vom *American Exceptionalism* war durch eine Reihe von Konferenzen eigeläutet worden, die von der New York University und der Organization of American Historians organisiert worden war.[23] Seitdem hat diese Debatte einen beispiellosen Aufstieg innerhalb der amerikanischen Geschichtswissenschaft erlebt.

Fast zeitgleich mit der Entstehung des Narrativs vom transnationalen Amerika wurde eine weitere Debatte geführt, die für die Konturierung unserer Fragestellung zentral ist, nämlich die Diskussion um das „American Empire". Während das Narrativ vom „transnational America" auf die Globalisierungserfahrung reagiert und diese historisiert, reagiert die Debatte um das „American Empire" auf das Ende der bipolaren Weltordnung und die neue Rolle der USA als „World Hyperpower".

So beharren auch die Autoren des wohl „anstößigsten" Buchs zur Geschichte des *Empire*, der Literaturtheoretiker Michael Hardt und der Politikwissenschaftler Antonio Negri, auf einer Sonderrolle der Vereinigten Staaten, die es vermocht hätten, Demokratie und Expansion widerspruchsfrei miteinander zu verbinden.[24]

Analytic Framework for Understanding Migration. In: Basch, Linda G., Blanc-Szanton, Cristina und Schiller, Nina Glick. Towards a Transnational Perspective on Migration: Race, Class, Ethnicity and Nationalism Reconsidered, New York: New York Academy of Sciences, 1992, 1–24. Conrad, Sebastian und Osterhammel, Jürgen. Das Kaiserreich transnational: Deutschland in der Welt 1871–1914. Göttingen: Vandenhoeck & Ruprecht, 2004. Patel, Kiran Klaus. Nach der Nationalfixiertheit: Perspektiven einer transnationalen Geschichte. Berlin: Humboldt Universität, 2004. Brunnbauer, Ulf. Transnational Societies, Transterritorial Politics: Migrations in the (Post-) Yugoslav Region, 19th–21st Century. München: R. Oldenbourg, 2009. Kocka, Jürgen and Haupt, Heinz-Gerhard. Comparative History and the Quest for Transnationality: Central European Approaches and New Perspectives. New York: Berghahn Books, 2009. Vertovec, Steven. Transnationalism. London, New York: Routledge, 2009. Vertovec, Steven und Cohen, Robin. Migration, Diasporas, and Transnationalism. Cheltenham, UK, Northampton, MA: Edward Elgar, 1999. Khagram, Sanjeev und Levitt, Peggy. The Transnational Studies Reader: Intersections and Innovations. New York: Routledge, 2008. Mau, Steffen. Social Transnationalism: Lifeworlds beyond the Nation-State. London, New York: Routledge, 2010. Pries, Ludger. Die Transnationalisierung der sozialen Welt: Sozialräume jenseits von Nationalgesellschaften. Frankfurt am Main: Suhrkamp, 2008. Beck, Ulrich. Jenseits von Klasse und Nation: Individualisierung und Transnationalisierung sozialer Ungleichheiten. Soziale Welt. 2008; 59 (4):301–325. Wimmer, Andreas and Schiller, Nina Glick. Methodological Nationalism and the Study of Migration. European Journal of Sociology. 2002; 43 (2):217–240.

23 Organisation of American Historians. The LaPietra Report: A Report to the Profession [Web Page]: http://www.oah.org/about/reports/reports-statements/the-lapietra-report-a-report-to-the-profession/. Gesehen am 30.11. 2016. Bender, Thomas. Rethinking American History in a Global Age. Berkeley, CA: University of California Press, 2002.

24 Hardt, Michael und Negri, Antonio. Empire. Cambridge, MA: Harvard University Press, 2000, besonders auf S. 160–182.

Über die Widerspruchsfreiheit dieser amerikanischen Meistererzählung sind die Kritiker durchaus geteilter Meinung. Aus meiner Sicht am schwerwiegendsten sind die Kritikpunkte, die unterstreichen, wie wenig sich Negri und Hardt mit der indigenen Bevölkerung Nordamerikas und den Versklavten beschäftigt haben. Jede Aussage über die „Demokratie" der USA, die von den Tatsachen des amerindischen Genozids und der Versklavung von über vier Millionen Menschen absieht, ist im Prinzip wertlos.[25] Dennoch finden sich bei Negri und Hardt interessante Aperçus. Man kann in der Tat eine Traditionslinie von der Debatte der Gründerväter über die Struktur der amerikanischen Republik während der Amerikanischen Revolution und der Frühen Republik (1789–1814) ziehen zu den Überlegungen einer schrittweisen Erweiterung des „Empire of Liberty" (Thomas Jefferson), die nach dem Bürgerkrieg virulent wurden. Thomas Jefferson, genauso wie der bei Negri und Hardt unkritisch gefeierte Andrew Jackson, vereinten in ihrer Person den Sklavenhalter und den Feind der *Native Americans*, können also in gewisser Hinsicht als typisch für die Geschichte der frühen Republik gelten und bieten sich Negri und Hardt wohl auch deshalb als Modell an.[26] Folgende Fakten

---

25 Dies wird zu Recht kritisiert bei Angus, Ian. Empire, Border, Place: A Critique of Hardt and Negri's Concept of Empire. [Web Page]: http://www.sfu.ca/personal/iangus/empire.pdf. Gesehen am 31.1.2015. Passavant, Paul A. und Dean, Jodi. Empire's New Clothes: Reading Hardt and Negri. New York: Routledge, 2004 hingegen liefern eine kritische Lektüre von Negri und Hardt, nehmen aber die dialektischen Winkelzüge beider Autoren in Bezug auf *African Americans* und *Native Americans* nicht zur Kenntnis. Ähnlich Borón, Atilio. Empire and Imperialism: A Critical Reading of Michael Hardt and Antonio Negri. London, New York, New York: Zed Books. Distributed in the USA exclusively by Palgrave Macmillan, 2005.

26 Hardt und Negri, Empire, S. 168–171. Beide Autoren sehen zwar die genozidalen Tendenzen der Frontier gegen die *Native Americans*, begnügen sich aber damit, dies durch die Externalisierung zu erklären. „[The Native Americans] existed outside the Constitution as its negative foundation: in other words, their exclusion and elimination were essential conditions of the functioning of the Constitution itself." Hardt und Negri, Empire, S. 170. Wie dies mit der Tatsache zu vereinen ist, dass es Verträge zwischen der Regierung und den *Native Americans* gab und der Bundesexekutive in der Verfassung explizit die Zuständigkeit für die *Native Americans* zugebilligt wurde, verraten uns Negri und Hardt nicht. *African Americans* seien demgegenüber „immer schon" in der Verfassung eingeschlossen gewesen. Hardt und Negri, Empire, S. 171. Möglich wird die Ausblendung der fundamentalen Verletzungen des demokratischen Prinzips bei Negri und Hardt durch ihre besondere Form der Dialektik, die einerseits von der „[...] expansiveness of the immanent concept of sovereignty" ausgeht, die immer inklusiv sei. „In other words, when it expands, this new sovereignty does not annex or destroy the other powers it faces but on the contrary opens itself to them [...]". Auf der anderen Seite „[...] we see clearly that the expansive moments of Empire have been bathed in tears and blood, but this ignoble history does not negate the difference between the two concepts [of expansive tendencies and expansionism, M.H.]" Hardt und Negri, Empire, S. 166f. Die Lösung liegt in einer In-Eins-Setzung der amerikanischen Indianer mit der Natur, so dass es notwendig wird, die Indianer als „[...] outside the Constitution

haben Negri und Hardt als Ausgangspunkt ihrer Überlegungen zur Entwicklung des amerikanischen *Empire* gewählt: Alleine während der Frühen Republik wurde das Territorium der USA mit dem Erwerb des riesigen Louisiana-Gebiets praktisch verdoppelt (Louisiana Purchase).[27] Bis zum Beginn des Bürgerkriegs kam durch die Annexion von Texas, die Übernahme des Oregongebiets und den Mexikanisch-Amerikanischen Krieg und andere Erwerbungen noch einmal die gleiche Fläche hinzu.[28] 1867 – der Bürgerkrieg war gerade zwei Jahre vorbei – wurde Alaska von Russland gekauft. Negri und Hardt argumentieren, der besondere Charakter der Verfassung der Vereinigten Staaten habe es erlaubt, große Macht mit weitgehender Demokratie zu verbinden. Macht sei in Anlehnung an die *Discorsi* des Niccolò di Bernardo dei Machiavelli (1469–1527) immer republikanisch zu verstehen.

> [L]iberty is made sovereign and sovereignty is defined as radically democratic within an open and continuous process of expansion. The frontier is a frontier of liberty. [...] Liberty and the frontier stand in a relationship of reciprocal implication: every difficulty, every limit of liberty is an obstacle to overcome, a threshold to pass through. From the Atlantic to the Pacific extended a terrain of wealth and freedom, contantly open to new lines of flight.[29]

Negri und Hardt greifen hier Ansätze der älteren Forschung auf, die ihnen wahrscheinlich nicht bekannt gewesen sind.[30] Nun ist gerade die Frontier historisch immer beides, ein Raum der Anwendung nahezu entgrenzter Gewalt und der Begegnung unterschiedlicher Kulturen gewesen. Quer zu diesem Ansatz liegen auch Untersuchungen, die die Vernetztheit und Transnationalität der globalen Geschichte des 19. Jahrhunderts betonen, wie Emily Rosenberg oder Jürgen Osterhammel.[31] So sehr dieser Ansatz die Geschichtsforschung der letzten zehn

---

as its negative foundation" zu definieren. „In other words, their exclusion and elimination were essential conditions of the functioning of the Constitution itself." Hardt und Negri, Empire, S. 170. *African Americans* auf der anderen Seite mussten internalisiert werden, weil man ihre Arbeitskraft benötigte. Hardt und Negri, Empire, S. 171.

27 2.144.000 Quadratkilometer.
28 2.370.000 Quadratkilometer. Diese Zahl enthält die *Mexican Cession* aus dem Vertrag von Guadelupe Hidalgo von 1848 und das Gebiet der Republic of Texas von 1836.
29 Negri und Hardt, Empire, S. 169. Ähnlich auch Muthyala, John. Dwelling in American: Dissent, Empire, and Globalization. Hanover, NH: Dartmouth College Press, 2012, S. XIIIf.
30 Angermann, Erich. Der Imperialismus als Formwandel des amerikanischen Expansionismus: Eine Studie über den Gedanken einer zivilisatorischen Sendung der Vereinigten Staaten. Jahrbuch für Geschichte von Staat, Wirtschaft und Gesellschaft Lateinamerikas. 1967; 4 (1):694–725.
31 Rosenberg, Emily S. Transnational Currents in a Shrinking World 1870–1945. Cambridge, MA: Harvard University Press, 2014. Dies. A World Connecting, 1870–1945. Cambridge, MA: Belknap Press of Harvard University Press, 2012. Rosenberg, Emily S. und Foner, Eric. Spreading the

Jahre auch beflügelt hat, tendiert auch er dazu, die externen Elemente der Meistererzählung „Globalisierung" zu betonen und die interne Entwicklung als gegeben anzunehmen.

Die vorliegende Studie greift diese Anregungen kritisch auf und argumentiert, dass der amerikanische Aufstieg zur Weltmacht nicht in erster Linie das Ergebnis außenpolitischer Entwicklungen, globaler Verknüpfungen oder verfassungstheoretischer Dispositionen war, sondern von der inneren Dynamik der sozioökonomischen und sozialen Entwicklungen der Periode nach dem Bürgerkrieg und vor dem Erwerb eines US-amerikanischen *Empire* in den Jahren nach dem Spanisch-Amerikanischen Krieg (1898) gesteuert wurde. In Umkehrung der These Negris und Hardts postuliert diese Studie eine imperiale Ausbreitung im Kontext einer „notwendigen" Eingrenzung der Demokratie. Verkürzt lautet die Argumentation etwa so: Je größer das amerikanische *Empire* wurde, desto stärker wurde in die Rechte der nichthegemonialen Gruppen eingegriffen. Diese leisteten Widerstand und verlangsamten so die ungehinderte Ausbreitung des Kapitalismus auf dem erweiterten Territorium. Freiheit und Expansion standen so in einer Beziehung der reziproken Bedingung, um Negri und Hardt zu paraphrasieren, aber ihre Beziehung war negativ, nicht positiv. Expansion und Freiheit schließen sich gegenseitig zu einem gewissen Maße aus, wie zuletzt David Ryan betont hat.[32] „Notwendig" wurde die Expansion, weil zwei langanhaltende Wirtschaftskrisen (1873 und 1893) die USA heimsuchten.[33] Diese Wirtschaftskrisen wurden begleitet von sozialer Unruhe an mehr als einer Front: die Arbeiterbewegung, die in gewaltsam unterdrückten Streiks für ihre Rechte kämpfte, vom Agrobusiness bedrohte Farmer des Westens, Frauen, die nach Teilhabe an den politischen Rechten strebten, und *African Americans*, die den Süden in Scharen verließen, um sich in den Städten des Nordens niederzulassen. Alle diese Faktoren trugen zur politischen Destabilisierung bei und beförderten eine Stimmung, die die 1890 mit der „Schließung der Frontier" angehaltene interne Kolonisierung außerhalb der kontinentalen Grenzen fortzusetzen trachtete.[34] Die Produktivkraft der amerika-

---

American Dream: American Economic and Cultural Expansion, 1890–1945. New York: Hill and Wang, 1982. Osterhammel, Die Verwandlung der Welt. Ders. The Transformation of the World. Osterhammel und Petersson. Globalization: A Short History.

32 Ryan, David. US Foreign Policy in World History. New York: Routledge, 2000, S. 4f.
33 Angermann, Der Imperialismus als Formwandel, S. 697.
34 So Hans-Ulrich Wehler, der im Zusammenhang der Rebellenstaaten des Bürgerkriegs von „Internal Colonialism" spricht. Wehler, Hans-Ulrich. 1889: Wendepunkt der amerikanischen Außenpolitik: Die Anfänge des modernen Panamerikanismus – Die Samoakrise. Historische Zeitschrift. 1965; 201(1):57–109, S. 57. Der Begriff wurde bereits 1957 von Leo Marquard im Zusammenhang mit der Apartheidpolitik Südafrikas geprägt. Marquard, Leopold. South Africa's Colonial Policy: Presidential Address Delivered at the Annual Meeting of the Council of the South

nischen Wirtschaft, sowohl im industriellen wie im agrarischen Sektor, war so rasch gewachsen, dass sie vom Binnenmarkt nicht mehr hinreichend absorbiert werden konnte und auf die Erschließung neuer Märkte drängte.[35] Besonders Walter LaFeber hat in seiner bahnbrechenden Studie „The New Empire" gezeigt, wie die amerikanische Außenpolitik zwischen 1860 und 1898 und ihre Tendenz der extrakontinentalen Expansion auf der wirtschaftlichen Notwendigkeit der Erschließung neuer Märkte beruhte. LaFeber konzentrierte sich dabei auf die amerikanische Außenpolitik als Explanandum – um den scheinbaren Widerspruch zwischen Verfassungstheorie und imperialer Politik auf dem Höhepunkt des Vietnamkriegs zu erklären. Die vorliegende Untersuchung wählt demgegenüber einen anderen Fokus: Erklärt werden soll nicht die expansive amerikanische Außenpolitik als konsequente Anwendung amerikanischer Prinzipien, sondern die Pfade, die dazu führten, dass die amerikanische Politik bereit war, einen Weg zu beschreiten, der eine Abkehr von eben jenen Grundsätzen darstellte. Die „Wende" geschah dabei nicht in einem bestimmten Jahr, weder 1865 noch 1873, noch 1877 oder 1889 oder 1898, sondern muss als ein Prozess interner Kolonisierung imaginiert werden, der aus kleinen, mehr oder weniger kontingenten Ereignissen zusammengesetzt war. Interne Kolonisierung ist ein Konzept der „Moderne", die subalterne Gruppen innerhalb eines westlichen Nationalstaats reguliert, überwacht und notfalls auch biopolitisch dezimiert.[36] Wenn in diesem Kontext gleichzeitig von Pfadabhängigkeit die Rede ist, so ist das kein Widerspruch zur Theorie der internen Kolonisierung. Die interne Kolonisierung war ein Ergebnis der pfadabhängigen Entwicklung im Sinne der *Critical Juncture*. *Critical Juncture* bedeutet, dass vorausgehende Bedingungen kontingente Entscheidungen vorbereiten, die einen spezifischen Kurs institutioneller und sozialer Entwicklung vorgeben, der schwer reversibel ist (Anbindeeffekte oder *Lock-ins*): positives Feedback, steigende Renditen und Selbstverstärkungseffekte, alles nicht nur im ökonomischen, sondern auch im übertragenen Sinn.[37] Im Sinne dieser

---

African Institute of Race Relations in the Hiddingh Hall, Cape Town, on January 16, 1957. Johannesburg: The Institute, 1957.

35 So argumentieren u. a. Williams, Tragedy of American Diplomacy, LaFeber, Walter. The New Empire: An Interpretation of American Expansion, 1860–1898. Ithaca, NY: Cornell University Press, 1998 und Wehler, 1889: Wendepunkt der amerikanischen Außenpolitik. Ähnlich auch Ginger, Ray. The Age of Excess: The United States from 1877 to 1914. New York: Macmillan, 1975, S. 182f.

36 Thomas, Nicholas. Colonialism's Culture: Anthropology, Travel, and Government. Princeton, NJ: Princeton University Press, 1994, S. 4.

37 Collier, Ruth Berins und Collier, David. Shaping the Political Arena: Critical Junctures, the Labor Movement, and Regime Dynamics in Latin America. Notre Dame, IN: University of Notre Dame Press, 2002. Mahoney, James und Schensul, Daniel. Historical Context and Path Depend-

Theorie argumentiert die vorliegende Studie, dass es erst durch die Begrenzung der Freiheit für Indigene, *African Americans*, Frauen, Arbeiter und Arbeiterinnen, Immigranten und Immigrantinnen, erst durch Einhegung demokratischer Rechte „möglich" wurde, die territoriale Expansion der USA voranzutreiben und eine Macht zu akkumulieren, die sich ab 1898 als Weltmacht gerieren konnte.

Während die meisten Historikerinnen und Historiker wohl darin übereinstimmen, dass die Debatte um die amerikanische Identität („Exceptionalism") Auswirkungen auf die amerikanische Außenpolitik hatte, gehen nur wenige von ihnen von einem Primat der Innenpolitik aus, wenn es um eine Erklärung der amerikanischen Expansion nach 1898 geht.[38] Genau diese Position verfolgt aber die vorliegende Habilitationsschrift als These: Nur aus der Analyse amerikanischer Innenpolitik auf den Gebieten der „Rassenpolitik", der Urbanisierung, der mehr oder weniger gewaltsamen Erschließung des Westens und der Industrialisierung lässt sich ein tieferes Verständnis amerikanischer Außenpolitik nach 1898 gewinnen. Die Menge des Stoffs und die schiere Materialfülle der Forschung seit William Appleman Williams wichtigen Studien erforderten eine kritische Aufarbeitung der Sekundärliteratur im Sinne der skizzierten Fragestellung. Die Studien zur *Reconstruction* und zum *Gilded Age* wurden nicht in den Forschungsstand aufgenommen, da sie den eigentlichen Gegenstand der vorliegenden Arbeit ausmachen und ausführlich im Fußnotenapparat aufgelistet und kommentiert werden. In methodischer und theoretischer Hinsicht werden in der vorliegenden Untersuchung vor allem Studien zum *Empire* sowie die Frage nach dem „Primat der Innenpolitik" berücksichtigt, weshalb an dieser Stelle zunächst eine Zusammenschau der einschlägigen Forschung erfolgen soll.

1.2 Forschungsstand

Empire

Im Jahre 2009 legte der Politikwissenschaftler Paul K. MacDonald einen ebenso kenntnisreichen wie unterhaltsam geschriebenen Artikel vor, der die Debatte um den Begriff „Empire" zuspitzte und zu Recht auf die historischen Vorläuferdis-

---

ence. Goodin, Robert E. und Tilly, Charles (Hg.). The Oxford Handbook of Contextual Political Analysis. Oxford: Oxford University Press, 2006, S. 454–471.
38 Restad, Hilde Eliassen. Old Paradigms in History Die Hard in Political Science: US Foreign Policy and American Exceptionalism. American Political Thought. Band 1, Nr. 1 (2012): 53–76.

kurse um dieses Konzept verwies.[39] Der Autor wies unter Rückgriff auf die Forschung der sechziger und siebziger Jahre des 20. Jahrhunderts und auf Politikwissenschaftler und Historiker wie George Liska, Raymond Aron, William Appleman Williams und Walter LaFeber detailliert nach, dass die Diskussion um das *Empire* methodologische und theoretische Fallen aufweist, die nur mittels großer definitorischer Klarheit zu umgehen sind. Viele der Dispute über den Charakter des *American Empire* ließen sich – so MacDonald – lösen, wenn man die Diskussion um die angebliche oder wirkliche amerikanische Hegemonie von vor 40 Jahren Revue passieren ließe.[40] Die Forschung zum *American Empire* ist umfangreich, ausufernd und unorganisiert. Die Library of Congress umfasst 304 Buchtitel unter dem Schlagwort „American Empire", die meisten (175 Titel) aus den Jahren 2001 bis 2016. Die Zeitschriftendatenbank JSTOR weist 1572 Zeitschriftenaufsätze nach, die das Wort „Empire" im Titel tragen und Bezug auf die Vereinigten Staaten nehmen. 668 von ihnen sind nach 2001 erschienen. Die schiere Zahl der Veröffentlichungen nach 9/11 ist nicht erstaunlich. Mit dem Ende des Kalten Kriegs hatte sich eine Situation der Unipolarität herausgebildet, die mit den Attentaten auf das World Trade Center herausgefordert wurde. Insofern reagiert die *scholarly community* auf eine neue Situation. Die größte Gruppe unter den Wissenschaftlerinnen und Wissenschaftlern des *Empire* sind laut MacDonald die „imperial enthusiasts", die davon ausgehen, dass es ein amerikanisches *Empire* gebe und dass dieser Sachverhalt für die USA und den Rest der Welt von Vorteil sei. Oft feierten die VerfasserInnen dieser Bücher und Aufsätze die USA als Garant von Stabilität und Prosperität und verlangten eine verlässlichere, aggressivere Politik des *Empire Building*. Autoren wie die Neocons Robert Kagan und Max Boot unterstreichen die Attraktivität des amerikanischen *Empire* im Kampf gegen neue Sicherheitsrisiken innerhalb des internationalen Staatensystems.[41] Die Vertreter der liberalen Variante dieser Enthusiasten, repräsentiert von Michael Ignatieff und Niall Ferguson, argumentieren für den Fortbestand und eine Stärkung des amerikanischen *Empire*s gerade aus humanitären und ethischen Gründen.[42]

---

[39] MacDonald, Paul K. Those Who Forget Historiography Are Doomed to Republish It: Empire, Imperialism and Contemporary Debates about American Power. Review of International Studies. 2009; 35 (1):45–67.
[40] MacDonald, Paul K. Those Who Forget Historiography, S. 47.
[41] Kagan, Robert. The Benevolent Empire. *Foreign Policy*, no. 111 (1998):24–35. Boot, Max. „Neocons." *Foreign Policy*, no. 140 (2004):20–28.
[42] Ignatieff, Michael. Empire Lite: Nation-Building in Bosnia, Kosovo, and Afghanistan. Toronto: Penguin Canada, 2003. Ders. The Lesser Evil: Political Ethics in an Age of Terror. Edinburgh: Edinburgh University Press, 2005. Ferguson, Niall. Colossus: The Price of America's Empire. New York: Penguin Press, 2004. Ders. Colossus: The Rise and Fall of the American Empire. New York: Penguin Books, 2005. In seinem 2003 erscheinenen Artikel „An Empire in Denial" schlägt

Die zweite Gruppe der Wissenschaftler und Wissenschaftlerinnen, die zum amerikanischen *Empire* forschen, sind die Kritiker dieses *Empire*. Sie akzeptieren die Prämisse, bei den USA handele es sich um ein *Empire* und nehmen an, dieses *Empire* habe einen global schädlichen Einfluss. Auch diese Gruppe ist nicht einheitlich, sondern zergliedert sich in Vertreter, die die militärischen Aspekte des *Empire* kritisieren („militärische Lösungen sind nicht mehr effektiv", „militärische Lösungen sind kontraproduktiv"), Anhänger eines verkappten Isolationismus („imperiale Politik verwickelt die USA in Auseinandersetzungen, die den Niedergang der USA beschleunigen") und die unverzichtbaren Marxisten, die das *Empire* auf seine Funktion als Absicherungsinstrument von Profiten reduzieren.[43]

Eine dritte Gruppe ließe sich in Anlehnung an MacDonald „Empire-Skeptiker" nennen. Für diese ForscherInnen stellen die USA kein *Empire* dar, im Gegenteil, die USA verhalten sich politisch anti-imperialistisch, wenn man diesen AutorInnen glaubt. Auch wenn die Vereinigten Staaten über eine überlegene Armee verfügen, verhinderten allgemein gültige Normen, dass sie sich wie eine

---

Ferguson kritischere Töne an: „There is no question, as we have seen, that the United States has the raw economic resources to take on the old British role as underwriter of a globalized, liberalized economic system. Nor is there any doubt that it has the military capability to do the job. On both scores, the United States is already a far more powerful empire than Britain's ever was. Perhaps – though I am less persuaded about this – its ‚soft power' is also greater. Yet the unspoken American Empire suffers from serious structural weaknesses. It imports rather than exports high quality human capital. It also imports more capital than it exports – and exports virtually none to pivotal regions like the Middle East. It underestimates the need to act in partnership with allied great powers. And its efforts at nation-building are both short-term and under-funded." Ders. Ferguson, Niall. An Empire in Denial: The Limits of US Imperialism. Harvard International Review. 2003; 25 (3): 64–69, S. 69.

[43] Zur ersten Gruppe der Kritiker gehört vor allem Joseph S. Nye. Nye, Joseph S. „The Dependent Colossus." *Foreign Policy*, no. 129 (2002):74–76. Ders. The Future of American Power: Dominance and Decline in Perspective. Foreign Affairs, no. 89 (2010):2–12. Ders. The Paradox of American Power: Why the World's only Superpower Can't Go It Alone. Oxford, New York: Oxford University Press, 2002. Die zweite Gruppe der „verkappten Isolationisten" umfasst Ivan Eland und Jack Snyder. Eland, Ivan. The Empire Has No Clothes: U.S. Foreign Policy Exposed. Oakland, CA: The Independent Institute, 2008. Ders. No War for Oil: U.S. Dependency: and the Middle East. Oakland, CA: The Independent Institute, 2011. Ders. Putting „Defense" back into U.S. Defense Policy: Rethinking U.S. Security in the Post-Cold War World. Westport, CT: Praeger, 2001. Bei den Marxisten sind David Harvey und Alex Callinicos am prominentesten. Harvey, David. The New Imperialism. Oxford, New York: Oxford University Press, 2005. Callinicos, Alex. Imperialism and Global Political Economy. Cambridge, Malden, MA: Polity, 2009. Ders. The New Mandarins of American Power: The Bush Administration's Plans for the World. Cambridge, Malden, MA: Polity Press, 2003. Zu den übrigen Literaturhinweisen siehe MacDonald, Those Who Forget Historiography, S. 49, FN 18–20.

Eroberernation im klassischen Sinne verhielten – so etwa Anna Simons.⁴⁴ Andere Skeptiker sehen zwar auch ein Machtgefälle zwischen den USA und anderen Nationalstaaten, verweisen aber auf die umständliche Bürokratie, die Gewaltenteilung, die anti-imperiale Tradition der US-amerikanischen Politik und die Ablehnung hoher persönlicher Verluste im Verlaufe militärischer Operationen als Gründe, warum sich eine imperiale Politik nicht durchsetzen lasse.⁴⁵ Der Japan-Experte G. John Ikenberry betont die Tendenz der USA, internationale Institutionen und multilaterale Netzwerke für ihre Interessen einzusetzen und verneint damit die Existenz eines *Empire*.⁴⁶ Der Aufspaltung des Forschungsfeldes in drei verschiedene Ansätze entspricht der Entwicklung unterschiedlicher Fragestellungen:

Sind die USA wirklich ein *Empire*?

Was sind die Grundlagen der imperialen Politik der Vereinigten Staaten?

Ist das US-*Empire* schädlich oder nützlich für die verschiedenen politischen Akteure?

Die gesamte Debatte ist allerdings sinnlos, solange nicht eine Definition des Begriffes zumindest heuristisch versucht wird. Eine enge Definition des *Empire* würde bedeuten, dass die USA eine souveräne Kontrolle über eine andere politische Einheit ausüben würden.⁴⁷ „[E]ffective Control, whether formal or informal, of a subordinated society by imperial society" – so beschreibt Michael Doyle diese Form des *Empire*.⁴⁸ Eine weite Definition des Begriffs würde *Empire* weniger als direkte Kontrolle auffassen, sondern eher auf das Ungleichgewicht der Macht und der Kontrolle abheben. Charles S. Maier zum Beispiel definiert *Empire* im Sinne eines „Imperial Minimum" weniger als eine Bestrebung einen „process of con-

---

44 Simons, Anna. „The Death of Conquest." *The National Interest*, no. 71 (2003):41–49, S. 42.
45 McDougall, Walter A. „Back to Bedrock: The Eight Traditions of American Statecraft." *Foreign Affairs* 76, no. 2 (1997):134–146. Barber, Benjamin R. Fear's Empire: War, Terrorism, and Democracy. New York: W.W. Norton & Co, 2003. Benjamin Barber ließe sich auch mit guten Gründen der Gruppe der *Empire*-Kritiker zurechnen. Barber betont immer wieder die Interdependenz der amerikanischen Politik und beklagt ihre imperialen Tendenzen, vor allem, wenn es um militärische Einsätze geht. Barber, Fear's Empire, S. 34f.
46 Ikenberry, G. John. The Crisis of American Foreign Policy: Wilsonianism in the Twenty-First Century. Princeton, NJ: Princeton University Press Princeton, 2009. Ikenberry, G. John und Inoguchi, Takashi. The Uses of Institutions: The U.S., Japan, and Governance in East Asia. New York: Palgrave Macmillan, 2007. Ikenberry, G. John, Mastanduno, Michael und Wohlforth, William Curti. International Relations: Theory and the Consequences of Unipolarity. Cambridge, New York: Cambridge University Press, 2011. Inoguchi, Takashi, Ikenberry, G. John und Sato, Yoichiro. The U.S.-Japan Security Alliance: Regional Multilateralism. New York: Palgrave Macmillan, 2011.
47 Zu den Definitionsproblemen siehe Cox, Michael. Empire by Denial: The Strange Case of the United States. International Affairs. 2005; 81(1): 15–30.
48 Doyle, Michael W. Empires. Ithaca, NY: Cornell University Press, 1986, S. 30.

quest" als einen Mechanismus für Sicherheit und Überlegenheit in Gang zu setzen.[49] Maier war sich der Kritik an seinem sehr weit gefassten Begriff durchaus bewusst. Unter anderem kritisierten ihn so eminente Historiker wie Paul Schroeder, Michael Doyle und Richard Cooper: Er habe die Begriffe *Empire* und *Hegemonie* miteinander verwechselt.[50] Seinen Kritikern hält Maier entgegen: „An empire is a type of regime or state, not just a pattern of conquest or expansion."[51] Und er fährt präzisierend an anderer Stelle fort:

> Empire [...] is best understood as a program by the elites of different national groups to stabilize their societies, and the distributive norms of their societies, by spatial as well as social hierarchy. Empires thus are about inequality across a spatial domain; call this horizontal domination. Empires are large enough to have differential territories that include a center and a perimeter, metropole and periphery. [...] An empire is thus an arrangement, whether negotiated voluntarily, or by force, in which elites in the so-called periphery accept the ultimate control of elites in the metropole in return for securing their own local domination.[52]

Eine zu enge Definition des Begriffs kann sich als zu unflexibel erweisen, eine zu weite Definition riskiert schwammig und allgemein zu sein, so dass sie auf jedes und alle Phänomene anwendbar ist. Entscheidend ist auch, ob man bei einer Definition des Begriffs auf die militärischen Aspekte des *Empire* abhebt – was im 20. und 21. Jahrhundert durchaus sinnvoll sein kann – oder ob man die wirtschaftliche Seite des *Empire* heraushebt. Diese Variante wäre auch für Probleme des amerikanischen *Empire* im 19. Jahrhundert anwendbar. Peter Gowan argumentierte unlängst, die soziale Substanz des *Empire* habe immer in der avancierten Form des Kapitalismus gelegen, der ein Netzwerk bereitgestellt habe, durch das der amerikanische Kapitalismus sich habe nach Außen verbreiten können.[53] Gowan bezieht sich dabei explizit auf die zweite Hälfte des 20. Jahrhunderts, doch ließe sich seine Definition mutatis mutandis auch auf die USA

---

49 Maier, Charles S. Empire's Past... Empire's Future. South Central Review. 2009; 26 (3):2–19, S. 6.
50 Maier, Charles S. Empire's Past. Die Begriffe Hegemonie und Imperium werden synonym verwendet bei Kagan, The Benevolent Empire.
51 Maier, Charles S. Empire's Past, S.6.
52 Maier, Charles S. Empire's Past, S. 7f. Maier bezieht sich in diesem Aufsatz im Wesentlichen auf sein komparatistisch angelegtes Buch zu Empires. Maier, Charles S. Among Empires: American Ascendancy and Its Predecessors. Cambridge, MA: Harvard University Press, 2006. Anders als in dieser Habilitationsschrift lässt Charles Maier das amerikanische Empire allerdings erst aus einer Verbindung fordistischer Wirtschaftspraktiken und der Verfügbarkeit von Nuklearwaffen entstehen. Maier, Among Empires, S. 145.
53 Gowan, Peter. Empire as Superstructure. Security Dialogue. 2004; 35 (2):258–261.

nach 1865 anwenden. Wie die *Wisconsin School* der Historiographie es sah, wurde das amerikanische *Empire* in erster Linie von ökonomischen Faktoren gesteuert, in erster Linie von der „Notwendigkeit", den Zugang zu Märkten in Asien sicherzustellen.[54]

> The so-called ‚*Wisconsin School*' has provided the most comprehensive and forceful brief for the primacy of economic influences in the formulation of Gilded Age foreign policy. Stimulated first by the teaching and writing of Fred Harvey Harrington and later William Appleman Williams, these historians emphasized the continuity of a conscious, aggressive, expansionist, and self-interested America. Prior to the Civil War, the United States had constructed an empire on the North American continent; following the conflict, the focus shifted to a ‚New Empire' of foreign trade. By the 1890s, the makers of U.S. foreign policy sought markets rather than extensive new territories. Indeed, Washington practiced ‚informal empire' or the ‚imperialism of anti-imperialism' by arguing for equal commercial access and against large colonies.[55]

Was HistorikerInnen aus den Debatten der 1960er und 1970er Jahre lernen können – so MacDonald – ist, monokausale Erklärungen zu vermeiden und die Vernetztheit politischer, ökonomischer und kultureller Faktoren zu erkennen.[56] In eine ähnliche Richtung argumentierte 1973 schon William H. Becker, als er den ökonomischen Determinismus der *Wisconsin School* attackierte und darauf verwies, dass auch in den 1870er und 1880er Jahren schon Überkapazitäten aufgetreten seien, die zu einer Begrenzung der Produktion durch Pools und Trusts und schließlich Holding Companies geführt hätten. Becker betont den hohen Grad an Überproduktion in verschiedensten Sparten – und streitet eine direkte Abhängigkeit von Überproduktion und imperialen Tendenzen ab.[57] Die *Wisconsin School*

---

54 Alle drei Klassiker der Wisconsin School liegen inzwischen in Neuauflagen vor: McCormick, Thomas J. China Market: America's Quest for Informal Empire, 1893–1901. Chicago: I.R. Dee, 1990. Williams, William Appleman. The Tragedy of American Diplomacy. New York: W.W. Norton & Co, 2009. LaFeber, Walter. The New Empire: An Interpretation of American Expansion, 1860–1898. Ithaca, NY: Cornell University Press, 1998.
55 Fry, Joseph A. From Open Door to World Systems: Economic Interpretations of Late Nineteenth Century American Foreign Relations. Pacific Historical Review. 1996; 65 (2):277–303, S. 279.
56 MacDonald, Those Who Forget Historiography, S. 57.
57 Becker, William H. American Manufacturers and Foreign Markets, 1870–1900: Business Historians and the „New Economic Determinists." The Business History Review. 1973; 47 (4):466–481. In zwei Punkten habe die Interpretation der Wisconsin School jedoch Bestand: „Producers seeking to solve their problems at home could have sought at the same time to dump their excess abroad. Similarly, American manufacturers who had a ready foreign demand could have nevertheless tried to push a little harder in the depression to dump some of their oversupply abroad." Becker, William H. American Manufacturers, S. 480. Zwei Jahre später bekräftigte Becker seine

ist jedoch immer noch einflussreich. Joseph A. Fry hat in 1990er Jahren noch eine Lanze für sie gebrochen, Dennis Phillips rief 2007 zu einer Neuauflage des Williams'schen Revisionismus auf, und Binoy Kampmark unternahm eine Neubewertung der *Tragedy of American Diplomacy* anlässlich des 50. Jahrestags ihres Erscheinens.[58] Die „ökonomische Interpretation" der amerikanischen Außenpolitik im 19. und 20. Jahrhundert ist wieder aktuell – nicht zuletzt wegen der Außenpolitik der Administration unter George Walker Bush.[59]

Nun kennzeichnet es die Debatten um den Begriff des *Empire*, dass er in der Regel pejorativ besetzt ist. Dies war sicherlich der Fall in den Diskussionen der 1960er und 1970er Jahre, was nicht zuletzt durch das kollektive Trauma des Vietnamkriegs ermöglicht wurde. Aber auch nach dem 11. September 2001 hat der Begriff seine negative Konnotation nicht abgelegt, wobei nur wenigen AutorInnen die Dialektik des Begriffs aufgegangen ist: Ein *Empire* kann zugleich demokratisch und sinister sein. Nach dieser dialektischen Logik à la Carl Schmitt wäre eben Guantanamo ein Beweis für das Leben im Ausnahmezustand und zugleich Beweis für die Rechtsstaatlichkeit der USA.[60] „[D]emocracy and its law are found to be conducive to empire yet also and ultimately opposed to it. The empire of the United States of America provides a telling ‚case'."[61] Der Widerspruch ist angelegt in Thomas Jeffersons Oxymoron der *Imperial Republic*.[62] Die Durchsetzung der

---

Kritik. Becker, William H. Foreign Markets for Iron and Steel, 1893–1913: A New Perspective on the Williams School of Diplomatic History. Pacific Historical Review. 1975; 44 (2):233–248.
58 Phillips, Dennis. The Tragedy of American Diplomacy: A Tribute to the Legacy of William Appleman Williams. Australasian Journal of American Studies. 2007; 26 (2):89–98. Kampmark, Binoy. William Appleman Williams's Tragedy Fifty Years on. The Historical Journal. 2010; 53 (3):783–794.
59 Khan, M. A. Muqtedar. The Postmodern Empire: The United States' New Foreign Policy and its Global Challenges. The Brown Journal of World Affairs. 2004; 10 (2):271–283.
60 Fitzpatrick, Peter und Joyce, Richard. The Normality of the Exception in Democracy's Empire. Journal of Law and Society. 2007; 34 (1):65–76.
61 Fitzpatrick, Peter und Joyce, Richard. The Normality of the Exception: 65 f. Siehe auch Fitzpatrick, Peter. Righteous Empire. Unbound. 2006; 2:1–18.
62 Der Begriff ist nicht von Jefferson geprägt worden, sondern geht auf die Renaissance zurück, was an dieser Stelle jedoch nicht vertieft werden kann. Vergl. Huhnholz, Sebastian. Krisenimperialität: Romreferenz im US-amerikanischen *Empire*-Diskurs. Frankfurt/Main: Campus, 2014, S. 182–185. So wurde der Begriff im positiven Sinne bereits während der Amerikanischen Revolution benutzt, so zum Beispiel vom revolutionären Seehelden John Paul Jones. National Archives. Founders Online. John Paul Jones to the Commissioners, 9 December 1778 [Web Page]: http://founders.archives.gov/?q=%22Imperial%20Republic%22&s=1511311111&r=1. Gesehen am 28. Juni 2016. Der Begriff hat sich aber einer großen Beliebtheit erfreut, auch vor dem 11. September 2001: Vergl. Aron, Raymond. The Imperial Republic: The United States and the World, 1945–1973. New Brunswick, NJ: Transaction Publishers, 2009. Fernald, James Champlin. The

Imperial Republic resultiert notwendig in der Abnahme der Demokratie zugunsten imperialer Züge.[63] Auf die Bedrohung der Demokratie durch imperiale Tendenzen hat auch Walter LaFeber immer wieder hingewiesen.[64] Im Anschluss an die Diskussionen der *Wisconsin School*, aber unter Zurückweisung ihres Determinismus, verfolgt diese Studie daher den dialektischen Zugriff auf das *Empire: Empire* wird verstanden als ein Prozess der allmählichen territorialen, ökonomischen, kulturellen und politischen Ausdehnung der USA, zunächst im „Innern", dann nach Außen. Diese Extension erfolgt nach demokratischen Spielregeln, die zunächst nicht auf Inklusion abzielen und während des imperialen Prozesses laufend modifiziert werden. Gegen Ende des Geschichtszeitraums hat sich aus dem demokratischen Prozess der Ausweitung eine politische Aporie entwickelt: Die Freiheit im Innern der USA setzt quasi als dystopischer Doppelgänger auf der Realität kolonialer Unterdrückung auf.

Primat der Innenpolitik

Die Formel vom „Primat der Innenpolitik" ist keine Erfindung amerikanischer Politiker, auch wenn George Washington vor „entangling alliances" warnte und die USA während der ersten 150 Jahre ihrer Existenz fest auf diese Formulierung als Grundsatz ihrer Politik setzten. Die „Monroe Doktrin" (1823) setzte diese Denkweise fort und legte zugleich die Grundlage für ihre Anwendung und Ausweitung auf Legitimationsmuster des amerikanischen Imperialismus am Ende des 19. Jahrhunderts.[65]

Imperial Republic. New York, London: Funk & Wagnalls Company, 1898. Johnson, Gerald W. The Imperial Republic: Speculation on the Future, If Any, of the Third U.S.A. New York: Liveright, 1972. Willson [sic!], Beckles. The New America: A Study of the Imperial Republic. London: Chapman & Hall, 1903. Wilson, James G. The Imperial Republic: A Structural History of American Constitutionalism from the Colonial Era to the Beginning of the Twentieth Century. Aldershot, Burlington, VT: Ashgate, 2002.
63 Fitzpatrick und Joyce, The Normality of the Exception, S. 75 f.
64 LaFeber, Walter. The „Lion in the Path": The U. S. Emergence as a World Power. Political Science Quarterly. 1986; 101 (5):705–718. Ders. The Tension between Democracy and Capitalism during the American Century. In: Hogan, Michael J. (Hg.). The Ambiguous Legacy: U.S. Foreign Relations in the „American Century." Cambridge, New York: Cambridge University Press, 1999, S. 152–182.
65 Alvarez, Alejandro. The Monroe Doctrine: Its Importance in the International Life of the States of the New World. Buffalo, NY: W.S. Hein, 2003. Borgens, Edward G. Background of the Monroe Doctrine. New York: Vantage Press, 2004. Dent, David W. The Legacy of the Monroe Doctrine: A Reference Guide to U.S. Involvement in Latin America and the Caribbean. Westport, CT:

In der Wissenschaftsgeschichte ist der Begriff fest mit Eckart Kehr, in zweiter Linie mit Hans-Ulrich Wehler verknüpft.[66] Die griffige Doktrin passt im Hinblick auf die USA zudem besser in ihrer englischen Übersetzung als „primacy of domestic policy", da vieles, was von den USA als „domestic" angesehen wurde, sich an den Grenzen der Republik abspielte und somit nicht im strengen Sinne als „Innenpolitik" verstanden werden konnte: Die Siedlungs- und Indianerpolitik der USA fand an der Peripherie statt, gehörte aber nach eigenem Empfinden und nach der berühmten Definition John Marshalls im Fall *Cherokee Nation v. Georgia* (1831) als „domestic dependent nation" zur „domestic policy".[67] Dies lieferte die Grundlage für einen siedlerimperialistischen Umgang mit „frontier" als einen Grenzraum, der als fluide, dynamisch und – zu Lasten der dort lebenden indigenen Bevölkerung – als eroberbar wahrgenommen wurde. Mit diesem Urteil fingen die europäischen Siedler an, verstärkt in die vertraglich garantierten Siedlungsgebiete einzudringen und ohne Rücksicht auf Verluste von *Native Americans* besiedeltes Land für sich zu beanspruchen. Hier wurde eine weitere Grundlage für die Entstehung und Verfestigung eines imperialen Mindsets gelegt, die in der paternalistischen Zivilisierungsmission ab 1898 wieder aufschien und zum Tragen kam.

Die Entstehungsgeschichte der Formel „primacy of domestic policy" ist dennoch interessant, weil sie in einem imperialen Kontext entstanden ist: Der vielgeschmähte Diplomat und österreichische Staatskanzler Wenzel Anton Graf Kaunitz-Rietberg verwendete sie und muss als Urheber einer an der Wirtschaftspolitik Österreichs ausgerichteten Politik des Primats der Innenpolitik gesehen werden.[68] Damit ist also der „Primat der Innenpolitik" in erster Linie eine Leitlinie der Politik, eine Anleitung zum praktischen politischen Handeln. Ob diese Politik der Ausdruck seiner höchstpersönlichen Version von Aufklärung war oder nur dem mittelfristigen Versuch geschuldet war, die Habsburger Monarchie im Innern zu stärken, bevor sie außenpolitisch erstarken sollte, sei dahingestellt. Tatsache

---

Greenwood Press, 1999. Renehan, Edward. The Monroe Doctrine: The Cornerstone of American Foreign Policy. New York: Chelsea House, 2007.
66 Kehr, Eckart und Wehler, Hans Ulrich. Der Primat der Innenpolitik: Gesammelte Aufsätze zur preußisch-deutschen Sozialgeschichte im 19. u. 20. Jahrhundert. Berlin: de Gruyter, 1970. Zur Rezeption Kehrs siehe Simms, Brendan. The Impact of Napoleon: Prussian High Politics, Foreign Policy and the Crisis of the Executive, 1797–1806. Cambridge, New York: Cambridge University Press, 1997, S. 7 f.
67 *Cherokee Nation v. Georgia*, 30 U.S. (5 Peters) 1 (1831). Garrison, Tim Alan. The Legal Ideology of Removal: The Southern Judiciary and the Sovereignty of Native American Nations. Athens, GA: University of Georgia Press, 2002.
68 Kulenkampff, Angela. Österreich und das Alte Reich: Die Reichspolitik des Staatskanzlers Kaunitz unter Maria Theresia und Joseph II. Köln: Böhlau, 2005, S. 153.

ist, dass für Kaunitz außenpolitische Neuerungen nur auf der Basis innenpolitischer Stärke geschehen konnten.[69] Das gleiche Prinzip galt und gilt für die Vereinigten Staaten von Amerika: Dieter Senghaas stellte unumwunden fest: „[The US] foreign policy has always been an extended domestic policy. This is well documented in its foreign-trade policy (trade, direct investments, raw materials, energy policy, environmental policy and indeed also in its security policy."[70] Insofern Handbücher als Beleg für die communis opinio der HistorikerInnen und political scientists dienen können, kann man festhalten, dass an dem Prinzip der „primacy of domestic policy" in der US-amerikanischen Geschichte nicht gerüttelt werden kann.[71] „In practice then, the primacy of domestic policy meant to convey the primacy of economic, acquisitive pursuits over military, power- or security-centered activities."[72]

Daneben und darüber hinaus gibt es aber noch das Prinzip der „primacy of domestic policy" als heuristisches Modell, sozusagen unabhängig vom Denken der beteiligten Politiker und Regimes. Es ist dies die Überzeugung – letztlich in ihrer Allgemeinheit unbeweisbaren Überzeugung – , dass es zum Verständnis der Geschichte der USA eines Ansatzes bedarf, der von der ausschlaggebenden Wichtigkeit der „domestic policy" ausgeht und die Diplomatiegeschichte und die Geschichte der Außenbeziehungen „in letzter Instanz" aus der Innenpolitik ableitet. Diese Bestimmung der *domestic policy* als letzter Instanz – eine berühmte Formulierung Friedrich Engels – leitet sich aus der Überzeugung her, dass „[…] das in letzter Instanz bestimmende Moment in der Geschichte die Produktion und Reproduktion des wirklichen Lebens" ist.[73] Bemerkenswert an Engels Formulie-

---

[69] Szabo, Franz A. J. Kaunitz and Enlightened Absolutism, 1753–1780. Cambridge, New York: Cambridge University Press, 1994, S. 35. Beales, D. E. D. and Blanning, T. C. W. Prince Kaunitz and ‚The Primacy of Domestic Policy'. The International History Review. 1980; 2 (4):619–624. Szabo, Franz A. J. Prince Kaunitz and the Primacy of Domestic Policy: A Response. The International History Review. 1980; 2 (4):625–635.
[70] Senghaas, Dieter. On Perpetual Peace: A Timely Assessment, New York: Berghahn Book, 2007, S. 138.
[71] Lantis, Jeffrey S. US Foreign Policy in Action: An Innovative Teaching Text. Chichester: John Wiley & Sons, 2013.
[72] Stourzh, Gerald. From Vienna to Chicago and back: Essays on Intellectual History and Political Thought in Europe and America. Chicago, IL: University of Chicago Press, 2007, S. 127.
[73] „Nach materialistischer Geschichtsauffassung ist das *in letzter Instanz* bestimmende Moment in der Geschichte die Produktion und Reproduktion des wirklichen Lebens. Mehr hat weder Marx noch ich je behauptet. Wenn nun jemand das dahin verdreht, das ökonomische Moment sei das *einzig* bestimmende, so verwandelt er jenen Satz in eine nichtssagende, abstrakte, absurde Phrase. Die ökonomische Lage ist die Basis, aber die verschiedenen Momente des Überbaus – politische Formen des Klassenkampfs und seine Resultate – Verfassungen, nach gewonnener Schlacht durch die siegende Klasse festgestellt usw. – Rechtsformen, und nun gar die Reflexe aller

rung ist die Bemerkung über die „Wechselwirkung aller dieser Momente" – eine Aussage, die den ökonomischen Determinismus vieler Marxisten und vieler Angehöriger der *Wisconsin School* in Frage stellt. Wenn also der Primat der Innenpolitik sowohl Handlungsmaxime als auch heuristisches Prinzip („heuristic device") ist, dann gilt es, zwischen diesen beiden Bedeutungsebenen genau zu unterscheiden. Aus diesem Grund wird die Entwicklung des amerikanischen *Empire* in dieser Studie aus der Analyse der US-amerikanischen Innenpolitik entwickelt und zwar im zweifachen Sinne der *domestic policy*, also der Grundsatzentscheidungen amerikanischer Politiker in der zweiten Hälfte des 19. Jahrhunderts wie aus im Sinne der Beobachtungs- und Analyseebene.

Anschließend an die *Wisconsin School* legt auch diese Arbeit einen Schwerpunkt auf innenpolitische Voraussetzungen und knüpft an die These von Wehler zum Sozialimperialismus an, allerdings unter Zurückweisung des ökonomischen Determinismus. Der spezifische heuristische Zugriff der Pfadabhängigkeit, der Anleihen aus der Sozialwissenschaft und Soziologie interdisziplinär verarbeitet, ist in besonderer Weise geeignet, die Offenheit der Prozesse, ihre Indeterminiertheit sowie Effekte der positiven Rückkopplung und damit der Verfestigung bestimmter Ideen aus einem Feld von Handlungsoptionen zu untersuchen, ohne hieraus eine bestimmte Teleologie ableiten zu wollen.[74]

1.3 Quellengrundlage

Es kommen eine Vielzahl von publizierten Quellen und unpublizierte Archivquellen zum Einsatz, vor allem die National Archives in Washington, DC, die

---

dieser wirklichen Kämpfe im Gehirn der Beteiligten, politische, juristische, philosophische Theorien, religiöse Anschauungen und deren Weiterentwicklung zu Dogmensystemen, üben auch ihre Einwirkung auf den Verlauf der geschichtlichen Kämpfe aus und bestimmen in vielen Fällen vorwiegend deren Form. Es ist eine Wechselwirkung aller dieser Momente, worin schließlich durch alle die unendliche Menge von Zufälligkeiten (d. h. von Dingen und Ereignissen, deren innerer Zusammenhang untereinander so entfernt oder so unnachweisbar ist, daß wir ihn als nicht vorhanden betrachten, vernachlässigen können) als Notwendiges die ökonomische Bewegung sich durchsetzt. Sonst wäre die Anwendung der Theorie auf eine beliebige Geschichtsperiode ja leichter als die Lösung einer einfachen Gleichung ersten Grades." Friedrich Engels, Brief an Joseph Bloch vom 21./22. September 1890. Institut für Marxismus-Leninismus beim ZK der SED. Karl Marx, Friedrich Engels: Werke. Berlin: Dietz, 1956, 38 Bände, Band 37, S. 463. Im Folgenden zitiert als MEW.

74 Dazu grundsätzlich der Sammelband von Wimmer, Andreas und Kössler, Reinhart. Understanding Change: Models, Methodologies, and Metaphors. Houndmills, Basingstoke, Hampshire, New York: Palgrave Macmillan, 2006.

Manuscript Division der Library of Congress am gleichen Ort und die umfangreichen Bestände der Bibliothek der University of California in Berkeley sowie der dortigen Bancroft Library und das französische Nationalarchiv in Paris. Dazu zählen der Bestand F90 aus den Archives Nationales de France in Paris, in denen sich die Bestände Postes et Télégraphes befinden. In den National Archives in Washington, DC wurden die Record Group 7 (Records of the Bureau of Entomology and Plant Quarantine, 1863–1956), die Record Group 105 (Records of the Field Offices for the State of Louisiana, Bureau of Refugees, Freedmen, and Abandoned Lands, 1863–1872) und die Record Groups 241 (Records of the Patent and Trademark Office) benutzt. Aus der Library of Congress in Washington, DC stammen die Bestände der Thomas Nast Papers und die Archivalien der Federal Writers' Project of the United States Work Projects Administration. In der Hill Memorial Library, Baton Rouge, LA befinden sich die Louisiana and Lower Mississippi Valley Collections mit den Joseph Embree Family Papers und den Lemuel P. Conner Papers, die Aufschluss über die Arbeitsverhältnisse im Süden nach dem Ende des Bürgerkriegs gaben.

1.4 Aufbau der Arbeit

Die vorliegende Studie argumentiert für eine Neuinterpretation des amerikanischen Imperialismus nach 1898 auf der Basis seiner pfadabhängigen innenpolitischen Vorgeschichte. John Offner hat für das Ausbrechen des Spanisch-Amerikanischen Kriegs die eingängige Formel „notwendig und unvermeidlich" geprägt.[75] Offners Idee wird in dieser Habilitationsschrift aufgegriffen und im Sinne einer Analyse der innenpolitischen Voraussetzungen (*Critical Junctures*) des kolonialen Machterwerbs nach dem Spanisch-Amerikanischen Krieg erweitert. Im Anschluss an die Einleitung und die Darstellung der Theorie und Methode werden in fünf Großkapiteln (Kapitel 3–8) die Phase der *Reconstruction* (1863–1876), die Besiedlung des Westens und die Urbanisierung (1860–1900), Wirtschaft und Politik im sogenannten *Gilded Age* (1876 bis 1893), Arbeit und Kapital (1877–1900) und der Weg zum *Empire* bis 1900 untersucht.

Im Kapitel 3 „Verfestigung des Spannungsfelds von Sklaverei- und Industriegesellschaft und der Ideologie der ‚White Supremacy': Die *Reconstruction*, 1863–1876" wird gezeigt, wie die Reconstruction nicht nur die Emanzipation der Sklaven und Sklavinnen brachte, sondern wie sie auch den Boden für die Im-

---

[75] Offner, John L. An Unwanted War: The Diplomacy of the United States and Spain over Cuba, 1895–1898. Chapel Hill, NC: University of North Carolina Press, 1992, S. 225.

plementierung eines Systems halbfreier Lohnarbeit im Süden der USA auf dem Gebiet der ehemaligen Rebellenstaaten des Bürgerkriegs brachte. Verbreitete Kapitalknappheit, hervorgerufen durch Kriegsschäden, Verlust der Investitionen in Sklaven und Sklavinnen und verstärkt durch die Konkurrenz von ausländischen Stapelprodukten wie Baumwolle auf dem Weltmarkt sorgten für eine ausgeprägte Strukturschwäche des Südens, die bis weit in die siebziger Jahre des 19. Jahrhunderts anhielt. (*Critical Juncture 1*)

Diese wirtschaftlichen Tatsachen wurden begleitet durch den im Süden weit verbreiteten Unwillen, die juristische Emanzipation der Versklavten auch *de facto* umzusetzen. Die Landbesitzer strebten ein System an, das der Sklaverei möglichst nahekam, ohne das Prinzip der formalen Freiheit der Arbeitskräfte zu verletzen. Die Bewegungsfreiheit der *Freedpeople* wurde juristisch durch *Vagrancy Laws*, Abzugsverbote, die sich selbst perpetuierende Schuldknechtschaft (*peonage*) und Abhängigkeit von den Lieferungen der lokalen Händler eingeschränkt.

Wo juridische oder ökonomische Kontrolle nicht ausreichte, griff man zum Mittel der offenen Gewalt. Die Einführung und Aufrechterhaltung des für die Landbesitzer profitablen Systems des *Sharecroppings* wurde vorbereitet und begleitet durch ein System des flächendeckenden Terrors gegen die schwarze Bevölkerung durch illegale Bürgerwehren wie den Ku Klux Klan. Dies hatte nachhaltige Auswirkungen auf den Status von *African Americans* als Bürger und Bürgerinnen, ihre Teilhabe am Wirtschaftsleben des Südens und auf die Rolle des Südens als einer durch monokulturelle Landwirtschaft geprägten strukturschwachen Region. In der Agrarverfassung des Südens wurde demnach nicht nur die subalterne Position der *African Americans* zementiert, sondern auch der subalterne Status des Südens mittels einer sektionalen Arbeitsteilung zwischen dem sich rasch industrialisierenden Norden und dem in überkommenen Formen der Landwirtschaft verharrenden Süden. Dies lieferte die Voraussetzung für neue Formen der Akkumulation von Kapitalien, da der Norden sich ganz auf die Agrarproduktion des Südens und später des Westens verlassen konnte. Gleichzeitig dominierte die im Vorfeld des Bürgerkriegs gegründete Republikanische Partei mit wenigen Ausnahmen die Präsidentschaft und den Kongress bis zum Ende der *Reconstruction*.

Das vierte Kapitel behandelt „Siedlerimperialismus und Rassismus: Landnahme, Besiedlung des Westens und Urbanisierung, 1860–1900", also drei simultan ablaufende Prozesse, die miteinander verschränkt waren. Einerseits wurden nach dem Ende des Bürgerkriegs immer neue Flächen im Westen unter den Pflug genommen, andererseits wuchsen amerikanische Städte und Metropolen in kürzester Zeit aus dem Boden und zwar im Osten genauso wie im „alten Westen" um die Großen Seen. Die Landnahme im Westen geschah auf Kosten der *Native Americans* und kann durchaus als „interner Kolonialismus" (Leopold

Marquard)[76] beschrieben werden: Große Teile der indigenen Bevölkerung wurden vertrieben, in Kriegen geringer Intensität aufgerieben oder durch Entzug der Lebensgrundlagen so geschwächt, dass sie als militärische Gegner keine Rolle mehr spielten und mehr oder weniger widerstandslos reloziert werden konnten. Dieses System des „Siedlerimperialismus" wurde einerseits von den Eliten in den politischen Zentren des Landes bedient, andererseits boten sich Siedler und Siedlerinnen vor Ort als Akteure der Expansion an, indem sie mit der Waffe in der Hand gegen *Native Americans* vorgingen, Land einzäunten und jagdbare Tiere vertrieben oder ausrotteten. Die Landnahme war auch vor 1860 schon ein Problem der *Native Americans* gewesen, doch sorgte die Einführung der Eisenbahn nun für eine ungleich schnellere Verteilung der Migranten und Migrantinnen im Westen. Hinzu kam, dass die Eisenbahnen großzügige Landschenkungen als Subventionen des Bundes und der Einzelstaaten erhielten, die die Landnahme noch beschleunigten.

In den neu entstehenden Städten und Metropolen fanden alle diejenigen eine Heimat, die im Zuge der „Neuen Einwanderung" ins Land kamen, also Menschen aus Süd- und Südosteuropa sowie vereinzelt auch Chinesen aus dem Einzugsgebiet des Pearl River. Diese kürzlich Eingewanderten wurden recht früh von den Einwanderern voriger Generationen diskriminiert und ausgegrenzt. Die politische Antwort auf ihre Diskriminierung lag in der Organisation der „politischen Maschinen", die vor allem von den Demokraten errichtet wurden, wenngleich es auch immer wieder republikanische Maschinen gegeben hat. Bei diesen Organisationen handelte es sich um korrupte, bisweilen geradezu organisiert kriminelle Parteiclubs in den Städten des Ostens und Westens, die gegen das Versprechen, ihre Repräsentanten in politische Ämter zu wählen, Jobs und Gefälligkeiten unter den Wählern verteilten. Ihre Vorherrschaft war nur möglich auf der Grundlage des weitgehenden Fehlens eines sozialen Netzes, dass die Immigrantinnen und Immigranten hätte auffangen können. Stadtverwaltungen waren wenig professionell aufgebaut und mit den gigantischen Problemen der sich rapide vergrößerten Metropolen überfordert. Patronagenetzwerke unter der Kontrolle von „Bossen" übernahmen an ihrer Stelle die kommunale Verwaltung. In dem Maße wie Reformer auf kommunaler Ebene vermochten, ein soziales Netz aufzuspannen und Verwaltungsfunktionen an die Absolvierung formaler Zugangsprüfungen gebunden wurden (*Civil Service Reform*), verloren die *Machines* und die sie kontrollierenden Bosse an Einfluss. Dennoch waren Armut und soziale Isolation vor allem

---

76 Marquard, Leopold. South Africa's Colonial Policy: Presidential Address Delivered at the Annual Meeting of the Council of the South African Institute of Race Relations in the Hiddingh Hall, Cape Town, on January 16, 1957. Johannesburg: The Institute, 1957.

der Eingewanderten weit verbreitet und verstärkten virulente rassistische und nationalchauvinistische Diskurse auch in der Kultur der Zeit.

Die äußerlichen Veränderungen, die die Städte durchliefen, waren ebenfalls tiefgreifend: Mit den technischen und bürokratischen Voraussetzungen für die Entwicklung moderner Architektur (Stahlbauten, Aufzüge, Wasserversorgung, Nahverkehrsnetze, Bauvorschriften, Hygienemaßnahmen) entstanden Hochhäuser und Vorstädte, die eine weitere soziale Differenzierung der Einwohnerschaft zur Folge hatten. Hier wurde ein Teil der sozialen Konflikte angelegt, die im dritten Drittel des 19. Jahrhunderts für sozialen Sprengstoff sorgten. Die Ablenkung dieser Energien nach Außen – zunächst als Möglichkeit, sich im Westen als Bauern niederzulassen, dann auch im Sinne des Sozialimperialismus nach Hans-Ulrich Wehler – können als Triebkräfte verstanden werden, die die koloniale Expansion der USA befeuert haben.

Das 5. Kapitel „Die Entstehung einer mobilen und expansionistischen Klassen- und Konsumgesellschaft: Wirtschaft und Politik im *Gilded Age*, 1877–1900" behandelt die Konzentrationsprozesse der US-amerikanischen Wirtschaft. Die „Inkorporierung Amerikas", also die Organisation des Kapitals weg von der freien Konkurrenz hin zu finanzkapitalistisch organisierten Aktiengesellschaften, *Trusts* und *Holding Companies* häufte riesige Geldmengen an und eliminierte in zahlreichen Sparten kleine und mittlere Betriebe. Diese Konzentration geschah zuerst bei den „neuen" forschungs- und kapitalintensiven Industriesparten wie der Eisenbahn, der Eisen- und Stahlindustrie, der Erdölindustrie und der Elektrotechnik. Drei Unternehmertypen lassen sich identifizieren: Der Erfinder-Unternehmer (Thomas A. Edison), der Patente entwickelt und technologisch innovative Lösungen umsetzt, in der Regel aber die Kontrolle über sein Unternehmen rasch verliert, der Unternehmer der vertikalen Integration, der sich bemüht, alle Aspekte einer Sparte in einer Hand zu konzentrieren (Andrew Carnegie), und der Unternehmer der horizontalen Integration, also der Zusammenfassung von Betrieben gleicher Produktionsstufe unter einem Management (John D. Rockefeller). Gegenüber den auch in der zeitgenössischen Öffentlichkeit sehr sichtbaren „Industriekapitänen" dieser Gründerjahre spielte die Politik eine eher zurückhaltende Rolle. Die Aufgabe des Staates sei es nicht, in die Wirtschaftskreisläufe einzugreifen, vielmehr sei auch die Wirtschaft nach dem sozialdarwinistischen Grundsatz des *Survival of the Fittest* organisiert, hieß es damals von politischer Seite. Die Prinzipien des Sozialdarwinismus wurden nicht nur angewandt, um den ungehinderten Konzentrationsprozess der Wirtschaft ideologisch abzusichern, sie befeuerten auch Diskurse, die zunehmend Stimmung gegen Einwanderer und Einwanderinnen machten. Gleichzeitig sah das Ende des *Gilded Age* die Gründung einer neuen Partei, der Populisten, die die Probleme der Farmer und Arbeiter aufgriffen und vor allem gegen die Republikanische Partei als Partei der

Unternehmer Stimmung machten. Bei den Populisten fanden sich „progressive" Vorschläge zu sozialen Reform Hand in Hand mit rückwärtsgewandten Ideen und gelegentlichen antisemitischen Diskursen.

Das sechste Kapitel „Die Radikalisierung sozialer Konflikte im Kontext von Masseneinwanderung und Rassismen, 1870 – 1900" vertieft die Diskussion, indem sie die Vogelperspektive des dritten Kapitels durch eine Sicht von unten ergänzt. Diskutiert werden hier neue Formen der industriellen Arbeit, auch von Frauen und Kindern, nämlich die extrem ausbeuterischen *Sweatshops*, die Arbeit unter Tage in Kohle- und Edelmetallgruben und die neue Form der Büroarbeit, die im Laufe der Zeit auch eine neue geschlechtliche Arbeitsteilung generierte. Unternehmensstädte, die Arbeitersiedlungen in direkter Nachbarschaft zu den Produktionsstätten aufwiesen, konnten die Wohnungsnot der Arbeiterschaft zwar mindern, unterwarfen jedoch die Belegschaft und ihre Familien einer engen sozialen Kontrolle durch das omnipräsente Unternehmen. Das Auseinandertreten von Arbeitsplatz und Wohnung in anderen Städten durch Sub-Urbanisierung und soziale Segregierung hatte eine „neue Häuslichkeit" zur Folge, die auch im Bereich der Konsumption neue Wege eröffnete. Das Kaufhaus und der Katalogversand ersetzen zunehmend das Einkaufen im kleinen Laden an der Ecke. Die populäre Kultur der Zeit wurde durch die Einführung bewegter Bilder und der Vergnügungsparks geprägt, die auch den Massen offenstanden. Dessen ungeachtet können die Jahre 1877 bis 1898 als eine Epoche deutlich markierter Klassengegensätze gesehen werden, die sich in Massenstreiks immer wieder Luft machten und in der Regel vom Militär und Agenten der Pinkerton-Detektei blutig unterdrückt wurden. Die mangelnde Geschlossenheit der amerikanischen Gewerkschaftsbewegung, die weitgehend nach den Prinzipien ständischer Handwerkervertretungen organisiert war und eingewanderte Arbeitskräfte und *African Americans* in der Regel ausschloss, machte es den Unternehmern dabei leicht, Streikbrecher einzusetzen und Gruppen gegeneinander auszuspielen. Streiks verliefen wegen der Unerfahrenheit der Arbeitskräfte und mangelnder gewerkschaftlicher Unterstützung oft gewaltsam und erfolglos. Gerichte schränkten das Streikrecht im Zusammenhang mit Anti-Trust-Gesetzen weiter ein. Utopische Lösungen wurden diskutiert und hinterließen Spuren in den Alltagsdiskursen der Zeitgenossen. Die Erfahrung weitgehender Machtlosigkeit der Arbeiterschaft und der Bauern angesichts einer Einheitsfront von Kapital und Politik führte zur Bereitschaft, Klassengrenzen im *Populist Movement* der 1890er Jahre zu überwinden.

Das siebte und letzte Kapitel „Die imperiale Gesellschaft: Territoriale Expansion als ‚soziales Sicherheitsventil'" konzentriert sich auf die Jahre unmittelbar vor dem Spanisch-Amerikanischen Krieg von 1898. Der Populismus war eine Sammelbewegung, die für eine Reform des ungebremsten Kapitalismus eintrat und Teile der Arbeiterschaft genauso umfasste wie Farmer aus dem Süden und

Westen. Ihre Programmatik war gegen die Banken und „Wall Street" gerichtet, die man für die Notlage der Bevölkerung verantwortlich machte. Die Forderungen der Populisten reichten von in Europa traditionell zum sozialdemokratischen Lager gehörenden Positionen bis zur Forderung, Silber als Währung zu prägen, um auf diese Weise inflationäre Tendenzen zu fördern. Die Populisten waren auf Grund des Mehrheitswahlrechts gezwungen, mit den beiden großen Parteien zu kooperieren, was lediglich im Westen einigermaßen erfolgreich war. Im Süden verhinderte der gegen *African Americans* gerichtete giftige Rassismus eine Kooperation zwischen Populisten und Demokraten. Die auf die Abolition der Sklaverei zurückgehende Frauenrechtsbewegung, die Allianz der Farmer in der Grange-Bewegung, weitere Massenstreiks, der Vormarsch der Populisten und die Wirtschaftskrise von 1893 spitzten die soziale Lage in einer Weise zu, die nach einer sozialen Lösung rief. Da diese ausblieb, fand man den Weg der Expansion nach Außen. Die Wahl von 1896 gewann der von der Industrie großzügig unterstützte Republikaner William McKinley gegen den Populisten William Jennings Bryan. McKinley brach zwei Jahre nach seiner Wahl den Krieg mit Spanien vom Zaun, im Zuge dessen sich die USA Kubas, der Philippinen und Puerto Ricos bemächtigten. Auch wenn die Vereinigten Staaten eine antikoloniale Vergangenheit hatten – schließlich war die Monroedoktrin aus einem antikolonialen Impuls heraus entstanden – kämpften nach dem Erwerb der Philippinen amerikanische Soldaten im ersten Kolonialkrieg gegen indigene Bevölkerungen außerhalb der kontinentalen USA und wandten dabei genozidale und kriegsverbrecherische Taktiken an. Die rassifizierenden Diskurse der *Reconstruction* und der Indianerkriege erscheinen hier als Doppelgänger, die die Auslöschung indigener Menschen rechtfertigen. Die „Lock-ins" der *Reconstruction* und die siedlerimperialistische Landnahme präfigurierten Elemente der amerikanischen Außenpolitik im 20. Jahrhundert.

2 Theoretische und methodische Fundierung

> „C'est ça, une théorie, c'est exactement comme une boîte à outils. Rien à voir avec le signifiant. Il faut que ça serve, il faut que ça fonctionne."[1]

2.1 Narrativität

Geschichte wird in der Form von Erzählungen geschrieben und vermittelt. Diese Binsenweisheit hat sich spätestens seit der Veröffentlichung des Opus Magnum Hayden Whites auch bei Historikerinnen und Historikern etabliert.[2] White entwickelte eine literaturwissenschaftliche Perspektive auf die Geschichtswissenschaft, die sich an den Ergebnissen Mikhael Bakhtins und Roland Barthes' orientierte. Barthes argumentierte, dass Geschichtswissenschaft keineswegs eine außertextuelle Wirklichkeit einfach abbilde. Diese Täuschung dieses „effet de réel" könne nur da entstehen, wo das auktoriale Ich der historischen Erzählerin oder des Erzählers unsichtbar bliebe.[3] Seit White gilt also, dass auch historiographische Texte wie fiktionale Texte einem Emplotment unterliegen.[4] Bakhtin hatte zeigen können, wie Texte durch unterschiedliche Typen von Chronotopien genrespezifisch konzipiert werden konnten.[5] White machte sich diese Erkenntnis

---

[1] Deleuze, Gilles. Pourparlers: 1972–1990. Paris: Edition de Minuit, 1990, S. 48.
[2] White, Hayden V. Metahistory: The Historical Imagination in Nineteenth-Century Europe. Baltimore, MD: Johns Hopkins University Press, 1973.
[3] Barthes, Roland. Le Discours de l'Histoire. In : Social Science Information. 1967; 6 (4):63–75. Ders. L'Effet de Réel. Communications. 1968; 11 (11):84–89.
[4] Rüsen, Jörn. Grundzüge einer Historik, 3 Bände. Band 1: Historische Vernunft: Die Grundlagen der Geschichtswissenschaft. Göttingen: Vandenhoeck und Ruprecht, 1983.
[5] „The chronotope in literature has an intrinsic *generic* significance. It can even be said that it is precisely the chronotope that defines genre and generic distinctions, for in literature the primary category in the chronotope is time." Bakhtin, Mikhael M. The Forms of Time and the Chronotope in the Novel: Notes toward a Historical Poetics. Austin, TX: University of Texas Press; 1981. Ders. The Dialogic Imagination: Four Essays. Austin, TX: University of Texas Press, 1981; S. 84–258, S. 84f. Bemong, Nele, Borghart, Pieter, De Dobbeleer, Michel und Demoen, Kristoffel. Bakhtin's Theory of the Literary Chronotope: Reflections, Applications, Perspectives. Gent: Ginko, Academia Press, 2010.

ə OpenAccess. © 2019 M. Michaela Hampf, publiziert von De Gruyter. Dieses Werk ist lizenziert unter der Creative Commons Attribution-NonCommercial-NoDerivatives 4.0.
https://doi.org/10.1515/9783110657746-004

zunutze und wandte sie auf historiographische Texte an.⁶ Selbst in Richtlinien für den Geschichtsunterricht an Oberstufen wird längst festgelegt, dass Schülerinnen und Schüler narrative Kompetenz entwickeln sollen, die es ihnen ermöglicht, die Konstruiertheit der historiographischen Narration zu verstehen.⁷

Der vorliegende Text geht von der Erkenntnis aus, dass man Geschichte nicht *nicht* erzählen kann. Ein historiographischer Text wird immer einen Anfang und ein Ende haben und zwischen diesen spannt sich ein narrativer Bogen, der in der Regel chronologisch und topologisch geordnet ist. Mit dem narrativen Erklärungsmodell ist ein genuin historischer Erklärungstyp entdeckt. Zwar gibt es in der Geschichtswissenschaft klassisch nomologische Erklärungen, und es fehlt auch nicht an intentionalen oder teleologischen Erzählungselementen. Das intentionale Erklären – frei nach Jörn Rüsen – rückt die zu erklärende Tatsache (hier die Entwicklung des amerikanischen *Empire*) nicht in einen gesetzmäßigen Zusammenhang mit anderen Tatsachen, sondern

> [...] in einen subjektiven Sinnzusammenhang mit Absichten. Handlungen [...] zu erklären, heißt, die sie bewegenden Gründe zu rekonstruieren: Sie werden durch ‚Verstehen' erklärt, durch ein Wissen um die handlungsleitenden Absichten. Dieses Wissen ist nicht nomologisch.⁸

In einem weiteren Schritt entwickelt Rüsen seine Theorie der Narrativität.

> Nomologische und intentionale Erklärungen kommen in der Geschichtswissenschaft immer im Zusammenhang von Geschichten vor. Sie sind Teile narrativer Aussagezusammenhänge. Narrativ ausgesagt werden zeitliche Folgen von Sachverhalten der menschlichen Welt als (sinn- und bedeutungsvolle) Veränderungen. Man kann auch sagen, historische Aussagen bezeichnen eine zeitliche Folge von Situationen: Sie besagen, daß etwas zu einem bestimmten Zeitpunkt (t1) so und zu einem späteren Zeitpunkt (t2) anders und zu einem noch späteren Zeitpunkt (t3) wieder anders der Fall war. [...] Die Geschichtswissenschaft pflegt

---

6 Finzsch, Norbert. History as a Bag of Tricks We Play on the Dead: Theorien der Narrativität in der anglo-amerikanischen Historiographie der letzten 20 Jahre. Jahrbuch für Geschichte von Staat, Wirtschaft und Gesellschaft Lateinamerikas. 1998; 35:245–273.
7 Leider versteigen sich dann einige dieser ministeriellen Handreichungen zu der Aussage, die historische Erzählung müsse „de-konstruiert" (immer mit Bindestrich) werden, was begrifflich und theoretisch nicht unmittelbar einleuchtet und nur durch einen begrifflichen Missgriff erklärt werden kann. Mit der Dekonstruktion Jacques Derridas oder Paul de Mans hat das jedenfalls nichts zu tun. Ministerium für Schule und Weiterbildung des Landes Nordrhein-Westfalen. Kernlehrplan für das Gymnasium – Sekundarstufe I (G8) in Nordrhein-Westfalen: Geschichte. Frechen: Ritterbach Verlag; 2007, S. 16, 18.
8 Rüsen, Jörn. Grundzüge einer Historik. 2 Bände. Band 2: Rekonstruktion der Vergangenheit: Die Prinzipien der historischen Forschung. Göttingen: Vandenhoeck und Ruprecht, 1986, S. 31.

nun solche zeitlichen Veränderungen von etwas nicht einfach als Abfolge von Situationen zu ‚erzählen', sondern sie pflegt diese Veränderungen auch zu erklären.[9]

Da es nun in der Geschichtswissenschaft um Situationen, Entwicklungen und Veränderungen geht, die komplexer sind, als dies von nomologischen Herleitungen oder der Darstellung absichtsvoller Handlungen erklärt werden kann, muss über die gesetzesmäßigen und intentionalen Erklärungen hinaus auf weitere erklärende Daten zurückgegriffen werden. Diese Daten werden narrativ beigesteuert.[10]

2.2 Pfadabhängigkeit

> I shall be telling this with a sigh
> Somewhere ages and ages hence:
> Two roads diverged in a wood, and I,
> I took the one less traveled by,
> And that has made all the difference.[11]

Pfadabhängigkeit ist ein analytisches Konzept aus den Sozialwissenschaften. Es beschreibt Prozessmodelle, deren zeitlicher Verlauf strukturell im Rückblick einem Pfad ähnelt. Pfadabhängige Prozesse verhalten sich an den Kreuzungspunkten, den „critical junctures" nicht deterministisch, sondern chaotisch. An den jeweiligen Kreuzungen stehen mehrere alternative Verläufe zur Auswahl. Wird ein solcher Weg eingeschlagen, verfestigt sich dieser durch positive Feedback-Effekte und ein Richtungswechsel wird erheblich erschwert (*Lock-in*). Während eine kleine Störung an den (kontingenten) Kreuzungspunkten über positive Rückkopplung zu einem ganz anderen Ausgang führen kann, ist dies in der folgenden stabilen Phase kaum mehr möglich. Da der Übergang in eine stabile Phase unabhängig von der Qualität der getroffenen Entscheidung stattfindet, sind pfadabhängige Prozesse nicht selbstkorrigierend, sondern im Gegenteil dazu prädestiniert, Fehler zu verfestigen.[12] Dieser Erklärungsansatz unterscheidet sich

---

9 Rüsen, Jörn. Grundzüge einer Historik. 2 Bände. Band 2, S. 37 f.
10 Rüsen, Jörn. Grundzüge einer Historik. 2 Bände. Band 2, S. 43 f.
11 Frost, Robert. The Road Not Taken: And Other Poems. New York: Dover Publications, 1993, S. 1.
12 Eine gute Übersicht über die Theorie der Pfadabhängigkeit im Bereich der Organisationsforschung bietet Küçükyazici. Küçükyazici, Günes. Literature Review on Organizational Path Dependence. GAU Journal of Social and Applied Sciences. 2014; 6 (10):60–72. Mit der Methodologie und Definition des Ansatzes befassen sich Vergne, Jean-Philippe und Durand, Rodolphe. The Missing Link between the Theory and Empirics of Path Dependence: Conceptual Clarification,

Testability Issue, and Methodological Implications. Journal of Management Studies. 2010; 47 (4):736–759. Die Autoren betonen auf S. 736, bei der Pfadabhängigkeit handele es sich „noch nicht" um eine vollentwickelte Theorie. Im Sinne der Geschichtswissenschaft jedoch, die Theorie begreift als ein abstraktes wissenschaftliches Modell, das einen Ausschnitt der Wirklichkeit zu erklären versucht, ist die Pfadabhängigkeit durchaus eine Theorie. In der Geschichtswissenschaft ist sie bislang vor allem von der Wirtschaftsgeschichte aufgegriffen worden. Für die vorliegende Untersuchung bietet der Ansatz ein hilfreiches heuristisches Instrument, das geeignet ist, deterministische Erklärungsansätze und teleologische Argumentationen vermeiden zu helfen und den Blick auf die historische Kontingenz von Ereigniszusammenhängen und Prozessen lenkt. Die wissenschaftliche Literatur zur Pfadabhängigkeit ist umfangreich, bezieht sich aber in der Mehrzahl der Fälle auf wirtschaftswissenschaftliche Problematiken. Die Diskussion wurde sehr anschaulich von Jürgen Beyer in einem 2005 erschienenen, teilweise kritisch mit dem Konzept umgehenden, Artikel widergegeben. Beyer, Jürgen. Pfadabhängigkeit ist nicht gleich Pfadabhängigkeit! Wider den impliziten Konservatismus eines gängigen Konzepts. Zeitschrift für Soziologie. 2005; 34 (1):5–21. Hall, Peter A. and Taylor, Rosemary C. R. Political Science and the Three New Institutionalisms. Political Studies. 1996; 44 (5):936–957. James Mahoney eruierte das Feld der historischen Soziologie und stellte das neue Konzept vor. Mahoney, James. Path Dependence in Historical Sociology. Theory and Society. 2000; 29 (4):507–548. Mahoney unterstrich, dass sich das Verfahren vor allem zur Erklärung abweichenden Verhaltens oder zum Verständnis von Exzeptionalismen eignete und widersprach damit dem unausgesprochenen Vorwurf, Pfadabhängigkeit sei „konservativ". Mahoney, Path Dependence, S. 508. 2005 konnte das Konzept als etabliert gelten. Jürgen Beyer nannte es ausdrücklich eines „[...] der am meisten genutzten Erklärungsansätze der sozialwissenschaftlichen und ökonomischen Forschung [...]". Beyer, Pfadabhängigkeit ist nicht gleich Pfadabhängigkeit, S. 5. Seine Kritik am Konzept als „implizit konservativ" verfängt indessen nicht in der hier angestrebten Verwendung. Anders als Sozialwissenschaften verfährt die Geschichtswissenschaft ja nicht empirisch und prognostisch. („intendierte Wirkung"), sondern analytisch-erklärend. „[I]ntendierte Richtungswechsel", Beyer, Pfadabhängigkeit ist nicht gleich Pfadabhängigkeit, S. 5 f. Grundsätzliche Abhandlungen sind ebenso häufig wie praktische Anwendungen. Zu den grundsätzlichen Texten gehören Dolfsma, Wilfred. Institutions, Communication and Values. Basingstoke, New York: Palgrave Macmillan; 2009. Magnusson, Lars and Ottosson, Jan. The Evolution of Path Dependence. Cheltenham, Northampton, MA: Edward Elgar, 2009. Sydow, Jörg und Schreyögg, Georg. The Hidden Dynamics of Path Dependence: Institutions and Organizations. Basingstoke, New York: Palgrave Macmillan, 2009. Der wohl wichtigste Text dieser Art erschien 2014: Liebowitz, S. J. und Margolis, Stephen. Path Dependence and Lock-In. Cheltenham, Northampton, MA: Edward Elgar Publishing, 2014. Zu den anwendungsorientierten Texten zählen Bleakley, Hoyt und Lin, Jeffrey Y. Portage: Path Dependence and Increasing Returns in U.S. History. Cambridge, MA: National Bureau of Economic Research, 2010. Oleinik, Anton. Market as a Weapon: The Socio-Economic Machinery of Dominance in Russia. New Brunswick, NJ: Transaction Publishers, 2010. Bontje, Marco Arjan, Musterd, Sako und Pelzer, Peter. Inventive City-Regions: Path Dependence and Creative Knowledge Strategies. Farnham, Burlington, VT: Ashgate, 2011. Hansen, Bradley A. und Hansen, Mary Eschelbach. The Role of Path Dependence in the Development of US Bankruptcy Law, 1880–1938. Journal of Institutional Economics. 2007; 3 (2):203–225.

damit fundamental von einem „teleologischen" Ansatz, in dem Sinne, dass „[...] the present shape of things can best be explained by considering their function and particularly their function in some future state of the world."[13]

Das typische und immer wieder zitierte Beispiel für Pfadabhängigkeit ist die Einführung der Schreibmaschinentastatur mit ihrer im englischen Sprachraum charakteristischen Buchstabenfolge QWERTY. Diese Anordnungen der Buchstabentasten gehen auf das 19. Jahrhundert zurück. 1868 ordnete der amerikanische Drucker und Zeitungsherausgeber Christopher Latham Sholes die Tasten der Schreibmaschine erstmals nicht mehr alphabetisch an. Der Grund lag angeblich in der Optimierung der Schreibgeschwindigkeit und der Reduzierung der Störungsanfälligkeit. Wenn häufig als Kombination vorkommende Buchstaben auf der Tastatur nebeneinander liegen, so liegen auch die Typenhebel dieser Buchstaben im Mechanismus der Schreibmaschine nebeneinander, haben somit eine größere Berührungsfläche und verhaken sich öfter – so jedenfalls die allgemein akzeptierte Erklärung für die gewohnte Anordnung der Tasten.[14] Das Patent der Sholes-Schreibmaschine von 1878 wurde von der Firma Remington aufgekauft. Mit dem großen kommerziellen Erfolg der Remington No. 2 verbreitete sich die Anordnung dieser Tasten auf dem Weltmarkt, obwohl das Problem des Verhakens von Typenhebeln im Zeitalter der Kugelkopfmaschinen und der Computertastatur nicht mehr besteht. Es hat nicht an gut funktionierenden Alternativen zur QWERTY-Tatstatur gefehlt, die sich aber wegen der hohen Kosten, die mit der Einführung eines besseren Systems verbunden waren, nicht haben durchsetzen können. Bei der QWERTY-Tastaturbelegung gab Erlerntes den Ausschlag. Sie wurde ohne weitere Prüfung vom Schreibmaschinenzeitalter in das Computerzeitalter als Standard übernommen. Sinnvoll wäre eine ergonomische Ausrichtung gewesen, die auch vorgeschlagen wurde, sich aber nicht durchsetzte.[15]

---

[13] David, Paul A. „Why Are Institutions the Carriers of History"?: Path Dependence and the Evolution of Conventions, Organizations and Institutions. Structural Change and Economic Dynamics. 1994; 5 (2):205–220, S. 206.

[14] Diese Theorie kann man leicht entkräften: Die Buchstraben „e" und „r" kommen im Englischen sehr häufig in Kombinationen vor. Dennoch liegen sie auf der Sholes-Tastatur nebeneinander.

[15] 2013 ist diese bis dato allgemein akzeptierte Darstellung in die Kritik geraten. An den Grundtatsachen ändert sich jedoch nichts: Sholes hat die Schreibmaschine mit der QWERTY-Tastatur patentieren lassen, Remington hat das Patent aufgekauft und hat mithilfe seiner marktbeherrschenden Stellung diese Tastatur zum Industriestandard gemacht, obwohl es auf dem Markt bessere Lösungen gab. Stamp, Jimmy. Fact of Fiction? The Legend of the QWERTY Keyboard. [Web Page]: http://www.smithsonianmag.com/arts-culture/fact-of-fiction-the-legend-of-the-qwerty-keyboard-49863249/. Gesehen am 14.02.2017. Vergl. auch das Patent, das Sholes eingereicht hat. United States. Patent Office. Improvement in Type-Writing Machines: US207559 A. 27. August 1878.

Auch wenn der Ansatz der Pfadabhängigkeit zunächst vor allem in der Wirtschaftswissenschaft Verwendung fand, migrierte es doch auch in andere Disziplinen. So besteht auch das Berliner Graduiertenkolleg zur Pfadabhängigkeit vorwiegend aus Wirtschaftswissenschaftlern und -wissenschaftlerinnen, wenn auch Politikwissenschaft und Soziologie als Disziplinen daneben vertreten sind. In der Politikwissenschaft wurde Pfadabhängigkeit ebenfalls zur Erklärung höchst verschiedener Phänomene herangezogen.[16] So untersuchte Junko Kato 2003 den Zusammenhang von Steuersystem und der Etablierung des Sozialstaats im internationalen Vergleich.[17] Paul Pierson untersuchte 2004 im Sinne eines „Historic Turn" in den Sozialwissenschaften die Bedeutung von Zeit und Zeitlichkeit für politische Institutionen.[18] Eduardo Araral analysierte den Zusammenhang von Pfadabhängigkeit und Entwicklungshilfe auf den Philippinen.[19]

Im Jahr 2001 schon gaben Pierre Garrouste und Stavros Ioannides einen Sammelband zur Geschichte ökonomischer Ideen heraus, der dem Ansatz der Pfadabhängigkeit verpflichtet war.[20] An der Grenze von Historiographie und Wirtschaftswissenschaft befand sich Paul Davids programmatischer Beitrag in einem Sammelband von 2007.[21] Gleichzeitig erschien der erste Band, der eine dezidiert komparative und historiographische Anwendung der Pfadabhängigkeit versuchte.[22] Andere, eher wirtschaftshistorische Studien folgten: So wurde

---

[16] Banchoff, Thomas. Path Dependence and Value-Driven Issues: The Comparative Politics of Stem Cell Research. World Politics. 2005; 57 (2):200–230. Schneider, Anne Larason. Patterns of Change in the Use of Imprisonment in the American States: An Integration of Path Dependence, Punctuated Equilibrium and Policy Design Approaches. Political Research Quarterly. 2006; 59 (3):457–470. Capoccia, Giovanni und Kelemen, R. Daniel. The Study of Critical Junctures: Theory, Narrative, and Counterfactuals in Historical Institutionalism. World Politics. 2007; 59 (3):341–369. Farhat, Nadim. Le Conflit Communautaire Belge entre Contigence Identitaire et de Terminisme Historique: Analayse de „Path Dependence" de la Formation des Communautés et des Trajectoires Institutionelles. Revue Française de Science Politique. 2012; 62 (2):231–254.
[17] Kato, Junko. Regressive Taxation and the Welfare State: Path Dependence and Policy Diffusion. Cambridge, New York: Cambridge University Press, 2003.
[18] Pierson, Paul. Politics in Time: History, Institutions, and Social Analysis. Princeton, NJ: Princeton University Press, 2004.
[19] Araral, Eduardo. Bureaucratic Incentives, Path Dependence, and Foreign Aid: An Empirical Institutional Analysis of Irrigation in the Philippines. Policy Sciences. 2005; 38 (2/3):131–157.
[20] Garrouste, Pierre and Ioannides, Stavros. Evolution and Path Dependence in Economic Ideas: Past and Present. Cheltenham, Northampton, MA: Edward Elgar, 2001.
[21] David, Paul A. Path Dependence, Its Critics and the Quest for ‚Historical Economics'. Hodgson, Geoffrey Martin (Hg.). The Evolution of Economic Institutions: A Critical Reader. Cheltenham, Northampton, MA: Edward Elgar, 2007, S. 120–144.
[22] Magnusson, Lars und Ottosson, Jan. Evolutionary Economics and Path Dependence. Cheltenham, Northampton, MA: Edward Elgar Publishing, 1997.

die Dissemination der Baumwollindustrie in Neuengland unter Anwendung der Theorie der Pfadabhängigkeit analysiert.[23] In einer Studie zu politischen *Changes* in Mittelamerika wurden Veränderungen der politischen Systeme durch langwirkende Vorentscheidungen erklärt, die einen bestimmten Weg der *Regime Changes* gewissermaßen „vorgaben".[24] Drei Jahre später publizierte Paul A. David eine kurze Einführung in die historiographische Anwendung der Theorie, die auf Grund ihrer Plausibilität rasch Wirkung zeitigte.[25] Im gleichen Jahr wurde eine weitere ökonomische Studie veröffentlicht. Lars Magnusson und Jan Ottoson veröffentlichten ein Buch zur Evolutionsökonomik, also dem Teil der Wirtschaftswissenschaft, die sich mit der Rolle des Wissens für die Wirtschaft befasst.[26] Für die Volksrepublik China als ein sozialistischer Staat mit einer aufstrebenden kapitalistischen Volkswirtschaft ist es besonders wichtig, unter Beibehaltung bestimmter politisch gesetzter Strukturen einen institutionellen Wandel herbeizuführen. Daher interessierten sich chinesische WissenschaftlerInnen schon früh für die Theorie der Pfadabhängigkeit.[27] Ähnliches könnte man über die ehemaligen Mitgliedsstaaten der UdSSR sagen. Auch hier treffen strukturelle Veränderungen und historisch gewachsene Formationen aufeinander.[28]

Aber auch „traditionelle" Gesellschaften bieten sich für die Verwendung des Verfahrens an: So beschäftigt sich eine 2016 erschienene Studie mit dem Zusammenhang von Resilienz und Pfadabhängigkeit am Beispiel des Chemie-

---

23 Rosenbloom, Joshua L. Path Dependence and the Origins of the Cotton Textile Manufacturing in New England. Farnie, D. A. und Jeremy, David J. (Hg.). The Fibre That Changed the World: The Cotton Industry in International Perspective, 1600–1990s. Oxford, New York: Oxford University Press, 2004, S. 365–394.
24 Mahoney, James. The Legacies of Liberalism: Path Dependence and Political Regimes in Central America. Baltimore, MD: Johns Hopkins University Press, 2001.
25 David, Paul A. Path Dependence and the Quest for Historical Economics: One More Chorus of the Ballad of QWERTY. Oxford: Nuffield College, 1997.
26 Magnusson und Ottosson, Evolutionary Economics and Path Dependence.
27 Xin, Gu. Path Dependence, Institutional Embeddedness, and Institutional Change. Singapore: East Asian Institute, 1999. Li, Linda Chelan. Rural Tax Reform in China: Policy Process and Institutional Change. London, New York: Routledge, 2012. Chung, Hwan-woo. Economic Reform and Path Dependence in China: A Comparative Study of Reform and Development in Nanjing and Suzhou. Asian Perspective. 2003; 27 (2):205–239. Yeung, Godfrey. Hybrid Property, Path Dependence, Market Segmentation and Financial Exclusion: The Case of the Banking Industry in China. Transactions of the Institute of British Geographers. 2009; 34 (2):177–194.
28 Lawson, Colin W. Path-Dependence and the Economy of Belarus: The Consequences of Late Reform. In: Korosteleva, Elena A., Lawson, Colin W. und Marsh, Rosalind J. (Hg.). Contemporary Belarus: Between Democracy and Dictatorship. London, New York: RoutledgeCurzon, 2003, S. 125–136. Hedlund, Stefan. Russian Path Dependence. London, New York: Routledge, 2005.

standorts und Hafens Brunsbüttel in Schleswig-Holstein.[29] Die Technologiepolitik der Bundesrepublik wurde 2007 von Thomas Wieland mit den Mitteln der Pfadanalyse untersucht.[30]

Generell ist zu beobachten, dass ab etwa 2010 eine starke Zunahme der Literatur sowohl in der Soziologie, der Politikwissenschaft und der Ökonomie zu verzeichnen ist. Der einschlägige Buchmarkt wurde nachgerade unübersichtlich, während Aufsätze demgegenüber in den Hintergrund traten.[31] Erstmalig befinden sich unter diesen Studien auch stärker historisch angelegte Bücher. Ida Blom untersuchte die Rechtsprechung zu STD und das medizinische Versorgungssystem in Skandinavien im 19. und 20. Jahrhundert.[32] William Outhwaite analysierte die Veränderungen in postkommunistischen europäischen Systemen nach 1989.[33] Eine historische Studie, die nicht auf Staatensysteme blickt oder einen explizit komparatistischen Approach gewählt hat, steht indessen aus.

Grundsätzlich ist das theoretische Feld, in dem Pfadabhängigkeit angesiedelt ist, hochkomplex. Eine wichtige Frage ist die nach dem epistemologischen Status von Pfadanalysen. Handelt es sich hierbei um eine qualitative Politikanalyse von sequentiellen Ereignissen mit hoher Endogenität oder dient die Pfadanalyse lediglich der Plausibilisierung eines historischen Narrativs? Wenn zum Beispiel im Zuge der zunehmenden Globalisierung und der damit zusammenhängenden „Entgrenzung der Staatenwelt" die Entwicklung innerhalb einzelner Staaten immer stärker von der Entwicklung anderer Staaten abhängt, nimmt die Endogenität zu und eine quantitative Analyse wird sinnlos. Was bleibt ist die Prozessanalyse, bei der es auf das „Timing" ankommt, d. h. auf die „Abfolge des Auftretens von Kausalfaktoren für deren Wirkung". Bei der Pfadabhängigkeit ist die sequentielle Wirkung von Kausalfaktoren noch dadurch bestimmt, dass das „Feld der Entwicklungsmöglichkeiten in den nachfolgenden Sequenzen begrenzt

---

29 Weig, Barbara. Resilienz komplexer Regionalsysteme: Brunsbüttel zwischen Lock-in und Lernprozessen. Wiesbaden: Springer, 2016.
30 Wieland, Thomas. Neue Technik auf alten Pfaden? Forschungs- und Technologiepolitik in der Bonner Republik: Eine Studie zur Pfadabhängigkeit des technischen Fortschritts. Bielefeld: transcript, 2009.
31 Zwischen 2010 und 2016 erschienen alleine 38 Monographien und Sammelbände zu Problemen der Pfadabhängigkeit, der überwiegende Teil davon in den Sozialwissenschaften und in den Wirtschaftswissenschaften.
32 Blom, Ida. Medicine, Morality, and Political Culture: Legislation on Venereal Disease in Five Northern European Countries, c.1870 – c.1995. Lund: Nordic Academic Press, 2012.
33 Outhwaite, William. Europe since 1989: Transitions and Transformations. London, New York: Routledge, 2015.

wird."[34] Soziologen wie David Collier haben dazu aufgerufen, quantitative vergleichende Analysen zugunsten der qualitativen Methoden aufzugeben, ja die quantitativen Algorithmen „in die Ecke zu stellen."[35] Rolf Ackermann hat schon 2001 darauf hingewiesen, dass der wissenschaftstheoretische Status der Pfadabhängigkeit schon alleine deshalb unklar ist, weil es an präzisen Definitionen mangele. Auch wenn dieser Beitrag 15 Jahre alt ist, bleibt das Problem bestehen. Ackermann macht aber bestimmte Vorschläge, die Beachtung verdienen. U. a. postuliert er, dass Pfadabhängigkeit nicht mit Ineffizienz gleichzusetzen sei.[36] (S. 32) Ich kann und will im Rahmen dieses Textes nicht auf alle theoretischen Finessen der Diskussion eingehen, sondern im Sinne der Anwendbarkeit des Begriffs einige grundsätzliche Bemerkungen machen, die deutlich machen, warum Pfadabhängigkeit ein gutes Modell sein kann, um historische Entwicklungen zu verstehen und zu erläutern. Der Status der Pfadabhängigkeit ist also der eines narrativen Erklärungsmodells und nicht der eines Beschreibungs- oder Entscheidungsmodells. Narrative basieren auf einer Ursache-Wirkungsbeziehung, die sich auf eine Sequenz von Ereignissen beziehen lassen. Die Sequenz, ihre zeitliche Abfolge, ist dabei genauso wichtig wie die verschiedenen Ereignisse selbst. Geschichtsschreibung ist nicht länger „[...] considered the objective and disinterested recording of the past; it is more an attempt to comprehend and master it by means of some working (narrative/explanatory) model that, in fact, is precisely what grants a particular meaning to a particular past."[37]

In der ersten Phase der Entwicklung (Phase I) liegt ein ungerichteter Suchprozess vor, in dem (fast) alles möglich ist. Der Übergang zum zweiten Stadium (Phase II) ist dadurch gekennzeichnet, dass erstmalig und *zufällig* ein Ereignis eintritt, das nachhaltige selbstverstärkende Effekte bzw. positive Rückkopplungen auslöst. Insbesondere ist wichtig herauszustellen, dass solche „kleinen historische Ereignisse" oder Bifurkationspunkte nur ex-post identifizierbar sind. Weder in Phase I noch in Phase II sind Aussagen dazu möglich, ob dieses auch ein bedeutsames Ereignis sein wird. Wird dann schließlich die sogenannte „Lock-in"-Situation (Phase III) erreicht, ist der weitere Prozessverlauf durch den gewählten Pfad bestimmt. Der Entscheidungsprozess erreicht an einem bestimmten Punkt

---

34 Blatter, Joachim; Janning, Frank und Wagemann, Claus. Qualitative Politikanalyse: Eine Einführung in Forschungsansätze und Methoden. Wiesbaden: VS Verlag für Sozialwissenschaften, 2007, S. 130, 162.
35 Collier, David. Comment: QCA Should Set Aside the Algorithms. Sociological Methodology. 2014; 44: 122–126.
36 Ackermann, Rolf. Pfadabhängigkeit, Institutionen und Regelreform. Tübingen: Mohr Siebeck, 2001, S. 32.
37 Hutcheon, Linda. The Politics of Postmodernism. London, New York: Routledge, 2003, S.61.

die *Critical Juncture*, bei der sich die Auswahlmöglichkeiten drastisch verringern und die Ergebnisse im System „eingeschlossen" (*Lock-in*) werden. Nach der *Critical Juncture* gibt es praktisch keinen Raum mehr für Alternativen. Kauffman nennt das eine Bifurkation im Sinne Ilya Prigogines.[38] Der Mechanismus des „Einfrierens" (*Lock-in*) determiniert danach den stabilen Zustand des Systems. Da es an Flexibilität fehlt, gibt es nicht die Möglichkeit, andere, effektivere oder bessere Lösungen zu wählen.[39]

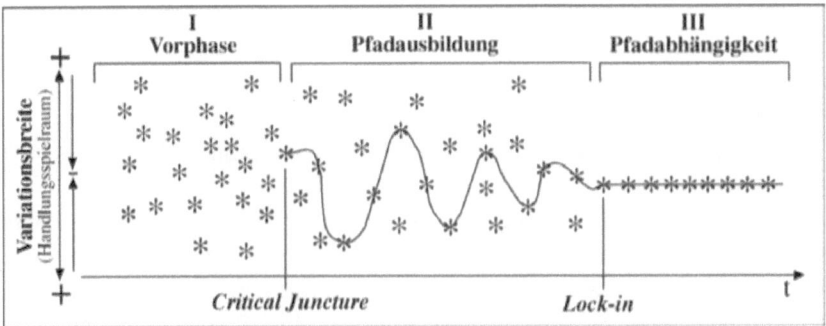

Grafik 1: Die Konstitution und Entwicklung von Pfaden[40]

Pfadabhängige Prozesse besitzen also folgende drei Eigenschaften:
a) Es herrscht Nichtvorhersagbarkeit, da kleine (kritische) Ereignisse über den weiteren Verlauf entscheiden.
b) Die Flexibilität nimmt im Zeitablauf ab, da die selbstverstärkenden Effekte ein Verlassen eines Pfades immer unwahrscheinlicher werden lassen.
c) Aus normativer Sicht und *ex post facto* können so (auch sozial) unerwünschte Zustände dauerhaft eintreten.[41] Damit richtet sich die Theorie der Pfadab-

---

38 Kauffman, Stuart A. The Sciences of Complexity and „Origins of Order." PSA: Proceedings of the Biennial Meeting of the Philosophy of Science Association 1990; S. 299–322, S. 305. Ders. The Origins of Order: Self-Organization and Selection in Evolution. New York: Oxford University Press, 1993, S. 180.
39 Sydow, Jörg; Schreyögg, Georg und Koch, Jochen. Organizational Path Dependence: Opening the Black Box. The Academy of Management Review. 2009; 34 (4):689–709. Vergl. Auch Mahoney, Path Dependence in Historical Sociology, S. 514.
40 Sydow, Jörg, Schreyögg, Georg und Koch, Jochen. Organisatorische Pfade – Von der Pfadabhängigkeit zur Pfadkreation? In: Schreyögg, Georg und Sydow, Jörg (Hg.). Managementforschung 13, Wiesbaden: Gabler, 2003, S. 257–294, S. 264.
41 Baier, Melanie. Die Pfadabhängigkeit: Zur Theorie der Pfadabhängigkeit, Pfadbrechung und Pfadkreation von Institutionen. [Web Page]: http://www.qucosa.de/fileadmin/data/qucosa/documents/1462/1140595687176-1541.pdf, S. 4. Gesehen am 5.5.2016.

hängigkeit vor allem gegen deterministische Erklärungsmodelle und das neoklassische Modell, das rationales Verhalten zum Schlüssel für das Verständnis historischen Wandels erklärt.

In der Literatur wird zwischen drei „Formen" der Pfadabhängigkeit unterschieden: Die beiden ersten – Pfadabhängigkeit des ersten und zweiten Grades – sind insofern unproblematisch, als sie dem neoklassischen Paradigma wenig entgegensetzen. Unter dem neoklassischen Paradigma verstehe ich die Annahme dreier Grundthesen:
1) Menschen agieren in Übereinstimmung mit rationalen Entscheidungen.
2) Individuen versuchen, den Nutzen zu maximieren. Unternehmen versuchen, den Profit zu maximieren.
3) Menschen agieren selbständig auf der Basis von Informationen.

Die dritte Form der Pfadabhängigkeit, also die des dritten Grades, stellt das neoklassische Paradigma in Frage. Was unterscheidet nun diese drei Formen? Die Abhängigkeit von Ausgangsbedingungen ist hier das entscheidende Kriterium. Die Einführung einer bestimmten Maschinerie in einer Fabrik könnte grundlegenden Einfluss auf die Produktivität der Fabrik haben, jedoch war dieser Umstand den Entscheidungsträgern von Anbeginn geläufig. In diesem Fall, wenn es also überhaupt eine Abhängigkeit von Ausgangsbedingungen gibt, reden wir von einer Pfadabhängigkeit ersten Grades. Wenn Informationen, die zu Entscheidungen führen, unvollständig oder unzutreffend sind, sprechen wir von einer Pfadabhängigkeit zweiten Grades. Entscheidungen können sich also im Laufe der Zeit als wenig effizient oder als kontraproduktiv herausstellen. Die Mangelhaftigkeit des gewählten Pfades war zum Zeitpunkt der Entscheidung also nicht erkennbar. Der dritte Grad der Pfadabhängigkeit ist gegeben, wenn die Ausgangsbedingungen zu Entscheidungen führen, die unerwünscht oder ineffektiv, aber vermeidbar sind. Sie ist die einzige Form der Pfadabhängigkeit, die im Widerspruch zum neoklassischen Paradigma steht.

> In instances of third-degree path dependence, outcomes cannot be predicted even with a knowledge of both starting positions and the desirability of alternative outcomes. In a world where efficiency cannot successfully predict outcomes, some (most?) outcomes must be inefficient.[42]

---

42 Liebowith, Stan J. und Margolis, Stephen E. Path Dependence, Lock-In, and History. [Web Page]: https://www.researchgate.net/publication/5213887, S. 3. Gesehen am 5.5.2016.

Stärker formalisiert ausgedrückt bedeutet das, dass eine Pfadabhängigkeit dritten Grades besteht, wenn es zum Zeitpunkt der Entscheidung t_0 eine alternative Lösung a_1 gegeben hätte, die es ratsam hätte erscheinen lassen, statt der Lösung a_0 den Ansatz a_1 zu wählen. Es ist für diesen Typ der Pfadabhängigkeit kennzeichnend, dass die fehlerhafte Entscheidung nicht rückgängig gemacht werden kann. Dies ist die Bedeutung des Slogans „history matters" im Zusammenhang mit Theorien der Pfadabhängigkeit – Pfadabhängigkeit dritten Grades bezeichnet die „non-ergodicity" oder Hysterese eines Systems.[43] Unter Ergodizität versteht man die statistische Unabhängigkeit eines Endzustands vom Anfangszustand in einem thermodynamischen oder statistischen System. Nicht ergoden sind solche Prozesse, bei denen der Endzustand eines Prozesses in hohem Maße vom Anfangszustand abhängt. Unter Hysterese versteht man das Bestehenbleiben einer Wirkung, nachdem die verursachende Kraft aufhört. Allgemein formuliert handelt es sich um ein Systemverhalten, bei dem die Ausgangsgröße nicht allein von der unabhängig veränderlichen Eingangsgröße, sondern auch von dem vorherigen Zustand der Ausgangsgröße abhängt. Das System kann also – abhängig von der Vorgeschichte – bei gleicher Eingangsgröße einen von mehreren möglichen Zuständen einnehmen. Das heißt, die genaue Stärke der Wirkung hängt nicht nur von der verursachenden Größe ab, sondern auch von der Vorgeschichte.

Man kann neben den erwähnten drei Graden zwischen vier Typen der Pfadabhängigkeit unterscheiden: „Increasing returns", „Negative feedback", „Cyclical processes" und „Reactive sequences".[44] Für historiographische Untersuchungen bieten sich die „Reactive sequences" als geeignetste an, weil sie eine Reihenfolge bezeichnen, in der jedes Ereignis eine Reaktion auf ein vorhergehendes und die Ursache für das folgende Ereignis darstellt.[45] In den Worten Mahoneys: „Reactive

---

[43] „A stochastic system is called ergodic if it tends in probability to a limiting form that is independent of the initial conditions. Breakdown of ergodicity gives rise to path dependence. When path dependence occurs, ‚history matters'." Horst, Ulrich. Ergodicity and Non-Ergodicity in Economics; Working Paper. [Web Page]: http://horst.qfl-berlin.de/sites/files/u2/Palgrave.pdf. Gesehen am 6.1.2017.
[44] Bennett, Andrew und Elman, Colin. Complex Causal Relations and Case Study Methods: The Example of Path Dependence. Political Analysis. 2006; 14 (3):250–267, S. 259.
[45] „Reactive sequences are applicable if early events trigger a chain of reactions, which then leads to further events. Whereas self-reinforcing sequences are characterized by processes of reproduction that reinforce early events, reactive sequences are marked by backlash processes that transform and perhaps reverse early events. In a reactive sequence, early events trigger subsequent development not by reproducing a given pattern, but by setting in motion a chain of tightly linked reactions and counter reactions". Beyer, Jürgen. The Same or Not the Same: On the Variety of Mechanisms of Path Dependence. International Journal of Social Sciences. 2010; 5 (1):1–11, S. 5. Pfadabhängigkeit hat sich im Bereich der historisch argumentierenden Politik-

sequences are chains of temporally ordered and causally connected events. In a reactive sequence, each event in the sequence is both a reaction to antecedent events and a cause of subsequent events."[46] Nicht zuletzt erlaubt der *Reactive Sequence*-Ansatz, historisch vorausgegangene *Lock-ins* als *Critical Junctures* einer neuen Konstellation zu begreifen.

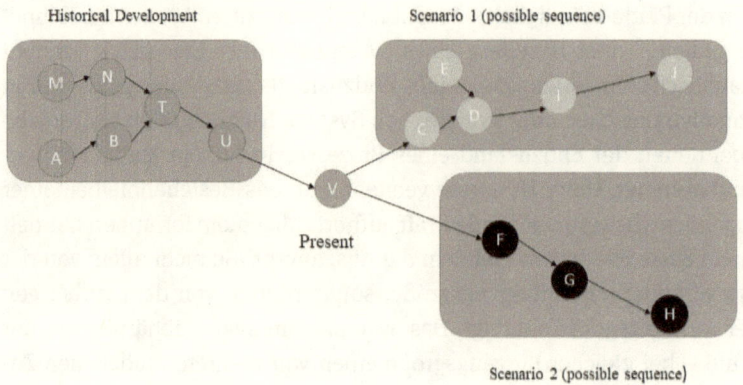

Grafik 2: Reactive Sequence und Conjuncture nach Mahoney

---

wissenschaft vor allem auf dem Gebiet des historischen Institutionalismus seit den späten 1990er Jahren etablieren können. Fioretos, Orfeo, Falleti, Tulia G. und Sheingate, Adam. The Oxford Handbook of Historical Institutionalism. Oxford, New York: Oxford University Press, 2016. Mahoney, James und Thelen, Kathleen Ann. Explaining Institutional Change Ambiguity, Agency, and Power. Cambridge, New York: Cambridge University Press, 2010. Rixen, Thomas, Vioola, Lora Anne und Zürn, Michael. Historical Institutionalism and International Relations: Explaining Institutional Development in World Politics. Oxford, New York: Oxford University Press, 2016. Lehmkuhl, Ursula. Diplomatiegeschichte als internationale Kulturgeschichte: Theoretische Ansätze und empirische Forschung zwischen Historischer Kulturwissenschaft und Soziologischem Institutionalismus. Geschichte und Gesellschaft. 2001; 27 (3):394–423. Der Historische Institutionalismus versucht Ursprung, Wandel und Funktion von Institutionen zu erklären und geht dabei von der Prämisse aus, dass sich diese nur mithilfe der Pfadabhängigkeit, sprich des historischen Verlaufes, erklären lassen. Hall, Peter A. und Taylor, Rosemary C. R. La Science Politique et les Trois Néo-Institutionalismes. Revue Française de Science Politique. 1997; 47 (3/4):469–496. Zu den Gründungsvätern der Pfadabhängigkeitstheorie gehören Brian Arthur und Paul David. Arthur hatte das Modell als erster in formalisierter Form vorgelegt. Arthur, W. Brian. Competing Technologies, Increasing Returns, and Lock-In by Historical Events. The Economic Journal. 1989; 99 (394):131–116. Paul A. David hat die Theorie überzeugend am Beispiel der Geschichte der Schreibmaschinentastatur erläutert. David, Paul A. Clio and the Economics of QWERTY. The American Economic Review. 1985; 75 (2):332–337.

46 Mahoney, Path Dependence, S. 526.

Mein Beitrag zur theoretischen Diskussion der Pfadabhängigkeit besteht darin, die Theorie der Pfadabhängigkeit aus der der Erklärung der Geschichte von Institutionen oder ökonomischen Vorgänge herauszulösen und sie mit einem Narrativ zu verbinden, in der auch andere Akteure (Individuen, Gruppen, Technologien, Parteien, Diskurse und Dispositive) eine Rolle spielen.[47] Die Theorie der Pfadabhängigkeit steht ja in keinem Widerspruch zur Aussage, historische Aussagen würden in der Form von Narrativen getroffen. Pfadabhängigkeit ergänzt aber die Theorie der Narrativität in der Geschichtsdarstellung durch die Annahme, dass historische Zusammenhänge zunächst einmal durch Komplexität gekennzeichnet sind und dass diese Komplexität sich im Laufe der historischen Abfolge reduziert. Dabei ist die Ordnung der Abfolge von entscheidendem Gewicht. Anders als in herkömmlichen historischen Narrativen bezieht sich die Pfadabhängigkeit allerdings auf Faktoren, die Veränderungen auslösen, vor allem auf dem Gebiet der materiellen und technologischen Entwicklungen. Pfadabhängigkeit als eine zunächst ökonomische Theorie betont selbstverständlich die Bedeutung des Marktes und hebt auf eine Erklärung institutionellen Wandels ab. Douglass C. North als wichtiger Impulsgeber für die Theorie der Pfadabhängigkeit hat mit der Studie, für die er 1993 den Nobelpreis in Wirtschaftswissenschaften erhielt, den Boden der rein ökonometrischen Untersuchung verlassen und hat die Pfadabhängigkeit auf die US-amerikanische Geschichte angewendet. Für ihn brachte die Westbewegung der Jahre 1815 bis 1860 und der Beginn der Industrialisierung in der ersten Hälfte des 19. Jahrhunderts eine Beschleunigung der Prosperität der Vereinigten Staaten. Vor allem die Baumwolle und die von ihr abhängigen Exporte und Arbeitsformen stimulierten die amerikanische Wirtschaft. Ein reiner Export von Rohstoffen hätte aber den enormen Aufschwung der Wirtschaft nicht bewerkstelligen können. Vielmehr war hier entscheidend, dass sich ein nationaler Markt entwickelte, der einen wachsenden Anteil der Ressourcen für die Produktion für den Markt band und die Subsistenzwirtschaft ablöste.[48]

Die vorliegende Habilitationsschrift greift Douglass Norths Ergebnisse auf und führt das Narrativ bis zum Ende des 19. Jahrhunderts weiter. Mit dem Ende des Amerikanischen Bürgerkriegs setzte sich der Aufstieg der amerikanischen Wirtschaft rasant fort. Damit war aber keine Zwangsläufigkeit gegeben. Vielmehr

---

[47] Der Althistoriker Christian Meier hat dies, ohne die Vokabel der Pfadabhängigkeit zu nennen, immer wieder in hervorragender Weise geleistet, zuletzt in Meier, Christian. Der Historiker und der Zeitgenosse: Eine Zwischenbilanz. München: Siedler, 2014.
[48] North, Douglass C. The Economic Growth of the United States, 1790–1860. Englewood Cliffs, NJ: Prentice-Hall, 1961.

argumentiere ich, dass Selbstverstärkungsprozesse und positives Feedback entscheidend daran beteiligt waren, zunächst relativ ungeordnete Entwicklungen in Prozesse überzuleiten, die eine große Persistenz besaßen und ohne größere „Verluste" nicht reversibel gemacht werden konnten. Dies galt nicht nur für wirtschaftliche Prozesse, sondern auch für politische, soziale und kulturelle Entwicklungen.[49]

Dabei ist Pfadabhängigkeit *avant la lettre* durchaus ein Verfahren, das in der historischen Analyse eine wichtige Rolle gespielt hat. Antoine Augustin Cournot (1801–1877) hatte schon in den 1830er Jahren Annahmen gemacht, die man heute unter den Begriff der Pfadabhängigkeit summieren würde. Thorstein Veblen (1857–1929) wird als einer der Väter der Theorie der Pfadabhängigkeit genannt, aber auch Charles P. Kindleberger (1910–2003).[50]

Selbstverstärkende Prozesse helfen auch dabei, die seltsamen Anfangs- und Übergangsphasen zu verstehen, die durch Lethargie oder Zähigkeit gekennzeichnet sind. Solche Phasen der Lethargie umfassen u. a. die gesamte *Reconstruction*, vor allem aber die Periode, während welcher das *Freedmen's Bureau* versuchte, das Los der befreiten Sklavinnen und Sklaven zu verbessern. Entgegen der ursprünglichen Intention der Gesetzgeber bei der Gründung des *Freedmen's Bureau* verwandelte sich dieses in eine Institution, die das Modell des *Sharecropping* und die aus ihm folgende Schuldknechtschaft propagierte und durchsetzte. Intentionalität alleine ist kein guter Ausgangspunkt für historische Erklärungen.[51]

Was bedeutet Pfadabhängigkeit im Kontext dieser Studie? Das wichtigste Charakteristikum von Entscheidungen, die im Sinne der Pfadabhängigkeit getroffen werden, ist ihre *Nonergodicity*, das heißt die Unfähigkeit eines Systems, sich von seiner Vergangenheit loszusagen oder sie einfach zum Verschwinden zu bringen. Ein pfadabhängiges System ist also ein System, bei dem sich das Ergebnis als Konsequenz der eigenen Geschichte darstellt.[52]

---

[49] Pierson, Paul. Politics in Time: History, Institutions, and Social Analysis. Princeton, NJ: Princeton University Press, 2004, S. 10.
[50] Magnusson, Lars und Ottosson, Jan. The Evolution of Path Dependence. Cheltenham, UK, Northampton, MA: Edward Elgar, 2009, S. 2.
[51] Pierson, Paul. Politics in Time, S. 11.
[52] So konnte Shawn J. McGuire anhand des äthiopischen Sorghum Improvement Program zeigen, wie das äthiopische Pflanzenzuchtprogramm auf Grund von technischen Beschränkungen, Zuchtroutinen, zentralisierter Organisation und Actor-Networks in einer bestimmten Weise „gefror", die den ursprünglichen Intentionen der Planer zuwiderliefen. McGuire, Shawn J. Path-Dependency in Plant-Breeding: Challenges Facing Participatory Reforms in the Ethiopian Sorghum Improvement Program. Agricultural Systems. 2008; 96 (1–3):139–149.

Um ein Beispiel aus dem Kontext der vorliegenden Arbeit zu erwähnen: Die technologische Sequenz, etwa die Entscheidungskette, die zur Einführung des Gleich- oder Wechselstroms in den USA führte, war nicht nur geprägt von rein technischen Zweckargumenten (siehe Kapitel 3.2.5). Die Tatsache, dass zwei Erfinder versuchten, den nationalen Strommarkt zu erschließen und ihre persönliche Rivalität spielten bei dieser Entscheidung genauso eine wichtige Rolle wie die Ängste vor der Elektrizität, die von einer Seite in dieser Auseinandersetzung, nämlich Thomas A. Edison, künstlich geschürt wurden. Auch der „sichtbare" Erfolg der einen Technologie während der Weltausstellung in Chicago 1893 trug zu einer Entscheidung bei (*Critical Juncture*). Am Ende lag die Festlegung auf 110 Volt Wechselstrom, obwohl die 220- bis 240-Voltanlagen, die im Rest der Welt verwendet werden, dem 110-Volthaushaltsstrom überlegen sind. Das „schlechtere" System hatte sich durchgesetzt – ein typischer *Lock-in*.[53] W. Brian Arthur, einer der Pioniere der Pfadabhängigkeit in den Wirtschaftswissenschaften, hat darauf hingewiesen, wie sehr derartige *Lock-ins* von historischen Zufälligkeiten und „Kleinstereignissen" abhängen.[54]

Historische Narrative, die den Begriff der Pfadabhängigkeit methodisch ernst nehmen, zeigen die *Critical Junctures* und die *Lock-ins* auf, die sich im Laufe einer Entwicklung zeigen. An einem bestimmten Punkt koaguliert die bis dahin fluide Abfolge historischer Ereignisse in einem Zustand, der ohne gesellschaftlich unakzeptable „Kosten" nicht wieder rückgängig gemacht oder verflüssigt werden kann. Dieses *Lock-in* muss dabei nicht notwendig mit einer allmählichen Zunahme der Viskosität („Verfestigung") einhergehen. Es gibt in der Chemie wie in der Geschichte sehr schnelle *Lock-ins*, mit plötzlichen Viskositätssteigerungen um das Tausendfache.[55]

Die vorliegende Untersuchung versucht, die Begriffe der *Critical Junctures* und des *Lock-ins* an verschiedenen Stellen als analytisches Instrument zur Strukturierung der präsentierten historischen Erzählung einzusetzen, um zu verdeutlichen wie das amerikanische *Empire* aus der Logik der innenpolitischen Entwicklung heraus verstanden werden kann. Über die Bewertung, was im konkreten Fall ein *Lock-in* darstellt, kann man sicher streiten. Auch die Zahl der notwendigen *Lock-ins* wäre durchaus ein Ansetzungspunkt für unterschiedliche

---

[53] Skrabec, Quentin R. The 100 Most Significant Events in American Business: An Encyclopedia. Santa Barbara, CA: Greenwood, 2012, S. 113.
[54] Arthur, W. Brian. Increasing Returns and Path Dependence in the Economy. Ann Arbor, MI: University of Michigan Press, 1994, S. 14.
[55] Wiberg, Egon. Lehrbuch der Anorganischen Chemie: Mit einem Anhang zur Chemiegeschichte. Berlin: Walter de Gruyter, 2011, S. 186. Zinzen, Arthur. Dampfkessel und Feuerungen: Ein Lehr- und Handbuch. Berlin: Springer, 1957, S. 24.

Bewertungen. Sicher ist, dass ein Pfad sich aus verschiedenen Abzweigungen zusammensetzt. Es ist also nicht nur der individuelle *Lock-in*, der hier zu erörtern ist, sondern es ist eine Sequenz von *Lock-ins*, das Narrativ nämlich der US-amerikanischen Entwicklung von 1865 bis 1900, wobei die historisch vorausgehenden *Lock-ins* zu den *Critical Junctures* eines späteren Zeitraums werden können.[56]

Die wirtschaftliche Strukturschwäche der Rebellenstaaten, auf deren Gebiet der Bürgerkrieg gekämpft worden war, zusammen mit der notorischen Kapitalknappheit, die sich durch die Emanzipation der Versklavten verschärft hatte, sorgte als *Critical Juncture 1* für eine Reetablierung der alten Pflanzerklasse im Süden (*Lock-in 1*). Die rasche Demilitarisierung des Nordens und die ausgesprochen dünne Personalstärke der im Süden verbliebenen US-Truppen, deren Aufgabe es war, die ehemalig Versklavten zu schützen (*Critical Juncture 2*), führten letztlich zur Aufgabe der militärischen Besatzung der Rebellenstaaten durch den Norden (*Lock-in 2*). Parallel dazu entwickelte sich die Republikanische Partei zu einer Partei des Kapitals (*Critical Juncture 3*), die zum totalen Rückzug der Republikaner aus der Politik des Südens nach 1876 führte (*Lock-in 3*). In der Folge dieser Festlegungen entfaltete sich im Süden ein System der Wirtschaft, das auf der dauerhaften Entrechtung der unmittelbaren Produzenten, den landlosen African Americans basierte, und die Dominanz der Demokraten im Süden auf Dauer festlegte. Rassismus und weiße Suprematie – zwei ideologische Komponenten des *Solid South* nach 1876 – wurden auch für die Schaffung des amerikanischen *Empire* nach 1898 bestimmend.

Die seit der Gründung der USA anhaltende Landnahme auf Kosten der *Native Americans* wurde nach dem Bürgerkrieg beschleunigt, vor allem durch den *Indian Appropriation Act* (*Critical Juncture 4*). Dies führte im Rahmen des Siedlerimperialismus zur Vertreibung und Dezimierung der *Native Americans* in einer Weise, dass der Begriff Genozid angemessen erscheint (*Lock-in 4*). Farmer suchten billiges Land im Westen und Eisenbahngesellschaften wurden mit großzügigen Landschenkungen durch die Regierungen bedacht (*Critical Juncture 5*). Es entstand ein Markt für Agrarprodukte, der sich nur mittels der Eisenbahn entfalten konnte. Gleichzeitig akzelerierte der Eisenbahnbau die Relozierung der *Native Americans*, u. a. auch durch systematische Zerstörung der indianischen Lebens-

---

[56] Sequenzen von *Lock-ins* sind in der Technologiegeschichte nichts Ungewöhnliches. Man denke an Standardisierungsverfahren – etwa bei DIN-Normen – wo sich eine DIN-Norm auf eine andere beziehen kann. Sich nicht an die DIN-Norm zu halten, kann mit ökonomischen Verlusten verbunden sein, weshalb sich solche Normierungen in der Regel etablieren und nur mit hohem Aufwand auszuhebeln sind. Siehe Heinrich, Torsten. Technological Change and Network Effects in Growth Regimes: Exploring the Microfoundations of Economic Growth. New York: Routledge, 2013, S. 157, 169, 188.

grundlagen wie dem massenhaften Abschlachten der Büffel. Anstelle vieler kleiner Bauernhöfe übernahm das Agrobusiness die massenhafte Erzeugung von Agrarprodukten. Der Ausbau des Eisenbahnnetzes (*Lock-in 5*) und die Vielzahl von miteinander konkurrierenden Eisenbahngesellschaften entstanden nicht aus einem erhöhten realen Bedarf an Transportkapazität, sondern waren Spekulationen an der Börse geschuldet. Das amerikanische Recht erlaubte die in vieler Hinsicht singuläre Konstruktion von Aktiengesellschaften als Körperschaften mit den gleichen persönlichen Rechten wie natürliche Personen (*Critical Juncture 6*).

Das Körperschaftsrecht begünstigte die Entstehung eines Kapitalmarktes und erlaubte die ungehinderte Konzentration von Kapitalien. Dieser Prozess wurde durch die Ideologie des Laissez-Faire gestützt, die den Eingriff der Regierung in Wirtschaftskreisläufe unterband. Es entstand so aus der Kombination verschiedener Faktoren eine besondere amerikanische Form des Kapitalismus (*Lock-in 6*), in der weitgehende Rechtsfreiheit der Unternehmen mit fehlender Regulierungstätigkeit seitens der Regierung, fehlender Tarifautonomie und Unterdrückung der Gewerkschaften sowie fortgeschrittener vertikaler wie horizontaler Integration verbunden wurden. Der mit der Sklaverei und der in ihrer Nachfolge etablierten weißen Suprematie im Süden entstandene und auch im Norden verbreitete Rassismus wandte sich zunehmend auch gegen Immigrantinnen und Immigranten.

Als *Critical Juncture 7* für den *Lock-in* des Rassismus (*Lock-in 7*) können die *Lock-ins 1 bis 4* gelten: Die Reetablierung der Pflanzerklasse konnte nur durch Rassismus gegen ehemalig Versklavte aufrecht erhalten werden, der Abzug der Armee und der Terror der weißen Bevölkerung des Südens gegen African Americans basierte ebenfalls auf Rassismus, die Konzentration der Republikaner auf die Ideologie des Laissez-Faire griff diesen Rassismus auf und sorgte für eine Zweiteilung der arbeitenden Bevölkerung. Zusätzlich bediente man sich bei der genozidalen Indianerpolitik des Bundes einer rassistischen Ideologie. Die Unterteilung in *Natural Born Citizens* und Zuwanderer flankierte die Entstehung eines mehrgliedrigen Arbeitssystems, in dem „amerikanische" männliche weiße Facharbeiter (Arbeiteraristokratie) mit eingewanderten angelernten und ungelernten Arbeiterinnen und Arbeitern in Konkurrenz traten. Die Arbeiterschaft spaltete sich in verschieden Gruppen, die sich gegeneinander ausspielen ließen: African Americans (oft als Streikbrecher eingesetzt), chinesische Arbeiter (im Eisenbahnbau verwendet), Iren, Italiener, südosteuropäische Zuwandererinnen und ihre Kinder, die in den „neuen Industrien" Verwendung fanden.

Die Weigerung der großen Gewerkschaften, diese Menschen zu organisieren, vertiefte die Spaltung und das rassistische Lagerdenken. Da die handwerklich arbeitende Arbeiteraristokratie durch Mechanisierung und Fordismus historisch überholt war und durch gnadenlose Lohndrückerei abgewickelt wurde, konnte sie gegen die Industriearbeiterschaft und ihre Forderungen mobilisiert werden. Da Streiks auf Grund der fehlenden Koalitionsrechte von Gewerkschaften in der Regel juristisch und militärisch rasch unterbunden wurden, lebte ein Großteil der in der Industrie arbeitenden Menschen nahe am oder unterhalb des Existenzminimums. Ihre Hoffnungen auf Besserung im Sinne des *American Dream* wurden enttäuscht und ließen sich auf dem Höhepunkt der Wirtschaftskrise von 1893 in Jingoismus ablenken. Als Verbindung der Kräfte, die unter der Agrarkrise nach 1870 litten, und enttäuschter Industriearbeiter entstand in den 1880er Jahren eine Reformbewegung, der Populismus, ein Arbeiter-Farmer-Block, der wirtschaftliche und politische Forderungen bündelte und emphatisch auf dem Bimetallismus als Panazee der Krisen bestand. Kritisiert wurden nicht nur monopolistisch auftretende Eisenbahngesellschaften und Banken, kritisiert wurden auch Politiker, die eine „harte" Währung auf der Basis des Goldstandards befürworteten. Politisch scheiterte der Populismus an seinen inneren Widersprüchen, dem Sektionalismus der USA mit den divergierenden Interessen von Süden, Westen und Osten und dem Zweiparteiensystem, das die Populisten Koalitionen mit beiden politischen Parteien schließen ließ.

Die Einbindung der Populisten in den Machtapparat der Demokraten (*Critical Juncture 8*) führte schließlich zur Niederlage der Bewegung und ihrem Aufgehen in der Demokratischen Partei. Das Scheitern des Populismus (*Lock-in 8*) sorgte für eine Ernüchterung und bereitete den Weg für den Jingoismus (*Critical Juncture 9*) und Expansionismus der 1890er Jahre, dem als *Critical Junctures* die *Lock-ins 5, 6, 7* und *8* als *reactive sequences* vorangegangen waren.[57] Schließlich führten alle genannten Koagulationen zusammen mit den latent vorhandenen expansionistischen Projekten zum Spanisch-Amerikanischen Krieg (*Lock-in 9*) als dem Kulminationspunkt von Rassismus, Siedlerimperialismus und Kapitalismus: Der *American Way of Empire* verband Demokratie für Einige mit der Beherrschung Anderer und bezog daraus sowohl seine Langlebigkeit wie seine programmatische Exportierbarkeit – Modernisierungstheorien à la Walt Whitman Rostow und aggressives „State Building" à la Francis Fukuyama können in diesem Kontext

---

57 Beyer, Jürgen. The Same or Not the Same: On the Variety of Mechanisms of Path Dependence. International Journal of Social Sciences. 2010; 5 (1):1–11, S. 5. „Reactive sequences are chains of temporally ordered and causally connected events. These sequences are ‚reactive' in the sense that each event within the sequence is in part a reaction to temporally antecedent events. Thus, each step in the chain is ‚de-pendent' on prior steps. With reactive sequences, the final event in the sequence is typically the outcome under investigation, and the overall chain of events can be seen as a path leading up to this outcome." Mahoney, Path Dependence in Historical Sociology, S. 509.

gesehen werden.⁵⁸ Wichtig in dieser Erörterung der *Lock-ins* ist die Klärung des Begriffs „Ereignis". Diese Diskussion ist durch Debatten um das Verhältnis von „Struktur" und „Ereignis" in der deutschen Historiographiegeschichte vorgeprägt.

2.3 Das Ereignis

Etwas flapsig könnte man behaupten, ein historisches Ereignis sei ein Ereignis, das die Historikerinnen und Historiker für werthalten, aufgezeichnet und erzählt zu werden. In den Worten Michel Foucaults (1926–1984) waren Ereignisse im 19. Jahrhundert Schlachten, Siege, der Tod des Königs und dergleichen.⁵⁹ Fernand Braudel (1902–1985) hat es ähnlich formuliert: Ein Ereignis ist ein „ [...] festgehaltenes Faktum, das uns zur Kenntnis gebracht wird, gewissermaßen registriert, auf die eine oder andere Art und Weise für unsere Augen sichtbar gemacht wird [...]"⁶⁰ Es ist ein Ereignis vom Typ der „französischen Revolution" von 1789 oder vom „Fall der Mauer" im Jahre 1989, das heißt datierbar und sich nicht wiederholend. Auch wenn Foucault behauptet, diese Form des Ereignisses gehöre dem 19. Jahrhundert an, so hat doch Thomas Flynn nachgewiesen, dass auch im 20. Jahrhundert das historische Ereignis als einzigartig, unwiederholbar und datierbar verstanden wurde.⁶¹ Ein historisches Ereignis ist diesen Historikern eben nicht das Fallen eines Baums im bayrischen Wald oder das Überfahren eines Kindes beim Überqueren der Straße, es sei denn, das Kind ist der Erbe der englischen Krone. Der Fairness halber muss man sagen, dass nicht alle Historikerinnen und Historiker ein derartig banales Verhältnis zum historischen Ereignis haben. Französische Kolleginnen und Kollegen haben in den letzten Jahren sehr viel Mühe darauf verwandt, zwischen Ereignisgeschichte und Nichtereignisge-

---

58 Fisher, Christopher T. Nation Building and the Vietnam War. Pacific Historical Review. 2005; 74 (3):441–456. Ders. The Illusion of Progress. Pacific Historical Review. 2006; 75 (1):25–51. Brading, David A. Nationalism and State-Building in Latin American History. Ibero-Amerikanisches Archiv. 1994; 20 (1/2):83–108. Ginsburg, Tom. In Defense of Imperialism? The Rule of Law and the State-Building Project. Nomos. 2011; 50:224–240.
59 Foucault, Dits et Écrits, Band 3, S. 467.
60 Braudel, Fernand. L'histoire, mesure du monde. Braudel, Fernand. Les Ècrits de Fernand Braudel. Paris: Éditions de Fallois, 1997. 3 Bände, Band 2, S. 11–83, 18.
61 Flynn, Thomas R. Sartre, Foucault, and Historical Reason. Chicago, IL: University of Chicago Press, 1997. 2 Bände, Band 1: Toward an Existentialist Theory of History, Chicago: University of Chicago Press, 1997, S. 60–70.

schichte zu unterscheiden.⁶² Nicht zuletzt die Geschichte der Serien und die Geschichte der *longue durée* versuchen sich dem exklusiven Anspruch, Narrative von Ereignissen bereitzustellen, zu entziehen.⁶³ Deutsche Historikerinnen aus dem Umkreis von Reinhart Koselleck und des Bielefelder Zentrums für interdisziplinäre Forschung haben sich um die begriffliche Schärfung des Ereignisses in besonderer Weise verdient gemacht.⁶⁴ Allerdings geht ihre Argumentation in eine andere Richtung als die im Kontext dieser Arbeit verwendete Definition.

Nach allgemein anerkannter Definition ist der Holocaust ein historisches Ereignis, auch der türkische Genozid an den Armenierinnen und Armeniern. Kein Ereignis – und schon gar kein Genozid – hingegen sei die Landnahme der weißen Siedler auf dem Territorium der *Native Americans*.⁶⁵ Diesem „vulgären Verständnis" von historischen Ereignissen gegenüber stehen die Texte von Philosophen wie Friedrich Nietzsche, Martin Heidegger, Michel Foucault und Gilles Deleuze, um nur ein paar Namen zu nennen.⁶⁶ Ohne im Einzelnen die Genealogie

---

62 Boutier, Jean. Fernand Braudel als Historiker des Ereignisses. Suter, Andreas and Hettling, Manfred (Hg.). Struktur und Ereignis. Göttingen: Vandenhoeck & Ruprecht, 2001, S. 138–157. (Sonderheft 19, Geschichte und Gesellschaft), S. 138.
63 Flynn, Thomas R. Foucault as Philosopher of the Historical Event. Rölli, Marc (Hg.). Ereignis auf Französisch: Von Bergson bis Deleuze. München: Wilhelm Fink, 2004, S. 209–234, 209.
64 Koselleck, Reinhart und Stempel, Wolf-Dieter. Geschichte: Ereignis und Erzählung. München: W. Fink, 1973. Bezeichnenderweise fehlt in den von Koselleck herausgegebenen „Historischen Grundbegriffen" ein Eintrag zum „Ereignis", während der Artikel „System, Struktur" 37 Seiten umfasst. Riedel, Manfred. „System, Struktur". In: Brunner, Otto, Conze, Werner und Koselleck, Reinhart. Geschichtliche Grundbegriffe: Historisches Lexikon zur politisch-sozialen Sprache in Deutschland. Stuttgart: E. Klett, 1972. 8 Bände, Band 6, S. 285–322. Raphael, Lutz. Jenseits von Strukturwandel oder Ereignis? Neuere Sichtweisen und Schwierigkeiten der Historiker im Umgang mit Wandel und Innovation. Historische Anthropologie. 2009; 17 (1):110–120.
65 Lewy, Guenter. Were American Indians the Victims of Genocide? [Web Page]: http://historynewsnetwork.org/article/7302. Gesehen am 13.4.2015.
66 „Vulgäres Verständnis" ist ein Terminus von Martin Heidegger, der diese Form der Geschichte versteht als „[...] in der Zeit sich begebende spezifische Geschehen des existierenden Dasein, so zwar, daß das im Miteinandersein ‚vergangene' und zugleich ‚überlieferte' und fortwirkende Geschehen im betonten Sinne als Geschichte gilt." Heidegger, Martin. Sein und Zeit. Tübingen: Niemeyer, 1986, S. 379. Friedrich Nietzsche, der keine elaborierte Theorie des Ereignisses hinterlassen hat, bezeichnete grundsätzlich Personen als Ereignisse, egal, ob es sich dabei um Goethe, Hegel oder Heinrich Heine handelte. Klass, Tobias N. Jenseits von Ahnen und Erben: Nietzsches Ereignis. In: Rölli, Marc (Hg.). Ereignis auf Französisch: Von Bergson bis Deleuze. München: Wilhelm Fink, 2004, S. 43–61. Nietzsche beharrte auf der Untrennbarkeit der toten und der belebten Materie. Vielmehr gehe es darum, dass Leben als eine „Vielheit von Kräften" zu verstehen, die die Trennung von Dingen und Lebewesen nicht zulasse. Klass, Jenseits von Ahnen und Erben, S. 47. Diesem Leben habe, so Nietzsche, die Historie zu dienen, indem sie vergisst. Historie diene dem Leben, indem man „[...] eben so gut zur rechten Zeit zu vergessen weiss, als

des philosophischen Ereignisbegriffs von Heidegger bis Sartre ausführen zu können, will ich auf zwei Positionen hier näher eingehen, auf Michel Foucaults Ereignisbegriff und auf die grundsätzliche Neubestimmung des Ereignisses, wie es 1969 von Gilles Deleuze in „Logique du Sens" vorgenommen worden ist.

Michel Foucault hat den Begriff des Ereignisses in körperlichen Kontakten gefasst: „Das Ereignis – Verwundung, Sieg/Niederlage, Tod – ist immer Effekt. Produkt von Körpern, die aneinander geraten, sich vermengen oder trennen […]"[67] Er hat darüber hinaus, wie um uns zu verwirren, den Begriff des Mikro-Ereignisses geprägt, das es zu erzählen nicht lohnt und das außerhalb des Gedächtnisses liegt.[68] Unsere Geschichte, so Foucault, bestehe aus Millionen und Milliarden kleiner Ereignisse, die – nach und nach – unsere Körper aushöhlen (raviner), und der Zufall (hasard) mache es möglich, dass eines dieser Mikro-Ereignisse solche Spuren hinterlässt, aus denen ein Monument, ein Buch, ein Film entstehen könne.[69] Foucault scheint vorzuschlagen, sich diese Mikroereignisse als gleichsam kleinste Ebene der Handlung vorzustellen, als „agency des Alltags".[70] Ereignisse werden so eingebettet in einer Theorie der Aktualisierung: Das Aktuelle ist nicht das Gegenwärtige, vielmehr dasjenige, zu dem wir von der Gegenwart aus werden.[71] Dieses Werden vollzieht sich nach Deleuze punktuell, im Kleinen, getragen vom Akteur, der das Ereignis aktualisiert, ohne es als Ereignis zu sehen oder zu wollen: Interessant an diesem Text ist die Bestimmung des Verhältnisses von Akteur und Ereignis, die Deleuze vornimmt.[72]

> „Der Akteur verwirklicht [demnach] das Ereignis, jedoch ganz anders, als das Ereignis sich in der Tiefe der Dinge verwirklicht." „Der Akteur gleicht nicht einem Gott, eher einem Gegen-Gott. Gott und Akteur trennt ihre Lesart der Zeit. Was die Menschen als Vergangenheit oder

---

man sich zur rechten Zeit erinnert […]" Klass, Jenseits von Ahnen und Erben, S. 49. Das historische Ereignis, so wie Nietzsche es definiert, entspringt also dem bewussten Akt des Erinnerns, während alles das, was vergessen wird, als Ereignis nicht in Frage kommt.

67 Foucault, Michel. Theatrum Philosophicum. Deleuze, Gilles und Foucault, Michel. Der Faden ist gerissen. Berlin: Merve, 1977, S. 21–58, S. 29.
68 Foucault, Michel. Le retour de Pierre Rivière. In: Foucault, Dits et écrits, Band 3, S. 114–123, S. 116.
69 Ebda., S. 118.
70 Dies wird an anderer Stelle deutlich, als Foucault das Ereignis wesentlich auf Diskursereignisse verengt. Foucault, Michel. Dialogue sur le pouvoir. Foucault, Dits et écrits, Band 3, S. 464–477, S. 467–468. Ders., Qu'est-ce que les Lumières? Foucault, Dits et écrits, Band 4, 562–578, S. 571–574.
71 Deleuze, Gilles und Guattari, Félix. What Is Philosophy? London, New York: Verso, 1994, S. 112.
72 „L'acteur effectue donc l'événement, mais d'une tout autre manière que l'événement s'effectue dans la profondeur des choses." Deleuze, Gilles. Logique du sens. Paris: Éditions de Minuit, 1969, S. 176.

Zukunft begreifen, lebt der Gott in seiner immerwährenden Gegenwart. [...] Dagegen ist die Gegenwart des Akteurs äußerst verengt, sehr stark zusammengezogen, die augenblicklichste, punktuellste, ein Punkt auf einer geraden Linie, der die Linie unablässig unterteilt und sich selbst in Vergangenheit-Zukunft unterteilt."[73]

Geschichtsschreibung ist somit um Ereignisse herum organisiert, die lediglich dann verstanden werden können, wenn alle Aspekte ihrer Aktualisierung bekannt sind. Dies ist umso schwieriger, da jedes Ereignis wiederum aus einer unendlichen Menge kleinerer, im Endeffekt aus einer unendlichen Multiplizität ‚reiner' Ereignisse besteht, wie Deleuze es in „Logik des Sinns" ausführt.[74] Wissenschaftstheoretisch impliziert dies die Relativierung eines rein diskursanalytisch und eines in einfachen Kausalrelationen ausgerichteten Ansatzes. Geschichtsschreibung müsste demnach „das nicht-historische Gewölk erreich[en], das die aktuellen Faktoren zugunsten einer Schöpfung des Neuen übersteigt".[75] Die Historikerin ist also gefordert, von der ‚Multiplizität des historischen Ereignisses' auszugehen. Das Ereignis besteht in dem gesamten ‚Komplex' seiner Produktion bzw. in seiner Aktualisierung aus einer unendlichen Anzahl sowohl physischer als auch psychischer Bedingungen. Aus diesem Grund kann das Konzept des ‚historischen Ereignisses' nicht als Resultat ausschließlich bewusster, historischer Reflexion und damit auch nicht als „Prädikat eines Subjekts" verstanden werden.[76]

---

73 Deleuze, Gilles. Logik des Sinns. Frankfurt/Main: Suhrkamp, 1993, S. 188.
74 Dieses Argument wird in Tausend Plateaus fortgeführt: „Jede Gesellschaft, aber auch jedes Individuum wird von zwei Segmentaritäten gleichzeitig durchzogen: die eine ist *molar* und die andere *molekular*. Sie unterscheiden sich deshalb, weil sie nicht dieselben Terme, dieselben Relationen, dasselbe Wesen und dieselbe Art von Mannigfaltigkeit haben. Und sie sind deswegen nicht voneinander zu trennen, weil sie [...] miteinander koexistieren und ineinander übergehen – aber sie setzen sich immer gegenseitig voraus. Kurz gesagt, alles ist politisch, und jede Politik ist zugleich *Makropolitik* und *Mikropolitik*." Deleuze, Gilles und Guattari, Félix. Tausend Plateaus: Kapitalismus und Schizophrenie II. Berlin, 1992, S. 290.
75 Deleuze, Gilles und Guattari, Félix. Was ist Philosophie? Frankfurt/Main: Suhrkamp, 2000, S. 136. „[T]he term ‚history' is used in two ways in Deleuze and Guattari's writings. [...] ‚history' is sometimes a ‚historical rhizome', an equivalent term to ‚becoming'. Deleuze says that these usages are possible thanks to the way Foucault has reinvented the term ‚history' [...] But because of the use of the term ‚history' in Hegel on the one hand and certain empiricists on the other, Deleuze and Guattari frequently say that ‚history is always written from the sedentary point of view'." Lampert, Jay. Deleuze and Guattari's Philosophy of History. London, New York: Continuum, 2006, S. 6f.
76 Ich folge in diesem Abschnitt den erhellenden Ausführungen von Berressem, Hanjo. Oek*ologik*|Oeko*sophie*: Das Ereignis der Stadt. Finzsch, Norbert (Hg.). Clios Natur: Vergleichende Aspekte der Umweltgeschichte. Berlin, Münster, Hamburg, New York: LIT, 2008, S. 8–41.

Gleichgültig, ob es sich um ein System aus stabilen Molekülen oder aus lebendigen Menschen handelt, wird dieses System endogen generierte stabile Zustände erreichen, aber auch unerwartet und heftig in andere Zustände umschlagen, solange es Feedback und einen Energiefluss innerhalb des Systems gibt. Allerdings muss das Konzept der Selbstorganisation, wie es in materiellen Systemen zur Anwendung kommt, im Kontext menschlicher Aktionen durch „intentional entities" wie Glaubenssätze, Diskurse und Begehren ergänzt werden. In einigen Fällen werden die Entscheidungen von Menschen nicht nur durch diese intentionalen Einheiten beeinflusst, sondern auch Rolle und Position innerhalb hierarchischer Subsysteme. In anderen Fällen spielen die Intentionen eine untergeordnete Rolle, weil unbeabsichtigte kollektive Konsequenzen menschlicher Entscheidungen eine Bifurkation bewirken können. Pfadabhängigkeiten entstehen letztlich aus nicht-linearen Verläufen: Feedback kann nicht-linear verlaufen, wenn zum Beispiel ein Response nicht proportional zum Stimulus ausfällt. Nichtlineare Feedbackloops erschaffen interaktiv komplexe Systeme, in denen Abweichungen und Verzweigungen verstärkend oder abschwächend wirken können.[77]

Für die Methodik historischer Arbeit bedeutet die Anwendung nichtlinearer Modelle auch, dass ein exklusiver Top-Down-Ansatz, der beim Ganzen anfängt und dieses dann in seine Teile zerlegt, keine brauchbaren Ergebnisse zu Tage fördert. Die synergistischen Eigenschaften nichtlinearer Systeme, die durch die Interaktion von Teilen entstehen, entziehen sich einer hierarchischen Analyse. Vielmehr muss die in der Geschichtswissenschaft wohl unvermeidbare Top-Down-Analyse durch einen Bottom-Up-Prozess ergänzt werden. Im Falle der Vertreibung der *Native Americans* etwa oder der Etablierung des Systems des Sharecropping im Süden der USA nach dem Bürgerkrieg ist also eine Bottom-Up-Analyse der Kleinstprozesse gefragt, die im Endeffekt die Territorialisierung indigener Länder durch rhizomatische wachsende Siedlerbevölkerungen bzw. das *Lock-in* eines Arbeitssystems, das einerseits kapitalistisch, andererseits der Sklaverei sehr ähnlich ist, bewirkt. Hier setzte sich also eine Lösung durch, die größtmögliche Ungerechtigkeit, maximale Ausbeutung und Verweigerung von Bürger- und Menschenrechten miteinander kombinierte. Dies war systemisch „unlogisch", weil damit die Fähigkeit eines kapitalistischen Systems, sich selbst über die Attraktoren der Arbeit, des Angebots und der Nachfrage zu regulieren, aufgegeben wurde. Konkret gefragt: Wie wird die Landnahme im Einzelfall gemacht und welche Praktiken sind bei ihr zu beobachten? Wie wird ein Vertrags-

---

[77] Masuch, Michael. Vicious Circles in Organizations. Administrative Science Quarterly. 1985; 30 (1):14–33.

system durchgesetzt, das die einzelne Arbeitskraft als Individuum bindet, sie aber danach wie einen Sklaven oder eine Sklavin zu behandeln versucht?

2.4 Diskurse und Dispositive

Soweit bis hier theoretische Aussagen gemacht worden sind, soweit tragen sie dann auch nur: Narrativität ist eine unhintergehbare Grundbedingung historischen Forschens und Schreibens und die Pfadabhängigkeit ist bei aller Diffusion in andere Felder eine primär ökonomische und techno-historische Theorie, die andere Aspekte der historischen Wirklichkeit nicht umfassend erklären kann. So kommen denn jene von Rüsen postulierten „erklärenden Daten" mit ins Spiel, die hinzugezogen werden, um das Bild abzurunden und zu ergänzen. Dies ist kein eklektischer Theoriemix – schon das Wort suggeriert eine Wühlkiste von theoretischen Versatzstücken im philosophischen Sommerschlussverkauf. Die hier gemachten Theorieanleihen müssen begründet sein, um nicht dem Vorwurf der „postmodernen Beliebigkeit" anheim zu fallen.[78] Auch wenn der Ausgangspunkt der vorliegenden Studie die Überzeugung ist, dass die materiellen Verhältnisse, in denen Menschen leben, ihre Arbeit, ihre Freizeit, ihre Kultur, ihre politischen Orientierungen und Ideologien nachhaltig beeinflussen, wird hier nicht einem einfachen Ökonomismus das Wort geredet. Es gibt keine Basis-Überbau-Dichotomie, die die Entwicklung der USA von einem Agrarstaat zur wichtigsten Industrienation der Welt binnen zweier Generationen erklären könnte. Und auch die nachträglichen Revisionen dieser Dichotomie in der Form des „in letzter Instanz bestimmende[n] Moment[s] in der Geschichte" unterstellt historischen Prozessen eine Zweckrationalität, die es nach den Einsichten der Theorie von der Pfadabhängigkeit und Ansätzen der Diskursanalyse nicht geben kann.[79] Womit wir

---

[78] Die Trope der „postmodernen Beliebigkeit" geistert seit zwei Jahrzehnten durch die (Fach-)Literatur und erfreut sich trotz erheblicher Anstrengungen, sie als Gespenst zu entlarven, erstaunlicher Resilienz. Becker, Manfred und Beck, Anja. Die Quadriga postmoderner Beliebigkeit und ihre Folgen für Wirtschaft und Gesellschaft: Eine empirische Studie zur Entwicklung und Steuerung von Individualisierung, Fragmentierung, Temporalisierung und Ästhetisierung. München und Mehring: Rainer Hampp Verlag, 2014. Münnix, Gabriele. Anything goes? Zum Schlagwort von der postmodernen Beliebigkeit. Schütte, André (Hg.). Freiheit, Moral, Beliebigkeit: Was sollen wir tun? Rheinbach: CMZ-Verlag, 2013, S. 43–72. Schmidt, Burghart. Postmoderne, Strategien des Vergessens: Ein kritischer Bericht. Darmstadt: Luchterhand, 1986. Vielhaber, Carsten. Die Präfixe der Postmoderne oder wie man mit dem Mikroskop philosophiert. Münster: LIT, 2001. Zima, Peter V. Moderne/Postmoderne: Gesellschaft, Philosophie, Literatur. Tübingen: Francke, 2001.
[79] Friedrich Engels, Brief an Joseph Bloch, MEW Band 37, S. 463.

beim Thema wären. Macht, und das ist der schwächste Punkt an der Theorie der Neorealisten, ist nie nur die Macht aus den Gewehrläufen, aus der Vielzahl der Staatsbürger oder das Resultat wirtschaftlicher Dominanz. Macht ist – neben den an den Neorealismus anschlussfähigen Thesen von der „weichen Macht" – auch die Macht der Diskurse und Dispositive. Die Diskursanalyse nach Michel Foucault betont gerade den relationalen und strategischen Charakter der Macht und ist geeignet, heterogenen Untersuchungsgegenständen gerecht zu werden.[80] Neben der bewussten Entscheidung für ein Narrativ, in dem neben strukturierenden Elementen eben auch „Geschichten" erzählt werden, und der Privilegierung der Pfadabhängigkeit als Erklärungsmodell für die Resilienz scheinbar widersinniger, unökonomischer oder unmenschlicher Praktiken und Institutionen wird in dieser Habilitationsschrift auch die Diskurs- bzw. Dispositivanalyse benutzt werden. Denn manchmal bestimmt in Umkehrung des berühmten Satzes von Karl Marx aus der „Kritik der Politischen Ökonomie" auch das Bewusstsein der Menschen ihr gesellschaftliches Sein.[81] Und wenn Gilles Deleuze (1925–1995) mit seinem Vergleich von Theorie und Werkzeugkasten Recht hatte, dann ist es nicht nur legitim, ja es ist sogar notwendig, dass diese Theoriekiste verschiedene Werkzeuge enthalte.

Welche Diskurse und Dispositive meine ich im Kontext dieser Untersuchung? Michel Foucault hatte 1977 die „Methodologie" seiner Untersuchung „Histoire de la sexualité" als Dispositivanalyse beschrieben. Er bemerkte:

> Ce que j'essaie de repérer sous ce nom, c'est, premièrement, un ensemble résolument hétérogène, comportant des discours, des institutions, des aménagements architecturaux, des décisions règlementaires, des lois, des mesures administratives, des énoncés scientifiques, des propositions philosophiques, morales, philanthropiques, bref: du dit, aussi bien que du non-dit, voilà les éléments du dispositif. Le dispositif lui-même, c'est le réseau qu'on peut établir entre ces éléments.[82]

Dispositive sind also u. a. aus Diskursen, daneben aber aus vielen anderen Elementen, zusammengesetzt. Es handelt sich um eine heterogene Assemblage im Sinne von Gilles Deleuze und Félix Guattari, also ein kontingentes Ensemble von

---

[80] Dreesen, Philipp, Kumiega, Lukasz und Spieß, Constanze. Mediendiskursanalyse: Diskurse, Dispositive, Medien, Macht. Berlin: Springer, 2014, S. 9–11.
[81] „Es ist nicht das Bewußtsein der Menschen, das ihr Sein, sondern umgekehrt ihr gesellschaftliches Sein, das ihr Bewußtsein bestimmt." Karl Marx, Zur Kritik der Politischen Ökonomie, in: MEW Band 13, S. 3–160, S. 9.
[82] Michel Foucault, Le Jeu de Michel Foucault. Foucault, Michel. Dits et Ècrits, 1954–1988, 4 Bände. Paris: Gallimard, 1994, Band 3, S. 298–329, Zitat auf S. 299.

Praktiken und Gegenständen.[83] Das Entscheidende an diesem heterogenen Gebilde ist aber die netzwerkartige Beziehung zwischen ihren Elementen. Ausdrücklich nicht gemeint ist der Begriff, den Giorgio Agamben in scheinbarer Anlehnung an Foucault geprägt hat, der zwar den Vorteil hat, Subjektivierungsprozesse und Dispositive aufeinander zu beziehen, diesen Vorteil aber mit dem großen Nachteil erkauft, dass das Dispositiv bei Agamben tendenziell die gesamte Wirklichkeit in sich einschließt und damit gleichbedeutend mit „Kultur" oder „Gesellschaft" wird.[84] Dispositivanalyse in Anlehnung an Foucault bedeutet also, das Netzwerk zwischen Diskursen, Institutionen, Architektur, Regeln, wissenschaftlichen Aussagen und moralischen Grundsätzen zu identifizieren und zu beschreiben. Dies ist die narrative Strategie der vorliegenden Arbeit. Sie geht von der Kontingenz von Geschichte aus, eine Kontingenz, die aber in der Regel nicht rückgängig gemacht werden kann und die sich aus der Heterogenität der historischen Dispositive ergibt.

---

[83] Deleuze, Gilles und Guattari, Félix. A Thousand Plateaus: Capitalism and Schizophrenia. Minneapolis, MN: University of Minnesota Press, 1987, S. 504 f.
[84] Agamben, Giorgio. Was ist ein Dispositiv? Berlin: Diaphenes, 2009, S. 25–35.

3 Verfestigung des Spannungsfelds von Sklaverei- und Industriegesellschaft und der Ideologie der „White Supremacy": Die *Reconstruction*, 1863–1876

Das Erklärungsmodell der Pfadabhängigkeit hat nur Sinn, wenn man glaubhaft machen kann, dass die historische Entwicklung nicht eine zwanghaft lineare Entfaltung war, zu der es keine Alternative gegeben hat. In der Behauptung der Pfadabhängigkeit einer Entwicklung sind Alternativen logisch immer einzuschließen. Folglich ist es notwendig, auch bei den in diesem Kapitel postulierten drei *Lock-ins* die Alternativen aufzuzeigen, die es gegeben hätte, und zwar nicht nur im Sinne theoretischer Alternativen, sondern auch als denkbare gesellschaftliche Praktiken. Die Reetablierung der alten Pflanzeraristokratie nach dem Ende des Bürgerkriegs entsprang dem verständlichen Bestreben beider Präsidenten, Abraham Lincolns genauso wie Andrew Johnsons, die verfeindeten Teile der Nation rasch wieder zusammenzuführen und im Süden eine wirtschaftlich produktive Gesellschaft zu begründen. Die gesellschaftliche und politische Rolle der rund vier Millionen befreiten Sklavinnen und Sklaven hatte demgegenüber eine untergeordnete Bedeutung. Die großzügige Gewährung von Amnestien durch Loyalitätseide und die Begnadigungen von 7000 maßgeblichen Rebellen durch Präsident Johnson bis zum Mai 1866, darunter auch der „konföderierte" Vizepräsident Alexander H. Stephens, erlaubte es diesen, ihre Position innerhalb der Wirtschaft und Gesellschaft des Südens wieder einzunehmen.[1] Stephens' ehemalige Sklaven arbeiteten weiter für ihn, mit dem Unterschied, dass sie jetzt als *servants* bezeichnet wurden. Zwar wurden zwei *Confiscation Acts* erlassen, die zur Beschlagnahmung des Besitzes der Rebellenführer hätten führen können; letztlich aber fehlte es am politischen Willen, diese Beschlagnahmung durchzusetzen und das dadurch frei werdende Land an *Freedpeople* zu verteilen.

Durch diese Entscheidung wurde ein Weg festgelegt, der die ökonomischen Strukturen des Südens weitgehend determinierte. Die Entstehung einer Gruppe freier schwarzer Bauern wurde nachhaltig verhindert. Dies hatte den Charakter eines *Lock-in*, weil es alternative Möglichkeiten zum eingeschlagenen Weg gegeben hätte, wie das im Folgenden besprochene Port Royal Experiment nachdrücklich belegt. Das zweite *Lock-in* bestand im Abzug der Bundestruppen aus

---

[1] Davis, John Martin und Tremmel, George B. Parole, Pardon, Pass and Amnesty Documents of the Civil War: An Illustrated History. Jefferson, NC, London: McFarland, 2014.

dem Süden, vorbereitet durch die *Critical Juncture 2*, d. h. die fatale Entscheidung, die Armee zum frühestmöglichen Zeitpunkt zu demobilisieren und nur eine symbolische Besatzung des Südens aufrecht zu erhalten. Von den rund eine Million Männern unter Waffen wurden in den ersten Monaten nach dem Kriegsende 80 Prozent demissioniert, 1869 standen noch 45.000 Mann unter Waffen, die neben der Besatzung des Südens auch an der Frontier gegen die *Native Americans* kämpften. Diese Zahl wurde nach 1876 auf 27.000 reduziert. 45.000 Soldaten sollten die Indianer bekämpfen, die Wahrung der Gesetze auf einer Fläche von rund zwei Millionen Quadratkilometern durchsetzen, gegen feindlich gesonnene Richter, Geschworene, Politiker, terroristische Vereinigungen vorgehen, bei alltäglichen illegalen oder kriminellen Praktiken wie Naturalentlohnung, Prügelstrafe und sexualisierte Gewalt gegen African Americans einschreiten. Die Vergeblichkeit dieses Unterfangens wird anhand der nackten Zahlen deutlich. Es hätte die Alternative gegeben, die Armee nicht so stark zu reduzieren. Ulysses S. Grant hatte gefordert, das Heer auf 80.000 Mann zu erweitern, konnte sich aber damit nicht durchsetzen.[2] Schließlich hatte sein Kampf gegen den Ku Klux Klan 1870/71 gezeigt, was möglich war, solange die Exekutive das Heft in der Hand behielt. Die drei *Enforcement Acts* während seiner ersten Amtszeit hatten den Ku Klux Klan in South Carolina praktisch zerstört.[3] Dabei kann man davon ausgehen, dass die Wahlen in den drei kritischen Staaten Florida, Louisiana und South Carolina mit einer klaren Mehrheit für die Republikaner ausgegangen wären und der Kompromiss von 1877 damit überflüssig geworden wäre, zumal die ungehinderte Ausübung des Wahlrechts für Freedmen hätte durchgesetzt werden können.[4] Das dritte *Lock-in*, der historische „Klassenkompromiss" (Antonio Gramsci) zwischen Süden und Norden 1876/77, wurde ausgelöst durch die Wahl von 1876. Dem war als *Critical Juncture 3* die Umgestaltung der Republikanischen Partei in die „Party of Money" vorausgegangen. 1877 wurde ein politischer Kompromiss zwischen dem Süden und dem Norden geschlossen, der den Republikanern die Kontrolle der Bundesregierung überließ, während die Demokraten im Süden die Zusicherung erhielten, der Bund würde sich in Zukunft aus den „Angelegenheiten" des Südens heraushalten. Dies bedeutete nicht mehr und nicht weniger als einen „Klassenkompromiss" zwischen den Unternehmern des

---

[2] US Army Center of Military History. American Military History: The United States Army and the Forging of a Nation, 1775–1917. [Web Page]: http://www.history.army.mil/books/amh-v1/ch13.htm. Gesehen am 5.5.2016.
[3] Wang, Xi. The Trial of Democracy: Black Suffrage and Northern Republicans, 1860–1910. Athens, GA: University of Georgia Press, 1997, S. 95.
[4] Foner, Eric. Reconstruction: America's Unfinished Revolution, 1863–1877. New York: Perennial Classics, 2002, S. 550.

Nordens, repräsentiert durch die Republikanische Partei, und den Landbesitzern des Südens, als deren Interessenvertretung die Demokraten fungierten. Es bedeutete darüber hinaus die vollkommene politische, ökonomische, soziale und kulturelle Unterwerfung der *African Americans* unter die Interessen der landbesitzenden Gruppen und den Abschied von der Idee, die Bürgerrechte auch für African Americans zu verwirklichen. Das sich in der Folge etablierende System des *Jim Crowism* blieb im Wesentlichen bis 1965 stabil.

Zu allen drei *Lock-ins* hätte es Alternativen gegeben. Das *Lock-in 1* wurde durch die ökonomische Strukturschwäche des Südens nach dem verlorenen Krieg (*Critical Juncture 1*) vorbereitet. Die Produktion von Rohstoffen und Lebensmitteln lag am Boden. Potentielle Arbeitskräfte standen durchaus zur Verfügung. Man hätte ihnen nur genug Land und etwas Kapital zur Verfügung stellen müssen. Die Republikanische Partei, die sich „Free Labor" als zentralen Punkt schon vor 1860 auf die Fahnen geschrieben hatte, hätte die Verteilung des von den Landesverrätern konfiszierten Landes an Freedpeople durchsetzen können.[5] Damit wäre die alte Pflanzerklasse wirklich entmachtet worden und der Bürgerkrieg hätte in eine Reform der Gesellschaft des Südens und des Nordens führen können: In der Tat eine zweite Amerikanische Revolution![6] Diese Chance wurde verpasst, was zum Teil mit der Ermordung Lincolns und dem Rassismus seines Nachfolgers zusammenhing, aber auch, weil die Republikanische Partei in einem Wandel begriffen war, der sie zunehmend in eine Partei der Unternehmer verwandelte. Daneben und in Abgrenzung zur GOP entwickelten sich die Liberal Republicans, die zwar die Notwendigkeit einsahen, den Süden umzugestalten, die aber mehr Angst vor der Machtzunahme der Bundesexekutive als vor der ungebrochenen Herrschaft der südlichen Eliten hatten.[7] Die ehemaligen „Radikalen" innerhalb der Republikanischen Partei hatten sich der „Gospel of Prosperity" verschrieben und betrieben den privaten Ausbau des Eisenbahnnetzes mit Nachdruck.[8]

Die Demobilisierung der Armee (*Critical Juncture 2*) nach 1865 hätte durch die Beibehaltung der von Grant geforderten 80.000 Mann in seiner Wirkung abgeschwächt werden können, zumal durch die Vermeidung langwieriger und kostspieliger Kriege gegen die *Native Americans* Kräfte freigesetzt worden wären, die

---

5 Foner, Eric. Free Soil, Free Labor, Free Men: The Ideology of the Republican Party before the Civil War. Oxford, New York: Oxford University Press, 1995.
6 McPherson, James M. Abraham Lincoln and the Second American Revolution. New York: Oxford University Press, 1990.
7 Slap, Andrew L. The Doom of Reconstruction: The Liberal Republicans in the Civil War Era. New York: Fordham University Press, 2006.
8 Summers, Mark W. Railroads, Reconstruction, and the Gospel of Prosperity: Aid under the Radical Republicans, 1865–1877. Princeton, NJ: Princeton University Press, 1984.

zur Wahrung von Recht und Ordnung im Süden hätten eingesetzt werden können (*Lock-in 4*, siehe unten). Eine ausreichende Besatzung des Südens vor allem in den Staaten Louisiana, South Carolina und Florida hätte dem hier vorherrschenden Terror durch weiße „Bürgerwehren" gegen Republikaner und African Americans Einhalt geboten und hätte Ausschreitungen wie das *Colfax Massacre* verhindert. In der Folge hätte sich die Republikanische Partei im Süden halten können und der *Compromise of 1877* wäre überflüssig geworden. Die Entwicklung der Republikanischen Partei zur Partie der Industriellen und Unternehmer (*Critical Juncture 3*), an deren Ende der Kompromiss stand (*Lock-in 3*), war einerseits das Ergebnis sozio-ökonomischer Verschiebungen im Rahmen der Industrialisierung und der Akkumulation von Aktienkapitalien, doch kennzeichnet es die Geschichte der GOP, dass sie ihren anfänglichen Idealismus aufgab, nachdem die erste Generation ihrer Leitfiguren sich politisch zurückgezogen hatten oder gestorben waren. Die Skandale der Grantregierung und die Abspaltung der Liberal Republicans half der Sache der GOP nicht, doch schon beim Parteikongress der „National Union Republicans" 1872, auf dem Ulysses Grant für eine zweite Amtszeit nominiert wurde, drückten zahlreiche Delegierte den Gedanken aus, die „Arbeit" der Partei sei jetzt getan bzw. wiesen den Gedanken von sich, was ja auch eine Menge sagt.[9] Die zweite Amtszeit Grants war markiert von zahlreichen Skandalen und der Wirtschaftskrise von 1873, die zu Recht oder Unrecht mit der Währungspolitik der Regierung in Verbindung gebracht wurden. Insofern traten der Süden und die *African Americans* in den Hintergrund. Der GOP drohte der Machtverlust auf allen Ebenen, weshalb wirtschaftliche Probleme und die Reform des Beamtenapparats in den Vordergrund traten.[10]

3.1 *Lock-in 1:* Die Reetablierung der alten Pflanzerklasse

Mit dem Ende des Amerikanischen Bürgerkriegs lag vor den Menschen in den Vereinigten Staaten ein wahrhaft großes Ziel: Der Wiederaufbau des zerstörten Südens und die Reintegration der Rebellen der *Confederate States of America*

---

[9] Gustafson, Melanie S. Women and the Republican Party, 1854–1924. Urbana, IL: University of Illinois Press, 2001, S. 47f. [National Union Republican Party]. Republican National Convention: Presidential Election, 1872 Proceedings of the National Union Republican Convention Held at Philadelphia, June 5 and 6, 1872. Washington, DC: Gibson Brothers, Printers, 1872, S. 13f., 27. Das Parteiprogramm von 1872 enthielt u. a. die Verpflichtung zur Rückzahlung der Kriegsschulden zum Nennwert. Republican National Convention: Presidential Election, S. 28.
[10] Gillette, William. Retreat from Reconstruction, 1869–1879. Baton Rouge, LA: Louisiana State University Press, 1979, S. 186–190.

(CSA) und der ehemaligen Sklaven in ein sich selbst dynamisch veränderndes soziales System, in dem Lohnarbeit immer wichtiger wurde. 600.000 amerikanische Soldaten waren im Laufe des Kriegs auf beiden Seiten ums Leben gekommen. Weite Teile des Südens waren vollkommen verwüstet. Das Eisenbahnsystem des Südens war restlos zerstört.[11] Eine 50 Kilometer breite und fast 500 Kilometer lange Spur totaler Zerstörung zog sich durch Georgia von Atlanta bis nach Savannah, Ergebnis der Taktik der verbrannten Erde, die William Tecumseh Sherman (1820–1891) einsetzte, um den Süden zur Kapitulation zu zwingen.[12] Die meisten Städte des Südens bestanden aus Ruinen – Ruinen, die nicht das Ergebnis eines Unglücks oder einer Naturkatastrophe waren, sondern das Ergebnis einer vorsätzlichen und vollständigen Zerstörung durch Menschen. Neben Georgia waren fast alle Rebellenstaaten schwer in Mitleidenschaft gezogen worden, besonders Virginia, Tennessee, Arkansas, Alabama, und die beiden Carolinas, wo durch die Zerstörung des Bewässerungssystems Seewasser in die Reisplantagen eindringen konnte und damit die Anpflanzung von Reis für lange Zeit unmöglich wurde. Auch die Zuckerindustrie Louisianas war vollkommen zerstört worden. Es kam zu Hungersnöten im Winter 1865. Zudem war der Kapitalmarkt vollständig ruiniert durch den Zusammenbruch der Papierwährung im Süden und die Nichtanerkennung der südlichen Kriegsschulden. Diese Umstände bilden nach meinem Dafürhalten eine *Critical Juncture*, die den Bereich des nach dem Kriegsende Möglichen stark einschränkte. Die Vorstellung eines Großteils der Südstaateneliten, den Süden wiederaufzubauen und dabei die alten sozialen Strukturen möglichst intakt zu lassen, musste darauf hinauslaufen, eine breite Gruppe von afro-amerikanischen *Yeomen* zu verhindern. Die ökonomisch-politischen Gegebenheiten hätten grundlegend reformiert werden müssen, damit die

---

11 Nelson, Megan Kate. Ruin Nation: Destruction and the American Civil War. Athens, GA: University of Georgia Press, 2012.
12 Wie Sherman den Krieg sah, schildern eindrücklich seine Memoiren. Sherman, William T. Memoirs of General W.T. Sherman. New York: Library of America, 1990. Es gibt mehrere kurze Biographien Shermans, u. a. Koestler-Grack, Rachel A. William Tecumseh Sherman. New York: Chelsea House Publishers, 2009. Royster, Charles. The Destructive War: William Tecumseh Sherman, Stonewall Jackson, and the Americans. Vintage Civil War Library. New York: Vintage Books, 1993. Whitelaw, Nancy. Victory in Destruction: The Story of William Tecumseh Sherman. Greensboro, NC: Morgan Reynolds Pub., 2005. Die beste Biographie ist von Fellman, Michael. Citizen Sherman: A Life of William Tecumseh Sherman. New York: Random House, 1995. Siehe auch Finzsch, Norbert. Konsolidierung und Dissens: Nordamerika von 1800 bis 1865. Münster: LIT, 2005, S. 712–720. Für die Rebellen, die Opfer der Taktik der verbrannten Erde wurden, stellvertretend der Brief eines Bankiers aus Savannah: Clower, George W. A Letter on Sherman's March Through Georgia. The Georgia Historical Quarterly. 1953 Jun 1; 37 (2):160–162.

Reconstruction hätte einen anderen Weg nehmen können. Dieser Weg hätte in der Enteignung der Landesverräter und der Verteilung des Landes an die Freedpeople bestehen können. Die willentliche Entscheidung, dies nicht zu tun, sondern angesichts der wirtschaftlichen Strukturschwäche der Rebellenstaaten die alten Besitzverhältnisse unangetastet zu lassen, stellt die erste *Critical Juncture* unseres Geschichtszeitraums dar (*Critical Juncture 1*).

Mit der Emanzipation der Sklaven war das brutale Arbeitssystem des Südens zusammengebrochen. Es war unklar, wie die Menschen in den betroffenen Gebieten ernährt werden sollten und ab wann die Bevölkerung des Südens sich wieder selbst würde ernähren können. Unklar war ebenso, was mit den befreiten Sklavinnen und Sklaven passieren sollte. Sie hatten ihr Schicksal selbst in die Hand genommen und hatten die alten Plantagen entweder verlassen oder sich dem Tross verschiedener Armeeeinheiten des Nordens angeschlossen. All diese Probleme bezeichnen daher zusammengenommen die Phase der *Reconstruction*.[13]

Die *Reconstruction* hat in der US-amerikanischen Forschung lange einen *haut gout* gehabt. Sie galt als Periode des politischen Niedergangs, der Verletzung der Ethik und Moral durch Politiker und Geschäftsleute vor allem des Nordens, als Phase der Militärdiktatur und der Herrschaft ungebildeter und raffgieriger Afroamerikaner, die dem unterlegenen Süden mithilfe der Besatzungsarmee aus dem Norden ihr Regiment aufzwangen. Kenneth M. Stampp (1912–2009), Historiker an der University of California in Berkeley und einer der Pioniere der modernen Forschung zur Geschichte der *African Americans* und der *Reconstruction*, sah sich noch 1965, einhundert Jahre nach dem Ende des Bürgerkriegs bemüßigt, diese Sicht der *Reconstruction* in Frage zu stellen.[14]

Ein amerikanischer Wikipediaartikel aus dem Jahre 2008 macht sich die Definition der euphemistisch *Reconstruction* genannten Periode der US-amerikanischen Geschichte leicht: „Reconstruction ist die Periode zwischen 1865 und 1877 als die US-Regierung sich darauf konzentrierte die Konsequenzen und das Nachspiel des Amerikanischen Bürgerkriegs (1861–1865) zu bewältigen; besonders diese Periode innerhalb der ehemaligen konföderierten Bundesstaaten [sic!]."[15] Noch hanebüchener ist die Definition in der deutschen Wikipedia: „Als

---

13 Die beste allgemeine Einführung zur Reconstruction ist immer noch Franklin, John Hope und Foner, Eric. Reconstruction after the Civil War. Chicago, IL, London: University of Chicago Press, 2013.
14 Stampp, Kenneth M. The Era of Reconstruction, 1865–1877. New York: Knopf, 1965, S. 3–23.
15 „Reconstruction is the period between 1865 to 1877 when the US government focused on resolving the consequences and aftermath of the American Civil War (1861–1865); especially this period within the former confederate states." Wikipedia, http://en.wikipedia.org/wiki/Reconstruc

Reconstruction bezeichnet man in den Vereinigen Staaten die vom Sezessionskrieg (1861–1865) bis 1877 währende Phase, in der die 1860/61 aus den USA ausgetretenen Südstaaten wieder in die Union eingegliedert wurden."[16]

Diese Definition ist aus mehreren Gründen anstößig. Die ehemaligen „konföderierten Staaten" waren Rebellenstaaten, die die Union in hochverräterischer Weise hatten verlassen wollen, um ein menschenverachtendes Gesellschaftssystem – die Sklaverei – bewahren zu können.[17] Außerdem wartete die *Reconstruction* nicht bis 1865 und auf das Ende des Kriegs, sondern setzte unvermittelt und überall dort ein, wo die Armee der Vereinigten Staaten, die „Unionstruppen", einen bedeutenden Sieg errangen. Als der Ausgang des Kriegs immer mehr wie ein Sieg der USA über die Rebellenstaaten auszusehen begann, musste man sich in Washington verstärkt Gedanken über die Vereinigung beider Landesteile machen. Die wichtigste politische Frage war: Wer hatte die verfassungsrechtliche Befugnis, diese Vereinigung zu planen und herbeizuführen? Die Verfassungsväter hatten einen derartigen Fall nicht vorgesehen, weshalb die Verfassung in diesem Fall nicht konsultiert werden konnte. Gleichzeitig wurden die Kommandeure der US-Armee im Süden immer stärker mit der Notwendigkeit konfrontiert, schnelle Entscheidungen zu treffen, die nicht oder nicht nur militärischer Natur waren und die als die Geburt der *Reconstruction* verstanden werden können. Der republikanische Präsident Abraham Lincoln (1809–1865) war fest davon überzeugt, dass die *Reconstruction* eine Aufgabe der Exekutive sei.[18] Aber auch der Kongress war sicher, dass dies in seine Zuständigkeit fiele. Der

---

tion. Gesehen 1. September 2008. Inzwischen ist diese Aussage revidiert. http://en.wikipedia.org/wiki/Reconstruction_Era, g 7. März 2014.

16 Reconstruction. [Web Page]: http://de.wikipedia.org/wiki/Reconstruction. Gesehen am 7.3. 2014. Die für die deutschen Wikipediaartikel zuständigen RedakteurInnen neigen einer Lesart zu, die den Süden einseitig in Schutz nimmt. Unakzeptabel ist in u. a. meinen Augen, dass der Bürgerkrieg behandelt wird, als hätten die Südstaaten das „Recht" gehabt, aus der Union „auszutreten". Der soziale Aspekt der Reconstruction gerät beim deutschen Wikipediaartikel obendrein vollkommen aus dem Blick. Alle Versuche, unter Verweis auf die Forschungslage diesen Artikel zu verbessern, sind indessen von den verantwortlichen deutschen Wikipediaautoren abgeblockt worden.

17 Zum angeblichen Recht auf Sezession siehe Sunstein, Cass R. Constitutionalism and Secession. The University of Chicago Law Review. 1991 Apr 1; 58 (2):633–670. Abraham Lincoln legte den Finger auf die Wunde, als er in seiner Inauguralrede sagte, man könne zwar einen Vertrag wie die Verfassung brechen, um ihn aber ungültig werden zu lassen, müssten alle Vertragsparteien zustimmen. Burchard, Veronica. Lincoln's Refutation of Secession. OAH Magazine of History. 2007 Jan 1; 21 (1):29–32, S. 29.

18 Belz, Herman. Abraham Lincoln and American Constitutionalism. The Review of Politics. 1988 Spring; 50 (2):169–197. Die biographische Literatur zu Lincoln ist unübersichtlich. Die Library of Congress verzeichnet 4471 Titel zu Lincoln. Anlässlich des 150. Todestags und des 200. Geburts-

Streit um Zuständigkeiten wurde durch die Tatsache verschärft, dass beide Seiten miteinander im Widerspruch stehende Vorstellungen davon hatten, was *Reconstruction* eigentlich bedeutete. Lincolns vornehmliches Ziel war die Wiederherstellung der nationalen Einheit durch ein Programm rascher und nachsichtigen Versöhnung mit den Rebellen. Der Kongress befürchtete nicht zu Unrecht, das milde Programm des Präsidenten würde die alte Pflanzerelite an der Macht halten. Er verlangte einen nachprüfbaren Nachweis der Loyalität der ehemaligen Rebellen zur Union und die Sicherheit, dass die ehemaligen Sklaven bestimmte Rechte als freie Bürger würden genießen können. Miteinander konkurrierende Pläne entstanden schon während des Kriegs, aber Lincoln und der Kongress schafften es, ihre Differenzen zu überbrücken. Nur die Zusammenarbeit beider Verfassungsorgane konnte sicherstellen, dass der Sieg über den Süden errungen werden konnte.

In ihrem Bestreben, einen Plan für die politische Wiedereingliederung des Südens zu formulieren, schenkten weder der Kongress noch der Präsident der Frage der Arbeitsorganisation und des Zugangs zu Land für die befreiten Sklaven im Süden viel Aufmerksamkeit. Mit dem Fortgang des Kriegs jedoch brach die Sklaverei und das Plantagensystem in weiten Teilen des Südens zusammen, und die Kommandeure der US-Armee in den vom Norden besetzten Gebiet der Rebellenstaaten hatten keine andere Wahl als die Entstehung eines neuen Arbeitssystems mitzugestalten. Dass es sich dabei um ein grundsätzlich neues System handelte, kann nicht bestritten werden. Auch wenn das neue Arbeitssystem des *Sharecropping* Elemente der Sklaverei und der Lohnarbeit miteinander vereinte, wäre es meines Erachtens falsch, von einer Wiederbelebung der Sklaverei zu sprechen, wie dies unlängst in der Forschung geschehen ist.[19] Ich werde im Folgenden zeigen, wo die Unterschiede lagen.

---

tags Lincolns gab und gibt es eine Welle neuer Veröffentlichungen. Erwähnt werden sollen hier nur die mit über 2000 Seiten erschöpfend umfängliche Arbeit von Burlingame, Michael. Abraham Lincoln: A Life. Baltimore, MD: Johns Hopkins University Press, 2008 und die Arbeit von Carwardine, Richard. Lincoln: A Life of Purpose and Power. New York: Alfred A. Knopf, 2006. In unseren Augen die beste, vom Umfang noch handhabbare wissenschaftliche Arbeit stammt von Donald, David Herbert. Lincoln. New York: Simon & Schuster, 1995. Von den zahlreichen Quellensammlungen zu Abraham Lincoln seien erwähnt Lincoln, Abraham. Lincoln Speeches. New York: Penguin Group, 2012. Ball, Terence (Hg.). Abraham Lincoln: Political Writings and Speeches. Cambridge, New York: Cambridge University Press, 2013. Smith, Steven B. Petranovic, Danilo, Lerner, Ralph und Kleinerman, Benjamin A. (Hg.). The Writings of Abraham Lincoln. New Haven, CT, London: Yale University Press, 2012. Van Doren, Carl (Hg.). The Literary Works of Abraham Lincoln. Norwalk, CT: Easton Press, 1980.

19 Blackmon, Douglas A. Slavery by Another Name: The Re-Enslavement of Black People in America from the Civil War to World War II. New York: Doubleday, 2008.

Am 4. März 1865 hielt Präsident Abraham Lincoln seine zweite Inaugurationsrede, die gespickt war mit religiösen Bildern und Symbolen. Er ließ die Geschichte des langen und verlustreichen Kriegs Revue passieren bevor er sich dem Problem des Friedens zuwandte. „Mit Hass gegen niemand, mit Großzügigkeit für alle, mit Standhaftigkeit im Recht, so wie uns Gott das Richtige sehen lässt, lasst uns danach streben, das Werk zu vollenden, das vor uns liegt: Die Wunden der Nation zu verbinden [...] und alles zu tun, was einen gerechten und dauerhaften Frieden schätzt und durchsetzt."[20] Lincoln hatte zwei Jahre Zeit gehabt, das Problem der Einigung beider Teile der Union zu durchdenken. Tiefes Mitgefühl für den Feind leitete seine Vorstellungen vom Frieden. Aber man würde Lincoln unterschätzen, wenn man sein Programm nur aus der Warte des humanitären Engagements verstehen wollte. Sein *Reconstruction*-Programm zielte zuallererst auf die rasche Beendigung des Kriegs und auf das Ende der Sklaverei.

In seiner „Proclamation of Amnesty and Reconstruction" vom Dezember 1863, die er erließ, als der Norden endlich die Oberhand auf dem Schlachtfeld erreicht hatte, bot Lincoln den Rebellen Straflosigkeit an unter der Voraussetzung, dass sie die Sezession als unrechtmäßig verurteilten und die Abschaffung der Sklaverei akzeptierten. Straffreiheit war deshalb wichtig, weil mit ihr ehemalige Rebellen wieder Zugang zu ihrem Besitz (außer den Sklaven) haben und volle politische Rechte genießen sollten.[21] Sein Angebot schloss eine kleine Gruppe ehemaliger Rebellen aus, wie zum Beispiel hochrangige politische und militärische Vertreter der Konföderation, doch verlangte Lincoln keine Massenverhaftungen, keine Verfahren wegen Hochverrats und keine Hinrichtungen. Stattdessen schlug er vor, dass nach der Ablegung eines Treueids auf die Verfassung durch nur zehn Prozent der Wahlberechtigten des Jahres 1860 der betreffende Staat eine Regierung bilden und in die Union wiederaufgenommen werden sollte. Lincoln hoffte, dass die kriegsmüden Rebellen die entgegenkommenden Bedingungen der Einigung akzeptieren würden, ihre Loyalität gegenüber der Union erneuern und die Rebellion und die Sklaverei aufgeben würden.

Sein Plan sah jedoch nicht vor, dass die Rebellen den ehemaligen Sklaven soziale oder politische Rechte zugestehen sollten. Auch dachte er nicht daran, ein lang anhaltendes Hilfsprogramm des Bundes für die ehemaligen Sklaven und

---

20 „With malice toward none; with charity for all; with firmness in the right, as God gives us to see the right, let us strive on to finish the work we are in; to bind up the nation's wounds [...] to do all which may achieve and cherish a just, and a lasting peace." The JBHE Foundation. Lincoln's Second Inaugural: Press Reactions to the Most Eloquent Presidential Address in American History. The Journal of Blacks in Higher Education. 2004 Spring; (43):44–46.
21 United States. Statutes at Large, Treaties, and Proclamations of the United States of America, Band 13. Boston: Little & Brown, 1866, S. 737–39.

Sklavinnen („Freedmen" oder „Freedpeople") aufzulegen. Der Präsident wollte die zerbrochene Union restaurieren, nicht reformieren. Lincolns milde Bedingungen versetzten Abolitionisten wie Wendell Phillips (1811–1884) in Rage, der dem Präsidenten vorwarf, aus der Freiheit der *African Americans* eine Farce zu machen.[22] Er sei zwar gewillt, die Schwarzen frei zu machen, aber er wolle ihnen nichts sonst in die Hand geben. Phillips verglich Lincoln mit dem passivsten General der US-Armee während des Kriegs, dem ehemaligen Oberkommandierenden der US-Armee George McClellan (1826–1885), der 1864 auch der erfolglose Präsidentschaftskandidat der Demokraten gegen Abraham Lincoln gewesen war. Was McClellan auf dem Schlachtfeld gewesen sei, sei Lincoln auf dem politischen Feld.[23] Phillips und andere radikale Gegner der Sklaverei verlangten stattdessen die revolutionäre Umgestaltung der Gesellschaft im Süden der USA. Ihre Ideen sollten sich für die Mehrheit der Republikaner als zu drastisch erweisen, doch wiesen die Republikaner im Kongress die Vorstellungen Lincolns als inadäquat zurück. Im Juli 1864 stellte der Kongress seinen eigenen Plan für die *Reconstruction* vor.

Etliche republikanische Kongressabgeordnete dachten, der Zehn-Prozent-Plan Lincolns sei zu nachsichtig. Ein strengerer Plan wurde von Senator Benjamin F. Wade (1800–1878) dem Mitglied des Repräsentantenhauses Henry Winter Davis (1817–1865) im Februar 1864 vorgelegt.[24] Die Wade-Davis Bill verlangte, dass die Mehrheit der weißen männlichen Bürger eines Staates einen Loyalitätseid („ironclad oath") ablegen sollten, in dem sie erklärten, dass sie die Rebellion nie unterstützt hätten, bevor ihr Staat wieder in die Union aufgenommen werden sollte.[25] Dieser Eid hätte ehemalige Konföderierte daran gehindert, politische

---

22 McPherson, James M. Battle Cry of Freedom: The Civil War Era. New York: Oxford University Press, 1988, S. 700. Die Standardbiographie zu Phillips ist immer noch Sherwin, Oscar. Prophet of Liberty: The Life and Times of Wendell Phillips. Westport, CT: Greenwood Press, 1975. Neueren Datums, aber kürzer ist Stewart, James Brewer. Wendell Phillips: Liberty's Hero. Baton Rouge, LA: Louisiana State University Press, 1986.
23 „What McClellan was on the battlefield – ‚Do as little hurt as possible!'– Lincoln is in civil affairs – ‚Make as little change as possible!'" Zitiert in McPherson, James M. Battle Cry of Freedom, S. 701. Siehe Finzsch, Konsolidierung und Dissens, S. 643–646.
24 Trefousse, Hans L. Benjamin Franklin Wade: Radical Republican from Ohio. New York: Twayne Publishers, 1963. Henig, Gerald S. Henry Winter Davis: Antebellum and Civil War Congressman from Maryland. New York: Twayne Publishers, 1973.
25 Mit „Bill" werden im amerikanischen Sprachgebrauch Gesetzesvorlagen bezeichnet, die (noch) nicht verabschiedet und vom Präsidenten gegengezeichnet sind, während Gesetze, die Gültigkeit haben als „Act" bezeichnet werden. Der „Ironclad Oath" wurde durch eine Entscheidung des *US Supreme Court* im Jahre 1867 in bestimmten Fällen als verfassungswidrig bezeichnet. 1871 wurde er so modifiziert, dass ehemalige Rebellen schwören mussten, der Union gegenüber in

Ämter auszuüben und hätte die Vorherrschaft der Republikaner auch im Süden etabliert. Zusätzlich sollten Afroamerikaner das Wahlrecht durch die wieder aufgenommenen Staaten erhalten. Darüber hinaus schloss die Gesetzesvorlage alle ehemaligen Rebellen von der Neuformulierung der Staatsverfassungen aus.[26] Schließlich wollte das Gesetz die rechtliche Gleichstellung der Freedmen verankern. Die *Reconstruction* durch den Kongress würde weder so schnell noch so mild sein wie Lincolns Plan es vorsah. Doch auch die Wade-Davis Bill verärgerte die Radikalen, weil sie keine explizite Klausel zum schwarzen Wahlrecht vorsah.

Der Kongress verabschiedete die Wade-Davis Bill, doch Lincoln zog es vor, sie nicht zu unterzeichnen, sie also durch ein *Pocket Veto* zu Fall zu bringen.[27] Lincoln setzte seine Politik der Toleranz gegenüber den Staaten des Südens fort und widersetzte sich damit allen Plänen im Kongress, eine harte Linie gegenüber den ehemaligen Rebellen zu fahren. Nach Lincolns Ermordung im April 1865 hatte der Kongress jedoch zunächst die Oberhand in der Gestaltung der Rekonstruktionspolitik und setzte die strengeren Bestimmungen der gescheiterten Wade-Davis Bill durch.

Als Lincoln von seinem verfassungsmäßigen Recht Gebrauch machte, die Wade-Davis Bill nicht zu unterzeichnen und sie damit effektiv scheitern ließ, veröffentlichten die aufgebrachten Autoren des Gesetzentwurfs ein Manifest, in dem sie dem Präsidenten die Usurpation politischer Macht vorwarfen. Sie warnten Lincoln, er solle sich auf seine verfassungsmäßige Aufgabe beschränken und die Gesetze ausführen, solle aber Abstand davon nehmen, sie zu erlassen. Er solle die bewaffnete Rebellion unterdrücken, die politische Neuorganisation jedoch dem Kongress überlassen.[28] Unbeeindruckt setzte der Präsident seinen

---

Zukunft loyal zu sein. Perman, Michael. The Road to Redemption: Southern Politics, 1869–1879. Chapel Hill, NC: University of North Carolina Press, 1984, S. 23f.
26 Johnson, Ludwell H. Lincoln's Solution to the Problem of Peace Terms, 1864–1865. The Journal of Southern History. 1968 Nov; 34 (4):576–586.
27 Ein *Pocket Veto* bezeichnet die gängige Praxis des Präsidenten, einen durch den Kongress verabschiedeten Gesetzesentwurf durch Nichtbehandlung unwirksam werden zu lassen. Die Verfassung der Vereinigten Staaten bestimmt, dass der Präsident jedes durch den Kongress verabschiedetes Gesetz binnen zehn Tagen zu unterzeichnen oder sein Veto gegen das Gesetz auszusprechen hat. Diese Bestimmung ist jedoch nur wirkungsvoll, wenn der Kongress sich nicht innerhalb der Zehntagesfrist in die Parlamentsferien begibt also vertagt. Zum Ende einer Sitzungsperiode tritt also die Bill trotz fehlenden Vetos des Präsidenten nicht in Kraft, wenn dieser sie nicht unterzeichnet. (Artikel 1, Abschnitt 7 der Verfassung der Vereinigten Staaten). Lösche, Peter (Hg.), Länderbericht USA: Geschichte, Politik, Wirtschaft, Gesellschaft, Kultur. Bonn: Bundeszentrale für Politische Bildung, 2008, S. 124f.
28 Balsamo, Larry T. „We cannot have free government without elections": Abraham Lincoln and the election of 1864, Journal of the Illinois State Historical Society, Summer 2001, S. 181–199, S.191.

Kurs fort, loyale Staatenregierungen zu bilden. Vier Staaten – Louisiana, Arkansas, Tennessee und Virginia – hatten die Bedingungen des Präsidenten erfüllt.

Lincoln gestand ein, dass eine Regierung auf der Basis von nur zehn Prozent loyalen Bürgern nicht ideal sei, aber er war überzeugt, diese Regierungen könnten moderate Südstaatler im Sinne der Union motivieren. „Wer das Geflügel haben will, sollte das Ei ausbrüten, nicht aber zerschlagen", bemerkte Lincoln gegenüber dem radikalen Republikaner Charles Sumner (1811–1874).[29] „Die Eier von Krokodilen können nur Krokodile ergeben", gab der Senator aus Massachusetts zurück.[30] Der Kongress weigerte sich, die Repräsentanten der „Lincolnstaaten" anzuerkennen und verweigerte ihnen den Einzug ins Parlament.[31] In seiner letzten öffentlichen Rede im April 1865 verteidigte Lincoln seinen Plan, betonte jedoch seine Kompromissbereitschaft. Zum ersten Mal gab er auch seiner Bereitschaft Ausdruck, den Afroamerikanern im Süden das Wahlrecht zu verleihen, jedenfalls wenn sie „sehr intelligent" seien und „unserer Sache als Soldaten gedient" hätten.[32] Diese Ankündigung demonstrierte, dass Lincolns Gedanken zur Rekonstruktion des Südens sich immer noch weiterentwickelten. Vier Tage später wurde er ermordet.

3.2 Land und Arbeit

Von allen Problemen, die nach der Abschaffung der Sklaverei entstanden waren, sollte sich keins als gravierender herausstellen als der Übergang zum System der Lohnarbeit, euphemistisch als „free labor" bezeichnet. Ja, man kann argumentieren, dass die ausbleibende Lösung dieser Frage die Rekonstruktion gegen Mitte der 1870er Jahre insgesamt zu Fall brachte. Die Sklaverei war ja im Grunde ein Arbeitssystem unfreier Arbeit gewesen. Die Republikaner waren sich einig darin, dass „freie Arbeit" die Zwangsarbeit der Sklaverei ersetzen sollten, jedoch waren sie sich uneins darin, was dies unter den Bedingungen des geschlagenen Südens

---

29 Blue, Frederick J. Charles Sumner and the Conscience of the North. Arlington Heights, IL: Harlan Davidson, 1994. Donald, David Herbert. Charles Sumner and the Coming of the Civil War. Naperville, IL: Sourcebooks, 2009.
30 Donald, David Herbert. Lincoln. New York: Simon & Schuster, 1995, S. 589.
31 Oates, Stephen B. Our Fiery Trial: Abraham Lincoln, John Brown, and the Civil War Era. Amherst, MA: University of Massachusetts Press, 1979, S. 109.
32 Fredrickson, George M. A Man but Not a Brother: Abraham Lincoln and Racial Equality. The Journal of Southern History. 1975 Feb; 41 (1):39–58, S. 57. Johnson, Ludwell H. Lincoln and Equal Rights: The Authenticity of the Wadsworth Letter. The Journal of Southern History. 1966 Feb; 32 (1):83–87, S. 87.

wirklich bedeutete. Mit dem Vordringen der US-Armee in das Gebiet der Konföderation vergrößerte sich das Heer der ehemaligen Sklaven, die ihre Plantagen zu Abertausenden verließen und sich der Armee anschlossen. Sie wurden *de facto* freie Lohnarbeiter. Die Besatzung riesiger Gebiete durch die Armee bedeutete zudem, dass die besetzten Ländereien keine Eigentümer mehr hatten. Die im Laufe des Kriegs erlassenen *Confiscation Acts* bestraften Hochverräter durch Beschlagnahme ihres Besitzes.[33] Was mit dem vom Bund besetzten Gebiet geschehen und wie die Arbeit auf diesem Land organisiert werden sollte, beschäftigte ehemalige Sklaven, ehemalige Sklavenhalter, die Kommandeure der US-Armee und Regierungsmitarbeiter lange bevor der Krieg zu Ende war.

Von den Küstenregionen Virginias bis zu den Bayous Louisianas entstand eine Vielzahl von gesellschaftlichen Experimenten um die Organisation der Arbeit. Das System im Mississippital sollte sich als Vorläufer der Arbeitsverfassung der Nachkriegszeit im ganzen Süden herausstellen.[34] Im Oberlauf wie im Unterlauf des Mississippi beendeten Bundestruppen die Sklaverei, die durch die Widerständigkeit der Sklaven schon vorher schwer angeschlagen war. Die Kommandeure setzten eine neue Arbeitsverfassung durch. Sie verlangte von den Pflanzern, mit ihren Arbeitern Arbeitsverträge abzuschließen und ihnen Löhne zu zahlen. Die neuen Bestimmungen besagten außerdem, dass die Arbeitgeber Lebensmittel, Unterbringung und medizinische Versorgung zu gewährleisten hatten. Auspeitschung und andere Formen der Körperstrafe wurden verboten. Jedoch reservierte sich die Armee das Recht, Arbeitskräfte zu disziplinieren, die sich weigerten zu arbeiten. Die Bestimmungen der Armee verlangten, dass afroamerikanische Arbeitskräfte Verträge mit ihren Arbeitgebern abschlossen, dass sie sich arbeitswillig, gehorsam und unterwürfig zeigten. Obwohl das Militär einerseits die Sklaverei beenden wollte, zeigte es doch andererseits keinerlei Bereitschaft, die gesellschaftliche Ordnung radikal in Frage zu stellen. Vielmehr sollten die Plantagen wieder entstehen, diesmal jedoch unter dem Vorzeichen der Lohnarbeit.

Das Ergebnis war ein Hybrid, den man als „Zwangslohnarbeit" bezeichnen könnte und der niemanden zufrieden stellte. Je nach Standpunkt bot das neue System zu wenig oder zu viel Bruch mit der Vergangenheit. Die Großgrundbesitzer beklagten sich, das neue System biete ihnen weniger als die Sklaverei. Ein

---

33 Confiscation Act of 1861, 1862 (Erster und zweiter Confiscation Act).
34 Shlomowitz, Ralph. „Bound" or „Free"? Black Labor in Cotton and Sugarcane Farming, 1865– 1880. The Journal of Southern History. 1984 Nov; 50 (4):569–596. Shlomowitz argumentiert, dass das System des Sharecropping in seiner Anfangsphase das Ergebnis eines Klassenkompromisses zwischen ehemaligen Sklavenbesitzern und Freedmen war, die so versucht hätten, Elemente eines Lohnsystems einzuführen.

Zuckerpflanzer aus Louisiana sagte das Scheitern der neuen Arbeitsverfassung voraus, weil die Nordstaatler die Afroamerikaner nicht verstünden. Ehemalige Sklaven könnten nicht per Proklamation in Arbeitskräfte umgewandelt werden. Unter dem neuen System würde von den Sklaven erwartet, ihre Pflichten ohne Zwang und ohne Angst vor Bestrafung zu erledigen. Letzte sei jedoch essentiell um die Faulen anzuspornen und die Bösen zu bestrafen. Ohne die Peitsche habe die neue Arbeitsverfassung keine Chance sich zu bewähren, schloss er.

African Americans kritisierten das neue Arbeitsregime mindestens ebenso vehement. Sie fanden, es sei der alten Sklaverei zu ähnlich, um den Namen „freie Arbeit" zu verdienen.[35] Unter den vielen Fehlern der Ordnung stach besonders einer hervor: Das Versäumnis, die ehemaligen Sklaven mit eigenem Land auszustatten.[36] Die Freedmen waren fest entschlossen unabhängig zu werden, aber das erforderte Eigentum an Land. Sie waren überzeugt, sie hätten das moralische Recht, eigenes Land zu besitzen, weil sie und ihre Vorfahren das Land ohne Bezahlung mehr als zwei Jahrhunderte lang bearbeitet hätten. Darüber hinaus schienen mehrere Indikatoren dafür zu sprechen, dass die Bundesregierung plane, durch Landvergabe eine Klasse von schwarzen Kleinbauern zu etablieren.

Im Januar 1865 hatte General William Tecumseh Sherman (1820–1891) die Sea Islands vor der Küste von South Carolina durch *Special Field Order 15* reserviert, um hier ehemalige Sklavinnen und Sklaven anzusiedeln. Dieser Befehl verteilte etwa 400.000 *Acres* unter ehemaligen Sklaven, wobei jede Familie ein Stück Land von rund 40 *Acres* erhielt.[37] Sherman war keineswegs ein radikaler Republikaner oder Abolitionist. Er hatte diesen Plan lediglich gefasst, um sich

---

[35] Dennoch muss festgehalten werden, dass die Freedmen unter den Bedingungen der Reconstruction einen höheren Anteil an den Werten erhielten, als dies unter dem System der Sklaverei erfolgte. Die Ausbeutungsrate in der Sklaverei betrug nach den Berechnungen der Historiker Ransom und Sutch 53 bzw. 59 Prozent (bezogen auf das Jahr 1859). Demgegenüber erhielten die Freedmen 1879 etwa 56 Prozent des von ihnen erschaffenen Werts und steigerten damit ihren Anteil an der Wertschöpfung um 29 Prozent. Ransom, Roger L. und Sutch, Richard. One Kind of Freedom: The Economic Consequences of Emancipation. Cambridge, New York: Cambridge University Press, 2001, S. 3–5.

[36] Cox, LaWanda. The Promise of Land for the Freedmen. IN: The Mississippi Valley Historical Review. 1958 Dec; 45 (3):413–440.

[37] Ein *acre* sind etwa 4047 Quadratmeter oder ein Stück Land von einer Breite von 20 Metern und einer Länge von 200 Metern. Special Field Orders, No. 15, Headquarters Military Division of the Mississippi, 16 Jan. 1865, Orders & Circulars, ser. 44, Adjutant General's Office, Record Group 94, National Archives. Veröffentlicht in Berlin, Ira, Glymph, Thavolia, Miller, Steven F., Reidy, Joseph P., Rowland, Leslie S. und Saville, Julie (Hg.). Freedom: A Documentary History of Emancipation, 1861–1867. Series I, Volume III: The Wartime Genesis of Free Labor: The Lower South. Cambridge, New York: Cambridge University Press, 1990, S. 338–340.

und seine Einheiten von der Notwendigkeit zu befreien, Abertausende von halbverhungerten ehemaligen Sklaven durchzufüttern, die ihm im Tross seiner Armee durch das Land folgten und die Bewegung seiner Armee beim „Marsch durch Georgia" behinderten. Im Juni 1865 saßen etwa 40.000 Freedmen auf diesem Land. Kurz davor, im März 1865, hatte der Kongress die Gründung des „Bureau of Refugees, Freedmen, and Abandoned Lands", kurz des „Freedmen Bureaus" (FB) verfügt. Der Kongress hatte das FB autorisiert, verlassenes oder beschlagnahmtes Land in Felder von 40 *Acres* aufzuteilen und an die Freedmen zu verpachten. Nach einer Weile sollten diese das Recht haben, das von ihnen bearbeitete Land zu kaufen, „with such title as the United States can convey."[38] Bis zum Juni 1865 hatte das FB fast 10.000 schwarze Familien auf knapp einer halben Million *Acres* angesiedelt, das von geflüchteten Pflanzern aus South Carolina und Georgia aufgegeben worden war. Hunderttausende ehemalige Sklaven hofften darauf, dass auch sie bald in den Genuss der Landverteilungen kommen würden.[39]

Das FB war eine Organisation der Bundesregierung unter Leitung des Kriegsministeriums. Es arbeitet in den Jahren 1865 bis 1872, auch wenn seine Arbeit in den letzten beiden Jahren erheblich behindert wurde. Geleitet wurde das FB von Generalmajor Oliver O. Howard (1830–1909), einem zutiefst religiösen

---

[38] Section 4 des Gesetzes lautet: „SEC. 4. And be it further enacted, That the commissioner, under the direction of the President, shall have authority to set apart, for the use of loyal refugees and freedmen, such tracts of land within the insurrectionary states as shall have been abandoned, or to which the United States shall have acquired title by confiscation or sale, or otherwise, and to every male citizen, whether refugee or freedman, as aforesaid, there shall be assigned not more than forty acres of such land, and the person to whom it was so assigned shall be protected in the use and enjoyment of the land for the term of three years at an annual rent not exceeding six per centum upon the value of such land, as it was appraised by the state authorities in the year eighteen hundred and sixty, for the purpose of taxation, and in case no such appraisal can be found, then the rental shall be based upon the estimated value of the land in said year, to be ascertained in such manner as the commissioner may by regulation prescribe. At the end of said term, or at any time during said term, the occupants of any parcels so assigned may purchase the land and receive such title thereto as the United States can convey, upon paying therefore the value of the land, as ascertained and fixed for the purpose of determining the annual rent aforesaid." United States, Statutes at Large, Band 13, S. 507–509, S. 509.

[39] Die Idee einer allgemeinen Landverteilung geht zurück auf William T. Shermans Eroberungsfeldzug durch Georgia und seine „special field order number 15" vom 16. Januar 1865, die Landverteilungen in South Carolina, Florida und Georgia als Kriegsmaßnahme gerechtfertigt hatte. Dieser Befehl wurde allerdings schon im Herbst des gleichen Jahres von Präsident Andrew Johnson widerrufen. Siehe Allen, James S. Reconstruction: The Battle for Democracy (1865–1876). New York: International Publishers, 1937, S. 225–227. Sutherland, Jonathan. African Americans at War: An Encyclopedia. Santa Barbara, CA: ABC-CLIO, 2004. 2 Bände, Bd. 1, S. 194–197.

Berufssoldaten.[40] Das FB war in vier Abteilungen gegliedert, nämlich 1) Regierungsland, 2) „Records", eine unklare Sammelbezeichnung, die alle legalen Vorgänge betraf, darunter auch den umfangreichen und kostspieligen Bereich der Erziehung, 3) Finanzen und 4) medizinische Versorgung.

Die unmittelbarsten Probleme gegen Ende des Bürgerkriegs lagen im Süden, wo Lebensmittel knapp und die Versorgung der Bevölkerung nicht gesichert waren. Eine rasch wachsende Anzahl von *Freedpeople* hatte die Plantagen verlassen mit wenig mehr als sie tragen konnten. Die Masse der Bedürftigen drohte sogar die Möglichkeiten der US-Armee und der Bundesregierung zu überschreiten. Während des Kriegs hatten private Hilfsorganisationen damit begonnen, Lebensmittel, Kleidung und Bildungsmöglichkeiten für ehemalige Versklavte und verarmte Weiße bereitzustellen. Eines der erfolgreichsten Wohlfahrtsprojekte wurde schon zu Beginn des Kriegs auf den Inseln im Atlantik vor der Küste South Carolinas und Georgias aufgelegt, eben jenem Land, das William T. Sherman später durch sein eigenmächtiges Handeln konfisziert hatte. Dieses Projekt trug den Namen *Port Royal Experiment* nach dem Haupthafen auf dem den Inseln gegenüberliegenden Festland, Port Royal, South Carolina.[41] Im November 1861 schon hatten die Pflanzer die Sea Islands angesichts der bevorstehenden Landung von US-Truppen in Panik verlassen und hatten etwa zehntausend Sklaven zurückgelassen. Im folgenden Frühjahr kamen Tausende von Freiwilligen – Missionare, Lehrerinnen, Ärzte und Krankenschwestern, auch Rechtsanwälte – aus dem Norden nach South Carolina – die meisten von ihnen aus Neuengland, Pennsylvania und New York. Sie wollten den ehemaligen Sklaven helfen.[42] Ihre Entschlossenheit, Hilfe zu leisten, rettete Leben und verhalf Tausenden zu Bildung. In ihren Briefen an Freunde und Kollegen im Norden propagierten sie die

---

40 Howard war der in der Zeit nach Schließung des FB auch als Kämpfer gegen die *Native Americans* (Nez Perce War) und als Leiter der Militärakademie von West Point aktiv. Er war außerdem der Mitbegründer der „historisch schwarzen" Howard University in Washington DC und deren erster Präsident (1869–1874). McFeely, William S. Yankee Stepfather: General O. O. Howard and the Freedmen. New Haven, CT: Yale University Press, 1968. Thompson, David. Oliver Otis Howard: Reassessing the Legacy of the ‚Christian General'. American Nineteenth Century. 2009; 10:273–298.

41 Rose, Willie Lee Nichols. Rehearsal for Reconstruction: The Port Royal Experiment. Athens, GA: University of Georgia Press, 1999. Washington, Delo E. Education of Freedmen and the Role of Self-Help in a Sea Island Setting, 1862–1982. Agricultural History. 1984 Jul; 58 (3):442–455. Cimbala, Paul A. The Freedmen's Bureau, the Freedmen, and Sherman's Grant in Reconstruction Georgia, 1865–1867. The Journal of Southern History. 1989 Nov; 55 (4):597–632. Ochiai, Akiko. The Port Royal Experiment Revisited: Northern Visions of Reconstruction and the Land Question. The New England Quarterly. 2001 Mar; 74 (1):94–117.

42 Rose, Rehearsal for Reconstruction, S. 37–39.

Idee der Gleichberechtigung von Weiß und Schwarz und warben für politische und finanzielle Unterstützung. Auch ökonomisch war das Port Royal Experiment ein gelungener Testfall. Alles in allem 200 Plantagen wurden von den ehemaligen Sklavinnen und Sklaven verwaltet, das Land bebaut und die Ernte erfolgreich vermarktet – manchmal unter dem Schutz von Kriegsschiffen der US Navy.[43]

Unter den ersten Aktivistinnen, die sich auf den Weg nach Süden machten, war Charlotte Forten (Grimké) (1837–1914), eine schwarze Abolitionistin aus Philadelphia.[44] Sie lebte auf der Seaside Plantation, einer Pflanzung auf der Saint Helena Island in South Carolina, heute ein Zentrum der Gullah-Kultur im Süden der USA. Charlotte Forten hinterließ einen schriftlichen Bericht über ihre Zeit im Süden, „Life on the Sea Islands", der zu den eindrucksvollsten Quellen zur frühen *Reconstruction* gehört.[45]

---

[43] Pierce, Edward Lillie. The Negroes at Port Royal: Report of E. L. Pierce, Government Agent, to the Hon. Salmon P. Chase, Secretary of the Treasury. Boston, MA: R. F. Wallcut, 1862. Zum Port Roxal Experiment siehe auch Cimbala, Paul A. The Freedmen's Bureau, the Freedmen, and Sherman's Grant in Reconstruction Georgia, 1865–1867. The Journal of Southern History 55.4 (1989):597–632. Lieberman, Robert C. The Freedmen's Bureau and the Politics of Institutional Structure. Social Science History 18.3 (1994)405–437. Mohr, Clarence L. Before Sherman: Georgia Blacks and the Union War Effort, 1861–1864. The Journal of Southern History 45.3 (1979):331–352. Ochiai, Akiko. The Port Royal Experiment Revisited: Northern Visions of Reconstruction and the Land Question. The New England Quarterly 74.1 (2001):94–117. Stanley, Amy Dru. Beggars Can't Be Choosers: Compulsion and Contract in Postbellum America. The Journal of American History 78.4 (1992):1265–1293. Washington, Delo E. Education of Freedmen and the Role of Self-Help in a Sea Island Setting, 1862–1982. Agricultural History 58.3 (1984):442–455.

[44] Taylor, Kay Ann, Peake, Mary S. and Forten, Charlotte L.: Black Teachers during the Civil War and Reconstruction. The Journal of Negro Education 74.2 (2005):124–37. Zur Rolle von Frauen während des Port Royal Experiment siehe Lockwood, Lewis C. und Forten, Charlotte L. Two Black Teachers during the Civil War: Mary S. Peake, The Colored Teacher at Fortress Monroe. New York: Arno Press, 1969. Farmer-Kaiser, Mary. „With a Weight of Circumstances Like Millstones About Their Necks": Freedwomen, Federal Relief, and the Benevolent Guardianship of the Freedmen's Bureau. The Virginia Magazine of History and Biography 115.3 (2007):412–42. Rachal, John R. Gideonites and Freedmen: Adult Literacy Education at Port Royal, 1862–1865. The Journal of Negro Education 55.4 (1986):453–69. Washington, Delo E. Education of Freedmen and the Role of Self-Help in a Sea Island Setting, 1862–1982. Agricultural History 58.3 (1984):442–55.

[45] Forten, Charlotte. Life on the Sea Islands. The Atlantic Monthly XIII (May 1864), S. 587–569. Dies. Life on the Sea Islands. The Atlantic Monthly XIII (June 1864), S. 666–676. Zur Biographie der beeindruckenden Aktivistin, Pädagogin und Politikerin konsultiere man Forten, Charlotte L. Journal. New York: Dryden Press, 1953. Forten, Charlotte L. The Journal of Charlotte Forten, a Free Negro in the Slave Era. New York: Norton, 1981. Forten, Charlotte L. A Free Black Girl before the Civil War: The Diary of Charlotte Forten, 1854. Mankato, MN: Blue Earth Books, 2000. Forten, Charlotte L. The Journals of Charlotte Forten Grimké. New York: Oxford University Press, 1988.

Nicht zuletzt dem Einfluss von Abolitionistinnen wie Charlotte Forten ist es zu danken, dass der Kongress im März 1865 das Bureau of Refugees, Freedmen, and Abandoned Lands oder *Freedmen's Bureau* gründete und es innerhalb des Kriegsministeriums ansiedelte.[46] Das *Freedmen's Bureau* (im Folgenden FB) erweiterte die Arbeit privater Hilfsorganisationen sowohl programmatisch wie auch geographisch. Es eröffnete Niederlassungen im Süden, um ehemaligen Sklaven und weißen Kriegsflüchtlingen Hilfe zukommen zu lassen. Das FB gab Lebensmittel in Form von Maismehl, Mehl und Zucker für 150.000 Personen im ersten Jahr seiner Existenz aus. Es fungierte als Aufsichtsbehörde für Tausende von Schulen und half ehemaligen Sklavinnen und Sklaven dabei, Arbeitsverträge auszuhandeln und Ehen zu legalisieren.[47] *Freedpeople* begannen so, Steuern zu zahlen, zu wählen, Kleinunternehmen zu gründen und Land zu erwerben. Die große Mehrzahl blieb trotzdem Landarbeiter und Landarbeiterinnen ohne rudi-

---

46 Lieberman, Robert C. The Freedmen's Bureau and the Politics of Institutional Structure. Social Science History. 1994 Autumn; 18 (3):405–437. Lowe, Richard. The Freedmen's Bureau and Local Black Leadership. The Journal of American History. 1993 Dec; 80 (3):989–998. Lowe, Richard. The Freedmen's Bureau and Local White Leaders in Virginia. The Journal of Southern History. 1998 Aug; 64 (3): 455–472.
47 Bentley, George R. A History of the Freedmen's Bureau. New York: Octagon Books, 1970. Als Regionalstudien älteren Datums liegen vor Abbott, Martin Linton. The Freedmen's Bureau in South Carolina, 1865–1872. Chapel Hill, NC: University of North Carolina Press, 1967. Finley, Randy. From Slavery to Uncertain Freedom: The Freedmen's Bureau in Arkansas, 1865–1869. Fayetteville, AK: University of Arkansas Press, 1996. Kambourian, Elizabeth Cann. The Freedmen's Bureau in Virginia: Names of Destitute Freedmen Dependent upon the Government in the Military Districts of Virginia. Bowie, MD: Heritage Books, 1997. Webster, Laura Josephine. The Operation of the Freedmen's Bureau in South Carolina. New York: Russell & Russell, 1970. White, Howard A. The Freedmen's Bureau in Louisiana. Baton Rouge, LA: Louisiana State University Press, 1970. Aus der umfangreichen Aufsatzliteratur zum FB seien genannt Rapport, Sara. The Freedmen's Bureau as a Legal Agent for Black Men and Women in Georgia: 1865–1868. The Georgia Historical Quarterly. 1989 Apr 1; 73 (1):26–53. Abbott, Martin. Free Land, Free Labor, and the Freedmen's Bureau. Agricultural History (1956):150–156. Bentley, George R. The Political Activity of the Freedmen's Bureau in Florida. The Florida Historical Quarterly (1949):28–37. Bethel, Elizabeth. The Freedmen's Bureau in Alabama. The Journal of Southern History (1948): 49–92. Colby, Ira C. The Freedmen's Bureau: From Social Welfare to Segregation. Phylon (1985):219–230. Elliott, Claude. The Freedmen's Bureau in Texas. The Southwestern Historical Quarterly (1952):1–24. Jackson, Luther P. The Educational Efforts of the Freedmen's Bureau and Freedmen's Aid Societies in South Carolina, 1862–1872. The Journal of Negro History (1923):1–40. Lieberman, Robert C. The Freedmen's Bureau and the Politics of Institutional Structure. Social Science History (1994):405–437. Lowe, Richard. The Freedmen's Bureau and Local Black Leadership. The Journal of American History (1993): 989–998. Parker, Marjorie H. Some Educational Activities of the Freedmen's Bureau. The Journal of Negro Education (1954):9–21. Richardson, Joe M. An Evaluation of the Freedmen's Bureau in Florida. The Florida Historical Quarterly (1963):223–238.

mentäre Bildung.[48] Mitarbeiter des FB sammelten Beschwerden von ehemaligen Versklavten, denen von ehemaligen Sklavenbesitzern zugesetzt wurde, sie verhandelten mit Weißen und versuchten, Konflikte innerhalb der Familie und der schwarzen Gemeinde zu lösen.[49]

Doch verfügte das FB nur über begrenzte Mittel und die politische Unterstützung war auch nicht immer voll gegeben. Das *Freedmen's Bureau* hatte zu wenig Personal und selbst, wenn politisch fähige und die Ziele der *Radical Republicans* unterstützende Kommandeure das FB anführten, blieben sie nie lang genug auf ihrem Posten, um kontinuierlich und erfolgreich arbeiten zu können. Man kann das sehr gut am Beispiel des Staates Louisiana demonstrieren. Zwischen 1862 und 1877 hatten 16 Kommandeure das Kommando in Louisiana inne, d. h. im Schnitt blieb ein Befehlshaber weniger als ein Jahr auf seinem Posten. Generalmajor Charles Griffin (1825–1867) hatte das Oberkommando sogar nur eine Woche inne. Brigadegeneral Lovell Harrison Rousseau (1818–1869) blieb nur dreieinhalb Monate auf seinem Posten, bevor er nach Alaska abkommandiert wurde. William H. Emory (1811–1887) diente von 1871 bis 1875 in Louisiana und wies damit die längste Stationierung auf, doch kommandierte er in einem Staat, der 135.000 Quadratkilometer groß war, zwischen 529 und 1998 Soldaten, die in drei bis neun Standorten konzentriert waren. Dem FB mangelte es somit an der nötigen militärischen Unterstützung. Die *White League* und andere weiße Terrororganisationen hatten weitgehend freie Hand.[50]

Man versuchte, so gut es ging, das soziale, ökonomische und politische System im Süden wiederaufzubauen. Schwierigkeiten waren programmiert. Viele ehemalige Sklavinnen und Sklaven hatten genaue Vorstellungen davon, was „Freiheit" bedeutete. Kurzfristig bedeutete Freiheit auch immer, nicht mehr an den Platz gebunden zu sein, wo sie als Unfreie geschuftet hatten. Einige Pflanzer beschwerten sich über die „Undankbarkeit" ihrer Arbeitskräfte, die die Plantage genau in dem Moment verließen, als ihre Arbeitskraft dringend benötigt wurde.

---

48 75,6 Prozent der afro-amerikanischen Beschäftigten aus den fünf Baumwollstaaten gaben 1870 an, *Farm Laborer* zu sein. Nur 5,7 Prozent gaben als Beruf *Farmer* an. Fünf Prozent der männlichen *Farm Laborer* konnten 1870 lesen und schreiben. Ransom und Hutch, One Kind of Freedom, Tabelle 2.5, S. 31, Tabelle 2.7, S. 35.
49 Foner, Reconstruction: America's Unfinished Revolution. Schweninger, Loren. Toward a Deeper Understanding of Reconstruction: The Freedman's Bureau, the Republican Party, and Northern Opinion in Post-Civil War America. Reviews in American History. 1994 Mar; 22 (1):82–84 [Sammelbesprechung].
50 Dawson, Joseph G. Army Generals and Reconstruction: Louisiana, 1862–1877. Baton Rouge, LA: Louisiana State University Press, 1982, Appendix II–III und S. 164–182.

Einige Armeeoffiziere bemerkten, dass eine Menge von schwarzen „Vagabunden" über die Landstraße zogen, und bestätigten damit die Auffassung einiger Weißer, die glaubten, Schwarze würden nur arbeiten, wenn man sie dazu zwänge.[51] In Wirklichkeit handelte es sich bei den angeblichen Vaganten um ehemalige Versklavte, die ihre auf eine andere Plantage verkauften Angehörigen suchten und deshalb große Entfernungen zu Fuß zurücklegen mussten. Sicher ist auch, dass befreite Versklavte weniger hart arbeiteten als in der Zeit der Sklaverei, weil sie mehr Freizeit mit ihrer Familie verbrachten.[52]

Das FB kam unter diesen Umständen unter großen Druck der Großgrundbesitzer, die dringend billige Arbeitskräfte benötigten und den Abzug der *Freedpeople* unter allen Umständen beendet sehen wollten. Die Mitarbeiter des FB hatten hier zum Teil konvergierende Interessen mit den Plantagenbesitzern, da sie die Ideologie der „freien Arbeit" vertraten, die mit der Verpflichtung zur Arbeit einherging. Also nötigten sie die ehemaligen Sklavinnen und Sklaven, Arbeitsverträge mit den Pflanzern abzuschließen. Diese Arbeitsverträge waren nicht Verträge zwischen zwei gleichwertigen Vertragspartnern, vielmehr lag die ökonomische und politische Macht fast ausschließlich auf der Seite der Pflanzer, die das Land besaßen, Saatgut, Arbeitstiere und Werkzeuge gegen Kredit zu überzogenen Zinsen an die *Freedpeople* verkauften und am Ende die Hälfte der Ernteerträge plus die Zinsen für das vorgeschossene Kapital verlangen konnten. Konflikte zwischen den Vertragspartnern wurden ebenfalls nicht in einem politischen Vakuum entschieden.[53] Die soziale und politische Kohärenz der alten Eliten, die sich mit wenigen Ausnahmen auf die Demokratische Partei stützen konnte, sorgte für eine Übervorteilung der ehemaligen Versklavten. Wo legale Mittel der sozialen Kontrolle versagten, wurde extralegale Gewalt in Form von Drohungen, Auspeitschungen oder Lynchmorden eingesetzt.[54] Dies geschah *nota bene* nicht erst nach dem Ende der *Reconstruction*, sondern bildete den Subtext der Bemühungen des FB, im Süden die Auswirkungen der Sklaverei abzufedern und gleichzeitig rund vier Millionen Afroamerikanerinnen in Lohn und Brot zu bringen.[55]

Auf diese Weise wurde das FB – unbewusst oder aus Nachlässigkeit – zum Wegbereiter des Systems des *Sharecropping*. *Sharecropping* stellte dabei so etwas

---

51 Edwards, Laura F. The Problem of Dependency: African Americans, Labor Relations, and the Law in the Nineteenth-Century South. Agricultural History. 1998 Spring; 72 (2):313–340.
52 Ransom und Sutch, One Kind of Freedom, S. 6, 12.
53 Ransom und Sutch, One Kind of Freedom, S. 60–68.
54 Rushdy, Ashraf H. A. American Lynching. New Haven, CT: Yale University Press, 2012, S. 64 f.
55 Stanley, Amy Dru. From Bondage to Contract: Wage Labor, Marriage, and the Market in the Age of Slave Emancipation. Cambridge, New York, NY: Cambridge University Press, 1998, S. 40.

wie das Mittelding zwischen Lohnarbeit und der Sklaverei dar. Wenn Lohnarbeit in den Worten Karl Marx' „doppelt frei" ist, weil die Produzierenden sowohl frei von Produktionsmitteln als auch frei in ihrer Entscheidung sind, an wen sie ihre Arbeitskraft verkaufen wollen, so ist das *Sharecropping* eine Form der unfreien Arbeit, bei der die Lohnarbeitenden rein formal gesehen „frei" (von Produktionsmitteln) waren – aber nicht die Wahl hatten, wo oder an wen sie ihre Arbeitskraft verkaufen wollten.[56]

Hinzu kam eine besonders infame Art der unfreien Arbeit – das Lehrverhältnis (*apprenticeship*). Hinter diesem Euphemismus verbarg sich die Möglichkeit, afroamerikanische Kinder bis zum Alter von 21 Jahren in einem Arbeitsverhältnis zu halten, das von Seiten der betroffenen Kinder nicht freiwillig eingegangen worden war. So erließ South Carolina schon 1865 einen *Black Code*, der festlegte, dass

> [a] child, over the age of two years, born of a colored parent, may be bound by the father, if he is living in the Disctrict, or in case of his death, or absence from the Disctrict, by the mother, as an apprentice, to any respectable white or colored person, who is competent to make a contract; a male until he shall attain the age of twenty-one years, and a female until she shall attain the age of eighteen years.[57]

Kinder konnten also ab dem Alter von zwei Jahren, je nach Geschlecht, für die nächsten 19 oder 16 Jahre ausgebeutet werden. North Carolina erließ ein ähnliches Gesetz, das vor allem *Freedwomen* rechtlich schlechter stellte und damit die Wahrscheinlichkeit erhöhte, dass sie oder ihre Kinder Opfer der *Apprenticeship* wurden.[58] Auch im Staate Alabama wurde 1867 schon ein entsprechendes Gesetz erlassen, zu einer Zeit, als Alabama nicht etwa von den Demokraten, sondern von weißen Republikanern regiert wurde.[59]

---

56 Gaido, Daniel. The Formative Period of American Capitalism: A Materialist Interpretation. New York: Routledge, 2006, S. 49–71. Royce, Edward Cary. The Origins of Southern Sharecropping. Philadelphia, PA: Temple University Press, 1993. Nieman, Donald G. From Slavery to Sharecropping: White Land and Black Labor in the Rural South, 1865–1900. New York: Garland, 1994.
57 An Act to Establish and Regulate the Domestic Relations of Persons of Color. In: Statutes at Large of South Carolina, Band XIII, Columbia, SC 1866, S. 291–295. Das Gesetz legte ferner fest, dass uneheliche Kinder durch die Mutter in das Lehrlingsverhältnis gebracht werden könnten und dass Vagabunden und „Kriminelle" ebenfalls auf diese Weise in die Unfreiheit geworfen werden könnten.
58 Zipf, Karin L. Labor of Innocents: Forced Apprenticeship in North Carolina, 1715–1919. Baton Rouge, LA: Louisiana State University Press, 2005, S. 84–105.
59 Walker, A. J. The Revised Code of Alabama. Montgomery, AL: Reid & Screws, 1867, S. 347. Wiggins, Sarah Woolfolk. The Scalawag in Alabama Politics, 1865–1881. Tuscaloosa, AL: Uni-

In Texas stieß ein verwandter *Black Code* aus dem Jahr 1866 auf den Widerstand des zuständigen Agenten des *Freedmen's Bureaus*. Da sein Wortlaut jedoch nicht auf die „Rasse" des *Apprentice* abhob, sondern eine neutrale Sprache pflegte, und außerdem der Begriff des „Waisen" auf ein Kind auch dann angewandt wurde, wenn die Mutter noch lebte, konnte das *Freedmen's Bureau* hier wenig ausrichten.[60]

In Maryland wurden unter dem Kommando des Direktors des *Freedmen's Bureau* Oliver O. Howard alle Gesetze zusammengestellt, die es erlaubten, ehemalig Versklavte oder Waisenkinder in eine Form der direkten körperlichen Abhängigkeit zu bringen, die auch vor körperlicher Züchtigung nicht zurückschreckte.[61] Löhne wurden nicht gezahlt. Flüchtete ein solcher *Apprentice* vor seinem „Herrn", konnten er oder sie zu einer Haftstrafe oder zur Verlängerung der Dienstzeit verurteilt werden.[62]

Das FB sollte die angeblichen Vagabunden also in den Arbeitsmarkt reintegrieren – wobei es nicht nur ökonomisch agierte, sondern auch Geschlechter- und Familienpolitik betrieb, indem es bis dato nicht formalisierte Formen der Partnerschaft und Ehe nachträglich legalisierte und auch hier ordnend und regulativ durchgriff. Auch mithilfe dieser Maßnahmen bereitete es dem *Sharecropping* den Weg, denn es definierte die Familie als Produktionseinheit neu, wies Ehefrau und

---

versity of Alabama Press, 1991, S. 14 f. Fleming, Walter L. Civil War and Reconstruction in Alabama. New York: The Columbia University Press, 1905, S. 382.

60 Crouch, Barry A. „All the Vile Passions": The Texas Black Code of 1866. The Southwestern Historical Quarterly 97, no. 1 (1993):12–34. Ders. The Freedmen's Bureau and Black Texans. Austin, TX: University of Texas Press, 1992. Ders. „'To Enslave the Rising Generation': The Freedmen's Bureau and the Texas Black Code". In: Cimbala, Paul Allan und Miller, Randall M. (Hg.). The Freedmen's Bureau and Reconstruction: Reconsiderations. New York: Fordham University Press, 1999, S. 261–287.

61 United States; Congress; Senate. Laws in Relation to Freedmen Compiled by Command of Major General O.O. Howard, Commissioner, Bureau of Refugees, Freedmen and Abandoned Lands in: Executive Documents: 39th Congress, 2nd Session. Washington, DC: Government Printing Office, 1867, S. 187–188. Vergl. Auch Bremner, Robert H. Children and Youth in America: A Documentary History. Cambridge, MA: Harvard University Press, 1970. 3 Bände, Band 2, S. 608–610.

62 Gao, Chunchang. African Americans in the Reconstruction Era. New York: Garland Pub, 2000, S. 154 f. Im Falle Maryland entschied der Circuit Court 1867, dass derartig weitgehende Apprenticeship Laws gegen das 13. Amendment verstießen und ordneten die Freilassung der klagenden Apprentice Elizabeth Turner an. Samito, Christian G. Changes in Law and Society during the Civil War and Reconstruction: A Legal History Documentary Reader. Carbondale, IL: Southern Illinois University Press, 2009, S. 206 f. Bardaglio, Peter Winthrop. Reconstructing the Household: Families, Sex, and the Law in the Nineteenth-Century South. Chapel Hill, NC: University of North Carolina Press, 1995, S. 97–106.

Kindern den Status von patriarchal abhängigen Personen zu und erlaubte so – eine Rechtskonstruktion, in der die Vertragspartner der weiße Pflanzer und der männliche schwarze Haushaltsvorstand waren und Frauen und Kinder bestenfalls die Rolle von Mündeln hatten. Afroamerikanische Frauen wehrten sich gegen diese Zuschreibungen und kämpften mit Verve gegen die Bevormundung durch das FB und ihre Partner.[63] Gleichzeitig erschuf dieser Vorgang ein schwarzes männliches Subjekt, das zum Gegenstand von rassifizierenden und sexualisierenden Phantasmagorien der weißen Unter- und Oberschichten werden konnte. Der „schwarze Vergewaltiger" konnte nur in einem Rechtsraum entstehen, in dem schwarze Männer (minimale) Rechte genossen – und wenn es dabei auch in erster Linie um das Recht des Familienoberhaupts ging.

Wenn auch der Fokus der Arbeit des FB auf der Hilfe zur Selbsthilfe der *Freedpeople* bestand, so ist die Konstruktion einer heterosexuellen monogamen patriarchal organisierten schwarzen Kleinfamilie als kleinste Produktionseinheit doch ein bemerkenswertes Nebenprodukt der Arbeit des FB. Ich will hier nicht den Eindruck erwecken, als sei die weiße viktorianische Kleinfamilie wesentlich anders organisiert gewesen. Doch gilt es im Gedächtnis zu behalten, dass weiße Frauen der Mittelschicht um 1865 schon erhebliche Rechte durchgesetzt hatten, die schwarzen Frauen vorenthalten blieben, darunter das Recht auf Eigentum, auf Unversehrtheit gegen häusliche Gewalt und das Scheidungsrecht.[64] Ehemalige Sklavinnen und Sklaven waren nur zu bereit, einem solchen Arrangement zuzustimmen, hatten doch Ehe und Elternschaft unter den Bedingungen der Sklaverei keinerlei rechtlichen Schutz genossen. Eheleute wurden ungefragt getrennt und separat an andere Pflanzer weiterverkauft. Getrennt lebende Paare erhielten zwar ein Besuchsrecht, wenn der Ehepartner/die Ehepartnerin auf einer anderen Plantage in der Nähe lebten, doch war dieses Recht von der Willkür des Pflanzers oder seines Aufsehers abhängig. Die Heiratszeremonie bestand oft nur darin, dass ein Paar die Erlaubnis des Pflanzers erhielt, eine gemeinsame Be-

---

63 Farmer-Kaiser, Mary. Freedwomen and the Freedmen's Bureau: Race, Gender, and Public Policy in the Age of Emancipation. New York: Fordham University Press, 2010.
64 Sogenannte Married Women's Property Rights wurden in den USA seit 1839 durch die Einzelstaaten eingeführt und bezogen sich zunächst nur auf verheiratete Frauen, die nach der Konstruktion des Common Law ihren Besitz in der Ehe verloren. Ironischerweise waren es zunächst die sklavenhaltenden Südstaaten, die weißen Ehefrauen das Verfügungsrecht über privates Eigentum zusprachen. Norton, Mary Beth. „Either Married or Bee Married": Women's Legal Equality in Early America. Pestana, Carla Gardina, Salinger, Sharon V. Inequality in America. University Press of New England: 1999, S. 25–45.

hausung zu beziehen.⁶⁵ Deshalb war eine legalisierte Ehe, dokumentiert in einer Urkunde und durch eine religiöse Heiratszeremonie unter Beteiligung eines Geistlichen auch Ausdruck eines gewandelten Verhältnisses zur Außenwelt.

Die Erwartungen einer dominanten viktorianischen Kultur in Bezug auf Partnerschaft und Ehe, die als kulturelles Gepäck mit einer solchen Eheschließung einer kamen, wurde von den ehemaligen Versklavten nicht gesehen oder nicht problematisiert.⁶⁶ Überzeugt davon, dass „[...] the sacred institution of Marriage lies at the very foundation of all civil society [...]", sah es das FB als seine Aufgabe an, Ehepaare auf ihre Pflichten hinzuweisen und eine Handreichung zu verabschieden, die festlegte, wer berechtigt sei, zu heiraten und wer nicht.⁶⁷ Teil der Verpflichtung der Ehefrau war die Gehorsamkeit gegenüber ihrem Ehemann, der durch Common Law nun zum „Haushaltsvorstand" geworden war. Der Sklavenaufseher der alten Plantage war nun in der Person des Ehemanns internalisiert, der die Arbeit von Ehefrau und Kindern dirigierte und überwachte.⁶⁸

Dies mag den Leserinnen und Lesern des 21. Jahrhunderts wie eine Trivialität vorkommen, doch erschließt sich die Bedeutung dieses Arrangements im Alltag der Abrechnung zwischen Pächter und Pachtherrn. Nachzulesen ist dies u. a. bei der afroamerikanischen Aktivistin Jean Wheeler Smith in ihrer Kurzgeschichte „Frankie Mae" (1968).⁶⁹ Die Geschichte handelt von einem jungen schwarzen

---

65 Blassingame, John W. The Slave Community: Plantation Life in the Antebellum South. New York: Oxford University Press, 1979, S. 77–78. See also Gutman, Herbert George. The Black Family in Slavery and Freedom, 1750–1925. New York: Pantheon Books, 1976.
66 Finzsch, Norbert. The End of Slavery, the Role of the Freedmen's Bureau and the Introduction of Peonage. In: Schmieder, Ulrike (Hg.). The End of Slavery in Africa and the Americas: A Comparative Approach. Berlin: LIT Verlag, 2011, S. 141–163.
67 Everly, Elaine C. Marriage Registers of Freedmen. Prologue 1973, Band 5, No. 3. S. 150–154. South Carolina Assistant Commissioner Rufus Saxton, Headquarters, Assistant Commissioner for South Carolina, Georgia, and Florida, General Orders Number 8, August 11, 1865, RG 105, NARA. Die Heiratsregeln sind in den Unbound Miscellaneous Records, 1865–1868 enthalten und wurden im Film M869, roll 44 reproduziert.
68 Befreite Sklaven beschwerten sich über den Mangel an direkter Kontrolle über ihre Familienangehörigen. Ein großer Teil der ehemaligen Sklaven konnte nicht in das System der monogamen Kernfamilie gepresst werden, da Frauen und Kinder ohne Ehemänner und Väter aus der Sklaverei entlassen worden waren. Ehemalige Sklavinnen mit Kindern und ohne Ehemann fanden am schwersten Arbeit. Mary J. Farmer, "Because They Are Women": Gender and the Virginia Freedmen's Bureau's „War on Dependency." In: Cimbala und Miller, The Freedmen's Bureau and Reconstruction, S. 161–192.
69 Abgedruckt in [Anonymous], The World Outside: Collected Short Fiction about Women at Work. New York: Four Winds Press, 1977. Ebenfalls abgedruckt als Smith, Jean. Frankie Mae. Negro Digest. 1968; 17 (8):84–90.

Mädchen, das als Tochter eines Pächters aufwächst. Sie nimmt die Ungerechtigkeit und Verlogenheit des Systems, in dem sie aufwächst, sehr genau wahr, zumal sie lesen, schreiben und rechnen kann und die Einnahmen und Ausgaben der Familie während eines Jahres genauestens aufschreibt. Sie fordert den weißen Plantagenbesitzer heraus, als sie zu dem Ergebnis kommt, das dieser zum Nachteil der Pächterfamilie gefälschte Rechnungsbücher vorlegt. Der Großgrundbesitzer wird darüber so wütend, dass er damit droht, sie zu erschießen. Frankie Mae wendet sich an ihren Vater, in der Hoffnung, dieser möge ihr beistehen. Als ihr Vater ihr das verweigert, wirft sie dieses Erlebnis vollkommen aus der Bahn und verändert ihr Leben von Grund auf.[70] Widerstand gegen falsche Rechnungsbücher konnte sehr schnell zum Verlust von Leib und Leben führen, weshalb Familienväter sich fügten und die systemkonforme Lösung der weißen Suprematie auch innerhalb der eigenen Familie durchsetzten. Anders als im Norden der USA, wo die Marktrevolution und die auf Hochtouren laufende industrielle Revolution die Bedeutung der Kleinfamilie als Produktionseinheit ausgehöhlt hatte, mussten schwarze Kleinpächter im Süden ein System aufrechterhalten, in dessen Zentrum der Vater/Ehemann als Teil des Kontrollapparates fungierte.[71] Diese Paternalisierung des Rassismus koinzidierte jedoch mit der Sexualisierung des Rassismus und der Vergeschlechtlichung der Gewalt, wie die Juristin Lisa Cardyn demonstriert hat.[72]

Zahlreiche ehemalige Versklavte bestanden auf ihrem Recht, das Land zu besitzen, auf dem sie als Versklavte geschuftet hatten. Gegen Ende des Kriegs gab es jedoch nur eine kleine Minderheit von weißen Politikern und Militärs, die bereit waren, den *Freedpeople* ein kleines Stück Land zu Verfügung zu stellen, das aus den aufgegebenen Ländereien der Sklavenhalter hätte stammen können. Die rechtliche Grundlage dafür war gegeben, da die Rebellen ihre Besitzrechte an dem Land verwirkt hatten. Der erste und der zweite *Confiscation Act* aus den Jahren

---

[70] Greenberg, Kenneth S. Honor & Slavery: Lies, Duels, Noses, Masks, Dressing as a Woman, Gifts, Strangers, Humanitarianism, Death, Slave Rebellions, the Proslavery Argument, Baseball, Hunting, and Gambling in the Old South. Princeton, NJ: Princeton University Press, 1996, S. 67–69.

[71] Shammas, Carole. Anglo-American Household Government in Comparative Perspective. *The William and Mary Quarterly*, Third Series, Band 52, No. 1 (Jan., 1995), S. 104–144, S. 130–135.

[72] Cardyn, Lisa. Sexualized Racism/Gendered Violence: Outraging the Body Politic in the Reconstruction South. *Michigan Law Review*, Band 100, No. 4 (Feb., 2002), S. 675–867. Finzsch, Norbert. The End of Slavery, the Role of the Freedmen's Bureau and the Introduction of Peonage. Schmieder, Ulrike. The End of Slavery in Africa and the Americas: A Comparative Approach. Berlin: LIT Verlag, 2011; S. 141–163. Siehe auch Stanley, Amy Dru. From Bondage to Contract: Wage Labor, Marriage, and the Market in the Age of Slave Emancipation. Cambridge, New York, NY: Cambridge University Press, 1998, S. 8–17.

1861 und 1862 sahen explizit die Beschlagnahme des Besitzes von Rebellen vor.[73] Durch die Verteilung des beschlagnahmten Grund und Bodens unter den *African Americans* wäre eine Klasse von unabhängigen Kleinbauern entstanden, die nicht der Hilfe von außen bedurft hätte. Es gab also durchaus eine Alternative zum eingeschlagenen Weg. Man hätte ihn beschreiten können, allerdings hätte dies nur funktionieren können, wenn diese Kleinbauern auch in allen anderen Aspekten Menschen mit weißer Hautfarbe gleichgestellt gewesen wären. Zu diesem Schritt war 1865 nur eine Minderheit bereit. Rassismus gab es auch unter den Bewohnern des Nordens und man glaubte, politische Rücksicht auf die Mentalität des weißen Südens nehmen zu müssen, weshalb der Kongress vor einer Landverteilung zurückschreckte.[74]

Andrew Johnson (1808–1875), der durch die Ermordung Lincolns an die Macht gekommene Präsident, war ein ehemaliger Sklavenbesitzer und Demokrat aus North Carolina. Er war ein entschiedener Gegner jedweder Pläne, das Los der *African Americans* zu verbessern. Der neue Präsident hatte die Rekonstruktion des Südens in den Monaten unmittelbar nach dem Tode Lincolns kontrolliert und es war deutlich geworden, dass er dem Süden entgegenkommen wollte. Ehemalige Sklavenhalter hatten ihre Suprematie über die ehemaligen Sklaven mithilfe sogenannter *Black Codes* wiederhergestellt.[75] Diese Gesetze beschränkten die Bewegungsfreiheit der *Freedpeople*, begrenzten ihre wirtschaftliche Autonomie und griffen in ihre politischen Rechte ein. Der erste Bundesstaat, der *Black Codes* einführte, war Mississippi. Das Gesetz vom 2. Dezember 1865 verbot den *Freedpeople*, Land außerhalb von Städten zu pachten, womit jedwede Tätigkeit als

---

[73] United States. Statutes at Large: Treaties, and Proclamations of the United States of America, Bd. 12. Boston, MA: Little & Brown, 1863, S. 589–592. Zur Rechtmäßigkeit der Beschlagnahme siehe Wilson, William Dexter. Attainder of Treason and Confiscation of the Property of Rebels: A Letter to the Hon. Samuel A. Foot, LL. D., on the Constitutional Restrictions upon Attainder and Forfeiture for Treason against the United States. Albany, NY: Weed, Parsons and Company, Printers, 1863. Zu den legalen Präzedenzfällen siehe United States; President, und Department of State. State Papers and Publick Documents of the United States, from the Accession of George Washington to the Presidency Exhibiting a Complete View of Our Foreign Relations since That Time. Boston, MA: Printed and Published by Thomas B. Wait, 1819, 12 Bände, Band 1, S. 231 f.
[74] Reid, Whitelaw. After the War: A Southern Tour. May 1, 1865, to May 1, 1866. Cincinnati, New York: Moore, Wilstach & Baldwin, 1866, S. 50, 564–565.
[75] Grundlegend, wenn auch überholt, hierzu Wilson, Theodore Brantner. The Black Codes of the South. University, AL: University of Alabama Press, 1965. Diskursanalytisch angelegt ist Williams, Miriam F. From Black Codes to Recodification: Removing the Veil from Regulatory Writing. Amityville, NY: Baywood Pub, 2009. Als Lokalstudie wichtig Browning, James B. The North Carolina Black Code. The Journal of Negro History. 1930 Oct 1; 15 (4):461–473; Crouch, Barry A. „All the Vile Passions": The Texas Black Code of 1866. The Southwestern Historical Quarterly. 1993 Jul 1; 97 (1):12–34.

Bauern unterbunden wurde. Zu Beginn jedes Jahres mussten Afroamerikanerinnen und -amerikaner schriftlich nachweisen, dass sie in Lohn und Brot standen. Konnten sie dies nicht, so galten Sie als Nichtsesshafte, die verhaftet und als Zwangsarbeiter auf den Ländereien eingesetzt werden konnten.[76] Der Sheriff oder Polizeibeamte, der die Verhaftung vollzog, erhielt die Summe von fünf Dollar, die vom Lohn des Verhafteten abgezogen wurden. Arbeiter, die sich der vertraglichen Arbeitsverpflichtung durch Wegzug entzogen, konnten – ähnlich wie geflüchtete Sklaven – zwangsweise zurückgeführt werden. Die Strafe für den unerlaubten Wegzug bestand in der Einbehaltung eines Jahreslohns.[77]

Weiße konnten der Bestrafung als Nichtsesshafte entgehen, wenn sie einen *Pauper's Oath*, eine Art Offenbarungseid schworen. Neun Südstaaten erließen ähnliche oder gleichlautende Gesetze, womit ein Zustand hergestellt wurde, der sich von der Sklaverei nur graduell unterschied. Der Kongress war außerordentlich erbost über die Art und Weise, wie hier der Status quo ante durch die legale Hintertür wiedereingeführt werden sollte. Gemäßigte und radikale Republikaner taten sich, ungeachtet ihrer sonstigen Differenzen, zusammen und versuchten, die Rekonstruktion des Südens mithilfe von nationalen Gesetzen durchzuführen (*Congressional Reconstruction*). Dieser politische Ansatz wurde oft auch als *Radical Reconstruction* diffamiert, obwohl ihm jedes Element von Radikalität fehlte. Vielmehr ging es den republikanischen Reformern im Kongress darum,

---

[76] In den Black Codes liegt der Anfang des rassistischen Gefängnissystems im Süden der USA. Gefängnisarbeit als Zwangsarbeit fingierte zunehmend als funktionales Äquivalent der Sklaverei. Dies hatte auch den Vorzug, dass ehemalige Strafgefangene in der Regel das Wahlrecht verloren. Siehe Gilmore, Kim. Slavery and Prison: Understanding the Connections. Social Justice (2000):195–205. Browne, Jaron. Rooted in Slavery: Prison Labor Exploitation. Race, Poverty & the Environment (2007):42–44. Smith, Earl und Hattery, Angela J. Incarceration: A Tool for Racial Segregation and Labor Exploitation. Race, Gender & Class (2008):79–97. Zum Problem des Verlusts der bürgerlichen Ehrenrechte und den Auswirkungen auf heutige Wahlen siehe Easton, Susan. Electing the Electorate: The Problem of Prisoner Disenfranchisement. The Modern Law Review (2006):443–452. Ewald, Alec C. Criminal Disenfranchisement and the Challenge of American Federalism. Publius (2009): 527–556. Johnson-Parris, Afi S. Felon Disenfranchisement: The Unconscionable Social Contract Breached. Virginia Law Review (2003):109–138. Lippke, Richard L. The Disenfranchisement of Felons. Law and Philosophy (2001):553–580. Manza, Jeff und Uggen, Christopher. Punishment and Democracy: Disenfranchisement of Nonincarcerated Felons in the United States. Perspectives on Politics (2004):491–505. Uggen, Christopher und Manza, Jeff. Democratic Contraction? Political Consequences of Felon Disenfranchisement in the United States. American Sociological Review (2002):777–803. Yates, Jeff und Fording, Richard. Politics and State Punitiveness in Black and White. The Journal of Politics (2005):1099–1121.
[77] Mississippi. An Act to Regulate the Relation of Master and Apprentice, as Relates to Freedmen, Free Negroes, and Mulattoes. Frohnen, Bruce (Hg.). The American Nation: Primary Sources. Indianapolis, IN: Liberty Fund, 2008, S. 171–174.

Bildungsmöglichkeiten für *African Americans* zu schaffen und das aktive und passive Wahlrecht schwarzer Männer zu schützen. Der überwiegende Teil der ehemaligen Sklavinnen und Sklaven blieb ohne Land und damit Teil der besitzlosen Pächterklasse, die ihre Arbeitskraft auf dem Markt verkaufen mussten. Dieser Markt war aber kein „freier", sondern wurde politisch und ökonomisch in einer Weise zu Ungunsten der Pächter manipuliert, dass sie fast keine Rechte genossen. Die Hoffnung auf „forty acres and a mule" wurde rasch enttäuscht.[78] Der „radikale" Kongress gab das konfiszierte Land an die ehemaligen Besitzer zurück.[79] Zwar gab es in der *Congressional Reconstruction* hie und da Verbesserungen für die *Freedpeople*, doch waren diese nicht beständig.[80]

Die Gründung terroristischer Vereinigungen mit dem Ziel, die *African Americans* wieder weißer Suprematie zu unterwerfen, machte es sehr schwer, die Bürgerrechte der Emanzipierten zu schützen. Gruppen wie die *Knights of the White Camelia* oder die *Pale Faces* gab es in allen ehemaligen Rebellenstaaten, doch am notorischsten war der *Ku Klux Klan* (KKK), eine Gruppe die als Offiziersclub 1866 in Pulaski, Tennessee gegründet worden war.[81] Diese Gruppen versuchten

---

[78] Byrne, William A. ‚Uncle Billy' Sherman Comes To Town: The Free Winter of Black Savannah. The Georgia Historical Quarterly (1995):91–116. Fairclough, Adam. ‚Forty Acres and a Mule': Horace Mann Bond and the Lynching of Jerome Wilson. Journal of American Studies (1997):1–17. Miller, Melinda C. Land and Racial Wealth Inequality. The American Economic Review (2011):371–376. Westwood, Howard C. Sherman Marched: And Proclaimed ‚Land for the Landless'. The South Carolina Historical Magazine (1984):33–50.

[79] Der erste *Freedmen's Bureau Act* vom 3. März 1865 hatte noch die Möglichkeit vorgesehen, konfisziertes Land and die Freedmen als Pächter zu einer geringen Pacht zu verteilen. Der zweite Freedmen's Bureau Act vom 16. Juli 1866 nahm diese Möglichkeit zurück und begrenzte die Landverteilung auf zwei kleine Gemeinden in South Carolina. Saville, Julie. The Work of Reconstruction: From Slave to Wage Laborer in South Carolina, 1860–1870. Cambridge, New York: Cambridge University Press, 1994, S. 80.

[80] Litwack, Leon F. Been in the Storm so Long: The Aftermath of Slavery. New York: Vintage Books, 1980, S. 402.

[81] Obwohl der KKK eine Geheimorganisation war, wusste man in der Öffentlichkeit gut über seine dunklen Machenschaften Bescheid. [Anonymous]. The Masked Lady of the White House or, The Ku-Klux-Klan: A Most Startling Exposure. Philadelphia, PA: C.W. Alexander, 1868. Diese Flugschrift wurde sogar ins Deutsche übersetzt. [Anonymous]. Die maskir[e]te Dame des Weissen Hauses oder, Der Ku-Klux-Klan. Philadelphia, PA: n.p., 1868. Dixon, Edward H. The Terrible Mysteries of the Ku-Klux-Klan: A Full Expose of the Forms, Objects, and „Dens" of the Secret Order: With a Complete Description of Their Initiation. From the Confession of a Member. New York: n.p.:, 1868. Die neuere Forschung behandelt den KKK im Zusammenhang terroristischer Vereinigungen. Martinez, J. Michael. Carpetbaggers, Cavalry, and the Ku Klux Klan: Exposing the Invisible Empire during Reconstruction. Lanham: Rowman & Littlefield, 2007. Smallwood, James; Howell, Kenneth Wayne und Taylor, Carol C. The Devil's Triangle: Ben Bickerstaff, Northeast Texans, and the War of Reconstruction. Lufkin, Texas: Best of East Texas Publishers, 2007.

soziale, wirtschaftliche und politische Kontrolle über die ehemaligen Versklavten auszuüben, indem sie Wähler einschüchterten und ihre Vorstellungen von einer „natürlichen" Sozialordnung im Süden durchsetzten. Sie bestraften weiße Republikaner für ihren politischen Einsatz zugunsten der *Freedpeople*, behinderten schwarze Geschäftsleute, die ihnen zu erfolgreich waren, griffen schwarze Schülerinnen und Schüler an, die ihnen zu intelligent erschienen, und verprügelten Weiße, die mit den *Freedpeople* politisch kooperierten. Pächtern, die sich gegen Ungerechtigkeiten durch weiße Landbesitzer zur Wehr setzten, wurde gedroht oder sie wurden nachts entführt und ausgepeitscht. Henry B. Whitfield, der Bürgermeister von Columbus, Mississippi, sagte 1871 vor einem Untersuchungsausschuss des Kongresses aus. Er ließ keinen Zweifel daran, dass der KKK für eine Vielzahl von terroristischen Aktionen verantwortlich war:

> I mean that if a white man, an old citizen of the county, is known to be a member of the republican party, the people are very intolerant toward him; and if a northern man who has come there is a republican they are a little worse toward him; and toward the black people, unless they are willing to vote as the people there desire them to vote, they are very intolerant.

Derselbe Zeuge erwähnte auch einen Afroamerikaner, der von Mitgliedern des KKK ausgepeitscht worden war:

> The victim was a negro named James Hicks [...] It was charged that [...] he had used some improper language in regard to some white ladies of the neighborhood; and these people determined, I suppose, that he should suffer for it. He had moved down some seven miles below that, into another neighborhood. They found out where he lived, followed him down there, and took him out one night. From the best information I could get, there were from one hundred to one hundred and twenty disguised men, who were armed heavily. They took him out into the public road and whipped him. The statements of the witnesses varied considerably as to the amount of whipping he received. The lowest estimate that I heard was three hundred lashes; some of the black people who were present thought it was as high as one thousand. I have no doubt myself, from the man's appearance two days afterward, and from the evidence in the case, that he was very severely beaten.[82]

Nur wenige weiße Südstaatler akzeptierten die Idee vollkommener Gleichheit von Weiß und Schwarz. Die Mehrzahl sah in *African Americans* keine Bürgerinnen und Bürger, sondern behandelte sie weiterhin wie eine Sache, wie entlaufenes Eigentum. Die Mehrheit der Weißen südlich der Mason-Dixon-Linie glaubte fest

---

82 Testimony Taken by the Joint Select Committee to Inquire into the Condition of Affairs in the Late Insurrectionary States. Reprinted in Hacker, Louis Morton und Zahler, Helene Sara. The Shaping of the American Tradition, New York: Columbia University Press, 1947, S. 647–651.

daran, dass es notwendig war, AfroamerikanerInnen auf dem ihnen von Gott und den Naturgesetzen zugewiesenen Platz zu halten, um die südliche Kultur und südliche Zivilisation zu schützen. Sollten sie Anstalten machen, diesen Platz zu verlassen, musste man sie bestrafen – so die Logik der weißen Suprematie. Strafe konnte bedeuten, sie auszupeitschen, aber auch sexualisierte Gewalt wurde eingesetzt, um schwarze Frauen für den Versuch zu bestrafen, gegen das System paternalistischer Rassenherrschaft aufzubegehren. Schließlich fiel es einer schwarzen Frau unendlich schwer, vor Gericht den Nachweis anzutreten, dass sie vergewaltigt worden war, von den gleichen Männern, die auf die Wahrung ihrer „rassischen Reinheit" so viel Wert legten.[83] Gelegentlich kam es auch zu Massenmorden an *African Americans*.[84]

Der KKK setzte Schulen und schwarze Kirchen in Brand, terrorisierte das Lehrpersonal und Pfarrer. Schwarze, die lesen, schreiben und vor allem rechnen konnten, galten als gefährlich und so war es in der Zeit der Sklaverei verboten gewesen, ihnen eine rudimentäre Bildung zu vermitteln. Interessanterweise war der Analphabetismus unter Weißen im Süden recht hoch. Für arme, ungebildete Weiße war daher ein Afroamerikaner, der über Bildung verfügte, eine unmittelbare Bedrohung seines gesellschaftlichen Status und der natürlichen Ordnung. Bildung für Schwarze würde falschen Stolz und unrealistische Erwartungen wecken. Damit seien sie als Arbeitskräfte unbrauchbar. Dahinter stand unverhohlen die Angst vor gesellschaftlicher Gleichheit und die Befürchtung, schwarze Männer könnten sexuelle Beziehungen mit weißen Frauen eingehen wollen – oder vice versa. Weiße Frauen des Südens galten als Verkörperung südstaatlicher Zivilisation, während das Sklavensystem weißen Männern praktisch unbegrenzten Zu-

---

[83] Quigley, Paul. Shifting Grounds: Nationalism and the American South, 1848–1865. New York: Oxford University Press, 2011, S. 69. Feldman, Glenn. The Irony of the Solid South: Democrats, Republicans, and Race, 1865–1944. Tuscaloosa: The University of Alabama Press, 2013, S. 261.
[84] Gewalt gegen Schwarze nach dem Bürgerkrieg ist dokumentiert in einem 13 Bände umfassenden Bericht eines Kongressausschusses. United States. Congress. The Joint Select Committee to Inquire into the Condition of Affairs in the Late Insurrectionary States, 42nd Cong., 2nd sess. Washington, DC: Government Printing Office, 1872. Mintz, Steven. African American Voices: The Life Cycle of Slavery. St. James, NY: Brandywine Press, 1993, S. 166. Berlin, Ira (Hg.). Freedom: A Documentary History of Emancipation, 1861–1867. Cambridge: Cambridge University Press, 1982, S. 754–755. Shapiro, Herbert. White Violence and Black Response from Reconstruction to Montgomery. Amherst, MA: University of Massachusetts Press, 1988, S. 20. Für die Zeit vor 1865 siehe Morris, Thomas D. Southern Slavery and the Law, 1619–1860. Chapel Hill, NC: University of North Carolina Press, 1996, S. 182–208, 303–321. Zur „legalen" Strafjustiz im Süden siehe Adamson, Christopher R. Punishment after Slavery: Southern State Penal Systems, 1865–1890. Social Problems. 1983 Jun; 30 (5):555–569.

griff auf die Körper der Sklavinnen gegeben hatte.[85] Nach der Emanzipation projizierten weiße Männer nun ihr Begehren auf schwarze Männer und fantasierten über eine postrevolutionäre Ordnung, in der schwarze Männer das gleiche Privileg anstrebten, dass weiße *Gentlemen* vor 1865 genossen hatten. Dieser rassistische Albtraum war die Grundlage der allgemeinen Phantasmagorie „rassischer" Gleichheit und sorgte dafür, dass sonst gesetzestreue Bürger sich zu den scheußlichsten Gewalttaten hinreißen ließen.[86]

Der KKK rekrutierte sich mehrheitlich aus den Rängen der armen weißen Südstaatler, doch unterstützten und bisweilen auch kontrollierten die sozialen Eliten des Südens die Aktionen der Terrororganisation. Der Demokrat Wade Hampton III. (1818–1902) aus South Carolina, ehemaliger Generalleutnant in der Rebellenarmee des Südens, erklärte seinen politischen Kollegen, dass Gewalt, ja Mord, zur Verteidigung der weißen Suprematie vollkommen in Ordnung sei.[87] Diese Form der Propaganda ermutigte die Gewaltaktionen der Terroristen. 1876 stellte Präsident Ullyses S. Grant in einem Brief an die Mitglieder des US-Senats fest, dass Mord und Massaker an unschuldigen Menschen wegen ihrer politischen Überzeugungen oder ihrer Hautfarbe im Süden an der Tagesordnung seien.[88] Ein weißer Zeuge, der die Handlungen des KKK unterstützte, berichtete:

> The Ku Klux Klan was a necessary organization and did much to discharge [discourage] weak white men and ignorant Negroes from lowliness. When the Ku Klux Klan wished to get rid of an undesirable white man or Negro, they would put an empty coffin at the undesirable person's front door. It usually caused the warned one to disappear. Although not a Ku Klux, one night I witnessed a parade of white-sheeted riders and recognized my own horse in the parade. In the morning my horse was in his stable, as usual. I asked no questions about the occurrence until years afterward.[89]

---

85 Roberts, Giselle. The Confederate Belle. Columbia, MO: University of Missouri Press, 2003. White, Deborah G. Ar'n't I a Woman? Female Slaves in the Plantation South. New York: W.W. Norton, 1999. Clinton, Catherine. Reconstructing Freedwomen. Clinton, Catherine and Silber, Nina (Hg.). Divided Houses: Gender and the Civil War. New York: Oxford University Press, 1992, S. 306 – 319. Edwards, Laura F. Sexual Violence, Gender, Reconstruction, and the Extension of Patriarchy in Granville County, North Carolina. The North Carolina Historical Review. 1991; 68 (3):237–260.
86 Litwack, Been in the Storm So Long, S. 486.
87 DuBois, W. E. B. Black Reconstruction in America, 1860–1880. New York: Atheneum, 1973, S. 686.
88 31. Juli 1876, United States and President. A Compilation of the Messages and Papers of the Presidents Prepared under the Direction of the Joint Committee on Printing, of the House and Senate, Pursuant to an Act of the Fifty-Second Congress of the United States. New York: Bureau of National Literature, 1914, Bd. 6, S. 4329f.
89 Gooding, Ella E. [Interviewer]. Ku Klux Stories, American Life Histories: Manuscripts from the Federal Writers'Project, 1936–1940, in: http://memory.loc.gov/ammem/wpaintro/wpahome.html. Gesehen 01 October 2008.

Ein anderer Zeuge wurde noch deutlicher:

> After the negroes were brought to jail, the Ku Klux went and asked for the keys. The sheriff and deputy went away leaving the keys behind. Of course, the Klansmen got the keys and went to where the negroes were and got them. They carried the keys back and placed them on the nail from which they had been taken! The negroes were carried to the hanging ground and hung to a big old hickory tree.[90]
>
> Dr. Wallace Thompson pleaded for the life of one of the negroes, Jim Hardy, and he was not hung. He told of plans to kill every old and young white man and all the old white women in both Union and Chester Counties. They were going to capture the young white women. Jim was never killed and he stuck to the good white people until his death. A biggety [impudent] negro in the bunch was buried alive at the hanging ground, and then his body was taken up and allowed to freeze on top of the ground. So many bullets were fired into the big hickory that it soon died.[91]

Im Aiken County, South Carolina, alleine wurden 125 Schwarze beim Versuch, ihr Wahlrecht auszuüben, getötet. In Hamburg, South Carolina, provozierte der Versuch schwarzer Wähler, ihre Stimme abzugeben einen blutigen Angriff durch weiße Rassisten.[92] Überall dort, wo Republikaner stark vertreten waren, etwa in Louisiana und Mississippi, liefen die Angriffe nach dem gleichen Muster ab. Im während des Bürgerkriegs überwiegend neutral gebliebenen „Border State" Kentucky ermordete man nach dem Bürgerkrieg 100 *African Americans*. In der Mitte der 1870er Jahre sorgte die umfassende Gewalt im Süden dafür, dass immer mehr Staatenregierungen in die Hände der Demokraten übergingen, womit der Schutz der schwarzen Bevölkerung in diesen Bundesstaaten *de facto* aufgegeben wurde.[93]

> Throughout the 19th century, and into the 20th, white southerners saw vigilantism as integral to their criminal justice system, a vital supplement to the slower and less effective processes administered by courts. When black defendants did go to trial, charged with crimes against white persons, mobs sometimes crowded the courtroom, intimidating jurors and court officers.[94]

---

90 Turnage, Elmer. [Interviewer]. Ku Klux Stories, American Life Histories: Manuscripts from the Federal Writers'Project, 1936–1940. [Web Page]: http://memory.loc.gov/ammem/wpaintro/wpahome.html. Gesehen am 1.10.2008.
91 Ders. Ku Klux Stories. Library of Congress. Manuscript Division. U.S. Work Projects Administration, Federal Writers' Project: Folklore Project, Life Histories, 1936–39. MSS55715: BOX A731.
92 DuBois, Black Reconstruction, 687.
93 Kinshasa, Kwando Mbiassi. Black Resistance to the Ku Klux Klan in the Wake of the Civil War. Jefferson, NC: McFarland & Co, 2006.
94 Wood, Amy Louise. Violence. Chapel Hill, NC: University of North Carolina Press, 2011, S. 58.

Offiziell beendet wurde die Politik der *Reconstruction*, nachdem klar wurde, dass die Republikaner ihren politischen Einfluss im Süden verloren hatten. Anlass dafür waren die Korruption und die Wahlbetrügereien im Umfeld der Präsidentschaftswahl von 1876, die äußerst knapp ausging und bei der, nach der Zahl der abgegeben Wählerstimmen, der Kandidat der Demokraten Samuel Tilden (1814–1886) aus New York die Wahl gewonnen hätte. Der republikanische Kandidat Rutherford B. Hayes (1822–1893) konnte sich jedoch politisch durchsetzen und wurde Präsident.

Die Wahl von 1876 war die wohl umstrittenste Präsidentschaftswahl des 19. Jahrhunderts. Tilden erhielt nicht nur mehr Direktstimmen (*popular vote*), sondern kontrollierte mit 184:165 Stimmen auch die Mehrheit der Wahlmänner. 20 Wahlmännerstimmen blieben umstritten. Sie verteilten sich auf vier Bundesstaaten, drei davon im Süden, nämlich Florida, Louisiana und South Carolina. Beide Parteien erklärten, ihr Kandidat habe diese drei Staaten gewonnen. Ein informelles Abkommen beendete den Streit durch den „Kompromiss von 1877": Alle 20 umstrittenen Wahlmännerstimmen fielen an Hayes, wofür im Gegenzug der neugewählte Präsident versprach, sich aus den Angelegenheiten des Südens „herauszuhalten" und die schwachen, noch im Süden verbliebenen Armeeeinheiten abzuziehen. Mit diesem Kompromiss kontrollierten die Demokraten den Süden bis in die zweite Hälfte des 20. Jahrhunderts („Solid South").[95]

Zur Aufrechterhaltung der politischen Herrschaft durch die Demokraten wurden neue Strukturen geschaffen. Gesetze verfügten die Trennung von weißen und schwarzen Menschen in Eisenbahnwaggons. Hotels und Bildungseinrichtungen wurden auf die gleiche Weise segregiert. Komplizierte Gesetze wurden erlassen, die das Wahlrecht von *African Americans* beschnitten oder abschafften. Rechtschreibetests, der Nachweis guter Führung und andere legalistische Tricks halfen, schwarze Wähler von den Wählerlisten zu streichen. Vorbestrafte Wähler wurden von der Wahl ausgeschlossen. Eine Verhaftung und Vorstrafe wegen Landstreicherei führten damit auch zum Verlust des Wahlrechts. Da diese Epoche „Jim Crow" genannt wurde – in Anlehnung an einen Charakter aus den Minstrel Shows – nannte man die Gesetze zur Durchsetzung der Apartheid im Süden auch „Jim Crow Laws". Sie sorgten langfristig für eine vollkommene Separierung der „Rassen" in allen Bereichen des Lebens bis hin zu verschiedenen Bibeln, die zum Schwören des Eids vor Gericht benutzt werden mussten – eine weiße und eine

---

95 Woodward, C. Vann. Reunion and Reaction: The Compromise of 1877 and the End of Reconstruction. New York, Oxford: Oxford University Press, 1991. Wright, George C. Racial Violence in Kentucky, 1865–1940: Lynchings, Mob Rule, and „Legal Lynchings." Baton Rouge, LA: Louisiana State University Press, 1990, S. 162. Peskin, Allan. Was There a Compromise of 1877? The Journal of American History. 1973 Jun; 60 (1):63–75.

schwarze Bibel.[96] Bei den Arbeitsverhältnissen setzten sich bald die alten Regeln wieder durch: AfroamerikanerInnen leisteten immer noch die am wenigsten attraktiven Arbeiten für die weiße Mittel- und Oberschicht. Sie kochten ihr Essen, putzten ihre Häuser, wuschen ihre Wäsche und kümmerten sich um ihre Kinder. Auch auf den Feldern und neuerdings auch in den Fabriken schufteten schwarze Arbeitskräfte für geringen Lohn. Um diese Arbeiten zu verrichten, lebten *African Americans* in der Nähe der Weißen – die Gettoisierung und Hypersegregierung der Wohnviertel war im Süden im 19. Jahrhundert noch nicht durchgesetzt.[97] Dennoch sorgte die Segregierung für die Einführung einer Parallelgesellschaft, in der im 20. Jahrhundert alle Trinkbrunnen, öffentliche Parks nebst Parkbänken, Badeanstalten, Krankenhäuser, Restaurants, Kinos und Telefonzellen in doppelter Ausführung vorhanden waren, einmal für Weiße (in besserer Qualität) und einmal für Schwarze (in schlechter Qualität). Während sich die Nation als Ganzes zunehmend den Problemen der Industrialisierung, Urbanisierung und den Auseinandersetzungen zwischen Kapital und Arbeit zuwandte, gewann der Süden die Unabhängigkeit, eine Rassenpolitik durchzusetzen, die im Endeffekt für die Verarmung und Rechtlosigkeit der Schwarzen im Süden verantwortlich war.

3.3 Landlose Pächter und das *Sharecropping*

Die vorübergehende Möglichkeit der Teilhabe an der Macht war nach dem Bürgerkrieg eine geradezu revolutionäre Veränderung für *African Americans* gewesen. Daneben schien es möglich, auch ökonomisch neue Wege zu beschreiten.

---

96 George, Charles. Life under the Jim Crow Laws. San Diego: Lucent Books, 2000. Howse, Jennifer. Reconstruction. New York: Weigl Publishers, 2008. Zu den Blackfaceaufführungen der 1830er Jahre, die dem Term Jim Crow zugrunde liegen siehe [Anonymous]. Life of Jim Crow, Showing How He Got His Inspiration As a Poet the Number of Fathers Who Claimed Him When He Got Up in the World, Though None Would Own Him Before: the Magic Spring „Way in De Woods Ob Ole Kaintuck, Where De Little Fairy Told Him of His Futur Greatness and Consequence in De World": His Interview With Gineral Jackson, With a Whole Basket Full of Incidents Which Befel Him Before He Made His Grand Jump on the Stage! Philadelphia, PA: For sale, wholesale and retail by James M'Minn at No. 96 North Seventh Street, and at No. 44 Strawberry St, 1835. Haskins, James, Benson, Kathleen und Schomp, Virginia. The Rise of Jim Crow: Drama of African-American History. Tarrytown, NY: Marshall Cavendish Benchmark, 2008. Litwack, Leon F. How Free Is Free? The Long Death of Jim Crow. The Nathan I. Huggins Lectures. Cambridge, MA: Harvard University Press, 2009. Stockley, Grif. Ruled by Race Black/White Relations in Arkansas From Slavery to the Present. Fayetteville, AK: University of Arkansas Press, 2009.
97 Finzsch, Norbert. Krise und „Rasse": Wie Hypersegregation strukturellen Rassismus erzeugt. In: Etges, Andreas und Fluck, Winfried (Hg.). American Dream? Eine Weltmacht in der Krise. Franfurt/Main, New York: Campus, 2011; S. 177–194.

Dennoch reichte der politische Einfluss der *African Americans* in der Politik nicht aus, um eine grundlegende Landreform durchzusetzen. Die überwiegende Mehrheit der ehemaligen Sklaven verfügte nicht über Land. Es bliebe ihnen also nur die Lohnarbeit für den weißen Landbesitzer, wobei Löhne in Geldform wegen der Kapitalknappheit der Weißen die Ausnahme blieben. In den allermeisten Fällen setzte sich eine Form der Realpacht durch, bei der die Arbeitskräfte mit einem Teil der Ernte bezahlt wurden. Dieses *Sharecropping* genannte System hätte zu einer Annäherung an die Existenz als Kleinbauern führen können, führte jedoch in den meisten Fällen zur Schuldknechtschaft (peonage).[98] Die Landbesitzer benutzten sowohl legale wie extralegale Mittel, um die Pächterfamilien auf dem Land zu binden, wobei wirkliche oder in betrügerischer Absicht erfundene Schulden als Grundlage dienten. Mittellose Pächter wurden gezwungen, bei ihrem Pachtherrn Kredite zu Wucherzinsen aufzunehmen, um Saatgut, Werkzeuge, Maultiere und Lebensmittel zu kaufen, wobei die Ernte des nächsten Jahres als Sicherheit herhalten musste. Gekauft wurden diese Waren in der Regel bei einem Laden, der dem Landbesitzer gehörte, oder bei Geschäftsmännern der Gegend. In beiden Fällen waren die Preise deutlich höher als anderen Orten und trugen zur raschen weiteren Verschuldung der Pächter bei. Wenn am Ende des Jahres der Ertrag des Pächters ausgerechnet werden sollte, stellte sich in der Regel heraus, dass der Pächter mit leeren Händen und wachsenden Schulden dastand. Diese wuchsen jedes Jahr an und es gab keine Institution, an die sich die Pächter wenden konnten, um die Ungerechtigkeiten des Systems abzustellen.[99]

Im Vergleich zur Arbeit im Gang-System der Sklaverei bot das *Sharecropping* bestimmte begrenzte Vorteile. Die Pächterfamilie lebte zusammen auf dem Pachtland, sie konnte sich die Arbeit selbst einteilen und körperliche Züchtigungen durch den Pachtherrn waren – zumindest theoretisch – ausgeschlossen. Doch nach wie vor bearbeiteten schwarze Arbeitskräfte das Land der Weißen. Es galten daher die Regeln der Weißen – *African Americans* verstanden das.[100] Selbst während der späten 1860er und 1870er Jahre, als die Republikaner die politische Macht im Süden stellten, waren Demokraten in der Lage, das *Sharecropping* zur Etablierung sklavereiähnlicher Produktionsverhältnisse im Süden zu benutzen.

---

98 Garrett and Zu führen die Verbreitung des Sharecropping auf die höhere Produktivität dieses Systems im Vergleich zu Kleinbauern zurück. Garrett, Martin A. und Xu, Zhenhui. The Efficiency of Sharecropping: Evidence from the Postbellum South. Southern Economic Journal. 2003 Jan; 69 (3):578–595.
99 Litwack, Been in the Storm So Long, S. 448.
100 Susan Mann zeigt, wie der Wechsel zum Sharecropping die Ungleichheit zwischen Mann und Frau veränderte. Mann, Susan A. Slavery, Sharecropping, and Sexual Inequality. Signs. 1989 Summer; 14 (4):774–798;

Die Bundesarmee stellte sich als stumpfe Waffe beim Schutz der Interessen von *Freedpeople* dar.[101]

Das *Freedmen's Bureau* konnte zwar die unmittelbare Not der befreiten Versklavten lindern, indem es Nahrungsmittel und Kleidung unter ihnen verteilte, und es konnte den Übergang von der Sklaverei zur Freiheit erleichtern, aber wirkungsvoll in das entstehende System der Realpacht konnte das FB nicht eingreifen.[102] Zwar hatte das FB am 4. Dezember 1865 ein Rundschreiben veröffentlicht (Circular No. 29)[103], das genauestens festlegte, wie das Arbeitsverhältnis zwischen Plantagenbesitzer und Arbeitskräften zu regeln sei, doch war dieses Circular von Anfang an nicht das Papier wert, auf dem es gedruckt worden war. Die Arbeitskräfte sollten ihre Arbeitgeber frei wählen können, und jeder Arbeitsvertrag sollte durch einen Agenten des FB genehmigt werden. Neben ihren Löhnen hatten Arbeitskräfte Anspruch auf Lebensmittel, Kleidung, eine komfortable Unterkunft, medizinische Versorgung und einen Garten von einem halben Acre. Die *Freedperson* konnte anbieten, anstelle von Lohn für einen Teil der Ernte zu arbeiten, doch war dies eine klare Ausnahmeregel, denn in den Standardverträgen des FB war diese Option nicht vorgesehen. Umgesetzt wurden diese arbeitnehmerfreundlichen Bestimmungen selten oder nie. Im Gegenteil: Das FB unterstützte die Plantagenbesitzer schon ab 1867 bei der Einführung des *Sharecropping* aktiv, indem es die verbindliche Vorlage für Arbeitsverträge abänderte und die Möglichkeit der Bezahlung von Arbeitskräften mit einem Teil der Ernte oder in Naturalleistungen zuließ.[104]

---

101 Steven Mintz, ed., African American Voices: The Life Cycle of Slavery. St. James, New York: Brandywine Books, 1993, S. 170.
102 Cimbala, Paul A. The Freedmen's Bureau: Reconstructing the American South after the Civil War. Anvil Series. Malabar, FL: Krieger Pub, 2005. Schulman, Daniel und Treatner, Meryl. The Freedmen's Bureau. New York: Macmillan/McGraw-Hill, 2002.
103 Findbuch National Archives and Records Administration. Records of the Field Offices for the State of Louisiana, Bureau of Refugees, Freedmen, and Abandoned Lands, 1863–1872. Washington, DC: U.S. Congress and National Archives and Records Administration; 2004. Film M 1905, S. 6. NARA: Record Group 105. Records of the Bureau of Refugees, Freedmen, and Abandoned Lands. 1865–1868.
104 So im Falle der Armand Plantage in der Parish Avoyelles, Louisiana, Arbeitsvertrag vom 24. Juni 1867, in der der Freedman Resario Thomas, Alter 30, Geschlecht männlich, ein Familienmitglied, mit der Hälfte der Ernte entlohnt werden sollte. National Archives and Records Administration. Records of the Field Offices for the State of Louisiana, Bureau of Refugees, Freedmen, and Abandoned Lands, 1863–1872. Washington, DC: U.S. Congress and National Archives and Records Administration; 2004. Film M 1905, Roll 41, S. 190, in: NARA: Record Group 105. Records of the Bureau of Refugees, Freedmen, and Abandoned Lands. 1865–1868. Im Folgenden zitiert als NARA, Records of the Field Offices for the State of Louisiana, Film M 1905, Roll 41, S. 190.

Entgegen der üblichen Interpretation der *Reconstruction* als Versuch, Lohnarbeit in den Rebellenstaaten durchzusetzen, wird nach Durchsicht der Verträge, deren Abschluss durch Agenten des *Freedmen's Bureau* nach 1865 begleitet wurden, deutlich, dass von Anfang an die Einführung eines Systems der unfreien Arbeit intendiert war.[105] Dies mag am Unwillen der Landbesitzer gelegen haben, die neue Situation anzuerkennen, doch war diese mangelnde Bereitschaft, der Tatsache der Emanzipation Rechnung zu tragen, zu einem großen Teil auch dem Umstand geschuldet, dass es an Bargeld mangelte, mit dem die *field hands* hätten bezahlt werden können. So wurden die Standardarbeitsverträge des FB mit Wissen und Billigung der zuständigen Agenten grundlegend im Interesse der Plantagenbesitzer abgeändert. Daniel Morgan, Besitzer der Cedar Grove Plantation in der *Parish* von East Baton Rouge, Louisiana, legte in Abkehr vom Normalarbeitsvertrag u. a. fest, dass seine Arbeiter weder Kleidung noch medizinische Versorgung erhalten sollten. Er ließ außerdem die Passage aus dem Vertrag streichen, die ihn explizit verpflichtete, sich an das Circular No. 29 zu halten, das eine relativ arbeiterfreundliche Politik verfügt hatte.[106]

Lucinda Wilkins, Besitzerin der Magnolia Bayou Plantage in derselben Parish, missachtete das Circular No. 29 ebenfalls, machte sich aber nicht die Mühe, es aus dem Vertrag streichen zu lassen, sondern verfügte in einem Zusatz zum Vertrag, dass ihre Arbeiter und Arbeiterinnen anstelle von Lohn in Naturalien („four lbs. of Pork and one Peck of Meal per week") bezahlt werden sollten. Hier wurde also noch nicht einmal der Anschein erweckt, es würden Löhne gezahlt. Am Ende der Saison sollten die Arbeiter und Arbeiterinnen ein Viertel der Ernte erhalten. Das war zwar etwas besser als unter den Bedingungen der Sklaverei, doch durch Weglassung der Bestimmungen des Circulars No. 29 war noch nicht einmal das Mittel der körperlichen Züchtigung zur Disziplinierung ausgeschlossen.[107] Hinzu kam eine perfide Klausel, die besagte, dass im Fall von Streitigkeiten zwischen den Vertragsparteien der Vertrag aufgelöst werden sollte. Dies war dort, wo Monatslöhne gezahlt worden waren, für die Arbeiterinnen und Arbeiter zwar unangenehm, jedoch verloren sie nicht ihren Lohn. Bei der Zahlung in Naturalien

---

Der Vertrag legte außerdem in Abkehr von der gängigen und gesetzlich geregelten Praxis fest, dass Thomas für seine Arztrechnung, seine Kleidung und Ernährung selbst aufzukommen hatte.
105 Reid, After the War, S. 44.
106 Vertrag vom 1.1.1868. NARA, Records of the Field Offices for the State of Louisiana, Film M 1905, Roll 44, S. 186.
107 Vertrag vom 11. Februar 1868, NARA, Records of the Field Offices, S. 177.

am Ende des Vertragsjahres jedoch verloren sie jeden Anspruch auf Entlohnung. Damit waren sie extrem erpressbar geworden.[108]

Auch in anderen Parishes des Staates Louisiana konnten derartige Entwicklungen beobachtet werden.[109] Sicherlich gab es anfangs durchaus Verträge, die relativ hohe Löhne versprachen, doch in einem Großteil der Verträge wurde von Anfang an eine Entlohnung in einem Anteil der Ernte und Naturalien ausgemacht. Die *Freedpeople* hatten keine andere Wahl, als diese Verträge zu akzeptieren, da sie vom FB dazu angehalten und im Weigerungsfall ihre Unterstützung durch das FB entzogen werden konnte. Die Verhältnisse variierten aber von Parish zu Parish und hingen zum Teil ab von der Verfügbarkeit schwarzer Arbeitskräfte. Avoyelles Parish zum Beispiel hatte zwischen 1860 und 1870 eine Abnahme des afroamerikanischen Bevölkerungsanteils in relativen und absoluten Zahlen hinnehmen müssen, so dass Arbeitskräfte hier knapp waren und die Verhandlungsposition dieser Menschen etwas besser war als in anderen Regionen, in denen es nicht zu einem dramatischen Abzug der ehemals Versklavten gekommen war.[110]

Die Maßgaben des FB und seine offizielle Politik waren eine Sache, die Praxis vor Ort eine ganz andere. Auch 1868, drei Jahre nach dem Ende der Kampfhandlungen, gab es noch viel Not unter den *Freedpeople*. M. Basso, Agent des FB in der Pointe Coupée Parish in Louisiana am Westufer des Mississippi, einem Bezirk, in dem der Fluss über die Ufer getreten war, weil die Dammanlagen zerstört worden waren, beschrieb den Zustand der ihm anvertrauten *Freedpeople* in seinem Bericht an seinen Vorgesetzten Leutnant J.M. Lee sehr eindringlich:

> In regard to Circular No. 6 [...] requiring a monthly Report of the ‚Destitute' verified by the several Police Jurors of this Parish, I am unable to furnish such a report, as the Police Jurors do not take any interest in the matter, stating as their reasons, that as long as the Freedmen

---

[108] „[...] in any case [...] any laborers shall [...] refuse to obey the orders of said Mr. W. Smith this contract shall be null and void and have no claim on what labor they may have performed. Vertrag vom 12. Juni 1867 zwischen Wiley Smith, Redwood Plantation, East Baton Rouge, LA und seinen Arbeitern, NARA, Records of the Field Offices, S. 193.

[109] Vertrag vom 6. März 1868, Parish of Tensas, LA. Landbesitzer Thomas M. Newell, Plantation Shackelford. Hier wird nur noch in Naturalien gezahlt und es wird die Bereitstellung von Kleidung und Schuhen zugesagt. NARA, Records of the Field Offices for the State of Louisiana, Film M 1905, Roll 50, S. 196. Thomas M. Newell gehörte 1860 zu den relativ großen Sklavenhaltern, denn er besaß 90 Versklavte.

[110] Blake, Tom. Avoyelles Parish, Louisiana. Largest Slaveholders from 1860 Slave Census Schedules and Surname Matches for African Americans on 1870 Census. [Web Page]: http://freepages.genealogy.rootsweb.ancestry.com/~ajac/laavoyelles.htm. Gesehen am 28.10.2014.

are fed by the Bureau, ‚they will not work', but trust the Asst. Commissioner on that account will not cease to help and relive the great many sufferers from overflow and failure of crops in this Parish in the way of provisions and clothing.–
There are hundreds here naked who have no means whatever to go through this winter, and if not relieved, will have to use means, not probably lawful, to secure their satisfaction. [...] The distressing state of affairs, will I fear, continue, as there is no hope of having the Levees repaired, another break occurring lately on the [‚Cooley'] [illeg. MH] Plantation, and if said Levees are not repaired, another, by all here expected, overflow will entirely ruin this Parish. [...] The condition of the freedmen is distressing in the extreme, as for three years, neither they [n]or their Planters employers have made anything and shall endeavor to persuade the freedmen t[h]is year to work on the ‚Monthly Wages' system, so as to secure them from overflow and short crops.[111]

Die *Reconstruction* kam nicht nur ökonomisch nicht vom Fleck, auch politisch erwies sie sich als leere Hülle. Trotz des Aktionismus von Kongress und Armee hatte die frühe *Reconstruction* im Ansatz nichts verändert. Eine zweijährige Kontroverse um die Frage, ob Präsident oder Kongress für die *Reconstruction* zuständig sein sollten und wie dieser Wiederaufbau durchzuführen sei, hatte zu keinem Ergebnis geführt. Lincoln hatte noch einige Staatenregierungen im besetzten Süden organisiert, aber der Kongress hatte sich geweigert, sie wieder in die Union aufzunehmen. Die Erkenntnis, dass der Preis für die Rebellion und die Niederlage des Südens eine tiefgreifende Reform der Besitzverhältnisse sein müsse, konnte sich nicht durchsetzen. Die Übergangslösung der „freien Zwangsarbeit", die im Mississippital entwickelt worden war, versprach demgegenüber weniger Einbußen für die Landbesitzer und größere Kontinuität.

Während weiße Politiker in Nord und Süd stritten, wussten die ehemaligen Sklavinnen und Sklaven genau, was sie von der Freiheit erwarteten. Sie mussten sich nur daran erinnern, was sie in der Sklaverei alles nicht tun durften. Sklaven waren an die Plantage als Aufenthaltsort gebunden. Nach der Emanzipation gingen Schwarze, wohin sie wollten. In den ersten Wochen nach ihrer Freilassung verließen viele *Freedpeople* die Plantage zum ersten Mal, um zu sehen, wie es in der Nachbarschaft aussah. Versklavte arbeiteten in der Regel vom Sonnenaufgang bis zum Sonnenuntergang. In der Freiheit konnten sie zum ersten Mal einen Sonnenaufgang verschlafen. Sklaven hatten sich Weißen gegenüber ehrerbietig zu erweisen. In der Freiheit testeten sie, wie weit sie gleichgestellt waren: „Lizzie's maid passed me today when I was coming from church without speaking to me", regte sich eine Pflanzergattin auf. Als sie die Hausangestellte aufforderte, einige

---

111 NARA, Records of the Field Offices for the State of Louisiana, Film M 1905, Roll 97, S. 190 [Es wurde die Paginierung des Mikrofilms benutzt. Die ürsprüngliche Paginierung weist dies als S. 114 aus].

Töpfe zu reinigen, entgegnete die schwarze Frau: „You better do it yourself. Ain't you smarter than me? You think you is-why don't no scour fo[r] you[r]-self."[112]

Schon vor dem Ende der Kampfhandlungen waren Plantagenbesitzer Verträge mit den befreiten Sklavinnen und Sklaven eingegangen, meistens auf Druck der lokalen militärischen Dienststellen. Die Regeln, die das Bureau of Refugees, Freedmen and Abandoned Lands im Jahre 1865 verbindlich machte, basierten auf der Praxis, die unter General Nathaniel Banks 1864 eingeführt wurde, und versuchten einen Interessenausgleich zwischen Landbesitzern und ehemalig Versklavten herbeizuführen. Nathaniel Banks verfügte unter anderem die Gründung von Schulen, die Abschaffung der Körperstrafen, die ärztliche Versorgung der Plantagenarbeiter auf der Plantage, die Begrenzung der Arbeitszeit auf zehn Stunden am Tag im Sommer und neun Stunden am Tag im Winter, die Festlegung von Mindestlöhnen und freie Wahl des Arbeitsplatzes.[113] Die Standardverträge des FB aus dem Frühjahr 1865 – d. h. noch vor der Kapitulation der Rebellenstaaten – waren noch etwas arbeiterfreundlicher gestaltet als spätere Musterverträge, die obendrein nach Gutdünken zugunsten der Plantagenbesitzer abgeändert wurden, wenn der zuständige Agent des FB zustimmte.[114]

---

[112] Jenkins, Wilbert L. Seizing the New Day: African Americans in Post-Civil War Charleston. Bloomington, IN: Indiana University Press, 1998, S. 43.

[113] Order by the Commander of the Department of the Gulf, 3. Februar 1864. General Orders No. 23. Order 23 ist abgedruckt bei Berlin, Freedom, S. 512–517, Dokument 109.

[114] „[T]he said parties do hereby mutually agree that the Regulations of the Secretary of the Treasury, providing for the employment and general welfare of Freedmen, Series July 28, 1864, and the local rules in pursuance thereof...The said ___ [employer] for the considerations and on the conditions and stipulations hereinafter mentioned, agrees to pay to the said laborers, the rates of monthly wages agreed upon and as specified opposite their respective names hereto: one half of such wages to be punctually paid during each and every month, reckoning from the day when this contract commences as aforesaid, and the remainder to be paid at the terminations of the contract year. Said ___ [employer] further agrees to furnish to the said laborers and those rightfully dependant on them, free of charge, good and sufficient quarters, a separate tenement for each family, fuel and medical attendance; to see that the premises thus furnished are kept in a good sanitary condition; to allot from the lands of said plantation for garden purposes, to each family, one acre of ground; such allotment to include a reasonable use of tools and animals; to exact only ten hours work per day, and no labor whatever on Sundays; and if any labor in excess of ten hours per day is rendered, the same is to be paid as extra labor, upon such terms as may be agreed upon by the parties hereto; to grant to such laborers one-half of each and every Saturday, to enable them to cultivate the potions of land allotted to them, also, the fourth day of July; to cooperate in the establishment of any school for the education of the children of said laborers; that he will keep on hand, and sell to the laborers at actual costs, on the plantations, a sufficient supply of wholesome food and proper clothing for themselves and their families [...] We, the undersigned, employees on the ___ plantation, belonging to ___ and register by ___, hereby agree to work as Laborers on said Plantation for the balance of the present year, upon the following

3.3 Landlose Pächter und das *Sharecropping* — 97

Die andere Methode, die Auflagen des FB im Interesse der Plantagenbesitzer zu umgehen, bestand im Abschluss von Privatverträgen zwischen den Pflanzern und den *Freedpeople*. Ich zitiere hier den Vertrag zwischen Joseph Embree, einem Pflanzer in der East Feliciana Parish, Louisiana und seinen Arbeitskräften.

> The grade [of pay] to be determined by the work that they perform. The work shall be judged by five persons. Four of the labourers [sic] that are the most industrious and competent and the said Joseph Embree [...] The said Joseph Embree shall hire a physitian [sic] if we should need one and deduct his pay for services rendered out of our pay. And for all the time that women or others lose in sickness or nursing children or other personal shall be deducted according to the pay they receive and divided between those that lose the least time [...]"[115]

Bemerkenswert an diesem Dokument ist der Versuch, die Solidarisierung der Arbeitskräfte untereinander zu verhindern, indem die „fleißigsten" Arbeitskräfte die Leistung der anderen bewerten sollten.

Kam es zu Auseinandersetzungen zwischen Arbeitskräften und Plantagenbesitzern, bestand zwar die Möglichkeit, den Rechtsweg zu beschreiten, doch wurde dieser Weg in der Praxis selten beschritten und führte noch seltener zum Erfolg. M. Basso, schon erwähnter Agent des FB in der Pointe Coupée Parish, LA berichtete über den Fall des E. Maby, der für seinen Arbeitgeber Holz geschlagen hatte, dafür aber nicht entlohnt worden war. Der zu Hilfe gerufene Rechtsanwalt P. Claiborne nahm zwar ein Honorar von Maby an, erklärte sich dann aber nicht für zuständig. Danach lag die Sache beim zuständigen *Justice of the Peace*, der ebenfalls eine Gebühr verlangte, bevor er in der Angelegenheit aktiv werden wollte. Basso bemerkte in seinem Bericht vom 10.1.1868:

> I would here state, [sic] that if a freedman has a claim against a party, and has not the means to pay the necessary fee to the Justice of the Peace, to take his case in his hands,

---

terms and conditions: For the consideration of just treatment, wholesome food, comfortable clothing and quarters, fuel and necessary medical attention, the opportunity for instructing our children, and such other privileges and conditions as are contained in General Order No. 34, Headquarters Department of the Mississippi , March 23, 1865, and the further consideration of the payment to us of ___." Conner, Lemuel. Family Papers, 1818–1953. MSS 81, 1403, 1432, 1475, 1551, 1595, 1710, 1793, 1859, 1934, 1999, hier MS 1403. Louisiana and Lower Mississippi Valley Collections. Louisiana State University Libraries: Special Collections in the Hill Memorial Library.

115 Embree, Joseph. Family Papers, 1826–1894: MS 692. Louisiana and Lower Mississippi Valley Collections. Louisiana State University Libraries: Special Collections in the Hill Memorial Library.

there is no chance whatever for him to collect his claim and would respectfully ask, how to act in such case."[116]

Für Weiße war das Recht der ehemaligen Versklavten, Arbeitsverträge auszuhandeln, die pure Anarchie. Ohne die Disziplinierung durch die Sklaverei, so ihr Argument, würden Schwarze wieder in ihre naturgegebenen Dispositionen wie Faulheit, Verantwortungslosigkeit und Wildheit zurückfallen. Die *Freedpeople* hingegen experimentierten mit ihrer Freiheit, auch wenn sich arme ehemalige Sklaven den Luxus eines ausgedehnten Landurlaubs nicht leisten konnten. Bald waren die meisten unter ihnen wieder auf der alten Pflanzung anzutreffen. Andere Wünsche hielten sie indessen aufrecht. Wirtschaftliche Unabhängigkeit stand ganz oben auf ihrer Wunschliste, ebenso rudimentäre Bildungsmöglichkeiten. Ein Familienleben ohne Eingriffe von außen war den meisten Versklavten verwehrt geblieben. Auch war schwarze Religiosität unter den Bedingungen der *Chattel Slavery* vom Besitzer oder Verwalter überwacht und reglementiert worden. Als Konsequenz dieser Einschränkungen wurden das Familienleben und die Religion wichtige Bereiche der sich entwickelten schwarzen Kultur im Süden. Obwohl Ehen unter Versklavten nur so lange Bestand hatten, wie es dem Besitzer gefiel, hatten Sklavinnen und Sklaven enge und dauerhafte Familienbande auch nach der erzwungenen Trennung aufrechterhalten können. Der Verkauf eines Familienmitglieds hatte Familien zwar trennen können, führte aber nicht zur Lösung dieser Bande.

Mit dem Ende der *Peculiar Institution* machten sich Abertausende von *Freedpeople* auf den Weg, um nach ihren verschollenen Familienmitgliedern zu suchen. Ein Journalist aus dem Norden traf einen verlumpten *Freedman*, der sechshundert Meilen zu Fuß zurückgelegt hatte, weil er gehört hatte, dass seine Frau und seine Kinder sich dort befänden. Paare, die die Sklaverei gemeinsam überstanden hatten, beeilten sich, beim nächsten Regimentsgeistlichen der US-Armee die Trauung zu vollziehen, um ihre Beziehung zu legalisieren.

Das Ende der Sklaverei führte auch zu einer veränderten Raumordnung auf der Plantage. Die Sklavenquartiere wurden verlassen und Pächterfamilien siedelten sich verstreut über die ganze Plantage an, wobei ihre einfachen Häuser in der Mitte der gepachteten Parzelle lagen. Auf diese Weise entfernten sie sich so weit wie möglich vom Herrenhaus, was ihnen eine gewisse Privatsphäre verschaffte. Eltern mussten nicht länger hinnehmen, dass Weiße die Erziehung ihrer Kinder bestimmen wollten. Frauen vermochten es auf diese Weise, den Nach-

---

[116] NARA, Records of the Field Offices for the State of Louisiana, Film M 1905, Roll 97, S. 189 [Die Paginierung weist dies als S. 113 aus].

stellungen des Plantagenbesitzers und seiner Söhne leichter zu entgehen. Einige Ehefrauen konnten eine Anstellung im Haushalt erreichen, so dass sie keine Feldarbeit mehr verrichten mussten. Weiße behaupteten zwar, sie verhielten sich wie eine weiße Lady, was sie aber meinten, war, dass sie sich nicht mehr wie Sklavinnen benahmen. Wie arme weiße Frauen auch, mussten sie die gleichen anstrengenden Hausarbeiten verrichten. Extreme Armut zwang schwarze Frauen mehrheitlich zur Arbeit auf den Baumwollfeldern oder in den Küchen der weißen Familien. Dennoch kann man sagen, dass ein sicheres Familienleben einen hohen Stellenwert für die *Freedpeople* hatte, weshalb das System des *Sharecropping* auch für die ehemaligen Versklavten attraktiv war.

Obwohl die meisten *Freedpeople* mit wenig mehr in die Freiheit entlassen wurden, als sie am Körper trugen, waren nicht alle ehemaligen Sklaven und Sklavinnen ohne Besitz. Tausende hatten in der US-Armee gedient und hatten ihren Sold gespart, so dass sie nun über ein paar hundert Dollar verfügten. Weiße Geschäftsleute und die Bundesregierung gründeten daher die *Freedman's Saving and Trust Company*. Weiße sahen sich dabei als die Treuhänder der befreiten *African Americans*, die letzteren Werte wie Sparsamkeit und Erwerbsstreben vermitteln sollten. Die Mehrzahl der Konten wies einen Kontostand von unter 100 Dollar auf. Zum Unglück für die Sparer und Sparerinnen verloren die weißen Bankvorstände im Laufe der frühen 1870er Jahre das ursprüngliche Ziel der Bank aus den Augen und beteiligten sich an riskanten Spekulationen. Darunter gehörten auch verlustreiche Eisenbahngeschäfte. Mit der Wirtschaftskrise von 1873, die eine Reihe von großen Banken in den Abgrund riss, kollabierte auch die *Freedman's Saving and Trust Company*. Die Einleger der Bank wurden darüber aber nicht sofort informiert. Erst 1874 kam die Wahrheit ans Licht. Um dem plausiblen Verdacht entgegenzusteuern, weiße Geschäftsleute hätten sich auf Kosten schwarzer Sparer und Sparerinnen zu bereichern versucht, wurde kurzfristig der afroamerikanische Bürgerrechtler und Abolitionist Frederick Douglass (1817–1895) zum Direktor der Bank gemacht. Aber auch er konnte den Niedergang der Bank nicht aufhalten. Laut Geschäftsbüchern hätten sich 3.3 Millionen Dollar auf den Konten finden müssen. Eine Prüfung der Bücher ergab aber, dass die Bank nur über 31.000 Dollar liquide verfügen konnte. Die Differenz war den kriminellen Machenschaften des Vorstandes zum Opfer gefallen. Das Geld der *Freedpeople* war weg. Die ökonomischen wie psychischen Auswirkungen dieser Insolvenz für die *Freedpeople* waren katastrophal: Warum sollte man sparen und sich abmühen, wenn am Ende doch alles umsonst war?[117]

---

[117] Osthaus, Carl R. Freedmen, Philanthropy, and Fraud: A History of the Freedman's Savings Bank. Urbana, IL: University of Illinois Press, 1976.

3.4 Der Tod Abraham Lincolns und die Präsidentschaft Andrew Johnsons

Abraham Lincoln starb am 15. April 1865, ein paar Stunden, nachdem ihm John Wilkes Booth (1838–1865) in *Ford's Theater* mit einem Derringer von hinten in den Kopf geschossen hatte. Der Oberste Richter des *Supreme Court*, Salmon P. Chase (1808–1873), vereidigte Vizepräsident Andrew Johnson sofort nach Lincolns Tod. Johnson wurde somit Präsident zu einer Zeit, die viele Zeitgenossen als schwere nationale Krise erlebten. Im März war der Kongress in die Parlamentsferien entlassen worden, was bedeutete, dass sich Senatoren und Kongressabgeordnete fernab der Hauptstadt in ihren Wahlkreisen aufhielten. Sie sollten turnusmäßig erst im Dezember nach Washington zurückkehren – es sei denn, der Präsident hätte eine Sondersitzung beider Häuser anberaumt. Johnson kamen die Parlamentsferien aber sehr recht, denn jetzt konnte er nach Belieben schalten und walten. Wie Lincoln glaubte er fest daran, dass die Zuständigkeit für die *Reconstruction* beim Präsidenten lag. Von Mitte März bis Dezember konnte der „Zufallspräsident" seine Fassung der *Reconstruction* implementieren, ohne dass der Kongress sich einmischte. Mit atemberaubender Geschwindigkeit setzte er seinen Plan der präsidentiellen *Reconstruction* um.

Der Kongress trat im Dezember zusammen und musste feststellen, dass, wäre es nach dem Präsidenten und den Rebellenstaaten gegangen, die *Reconstruction* abgeschlossen war. Empört darüber, was sich der Präsident geleistet hatte, stellten die Abgeordneten die Befugnisse des Präsidenten in Frage und kritisierten die erzielten Ergebnisse. Für die Mehrheit der Republikaner stellten die mäßigen Auflagen, mit denen die Rebellenstaaten wieder in die Union aufgenommen worden waren, eine Verhöhnung der Opfer der Armeesoldaten dar. Bei der berühmten Rede Abraham Lincolns auf dem Soldatenfriedhof von Gettysburg 1863 hatte der Präsident von der „[...] great task remaining before us [...]" gesprochen und hatte gelobt, „[...] that we here highly resolve that these dead shall not have died in vain-that this nation, under God, shall have a new birth of freedom." Nun hatte sein Nachfolger bei der Auferstehung des alten Südens mitgewirkt. Er hatte die politische Einigung auf Kosten der schwarzen Freiheit durchgesetzt. Dieses Programm zu akzeptieren, hätte nach Meinung der meisten Republikaner bedeutet, dass die Toten des Nordens in der Tat vergeblich gestorben wären.

Andrew Johnson wurde 1808 in Raleigh, North Carolina geboren als Sohn sehr armer und ungebildeter Eltern. Er engagierte sich in der Politik als Demokrat, wurde Bürgermeister von Greeneville, TN, Abgeordneter im Repräsentantenhaus seines Staates, Senator von Tennessee und schließlich Abgeordneter im US-Kongress (1843–1853). 1853 wurde er zum Gouverneur von Tennessee gewählt, ein Amt, das er bis 1857 bekleidete. Danach wurde er zum US-Senator gewählt. Als solcher stimmte er 1861 als einziger Senator aus dem Süden gegen die Rebellion, was ihm, einem sklavenhaltenden Demokraten, die Nominierung als Vizepräsident auf dem Ticket der Republikaner in der Wahl von 1864 einbrachte. Das politische Geheimnis Johnsons lag in seiner Opposition zur Elite des Südens. Er attackierte die Pflanzer als „illegitimate, swaggering, bastard, scrub aristocracy."[118] Als einziger der Union ergebener Südstaatensenator hatte Johnson nichts gegen die Kleinbauern, die während des Bürgerkriegs auf Seiten des Südens kämpften. Er glaubte, dass sie von der Oberschicht getäuscht und so zu Verrätern geworden seien. Zwei Wochen, bevor er den Amtseid als Präsident ablegte, machte er deutlich, was er von der Elite des Südens hielt: „I would arrest them – I would try them – I would convict them and I would hang them."[119]

In Wahrheit aber war Johnson kein Freund der Republikaner. Er war ein Südstaatendemokrat, auch wenn er wenig übrig hatte für die oberen Zehntausend. Die Emanzipationsproklamation hatte er nur schweren Herzens akzeptiert und nur, weil er damit den Großpflanzern schaden konnte.[120] Der neue Präsident war ein Rassist, wie er im Buche stand. „Afrikaner" seien zwar Weißen intellektuell unterlegen, dafür aber besser geeignet, Plackerei und Schmerzen auszuhalten als diese.[121] Noch am Abend seiner Inauguration drückte er seine Überzeugung aus, die Regierung sollte ausschließlich von Weißen gewählt werden.

Einen Monat nach seinem Amtsantritt verkündete Johnson seinen Plan der *Reconstruction*. Er präsentierte ihn als die Umsetzung des von Lincoln formulierten Plans, was in einiger Hinsicht auch zutrifft. Wie Lincoln betonte er die Bedeutung der Versöhnung zwischen den Bürgerkriegsparteien, wie Lincoln wünschte er eine rasche Wiedereinsetzung ziviler Regierungen in den Rebellenstaaten. Er bot den meisten Rebellen die Begnadigung an unter der Voraussetzung, dass sie einen Treueid auf die Verfassung schworen. Wie Lincoln schloss Johnson alle politischen Mandatsträger des Südens aus, aber er verstieß auch alle Rebellen, die mehr als 20.000 Dollar Vermögen hatten.

---

118 Bowen, David Warren. Andrew Johnson and the Negro. Knoxville, TN: University of Tennessee Press, 1989, S. 43. Engle, Stephen Douglas. Struggle for the Heartland: The Campaigns from Fort Henry to Corinth. Lincoln, NE: University of Nebraska Press, 2001, S. 103.
119 Moore, Frank (Hg.). Speeches of Andrew Johnson, President of the United States. Boston, MA: Little, Brown, and Company, 1865, S. XLIII.
120 Graf, LeRoy P., Haskins, Ralph W. und Bergeron, Paul H. (Hg.). The Papers of Andrew Johnson. Knoxville, TN: University of Tennessee Press, 1967, 16 Bände, Band 6: 1862–1864, S. XLVIII.
121 Tuck, Stephen G. N. We Ain't What We Ought to Be: The Black Freedom Struggle, from Emancipation to Obama. Cambridge, MA: Belknap Press of Harvard University Press, 2010, S. 44.

Der Schneider aus Tennessee hatte seine alten Feinde nicht vergessen. Reiche Individuen mussten sich so persönlich an den Präsidenten wenden, um eine Begnadigung zu erhalten, eine persönliche Genugtuung für den Sohn armer Eltern. Johnson bestätigte die Bundesstaatenregierungen, die schon von Lincoln geschaffen worden waren, und entwickelte einen Kriterienkatalog für die Aufnahme der anderen Südstaaten. Alles, was die Bewohner eines Rebellenstaates zu tun hatten, bestand in der Anerkennung der Unteilbarkeit der Union, der Zurückweisung der von den Rebellenstaaten gemachten Schulden und der Anerkennung des 13. Verfassungszusatzes, der die Sklaverei abgeschafft hatte. Johnson zog es jedoch vor, Lincolns Vorschlag der Einführung des begrenzten Wahlrechts für Schwarze abzulehnen. Die Eile, mit der er die Beziehungen zum Süden normalisieren wollte, verleitete ihn dazu, schon an schwarze Farmer verteiltes Land an die ehemaligen Sklavenbesitzer zurückzugeben. Die Fraktion der Reformer im Regierungslager war schockiert. Die Reformer hatten im Zusammenhang mit der Vendetta des Präsidenten gegen die Großgrundbesitzer erwartet, er würde das konfiszierte Land unter den ehemaligen Sklaven verteilen. Stattdessen hob der Präsident den vielversprechenden Anfang auf, den William T. Sherman und das FB gemacht hatten.

Mit dieser Entscheidung zusammen mit den großzügigen Begnadigungen der Rebellen durch Präsident Johnson wurde ein Pfad beschritten, der eine hohe Irreversibilität im Sinne eines *Lock-ins* aufwies.

Voraussetzung für eine Lösung der ökonomischen, sozialen und politischen Probleme der *Freedpeople* wäre gewesen, eine ökonomisch unabhängige Klasse von schwarzen Klein- und Mittelbauern entstehen zu lassen, die aus dem konfiszierten Land der Rebellen hätten bestallt werden können. Die rechtlichen Voraussetzungen dafür waren mit dem Artikel III Abs. 3 der US-Verfassung gegeben. Der Kongress hätte lediglich ein Gesetz verabschieden müssen, dass das Vermögen von noch lebenden Rebellen konfisziert hätte. Damit wäre der Pflanzeraristokratie das wirtschaftliche und langfristig auch das politische Rückgrat gebrochen worden. Mit dem *Homestead Act* von 1862 hätte zudem bereits eine Verteilungsmethode des konfiszierten Landes bereitgestanden.[122] Andrew Johnson hatte zu den entschiedenen Befürwortern des Gesetzes gehört. Mit der Rückgabe des wenigen konfiszierten Landes wurde ein Präzedenzfall rückgängig gemacht, dessen Anwendung und Perpetuierung zu einer tiefgreifenden Umgestaltung der Südstaaten hätte führen können. Das Argument, man habe aus rechtlichen Gründen keine flächendeckende Enteignung durchführen können,

---

[122] Porterfield, Jason. The Homestead Act of 1862: A Primary Source History of the Settlement of the American Heartland in the Late 19th Century. New York: Rosen Pub. Group, 2005.

trägt nicht, da im Falle der *Native Americans*, mit denen es völkerrechtlich verbindliche Verträge gab, ebenso verfahren wurde. Warum sollten Rebellen der abgefallenen Südstaaten bessergestellt werden, als die Mitglieder indianischer Populationen? Es fehlte am politischen Willen, *African Americans* wirklich gleich zu behandeln. Dieser fehlende Wille sollte sich letztlich als einer der Gründe für das Scheitern der *Reconstruction* herausstellen.

Die Unzufriedenheit der befreiten Sklavinnen und Sklaven war demnach groß. Ein schwarzer Veteran drückte seine Enttäuschung besonders deutlich aus: Die Werbeoffiziere der US-Armee hatten ihm „forty acres and a mule" versprochen, berichtete er, „all he got was a suit of blue clothes [...] and he come home on foot, because they took his pony".[123]

Johnson wollte eine rasche und einfache Versöhnung zwischen Nord und Süd erreichen und er kümmerte sich so gut wie nicht um das Schicksal der *Freedpeople*. Republikaner, die eine tiefgreifende Reform der Gesellschaft im Süden anstrebten, lehnte seine Pläne rundweg ab. „Is there no way to arrest the insane course of the President? If something is not done, the President will be crowned King before Congress meets", schrieb der *congressman* Thaddeus Stevens.[124] Es sah so aus, als sollten *African Americans* und die Republikanische Partei auf dem Altar der politischen Einigung mit den Rebellen geopfert werden.

Im Sommer 1865 trafen sich überall im Süden Delegierte, um in den jeweiligen Bundesstaaten neue Verfassungen zu erlassen, die nach Johnsons *Reconstruction*-Plänen notwendig geworden waren. Die Rebellen waren zwar geschlagen, nicht aber unterworfen worden. Anstatt die milden Bedingungen des Präsidenten zu akzeptieren, protestierten sie sogar noch gegen die Minimalforderungen der präsidialen *Reconstruction*. Sie weigerten sich beispielsweise, ihre sogenannten „Sezessionserklärungen" für null und nichtig zu erklären. South Carolina und Georgia nahmen sie lediglich zurück, womit sie sich im Prinzip das Recht reservierten, jederzeit wieder aus der Union auszutreten. Zusätzlich versuchten alle Staaten, am Wortlaut des 13. Verfassungszusatzes herumzudeuten. Mississippi verwarf letzten Endes das *Amendment* vollkommen und Alabama lehnte es in Teilen ab.[125] Wer erwartet hätte, dass der Präsident über die Nichterfüllung seiner Auflagen verärgert gewesen wäre, sah sich getäuscht. Er reagierte ausgesprochen milde, sprach Empfehlungen aus, verhandelte und bat, aber er konnte sich nicht

---

[123] Ward, Andrew. The Slaves' War: The Civil War in the Words of Former Slaves. Boston, MA: Houghton Mifflin Co, 2008, S. 281.
[124] DuBois, Black Reconstruction in America, S. 257.
[125] Slabaugh, Arlie R. Confederate States Paper Money: Civil War Currency from the South. Iola, WI: Krause Publications, 2007, S. 140.

durchringen, ein Machtwort zu sprechen und den Süden zur Einhaltung seiner entgegenkommenden Bedingungen zu bewegen.

Südstaatenpolitiker zogen daraus den Schluss, man könne mit Johnson so umspringen, und der Widerstand gegen die präsidiale *Reconstruction* wurde nicht besänftigt, sondern angestachelt. Sie wollten den Übergang in die Nachkriegsgesellschaft im Süden selbständig gestalten, ohne Zutun des Nordens. Im Herbst 1865 machten sich die neugewählten Parlamente im Süden daran, den „Rückfall in die Barbarei", der nach der Emanzipation der Sklavinnen und Sklaven stattgefunden habe, zu revidieren.[126] Unter dem Deckmantel der Wahrung der Interessen freigelassener Sklavinnen und Sklaven erließen Einzelstaatenparlamente im Süden eine Reihe Gesetze, die unter dem Begriff „Black Codes" berüchtigt geworden sind. Die *Freedpeople* bräuchten besondere Gesetze, argumentierte man und schränkte damit alle Rechte ein, die die Freigelassenen mit der Emanzipation gerade gewonnen hatten: Das Prinzip der Gleichheit vor dem Gesetz wurde durchlöchert, der Besitz und Erwerb von Eigentum wurde erschwert, die Vertragsfreiheit wurde eingeschränkt und das Recht, vor Gericht auszusagen oder eine Anzeige aufzugeben, wurde praktisch abgeschafft. Mississippi verbot per Gesetz beleidigende Gesten oder Sprechakte und stellte Zuwiderhandelnde als Kriminelle vor Gericht.[127]

Mehrere Staaten verboten Schwarzen das Tragen von Waffen einschließlich Messern. Schwarze wurden von der Jurytätigkeit ausgeschlossen. Kein einziger Staat des Südens gewährte *African Americans* das Wahlrecht.[128] Im Kern jedoch ging es bei den *Black Codes* um Arbeit und die möglichst reibungslose Ausbeutung schwarzer Arbeitskraft in einem System, das nominell auf „freier Arbeit", d.h. Lohnarbeit beruhte. South Carolina belegte schwarze Arbeitskräfte, die einer anderen Tätigkeit als Bauer oder Hausangestellte nachgehen wollten, mit einer prohibitiven Steuer von 100 Dollar. Mississippi verlangte von ihnen die Vorlage eines gültigen Arbeitsvertrages zu Beginn jedes Kalenderjahres. Konnte ein solcher Arbeitsvertrag nicht vorgelegt werden, konnte die betreffende Person wegen Landstreicherei mit einer Geldstrafe belegt oder ersatzweise gegen ihren Willen auf eine Plantage zur Arbeit geschickt werden. Die meisten Südstaaten autori-

---

126 Carter, Dan T. When the War Was Over: The Failure of Self-Reconstruction in the South, 1865–1867. Baton Rouge, LA: Louisiana State University Press, 1985, S. 202.
127 Foner, Eric. A Short History of Reconstruction, 1863–1877. New York: Harper & Row, 1990, S. 199–200.
128 Dickerson, Donna Lee. The Reconstruction Era: Primary Documents on Events from 1865 to 1877. Westport, CT: Greenwood Press, 2003, S. 43–54. Blaustein, Albert P. und Zangrando, Robert L. Civil Rights and African Americans: A Documentary History. Evanston, IL: Northwestern University Press, 1991, S. 217–225.

sierten ihre Richter, schwarze Waisenkinder langfristig an weiße Arbeitgeber zu binden. Das Gleiche galt für Kinder, deren Eltern für unfähig erklärt wurden, ihren Nachwuchs zu erziehen.

Mithilfe dieser *apprenticeship laws* – ein Euphemismus, denn das „Lehrverhältnis" diente nicht etwa der Ausbildung, – wurden Tausende von afroamerikanischen Kindern an Großgrundbesitzer vermittelt, die de jure ihre Vormunde wurden – auch gegen den Willen der Eltern.[129] Selbst 1864, also bevor die *Black Codes* erlassen worden waren, verweigerten ehemalige Sklavenbesitzern den *Freedpeople* Zutritt zu ihren Kindern unter dem Vorwand, es existiere ein gültiger Lehrvertrag. Jane Kamper aus Maryland sagte vor einer Kommission der US-Armee aus, ihr ehemaliger „Master" William Townsend hätte ihr die Kinder unter Verweis auf einen bestehenden Vertrag vorenthalten wollen, so dass sie sich mit ihnen verstecken und der Kontrolle des Großgrundbesitzers durch die Flucht entziehen musste.[130] Die Südstaatenparlamente ergriffen jede sich bietende Möglichkeit, unter den Bedingungen der Marktgesellschaft die Arbeitsbedingungen der Sklaverei wiederzubeleben.

Johnson unternahm nichts. Als Vertreter der Doktrin von den Rechten der Einzelstaaten (States' Rights) weigerte er sich einzugreifen, selbst wenn die Ergebnisse der „Verfassungsreformen" im Süden der US-Verfassung direkt widersprachen. Auch er war ein Verfechter der weißen Suprematie und sah deshalb nichts Verwerfliches darin, Schwarze, die nominell Bürger waren, durch Gesetze zu diskriminieren und zu unterwerfen. Wichtiger schien ihm die Tatsache, dass im Dezember 1865 genug Staaten das 13. Amendment ratifiziert hatten, so dass es jetzt offiziell Bestandteil der Bundesverfassung wurde.

Johnson hatte aber noch andere Motive für seine Haltung. Als konservativer Demokrat an der Spitze eines republikanischen Kabinetts suchte er nach Bündnisgenossen südlich der Mason-Dixon-Linie. Trotz seines Geredes über die harte Bestrafung von Verrätern erließ er 14.000 Begnadigungen für reiche oder hochrangige Mitglieder der Rebellenregierungen. Dies bedeutete, dass der Präsident ab September 1865 über hundert Begnadigungen am Tag unterzeichnen musste, was unterstreicht, dass von einer kritischen Einzelfallprüfung keine Rede sein konnte.[131]

---

[129] Mitchell, Mary Niall. Raising Freedom's Child: Black Children and Visions of the Future after Slavery. New York: New York University Press, 2008, S. 150–158. King, Wilma. Stolen Childhood: Slave Youth in Nineteenth-Century America. Bloomington, IN: Indiana University Press, 2011, S. 333f.
[130] Mitchell, Raising Freedom's Child, S. 152.
[131] Zuczek, Richard. State of Rebellion: Reconstruction in South Carolina. Columbia, SC: University of South Carolina Press, 1996, S. 11.

Diese ehemaligen Sklavenhalter waren wichtige politische Verbündete in seinem Kampf gegen die Republikanische Partei.

Wenn Republikaner noch Zweifel an der Entschiedenheit des Präsidenten hatten, die Republikaner zu vernichten, verloren sie diese, als klar wurde, wen die Südstaaten als Repräsentanten in den Kongress entsandten. Ehemalige Rebellen, nicht Männer, die loyal zur Union standen, machten das Gros der Senatoren und Kongressabgeordneten aus. Von den achtzig *Congressmen* und Senatoren aus dem Süden hatten 15 in der Rebellenarmee gedient, zehn als Generäle. 16 hatten Regierungsämter innerhalb der Rebellenadministration bekleidet. Neun hatten im Kongress der Konföderierten gesessen. Alexander Hamilton Stephens (1812–1883) war sogar Vizepräsident der „Confederate States of America" gewesen.[132] Etliche dieser Volksvertreter waren ohne Begnadigung nach Washington gereist, doch Präsident Johnson ließ sich nicht lumpen und unterzeichnete die entsprechenden Dokumente im Eilverfahren. Im Dezember wollte diese bemerkenswerte Gruppe ihre Sitze im Kapitol einnehmen. Ein Historiker aus Georgia bemerkte später: „It looked as though Richmond had moved to Washington."[133]

3.5 Gegenbewegungen: Congressional Reconstruction

Doch die Abgesandten aus dem Süden hatten sich verrechnet. Sie hatten angenommen, dass wenn der Präsident sie akzeptiere, dies auch die Öffentlichkeit und der Kongress tun würden. Die Hartleibigkeit des Südens hatte jedoch auch konservative Republikaner davon überzeugt, dass es an der Zeit sei, zu handeln. Der Kongressabgeordnete Henry Champion Deming (1815–1872) aus Connecticut, im eigenen Selbstverständnis ein moderater Republikaner, führte bittere Klage darüber, wie der Süden immer wieder sein Wort breche, zuerst 1860/61, nun bei der Wahl von hochrangigen Rebellenvertretern („generation of vipers") ins Kapitol.[134] Der Süden habe nichts eingesehen, nichts bereut und ohne Reue und Einsicht

---

[132] Alexander H. Stephens war zwar nicht unbedingt der Typ des südstaatlichen Hasspredigers, hielt aber auch 1868 noch daran fest, dass die Rebellion und der Bürgerkrieg seitens des Südens aus verfassungsrechtlichen Gründen gerechtfertigt waren. Stephens, Alexander Hamilton. A Constitutional View of the Late War between the States, Its Causes, Character, Conduct and Results: Presented in a Series of Colloquies at Liberty Hall. Philadelphia, PA: National Publishing Company, 1868, 2 Bände.

[133] Potter, David Morris. Division and the Stresses of Reunion, 1845–1876. Glenview, IL: Scott, Foresman, 1973, S. 173.

[134] Carter, When the War Was over, S. 227 f.

würde es auch keine Vergebung durch den Norden geben. Vor allem die Black Codes verärgerten die Republikaner als Ausdruck dafür, dass der Süden nicht bereit war, die Resultate des Bürgerkriegs anzuerkennen sondern „[to] restore all of slavery but its name."[135] Auch wenn Bürger der Nordstaaten selbst kaum frei von rassistischen Stereotypen waren, so lag vielen von ihnen doch die Freiheit der ehemaligen Sklavinnen und Sklaven am Herzen, denn dafür waren die Soldaten der Union schließlich gefallen. Die Chicago Tribune kommentierte am 1. Dezember 1865:

> We tell the white men of Mississippi that the men of the North will convert the State of Mississippi into a frog pond before they will allow such laws to disgrace one foot of the soil in which the bones of our soldiers sleep and over which the flag of freedom waves.[136]

Selbst moderate Republikaner stimmten darin überein, dass „[the] first fruits of reconstruction promise a most deplorable harvest, and the sooner we gather the tares, plow the ground again and sow new seed, the better."[137] Die Gemäßigten stellten die Mehrheit der Republikaner in beiden Häusern und wollten sicherstellen, dass die Sklaverei und die Rebellion ein für alle Mal vorüber seien. Sie wollten mitnichten die soziale Ordnung des Südens revolutionieren. Sie hatten auch kein Interesse an der Gleichberechtigung der *African Americans* oder an der Beschlagnahme des Eigentums von Angehörigen der Südstaatenelite. Letzte Punkte wurden lediglich von einer kleinen Minderheit in der Partei befürwortet, den sogenannten Radikalen. Im Dezember 1865 aber, als der Kongress zusammentrat, hatten die Ereignisse im Süden dafür gesorgt, dass die Republikanische Partei (vorübergehend) mit einer Stimme sprach. Da der Kongress selbst dafür zuständig war, die Qualifikation der Mitglieder beider Häuser zu überprüfen, schlossen die gemäßigten und die radikalen Mitglieder des Kongresses die Südstaatendelegierten aus.[138] Anstatt zu akzeptieren, was Johnson bewirkt hatte, nahm der Kongress seine Rechte wahr. Die Republikaner hatten eine komfortable Mehrheit von Drei zu Eins gegenüber den Demokraten und wenn sie sich einig

---

135 So der Soldat C.E. Lippincott in einem Brief an Lyman Trumbull, Senator aus Illinois und Koautor des 13. Amendments vom 29. August 1865. Voss-Hubbard, Mark. Illinois's War: The Civil War in Documents. Athens, OH: Ohio University Press, 2013, S. 185–187, S. 186.
136 Newton, Michael. The Ku Klux Klan in Mississippi: A History. Jefferson, NC: McFarland & Co, 2010, S. 7.
137 Encyclopædia Britannica, Inc. The Annals of America: 1858–1865. The Crisis of the Union, Bd. 9. Chicago, IL: Encyclopædia Britannica, 1976, S. 625.
138 Zu den Argumenten beider Seiten siehe Dickerson, The Reconstruction Era, S. 59–67.

waren, konnten sie ihre Auffassung der *Reconstruction* durchsetzen und das Veto des Präsidenten überstimmen.

Die Moderaten übernahmen die Führung. Senator Lyman Trumbull (1813 – 1896) aus Illinois erklärte 1866 während der Debatte um die Passage der Freedmen's Bureau Bill, das Vertrauen des Präsidenten in den Süden liefere die ehemaligen Sklavinnen und Sklaven der Willkür ihrer ehemaligen Besitzer aus. Er führte weiter aus, die *Freedpeople* „[are] tyrannized over, abused, and virtually reenslaved without some legislation by the nation for his protection."[139] Um dem entgegenzuwirken, legten die Republikaner im Frühjahr 1866 zwei Gesetzesvorlagen vor, die die Macht der ehemaligen Sklavenhalter begrenzen sollten. Die erste, die schon erwähnte Freedmen's Bureau Bill, sollte die Lebensdauer des kurz zuvor gegründeten FB verlängern, doch scheiterte sie zunächst am Veto des Präsidenten. Johnson begründete sein Veto mit der Tatsache, dass die Verfassung kein System zur Unterstützung von armen Personen vorgeben würde.[140] Die Überstimmung des Vetos scheiterte knapp an der Hürde der notwendigen Zweidrittelmehrheit. Diese vermeidbare Niederlage vereinte die Republikaner noch enger. Sie legten den *Civil Rights Act* vor, der darauf zielte, die Black Codes zu verbieten. Das Gesetz bekräftigte das Recht von Afroamerikanern, „[to enjoy] full and equal benefit of all laws and proceedings for the security of person and property as is enjoyed by white citizens."[141]

Das Gesetz definierte erstmalig, wer ein Bürger der USA sei, und verlangte die Beendigung der legalen Diskriminierung in den Gesetzen der Einzelstaaten.[142] Es stellte somit eine außerordentlich bemerkenswerte Ausweitung der Befugnisse

---

139 Trumbull, Lyman. Speech of Hon. Lyman Trumbull of Illinois on the Freedmen's Bureau, Delivered in the Senate of the United States, February 20, 1866. Washington, DC: Chronicle Book and Job Print, 1866, S. 24.
140 Andrew Johnson, Vote of the Freedmen's Bureau Bill, 19. Februar 1866. McPherson, Edward. The Political History of the United States of America during the Period of Reconstruction (from April 15, 1865, to July 15, 1870). Washington, DC: Philp & Solomons, 1871, S. 68 – 72.
141 Higginbotham, A. Leon. Shades of Freedom: Racial Politics and Presumptions of the American Legal Process. New York: Oxford University Press, 1996, S. 76. Das Gesetz wurde 1883 vom Obersten Gerichtshof der USA in *United States v. Harris* (109 US 629) für verfassungswidrig erklärt. Es erfuhr keine Neuauflage.
142 „[A]ll persons born in the United States and not subject to any foreign power, excluding Indians not taxed, are hereby declared to be citizens of the United States." Wolcott, David B. und Head, Tom. Crime and Punishment in America. New York: Facts on File, 2010, S. 311. Vollständig, wenn auch schlechter auffindbar, ist der Text abgedruckt in United States. The Statutes at Large: Treaties, and Proclamations of the United States of America. Boston, MA: Little, Brown, 1868, Bd. 14, S. 27 – 29.

des Kongresses gegenüber den Bundesstaaten dar. Der Präsident behauptete, das Gesetz stelle einen verfassungswidrigen Eingriff in die Rechte der Einzelstaaten dar und belegte es mit seinem Veto. Im Prinzip argumentierte er damit gegen die Auffassung, der Bund habe nicht die Befugnisse, die Bürgerrechte seiner Bürger zu schützen. Hätte Johnsons Veto Bestand gehabt, wäre die *Reconstruction* an diesem Punkt beendet gewesen. Im April 1866 jedoch überstimmten die vereinten Republikaner das Veto des Präsidenten und im Juli geschah das Gleiche mit einer neuen Freedmen's Bureau Bill. Johnson nutze das Mittel des Vetos (entweder als reguläres oder als Pocket Veto) 29 Mal im Laufe seiner Amtszeit – ein trauriger Rekord. Von seinen 21 regulären Vetos wurden 15 durch den Kongress überstimmt, was auch zeigt, wie schwer sich die Republikaner damit taten, dauerhaft gegen den Präsidenten zusammenzuhalten.[143]

Johnson half seiner Sache wenig mit seinen rassistischen Kommentaren und Angriffen auf einzelne Republikaner. Er warnte vor den Ergebnissen der Heirat von Weißen und Schwarzen und unterstellte, Gott habe *African Americans* radikal anders geschaffen, weshalb es nicht zur Vermischung kommen dürfe.[144] Ein besorgter Politiker aus South Carolina bemerkte im Frühjahr 1866, dass Johnson es vermocht hatte, die Republikaner zu einigen und damit einen „Kampf wie keinen zuvor ausgelöst" habe.

Bis zum Sommer 1866 war zwischen Präsident und Kongress jede Zurückhaltung gefallen. Johnson hatte mehrfach unterstrichen, dass er in Fragen der Verfassungsinterpretation oder der von ihm initiierten Politik nicht zurückweichen würde. Gemäßigte Republikaner wollten das verfassungsmäßige Dilemma durch Zusatzartikel zur Verfassung lösen, aber die Unzugänglichkeit des Präsidenten und der Demokraten aus dem Süden stärkte die Position der radikalen Republikaner. Man einigte sich auf eine stärkere Intervention des Kongresses in der *Reconstruction*. Jede Eskalation der aktiven Politik des Kongresses wurde aus dem Weißen Haus als Verschärfung der angeblich tyrannischen Politik der Legislative kommentiert. Jedes neue Gesetz provozierte ein neues Veto des Präsidenten. Schließlich versuchte der Kongress die Einmischung des Präsidenten in seine Befugnisse durch ein Amtsenthebungsverfahren (*Impeachment*) zu beenden.

Die *Reconstruction*-Politik der Legislative entwickelte sich nicht gradlinig und konsequent, doch wurde bald klar, dass das Wahlrecht der *Freedpeople* der eigentliche Fokus republikanischer Politik war. Weiße Politiker im Kongress berie-

---

[143] Spitzer, Robert J. The Presidential Veto: Touchstone of the American Presidency. Albany, NY: State University of New York Press, 1988, S. 58.
[144] Graf, The Papers of Andrew Johnson, February – July 1866, S. 114.

ten darüber, ob sie schwarzen Männern das Wahlrecht verleihen wollten – Frauen waren aus der Debatte herausgefallen, ungeachtet der Tatsache, dass sie sich seit spätestens 1848 um das Wahlrecht bemühten und ungeachtet der politischen Arbeit, die weiße Reformerinnen und Abolitionistinnen im Kampf um die Gleichberechtigung auch schwarzer Männer geleistet hatten. Zu groß schien auch den „radikalen" Republikanern die Gefahr, am Ende durch afroamerikanische und weibliche Wählerinnen majorisiert zu werden. Zu groß war auch die Gefahr, durch eine Debatte um das weibliche Wahlrecht das eigentliche Ziel der *Reconstruction* zu verwässern. Das Wahlrecht für Frauen hätte ja nicht nur den Frauen des Südens politischen Einfluss verschafft, sondern auch den zahlreichen Frauen, die als Einwandererinnen ins Land gekommen waren und deren Sympathien eher auf der Seite der Demokraten lagen. Draußen im Land erhoben sich Afroamerikaner und verlangten ein „farbenblindes" Wahlrecht, während Frauen argumentierten, auch sie sollten bei den bevorstehenden Reformen nicht außen vor bleiben.

Im April 1866 stellten gemäßigte Republikaner den 14. Verfassungszusatz vor, der in beiden Häusern des Kongresses mit der notwendigen Zweidrittelmehrheit verabschiedet wurde. Das Amendment wurde dann an die Bundesstaaten zur Ratifizierung weitergegeben. Es dauerte bis zum 9. Juli 1868, bis drei Viertel der Bundesstaaten zugestimmt hatten und das Amendment damit Rechtsgültigkeit erlangt hatte. Die Wirkung dieses Amendments war jedoch fulminant.[145] Die wichtigste Bestimmung dieses komplexen Verfassungszusatzes war die Festlegung, wer als amerikanischer Bürger und wer als Bürgerin zu gelten hatte: Alle im Land geborenen oder später naturalisierten Immigranten galten fortan als ame-

---

[145] Der Wortlaut des Amendment ist abgedruckt in United States; Congress und House of Representatives. United States Congressional Serial Set, 108th Congress, Serial No. 14829, House Documents No. 67–95, Washington DC: Government Printing Office, 2004, S. 104 f. Es gibt eine Fülle neuerer Arbeiten zur Geschichte des Verfassungszusatzes. Ich zitiere hier nur eine Auswahl. Collins, Charles Wallace. The Fourteenth Amendment and the States: A Study of the Operation of the Restraint Clauses of Section One of the Fourteenth Amendment to the Constitution of the United States. Clark, NJ: Lawbook Exchange, 2004. Epps, Garrett. Democracy Reborn: The Fourteenth Amendment and the Fight for Equal Rights in Post-Civil War America. New York: H. Holt, 2006. Flack, Horace Edgar. The Adoption of the Fourteenth Amendment. Johns Hopkins University Studies in Historical and Political Science, 26. Buffalo, NY: W.S. Hein, 2003. Hudson, David L. The Fourteenth Amendment: Equal Protection under the Law. Berkeley Heights, NJ: Enslow Publishers, 2002. Maltz, Earl M. The Fourteenth Amendment and the Law of the Constitution. Durham, NC: Carolina Academic Press, 2003. Meyer, Howard N. The Amendment That Refused to Die: Equality and Justice Deferred. The History of the Fourteenth Amendment. Lanham, MD: Madison Books, 2000. Nabers, Deak. Victory of Law: The Fourteenth Amendment, the Civil War, and American Literature, 1852–1867. Baltimore, MD: Johns Hopkins University Press, 2006.

rikanische Staatsbürger und Staatsbürgerinnen. Den Bundesstaaten wurde untersagt, diesen Bürgern und Bürgerinnen die ihnen zustehenden Bürgerrechte zu entziehen und ihnen Leben, Freiheit oder Besitz ohne ordentliches Gerichtsverfahren („without due process of law") zu nehmen. Allen Bürgerinnen und Bürgern stehe der gleiche Schutz des Gesetzes zu. Innerhalb der Rechtswissenschaft gibt es seitdem Streit um die Bedeutung dieser sehr allgemeinen Aussagen. Klar war, dass damit die Dred Scott-Entscheidung des *Supreme Court* aus dem Jahre 1857 hinfällig war, der Schwarzen das Bürgerrecht aberkannt hatte.[146] Im Wesentlichen jedoch schützte das Amendment die Bürgerrechte nur bei Verletzungen durch die Regierungen der Bundesstaaten, nicht jedoch bei Übergriffen durch Privatpersonen oder Korporationen.

Der 14. Verfassungszusatz behandelte auch das Wahlrecht. Auch wenn Republikaner sich ernsthaft um eine gerechte Reform im Sinne der Freedmen bemühten, waren sie doch machtbewusst genug, um auf dem Wege des Wahlrechts den Demokraten möglichst viel Schaden zuzufügen. Anstatt *African Americans* das Wahlrecht explizit zu garantieren, wie es die Radikalen vorgeschlagen hatten, verfügte das Amendment, der Kongress habe das Recht, die Sitze derjenigen Bundesstaaten zu reduzieren, die männlichen erwachsenen Bürgern das Wahlrecht vorenthalten. In anderen Worten konnten die Südstaaten ihren ehemaligen Sklaven das Wahlrecht zugestehen oder sie mussten mit ansehen, wie ihre Stimmen im Kongress wertlos wurden.

Die gemäßigten Republikaner traten in der Wahlrechtsfrage so vorsichtig auf, weil sie befürchteten, die Nordstaaten könnten ihrerseits einen Verfassungszusatz ablehnen, der den Afroamerikanern explizit das Wahlrecht zugestand. 1866 hatten nur fünf Staaten in Neuengland afroamerikanischen Männern das Wahlrecht zuerkannt. Ohne das Wahlrecht der *African Americans* hätte man im Kongress mit einem verstärkten Widerstand der Demokraten rechnen müssen. Schwarze, das stand fest, würden mehrheitlich für die Partei Lincolns stimmen. Ironischerweise hatte die Niederlage der Rebellen im Bürgerkrieg die Vertretung der ehemaligen Sklavenstaaten im Kongress gestärkt, da mit der Abschaffung der Sklaverei die Drei-Fünftel-Klausel der Verfassung entfallen war, die die Sklavenbevölkerung des Südens nur zu einem Anteil von drei zu fünf bei der Verteilung der Sitze im Kongress und der Erhebung der Steuerlast veranschlagt hatte.[147] Jetzt waren Sklaven befreit, damit Personen im Sinne der Verfassung und wurden bei der Berechnung der Abgeordneten im Repräsentantenhaus entsprechend berück-

---

146 Finzsch, Konsolidierung und Dissens, S. 590 f.
147 Finzsch, Norbert, Horton, James Oliver und Horton, Lois E. Von Benin nach Baltimore: Die Geschichte der African Americans. Hamburg: Hamburger Edition, 1999, S. 151 f.

sichtigt. Es war also nur zu verständlich, dass Republikaner über die Beschneidung der Repräsentation von Staaten nachdachten, die ihren Bürgern das Wahlrecht vorenthielten, während ehemalige Rebellenstaaten durch die Abschaffung der Sklaverei 20 zusätzliche Sitze im Repräsentantenhaus gewonnen hatten. Also entwarfen die Republikaner das 14. Amendment so, dass sie in jedem Fall politisch gewinnen würden. Wenn der Süden den ehemaligen Sklaven das Wahlrecht zuerkannte, würden die Republikaner politisch profitieren, weil die Freedmen republikanisch stimmen würden. Sollten bestimmte Südstaaten den Freedmen das Wahlrecht verweigern, hätte man eine Handhabe, die Repräsentation der betreffenden Staaten im Kongress zu verändern und damit politisch die Oberhand zu behalten. Nun betraf der Verfassungszusatz ja auch Staaten im Norden, wo die Wähler mehrheitlich gegen das Wahlrecht für Schwarze waren. Hier hätten Bundesstaaten die Möglichkeit, das Wahlrecht auf weiße Wähler zu begrenzen, ohne dafür abgestraft zu werden, weil ihre schwarze Bevölkerung zahlenmäßig zu gering war, um bei Umlegung auf die Repräsentantenzahlen ein großes Gewicht zu haben. Die Radikalen im republikanischen Lager bezeichneten das 14. Amendment daher auch als Heuchelei und Schwindel, verstanden aber, dass sie um diesen Kompromiss nicht herumkamen.

Tennessee akzeptierte den Verfassungszusatz im Juli und der Kongress begrüßte seine Repräsentanten und Senatoren wieder in seinen Reihen. Hätte Präsident Johnson den anderen Südstaaten geraten, dieses Amendment ebenfalls anzunehmen, hätten sie dies vielleicht getan, zumal deutlich wurde, dass die Republikaner entschlossen waren, dem Wahlrecht für afroamerikanische Männer Geltung zu verschaffen. Stattdessen forderte Johnson die anderen Südsaaten auf, keine Unterschrift unter das Dokument zu setzen und auf die Niederlage der Republikaner in den Kongresswahlen des Jahres 1866 zu warten. Johnson war entschlossen, den Verfassungszusatz zum Hauptthema des Wahlkampfes zu machen und weiße Konservative des Nordens und Rassisten des Südens in einer neuen rechten Sammelbewegung zu vereinen, der National Union Party. Im August trafen sich seine Unterstützer in Philadelphia, wobei die Demokraten dominierten. Kaum ein konservativer Republikaner war dem Aufruf Johnsons gefolgt, so dass auch Johnson deutlich wurde, wie sehr sich die Reihen der Republikaner gegen ihn geschlossen hatten.

Zwei Wochen zuvor war es zu Gewalttaten von Weißen gegen Schwarze in verschiedenen Städten des Südens gekommen. Nicht dass es vorher keine Gewalt gegen *African Americans* gegeben hätte, doch sprengte das Ausmaß an Brutalität alles Dagewesene. In New Orleans attackierte die Menge am 30. Juli 1866 die Delegierten des Verfassunggebenden Konvents von Louisiana und 34 Schwarze

3.5 Gegenbewegungen: Congressional Reconstruction — 113

wurden dabei getötet.[148] In Memphis, TN, veranstalteten Weiße am 1. Mai 1866 ein Pogrom im schwarzen Wohnviertel der Stadt, bei dem mindestens 62 Menschen ums Leben kamen.[149] Diese Grausamkeiten schockierten Menschen im Norden und vergrößerten die Skepsis, die ihm von Teilen der weißen Wählerschaft entgegenschlug. Sarkastisch kommentierte ein New Yorker Beobachter: „Who doubts that the Freedmen's Bureau ought to be abolished forthwith and the blacks remitted to the paternal care of their old masters, who ‚understand the nigger, you know, a great deal better than the Yankees can.'"[150]

Als alles verloren schien, appellierte der Präsident direkt an die Bevölkerung. Im August unternahm er eine ausgedehnte Kampagne mit dem Zug, die ihn von Washington, DC nach Chicago und St. Louis brachte. Das Ergebnis dieser Reise war Hohn und Spott für den Präsidenten, der wiederholt die Kontrolle verlor und unpassende und politisch unverantwortliche Äußerungen machte. Wurde er mit politischen Gegnern konfrontiert, so verlor er häufig die Contenance. Johnsons Misserfolg bei seiner Zugreise ging einem weiteren voraus: dem Abschneiden seiner Sammelbewegung in der Kongresswahl. Statt der Geburt einer neuen konservativen Partei, die sich die Rechte der Weißen auf die Fahnen schreiben konnte, erlebte seine National Union Party einen gewaltigen Flop. Das Resultat war ein überwältigender republikanischer Sieg, so dass die Partei Lincolns Dreiviertel aller Stimmen im Kongress kontrollierte.[151] Johnson hatte darauf gewettet, Nordstaatler würden den Schutz von *African Americans* durch den Bund nicht unterstützen. Er hatte einen rassistischen Umschwung erwartet, der ihm helfen sollte, die Republikaner zu schlagen und das Amendment hinwegzufegen. Er hatte sich gründlich verrechnet, denn der vorsichtig und klug formulierte Verfassungszusatz vertrieb keine konservativen Republikaner ins Lager Johnsons. Zu frisch war noch die Erinnerung an den Krieg und die Opfer, die er gekostet hatte.

---

148 Hollandsworth, James G. An Absolute Massacre: The New Orleans Race Riot of July 30, 1866. Baton Rouge, LA: Louisiana State University Press, 2001.
149 Holmes, Jack D. L. The Underlying Causes of the Memphis Race Riot of 1866. Tennessee Historical Quarterly. 1958; 17 (3):195–221.
150 McPherson, James M. The Struggle for Equality: Abolitionists and the Negro in the Civil War and Reconstruction. Princeton, NJ: Princeton University Press, 1964, S. 359.
151 Insgesamt verloren die Republikaner ganze drei Sitze im *House of Representatives* und einen Senatorensitz. Campbell, James E. The Presidential Pulse of Congressional Elections. Lexington, KY: University Press of Kentucky, 1997, S. 8. Campbell zählt sogar nur zwei Sitze für die Demokraten im House. Mayhew, David R. Parties and Policies: How the American Government Works. New Haven, CT: Yale University Press, 2008, S. 187.

Die Wahlen des Jahres 1866 hätten den Weißen im Süden aufzeigen können, dass es ein schwerer Fehler gewesen war, sich auf Andrew Johnson zu verlassen. Trotz des offensichtlichen Misserfolgs des Präsidenten führten die Südstaaten ihre Obstruktionspolitik gegen den Kongress fort und weigerten sich, das Amendment anzuerkennen. Kongressabgeordneter James A. Garfield (1831–1881) aus Ohio, Generalmajor der Armee im Bürgerkrieg und späterer Präsident der Vereinigten Staaten, drückte es deutlich aus: „[...] the sinful ten has [...] with contempt and scorn, flung back into our teeth the magnanimous offer of a generous nation."[152] Durch das politische Vakuum, das durch die Zurückweisung des moderaten 14. Verfassungszusatzes entstanden war, konnten die Radikalen an Einfluss gewinnen, da jede politische Provokation der Südstaatenweißen die Position der Radikalen bestärkt hatte. Im Zentrum des sogenannten radikalen Flügels befanden sich nur ein paar Männer, die in den Auseinandersetzungen um die Abolition der Sklaverei vor dem Bürgerkrieg politisch sozialisiert worden waren. Sie waren der festen Überzeugung, dass nur die Macht des Bundes die Rechte der *Freedpeople* schützen könne, und sie waren entschlossen, den Bund zu diesem Zwecke zu nutzen.

Außer den ehemaligen Sklaven selbst waren es vor allem diese Männer, die die Freiheit von *African Americans* zur wichtigsten moralischen Frage ihrer Zeit erhoben. Männer wie Charles Sumner, der etwas eitle, aber ehrliche Senator aus Massachusetts, oder der bleiche, sarkastische Thaddeus Stevens (1792–1868), Kongressabgeordneter aus Pennsylvania, sprachen selten mit der gleichen Stimme, waren sich jedoch einig, wenn es um die Belange der *Freedpeople* ging.[153] Sie bestanden auf völliger Gleichheit von Weiß und Schwarz am Arbeitsplatz. Die Südstaaten seien wie Lehm in den Händen des Töpfers, erklärte Stevens im Januar

---

[152] Peskin, Allan. Garfield: A Biography. Kent, OH: Kent State University Press, 1999, S. 278. Da Tennessee das Amendment als einziger Südstaat schon ratifiziert hatte, sprach Garfield nur von den „zehn Sündern".
[153] Thaddeus Stevens konnte auf eine lange politische Karriere zurückblicken, in der er Anhänger der Federalists, der Anti-Masonics, der Whigs, der Know Nothings und schließlich der Republikaner gewesen war. Die besten Arbeiten zu Stevens sind Brodie, Fawn McKay. Thaddeus Stevens: Scourge of the South, New York: Norton, 1959. Goldenberg, Barry M. The Unknown Architects of Civil Rights: Thaddeus Stevens, Ulysses S. Grant, and Charles Sumner. Los Angeles, CA: Critical Minds Press, 2011. Hoch, Bradley R. Thaddeus Stevens in Gettysburg: The Making of an Abolitionist. Gettysburg, PA: Adams County Historical Society, 2005. Korngold, Ralph. Thaddeus Stevens: A Being Darkly Wise and Rudely Great. Westport, CT: Greenwood Press, 1974. Trefousse, Hans L. Thaddeus Stevens: Nineteenth-Century Egalitarian. Chapel Hill, NC: University of North Carolina Press, 1997.

1867 und er forderte den Kongress auf, seine Pflicht zu tun.[154] Ähnlich sah es der Abgeordnete Augustus Brandegee (1828–1904) aus Connecticut:

> The gathering up of the fruits of our victories and the restoration of peace and union upon the only stable basis upon which peace and union can be restored; liberty to all, rights for all, and protection to all. It begins the work of reconstruction at the right end, and employs the right tools for its accomplishment. It begins at the point where Grant left off the work at Appomattox Court-House, and it holds those revolted communities in the grasp of war until the rebellion shall have laid down its spirit, as two years ago it formally laid down its arms.[155]

Im März 1867, nach langer und heftiger Debatte, stimmten die moderaten Republikaner zu und schafften die von Johnson eingesetzten Regierungen der Bundesstaaten ab, indem sie im Süden eine Militärregierung einsetzten. Der *Military Reconstruction Act* und drei auf ihn folgende Gesetze teilten die zehn Südstaaten (mit Ausnahme Tennessees) in fünf Militärbezirke.[156] Der Kongress unterstellte jeden Bezirk einem Armeegeneral als Gouverneur und instruierte ihn „[...to] suppress insurrection, disorder, and violence" und politische Reformen umzusetzen. Wähler sollten vom Militär registriert werden, wobei schwarze Männer das Wahlrecht erhalten, es hingegen denjenigen verweigert werden sollte, die im 14. Amendment explizit ausgeschlossen worden waren – das heißt allen politischen und militärischen Funktionsträgern der Rebellenstaaten.[157]

Danach sollten die Wähler Vertreter wählen, die eine neue Verfassung für den betreffenden Bundesstaat entwerfen sollten. Jede dieser Verfassungen solle das Wahlrecht für Schwarze garantieren. Wenn ausreichend viele Wähler des Staates die Verfassung ratifiziert hätten, und nach der Ratifizierung des 14. Verfassungs-

---

154 Palmer, Beverly Wilson und Ochoa, Holly Byers. The Selected Papers of Thaddeus Stevens. Pittsburgh, PA: University of Pittsburgh Press, 1997. 2 Bände, Band 2, S. 219. Stevens bezog sich damit auf Jeremiah 18:6: und Isaiah 64:8, womit er dem Kongress gleichsam göttliche Funktion auferlegte.
155 Wilson, Henry. History of the Reconstruction Measures of the Thirty-Ninth and Fortieth Congresses. Hartford, CT, Chicago, IL: Hartford Publishing Company, 1868, S. 338.
156 7. März 1867. Das Veto Johnsons wurde überstimmt. Graf et al. The Papers of Andrew Johnson, Band 12: February-August, 1867, S. XIIf.
157 Section 3 des 14. Verfassungszusatzes lautet: „No person shall be a Senator or Representative in Congress, or elector of President and Vice President, or hold any office, civil or military, under the United States, or under any State, who, having previously taken an oath, as a member of Congress, or as an officer of the United States, or as a member of any State legislature, or as an executive or judicial officer of any State, to support the Constitution of the United States, shall have engaged in insurrection or rebellion against the same, or given aid or comfort to the enemies thereof. But Congress may, by a vote of two-thirds of each House, remove such disability."

zusatzes durch die Staatenlegislative, könnte der Staat seine Wiederzulassung in Washington beantragen. Sollte der Kongress zustimmen, könnten Senatoren und Abgeordnete ihren Platz im Kongress einnehmen und das Werk der politischen Wiedervereinigung mit den USA wäre abgeschlossen.

Die Radikalen sprachen von einem außerordentlichen Erfolg. Die Entschlossenheit der Radikalen und der *African Americans*, die entschlossen waren, ihre Rechte zu verteidigen, hatte zusammen mit der Sturheit des Präsidenten und der Uneinsichtigkeit des weißen Südstaatler dafür gesorgt, dass die Republikanische Partei eine Position weit links von der der Moderaten und ihres 14. Amendments eingenommen hatte. Die Republikaner hatten sich schließlich doch der Position Sumners angeschlossen, der darauf beharrte, dass lediglich volle politische Rechte der ehemaligen Sklaven eine dauerhafte Umwälzung der Verhältnisse im Süden herbeiführen würden. Das Wahlrecht versah die Freedmen mit einer starken Waffe, um Veränderungen herbeizuführen. In Kombination mit dem Entzug politischer Rechte der ehemaligen Rebellen, hätte es das Wiedererstarken der Demokraten und des mit ihm verbundenen Systems unfreier Arbeit verhindern und die dauerhafte Vorherrschaft republikanischer Staatenregierungen im Süden absichern können.

Der *Military Reconstruction Act* von 1867 hielt aber auch Enttäuschungen bereit, vor allem für diejenigen, die das beschlagnahmte Land unter den ehemaligen Sklaven verteilen wollten. Keiner im politischen Washington war enttäuschter als Thaddeus Stevens. Anders als Sumner, der die *Reconstruction* vor allem durch die politische Brille wahrnahm, glaubte Stevens fest daran, dass es sich primär um ein ökonomisches Problem handelte. Er stimmte voll und ganz mit der Position eines *Freedman* überein, der seine ökonomisch marginale Position folgendermaßen ausdrückte: „Give us our own land and we take care of ourselves, but without land, the old masters can hire us or starve us, as they please."[158] Ein schwarzer Geistlicher drückte den gleichen Sachverhalt etwas elaborierter aus: „The way we can best take care of ourselves is to have land, and to turn it and till it by our own labor [...] and we can soon maintain ourselves and have something to spare [...]"[159]

Stevens wollte den Besitz der Landesverräter einziehen und in als Kleinparzellen und die befreiten Sklaven ausgeben, um so eine Klasse von unabhängigen schwarzen Kleinbauern zu formen. Zu Stevens' großem Leidwesen war der zö-

---

158 Frank, Andrew und Carnes, Mark C. The Routledge Historical Atlas of the American South. New York: Routledge, 1999, S. 89.
159 Rev. Garrison Frazier in: Berlin, Ira. Freedom: A Documentary History of Emancipation, 1861–1867. Series I, Volume III: The Wartime Genesis of Free Labor: The Upper South. Cambridge, New York: Cambridge University Press, 1993, 2 Bände, Band 2, S. 75.

gerliche Prozess der Landverteilung 1867 längst angehalten, ja ein Großteil des verteilten Landes war bereits an die ursprünglichen Besitzer zurückgegeben worden.

Der Kongress weigerte sich beharrlich, *Freedpeople* mit Land auszustatten, da man davon ausging, die ehemaligen Sklaven und Sklavinnen hielten bereits alle Werkzeuge in der Hand, um ein selbständiges Leben zu führen: gleiche Rechte und den Stimmzettel. Beschlagnahme des Landes, also Enteignung, erschien auch den radikalen Republikanern als zu radikal. Schließlich schützte die Verfassung das Eigentumsrecht. Die Beschlagnahme von Privatbesitz im Süden bedrohe die Eigentumsordnung im ganzen Land, kommentierte die New York Times.[160] Darüber hinaus stelle die Landverteilung einen Fall von Regierungspaternalismus dar, argumentierte die Mehrheit der Republikaner, der langfristig die Unabhängigkeit der *African Americans* eher schwäche denn stärke. Wenn sie 40 *Acres* Land haben wollten, dann müssten sie sich die eben verdienen.

Andrew Johnson hatte vollmundig erklärt, eher werde er sich den rechten Arm abhacken, als den *Military Reconstruction Act* zu unterschreiben, der mit Sicherheit Anarchie und Chaos hervorrufen müsse. Sein Veto wurde noch am gleichen Tag im Kongress überstimmt. Der Machtverlust des Präsidialamts hätte nicht schöner demonstriert werden können. Die Gesetze zur Durchführung der *Reconstruction* aus dem Jahr 1867 vervollständigten die Maßnahmen des Kongresses. Im Endeffekt war die ökonomische Struktur des Südens nicht angetastet worden. Das Wahlrecht für die befreiten männlichen Sklaven war dafür nur eine geringe Kompensation. Ob die Verleihung des Wahlrechts den Begriff „radikal" verdient, liegt an der Perspektive der Betrachter. Für die *Freedpeople* war es wenig mehr als ein wohlwollendes Schulterklopfen, da das Wahlrecht in dem Moment wertlos würde, in dem die Armee aus dem Süden abgezogen würde. Für die Verteidiger der alten Ordnung im Süden war die Vorstellung, dass ihr ehemaliges Eigentum Bürgerrechte genießen sollte, allerdings radikal. Die radikale Minderheit der Republikaner wollte nun noch Nägel mit Köpfen machen und einen Präsidenten aus dem Amt jagen, der seine Macht dazu missbraucht hatte, den ehemaligen Rebellen wieder zu politischem Einfluss zu verhelfen.

Obwohl Johnson die Unterstützung der Bevölkerung im Norden verspielt hatte, hatte er nicht die Absicht, kampflos das Feld zu räumen. Er ging stattdessen von der Feldschlacht zur Guerillataktik über und versuchte die Umsetzung der *Reconstruction*-Gesetze zu verschleppen und zu behindern. Als Exekutivorgan war er verfassungsmäßig gehalten, die Implementierung der Gesetze vorzunehmen, als Oberkommandierender der Streitkräfte kontrollierte er die Kommandeure, die

---

160 New York Times, 9. Juli 1867.

als Militärgouverneure eingesetzt werden sollten. Auf vielerlei Arten sabotierte er die Umsetzung der *Reconstruction* durch den Kongress, stärkte der demokratischen Opposition den Rücken und erließ Hunderte von Begnadigungen, die es hochrangigen Funktionären der Rebellenstaaten erlaubten, wieder politisch aktiv zu werden. Offiziere, die sich innerhalb des *Freedmen's Bureau* zu offensichtlich für die Belange der *Freedpeople* einsetzten, wurden versetzt. Generäle, die ihr Amt als Militärgouverneur ernst nahmen, wurden durch Konservative ersetzt. Johnson glaubte, der Kongress habe seine Kompetenzen überschritten, als er eine Militärregierung im Süden einsetzte und den Schwarzen das Wahlrecht zusprach. In seiner Sicht verteidigte er lediglich die Verfassung, wenn er die Umsetzung der *Reconstruction* durch den Kongress behinderte. Viel mehr als um die Verfassung ging es ihm aber um die Verhinderung dessen, was er „Negro domination" nannte.[161]

Den Republikanern im Kongress dämmerte es langsam, dass es nicht ausreichte, über eine komfortable Mehrheit zu verfügen, um das Veto des Präsidenten zu überstimmen. Gesetze müssen nicht nur erlassen werden, sie müssen auch mit der Macht des Staates angewandt werden. Da dem Kongress die Exekutivgewalt fehlte, versuchten die Republikaner, die Hände des Präsidenten zu binden. Der Kongress verlangte, dass alle Tagesbefehle an die Offiziere vom ranghöchsten General der Armee Ullyses S. Grant genehmigt werden sollten, von dem sie annahmen, dass er der Rekonstruktionspolitik des Kongresses geneigt war. Der Kongress verabschiedete außerdem den *Tenure of Office Act*, der die Zustimmung des Senats für jede Entlassung eines Regierungsbeamten oder Kabinettmitglieds verlangte, der zuvor mit Zustimmung des Senats ernannt worden war. Dieses

---

[161] „It is manifestly and avowedly the object of these laws to confer upon Negroes the privilege of voting and to disfranchise such a number of white citizens as will give the former a clear majority at all elections in the Southern States. This, to the minds of some persons, is so important that a violation of the Constitution is justified as a means of bringing it about. The morality is always false which excuses a wrong because it proposes to accomplish a desirable end. We are not permitted to do evil that good may come. But in this case the end itself is evil, as well as the means. The subjugation of the States to Negro domination [meine Hervorhebung, MH] would be worse than the military despotism under which they are now suffering. It was believed beforehand that the people would endure any amount of military oppression for any length of time rather than degrade themselves by subjection to the Negro race. Therefore they have been left without a choice. Negro suffrage was established by act of Congress, and the military officers were commanded to superintend the process of clothing the Negro race with the political privileges torn from white men." Johnson, Andrew, Third Annual Message to Congress, 3. Dezember 1867, abgedruckt in: University of California at Santa Barbara. The American Presidency Project. [Web Page]: http://www.presidency.ucsb.edu/ws/?pid=29508. Gesehen am 28.3.2014.

Gesetz wurde vor allem erlassen, um den Kriegsminister Edwin McMasters Stanton (1814–1869) zu unterstützen, der als einziges Kabinettsmitglied offen für die *Reconstruction* nach den Plänen des Kongresses eintrat. Bald aber schon wurden Stimmen laut, die forderten, Johnson aus dem Amt zu entfernen, weil sonst die *Reconstruction* insgesamt gefährdet sei.

Nach der Verfassung kann das *House of Representatives* ein Amtsenthebungsverfahren einleiten, das vom Senat als Gerichtshof durchgeführt wird. Dafür sind allerdings schwerwiegende Gründe anzugeben und nachzuweisen, nämlich „Treason, Bribery, or other high Crimes and Misdemeanors."[162] So lange der Präsident also nicht offen gegen ein Gesetz verstieß, würde ein *Impeachment* nicht durchführbar sein. Die gemäßigten Republikaner interpretierten den Passus „high Crimes and Misdemeanors" als kriminelle Übertretung oder Verletzung eines Gesetzes und sie glaubten deshalb nicht, dass Johnson abgesetzt werden könne. Die Radikalen attackierten die Rechtsauffassung der Gemäßigten als zu eng; seine wiederholte Umgehung von Gesetzen und sein Missbrauch der Verfassung stellten eine ausreichende Basis für ein Amtsenthebungsverfahren dar. Der Präsident kam ihnen auch diesmal entgegen: Im August 1867 entließ Johnson Kriegsminister Stanton. Wie vom *Tenure of Office Act* verlangt, erbat er hierzu die Zustimmung des Senats. Als diese ausblieb, feuerte der Präsidenten den Minister ohne Zustimmung des Senats. „Is the President crazy, or only drunk?", fragte ein verblüffter gemäßigter Republikaner. „I'm afraid his doings will make us all favor impeachment."[163]

Die Nachricht von Johnsons Fehlgriff überzeugte alle Republikaner im *House of Representatives*, für eine Resolution zur Eröffnung des Amtsenthebungsverfahrens zu stimmen. Der Oberste Richter des *US Supreme Court*, Salmon Chase, der Johnson 1865 auch den Amtseid abgenommen hatte, saß dem Senat während des Verfahrens vor, welches vom März bis zum Mai 1868 dauerte. Chase weigerte sich von Anfang an, allgemeine Vorwürfe wie Amtsmissbrauch gegen Johnson zu hören; stattdessen behandelte er die enge Interpretation der Verfassung, nach der es lediglich um die ungerechtfertigte Entfernung Stantons aus dem Amt gehen sollte. Johnsons Anwälte argumentierten, dabei habe es sich nicht um ein Vergehen im Sinne des Strafrechts gehandelt, weil der *Tenure of Office Act* die Verfassung verletze und dass das Gesetz, sollte es gegen ihre Auffassung rechtmäßig

---

162 Artikel 2, Abschnitt 4 der US-Verfassung: „The President, Vice President and all civil Officers of the United States, shall be removed from Office on Impeachment for, and Conviction of, Treason, Bribery, or other High crimes and Misdemeanors."
163 Ross, Michael A. Justice of Shattered Dreams: Samuel Freeman Miller and the Supreme Court during the Civil War Era. Baton Rouge, LA: Louisiana State University Press, 2003, S. 151.

sein, sich nicht auf Johnson bezöge, da Stanton noch von Abraham Lincoln ernannt worden sei. Als es zur Abstimmung im Senat kam, fehlte sieben gemäßigten Republikanern der Mut, Johnson zu verurteilen. Sie stimmten „nicht schuldig", zusammen mit den Demokraten im Oberhaus. Mit 35 „Ja"-Stimmen und 19 „Nein"-Stimmen fehlte es an einer Stimme, um das *Impeachment* mit einer Zweidrittelmehrheit im Senat passieren zu lassen.[164]

Die Republikaner hatten das Verfahren gegen Johnson angestrengt, weil er ihrer Auffassung vom rechten Weg in der *Reconstruction* entgegengetreten war. Richter Chase und andere lehnten das *Impeachment* ab, weil sie befürchteten, es könnte das Amt des Präsidenten dauerhaft schwächen. Andere misstrauten Benjamin Wade, dem *President pro Tempore*, der laut Verfassung Johnsons Nachfolger geworden wäre. Wade war ein alter Radikaler aus Ohio, Mitautor der Wade-Davis Bill, dessen radikale Überzeugungen bezüglich des Frauenwahlrechts, die Rechte von Arbeiterinnen und Arbeitern und seine währungspolitischen Positionen den Gemäßigten äußerst revolutionär vorkamen.[165] Eine Zeitung kommentierte den Ausgang des Verfahrens mit den Worten: „Andrew Johnson is innocent because Ben Wade is guilty of being his successor."[166]

---

[164] Trefousse, Hans L. Impeachment of a President: Andrew Johnson, the Blacks, and Reconstruction. Knoxville, TN: University of Tennessee Press, 1975, S. 146–179.

[165] Zur Wade-Davis Bill siehe Belz, Herman. Reconstructing the Union: Theory and Policy during the Civil War. Westport, CT: Greenwood Press, 1979, S. 198–243. Wade favorisierte das Frauenwahlrecht ein, unterstützte die Rechte von Gewerkschaften und war ein Verfechter absoluter Gleichstellung von Schwarz und Weiß. Er hatte zu den Kritikern Abraham Lincolns gehört und hatte in einem Privatbrief seine Überzeugung ausgedrückt, Lincolns wenig aufgeklärte Haltung zu *African Americans* sei das Ergebnis seiner Klassenposition („white trash") und seiner Erziehung in einem Sklavenstaat. Siehe auch die Einschätzung eines afroamerikanischen Kongressabgeordneten, der ein sehr positives Bild von Wade zeichnete. Lynch, John R. The Facts of Reconstruction. New York: The Neale Publishing Company, 1913, S. 15f. Trefousse, Impeachment of a President, S. 60–64.

[166] Stewart, David O. Impeached: The Trial of President Andrew Johnson and the Fight for Lincoln's Legacy. New York: Simon and Schuster; 2009, S. 317. Siehe auch das folgende Zitat eines *African American*, der an der *Reconstruction* in Mississippi beteiligt war. „Notwithstanding this defeat the President refused to yield, continuing the fight with Congress which finally resulted in his impeachment by the House of Representatives for high Crimes and Misdemeanors in office and in his trial by the Senate sitting as a High Court for that purpose. When the vote of the court was taken the President was saved from conviction and from removal from office by the narrow margin of one vote,–a sufficient number of Republican Senators having voted with the Democrats to prevent conviction. It was believed by many at the time that some of the Republican Senators that voted for acquittal did so chiefly on account of their antipathy to the man who would succeed to the Presidency in the event of the conviction of the President. This man was Senator Benjamin Wade, of Ohio,–President _pro tem._ of the Senate,–who, as the law then stood, would have

So kam es, dass ein radikaler Republikaner den Hals des Präsidenten rettete. Doch ging Johnson nicht unbeschadet aus dem Verfahren hervor. Er hielt sich fortan zurück, so dass es während der verbleibenden zehn Monate seiner Amtszeit zu keinen weiteren Einmischungen des Präsidenten in die *Reconstruction* kam.

Im Februar 1869 konnten die Republikaner ihr letztes Gesetz zur Umsetzung der *Reconstruction* durch den Kongress bringen, das 15. Amendment. Dieser Verfassungszusatz verbot es den Bundesstaaten oder Einzelpersonen, Bürgern das Wahlrecht auf Grund ihrer „race, color, or previous condition of servitude" zu entziehen. Damit hatten afroamerikanische Männer auch im Norden das Wahlrecht erworben. Eine Mehrheit der Republikaner fand es an der Zeit, mit der Doppelmoral in Sachen schwarzes Wahlrecht aufzuräumen. Andere waren der Auffassung, das Wahlrecht der Schwarzen verlange nach einem besonderen Schutz, da es im Süden nicht an Übergriffen durch weiße Rassisten fehlte. Politische Erwägungen spielten aber auch diesmal wieder eine Rolle. Die Demokraten hatten bei den Wahlen 1868 erheblich zugelegt und schwarze Wähler stellten in vielen Legislativen des Nordens das Zünglein an der Waage dar, das für einen republikanischen Sieg notwendig war. Die effektive Durchsetzung des Wahlrechts für *African Americans* sicherte also die Vorherrschaft der Republikaner im Norden. Der republikanische Kongressabgeordnete William D. Kelley (1814–1890), ein entschiedener Verfechter des schwarzen Wahlrechts, brachte es auf den Punkt: „Party expediency and exact justice coincide for once."[167]

Einige Republikaner befanden, der Wortlaut des Verfassungszusatzes sei zu vorsichtig. Anstatt einfach das Wahlrecht für alle Bürger zu gewähren, wurde nur verfügt, es dürfe nicht auf Grund von „Rasse, Hautfarbe oder vorheriger Versklavung" vorenthalten werden. Diese Kritik sollte sich als hellseherisch herausstellen. Erfindungsreiche Südstaatler begannen das 15. Amendment zu umgehen, indem sie Besitzqualifikationen, eine prohibitive Wahlsteuer oder Lese- und Schreibtests einführten, die nicht offen durch Bezug auf Hautfarbe oder „Rasse" diskriminierten. So konnte man Schwarze von der Wahl ausschließen, ohne gegen das 15. Amendment zu verstoßen. Der vorsichtige Wortlaut des 15. Verfassungszusatzes stellte in Hinblick auf die Einengung der Rechte von *African Americans* eine *Critical Juncture* da, weil in ihm die juristische Grundlage für eine dauerhafte Diskriminierung der ehemaligen Sklavinnen und Sklaven lag (*Lock-ins 2* und *3*). Ein Amendment, das ein generelles Wahlrecht verankert hätte,

---

succeeded to the Presidency in the event of a vacancy in that office from any cause." Lynch, The Facts of Reconstruction, S. 15.

167 Gillette, Retreat from Reconstruction, S. 19. Engs, Robert Francis und Miller, Randall M. The Birth of the Grand Old Party: The Republicans' First Generation. Philadelphia, PA: University of Pennsylvania Press, 2002, S. 129.

wäre wahrscheinlich am Widerstand einiger Nordstaaten gescheitert. Das lag nicht nur am anti-schwarzen Rassismus in Teilen der Bevölkerung des Nordens, sondern auch an der wachsenden Diskriminierung gegen chinesische Einwanderer in Kalifornien und den Ressentiments gegenüber europäischen Einwanderern und Einwanderinnen im Nordosten der USA.[168] In der „gezähmten" Fassung wurde der Fünfzehnte Zusatzartikel im März 1870 ratifiziert, nachdem Dreiviertel der Bundesstaaten zugestimmt hatten. Es gab allgemeines Aufatmen bei den Republikanern, die annahmen, damit sei das schwarze Wahlrecht ein für alle Mal abgesichert worden.

Die Herren im Kongress hatten übersehen, dass Frauen schon seit 1848 das Wahlrecht gefordert hatten. Es wollte den Aktivistinnen nicht einleuchten, dass afroamerikanische Männer an politischen Entscheidungen beteiligt werden, die Frauen aber leer ausgehen sollten. Der radikale Abolitionist Stephen Symonds Foster (1809–1881), Ehemann der Frauenrechtlerin Abby Kelley Foster (1811–1887), bezog die Position der Suffragetten, als er sagte:

> I have demanded the freedom of the slave the last thirty years, because he was a human being, and now I demand the suffrage for the negro because he is a human being, and for the same reason I demand the ballot for women.[169]

Susan B. Anthony (1820–1906) und Elizabeth Cady Stanton (1815–1902) hatten 1866 die Equal Rights Association gegründet, die sich für „a government by the people, and the whole people; for the people and the whole people" einsetzte.[170] Sie fühlten sich verraten und verkauft, als ihre ehemaligen Mitstreiter aus den Tagen des Kampfes gegen die Sklaverei, die nun politische Ämter bekleideten, sich ihren Argumenten verschlossen. Selbst Frederick Douglass beharrte darauf, es ginge unter den gegenwärtigen Umständen zuerst um die Rechte der *African*

---

[168] Diese Entwicklung mündete schließlich in eine rassistische Agitation gegen alle Chinesen, der Gründung der rassistischen „Arbeiterpartei" Workingmen's Party of California und dem Chinese Exclusion Act von 1882, der die Zuwanderung von ChinesInnen in die USA beendete. Saxton, Alexander. The Indispensable Enemy: Labor and the Anti-Chinese Movement in California. Berkeley, CA: University of California Press, 1995. Shumsky, Neil L. The Evolution of Political Protest and the Workingmen's Party of California. Columbus, OH: Ohio State University Press, 1991. Kearney, Dennis. The Workingmen's Party of California: An Epitome of Its Rise and Progress. San Francisco, CA: Bacon & Co., printers, 1878.
[169] Gordon, Ann D. (Hg.). The Selected Papers of Elizabeth Cady Stanton and Susan B. Anthony: In the School of Anti-Slavery, 1840 to 1866. New Brunswick, NJ: Rutgers University Press, 1997. 6 Bände, Band 1, S. 588.
[170] Faulkner, Carol. Lucretia Mott's Heresy: Abolition and Women's Rights in Nineteenth-Century America. Philadelphia, PA: University of Pennsylvania Press, 2011, S. 187.

Americans, womit er schwarze Männer meinte.[171] Charles Sumner erklärte, das Frauenwahlrecht sei eine der großen Fragen der Zukunft, womit er im Klartext das Gleiche aussagte wie Frederick Douglas.[172]

Es war nicht das erste Mal, dass die Erwartungen der Frauenrechtlerinnen enttäuscht wurden. Der 14. Verfassungszusatz hatte Strafen für den Ausschluss von Wählern auf der Basis von „Rasse" verhängt. Die Diskriminierung wegen Geschlechts blieb unerwähnt. Der Text hatte auch im Zusammenhang mit dem Wahlrecht eines Bürgers zum ersten Male das Wort „male" in die Verfassung eingefügt. Stanton hatte etwas zu pessimistisch, aber mit großer Klarheit gesehen, dass es mindestens hundert Jahre dauern würde, bevor man diese Formulierung wieder aus der Verfassung würde streichen können.[173] Das 15. Amendment sollte ebenso enttäuschend ausfallen. Frauenorganisationen kämpften entschlossen darum, das Wort „sex" gleichberechtigt neben „race" einzufügen, wo es um Diskriminierung bei der Wahl ging. Das Verhalten der Republikaner in dieser Frage und ihre Strategie des „Negro First" entfremdeten die Suffragetten von der Republikanischen Partei. Stanton und Anthony rieten Frauen, Männern nicht länger zu vertrauen, gerade da, wo es um die Lenkung des Staatsschiffes ginge.[174]

Am Vorabend des Bürgerkriegs hätten Menschen mit ihrem Leben gespielt, wenn sie das Wahlrecht für *African Americans* unterstützt hätten. Ein Jahrzehnt später waren Schwarze in den Worten des Abolitionisten William Lloyd Garrison (1805–1879) vom „[...] auction-block [to ...] the ballot-box" fortgeschritten.[175] Die meisten Republikaner waren überzeugt, dass mit dem 15. Verfassungszusatz die *Reconstruction* erfolgreich abgeschlossen sei. Sie wollten sich anderen Problemen zuwenden. James A. Garfield aus Ohio verstieg sich sogar zu dem Satz: „The Fifteenth Amendment confers upon the African race the care of its own destiny. It places their fortunes in their own hands."[176] Sogar der alte Abolitionist Wendell

---

171 Olson, Lynne. Freedom's Daughters: The Unsung Heroines of the Civil Rights Movement from 1830 to 1970. New York: Scribner, 2001, S. 30f.
172 Sumner, Charles. The Works of Charles Sumner. Boston, MA: Lee and Shepard, 1870, 15 Bände, Band 11, S. 48–51, S. 49.
173 Sigerman, Harriet. Elizabeth Cady Stanton: The Right Is Ours. New York: Oxford University Press, 2001, S. 86.
174 Gordon, The Selected Papers of Elizabeth Cady Stanton and Susan B. Anthony, Bd. 4: When Clowns Make Laws for Queens: 1880 to 1887, S. 91. Ähnlich auch Danver, Steven Laurence (Hg.). Revolts, Protests, Demonstrations, and Rebellions in American History: An Encyclopedia. Santa Barbara, CA: ABC-CLIO, 2011, 3 Bände, Band 1, S. 510.
175 Brief an Francis W. Newman vom 22. Juli 1864 in: Merrill, Walter McIntosh und Ruchames, Louis (Hg.). The Letters of William Lloyd Garrison. Cambridge, MA: Belknap Press of Harvard University Press, 1971. 6 Bände, Band 5, S. 228.
176 Peskin, Garfield: A Biography, S. 332.

Phillips vertrat die Auffassung, der Afro-Amerikaner „[holds] his sufficient shield in his own hands [...] Whatever he suffers will be largely now, and in future, wholly, his own fault."[177] Im Großen und Ganzen war die „Negro Question" damit für die Republikaner abgeschlossen. Was noch zu tun blieb, könnte von den Bundesstaaten erledigt werden.

3.6 *Lock-in 2:* **Der Abzug der Armee aus den Südstaaten 1876**

Während Republikaner annahmen, sie hätten ihre Pflicht durch die Verabschiedung der *Reconstruction Acts* und zweier Verfassungszusätze getan, machten sich die Weißen im Süden keine Illusionen. Für sie begann der Kampf jetzt erst. Das schwarze Wahlrecht und die weitreichende Aberkennung des Wahlrechts für ehemalige Rebellenführer zerstörte die traditionelle Politik der Demokraten im Süden und hatte die Grundlage für den Aufstieg der Republikaner südlich der Mason-Dixon-Linie bereitet. Indem sie die bisher von politischen Prozessen ausgeschlossenen *African Americans* und unionstreuen Zugereisten organisierten, gelang es ihnen, Wahlen zu gewinnen, neue Staatenverfassungen zu erlassen und neue Regierungen zu bilden.

Auf diese Weise die etablierte Ordnung herauszufordern, sollte sich als gefährlich herausstellen. Ähnlich gefährlich erwiesen sich die Konfrontationen auf den Farmen und Plantagen von Virginia bis Texas. Die *Freedpeople* wollten ihre neue Freiheit auskosten. Dies hieß unter anderem, nicht mehr auf dem Land des ehemaligen „Besitzers" arbeiten zu müssen. Ehemalige Besitzer und die weiße Unterschicht hatten ganz andere Auffassungen von dem, was die *Freedpeople* erwarteten. Vor allem auf dem Gebiet der Organisation der Arbeit und der Verteilung der Produktionsmittel gab es große Gegensätze. Freiheit war demnach ein umkämpfter Begriff und Weiße im Süden kämpften erbittert um die Beibehaltung der Suprematie über die ehemaligen Sklavinnen und Sklaven.

African Americans stellten die Mehrheit der Republikaner im Süden. Sie waren in die Freiheit entlassen worden, ohne das notwendige Rüstzeug für derartige politische Kämpfe mitzubringen. Ihnen fehlten Bildung und Erfahrung, doch verstanden sie genau, wo ihre Interessen lagen.

Ohne das Wahlrecht hatten sie keinerlei Möglichkeit, diese ihre Interessen durchzusetzen und deswegen engagierten sie sich vehement für die Durchsetzung

---

[177] Finkelman, Paul. Encyclopedia of African American History, 1619–1895: From the Colonial Period to the Age of Frederick Douglass. New York: Oxford University Press, 2006. 3 Bände, Band 2, S. 177.

des Wahlrechts. Nachdem sie das Wahlrecht 1867 erlangt hatten, begann der Kampf um die Registrierung der Wähler. Innerhalb weniger Monate waren fast alle afroamerikanischen Männer registriert. Die große Mehrheit von ihnen wählte republikanisch, aber das bedeutete nicht, dass sie die gleichen Interessen wie weiße Republikaner oder gar wie andere *African Americans* hatten. In Freiheit geborene, hellhäutige Schwarze, die sehr oft gebildet waren, Eigentum besaßen oder als Handwerker arbeiteten, tendierten dazu, in wirtschaftlicher Hinsicht konservativ, in ihren sozialen Belangen jedoch radikal zu sein. Sie konzentrierten sich in den Städten des Südens und die Landreform betraf sie nicht. Sie wollten eher die sozialen Barrieren niederreißen, die ihnen das Alltagsleben erschwerten. Ehemalige Feldsklaven hingegen nahmen weniger Anstoß an der Rassentrennung in Hotels und Restaurants, hielten aber die Verteilung des Landes für die oberste Priorität ihres politischen Kampfes. Was beide Gruppen einte, war der Wunsch, vor dem Gesetz gleich behandelt zu werden.

Weiße aus dem Norden, die beschlossen, nach dem Krieg dort zu bleiben oder dorthin zu ziehen, stellten das zweitgrößte Element der Republikaner im Süden. Konservative Menschen aus dem Süden nannten diese Migranten *Carpetbaggers*, zu Deutsch etwa „Teppichtaschler", weil sie behaupteten, diese Menschen seien so arm, dass sie ihren gesamten Besitz in eine Tasche stecken konnten, der aus einem alten Teppich gefertigt war. Sie würden über den Süden herfallen wie die Geier, um sich am Unglück des Südens zu mästen.[178] Sicherlich waren einige dieser Migranten Glücksritter, bei der überwiegenden Mehrzahl aber handelte es sich um relativ gebildete junge Männer, oft ehemalige Soldaten der US-Armee oder Beamte des *Freedmen's Bureau*, die den Süden kennen und schätzen gelernt hatten und sich hier niederlassen wollten.[179] Nur wenige betätigten sich politisch, doch übten *Carpetbaggers* in den Frühtagen der *Reconstruction* einen gewissen Einfluss aus. Der in Illinois geborene Henry Clay Warmoth (1842–1931) kam zum Beispiel 1864 mit der Armee nach Louisiana und wurde kurz danach der erste

---

178 Foner, A Short History of Reconstruction, S. 129.
179 Die neuere Literatur zu den Carpetbaggers charakterisiert diese Gruppe als risikofreudige Investoren, die keinesfalls nur an kurzfristigem Profit orientiert waren. Current, Richard Nelson. Those Terrible Carpetbaggers. New York: Oxford University Press 1988. Bailey, Richard. Neither Carpetbaggers nor Scalawags: Black Officeholders during the Reconstruction of Alabama, 1867– 1878. Montgomery, AL: NewSouth Books, 2010. Hume, Richard L. und Gough, Jerry B. Blacks, Carpetbaggers, and Scalawags: The Constitutional Conventions of Radical Reconstruction. Baton Rouge, LA: Louisiana State University Press, 2008. Martinez, J. Michael. Carpetbaggers, Cavalry, and the Ku Klux Klan: Exposing the Invisible Empire during Reconstruction. Lanham: Rowman & Littlefield, 2007.

republikanische Gouverneur des Staates.[180] Dabei taten sich die *Carpetbaggers* als diejenigen hervor, die neben der „freien Lohnarbeit" auch eine aktive staatliche Wirtschaftspolitik unterstützten.[181] Recht früh wurden *Carpetbaggers* als habgierige und betrügerische Juden diffamiert, selbst dann, wenn sie keine Juden waren. Man kann die These vertreten, dass der antisemitische Diskurs im Süden eng mit dem antirepublikanischen Diskurs vernetzt war.[182]

Die Republikanische Partei gewann aber auch Unterstützung unter Menschen, die aus dem Süden stammten. Etliche Geschäftsleute fanden die Wirtschaftspolitik der Republikaner überzeugender als die der Demokraten und hofften auf den Zustrom von Kapital, Wissen, und Geschäftssinn aus dem Norden, um die kranke Wirtschaft der Region zu stärken. Farmer stellten jedoch bei weitem die meisten Unterstützer der Republikaner im Süden. Viele waren Menschen, die der Union auch während des Kriegs treu ergeben gewesen waren und die von den Rebellen sehr schlecht behandelt worden waren. Sie standen auch in Opposition zu den Plantagenbesitzern und hofften, die Republikaner würden die Bevorzugung der Wirtschaftsinteressen des Großgrundbesitzes im Süden beenden. Farmer unterstützten in der Regel Initiativen zur Gründung von öffentlichen Schulen und zur Ankurbelung der Wirtschaft. Etwa 25 Prozent der Weißen im Süden wählten Republikaner. Die restlichen 75 Prozent hätten nie ihre Stimme für die Partei Lincolns abgegeben und verfluchten alle, die dies taten. Sie bezeichneten Republikaner aus dem Süden als Verräter ihrer Region und ihrer „Rasse" und nannten sie *Scalawags*, ein wenig schmeichelhafter Begriff, der Republikaner auf eine Stufe mit Verbrechern stellte.[183] Die Republikanische Partei im Süden

---

[180] Warmoth, Henry Clay. War, Politics, and Reconstruction: Stormy Days in Louisiana. Columbia, SC: University of South Carolina Press, 2006.

[181] Zur Rezeption der Carpetbaggers in der Kultur der Südstaaten siehe Pease, Verne S. In the Wake of War: A Tale of the South under Carpet-Bagger Administration. Chicago, New York: G. M. Hill Company, 1900.

[182] Zur Figur des Shylock siehe Prince, K. Stephen. Stories of the South: Race and the Reconstruction of Southern Identity, 1865–1915. Chapel Hill, NC: University of North Carolina Press, 2014, S. 81. Zur Behandlung von Juden im Süden während des Bürgerkriegs Unites States and War Department. The War of the Rebellion: A Compilation of the Official Records of the Union and Confederate Armies. Washinton, DC: Government Printing Office, 1880, 70 Bände, Series I, Band 23, S. 153; Band 47, S. 611; Band 24, S. 865; Band 50, S. 548; Series II, Band 2, S. 280; Series II, Band 5, S. 93; Series III, Band 2, S. 690, 723 f.

[183] Baggett, James Alex. The Scalawags: Southern Dissenters in the Civil War and Reconstruction. Baton Rouge, LA: Louisiana State University Press, 2003. Rubin, Hyman. South Carolina Scalawags. Columbia, SC: University of South Carolina Press, 2006. Wetta, Frank Joseph. The Louisiana Scalawags: Politics, Race, and Terrorism during the Civil War and Reconstruction. Baton Rouge, LA: Louisiana State University Press, 2012.

bestand also aus *African Americans* mit diversen Interessen, Nordstaatlern mit ausgeprägten politischen und wirtschaftlichen Interessen und kleinen und mittleren Farmern, eine insgesamt sehr volatile Koalition. Konflikte innerhalb der Partei waren vorauszusehen. Dennoch hatte diese Partei für einen kurzen Moment das Sagen: Schwarze und Weiße arbeiteten zusammen, um politischen Wandel einzuleiten. Die Republikaner verteidigten politische und soziale Gleichheit der *African Americans* und versuchten, den Süden in die Realität der Gegenwart zurückzuholen. Auch wenn zunächst nur Männer das aktive und passive Wahlrecht hatten, bedeutete dies übrigens nicht, dass Frauen passive Zuschauerinnen blieben. Frauen nahmen an den Aufmärschen und Demonstrationen teil, hörten sich Reden an oder beteiligten sich aktiv am Wahlkampf. 1868 schockierten schwarze Dienstmädchen in Yazoo, Mississippi, ihre Arbeitgeberinnen, indem sie offen zur Wahl des Republikaners Ulysses S. Grant (1869–1877) als Präsident der USA aufriefen.[184]

Die *Reconstruction* war nichts für Zartbesaitete. Jede politische Handlung, und wenn sie nur im Anstecken eines Wahlkampfbuttons bestand, hatte Konsequenzen. Der Kongress hatte Hunderttausende von ehemaligen Sklaven zu Wählern gemacht, gegen den expliziten Willen der Demokraten und der weißen Mehrheit. Die Neuwähler würden von der *Union League*, einer Organisation der Republikaner, wie dummes Vieh an die Wahlurne gebracht.[185] Die meisten Weißen verurteilten die gesamte Politik Washingtons als illegitim und fühlten sich berechtigt, alles zu tun, um dem Republikanismus den Garaus zu machen. Gewalt gegen Schwarze – „weißer Terror" – wurde fest institutionalisiert und kulminierte in der Gründung des Ku Klux Klan (KKK). Der KKK praktizierte Auspeitschungen, extralegale Hinrichtungen durch den Strang, erschoss, verbrannte oder erstach seine Opfer, um die *Reconstruction* zu Fall zu bringen und die Vorherrschaft der Weißen wiederherzustellen. Die übereilte Demobilisierung der US-Armee nach dem Bürgerkrieg resultierte in einer nominellen „Besatzungsmacht" von 20.000 Soldaten für den gesamten Süden, ein riesiges Territorium (*Critical Juncture 2*). Bei dieser wenig effektiven Schutzmacht mussten Republikaner im Süden sich selbst schützen. Die Armee war jedenfalls nicht in der Lage dazu.[186] Mit der Reduzierung

---

[184] Evans, Sara M. Born for Liberty: A History of Women in America. New York, London: Free Press. Collier Macmillan, 1989, S. 122.
[185] Franklin, John Hope und Foner, Eric. Reconstruction after the Civil War. Chicago, IL, London: University of Chicago Press, 2013, S. 125 f.
[186] Kinshasa, Kwando Mbiassi. Black Resistance to the Ku Klux Klan in the Wake of the Civil War. Jefferson, NC: McFarland & Co, 2006. Martinez, Carpetbaggers, Cavalry, and the Ku Klux Klan. Newton, Michael. The Ku Klux Klan in Mississippi: A History. Jefferson, NC: McFarland & Co, 2010. Swinney, Everette. Suppressing the Ku Klux Klan: The Enforcement of the Reconstruction

der US-Armee auf dem Gebiet der Rebellenstaaten wurde dem System der Gewaltherrschaft der alten Eliten des Südens, wie es sich bereits nach 1865 zu etablieren begann, Tür und Tor geöffnet. Die Armee hätte durchaus bleiben können, bzw. neue Regimenter mit Berufssoldaten hätten aufgestellt werden können.[187]

Hier tat sich ein weiteres Problemfeld auf, das für ein „Einfrieren" (*Lock-in 2*) einer „schlechteren" Lösung sorgte und nicht ohne weiteres hätte rückgängig gemacht werden können. Mit dem endgültigen Abzug der Armee im Jahre 1876 überließ man den Süden auch offiziell sich selbst. Eine wirksame gewaltsame Unterdrückung des weißen Terrors war damit hinfällig geworden. Der Norden hatte zwar den Bürgerkrieg gewonnen, er verlor aber den „Frieden" gegen die Rebellenstaaten. Es hätte mindestens einer Besatzungsarmee von 200.000 Mann über einen Zeitraum von zehn Jahren bedurft, um gegen die Machenschaften rassistischer Organisationen vom Schlag des KKK vorzugehen. Solange aber die ökonomische Macht bei den Landbesitzern lag, kämpfte auch die Armee auf verlorenem Posten.

Unbeschadet der Tatsache, dass *counterfactual analysis* eine anerkannte wissenschaftstheoretische Position darstellt, wird diese Form der Geschichtsschreibung von den meisten Kolleginnen und Kollegen im Fach als unwissenschaftlich angesehen. Trotz ihres unwissenschaftlichen Charakters spielen kontrafaktische Aussagen jedoch in der Historiographie eine große Rolle.[188] Eine

---

Amendments, 1870–1877. New York: Garland, 1987. Die klassische Studie zum KKK ist immer noch Trelease, Allen W. White Terror: The Ku Klux Klan Conspiracy and Southern Reconstruction. Westport, CT: Greenwood Press, 1979. West, Jerry Lee. The Reconstruction Ku Klux Klan in York County, South Carolina, 1865–1877. Jefferson, NC: McFarland & Co, 2002. Williams, Lou Falkner. The Great South Carolina Ku Klux Klan Trials, 1871–1872. Athens, GA: University of Georgia Press, 2004.

187 Die Demobilisierung wurde extrem hastig und planlos betrieben: „Some 77 % of the volunteer forces in the army were mustered out and discharged within a period of seven and a half months. Implementation of demobilization did not wait for cessation of hostilities; it began even before the final phases of combat were ended, and while the early period of reconstruction [sic] was getting underway." Holberton, William B. Demobilization of the Union Army 1865–1866. MA-Thesis, Lehigh University, 1993. Sparrow hingegen hält die Demobilisierung 1865 für einen relativ hastigen und planlosen Vorgang. Sparrow, John C. History of Personnel Demobilization in the United States Army. Washington, DC: Dept. of the Army, 1952, S. 5–8. Auch in Holbertons Buch aus dem Jahre 2001 wird der Demobilisierung ein generell gutes Zeugnis ausgestellt. Holberton, William B. Homeward Bound: The Demobilization of the Union and Confederate Armies, 1865–1866. Mechanicsburg, PA: Stackpole Books, 2001.

188 Harvey, Frank P. Explaining the Iraq War: Counterfactual Theory, Logic and Evidence. Cambridge, New York: Cambridge University Press, 2012. Harvey kombiniert in diesem methodisch innovativen Buch die Pfadabhängigkeit mit der *Counterfactual Analysis*. Siehe auch Ferguson, Niall. Virtual History: Alternatives and Counterfactuals. New York: Basic Books, 1999.

Gruppe methodisch wacher Historiker gab vor wenigen Jahren ein Buch heraus, in dem folgende Sätze zu lesen waren:

> All four subjects – politics, war, technology, and religion – are particularly appropriate for counterfactual analysis. Each of them offers enormous room for chance to channel us down historical paths that once seemed quite improbable, and once we are on a certain path, it becomes progressively harder to get off because those potential paths often multiply in nonlinear – even exponential – fashions. And yet most academics lack firsthand experience of politics, war, science, and (especially) messianism, and few are versed in the intricacies of path-dependency theory.[189]

Mir geht es hier jedoch nicht um kontrafaktische Aussagen, im Sinne, „was wäre geschehen, wenn...." Vielmehr möchte ich den Abzug der Armee als eine der pfadabhängigen Bedingungen markieren, die den weiteren Gang der *Reconstruction* massiv beeinflussten und als zweite Bedingung ihres Scheiterns angesehen werden müssen.

Die *Reconstruction Acts* hatten verfügt, jeder Rebellenstaat sei gehalten, sich eine neue Verfassung zu geben, bevor seine Repräsentanten in Washington ihre Sitze im Kongress einnehmen könnten. Im Herbst 1867 wurden die Delegierten für die Verfassunggebenden Versammlungen gewählt. Ungefähr 40 Prozent der weißen Wahlberechtigten stimmten nicht ab, entweder, weil ihnen als ehemaligen Rebellen das Wahlrecht entzogen worden war oder weil sie die Wahlen boykottieren wollten. Damit war der Weg frei für überwältigende republikanische Wahlsiege, die drei Viertel der Delegiertenstimmen erhielten. 15 Prozent der republikanischen Delegierten kamen aus dem Norden (*Carpetbaggers*), 25 Prozent der Delegierten waren *African Americans*, fast 60 Prozent waren Weiße aus dem Süden (*Scalawags*).[190] Ein britischer Tourist bemerkte, die Wahlen zu den Verfassunggebenden Versammlungen seien eine „[...] mighty revolution that had taken place in America."[191] Die Demokraten hingegen belegten die Versamm-

---

Singles, Kathleen. Alternate History: Playing with Contingency and Necessity. Berlin: De Gruyter, 2013, S. 73–95. Vom Begriff der *counterfactual history* abzugrenzen ist die *alternate history*. Siehe Rosenfeld, Gavriel. Why Do We Ask „What If?": Reflections on the Function of Alternate History. History and Theory. 2002; 41 (4):90–103.

189 Parker, Geoffrey und Tetlock, Philip E. Counterfactual History: Its Advocates, Its Critics, & Its Uses. In: Tetlock, Philip E, Lebow, Richard Ned und Parker, Geoffrey (Hg.). Unmaking the West: "What-if" Scenarios that Rewrite World History. Ann Arbor, MI: University of Michigan Press, 2006, S. 363–392, S. 365. Problematisch erscheint mir an obiger Aussage vor allem die Steigerung von "nichtlinear" zu "exponentiell". Beide Begriffe gehören vollkommen anderen Subsystemen der Mathematik an. Exponentielles Wachstum ist immer linear.

190 Hume und Gough, Blacks, Carpetbaggers, and Scalawags, S. 13–23.

191 Foner, Reconstruction: America's Unfinished Revolution, S. 316.

lungen mit Vergleichen aus der Tierwelt, als Zoo von „baboons, monkeys, mules […] and other jackasses."[192] In Wahrheit brachten diese Wahlen Männer zusammen, die sich sehr ernsthaft und zielgerichtet daran machten, den gesetzlichen Rahmen für eine neue Ordnung zu erstellen.

Die neuen Verfassungen verfügten tiefgreifende Änderungen des Lebens im Süden. Generell fielen diese Änderungen in zwei Kategorien: Solche Änderungen, die die paternalistische Ordnung angriffen und größere demokratische Gleichheit mit sich brachten, und solche, die die Verantwortung des Staates gegenüber der Wohlfahrt aller Bürger stärkten.

Innerhalb der ersten Kategorie setzten die Verfassungen durch, dass erwachsene Männer unabhängig von ihrer Hautfarbe das aktive und passive Wahlrecht ausüben konnten. Klauseln, die das Wahlrecht an Besitz oder Einkommen banden, wurden abgeschafft. Gleichzeitig setzten sie durch, dass mehr politische Ämter durch Wahlen und nicht durch Ernennung besetzt werden sollten. In der zweiten Kategorie setzten sie die Reform des Gefängniswesens durch, verpflichteten den Staat, sich der Waisen, psychisch Kranken und Taubstummen anzunehmen. Schuldner wurden besser gegen Enteignungen ihrer Häuser geschützt; alles Punkte, die eher den allgemeinen Reformvorstellungen der Mitte des 19. Jahrhunderts entsprangen.

Diese „progressiven" Verfassungen verhießen wahrlich einen Neuanfang im „New South". Einige wichtige Programmpunkte der Reformer wurden aber auch weggelassen. So verfügte keine Verfassung die Vergabe von Land an die *Freedpersons*. Kein ehemaliger Rebell wurde auf Dauer von politischen Funktionen ausgeschlossen, obwohl etliche Republikaner warnten, die ehemaligen Funktionsträger der abgefallenen Südstaaten würden alles tun, um die *Reconstruction* zu Fall zu bringen. Ebenfalls fand sich in keiner Verfassung eine Klausel, die die Segregation aus rassistischen Gründen untersagte.

Die Demokraten sahen nicht ein, dass die Republikaner maßvoll geblieben waren. In ihren Augen fand unter den Bedingungen der *Reconstruction* eine unkontrollierte Revolution statt. Die politischen Koalitionen unter Beteiligung sogenannter Mulatten und ehemaliger Sklaven („black and tan") war für sie unakzeptabel.[193] Dabei war die Behauptung, Afroamerikaner würden nun die politische Herrschaft ausüben, vollkommen aus der Luft gegriffen. Vier von fünf Wählern im Süden waren Afroamerikaner, aber mehr als vier Fünftel der Mandate

---

192 Franklin und Foner, Reconstruction after the Civil War, S. 105.
193 Mjagkij, Nina. Organizing Black America: An Encyclopedia of African American Associations. New York: Garland, 2001, S. 86.

wurden von Weißen wahrgenommen. 14 schwarze Kongressabgeordnete und lediglich zwei schwarze Senatoren saßen im Kapitol in Washington. Mit Ausnahme South Carolinas, wo schwarze Abgeordnete während einer kurzen Zeit die Mehrheit im Unterhaus besaßen, gab es in keinem einzigen Bundesstaat des Südens eine „Negro rule".[194] Zu den maßgeblichen afroamerikanischen Politikern auf Bundesebene gehörten Blanche Kelso Bruce (1841–1898) aus Mississippi, der als erster Schwarzer eine volle Amtsperiode als Senator für Mississippi amtierte, John Roy Lynch (1847–1939), Abgeordneter im Repräsentantenhaus für Mississippi, Josiah T. Walls (1842–1905), Kongressabgeordneter für Florida, James Thomas Rapier (1837–1883), ein frei geborener Schwarzer aus Alabama, der in Kanada aufwuchs und Alabama im Kongress repräsentierte, und James Edward O'Hara (1844–1905), ein in New York geborener Anwalt und Kongressabgeordneter für North Carolina.[195]

Auf der Ebene der Bundesstaaten wären die zahlreichen Delegierten zu den verfassunggebenden Versammlungen der Einzelstaaten zu nennen, daneben die Kohorte afroamerikanischer Politiker im Staate Louisiana, die wegen der frühen Eroberung des Staates durch die US-Armee einen gewissen zeitlichen Vorsprung genossen. Die schwarzen Politiker Louisianas waren in der Regel ortsansässig gewesen, nur eine verschwindende Minderheit stammte aus dem Norden oder anderen Staaten der USA. Sie waren untereinander gut bekannt, teilweise befreundet, und die Mehrheit hatte französische Vorfahren, die mit anderen schwarzen Familien gleicher Abstammung durch Heirat verbunden waren. Die Mehrheit war außerdem frei geboren und übte Berufe wie Unternehmer, Ladeninhaber oder Ärzte bzw. Geistliche aus. Hier bot sich also ein grundsätzlich anderes Bild als in den anderen Bundesstaaten.[196]

Die Demokraten verspotteten schwarze Politiker als ungebildete Feldsklaven. Obwohl einige schwarze Abgeordnete bisher auf dem Land oder als Handwerker gearbeitet hatten, konnten die meisten lesen und schreiben.[197] Einer der beiden US-Senatoren aus Mississippi, der frei geborene Geistliche Hiram Rhodes Revels (1827–1901), konnte einen Abschluss vom Knox College vorweisen und der zweite Senator, der ehemalige Sklave Blanche Kelso Bruce (1841–1898), hatte in der Gefangenschaft Lesen und Schreiben gelernt, war entkommen und hatte eine

---

194 Zur politischen Bedeutung und Rolle schwarzer Politiker im Süden immer noch lesenswert Rabinowitz, Howard N. (Hg.). Southern Black Leaders of the Reconstruction Era. Urbana, IL: University of Illinois Press, 1982.
195 Rabinowitz, Howard N. Southern Black Leaders, S. 3–125.
196 Rankin, David C. The Origins of Negro Leadership in New Orleans during Reconstruction. Rabinowitz, Southern Black Leaders, S. 155–190.
197 Foner, Reconstruction: America's Unfinished Revolution, S. 319.

Schule in Missouri eröffnet. Francis Lewis Cardozo (1836–1903), der Finanzminister South Carolinas, hatte an renommierten Universitäten Glasgow, Edinburgh und London Theologie studiert. Unabhängig, welchen Bildungsgrad schwarze Politiker nachweisen konnten, innerhalb der politischen Koalitionen der *Reconstruction* blieben sie Juniorpartner. Die Macht lag in der Hand weißer Republikaner und Demokraten. Die Republikaner konterten die Angriffe der Demokraten, indem sie sich selbst als die Partei der „armen Leute" darstellten, die der Vorherrschaft der arroganten und rückwärts gewandten Plantagenbesitzer ein Ende bereiten wollten.

In fast allen Staaten des Südens ratifizierten die Wähler die neuen Verfassungen und brachten damit die Republikaner an die Macht. Nach der Ratifizierung des 14. Verfassungszusatzes wurden die ehemaligen Rebellenstaaten wieder in die Union eingegliedert. Nun mussten die Republikaner im Süden nur noch politisch arbeiten – so schien es. Dabei standen sie vor einem Riesenberg von Problemen. Der Süden war vom Krieg weitgehend zerstört worden. Überall lagen Trümmer umher. Ein Drittel aller Nutztiere im Süden war abgeschlachtet worden. Drei Milliarden Dollar, die in den Kauf von Sklavinnen und Sklaven investiert worden waren, hatten sich verflüchtigt. Der Anteil des Südens am Bruttosozialprodukt war von 30 Prozent auf zwölf Prozent gefallen.[198] Die industrielle Fertigung betrug nur noch einen Bruchteil der alten Produktivität, in der Landwirtschaft musste man sich mit mageren Ausbeuten zufrieden geben und die Eisenbahnen, die die eigentlichen Lebensadern der südstaatlichen Wirtschaft darstellen sollten, lagen immer noch in Ruinen. Das Schienennetz war zerstört und das rollende Gut war vernichtet. Ohne die Anstrengungen des FB wären die Freigelassenen unter diesen Umständen zum Hungertod verdammt gewesen. Die weit verbreitete Gewalt und die allgemeine Unsicherheit in dem vom Krieg in Mitleidenschaft gezogenen Süden machte es reformgesinnten Südstaatlern nicht leicht, ihre Politik zu implementieren.

Ihre Aktivitäten konzentrierten sich auf drei Bereiche. Zum einen bauten sie das Bildungssystem grundsätzlich um, finanzierten öffentliche Schulen und bildeten Lehrer und Lehrerinnen aus. Vor dem Bürgerkrieg hatten Weiße Sklavinnen und Sklaven von jeder Bildungsmöglichkeit ausgeschlossen und die von der Pflanzeraristokratie beherrschten Staaten hatten so gut wie kein Geld für die Bildung auch der weißen Farmerkinder bereitgestellt. 1875 ging die Hälfte aller Kinder im Schulalter in Mississippi und in South Carolina tatsächlich in die

---

[198] Lind, Michael. What Lincoln Believed: The Values and Convictions of America's Greatest President. New York: Doubleday, 2005, S. 240.

Schule. Die Mehrheit von ihnen war schwarz.[199] Dauerhafte Unterfinanzierung des Bildungssystems bedeutete, dass es sehr wenige Schulen gab, dass sie sich in einem beklagenswerten baulichen Zustand befanden und dass das Lehrerpersonal schlecht ausgebildet war. Hinzu kam, dass auch während der *Reconstruction* die Klassen nach Hautfarbe getrennt wurden. Trotz dieser ernsthaften Probleme stieg die Alphabetisierungsrate und auch die Kinder der ehemaligen Sklavinnen und Sklaven kamen in den Genuss rudimentärer Schulbildung. Auf diesem Gebiet war die *Reconstruction* ein voller Erfolg. Die Bildungspolitik für sich rechtfertigt es, von einer Revolution im positiven Sinne zu sprechen.

Das zweite Gebiet, auf dem sich die Reformpolitik entfaltete, war der Angriff auf diskriminierende Praktiken im Alltag und in der Politik. Republikanische Regierungen versuchten, der Apartheid entgegenzutreten und verhinderten in etlichen Fällen zumindest vorübergehend die Einrichtung von getrennten Eisenbahnabteilen für weiße und schwarze Reisende. Texas untersagte die Rassentrennung in der Eisenbahn, Mississippi ging noch weiter und drohte mit einer Geldstrafe von 1.000 Dollar und drei Jahren Haft für alle Betreiber von Eisenbahnen, Hotels, Flussschiffen und Theater, die seinen Bürgern vollkommene Gleichbehandlung versagten.[200] Das Problem lag weniger in der Verabschiedung entsprechender Gesetze; man musste sie auch durchsetzen und das gelang nur selten gegen den tagtäglichen und zähen Widerstand der weißen Bevölkerung des Südens. Hier war man bis zum Äußersten entschlossen, die Vorherrschaft der weißen „Herrenrasse" beizubehalten. Die Segregation von Weiß und Schwarz entwickelte sich unter diesen Bedingungen trotz wohlgemeinter Gesetze und wurde lange vor dem Ende der *Reconstruction* eine allgemeine Praxis. Hier muss man den republikanischen Administrationen im Süden ankreiden, dass sie zu keinem Zeitpunkt geeignete Mittel entwickelten, um diesen Trend aufzuhalten. Angesichts der militärischen Schwäche der Bundesregierung und der Tatsache, dass rassistische Organisationen wie der Ku Klux Klan eine Terrorregime im Süden errichten konnten, muss man aber auch sagen, dass das Scheitern der Reformer auf diesem Terrain verständlich ist.

Das dritte Gebiet, auf dem sich die Reformer betätigten, war die Wirtschaftspolitik, wahrlich ein Desiderat angesichts der desolaten Verhältnisse nach dem Krieg. Der Süden sollte eine diversifizierte Landwirtschaft erhalten, sich also weg bewegen von den Monokulturen der Stapelprodukte. Fabriken wie im Norden sollten entstehen. Städte sollten wachsen, Banken und Aktiengesellschaften Ge-

---

199 Perman, Michael. Emancipation and Reconstruction, 1862–1879. Arlington Heights, IL: Harlan Davidson, 1987, S. 78.
200 Roark, James L. Masters without Slaves: Southern Planters in the Civil War and Reconstruction. New York: Norton, 1977, S. 415.

schäfte machen. Dies entsprach sicherlich zu einem Großteil der herrschenden wirtschaftsfreundlichen Ideologie der Republikanischen Partei, wie sie für das *Gilded Age* allgemein belegt ist. Auffällig daran ist aber, dass dieses ehrgeizige Wirtschaftsprogramm mit staatlichen Mitteln angeschoben werden sollte, was bedeutete, dass Geld auf dem Kapitalmarkt beschafft werden musste.

Besonders aktiv waren die Republikaner bei der Verbesserung der Infrastruktur. Es wurden Eisenbahnen gebaut, alte Strecken repariert und 7.000 Meilen neue Schienen verlegt – übrigens ein Trend, der sich nach dem Ende der *Reconstruction* durchaus fortsetze.[201] Sümpfe wurden trockengelegt und Dämme verstärkt. Dieses Programm war in Teilen zu ehrgeizig, da sich nicht alle wirtschaftlichen Probleme des Südens auf dem Weg der staatlichen Infrastrukturmaßnahmen lösen ließen. Um die Projekte zu finanzieren, wurden Steuern erhöht und Schulden gemacht, die wiederum der Finanzierung anderer Projekte wie dem Schulausbau bedrohlich werden sollten. Die republikanischen Regierungen der Staaten North Carolina, South Carolina, Alabama und Louisiana nahmen im großen Stil Anleihen auf und verschuldeten den Staat dabei. Die demokratischen Nachfolgeregierungen verweigerten die Rückzahlung dieser Schulden oder verlangten ihre Reduzierung.

North Carolina zum Beispiel hatte 1868 schon einen Schuldenberg von 13 Millionen Dollar angehäuft, der aber während der demokratischen Verwaltung der 1850er Jahre entstanden war. 1869 zeichnete North Carolina noch einmal 27 Millionen Dollar in Staatsobligationen, um Eisenbahngesellschaften zu bezahlen, die das Streckennetz des Staates ausbauten. Knapp 18 Millionen Dollar wurden tatsächlich aufgenommen, von denen 16,2 Millionen an sechs verschiedene Eisenbahngesellschaften verteilt wurden. South Carolina hatte aus der Zeit vor dem Bürgerkrieg eine Schuldensumme von 5,4 Millionen Dollar zu tragen, mit der *Reconstruction* jedoch wuchs diese Summe drastisch an. Unter anderem wurden 700.000 Dollar für die Ausstattung von ehemaligen Sklaven mit Land ausgegeben. 1871 stand der Staat mit mehr als 23 Millionen Dollar in der Kreide.

Alabama investierte wie North und South Carolina im großen Stil in den Eisenbahnbau, so dass aus diesem Posten alleine Schulden in Höhe von 16 Millionen Dollar resultierten. Die Gesamtverschuldung hatte 1873 fast 29 Millionen Dollar erreicht. Louisiana hatte aus der Zeit der demokratischen Vorkriegsregierungen einen schlechten Start erwischt und war schon mit 11,2 Millionen Dollar verschuldet, bevor die republikanische Administration Gelder für den Ausbau des Küstenschutzes und des Eisenbahnnetzes ausgab, die durch Anleihen auf-

---

201 Ayers, Edward L. The Promise of the New South: Life after Reconstruction. Oxford, New York: Oxford University Press, 2007, S. 9–14.

gebracht werden mussten. 1874 hatte sich eine Schuld von 36 Millionen Dollar akkumuliert.²⁰²

Zur Industrialisierung gehörte eben mehr als funktionierende Verkehrssysteme. Was fehlte, war privates Kapital, das Investoren bereitstellten, und ein Proletariat, welches zahlreich und in Städten konzentriert an die Arbeit gebracht werden konnte. Im Süden gab es kaum Rohstoffe (die Fundstellen des texanischen Öls waren noch nicht bekannt) und es fehlte an Technikern und Ingenieuren, die die industrielle Produktion hätten anleiten können. Hier wäre eine langfristiger angelegte Politik erfolgreicher gewesen.

Die Bilanz der republikanischen Regierungen im Süden fällt daher sehr durchwachsen aus. Keine der Initiativen (Bildung, Bürgerrechte, Wirtschaftspolitik) war ein durchschlagender Erfolg. Vieles wurde begonnen, Weniges zu Ende geführt. Ein rauschender Erfolg wäre aber auch unter idealen Bedingungen kaum zu erwarten gewesen. Geld war knapp, die Demokraten kämpften mit politischen und extralegalen Mitteln gegen alles, was nach Gleichstellung der *African Americans* aussah. Die Republikanische Partei selbst war ja kein monolithischer Block, sondern zerlegte sich als Ergebnis des Flügelstreits der 1870er Jahre von innen selbst. Hinzu kam ein gerütteltes Maß an Korruption, gleichermaßen das Kennzeichen der Politik gegen Ende des 19. Jahrhunderts. Im Süden war man besonders anfällig für Vetternwirtschaft und Durchstechereien, denn das Chaos und der Neuanfang nach dem Krieg bereiteten einen fruchtbaren Boden für „unkonventionelle" Lösungen politischer Probleme.

Im Sommer des Jahres 1866 gründeten sechs Veteranen der Rebellenarmee in Pulaski, Tennessee, den Ku Klux Klan (KKK).²⁰³ Zunächst sah es so aus, als handele es sich um eine Art studentischer Verbindung, da man sich des einschlägigen Repertoires von Initiationsriten und Trinksprüchen bediente. Doch bald entwickelte sich aus dem sozialen Klub eine Terrorzelle, die sich bis 1868 im ganzen Süden als Netzwerk verbreitete und die *Freedpeople, Scalawags, Carpetbaggers* und Republikaner bedrohte und einzuschüchtern versuchte. Der Erfolg des KKK lag in seiner engen Verbindung zur offiziellen Politik der Demokraten, als deren bewaffneter illegaler Arm der KKK fungierte. Nach Aussage des ehemaligen Rebellengenerals und demokratischen Politikers John Brown Gordon (1832–1904) in einer Befragung vor dem Kongress im Jahre 1871 verdankte der KKK seine Popularität dem „[...] instinct of self-preservation [...] the sense of insecurity and

---

202 Shortell, Christopher. Rights, Remedies, and the Impact of State Sovereign Immunity. Albany, NY: State University of New York Press, 2008, S. 91 f.
203 Atkins, Stephen E. Encyclopedia of Right-Wing Extremism in Modern American History. Santa Barbara, Calif: ABC-CLIO, 2011, S. 3.

danger, particularly in those neighborhoods where the Negro population largely predominated."[204]

In den Augen der Weißen waren sie die großen Verlierer der Umwälzungen nach 1861. Überall geschähen Verbrechen: Republikaner wiegelten die unwissenden *Freedpeople* auf und schleppten sie zu Wahlen, wo sie den Unruhestiftern aus dem Norden ihre Stimme gäben. Ehemalige Sklaven vertrieben die Aufseher von den Plantagen und beanspruchten das Land für sich selbst. Schwarze Kriminelle und Vergewaltiger bedrohten Eigentum und die Ehre der weißen Frauen, die sich kaum noch ins Freie wagten. Der KKK sei notwendig, so fuhr Gordon fort,

> [...] in order to protect our families from outrage and preserve our own lives, to have something that we could regard as a brotherhood – a combination of the best men of the country, to act purely in self-defense.[205]

Nach Gordon und anderen reaktionären Südstaatlern handelte es sich bei den Mitgliedern des KKK um ehrliche, gottesfürchtige Männer, die lediglich ihre Pflicht erfüllten. Sie wollten ihre Familien und die Gesellschaft vor den Angriffen der heruntergekommenen ehemaligen Sklaven und der rachsüchtigen Republikaner schützen. Hinter der salbungsvollen Rhetorik der KKK-Mitglieder standen jedoch ganz andere Interessen. Dies drückte sich nicht in Worten, sondern in Taten aus. Die Geschichte sollte zurückgedreht werden: Verkleidet in Gewändern und Kapuzen, die stark an die spanische Inquisition erinnerten, die aber den Zweck hatten, sich einer eventuellen Strafverfolgung zu entziehen, führte der KKK einen Kleinkrieg aus dem Hinterhalt, der sich gegen Lohnarbeit, Gleichheitsbestrebungen und politische Demokratie richtete.[206] Die Feinde waren in erster Linie die ehemaligen Sklavinnen und Sklaven und die Republikanische Partei im Süden. Zwischen 1868 und 1871 peitschten Klanmitglieder ihre Feinde aus, steckten ihnen das Dach über dem Kopf an oder ermordeten sie und kamen meistens ohne Strafe davon – alles im Dienste der ungebrochenen weißen Vorherrschaft. Dabei griffen sie sich besonders vier Bereiche heraus, in denen in ihren Augen die Suprematie der Weißen besonders bedroht war: Alltagspraktiken im Sinne der sozialen Etikette, Bildung, Arbeitsorganisation und Politik.

---

[204] Meyers, Christopher C. The Empire State of the South: Georgia History in Documents and Essays. Macon, GA: Mercer University Press, 2008, S. 186.
[205] Meyers, Christopher C. The Empire State of the South, S. 186. Siehe auch die Erinnerungen Rebecca Latimer Feltons. Felton, Rebecca Latimer. Country Life in Georgia in the Days of My Youth, [Web Page]: http://docsouth.unc.edu/fpn/felton/felton.html. Gesehen am 24.3.2013.
[206] Pitsula, James Michael. Keeping Canada British: The Ku Klux Klan in 1920s Saskatchewan. Vancouver, BC: UBC Press, 2013, S. 62.

Der Ku Klux Klan bestrafte diejenigen, die die alten rassifizierten Verhaltensweisen des Alltags nicht beibehielten. Aus einer „Unverschämtheit" wurde so ein Verbrechen. Auf die Frage eines Kongressabgeordneten im Untersuchungsausschuss, wie er den „Unverschämtheit" definiere, antwortete ein Mitglied des KKK: „Well, it is considered impudence for a negro not to be polite to a white man – not to pull off his hat and bow and scrape to a white man, as was done formerly."[207] Klanmitglieder peitschten Afro-Amerikaner aus, die es an „Respekt" mangeln ließen oder es versäumten, auf dem Bürgersteig auszuweichen. Unverschämt war auch das Einfahren einer guten Ernte, das Tragen guter Kleidung oder ein als nicht angemessen empfundener Habitus. In allen Fällen konnte nachts ein berittenes Detachement verkleideter und bewaffneter Männer vor der Tür stehen und den oder die „Verantwortlichen" zur Rechenschaft ziehen. Unterordnung bzw. Selbstbehauptung war zunächst im Privatleben wie in der Öffentlichkeit eine kulturelle Praxis und der Klan setzte diese Praxis gewaltsam durch.

Klanmitglieder nahmen auch Schulen für schwarze Kinder aufs Korn. Weiße Männer mit geringer Bildung hielten einen Klassenraum voller schwarzer Kinder für unerträglich. Schulen eigneten sich zudem ausgezeichnet als Ziele terroristischer Angriffe, weil sie des Nachts nicht bewacht wurden und oft vor allem aus Holz gebaut waren. Dutzende von Schulen wurden in Brand gesteckt. Lehrerinnen und Lehrer wurden zusammengeschlagen oder umgebracht. KKK-Mitglieder vertrieben den im Norden geborenen Lehrer Alonzo B. Corliss (1825–1901) aus North Carolina, weil er sich eines besonders schwerwiegenden Verstoßes gegen den Rassenkodex des Südens schuldig gemacht hatte: „[...] teaching [African Americans] and making them like white men."[208]

In Cross Plains, Alabama, hängte der Klan einen in Irland geborenen Lehrer zusammen mit vier Afroamerikanern auf. Nicht nur wenig gebildete Weiße sprachen sich gegen die Bildung von *African Americans* aus. Die Pflanzerelite wollte ihre dozilen Feldarbeiter zurückhaben und Bildung für Schwarze kollidierte mit diesem Ziel. Jeder Studierende mehr bedeutete eine Arbeitskraft auf dem Feld weniger. 1869 berichtete der Tuscaloosa Independent Monitor, eine

---

[207] United States; Congress und Joint Select Committee on the Condition of Affairs in the Late Insurrectionary States. Report of the Joint Select Committee Appointed to Inquire into the Condition of Affairs in the Late Insurrectionary States, so Far as Regards the Execution of Laws, and the Safety of the Lives and Property of the Citizens of the United States and Testimony Taken. Washington, DC: Government Printing Office, 1872, 13 Bände, Band 6: Georgia, S. 66.
[208] Beckel, Deborah. Radical Reform: Interracial Politics in Post-Emancipation North Carolina. Charlottesville, VA: University of Virginia Press, 2011, S. 69. Blum, Edward J. Reforging the White Republic: Race, Religion, and American Nationalism, 1865–1898. Baton Rouge, LA: Louisiana State University Press, 2005, S. 79.

Zeitung aus Alabama, von der Brandstiftung gegen eine Schule für ehemalige Versklavte und bemerkte, dies sollte als Warnung dienen „[...] for them to stick hereafter to ‚de shovel and de hoe,' and let their dirty-backed primers go."[209]

Pflanzer kooperierten mit dem KKK, weil sie die alte Ordnung wiederherstellen wollten und um die Arbeitsdisziplin zu festigen. Ein Weißer aus Alabama gab zu Protokoll, der Klan in seiner Gegend sei „[...] intended principally for the negroes who failed to work."[210] Maskierte Banden „[...] punished Negroes whose landlords had complained of them."[211] Pächter, die die Rechnungsbücher der Landbesitzer in Frage stellten, riskierten einen nächtlichen Besuch von maskierten Terroristen. Klanmitglieder ermordeten einen Schmied aus Georgia, der sich geweigert hatte, Arbeiten für einen Weißen auszuführen, obwohl seine vorhergehende Arbeit noch nicht bezahlt worden war. Der Wechsel einer Arbeitsstelle konnte für *Freedmen* schnell ein lebensgefährliches Abenteuer werden. „If we got out looking for some other place to go, them KKK they would tend to Mister negro good and plenty."[212] Als Klanmitglieder im Marengo County, Alabama, Wind davon bekamen, dass einige *African Americans* beabsichtigten, die Stelle zu wechseln, „[...] the disguised men went to them and told them if they undertook it they would be killed on their way."[213] Weiße hatten entschieden, dass man ihnen keine schwarze Arbeitskraft vorenthalten dürfe.

Mehr noch als *African Americans* hatten republikanische Politiker und Wähler unter dem Klan zu leiden. Der KKK operierte als der illegale militärische Arm der legalen Demokratischen Partei. Sie vertrieben schwarze Wähler von den Urnen und terrorisierten republikanische Amtsinhaber. Mitglieder des Klans schlugen Andrew J. Flowers (1838?-?), einen schwarzen Politiker und gewählten Friedensrichter in Chattanooga, Tennessee, brutal zusammen und teilten ihm mit, sie „[...] did not intend any nigger to hold office in the United States."[214] Jack Dupree,

---

[209] O'Foran, Shelly. Little Zion: A Church Baptized by Fire. Chapel Hill, NC: University of North Carolina Press, 2006, S. 13.
[210] United States; Congress und Joint Select Committee on the Condition of Affairs in the Late Insurrectionary States. Report of the Joint Select Committee, Band 8, S. 487.
[211] Escott, Paul D. Major Problems in the History of the American South: Documents and Essays. Boston, MA: Houghton Mifflin, 1999, 2 Bände, Band 2: The New South, S. 73.
[212] Foner, Reconstruction: America's Unfinished Revolution, S. 429.
[213] United States; Congress; Senate. Index to the Reports of the Committees of the Senate of the United States for the Second Session of the Forty-Second Congress, 1871–72 in Four Volumes. Washington, DC: Government Printing Office, 1872, 4 Bände, Band 2, S. 1466.
[214] United States; Congress; House of Representatives. Reports of Committees of the House of Representatives for the Second Session of the Forty-Second Congress in Four Volumes. Washington, DC: Government Printing Office, 1872, 4 Bände, Band 1, S. 43. Kennedy, Randall. The

(18??–1871) Präsident des Republikanischen Klubs im Monroe County, Mississippi, ein Mann, der bekannt dafür war, mit seiner Meinung nicht hinter dem Berg zu halten, wurde der Hals aufgeschlitzt und er wurde regelrecht ausgeweidet.[215]

Zwischen 1868 und 1871 stiegen die politischen Gewalttaten rapide an. In Arkansas wurden in den drei Monaten vor der Wahl von 1868 300 Menschen umgebracht, darunter der in New York geborene Kongressabgeordnete James M. Hinds (1833–1868) aus Little Rock, der Hauptstadt des Staates.[216] In Louisiana ging es noch blutiger zu. Zwischen den lokalen Wahlen des Frühjahrs 1868 und der Präsidentenwahl im Herbst des gleichen Jahres kam es zu etwa 1.000 Tötungsdelikten. Diese Form der politischen Gewalt stellte sich als erstaunlich effektiv heraus. In Georgia erhielt der Präsidentschaftskandidat der Republikaner Ulysses S. Grant 1868 trotz schwarzer Bevölkerungsmehrheiten in elf Counties keine einzige Stimme. Der Klan ermordete drei *Scalawags*, die Abgeordnete im Parlament von Georgia waren, und vertrieb zehn weitere aus ihren Häusern. Ein Republikaner aus Georgia meinte nach einem Angriff des KKK lakonisch: „We don't call them democrats, we call them southern murderers."[217]

Es stellte sich heraus, dass es schwer war, des KKK habhaft zu werden, und noch schwerer, ihre Mitglieder rechtskräftig zu verurteilen. „If a white man kills a colored man in any of the counties of this State, you cannot convict him", bemerkte der afro-amerikanische Sheriff David Montgomery (1836–1878) aus dem Madison County in Florida, der seiner Ermordung durch den KKK 1870 nur um Haaresbreite entrinnen konnte.[218] 1871 waren dem KKK Tausende von Bürgern zum Opfer gefallen. Erst die Intervention des Bundes in Form der *Ku Klux Klan Acts* von 1870 und 1871 brach die Macht des Klans, wenn auch die rassistisch motivierte Gewalt im Süden damit nicht aufhörte. Andere Gruppen setzten die terroristischen Aktivitäten des Klans fort.

Persistence of the Color Line: Racial Politics and the Obama Presidency. New York: Pantheon, 2011, S. 48 f.
215 Newton, The Ku Klux Klan in Mississippi, S. 22. Feimster, Crystal Nicole. Southern Horrors: Women and the Politics of Rape and Lynching. Cambridge, MA: Harvard University Press, 2009, S. 48. Woodiwiss, Michael. Organized Crime and American Power: A History. Toronto, Buffalo, NY, London: University of Toronto Press, 2001, S. 77.
216 Fletcher, John Gould. Arkansas. Chapel Hill, NC: University of North Carolina Press, 1947, S. 181.
217 Fraser, James W. A History of Hope: When Americans Have Dared to Dream of a Better Future. New York: Palgrave Macmillan, 2002, S. 115.
218 United States, Congress und Joint Select Committee on the Condition of Affairs in the Late Insurrectionary States. Report of the Joint Select Committee, Bd. 13, S. 125. Brown, Canter. Florida's Black Public Officials, 1867–1924. Tuscaloosa, AL: University of Alabama Press, 1998, S. 112.

Die Politik der *Reconstruction* passierte nicht in einem Vakuum. Unzufriedenheit mit den Bedingungen, unter denen sie im Süden leben sollten, politisierte etliche *African Americans*. Auf Farmen und Plantagen konfrontierten die ehemaligen Sklavinnen und Sklaven ihre vormaligen Besitzer mit dieser Unzufriedenheit. Aus der Sicht der Landbesitzer kam es zum immer wiederkehrenden Vorwurf, die *Freedpeople* seien „arbeitsscheu". Ein Mann aus Tennessee erklärte 1867, Schwarze seien „[...] a trifling set of lazy devils".[219] Die Landarbeiter konterten, dass, wenn eine Klasse von Menschen faul sei, es sich dabei um die ehemaligen Sklavenbesitzer handeln müsste. „[They] lived in idleness all of their lives on stolen labor."[220] Es kam zu tagtäglichen Auseinandersetzungen zwischen Landbesitzern und Pächtern, die versuchten, ihre Lebens- und Arbeitsbedingungen stärker in die Hand zu nehmen.

Das System der Landarbeit, wie es sich nach 1865 langsam herausbildete, entwickelte sich aus dem Arbeitsprogramm, das von der US-Armee noch während des Kriegs entwickelt worden war. Nach dem Ende des Kriegs ging dieses Programm in die Hände des *Freedmen's Bureau* über, was keine große Veränderung mit sich brachte, handelte es sich bei den Agenten des FB in erster Linie doch um Soldaten. Das FB erneuerte den Versuch der Armee, die Produktion auf dem Lande anzukurbeln, indem es die *Freedpeople* anhielt, Arbeitsverträge abzuschließen, die den *Freedpeople* mehr abverlangten als den Landbesitzern. Außer der Abschaffung von Körperstrafen und der Zahlung von Hungerlöhnen mussten die Großgrundbesitzer keine Konzessionen machen. Im Gegenteil, es wurde wieder in großen Gruppen, den sogenannten Gangs gearbeitet, und Aufseher überwachten die Arbeit der Feldarbeiter, darunter Frauen und Kinder. Schwarze lebten in viel zu engen Behausungen, erfreuten sich minimaler persönlicher Freiheiten und wurden trotz des Verbots der Prügelstrafe regelmäßig ausgepeitscht oder in anderer Weise körperlich misshandelt.[221]

Die *Freedpeople* setzten diesen Tendenzen der Reinstitutionalisierung der Sklaverei ihre Form des Klassenkampfes entgegen. Ein ehemaliger Sklave bemerkte „The fact is, the colored people are very anxious to get land of their own to live upon independently, and they want money to buy stock [mules] to make

---

219 Ferrell, Claudine L. Reconstruction. Westport, CT: Praeger, 2003, S. 69.
220 Berlin, Ira, Reidy, Joseph P. und Rowland, Leslie S. The Black Military Experience. Cambridge, New York: Cambridge University Press, 1982, S. 582f.
221 NARA, Records of the Field Offices for the State of Louisiana, Film M 1905, Roll 97, S. 196f. [Die Paginierung weist dies als S. 126f. aus].

crops."²²² Wütende Landbesitzer mussten sich eingestehen, dass die *Freedpeople* selbst Landbesitzer werden wollten und nicht gewillt waren als Lohnkräfte zu schuften. Schwarze waren es auch satt, dass sich die Pflanzer immer wieder in ihr Privatleben einmischten. Sie wollten beispielsweise selbst entscheiden, ob Ehefrau und Kinder auf dem Feld arbeiteten oder nicht. Tatsächlich hatte innerhalb weniger Monate nach dem Ende des Kriegs etwa ein Drittel aller Frauen aufgehört, Feldarbeiten zu verrichten. Stattdessen blieben sie zuhause und widmeten sich den Kindern und dem Haushalt. Hunderttausende schwarzer Kinder begannen, regelmäßig zur Schule zu gehen, was eine zeitintensive Mitarbeit auf dem Felde ebenfalls unmöglich machte.²²³

Wie wir wissen, erfüllten sich die Hoffnungen der *Freedpeople* auf eigenes Land letztendlich nicht. Der Kongress und die Parlamente der Staaten im Süden schreckten vor einer Beschlagnahmung des Rebellenbesitzes zurück. Ohne politische Intervention des Staates konnte die überwiegende Mehrzahl der *Freedpeople* ihre Träume von einem Stück Land begraben. Es fehlte ihnen an Kapital, um Land zu kaufen, und einen Kredit hätten wohl nur wenige erhalten können – dafür sorgte schon der Ku Klux Klan. Selbst Schwarze, die über Geld verfügten, mussten feststellen, dass es für sie praktisch keinen Markt gab. Selbst wenn Weiße bereit gewesen wären, Land abzutreten, riskierten sie damit immerhin einen Besuch der maskierten Gentlemen in langen weißen Roben. Ohne Land aber blieb nur die Arbeit auf eines anderen Mannes Land.

Dies bedeutete jedoch nicht, dass die schwarzen Landarbeiter die Bedingungen akzeptiert hätten, die das FB und die Landbesitzer sich ausgedacht hätten. Vielmehr leisteten sie erbitterten und lang anhaltenden Widerstand gegen ihre Ausbeutung in einem System der Quasi-Sklaverei. Sie arbeiteten weniger und verkürzten ihren Arbeitstag, boykottierten die jährlich auszuhandelnden Arbeitsverträge, legten die Arbeit nieder oder verließen die reaktionärsten „Arbeitsgeber", um an anderen Orten anzuheuern. Auf diese Weise rangen sie der Gegenseite Konzessionen ab. Dieser Kleinkrieg fand auf Hunderten von Farmen und Plantagen statt und aus ihm entwickelte sich das *Sharecropping*, ein neues System der Landarbeit im Süden der USA.

---

222 Fitzgerald, Michael W. „To Give Our Votes to the Party": Black Political Agitation and Agricultural Change in Alabama, 1865–1870. The Journal of American History. 1989; 76 (2):489–505, S. 498.

223 Siehe die umfangreichen Schulberichte der Parishes im Staate Louisiana. Selbst in der sehr problematischen Parish Pointe Coupée, die regelmäßig von Hochwasser heimgesucht wurde, gingen Kinder regelmäßig zur Schule. Bericht des Brevet Major Thomas H. Hopwood (1838–1867) vom 31. Mai 1866. NARA, Records of the Field Offices for the State of Louisiana, Film M 1905, Roll 97, S. 299f.

Sharecropping war ein Kompromiss zwischen zwei unterschiedlich starken „Partnern". Beide Parteien waren letztlich von diesem Kompromiss enttäuscht, aber es wird im Folgenden deutlich werden, dass die Landbesitzer besser davonkamen als die landlosen Pächter. Unter dem *Sharecropping*-System teilte ein Landbesitzer das verfügbare Land in Parzellen von 25 bis 30 *Acres*, die von den Ex-Sklaven gepachtet wurden. Die Pacht betrug einen bestimmten Anteil der Ernte, in der Regel 50 Prozent. *Sharecropping* bedeutete, dass man nicht mehr in Gruppen unter Aufsicht eines Treibers arbeiten musste, dass die Familie nicht mehr gegängelt werden konnte, dass Frauen und Mädchen dem sexuellen Zugriff der Weißen weitgehend entzogen waren und dass Familien entscheiden konnten, wer und zu welchen Konditionen arbeiten sollte. Darüber hinaus klang es zunächst gut, die Hälfte der Ernte behalten zu können, verglichen jedenfalls mit den Hungerlöhnen des *Freedmen Bureaus*. Auf der anderen Seite konnten sich die *Freedpeople* nicht von der ökonomischen Herrschaft des Landbesitzers lösen. Er konnte sie nach Ablauf des Vertrags oder im Falle von Konflikten von seinem Land nach Gutdünken vertreiben. Das neue System erlaubte es dem Landbesitzer, endlich wieder Gewinne zu machen, auch wenn sie *de jure* nicht mehr über die Disziplinierungsmaßnahmen des alten Systems der Sklaverei verfügten.

Was zunächst als Experiment begann, verbreitete sich sehr schnell in den Baumwolle produzierenden Landstrichen des Südens. Um 1870 hatte das alte System der Quasi-Sklaverei mit dem Gangsystem und dem Aufseher aufgehört zu existieren. Da eine wachsende Zahl von ehemals unabhängigen weißen Farmern ihr Land in der Nachkriegsrezession verlor, betraf das *Sharecropping* nun zunehmend auch landlose weiße Pächter.

3.7 *Lock-in 3*: Die Präsidentschaftswahl 1876 und der Kompromiss von 1877

Um das Jahr 1870 hatten die meisten Bewohner des Nordens der USA entschieden, die Probleme des Südens zu ignorieren. Sie hatten den ehemaligen Sklavinnen und Sklaven volle politische und soziale Bürgerrechte eingeräumt (mit Ausnahme des Wahlrechts für Frauen) und hatten ein Programm mitgetragen, das die abgefallenen Südstaaten wieder in die Union integriert hatte. Nach einem Jahrzehnt des Kriegs und der fortgesetzten Auseinandersetzung mit den Problemen des Südens wollte man sich wieder um die eigenen Angelegenheiten kümmern. Die alte Garde der Abolitionisten war in die Jahre gekommen und eine neue Generation von Politikern, die sich als Sachwalter der Industrieinteressen verstanden, hatte die Kontrolle der nationalen Politik in Washington übernommen. Wirtschaftliche Probleme, die Krise von 1873, Massenstreiks und eine sich radikalisierende Arbeiterschaft, eine neue Außenpolitik, Skandale und die Diskussion um Korruption bestimmten die politischen Schlagzeilen. Die neuen Republikaner waren Pragmatiker und keine Idealisten und sie waren Geschäftsleute (*Critical Juncture 3*). Wie Frederick Douglass es ausdrückte: „The Republican party has gone from a party of morals to a party on money."[224]

Man kann den Umbau der Republikanischen Partei nach 1868 bedauern, allein, er kam nicht ganz unerwartet. Der Generationswechsel an der Spitze der Republikaner und die veränderte politische Agenda nach der Krise von 1873 besiegelten endgültig das Schicksal der *Reconstruction*. Mit der Entwicklung der Großindustrie, den hieraus sich entwickelnden Problemen wie Arbeitskämpfen und dem Umbau der Republikaner zu einer Partei der Großindustrie, erstarrte die politische Entwicklung in eine sektionale Zweiteilung der Nation in einen industriellen, von den Republikanern beherrschten Norden und einen agrarischen Süden, der von den Demokraten kontrolliert wurde (*Critical Juncture*).[225] Eine regionale wirtschaftliche und kulturelle Differenzierung hatte auch schon vor 1865 bestanden, doch verfestigte sich diese mit dem Ende der *Reconstruction* auch politisch: Der *Yankee*-Osten und der *Solid South* entsprachen zwei politischen Lagern, mit den Republikanern, die den industriellen Osten kontrollierten und den Demokraten, die sich anschickten den *Solid South* in eine Form der Apartheid (*Jim Crowism*) zu verwandeln. Diese Sektionalisierung muss als ein weiterer *Lock-in* verstanden werden, der eine Lösung der Probleme der *Freedpeople* vollkommen unmöglich machte. Mit jedem Jahr traten die Probleme des Südens weiter in den Hintergrund. Der Wähler interessierte sich weniger für die Rechte der Freedmen als für das eigene Fortkommen. Im Süden witterten die Demokraten Morgenluft und verdoppelten ihre Anstrengungen, die letzten republikanischen Bastionen zu Fall zu bringen. Sobald sich der Norden zurückzog, hatten die republikanischen Institutionen im Süden keine Überlebenschance. Wirtschaftliche Aushöhlung, politische Korruption und Gewalt brachten so nach und nach jede republikanische Staatenregierung zu Fall. Die Präsidentschaftswahl von 1876 bestätigte lediglich den Niedergang und Fall der Rekonstruktionspolitik auf der ganzen Linie. Damit konnte sich im Süden ein System der rassistisch gerechtfertigten Suprematie durchsetzen, das in der Argumentation für die Unterwerfung amerikanischer „Kolonien" wirkmächtig wurde. Der traditionelle Konnex zwischen terri-

---

[224] Ingle, Joseph B. Slouching toward Tyranny: Mass Incarceration, Death Sentences and Racism. New York: Algora, 2015, S. 108.
[225] Zu der vom Autor so genannten *Bifurcation* innerhalb der Republikaner siehe Upchurch, Thomas Adams. Legislating Racism: The Billion Dollar Congress and the Birth of Jim Crow. Lexington, KY: University Press of Kentucky, 2004, S. 11.

torialer Expansion und Verleihung der Bürgerrechte wurde auf diese Weise aufgelöst.

Der Held des Bürgerkriegs Ulysses S. Grant folgte Andrew Johnson 1869 ins Weiße Haus. Er wurde bald selbst zum politischen Problem und bewies damit, dass Brillanz als militärischer Führer nicht notwendig auch bedeutete, dass man als Politiker Fortüne hatte oder Kompetenz mitbrachte.

Bei Ende des Bürgerkriegs war Ulysses S. Grant mit Abstand der populärste Mann der USA, mindestens jedoch nördlich der Mason-Dixon-Linie. Mit dem Frieden drohte diese Popularität verloren zu gehen. Dies wollte Grant unbedingt verhindern, weshalb er sich in Washington in die Politik stürzte. Er trat wie ein Vermittler zwischen Präsident Johnson und dem Kongress auf, was kein ungefährliches Spiel war, je nachdem, wer aus diesem Kampf siegreich hervorgehen sollte. Geringeren Männern hätte das Kreuzfeuer vielleicht gefährlich werden können, aber Grant manövrierte geschickt zwischen den beiden Parteien hin und her. Zuerst sah es aus, als unterstütze er den Präsidenten, aber spätestens mit der Einleitung des *Impeachments* brach er mit Johnson und schlug sich auf die Seite des Kongresses.[226]

Das machte ihn zum offensichtlichen Traumkandidaten für die Präsidentschaftswahl von 1868. Die Demokraten entschieden sich für den ehemaligen Gouverneur von New York, Horatio Seymour (1810–1886). Ihr Wahlprogramm griff die *Reconstruction* durch den Kongress an als „[...] a flagrant usurpation of power [...] unconstitutional, revolutionary, and void."[227] Die Republikaner antworteten, indem sie das „blutige Hemd" schwenkten, was bedeutete, dass sie die Demokraten als Verräter brandmarkten. Während des Wahlkampfes erreichten die Gewalttaten durch den KKK eine traurige Rekordhöhe. Hunderte von Republikanern wurden umgebracht. Diese Taktik zeigte durchaus Wirkung, doch reichte Grants Popularitätsvorsprung dennoch für einen knappen Wahlsieg nach abgegeben Stimmen (popular vote). Nach Wahlmännerstimmen lag Grant ganz klar vorne (214:80). Grant hatte verstanden, dass die Bevölkerung des Nordens der *Reconstruction* überdrüssig war. Konservative wirtschaftsnahe Stimmen im Lager der Republikaner behaupteten, dass die Eingriffe des Bundes in die Belange des Südens das Problem der Wiedereingliederung des Südens nicht lösten, sondern

---

[226] Die biographische Literatur zu U.S. Grant ist umfangreich. Die beste neuere Biographie stammt von Perret, Geoffrey. Ulysses S. Grant: Soldier & President. New York: Modern Library, 1999. Zur Literaturfindung hilfreich ist Kelsey, Marie Ellen. Ulysses S. Grant: A Bibliography. Westport, CT: Praeger, 2005. Autobiographisch aufschlussreich ist Grant, Ulysses S. Personal Memoirs. New York: Modern Library, 1999.
[227] Richardson, Heather Cox. The Death of Reconstruction: Race, Labor, and Politics in the Post-Civil War North, 1865–1901. Cambridge, MA: Harvard University Press, 2001, S. 69.

3.7 Lock-in 3: Die Präsidentschaftswahl 1876 und der Kompromiss von 1877 — 145

für die Probleme des Südens verantwortlich waren. Sie wollten im Süden investieren und den profitablen Baumwollhandel wiederaufleben lassen. Sie suchten Ordnung und Disziplin. Eine wachsende Zahl von Nordstaatenrepublikanern stellte die Allianz der Republikaner mit den Unterschichten des Südens in Frage, den Bauern und *Freedpeople*. Grants Innenminister Jacob Dolson Cox (1828–1900) aus Ohio, ein ehemaliger Gouverneur seines Heimatstaates und General der US-Armee im Bürgerkrieg, schlug stattdessen eine Verbindung vor mit den „thinking and influential native southerners [...] the intelligent, well-to-do, and controlling class."[228]

Die politischen Fähigkeiten, die Grant auf dem Schlachtfeld gezeigt hatte – Entscheidungskraft, Klarheit und Entschlossenheit –, verließen ihn im Weißen Haus. Unklar über seine Ziele, zögerte er, wurstelte herum und verlor sein Selbstvertrauen. Er machte den Eindruck, als sei er überfordert. Gute Berater hätten so manches richten können, aber Grant umgab sich mit den alten Kameraden aus der Militärzeit. Die Reichen und Berühmten zogen ihn magisch an und er pflegte einen aufwendigen Lebensstil. Grant verstand nur langsam, dass persönliches Profitstreben und nicht persönliche Loyalität der Grund für seinen scheinbar freundschaftlichen privaten Umgang mit Bankiers und Geschäftsleuten war. Er machte auch eine Reihe von zweifelhaften Charakteren zu Mitgliedern seines Kabinetts, was in der Folge zu zahlreichen Skandalen führte. Korruptionsvorwürfe belasteten unter anderem seinen Vizepräsidenten Schuyler Colfax (1823–1885) und erledigten seinen Kriegsminister William Worth Belknap (1829–1890).[229] Der Marineminister George Maxwell Robeson (1829–1897) schlitterte haarscharf an einem *Impeachment* vorbei.[230] Sein Privatsekretär Orville Elias Babcock (1835–1884) wurde durch zweifelhafte finanzielle Transaktionen zum Rücktritt gezwungen.[231] Vizepräsident Colfax war so stark in den Crédit Mobilier-Skandal verwickelt, dass seine erneute Nominierung als Vizepräsident für Grants zweite Amtsperiode politisch untragbar wurde.[232] Grants sture Loyalität gegen-

---

228 Cooke, Alistair. Images of America: Selected Readings Based on Alistair Cooke's America. New York: Knopf, 1978, S. 174.
229 Cooper, Edward S. William Worth Belknap: An American Disgrace. Madison NJ, London: Fairleigh Dickinson University Press, 2003.
230 Zu Robeson gibt es praktisch keine wissenschaftliche Literatur, was auffällig ist, da seine Person in den 1880er Jahren gegenstand zahlreicher politischer Cartoons in der Zeitschrift Puck war, die vor allem von Bernhard Gillam und Joseph Ferdinand Keppler stammten.
231 Purcell, L. Edward. Vice Presidents: A Biographical Dictionary. New York: Facts on File, 2010, S. 165–172. Smith, Willard H. Schuyler Colfax: The Changing Fortunes of a Political Idol. Indianapolis, IN: Indiana Historical Bureau, 1952.
232 Der Crédit Mobilier-Skandal von 1872 betraf vor allem die Union Pacific Railroad, deren Bau vom Crédit Mobilier, einer zur Eisenbahngesellschaft gehörenden Scheinfirma, finanziert worden

über Lügnern und Betrügern machte das Ganze nicht besser. Während er persönlich nie in die Skandale verwickelt war, machte er sich doch extremer Leichtgläubigkeit schuldig. Es dauerte nicht lange und die Regierung Grant stellte das Synonym für Gier, Bestechung und Korruption dar.

Grant kann man nicht verantwortlich machen für die allgemein verbreitete laxe Moral nach dem Ende des Bürgerkriegs. Alles war in Bewegung, nichts schien stabil zu sein, das Land befand sich in einer Phase rapider Industrialisierung und rascher Ökonomisierung des Sozialen. Neue Erfindungen revolutionierten die Wirtschaft, neue rechtliche Formen setzten die individuelle Verantwortlichkeit gleichermaßen außer Kraft. Damit boten sich auch neue Möglichkeiten der persönlichen Bereicherung. Man kann dies durchaus mit der Stimmung vergleichen, die im Deutschen Reich nach dem Krieg von 1870/71 herrschte, als enorme Reparationszahlungen die Konjunktur anheizten und ein neuer Nationalismus die Politik befeuerte.[233]

Dabei tat sich keine der politischen Parteien besonders hervor. Die Demokraten waren in diesem Punkt ebenso hemmungslos wie die Republikaner. Der Tweed Ring, die politische Maschine der Demokratischen Partei in New York, strich rund 200 Millionen Dollar ein.[234] Auf der lokalen und regionalen Ebene wurden Politiker gekauft und bestochen, viel mehr noch als auf der nationalen Bühne.[235] Das *Spoils System*, jenes ungeschriebene Gesetz, das es der gewählten Partei erlaubte, die lukrativen Stellen im Staatsapparat mit loyalen Parteisoldaten zu besetzen, war lange vor der Wahl Grants in Kraft. Dennoch kann man dem Präsidenten den Vorwurf nicht ersparen, dass er unverzeihlich naiv an die Frage der Besetzung seines Kabinetts herangegangen war.

---

war, wobei erhebliche Bestechungssummen an Mitglieder des Kongresses geflossen waren. Im Endresulat betrogen die Eisenbahngesellschaft und der Crédit Mobilier den Kongress um mindestens 20 Millionen Dollar. Crawford, Jay Boyd. The Credit Mobilier of America: Its Origin and History, Its Work of Constructing the Union Pacific Railroad and the Relation of Members of Congress Therewith. New York: AMS Press, 1971. Paulet, Elisabeth. The Role of Banks in Monitoring Firms: The Case of the Crédit Mobilier. London, New York: Routledge, 1999. Trent, Logan Douglas. The Credit Mobilier. New York: Arno Press, 1981. Green, Fletcher M. Origins of the Credit Mobilier of America. The Mississippi Valley Historical Review. 1959 Sep 1; 46 (2):238–251.
233 Wehler, Hans Ulrich. Deutsche Gesellschaftsgeschichte. München: C.H. Beck, 1987–2008. 5 Bände, Band 3: 1849–1914, S. 319–329.
234 Lynch, Denis Tilden. „Boss" Tweed: The Story of a Grim Generation. New Brunswick, NJ: Transaction Publishers, 2002. Ackerman, Kenneth D. Boss Tweed: The Rise and Fall of the Corrupt Pol Who Conceived the Soul of Modern New York. New York, Berkeley, CA: Carroll & Graf Publishers. Distributed by Publishers Group West, 2005.
235 Henry Demarest Lloyd, Story of a Great Monopoly. The Atlantic. March 1881, abgedruckt in Lloyd, Henry Demarest. Lords of Industry. New York and London: G. P. Putnam's Sons, 1910, S. 1–46, S. 14.

1872 gründeten Republikaner, die von Grant enttäuscht waren, eine dritte Partei, die *Liberal Republicans*. Die Liberalen versprachen eine grundlegende Reform des Regierungsapparats, um eine Regierung zu begründen, die in den Worten des ehemaligen Republikaners und Bürgerkriegsgenerals Carl Schurz (1829–1906) die besten Bürger dieses Landes mit Stolz erfüllen solle.[236] Die Liberalen verurteilten die Grant-Administration als vulgär, raffgierig und einem geschmacklosen Materialismus huldigend. Sie griffen das Kabinett auch wegen seines offen zur Schau getragenen Antiintellektualismus an. Sie schlugen vor, das *Spoils System* abzuschaffen und es durch eine überparteiliche Kommission des Öffentlichen Dienstes zu ersetzen, die die Besetzung politischer Ämter nach eingehender formaler Eignungsprüfung der Kandidaten vornehmen sollte. Darüber hinaus verlangten sie den Abzug der wenigen im Süden verbliebenen Regimenter der Armee und die Wiederherstellung der „Home Rule", also im Prinzip das Ende der Unterstützung der Republikaner im Süden durch den Bund.

Die Demokraten fanden diesen Ansatz besonders interessant, wie man sich vorstellen kann, und übernahmen den Präsidentschaftskandidaten der Liberal Republicans, Horace Greeley (1811–1872), auch direkt für ihr eigenes Ticket. Greeley war seit 1841 der Herausgeber der New York Tribune, einer auflagenstarken und einflussreichen Tageszeitung, die sich im Kampf gegen die Korruption in New York hervorgetan hatte.[237] Trotz aller Vorwürfe, die man Grant machen

---

[236] Hofstadter, Richard. Anti-Intellectualism in American Life. New York: Knopf, 1963, S. 178. Carl Schurz hat gerade als aus dem Rheinland in die USA eingewanderter Revolutionär auch die Aufmerksamkeit der deutschen Historiographie entfacht. Aubenas, René. La Vie Exemplaire de Carl Schurz 1829–1906: Champion de la Liberté dans L'Ancien et le Nouveau Monde. Les Années de Lutte. Paris: La Pensée Universelle, 1972. Geiger, Rudolf. Der Deutsche Amerikaner: Carl Schurz. Vom deutschen Revolutionär zum amerikanischen Staatsmann. Gernsbach: Katz, 2007. Kessler, Walter. Carl Schurz: Kampf, Exil und Karriere. Köln: Greven, 2006. Reinhardt, Stefan. Die Darstellung der Revolution von 1848/49 in den Lebenserinnerungen von Carl Schurz und Otto von Corvin. Frankfurt am Main, New York: P. Lang, 1999. Schicketanz, Frank Michael. The „Lebenserinnerungen" of Carl Schurz: A Critical Reading. Konstanz: Hartung Gorre-Verlag, 1987. Bei Weitem die beste Darstellung ist von Trefousse, Hans L. Carl Schurz: A Biography. New York: Fordham University Press, 1998.

[237] Greeley war in seiner frühen Zeit ein Whig gewesen, hatte dann Abraham Lincoln unterstützt, aber auch wegen seiner zögerlichen Art kritisiert, und wechselte 1872 schließlich die Seite, als er Präsidentschaftskandidat der Liberal Republicans und der Demokraten wurde. Borchard, Gregory A. Abraham Lincoln and Horace Greeley. Carbondale, IL: Southern Illinois University Press, 2011. Maihafer, Harry J. The General and the Journalists: Ulysses S. Grant, Horace Greeley, and Charles Dana. Washington, DC: Brassey's, 1998. Schulze, Suzanne. Horace Greeley: A Bio-Bibliography. New York: Greenwood Press, 1992. Snay, Mitchell. Horace Greeley and the Politics of Reform in Nineteenth-Century America. Lanham, MD: Rowman & Littlefield, 2011. Williams, Robert Chadwell. Horace Greeley: Champion of American Freedom. New York: New York Uni-

konnte, fühlten sich die Wähler verpflichtet, den Mann im Amt zu belassen, der 1865 die Nation gerettet hatte. Grant erhielt 56 Prozent der Wählerstimmen, das einseitigste Wahlergebnis seit der Wahl Andrew Jacksons 44 Jahre zuvor.

Trotz aller Kritik an Grant brachte er doch einiges zustande. Sein größter Erfolg lag in der Außenpolitik und betraf die Kompensation amerikanischer Forderungen gegen Großbritannien. Die Briten hatten den Rebellen völkerrechtswidrig Kriegsschiffe geliefert, die der US-Kriegsmarine schwere Schäden zugefügt hatte (*Alabama Claims*). Die britische Regierung sah darin kein Vergehen und die Stimmung im Land bekam eine anti-britische Note. Es bestand tatsächlich die Gefahr eines bewaffneten Konflikts beider Länder. Die Bedrohung, die von diesen technisch avancierten Kriegsschiffen ausgegangen war, hatte nicht nur zum Verlust von Schiffen infolge von Kriegshandlungen geführt, sondern auch zum Ausflaggen etwa der Hälfte aller nordamerikanischen Handelsschiffe. Senator Charles Sumner, einflussreicher Vorsitzender des Senatskomitees für Außenpolitik, verlangte nicht nur die Erstattung der Schäden, sondern behauptete, die Briten müssten die gesamten Kosten des Kriegs nach der Schlacht von Gettysburg tragen. Er forderte 2,125 Milliarden Dollar und die Abtretung Kanadas. Zur Einigung kam es erst nach dem Wahlsieg Gladstones im Jahre 1868. Mit dem Vertrag von Washington 1871 wurde eine einvernehmliche Lösung gefunden, indem der Streitfall durch ein Schiedsgericht entschieden wurde. 1872 konnte der amerikanische Außenminister Hamilton Fish (1808–1893) unter Einbeziehung der Schlichtungskommission in Genf eine friedliche Lösung des Konflikts herbeiführen, die Schadenersatzzahlungen in Höhe von 15,5 Millionen Dollar ins Staatssäckel spülte.[238] Großbritannien überließ den USA außerdem die San Juan

---

versity Press, 2006. Kluger, Richard und Kluger, Phyllis. The Paper: The Life and Death of the New York Herald Tribune. New York: Knopf, 1986.

238 United States und Geneva Arbitration Tribunal. Argument of the United States, Delivered to the Tribunal of Arbitration at Geneva, June 15, 1872. Paris: Dubuisson & Co., 1872. United States und Geneva Arbitration Tribunal. Réclamations De L'Alabama. Paris: Impr. de Dubuisson, 1871/72. Der Name des Konflikts, Alabama Claims, ist irreführend. Neben der in England gebauten CSS Alabama, einem Hybridrahschoner mit Dampfmaschinen, der über 13 Knoten lief, waren noch weitere Kriegsschiffe durch die Briten geliefert worden. Die Alabama alleine versenkte oder kaperte 55 Schiffe der USA, bevor sie 1864 vor Cherbourg von der USS Kearsarge versenkt wurde. Die CSS Florida war ebenfalls ein Hybridschiff, ein mit Dampfantrieb ausgestatteter Kreuzer, der allerdings bald von der US Marine versenkt werden konnte. Bei der CSS Rappahannock handelte es sich um eine dampfbetriebene Sloop-of-War, die ursprünglich für die britische Kriegsmarine gebaut worden war, aber 1863 an die Rebellen verkauft wurde. Die Rappahannock wurde nie eingesetzt, weil sie irreparable Schäden aufwies. Sie wurde bei Kriegsende an die US Navy übergeben. Cook, Adrian. The Alabama Claims: American Politics and Anglo-American Relations, 1865–1872. Ithaca, NY: Cornell University Press, 1975. Davis, J. C. Bancroft. Mr. Fish and the Alabama Claims: A Chapter in Diplomatic History. Freeport, NY: Books for Libraries Press, 1969.

Islands an der Zufahrt zum Puget Sound.²³⁹ Die Unabhängigkeit Kanadas sowohl von den USA als auch von Großbritannien wurde *de facto* bekräftigt, da kanadische Vertreter mit am Verhandlungstisch saßen.²⁴⁰

Grants Leidenschaft lag ohnehin eher auf dem Gebiet der Außenpolitik. Er war ein Expansionist, der gar zu gerne Santo Domingo zum Staatsgebiet der USA hinzugefügt hätte. Die Gründe für seine Pläne lagen in der Vorstellung, einen Stützpunkt für den US-amerikanischen Handel mit der Karibik zu erwerben und *African Americans* dort anzusiedeln, die Opfer des Terrorismus des KKK waren. Eine derartig aggressive Außenpolitik war ebenfalls nicht das Kind der Grant-Administration, sondern hatte sich schon unter Lincoln herausgebildet.

Der Außenminister Lincolns, William H. Seward (1801–1872), der auch unter Grant im Amt blieb, hatte sich gegen französische Versuche gewandt, in Mexiko eine Regierung von Frankreichs Gnaden unter Kaiser Maximilian I, einem Habsburger, zu installieren. Frankreich hatte Mexiko 1861 erobert und der französische Kaiser Napoleon III. hatte mit Maximilian den Plan gefasst, 1864 in Mexiko eine Erbmonarchie zu errichten.²⁴¹

Hier kam es nun zu einer Konfrontation Frankreichs mit den USA. Napoleon III. sah in der republikanischen Verfassung der USA eine Gefahr, die er durch einen monarchischen Pufferstaat im Süden eindämmen wollte. Erstherzog Ferdinand Maximilian von Österreich (1832–1867) wurde zum Kaiser von Mexiko ernannt, nachdem ein englisch-spanisch-französisches Expeditionsheer eine Invasion Mexikos gestartet hatte, angeblich, um ausstehende mexikanische Schulden einzutreiben. Spanier und Engländer zogen sich bald zurück, während die französischen Truppen Napoleons III. in Mexiko blieben. Sie reetablierten die Monarchie und boten die Krone Ferdinand Maximilian im Oktober 1863 an. Dies rief die Anhänger der Monroe-Doktrin und die Investoren mit Geschäftsinteressen in Mexiko auf den Plan. Der Bürgerkrieg hatte ja eine internationale Dimension gehabt – schließlich hatten England und Frankreich kurz vor einer Intervention auf Seiten der Rebellen gestanden.²⁴² Die US-Regierung protestierte, weil die

---

239 Balch, Thomas Willing. The Alabama Arbitration. Freeport, NY: Books for Libraries Press, 1969. Davis, J. C. Bancroft. Mr. Fish and the Alabama Claims: A Chapter in Diplomatic History. Freeport, NY: Books for Libraries Press, 1969.
240 Smith, Goldwin Albert. The Treaty of Washington, 1871: A Study in Imperial History. New York: Russell & Russell, 1971. Als Quelle: Cushing, Caleb. The Treaty of Washington: Its Negotiation, Execution, and the Discussions Relating thereto. Freeport, NY: Books for Libraries Press, 1970.
241 Finzsch, Konsolidierung und Dissens, S. 698.
242 Campbell, Duncan Andrew. English Public Opinion and the American Civil War. Woodbridge, Suffolk, Rochester, NY: Royal Historical Society/Boydell Press, 2003, S. 162–193. Steele, Brent J. Ontological Security and the Power of Self-Identity: British Neutrality and the American Civil War.

Monroe-Doktrin verletzt wurde, konnte aber nicht viel unternehmen, weil ihr die Hände noch durch den Bürgerkrieg gebunden waren. 1864 wurde Ferdinand Maximilian in Italien gekrönt und segelte nach Mexiko. Nach seiner Ankunft musste er erkennen, dass das Land durch einen Bürgerkrieg zwischen Befürwortern der Franzosen einerseits und Liberalen und Republikanern unter Führung von Benito Juárez zerrissen war. Anders als die Franzosen erwartet hatten, stellte sich Ferdinand Maximilian auf die Seite der Mexikaner, die ihn jedoch als „Österreicher" ablehnten. Nach dem Ende des Bürgerkriegs erhöhte die amerikanische Regierung den Druck auf Napoleon III., der mehrfach aufgefordert wurde, die Monroedoktrin zu respektieren. Er zog schließlich seine Truppen aus Mexiko ab. Damit war das Schicksal Ferdinand Maximilians besiegelt. 1867 kam es zu einer Schlacht zwischen den Truppen Juárez' und der kaiserlichen Armee, die Maximilian und seine Armee verloren. Er wurde zum Tode verurteilt und hingerichtet.[243]

Man kann hier eine klare Kontinuitätslinie in der Außenpolitik mit Bezug auf Mexiko sehen, die nicht nur in der Person Sewards gegeben ist, sondern auch in der Anwendung der Monroe-Doktrin. Seward hatte schon früh eine Konzeption eines amerikanischen *Empire* im Sinne des *Manifest Destiny* entwickelt. Er hatte schon 1853 vor einem Publikum in Vermont gesagt:

> I would not seize with haste, and force the fruit, which ripening in time, will fall of itself into our hands. But I know nevertheless, that the stars will come out even if the moon delay its rising. I have shown then that a continent is to be peopled, and even distant islands colonized by us.[244]

Review of International Studies. 2005; 31 (3):519–540. Blackburn, George M. „Paris Newspapers and the American Civil War." *Illinois Historical Journal* 84, no. 3 (1991):177–93. Hanna, Kathryn Abbey. „The Roles of the South in the French Intervention in Mexico." *The Journal of Southern History* 20, no. 1 (1954):3–21. Sancton, Thomas A. „The Myth of French Worker Support for the North in the American Civil War." *French Historical Studies* 11, no. 1 (1979):58–80. Schoonover, Thomas. „Dollars Over Dominion: United States Economic Interests in Mexico, 1861–1867." *Pacific Historical Review* 45, no. 1 (1976):23–45.

243 Hanna, Alfred Jackson und Hanna, Kathryn Abbey. Napoleon III and Mexico: American Triumph over Monarchy. Chapel Hill, NC: University of North Carolina Press; 1971. Hanna und Hanna behandeln im zweiten Teil ihres Buches die erfolgreichen Versuche Außenminister Sewards, Frankreich zur Aufgabe seiner Pläne zu bewegen. Die mexikanische Regierung unter Juárez pflegte enge Verbindungen zu den radikalen Republikanern, wobei sie von Matías Romero als Botschafter in Washington vertreten wurde. Schoonover, Thomas David (Hg.). Mexican Lobby: Matías Romero in Washington, 1861–1867. Lexington, KY: University Press of Kentucky, 1986.

244 George E. Baker (Hg.). The Works of William Henry Seward. Boston, New York: Houghton, Mifflin and Company, 1884, 5 Bände, Band 3, S. 188.

Seward wollte u. a. den Bau einer transkontinentalen Eisenbahn dazu benutzen, um seine expansionistischen Ziele zu fördern.²⁴⁵ Seward muss auch als die treibende Kraft bei dem erfolgreichen Versuch gesehen werden, Alaska 1867 vom russischen Reich für den Spottpreis von sieben Millionen Dollar zu kaufen. Er hatte zeitgleich erfolglos versucht, British Columbia zu annektieren.²⁴⁶ Grant hatte eine noch weitreichendere Idee verfolgt: Er wollte ganz Kanada annektieren und den Union Jack für immer vom nordamerikanischen Kontinent vertreiben.²⁴⁷ Seward streckte seine Fühler in alle Richtungen aus. Er versuchte neben British Columbia 1867 ebenfalls vergeblich, die dänischen Virgin Islands käuflich zu erwerben.²⁴⁸ Obwohl Alaska wenig Wert zu haben schien, war mit dem Erwerb dieses Gebiets die russische Präsenz auf dem nordamerikanischen Kontinent offiziell beendet und das kontinentale Imperium an seiner nördlichsten Stelle gesichert. Kanada war zudem von US-amerikanischem Territorium umschlossen.²⁴⁹ Grant hatte Feuer gefangen. Auch er wollte das Territorium der USA erweitern, fand aber in den eigenen Reihen nicht genügend Unterstützer, um den Annexionsvertrag mit Santo Domingo zu ratifizieren. Der Historiker Aissatou Sy-Wonyu führt dieses Scheitern darauf zurück, dass Seward ideologisch zwischen den Exponenten der alten territorialen Expansion auf dem Kontinent und der neuen wirtschaftlichen Expansion in die Karibik stand und er die Anhänger der beiden

---

245 Sharrow, Walter G. William Henry Seward and the Basis for American Empire, 1850–1860. Pacific Historical Review. 1967; 36 (3):325–342.
246 Shi, David E. Seward's Attempt to Annex British Columbia, 1865–1869. Pacific Historical Review. 1978; 47 (2):217–238.
247 Der Armeegeneral James Harrison Wilson, der nach dem Bürgerkrieg ins Eisenbahngeschäft einstieg, entwickelte mit Grant den Plan, die *Alabama Claims* und die ausstehenden Schadenersatzforderungen der USA an Großbritannien zum Vorwand zu nehmen, um mit einer Armee in Kanada einzufallen. Healy, David. US Expansionism: The Imperialist Urge in the 1890s. Madison, WI: University of Wisconsin Press 1970, S. 71.
248 Seward werden in der älteren Forschung auch durchaus edle Motive unterstellt, wenn es um den Kauf der Virgin Islands ging. In der neueren Forschung ist davon nicht mehr die Rede. Koht, Halvdan. The Origin of Seward's Plan to Purchase the Danish West Indies. The American Historical Review. 1945 Jul 1; 50 (4):762–76. Sy-Wonyu, Aissatou. The Purchase of the Virgin Islands: W. H. Seward's View of Economic Strategy in the Late 19th Century. Cercles. 2002; 5:11–29.
249 Russland hatte durchaus ein Interesse am Verkauf Alaskas und die Vereinigten Staaten waren bereit, den Kauf zu tätigen aus Dankbarkeit für die Rolle, die Russland während des Amerikanischen Bürgerkriegs gespielt hatte. Die Forschung zum Thema ist durchweg älter. Bailey, Thomas A. Why the United States Purchased Alaska. Pacific Historical Review. 1934; 3:39–49. Bolkhovitinov, Nikolai N. How It was Decided to Sell Alaska. International Affairs. 1988; 116–126. Jensen, Ronald J. The Alaska Purchase and Russian-American Relations. Seattle WA: University of Washington Press; 1975. Mazour, Anatole G. The Prelude to Russia's Departure from America. Pacific Historical Review. 1941 Sep 1; 10 (3):311–319.

Ansätze nicht zum gemeinsamen Handeln bewegen konnte. Der Versuch, die Dominikanische Republik 1870/71 zu annektieren, scheiterte wiederholt im Senat.[250] Der Versuch ist ein Lehrstück amerikanischer Außenpolitik, da hier deutlich wird, wie sehr die Außenpolitik mit der Innenpolitik verknüpft war. Präsident Grant wollte nämlich die dort angeblich existierende Sklaverei beseitigen; diese war dort jedoch lange vorher schon abgeschafft worden. Außerdem hoffte er auf Absatzmärkte für amerikanische Produkte und die Möglichkeit, ehemalige Sklaven außerhalb des Festlands anzusiedeln.[251] US-Präsident Johnson empfahl die Annexion im Januar 1869, doch wurde diese im Senat abgelehnt. Die Annahme des Vertrags im Senat scheiterte mit 28:28 Stimmen und sein Schicksal war vorerst besiegelt.

Buenaventura Báez Méndez (1812–1884), der Präsident der Dominikanischen Republik, glaubte, die Republik drohe von einer europäischen Macht übernommen zu werden, und versprach sich viel von einem amerikanischen Protektorat mit der Möglichkeit, als Bundesstaat in die Union aufgenommen zu werden. Er ließ die Sache nicht auf sich bewenden und forderte Grant erneut auf, die Insel zu annektieren. Auch Grant ließ nicht locker. Der Präsident wollte die Annexion nun durch eine Joint Resolution beider Häuser sicherstellen, die Opposition im Senat also aushebeln. Nach einer Nachtsitzung am 22. Dezember 1870 und einer Sitzung am 10. Januar 1871 nahm eine Untersuchungskommission die Arbeit auf, der auch Frederick Douglass als Stellvertretender Sekretär angehörte. Diese Kommission empfahl die Annexion der Insel, aber die Übernahme der Inselrepublik scheiterte endgültig am Veto des Senats.[252] Grant war gedemütigt und die Opposition in den Reihen der Republikaner wurde in ihrer Überzeugung gestärkt, die Partei sei nicht reformierbar.[253] Anders als Hans-Ulrich Wehler annahm, gab es deshalb auch

---

250 Vergl. die Rede von Carl Schurz im Senat vom 11. Januar 1871, in der er vor weiterer Expansion warnte. Seine Argumentation ist dabei in weiten Teilen rassistisch. United States und Congress. The Congressional Globe. Washington, DC: Blair & Rives, 1834, 46 Bände: Senate, 41st Congress, 3rd Session, S. 25–34. Abgedruckt als Schurz, Carl. Annexation of San Domingo. Washington, DC: F. & J. Rives. G. A. Bailey, Printers, 1871.
251 Sumner, Charles. Naboth's Vineyard: Speech of Hon. Charles Sumner of Massachusetts on the Proposed Annexation of the Island of Santo Domingo. Washington, DC: F. and J. Rives and G. A. Bailey, Printers, 1870, S. 22. Hudson, Linda S. Mistress of Manifest Destiny: A Biography of Jane McManus Storm Cazneau, 1807–1878. Austin, TX: Texas State Historical Association, 2001, S. 185 f.
252 Tansill, Charles Callan. The United States and Santo Domingo, 1798–1873: A Chapter in Caribbean Diplomacy. Gloucester, MA: P. Smith, 1967, S. 341–360.
253 Wie weit der Expansionismus zu einer dominanten Ideologie geworden war, lässt sich an den Reaktionen Frederick Douglass auf die Versuche ersehen, Santo Domingo zu annektieren. Douglass war grundsätzlich für eine Annexion, so lange diese nicht dazu bestimmt war, eine

nicht einen Wendepunkt der amerikanischen Außenpolitik mit der Samoakrise 1889. Vielmehr waren die Kräfte, die sich 1898 im Erwerb eines Kolonialreiches *à l'Américaine* entfalteten, schon lange vorher virulent. Die Prinzipien des Pan-Amerikanismus ließen sich sehr gut mit expansionistischen Tendenzen vereinbaren.[254]

Im Gegensatz zu den expansionistischen Bestrebungen, die sich nach 1898 im Erwerb kolonialer Territorien manifestierte, stützte sich der Expansionismus „alten Stils" nicht auf weitreichende Unterstützung der Bevölkerung, sondern war den Überlegungen der politischen Eliten in und außerhalb der USA geschuldet. Bis zum Spanisch-Amerikanischen Krieg war zumindest in der Praxis der Erwerb neuer Territorien auf dem Festland mit der Verleihung der Bürgerrechte für die weißen Bewohner dieser Gebiete verbunden gewesen. Der Anspruch Grants, Santo Domingo als sicheren Hafen für vom KKK verfolgte *Freedpeople* zu erwerben, oder seine Vorstellung, die Sklaverei in den neu zu erwerbenden Gebieten abschaffen zu wollen, verweisen auf einen Expansionismus, der Santo Domingo eben nicht als Dominion oder Schutzgebiet betrachtete, sondern von einer vollständigen Einverleibung der Insel in das Staatsgebilde der USA ausging.

Auf wirtschaftlichem Gebiet war Grant ebenfalls nicht erfolgreich. 1873 kam es zu einer tiefgreifenden Wirtschaftskrise, die globale Ausmaße erreichte und erst 1879 beendet werden konnte. Es gab mehrere Gründe für diese Krise.[255] Zum einen hatte eine Inflation nach dem Ende des Bürgerkriegs die Wirtschaft geschwächt. 1871 hatte das Deutsche Reich entschieden, die Prägung von Silbertalern einzustellen, was den Preis des Silbers nach unten trieb. In den Gründerjahren (1871–1873) hatte es ein ähnliches Spekulationsfieber in Europa gegeben wie in den USA.[256] Am 9. Mai 1873 kam es zum Krach an der Wiener Börse als Folge des Zusammenbruchs verschiedener österreichischer Banken, die wiederum in spekulative Aktiengeschäfte investiert hatten. In Deutschland platzte die Eisen-

---

rassisch motivierte Vorherrschaft der Weißen auf der Insel zu rechtfertigen. Polyné, Millery. Expansion Now!: Haiti, „Santo Domingo," and Frederick Douglass at the Intersection of U.S. and Caribbean Pan-Americanism. Caribbean Studies. 2006; 34 (2):3–45.Vergl. auch Polyné, Millery. From Douglass to Duvalier: U.S. African Americans, Haiti, and Pan Americanism, 1870–1964. Gainesville, FL: University Press of Florida, 2010.
254 Wehler, 1889: Wendepunkt der amerikanischen Außenpolitik.
255 Mixon, Scott. The Crisis of 1873: Perspectives from Multiple Asset Classes. The Journal of Economic History. 2008 Sep 1; 68 (3):722–757. Ob es sich bei dieser Krise um einen Tiefpunkt innerhalb eines Kondratieff-Zyklus gehandelt hat, ist umstritten. Kaiser, Ronald W. The Kondratieff Cycle: Investment Strategy Tool or Fascinating Coincidence? Financial Analysts Journal. 1979; 35 (3):57–66, S. 59.
256 Dedinger, Beatrice. The Franco-German Trade Puzzle: An Analysis of the Economic Consequences of the Franco-Prussian War. The Economic History Review. 2012 Aug 1; 65 (3):1029–1054.

bahnblase, als die Unternehmungen Bethel Henry Strousbergs (1823–1884) 1872 zum Bankrott seines Eisenbahnimperiums führten.[257] Der sogenannte Gründerkrach vom Mai 1873 ging der amerikanischen *Panic of 1873* daher nur wenige Monate voraus.[258]

Die Demonetarisierung des Silbers in Europa hatte Auswirkungen auf die Währung der USA, wo große Silbervorkommen abgebaut wurden, die jetzt nicht mehr benötigt wurden. Die Regierung brachte den *Coinage Act* von 1873 durch das Parlament, der *de facto* den Goldstandard in den USA etablierte, weil die Regierung von nun an die Prägung von Silbermünzen einstellte. Die daraus resultierende Verknappung der Silberwährung führte zu einer Erhöhung der Zinsen und schadete den Bauern und allen, die günstige Kredite benötigten. Die aus diesen Verwerfungen entstehende Verunsicherung verprellte Käufer von Regierungsanleihen („bonds").[259]

Es waren zudem große Kapitalien in den Bau von Eisenbahnen geflossen, die nicht immer profitabel arbeiten konnten, weil sie sich gegenseitig Konkurrenz machten und weil der Bau oft nur den Grund hatte, Spekulationsgewinne zu ermöglichen. Zwischen 1868 und 1873 waren so 53.000 Kilometer Eisenbahnstrecke gebaut worden. Das Ganze wurde durch die Landpolitik des Bundes und der Staaten ermöglicht, die die Eisenbahngesellschaften großzügig mit Land versorgten, für das sie nichts zahlen mussten. Das Außenhandelsdefizit der USA war beträchtlich und die europäischen Märkte waren in der Folge des Kriegs von 1870/71 instabil geworden. Ausgelöst wurde die Krise durch den Bankier Jay Cooke (1821–1905) aus Philadelphia, der enorme Summen in den Bau von Eisenbahnen

---

257 Borchart, Joachim. Der europäische Eisenbahnkönig Bethel Henry Strousberg. München: C.H. Beck, 1991.

258 Hahn, Hans-Werner. Die industrielle Revolution in Deutschland. München: Oldenbourg Verlag, 2005, S. 38–40. Nelson, Scott Reynolds. A Storm of Cheap Goods: New American Commodities and the Panic of 1873. The Journal of the Gilded Age and Progressive Era. 2011 Oct 1; 10 (4):447–453. Munden, Christopher P. Jay Cooke: Banks, Railroads, and the Panic of 1873. Pennsylvania Legacies. 2011 May 1; 11 (1):3–5. Barreyre, Nicolas. The Politics of Economic Crises: The Panic of 1873, the End of Reconstruction, and the Realignment of American Politics. The Journal of the Gilded Age and Progressive Era. 2011 Oct 1; 10 (4):403–423.

259 Bland, R. P. und Henry V. Poor. Debtor and Creditor. The North American Review 127, no. 263 (1878): 117–31. Manton Marble. Currency Quacks, and the Silver Bill. The North American Review 126, no. 260 (1878):156–170. Friedman, Milton und Schwartz, Anna J. A Monetary History of the United States, 1867–1960. Princeton, NJ: Princeton University Press, 1963, S. 113–119.

investiert hatte, sich dabei verschuldete, so dass er am 18. September 1873 die Insolvenz erklären musste.[260]

Dies löste eine Kettenreaktion von Bankinsolvenzen aus, die wiederum zum Bankrott derjenigen Firmen führten, die bei diesen Banken Kunden gewesen waren. Am 20. September schloss die New Yorker Börse für zehn Tage. Im November waren 55 Eisenbahngesellschaften insolvent und innerhalb eines Jahres folgten diesen noch einmal 60 andere.[261] 18.000 Unternehmen fallierten innerhalb von zwei Jahren und die Arbeitslosigkeit stieg auf 8,5 Prozent. Mehr als eine Million Arbeiterinnen und Arbeiter verloren ihre Arbeit. Löhne fielen um 25 Prozent, Lebensmittelpreise hingegen nur um fünf Prozent. Die Regierung hatte keinerlei Instrumente entwickelt, um die Not zu lindern. Private Hilfsorganisationen waren vollkommen überfordert. Die Folge war eine rasche Zunahme von gewaltsamen Arbeitskämpfen. Die Krise von 1873 macht auch verständlich, warum sich Menschen im Norden nicht mehr für die Probleme des Südens interessierten. Als die *Reconstruction* 1876 beendet wurde und die letzten republikanischen Staatenregierungen gefallen waren, befand sich der Norden auf dem Höhepunkt der wirtschaftlichen Krise. In Asien zum Beispiel führte die Depression von 1873 zu einer Verlangsamung expansionistischer Aktivitäten, ja Beobachter sprachen sogar vom „Tiefpunkt" der Asienpolitik.[262] Dennoch: Mit der Krise von 1873–79 öffneten sich aber auch neue Möglichkeiten für amerikanische Investoren, zum Beispiel in Mexiko. Trotz der US-amerikanischen Interventionen in Mexiko (1836, 1846–1848, 1867) öffnete sich Mexiko amerikanischen Investoren nach 1877. Die besonderen wirtschaftlichen und politischen Beziehungen der beiden aneinander grenzenden Vereinigten Staaten wurden auf diese Weise weiter ausgebaut.[263] Trotz der in der Nachkriegsperiode generell eher stagnierenden amerikanischen Exporte nach Asien kam es nach der Panic of 1873 zu einem dynamischen Ausbau der Kerosinexporte in den asiatischen Raum, wo die

---

260 Lubetkin, M. John. Jay Cooke's Gamble: The Northern Pacific Railroad, the Sioux, and the Panic of 1873. Norman, OK: University of Oklahoma Press, 2006. Milton Friedman. The Crime of 1873. Journal of Political Economy. 1990 Dec 1; 98 (6):1159–1194.
261 5.000 Unternehmen mussten 1873 Insolvenz erklären und hinterließen Verbindlichkeiten in Höhe von 228 Millionen Dollar. 1876 stieg die Zahl der Bankrotte auf 9.000, ebenso 1877. 1878 waren 10.000 Unternehmen, die in der Krise schließen mussten. 1879 wurden 65 Eisenbahnlinien im Gesamtwert von 234 Millionen Dollar wegen Insolvenz abgewickelt. Janeway, Eliot. The Economics of Crisis: War, Politics, and the Dollar. New York: Weybright and Talley, 1968, S. 97.
262 Gould, James W. American Imperialism in Southeast Asia before 1898. Journal of Southeast Asian Studies. 1972; 3 (2):306–314, S. 311.
263 Pletcher, David M. Mexico Opens the Door to American Capital, 1877–1880. The Americas. 1959; 16 (1):1–14.

USA ein Monopol errichten konnten.[264] Schließlich etablierte sich nach 1873 ein wirtschaftlich geprägtes „North Atlantic Triangle" zwischen Großbritannien, Kanada und den USA, jetzt, nachdem die Schwierigkeiten zwischen England und den USA (*Alabama Claims*) durch den Washingtoner Vertrag von 1871 ausgeräumt waren und es klar war, dass die USA auf den Erwerb Kanadas würden verzichten müssen.[265] Eine weitere Form der Dreiecksbeziehung entwickelte sich im Warenaustausch mit Lateinamerika und Großbritannien, wobei

> Lateinamerika [...] in die USA vorwiegend tropische Agrarprodukte wie Kaffee und Zucker [lieferte], ohne selbst im gleichen Maße Produkte aus den USA zu beziehen. Die USA aber deckten ihre derartig entstandene Handelsbilanzdefizite mit ihren hohen Überschüssen aus dem Absatz ihrer Agrarprodukte und Rohstoffe in England, und England wiederum finanzierte diese Importe mit seinen Industriewarenexporten nach Lateinamerika [...][266]

Der Kongress hatte 1870 und 1871 drei Gesetze verabschiedet, die den Terrorismus des Ku Klux Klan eindämmen sollten. Das wirkungsvollste Gesetz stellte dabei der *Ku Klux Klan Act* oder „An Act to enforce the Provisions of the Fourteenth Amendment to the Constitution of the United States and for other Purposes", wie er offiziell hieß, dar.[267] Eingriffe in das Wahlrecht oder Behinderungen der Wähler wurden zu einem Bundesvergehen, gegen das die Armee eingesetzt werden konnte. Unerschrockene US-Marshals verhafteten Hunderte von Klanmitgliedern und sorgten dafür, dass sie vor Gericht gestellt wurden. Der KKK hörte für mehrere Jahrzehnte auf, eine Bedrohung darzustellen. Dies bedeutete nicht das Ende der Gewalt gegen *African Americans*, doch zeigte es, dass entschlossenes Handeln der Regierung durchaus Wirkung zeigen konnte. Der Kongress verabschiedete 1875 noch den *Civil Rights Act*, der gegen Diskriminierung von Schwarzen in öffentlichen Transportmitteln, Einrichtungen und bei der Zusammenstellung von Juries vorging.[268] Es fehlte jedoch am Willen, dieses Gesetz auch anzuwenden, weshalb

---

264 Gould, American Imperialism in Southeast Asia before 1898, S. 312f.
265 Brebner, J. Bartlet. A Changing North Atlantic Triangle. International Journal. 1948; 3 (4):309–319.
266 Fiebig-von Hase, Ragnhild. Lateinamerika als Konfliktherd der deutsch-amerikanischen Beziehungen, 1890–1903: Vom Beginn der Panamerikapolitik bis zur Venezuelakrise von 1902/03. Göttingen: Vandenhoeck & Ruprecht, 1986, S. 519.
267 Hosen, Frederick E. Federal Laws of the Reconstruction: Principal Congressional Acts and Resolutions, Presidential Proclamations, Speeches and Orders, and Other Legislative and Military Documents, 1862–1875. Jefferson, NC: McFarland & Co, 2010, S. 96–100.
268 „An Act to Protect all Citizens in Their Civil and Legal Rights" vom 1. März 1875, Hosen, Frederick E. Federal Laws of the Reconstruction, S. 108–110.

es weitgehend wirkungslos blieb. 1883 wurde das Gesetz vom *Supreme Court* in *United States v. Harris* (106 US 629) als verfassungswidrig kassiert.[269]

Die Wirkungslosigkeit der Maßnahmen des Bundes hatte auf der Ebene der politischen Disposition der Politiker in Washington viel damit zu tun, dass mit der Wahl Grants 1868 bereits ein Rückzug von der *Reconstruction* eingesetzt hatte. Grant persönlich lag viel daran, die Rechte der *African Americans* zu wahren und zu schützen, jedoch scheute er vor einer langfristigen Selbstverpflichtung zurück, die in Konflikt mit der Verfassung zu geraten drohte. Wie sein Vorgänger gewährte er großzügig Begnadigungen und regte selbst die Verabschiedung einer Generalamnestie an. Im Mai 1872 fügte sich der Congress und setzte alle ehemaligen Rebellen mit Ausnahme von 300 Hardlinern wieder in ihre politischen Rechte ein. Die Radikalen taten alles, um die Rehabilitierung der Rebellen zu verhindern, aber die Reformkräfte hatten ihre wichtigsten Köpfe verloren. 1874 waren die „drei großen Männer" der Radikalen Republikaner, Charles Sumner, Thaddeus Stevens und Salmon Chase schon gestorben. Andere wie Benjamin Wade aus Pennsylvania hatten ihr Mandat im Kongress verloren. Eine weitere Gruppe hatte den Kampf für die *African Americans* aufgegeben, weil sie nicht mehr daran glaubten, auf diesem Gebiet wirklich eine Änderung herbeiführen zu können. Etliche Radikale waren zu den *Liberal Republicans* übergelaufen und betrieben eine Politik der aktiven Inklusion der Rebellen. Herkömmliche weiße Politiker boten in ihren Augen die beste Gewähr für eine ehrliche und erfolgreiche Politik.

Die Abkehr des Nordens von der *Reconstruction* beruhte indessen auf mehr als nur Gleichgültigkeit, Raffgier und Desillusionierung. Der Rassismus erhob auch im Norden sein hässliches Haupt. Das Ende der Sklaverei hatte den Rassismus in beiden Sektionen des Landes nicht aushebeln können, im Gegenteil. Die Freiheit der Schwarzen bedeutete für die weiße Mehrheit des Nordens nicht Gleichstellung, nicht Umgang auf Augenhöhe. Oft dienten gerade die Handlungen, die sie zur Förderung der *African Americans* vollzogen, dem eigenen engen Parteiinteresse. Ob öffentlich oder privatim, die meisten Nordstaatler teilten die Meinung des Senators und späteren Vizepräsidenten Thomas A. Hendricks (1819 – 1885) aus Indiana, der sich offen für weiße Vorherrschaft aussprach: „[T]his is a white man's Government, made by the white man for the white man."[270] Zuneh-

---

[269] Der *Supreme Court* unter Vorsitz von Morrison Remick Waite (1816 – 1888) vertrat die Auffassung, der Bund könne Verbrechen wie Mord oder Körperverletzung nicht gesetzlich sühnen, da dies in die Kompetenz der Bundesstaaten fiele. Lawrence, Fredrick M. Civil Rights and Criminal Wrongs: The Mens Rea of Federal Civil Rights Crimes. Tulane Law Review 67: 1993, S. 2113 – 2229.
[270] Fuchs, Lawrence H. The American Kaleidoscope: Race, Ethnicity, and the Civic Culture. Hanover, NH: Wesleyan University Press, 1990, S. 95.

mend wurden nicht die *African Americans*, sondern weiße Südstaatler als Opfer der *Reconstruction* wahrgenommen.

Hinzu kam, dass der *US Supreme Court* alles daransetzte, um die *Reconstruction* zu Fall zu bringen. Der konservative Gerichtshof unter Vorsitz von Salmon B. Chase interpretierte die Verfassung so eng, dass einige Gesetze des Kongresses ungültig oder doch zumindest in ihrer Wirkung eng begrenzt wurden. Schon 1866 wurde in *Ex Parte Milligan* (71 US 2) die Entscheidung Präsident Lincolns kritisiert, das Recht auf Habeas Corpus durch den *Habeas Corpus Suspension Act* von 1863 aufzuheben und Militärtribunale zur Aburteilung von Rebellen einzusetzen.[271] Der Gerichtshof entschied, es sei ein Verstoß gegen die Verfassung, Zivilpersonen vor Militärtribunale zu stellen, so lange es noch funktionierende zivile Gerichte gäbe. 1867 urteilte das Gericht in *Mississippi v. Johnson* (71 US 475), der Präsident könne wegen der Durchsetzung von Gesetzen nicht von einem Einzelstaat verklagt werden. In *Texas v. White* (74 US 700) entschied der *US Supreme Court* 1869, Texas (und der Rest der Rebellenstaaten) habe die Union nie verlassen, denn ein Bundesstaat könne nicht einseitig die Mitgliedschaft in der Union aufkündigen.

In den sogenannten *Slaughterhouse Cases* von 1873 (83 US 36) zog das Gericht in einer 5:4-Entscheidung eine Trennung zwischen Staatsbürgerschaft in einem Bundesstaat und Staatsbürgerschaft auf nationalem Niveau ein. Auf diese Weise wurde der Schutz durch das 14. Amendment nur auf Belange des Bundes bezogen. Einzelstaaten hatten somit das Recht, die Bestimmungen des 14. Zusatzartikels zu unterlaufen. Die Bedeutung des Entscheids wurde maskiert durch die Tatsache, dass die anhängigen Fälle auf den ersten Blick überhaupt nichts mit der Situation von *African Americans* zu tun hatten.[272]

---

[271] Finzsch, Konsolidierung und Dissens, S. 739. Die Zitation der Gerichtsentscheidungen vor dem *Supreme Court* ist aber einfach. Im Fall *Chisholm v. Georgia*, 2 US 419 (1793), zum Beispiel stellt „Chisholm v. Georgia" den Namen des Falles mit den beiden Streitparteien dar. Die erste Zahl, die dem Namen folgt (2) ist die Bandnummer einer Buchreihe. „US" bezieht sich auf diese Reihe, nämlich die United States Reports, in dem sich der betreffende Fall finden lässt. Die zweite Zahl (419) bezieht sich auf die Seitennummer im Band 2, auf der der Fall beginnt. (1793) ist die Jahreszahl der Entscheidung. Für die erste Häfte des 19. Jahrhunderts sind die Fälle zusammengefasst in United States and Supreme Court. Reports of Cases Argued and Adjudged in the Supreme Court of the United States. Washington, DC: Published for John Conrad and Co; 1804–1862, 64 Bände. Die zeitlich folgende Reihe wird zitiert als United States and Supreme Court. Cases Argued and Adjudged in the Supreme Court of the United States. Washington, DC: W.H. & O.H. Morrison, 1866–1874, 23 Bände.

[272] Labbé, Ronald M. und Lurie, Jonathan. The Slaughterhouse Cases: Regulation, Reconstruction, and the Fourteenth Amendment. Lawrence, KS: University Press of Kansas, 2005. Newsom, Kevin Christopher. Setting Incorporationism Straight: A Reinterpretation of the

In *Minor v. Happersett* von 1875 (88 US 162) entschied das Gericht zudem, der 14. Verfassungszusatz garantiere Frauen nicht das Wahlrecht. Hier war allerdings der Vorsitzende Richter nicht mehr Chase, sondern Morrison Remick Waite (1816 – 1888), ein konservativer Nordstaatler, der es als seine Aufgabe ansah, die Befugnisse des Bundes gegenüber den Staaten einzugrenzen.[273]

Nachhaltiger in seiner Wirkung als *Slaughterhouse* war die Entscheidung in *United States v. Cruikshank* (92 US 542) von 1876, die besagte, die Verfassungszusätze der Rekonstruktionperiode schütze Schwarze nur vor der Diskriminierung durch Staaten, nicht durch Individuen. Hintergrund der Entscheidung bildete das *Colfax Massacre:*[274] Das *Colfax Massacre* hatte ein höchstrichterliches Nachspiel, denn im Urteil der Obersten Gerichtshof im Fall *United States v. Cruikshank* von 1876 wurde der 14. Verfassungszusatz in wesentlichen Bestandteilen außer Kraft gesetzt, weil der *Supreme Court* entschied, die Due-Process-Klausel und die Equal-Protection-Bestimmung des 14. Amendments beziehe sich nur auf Regierungen von Einzelstaaten, nicht aber auf Privatpersonen.[275] Nebenbei bekräftigte das Oberste Gericht, der 2. Verfassungszusatz begrenze nur Handlungen der Bundesregierung, konstituiere aber nicht das Recht von (afroamerikanischen) Privatpersonen, Feuerwaffen zu besitzen.[276] Mit anderen Worten erhielten rassistische Mobs oder paramilitärische Vereinigungen wie die *White League*, die *Red Shirts* oder die *Knights of the White Camelia* freie Hand für Gewaltaktionen gegen *African Americans*, die im Gegenzug noch nicht einmal das Recht auf bewaffnete Selbstverteidigung in Anspruch nehmen durften. Die Verhinderung und Verfol-

---

Slaughter-House Cases. The Yale Law Journal. 2000 Jan 1; 109 (4):643–744. Ross, Michael A. Justice Miller's Reconstruction: The Slaughter-House Cases, Health Codes, and Civil Rights in New Orleans, 1861–1873. The Journal of Southern History. 1998 Nov 1; 64 (4):649–676.
273 Magrath, C. Peter. Morrison R. Waite: The Triumph of Character, New York 1963, S. 118 f. Stephenson, D. Grier. The Waite Court: Justices, Rulings, and Legacy. Santa Barbara, CA: ABC-CLIO, 2003, S. 154 f.
274 Colfax, Louisiana, war eine Stadt wie viele andere im Süden, in der Weiße und Schwarze zusammenlebten, oft ohne Probleme. Am 13. April 1873 jedoch tötete eine Gruppe von ehemaligen Rebellensoldaten mehr als hundert *African Americans*, die das Gerichtsgebäude besetzt hielten, um es vor einer Übernahme durch die Demokraten zu schützen. Die Hälfte von ihnen wurde kaltblütig ermordet, nachdem sie sich ergeben hatten. Mehr als hundert Weiße wurden von der Regierung angeklagt, aber die örtlichen Geschworenengerichte verurteilten nicht einen einzigen der Verdächtigen. Keith, LeeAnna. The Colfax Massacre: The Untold Story of Black Power, White Terror, and the Death of Reconstruction. Oxford, New York: Oxford University Press, 2008. Lane, Charles. The Day Freedom Died: The Colfax Massacre, the Supreme Court, and the Betrayal of Reconstruction. New York: Henry Holt and Co, 2008. Stephenson, The Waite Court, S. 108, 120, 153.
275 Scaturro, Frank J. The Supreme Court's Retreat from Reconstruction: A Distortion of Constitutional Jurisprudence. Westport, CT: Greenwood Press, 2000, S. 17.
276 92 U.S. 542 (1876).

gung „normaler Kriminalität" wie Körperverletzung bleibe eine Aufgabe der Bundesstaaten. Mit derlei Urteilen verdammte der Oberste Gerichtshof die *Reconstruction* in ihrer Gesamtheit, unterminierte aber ihre gesetzliche Grundlage und machte sie damit weitgehend wirkungslos.

Die Stimmung der Nation drückte sich in den Kongresswahlen des Jahres 1874 angemessen aus. Zum ersten Mal seit 18 Jahren erhielten die Demokraten die Mehrheit im *House of Representatives*. Die Wähler machten die Grant-Regierung für die Wirtschaftskrise von 1873 verantwortlich und sie unterstrichen, dass ihnen die ganze *Reconstruction* zunehmend zuwider war. Eine republikanische Zeitung bemerkte treffend, die Bevölkerung sei zutiefst ermüdet von der „[...] negro question, with all its complications, and the reconstruction of the Southern States, with all its interminable embroilments."[277] Der Wähler wand sich den Demokraten zu, die die *Reconstruction* von Anbeginn als verfassungswidrig, widernatürlich und töricht attackiert hatten. Nach 1874 wussten die auch die störrischsten Republikaner, dass eine weitere Verteidigung der *Reconstruction* politischer Selbstmord war. Der Norden hatte die *Reconstruction* zu Fall gebracht.

Der Kongress gab seine Politik der Integration praktisch sofort auf. Der Präsident weigerte sich zunehmend, die bestehenden Gesetze umzusetzen. Der *Supreme Court* schoss riesige Löcher in die Gesetzgebung, durch die die Demokraten in die Lage versetzt wurden, gültige Gesetze zu honorieren. Die Bevölkerung machte deutlich, dass sie des Ganzen überdrüssig war. Mit dem Beginn der 1870er Jahre trugen *African Americans* die Last der *Reconstruction* weitgehend alleine.

3.8 Der Triumph der weißen Suprematie

Republikanische Regierungen im Süden gehörten zu den verhasstesten Regierungen der amerikanischen Geschichte. In den Augen der weißen Südstaatler bedeutete jeder Tag, an dem die Republikaner an der Macht waren, einen Tag mehr voller Beleidigungen und Rechtsbrüche: Schwarze Milizen patrouillierten auf der Hauptstraße der Städte, schwarze Arbeiter verhandelten mit ihren Arbeitgebern und früheren Besitzern über Tarifverträge, schwarze Dienstmädchen riskierten eine Lippe im Umgang mit ihren ehemaligen Besitzerinnen, schwarze Wähler schritten zur Wahlurne und schwarze Politiker entwarfen Gesetze und nahmen sie in den Volksvertretungen an. Der Rückzug des Nordens aus den Angelegenheiten der *Reconstruction* bedeutete für die Demokraten, dass sie die-

---

[277] Hummel, Jeffrey Rogers. Emancipating Slaves, Enslaving Free Men: A History of the American Civil War. Chicago, IL: Open Court, 1996, S. 319.

sem Hass nun freien Lauf lassen konnten. Unter dem Begriff „Redeemers", was so viel wie „Retter" oder „Erlöser" bedeutete und eine eindeutig religiöse Konnotation hatte, griffen sie die Macht der Republikaner als „Regierung der Bajonette" an und versprachen, die Kontrolle durch heimische Politiker wiederherzustellen. Dabei war die Besatzung des Südens durch die US-Armee Anfang der siebziger Jahre im Süden so ausgedünnt, dass ein erfolgreiches militärisches Eingreifen längst nicht mehr möglich war.[278] Die *Redeemers* brandmarkten die republikanischen Staatenregierungen als Orgien der Verschwendungssucht und des Betrugs und versprachen, sie durch ehrliche und verantwortungsvolle Demokraten zu ersetzen. Wichtiger aber noch als dieses Argument war der Generalverdacht, die Republikaner bereiteten dem „Niedergang" der „weißen Zivilisation" den Weg und würden die Herrschaft von barbarischen Schwarzen über kultivierte Weiße vorbereiten. Ein *Redeemer* verpackte dieses „Wissen" in einen politischen Slogan, der nichts bemäntelte: „We must render this either a white man's government or convert the land into a Negro man's cemetery."[279]

Dabei hatten die Republikaner wenig gemeinsam mit den von den Demokraten verbreiteten Revolvergeschichten. Selbstverständlich wurden die Regierungen, die sich auf eine Koalition von weißen Kleinbauern, schwarzen Pächtern und weißen Unternehmern aus dem Norden stützte, von zahlreichen politischen Problemen geplagt. Die republikanischen Regierungen versprachen oft mehr als sie liefern konnten. Die wirtschaftlichen Probleme waren für sich gesehen schon unüberwindlich. Hinzu kamen die schon angesprochenen Schulen und ein mangelndes Verständnis für die Rolle des Staates in der Wirtschaftspolitik. Dies hatte weniger damit zu tun, dass unter republikanischer Regierung Gier und Kriminalität sich ungehindert ausbreiten konnten, sondern eher damit, dass beide Parteien nicht davor zurückschreckten, ihre Parteigänger mit einträglichen politischen Ämtern zu belohnen oder sich auf Kosten der Steuerzahler zu bereichern.[280]

---

[278] Von den 1865 vorhandenen eine Million Soldaten der Armee war die absolute Mehrheit nach Ende des Kriegs demobilisiert worden. Zwischen 1866 und 1869 betrug die Stärke der in Süden stationierten Armeeeinheiten durchschnittlich 21.000 Mann. 1869 sank diese Zahl auf durchschnittlich 11.000 Mann, um 1875 auf 3.300 Mann zu sinken. Wenn man sich die Größe der „besetzten" Südstaaten ansieht, ist das eine Quanité Negligeable. DiMarco, Louis A. Anatomy of a Failed Occupation: The U.S. Army in the Former Confederate States, 1865 to 1877. The Land Warfare Papers: A National Security Affairs Paper Published on Occasion by The Institute of Land Warfare. Arlington, VA: The Institute of Land Warfare 2007, S. 8.
[279] Franklin und Foner, Reconstruction after the Civil War, S. 129.
[280] McPherson, James M. Ordeal by Fire: The Civil War and Reconstruction. Boston, MA: McGraw-Hill, 2001, S. 561.

Zu Beginn der 1870er Jahre hatten die Demokraten verstanden, dass die „Rassenkarte" ihr wichtigstes Ass im Poker um die Macht darstellte. Ihre Strategie war zweigeteilt: Zum einen ging es darum, die Wählerschaft in der Frage der „Rasse" zu polarisieren, zum anderen, schwarze Wähler so lange zu terrorisieren, bis sie aufhörten, ihr Wahlrecht in Anspruch zu nehmen. Die Demokratische Partei wurde die Sammlungsbewegung aller Weißen im Süden, womit die Republikaner zur Partei der Schwarzen wurden. Die Konzentration auf Weiße verhieß erfolgreich zu sein, da in allen Südstaaten mit Ausnahme Mississippis, South Carolinas und Louisianas Weiße die Mehrheit der Bevölkerung stellten. Weißen republikanischen Wählern musste die Demokratische Partei schmackhaft gemacht werden, indem an den latenten Rassismus der Weißen appelliert wurde. Damit wurde eine Entwicklung verstärkt, die den behaupteten Vorsprung der „weißen Rasse" gegenüber den *African Americans* in ein zivilisatorisches Konzept übersetzte, dass als „global white supremacy" auch zur Rechtfertigung territorialer Expansion benutzt werden konnte.[281]

In South Carolina beispielsweise behauptete ein Demokrat, seine Partei unterstütze die „proud Caucasian *race* whose sovereignty on earth God has proclaimed."[282] Erfolgreich war auch die Politik der offenen Denunziation: Örtliche Tageszeitungen veröffentlichten die Namen derjenigen Weißen, die Umgang mit *African Americans* hatten. Die Reaktion John Roy Lynchs (1847–1939) war eindeutig: „No white man can live in the South in the future and act with any other than the Democratic [P]arty unless he is willing and prepared to live a life of social isolation."[283]

Weiße Farmer mit kleinen Höfen hatten während der Wirtschaftskrise von 1873 große Probleme. Sie verloren ihr Land, weil sie mit den Hypothekenzahlungen oder mit den Steuern in Rückstand gerieten. Es war deshalb für die Demokraten einfach, demagogisch gegen die Republikaner aufzutreten, die in Washington die Regierung stellten. Schließlich waren die Regierungsausgaben während der *Reconstruction* rapide gewachsen und die Steuern auch für Kleinbauern waren noch steiler gestiegen. Die Steuern für Besitzer von Bauernhöfen in Mississippi lagen vierfach über dem Vorkriegsniveau. Mit dem rapiden Verfall der

---

[281] Mills, Charles W. Revisionist Ontologies: Theorizing White Supremacy. Social and Economic Studies. 1994; 43 (3):105–134.
[282] Stalcup, Brenda. Reconstruction: Opposing Viewpoints. San Diego, CA: Greenhaven Press, 1995, S. 144. Zur Persistenz der Gewalt im Süden siehe Budiansky, Stephen. The Bloody Shirt: Terror after Appomattox. New York: Viking, 2008.
[283] Lynch, John Roy. Reminiscences of an Active Life: The Autobiography of John Roy Lynch. Chicago, IL: University of Chicago Press, 1970, S. 151. Siehe auch Lynch, John Roy. The Facts of Reconstruction. New York: The Neale Publishing Company, 1913.

Baumwollpreise im Verlaufe der 1870er Jahre verloren die Bauern ihr Einkommen. Um ihre Steuern bezahlen zu können, beobachtete ein Zeitzeuge „[...] people are selling every egg and chicken they can get."[284] Säumige Zahler verloren ihr Land. Im Jahr 1871 hatten auf diese Weise kleine Landbesitzer in Mississippi 1,3 Millionen *Acres* verloren.[285] Die wirtschaftlichen Probleme der weißen Kleinbauern hatten eine Seite, die sich leicht rassifizieren ließ. Weil wenige *African Americans* in den Genuss von Landbesitz kamen, bezahlten sie auch selten Steuern. In Georgia zum Beispiel stellten 1874 *African Americans* 46 Prozent der Bevölkerung, zahlten jedoch nur 2,6 Prozent der Steuern auf Grundbesitz.[286] Aus der Perspektive der Kleinbauern bedeutete die Regierung der Republikaner, dass sie zur Kasse gebeten wurden, um das Leben der *Freedpeople* zu verbessern. Die Demokraten fragten, ob es nicht an der Zeit sei, die Partei der Weißen zu wählen, und hatten damit Erfolg.

Wenn Rassismen, soziale Isolation oder die Finanzpraktiken der Republikaner nicht ausreichten, weiße Bauern ins demokratische Lager zu treiben, gab es ja immer noch das Mittel des Terrorismus. *Night riders* griffen sich besonders *Scalawags* und *African Americans* heraus, um sie mit Mord und Gewalt zu bedrohen. Anfang der 1870er Jahre unterstützte noch ein Bruchteil der Weißen im Süden die Partei Lincolns. Auch wenn weiße Kleinbauern zunächst mit den *Freedmen* kooperiert hatten – und das würden sie auf dem Höhepunkt des *Progressive Movement* 20 Jahre später wieder tun – so löste sich diese Verbindung, weil die Republikaner außer Stande waren, die Koalition mit den Kleinbauern auszubauen und zu verstärken. Die rassifizierende Polarisierung der Wählerschaft erlaubte es, alle Weißen ins Lager der ehemaligen Rebellen zu ziehen. Der Seitenwechsel der Kleinbauern besiegelte das Schicksal der Koalition zwischen *Freedmen*, *Scalawags* und *Carpetbaggers* und leitete einen Prozess ein, an dessen Ende das Ideal des *Yeoman Farmers* nicht mehr gelebt werden konnte.[287]

---

284 Foner, Reconstruction: America's Unfinished Revolution, S. 416.
285 Das entspricht 526.091 Hektar oder einer Fläche von 5.260 Quadratkilometern. Willis, John C. Forgotten Time: The Yazoo-Mississippi Delta after the Civil War. Charlottesville, VA: University Press of Virginia, 2000, S. 45f.
286 Escott, Paul D. und Goldfield, David R. Major Problems in the History of the American South: Documents and Essays. Lexington, MA: D.C. Heath, 1990, 2 Bände, Band 2, S. 65.
287 Malone, Ann Patton. Piney Woods Farmers of South Georgia, 1850–1900: Jeffersonian Yeomen in an Age of Expanding Commercialism. Agricultural History. 1986; 60 (4):51–84. Strom, Claire. Texas Fever and the Dispossession of the Southern Yeoman Farmer. The Journal of Southern History. 2000; 66 (1):49–74. Allgemein zur Geschichte des Landverlusts unter Yeoman Farmers: Marshall, James M. Land Fever: Dispossession and the Frontier Myth. Lexington, KY: University Press of Kentucky 1986.

Das zweite Element der *Redeemer*-Strategie – die Einschüchterung der schwarzen Wählerschaft – sollte sich als ebenso verheerend herausstellen wie der Angriff auf die politische Basis der Republikaner. Gewaltakte gegen *Freedpeople* stiegen dramatisch an. Noch vor 1870 und der Übernahme der Gewalttaktik der *Redeemers* konnten die Demokraten die Staaten Virginia, Tennessee und North Carolina zurückgewinnen. Die Gewaltkampagne der Redeemers brachte neue Erfolge. 1872 fiel Georgia, Texas folgte 1873 und Arkansas und Alabama im Jahr 1874. 1875 kippte die republikanische Regierung in Mississippi. Die Geschichte der Übernahme Mississippis durch die Demokraten ist ein Paradebeispiel für das Zusammenspiel von politischer Macht und offener Gewalt. Der *Mississippi Plan* sah explizit vor, Gewaltakte gegen *African Americans* mit dem Appell zum Zusammenschluss aller Weißen zu kombinieren.[288]

Schwarze und weiße Unterstützer der Republikaner wurden systematisch eingeschüchtert; die Großgrundbesitzer warnten die schwarzen Pächter davor, republikanisch zu wählen, wenn sie nicht ihr Land verlieren wollten.[289]

Weiße Milizen ließen nur solche *African Americans* wählen, die ein demokratisches Ticket in der Hand hielten.[290] Jede noch so unglaubwürdige Begründung wurde herangezogen, um *Freedpeople* zu tyrannisieren. Während „Rassenunruhen" in Vicksburg, Mississippi, starben 35 *African Americans*.[291] Der Bericht der Untersuchungskommission des Parlaments von Mississippi kam zu dem Ergebnis, die *African Americans* hätten kaum Gegenwehr geliefert:

> No preconcerted intention to fight even in self-defense seems to have been fixed upon by them, as barely a faint show of resistance was presented when they were attacked; and the stampede which followed was probably as much caused by surprise and astonishment at the action of the whites as through fear. This fight (if such an affair can be called by that name, where one side is intent on doing all the killing and the other side upon clearing

---

[288] United States; Congress; Senate und Select Committee to Inquire into the Mississippi Election of 1875. Mississippi in 1875: Report of the Select Committee to Inquire into the Mississippi Election of 1875, with the Testimony and Documentary Evidence. Washington, DC: Government Printing Office, 1876, 2 Bände. Benedict, Michael Les. The Fruits of Victory: Alternatives in Restoring the Union, 1865–1877. Lanham, MD: University Press of America, 1986, S.141 ff. Rable, George C. But There Was No Peace: The Role of Violence in the Politics of Reconstruction. Athens, GA: University of Georgia Press, 2007, S. 160–177.
[289] United States; Congress; Senate und Select Committee to Inquire into the Mississippi Election of 1875. Mississippi in 1875, Band 1, S.XIV.
[290] United States; Congress; Senate und Select Committee to Inquire into the Mississippi Election of 1875, S. 160.
[291] Mississippi. Legislature and Joint Special Committee on the Insurrection in Vicksburg, 1874. Report of the Joint Special Committee Appointed to Investigate the Late Insurrection in the City of Vicksburg, Warren County. Jackson, MS: Pilot Publishing Company, State Printers, 1875.

space), was the signal for a general attack upon the colored people wherever found in squads.²⁹²

Als der Termin für die Wahlen von 1875 näher rückte, bat der Republikanische Gouverneur Adelbert Ames (1835–1933) von Mississippi die Regierung in Washington um militärische Unterstützung, um Ruhe und Ordnung und die ordnungsgemäße Durchführung der Wahlen zu sichern. Diese Bitte wurde jedoch abgeschlagen. Der amerikanische Justizminister Edward Pierrepont (1817–1892) sagte zur Begründung, dass „[the] whole public are tired of these annual autumnal outbreaks in the South."²⁹³ Unter diesen Bedingungen hatten Republikaner in Mississippi keine Chance in der Wahl. 1876 hatten nur drei republikanische Regierungen den Angriff der Demokraten überlebt: Florida, Louisiana und South Carolina.

Das Jubiläumsjahr 1876 – 100 Jahre waren seit der Unabhängigkeitserklärung vergangen – wurde das *annus horribilis* der *Reconstruction*. In diesem Jahr fand die wohl umstrittenste Präsidentschaftswahl des 19. Jahrhunderts statt. Im Ergebnis bedeutet diese Wahl auch das offizielle Ende der *Reconstruction*. Obwohl schon im November gewählt worden war, wusste die Bevölkerung bis zum 2. März 1877 nicht, wer Präsident der USA sein würde. Der Amtsantritt war traditionell für den 4. März vorgesehen. Die politische und verfassungsrechtliche Krise hatte vier Monate angedauert und es hatte so ausgesehen, als ob das Land an dieser Krise zerbrechen könnte. 16 Jahre nach Abraham Lincolns Wahl stand die Nation erneut am Abgrund eines Bürgerkriegs.²⁹⁴

Die Demokraten hatten den ehemaligen Gouverneur von New York Samuel J. Tilden (1814–1886) nominiert, einen Mann, der sich einen Namen gemacht hatte, weil er gegen Korruption vorgegangen war. Tilden ging im Wahlkampf sofort in die Offensive und beschuldigte die Grant-Regierung der Korruption und des Machtmissbrauchs. Die Republikaner hatten ihrerseits ebenfalls einen Reformer nominiert, den Gouverneur von Ohio, Rutherford B. Hayes (1877–1881). Privatim war Hayes ein Gegner der militärisch gestützten Verwaltung des Südens, was ihn aber nicht davon abhielt, das „blutige Hemd" als Wahlkampfstrategie zu schwenken,

---

292 Mississippi. Legislature and Joint Special Committee on the Insurrection in Vicksburg, S. 8.
293 Newton, The Ku Klux Klan in Mississippi, S. 41.
294 Holt, Michael F. By One Vote: The Disputed Presidential Election of 1876. Lawrence, KS: University Press of Kansas, 2008. Morris, Roy. Fraud of the Century: Rutherford B. Hayes, Samuel Tilden, and the Stolen Election of 1876. New York: Simon & Schuster, 2003. Rehnquist, William H. Centennial Crisis: The Disputed Election of 1876. New York: Alfred A. Knopf, 2004. Schlesinger, Arthur M., Israel, Fred L. und Frent, David J. The Election of 1876 and the Administration of Rutherford B. Hayes. Philadelphia, PA: Mason Crest Publishers, 2003.

d. h. die Demokraten in toto als Landesverräter zu brandmarken. „It leads people away from ‚hard times' which is our deadliest foe," bemerkte Hayes.[295] Die Wahlen im Süden verliefen zum Teil tumultuarisch. Es kam zur Fälschung von Wahlunterlagen, massiven Behinderungen von republikanischen Wählern, Einschüchterung und Gewalt.[296]

Am Wahltag erhielt Tilden 4.284.000 Stimmen, Hayes dagegen nur 4.036.000. Im Wahlmännerkollegium hingegen fehlte Tilden eine Stimme zur Wahl. Nun waren die Wahlergebnisse von drei Bundesstaaten zweifelhaft und deshalb nicht in die Auszählung mit einbezogen worden. Sowohl Demokraten wie auch Republikaner beanspruchten die 19 Wahlmännerstimmen von South Carolina, Louisiana und Florida für sich. Um die Wahl für sich zu entscheiden, brauchte Tilden nur eine dieser 19 umstrittenen Stimmen. Hayes hingegen benötigte alle 19 Stimmen, um sich gegen Tilden durchzusetzen. Beide Parteien beschuldigten sich gegenseitig, die Wahlen manipuliert zu haben. Die Republikaner hatten offensichtlich einige Wahlurnen mit ungültigen Stimmen gefüllt, doch hatten gewaltsame Einschüchterungstaktiken der Demokraten Tausende von republikanischen Wählern von der Wahl abgehalten.[297]

---

[295] Hofstadter, Richard. The Paranoid Style in American Politics, and Other Essays. New York: Vintage Books, 2008, S. 153, Fn 5.

[296] Chaillé, Stanford Emerson. Intimidation and the Number of White and Colored Voters in Louisiana in 1876 as Shown by Statistical Data Derived from Republican Official Reports. New Orleans, LA: Picayune Office Job Print, 1877. Gibson, Albert M. A Political Crime: The History of the Great Fraud. New York: W. S. Gottsberger, 1885. Die Quellenlage zur Wahl von 1876 ist sehr gut. Die Wahl löste ein Echo in der Presse und der Pamphletistik aus. Hier seien nur einige Quellen genannt. Hart, Amos W. The Case Between the Presidential Candidates: Statement of the Controversies Respecting the Presidential Vote in the States of Florida, Louisiana, Michigan, Missouri, New Jersey, Oregon, Rhode Island, South Carolina, Virginia and Vermont, Together with Verbatim Copies of the Statutes of Said States under Which the Controversies Have Arisen, and by Which They Are to Be Decided. Washington, DC: Printed by J.L. Ginck, 1876. Stiger, Josef Leopold. Zur Amerikanischen Präsidentenwahl vom 7. November 1876: Eine Beleuchtung der süddeutschen Korrespondenz in Nr. 338 der „Augsburger Allgemeinen Zeitung." Dem Volke des amerikanischen Westens gewidmet. Zürich: C. Schmidt, 1877. United States, Congress, House und Select Committee on Alleged Frauds in the Late Presidential Election. Investigation of Alleged Electoral Frauds in the Late Presidential Election. Washington, DC: Govt. print. off, 1879.

[297] Der Bericht über die Wahlen umfasst über 1100 Seiten: United States; Electoral Commission (1877); United States und Congress. Electoral Count of 1877: Proceedings of the Electoral Commission and of the Two Houses of Congress in Joint Meeting Relative to the Count of Electoral Votes Cast December 6, 1876, for the Presidential Term Commencing March 4, 1877. Washington, DC: Government Printing Office, 1877. Zum Stichwort „stuffing of the ballot box" siehe S.65. Zur Einschüchterung von Wählern, S. 226, 236–238, 256.

Der Kongress musste nun entscheiden, wer die Wahlen in den umstrittenen drei Südstaaten gewonnen hatte. Die Verfassung bot hier wenig Hilfe. Die Demokraten hatten die Mehrheit im *House of Representatives*, die Republikaner im Senat. Um die Blockade zu durchbrechen, richtete der Kongress eine Wahlkommission ein, die die Entscheidung herbeiführen sollte. Diese Kommission bestand aus fünf Abgeordneten des Repräsentantenhauses (zwei Republikaner, drei Demokraten), fünf Senatoren (zwei Demokraten, drei Republikaner) und fünf Richtern des Obersten Gerichtshofs der USA (zwei Demokraten, zwei Republikanern und David Davis, einem Unabhängigen). Bevor jedoch die Kommission zusammentreten konnte, wurde Richter Davis (1815–1886) für Illinois in den Senat gewählt. Die anderen vier Richter ersetzten ihn durch Joseph Philo Bradley (1813–1892), definitiv ein Republikaner. Die Kommissionsmitglieder stimmten strikt nach Parteizugehörigkeit ab und gaben jeden umstrittenen Südstaat an Hayes, womit die Wahl entschieden schien.

Etliche Demokraten waren so entsetzt, dass sie den Sieg Hayes' nicht anerkennen wollten. Erneut wurde verhandelt, diesmal hinter verschlossenen Türen.[298] Es kam zu einem „informellen" Deal, dem viel diskutierten Kompromiss von 1877.[299] Die Demokraten versprachen, die Inauguration von Hayes nicht zu behindern und die *Freedpeople* anständig zu behandeln; dafür erhielten sie im Gegenzug die Zusage Hayes', er werde die Armee nicht einsetzen, um die verbliebenen republikanischen Regierungen im Süden zu unterstützen. Der Süden solle erhebliche Zuwendungen des Bundes erhalten, um Infrastrukturmaßnahmen zu finanzieren. Weniger als zwei Tage nach der Einigung legte Präsident Hayes seinen Amtseid ab. Ein Jahr später gab es keine republikanischen Regierungen im Süden mehr.[300]

Enttäuschte Unterstützer Tildens sprachen von einer „gestohlenen Wahl" und verdammten Präsident Rutherford B. Hayes als „His Fraudulency".[301] Republikanische Radikale lehnten den Kompromiss als Kapitulation vor dem Süden rundweg ab. Die Bevölkerung im Allgemeinen war jedoch erleichtert und feierte. Die Krise war vorbei und mit ihr die *Reconstruction*. Die letzten drei republikanischen Regierungen im Süden fielen binnen weniger Monate, nachdem Hayes sie abgeschrieben hatte. Der Kompromiss von 1877 kann als Ausweis dienen für den Konservatismus, der sich im Norden breitgemacht hatte. Neue Prioritäten zierten

---

[298] Rehnquist, Centennial Crisis.
[299] Woodward, C. Vann. Reunion and Reaction: The Compromise of 1877 and the End of Reconstruction. New York, Oxford: Oxford University Press, 1991, S. 186–203.
[300] Ferrell, Reconstruction, S. 59.
[301] Swint, Kerwin C. Mudslingers: The Twenty-Five Dirtiest Political Campaigns of All Time: Countdown from No. 25 to No. 1. New York: Union Square Press, 2008, S. 85.

die politische Agenda. Es kann aber durchaus spekuliert werden, dass Hayes die Truppen im Süden auch ohne den Kompromiss abgezogen hätte.

Die Lösung der Krise markierte auch nach außen sichtbar die Rückkehr zur Tradition des sektionalen Kompromisses, wie sie schon vor dem Bürgerkrieg entwickelt worden war. Wie schon zuvor einigten sich die weißen Eliten über die geographischen Grenzen hinweg, auf Kosten der *African Americans*. 1877 gingen die Republikaner den Weg des geringsten Widerstandes, um den Präsidenten zu stellen. Die Demokraten erhielten dafür im Süden freie Hand, ohne dass Bundestruppen sie bei der Übernahme der vollen politischen Kontrolle störten. Mit dem Ende der *Reconstruction* waren Schwarze im Süden zwar noch nicht vollkommen der Vorherrschaft der Weißen unterworfen, doch sahen ihre Zukunftsaussichten nicht gut aus.

Als 1865 General Carl Schurz den Süden im Auftrag von Präsident Andrew Johnson besuchte, entdeckte er „a revolution but half-accomplished."[302] Die Niederlage des Südens hatte nicht etwa einen einfachen Übergang von der Sklaverei zur Lohnarbeit oder vom Rassenwahn der Weißen zur Gleichberechtigung geebnet. Im Gegenteil: In den Jahren nach 1865 sollte sich im Süden eine Form der Apartheid ausbilden, weil die alten Eliten an den Vorteilen der Sklaverei auch unter den Bedingungen der Lohnarbeit festhalten wollten und *Freedpeople* und Kleinbauern die Niederlage des Südens für ihre Emanzipation ausnutzen wollten, damit aber scheiterten. Ohne die Intervention des Kongresses (unter Führung der Radikalen Republikaner) und den Einsatz des Militärs wäre schon 1866 eine Situation entstanden, die den ehemaligen Versklavten wenig Alternativen zu einer Position minderen Rechts und der Ausbeutung durch die Großgrundbesitzer gelassen hätte. Der Fehler des Kongresses und der Radikalen bestand in der fehlenden ökonomischen Unterfütterung der politischen Freiheiten der *Freedpeople*. Damit bereiteten sie den Boden für ein langsames, aber systematisches Roll-Back der geschlagenen Demokraten. Wo sie die politische Macht durch Einschüchterung und Gewalt zurückerobern konnten, setzten sie die Mittel des Staates ein, um *Freedpeople* zu Bürgern zweiter Klasse zu machen. Ein Besucher des Jahres 1870 hätte im Süden viele Dinge sehen können, die ihn an die Zeit vor 1865 erinnert hätten: Schwarze arbeiteten auf dem Feld und in der Küche, überall wurde Baumwolle angepflanzt und weiße „Herrenmenschen" kontrollierten in den Gerichten und den Parlamenten die Geschicke der Mehrheit der Gesellschaft. So bewahrheitete sich die Beobachtung eines Besuchers, der for-

---

[302] Bancroft, Frederic (Hg.). Speeches, Correspondence and Political Papers of Carl Schurz. New York: Negro Universities Press, 1969, 6 Bände, Band 1, S. 354.

mulierte, der Süden habe zwar den Krieg verloren, dafür aber den Frieden gewonnen.

Auf einer anderen Ebene war die *Reconstruction* jedoch erfolgreich: In ihr wurden die Voraussetzungen geschaffen für die Zweiteilung der USA in einen industriell operierenden Nordwesten (einschließlich des Gebietes um die Großen Seen) und den agrarischen „Rest" im Süden, der zusammen mit dem rasch expandierenden Westen das notwendige Reservoir für die Produktion von Lebensmitteln und Rohstoffen bildete. Erst die sektionale Dichotomie zwischen Industrieproduktion und Rohstoff- bzw. Nahrungsmittelproduktion in Kombination mit entsprechenden Zöllen sorgte für die enorme Leistungsfähigkeit eines auch stark auf die Binnenkonsumption abgestellten Systems, das (zunächst) nicht auf die Zuführung von Konsumgütern von außen angewiesen war. Insofern machte die Abkehr der Republikaner von den hehren Zielen der *Radical Republicans* durchaus Sinn: Die kapitalistische Akkumulation wurde jedenfalls durch das Scheitern der *Reconstruction* nicht bedroht.

Trotzdem bedeutete der Sieg der *Redeemer* nicht die Wiedereinführung der Sklaverei. Freiheit hatte eine hohe Bedeutung für die ehemalig Versklavten und sie verteidigten sie ebenso hartnäckig, wie die Weißen, die um ihre verlorenen Privilegien kämpften. Die alte Plantage der Sklavenzeit war obsolet geworden, der weiße Zugriff auf die Körper der *African Americans* war nicht mehr uneingeschränkt, schwarze Kinder gingen zur Schule und die Familie konnte zusammenbleiben und zusammenleben. Auch wenn das Leben als arme Pächter hart und prekär war, war *Sharecropping* immer noch besser als die bedingungslose Unterwerfung der Sklaverei. Dennoch gilt das Verdikt der „halben Revolution": Die *Reconstruction* war eine Tragödie von gewaltigen Ausmaßen. Sie verfestigte die Ideologie der *white supremacy* und bildete eine erste Schicht im gesellschaftlichen Wissens- und Verhaltensvorrat, die bis heute handlungsleitende Effekte zeitigt. Für die Etablierung und Legitimierung des amerikanischen Imperiums war das Scheitern der Reconstruction ausschlaggebend.

4 Siedlerimperialismus und Rassismus: Landnahme, Besiedlung des Westens und Urbanisierung, 1860–1900

Das System des Siedlerimperialismus und die damit verbundenen Institutionen, Politiken und Praktiken stellten eine zentrale Schicht der sich entwickelnden imperialen Weltsicht amerikanischer Politiker, Unternehmer und eines großen Teils der Bevölkerung dar. Der Siedlerimperialismus war ein sich selbst perpetuierendes System der Verteilung von Land unter weißen Siedlern und Landspekulanten, das vor dem Bürgerkrieg noch nicht voll entfaltet war. Es nahm nach dem Bürgerkrieg auch wegen der wachsenden Einwanderung Fahrt auf und stellte den Farmern aus dem Osten immer größere Landstriche zur Besiedlung zur Verfügung.[1] Gleichzeitig erhielten Eisenbahngesellschaften als Anreiz für den Bau immer neuer Eisenbahnstrecken riesige Areale zur freien Verfügung. Die Existenz der Eisenbahnlinien beschleunigte die Landverteilung unter den prospektiven Siedlern, da die Eisenbahnen frei verfügbares Land benötigten, um weiter bauen zu können, und die Siedler die Eisenbahnen benutzten, um nach Westen zu migrieren und ihre Agrarprodukte im Osten abzusetzen. Im Weg standen bei diesem selbsttragenden Wachstum lediglich die ursprünglichen Besitzer der Ländereien, die *Native Americans*. Sie mussten deshalb enteignet und vertrieben werden, wo möglich, mit legalen oder halblegalen Mitteln, wo nötig mit Gewalt, die von der Zerstörung der ökologischen Grundlagen ihres Lebens bis zum offenen Genozid reichte. War das bisherige Verhältnis der Bundesregierung zu den *Native Americans* durch die Rhetorik der Sorge um die amerikanischen Indianer und die politische Praxis der Vertragsabschlüsse mit diesen „dependent nations" geprägt gewesen, so erfolgte nach dem Bürgerkrieg eine Neubestimmung. Das Versprechen von neuem Land für Siedler seit dem *Homestead Act* (1862), die ungewollte, zum Teil erzwungene Parteinahme für die Sache der Union oder der Rebellen seitens der *Native Americans* und der Versuch, die Einheit der Nation durch eine transkontinentale Eisenbahn zu befördern, führten zu einer Umorientierung der Indianerpolitik. Dass verschiedene indianische Populationen erbitterten Widerstand gegen Versuche geleistet hatten, sie in Reservationen einzuweisen, mag zu dieser Umorientierung beigetragen haben. Jedenfalls stellte der *Indian Approp-*

---

[1] Zum Siedlerimperialismus vor 1860 siehe die unveröffentlichte Dissertation von Julius Wilm, die zeigt, wie widersprüchlich sich die Eliten bei der Verteilung von „freiem Land" verhielten. Wilm, Julius. Free Land for Settlers: An American Dream and Its Realities in the Antebellum Era. Köln: Dissertation Universität zu Köln 2016.

OpenAccess. © 2019 M. Michaela Hampf, publiziert von De Gruyter. Dieses Werk ist lizenziert unter der Creative Commons Attribution-NonCommercial-NoDerivatives 4.0.
https://doi.org/10.1515/9783110657746-006

riation Act von 1871 eine Abkehr von der Behandlung der *Native Americans* als teilsouveräne Völkerrechtssubjekte dar und reduzierte sie auf eine Gruppe von Individuen, die keinerlei Rechte aus der Tatsache der Zugehörigkeit zu einem Familienverband oder einer ethnisch-definierten Gruppierung ableiten konnten. Dieser *Indian Appropriation Act* stellte somit die *Critical Juncture* (*Critical Juncture 4*) für die auf dem Fuße folgende physische und kulturelle Vernichtung indianischer Gruppen dar.

Die Vertreibung und Dezimierung der *Native Americans* kann als *Lock-in* (*Lock-in 4*) aufgefasst werden, dessen Ergebnisse irreversibel waren und das den Gang der Ereignisse unidirektional determinierte. Aber gab es hierfür Alternativen? War der „Niedergang" der *Native Americans* angesichts des Ansturms von Hunderttausenden von Siedlern nicht unausweichlich? Eine denkbare Alternative wäre eine Politik gewesen, die den Zugriff auf Land im Westen wirksam begrenzt hätte. Eine *Proclamation Line*, ähnlich der von 1763, deren Unverletzlichkeit von der Armee überwacht worden wäre, hätte den Vormarsch der weißen Siedler abbremsen können. Gleichzeitig hätte das Verschleudern öffentlichen Lands an die Eisenbahngesellschaften verhindert werden müssen. Damit wäre die Durchdringung indianischer Territorien durch weiße Siedler und Eisenbahnspekulateure zwar letztlich nicht verhindert, doch wäre wegen des reduzierten Tempos der Landnahme die Vernichtung indianischer Kulturen abgefedert und im Endeffekt vielleicht sogar vermieden worden. Auch in diesem Punkt sollte sich die Reduzierung der Armee als fatal herausstellen. Anstatt den Verträgen der *Native Americans* mit der Regierung Geltung zu verschaffen, wurde die Armee eingesetzt, um Kleinkriege und Strafaktionen gegen die *Native Americans* zu führen. Immer und immer wieder wurden Verträge aufgesetzt, ewiger Friede gelobt und der Landbesitz der *Native Americans* durch die Regierung garantiert.[2] Zwischen 1865

---

2 „The United States hereby agree that the district of country embraced within the following limits, or such portion of the same as may hereafter be designated by the President of the United States for that purpose, viz: commencing at the mouth of the Red Creek or Red Fork of the Arkansas River; thence up said creek or fork to its source; thence westwardly to a point on the Cimarone River, opposite the mouth of Buffalo Creek; thence due north to the Arkansas River; thence down the same to the beginning, shall be, and is hereby, set apart for the absolute and undisturbed use and occupation of the tribes who are parties to this treaty, and of such other friendly tribes as they may from time to time agree to admit among them, and that no white person, except officers, agents, and employees of the Government, shall go upon or settle within the country embraced within said limits, unless formerly admitted and incorporated into some one of the tribes lawfully residing there, according to its laws and usages [...]" Treaty with the Cheyenne and Arapaho, 1865. Oct, 14, 1865. 14 Stats. 703. Ratified May 22, 1866. Proclaimed Feb. 2, 1867. Kappler, Charles Joseph (Hg.). Indian Affairs: Laws and Treaties. Washington, DC: Government Printing Office, 1904, 2 Bände, Band 2: Treaties, S. 888.

und 1883 wurden auf diese Weise 44 Verträge mit Gruppen von *Native Americans* abgeschlossen und gebrochen. Zur Rechtfertigung der Vertreibung wurden sozialdarwinistische und rassistische Argumente verwendet: Die „vanishing race" könne das Zusammentreffen mit der zivilisatorisch überlegenen weißen Kultur nicht überdauern. Dass *Native Americans* „gnadenlose Wilde" seien, war Teil der antiindianischen Rhetorik seit der Revolutionsepoche.³ Dass sie aber von selbst verschwinden müssten, war Teil der sozialdarwinistischen Überzeugung, dass nur der Starke überleben könne. Dieses vierte *Lock-in* etablierte die Vorstellung vom „leeren Land" in Nordamerika, eine andere Konzeption als die, die von Rechten der *Native Americans* ausgegangen war, die vertraglich geregelt werden mussten, und schuf in seiner sozialdarwinistischen und rassistischen Ausprägung erst die Voraussetzung für eine rasche Landnahme im Sinne des Siedlerimperialismus.

4.1 Besiedlung, Umsiedlung, Landnahme

Ein Siedler aus Missouri erinnerte sich an das Zusammenpacken seiner Habseligkeiten in Vorbereitung des Umzugs seiner Familie nach Westen in das Oklahoma-Territorium:

> We were going to God's Country. Eighteen hundred and 90 [...] It was pretty hard to part with same of our things. We didn't have much but we had worked hard for everything we had. You had to work hard in that rocky country in Missouri. I was glad to be leaving it. We were going to God's Country [...] We were going to a new land and get rich.⁴

In den Dakotas erinnerte sich Black Elk (1863–1950), ein Oglala Lakota, ebenfalls an den Umzug mit seiner Familie:

> The snow was deep and it was very cold, and I remember sitting in another pony drag beside my father and mother, all wrapped up in fur. We were going away from where the soldiers were, and I do not know where we went, but it was west.⁵

---

3 Drinnon, Richard. Facing West: The Metaphysics of Indian-Hating and Empire-Building. Norman, OK: University of Oklahoma Press, 1997.
4 Smith, Sherry L. Reimagining Indians: Native Americans through Anglo Eyes, 1880–1940. Oxford, New York: Oxford University, 2000, S. 64f. Botkin, Benjamin Albert. The American People in Their Stories, Legends, Tall Tales, Traditions, Ballads and Songs. London: Pilot Press Ltd, 1946, S. 126.
5 Neihardt, John Gneisenau (Hg.). Black Elk Speaks: The Complete Edition. Lincoln, NE: University of Nebraska Press, 2014, S. ????

Zwei Umzüge nach Westen, doch zwei sehr unterschiedliche Geschichten, die sehr vermittelt miteinander verbunden waren. In Oklahoma, wo die erstgenannte Familie hinzog, befanden sich die letzten Reste indianischen Landes, die noch nicht in Reservate aufgeteilt waren. Oklahoma, dessen Name aus der Sprache der Choctaw stammt, bedeutet so viel wie „Red People". Dieses *Indian Territory* war den *Native Americans* 1834 als letzte Zufluchtsstätte versprochen worden. 1889 war auch dieses Versprechen trotz des vorangegangenen Protests der *Native Americans* gebrochen worden, denn in den *Indian Appropriations Acts* von 1885 und 1889 hatte der Kongress zusätzliche Territorien der *Native Americans* für die Besiedlung durch Weiße geöffnet – gegen den expliziten, schriftlich geäußerten Widerstand der *Native Americans*.[6] Der von der Armee erzwungene Umzug Black Elks gehört somit in das Narrativ einer sich stetig nach Westen ausbreitenden Siedlergesellschaft weißer Kleinbauern, die die *Native Americans* verdrängten und sie zwangen, nach neuen Möglichkeiten zu suchen, im Westen ihre Kultur zu leben.

Im Mittleren Westen fand etwa zur gleichen Zeit ein weiterer Umzug statt: Ein junger Mann ging in die Stadt und ließ seine Kleinstadt hinter sich zurück:

---

6 [Anonymous]. Convention to Consider the Opening of Indian Territory: Proceedings of the Convention to Consider the Opening of Indian Territory Held at Kansas City, Mo. February 8, 1888. Kansas City, MO: Press of Ramsey, Millett & Hudson, 1888. [Anonymous]. Memorial of the Indian Delegates against the Passage by Congress of Any Act for the Organization of United States Territorial Government over the Indian Country. Washington, DC: Printed by J. L. Ginck, 1880. [Anonymous]. Remonstrance of the Cherokee, Creek, Choctaw, and Seminole Delegations against the Organization of the Indian Territory into a Territory of the United States. Washington, DC: Printed by John L. Ginck, 1876. Ross, William Potter. Indian Territory: Remarks in Opposition to the Bill to Organize the Territory of Oklahoma before the Committee on Territories of the House of Representatives, February 9th, 1874. Washington, DC: Gibson Bros., printers, 1874. Propagandamaterial wie das Buch von William Speer bereiteten die Siedler darauf vor, indianisches Land zu besiedeln: Speer, William S. The Encyclopedia of the New West: Containing Fully Authenticated Information of the Agricultural, Mercantile, Commercial, Manufacturing, Mining and Grazing Industries, and Representing the Character, Development, Resources and Present Condition of Texas, Arkansas, Colorado, New Mexico and Indian Territory. Also, Biographical Sketches of Their Representative Men and Women. Marshall, TX: The United States Biographical Publishing Company, 1881. Vergl. auch United States und Department of the Interior. Message from the President of the United States: Transmitting Letter of the Secretary of the Interior Relative to Pending Legislation Providing for the Opening up to Settlement of Certain Lands in the Indian Territory. Washington, DC: Government Printing Office, 1885.

> He saw again in his mind's eye, as he tramped the road, a picture of the map on the wall of the railway station the map with a picture of iron roads from all over the Middle West centering in a dark blotch in the corner. ...‚Chicago!' he said to himself.[7]

Im zaristischen Russland verließ 1894 die Jüdin Mary Antin (1881–1949) als junges Mädchen ebenfalls ihre Kleinstadt Polozk in Weißrussland, um sich auf den Weg nach Amerika zu machen:

> I remember how the women crowded around mother [...] how, finally, the ringing of the signal bell set them all talking faster and louder than ever, in desperate efforts to give the last bits of advice, deliver the last messages, and, to their credit let it be said, to give the final, hearty, unfeigned good-bye kisses, hugs, and good wishes.[8]

Im Amerika des 19. Jahrhunderts lebten unstete Menschen, Nomaden, die dauernd aus den unterschiedlichsten Gründen umzogen, auf der Suche nach Land, Arbeit, Gelegenheiten oder auf der Flucht vor der Armee oder antisemitischen Pogromen. Während der letzten drei Jahrzehnte des 19. Jahrhunderts gingen diese Fluchtlinien in alle möglichen Richtungen. Die Trecks nach Westen hielten unvermindert an, mit dem einen Unterschied, dass der Umzug nun nicht mehr mithilfe schwerfälliger *Conestoga wagons* erfolgte, sondern mit der Eisenbahn bewerkstelligt werden konnte.[9] Siedler, Rancher, Bergleute, Glücksritter und Landspekulanten versuchten ihr Glück im Westen. Sie vertrieben die Amerikanischen Indianer weiter nach Westen. Gleichzeitig zogen die städtischen und industriellen Zentren im Nordosten der USA die Landbevölkerung in ihren Bann und glichen so die Westbewegung aus. Bauernfamilien zogen vom Land in Städte wie Chicago, IL, New York, Pittsburgh, PA, und Detroit, MI. *African Americans* aus dem Süden machten sich auf den Weg nach Norden, entlang der großen Eisenbahnlinien, um Rassismus und Ausbeutung zu entgehen. Auch aus Kanada überquerten die Menschen die Grenze zwischen beiden Nationen, um in den Fabriken Neuenglands Brot und Auskommen zu finden.

---

7 Das Zitat stammt aus dem Roman von Dell, Floyd. Moon-Calf: A Novel. New York: A. A. Knopf, 1920, S. 346. Zu Dell siehe Weber, Ronald. The Midwestern Ascendancy in American Writing. Bloomington, IN: Indiana University Press, 1992. S. 70.
8 Antin, Mary. From Plotzk to Boston. Boston: W. B. Clarke, 1899, S. 14. Von Antin stammen noch weitere Schriften, die das Leben der Immigrantinnen zum Thema machen: Antin, Mary. The Promised Land. Boston, MA, New York: Houghton Mifflin Company, 1912. Dies. They Who Knock at Our Gates: A Complete Gospel of Immigration. Boston, MA, New York: Houghton Mifflin Company, 1914. Auf Deutsch erschien dies. Vom Ghetto ins Land der Verheißung. Stuttgart: R. Lutz, 1913.
9 Shumway, George und Frey, Howard C. Conestoga Wagon, 1750–1850: Freight Carrier for 100 Years of America's Westward Expansion. York, PA: G. Shumway, 1968.

14 Millionen Einwanderer und Einwanderinnen überquerten den Atlantik, um aus Europa in die USA zu gelangen. Ihre schiere Masse ist verantwortlich dafür, dass wir heute, wenn wir an Einwanderung in die USA denken, mehr oder weniger selbstverständlich an Menschen aus Irland, Italien, Deutschland oder Russland denken. Dabei fällt die Einwanderung aus dem Westen über den Pazifik in die USA und aus dem Süden aus den lateinamerikanischen Staaten ein wenig aus dem Blick. Migrantinnen und Migranten kamen aber auch aus Mexiko und Kanada in die USA. Chinesen, in der Hauptsache Männer, kamen aus dem Gebiet des Pearl River im Süden Chinas nach Kalifornien, um in den Goldminen oder im Eisenbahnbau zu arbeiten. Man kann ohne Übertreibung behaupten, dass in den Jahrzehnten des späten 19. und frühen 20. Jahrhunderts eine Migrationsbewegung eingesetzt hatte, die globale Dimensionen annahm.

Diese exogene Migration wurde durch die endogene Wanderungsbewegung rastloser und bindungsloser weißer Amerikanerinnen und Amerikaner ergänzt, so dass ein durchschnittlicher Arbeiter gegen Ende des 19. Jahrhunderts im Laufe seines Erwerbslebens auf 30 verschiedenen Stellen in bis zu zwölf verschiedenen Städten arbeiten konnte.

Gegen Ende des 19. Jahrhunderts war so eine Nation entstanden, die im Wesentlichen bis heute ihre sozialen und geographischen Konturen nicht verändert hat. Der Hochkapitalismus transformierte die Nation von einer agrarischen in eine städtische und industrielle Gesellschaft. Dies veränderte nicht nur die Städte, sondern machte sich auch in den Hügeln der Dakotas, in den Gruben Colorados und auf den Farmen in Texas und Kalifornien bemerkbar. Stahlschienen und ein sich immer stärker internationalisierender Markt verbanden Stadt und Land untrennbar miteinander.

Landhungrige Menschen packten zu Hunderttausenden ihre Habseligkeiten zusammen und zogen nach Westen, in der Hoffnung, sich als Farmer selbständig machen zu können. Nach 1870 intensivierte sich der stetige Weggang nach Westen, erreichte die Prärie, überquerte die Rocky Mountains und erreichte die Küste des Pazifiks. Danach gab es ein Zurückschwappen dieses Stroms in die Great Plains, einem ariden Gebiet, das bei der Westbesiedlung zunächst ausgespart worden war. Zwischen 1870 und 1900 wurde auf diese Weise mehr Land besiedelt als im Zeitraum 1776 bis 1870. Acht neue Staaten entstanden zwischen 1876 und 1900: Colorado, Montana, North Dakota und South Dakota, Washington, Idaho, Wyoming und Utah, so dass auf dem kontinentalen Gebiet der USA zunächst nur noch drei, nicht politisch in die Union integrierte Territorien übrigblieben: Oklahoma, New Mexico und Arizona.

Zwei Faktoren beschleunigten die Landnahme im Fernen Westen. Der *Homestead Act* von 1862 hatte jedem Bürger und jeder Bürgerin der USA über 21 Jahren 160 *Acres* Land versprochen, vorausgesetzt, er oder sie ließ sich auf diesem Land nieder und bebaute es fünf Jahre lang.[10] Nach fünf Jahren konnten die Siedler und Siedlerinnen dieses Land als Eigentum gegen Zahlung einer geringen Summe erwerben. Ausgenommen aus der riesigen Masse des zuteilungsreifen Landes der *Public Domain* waren jedoch diejenigen umfangreichen Areale, die den Eisenbahngesellschaften zu Spottpreisen angeboten wurden. Andere Gebiete wurden für die Gründung von Schulen und Universitäten zurückgehalten. Die Zurückstellung dieser Gebiete für die *Homesteaders*, wie die landhungrigen Siedler genannt wurden, war so umfangreich, dass daraus 2.000.000 Siedlerstellen hätten entstehen können. Mangelnde Präzision des Gesetzes führte weiterhin dazu, dass die Idee, eine Klasse von bisher landlosen oder eingewanderten Menschen mit Land zu versorgen, nicht überall umgesetzt werden konnte, weil dem Missbrauch durch Landspekulanten nichts entgegengesetzt wurde.[11]

Der zweite Faktor lag in der aktiven Siedlungspolitik der Eisenbahngesellschaften begründet. Die Eisenbahnländereien waren der entscheidende Faktor für die Massenmigration in den Westen. Während der 1880er Jahre wurde nach Einschätzung des Senators William Alfred Peffer (1831–1912) so ein Gebiet besiedelt, das größer war als das der 13 Gründerstaaten.[12] Siedler und Siedlerinnen die anders als die *Homesteaders* ihr Land oft von Spekulanten kauften, hatten es schwer, an geeignetes und erschwingliches Land zu kommen. Vor 1869 dauerte die Reise von Ost nach West in rumpelnden, von Ochsen oder Pferden gezogenen Wagen mehrere Monate und war in der Regel sehr gefährlich. In den 1880er Jahren konnten Siedlerfamilien die Eisenbahn benutzen, um nach Westen zu gelangen. Diese Linien machten sich untereinander so heftig Konkurrenz, dass die Reise nunmehr relativ kostengünstig absolviert werden konnte. Der Umzug selbst dauerte so selten mehr als eine Woche.

Trotz des günstigen Angebots unter den Bedingungen des *Homestead Act* gingen viele Siedler leer aus. Landspekulanten trieben die Preise nach oben, riesige Gebiete wurden von Großgrundbesitzern und Firmen im fruchtbaren Kalifornien und im Südwesten der USA aufgekauft. Die Zahl derjenigen, die kein Land erwerben konnten, wuchs an und vergrößerte den Pool der industriellen Reservearmee, die in den Städten Lohnarbeit annehmen mussten.

---

10 Gates, Paul Wallace. Free Homesteads for All Americans: The Homestead Act of 1862. Washington, DC: Civil War Centennial Commission, 1962. Porterfield, Jason. The Homestead Act of 1862: A Primary Source History of the Settlement of the American Heartland in the Late 19th Century. New York: Rosen Pub. Group, 2005.
11 Gates, Free Homesteads for All Americans, S. 6 f.
12 Faulkner, Harold Underwood. Politics, Reform, and Expansion: 1890–1900. New York: Harper, 1959, S. 49.

Familien, die sich nach Westen aufmachten, um nach Gottes eigenem Land zu suchen, waren vielerlei Schwierigkeiten ausgesetzt. Dazu gehörten auch Abgeschiedenheit und als Konsequenz, Einsamkeit und Entbehrungen aller Art. Eine Farm aus der Prärie Iowas oder Nebraskas zu stampfen oder die Bäume in den dichten Wäldern des pazifischen Nordwestens zu fällen, um dort Getreide auszusähen, erforderte mehr als nur harte Arbeit und Standhaftigkeit. Es brauchte auch ein Quäntchen Glück. Der Betrieb einer Farm unter den Bedingungen des Westens bedeutete, Schneestürmen, Hagel, Heuschrecken, Dürre, Feuersbrünsten, Unfällen und Krankheiten zu trotzen. Gegen diese Gegner konnte man sich nicht versichern und auch der beste Farmer war gegen sie nicht gefeit.

Verschuldung hing wie ein Damoklesschwert über jeder Farm. *Homesteaders* benötigten etwa 1.000 Dollar Startkapital, um die Farm mit Zugtieren, einem Brunnen, Zäunen und Saatgut auszustatten, obwohl sie für das Land nichts bezahlen mussten.[13] Wer dieses Geld nicht aufbringen oder leihen konnte, lebte in einem *dugout* genannten Erdloch im Prärieboden unter einem Dach aus Zweigen, Stroh, alten Decken oder Ähnlichem und zog selbst den Pflug.

„Father made a dugout and covered it with willows and grass", erinnerte sich ein Mädchen aus Kansas. Wenn es regnete, drang Wasser ins Innere des Erdlochs. „[W]e carried the water out in buckets, then waded around in the mud until it dried." Aber Regen war nicht das einzige Problem. „Sometimes the bull snakes would get in the roof and now and then one would lose his hold and fall down on the bed, then off on the floor. Mother would grab the hoe [...] and after the fight was over Mr. Bull Snake was dragged outside."[14]

Für die Frauen auf solchen Bauernhöfen wurden auch tagtägliche Besorgungen zur Schinderei. Wasser von weit entfernten Brunnen oder Wasserlöcher heranzuschaffen oder Brennholz in der baumlosen Prärie zu sammeln, konnte Farmerfrauen an den Rand der Erschöpfung bringen. „A yoke was made to place across the shoulders, so as to carry at each end a bucket of water", erinnerte sich eine Farmersfrau, „and then water was brought a half mile from spring to house."[15] 15 Jahre pausenlosen Schuftens und Ackerns, schrieb eine Bäuerin,

---

13 Carter, Sarah. Montana Women Homesteaders: A Field of One's Own. Helena, MT: Farcountry Press, 2009, S. 41, 73, 271. Raban, Jonathan. Bad Land: An American Romance. New York: Pantheon Books, 1996.
14 Stratton, Joanna L. (Hg.). Pioneer Women: Voices from the Kansas Frontier. New York: Simon and Schuster, 1981, S. 53. Bull Snakes (Pituophis cantenifer sayi) sind große, nichtgiftige Würgenattern, die Klapperschlangen ähnlich sehen. Möglicherweise hat die Verfasserin dieses Textes beide Gattungen miteinander verwechselt.
15 Stratton, Joanna L. (Hg.). Pioneer Women, S. 61.

brachten ihre Mutter mit 58 Jahren vorzeitig ins Grab.[16] Brennholz war praktisch nicht zu beschaffen, Kohle ebenso wenig. Das Einzige, was halbwegs gut brannte, waren die getrockneten Exkremente von Kühen und Büffelherden, die durch die vertrockneten Reste der Sonnenblumen oder abgenagte Maiskolben komplementiert werden konnten. Mit der Vernichtung der Büffelherden gegen Ende der 1880er Jahre wurde auch dieses Ersatzmaterial knapp.[17]

Das Kochen stellte unter diesen Bedingungen eine weitere Herausforderung dar. Eiserne oder stählerne Herde standen unter den Bedingungen der Migration oft nicht zur Verfügung. Gekocht wurde in einem Kessel, der über dem offenen Feuer hing, was die Vielfalt der Speisen begrenzte. Das meiste wurde gekocht, Backen war mitunter schwierig. Am besten ging es noch, wenn eiserne Backkessel mit den Füßen in die Glut gestellt werden konnten. Daher kennzeichneten Einfachheit und Eintönigkeit die Küche der Präriebauern: Zur Verwendung kamen Mais, Weizen und Kartoffeln. Eine Frau aus Kansas schrieb: „Our living at first was very scanty, mostly corn coarsely ground and made into hominy."[18] Langsam konnte sich die Situation der Familie verbessern – wenn nichts Unvorhergesehenes geschah. Die erste Weizenernte konnte zu Mehl verarbeitet werden. „We would invite the neighbors proudly telling them we have ‚flour doings'."[19] Sobald die Familie Hühner züchten konnte, kam Hühnerfleisch auf den Speiseplan. „[W]hen we could have ‚flour doings and chicken fixings' at the same meal we felt we were on the road to prosperity."[20]

Die Kosten des Bauernbetriebes stürzte die Familie schnell in Schulden. Dabei stellten sich die ersten Jahre als besonders kritisch heraus. Wenn die Farm wenig abwarf oder wenn es eine Missernte gab, schnappte die Schuldenfalle zu. Abhängig vom Wetter, der Bank, der Eisenbahngesellschaft und dem Markt musste der sogenannte unabhängige Bauer doch hart um seine Existenz ringen. Die Trockenperiode nach 1887, in der selbst für die Verhältnisse im trockenen Westen viel zu wenig Regen fiel, führte zu einer Reihe von Missernten. 1894 war die Trockenheit so groß, dass in Nebraska, Kansas und den Dakotas die Ernte

---

16 Stratton, Joanna L. (Hg.). Pioneer Women, S. 61.
17 Die Familien an den Rändern der Frontier und in den ariden Gebieten tendierten dazu, kleiner zu sein. Sozialwissenschaftlerinnen gehen davon aus, dass dies eine bewusste Entscheidung war, um unter den ökonomisch harten Bedingungen eine bessere Überlebenschance zu haben. Später fanden mehr Frauen den Weg in den Westen und die Geburtsraten gingen hoch. Gutmann, Myron P., Pullum-Pinon, Sara M., Witkowski, Kristine, Deane, Glenn D. und Merchant, Emily. Land Use and Familiy Formation in the Settlement of the US Great Plains. Social Science History. 2012; 36 (3):279–310.
18 Stratton, Pioneer Women, S. 63.
19 Stratton, Pioneer Women, S. 63.
20 Stratton, Pioneer Women, S. 63.

komplett ausfiel. Da es in anderen Regionen der USA genug Niederschlag gab und die Ernten gut ausfielen, kam es auch nicht zu einer Kompensation der Missernten über gestiegene Preise. Im Gegenteil, die Weizenpreise waren einem stetigen Verfall ausgesetzt. 1881 brachte ein *Bushel* Weizen 1,19 Dollar, 1894 nur noch 0,49 Dollar.[21] Ähnlich verhielt es sich beim Mais. 1881 hatte ein *Bushel* Mais 63 Cent gekostet, 1890 konnte man ihn schon für 28 Cent erstehen.[22] Kein Wunder, dass ein Teil der *Homesteaders* überhaupt nichts anbauten. Sie betätigten sich lieber als kleine Spekulanten, die Land nur besetzten, um es irgendwann mit einem Gewinn abstoßen zu können.[23]

Etliche *Homesteaders* und Siedler vermochten es, mit Erfolg Landwirtschaft zu betreiben. Für viele andere aber löste sich der amerikanische Traum in Luft auf. Schon in den 1870er Jahren war das beste Land verkauft, als *Homestead* vergeben, den Eisenbahngesellschaften zur Verfügung oder als Absicherung von Universitäten bereitgestellt worden. Sehr oft mussten *Homesteaders* auf die harte Tour herausfinden, dass nur noch nahezu unbrauchbares Land zur Verfügung stand – unbrauchbar, weil es von schlechter Qualität war, weit entfernt vom Absatzmarkt, der Eisenbahnstation oder den Konsumenten lag. Landspekulanten hatten sich die besten Parzellen bereits vorab gesichert. „There is plenty of land for sale in California [...but] the majority of the available lands are held by speculators, at prices far beyond the reach of a poor man."[24]

Die Eisenbahngesellschaften gehörten mit Abstand zu den größten Gewinnern bei der Übernahme billigen Regierungslandes im Westen. Zusätzlich zu direkten Zuwendungen der Regierung und Steuerabschreibungen, wurde die Unterstützung des Eisenbahnbaus durch großzügige Landschenkungen des Bundes

---

21 Ein *bushel* ist ein Hohlmaß, das mit dem deutschen Scheffel verglichen werden kann. Ein *bushel* hatte 8 *gallons* oder 36 Liter.
22 Faulkner, Politics, Reform, and Expansion, S. 53–55.
23 Zur Landspekulation allgemein siehe Aron, Stephen. Pioneers and Profiteers: Land Speculation and the Homestead Ethic in Frontier Kentucky. The Western Historical Quarterly 23, no. 2 (1992):179–198. C. Barron McIntosh. One Man's Sequential Land Alienation on the Great Plains. Geographical Review 71, no. 4 (1981):427–445. Gates, Paul W. History and Appraisal of U. S. Land Policy 1862–1935. Agricultural History 36, no. 4 (1962):224. Ders. Land Policy and Its Relation to Agricultural Production and Distribution, 1862 to 1933: Discussion. The Journal of Economic History 22, no. 4 (1962):473–476. Ders. Land Policy and Tenancy in the Prairie Counties of Indiana. Indiana Magazine of History 35, no. 1 (1939):1–26. Krall, Lisi. US Land Policy and the Commodification of Arid Land (1862–1920). Journal of Economic Issues 35, no. 3 (2001):657–674.
24 Sprague, C. P. und Atwell, H. W. The Western Shore Gazetteer and Commercial Directory, for the State of California Containing the Names of all the Adult Male Citizens of the State [...] Yolo County. Woodland, CA: C.P. Sprague & H.W. Atwell, 1870, S. 201 f.

und der Einzelstaaten bewerkstelligt, wie Tabelle 1 zeigt.[25] Die Landabtretungen geschahen zum Teil schon vor oder während des Bürgerkriegs, doch weist das Jahr 1866 mit fast 65 Millionen *Acres* einen einsamen Spitzenwert auf (siehe Grafik 3). Zusammengenommen wechselten auf diese Weise rund 131 Millionen *Acres* die Besitzer, fast ein Zehntel der Gesamtfläche der USA. In Kalifornien alleine besaßen diverse Eisenbahngesellschaften im Jahr 1870 etwa elf Millionen *Acres*. Farmer, die in den Westen gingen, mussten das Land oft von den Eisenbahngesellschaften oder der in ihrem Namen agierenden Vermarktungsgesellschaften erwerben. 1870 kostete Eisenbahnland in Nebraska noch acht Dollar pro *Acre*. Von den zweieinhalb Millionen Farmen, die zwischen 1860 und 1900 auf öffentlichem Land entstanden, wurde die Mehrzahl privat gekauft. Nur 20 Prozent dieser Bauernhöfe entstanden als *Homestead*.

Die Folgen dieser Art der Bezuschussung lagen auch schon für die Zeitgenossen klar auf der Hand: Eisenbahnlinien wurden gebaut, ohne dass die Baufirmen nachweisen mussten oder konnten, ausreichendes Kapital für das Bauvorhaben zu besitzen. Hier stand der Aspekt der Landspekulation im Vordergrund vor der Absicht, eine funktionierende Eisenbahnlinie zu unterhalten. Hinzu kam die Tendenz, Streckennetze in Konkurrenz zu schon existierenden oder geplanten Linien zu bauen, so dass niemand vernünftigerweise hätte annehmen können, das Verkehrsaufkommen werde mehrere Linien profitabel arbeiten lassen. Große Kapitalien wurden auf diese Weise vernichtet. Schlimmer noch, die auf das Eisenbahnland gelockten Bauern und ihre Familien produzierten auf diese Weise langfristig Überschüsse, die nicht auf den Markt gebracht werden konnten.[26] Auf diese Weise wurde viel Land pro forma verkauft, konnte aber nie wirklich besiedelt werden. Dies wird deutlich in einer Unterhaltung des US-Innenministers Zachariah Chandler (1813–1879) mit dem Präsidenten der *St. Paul & Sioux City Railroad* Elias F. Drake (1813–1892) aus dem Jahre 1876:

> A little incident occurred to me which I may relate. I happened to be riding over our road to Omaha with a late Secretary of the Interior, when he turned to me and said: ‚Mr. Drake, why is it that these lands are not settled up? As far as the eye can reach there isn't a single man

---

[25] Die Central Pacific und die Western Pacific erhielten neben großzügigen Land Grants auch direkte Subventionen in Form von 28 Millionen Dollar in Currency Bonds der Bundesregierung, die in letzter Instanz vom Steuerzahler aufzubringen waren. Die Central Pacific erhielt mehrfache Unterstützungszahlungen in Höhe von insgesamt 50 Millionen Dollar vom Bund. Mercer, Lloyd J. Railroads and Land Grant Policy: A Study in Government Intervention. New York: Academic Press, 1982, S. 78.
[26] Ringwalt, John Luther. Development of Transportation Systems in the United States. Philadelphia, PA: Railway World Office, 1888, S. 227–229.

to be seen here.' Said I: ‚Mr. Secretary, the evidence exists in your department, under oath, that every even section of this land is taken up, and has an actual settler upon it.' To his question what I meant, I repeated: ‚These are pre-emptions, taken up by actual settlers, and sworn to, and you have granted patents in your office to them.'[27]

Wie sehr der staatlich bezuschusste Eisenbahnbau ein spekulatives Unternehmen sein konnte, zeigt der Bericht Drakes über die Frühzeit seiner eigenen Gesellschaft:

About six years ago,[...] I went out with my engineer to locate a road in the southern part of Minnesota, to Sioux City, in the northern part of Iowa. We traveled with our camp equipage, because there were no houses there. We traveled as far as thirty miles at times without seeing the vestige of a human habitation, or a person, over, perhaps, as fine a body of land as there is under the sun. We camped out at night, lived on the provisions we carried with us, and often found ourselves in places where there was not a tree for thirty miles, or a stick or switch large enough to hitch a horse to.[28]

Mit anderen Worten: Für Drake was das Land vollkommen unerschlossen und weitgehend menschenleer.

We all know that railways, particularly those built during the war, at the expense at which they were constructed, could scarcely be built with any hope of profit through the sparsely settled parts of our country. [...] Scarcely a road in Minnesota would have been built, but for land grants. [...] We commenced building the road, and before it was graded almost every acre, except the railway grant, was taken up on the theory of actual settlement, but which theory was very much abused, of course. The homestead, and particularly the pre-emption laws, the soldiers' claim law, and the tree claim law were all very much abused.[29]

---

27 Ringwalt, John Luther. Development of Transportation Systems, S. 229. Siehe auch Bishop, Judson W. History of the St. Paul & Sioux City Railroad, 1864–1881. Minnesota Historical Collections. 1903; 10:399–415.
28 Ringwalt, John Luther. Development of Transportation Systems, S. 227.
29 Ringwalt, John Luther. Development of Transportation Systems, S. 227. Bei den erwähnten „Soldiers' Claim Laws" handelte es sich wahrscheinlich um die U.S. War Bounty Land Warrants von 1789–1858, die u. a. Veteranen des mexikanischen Kriegs anstelle einer Pension mit Land ausstatteten. Bei dem zitierten Tree Claim Law handelte es sich um den Timber Culture Act von 1873, der 1878 modifiziert und 1891 abgeschafft wurde und der besagte, dass Homesteaders zusätzlich zu ihren 160 *Acres* noch einmal die gleiche Menge an Land besetzen konnten, wenn sie auf einem Viertel dieses Landes Bäume pflanzten. U.S. Statutes at Large, Band 17, p. 605. Forty-Second Congress Sess. II. Ch. 274–277, 1873. Den Zeitgenossen wurde sehr schnell klar, dass die vom Gesetzgeber intendierten Aspekte des Landschaftsschutzes in der Anwendung keine Rolle spielten. Vielmehr dominierte auch hier das Aspekt der raschen und großangelegten Landnahme. Bowers, Edward A. The Condition of the Forests on the Public Lands of the United States. Publications of the American Economic Association 6, no. 1/2 (1891):154–57. Donaldson, Thomas.

Die pro forma-Besiedlung des Eisenbahnlandes führte eben auch dazu, dass nur noch wenig freie Flächen für *Homesteaders* zur Verfügung standen. Nachdem das Land auf der Prärie für sie knapp geworden war, zogen landhungrige Siedlerfamilien weiter nach Westen, nach Westkansas, Nebraska und Ostcolorado – in die Gebiete, die etwas ungenau als *Great American Desert* bezeichnet wurden. Zutreffend war, dass einige dieser Siedlungsgebiete semiaride waren, dass also in diesen Regionen während sechs bis neun Monaten die Verdunstung den Niederschlag überstieg. 160 *Acres* reichten hier bei weitem nicht aus, um eine Familienfarm zu betreiben.

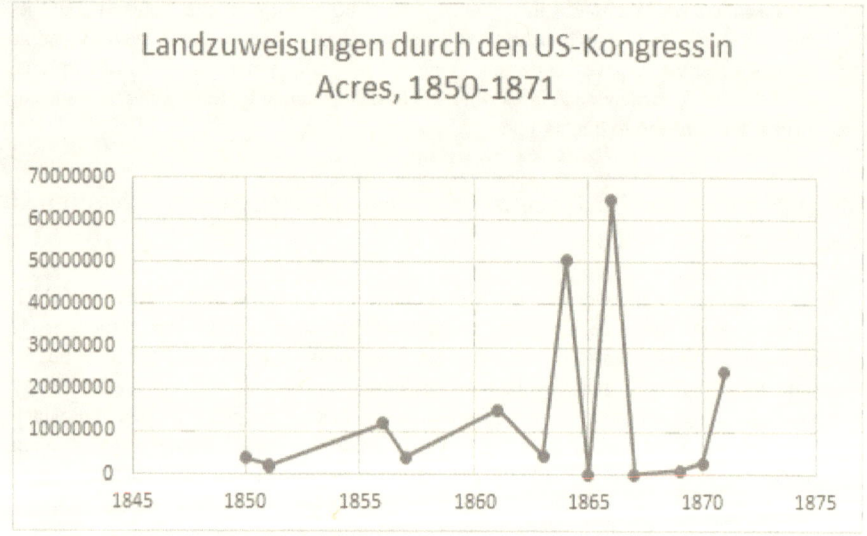

Grafik 3: Landzuweisungen durch den US-Kongress in *Acres*, 1850–1871[30]

The Public Lands of the United States. The North American Review 133, no. 297 (1881):204–13. Gill, Thomas P. Landlordism in America. The North American Review 142, no. 350 (1886):52–67. Nelson, Knute. A Summary of Our Most Important Land Laws. Annals of the American Academy of Political and Social Science 33, no. 3 (1909):127–35. Sargent, Charles S. The Protection of Forests. The North American Review 135, no. 311 (1882):386–401.

[30] Ringwalt, Development, S. 227. Das Zahlenwerk ist sehr kompliziert. Unterschieden werden muss erstens zwischen Landvergabe durch den Bund und durch den Bundesstaat, zweitens Landvergabe an Eisenbahngesellschaften oder andere Unternehmen und drittens Landvergabe als Option und wirklich zertifizierte Landgeschenke. Robert S. Henry gelingt es weitgehend, das Zahlendickicht zu entflechten. Vgl. Henry, The Railroad Land Grant Legend. Die zuverlässigsten Zahlen bezüglich des durch den Bund an Eisenbahngesellschaften vergebenen Landes stammen aus Donaldson. Donaldson, Thomas Corwin. The Public Domain: Its History, with Statistics, with References to the National Domain, Colonization, Acquirement of Territory, the Survey, Admi-

Tabelle 1: Landschenkungen des Bundes an Eisenbahnen in *Acres*[31]

Staat	Acres	Prozent der Fläche
Alabama	2.747.479	8.3 %
Arizona	7.695.203	10.6 %
Arkansas	2.586.970	7.6 %
California	11.585.393	11.4 %
Colorado	3.757.673	5.6 %
Florida	2.218.705	5.9 %
Idaho	1.320.591	2.5 %
Illinois	2.595.133	7.2 %
Indiana	–	–
Iowa	4.711.328	13.1 %
Kansas	8.234.013	15.6 %
Louisiana	1.375.000	4.4 %
Michigan	3.134.058	8.4 %
Minnesota	9.953.008	18.5 %
Mississippi	1.075.345	3.5 %
Missouri	2.328.674	5.2 %
Montana	14.736.919	15.6 %
Nebraska	7.272.623	14.7 %
Nevada	5.086.283	7.2 %
New Mexico	3.355.179	4.3 %
North Dakota	10.697.490	23.7 %
Oregon	3.655.390	5.9 %
Utah	2.230.085	4.1 %
Washington	9.582.878	22.0 %
Wisconsin	3.666.062	10.2 %
Wyoming	5.749.051	9.2 %
Summe	**131.350.533**	**9.5 %**

Mit weniger als 500 mm Niederschlag im Jahr konnte hier allenfalls Viehwirtschaft betrieben werden. Das Wort der Experten stand gegen die Pamphlete der

---

nistration and Several Methods of Sale and Disposition of the Public Domain of the United States, with Sketch of Legislative History of the Land States and Territories, and References to That of Several Foreign Governments. Washington, DC: Government Printing Office, 1884, S. 268–273. Allerdings sind nicht alle diese Schenkungen rechtskräftig geworden. Im Gegensatz zu den Zahlen in Tabelle 1 wird in Grafik 2 das als Option vergebene Land angeführt. Über 50 Millionen *Acres* wurden zwar als Optionen verschenkt, da sie aber genutzt wurden, fielen sie an den Bund zurück, u. a. weil die mit dem Bund vereinbarten Bedingungen nicht eingehalten worden waren.
31 Henry, Robert S. The Railroad Land Grant Legend in American History Texts. Mississippi Valley Historical Review. 1945; 32 (2):171–194, S. 194.

Promoter, die das Blaue vom Himmel versprachen. Eisenbahngesellschaften entwarfen das Idealbild eines Paradieses auf Erden, in dem alle Bauern in kurzer Zeit zu Wohlstand kommen würden. Einer ungesicherten „wissenschaftlichen" Erkenntnis zur Folge würden die Regenfälle zunehmen, sobald das Land bebaut sei („Rain follows the plow").[32] Es wäre weit zutreffender gewesen, zu behaupten, dass die Dürre dem Pflug folgte.

Dürrekatastrophen im durchschnittlichen Abstand von 20 Jahren gehörten zum normalen Erscheinungsbild auf den Great Plains. Pflügte man das Land während der Trockenperiode, trug der Wind die Bodenkrume davon und hinterließ in der Tat eine Wüste. In den 1880er Jahren hatte es eine Phase relativ ergiebiger Regenfälle gegeben, die den Landspekulanten Recht zu geben schien. In den späten 1880ern aber wendete sich das Blatt und der Regen blieb aus.[33] Die Ernten waren bis in die 1890er Jahre hinein katastrophal schlecht und hungernde Farmer strömten zurück in den Osten. Hunderttausende setzten sich in Bewegung, mitunter auf Pferdewagen mit sarkastischen Spruchbändern wie „In God we trusted, in Kansas we busted".[34]

Beredte Auskunft über die Schwierigkeiten, unter derartigen Bedingungen Landwirtschaft zu betreiben, liefern u. a. die Briefe der Bäuerin Caroline Henderson, die ab 1907 mit ihrem Mann eine Farm im „Pfannenstiel" Oklahomas betrieb und dort mit der Trockenheit und den Sandstürmen zu kämpfen hatte.[35] Ein populäres Lied mit dem Titel *A Lane County Bachelor* fasste das Schicksal derjenigen Farmer treffend zusammen, die nicht genug Geld zusammenkratzen konnten, um in ihre Heimat zurückzukehren:

> How happy I am on my government claim,
> Where I've nothing to lose and nothing to gain,
> Nothing to eat and nothing to wear,
> Nothing from nothing is honest and square.
> But here I am stuck and here I must stay,

---

32 Libecap, Gary D. und Hansen, Zeynep K. ‚Rain Follows the Plow' and Dryfarming Doctrine: The Climate Information Problem and the Homestead Failure in the Upper Great Plains, 1890 – 1915. Journal of Economic History. 2002; 62 (1):86 – 120.
33 Mock, Cary J. Drought and Precipitation Fluctuations in the Great Plains during the Late Nineteenth Century. Great Plains Research: A Journal of Natural and Social Sciences, Paper 7. 1991 Feb 26; 1 (1):26 – 57.
34 Landon-Lanbe, John, Rockoff, Hugh und Steckel, Richard H. Droughts, Floods, and Financial Distress in the United States. In: Libecap, Gary D. und Steckel, Richard H. (Hg.). The Economics of Climate Change: Adaptations Past and Present. Chicago, IL, London: The University of Chicago Press, 2011, S. 73 – 98, S. 76 – 78.
35 Henderson, Caroline A. und Turner, Alvin O. (Hg.). Letters from the Dust Bowl. Norman, OK: University of Oklahoma Press, 2001, S. 38 f.

> My money's all gone and I can't get away;
> There's nothing will make a man hard and profane
> Like starving to death on a government claim.[36]

Die Suche nach neuem Land setzte eine Reihe von spekulativen Unternehmungen in Bewegung, die zu einer Übernahme des Indianerlands in Oklahoma führten. Wie schon berichtet, öffnete die Regierung das *Indian Territory* 1889 zur Besiedlung durch Weiße. Zwei Millionen *Acres* (mehr als 8.000 Quadratkilometer) wurden für Siedler freigegeben und Tausende eilten in das Territorium, um sich ein Stück davon zu ergattern.[37] Die Armee hatte die Grenze zu bewachen, um Ausschreitungen zu verhindern. Am 22. April 1889 wurde das Land per Pistolenschuss freigegeben – wie bei einem Hundertmeterlauf.[38]

Am Abend hatten Hunderte von *Homesteaders* Besitz von ihrem Land ergriffen und das Territorium konnte auf zwei Städte mit über 10.000 Einwohnern verweisen – auch wenn die Gebäude dieser Ansiedlungen fast ausschließlich aus Zelten bestanden. Später wurden weitere Teile des ehemaligen Indianerterritoriums zur Besiedlung freigegeben. Es spielten sich ähnliche Szenen ab: Bei der Eröffnung des Gebiets der Cherokee 1893 stritten sich 100.000 Siedler um 40.000 Grundstücke. Etliche Siedler wurden im Gedränge zu Tode getrampelt und es wurde üblich, das einmal ergatterte Land mit der Waffe in der Hand zu bewachen. Einige Siedler, sogenannte *sooners*, ließen sich ohne viel Federlesens auf dem Land der Indianer nieder und wurden von der Armee entfernt.[39]

Landbesitz war Ausdruck des amerikanischen Traumes im 19. Jahrhundert: Das *Jeffersonian Ideal* des *Yeoman Farmers*, das Grundlage einer funktionierenden Demokratie sein sollte, wirkte weiter fort, auch wenn es in der Realität selten eingelöst werden konnte. Landbesitz blieb für die meisten Menschen unerschwinglich: Ehemalige Versklavte, frisch aus Asien, Europa oder Mexiko im Südwesten Eingewanderte gingen in der Regel leer aus. Dies lag nicht nur an der mangelnden Kenntnis der Bedingungen und mangelnden finanziellen Ressourcen, sondern auch daran, dass die amerikanische Landwirtschaft zunehmend in

---

36 Botkin, The American People, S. 150.
37 Kappler, Indian Affairs, Band 1: Laws, S. 45–54.
38 Oklahoma Author's Club. The Romance of Oklahoma. Oklahoma City, OK: Oklahoma Author's Club, 1920, S. 31.
39 Oklahoma Author's Club. The Romance of Oklahoma, S. 34–39. Price, Jay M. Cherokee Strip Land Rush. Charleston, SC: Arcadia Pub, 2006, S. 51–69. Missouri Pacific Railway Company (1880–1909). Statistics and Information Concerning the Indian Territory Oklahoma, and the Cherokee Strip... With Compliments of the General Passenger Department of the Missouri Pacific Railway Co. St. Louis, MO: Woodward & Tiernan, 1894.

einen globalen Markt eingebunden war.⁴⁰ Dies bedeutete für die USA die Übernahme des Landes durch Großgrundbesitzer und die Freisetzung ehemals „freier Bauern" für die Arbeit in der Industrie.

Im Süden der USA arbeiteten Bauern unter erschwerten Bedingungen. Der Bürgerkrieg hatte zu einer Kapitalvernichtung großen Stils geführt. Die ehemals Versklavten hatten kaum Aussicht auf den Erwerb eigenen Landes. Stattdessen arbeiteten sie als landlose und zunehmend verschuldete *Sharecroppers*. Pachtverhältnisse und *Sharecropping* wurden für Weiße und Schwarze am unteren ökonomischen Ende der Gesellschaft typische Existenzbedingungen. Aber selbst diejenigen, welche Land ihr Eigen nannten, hatten es nicht leicht. Geld und Kredite waren sehr schwer zu beschaffen in den Staaten, die von der Union abgefallen waren. Typischerweise erhielten arme Bauern nur Kredite von den vielen kleinen Geschäftsleuten auf dem Land, in deren Krämläden sie auch ihre Einkäufe wie Saatgut, Lebensmittel und Gebrauchsgegenstände tätigten – oft zu überteuerten Preisen. Der Ladeninhaber ließ sich einen Teil der Ernte als *crop lien* zur Sicherung überschreiben.⁴¹

Einige dieser Läden waren in der Hand ehemaliger Sklavenbesitzer, die diese zusätzliche Einnahmequelle nach der Emanzipation entdeckt hatten. Sie verlangten exorbitante Zinsen für ihre Kredite, manchmal 60 Prozent im Jahr. Bei der jährlichen Abrechnung konnte ein *Sharecropper* die Hälfte seiner Ernte als Pachtzins verlieren, die andere Hälfte oder mehr schuldete er dem Ladeninhaber, so dass er oft mit leeren Händen nach Hause kam oder sogar immer tiefer in Schulden geriet.⁴²

Es gab kein Entkommen: Schulden banden den Pächter an den Ladeninhaber und den Pachtherren: Wegzugehen war unmöglich. Auch kleine „unabhängige" Bauern wurden von diesem System eingefangen. Wurden die Schulden nach sieben Jahren nicht beglichen, verlor der Bauer sein Land. Im gesamten Süden kannte man die Ladeninhaber nur unter dem Synonym des *furnishing man* oder als *the man*. Zu Beginn des 20. Jahrhunderts war so auch die Mehrzahl der weißen

---

40 Die Verknüpfung des amerikanischen Weizenmarkts mit dem Weltmarkt geschah auf Grund des Bürgerkriegs sogar besonders spät – im Vergleich zu Europa. Uebele, Martin. International and National Wheat Market Integration in the 19th Century: A Comovement Analysis. Münster: WWU Münster, 2009.
41 Higgs, Robert. Competition and Coercion: Blacks in the American Economy, 1865–1914. Chicago, IL: University of Chicago Press, 1980, S. 55–61.
42 Piott, Steven L. American Reformers, 1870–1920: Progressives in Word and Deed. Lanham, MD: Rowman & Littlefield Publishers, 2006, S. 46.

Farmer zu landlosen Pächtern herabgesunken und damit noch zahlreicher als die ehemaligen Sklavinnen und Sklaven.[43]

Dieses *Crop-Lien-System* beherrschte die gesamte Landwirtschaft des Südens. Betroffen waren nicht nur die ehemals Versklavten, sondern auch weiße Farmer, die selbst kein Land besaßen.[44] In North Carolina zum Beispiel war 1890 einer von drei weißen Farmern ein *Sharecropper*; bei den *African Americans* drei von vier. Für *African Americans* war das System aber noch katastrophaler in seinen Auswirkungen, weil sie keine Rechtssicherheit besaßen und weil die *Black Codes* sie bei Nichteinhaltung ihres Pachtvertrags mit Zwangsarbeit bedrohten. Der ehemalige Sklave Matt Brown aus Mississippi kaufte sein Saatgut, seine Lebensmittel und seine Werkzeuge zwischen 1884 und 1901 im Laden eines gewissen Jones in Black Hawk, Mississippi. In diesen 17 Jahren gelang es ihm nicht, seine Schulden ein einziges Mal loszuwerden. 1892 hatte er eine Schuld von 226,84 Dollar akkumuliert, am 3. Januar war dieser Betrag auf 452,41 Dollar gestiegen.[45]

In Texas führte der Landverlust der Kleinbauern zusammen mit der zunehmenden Bedeutung der Eisenbahn zu einem Niedergang der Viehwirtschaft auf kleinen Ranches und zur Entstehung einer Form der Landwirtschaft, bei der eine wachsende Zahl mexikanischer Landarbeiter auf den riesigen Ländereien arbeiteten, die weißen US-Amerikanern oder europäischen Syndikaten gehörten. Viehtriebe in die großen Fleischmärkte wurden überflüssig, weil es einfacher wurde, Fleisch mittels der Eisenbahn direkt zu den Haushalten zu bringen. Schon in den 1860er Jahren hatten die Großrancher begonnen die offene Weide mit Stacheldrahtzäunen abzugrenzen. Landlose Kleinbauern, die ihr Vieh früher auf der *Open Range* hatten grasen lassen, sahen sich nun vom Zutritt zum billigen Weideland ausgeschlossen. Dies führte zu Widerstand seitens der kleinen Viehzüchter, die oft die Zäune zerschnitten. Andererseits verschwanden auf diese Weise auch die bis dahin typischen Schafherden aus Texas, weil sich die Rinder züchtenden *Rancheros* gegen die landlosen Bauern durchsetzen konnten.[46] Landbesitzer, die es sich nicht leisten konnten, ihr Land mit Kilometern von Stacheldraht zu umgeben und nach Wasser auf ihrem Land zu graben, waren

---

43 Goodwyn, The Populist Movement, S. 23.
44 Eine anschauliche Schilderung, wie das Crop-Lien-System funktionierte, gibt es bei Goodwyn, Lawrence. Democratic Promise: The Populist Moment in America. New York: Oxford University Press, 1976, S. 26–29.
45 Goodwyn, Lawrence. Democratic Promise, S. 29 f.
46 Montejano, David. Anglos and Mexicans in the Making of Texas, 1836–1986. Austin, TX: University of Texas Press, 1987, S. 58.

gezwungen, ihr Land zu verkaufen. Um 1880 kontrollierten britische Investoren 20 Prozent des Landes im texanischen *Panhandle*.[47]

Mit dem Niedergang der kleinen Viehzüchter in den späten 1880er Jahren erlebte der Südwesten von Texas eine neue Blüte der Baumwollproduktion. Ranchbesitzer teilten ihr Land in kleine Pachthöfe auf und stellten die von der Eisenbahn überflüssig gemachten und daher arbeitslosen Cowboys als *Sharecroppers* oder als billige Saisonerntearbeiter ein. Die meisten von ihnen waren Mexikaner, die oft nur einen Lohn von 60 bis 80 Cents am Tag erhielten.[48] Innerhalb eines Jahrzehnts war die Arbeit auf der Ranch durch Lohnarbeit auf dem Feld abgelöst worden, die von einer wachsenden Gruppe migrantischer Einwanderinnen und Einwanderer geleistet wurde.

Auch in Kalifornien kam es zur Ausbildung eines Systems von kombinierter Pacht und ländlicher Lohnarbeit, die durch nicht-sesshafte ausländische Arbeitskräfte verrichtet wurde. Um 1870 besaßen weniger als ein Prozent der Bevölkerung mehr als die Hälfte des für die Landwirtschaft nutzbaren Landes. Der aus Deutschland stammende Henry Miller und sein Partner Charles Lux aus Frankreich erwarben riesige Ländereien im San Joaquin Valley. Um 1900 umfasste das Miller-Lux-Imperium mehr als 1,25 Millionen *Acres* auf denen 100.000 Kühe und Stiere grasten. Es gab nur wenig fest angestellte Landarbeiter bei Miller & Lux, dafür aber jede Menge italienische Heumacher oder Bauarbeiter, die umfangreiche Bewässerungssysteme anlegten und als Saisonarbeiter angestellt wurden.[49] Diese Männer wurden als „blanket men" oder wenig schmeichelhaft als

---

47 Montejano, David. Anglos and Mexicans in the Making of Texas, S. 86. Die Produktion und der Einsatz von Stacheldraht war alles andere als ein triviales technisches und ökonomisches Problem. Stacheldraht war zunächst sehr teuer und ausgesprochen problematisch hinsichtlich seiner Haltbarkeit und seiner Wirksamkeit. Clifton, Robert T. Barbs, Prongs, Points, Prickers, & Stickers: A Complete and Illustrated Catalogue of Antique Barbed Wire. Norman, OK: University of Oklahoma Press, 1970. Netz, Reviel. Barbed Wire: An Ecology of Modernity. Middletown, CT: Wesleyan University Press, 2004. Erst mit der Erfindung des Stacheldrahts, wie er heute noch gebräuchlich ist, durch Joseph F. Glidden im Jahr 1874 wurde ein relativ billiger und leicht zu produzierender Drahtzaun ermöglicht, der von Rindern nicht einfach niedergewalzt oder durchbrochen werden konnte. Glidden, Joseph F. Improvement in Wire Fences. NARA. Record Group 241: Records of the Patent and Trademark Office, 1836–1978: Patentnummer 157124 vom 24. November 1874. Diese Erfindung sorgte dann noch für Wirbel vor dem Obersten Gerichtshof der USA, weil Glidden sein Patent zunächst verweigert werden sollte. Er setzte sich jedoch 1892 vor dem *US Supreme Court* durch. The Barbed Wire Patent, 143 U.S. 275 (1892).
48 Kanellos, Nicolás, Dworkin y Méndez, Kenya und Balestra, Alejandra. Herencia: The Anthology of Hispanic Literature of the United States. Oxford, New York: Oxford University Press, 2002, S. 168.
49 Igler, David. Industrial Cowboys: Miller & Lux and the Transformation of the Far West, 1850–1920. Berkeley, CA: University of California Press, 2001, S. 4–6, 136.

„bindle stiffs" bezeichnet, nach der Tatsache, dass sie mit ihrem Bündel von Habseligkeiten, darunter einer Decke, von Arbeitsstelle zu Arbeitsstelle zogen. Im Winter versuchten sie, in den Notquartieren San Franciscos unterzukommen. Der industrielle Anbau von Weizen und Baumwolle in den 1870ern und 1880ern laugte die Böden rasch aus, so dass man danach begann, Obst und Zuckerrüben anzubauen. Dies wurde durch die Bewässerung eines großen Teils der semiariden Gebiete des kalifornischen Zentraltals und durch die Eisenbahn, die mittels Kühlwagen Obst und Gemüse auch an entlegene Orte transportieren konnte, ermöglicht.

Die Landwirtschaft mithilfe künstlicher Bewässerung hat eine lange Geschichte in Kalifornien, denn schon die Missionsstationen des 18. Jahrhunderts hatten Staudämme und Wassergräben zur Bewässerung des Landes gekannt. Mitte des 19. Jahrhunderts begann man jedoch mit der extensiven Bewässerung der Felder, zum Teil mithilfe so genannter *Water Companies*, die das Wasser über ein *Flood Irrigation System*, also durch Ausnutzung des Höhenunterschieds und unter Verwendung offener Gräben zum Verbraucher brachten.[50] Dies trieb allerdings die Preise für am Wasser gelegenes Land und für den Betrieb der Farmen nach oben, schloss also Landarbeiter weitgehend vom Landerwerb aus.

Die meisten Farmarbeiter in Kalifornien waren bis 1882 chinesische Einwanderer gewesen, bis der *Chinese Exclusion Act* das Agrobusiness zwang, sich nach anderen Gruppen umzusehen, die sie mit Billiglöhnen ausbeuten konnten.[51] Menschen, die aus Mexiko, Japan oder den Philippinen eingewandert waren,

---

50 Donald J. Pisani kommt das Verdienst zu, die Geschichte der Bewässerung in Kalifornien grundlegend erforscht zu haben. Pisani, Donald J. From the Family Farm to Agribusiness: The Irrigation Crusade in California and the West, 1850–1931. Berkeley, CA: University of California Press, 1984. Ders. To Reclaim a Divided West: Water, Law, and Public Policy, 1848–1902. Albuquerque, NM: University of New Mexico Press, 1992. Ders. Water and American Government: The Reclamation Bureau, National Water Policy, and the West, 1902–1935. Berkeley, CA: University of California Press, 2002. Ders. Water, Land, and Law in the West: The Limits of Public Policy, 1850–1920. Lawrence, KS: University Press of Kansas, 1996.
51 Der Chinese Exclusion Act von 1882 bestimmte, dass für eine Dauer von zehn Jahren keine chinesischen Arbeiter in die Vereinigten Staaten einwandern durften. 1884 folgten Ergänzungen, die die Zuwanderung weiter erschwerten. Durch den 1892 verabschiedeten Geary Act wurde der Chinese Exclusion Act in der Sache um zehn Jahre verlängert. 1902 erfolgte eine weitere Verlängerung, die im Wesentlichen bis 1942 in Kraft blieb. Soennichsen, John Robert. The Chinese Exclusion Act of 1882. Santa Barbara, CA: Greenwood, 2011. Gyory, Andrew. Closing the Gate: Race, Politics, and the Chinese Exclusion Act. Chapel Hill, NC: University of North Carolina Press, 1998. Saxton, Alexander. The Indispensable Enemy: Labor and the Anti-Chinese Movement in California. Berkeley, CA: University of California Press, 1995.

nahmen ihre Stelle ein. Die Besitzlosen, die ihr Land entweder verloren hatten oder nie hoffen durften, Eigentum zu erwerben, stellten gegen Ende des 19. Jahrhunderts einen rasch wachsenden Anteil der Bevölkerung in den Vereinigten Staaten dar. 1880 waren etwa 43 Prozent aller Personen, die ihr Auskommen in der Landwirtschaft fanden, Lohnarbeiterinnen and Arbeiter. 16 Prozent von ihnen waren Frauen. Die Löhne für diese Menschen waren erbärmlich niedrig. 1899 gab ein Landbesitzer aus South Carolina vor einem Ausschuss der US-Regierung zu Protokoll, er zahle seinen Tagelöhnern 30 Cents am Tag, von denen drei Viertel in seinem Geschäft gegen Waren eingetauscht werden müssten, wodurch er einen Profit von 50 Prozent erziele. Damit konnten selbst die Kosten für Sklavenarbeit noch unterboten werden.[52]

Trotz dieser sozialen Verschiebungen blieben die USA eine zutiefst landwirtschaftlich geprägte Nation. Die Bevölkerung lebte überwiegend auf dem Land: Der *Census* von 1860 zeigt, dass drei Fünftel der amerikanischen Bevölkerung auf Farmen lebten. Noch 1870 lebten fast 80 Prozent der Bevölkerung in Ortschaften mit einer Population unter 8.000 Menschen. 30 Jahre später war diese Zahl auf 66 Prozent gesunken. Während einerseits die Zahl der Landbewohner sank, nahm die Zahl der Farmen zu – von rund zwei Millionen im Jahre 1860 auf mehr als 5,7 Millionen im Jahre 1900.[53] In absoluten Zahlen stieg die Landbevölkerung von 19 Millionen (1860) auf 28 Millionen (1900) an, während die Zahl derjenigen, die nicht auf dem Land lebten, von zwölf Millionen auf 48 Millionen anwuchs.[54] Die Zahl der Farmen stieg vor allem wegen des raschen Wachstums der Bevölkerung im Westen, aber nicht alle Farmer lebten im Westen. Die Landbevölkerung war in allen Staaten der Union bis in die 1880er Jahre zahlreich, sogar in den industriellen Zentren wie Pennsylvania und New York. Das Leben auf den Farmen änderte sich nach 1870 allerdings sehr deutlich. Individuelle Farmer gaben auf und zogen in die Industriestädte, während diejenigen, die ausharrten, neue Technologien erprobten und damit die Schwelle zur industriellen Landwirtschaft überschritten. Scheibenpflüge ersetzten die bis dahin gebräuchlichen Pflüge mit nur einer oder zwei Scharen. Der schwierige Zugkraftverlauf dieses

---

52 United States und Industrial Commission. Report of the Industrial Commission on Agriculture and Agricultural Labor, Including Testimony with Review and Topical Digest thereof. Washington, DC: Government Printing Office, 1901, S. 117 f.
53 Anzahl der Farmen (in Tsd.) 1860: 2.004, 1870: 2.660, 1880: 4.009, 1890: 4.565, 1900: 5.740. United States, Department of Commerce und Bureau of the Census. Historical Statistics of the United States: Colonial Times to 1970, 2 Bände. White Plains NY: Kraus International Publications, 1989, Band 1, Series K1–16, S. 457.
54 Shannon, Fred A. und Jones, Robert Huhn. The Centennial Years: A Political and Economic History of America from the Late 1870s to the Early 1890s. Garden City, NY: Doubleday, 1967, S. 182.

Pfluges (schräg zur Fahrtrichtung) ließ jedoch nur flache Furchen beziehungsweise den Einsatz zur Stoppelbearbeitung zu. Um 1890 wurden diese Pflüge von dampfbetriebenen Traktoren gezogen und wiesen mitunter 24 Scheiben auf, die das Land umbrachen. Dann kam der *Lister*, ein Pflug, der das Erdreich in zwei entgegengesetzte Furchen teilte und der sich zur Aussaat von Getreide eignete. Mähmaschinen, Heuwender und andere Geräte vereinfachten die Arbeit und ersetzten Lohnarbeiter. 1878 wurde eine Maschine erfunden, die Getreide bündelte, jedoch nur eine Vorstufe für riesige, durch Pferde oder Traktoren gezogene Mähdreschmaschinen darstellte, die *Combines*, die ab 1880 das Bild beherrschten.[55] Die *Combine* wurde so genannt, weil sie die Arbeit der Mähmaschine und des Dreschers miteinander kombinierte. Bis zu 24 Pferde wurden benötigt, um diese Behemoths über die Prärie zu ziehen. Der Erfinder dieses Ungetüms war Benjamin Leroy Holt (1849–1920), aus dessen Unternehmen 1925 die Caterpillar Company hervorging – 2014 der weltgrößte Hersteller von Baumaschinen.[56] 1890 entwickelte Holt auch den ersten dampfbetriebenen Traktor, ein 22 Tonnen schweres Gerät auf riesigen Metallrädern, das die Kosten gegenüber pferdebetriebenen Mähdreschern auf ein Sechstel senkte. Dieser Traktor wurde bald auch zum Transport von Redwood-Holz in Kalifornien eingesetzt.[57] Ab 1904 investierte Holt in die Produktion von Traktoren, die auf umlaufenden Ketten standen – eine aus England stammende Idee, die Holt allerdings perfektionierte und damit die wesentliche Inspiration für den Bau moderner Traktoren und Panzer lieferte.

Um zu verdeutlichen, was dies für die Produktivität bedeutete, muss man sich vorstellen, dass eine Stunde Arbeit auf einer modernen Weizenfarm des Jahres 1896 dem achtzehnfachen Arbeitsaufwand auf einer Farm des Jahres 1830 entsprach.[58] In den Staaten, die 1861 ihren Austritt aus der Union verkündet hatten, propagierten enthusiastische Unterstützer des „Neuen Südens" die Gleichzeitigkeit von industrieller und landwirtschaftlicher Produktion. Es änderte nicht viel daran, dass bis auf Weiteres Baumwolle das wichtigste Produkt des Südens blieb.[59]

---

55 Shannon und Jones, The Centennial Years, S. 187f.
56 Payne, Walter A. (Hg.). Benjamin Holt: The Story of the Caterpillar Tractor. Stockton, CA: University of the Pacific, 1982. Orlemann, Eric C. Caterpillar. St. Paul, MN: Motorbooks, 2006, S. 8f.
57 Auf Benjamin Holt gehen zahlreiche Patente zurück. Siehe US Patent No. US420512 A vom 4. Februar 1890 (Thrashing Machine); US570637 A vom 3. November 1896 (Link for Driving-Chains); US416916 A vom 10. Dezember 1889 (Grain Cleaner); US1182484 A vom 9. Mai 1916 (Harvester) bis hin zu US1258612 A vom 5. März 1918 (Endless-Chain for Tractors).
58 Shannon und Jones, The Centennial Years, S. 188.
59 Cumming, Kate. Gleanings from Southland: Sketches of Life and Manners of the People of the South before, during and after the War of Secession, with Extracts from the Author's Journal and Epitome of the New South. Birmingham AL: Roberts & Son, 1895. McBride, Mary Gorton und

4.2 Die neokoloniale Wirtschaft des „Neuen Südens"

In den Jahrzehnten nach dem Ende des Bürgerkriegs hatte der Süden vor allem mit der am Boden liegenden Wirtschaft zu kämpfen. Kriegsauswirkungen und die Abschaffung der Sklaverei hatten die ökonomische Struktur des Südens tief beeinflusst und während der Norden einen ungebremsten wirtschaftlichen Aufschwung erlebte, der nur durch sporadische Krisen (1873 und 1893) unterbrochen wurde, lag die Produktivität des Südens lange Zeit unterhalb der Werte, die sie vor 1860 erreicht hatte. Die Farmer hatten ebenfalls mit Überschuldung und Rückgang der Produktivität zu kämpfen. Viele Landbesitzer verloren ihr Land an die Banken, die dieses Land verpachteten oder zu agrarischen Großbetrieben zusammenschlossen. Es entstand eine neue Klasse von Pflanzern, die nicht mehr zu den Plantagenbesitzern der Sklavenzeit gehörten, sondern Land kauften und bebauen ließen, um Gewinne auf dem Weltmarkt zu erzielen. Im vom Bürgerkrieg in Mitleidenschaft gezogenen Staat Mississippi übernahmen immer stärker Banken und Kaufleute das Land, das ehemals verschuldeten Kleinbauern und verarmten Plantagenbesitzern gehört hatte.[60]

In Arkansas zum Beispiel nahm die Größe der durchschnittlichen Farm zwischen 1879 und 1899 von 128 *Acres* auf 93 *Acres* ab. Viele der kleinen Farmen lagen auf schlechtem Land. Kapitalknappheit verhinderte den Einsatz moderner Landmaschinen und von Düngemitteln. Auch konnte bei derartig kleinen Betriebsgrößen keine Rotation betrieben werden, d. h. eine Brache, in der sich die Böden vom monokulturellen Anbau von Baumwolle hätten erholen können, fiel aus. Im Endergebnis ging die Produktivität stark zurück, von 0,6 Bales Baumwolle pro *Acre* (1879) auf 0,4 Bales pro *Acre* (1899). 1898 war zudem der Preis für Baumwolle auf einen Tiefstand von sechs Cents pro Pfund gefallen.[61]

Kein Wunder, dass die Südstaatler sich etwas Ähnliches wie die Industrialisierung des Nordens auch für den Süden wünschten. Henry Woodfin Grady (1850–1889), der rhetorisch brillante Herausgeber der Atlanta Constitution, nutzte die große Verbreitung seiner Zeitung, um den „Neuen Süden" und seine

---

McLaurin, Ann M. Randall Lee Gibson of Louisiana: Confederate General and New South Reformer. Baton Rouge, LA: Louisiana State University Press, 2007. Whites, LeeAnn. Gender Matters: Civil War, Reconstruction, and the Making of the New South. New York: Palgrave Macmillan, 2005.
60 Anderson, Aaron D. Builders of a New South: Merchants, Capital, and the Remaking of Natchez, 1865–1914. Jackson, MS: University Press of Mississippi, 2013, S. 112–141.
61 Moneyhon, Carl H. Arkansas and the New South, 1874–1929. Fayetteville, AR: University of Arkansas Press, 1997, S. 27, 96.

industriellen Möglichkeiten zu propagieren.⁶² Grady verwies immer wieder auf die Standortvorteile des Südens, billige Arbeit und Rohstoffvorkommen, um seine Überzeugung zu untermauern, der Süden könne in eine Industrielandschaft verwandelt werden. Seine Botschaft wurde verstanden. Die Bevölkerung des Südens, Schwarze und Weiße, Männer und Frauen, setzten sich in Bewegung und verließen das Land, um in die Städte zu ziehen. Besonders zwischen 1870 und 1880 wuchs die städtische Bevölkerung des Südens stark an. Mit der Übernahme der politischen Macht durch die *Redeemers* entstand eine Konstellation, bei der die Söhne der alten Pflanzerelite sich mit den Geldgebern und Industriellen des Nordens verbündeten, ohne deswegen als Verräter oder *Scalawags* gebrandmarkt zu werden. Nach der Wirtschaftskrise von 1873 stand gegen Ende der 1870er Jahre wieder genügend Kapital im Norden zur Verfügung, das im Süden investiert werden konnte. Zwischen 1865 und 1890 vervierfachte sich das Eisenbahnnetz des Südens. Dort siedelten sich Textilbetriebe an, die in Neuengland geschlossen worden waren, weil die Löhne im Süden billiger, die Steuern niedriger und Kinderarbeit nicht eingeschränkt oder verboten waren. Um 1900 war der Süden zum wichtigsten Produzenten von Textilien in den USA geworden. 100.000 Menschen arbeiteten im Textilsektor, viele von ihnen Frauen und Kinder, wie man auch Tabelle 2 entnehmen kann.⁶³

Tabelle 2: Beschäftigungsstruktur der Textilindustrie im Norden und Süden im Vergleich, 1880 bis 1919⁶⁴

Jahr	Süden			Norden		
	Männer	Frauen	Kinder	Männer	Frauen	Kinder
1880	28.4%	46.5%	25.1%	36.2%	49.7%	14.1%
1890	34.4%	41.4%	24.2%	43.3%	49.8%	6.9%
1900	41.6%	33.4%	25%	48.2%	45.1%	6.7%
1909	52.8%	29.5%	17.8%	51.0%	43.7%	5.3%
1914	55.7%	29.7%	14.5%	52.8%	43.5%	3.7%
1919	49.6%	35.6%	4.9%	51.7%	43.3%	5.0%

---

62 Bryan, Ferald Joseph. Henry Grady or Tom Watson? The Rhetorical Struggle for the New South, 1880–1890. Macon, GA: Mercer University Press, 1994. Grady, Henry Woodfin. The New South: Writings and Speeches of Henry Grady. Savannah, GA: Beehive Press, 1971.
63 Delfino, Susanna und Gillespie, Michele (Hg.). Global Perspectives on Industrial Transformation in the American South. Columbia, MO: University of Missouri Press, 2005.
64 Entnommen aus McHugh, Cathy L. Mill Family: The Labor System in the Southern Cotton Textile Industry, 1880–1915. New York: Oxford University Press, 1988, S. 9, Table 1–1.

Doch wirklich dominant wurde der Süden nur in der Tabakindustrie. Bald nach dem Bürgerkrieg hatte Julian Shakespeare Carr (1845–1924) aus North Carolina damit begonnen, sein Tabakimperium Bull Durham aufzubauen.[65] Ermöglicht wurde dies durch eine massive und zentral gesteuerte Werbekampagne, bei der die anatomisch explizite Darstellung eines Stiers als Markenzeichen lanciert wurde.[66] Die Zigarette ersetzte zunehmend die Zigarre und den Kautabak als präferiertes Produkt, galt aber wegen ihrer arbeitsintensiven Produktion zunächst als Luxusprodukt. 1880 wurde eine Zigarettenmaschine erfunden, die die Herstellung der Zigarette und die Konsumgewohnheiten amerikanischer Männer revolutionierte. Mit ihrer Hilfe gelang es der Familie Duke verschiedene Tabakmanufakturen zur marktbeherrschenden American Tobacco Company umzubauen.[67] Neben der Tabak- und der Textilindustrie erlebte vor allem die Kohleförderung einen Boom im Süden. Hintergrund war der rasch gestiegene Bedarf für Koks zur Stahl- und Eisenproduktion. Die Kohlevorkommen West Kentuckys waren hervorragend geeignet zur Produktion von Koks.[68] Dieser Erfolg kam aber zu einem hohen Preis. Kohle aus den Appalachen konnte nun mittels der Eisenbahn in die Zentren der Stahl- und Eisenindustrie transportiert werden. Ganze Berge wurden abgetragen, um an den begehrten Rohstoff zu gelangen, oft mit katastrophalen ökologischen und menschlichen Konsequenzen. Der Kohlebergbau war enorm profitabel, doch stammten die Gewinner auch hier nicht aus dem Süden: Investoren aus dem Norden strichen die meisten Gewinne ein. Die Arbeitsbedingungen der Bergarbeiter waren ruinös, die Löhne sehr niedrig. Die Kohlekumpel lebten in Hütten in unmittelbarer Nähe zu ihrer Grube, oft in

---

65 Roberts, B. W. C. und Roberts, Snow L. Bull Durham: Business Bonanza, 1866–1940. Durham, NC: Genuine Durham Press, 2002. Ausführlicher und weniger aus der Sicht des Unternehmens geschrieben ist Durden, Robert Franklin. The Dukes of Durham, 1865–1929. Durham, NC: Duke University Press, 1975.
66 Laird, Pamela Walker. Advertising Progress: American Business and the Rise of Consumer Marketing. Baltimore, MD: The Johns Hopkins University Press, 1998, S. 188.
67 James Albert Bonsack (1859–1924) erfand die erste funktionierende Tabakrollmaschine im Jahr 1880. Diese Maschine konnte 120.000 Zigaretten in zehn Stunden rollen, während eine erfahrene Zigarettenrollerin es auf vier Zigaretten pro Minute brachte, d. h. in zehn Stunden idealiter 2400 Zigaretten produzieren konnte. Patent: Bonsack, James Albert, Inventor. Cigarette Machine. US238640 A. vom 3.3.1881. Zur Werbung für Zigaretten siehe Köhler, Angelika. Charged with Ambiguity: The Image of the New Woman in American Cartoons. In: Heilmann, Ann und Beetham, Margaret (Hg.). New Woman Hybridities: Feminity, Feminism and International Consumer Culture, 1880–1930. London, New York: Routledge, 2004, S. 158–178.
68 Caldwell, William B. Notes on the Coal and Iron Ores of Western Kentucky. Frankfort, KY: John D. Woods, 1878, S. 3f.

Company Towns, die von den Grubengesellschaften erbaut worden waren und von ihnen bewirtschaftet wurden.[69]

Auskunft über die Lebensumstände der Kohlekumpel gibt der Song „Sixteen Tons", der zwar erst 1946 erstmals aufgenommen wurde, jedoch auf die Realität der 1890er Jahre verweist.[70] Arbeitsunfälle und Grubenkatastrophen waren an der Tagesordnung.[71] Die Minenarbeiter wehrten sich mit Streiks gegen die extreme Ausbeutung ihrer Arbeitskraft und diese Streiks wurden oft blutig niedergeschlagen. Ähnlich gewaltsam waren die Auswirkungen der boomenden Holzindustrie im Süden. Holzsyndikate aus dem Norden schlugen riesige Schneisen in die Wälder des Südens und überließen den ungeschützten Boden der Erosion.[72] 1914 kontrollierten die 16 größten Holzsyndikate im Süden über zehn Millionen *Acres* oder über vier Millionen Hektar, vor allem in den Staaten Florida und Louisiana.[73] Warnungen, der Raubbau werde langfristige ökologische Veränderungen zeitigen, verhallten ungehört. Von den ursprünglich 115 Millionen *Acres* Holzbestand im tiefen Süden zwischen South Carolina und Texas blieben 1920 ganze 24 Millionen übrig. Auf diesem Gebiet wuchs vor allem die Sumpfkiefer, ein Nadelbaum, dessen Holz sich zur Papierproduktion und als Bauholz eignete.[74]

Von allem Neuen, das nach dem Bürgerkrieg im Süden eingeführt wurde, beeindruckten die Zeitgenossen am nachhaltigsten die Eisen- und Stahlwerke, die in der Umgebung von Birmingham, Alabama, entstanden. Nicht mehr das säulengestützte Herrenhaus, sondern der aus Backstein errichtete Schornstein der Fabrik wurde das Symbol des „Neuen Südens". 25 Hochöfen wurden alleine in Alabama errichtet. 1899 hatte sich Birmingham zum größten Produzenten von Roheisen in den USA aufgeschwungen. Der Stahlbaron Andrew Carnegie (1835–

---

[69] Eller, Ronald D. Miners, Millhands, and Mountaineers: Industrialization of the Appalachian South, 1880–1930. Knoxville, TN: University of Tennessee Press, 1982, S. 162. Grundlegend Seltzer, Curtis. Fire in the Hole: Miners and Managers in the American Coal Industry. Lexington, KY: University Press of Kentucky, 1985. Aus der Sicht der Grubenarbeiter siehe Crow, Peter. Do, Die, or Get Along: A Tale of Two Appalachian Towns. Athens, GA: University of Georgia Press, 2007.
[70] Merle Travis (1917–1983) gilt als Komponist des Liedes, doch behauptete George S. Davis (1904–1992), der selbst als Kohlekumpel in Kentucky gearbeitet hat, er habe das Lied schon in den 1930er Jahren geschrieben.
[71] Crow, Peter. Do, Die, or Get Along, S. 176–178.
[72] Williams, Michael. Americans and Their Forests: A Historical Geography. Cambridge, New York: Cambridge University Press, 1989, S. 238–265.
[73] United States und Bureau of Corporations. The Lumber Industry, 2 Bände. New York: Arno Press; 1972, Band 2, S. 173–176. Siehe Tabelle „Lumber Industry in the South" auf S. 197.
[74] Wright, Gavin. „Persisting Dixie: The South as an Economic Region." In: Pascoe, Craig S., Leathem, Karen Trahan und Ambrose, Andy (Hg.). The American South in the Twentieth Century. Atlanta, GA, Athens, GA: Atlanta History Center. University of Georgia Press, 2005, S. 77–90, S. 85.

1919) aus Pennsylvania bereiste im selben Jahr den Süden und meldete „The South is Pennsylvania's most formidable industrial enemy."[75]

Doch ganz so schlimm kam es nicht. Die Investoren aus dem Norden führten die Eisen- und Stahlindustrie des Südens an der langen Leine. Durch sehr komplexe Mechanismen wurden die Preise für Eisen und Stahl zum Nachteil der Industrie des Südens manipuliert. Verantwortlich für die ungebrochene Vorherrschaft des Nordens war unter anderem das *Birmingham Differential*, ein Preisaufschlag auf Stahl aus dem Süden, verhängt von der United States Steel Corporation ab dem Jahr 1909, den Kunden zu zahlen hatten, wenn sie in Birmingham einkauften. Der Stahl aus dem Süden war etwa 26 Prozent billiger als der aus Pittsburgh, PA – vor allem wegen der niedrigen Löhne und der geographischen Nähe von Rohmaterialien. Durch die Zusatzkosten des *Differential* rutschte der Preis für Eisen und Stahl aus dem Süden über die Preismarke für den Norden.[76]

Damit blieb die Industrialisierung des Südens der Kontrolle von Investoren im Norden unterworfen. Für die Menschen vor Ort bedeutete dies harte Arbeit für minimale Löhne unter katastrophalen Arbeitsbedingungen. Der Süden wurde damit zur industriellen Kolonie des Nordens: Niedriglöhne, gepaart mit Rohstofflieferungen und ökozidalem Abbau von natürlichen Ressourcen – das erinnerte doch sehr an den Status europäischer Kolonien in Afrika.

Der Landwirtschaft – ich habe dies schon in den vorherigen Kapiteln angesprochen – erging es nicht viel besser. Die Abhängigkeit von der Monokultur der Baumwolle nahm zu. Landbesitzer und Kaufleute verlangten von den *Sharecroppers*, Baumwolle anzubauen. 1900 produzierte der Süden fast dreimal so viel Baumwolle wie 1860, der Export hatte sich aber nur knapp verdoppelt.[77] Unglücklicherweise musste die Baumwolle aus den USA in Konkurrenz treten zu gleichwertigen Produkten aus Ägypten und Indien. Gleichzeitig sank der Verbrauch dieses Rohstoffs. Als Konsequenz fielen die Baumwollpreise. Gnadenloses Festhalten an der Monokultur laugte die Böden aus und leistete der Erosion Vorschub. Die intensive Nutzung der Böden ließ die Erträge schrumpfen und die Folgen dieser Entwicklung waren Armut und Unzufriedenheit, die die soziale Basis für die Entstehung des Populismus in den 1890er Jahren bildeten.

---

[75] Wilson, Bobby M. America's Johannesburg: Industrialization and Racial Transformation in Birmingham. Lanham, MD: Rowman & Littlefield Publishers, 2000, S. 93.

[76] Marshall, F. Ray. Labor in the South. Cambridge, MA: Harvard University Press, 1967, S. 15f. Warren, Kenneth. The American Steel Industry, 1850–1970: A Geographical Interpretation. Pittsburgh, PA: University of Pittsburgh Press, 1988, S. 188.

[77] 1860 lag die Produktion bei 3.841.000 bales, 1900 bei 10.124.000 bales. United States, Historical Statistics, Band 1, Series K 550–563, S. 518.

Tabelle 3: Holzunternehmen im Süden[78]

Gesellschaft	Fläche in Acres	Staat
South Consolidated Land	1625000	Florida
Southern States Land and Timber Co.	1428000	Florida
Empire Land and National Timber Co.	1172000	Florida
Florida Coast Line and Canal Transport	610000	Florida
John Paul Interests	600000	Florida
Norfolk and Southern R.R. Co.	590000	North Carolina
Missouri Pacific Ry. Co.	571000	Arkansas
Missouri Lumber and Land Exchange	442000	Louisiana, Missouri
Great Southern Lumber	433000	Louisiana, Missouri
Model Land Co.	427000	Florida
Long-Bell Lumber Co.	399000	Louisiana, Texas
Texas Delta Land Co.	391000	Louisiana
Kirby Lumber Co.	383000	Louisiana, Texas
Blodgett Co.	368000	Missouri
Southern Lumber Co.	364000	Arkansas, Florida
William Buchanan	360000	Louisiana, Arkansas
Summe	10163000	

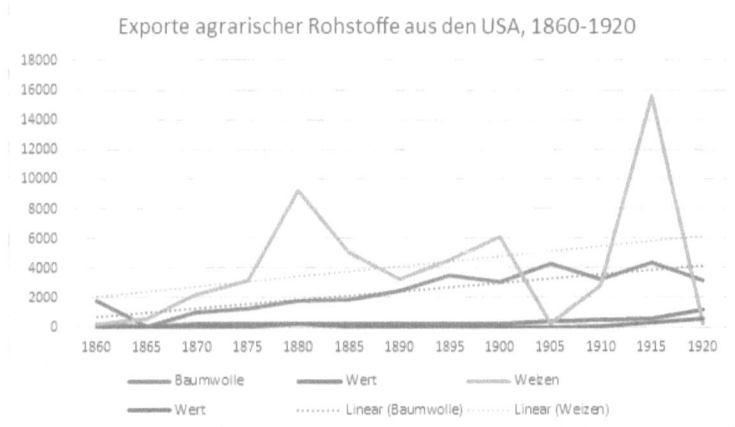

Grafik 4: Exporte agrarischer Rohstoffe 1860–1920[79]

---

[78] Quelle: United States and Bureau of Corporations. The Lumber Industry. New York: Arno Press, 1972, 2 Bände, Band 2, Teil 3, S. 173–176.

[79] Quelle: United States, Historical Statistics, Band 2, Series U274–294, S. 898 f. Baumwolle und Weizen in Millionen Lbs.; Währung in $ Millionen.

4.3 Von der Familienfarm zum Agrobusiness

Die Verheißung von billigem Ackerland lockte viele Siedlerfamilien in den Westen, während gleichzeitig die Städte sehr attraktiv für diejenigen Menschen wurden, die nach Arbeitsplätzen in der neu entstehenden Industrie suchten. Wir haben es also in den Jahren nach 1865 mit einer zweigeteilten und in gewisser Hinsicht gegensätzlichen Wanderungsbewegung zu tun. Während vor allem junge Menschen und *African Americans* in die Städte zogen, verlegten Familien, darunter auch aus Europa Eingewanderte, ihren Wohnsitz weiter nach Westen auf neu entstehende Farmen. Um 1890 war die Landflucht aus Teilen des „alten Westens" und Neuenglands so weit fortgeschritten, dass einige Zeitgenossen gereizt reagierten. Sie befürchteten den Verlust einer Kultur und Lebensweise. In den Zeitschriften und Gazetten erhoben sich warnende Stimmen.

> One by one, family by family, their inhabitants slip away in search of other homes; a steady but hardly perceptible emigration takes away the young, the hopeful, the ambitious. There remain behind the superannuated, the feeble, the dull, the stagnant rich who will risk nothing [...]"[80]

Obwohl niemals so viele Menschen nach Westen gingen, dass es an Arbeitskräften gemangelt hätte, um ein normales Leben aufrecht zu erhalten, bemerkte derselbe Autor: „[T]he world's real work is done elsewhere."[81] Entgegen der Einschätzung dieses besorgten Publizisten waren es auch nicht nur die Alten und intellektuell Minderbemittelten, die zurück blieben. Die sesshaften Teile der Bevölkerung, die in Neuengland blieben, passten sich den veränderten Bedingungen an und übernahmen neue Technologien, die es ihnen erlaubten, Landwirtschaft im großen Stil zu betreiben.

Die Landflucht war aber keineswegs nur auf Neuengland beschränkt. Mehr als die Hälfte aller ländlichen Gemeinden in Ohio, Indiana und Illinois, dem „alten Westen", verloren wegen der Westwärtsmigration an Bevölkerung. Auch Iowa war unter den betroffenen Staaten. Schon erhoben sich Stimmen, die mutmaßten, die wachsenden Städte könnten nicht mehr mit Lebensmitteln versorgt werden, wenn alle Farmer nach Westen gingen. Diese Sorge war jedoch unbegründet. Tatsächlich wuchs die Landbevölkerung im späten 19. Jahrhundert, wenn auch nicht in den alten Agrarstaaten. Die Geburtenrate auf dem Land lag über der in den Städten, die Sterblichkeitsrate war hingegen niedriger als in der

---

80 Henry U. Fletcher, zitiert in Barron, Hal S. Those Who Stayed Behind: Rural Society in Nineteenth-Century New England. Cambridge, New York: Cambridge University Press, 1984, S. 38.
81 Barron, Hal S. Those Who Stayed Behind, S. 39.

Stadt. Gleichzeitig wurde die Landwirtschaft verstärkt Gegenstand wissenschaftlicher Untersuchungen und die Automatisierung wichtiger Routineabläufe bei der Landarbeit erhöhte die Produktivität dramatisch. Landwirtschaftliche Hochschulen sprossen wie Pilze nach einem warmen Regen aus dem Boden.[82] Sie wurden sowohl vom Bund als auch von den Bundesstaaten mit großzügigen Landschenkungen bedacht. Hier wurde anwendungsorientiert geforscht und gelehrt. Schon im Jahr 1837 hatte John Deere (1804–1886) aus Illinois einen selbstreinigenden Stahlpflug entwickelt, der für die schweren Prärieböden besser geeignet war als Pflüge aus Gusseisen. Diese und andere Erfindungen erfuhren in der Folge weitere Verbesserungen.[83] Cyrus Hall McCormick (1809–1884) verbesserte schon existierende Mähmaschinen (*Reaper*), bis er mit der Hilfe des Sklaven Jo Anderson in der Lage war, eine gut funktionierende Mähmaschine zu entwickeln und auf den Markt zu bringen.[84] Diese Erfindungen beherrschten auch die

---

[82] Der Politiker, der diese Einrichtungen ermöglichte, war der Republikaner Justin Smith Morrill (1810–1898). Senator Morrill war der Autor des (ersten) Morrill Acts von 1862, der die Gründung von Colleges mit finanzieller Hilfe durch den Bund ermöglichte (Morrill Act of 1862, 12 Stat. 503). Speech of Hon. Justin S. Morrill, of Vermont, on the Bill Granting Lands for Agricultural Colleges. Washington, DC: Congressional Globe Office, 1858. Pugh, Evan. A Report upon a Plan for the Organization of Colleges for Agriculture and the Mechanic Arts with Special Reference to the Organization of the Agricultural College of Pennsylvania, in View of the Endowment of This Institution by the Land Scrip Fund, Donated by Congress to the State of Pennsylvania; Addressed to the Board of Trustees of the Agricultural College of Pennsylvania, Convened at Harrisburg, January 6, 1864. Harrisburg, PA: Singerly & Myers, printers, 1864. United States. Department of Agriculture. List of Agricultural Colleges and of Farmers' Clubs, and Agricultural, Horticultural, and Pomological Societies on the Books of the Department of Agriculture, June 1, 1872, Together with the Name of the President and Secretary of Each. Washington, DC: Government Printing Office, 1872. United States. Rhode Island. General Assembly. Act of Congress, Granting Lands for the Establishing of Agricultural Colleges. Providence, RI: A. Anthony, printer to the state, 1863. Marcus, Alan I. Agricultural Science and the Quest for Legitimacy: Farmers, Agricultural Colleges, and Experiment Stations, 1870–1890. Ames, IO: Iowa State University Press, 1985. National Research Council (U.S.), and Committee on the Future of the Colleges of Agriculture in the Land Grant University System. Colleges of Agriculture at the Land Grant Universities: Public Service and Public Policy. Washington, DC: National Academy Press, 1996. Sayre, Laura Browne und Clark, Sean. Fields of Learning: The Student Farm Movement in North America. Lexington, KY: University Press of Kentucky, 2011. Die Rolle von Frauen an diesen Colleges untersucht Thorne, Alison Comish. Visible and Invisible: Women in Land-Grant Colleges, 1890–1940. Logan, UT: Utah State University, 1985. Diese Bildungsanstalten werden liebevoll auf die Schippe genommen in Janes Smileys Roman Moo. Smiley, Jane. Moo: A Novel. New York: Anchor Books, 2009.
[83] Deere, John, Inventor. Improved Method of Making Ploughs. US63369 A. 2. April 1867.
[84] Aldrich, Lisa J. Cyrus McCormick and the Mechanical Reaper. Greensboro, NC: Morgan Reynolds Pub, 2002. Sluby, Patricia Carter. The Inventive Spirit of African Americans: Patented Ingenuity. Westport, CT: Praeger, 2004, S. 282, FN 11.

Diskussionen auf den Weltausstellungen zwischen 1851 bis 1902, durch die sie bekannt und populär wurden. Neue Pflüge und Erntemaschinen halbierten Zeitaufwand und Produktionskosten, was bedeutete, dass weniger Farmer deutlich mehr produzieren konnten.[85] Dabei stellte der erste Schritt auf dem Wege zur kapitalintensiven Landwirtschaft die Einführung des Zugpferdes dar. Zwischen 1862 und 1875 war dieser Schritt in der Regel abgeschlossen. Damit konnten auf schweren Böden größere Flächen bearbeitet werden. Pferdegespanne konnten auch mehrscharige Pflüge gut ziehen. Sie trieben auch die *Cornbinders* an, die über ein Gestänge die Bewegung des Pferdegespanns in kinetische Energie für das Bündeln der Garben umwandelten.[86] Ab 1884 wurden die riesigen, von bis zu 24 Pferden gezogenen Mähdrescher im Weizenanbau des Westens eingesetzt. Zunehmend kam auch Dünger zum Einsatz: Der durchschnittliche Jahresverbrauch von Dünger lag 1890 bis 1899 bei 1.845.900 Tonnen. Zwischen 1900 und 1909 stieg der Verbrauch fast auf das Doppelte (3.738.300 Tonnen) an, wobei unter diesen kommerziell vertriebenen Düngemitteln ein hoher Anteil von Guano war, der importiert werden musste.[87] Der afroamerikanische Botaniker und Chemiker George Washington Carver (1864–1943) setzte sich sehr für die Verwendung von natürlichen Düngemitteln vor allem im Süden ein.[88]

Die Resultate der Veränderungen im Agrarsektor waren phänomenal: Durch die Vergrößerung der Anbauflächen nach 1862 wuchs die Produktivität stark an. Von 1865 bis 1900 wurde mehr Ackerland neu erschlossen als in den voran gegangenen 250 Jahren zusammen. Die Weizenanbaufläche wuchs von 1865 bis 1880 von 15 auf 38 Millionen *Acres*. Die Weizenernte stieg von 1865 bis 1880 von 152 Millionen *Bushels* auf 499 Millionen *Bushels*. Ähnlich rapides Wachstum zeigten auch die Mais- und die Baumwollproduktion. Der Binnenkonsum an Agrarprodukten nahm zwar bis 1873 nur um 23 Prozent zu, aber der Agrarexport

---

[85] Winder, Gordon M. The American Reaper: Harvesting Networks and Technology, 1830–1910. Farnham, Surrey, Burlington, VT: Ashgate, 2012, S. 147–178.

[86] Apps, Jerold W. Horse-Drawn Days: A Century of Farming with Horses. Madison, WI: Wisconsin Historical Society Press, 2010, S. 162.

[87] Nelson, Lewis B. History of the U.S. Fertilizer Industry. Muscle Shoals, AL: Tennessee Valley Authority, 1990. Skaggs, Jimmy M. The Great Guano Rush: Entrepreneurs and American Overseas Expansion. New York: St. Martin's Press, 1994. Hewitt, Ben. The Town that Food Saved: How One Community Found Vitality in Local Food. Emmaus, PA: Rodale, 2011, S. 47.

[88] Elliott, Lawrence. George Washington Carver: The Man Who Overcame. Englewood Cliffs, NJ: Prentice-Hall, 1966. Hersey, Mark D. My Work Is That of Conservation: An Environmental Biography of George Washington Carver. Athens, GA: University of Georgia Press, 2011. Kremer, Gary R. George Washington Carver: A Biography. Santa Barbara, CA: Greenwood, 2011, S. 83. Edwards, Linda McMurry. George Washington Carver: Scientist and Symbol. New York: Oxford University Press, 1981, S. 90, 237.

erreichte ein Plus von phantastischen 230 Prozent. 1879 machte der Agrarexport der Vereinigten Staaten 78 Prozent der amerikanischen Gesamtexporte aus, 1880 sogar 83 Prozent und das bei gleichzeitig anhaltender industrieller Produktionssteigerung. Überproduktion im Agrarsektor wurde zu einem dauerhaften Problem.[89]

Die Landflucht war also weitaus weniger bedrohlich, als einige Skeptiker glaubten. Die Veränderungen des ländlichen Amerika waren vielmehr auch die Folge der „Revolution der Landwirtschaft" und nicht nur das Ergebnis der Attraktivität der Städte. Nun wäre es zu einfach zu sagen, die Bauern seien die Opfer ihres eigenen Erfolgs gewesen. Die notwendigen Anpassungsleistungen waren jedoch einschneidend. Missernten und wirtschaftliche Krisen waren in den 1870ern und 1880ern an der Tagesordnung. Bauern verloren ihr Land, weil sie die Zinsen nicht mehr zahlen konnten und die Banken das Land einzogen und versteigerten.[90] Der Verlust des Hofes bedeutete eine persönliche Niederlage für die Betroffenen. Dies drückte sich auch in der Populärkultur des Landes aus, in der der Farmer vorher eine Figur mit hoher positiver Symbolkraft gewesen war. Nun goss man Spott und Hohn über diese Menschen aus. Bezeichnungen wie „hayseed" und „hick" (Landei und Bauerntölpel) wurden Teil des amerikanischen Vokabulars.

Gegen Ende des Jahrhunderts zeichnete eine wachsende Zahl von Autorinnen und Autoren, die von der literarischen Bewegung des Realismus beeinflusst waren, ein eher negatives Bild vom Landleben. Hannibal Hamlin Garland (1860–1940), der Sohn einer Familie aus dem Mittleren Westen, der im Osten studiert hatte, kam in den späten 1880er Jahren nach Iowa, Wisconsin und North Dakota. Seine erste Anthologie von Kurzgeschichten mit dem Titel *Main-Travelled Roads* erschien 1891. In ihr verarbeitete er seine Enttäuschung nach seiner Rückkehr in die Heimat und berichtete von „[...] the ugliness, the endless drudgery, and the loneliness of the farmer's lot [...]."[91] Schriftsteller wie Garland und Harold Frederic (1856–1898), der selbst vom Land in die Stadt gezogen war, bekräftigten in der Öffentlichkeit das Bild von der zurückgehenden Bedeutung der Bauern.[92]

---

89 Wehler, Hans Ulrich. Der Aufstieg des amerikanischen Imperialismus: Studien zur Entwicklung des Imperium Americanum 1865–1900. Göttingen: Vandenhoeck & Ruprecht, 1974, S. 20–22.
90 Cox, LaWanda. Freedom, Racism, and Reconstruction: Collected Writings of LaWanda Cox. Athens, GA: University of Georgia Press, 1997, S. 9.
91 Garland, Hamlin. Main-Travelled Roads: Six Mississippi Valley Stories. Boston, MA: Arena, 1891, foreword, S. IXX.
92 Bennett, Bridget. The Damnation of Harold Frederic: His Lives and Works. Syracuse, NY: Syracuse University Press, 1997, S. 27.

Ungeachtet dieser Veränderungen in der populärkulturellen Konstruktion des Landlebens entfaltete die Landwirtschaft in den USA in der zweiten Hälfte des 19. Jahrhunderts eine geradezu revolutionäre Kraft. Die diversifizierte Familienfarm, auf der unterschiedliche Produkte angebaut wurden, wurde zunehmend durch eine spezialisierte Form der Landwirtschaft ersetzt, bei der für einen nationalen und internationalen Markt produziert wurde. Gegen Ende des Jahrhunderts konnte man durchaus von „Agrobusiness" sprechen – Landwirtschaft in großem Stil mit dem ausschließlichen Ziel, Profite zu erzielen.

Dabei spielten die Industrialisierung und die Verstädterung diesem Trend in die Hände. Es entstanden weit entlegene urbane Märkte, die mittels der Eisenbahn beliefert werden konnten. Die Mechanisierung der Landwirtschaft erlaubte die Bewirtschaftung riesiger Areale unter Einsatz von weit weniger lohnintensiven Landarbeitern. Nicht mehr das Jefferson'sche Ideal des selbstversorgenden *Farmers* stand im Mittelpunkt der Diskurse um Landwirtschaft, vielmehr setzte man auf die neue Figur des agrarischen Unternehmers. Landpostillen, landwirtschaftliche Gesellschaften, die in der einschlägigen Forschung engagierten Universitäten und ihre Lehrkräfte – alle betonten die neue Ära der Landwirtschaft, die effizient, produktiv und wissenschaftlich aufgezogen werden sollte. Die Abteilung für landwirtschaftliche Experimente an der 1868 gegründeten University of California in Berkeley zum Beispiel beschäftigte sich mit dem Setzen und Pflegen von Weinstöcken[93], dem Ausbau der Bewässerung für den Anbau von Weizen[94] oder bot auf der seit 1905 existierenden universitätseigenen Farm Kurse für Bauern und Bäuerinnen an, an denen 1912 zum Beispiel 214 Personen teilnahmen.[95] Zunehmend gehörten zu den Problemen der ausgeprägten Monokulturen auch Schädlingsinvasionen, so dass landwirtschaftliche Forschungseinrichtungen hier aktiv wurden.[96] So bekämpften nun private, halbstaatliche und staatliche Organisationen im großen Stil und zunehmend auch durch Einsatz ökologisch bedenklicher chemischer Präparate die immer wiederkehrenden

---

[93] Bioletti, Frederic T., Cruess, W. V. und Davi, Horace Denan. Changes in the Chemical Composition of Grapes during Ripening. Berkeley, CA: University of California Press, 1918. California, Agricultural Experiment Station, Berkeley, Hilgard, Eugene W., Paperelli, Louis und Bioletti, Frederick Theodore. Report of the Viticultural Work during the Seasons 1883–4 and 1884–5 [1885 and 1886, 1887–89, 1887–93]. Sacramento, CA: J. J. Ayres, supt. state printing, 1886–1996.

[94] Adams, Frank. Extending the Area of Irrigated Wheat in California for 1918. University of California. College of Agriculture. Agricultural Experiment Station. Circular No. 182. November 1917.

[95] University of California. College of Agriculture. Agricultural Experiment Station. Announcements of Farmers' Short Courses for 1912 at the University Farm, Davis, California. Circular No. 78. Juni 1912.

[96] Allen, Will. The War on Bugs. White River Junction, VT: Chelsea Green Pub, 2008.

Insektenplagen.⁹⁷ Die amerikanische Entomologie erfuhr ein nie geahntes Wachstum, um die Insektenvernichtung wissenschaftlich zu betreiben.⁹⁸ Das 1862 aus der *Agricultural Division* des Patentamts hervorgegangene Landwirtschaftsministerium der USA gründete 1854 schließlich sogar eine eigene Abteilung für Ungezieferbekämpfung (*Office of Entomologist, Agricultural Section, Patent Office* (1854–63), das als *Division of Entomology* von 1863 bis 1904 fortgeführt wurde, bevor 1904 das *Bureau of Entomology* gegründet wurde.⁹⁹

Östlich des Mississippi führte neue Farmtechnologie zu höheren Erträgen und intensiverer Spezialisierung. Bauern aus Neuengland traten nicht länger in einen aussichtslosen Wettbewerb mit Farmern aus dem Mittleren Westen, wo es um die Produktion von Fleisch, Getreide oder Wolle ging. Hier spezialisierte man sich auf die Milchwirtschaft und auf die Produktion von Gemüse und Obst. In Iowa und Illinois wurden das meiste Getreide und das meiste Viehfutter produziert. Weiter im Westen dominierte der Anbau von Weizen. Einige Betriebe in Kalifornien, North Dakota oder Minnesota hatten dabei über 100.000 *Acres*. In Washington, Oregon und Kalifornien stürzten sich die Farmer auf die Produktion von Hopfen. Ermöglicht wurde dies durch die größere Konsumption von Bier, sicherlich auch eine Folge der massenhaften Einwanderung von deutschen und anderen europäischen Konsumenten und Konsumentinnen dieses Getränks. Einige der großen amerikanischen Brauereien waren um die Mitte des 19. Jahrhunderts von deutschen Einwanderern gegründet worden, so zum Beispiel Anheuser-Busch und Miller.¹⁰⁰ Um 1880 gab es über 2.000 Brauereien in den USA. Der Wettbewerb führte zu Konzentrationsprozessen, so dass 1914 nur noch etwa 1.400 Brauereien übrig waren.¹⁰¹ In Oklahoma und im Süden blieb die Baumwolle wichtig. Auch wenn es in allen Gegenden weiterhin Kleinfarmer gab, die nicht an den nationalen Markt gebunden waren, setzte sich die Tendenz zur Spezialisierung allmählich

---

97 Bioletti, Frederic T. Control of Raisin Insects. University of California. College of Agriculture. Agricultural Experiment Station. Circular No. 135. Juli 1915.
98 Palladino, Paolo. Entomology, Ecology, and Agriculture: The Making of Scientific Careers in North America, 1885–1985. Amsterdam: Harwood Academic Publishers, 1996, S. 21–46.
99 National Archives and Records Administration. Record Group 7. Records of the Bureau of Entomology and Plant Quarantine, 1863–1956: Division of Plant Pest Control, Bureau of Entomology and Plant Quarantine.
100 Knoedelseder, William. Bitter Brew: The Rise and Fall of Anheuser-Busch and America's Kings of Beer. New York: HarperBusiness, 2012. Mittelman, Amy. Brewing Battles: A History of American Beer. New York: Algora Pub, 2008.
101 Young, William H. und Young, Nancy K. The Great Depression in America: A Cultural Encyclopedia. Westport, CT: Greenwood Press, 2007, 2 Bände, Band 2, S. 12f. Moore, Mark Harrison und Gerstein, Dean R. Alcohol and Public Policy: Beyond the Shadow of Prohibition. Washington, DC: National Academy Press, 1981, S. 199.

flächendeckend durch. Die Produzenten mussten bald erfahren, dass die Spezialisierung und Intensivierung der Produktion auch hohe Risiken bargen. Es drohten Missernten und Bodenerosion. Monokulturen und Pflüge, die die Abtragung der Bodenkrume durch starke Winde begünstigten, trugen dazu bei, die Böden rasch auszulaugen oder den vernichtenden Staubstürmen preiszugeben.[102] Bauern, die es versäumten, Lebensmittel auch für den eigenen Verbrauch anzubauen, mussten damit rechnen, während der periodisch auftretenden Trockenperioden hungern zu müssen.

Auf der regenarmen Prärie unterlag die Landwirtschaft im Besonderen dem Druck der Mechanisierung. Arbeitskräfte waren knapp und die zu bebauenden Flächen groß. Stahlpflüge, Erntemaschinen, moderne Eggen, Sämaschinen und riesige Mähdrescher (*Combines*), die Getreide ernteten, bündelten, droschen und in Säcke verpackten, setzten sich bald durch. An die Stelle der Pferde als Zugtiere traten zunehmend dampfbetriebene Traktoren. Um 1880 konnte eine Erntemaschine 20 *Acres* Getreide am Tag abernten und ein Mähdrescher leistete die Arbeit von 20 Arbeitskräften. Die Bauern kauften diese neue Technologie, oft, indem sie eine Hypothek auf den Bauernhof aufnahmen – was riskant war. Blieb eine Ernte unter den Erwartungen oder sank der Preis für Getreide auf dem Markt, fanden sie sich leicht in einer Schuldenfalle, die sie den Hof kosten konnte. Zwischen 1860 und 1900 stieg der Wert der jährlich in den USA produzierten Landmaschinen von 21 Millionen Dollar auf 101 Millionen Dollar an.[103] Diese Veränderungen führten zu einem raschen Anstieg der Produktivität: In der zweiten Hälfte des 19. Jahrhunderts vervierfachte sich die Menge des produzierten Mais. Heu wurde fünfmal mehr geerntet als in den Jahrzehnten vor 1860, die Produktion von Weizen versiebenfachte sich gar im Vergleich zur Periode vor 1860.[104] Somit war es möglich, auch bei einer relativ kleineren Landbevölkerung eine deutliche Steigerung der Produktivität zu erzielen.

Die Überlegenheit der neuen Technik entging nicht der Aufmerksamkeit der Beobachter. Ein enthusiasmierter Technophiler schrieb im Stile einer Dreisatzaufgabe: „If the total time required to build a combine is 300 men-days and the

---

[102] Worster, Donald. Dust Bowl: The Southern Plains in the 1930s. New York: Oxford University Press, 2004, S. 12.
[103] Shannon, Fred A. The Farmer's Last Frontier: Agriculture, 1860–1897. White Plains, NY: M. E. Sharpe, 1977, S. 139.
[104] Die Bedeutung und Funktion der verschiedenen im Einsatz befindlichen Maschinen erläuterte 1886 ein über dreihundert Seiten starkes Kompendium. Thomas, John Jacob. Farm Implements and Farm Machinery. New York: O. Judd Company, 1886.

combine, doing the work of 1,000 men, is used 30 days per years for 10 years, the ratio of labor efficiency is 1,000 men-days saved for each day expended."[105]

Für eine Weizenfarm im Staate Washington bedeutete dies, dass die Arbeit, die vor 1890 mühsam von Hand und durch zahlreiche Tagelöhner geleistet werden musste, nach diesem Datum von zwei Männern bewerkstelligt wurde, die mithilfe moderner Maschinen 250 *Acres* Weizen bestellen und abernten konnten. Die Bedeutung der Landmaschinen nahm derartig zu, dass sich auch die deutsche Landwirtschaft für sie interessierte und 1904 einen Experten entsandte, der sich die Verbreitung und die Auswirkungen der Mechanisierung vor allem für die Einsparung von Arbeitskräften ansehen sollte.[106]

Neue Technik, größere Anbauflächen, die Verwissenschaftlichung des Anbaus und die Herausforderungen der Einbindung in einen nationalen und internationalen Markt vergrößerten die Abhängigkeit der Landwirtschaft von der nationalen Politik. Bislang waren die Wetterbedingungen und allenfalls die Auseinandersetzung mit der lokalen Bank die größten Sorgen der Bauern gewesen. Nun waren sie Teil eines Netzwerks, dessen Knotenpunkte außerhalb ihres lokalen Bezugsrahmens lagen und den sie nicht kontrollierten. Amerikanische Agrarprodukte wurden nach Deutschland und Großbritannien exportiert. 1897 exportierten amerikanische Bauern 217 Millionen *Bushels* Weizen und 212 Millionen *Bushels* Mais.[107]

Mit der wachsenden Exportabhängigkeit wurden Farmer auch abhängig von Preisschwankungen auf den internationalen Märkten. Ein plötzliches Sinken der Preise konnte bedeuten, dass den Bauern nicht mehr genug blieb, um die Raten ihrer Hypothek abzubezahlen. Auf diese Weise verloren zahlreiche Bauern ihr Land und ihren Besitz an Gläubiger. Damit nicht genug, litten sie unter der staatlichen Schutzzollpolitik. Die Zollpolitik des Bundes war bis zum Bürgerkrieg bauernfreundlich gewesen. Mit dem Krieg und der ununterbrochenen Kontrolle der Bundesregierung durch die unternehmerfreundlichen Republikaner etablierte sich die Praxis des Schutzzolls im Interesse der heimischen Industrie.

---

105 Lewin, Roger. In the Age of Mankind: A Smithsonian Book of Human Evolution. Washington, DC: Smithsonian Books, 1988, S. 161.
106 Brutschke, Fritz. Die landwirtschaftlichen Maschinen in den Vereinigten Staaten von Amerika und der Arbeiterersatz: Bericht des zum Studium des nordamerikanischen landwirtschaftlichen Maschinenwesens entsandten Sachverständigen Ingenieur Brutschke. Berlin: Deutsche Landwirtschaftsgesellschaft, 1904.
107 St. Louis Merchants' Exchange, Morgan, George Hagar und Smith, Eugene. Annual Statement of the Trade and Commerce of Saint Louis. St. Louis, MO: Press of R. P. Studley & Co, 1906, S. 130. Fink, Leon. Major Problems in the Gilded Age and the Progressive Era: Documents and Essays. Boston, MA: Houghton Mifflin, 2001, S. 275.

(Tabelle 4) Alles, was der Farmer benötigte – Pflüge, Dreschmaschinen, Petroleum und Dünger – wurde der Schutzzölle wegen teurer. Zusätzlich litten die Bauern unter der deflationären Geldpolitik der Regierung, die den Wert des amerikanischen Dollar traditionell an den Goldpreis gebunden hatte. Während des Bürgerkriegs hatte die Bundesregierung insgesamt 450 Millionen Dollar *Greenbacks* drucken lassen, so genanntes *Fiat Money* ohne Golddeckung.[108] Das Resultat dieser Maßnahme war eine große Liquidität, Inflation und allgemeine Prosperität. Gläubiger und orthodoxe Wirtschaftskreise verlangten nach dem Bürgerkrieg die Einlösung des Fiatgeldes in Gold. Der *Public Credit Act* von 1869 hatte zugesagt, einen solchen Tausch von Papiergeld in Golddollar vorzunehmen, allerdings war das Gesetz ineffektiv, da es keinerlei genaue Bestimmungen zu seiner Umsetzung enthielt.[109]

1873 stellten die USA die Prägung von Silbermünzen ein (*Crime of 73*), was eine Deflation einleitete. 1878 wurde eine begrenzte Ausprägung von Silbermünzen wieder zugelassen, womit offiziell drei Währungen zirkulierten: Gold, Silber und *Greenbacks*. Der Umtausch von *Greenbacks* in Gold wurde bis 1893 fortgesetzt.[110] Die Deflation senkte die Preise und erschwerte die Rückzahlung der Schulden durch die Bauern.[111] Ein Farmer, der 1868 1.000 Dollar von der Bank geliehen hatte, hätte 1888 zweimal so viel Weizen verkaufen müssen, um die gleiche Summe zurückzahlen zu können. Bauern waren erbost über die Profite der Banken und Geldverleiher sowie über die hohen Gebühren, die die Großhändler verlangten, die oft höhere Gewinne für die Aufbewahrung des Getreides einstrichen als die Bauern, die es gepflanzt und geerntet hatten.

---

108 Walett, Francis G. An Economic History of the United States: Summary of All Phases of Economic Growth. Abingdon: Routledge, 2006, S. 174. Finzsch gibt demgegenüber die Zahl von 150 Millionen Greenbacks an. Finzsch, Konsolidierung und Dissens, S. 686. Die Diskrepanz ergibt sich aus verschiedenen Gesetzen zur Finanzierung des Kriegs, die zwischen 1862 und 1863 verabschiedet wurden. Das erste Gesetz, vom 25. Februar 1862 hatte nur die Ausgabe von 150 Millionen Dollar in Greenbacks vorgesehen. Im Juli des gleichen Jahres folgten noch einmal 150 Millionen Dollar. Von Januar bis März 1863 erfolgte der Druck der letzten 150 Millionen Dollar. Tucker, Spencer (Hg.). American Civil War: The Definitive Encyclopedia and Document Collection. Santa Barbara, CA: ABC Clio, 2013, 6 Bände, Band 3: „Legal Tender Acts", S. 1116.
109 Unger, Irwin. The Greenback Era: A Social and Political History of American Finance, 1865–1879. Princeton, NJ: Princeton University Press, 1964, S. 93 f. Kindahl, James K. Economic Factors in Specie Resumption: The United States, 1865–1879. Fogel, Robert William und Engerman, Stanley L. (Hg.). The Reinterpretation of American Economic History. New York: Harper & Row, 1971; Shomes???. 468–479, S. 477–479.
110 Unger, Greenback Era, S. 406.
111 Miller, Worth Robert. Farmes and Third Party Politics. Calhoun, Charles W. (Hg.). The Gilded Age: Perspectives on the Origins of Modern America. Lanham, MD: Rowman & Littlefield Publishers, 2007, S. 283–306, S. 288 f.

Tabelle 4: Durchschnittliche Zolltarife der Vereinigten Staaten, 1860 bis 1920[112]

Jahr	Einnahmen in Millionen	Zolltarif
1860	$53.2	15.0%
1863	$63.0	25.9%
1864	$102.3	32.3%
1865	$84.9	35.6%
1870	$194.5	44.6%
1875	$157.2	36.1%
1880	$184.5	27.6%
1885	$181.5	32.6%
1890	$229.7	27.6%
1900	$233.2	27.4%
1910	$233.7	15.0%
1913	$318.8	17.6%
1915	$209.8	12.5%
1916	$213.7	8.9%
1917	$225.9	7.7%
1918	$947.0	31.2%
1920	$886.0	16.8%

4.4 Die Besiedlung der Great Plains und des fernen Westens

Der „Westen" war in der US-Geschichte immer ein relationaler Begriff. Bis zum kalifornischen Goldrausch von 1849 lag der Westen jenseits der Appalachen und östlich des Mississippi, dem Gebiet, das man heute den „Alten Nordwesten" nennt. Nach 1870 und vor 1900 meinte der Begriff das Land jenseits des Mississippi zwischen den Great Plains bis hin zum Pazifik. Dieser Westen war im Gegensatz zum Alten Nordwesten ein Ort, an dem viele Sprachen gesprochen wurden. Menschen aus England, Irland, Wales, Deutschland, den skandinavischen Ländern, Portugal, Italien, der Donaumonarchie, Japan und China trafen hier auf *Native Americans*, Menschen aus Neuengland und Mexiko, die *Californios* und *African Americans*, die nach dem Ende der Sklaverei ein neues Leben anfangen wollten. Amerikaner, deren Vorfahren aus England gekommen waren, hielten diese Zuwanderer für Eindringlinge. Seit den 1840er Jahren hatte der Nativismus eine starke proto-rassistische Grundströmung hinterlassen, die alle Menschen, die dunkelhäutig oder nicht-protestantisch waren, unter Generalverdacht stellte. Nicht zuletzt die Republikanische Partei hatte diese Strömungen in sich aufge-

---

[112] Quelle: Historical Statistics, Band 2, Series Y 352–357, S. 1106.

sogen. In einem derartigen Klima der Ausgrenzung blieben Konflikte nicht aus: Sogenannte Rassenunruhen waren an der Tagesordnung. Sie richteten sich nicht nur gegen *African Americans* im Süden, sondern auch gegen chinesische Arbeiter in Kalifornien.[113] Man hat diese Ausschreitungen „fremdenfeindlich" oder „xenophob" genannt, doch sollte man nicht die Augen vor der Tatsache verschließen, dass es sich bei ihnen um unterschiedliche Ausprägungen des Rassismus im späten 19. Jahrhunderts handelte.[114] 1870 schloss sich die *Workingmen's Party of California* zusammen, eine oberflächlich sozialdemokratische Partei mit einem ausgeprägt rassistischen Programm, das vor allem gegen chinesische Arbeiter (chinesische Frauen waren in Kalifornien eher die Ausnahme) richtete.[115]

Diese Form des Rassismus war weniger strukturell als von persönlichen Einstellungen und von Diskursen geprägt, die aber weit verbreitet waren und in die Reihen der politischen Linken hineinreichten. So ist es denn auch nicht erstaunlich, dass er sich in Gewaltakten und Lynchings entlud. Betroffen waren nicht nur *African Americans* und Chinesen, sondern auch Latinos und Latinas, die seit dem 17. Jahrhundert im Westen gelebt hatten. Letztere sahen sich plötzlich in der Position der „Minderheit", deren Eigentum und staatsbürgerlicher Status bedroht waren, obwohl ihnen im Friedensvertrag von 1848 die gleichen Rechte wie US-Amerikanern weißer Abstammung zugesichert worden waren.[116] Verschärft wurden die rassistischen Diskurse durch den Beginn eines ausgeprägten Klassenhasses auf Arbeiterinnen und Arbeiter sowie Gewerkschaftsmitglieder, so dass ein Beobachter bemerkte, es gäbe im Westen acht unterdrückte „Rassen": westindische Zuwanderer, Latinos, Chinesen, Japaner, Schwarze, Mormonen, streikende Arbeiter und Radikale.[117]

---

113 Barth, Gunther Paul. Bitter Strength: A History of the Chinese in the United States, 1850–1870. Cambridge, MA: Harvard University Press, 1964, S. 144. Saxton, The Indispensable Enemy, S. 72–75.
114 Mit dem Konzept der anti-chinesischen Xenophobie arbeiten Chung, Hye Seung. Hollywood Asian: Philip Ahn and the Politics of Cross-Ethnic Performance. Philadelphia, PA: Temple University Press, 2006, S. 63; Deverell, William Francis und Igler, David. A Companion to California History. Chichester, Malden, MA: Wiley-Blackwell, 2008, S. 233; Genthe, Arnold und Tchen, John Kuo Wei. Genthe's Photographs of San Francisco's Old Chinatown. New York: Dover Publications, 1984, S. 8 und Lee, Shelley Sang-Hee. A New History of Asian America. New York: Routledge, 2014, S. 144 f.
115 Saxton, The Indispensable Enemy, S. 157–178. Sandmeyer, Elmer Clarence. The Anti-Chinese Movement in California. Urbana, IL: University of Illinois Press, 1991.
116 Carrigan, William D. und Webb, Clive. Forgotten Dead: Mob Violence against Mexicans in the United States, 1848–1928. Oxford, New York: Oxford University Press, 2013, S. 64–96.
117 Limerick, Patricia Nelson. The Legacy of Conquest: The Unbroken Past of the American West. New York: W.W. Norton, 2006, S. 289.

Minenunternehmen und Cowboys gelten als wichtige Symbole des Westens. Die Goldgräberstädte in Kalifornien und Silberstädte in Nevada sowie die Viehstädte am Chisholm Trail, Plätze, wie Virginia City, NV, Tombstone, AZ oder Deadwood, SD, spielen auch heute noch in der amerikanischen Folklore und in der populären Kultur dieses Landes eine große Rolle.[118] Die mythischen Aspekte der Geschichte dieser Orte verdeckt die Tatsache, dass das Minengeschäft schon in den 1870er Jahren eine Industrie war, in der Investitionen in Millionenhöhe steckten. Der Goldwäscher mit seiner Pfanne und seinem Esel war längst der Minengesellschaft gewichen, die unterirdische Grabungen vorgenommen hatte und gold- oder silberhaltiges Gestein mithilfe riesiger Maschinen zerkleinerte, um ihm dann per Amalgamierung mit Quecksilber das Edelmetall entziehen zu können.[119] Dies hatte zum Teil katastrophale Auswirkungen auf die Umwelt, da der Abraum große Mengen an Quecksilber enthielt, das das Grundwasser vergiftete und Menschen und Tieren schadete.[120] Minengesellschaften hatten den individuellen Gold- und Glückssucher ersetzt und New York war zunehmend an die Stelle San Franciscos als das Zentrum der Börsenspekulation in Edelmetallwerten getreten.[121]

Der Metallbergbau des Westens kann als Geschichte einer Abfolge von Gold-, Silber-, Blei-, Kupfer- und Zinkräuschen geschrieben werden. Die zeitliche Abfolge bei der Entdeckung und der Ausbeutung der verschiedenen Metallfunde hat auch etwas mit der voranschreitenden Industrialisierung zu tun. Gold und Silber wurden für die Prägung von Münzen verwendet. Für Blei und Zink gab es Bedarf bei der Oberflächenveredelung von Eisenblech, Kupfer wurde im Schiffbau und bei der Herstellung von Kabeln und elektrischen Gerätschaften benötigt. Blei wurde auch lange Zeit zur Herstellung von Farben und Wasserleitungen sowie für die Einfassungen der sehr populären Glasfenster in den viktorianischen Häusern der Reichen verwendet. Der Bedarf an Metallen änderte sich also in Zusammenhang mit den verschiedenen Phasen der Industrialisierung. Wenige Monate nach

---

118 James, Ronald M. The Roar and the Silence: A History of Virginia City and the Comstock Lode. Reno, NE: University of Nevada Press, 1998.
119 Finzsch, Norbert. Die Goldgräber Kaliforniens: Arbeitsbedingungen, Lebensstandard und politisches System um die Mitte des 19. Jahrhunderts. Göttingen: Vandenhoeck & Ruprecht, 1982.
120 Isenberg, Andrew C. Launenhafte Natur: Goldabbau in Kalifornien und Kohlebergbau im Ruhrgebiet, 1850–1900. In: Finzsch, Norbert (Hg.). Clios Natur: Vergleichende Aspekte der Umweltgeschichte. Münster, Berlin: LIT, 2008, S. 98–119.
121 Dies lag zum großen Teil auch am National Banking Act von 1863 (Ch. 58, 12 Stat. 665; 25. 2. 1863), der die herausragende Rolle New Yorks im Finanzsystem der USA bestärkt hatte, weil San Francisco nicht zu den Städten gehörte, in denen National Banks eingerichtet werden konnten. Kindleberger, Charles Poor. Economic Response: Comparative Studies in Trade, Finance, and Growth, Cambridge, MA: Harvard University Press, 1978, S. 117.

der Entdeckung einer bedeutenden Metallader entstanden so *Instant Cities*, die einige Jahre lang florierten, nach der Erschöpfung der Bodenschätze aufgegeben wurden und sich innerhalb weniger Monate in Geisterstädte verwandelten.[122] Die Arbeitskräfte und die Umwelt wurden dabei miserabel behandelt. Bergarbeiter im Westen erhielten extrem niedrige Löhne, die durch fortschreitende Mechanisierung auch immer weiter abgesenkt wurden. Unfälle und Gesundheitsschäden waren an der Tagesordnung. Wie auch im Osten versuchten die Bergarbeiter, sich gewerkschaftlich zu organisieren und eine Verbesserung ihrer Arbeitsverhältnisse und ihrer Löhne durchzusetzen. Grubenarbeiter in Coeur d'Alene, Idaho, streikten deswegen 1892 und mussten mit ansehen, wie ihr Streik durch das Militär gewaltsam beendet wurde.[123]

Wie der Bergbau entwickelte sich in den 1870er Jahren auch die Viehzucht zu einer Industrie. Der Cowboy wurde vom *Cattle Man* abgelöst.[124] Einige dieser Unternehmer unterhielten kleine Königreiche und trugen daher den ironischen Titel eines *Cattle King*. Die großen Rinderbarone folgten den Eisenbahnlinien in den Westen und etablierten zwischen 1865 und 1885 eine Ökonomie der Viehzüchtung, die von Texas bis Wyoming reichte. Diese Form der Viehzucht war bereits gebunden an die internationalen Märkte und trat in Konkurrenz zu anderen globalen Produzenten, wie etwa den Viehzüchtern in Argentinien.[125]

Im Weg standen den Viehzüchtern dabei nicht nur Schafzüchter und *Native Americans*, sondern auch die riesigen Büffelherden, die die Prärie bevölkerten. Die Tiere waren auch den Eisenbahngesellschaften ein Dorn im Auge, da sie den Zugverkehr behindern konnten. Vor 1871 hatten vor allem *Native Americans* die Büffel gejagt; gelegentlich hatten auch weiße Jäger Bisons abgeschossen, aber in einer ökologisch vertretbaren Weise. Für die Sioux und die Kiowa war der Büffel lebensnotwendig. Ihre gesamten Kulturen hingen vom Vorhandensein der Bisons

---

122 Barth, Gunther Paul. Instant Cities: Urbanization and the Rise of San Francisco and Denver. Albuquerque, NM: University of New Mexico Press, 1988.
123 Der Streik brach aus, als entdeckt wurde, dass ein Pinkertonagent die Minenleitung systematisch mit Informationen über die Arbeiterschaft versorgt hatte. Schnell aber stand das Recht auf gewerkschaftliche Organisation auf der Agenda. Phipps, Stanley S. From Bull Pen to Bargaining Table: The Tumultuous Struggle of the Coeur d'Alenes Miners for the Right to Organize, 1887–1942. New York: Garland, 1988. Smith, Robert Wayne. The Coeur d'Alene Mining War of 1892: A Case Study of an Industrial Dispute. Gloucester, MA: P. Smith, 1968. Laurie, Clayton D. und Cole, Ronald H. The Role of Federal Military Forces in Domestic Disorders, 1877–1945. Washington, DC: Center of Military History, U.S. Army, 1997, S. 153–178.
124 Moore, Jaqueline M. Cow Boys and Cattle Men: Class and Masculinities on the Texas Frontier, 1865–1900. New York: NYU Press, 2009.
125 Loheide, Boris. Agrobusiness und Globalisierung: Die Entstehung des transatlantischen Rindfleischmarktes 1870–1914: Universität zu Köln, 2008.

ab. Ihre Lebensmittel, ihren Brennstoff und ihre Kleidung und Zelte konnten sie nur mithilfe der Büffelherden herstellen.

1871 jedoch wurde eine Methode entwickelt, wie man die schweren Büffelfelle zu Leder gerben konnte, aus dem Transmissionsriemen für Maschinen gemacht werden konnten. Nun war der Weg frei für das blindwütige Abschießen der Büffelherden, durchgeführt von professionellen Jägern und sogenannten Sportschützen, das zur beinahe vollständigen Ausrottung der Bisons führte. Professionelle Jäger zogen mit Zelt, Abhäuter und Koch übers Land und bezogen im Windschatten der Bisonherden Position. Ausgestattet mit großkalibrigen Sharp-Gewehren, die auf einem Stativ befestigt waren, konnten sie pro Schütze bis zu 200 Bisons am Tag töten und enthäuten.[126] Die US-Army beschützte die Jäger gegen die *Native Americans*.[127] Mit Ausnahme der Häute und der Zungen, die in Essig eingelegt im Osten als exotische Delikatesse verkauft werden konnten, ließen diese Jäger die toten Tiere an Ort und Stelle zurück, wo sie verrotteten oder von Aasfressern beseitigt wurden. Die Knochen und Hörner wurden später eingesammelt und verkauft, um daraus Dünger zu machen.[128] Etwa 13 Millionen Büffel hatten die Prärie vor 1871 bevölkert; 1884 waren nur noch wenige übrig geblieben.[129] Generalleutnant Philip Henry Sheridan (1831–1888), Kommandeur der amerikanischen Truppen im Südwesten, lobte die Jäger ausdrücklich für ihre Arbeit:

> These men have done in the last two years and will do more in the next year to settle the vexed Indian question than the entire regular army has done in the last thirty years. They are destroying the Indians' commissary [...] [F]or the sake of a lasting peace, let them kill, skin and sell until the buffaloes are exterminated. Then your prairies can be covered with speckled cattle and the festive cowboy, who follows the hunter as a second forerunner of an advanced civilization.[130]

---

126 Die Sharp Rifle war ein Hinterlader, der auch von Scharfschützen im Amerikanischen Bürgerkrieg verwendet worden war. Sie konnte für Entfernungen bis zu 500 Meter effektiv eingesetzt werden.
127 Hämäläinen, Pekka. The Comanche Empire. New Haven, CT: Yale University Press, 2008, S. 336.
128 Geist, Valerius. Buffalo Nation: History and Legend of the North American Bison. Stillwater, MN: Voyageur Press, 1996, S. 110 f.
129 Diese Zahlen beziehen sich auf konservative Schätzungen der Zeitzeugen. Andere Quellen sprechen von bis zu 50 Millionen abgeschlachteten Tieren. Sandoz, Mari. The Buffalo Hunters: The Story of the Hide Men. Lincoln, NE: University of Nebraska Press, 2008, S. 34 f.
130 Geist, Buffalo Nation, S. 91. Sandoz, The Buffalo Hunters, S. 173 f.

Innerhalb von nur drei Jahren verschwand der Bison fast vollständig aus Montana.[131] An die Stelle der systematisch ausgerotteten Bisons traten halbwilde *Longhorns*, die das einst üppige Gras der Prärie bis auf die Wurzeln abfraßen. Spekulative Viehzucht im großen Stile wurde oft mit ausländischem Kapital finanziert und war gekennzeichnet durch Investoren, die nicht auf dem Land, sondern in den Städten lebten. Mitunter versuchten sich auch reiche Europäer und US-Amerikaner in der Viehzucht oder kultivierten ihre Rolle als harte Naturburschen, indem sie eine Ranch unterhielten, auf der Städter ihren Urlaub verbringen konnten.[132]

Das Jahr 1886 markierte den Höhe- und Wendepunkt der industriellen Viehzucht im Westen. Es gab zu große Herden, die zur Übergrasung weiter Bereiche führte. Mehrere Schneestürme während des extrem harten Winters 1886/87, bei dem es sogar zu einem rekordverdächtigen Schneefall in San Francisco kam, dezimierten die Herden.[133] „A whole generation of cowmen were dead broke."[134] Die Viehbarone gaben auf. Die Viehzucht wurde ein Geschäft, das fürderhin von Aktiengesellschaften betrieben wurde, bei denen ein Vorstand und ein Aufsichtsrat die Geschäfte führten. Diese Entwicklung beschleunigte den Erwerb großer Ländereien durch entsprechende Viehzuchtunternehmen. So berichtete der zuständige Bundesbeamte William A. Sparks 1885 über die Aktivitäten der Viehbarone:

> In many sections of the country, notably throughout regions dominated by cattle raising interest, entries [in federal public land records] were chiefly ficticious and fraudulent and make in bulk through concerted methods adoptred by organizations that had parceled out the country among themselves and enclosures defended by armed riders and protexted against migration and settlement by systems of espionage and intimidation.[135]

---

131 Zur Geschichte der Ausrottung des Bisons siehe Wilcove, David Samuel. No Way Home: The Decline of the World's Great Animal Migrations. Washington, DC: Island Press/Shearwater Book, 2008, S. 105–128. Malone, Michael P., Roeder, Richard B. und Land, William L. Montana: A History of Two Centuries. Seattle, WA: University of Washington Press, 1991, S. 153 f.
132 Dresden, Donald W. The Marquis de Morès: Emperor of the Bad Lands. Norman, OK: University of Oklahoma Press, 1970. Bederman, Gail. Manliness & Civilization: A Cultural History of Gender and Race in the United States, 1880–1917. Chicago, IL: University of Chicago Press, 1995, S. 170–216.
133 Mattison, Ray H. The Hard Winter and the Range Cattle Business. The Montana Magazine of History. 1951; 1 (4):5–21. Miller, Nathan, Theodore Roosevelt: A Life. New York: Morrrow, 1992, S. 172.
134 Dobie, J. Frank. The Longhorns. Austin, TX: University of Texas Press, 2000, S. 201.
135 Zitiert in Muhn, James; Stuart, Hanson R, and Doran, Peter D. Opportunity and Challenge: The Story of BLM. Washington, DC: U.S. Dept. of the Interior, Bureau of Land Management, 1988,

Die Arbeiten wurden von Lohnarbeitern verrichtet – oft Mexikanern oder *African Americans*.[136] Damit wurde auch der Cowboy Teil des Proletariats. Auch wenn sein Leben im Freien vielleicht etwas abwechslungsreicher war als das der Arbeiterinnen und Arbeiter in den Fabriken des Ostens, es war keineswegs einfacher. „There are 8,000 to 10,000 cowboys [...] and ‚no class is harder worked, [...] none so poorly paid for their services'" bemerkte die Tochter von Karl Marx, Eleanor Marx Aveling, (1855–1898) auf einer Reise durch den Westen der USA.[137] Wie andere Arbeiter versuchten auch die Arbeiter auf den Viehstationen, sich in Gewerkschaften zu organisieren, und führten deshalb 1883 in Texas auch einen Streik durch.[138]

Der Westen der USA war kein friedvoller Ort. Gewalttaten waren weit verbreitet.[139] Schafzüchter und Viehbarone bekämpften sich ebenso hartnäckig wie Arbeiter und Unternehmer. *Native Americans* und weiße Siedler lieferten sich blutige Auseinandersetzungen. Die Kontrolle des Landes und die in ihm verborgenen Ressourcen boten eine zusätzliche Motivation für die Intensivierung der Auseinandersetzungen. Jede Gruppe beanspruchte das Land für sich und jede Gruppe war bereit, darum zu kämpfen. In den folgenden Konfrontationen waren diejenigen mit dem einzig legitimen Anspruch auf das Land auch diejenigen, denen die Kontrolle darüber vollkommen entglitt: die *Native Americans*.

S. 25. Zum Landraub in New Mexico siehe Correia, David. Properties of Violence: Law and Land Grant Struggle in Northern New Mexico. Athens, GA: University of Georgia Press, 2013.
136 Horton, James Oliver. Social History and the African American Experience. Savage, Beth L und Shull, Carol D. (Hg.). African American Historic Places. Washington, DC: Preservation Press, 1994, S. 15–24, S. 21.
137 Aveling, Edward Bibbins und Aveling, Eleanor Marx. The Working-Class Movement in America. London: Swan, Sonnenschein & Co, 1891, S. 158. Aveling und Marx zitieren hier ihren Gewährsmann vor Ort, John Sullivan, alias Brocho [sic] John. Vergl. auch den fiktionalen Text von Andy Adams, der aber von vielen Historikern als verlässliche Quelle zum Leben der Cowboys gegen Ende der großen Viehauftriebe angesehen wird. Adams, Andy. The Log of a Cowboy: A Narrative of the Old Trail Days. Boston, MA, New York: Houghton, Mifflin and Company, 1903.
138 Zeigler, Robert. Handbook of Texas Online, s.v. „Cowboy Strike of 1883", https://tshaonline.org/handbook/online/articles/oec02/. [Web Page]: Gesehen am 21.9.2019.
139 Die klassischen Studien zur Genese der Gewalt an der Frontier stammen von Richard Slotkin. Slotkin, Richard S. Regeneraton through Violence: The Mythology of the American Frontier, 1600–1860. Norman, OK: University of Oklahoma Press, 1973. Ders. The Fatal Environment: The Myth of the Frontier in the Age of Industrialization, 1800–1890. Norman, OK: University of Oklahoma Press, 1998.

4.5 *Critical Juncture* 4: Der *Indian Appropriation Act* von 1871

1830 hatte Präsident der Vereinigten Staaten, Andrew Jackson, die Politik der systematischen Vertreibung von *Native Americans* durch die US-Regierung auf eine neue Ebene gehoben.[140] Die friedlichen Cherokee, Choctaw, Chickasaw, Creek und Seminolen, bekannt als „zivilisierte Stämme", weil sie sowohl eine Klassenstruktur als auch eine eigene Schriftsprache entwickelt hatten, wurden von ihrem Land vertrieben, weil 1829 im Staate Georgia Gold gefunden worden war.[141]

Der amerikanisch-mexikanische Krieg (1846–1848), das Landfieber in Oregon und der kalifonische Goldrausch (1848/49) machten dieses Versprechen, das Land der *Native Americans* in Zukunft zu respektieren, zu einer Lüge. Siedler drangen mit Duldung oder Billigung der Regierung in die Gebiete der *Native Americans* ein.[142] Wehrte sich die indigene Bevölkerung, kam es zu Blutvergießen. Die Siedler wandten sich dann an die US-Armee und baten um Schutz, der ihnen auch gewährt wurde. Das Ergebnis war ein 30 Jahre währender permanenter Kleinkrieg, der durch größere Kampagnen unterbrochen wurde und der in der endgültigen Vertreibung der *Native Americans* gipfelte und durchaus als eine Form des Imperialismus verstanden werden kann, den Siedlerimperialismus (*Lock-in 4*). Mit dieser Form des Imperialismus ist eine territoriale Ausbreitung im Innern eines zur Besiedlung vorgesehenen Territoriums gemeint, die von den Landsuchenden als Akteuren vorangetrieben, von den Eliten in den nationalen oder regionalen Zentren aber durch Kapital und politische Maßnahmen unterstützt und gelenkt wurde. Die Landnahme geschah dabei nicht in offen kriegerischen Akten, sondern wird durch eine Vielzahl von Praktiken vorangetrieben, von der ökologischen Umformung des Siedlungsgebiets über Verjagung der Fauna, dem Einzäunen der von Indigenen beanspruchten Gebiete bis zu Kriegen geringer Intensität und dem Einsatz von biologischer Kriegsführung. Genozidale Ergebnisse dieser Landnahme wurden nicht ausdrücklich angestrebt, doch bil-

---

140 Finzsch, Konsolidierung und Dissens, S. 255–258, 283–289.
141 Basel, Roberta. Sequoyah: Inventor of Written Cherokee. Minneapolis, MN: Compass Point Books, 2007. Dell, Pamela. Wilma Mankiller: Chief of the Cherokee Nation. Minneapolis, MN: Compass Point Books, 2006, S. 13. Bowes, John P. The Trail of Tears: Removal in the South. New York: Chelsea House, 2007, S. 69. Perdue, Theda und Green, Michael D. The Cherokee Nation and the Trail of Tears. New York: Viking, 2007. Die Bedingungen der Vertreibung sind eindrucksvoll dokumentiert in Rozema, Vicki. Voices from the Trail of Tears. Winston-Salem, NC: J.F. Blair, 2003. Trafzer, Clifford E. As Long as the Grass Shall Grow and Rivers Flow: A History of Native Americans. Fort Worth, TX: Harcourt College Publishers, 2000, S. V.
142 Alvarez, Alex. Native America and the Question of Genocide. Lanham, MD, Boulder, CO: Rowman & Littlefield, 2016, S. 119–140. Lindsay, Brendan C. Murder State: California's Native American Genocide, 1846–1873. Lincoln, NE: University of Nebraska Press, 2012.

4.5 Critical Juncture 4: Der *Indian Appropriation Act* von 1871 — 215

ligend in Kauf genommen.[143] Der Siedlerimperialismus war ein Apparat, ein Dispositiv, das aus heterogenen Elementen unterschiedlichster Art zusammengesetzt war. Gesetze wie der *Homestead Act*, Diskurse wie der von der „dying race" der *Native Americans*, die ohnehin zum Untergang verdammt seien, oder von der zivilisatorischen Überlegenheit der „Weißen", Institutionen wie die Armee und das *Bureau of Indian Affairs* (BIA), die Land Offices und Praktiken wie das Squatting, die Überjagung und die Einhegung waren Teil dieses Dispositivs, das seine zerstörerische Wirkung allerdings erst durch seine Vernetztheit anrichten konnte. Innerhalb dieses Dispositiv kann man ein weitere *Lock-ins* identifizieren, die den weiteren Fortgang der Geschichte wie die Abzweigung eines Pfades bestimmen sollten. Mit der *Appropriation Bill for Indian Affairs* aus dem Jahr 1851 wurden dem BIA Mittel bewilligt, um den Transport von Native Americans in Reservate zu bewerkstelligen.[144] Damit war klar, dass die Regierung nicht beabsichtigte, die Interessen der Native Americans, mit denen sie einschlägige Verträge ausgehandelt hatten, dauerhaft zu schützen. Der nächste konsequente Schlag gegen die amerikanischen Indianer erfolgte mit dem *Indian Appropriation Act* von 1871, der die Praxis des Vertragsabschlusses mit *Native Americans* als „people" abschaffte, weil er die Rechtsauffassung vertrat, dass *Native Americans* keine „domestic dependent Nations" mehr seien, sondern *Native Americans* als Individuen zu behandeln seien, die Mündel (wards) der US-Regierung seien.[145] Das Gesetz beendete die Verpflichtung der US-Regierung, ihre Beziehungen mit indianischen Völkern durch Verträge zu regeln. Nach 1871 beanspruchte der Bund *Plenary Power* über die indigene Bevölkerung. Etwaige Verträge wurden nur noch als juristische Folgeverträge geschlossen. Die begrenzte Autonomie der *Native Americans* war damit aufgehoben. Dies hatte zur Folge, dass die begrenzten Möglichkeiten der *Native Americans*, durch Vertragsabschlüsse mit der Regierung ein Minimum an Schutz zu erfahren, endgültig beendet waren. Mit dieser Regelung, die im Folgenden laufend modifiziert und den Erfordernissen der Regierung angepasst wurde, war auch der Weg geebnet für den *Dawes Act* von 1887, der den

---

143 Finzsch, Norbert. Siedlerimperialismus und Genozid in den Vereinigten Staaten und Australien. In: Lehman, Hartmut und Schnurmann, Claudia (Hg.). Atlantic Understandings: Essays on European and American History in Honor of Hermann Wellenreuther. Münster, Hamburg, Berlin: LIT, 2006; S. 271–285.
144 Ch. 14, 9 Stat. 574, vom 27.2.1851. Bennett, Elmer F. and Seaton, Fred A. Federal Indian Law. Washington DC: Government Printing Office, 1958, S. 201–203.
145 „No Indian nation or tribe within the territory of the United States shall be acknowledged or recognized as an independent nation, tribe, or power with whom the United States may contract by treaty [...]" O'Brien, Sharon. American Indian Tribal Governments. Norman, OK: University of Oklahoma Press, 1989, S. 71.

Präsidenten ermächtigte, indianisches Land vermessen zu lassen und es als Kleinparzellen an individuelle Mitglieder der indianischen Clans oder Bands zu vergeben. Mit der Annahme dieses Landes war die Verleihung der US-amerikanischen Bürgerrechte verbunden. Die Auswirkungen dieses Gesetzes waren katastrophal: Das vorher im gemeinsamem Besitz der *Native Americans* befindliche Land im Umfang von 560.000 Quadratkilometern (1887) schrumpfte bis 1934 auf 190.000 Quadratkilometer.[146]

Native Americans wehrten sich gegen die Vertreibungen, Übergriffe und den Landraub in einer Serie von *Indian Wars*.[147] Die sogenannten Indianerkriege auf den Great Plains dauerten von 1861 bis 1890. Sie umfassten eine Vielzahl militärischer und paramilitärischer Operationen, die aufzuzählen den Rahmen sprengen würde. Berüchtigt wurde die Comanche Campaign der US-Armee unter dem Kommando von William Sherman und „Bad Hand" Ranald S. Mackenzie, die von 1867 bis 1875 dauerte und die Comanche zwang, ihr Einflussgebiet, die Comancheria, aufzugeben und in ein Reservat zu ziehen. Bei den militärischen Auseinandersetzungen starben zwar nur ein paar hundert Comanche, doch sollte sich die Taktik der Armee, die wirtschaftliche Grundlage der Comancheria zu zerstören, als wesentlich wirkungsvoller herausstellen als die Tötung der indianischen Kämpfer. So griff die Armee beispielsweise die Dörfer der *Native Americans* während des Winters an. Ein Angriff auf ein solches Dorf resultierte in der Regel in vertriebenen Pferden, zerstörten Vorräten und Verlusten unter den Nichtkombattanten, die das Dorf bevölkerten.[148]

Als die *Indian Wars* vorüber waren, lebten nur noch 250.000 indigene Amerikaner auf dem Gebiet der USA, ein Rückgang von 96 Prozent, gemessen an den mindestens fünf Millionen Menschen, die vor der Kontaktperiode auf diesem Areal gelebt hatten.[149] Für die Mehrheit der US-Amerikaner, die Theorien der

---

146 Ruppel, Kristin T. Unearthing Indian Land: Living with the Legacies of Allotment. Tucson, AR: University of Arizona Press, 2008, S. 30.
147 Utley, Robert Marshall und Washburn, Wilcomb E. Indian Wars. Boston, MA: Houghton Mifflin, 2002.
148 Cruse, J. Brett. Battles of the Red River War: Archeological perspectives on the Indian campaign of 1874. College Station, TX: Texas A&M University Press, 2008, S. 38.
149 Die Schätzungen der Bevölkerungszahl der *Native Americans* in der Vorkontaktperiode liegen weit auseinander. Henry Dobyns geht von 18 Millionen aus, James Mooney von nur einer Million. Die meisten AutorInnen liegen im Bereich von drei bis sieben Millionen. Snipp, C. Matthew. American Indians: The First of This Land. New York: Russell Sage Foundation, 1989, S. 10. Thornton, Russell. American Indian Holocaust and Survival: A Population History since 1492. Norman, OK: University of Oklahoma Press, 1987, S. 30 f. Unnötig polemisch und unkollegial hingegen ist Henige, David P. Numbers from Nowhere: The American Indian Contact Population Debate. Norman, OK: University of Oklahoma Press, 1998.

4.5 Critical Juncture 4: Der *Indian Appropriation Act* von 1871 — 217

Überlegenheit der weißen „Rasse" anhingen, stellten die *Native Americans* ein Hindernis bei der Aneignung des Landes und der Verbreitung der Zivilisation dar, wie sie sie verstanden. So äußerte sich zum Beispiel der Milizoffizier Jacob Downing (1830–1907) aus Colorado in Verbindung mit dem von ihm zu verantwortenden Massaker an friedlichen Cheyennes bei Cedar Canyon:

> We killed as many as we could; the village was destroyed and burned. [...] I think and earnestly believe the Indians to be an obstacle to civilization, and [they] should be exterminated.[150]

Auch wenn die US-Regierung offiziell eine andere Position vertrat – in der Konsequenz lief diese auf eine genozidale Praxis hinaus. So schrieb der General der US-Armee William Tecumseh Sherman nach der Kapitulation des Anführers der Oglala Lakota Crazy Horse (1840–1877) im Mai 1877:

> If some of the worst Indians could be executed I doubt not the result would be good – but that is impossible after surrender under conditions [...] Rather remove all to a safe place and then reduce them to a helpless condition.[151]

Kurz danach wurde Crazy Horse von einem US-Soldaten in Gefangenschaft mit einem Bajonett erstochen.[152] Die Regierung versuchte, immer mehr *Native Americans* zur Aufgabe ihres Landes und zum Umzug auf Reservationen zu bewegen, in denen das U.S. *Bureau of Indian Affairs* (BIA), ein miserabel verwalteter, politisch schwacher und unterfinanzierter Teil der Exekutive, der zum Teil korrupte oder inkompetente Agenten beschäftigte, sich um die Belange der amerikanischen Indigenen kümmern sollten.[153] Das BIA, eine zivile, dem Innenministerium unterstellte Behörde, das bis zum heutigen Tag für die Indianerpolitik der US-Regierung verantwortlich ist, wurde 1824 gegründet, nachdem zuvor die Armee für die Implementierung der Regierungspolitik zuständig gewesen war. Bis zur Gründung des Innenministeriums im Jahr 1849 war das BIA ohne parlamentari-

---

150 Paxson, Frederic L. The Last American Frontier. New York: Macmillan, 1910, S. 260. Becher, Ronald. Massacre along the Medicine Road: A Social History of the Indian War of 1864 in Nebraska Territory. Caldwell, ID: Caxton Press, 1999, S. 28.
151 Frazier, Ian. Great Plains. New York: Picador USA, 2001, S. 101f.
152 Powers, Thomas. The Killing of Crazy Horse. New York: Alfred A. Knopf, 2010, S. 415.
153 Weeber, Stan. Corruption on Indian Reservations. In: Ross, Jeffrey Ian (Hg.). American Indians at Risk. Santa Barbara, CA: ABC Clio, 2014, 2 Bände, Band 1, S. 25–40.

sche Aufsicht selbständig verantwortlich, obwohl es weiterhin dem Kriegsministerium unterstellt blieb.[154]

Die Sioux, Cheyenne, Arapaho, Nez Perce, Comanche, Kiowa, Ute, Apache und Navajo räumten nicht kampflos das Feld. Es entwickelte sich ein Guerillakrieg, bei dem Siedler und Armee Hand in Hand arbeiteten. Noch während des Bürgerkriegs attackierte die Armee die Cheyennes. Oberst John M. Chivington, Kommandeur des Dritten Kavallerieregiments aus Colorado und methodistischer Geistlicher, befahl seinen Soldaten die Vernichtung eines ganzen Dorfs der Cheyenne.[155] Mehrere hundert *Native Americans* kamen 1864 bei dem Massaker von Sand Creek ums Leben.[156] Chivington, der einen hohen Ruf als Soldat und Geistlicher genoss, hasste *Native Americans* und hatte vor, sie abzuschlachten. Die Cheyennes boten Friedensverhandlungen an, und der Territorialgouverneur von Colorado, John Evans (1814–1897), war pro forma bereit, in Verhandlungen einzutreten. Sein enger Freund Chivington hatte im Vorfeld des Massakers erklärt:

> [T]he Cheyennes will have to be roundly whipped – or completely wiped out – before they will be quiet. I say that if any of them are caught in your vicinity, the only thing to do is kill them [...] It simply is not possible for Indians to obey or even understand any treaty. I am

---

[154] Belko, William S. John C. Calhoun and the Creation of the Bureau of Indian Affairs: An Essay on Political Rivalry, Ideology, and Policymaking in the Early Republic. South Carolina Historical Magazine. 2004; 103 (3):170–197. Cahill, Cathleen D. Federal Fathers & Mothers: A Social History of the United States Indian Service, 1869–1933. Chapel Hill, NC: University of North Carolina Press, 2011. Jackson, Curtis Emanuel und Galli, Marcia J. . A History of the Bureau of Indian Affairs and Its Activities among Indians. San Francisco, CA: R & E Research Associates, 1977. Stuart, Paul. The Indian Office: Growth and Development of American Institution, 1865–1900. Ann Arbor, MI: UMI Research Press, 1979.

[155] Craig, Reginald S. The Fighting Parson: The Biography of Colonel John M. Chivington. Los Angeles, CA: Westernlore Press, 1959. Dunn, William R. „I Stand by Sand Creek": A Defense of Colonel John M. Chivington and the Third Colorado Cavalry. Fort Collins, CO: Old Army Press, 1985. Als Quelle aufschlussreich, weil die Handlungen Chivingtons verteidigend, Howbert, Irving. The Indians of the Pike's Peak Region Including an Account of the Battle of Sand Creek, and of Occurrences in El Paso County, Colorado, during the War with the Cheyennes and Arapahoes, in 1864 and 1868. New York: The Knickerbocker Press, 1914, S. 114–186.

[156] Das Protokoll des Untersuchungsausschusses zum Massaker von Sand Creek findet sich in United States, Congress und Joint Committee on the Conduct of the War. Report of the Joint Committee on the Conduct of the War at the Second Session, 38th Congress. Washington, DC: Government Printing Office, 1865, 3 Bände, Band 3: Massacre of Cheyenne Indians, S. [121]; [nicht durchlaufende Paginierung.], S 1–108. Jacob Downing, der selbst an einem Massaker an Cheyenne beteiligt gewesen war, war Chvingtons Rechtsanwalt während der Anhörung. John Evans wurde zum Rücktritt von seinem Gouverneursposten gezwungen, weil er Chivington gedeckt und das Massaker zu verschleiern versucht hatte.

fully satisfied, gentlemen, that to kill them is the only way we will ever have peace and quiet in Colorado. [157]

Nur wenige Monate später, im November 1864, führte Chivington ein Regiment aus Colorado auf die Sand Creek Reservation der Cheyenne, wo eine Gruppe von friedensbereiten Cheyenne unter Führung von Black Kettle (1803–1868) ihr Lager aufgeschlagen hatten. Offiziere der Armee hatten Black Kettle freies Geleit zugesagt, wenn er und seine Leute in die Reservation zurückkehren würden. Black Kettle hatte sich gefügt und führte die weiße Flagge des Waffenstillstands und die amerikanischen *Stars and Stripes*. Chivington kümmerte das nicht, denn er befahl einen Angriff auf das Dorf. Die Soldaten aus Colorado, die zum Teil schwer betrunken waren und aus Versehen auch auf die eigenen Leute feuerten, setzten Artillerie ein. Sie töteten etwa 200 bis 400 Cheyenne, Männer, Frauen und Kinder. Es kam zu schwersten Ausschreitungen, sexualisierter Gewalt und Leichenschändungen.[158] Dieses Ereignis bestärkte die Kriegspartei der *Native Americans*, nicht in Friedensverhandlungen mit der Regierung einzutreten. Etliche junge Anführer der Oglala und der Hunkpapa, beides Lakotagruppen, darunter Crazy Horse und Sitting Bull (1831–1890) sprachen sich für eine Fortsetzung des bewaffneten Widerstandes aus.

1876 verbreitete sich das Gerücht von Goldfunden in den Black Hills wie ein Lauffeuer. Goldgräber kamen in Scharen und die Northern Pacific plante den Bau einer Eisenbahntrasse in diesem Gebiet. Auch hier stellte der Kongress eine äußerst großzügig bemessene Landschenkung in Aussicht.[159] Oberstleutnant George Armstrong Custer (1839–1876) sorgte für eine Verstärkung des Zulaufs, weil er die übertriebenen Neuigkeiten sagenhafter Goldfunde ausposaunte. Crazy Horse und Sitting Bull versuchten mit ihren Kämpfern, die Goldsucher zu vertreiben. Im Juni 1876 rückte Custer mit 200 Soldaten des Siebten Kavallerieregiments in das Zentrum eines massiven Aufmarschs von *Native Americans* vor. Am Little Bighorn River im Montana Territory sah sich Custer einer Streitmacht von etwa 4.000 Si-

---

157 Thomas, David Hurst. Skull Wars: Kennewick Man, Archaeology, and the Battle for Native American Identity. New York: Basic Books, 2000, S. 52.
158 Cutler, Bruce. The Massacre at Sand Creek: Narrative Voices. Norman, OK: University of Oklahoma Press, 1995. Michno, Gregory. Battle at Sand Creek: The Military Perspective. El Segundo, CA: Upton and Sons, Publishers, 2004. Scott, Robert. Blood at Sand Creek: The Massacre Revisited. Caldwell, ID: Caxton Printers, 1994. Svaldi, David. Sand Creek and the Rhetoric of Extermination: A Case Study in Indian-White Relations. Lanham, MD: University Press of America, 1989.
159 Grodinsky, Julius. Transcontinental Railway Strategy, 1869–1893: A Study of Businessmen. Philadelphia, PA: University of Pennsylvania Press, 1962, S. 8.

oux-Kämpfern gegenüber, die das gesamte Regiment bis auf den letzten Mann vernichteten.[160] Crazy Horse und Sitting Bull berichteten über diese Schlacht und wie Custers Soldaten von der erdrückenden Übermacht aufgerieben worden waren.[161] Der Erfolg der Sioux war jedoch nur kurzlebig. Im nächsten Jahr schon wurde Crazy Horse getötet und Sitting Bull kapitulierte. Chief Joseph aka „Thunder Rolling down the Mountain" (1840–1904) und seine Nez Percé widersetzten sich der Vertreibung und wichen in einem geordneten und meisterhaft durchgeführten Rückzugmanöver nach Kanada aus.[162] Die 1.900 Kilometer lange Flucht durch Oregon, Washington, Idaho, Wyoming und Montana (Nez Perce War) gegen deutlich überlegene Bundestruppen unter Führung von General Oliver O. Howard, dem ehemaligen Chef des *Freedmen's Bureau*, nötigte selbst den amerikanischen Offizieren Respekt ab. 40 Meilen vor der Grenze wurde er von Bundestruppen eingeholt. Da er Alte und Kinder mit sich führte, kapitulierte auch er. Die Rede anlässlich der Kapitulation gilt bis heute als eine rhetorische Meisterleistung und als beredtes Zeugnis für das Schicksal der amerikanischen Indigenen.

> Tell General Howard I know his heart. What He told me before I have in my heart. I am tired of fighting. Looking Glass is dead. Too-Hul-hul-sote is dead. The old men are all dead. It is the young men who say yes or no. He who led on the young men is dead. It is cold and we have no blankets. The little children are freezing to death. My people, some of them have run away to the hills, and have no blankets, no food; no one knows where they are – perhaps freezing to death. I want to have time to look for my children and see how many of them I can find. Maybe I shall find them among the dead. Hear me, my chiefs. I am

---

160 Die Schätzungen der aktuellen Zahlen divergieren sehr. Die niedrigste Schätzung geht von 1000 Sioux aus, die höchste von 5000. Smalley, Vern. Little Bighorn Mysteries: Issues Concerning the Approach to and Conduct of the Battle of the Little Bighorn. Bozeman, MT: Little Buffalo Press, 2005, S. 6.
161 Evans, David C. Custer's Last Fight: The Story of the Battle of the Little Big Horn. El Segundo, CA: Upton & Sons, 1999. Graham, W. A. The Story of the Little Big Horn: Custer's Last Fight. Mechanicsburg, PA: Stackpole Books, 1994. Liddic, Bruce R. Vanishing Victory: Custer's Final March. El Segundo, CA: Upton & Sons, Publishers, 2004. Pennington, Jack L. The Battle of the Little Bighorn: A Comprehensive Study. El Segundo, CA: Upton & Sons, 2001. Whittaker, Frederick. A Complete Life of General George A. Custer. Lincoln, NE: University of Nebraska Press, 1993. Willert, James. Little Big Horn Diary: A Chronicle of the 1876 Indian War. El Segundo, CA: Upton, 1997.
162 Der Name Chief Josephs lautet im Original Hin-mah-too-yah-lat-kekt. Tucker, Spencer; Arnold, James R. und Wiener, Roberta. The Encyclopedia of North American Indian Wars, 1607–1890: A Political, Social, and Military History. Santa Barbara, CA: ABC-CLIO, 2011. 3 Bände, Band 1 S. 365.

tired; my heart is sick and sad. From where the sun now stands I will fight no more forever.[163]

4.6 Lock-in 4: Vertreibung und Dezimierung der *Native Americans*

Mit dem Sieg über die aufständischen *Native Americans* war der Weg bereitet für eine massenhafte Relozierung der Ureinwohner in Reservaten. Nach „Custer's Last Stand", wie die Schlacht am Little Bighorn euphemistisch genannt wurde, wurde der Kurs der Regierung gegenüber den Indianern brutaler. Selbst Philanthropen schlossen sich der *communis opinio* an, dass die indianische Kultur keine Chance auf Überleben habe. An die Stelle des amerikanischen Indianers solle der indianische Amerikaner treten, in anderen Worten, ein assimilierter Indianer und eine assimilierte Indianerin, die sich von der weißen Mehrheit nicht mehr unterscheiden sollten. Widersetzten sich *Native Americans* gegen diese Form der Zwangsassimilierung, wurden ihnen die Kinder weggenommen und in Missionsschulen aufgezogen. Ihnen wurden die Haare abgeschnitten, sie wurden gezwungen, europäische Kleidung zu tragen und es wurde ihnen verboten, sich in ihrer Sprache zu unterhalten. Raphael Lemkin hat in seinem grundlegenden Text *Axis Rule in Occupied Europe* diese Form der kulturellen Unterdrückung Genozid genannt und die Wegnahme von Kindern wird auch in der Genozid-Konvention der Vereinten Nationen explizit als Form des Völkermords aufgeführt.[164] Die Ähnlichkeit des Vorgehens gegen die *Native Americans* und die Aktionen gegen die Moros im Laufe des Philippinenkriegs drängt sich auf.[165] 1887 verabschiedete

---

163 Brown, Mark H. The Flight of the Nez Perce, University of Nebraska Press, Lincoln, NE, 1967, S. 407. Die Authentizität dieser Rede ist umstritten. Es ist möglich, dass sie Chief Joseph von Leutnant Charles Erskine Scott Wood (1852–1944), einem Schriftsteller, bekannt für seine Sammlung von satirischen Essays "Heavenly Discourse", nachträglich in den Mund gelegt wurde. Brown, Mark H. The Flight of the Nez Perce, New York: Putnam, 1967, S. 407f., S. 428. Wood, Charles Erskine Scott. Heavenly Discourse. New York: Vanguard Press, The New Masses, 1927. Nerburn, Kent. Chief Joseph & the Flight of the Nez Perce: The Untold Story of an American Tragedy. New York: HarperCollins, 2005.
164 Lemkin, Raphael. Axis Rule in Occupied Europe: Laws of Occupation, Analysis of Government, Proposals for Redress. Washington, DC: Carnegie Endowment for International Peace, Division of International Law, 1944, S. 79–95. United Nations. Convention on the Prevention and Punishment of the Crime of Genocide, Artikel 2. [Web Page]: http://www.hrweb.org/legal/genocide.html. Gesehen am 2.7.2014.
165 Beede, Benjamin R. The War of 1898 and U.S. Interventions, 1898–1934: An Encyclopedia. New York: Garland, 1994, S. 248.

der Kongress den *General Allotment Act* (Ch. 119, 24 Stat. 388), nach seinem Autor, dem republikanischen Senator Henry Laurens Dawes (1816–1903) auch bekannt als *Dawes Act*, womit die Reservationen als Kollektivbesitz einer indianischen Bevölkerung aufgebrochen wurden und individuellen Indianern stattdessen ein Stück Land von 160 *Acres* übereignet wurde. Die „übrigbleibenden" Ländereien wurden vom Bund eingezogen.[166] Die Indianer, die diesen Plan akzeptierten und sich auf ihrem individuellen Stück Land niederließen, erhielten im Gegenzug Bürgerrechte. Ihre Namen wurden anglisiert, ihre Kinder oft in Regierungsinternaten untergebracht, wo sie ein kulturelles Umerziehungsprogramm durchliefen, das ihre indianische Identität auslöschen sollte.[167] Senator Henry Moore Teller (1830–1914), ein Gegner des Gesetzes, bezeichnete die Maßnahme als „[a] bill to despoil the Indians of their lands and to make them vagbonds on the face of the earth."[168] Teller sollte Recht behalten. Land in indianischem Gemeinbesitz nahm in Folge des *Dawes Act* von 138 Millionen *Acres* (560.000 km^2) im Jahre 1887 auf 48 Millionen *Acres* (190.000 km^2) im Jahre 1934 ab.[169] Die Differenz kam unter den Hammer und wurde an siedlungswillige Weiße verkauft, das meiste davon im Oklahoma Territory. Wohlmeinende Philanthropen hielten den *Dawes Act* für eine Maßnahme, die den Individualismus der *Native Americans* stärken und ihnen gleichzeitig das Privileg der Bürgerrechte bescheren sollte. Das Resultat war jedoch ein kultureller Genozid. Es ist ein Zeichen der Resilienz der indianischen Kulturen, dass sie auf dem Höhepunkt der Verfolgungsmaßnahmen eine neue Tradition erfanden, die den Kampf gegen die weiße Suprematie ins kulturelle Feld verlegte. Sie besannen sich, ähnlich der *Native Americans* zu Beginn des 19. Jahrhunderts, ihrer Wurzeln und gründeten eine neue synkretistische Religion,

---

166 Kappler, Indian Affairs, Band 1, S. 33–36.
167 Palmer, Jessica Dawn. The Dakota Peoples: A History of the Dakota, Lakota and Nakota through 1863. Jefferson, NC: McFarland & Co, 2008, S. 253. Stout, Mary. Native American Boarding Schools. Santa Barbara, CA: Greenwood, 2012. Sheffer, Jolie A. The Romance of Race: Incest, Miscegenation, and Multiculturalism in the United States, 1880–1930. New Brunswick, NJ: Rutgers University Press, 2013, S. 132.
168 Edmo, William D. History and Culture of the Boise Shoshone and Bannock Indians. Pittsburgh, PA: Dorrance Publishing Co., 2010, S. 241.
169 Carlson, Leonard A. Indians, Bureaucrats, and Land: The Dawes Act and the Decline of Indian Farming. Westport, CT: Greenwood Press, 1981. Greenwald, Emily. Reconfiguring the Reservation: The Nez Perces, Jicarilla Apaches, and the Dawes Act. Albuquerque, NM: University of New Mexico Press, 2002. Otis, D. S. et al. The Dawes Act and the Allotment of Indian Lands. Norman, OK: University of Oklahoma Press, 1973. Pommersheim, Frank. Broken Landscape: Indians, Indian Tribes, and the Constitution. Oxford, New York: Oxford University Press, 2009, S. 128. Banner, Stuart. How the Indians Lost their Land: Law and Power on the Frontier. Cambridge, MA: Belknap Press of Harvard University Press, 2005, S. 285.

den *Ghost Dance*. Der Schamane der Paiute, Wovoka (1856–1932), auch bekannt als Jack Wilson, kombinierte in einem Rückgriff auf synkretistische Kulte der 1870er Jahre Elemente des Christentums und traditioneller indianischer Religionen, um den *Ghost Dance* 1899 ins Leben zu rufen.[170] Diese Religion der Resilienz verbreitete sich unter den Plainsindianern wie ein Waldbrand und alarmierte die Weißen, die dahinter eine Form des Widerstands vermuteten, die sie unterbinden wollten. „Indians are dancing in the snow and are wild and crazy," schrieb der Agent des *Bureau of Indian Affairs* auf der Pine Ridge-Reservation in South Dakota. Hektisch bat er um militärische Unterstützung. „We are at the mercy of these dancers. We need protection, and we need it now."[171] Präsident Benjamin Harrison (1833–1901) entsandte mehrere tausend Soldaten in das Territorium der Sioux, um den vermeintlich militärischen Aufstand zu unterdrücken. Im Dezember 1889, als Sitting Bull um Erlaubnis bat, Wovoka im Pine Ridge-Reservat zu besuchen, stellte der Agent des BIA James McLaughlin (1842–1923) Sitting Bull eine Falle und er wurde von Beamten der indianischen Polizei am 15.12.1890 erschossen. Seine Leute flohen und wurden vom Siebten Kavallerieregiment, Custers ehemaligem Kommando, in der Nähe von Wounded Knee Creek in South Dakota gestellt. Die *Native Americans* ergaben sich, wurden aber dennoch niedergeschossen. Auch wenn dieses Massaker die Armee 30 Tote kostete, waren die Verluste auf indianischer Seite weitaus höher. Männer, Frauen und Kinder wurden mit Maschinengewehren erschossen. Am Ende lagen 600 Sioux tot im Schnee. Der Siedler Jules Sandoz besuchte die Szenerie des Massakers am folgenden Tag und bemerkte:

> Here in ten minutes an entire community was as the buffalo that bleached on the plains. There was something loose in the world that hated joy and happiness as it hated brightness and color, reducing everything to drab agony and gray.[172]

---

170 Anderson, Gary Clayton. Sitting Bull and the Paradox of Lakota Nationhood. New York: Pearson/Longman, 2007. Andersson, Rani-Henrik. The Lakota Ghost Dance of 1890. Lincoln, NE: University of Nebraska Press, 2008. DuBois, Cora Alice. The 1870 Ghost Dance. Lincoln, NE: University of Nebraska Press, 2007. Kehoe, Alice Beck. The Ghost Dance: Ethnohistory and Revitalization. Long Grove, IL: Waveland Press, 2006. Smoak, Gregory E. Ghost Dances and Identity Prophetic Religion and American Indian Ethnogenesis in the Nineteenth Century. Berkeley, CA: University of California Press, 2006.
171 Andersson, The Lakota Ghost Dance, S. 111. Thornton, Russell. American Indian Holocaust and Survival: A Population History since 1492. Norman, OK: University of Oklahoma Press, 1987, S. 148.
172 Sandoz, Mari. Old Jules, S. 131. Hine, Robert V. und Faragher, John Mack. Frontiers: A Short History of the American West. New Haven, CT: Yale University Press, 2007, S. 156.

Mit dem Massaker von Wounded Knee waren die militärischen Auseinandersetzungen zwischen *Native Americans* und Siedlern bzw. der Armee noch nicht beendet. Am 5. Oktober 1898 fand die Battle of Sugar Point oder Battle of Leech Lake zwischen dem 3. US Infantry Regiment und einer Gruppe von Chippewa statt, eine Auseinandersetzung, die in der Forschung nicht ganz korrekt als „letzte Indianerschlacht" bezeichnet worden ist.[173]

Mit dem Kriegsverbrechen von Wounded Knee wurde indianische Geschichte zwar nicht beendet, doch endete mit ihm eine spezifische Lebensweise.[174] 1890 lebten noch gerade mal 250.000 *Native Americans* in den USA. Die Zahlen für 1900 waren noch alarmierender. 1910 konnte erstmalig ein Zuwachs verzeichnet werden. Die Bevölkerungszahlen der *Native Americans* begannen nach 1910 wieder langsam anzusteigen. Der Zensus von 1990 wies 1,9 Millionen amerikanische Indianer aus.[175] Die Kultur der Plainsindianer war dennoch für immer dahin. In den Worten des visionären Black Elk: „The nation's hoop is broken and scattered. There is no center any longer, and the sacred tree is dead."[176]

Zwischen 1908 und 1913 finanzierte der Multimillionär Lewis Rodman Wanamaker (1863–1928), Besitzer einer nationalen Kaufhauskette, drei Expeditionen zu den *Native Americans*, die als „sterbende Rasse" galten. Die letzte Expedition im Jahre 1913 diente dem erklärten Ziel, die aussterbenden „Stämme" fotografisch zu dokumentieren und ihnen die Staatsbürgerschaft der USA anzudienen. Wanamaker war ein gebildeter Mann, aber seine Vorstellungen über das Leben der *Native Americans* waren vom Geist der Zeit geprägt. Er imaginierte sie als tragisch-heroische, doch dem modernen Leben nicht gewachsene Menschen. Leiter und Fotograf dieser Expedition war der ehemalige baptistische Geistliche Joseph Kossuth Dixon, der eine Anthologie seiner Fotografien unter dem Titel

---

[173] Matsen, William E. The Battle of Sugar Point: A Re-Examination. Minnesota History. 1987; 50 (7):269–275.
[174] Der Begriff „Kriegsverbrechen" war 1890 zwar ein Anachronismus, dem Inhalt nach muss man diesen Vorgang aber so nennen, denn schließlich hatte Abraham Lincoln durch seine General Order 100 den sogenannten *Lieber Code* am 24. April 1863 in Kraft gesetzt, der das Vorgehen der US-Army im Felde regeln sollte und Verstöße streng ahndete. United States. War Department und Lieber, Francis. Instructions for the Government of Armies of the United States in the Field. Washington: G.P.O, 1898.
[175] Nagel, Joane. American Indian Ethnic Renewal: Red Power and the Resurgence of Identity and Culture. New York: Oxford University Press, 1996, S. 5.
[176] Neihardt, Black Elk Speaks, S. 218.

„The Vanishing Race" vorlegte.[177] Dixon bemerkte in den einleitenden Worten seines Buches:

> We have come to the day of the audit. Annihilation is not a cheerful word, but it is coined from the alphabet of Indian life and heralds the infinite pathos of a vanishing race. We are at the end of historical origins. The impression is profound.[178]

Es sollte dem späten 20. Jahrhundert vorbehalten bleiben, eine indianische „Renaissance" zu erleben, die beredtes Zeugnis über die Resilienz indigener Gruppen ablegt. Der Wilde Westen, den Buffalo Bill Cody in seinen Shows präsentierte, vermischte das Reale mit dem Imaginierten und dem Symbolischen. Eine Repräsentation einer wie auch immer gearteten „Realität" ließ sich so nicht erzeugen. Cody war überhaupt nicht an der Schlacht am Little Bighorn beteiligt gewesen und konnte somit auch nicht zu spät gekommen sein. Einige *Native Americans* jedoch hatten teilgenommen und was sie über die Darbietung dachten, konnte man nur ahnen. Trotzdem macht es Sinn, Buffalo Bill und den Historiker Frederick JacksonTurner (1861–1932) einander gegenüberzustellen, denn beide beschäftigten sich mit dem Verschwinden des Westens. Bei der Weltausstellung in Chicago im Jahre 1893 hielt Turner einen Vortrag vor der ehrenwerten American Historical Association über die Bedeutung der *Frontier* für die amerikanische Geschichte.[179] Turner bemerkte, die Frontier sei verschwunden, denn um das Jahr 1890 hatten Siedler das letzte Land im Westen in Besitz genommen, so dass es keine klare Trennungslinie zwischen besiedeltem und „unbesiedeltem" Land, sprich Land in indianischem Besitz, mehr gebe. Turner stellte die Theorie auf, die *Frontier* habe die Kultur und das politische System der USA zutiefst geprägt und mit ihrem Verschwinden ziehe eine neue Ära herauf. Dies wurde unterstrichen durch die Wild West Show Codys, bei der begeisterte Zuschauer nach der Vorstellung mit „richtigen" Indianerhäuptlingen zusammentreffen konnten und für

---

[177] Dixon, Joseph Kossuth. The Vanishing Race: The Last Great Indian Council. A Record in Picture and Story of the Last Great Indian Council. Garden City, NY: Doubleday, Page & Company, 1913.

[178] Dixon, Joseph Kossuth. The Vanishing Race, S. 3. Zu den Expeditionen siehe Barsh, Russel Lawrence. An American Heart of Darkness: The 1913 Expedition for American Citizenship. Great Plains Quarterly. 1993; 13 (2): S. 91–115. Lindstrom, Richard. "Not from the Land Side, but from the Flag Side": Native American Responses to the Wanamaker Expedition of 1913. Journal of Social History. 1996; 30 (1):209–227. Wunder, John R. "Merciless Indian Savages" and the Declaration of Independence: Native Americans Translate the Ecunnaunuxulgee Document. American Indian Law Review. 2000; 25 (1):65–92.

[179] Turner, Frederick Jackson. The Significance of the Frontier in American History. Madison, WI: State Historical Society of Wisconsin, 1894.

einen Dollar das Autogramm des Indianers erhielten, der Custer getötet haben sollte. Das Drama um die Verdrängung der *Native Americans*, das sich zwischen 1876 und 1890 abgespielt hatte, war nun zum Stoff für eine billige Inszenierung geworden. Der imaginierte Westen, wie er von Buffalo Bill, den Malern Frederic Remington (1861–1909) und Albert Bierstadt (1830–1902) oder den Schriftstellern Owen Wister (1860–1838) und Pearl Zane Grey (1872–1939) erschaffen wurde, war langlebiger als die historische Realität und verhüllte diese Region in mythischer Verklärung.[180] Die Bilder vom waghalsigen Cowboy und dem im Kampf hinterhältigen, in der Niederlage aber tragischem Indianer verstellten den Blick auf die komplexe Realität des Westens.

Dabei ist die historische Realität mindestens so dramatisch wie ihre romantisierende Fiktion. Um 1890 war der Westen verwandelt worden. Er war nicht verschwunden, sondern an die Stelle der kleinen Farmer und Viehzüchter, die versuchten, dem Boden etwas abzuringen oder ihre Herden zu vermarkten, waren Großgrundbesitzer getreten: Über 70 Prozent des Farmlandes westlich des Mississippis waren in der Hand von Investoren, die weder Ackerbau noch Viehzucht betrieben. Der Umschlag vom Kleinbauerntum zum Agrobusiness war der entscheidende Faktor in der Geschichte des Westens geworden, nicht das Verschwinden einer als magisch imaginierten Grenzlinie. Der Westen war dabei durch die Transportrevolution und das Geld- und Finanzwesen fest in das ökonomische System des Ostens eingebunden worden.

4.7 Urbanisierung und Einwanderung

„We cannot all live in cities, yet nearly all seem determined to do so."[181] Wer hier so beredt Klage führte, lebte selbst in der Metropole New York: der Verleger Horace Greeley. Greeley, der 1850 die jungen Männer des Landes aufgerufen hatte,

---

180 Anderson, Nancy K., Ferber, Linda S. und Wright, Helena. Albert Bierstadt: Art & Enterprise. New York: Hudson Hills Press, 1990. Hendricks, Gordon. Albert Bierstadt: Painter of the American West. New York: Harrison House, 1988. Owen Wister veröffentlichte Wildwestromane und biographische Texte. Wister, Owen. Red Men and White. New York: Harper, 1896. Wister, Owen. Ulysses S. Grant. Boston: Small, Maynard, 1901. Wister, Owen. The Virginian: A Horseman of the Plains. New York: Grosset & Dunlap, 1925. Zane Grey schrieb eine Menge erfolgreicher Wildwestromane. Grey, Zane. The Heritage of the Desert: A Novel. New York, London: Harper & Brothers, 1910. Ders. The Last Trail: A Story of Early Days in the Ohio Valley. New York: A.L. Burt Company, 1909. Ders. The Light of Western Stars: A Romance. New York: Grosset & Dunlap, 1914. Ders. The Spirit of the Border: A Romance of the Early Settlers in the Ohio Valley. New York: A.L. Burt Company, 1906.
181 Horace Greeley in der New York Times, February 6, 1867.

nach Westen zu gehen, beklagte jetzt die Größe der Städte. Obwohl ein großer Teil der Amerikanerinnen und Amerikaner weiterhin auf dem Land lebten, erlebten die letzten Jahrzehnte des 19. Jahrhunderts eine städtische Explosion, die auch mit den dynamischen demographischen Entwicklungen zu tun hatte, die aus der *New Immigration* resultierte. Städte wuchsen nun mehr als zweimal so schnell wie die Gesamtbevölkerung und deutlich schneller als die ländliche Bevölkerung. Selbst wenn man regionale Unterschiede in Rechnung stellt, ist es doch zulässig zu sagen, dass alle Städte dramatisch zulegten. Das Wachstum war am stärksten in den Industriestädten Neuenglands, den mittleren Atlantikstaaten und in den Industriegebieten um die Großen Seen. Verstärkt wurde der Trend der Urbanisierung durch die Masseneinwanderung nach 1870. In den Hafenstädten des Ostens trafen täglich Menschen aus Süd- und Osteuropa ein. Sie ließen sich hier bald in dichtbesiedelten Ghettos nieder und behielten unter diesen Bedingungen ihre Sprache und ihre Lebensgewohnheiten weitgehend bei. Das Wort *slum* wurde in diesen Jahren Teil des amerikanischen Idioms. Die Schere zwischen Reich und Arm öffnete sich immer weiter. Dies hatte Rückwirkungen auf die soziale Geographie der Städte. Pferdegezogene Straßenbahnen, die später elektrifiziert wurden, erlaubten es den Wohlhabenden, aus den heißen und schmutzigen Innenstädten in die kühlen und grünen Vororte zu fliehen. Verkehrsprobleme nahmen zu, die Straßen wurden zunehmend von Fuhrwerken und Kutschen verstopft. 1888 brachte ein Schneesturm in New York den Verkehr vollkommen zum Erliegen. Aus dieser Notlage wurde die Idee geboren, den Verkehr unter die Erde zu verlegen. Einige Städte wie Boston und New York begannen um die Jahrhundertwende, Untergrundbahnen zu bauen.[182]

Der Prozentsatz der in Städten lebenden Bevölkerung stieg innerhalb von 30 Jahren von 20 Prozent (1870) auf 33 Prozent (1900). In Zahlen ausgedrückt bedeutete dies bei dem raschen Bevölkerungswachstum insgesamt, dass sich die städtische Bevölkerung im gleichen Zeitraum von zehn Millionen auf 30 Millionen verdreifachte. Statistisch ist dabei bedeutsam, dass das Zensusbüro Dörfer mit einer Population von 8.000 und Großstädte gleich behandelte. Dabei partizipierten Klein- und die Großstädte etwa zu gleichen Teilen am Wachstum. Doch stellte die Herausbildung der modernen Metropolen den dramatischsten Aspekt der Urbanisierung dar. Die Zahl der Großstädte mit mehr als 100.000 Einwohnerinnen und Einwohnern stieg von 18 (1870) auf 38 (1900). Den steilsten Aufstieg erlebte dabei Chicago, denn in dieser 1836 gegründeten jungen Großstadt lebten 1860 gerade 100.000 Menschen, während nur 30 Jahre später diese Zahl bereits

---

[182] Most, Doug. The Race Underground: Boston, New York, and the Incredible Rivalry That Built America's First Subway. New York: St. Martin's Press, 2014.

auf mehr als eine Million angewachsen war. Chicago verdoppelte trotz des Großen Feuers von 1871, bei dem drei Quadratmeilen in Schutt und Asche gelegt worden waren und 18.000 Menschen ihre Wohnung verloren hatten, in jedem Jahrzehnt seine Bevölkerung.[183] Im Westen zog Los Angeles Nutzen aus seinem Klima und wuchs von dem schläfrigen mexikanisch-amerikanischen Dorf *La Puebla de Nuestra Senora la Reina de los Angeles* mit 5.000 Bewohnern und Bewohnerinnen (1870) zur Großstadt Los Angeles mit mehr als 100.000 Menschen (1900) heran. 1876 war die Southern Pacific Railroad vollendet worden, die in Los Angeles endete. 1892 wurde in der Nähe der Stadt Erdöl gefunden. Trinkwasser wurde knapp und erst mit dem Bau des Los Angeles Aqueduct im Jahre 1913 konnte die Versorgung der Stadt mit dem kostbaren Nass aus den Bergen der Sierra Nevada gesichert werden.[184]

Um die Jahrhundertwende existierten in den USA drei Millionenstädte, New York, Chicago und Philadelphia. Die Eisenbahn hatte einen nicht unbeträchtlichen Anteil an der Genese der Riesenstädte. Städte wie das Spieler- und Scheidungsparadies Reno in Nevada, die Kupferstadt Butte im Bundesstaat Montana und Cheyenne, Wyoming, wuchsen entlang der Eisenbahnlinien aus dem Boden, noch bevor das Hinterland besiedelt war. Die überaus großzügigen Landschenkungen der Regierung verwandelten die Eisenbahngesellschaften in die größten Immobilienbesitzer im Land. Eisenbahngesellschaften förderten die Besiedlung des Landes, indem sie ihr Land zum Kauf anboten. Städte, an denen die Eisenbahn vorbeiführte, verharrten in ihrem Wachstum, Städte, in denen transkontinentale Bahnlinien einen Bahnhof bauten wie Kansas City, Missouri, Omaha, Nebraska, und Salt Lake City, Utah, wuchsen rascher.

Industrialisierung und Urbanisierung waren Zwillingsschwestern. Urbanes Wachstum expandierte die Märkte, die wiederum in einem Multiplikatoreffekt zur Ankurbelung der Produktion beitrugen. Diese steigende Produktion erheischte mehr Arbeitskräfte, was zum Bevölkerungswachstum beitrug. Mit der Entstehung eines Massenmarktes für Konsumartikel konnten solche Städte auch

---

183 Zur Stadtgeschichte Chicagos zwischen 1860 und 1920 lesenswert sind Boehm, Lisa Krissoff. Popular Culture and the Enduring Myth of Chicago, 1871–1968. New York: Routledge, 2004. Joiner, Thekla Ellen. Sin in the City: Chicago and Revivalism, 1880–1920. Columbia, MO: University of Missouri Press, 2007. Keating, Ann Durkin. Chicagoland: City and Suburbs in the Railroad Age. Chicago, IL: University of Chicago Press, 2005. Larson, Erik. The Devil in the White City: Murder, Magic, and Madness at the Fair That Changed America. New York: Crown Publishers, 2003. Merwood-Salisbury, Joanna. Chicago 1890: The Skyscraper and the Modern City. Chicago, IL: University of Chicago Press, 2009. Spears, Timothy B. Chicago Dreaming: Midwesterners and the City, 1871–1919. Chicago, IL: University of Chicago Press, 2005.
184 City of Los Angeles. Department of Public Service. Complete Report on Construction of the Los Angeles Aqueduct. Los Angeles, CA: The Standard Printing Co., 1913.

zu Umschlagzentren für den Groß- und Einzelhandel werden. Chicago mit seinen Versandhandelshäusern wie Montgomery Ward und Sears, Roebuck, neben den großen Kaufhausketten wie Marshall Field und Carson Pirie Scott führten die Revolution des Einzelhandels an.[185] Nach 1876 wurde es sogar möglich, sich ein ganzes Einfamilienhaus in einem Katalog anzusehen und per Post zu bestellen.[186]

Das erstaunliche Wachstum der amerikanischen Städte zwischen 1870 und 1900 war somit nicht das Ergebnis der biologischen Reproduktion der städtischen Bevölkerung, sondern entstammte den Wanderungsbewegungen der Gesamtbevölkerung. Die Vereinigten Staaten wurden auf dem Land geboren und zogen dann in die Stadt – so schien es in jenen Jahren. Hunderttausende von Bauernjungs und -mädchen gingen auf der Suche nach Arbeit und Abenteuer in die Großstädte. Die Lichter der Großstadt, die Verheißung guter Löhne, die Attraktivität der Theater und Tanzvergnügungen und die Amüsierparks wie Coney Island in New York zusammen mit dem Bildungsangebot der Städte zogen diese junge Landbevölkerung magnetisch in ihren Bann.

Dabei bedeuteten die Städte, vor allem die Städte im Norden, für eine Gruppe von Migranten und Migrantinnen etwas Besonderes. *African Americans* wanderten in großen Zahlen nach Norden, nicht nur, weil sie wirtschaftliches Fortkommen suchten, sondern auch, weil sie den bedrückenden Bedingungen des Südens zu entkommen suchten. Lynchings, Einschüchterungsversuche und offene Gewalt gegen *African Americans* ließen das Leben in den Großstädten des Nordens als Ausweg aus der Situation im Süden erscheinen. Jim Crow-Gesetze, die sie zu Menschen zweiter Klasse machten und ihnen eine rassistische Apartheid aufzwangen, der schleichende Verlust des Wahlrechts in den 1890er Jahren sowie die skandalöse Entscheidung des *Supreme Court* im Grundsatzfall *Homer A. Plessy v. John H. Ferguson* (163 US 537) aus dem Jahr 1896 veranlassten zahlreiche afroamerikanische Familien, nach Norden zu gehen, vor allem nach Chicago und New

---

185 Hoge, Cecil C. The First Hundred Years Are the Toughest: What We Can Learn from the Century of Competition between Sears and Wards. Berkeley, CA: Ten Speed Press, 1988. Koenen, Anne. Mail-Order Catalogs in the US, 1880–1930: How Sears Brought Modernization to American Farmers. Paderborn: Universität Paderborn, 2001. Siry, Joseph. Carson Pirie Scott: Louis Sullivan and the Chicago Department Store. Chicago, IL: University of Chicago Press, 1988. Madsen, Axel. The Marshall Fields. New York: J. Wiley, 2002. Twyman, Robert W. History of Marshall Field & Co., 1852–1906. New York: Arno Press, 1976. Tebbel, John William. The Marshall Fields: A Study in Wealth. New York: E.P. Dutton, 1947. Strasser, Susan. Commodifying Everything: Relationships of the Market. New York: Routledge, 2003.
186 Culbertson, Margaret. Mail-Order House and Plan Catalogues in the United States, 1876–1930. Art Documentation: Journal of the Art Libraries Society of North America. 1992; 11 (1):17–20;

York.[187] Im Plessy-Fall hatte der Oberste Gerichtshof die Rassentrennung sanktioniert, sofern die getrennten Einrichtungen wie Eisenbahnen, Bildungsanstalten und Freizeitangebote der Doktrin „separate but equal" unterworfen waren.[188]

Zur politischen und rechtlichen Unterdrückung kam der Mangel an wirtschaftlichen Möglichkeiten. „To die from the bite of frost is far more glorious than at the hands of a mob", schrieb der Defender, Chicagos größte und wichtigste schwarze Zeitung.[189] Schwarze vom Land zogen in die urbanen Zentren des Nordostens und Mittleren Westens. Hier gab es Arbeit, wenn auch oft nur als Hilfsarbeiter oder in besonders gefährlichen und schmutzigen Jobs. Sie arbeiteten als Reinigungskräfte, Köche, Handarbeiter, als Dienstmädchen oder in Schlachthöfen. Rassismus gab es auch im Norden und er begrenzte die wirtschaftlichen Möglichkeiten für die neu Zugewanderten. Trotzdem riss der Strom von afroamerikanischen Landbewohnern in die Städte nicht ab. 1900 lebten in New York, Philadelphia und Chicago veritable schwarze Gemeinschaften: 185.000 *African Americans* verzogen vor 1890 nach Norden, die größte demographische Verschiebung im Rahmen der *Great Migration* sollte aber nach 1918 geschehen.[190]

Leute vom Land, die in die Städte zogen, kamen aber nicht nur aus den landwirtschaftlichen Gebieten des Ostens und den segregierten Staaten des

---

[187] Baldwin, Davarian L. Chicago's New Negroes: Modernity, the Great Migration, & Black Urban Life. Chapel Hill, NC: University of North Carolina Press, 2007. Reed, Christopher Robert. Knock at the Door of Opportunity: Black Migration to Chicago, 1900–1919. Carbondale, IL: Southern Illinois University Press, 2014.

[188] Cates, David und Armstrong, Margalynne. Plessy v. Ferguson: Segregation and the Separate but Equal Policy. Minneapolis, MN: ABDO Pub, 2013. Davis, Thomas J. Plessy v. Ferguson. Santa Barbara, CA: Greenwood, 2012. Elliott, Mark. Color-Blind Justice: Albion Tourgée and the Quest for Racial Equality from the Civil War to Plessy v. Ferguson. Oxford, New York: Oxford University Press, 2006. Esty, Amos. Plessy V. Ferguson. Civil Rights Movement. Greensboro, NC: Morgan Reynolds Pub, 2012. Hoffer, Williamjames. Plessy V. Ferguson: Race and Inequality in Jim Crow America. Lawrence, KS: University Press of Kansas, 2012. Kelley, Blair Murphy. Right to Ride: Streetcar Boycotts and African American Citizenship in the Era of Plessy v. Ferguson. Chapel Hill, NC: The University of North Carolina Press, 2010. Rosen, Jeffrey. The Supreme Court the Personalities and Rivalries That Defined America. New York: Times Books, 2007.

[189] Cronon, Edmund David. Black Moses: The Story of Marcus Garvey and the Universal Negro Improvement Association. Madison, WI: University of Wisconsin Press, 1955, S. 26.

[190] Arnesen, Eric. Black Protest and the Great Migration: A Brief History with Documents. Boston, MA: Bedford/St. Martin's, 2003. Baldwin, Davarian L. Chicago's New Negroes: Modernity, the Great Migration, & Black Urban Life. Chapel Hill, NC: University of North Carolina Press, 2007. Halpern, Monica und Rossi, Ann. Moving North: African Americans and the Great Migration, 1915–1930. Washington, DC: National Geographic, 2006. Wiese, Andrew. Places of Their Own: African American Suburbanization in the Twentieth Century. Chicago, IL: University of Chicago Press, 2004. Zieger, Robert H. For Jobs and Freedom: Race and Labor in America since 1865. Lexington, KY: University Press of Kentucky, 2007.

„Neuen Südens". Die globale Wanderung der Landbevölkerung in die Städte, wie sie das späte 19. Jahrhundert prägte, hatte auch Einfluss auf die soziale Komposition der amerikanischen Städte. Mehr als 14 Millionen Europäer kamen im Rahmen dieser Bewegung in die USA. Die europäische Migration erfolgte dabei in zwei Wellen, die etwas vereinfachend in „Alte" und „Neue" Migration unterteilt werden. Vor 1880 kam die Masse der Eingewanderten aus West- und Nordeuropa, nämlich zu 85 Prozent aus Deutschland, Irland, England und Skandinavien. Nach 1880 verschob sich die Gewichtung dramatisch, da nun vor allem Menschen aus Süd- und Osteuropa anlandeten, namentlich aus Italien, Österreich-Ungarn, und der Türkei, die zusammen mit Juden und Jüdinnen, die aus Russland vor den Pogromen flüchteten, mehr als 80 Prozent der Einwanderung bis zum Jahr 1896 ausmachten. Daneben gab es eine zahlenmäßig kleinere Immigration aus China und Japan, wobei die chinesische Zuwanderung durch den *Chinese Exclusion Act* von 1882 und die japanische Immigration durch das *Gentlemen's Agreement* von 1907 *de facto* beendet wurden.[191] Daneben gab es noch eine innerkontinentale Migration aus dem frankophonen Kanada sowie aus Mexiko und anderen lateinamerikanischen Ländern nach Kalifornien und in den Südwesten der USA.[192]

Die bloßen Zahlen dieser zweiten Einwanderungswelle waren beeindruckend.[193] Im Jahr 1888 alleine kamen mehr als 500.000 Menschen aus Europa in die USA, wovon 75 Prozent in New York an Land gingen. Die Stadt und die Einwanderungsbehörde im Castle Clinton im Battery Park an der Südspitze Manhattans waren bald organisatorisch überfordert. Ein imposantes neues Ziegelsteingebäude wurde 1900 auf Ellis Island eröffnet, in dem 5.000 Neuankömmlinge am Tag einer Gesundheitsuntersuchung unterzogen und abgefertigt

---

191 Daniels, Roger. The Politics of Prejudice: The Anti-Japanese Movement in California and the Struggle for Japanese Exclusion. Berkeley, CA: University of California Press, 1977. Neu, Charles E. An Uncertain Friendship: Theodore Roosevelt and Japan, 1906–1909. Cambridge, MA: Harvard University Press, 1967. Hata, Donald Teruo. „Undesirables": Early Immigrants and the Anti-Japanese Movement in San Francisco, 1892–1893. Prelude to Exclusion. New York: Arno Press, 1978.
192 Grundsätzlich zur grenzüberschreitenden Migration von KanadierInnen und Mexiko siehe den Sammelband von Hoerder, Dirk und Faires, Nora Helen. Migrants and Migration in Modern North America: Cross-Border Lives, Labor Markets, and Politics. Durham, NC: Duke University Press, 2011. Zu Mexiko Borjas, George J. Mexican Immigration to the United States. A National Bureau of Economic Research Conference Report. Chicago, IL: University of Chicago Press, 2007. Zum Zitrusanbau in Los Angeles García, Matt. A World of Its Own: Race, Labor, and Citrus in the Making of Greater Los Angeles, 1900–1970. Chapel Hill, NC: University of North Carolina Press, 2001. Overmyer-Velázquez, Mark. Beyond la Frontera: The History of Mexico-U.S. Migration. New York: Oxford University Press, 2011. Rodriguez, Gregory. Mongrels, Bastards, Orphans, and Vagabonds: Mexican Immigration and the Future of Race in America. New York: Vintage Books, 2008.
193 United States, Historical Statistics, Band 1: Series C89–119, S. 105–109.

werden konnten.[194] Im Jahr 1907, dem absoluten Höhepunkt der Immigration, kamen über 1,2 Millionen Menschen aus allen Teilen der Welt in die Vereinigten Staaten.[195]

Die neue Einwanderungswelle gegen Ende des 19. und zu Beginn des 20. Jahrhunderts wurde durch verschiedene Faktoren ausgelöst. Zunächst einmal nahmen die Zahlen der alten Einwanderer aus Westeuropa deutlich ab, wohl eine Reaktion auf die Verbesserung der wirtschaftlichen und politischen Verhältnisse in diesem Gebiet. Außerdem standen mit Kanada, Australien und Neuseeland neue Regionen zur Verfügung, die Auswandererströme aufnahmen. Etwa zur gleichen Zeit führten die langanhaltende wirtschaftliche Notlage eines großen Teils der süditalienischen Bevölkerung, die Pogrome gegen Jüdinnen und Juden in Russland und der Wunsch, sich dem Wehrdienst in der russischen Armee zu entziehen, zur Auswanderung aus Süd-, Südost und Osteuropa in die USA.

Dem gegenüber standen Faktoren in den USA wie der anhaltende Bedarf an ungelernten Arbeiterinnen und Arbeitern für die Industrie vor allem in Perioden des Konjunkturaufschwungs. Während Phasen des konjunkturellen Abschwungs wie den „Paniken" von 1873 und 1893 verlangsamte sich auch die Einwanderung, wohl auch, weil diese Konjunktureinbrüche längst globale Krisen waren und die Nationen, aus denen die Eingewanderten stammten, ebenfalls betrafen. Die US-Regierung bot keine Anreize zur Einwanderung, wohl aber taten die Reedereien sehr viel für die Immigration. Das Auswanderungsgeschäft war für Reeder sehr profitabel, da zum Beispiel keine Schauerleute zur Verladung der menschlichen „Fracht" benötigt wurden. Agenten der großen Schifffahrtslinien reisten durch Europa und rührten die Werbetrommel. Bunte Werbeprospekte und Plakate vermischten Tatsachen mit Behauptungen und zeichneten so ein märchenhaftes Bild der USA.

Wirtschaftliche Trends und soziale Ungleichheit beeinflussten die Auswanderung, doch stand am Beginn immer eine individuelle oder familiäre Entscheidung. Einwanderinnen und Einwanderer waren weder die passiven „gebückten

---

194 Powell, John. Encyclopedia of North American Immigration. New York: Facts on File, 2005, S. 86–88. Cannato, Vincent J. American Passage: The History of Ellis Island. New York: Harper, 2009. Fleegler, Robert L. Ellis Island Nation: Immigration Policy and American Identity in the Twentieth Century. Haney Foundation Series: Haney Foundation Series. Philadelphia, PA: University of Pennsylvania Press, 2013. Hillstrom, Kevin. The Dream of America Immigration, 1870–1920. Defining Moments: Defining Moments. Detroit, MI: Omnigraphics, 2009. Houghton, Gillian. Ellis Island: A Primary Source History of an Immigrant's Arrival in America. New York: Rosen Pub. Group, 2004. Zur medizinischen Behandlung der ImmigrantInnen auf Ellis Island siehe Lüthi, Barbara. „Invading Bodies": Medizin und Immigration in den USA (1880–1920), Frankfurt am Main, New York: Campus Verlag, 2009.
195 United States, Historical Statistics, Band 1: Series C89–119, S. 105–109.

Massen", derer im Sonett von Emma Lazarus (1849 – 1887) gedacht wurde, das am Fuß der Freiheitsstatue eingelassen war, noch die wagemutigen Abenteurer, die darauf drängten, auf jeden Fall durch die „goldene Pforte" kommen zu dürfen.[196] Die moderne Migrationsforschung hat das monolithische und vereinfachende Bild der Einwanderung demontiert, in dem die gesamte Einwanderung kollektiv dargestellt wurde und es durch eine Sicht ersetzt, in der individuelle Entscheidungen und die Vielzahl der Motivlagen ernstgenommen werden.[197]

Die Auswanderung konnte aber auch ganze Dörfer betreffen und verändern. Die jüdisch-amerikanische Autorin Mary Antin, die um 1891 ihr russisches Dorf verließ, beschrieb dies eindrucksvoll. Sie bezog Informationen über die USA aus den Briefen ihres Vaters, die ein nicht ganz objektives Bild vom Leben in Amerika zeichneten:

> In America, he wrote, it was no disgrace to work at a trade. Workmen and capitalists were equal. The employer addressed the employee as *you*, not familiarly, as *thou*. The cobbler and the teacher had the same title. ‚Mister'. And all the children, boys and girls, Jews and Gentiles, went to school![198]

---

[196] Die Inschrift auf der Freiheitsstatue wurde 1903 angebracht. Sie wurde von der jüdisch-amerikanischen Schriftstellerin Emma Lazarus bereits 1883 geschrieben. Das Manuskript des Sonnets „The New Collossus" befindet sich in der Library of Congress. Lazarus, Emma. The New Collossus. [Web Page]: http://www.loc.gov/exhibits/haventohome/images/hh0041s.jpg. Gesehen am 3.07.2014.

[197] Als Forschungsberichte unverzichtbar: Hoerder, Dirk. American Labor and Immigration History, 1877 – 1920s: Recent European Research. Urbana, IL: University of Illinois Press, 1983 und Gjerde, Jon. Major Problems in American Immigration and Ethnic History: Documents and Essays. Boston, MA: Houghton Mifflin, 1998. Die Literatur ist sehr umfangreich. Ich nenne nur wenige einschlägige Studien: Cartosio, Bruno und Debouzy, Marianne. In the Shadow of the Statue of Liberty: Immigrants, Workers and Citizens in the American Republic, 1880 – 1920. Saint-Denis: Presses Universitaires de Vincennes, 1988. Collomp, Catherine. Entre Classe et Nation: Mouvement Ouvrier et Immigration aux États-Unis 1880 – 1920. Paris: Belin, 1998. Gurock, Jeffrey S. East European Jews in America, 1880 – 1920: Immigration and Adaptation. New York: Routledge, 1998. Lederhendler, Eli. Jewish Immigrants and American Capitalism, 1880 – 1920: From Caste to Class. Cambridge, New York: Cambridge University Press, 2009. McBride, Paul. Culture Clash: Immigrants and Reformers, 1880 – 1920. San Francisco, CA: R. and E. Research Associates, 1975. Schreier, Barbara A. Becoming American Women: Clothing and the Jewish Immigrant Experience, 1880 – 1920. Chicago, IL: Chicago Historical Society, 1994. Sinke, Suzanne M. Dutch Immigrant Women in the United States, 1880 – 1920. Urbana, IL: University of Illinois Press, 2002. Sorin, Gerald. A Time for Building: The Third Migration, 1880 – 1920. Baltimore, MD: Johns Hopkins University Press, 1992. Todd, Anne M. Italian Immigrants, 1880 – 1920. Mankato, MN: Blue Earth Books, 2002. Widdis, Randy W. With Scarcely a Ripple: Anglo-Canadian Migration into the United States and Western Canada, 1880 – 1920. Montreal, Ithaca, NY: McGill-Queen's University Press, 1998.

[198] Antin, Mary. The Promised Land. Kila, MT: Kessinger Publishing, 2004, S. 99.

Auswanderungswillige verließen sich auf Briefe, Werbebroschüren und Mund-zu-Mund-Propaganda, die naturgemäß nicht immer zutreffend oder verlässlich waren. Die wirtschaftlichen Möglichkeiten, die sich in den USA boten, wurden in der Regel überzogen dargestellt. Die Vereinigten Staaten waren mitnichten ein Land, in dem das Gold auf der Straße lag.[199] Briefe von Ausgewanderten an Freunde und Familienmitglieder zeichneten ein übertriebenes Bild von den Möglichkeiten. Schließlich standen die nach Amerika ausgewanderten Verwandten unter dem Druck, Erfolge vorweisen zu müssen. Auch Fotografien waren keine verlässlichen Quellen, da die Abgebildeten oft in ihren Sonntagskleidern vor die Kamera gesetzt wurden. Ein italienischer Auswanderer erinnerte sich:

> Everything emanating from America reached [Italy] as a distortion [...] News was colored, success magnified, comforts and advantages exaggerated beyond all proportions.[200]

Kein Wunder also, dass die Menschen ihre Heimat verließen und glaubten „[...] that if they were ever fortunate enough to reach America, they would fall into a pile of manure and get up brushing the diamonds out of their hair."[201]

In einer Hinsicht unterschieden sich die USA allerdings von den Herkunftsregionen der neuen Einwanderung. In ihren Herkunftsländern hatten die meisten Auswandererinnen und Auswanderer zur ländlichen Bevölkerung gehört. In Amerika zog es sie in die Städte, aus Neigung oder aus Notwendigkeit. Sie wurden von den Arbeitsstellen angezogen, die sich im städtischen Umfeld anboten. Außerdem fehlte ihnen in der Regel das Kapital, das sie benötigten, um im Westen einen Bauernhof zu erwerben und zu bewirtschaften. Die Konzentration der Einwanderung auf die städtischen Zentren war ein Charakteristikum dieser Jahre. Um 1900 lebten fast zwei Drittel der Einwanderungsbevölkerung in Städten. Obwohl auf nationalem Niveau die Einwanderung die alteingesessene Bevölkerung nicht majorisierte, stellten Eingewanderte in vielen Städten die Mehrheit

---

199 Zur Bedeutung der Briefe als Medium siehe Guenther, Carl Hilmar, Hurst, Regina Beckmann und Kamphoefner, Walter D. An Immigrant Miller Picks Texas: The Letters of Carl Hilmar Guenther. San Antonio, TX: Maverick Pub. Co., 2001. Helbich, Wolfgang Johannes, Walter D. Kamphoefner und Ulrike Sommer. Briefe aus Amerika: Deutsche Auswanderer schreiben aus der Neuen Welt 1830–1930. München: C.H. Beck, 1988. Kamphoefner, Walter D., Helbich, Wolfgang Johannes und Sommer, Ulrike. Briefe aus Amerika: News from the Land of Freedom. German Immigrants Write Home. Ithaca, NY: Cornell University Press, 1991. Siehe auch Lehmkuhl, Ursula. Auswandererbriefe aus Nordamerika. [Web Page]: http://www.auswandererbriefe.de/. Gesehen am 11.7.2014.
200 Steiner, Dale R. Of Thee We Sing: Immigrants and American History. San Diego, CA: Harcourt Brace Jovanovich, 1987, S. 179.
201 Steiner, Dale R. Of Thee We Sing, S. 179.

dar. 1890 war die Hälfte der Bevölkerung Philadelphias im Ausland geboren, in Boston waren es 66 Prozent, in Chicago 75 Prozent und in New York 80 Prozent.[202]

Nicht alle Neuankömmlinge blieben auch. Etwa acht Millionen von ihnen, meistens junge Männer, waren Wanderarbeiter, die ein Jahr oder eine Saison in den USA arbeiteten und dann in ihre Heimatländer zurückkehrten. Die Mitarbeiter der Einwanderungsbehörde bezeichneten diese Saisonarbeiter als „Wandervögel", weil sie so regelmäßig eintrafen und ebenso regelmäßig wieder abreisten. Um 1900 waren fast 75 Prozent der neuen Immigranten junge Männer, die möglichst schnell zu Wohlstand kommen wollten und daher Arbeitsbedingungen akzeptierten, die eingesessene Arbeiter als Zumutung ablehnten. Sie interessierten sich nicht für Gewerkschaften und organisierten sich erst, nachdem sie den Traum, schnell reich zu werden, aufgegeben hatten und sesshaft geworden waren.

Juden aus Osteuropa kamen in der Regel im Familienverbund und ließen sich dauerhaft nieder. Die Welle der Pogrome, die in den 1880er Jahren durch Polen und Russland schwappte, führte in den nächsten 20 Jahren zum Weggang vieler jüdischer Familien.[203] Sie ließen sich zumeist in den Hafenstädten des Ostens nieder. Die Lower East Side in New York wirkte bald wie ein jüdisches Ghetto, in dem Straßenhändler und ihre Handwagen das Bild beherrschten. Hester Street im Herzen des jüdischen Stadtviertels hallte wieder mit den Rufen der Kaufleute, die über eingelegtes Gemüse bis hin zu Federbetten alles anboten, was das Herz begehrte.

Die neue Einwanderungswelle traf auf eine Menge Kritik, besonders die aus Italien und Russland Eingewanderten sowie Juden und Jüdinnen und Angehörige slawischer Minderheiten aus der österreichisch-ungarischen Doppelmonarchie schnitten im Vergleich mit den zuvor aus Deutschland, Irland, Großbritannien und Skandinavien Eingewanderten schlecht ab – jedenfalls auf der Folie des sich formierenden wissenschaftlichen Rassismus der 1870er Jahre.[204] Vielen der früher eingewanderten Amerikanerinnen und Amerikanern weißer Hautfarbe erschienen die Neuankömmlinge als fremd und nicht „assimilierbar". Sie wurden als „[the] very scum and offal of Europe"[205], „inhuman rub-

---

202 Finkelman, Paul. Encyclopedia of the United States in the Nineteenth Century. New York: Charles Scribner's Sons, 2001, 3 Bände, Bd. 1: Abolition – Government, S. 217.
203 Diner, Hasia R. The Jews of the United States, 1654 to 2000. Berkeley, CA: University of California Press, 2004, S. 89–98.
204 Hunt, Michael H. Ideology and U.S. Foreign Policy. New Haven, CT: Yale University Press, 2009, S. 46–91.
205 De Genova, Nicholas. Racial Transformations: Latinos and Asians Remaking the United States. Durham, NC: Duke University Press, 2006, S. 25.

bish",²⁰⁶ „snakes", „creatures" diffamiert, vor allem nach der Haymarket Affair, bei der anarchistische Immigranten beschuldigt worden waren, am 4. Mai 1886 ein Bombenattentat durchgeführt zu haben, das zahlreiche Todesopfer gekostet hatte.²⁰⁷

In den folgenden Gerichtsverfahren, die international große Aufmerksamkeit erregten, wurden acht Anarchisten wegen „Verschwörung" verurteilt. Als „Beweis" legte der Staatsanwalt die Behauptung vor, einer der Angeklagten habe die Bombe gebaut. Beweise dafür, dass einer der Beschuldigten die Bombe geworfen hatte, gab es nicht. Sieben wurden zum Tode verurteilt, ein Anarchist erhielt 15 Jahre Haft. Zwei Anarchisten wurden vom Gouverneur des Staates Illinois Richard J. Oglesby (1824–1899) begnadigt und erhielten statt der Todesstrafe lebenslange Haftstrafen. Ein zum Tode verurteilter Anarchist flüchtete sich in der Haftzelle in den Suizid. Vier Todesurteile wurden am 11.11.1887 vollstreckt. 1893 kritisierte der in Deutschland geborene Gouverneur von Illinois John Peter Altgeld (1847–1902) das Verfahren als wenig rechtsstaatlich und begnadigte die überlebenden Anarchisten.²⁰⁸

---

206 Higham, John. Strangers in the Land: Patterns of American Nativism, 1860–1925. New Brunswick, NJ: Rutgers University Press, 2002, S. 55.
207 Mizruchi, Susan L. The Science of Sacrifice: American Literature and Modern Social Theory. Princeton, NJ: Princeton University Press, 1998, S. 152.
208 Der Prozess hat eine Menge an Quellenmaterial hervorgebracht, das hier nur auszugsweise wiedergegeben werden kann. Damals wie heute wurden die Verantwortlichen für das Attentat unter den eingewanderten Anarchisten vermutet oder es wurde der Regierung in die Schuhe geschoben. Parallelen zum Attentat vom 11. September 2001 und den Verschwörungstheorien in seinem Gefolge sind nicht zu übersehen. [Anonymous]. Acht Opfer des Klassenhasses. Zürich: Mitgliedschaft Deutscher Sozialisten, 1888. [Anonymous]. The Anarchist Riot in Chicago – A Dynamite Bomb Exploding Among the Police [McCormick Strike, Haymarket Square] 1886. [Anonymous]. „The First Dynamite Bomb Thrown in America" May 4th, 1886. The Personnel of the Great Anarchist Trial at Chicago. Begun Monday June 21st 1886. Ended Friday, August 20th 1886. Chicago: Published by the Inter Ocean Co, 1886. Lum, Dyer D. A Concise History of the Great Trial of the Chicago Anarchists in 1886. Chicago, IL: Socialistic Publishing Company, 1886. McLean, George N. The Rise and Fall of Anarchy in America from Its Incipient Stage of the First Bomb Thrown in Chicago: A Comprehensive Account of the Great Conspiracy Culminating in the Haymarket Massacre, May 4th, 1886. A Minute Account of the Apprehension, Trial, Conviction and Execution of the Leading Conspirators. Chicago, IL, Philadelphia, PA: R. G. Badoux & Co, 1888. Schaack, Michael J. Anarchy and Anarchists: A History of the Red Terror and the Social Revolution in America and Europe. Communism, Socialism, and Nihilism in Doctrine and in Deed. The Chicago Haymarket Conspiracy and the Detection and Trial of the Conspirators. Chicago, IL, New York, Philadelphia, PA, St. Louis, MO, Pittsburg, PA: F. J. Schulte & Company. W.A. Houghton. S.F. Junkin & Co. P.J. Fleming & Co, 1889. Spies, August Vincent Theodore. The Accused, the Accusers. Chicago, IL: Socialistic Publishing Society, 1886. Spies, August Vincent Theodore und Parsons, Albert R.. The Great Anarchist Trial: The Haymarket Speeches as Delivered on the Evening of the

Im Zusammenhang mit der Haymarket Affair von 1886 warf man den „neuen" Immigranten vor, politisch radikal, rückständig, ungebildet und unangepasst zu sein. Selbst Terence Vincent Powderly (1849 – 1924), Vorsitzender der wichtigen Arbeiterorganisation *Knights of Labor*, beschwerte sich, die Neuankömmlinge „[...] herded together like animals and lived like beasts."²⁰⁹ Ostküstenaristokraten vom Schlag des einflussreichen Senators, Juristen, Historikers und Harvardabsolventen Henry Cabot Lodge, sen. (1850 – 1924) aus Massachusetts fanden sich bald in einer ungewöhnlichen politischen Allianz mit der organisierten Arbeiterschaft wieder, die sich vehement – und wie sich zeigen würde – erfolgreich für die Einschränkung der Zuwanderung in die USA einsetzte. Als Sprecher der *Immigration Restriction League* und als Mitglied der *Dillingham Commission* (1907 – 1911) setzte er sich gegen die Fortsetzung der bisherigen offenen Einwanderungspolitik ein und verlangte wirksame politische Kontrollen, die zu einem virtuellen Ende der Einwanderung nach 1924 führten.²¹⁰

In einer Rede aus dem Jahre 1908 wurde Henry Cabot Lodge für seine Verhältnisse sehr deutlich:

Throwing of the Bomb at Haymarket Square, Chicago, May 4, 1886. Chicago, IL: The Chicago Labor Press Association, 1886. Zur Sekundärliteratur: Avrich, Paul. The Haymarket Tragedy. Princeton, NJ: Princeton University Press, 1984. Burgan, Michael. The Haymarket Square Tragedy. Minneapolis, MN: Compass Point Books, 2006. Green, James R. Death in the Haymarket: A Story of Chicago, the First Labor Movement, and the Bombing That Divided Gilded Age America. New York: Pantheon Books, 2006. Messer-Kruse, Timothy. The Haymarket Conspiracy: Transatlantic Anarchist Networks. Urbana, IL: University of Illinois Press, 2012. Ders. The Trial of the Haymarket Anarchists: Terrorism and Justice in the Gilded Age. New York: Palgrave Macmillan, 2011. Smith, Carl S. Urban Disorder and the Shape of Belief: The Great Chicago Fire, the Haymarket Bomb, and the Model Town of Pullman. Chicago, IL: The University of Chicago Press, 2007.
209 Times, April 17, 1890. Powderly radikalisierte seine rassistischen Positionen im Laufe seines Lebens noch. Powderly, Terence Vincent. Immigration's Menace to the National Health. The North American Review. 1902; 175 (548):53 – 60. 1899 setzte er als Commissioner for Immigration die Einführung einer rassistischen Kategorie „Jew" für alle einwandernden Jüdinnen und Juden durch. Goldstein, Eric L. The Price of Whiteness: Jews, Race, and American Identity. Princeton, NJ: Princeton University Press, 2006, S. 104.
210 Goldstein, Judith S. The Politics of Ethnic Pressure: The American Jewish Committee Fight against Immigration Restriction, 1906 – 1917. New York: Garland Pub, 1990. Higham, John. Send These to Me: Immigrants in Urban America. Baltimore, MD: Johns Hopkins University Press, 1984. Roediger, David R. Working toward Whiteness: How America's Immigrants Became White. The Strange Journey from Ellis Island to the Suburbs. New York: Basic Books, 2005. Decker, Julio. The Transnational Biopolitics of Whiteness and Immigration Restriction in the United States, 1894 – 1924. In: Lehmkuhl, Ulla, Bischoff, Eva und Finzsch, Norbert (Hg.). Provincializing the United States. Heidelberg: Winter, 2014, S. 121 – 153, S. 133.

> [...] more precious even than forms of government are the mental and moral qualities which make what we call our race. While those stand unimpaired all is safe. When those decline all is imperiled [sic]. They are exposed to but a single danger, and that is by changing the quality of our race and citizenship through the wholesale infusion of races whose traditions and inheritances, whose thoughts and whose beliefs are wholly alien to ours, and with whom we have never assimilated or even been associated in the past. The danger has begun.[211]

Ein Präzedenzfall der Begrenzung unerwünschter Zuwanderung wurde schon 1882 etabliert, als Rassisten und die chauvinistische Arbeiterbewegung in Kalifornien einen Pakt schlossen, der zur Verabschiedung des *Chinese Exclusion Act* führte. Dieses Gesetz beendete die legale Zuwanderung aus China. An der Ostküste unterstützten Lodge und seine Gesinnungsgenossen einen Lese- und Schreibtest, eine Taktik, die sich schon im Zusammenhang mit *African Americans*, denen man das Wahlrecht vorenthalten wollte, bewährt hatte. Eingewanderte hatten zu beweisen, dass sie in ihrer Landessprache lesen und schreiben konnten – das betraf vor allem Menschen aus Italien und Osteuropa. Da die Bauern aus Kalabrien oder Galizien selten eine Schule besucht hatten, wurde angenommen, sie würden den Test nicht bestehen können. 1895 wurde der Lese- und Schreibtest für Einwanderungswillige im Kongress eingebracht und auch verabschiedet, aber Präsident Grover Cleveland (1837–1908), ein Demokrat, legte sein Veto ein. Der Präsident sagte zur Begründung seines Vorgehens:

> It is said that the quality of recent immigration is undesirable. The time is quite within recent memory when the same thing was said of immigrants, who, with their descendants, are now numbered among our best citizens.[212]

Clevelands Veto konnte zwar die Vertreter einer restriktiven Einwanderungspolitik eine Zeitlang aufhalten, doch sollte es sich langfristig als wirkungslos herausstellen, weil zu viele der Eingesessenen den Neuankömmlingen die Türe vor der Nase zuschlagen wollten. Ideologische Schützenhilfe erhielten sie dabei von den Eugenikern im Gefolge von Madison Grant (1865–1937) und von wissenschaftlich argumentierenden Eugenikern in Cold Spring Harbor (New York).[213]

---

211 Lodge, Henry Cabot. Speeches and Addresses, 1884–1909. Boston: Houghton Mifflin, 1909, S. 245–266.
212 Es handelte sich um die House Bill No. 7864, entitled "An act to amend the immigration laws of the United States." Cleveland's Veto of the Immigration Amendment, March 2, 1897, abgedruckt in: University of California at Santa Barbara. The American Presidency Project. [Web Page]: http://www.presidency.ucsb.edu. Gesehen am 3.10.2008.
213 Zur Entwicklung des „Wissenschaftlichen Rassismus" zur Eugenik siehe Spiro, Jonathan Peter. Defending the Master Race: Conservation, Eugenics, and the Legacy of Madison Grant.

Proto-Rassismen hatte es im Westen schon vor 1850 gegeben, doch gaben die Theorien Charles Darwins und der damit in Verbindung stehende Sozialdarwinismus Herbert Spencers (1820–1903) nach 1860 neuen Theorien Nahrung, die sich „wissenschaftlich" gerierten, um die alten Positionen neu zu untermauern.[214] Biologistische Theorien waren hoch im Kurs. Mesmerismus, Schädelvermessungen und andere anthropometrische Verfahren, die zum Teil durch die Verfügbarkeit von Fotografie den Anstrich von evidenter Objektivität erlangen konnten, bereiteten das Feld für jene Form der Eugenik, die auch vor brutalen Eingriffen in das reproduktive Selbstbestimmungsrecht von Menschen nicht zurückschreckte.[215] Herbert Spencers Theorien wurden ab 1858 in den USA rezipiert. Ab den

---

Burlington, VT, Hanover, NH: University of Vermont Press. Published by University Press of New England, 2009, S. 3–117. Alexander, Charles C. „Prophet of American Racism: Madison Grant and the Nordic Myth." Phylon (1960) 23, no. 1 (1962):90–73. Burgers, Johannes Hendrikus. „Max Nordau, Madison Grant, and Racialized Theories of Ideology." Journal of the History of Ideas 72, no. 1 (2011):140–119. Jackson, John P., and Weidman, Nadine M.. „The Origins of Scientific Racism." The Journal of Blacks in Higher Education, no. 50 (2005):79–66.

214 Finzsch, Norbert. Wissenschaftlicher Rassismus in den Vereinigten Staaten, 1850 bis 1930. In: Kaupen-Haas, Heidrun und Saller, Christian (Hg.). Wissenschaftlicher Rassismus: Analysen einer Kontinuität in den Human- und Naturwissenschaften. Frankfurt, New York: Campus, 1999; S. 84–110.

215 Der Mesmerismus oder „animalischer Magnetismus" erreichte in den USA den Höhepunkt seiner Popularität erst um 1850 und blieb bis zum Ende des 19. Jahrhunderts wichtig, da er sich nahtlos in populärwissenschaftliche Theorien über Elektrizität einbauen ließ. Aus dem riesigen Schriftgut genüge es, einige Schlüsseltexte zur Illustration der verspäteten Rezeption in den USA anzuführen. Babbitt, Edwin D. Vital Magnetism, the Life-Fountain Being an Answer to Dr. Brown-Sequard's Lectures on Nerve Force: The Magnetic Theory Defended and a Better Philosophy of Cure Explained. New York: Published by E.D. Babbitt, 1874. Coates, James. How to Mesmerize: A Manual of Instruction in the History, Mysteries, Modes of Procedure, and Arts of Mesmerism or Animal Magnetism, Clairvoyance, Thought Reading, and Mesmeric Entertainments. Chicago, IL: National Institute of Science, 1897. Peirce, E. D. Five Lectures upon the Cause, Prevention, and Cure of Disease, the Mysteries and Fallacies of the Faculty, and Upon the Origin, Design, Benefit and Phenomena of Animal Magnetism with an Appendix, Containing Many Interesting Facts on Magnetism or Mesmerism, and Clairvoyance: Directions for Using the Magnetic Machine in Various Chronic Complaints: The Recipes for Making Their Appropriate Medicines, the Mode of Giving It, Miscellaneous Remarks, &c.. &c. Rochester, NY: Rochester Daily Advertiser Book & Job Office, 1847. Zur neueren Forschung vergl. Pattie, Frank A. Mesmer and Animal Magnetism: A Chapter in the History of Medicine. Hamilton, NY: Edmonston Pub, 1994. Schlun, Betsy van. Science and the Imagination: Mesmerism, Media, and the Mind in Nineteenth-Century English and American Literature. Glienicke, Berlin, Madison, WI: Galda & Wilch Verlag, 2007. Willis, Martin. Mesmerists, Monsters, and Machines: Science Fiction and the Cultures of Science in the Nineteenth Century. Kent, OH: Kent State University Press, 2006. Etwa zeitgleich wurde die Phrenologie zu einer Masche in den USA. Aus der Phrenologie entwickelte sich die stärker rassistisch durchsetzte Craniometrie. Capen, Nahum. Reminiscenses of Dr. Spurzheim and George

1870er Jahren kann man ihnen eine weite Akzeptanz unter der intellektuellen Elite der USA bescheinigen.[216] Spencer wurde zunehmend als Autorität zitiert, wenn es um die angeblich minderen Qualitäten nichtweißer Menschen ging:

> Herbert Spencer has well observed, ‚There is this dictinct evidence, from various quarters, that the minds of the inferior human races cannot respond to the relations of even moderate complexity, much less to those highly complex relations with which advanced science deals.'[217]

1910 wurde in Cold Spring Habor auf Long Island, New York, das Eugenic Records Office gegründet. Finanziert wurde dieses „wissenschaftliche" Institut durch Mary Williamson Averell (1851–1932), der Witwe des Eisenbahnmagnaten Edward Henry Harriman (1848–1909).[218] Zu den Unterstützern des eugenischen Projekts gehörten Mitglieder der Ostküstenelite, darunter John D. Rockefeller, Alexander Graham Bell, der Pathologe William Welch, Professoren der Universitäten von Harvard und Yale und an der Johns Hopkins University sowie als Direktor der Zoologe Charles Benedict Davenport. Das Institut regte zahlreiche Aktivitäten und Studien an und kann als einer der Think Tanks der *main line*-eugenischen Bewegung angesehen werden, die in den zwanziger und dreißiger Jahren des 20. Jahrhunderts ihre größte Wirksamkeit entfaltete.[219] Mit Argumenten der Eu-

---

Combe and a Review of the Science of Phrenology, from the Period of Its Discovery by Dr. Gall, to the Time of the Visit of George Combe to the United States, 1838, 1840. New York: Fowler & Wells, 1881. Smith, L. M. The Great American Crisis or, Cause and Cure of the Rebellion: Embracing Phrenological Characters and Pen-and-Ink Portraits of the President, His Leading Generals and Cabinet Officers. Cincinnati, OH: Johnson, Stephens & Co., printers, 1862. Wheeler, Noyes. The Phrenological Characters and Talents of Henry Clay, Daniel Webster, John Quincy Adams, William Henry Harrison, and Andrew Jackson. Boston, MA: Dow & Jackson, 1844. Zur Einschätzung dieser und ähnliche Bemühungen um die Vermessung des Menschen siehe die erweiterte Neuauflage von Gould, Stephen Jay. The Mismeasure of Man. New York: Norton, 1996, S. 62–173.

216 [Anonymous]. [Review of Social Statics, or the Conditions Essential to Human Happiness Specified, and the First of Them Developed by Herbert Spencer]. The North American Review. 1858; 86 (178):60–83.

217 Dunn, Robert. Some Observations on the Psychological Differences Which Exist among the Typical Races of Man. Transactions of the Ethnological Society of London 3, 1865, S. 39–25, S. 23. Kritisch hingegen Hunt, James. On Physio-Anthropology, Its Aim and Method. Journal of the Anthropological Society of London. 1867; (5):ccix–ˆcclxxi. Zu Spencers Einfluss auf Rassetheorien in den USA siehe Graves, Joseph L. The Emperor's New Clothes: Biological Theories of Race at the Millennium. New Brunswick, NJ: Rutgers University Press, 2001, S. 75–80.

218 [Anonymous]. The Eugenics Record Office. Science. 1913; 37 (954):553–554.

219 Davenport, Charles Benedict. The Feebly Inhibited. Cold Spring Harbor, N.Y: n.p., 1915. Ders. State Laws Limiting Marriage Selection Examined in the Light of Eugenics. Cold Spring Harbor, NY: n.p., 1913. Davenport, Charles Benedict, Laughlin, Harry Hamilton, Weeks, David Fairchild,

geniker wurde gerechtfertigt, die Einwanderung aus Südosteuropa und Asien drastisch zu beschneiden. Eugenische Gesetze erlaubten die Sterilisation von psychisch Kranken und anderen unerwünschten Minderheiten in der Mehrzahl der amerikanischen Bundesstaaten.[220] Eugenische Topoi richteten sich auch gegen *African Americans*, deren angebliche Minderwertigkeit nun auch mit pseudowissenschaftlichen Argumenten untermauert werden konnte.[221] So kam es dann erst in den zwanziger Jahren des 20. Jahrhunderts zu einem virtuellen Stopp der Einwanderung.[222]

Das weiße Amerika nahm vor allem Anstoß an der Armut und der Unangepasstheit der neu Immigrierten. Der Schmutz der Einwandererviertel in den Großstädten stieß sie ab. In den 1890er Jahren dokumentierte ein junger Polizeireporter namens Jacob August Riis (1849–1917), selbst 1870 aus Dänemark eingewandert, mit Kamera und spitzer Feder das Leben der Eingewanderten in den Ghettos. Er trieb sich in den Mietskasernen der New Yorker Lower East Side

---

Johnstone, Edward Ransom and Goddard, Henry Herbert. The Study of Human Heredity. Cold Spring Harbor, NY: [Selbstverlag],1911. Estabrook, Arthur Howard und Davenport, Charles Benedict . The Nam Family: A Study in Cacogenics. Cold Spring Harbor, NY, Lancaster, PA: The New era printing company, 1912. Eugenics Record Office. Report of the Committee to Study and to Report on the Best Practical Means of Cutting off the Defective Germ-Plasm in the American Population. Cold Spring Harbor, NY: [Selbstverlag], 1914. Goddard, Henry Herbert. Heredity of Feeble-Mindedness. Cold Spring Harbor, NY: [Selbstverlag], 1911.

220 California, Legislature und Senate. California's Compulsory Sterilization Policies, 1909–1979: July 16, 2003 Informational Hearing. Sacramento, CA: Senate Publications, 2003. Currell, Susan und Cogdell, Christina. Popular Eugenics: National Efficiency and American Mass Culture in the 1930s. Athens, OH: Ohio University Press, 2006. Largent, Mark A. Breeding Contempt: The History of Coerced Sterilization in the United States. New Brunswick, NJ: Rutgers University Press, 2008. Lombardo, Paul A. A Century of Eugenics in America from the Indiana Experiment to the Human Genome Era. Bloomington, IN: Indiana University Press, 2011. Ders. Three Generations, No Imbeciles: Eugenics, the Supreme Court, and Buck v. Bell. Baltimore, MD: Johns Hopkins University Press, 2008. Miller, Marvin D. Terminating the „Socially Inadequate": The American Eugenicists and the German Race Hygienists, California to Cold Spring Harbor, Long Island to Germany. Commack, NY: Malamud-Rose, 1996.

221 Davenport, Charles Benedict und Steggerda, Morris. Race Crossing in Jamaica. Washington, DC: Carnegie Institution of Washington, 1929.

222 Grant, Madison. The Passing of the Great Race or, The Racial Basis of European History. New York: C. Scribner, 1916. Garis, Roy L. Immigration Restriction: A Study of the Opposition to and Regulation of Immigration into the United States. New York: The Macmillan Company, 1927. - Decker, Julio. The Immigration Restriction League and the Political Regulation of Immigration, 1894 – 1924. Leeds: University of Leeds, 2012.

herum und verfasste so einen Bestseller mit dem Titel *How the Other Half Lives*.[223] Riis nahm seine weiße Leserschaft in eine Mietskaserne in der Cherry Street mit:

> Be careful please! The hall is dark and you might stumble over the children pitching pennies back there [...] Close? Yes! What would you have? All the fresh air that ever enters these stairs comes from the hall door and is forever slamming, and from the windows of dark bedrooms that in turn receive from the stairs their sole supply of the elements God meant to be free, but man deals out with such niggardly hand [...] Here is a door. Listen! That short hacking cough, that tiny, helpless wail – what do they mean? They mean that the soiled bow of white you saw on the door downstairs will have another story to tell – Oh! a sadly familiar story – before the day is at an end. The child is dying with measles. With half a chance it might have lived; but it had none. That dark bedroom killed it.[224]

Wie Riis zutreffend konstatierte, bestand die Alltagsrealität der New Yorker Eingewanderten aus Armut, Enge, Schmutz und Krankheiten. Doch war sein Bild ein Klischee in schwarz und weiß – und das nicht nur wegen der verwendeten monochromen Fotografien. Er vereinfachte und generalisierte die Darstellung des Lebens der New Yorker Arbeiterklasse, indem er Tagelöhner, gewerkschaftlich organisierte Facharbeiter, kleine Handwerker, die weibliche Bedienung in einem Laden oder den Straßenhändler in einen Topf warf. Es muss auch deutlich gesagt werden, dass Riis gängige antisemitische Stereotype bemühte, indem er die Juden und Jüdinnen aus Osteuropa als geizig und geldversessen charakterisierte.[225] Die Realität des Einwandererlebens mit seinen unterschiedlichen intersektionalen Bezügen zu Geschlecht, Klasse, „Rasse" und Lebensentwürfen war wesentlich komplexer, als Riis dies zugeben wollte und konnte. Man muss den Text heute als Aufruf zu politischer Aktion lesen und darf ihn nicht – trotz seines pseudodokumentarischen Anstrichs – als lebensnahes Porträt der stark überzeichneten Menschen verstehen. Wie viele andere Angehörige der Mittelschichten befürchtete Riis, die Mietskasernen würden nicht nur Schmutz und Krankheiten verbreiten, sondern dass von ihnen auch soziale Unzufriedenheit ausstrahle. In einem Kapitel seines Buchs mit dem Titel „The Man with the Knife" spekulierte Riis darüber, dass ein Mann, den der Hunger dazu gebracht habe, einen Laib Brot für seine Familie zu stehlen, genauso gut in der Lage wäre, sich an der komfortabel lebenden Mittelklasse zu rächen. Anders als der Rest des Buches, das wenigstens ansatzweise versuchte, die Realität des Einwandererlebens einzufangen, bestand

---

[223] Riis, Jacob A. How the Other Half Lives: Studies among the Tenements of New York. New York: Charles Scribner's Sons, 1890.
[224] Riis, Jacob A. How the Other Half Lives: Studies among the Tenements of New York. New York: Scribners, 1890, S. 43f.
[225] Riis, Jacob A. How the Other Half Lives, siehe das gesamte Kapitel 10: „Jewtown", S. 120–135.

das Kapitel über den „Mann mit dem Messer" aus purer Spekulation. In Wahrheit wendeten sich verzweifelte Angehörige der ausgegrenzten Gruppen und Klassen gegen ihre ebenso verzweifelten Nachbarn und nicht gegen die Wohlhabenden. Kriminalität bedrohte, wie so oft, nicht die Reichen, sondern diejenigen, die selbst nichts oder wenig hatten. Dennoch war dieses Kapitel nicht ohne Wert, denn es zeigte die wachsende „Angst" der Mittel- und Oberklasse angesichts der immer weiter auseinanderklaffenden sozialen Schere in der Nation.[226]

Jacob Riis' Publikum schauderte es, angesichts der Enthüllungen über die „andere Hälfte" der Menschheit. Fast genauso besorgt waren biedere weiße Amerikanerinnen und Amerikaner jedoch über die Exzesse der Reichen. Vor allem in Städten wie New York öffnete sich ein sozialer Graben, der nicht nur die Armen von den Mittelschichten, sondern Letztere auch von den Reichen trennte. Die Villen der Reichen standen in jenen Tagen nur wenige Blocks entfernt von den Mietskasernen im berüchtigten Stadtteil Hell's Kitchen. Viele Angehörige der Mittelschicht teilten daher Jacob Riis' Einschätzung, dass eine ebenso große Gefahr für die Gesellschaft aus der auffälligen Zurschaustellung des Wohlstands der *Nouveaux Riches* erwachse.

In der zweiten Hälfte des 19. Jahrhunderts hatten viele New Yorker Hausbesitzer ihre Einfamilienhäuser in Mietskasernen verwandelt, was die Einnahmen aus Mieten drastisch vergrößerte.[227] Die in die Stadt strömenden Eingewanderten hatte keine andere Wahl, als kleine und übertorte Wohnungen zu mieten.[228] 1879 erließ New York den *Housing Act*, der die schlimmsten Auswirkungen der *Tenement Houses* (Brandgefahr, sanitäre Probleme, Überbelegung) zu korrigieren suchte.[229] Die Bestimmungen des Gesetzes waren aber schwer umzusetzen und führten in letzter Konsequenz zur Entstehung eines neuen Typs von Mietskaserne, dem *Dumbbell Tenement*, so genannt, weil seine Grundfläche wie eine Kurzhantel aussah. Diese Häuser bedeckten 80 Prozent eines Standardgrundstücks, hatten vier Wohnungen pro Etage und eine Gemeinschaftstoilette pro Stockwerk. 1900 lebten 2,3 Millionen oder zwei Drittel der Einwohner New Yorks Bewohner in 80.000 *Tenement Houses*, wovon die Mehrheit „Dumbbells" waren. Die anhal-

---

226 Riis, Jacob A. How the Other Half Lives, S. 263–267
227 Dolkart, Andrew. Biography of a Tenement House in New York City: An Architectural History of 97 Orchard Street. Santa Fe, NM: The Center for American Places, 2006, S. 14–19.
228 Fogelson, Robert M. The Great Rent Wars: New York City, 1917–1929. New Haven, CT: Yale University Press, 2013, S. 138.
229 Veiller, Lawrence und Tenement House Commission [of the State New York]. Tenement House Legislation in New York 1852–1900. Albany, NY: Brandow, 1900. Zur Reform in New York grundlegend Lubove, Roy. The Progressives and the Slums: Tenement House Reform in New York City, 1890–1917. Westport, CT: Greenwood Press, 1974.

tende Kritik an den sanitären Zuständen führte 1901 zu einem erneuten Gesetz, das die Ventilationsschächte vergrößerte, für Fenster in jedem Zimmer sorgte und auch für jede Wohneinheit fließendes Wasser und eine Toilette zur Vorschrift machte.[230] Diese Regeln galten allerdings nur für Neubauten, so dass sich an den Zuständen in den Mietskasernen zunächst nicht viel änderte. [231] Auch in Boston hatte man die Problematik der raschen Urbanisierung und des begrenzten Wohnraums erkannt und hatte bald städtische Verordnungen erlassen, die regulierend in den Wohnungsbau eingriffen, wobei sie zunächst bei den Brandschutzbestimmungen ansetzten.[232] Andere Städte und Staaten folgten dem Beispiel und erließen bald gesetzliche Regelungen, so Wisconsin und Kalifornien.[233] Das rasch wachsende San Francisco mit seinen unwegsamen Hügeln und der Erfahrung des verheerenden Erdbebens und Feuers von 1906 erließ dabei auch schnell noch Regeln für den Bau von Garagen für die zunehmende Zahl von privaten Automobilen.[234]

Den konkreten Nöten der Mieterinnen und Mieter gegenüber standen die finanziellen Exzesse der Neureichen, die nach dem Bürgerkrieg zu rasch verdientem Geld gekommen waren. Dies war am offensichtlichsten im Lebensstil von Familien wie den Vanderbilts erkennbar. „Commodore" Cornelius Vanderbilt (1794–1877), ein ehemaliger Fährenbesitzer und Reeder, der die New York Central Railroad gebaut hatte, hinterließ seinem Sohn bei seinem Tod ein Vermögen von 90 Millionen Dollar, was nach heutigem Kurs etwa 2 Milliarden Dollar entspricht. William Vanderbilt (1821–1885) verdoppelte dieses Vermögen und seine beiden

---

[230] New York (State). The Tenement House Laws of the City of New York. The Tenement House Act. New York: The Tenement House Department; 1903. Dieses umfangreiche Gesetz berücksichtigte jede denkbare Beeinträchtigung der Mieterinnen und Mieter durch Feuergefahr, Überbelegung, Tierhaltung und Wasserversorgung. Die Durchsetzung sollte sich aber als das größte Problem darstellen.
[231] Johanek, Michael C. und Puckett, John L. Leonard Covello and the Making of Benjamin Franklin High School: Education as if Citizenship Mattered. Philadelphia, PA: Temple University Press, 2007, S. 69.
[232] Kersten, Stephen A. Housing Regulation and Reform in Boston, 1822–1924: Antecedents of Zoning. Waltham, MA: Brandeis University, 1973 [machinenschriftliches Working Paper 7].
[233] California und Lester Grant Burnett. State Tenement House Act and State Hotel and Lodging House Act of California. Sacramento, CA: California State Printing Office, 1917. MacGregor, Ford Herbert. Tenement House Legislation, State and Local. Madison, WI: Wisconsin Library Commission, 1909.
[234] San Francisco [City and County]. The Building Law of the City and County of San Francisco: Bill. No. 1121. Ordinance No. 1008. The State Tenement House Act. Ordinance No. 746. Regulating the Construction of Buildings Used as Automobile Garages. San Francisco: Daily Pacific Builder, 1910.

Söhne gaben es mit vollen Händen für Landschlösser in Frankreich und Herrensitze in Newport, Rhode Island, aus. Auch wenn es zu einfach wäre, die rauschenden Bälle der Vanderbilts mit der sozialen Not der „anderen Hälfte" zu vergleichen, sorgten doch diese Widersprüche für steigende Spannungen in der Öffentlichkeit. Leitartikel, Reden und Gespräche unter Reichen beschworen immer wieder die Pariser Kommune von 1871 als französische Arbeiter hier 73 Tage lang, vom 18. März bis zum 28. Mai 1871, in einer Art Räterepublik regiert hatten. Ihre kurze Machtübernahme war in den französischen und amerikanischen Medien als Schreckensherrschaft und Terrorregime karikiert worden, bei dem gebrandschatzt und gemordet worden war.[235] Ähnliches schien auch in den Vereinigten Staaten der 1880er und 1890er Jahre möglich zu sein. Immer, wenn es so aussah, als würde die bestehende Ordnung hinterfragt, riefen die ökonomischen und politischen Eliten nach dem staatlichen Unterdrückungsapparat. Dabei waren es nicht die Arbeiter, die eine konfrontative Haltung einnahmen. Vielmehr generierten die sozialen Unterschiede antagonistische Widersprüche, die nach einer grundsätzlichen Lösung riefen.

Cleveland im Bundesstaat Ohio war in den 1870er Jahren eine kleine Stadt, sowohl gemessen an der Bevölkerungszahl als auch bezüglich der bebauten Fläche. Der Ölmagnat John D. Rockefeller (1839–1937) konnte zu Fuß von seiner großen Backsteinvilla in sein Büro in der Innenstadt gehen und tat das auch oft. Auf seinem Weg kam er an den Häuschen seiner Angestellten und anderer Mittelklassefamilien vorbei. Hinter diesen Häusern verliefen die Gassen, in denen sich die Behausungen der Arbeiterinnen und Arbeiter befanden. Noch weiter weg vom Zentrum am Ufer des Eriesees erstreckten sich die Hütten der ärmsten Tagelöhner und Gelegenheitsarbeiter.

Innerhalb von nur zwei Jahrzehnten änderte sich dieses Bild vollständig. Die Stadt, die Rockefeller einst zu Fuß durchquert hatte, veränderte sich unter dem Einfluss der neuen Massentransportmittel radikal. Die Fußgängerstadt verwandelte sich in eine Großstadt, die ohne Straßenbahn nicht mehr durchquert werden konnte. Im Stadtzentrum befand sich nun das Geschäftsviertel, umgeben von konzentrischen Ringen von Wohnungen, die sich nach ethnischer Herkunft ihrer Bewohner und Bewohnerinnen und deren Einkommen voneinander abgrenzten. Dieses Muster wiederholte sich auch in anderen amerikanischen Großstädten. Städtische Überbevölkerung und das Ausweichen der Besserverdienenden in die

---

[235] Exemplarisch ist Gibson, William. Paris during the Commune: With a Character Sketch by His Wife. London, Nottingham: Howitt and Son; 1895. Siehe auch Edwards, Stewart. The Paris Commune 1871. London: Eyre & Spottiswoods, 1971.

Vororte veränderten das Gesicht und die Sozialgeographie dieser Städte nachhaltig

Moderne Verkehrsmittel waren für diese Veränderungen absolut notwendig. Zuerst wurden Pferdedroschken und von Pferden gezogene Straßenbahnen eingesetzt; ab den 1880er Jahren kam zunehmend die elektrische Straßenbahn zum Einsatz, so dass die Menschen mit ihr auch aus den Vororten schnell zu ihrem Arbeitsplatz gelangen konnten. Berufstätige konnten sich so Einfamilienhäuser mit Garten und Vorgarten in den Vororten leisten und für fünf Cent pro Tag zur Arbeit in der Innenstadt fahren. Zu Beginn des 20. Jahrhunderts gelangte über die Hälfte von Clevelands Einwohnern mit der Straßenbahn zur Arbeit.[236]

Gleichzeitig wuchsen die Geschäftsviertel in den Innenstädten immer weiter zu, denn Banken, Bürohäuser, Kaufhäuser, Großhändler, Theater, Restaurants und Klubs zog es in die Stadtmitte. Der Platz reichte bald nicht mehr aus, denn die Konsumentinnen und Konsumenten strömten allesamt in die Stadtzentren, um ihre Geschäfte zu tätigen und einzukaufen. Einige Sparten wie die Textilindustrie und kleine Gewerbetreibende standen mit den großen Unternehmen im Wettstreit um die besten Plätze innerhalb des Zentrums. Dies trieb die Mieten und Grundstückspreise steil nach oben, so dass die am wenigsten konkurrenzfähigen Unternehmen an den Stadtrand in die Nähe der Bahngleise ausweichen mussten. Chicagos Schlachthöfe und die *Homestead*-Stahlfabriken außerhalb Pittsburghs stellen Beispiele für die zentrifugalen Kräfte der raschen Urbanisierung dar.

Die arme Bevölkerung, die die Fahrtkosten nicht tragen konnte, lebte in heruntergekommenen Häusern in der Innenstadt oder in unmittelbarer Nähe der Fabriken, in denen sie arbeitete. Die Unterkünfte der Armen waren überbelegt, schmutzig und teuer: heruntergewirtschaftete Mietskasernen, in denen sie mit vielen Personen in einer Wohnung lebten oder im Keller hausten. Der Ausdruck *Slum* wurde um die Mitte des 19. Jahrhunderts zum allgemein bekannten Begriff für derartige Wohnviertel und bezeichnete die Ausgrenzung der ärmsten und unterprivilegiertesten Teile der Bevölkerung in den schlimmsten Vierteln der Stadt.[237] Die soziale Ausgrenzung von ärmeren Zugewanderten wurde durch die Urbanisierung und Industrialisierung der Vereinigten Staaten stark vorangetrie-

---

236 Beauregard, Robert A. When America Became Suburban. Minneapolis, MI: University of Minnesota Press, 2006. Fogelson, Robert M. Bourgeois Nightmares: Suburbia, 1870–1930. New Haven, CT: Yale University Press, 2005. Mozingo, Louise A. Pastoral Capitalism: A History of Suburban Corporate Landscapes. Cambridge, MA: MIT Press, 2011.
237 Cottman, George S. Old-Time Slums of Indianapolis. The Indiana Quarterly Magazine of History. 1911 Dec 1; 7 (4):170–173. Borchert, James und Borchert, Susan. Downtown, Uptown, Out of Town: Diverging Patterns of Upper-Class Residential Landscapes in Buffalo, Pittsburgh, and Cleveland, 1885–1935. Social Science History. 2002 Jul 1; 26 (2):311–346.

ben. Cleveland war dabei nur eine Metropole neben anderen, in denen diese Trends beobachtet werden konnten.

Immigrierte und *African Americans* gehörten dabei zu den typischen Leidtragenden dieser Entwicklung. Gerade vom Schiff gestiegene Neuankömmlinge hatten die Tendenz, sich in Clustern in den Städten anzusiedeln, um familiäre Verbindungen besser pflegen zu können oder den kulturellen Zusammenhalt zu bewahren. Ethnische Gruppen ließen sich im Weichbild der Synagogen oder der Kirchen nieder oder siedelten in einer Nachbarschaft, die ihnen Geborgenheit und Beibehalt kultureller Praktiken verhieß. *African Americans* erfuhren in der Regel die stärkste Segregation. Jede Großstadt entwickelte so im Laufe der zweiten Hälfte des 19. Jahrhunderts Vororte, die Klein-Italien, Chinatown oder Germantown genannt wurden und in denen man selten ein Wort Englisch vernahm.

Jacob Riis beobachtete dies mit dem ihm eigenen Hang zur Zuspitzung im Hinblick auf New York:

> A map of the city, colored to designate nationalities, would show more stripes than on the skin of a zebra, and more colors than any rainbow. The city on such a map would fall into two great halves, green for the Irish prevailing in the West Side tenement districts, and blue for the Germans on the East Side. [...] From down in the Sixth Ward, upon the site of the old Collect Pond that in the days of the fathers drained the hills which are no more, the red of the Italian would be seen forcing its way northward along the line of Mulberry Street to the quarter of the French purple on Bleecker Street and South Fifth Avenue, to lose itself and reappear, after a lapse of miles, in the ‚Little Italy' of Harlem, east of Second Avenue.[238]

Stadtplanung und Stadtbau waren dabei private Unternehmen – der Staat oder die öffentliche Hand hielten sich bis zum *Progressive Movement* weitgehend zurück.[239] Spekulanten, Landbesitzer, Geschäftsleute und Politiker, also genau jene Akteure und Akteursnetzwerke, die 100 Jahre zuvor die Inbesitznahme, Vermessung, den Verkauf und die Besiedlung des alten Nordwestens getragen und gesteuert hatten, hatten demgegenüber großen Einfluss auf die Ausgestaltung der Städte. Es gab löbliche Ausnahmen wie Washington DC, wo eine zentrale Planung stattgefunden hatte und der US-Kongress seit 1871 letztlich die Aufsicht über die

---

[238] Riis, How the Other Half Lives, S. 20. See also http://www.bartleby.com/208/3.html. Gesehen am 03.10.2008.
[239] Garner, John S. The Model Company Town: Urban Design through Private Enterprise in Nineteenth-Century New England. Amherst, MA: University of Massachusetts Press, 1984. Alanen, Arnold R. Morgan Park Duluth: U.S. Steel, and the Forging of a Company Town. Minneapolis, MN: University of Minnesota Press, 2007. Garner, John S. The Company Town: Architecture and Society in the Early Industrial Age. New York: Oxford University Press, 1992. Mulrooney, Margaret M. A Legacy of Coal: The Coal Company Towns of Southwestern Pennsylvania. Washington, DC: National Park Service, 1989.

Bautätigkeit in der Stadt hatte.[240] Andernorten wuchsen Städte wie Pilze aus dem Boden, wobei dieser Boden von den Finanzinteressen der Beteiligten und dem Kalkül der Lokalpolitiker bereitet wurde. In dem Maße, in dem eine Stadt wuchs, bedurfte sie der Investitionen in Wasserversorgung und Müllentsorgung. Was in Europa durch kommunale Verwaltungen organisiert wurde, entstand in den USA oft als private Dienstleistung, die die Möglichkeit der Bereicherung und der Korruption in sich trug.

Das immense Wachstum dieser Städte erheischte Dienstleistungen einer anderen Dimension: Straßen mussten gebaut werden, Untergrundbahnen entstanden, Hochbahnen wurden errichtet, Brücken, Hafenanlagen, Parks, ein Abwassersystem und gegen Anfang des 20. Jahrhunderts wurden auch Elektrizitätswerke erforderlich. Aus dieser Notwendigkeit ergab sich die Möglichkeit, viel Geld zu verdienen. Der professionelle Lokalpolitiker – die männliche Form ist hier intendiert –, der es verstand, die Wähler zu organisieren, indem er sie zu Nutznießern seiner weitverzweigten Geschäfte machte, entstand mit der Urbanisierung des späten 19. Jahrhunderts. Der „Boss" war mitunter ein Krimineller, in der Regel korrupt, doch erfüllte er angesichts der fehlenden oder mangelhaften *Governance* des Staates in die Stadtentwicklung eine wichtige soziale und politische Funktion. Der Boss betrieb die Ausbildung der Dienstleistungen, von denen die Stadt existenziell abhing, und organisierte die eingewanderte Bevölkerung, für die politische Betätigung innerhalb einer Demokratie oft unbekannt war, so dass sie ihre Interessen zum Ausdruck bringen konnte. Bosse hatten jedoch nur beschränkten Einfluss auf die Regierung der Stadt, da unterschiedliche Bevölkerungsgruppen und ihre Repräsentanten sehr unterschiedliche Interessen äußern konnten und Bosse bestrebt sein mussten, Interessengegensätze nicht aufbrechen zu lassen. [241]

Der berüchtigtste aller Bosse war William Marcy Tweed (1823 – 1878) aus New York. Um die Mitte des 19. Jahrhunderts wurde die Stadt New York, die damals

---

[240] Der Kongress hatte 1871 den *Organic Act* erlassen, der für Washington und Georgetown eine gemeinsame städtische Territorialregierung unter der Kontrolle des Kongresses einrichtete. Präsident Grant ernannte 1873 einen Territorialgouverneur, der mit Verve die Modernisierung des Dictrict of Columbia vorantrieb, seine finanziellen Grenzen dabei aber überschritt. 1874 wurde die Stadtverwaltung einem dreiköpfigen *Board of Commissioners* übertragen. Rice, Clinton. The New Territorial Government of the District of Columbia under the Act of Congress Entitled „An Act to Provide a Government for the District of Columbia," approved February 21, A. D. 1871. Washington, DC: Philp & Solomons, 1871.

[241] Ackerman, Boss Tweed. Ashby, Ruth. Boss Tweed and Tammany Hall. San Diego, CA: Blackbirch Press, 2002. Brezina, Corona. America's Political Scandals in the Late 1800s: Boss Tweed and Tammany Hall. America's Industrial Society in the 19th Century. New York: Rosen Pub. Co, 2004.

noch eine Agglomeration der fünf Teilstädte (*burroughs*) Bronx, Queens, Staten Island, Brooklyn und Manhattan war, von der Demokratischen Partei regiert.[242] Die Regierung durch Bosse und Parteimaschinen war nicht auf New York begrenzt. Der britische Jurist, Historiker und spätere Botschafter Großbritanniens in den USA, James Bryce (1838 – 1922), bemerkte 1888: „There is no denying that the government of cities is the one conspicuous failure of the United States."[243] Mehr als 80 Prozent der 30 größten Städte in den USA erlebten um die Jahrhundertwende eine Form des *Bossism*.[244]

---

[242] Die Auffassung, bei der Machine habe es sich zuallererst um eine Form der Sozialarbeit gehandelt, die für die Integration der Einwandererfamilien in die amerikanische Politik gesorgt hat, vertrat zuletzt Golway, Terry. Machine Made: Tammany Hall and the Creation of Modern American Politics. New York: W.W. Norton & Company, 2014. Zu einzelnen Bossen und ihren politischen „Maschinen" siehe Allen, Oliver E. The Tiger: The Rise and Fall of Tammany Hall. New York: Addison-Wesley, 1993. Headley, Joel Tyler. The Great Riots of New York, 1712 to 1873: Including a Full and Complete Account of the Four Days' Draft Riot of 1863. New York: E. B. Treat, 1873, S. 129 – 131. Mushkat, Jerome. Fernando Wood: A Political Biography. Kent, OH: Kent State University Press, 1990, S. VII, 75 f. Walters, Ryan S. The Last Jeffersonian: Grover Cleveland and the Path to Restoring the Republic. Bloomington, IN: Westbow Press, 2012, S. 35. Burrows, Edwin G. und Wallace, Mike. Gotham: A History of New York City to 1898. New York: Oxford University Press, 1999, S. 1009. Brands, Henry William. American Colossus: The Triumph of Capitalism, 1865 – 1900. New York: Doubleday, 2010, S. 330. Lynch, „Boss" Tweed, S. XIII. Stoddard, Lothrop. Master of Manhattan: The Life of Richard Croker. New York, Toronto: Longmans, Green and Co, 1931, S. 39. Kehoe, Elisabeth. The Titled Americans: Three American Sisters and the British Aristocratic World into Which They Married. New York: Atlantic Monthly Press, 2004, S. 16.
[243] Bryce, James. The American Commonwealth. London and New York: Macmillan and Co, 1888, S. 608.
[244] Zum Bossism im „alten" und „neuen" Westen siehe Miller, Zane L. Boss Cox's Cincinnati: Urban Politics in the Progressive Era. Columbus, OH: Ohio State University Press, 2000. Zink, Harold. City Bosses in the United States: A Study of Twenty Municipal Bosses. Durham, NC: Duke University Press, 1930 enthält ein Kapitel über Cox und Tweed. Farquhar, Michael. A Treasury of Foolishly Forgotten Americans: Pirates, Skinflints, Patriots, and Other Colorful Characters Stuck in the Footnotes of History. New York: Penguin Books, 2008, S. S. 145 – 152. Silver, Lindsay M. „The Nation's Neighborhood": The People, Power, and Politics of Capitol Hill since the Civil War. Ann Arbor, MI: Proquest, 2007, S. 49 – 63. Angesichts der schlechten Literaturlage empfiehlt sich die Konsultation der Alexander Robey Shepherd Papers in der Library of Congress. Larner, John B. List of Principal Municipal Authorities of the Cities of Washington, Georgetown and the District of Columbia. Records of the Columbia Historical Society, Washington, DC 1920 Jan 1; 23: 180 – 187. Tindall, William. A Sketch of Alexander Robey Shepherd. Records of the Columbia Historical Society, Washington, DC 1911 Jan 1; 14: 49 – 66. Turnbull, Stacy. Robert Speer: Denver's Building Mayor. Palmer Lake, CO: Filter Press, LLC, 2011. Larsen, Lawrence H. und Hulston, Nancy J. Pendergast! Columbia, MO: University of Missouri Press, 1997. Bullough, William A. The Blind Boss & His City: Christopher Augustine Buckley and Nineteenth-Century San Francisco. Berkeley, CA: University of California Press, 1979.

Der chaotischen und kompetitiven Struktur der Maschine entsprechend kam es häufig zu Auseinandersetzungen zwischen den Bossen der Wahlbezirke (*ward bosses*) und seltener zur totalen Dominanz eines großen Bosses über die ganze Stadt. „Zar" Martin Michael Lomasney (1859–1933) in Boston[245], „Big Tim" Timothy Daniel Sullivan (1862–1913) in New York und Chicagos „Bathhouse John" John Joseph Coughlin (1860–1938) sowie Michael „Hinky Dink" Kenna (1858–1946) sind Beispiele für die Bedeutung des „Ward Bosses".[246]

Die Übergänge vom Boss zum erfolgreichen Lokalpolitiker waren ohnehin fließend. Mitunter gelang es einem geschickten politischen Strategen zu einem „legitimen Boss" aufzusteigen. Weniger berüchtigt, dafür aber noch mächtiger als Boss Tweed wurde in New York City Richard Croker (1843–1922).[247] Croker, der Tammany Hall ab 1886 kontrollierte, verließ sich mehr auf Bürokratie als auf Bestechung. Wie Tweed hatte er kein gewähltes Amt inne, denn es ging ihm nicht um die Regierung. Er wollte lediglich sicherstellen, dass er und seine Parteifreunde sich an der Regierung bereichern konnten. Er bestimmte die Verteilung lukrativer Bauverträge, er verteilte die Lizenzen zum Betrieb von Straßenbahnen und Stadtwerken und er stellte sicher, dass die dicksten Aufträge in den Taschen seiner Kumpane landeten. Aber anders als Tweed landete Croker nicht im Gefängnis, sondern zog sich als gemachter Mann 1901 auf seinen Landsitz Wantage in Irland zurück.[248] Croker erklärte seine Haltung zur Demokratie folgendermaßen:

> Politics are impossible without the spoils. It is all very well to argue that it ought not to be so. But we have to deal with men as they are and with things as they are. [...] Government, we say, of the people, by the people, and for the people. The aim is to interest as many of

---

245 Dinneen, Joseph F. Ward Eight. New York: Arno Press, 1976. Farmelant, Kristen Petersen, Beyond the Machine: Martin Lomasney and Ethnic Politics. Ueda, Reed and Wright, Conrad Edick. Faces of Community: Immigrant Massachusetts, 1860–2000. Boston, MA: Massachusetts Historical Society, 2003, S. 198–203.

246 Czitrom, Daniel. Underworlds and Underdogs: Big Tim Sullivan and Metropolitan Politics in New York, 1889–1913. In: Mohl, Raymond A. (Hg.). The Making of Urban America. Wilmington, DE: Scholarly Resources, 1988, S. 131–151. Zu Coughlin siehe Grossman, Mark. Political Corruption in America: An Encyclopedia of Scandals, Power, and Greed. Millerton, NY: Grey House Pub, 2008, 2 Bände, Band 1, S. 76 f. Zu Coughlin und Kenna siehe Abadinsky, Howard. Organized Crime. Wadsworth, OH: Cengage Learning, 2012, S. 61–63. Zu Kenna siehe Binda, Lawrance. The Big, Bad Book of Mike: Rogues, Rascals and Rapscallions Names Micheal, Mike and Mickey. Lincoln, NE: iUniverse, 2003, S. 31–34.

247 Stoddard, Lothrop. Master of Manhattan: The Life of Richard Croker. New York, Toronto: Longmans, Green and Co, 1931.

248 Myers, Gustavus. The History of Tammany Hall. New York: Boni & Liveright, Inc, 1917, S. 296.

the citizens as possible in the work [...] of governing the State or the city. [...] and so [...] we need to bribe them with spoils. Call it so if you like.²⁴⁹

Im späten 19. Jahrhundert wuchs der Widerstand gegen die Herrschaft der Bosse. Stadtplaner und die Anhänger einer Verwaltungsreform, die man als „Goo Goos", abgeleitet von „Good Government" veräppelte, forderten das System der Maschine heraus. Es gelang dieser Koalition mitunter, Reformkandidaten für das Amt des Bürgermeisters durchzusetzen.²⁵⁰ Diese Reformbürgermeister blieben aber in der Regel nicht lang genug im Amt, um große Veränderungen zu bewirken. Ihre Gegner, wie der Chef von Tammany Hall, George Washington Plunkitt (1842–1924), verspotteten die Reformer als „Prunkwinden", die „looked lovely in the mornin' and withered up in a short time, while the regular machines went on flourishin' forever, like fine old oaks."²⁵¹ William Lafayette Strong (1827–1900) ist ein gutes Beispiel dafür, was Plunkitt meinte. As erfolgreicher Geschäftsmann wurde er 1894 Bürgermeister von New York, weil ihm der Ruf von Ehrlichkeit und Integrität vorauseilte. Er wurde ein sehr erfolgreicher Bürgermeister. Unter anderem ernannte er den jungen Theodore Roosevelt zum Polizeichef New Yorks. Als Republikaner auf einem gemeinsamen Ticket seiner Partei und der reformfreudigen Demokraten ins Amt gewählt, wurde er nach zwei Amtsjahren nicht wiedergewählt, weil die fünf *burroughs* der Stadt 1898 zu New York City zusammengeschlossen wurden und es ab diesem Zeitpunkt eine deutliche Mehrheit für die Demokraten in der Stadt gab.²⁵² Auch wenn die Erfolge der Reformer nicht immer nachhaltig waren, wurde doch deutlich, dass den Bossen der Wind ins Gesicht blies.

Die Bosse erfreuten sich des Erfolgs über ihre reformerischen Rivalen solange, wie sie in der Lage waren, Eingewanderte und Arme mit Sozialleistungen – oft nur symbolischer Art – an sich zu binden. Im Gegenzug für Wählerstimmen konnte

---

249 Brownell, Blaine A. und Stickle, Warren E. Bosses and Reformers: Urban Politics in America, 1880–1920. Boston, MA: Houghton Mifflin, 1973, S. 25 f.
250 Barry, Francis S. The Scandal of Reform: The Grand Failures of New York's Political Crusaders and the Death of Nonpartisanship. New Brunswick, NJ: Rutgers University Press, 2009. Merriner, James L. Grafters and Goo Goos: Corruption and Reform in Chicago, 1833–2003. Carbondale, IL: Southern Illinois University Press, 2004.
251 Riordon, William L. Plunkitt of Tammany Hall. New York: Signet Classic, 1996, S. 57. Bridges, Amy. Morning Glories: Municipal Reform in the Southwest. Princeton, NJ: Princeton University Press, 1997. Der Witz Plunkitts hat eine sexuelle Dimension, da „Morning Glory" nicht nur eine Blume, sondern auch eine morgendliche Erektion bezeichnet. In diesem Zusammenhang ist der Vergleich mit der „standhaften Eiche" dann besonders komisch – für die Zeitgenossen.
252 Jeffers, H. Paul. Roosevelt the Explorer: Teddy Roosevelt's Amazing Adventures as a Naturalist, Conservationist, and Explorer. Lanham, MD, Summit, PA: Taylor Trade Pub., 2003, S. 82.

die politische Maschine Rechtsberatung, Arbeitsstellen, Brennmaterial, Notunterkünfte und kleine Gefälligkeiten anbieten.²⁵³ Die Verbindung von menschlicher Unterstützung und Politik machte die Maschine so wirkungsvoll und langlebig.²⁵⁴ Es waren die sozialen Dienstleistungen und nicht das mangelnde Demokratiebewusstsein der Wähler, die die sozial Schwachen an die Maschine banden und in die urbane Gesellschaft integrierten. Einige Reformbürgermeister konnten sich halten, weil sie erfolgreich Sozialprogramme für die Arbeiterklasse und die arme Bevölkerung implementierten und so den Bossen den Wind aus den Segeln nahmen. Hazen Stuart Pingree (1840–1901) aus Detroit war solch ein erfolgreicher Reformbürgermeister.²⁵⁵ Auch er war erst spät, mit 49 Jahren, in die Politik gekommen, nachdem er vorher als Besitzer einer Schuhfabrik gutes Geld verdient hatte. Er versprach, Verschwendung und Korruption zu beseitigen, konnte dieses Versprechen auch durchsetzen, geriet aber bald mit den Unternehmern der Stadt aneinander, weil er die Preise für Straßenbahnfahrscheine, Gas, Strom und Telefon herabsetzen wollte. Mit dem Einsetzen der Wirtschaftskrise von 1893 wurde Pingree der Verteidiger der arbeitenden Bevölkerung und der von der Krise am härtesten betroffenen Menschen. Vieles von dem was später im New Deal (1933–1937) umgesetzt wurde, fand seine Anregung in Pingrees Krisenmanagement. Er stellte Arbeitslose ein, um Schulen und Badehäuser zu bauen und Parks anzulegen, er setzte die städtische Kontrolle der Elektrizitätswerke durch. Indem er ein Sozialprogramm auflegte, konnte er der Maschine eine politische Organisation der Arbeiterschaft entgegensetzen und erstere dadurch obsolet machen. Die Wähler Detroits honorierten das, indem sie ihn dreimal wiederwählten und ihn zweimal zum Gouverneur von Michigan machten.²⁵⁶

Nicht nur die Arbeiterinnen und Arbeiter hatten vom alten System des Bossism profitiert, wie Pingree bemerkte. Bosse konnten die Steuerlast für die Reichen reduzieren und vergaben lukrative Bauaufträge. Durch geschickte Verteilung

---

253 McNeese, Tim. The Gilded Age and Progressivism, 1891–1913. New York: Chelsea House, 2009, S. 43.
254 Oppenheimer, Joe A. Principles of Politics: A Rational Choice Theory Guide to Politics and Social Justice. Cambridge, New York: Cambridge University Press, 2012, S. 233. Oppenheimer zitiert Riordon, Plunkitt of Tammany Hall, S. 64.
255 Holli, Melvin G. Reform in Detroit: Hazen S. Pingree and Urban Politics. Westport, CT: Greenwood Press, 1981.
256 Hauser, Elizabeth J. (Hg.). Tom L. Johnson: My Story. Kent, OH: Kent State University Press, 1993. Holli führt Pingree, Johnson und Jones unter den zehn besten Bürgermeistern der USA. Holli, Melvin G. The American Mayor: The Best & the Worst Big-City Leaders. University Park, PA: Pennsylvania State University Press, 1999, 1–26. Holli, Reform in Detroit, S. 170.

von Zuwendungen aller Art konnte ein bewanderter Macher wie Croker die Unterstützung ganz unterschiedlicher Kreise für seine Herrschaft sicherstellen. Als der Journalist Lincoln Joseph Steffens (1866–1836) 1904 seine Artikelserie „The Shame of the Cities" in McClure's Magazine veröffentlichte, in der er die Korruption in den Großstädten bloßstellte, fand er heraus, dass Unternehmer, die sich naserümpfend weigerten, mit den Bossen privaten Umgang zu pflegen, dennoch politische Koalitionen mit ihnen eingingen.[257]

> I found him buying boodlers in St. Louis, defending grafters in Minneapolis, originating corruption in Pittsburgh, sharing with bosses in Philadelphia, deploring reform in Chicago, and beating good government with corruption funds in New York. He is a self-righteous fraud, this big businessman. [258]

So charakterisierte Steffens den Umgang der Reichen mit dem Maschinensystem und den Reformanstrengungen. Die Komplexität der Stadtverwaltungen wurde in den vielschichtigen Korruptionsfällen deutlich, die Steffens offenlegte. Steffens' investigativer Journalismus ließ aber auch nur eine Interpretation des Phänomens Bossism zu: Bosse waren nur ein Teil des Problems der Städte. Sie waren wenig mehr als Verwalter der Macht und diese Macht war fluide und drohte ihnen ständig zu entgleiten. Unternehmer, Aristokraten mit altem Geld, Manager, Selbständige, Kneipenbesitzer, ambulante Händler und Politiker kämpften tagein tagaus für ihre Interessen und bedienten sich dabei der Stadtregierung. Sie konnten sich oftmals gegenseitig nicht ausstehen und gingen einander an, wenn es ihren Interessen entsprach. Letztlich aber brauchten sie einander und arrangierten sich deshalb. Kompromisse und gegenseitige Anpassung kennzeichneten daher die Stadtregierungen um die Jahrhundertwende, nicht die autokratische Herrschaft nur eines Bosses. Es schien, als ob Zeit und Raum aufgehört hatten, ein Hindernis darzustellen. Stadt und Land gehörten nun zusammen, durch die Eisenbahn in einem Geflecht gegenseitiger Abhängigkeit verbunden. In den drei Jahrzehnten zwischen 1870 bis 1900 hatten sich die Vereinigten Staaten auf dem nordamerikanischen Kontinent ausgebreitet und waren an den Pazifik vorgestoßen. Eisenbahnlinien durchquerten die gesamte Nation und brachten amerikanische Produkte zu den Hafenstädten an zwei Ozeanen, wo sie auf dem Weltmarkt Absatz fanden. Siedlerfamilien stießen in den Westen jenseits des Mississippi vor, vertrieben die indianischen Ureinwohner in Reservate und gründeten acht neue

---

257 Steffens, Lincoln. The Shame of the Cities. New York: McClure, Phillips & Co, 1904. Kaplan, Justin. Lincoln Steffens: Portrait of a Great American Journalist. New York: Simon & Schuster, 2013.
258 Steffens, Lincoln. The Shame of the Cities, S. 3.

Bundesstaaten und Territorien. Massive Wanderungsbewegungen nach Westen und in die Städte sorgten für eine rasche Urbanisierung. Stadt und Land bildeten ökonomisch betrachtet keine Gegensätze mehr, da beide in einem Netzwerk von Produktion, Transport, Distribution und Absatz miteinander verbunden wurden. Die Nation hatte eine Dynamik entfaltet, die an den Grenzen des Festlands im Pazifik nicht einfach auslaufen oder versanden würde. Der Kapitalismus der freien Konkurrenz war einer Ordnung gewichen, in der die Anonymität zahlreicher Aktiengesellschaften und das Spekulationsfieber vieler Anleger einen Mechanismus anstießen, der das Ausgreifen der Nation und ihrer Wirtschaftsordnung über den *Pacific Rim* hinaus plausibel erscheinen ließ.

5 Die Entstehung einer mobilen und expansionistischen Klassen- und Konsumgesellschaft: Wirtschaft und Politik im Gilded Age, 1877–1900

Die Eisenbahn wurde nach 1860 zur Schlüsselindustrie und zum Motor des Industriekapitalismus und hatte tiefgreifende Auswirkungen auf das amerikanische Wirtschaftswesen in der Phase nach dem Bürgerkrieg. Erst die Eisenbahnen erschufen einen nationalen Markt, der es Unternehmen erlaubte, überregional zu wachsen. Da bessere Schienen verlegt werden mussten, die höhere Geschwindigkeiten und größere Lasten aushalten konnten, veränderte der Eisenbahnbau auch die Eisen- und Stahlindustrie. Die Eisenbahnen ermöglichten auch den Versand von Frischfleisch und anderen Lebensmitteln mit begrenzter Haltbarkeit. Die Eisenbahn hatte also in den Begriffen der Wirtschaftswissenschaft einen Multiplikatoreneffekt und heizte in mancher Branche das Wachstum ziemlich dramatisch an. Damit unterschied sie sich nicht von der Funktion des Eisenbahnwesens in anderen sich industrialisierenden Nationalstaaten. Auch hier übernahm die Eisenbahn eine Vorreiterrolle bei der Expansion des Kapitalismus.[1] In einer Hinsicht unterschied sich das amerikanische Modell des Eisenbahnbaus jedoch von den anderen Nationen: Die Finanzierung des größten Eisenbahnnetzes in der Geschichte des 19. Jahrhundert verlief über die Vergabe riesiger Ländereien an die Eisenbahngesellschaften, Land, das wenige Jahre zuvor von indianischen Clans besiedelt gewesen war (*Critical Juncture 5*).[2] Eisenbahnbau und Landnahme waren also systemisch gekoppelt: Je mehr Strecke eine Eisenbahngesellschaft verlegte, desto größer wurde der Anspruch, den sie auf Land erwarb. Die Expansion war also *self-sustaining,* ein Automatismus, der insofern im Chaos

---

1 Brophy, James M. Capitalism, Politics, and Railroads in Prussia, 1830–1870. Columbus, OH: Ohio State University Press, 1998. Gallego Palomares, José Ángel. Ferrocarril y Transición al Capitalismo en la Mancha, 1850–1936. Ciudad Real: Almud, Ediciones de Castilla-La Mancha, 2009. Hernández, Telesforo-Marcial. Ferrocarriles y Capitalismo en el País Valenciano, 1843–1879. Valencia: Excmo. Ayuntamiento de Valencia, Delegación Municipal de Cultura, 1983. Owen, Thomas C. Dilemmas of Russian Capitalism: Fedor Chizhov and Corporate Enterprise in the Railroad Age. Cambridge, MA: Harvard University Press, 2005. Tenório, Douglas Apratto. Capitalismo e Ferrovias no Brasil as Ferrovias em Alagoas. Maceió: EDUFAL, 1979. Tortella Casares, Gabriel. Los Orígenes del Capitalismo en España: Banca, Industria y Ferrocarriles en el Siglo XIX. Madrid: Tecnos, 1995.
2 Wilson, G. Lloyd und Spencer, Ellwood H. Growth of the Railroad Network in the United States. Land Economics. 1950 Nov 1; 26 (4):337–345. Taylor, George Rogers und Neu, Irene D. The American Railroad Network, 1861–1890. Urbana, IL: University of Illinois Press, 2003.

OpenAccess. © 2019 M. Michaela Hampf, publiziert von De Gruyter. Dieses Werk ist lizenziert unter der Creative Commons Attribution-NonCommercial-NoDerivatives 4.0.
https://doi.org/10.1515/9783110657746-007

enden musste, als der tatsächliche Bedarf für diese Eisenbahnstrecken vollkommen nebensächlich war. Eisenbahnen wurden nicht nur gebaut, um aus dem Betrieb der Linien Gewinne zu erzielen. Der Bau der Eisenbahnlinie selbst wurde das eigentliche Geschäft.[3] Hier kann man einen weiteren systematischen *Lock-in* dingfest machen: Die Landvergabe verstärkte den Siedlerimperialismus, weil die Eisenbahnen das Land an Siedlerfamilien weiterverkauften und die Tendenz zur Vertreibung der letzten noch auf ihrem Gebiet verbliebenen *Native Americans* anheizten (*Lock-in 5*).[4] Mit der Landvergabe an Eisenbahnen als staatlicher Anreiz zum ungebremsten Ausbau des Streckensystems gab es keine Möglichkeit mehr, mit den *Native Americans* zu einer Form des Nebeneinanders oder gar des Miteinanders zu kommen. Die Vertreibung der amerikanischen Indianer und das rasche Vordringen der Eisenbahnen nach Westen waren ein Ursache-Wirkungskomplex, ein autopoetisches System, das einmal in Gang gesetzt, nur ins Stolpern kam, weil die riesige Spekulationsblase im Eisenbahngeschäft mit der *Panic of 1893* platzte. Fragt man nach Alternativen, so fällt auf, dass es in der Geschichte der USA vor 1860 auch schon staatlich gelenkte Strukturförderungsprogramme gegeben hat. Dazu zählen die Bonus Bill von 1817, die mit dem Veto Präsident Madisons scheiterte, die vorgesehen hatte, die Erlöse der zweiten Bank of the United States zum Ausbau von Straßen und Kanälen zu verwenden.[5] Diese Vorschläge kamen übrigens aus dem Lager der agrarisch orientierten Kräfte des Südens und des Westens. Die Erfolgsgeschichte des Erie Canal bewies zudem, dass staatliche Planung und Lenkung bei infrastrukturellen Großprojekten funktionierten und Korruption und Misswirtschaft auf diese Weise vermieden werden konnten.[6] Was hätte dagegen gesprochen, auch im Falle des Eisenbahnbaus auf bundesstaatlicher wie auf föderaler Ebene Anleihen zu zeichnen, die Bevölkerung auf diese Weise auch an Gewinnen zu beteiligen, die Kosten aber und die Planung staatlich zu überwachen? Die Trassenführung hätte auf das Nötigste beschränkt werden können, Verluste durch spekulative Konkurrenzunternehmen und unterschiedliche Spurweiten wären vermieden und Konflikte mit den *Native Americans* umgangen worden. Der Hinweis, diese Art von staatlich organisierten Projekten

---

3 Grodinsky, Transcontinental Railway Strategy, S. 20.
4 Kidwell, Clara Sue. The Choctaws in Oklahoma: From Tribe to Nation, 1855–1970. Norman, OK: University of Oklahoma Press, 2007, S. 90–92. Wolmar, Christian. The Great Railroad Revolution: The History of Trains in America. New York: PublicAffairs, 2012, S. 129–158. Hämäläinen, The Comanche Empire, S. 322.
5 Larson, John Lauritz. „Bind the Republic Together": The National Union and the Struggle for a System of Internal Improvements. The Journal of American History. 1987; 74 (2):363–387.
6 Bernstein, Peter L. Wedding of the Waters: The Erie Canal and the Making of a Great Nation. New York: W.W. Norton, 2005, S. 27.

gehöre in eine andere Epoche der amerikanischen Geschichte, verfangen nicht, da das Netz von Bundesstraßen und Highways, das nach der Erschließung des Landes durch die Eisenbahn entstanden ist, ebenfalls vom Bund und den Einzelstaaten finanziert worden ist.[7] Der Eisenbahnhistoriker und Nobelpreisträger für Wirtschaftswissenschaften Robert Fogel hat im Zusammenhang mit der Union Pacific deshalb von einem verfrühten Unternehmen gesprochen und hat nachweisen können, dass die Eisenbahnen nicht notwendig waren, um zu einem selbsterhaltendem ökonomischen Wachstum zu kommen.[8]

Die Tatsache der bloßen ökonomischen Konzentration alleine liefert kein Argument für einen amerikanischen Exzeptionalismus, der im *Empire* mündete. Auch die britische, französische, deutsche und russische Wirtschaft des 19. Jahrhunderts kannten den Zusammenschluss zu Konzernen, Trusts und Holding Companies.[9] Die USA unterschieden sich lediglich in ihrem Körperschaftsrecht von europäischen Nationen. Durch die Gleichsetzung einiger Aspekte der Rechte von Körperschaften wie Aktiengesellschaften mit den Rechten natürlicher Personen wurde es sehr erschwert, Körperschaften juristisch zu belangen oder regulativ in sie einzugreifen. Das *14th Amendment*, das in der *Reconstruction* verabschiedet worden war, um die Bürgerrechte von *African Americans* zu schützen, wurde so „missbraucht", um die Profitinteressen der Aktiengesellschaften abzusichern (*Critical Juncture 6*).[10] Hätte es die Möglichkeit gegeben, katastrophale Preiskriege zwischen den Eisenbahngesellschaften oder in der Stahlindustrie zu verhindern, wäre der Druck der Konkurrenz nicht so hoch gewesen und die Tendenz der Konsolidierung von ganzen Industrien hätte nachgelassen. Durch das Versäumnis der Bundesregierung, regelnd in die Entwicklung der amerikanischen Wirtschaft einzugreifen, wurde der unkontrollierte Konzentrationsprozess des Kapitals beschleunigt.[11] Dem historischen Klassenkompromiss von 1876 folgte eine Gängelung der Arbeiterbewegung, die eine breite Gewerkschaftsbewegung unterband und so spontaneistischen und anarchistischen Strömungen

---

[7] Due, John F. Government versus Private Financing of the Railroad Industry. Transportation Journal. 1982; 21 (3):16–21.
[8] Fogel, Robert William. The Union Pacific Railroad: A Case in Premature Enterprise. Baltimore, MD: Johns Hopkins Press, 1960. Ders. Railroads and American Economic Growth: Essays in Econometric History. Baltimore, MD: Johns Hopkins Press, 1964.
[9] Weaver, Frederick Stirton. An Economic History of the United States: Conquest, Conflict, and Struggles for Equality. Lanham, MD, London: Rowman & Littlefield, 2016, S. 89–92.
[10] Bose, Purnima. General Electric, Corporate Personhood, and the Emergence of the Professional Manager. In: Bose, Purnima and Lyons, Laura E. (Hg.). Cultural Critique and the Global Corporation. Bloomington, IN: Indiana University Press, 2010, S. 28–63, S. 59.
[11] Weaver, An Economic History, S. 96.

Auftrieb verlieh.[12] Fragt man nach anderen Pfaden, so ist zu betonen, dass grundsätzlich die Möglichkeit der Regulation ungehinderter Kapitalkonzentration und der Unterdrückung der Gewerkschaften bestanden hätte. Die zahlreichen Anti-Trust-Gesetze der Bundesstaaten und das Sherman-Anti-Trust-Gesetz des Bundes von 1890 beweisen dies. Ironischerweise konnten eben diese Gesetze auch gegen Gewerkschaften eingesetzt werden, deren Streikaktivitäten als „Verschwörung" bezeichnet wurden.[13] Die Wirksamkeit derartiger Statuten zur Kontrolle des Konzentrationsprozesses wurde durch die geltende Rechtsprechung und den fehlenden Willen der Bundes- und Staatenregierungen stark eingegrenzt.[14] Mit der virtuellen Gleichsetzung von natürlicher Person und Korporationen, die auf eine lange juristische Vorgeschichte zurückblicken konnte, wurden die Weichen gestellt für die Unterdrückung von Arbeitskämpfen mittels des Vorwurfs der „Verschwörung" (conspiracy), der einstweiligen Verfügung (injunction) und des auf beide Mittel folgende Militäreinsatz gegen Streikende.[15] 4.000 einstweilige Verfügungen wurden auf diese Weise bis 1905 von Gerichten erlassen, um Streiks zu beenden.[16] Auch die Möglichkeit, gegen kriminelle Körperschaften vorzugehen, wurde damit stark eingeschränkt.[17] Es handelt sich also hier um eine von einer längeren Vorgeschichte geprägte langsame Entwicklung, die mit dem Heranreifen des Aktienkapitalismus plötzlich einen qualitativen Sprung vollzog,

---

12 Laurie, Bruce. Artisans into Workers: Labor in Nineteenth-Century America. Urbana, IL: University of Illinois Press, 1997, S. 186.
13 United States v. Workingmen's Amalgamated Council of New Orleans (1893).
14 Tiedeman, Christopher Gustavus. A Treatise on State and Federal Control of Persons and Property in the United States Considered from Both a Civil and Criminal Standpoint. St. Louis, MO: The F. H. Thomas Law Book Co, 1900. 2 Bände, Band 1, S. 432–456, S. 1052–1060.
15 Forbath, William E. Law and the Shaping of the American Labor Movement. Cambridge, MA: Harvard University Press, 1991, S. 59–62. Der Fall *Trustees of Dartmouth College v. Woodward*, 17 U.S. 518 (1819) hatte die Rechte von Körperschaften bei Abschluss von Verträgen bestätigt. *Santa Clara County v. Southern Pacific R. Co.*, 118 U.S. 394 (1886) hatte dies in ausdrücklichem Bezug auf den 14. Verfassungszusatz bestätigt. Die Pervertierung des amerikanischen Verfassungsrechts ging in der Folge so weit, dass Korporationen das Recht auf freie Meinungsäußerung dazu benutzen konnten, die Regulierung von Aufwendungen für den Wahlkampf durch den *Supreme Court* als verfassungswidrig untersagen zu lassen. Siehe Citizens United v. Federal Election Commission, 558 U.S. 310 (2010). Stites, Francis N. Private Interest & Public Gain: The Dartmouth College Case, 1819. Amherst, MA: University of Massachusetts Press, 1972.
16 Edwards, Rebecca. New Spirits: Americans in the Gilded Age, 1865–1905. New York: Oxford University Press, 2006, S. 271. Estlund, Cynthia und Wachter, Michael L. Research Handbook on the Economics of Labor and Employment Law, Cheltenham, Northampton, MA: Edward Elgar, 2012, S. 433 f.
17 Laufer, William S. Corporate Bodies and Guilty Minds: The Failure of Corporate Criminal Liability. Chicago, IL: University of Chicago Press, 2006, S. 19 f., 48.

indem das Körperschaftsrecht eine Interpretation erfuhr, die von den Intentionen des Gesetzgebers unbeeinflusst waren, ein typischer *Lock-in*-Effekt (*Lock-in 6*) im Sinne des Wirtschaftswissenschaftlers William Brian Arthur, da hier ein Wettbewerbsvorteil (juristische Definitionen von Gewerkschaften als „Verschwörung" oder von Streiks als Eingriff in die Vertragshoheit der Unternehmen) beginnt, sich automatisch zu reproduzieren, bis zu dem Zeitpunkt, an dem dieser Vorteil unüberwindlich wird.[18] Die Vorteile, die das Recht auf Organisationsfreiheit und Tarifautonomie mit sich gebracht hätten und die hätten helfen können, zumindest die zerstörerischen Massenstreiks der 1890er Jahre zu verhindern, wurden von den Unternehmern und den Aktionären nicht gesehen. Der Blick nach England, der kapitalistischen Vormacht des 19. Jahrhunderts, hätte genügt, um zu zeigen, dass das Koalitionsrecht der Gewerkschaften keineswegs das Ende unternehmerischer Freiheit bedeutet hätte. Seit 1824 waren Streiks in England legal, 1871 wurden auch Gewerkschaften legalisiert.[19] Zu groß war die Versuchung, immer neue Konglomerate von Unternehmen zusammenzuführen und zu groß war auch die Angst vor dem „Gespenst des Kommunismus", das auch in Amerika umging.[20] Dabei hätte in einer richtig verstandenen Partnerschaft von Kapital und Arbeit die beste Versicherung gegen den höchst unwahrscheinlichen Fall einer einflussreichen sozialistischen oder kommunistischen Partei liegen können.[21]

5.1 Transport-, Kommunikations- und Marktrevolution, 1863–1893

Während des Krisenwinters 1894/95 und auf dem Höhepunkt der schwersten Wirtschaftskrise, die die Nation bis dato durchgemacht hatte, trieb den demokratischen Präsidenten der Vereinigten Staaten, Grover Cleveland, die Sorge um, der Staat könne bankrottgehen. Die Goldreserven des Finanzministeriums wa-

---

[18] Roithmayr, Daria. Reproducing Racism: How Everyday Choices Lock in White Advantage. New York: New York University Press, 2014, S. 5. Arthur, Increasing Returns, S. 115.
[19] Rimlinger, Gaston V. Labor and the Government: A Comparative Historical Perspective. The Journal of Economic History. 1977; 37 (1):210–225, S. 213–215.
[20] Heale, M. J. American Anticommunism: Combating the Enemy within, 1830–1970. Baltimore, MD: Johns Hopkins University Press, 1990, S. 21–41.
[21] Vergl. Sombart, Werner. Warum gibt es in den Vereinigten Staaten keinen Sozialismus? Tübingen: J.C.B. Mohr (P. Siebeck), 1906. Lehmann, Silke. Lorenz von Stein über den amerikanischen Sozialismus und Kommunismus. In: Finzsch, Norbert und Wellenreuther, Hermann (Hg.). Liberalitas: Festschrift für Erich Angermann zum 65. Geburtstag. Stuttgart: Franz Steiner Verlag, 1992, S. 207–222.

ren so zusammengeschmolzen, dass zu befürchten stand, die USA könnten ihren Zahlungsverpflichtungen nicht mehr nachkommen, es sei denn, zusätzliches Gold könne auf dem freien Markt gekauft werden.

Cleveland war, wie viele seiner Zeitgenossen, der festen Meinung, gutes Geld müsse auf dem Gold als Währungsstandard beruhen. Zwar zirkulierten auch andere Formen des Geldes wie Silbermünzen, Geldscheine und Greenbacks, doch galt es als unumstößliche Doktrin, dass alle diese Formen von Geld jederzeit in Gold ausgezahlt werden mussten. Eine Panik an der Wall Street im Jahre 1893 hatte die Goldreserven bedrohlich zusammenschmelzen lassen, da Banken und Einleger den Umtausch ihrer Einlagen in Gold verlangten.[22]

Ende Januar 1895 waren die Goldbestände des Schatzamts nahezu verschwunden. Die New Yorker Bankiers August Belmont, Jr. (1853–1824) und John Pierpont Morgan (1837–1913) schlugen dem Präsidenten einen Plan vor, nach dem eine Gruppe privater Financiers Gold auf dem Weltmarkt kaufen würden und es dem Schatzamt zur Verfügung stellen würden – im Austausch für Regierungsobligationen (*bonds*), die das Bankensyndikat dann auf dem freien Markt mit Gewinn zu verkaufen hoffte. Cleveland verstand, dass diese Maßnahme dem Finanzsektor das verlorene Vertrauen zurückgeben würde, er befürchtete aber die öffentliche Meinung, die das Zusammengehen von Politik und Hochfinanz mit sehr kritischen Kommentaren begleiten würden. Cleveland zögerte deswegen, auf das Angebot der Bankiers einzugehen. Im Februar 1895 reiste J. P. Morgan mit seinem Privatwaggon nach Washington, wo er sich mit dem Präsidenten traf. Cleveland weigerte sich, ihn zu empfangen, weil er sich noch nicht entschließen konnte, Morgans Angebot anzunehmen. Der Bankier schien dem Präsidenten die Zurückweisung nicht besonders übel zu nehmen. Vor einer Gruppe von Reportern äußerte er: „I have come down to see the president, and I am going to stay here until I see him."[23]

Am nächsten Tag lud Cleveland Morgan doch noch ins Weiße Haus ein. Als ein Telefonanruf den Präsidenten davon unterrichtete, dass nur noch Gold im Gegenwert von neun Millionen Dollar in der New Yorker Dependance des Schatzamtes verbliebe, informierte Morgan den Präsidenten darüber, dass er von einer offenen Schuld von zehn Millionen Dollar wisse und deutete damit den unmittelbar bevorstehenden Staatsbankrott an. „What suggestion have you to make, Mr. Morgan?", fragte Cleveland.[24] Um den Goldstandard zu retten, blieb

---

22 Timberlake, Richard H. Panic of 1893. In: Glasner, David and Cooley, Thomas F. (Hg.). Business Cycles and Depressions: An Encyclopedia. New York: Garland Pub, 1997, S. 516–518.
23 Brands, H. W. The Money Men: Capitalism, Democracy, and the Hundred Years' War over the American Dollar. New York: W.W. Norton & Co, 2006, S. 177.
24 Brands, H. W. The Money Men, S. 177.

dem Präsidenten nichts anderes übrig, als auf das Angebot Morgans einzugehen. Ein Sturm der Entrüstung erhob sich ob des Geschäfts zwischen der Regierung und dem Bankier. Die Presse behauptete, der Präsident habe sich dabei persönlich bereichert, und es kursierten Gerüchte, Morgan habe an dem Deal 8,9 Millionen Dollar verdient.[25]

Der Antisemitismus, eine relativ neue Erscheinung in den Vereinigten Staaten, erhob sein hassverzerrtes Haupt.[26] 1877 schon war dem amerikanischen Bankier Joseph Seligman die Benutzung des Grand Union Hotels in Saratoga, NY, durch den Hotelbesitzer Judge Henry Hilton mit dem Hinweis auf seine jüdische Abstammung verweigert worden.[27] Der Fall erregte nationales Aufsehen. Hilton war unverschämt genug, sein Verhalten in einem unflätigen Artikel zu rechtfertigen, der in der New York Times erschien. Im Zuge dieser Affäre verweigerten immer mehr Hotels Juden und Jüdinnen den Zutritt.[28]

Cleveland, so wurde jetzt behauptet, hätte die amerikanische Wirtschaft an die Rothschilds ausgeliefert, die zusammen mit JP Morgan angeblich das amerikanische Bankenwesen kontrollierten.[29] Tatsache war, dass die Rothschild-Bank Teil des Syndikats gewesen war, das Gold im Ausland aufgekauft hatte.[30] Die New

---

25 Nevins, Allan. Grover Cleveland: A Study in Courage. Norwalk, CT: Easton Press, 1989, S. 665f. Der ganze Vorgang und seine Hintergründe sind in der ausgezeichneten Studie der Carossos zusammengefasst. Carosso, Vincent P. und Carosso, Rose C. The Morgans: Private International Bankers, 1854–1913. Cambridge, MA: Harvard University Press, 1987, S. 311–351.
26 Einschlägig hierzu die Dissertation von Kristoff Kerl. Kerl, Kristoff. „To Restore Home Rule": Angloamerikanische Männlichkeit und Antisemitismus im US-Süden zwischen den 1860er und 1920er Jahren. Disertation, Universität zu Köln, 2015. Löwy, Bella. The Russian Jews. Extermination or Emancipation? The Jewish Quarterly Review. 1894 Apr 1; 6 (3):533–546. Ross, Edward A. The Causes of Race Superiority. Annals of the American Academy of Political and Social Science. 1901, No. 18, S. 67–89. Zur Geschichte des Anti-Semitismus in USA siehe Dobkowski, Michael N. The Tarnished Dream: The Basis of American Anti-Semitism. Westport, CT: Greenwood Press, 1979. Freedman, Jonathan. The Temple of Culture: Assimilation and Anti-Semitism in Literary Anglo-America. New York: Oxford University Press, 2000. Gerber, David A. Anti-Semitism in American History. Urbana, IL: University of Illinois Press, 1986. Gurock, Jeffrey S. Anti-Semitism in America. New York: Routledge, 1998. Jaher, Frederic Cople. A Scapegoat in the New Wilderness: The Origins and Rise of Anti-Semitism in America. Cambridge, MA: Harvard University Press, 1994.
27 Poliakov, Léon. The History of Anti-Semitism. Oxford, New York, Oxford University Press, 1985, 4 Bände, Band 4: Suicidal Europe, 1870–1933, S. 224f.
28 Young, Bette Roth. Emma Lazarus in Her World: Life and Letters. Philadelphia, PA: Jewish Publication Society, 1995, S. 46f. Aron, Cindy Sondik. Working at Play: A History of Vacations in the United States. New York: Oxford University Press, 1999, S. 216–218.
29 Nevins, Grover Cleveland, S. 665f.
30 Garbade, Kenneth D. Birth of a Market: The U.S. Treasury Securities Market from the Great War to the Great Depression. Cambridge, MA: MIT Press, 2012, S. 37–40.

York World, die Joseph Pulitzer (1847–1911) gehörte, verdammte das Syndikat, das die Rettungsmission Clevelands ermöglicht hatte, als „jüdische Blutsauger".[31] Karikaturen erschienen in verschiedenen amerikanischen Zeitungen, die in einer Manier, die an den „Stürmer" der NS-Zeit erinnert, antijüdische und antisemitische Klischees verbreiteten.[32] Die Populistin, Temperenzlerin und Suffragette Mary Elizabeth Lease (1850–1933) sagte anlässlich einer Rede am 11. August 1896: „Redemption money and interest-bearing bonds are the curse of civilization. We are paying tribute to the Rothchilds [sic] of England, who are but the agent of the Jews."[33]

Selbst ein Intellektueller wie der Historiker Henry Adams bezog öffentlich hasserfüllte antisemitische Positionen. „I detest the [Jews], and everything connected with them, and I live only and solely with the hope of seeing their demise with all their accursed Judaism. I want to see all the lenders at interest taken out and executed."[34] 1894, auf dem Höhepunkt der Wirtschaftskrise, war im Vorgriff auf die Ereignisse um die Bewahrung des Goldstandards ein Aufsehen erregender Roman des Autors William Hope Harvey (1851–1936) erschienen. In „A Tale of Two Nations" legte der aus dem Süden stammende Autor die Grundlagen für die Verbindung von Antisemitismus und Verschwörungstheorien. Der fiktive Baron Rothe, ein intelligenter und skrupelloser jüdischer Bankier, mit dem offensichtlich Baron Rothschild gemeint war, zettelt in dem Plot des Romans eine Verschwörung an, die darauf abzielt, das Silber zu demonetarisieren und so den Goldpreis nach oben zu treiben und die Wirtschaft der Vereinigten Staaten schwer zu schädigen.[35]

In der Rückschau sind solcher Hass und derartige Anklagen schwer verständlich. Cleveland bereicherte sich nicht bei diesem Geschäft, sondern tat das, was er für politisch notwendig hielt. Morgan verdiente keineswegs 8,9 Millionen beim Verkauf seiner Regierungsanleihen, sondern ganze 295.652 Dollar.[36] Die Idee, dass man jederzeit zur Bank gehen könne, um seine Spareinlagen als

---

31 Geisst, Charles R. Wall Street: A History from Its Beginnings to the Fall of Enron. Oxford, New York: Oxford University Press, 2004, S. 112.
32 St. Louis Post-Dispatch, 13. Oktober 1896.
33 The New York Times, 11. August 1896.
34 Zitiert in Michael, Robert. A Concise History of American Antisemitism. Lanham, MD: Rowman and Littlefield, 2005, S. 116. Michaels Buch enthält weitere geradezu abstoßende Beispiele für Adams' Antisemitismus. Siehe S. 116 f. Die Standardbiographie zu Adams erwähnt derartige Ausfälle nur am Rande. Samuels, Ernest. Henry Adams. Cambridge, MA: Belknap Press of Harvard University Press, 1989, S. 291–296.
35 Harvey, William Hope. A Tale of Two Nations. Chicago, IL: Coin Publishing Company, 1894.
36 Bernstein, Peter L. The Power of Gold: The History of an Obsession. New York: Wiley, 2004, S. 274–276.

Goldbarren ausgezahlt zu bekommen, kommt uns heute grotesk vor. Dennoch hält sich auch heute noch hartnäckig die Vorstellung, das amerikanische Bankenwesen sei von „jüdischen Geldgebern" und dem *Federal Reserve System*, das auch unter jüdischer Herrschaft stehe, kontrolliert.[37]

Auch wenn Morgan und Cleveland gemeinsam den Goldstandard retteten, so half das den von der Krise Betroffenen zunächst wenig. Der Winter 1894/95 war einer der härtesten in der Geschichte der Vereinigten Staaten. Arbeitslosigkeit, Kälte und Hunger setzten der Bevölkerung hart zu. Die anhaltende Depression und die Erkenntnis, dass nicht der Präsident, sondern die Banken die Macht hatten, die nationale Währung und den Staatshaushalt zu retten, stießen den Kommentatoren hart auf. Wie war es möglich, dass Geschäftsleute über so viel Macht verfügten? Was bedeutete dies für die amerikanische Demokratie?

Der Jurist und Diplomat Charles Francis Henry Adams (1807–1886), Enkel des Präsidenten John Adams (1735–1826) and Sohn des Präsidenten John Quincy Adams (1767–1848), drückt die Besorgnis vieler amerikanischer Bürger über die wachsende Macht der großen Unternehmen aus: Die Demokratie werde vom „Cäsarismus" bedroht, der Diktatur der Aktiengesellschaften.[38] Die zunehmende Bedeutung des Geldes und des Profitstrebens besorgte auch den Schriftsteller Mark Twain, der den Begriff *Gilded Age* zur Bezeichnung seiner Epoche prägte.

Die profunden Veränderungen, die die Vereinigten Staaten nach dem Ende des Bürgerkriegs durchlaufen hatten, waren einigen Zeitgenossen verborgen geblieben. Präsident Rutherford B. Hayes konnte noch recht blauäugig behaupten „[w]e are in a period when the old questions are settled, and the new ones are not yet brought forward."[39] Doch die neuen Probleme lagen längst auf dem Tisch. Gegen Ende des 19. Jahrhunderts hatten die USA Großbritannien als führende Industriemacht abgelöst. Die grundlegenden Impulse der Industrialisierung in den USA sorgten aber auch für Spannungen und Widersprüche, die sich mitunter gewaltsam Luft machten. Das wirtschaftliche Wachstum verlief nicht stetig, sondern wurde durch Beschleunigung und Krisen gekennzeichnet. Wirtschaftskrisen wurden in der Regel durch das Platzen von Spekulationsblasen ausgelöst, die wiederum Banken in die Zahlungsunfähigkeit trieben. Arbeitslosigkeit und

---

[37] Zur politisch motivierten Kritik an der Federal Reserve siehe Paul, Ron. End the Fed. New York: Grand Central Publishing; 2009. Zumj Antisemitismus unter den Gegnern der Federal Reserve siehe [Anonymous]. The Federal Reserve – Zionist Jewish Private Bankers." [Web Page]: http://www.rense.com/general85/feddrec.htm. Gesehen am 26.9.2014.
[38] Adams, Charles Francis. Chapters of Erie and Other Essays. Bedford, MA: Applewood Books, 1871, S. 383.
[39] Williams, Charles Richard (Hg.). Diary and Letters of Rutherford Birchard Hayes. Columbus, OH: The Ohio State Archæological and Historical Society, 1922–1926, 5 Bände, Band 3, S. 467.

Hunger waren die unmittelbaren Folgen derartiger Kontraktionen des Marktes. 1866 brach die Wirtschaft ein, 1873 kam es dann zur ersten großen Krise nach dem Ende des Bürgerkriegs, 20 Jahr später folgte die *Panic of 1893* mit ihren globalen Auswirkungen, die von Buenos Aires bis Wien reichten.[40]

Das industrielle Wachstum war auch regional sehr unterschiedlich. Große Teil der Vereinigten Staaten, vor allem im Süden und Westen, blieben der Landwirtschaft verschrieben. Die Großindustrie entwickelte sich vor allem im Nordosten der Republik und in den Gebieten um die Großen Seen, wo zahlreiche Häfen und das Vorhandensein von Rohstoffen und billigen Arbeitskräfte die Industrialisierung beschleunigten.

Der Aufstieg der Industrie und das Zusammenspiel von Geschäft und Politik waren die beherrschenden Themen des *Gilded Age* zwischen 1870 und 1890. Eisenbahnen und Telegraphenlinien brachten die Menschen näher zusammen, zumindest als Konsumierende.[41] Betroffen von der Industrialisierung waren amerikanische Arbeiter und Arbeiterinnen genauso wie die Bewohner der Farmen in Idaho oder Iowa. Das Gefühl, von anonymen Mächten beherrscht zu werden, ohne selbst Kontrolle ausüben zu können, war weit verbreitet. Der Kollaps einer Bank als Folge einer Fehlinvestition im Eisenbahngeschäft betraf Eisenbahnarbeiter gleichermaßen wie Farmer, die einen Kredit bei der kollabierten Bank aufgenommen oder ihre Spargroschen bei ihr deponiert hatten. Die Hoffnungen, Erwartungen, Befürchtungen und Ängste, die Amerikaner und Amerikanerinnen unterschiedlichster Provenienz hatten, äußerten sich oft in der Einstellung zu den großen Industriekapitänen der Zeit, Männern wie Jason „Jay" Gould (1836–1892), Andrew Carnegie, John D. Rockefeller, and John Pierpont Morgan (1837–1913). Diese berühmten und berüchtigten Männer beherrschten nicht nur weite Teile der amerikanischen Industrie, sondern auch die Vorstellungskraft der Öffentlichkeit. Die einen waren Helden, die anderen Bösewichte oder „Raubritter". In keiner anderen Periode der U.S.-amerikanischen Geschichte würden die Industriegiganten und die Unternehmen, die sie formten, einen solch wichtigen Platz im allgemeinen Bewusstsein einnehmen.

---

40 Davies, Hannah Catherine. Transatlantic Speculations: A Transnational and Comparative History of the Panics of 1873. Berlin: Dissertation, Freie Universität Berlin, 2014.
41 Beauchamp, K. G. History of Telegraphy. London: Institution of Electrical Engineers, 2001. Israel, Paul. From Machine Shop to Industrial Laboratory: Telegraphy and the Changing Context of American Invention, 1830–1920. Baltimore, MD: Johns Hopkins University Press, 1992. Zur Bedeutung der Telegraphie im internationalen Datenaustausch siehe Anderson, James. Statistics of Telegraphy. Journal of the Statistical Society of London. 1872 Sep 1; 35 (3):272–326. Müller-Pohl, Simone. The Class of 1866 and the Wiring of the World: Telegraphic Networks in Maritime Space, 1858–1914. Berlin: Freie Universität Berlin, 2012.

5.2 *Lock-in 5:* **Der Eisenbahnbau als Schlüsselindustrie für Spekulation, Expansion und Konzentration**

In den Jahren nach dem Bürgerkrieg expandierte die amerikanische Industrie exponentiell. Alte Gewerbe wurden zu neuen Geschäftszweigen umgeformt. Entdeckungen und Erfindungen regten neue Industriezweige, wie die Öl- und die Elektroindustrie an. Eine Reihe von Faktoren ist für das rasche Wachstum verantwortlich. Es gab riesige und leicht abzubauende Rohstofflager im Land. Kohle, Eisen, Bauhölzer, Öl und Wasserkraft kamen zusammen und halfen der Industrialisierung auf die Sprünge. Auch der Vorrat an menschlicher Arbeitskraft schien nahezu unerschöpflich zu sein. Einwandererfamilien strömten in Rekordzahlen ins Land und immer mehr Farmer gaben ihr Land auf und zogen in die Städte. Amerikanische Erfinder, von jeher eher Bastler als Theoretiker, fanden Lösungen für technische Probleme aller Art. Das Telefon, die Schreibmaschine, das elektrische Licht, die Nähmaschine, Kühlaggregate und das Automobil wurden zwischen den Jahren 1870 und 1900 nicht wegzudenkende Neuerungen im amerikanischen Alltagsleben. Parallel zu den technischen Neuerungen wurden revolutionäre Methoden der Betriebsführung entwickelt, die es erlaubten, Firmen von bisher ungeahnter Größe und Komplexität effektiv zu verwalten und zu lenken.

Die Eisenbahnen stimulierten die Entwicklung zahlreicher Industriezweige und verhalfen den USA zu ungeahntem Wachstum. Schon vor dem Bürgerkrieg hatten die Eisenbahnen den Kanälen und den mautpflichtigen Straßen Konkurrenz gemacht, weil sie billiger, direkter und schneller waren als herkömmliche Transportsysteme. 1857 benötigte ein Reisender für die Strecke von New York nach Chicago nur noch drei Tage. Früher hatte er dafür drei Wochen veranschlagen müssen. Noch wichtiger war indessen, dass Eisenbahnen auch im Winter verkehren konnten und die Gleise nicht zufroren wie die Kanäle. Wenn man berücksichtigt, welche immense Bedeutung der Eisenbahn als Transportmittel und als Auslöser des Wirtschaftswachstums auf nationalem Niveau zukam, ist es erstaunlich, dass ihr Bau ohne zentralen Plan oder staatliche Lenkung vonstattenging. Das genau ist auch der Punkt, an dem die US-amerikanische Politik nach Alternativen für diese Form der Kapitalakkumulation hätte suchen können. Hätte der Staat hier direkter eingegriffen, hätte er auf einer ausreichenden Kapitaldeckung bestanden, hätte er die Vergabe des Baulandes stärker überwacht, wären die Spekulationsexzesse ausgeblieben. Dass dies nicht „unamerikanisch" war, zeigen die verschiedenen Anti-Trust-Gesetze der USA nach 1890, die jedoch zu spät kamen und nur selektiv umgesetzt wurden. Im Falle des Eisenbahnbaus unterblieb eine staatliche Gesamtregelung. Vielmehr entstanden amerikanische Streckennetze aus einer Vielzahl kleiner Linien, die von Spekulanten, Glücksrittern, Kaufleuten, Investoren, Industriellen und Financiers erbaut wurden. Darunter befanden sich auch ausgemachte Betrüger, die den Eisenbahnbau benutzen, um andere Leute auszunehmen. Trotzdem entstand in weniger als 20 Jahren ein nationales Netz, so dass ab 1880 kaum noch neue Strecken benötigt wurden. Um zu verstehen, welche Bedeutung der Eisenbahnbau für die amerikanische Wirtschaft und das Leben im Allgemeinen hatte, ist es lohnenswert, sich die Karriere Jay Goulds anzusehen, des Mannes, der wie kein zweiter das *Gilded Age* verkörperte und der in Joseph Schumpeters Terminologie mit Recht „Kapitalist" genannt werden darf.[42]

Jason „Jay" Gould (1836–1892) kaufte seine erste Eisenbahnlinie vor seinem 25. Geburtstag. Sie war zwar nur 100 Kilometer lang und in miserablem Zustand, doch konnte er sie nach zwei Jahren mit einem Gewinn von 130.000 Dollar wieder veräußern. So begann die Karriere eines Mannes, der die Entwicklung des amerikanischen Eisenbahnnetzes vorantreiben sollte und dabei zu Amerikas größtem Spekulanten wurde. Gould, der schwächliche und gesundheitlich anfällige Sohn eines Farmers, lief seinen Eltern davon und ging in die Stadt, um ein Vermögen zu machen. Wie viele Zeitgenossen der 1850er Jahre sah er in den Eisenbahnen eine sich nicht wieder bietende Chance zum individuellen Aufstieg.[43]

Gould gab zu, dass er nicht viel von Eisenbahnen verstand. Er war kein Techniker und kein Managertyp. Das alles interessierte ihn auch nicht besonders. Er wollte ein Finanzimperium schmieden, und dazu brachte er Bahnlinie nach Bahnlinie unter seine Kontrolle. Der verschlossene Gould verhielt sich wie ein Haifisch auf dem Meer des Aktienkapitals. Witterte er eine angeschlagene Eisenbahnlinie, kaufte er so viele Aktien, um mindestens eine Sperrminorität zu erreichen, oder er erwarb direkt die Aktienmehrheit. Dann begann er einen Preiskrieg mit seinen Konkurrenten und unterbot sie so lange, bis sie seine Bahnlinie zu überhöhten Preisen aufkauften. Die Linien, die ihm in die Hände fielen, wie die Erie Railroad, und die er lediglich benutzte, um seine Konkurrenten unter Druck zu setzen, waren oft in miserablem Zustand und gingen nach kurzer Zeit bankrott.

---

42 Schumpeter unterscheidet grundsätzlich zwischen dem Unternehmer und dem Kapitalisten. Unternehmer schaffen Neues, sie wollen Innovationen herbeiführen, während Kapitalisten ihr Kapital vorschießen, um Gewinne zu erzielen. Schumpeter, Joseph A. Theorie der wirtschaftlichen Entwicklung. Leipzig: Duncker & Humblot, 1911.
43 Gordon, John Steele. The Scarlet Woman of Wall Street: Jay Gould, Jim Fisk, Cornelius Vanderbilt, the Erie Railway Wars, and the Birth of Wall Street. New York: Weidenfeld & Nicolson, 1988. Grant, H. Roger. „Follow the Flag": A History of the Wabash Railroad Company. DeKalb, IL: Northern Illinois University Press, 2004. Grodinsky, Julius. Jay Gould: His Business Career, 1867–1892. New York: Arno Press, 1981. Klein, The Life and Legend of Jay Gould.

Gould wollte jedoch gar keine profitable Bahnlinie unterhalten; ihm lag lediglich daran, möglichst viel Aktienkapital zu akkumulieren.[44]

Jay Goulds Macht und sein Erfolg gründeten sich auf dem chaotischen Wachstum der Eisenbahnen in den Vereinigten Staaten. Um den Bau neuer Strecken zu beschleunigen, hatten die Regierungen der Bundesstaaten und die Bundesregierung großzügige Landschenkungen und Geldprämien ausgelobt. Bundesstaaten und Gemeinden taten alles, um ihren Staat oder ihre Stadt an das Eisenbahnnetz anzuschließen, weil nur eine funktionierende Eisenbahnverbindung garantieren konnte, dass die betreffende Gemeinde wirtschaftlich florierte. Da der Bund im Besitz riesiger Landmengen im Westen war, die den *Native Americans* unter Verletzung geltender Verträge abgenommen worden waren, konnte es sich der Kongress erlauben, großzügige Landgeschenke zu machen. Diese Landgeschenke fungierten bei der Zuweisung der Eisenbahnindustrie als Schlüsselindustrie als entscheidende *Critical Juncture* (*Critical Juncture 5*).

5.3 *Critical Juncture 5:* Landgeschäfte zur Finanzierung der Eisenbahnen

Die Eisenbahnlinien erhielten also nicht nur das Wegerecht für die eigentliche Trasse, sondern bekamen große Gebiete links und rechts der Eisenbahnschienen geschenkt. Die alternierende Vergabe dieser Ländereien sorgte für das typische Schachbrettmuster der Landvergabe. Die Eisenbahngesellschaften konnten mit dem Land nach Belieben verfahren. Meistens verkauften sie es an landhungrige Siedler, die mit der Eisenbahn nach Westen gelangten. Die Bundesregierung und die Staatenregierungen vergaben auf diese Weise 179 Millionen *Acres*, ein Gebiet größer als der Staat Texas.[45] „The railroads being promoted during those years were land companies before they became railroad companies, and they remained land companies after they had become railroad companies."[46]

---

44 Brands, H. W. The Money Men: Capitalism, Democracy, and the Hundred Years' War over the American Dollar. New York: W.W. Norton & Co, 2006, S. 134–142. Geisst, Charles R. Monopolies in America: Empire Builders and Their Enemies from Jay Gould to Bill Gates. Oxford, New York: Oxford University Press, 2000, S. 1–49. Klein, The Life and Legend of Jay Gould. Morris, Charles R. The Tycoons: How Andrew Carnegie, John D. Rockefeller, Jay Gould, and J.P. Morgan Invented the American Supereconomy. New York: H. Holt and Co, 2005. Renehan, Edward. Dark Genius of Wall Street: The Misunderstood Life of Jay Gould, King of the Robber Barons. New York: Basic Books, 2005.
45 Mercer, Railroads and Land Grant Policy, S. 6.
46 Janeway, The Economics of Crisis, S. 87.

Der Löwenanteil des Kapitals für den Eisenbahnbau stammte indessen nicht aus dem Landverkauf, sondern von Investoren aus Europa und den USA, die hofften, mit den Dividenden für ihre Aktien viel Geld zu verdienen. Der Bürgerkrieg sorgte für einen vorübergehenden Rückgang des Geschäfts, aber nach 1865 kam es zu einer wahren Bauwut. Die erste transkontinentale Eisenbahnlinie wurde 1869 fertiggestellt, nachdem die Schienen der Union Pacific und Central Pacific in Promontory Point, Utah, zusammentrafen und mit einem symbolischen goldenen Nagel verbunden wurden. Der Bund hatte die Union Pacific dabei mit über 17 Millionen Dollar in Form von Landschenkungen unterstützt.

Zwischen 1870 und 1880 verdoppelte sich das verfügbare Schienennetz. Im folgenden Jahrzehnt kam es wieder zu einer Verdoppelung. 1900 waren 193.000 Schienenmeilen verlegt, mehr als alle Strecken in Europa und Russland zusammengenommen.[47] Quantität war jedoch nicht gleichbedeutend mit Qualität. Die verschiedenen Eisenbahnlinien waren ohne Rücksicht auf andere Unternehmungen gebaut worden – wildwuchsartig und wenig koordiniert. Die frühen Linien mit Ausnahme der transkontinentalen Eisenbahnen waren noch nicht einmal untereinander verbunden. Spurweiten variierten stark, so dass ein Umsetzen eines Zuges von einer Schiene auf die andere kaum möglich war. Erst 1886 stellten sich die südlichen Eisenbahnen auf die Standardspurweise der Pennsylvania Railroad um.[48] Es existierten wohl an die Tausend unterschiedliche Unternehmen, die oft nur gegründet worden waren, um an der Börse zu spekulieren. Aktien wurden verwässert, das heißt, es wurden mehr Aktien ausgegeben, als zur Erhebung des Kapitals der Gesellschaft nötig war. Diesen Aktien entsprach aber kein Gegenwert und kein Produkt. Sie dienten lediglich der Bereicherung der Spekulanten. So lange die Investoren annahmen, er werde alles gut, funktionierte dieses Geschäft recht gut. Käufer für überbewertete Aktien fanden sich immer und die Spekulanten erzielten riesige Profite.

Die mangelhafte Planung führte zu einem Überangebot. Schon in den 1870er Jahren war ein erbitterter Kampf der Eisenbahnlinien an der Ostküste entbrannt, die sich gegenseitig die Kunden abspenstig machten. Ein Produzent, der Zugang zum Markt brauchte und das Glück hatte, in einer Region angesiedelt zu sein, in der unter den Eisenbahnlinien ein Verdrängungswettbewerb tobte, konnte seine Produkte mit erheblichen Rabatten an den Mann bringen. Weil klar war, dass die

---

[47] Danaher, Kevin und Mark, Jason. Insurrection: Citizen Challenges to Corporate Power. New York: Routledge, 2003, S. 30. Zum Wirtschaftswachstum allgemein Beatty, Jack. Colossus: How the Corporation Changed America. New York: Broadway Books, 2001.
[48] Bianculli, Anthony J. Trains and Technology: The American Railroad in the Nineteenth Century. Newark, DE: University of Delaware Press, 2001–2003, 4 Bände, hier Band 3: Track and Structure, S. 73–84.

5.3 Critical Juncture 5: Landgeschäfte zur Finanzierung der Eisenbahnen

Eisenbahnlinien bei dieser mörderischen Konkurrenz Geld verlieren würden, schlossen sie sich zu „Pools" zusammen, teilten das Territorium auf und trafen Preisabsprachen. Diese Absprachen waren in der Regel kurzlebig, weil hinter ihnen keine rechtlich verbindliche Organisationsform stand, d. h. die Absprachen nicht justitiabel waren. Männer wie Jay Gould nutzen jede sich bietende Gelegenheit, um aus den Pools auszuscheren, wenn es sich finanziell zu lohnen schien.[49]

In den 1880er Jahren ging Gould z. B. daran, eine zweite transkontinentale Eisenbahn zu bauen, um mit der Union Pacific und der Central Pacific in Wettbewerb zu treten. Seine Entscheidung zwang auch andere Eisenbahnlinien dazu, seine Politik der Expansion und des Aufkaufs konkurrierender Linien mitzumachen. Die Folge war ein Konzentrationsprozess, so dass in den 1890er Jahren eine Handvoll von Eisenbahnlinien den Ton angaben, darunter die „Riesen" Southern Pacific, Northern Pacific und die Santa Fe Eisenbahngesellschaft.[50]

Tabelle 5: Staatliche Landsubventionen für die Union Pacific[51]

Jahr	Nettolandschenkung in Tsd. Dollar
1869	355,9
1870	436,1
1871	448,7
1872	418,4
1873	701,2
1874	803,1
1875	33,6
1876	109,8
1877	58,0
1878	1144,3

---

49 Chandler, Alfred D. The Railroads: Pioneers in Modern Management. New York: Arno Press, 1979. Cleveland, Frederick Albert und Powell, Fred Wilbur. Railroad Promotion and Capitalization in the United States. New York: Arno Press, 1981. Solomon, Brian und Yough, Patrick. Coal Trains: The History of Railroading and Coal in the United States. Minneapolis, MN: MBI Pub. Company, 2009. Immer noch lesenswert ist Fogel, Robert William. Railroads and American Economic Growth: Essays in Econometric History. Baltimore, MD: Johns Hopkins Press, 1964, S. 207–237.
50 Wie skrupellos Gould bei seinen Machinationen vorging, demonstriert Craig Miner in seiner Studie zur St. Louis-San Francisco Transcontinental Railroad. Miner, H. Craig. The St. Louis-San Francisco Transcontinental Railroad: The Thirty-Fifth Parallel Project, 1853–1890. Lawrence, KS: University Press of Kansas, 1972, S. 120–133.
51 Die Zahlen geben die wirklichen Einnahmen aus Landschenkungen nach Abzug der Entwicklungskosten wieder.

Tabelle 5: Staatliche Landsubventionen für die Union Pacific *(Fortsetzung)*

Jahr	Nettolandschenkung in Tsd. Dollar
1879	747,1
1880	542,5
1881	260,2
1882	779,3
1883	2291,2
1884	6423,0
1885	1277,7
1886	307,4
1887	249,5
1888	205,4
1889	184,4
Summe	**17776,8**

Quelle: Mercer, Railroads and Land Grant Policy, Table C-2, S. 196 f.

In den Kontoren und Büros sorgten relative unbekannte Personen dafür, dass solche Gesellschaften nicht untergingen. Financiers und Manager wie Daniel Craig McCallum (1815–1878) von der Erie Railroad oder John Edgar Thomson (1808–1874) von der Pennsylvania Railroad sorgten dafür, dass das Geschäft lief. Sie entwickelten neue Buchhaltungstechniken, experimentierten mit neuen Konzernmodellen und machten es so möglich, dass die Gesellschaften trotz der Konkurrenz noch Gewinne erwirtschaften konnten. So entstanden Firmen von ungeahnter Größe, die eine monopolartige Stellung einnehmen konnten und deswegen den Gewinn ihrer Gesellschaft nicht nur über Absatzzahlen, sondern auch über Preissteigerungen des Produkts bestimmen konnten. In den 1850er Jahren waren die größten Betriebe Textilunternehmen gewesen, die bis zu 800 Arbeiterinnen und Arbeiter beschäftigten. 1874 beschäftigte die Pennsylvania Railroad mehr als 55.000 Mitarbeiter und übte die Kontrolle über mehr 6.000 Meilen Schienen aus, die den halben Kontinent umspannten.[52] Mit einem Kapital von über 400 Millionen Dollar konnten die Manager der Gesellschaft behaupten, sie sei die weltgrößte Firma. Um einen derartigen Behemoth an verschiedenen

---

52 Chandler, Alfred D. The Visible Hand: The Managerial Revolution in American Business. Cambridge, MA: Belknap Press, 1977, S. 541, FN 24. Dredge, James. The Pennsylvania Railroad: Its Organization, Construction, and Management. London, New York: Offices of „Engineering." John Wiley and Sons; 1879. Peden, Henry C. und Shagena, Jack L. The Ma & Pa Remembered: A History of the Maryland & Pennsylvania Railroad. Bel Air, MD: Privately printed by the authors, 2011. Weiser, Eugene. The Pennsylvania Railroad. Seaford, DE: Dragonwick Pub, 2013.

Standorten zu lenken, bedurfte es ausgeklügelter Organisationsformen. Nur mithilfe von Prozessorganisation, komplexen Methoden der Statistik und der Rechnungsführung konnten derartig große Strukturen überwacht und gelenkt werden.

Nicht weniger wichtig war die „Kommunikationsrevolution" in der Mitte des 19. Jahrhunderts. Schon in den 1840er Jahren hatte Samuel F. B. Morse (1791–1872) einen einfachen Code entwickelt, um Botschaften mittels eines Drahtes elektrisch zu übermitteln. Die Telegraphie revolutionierte den Austausch von Informationen. Der Telegraph setzte sich in enger Verbindung zum Eisenbahnnetz als nationales Kommunikationssystem durch, da die Telegraphendrähte entlang der Eisenbahntrassen verlegt werden konnten. Die Telegraphie war zunächst zu teuer für Privatpersonen, eignete sich aber hervorragend, um Geschäftsinformationen über lange Strecken schnell auszutauschen. Codebücher, die nur den Angehörigen der Firmen zur Verfügung standen, die Geschäfte miteinander machten, sorgten für die Vertraulichkeit der Information und kürzten die Telegramme stark ab, was Kosten sparte.[53] Die Eisenbahnen bedienten sich der Telegraphie, um Fahrpläne zu koordinieren und Unfälle zu vermeiden. Schließlich operierten die Eisenbahnlinien vor Einführung des Systems der Zeitzonen auf der Basis lokaler Zeitrechnung, was es bei großen Entfernungen schwer machte, Fahrpläne zu berechnen und einzuhalten. Gleichzeitig bildete die Telegraphie ein Dispositiv für die Etablierung transatlantischer und transspatialer Netze und legte damit die Grundlagen für die Entfaltung des amerikanischen *Empire*. Auch hier hatte Jay Gould seine Finger im Spiel. 1878 gelang es ihm durch Manipulation der Aktienkurse, die Western Union in seine Hand zu bringen und erwarb damit das Monopol der Telegraphenindustrie.[54]

Nicht alle frühen Eisenbahnunternehmer waren Spekulanten ohne Skrupel wie Jay Gould.[55] James Jerome Hill (1838–1916) ließ die Great Northern bauen, eine sehr solide und gut laufende Eisenbahnlinie. Hill erhielt keine Landschenkungen des Staates, musste also sorgfältig planen und überlegen, wer an seine Trassenführung angeschlossen sein sollte. Im Endergebnis war die Great Northern eine der wenigen Linien, die die wirtschaftliche Krise von 1893 bis 1897 unbeschadet überstanden.[56] Vergleicht man Hill mit Spekulanten wie Daniel Drew

---

[53] Hampf, M. Michaela und Müller-Pohl, Simone (Hg.). Global Communication Electric: Business, News and Politics in the World of Telegraphy. Frankfurt/Main: Campus, 2013.
[54] Wolff, Joshua D. Western Union and the Creation of the American Corporate Order, 1845–1893. Cambridge, New York: Cambridge University Press, 2013.
[55] Ambrose, Stephen E. Nothing Like It in the World: The Men Who Built the Transcontinental Railroad, 1863–1869. New York: Simon & Schuster, 2000, S. 7.
[56] Hidy, Ralph Willard. The Great Northern Railway: A History. Boston, MA: Harvard Business School Press, 1988. Luecke, John. The Great Northern in Minnesota: The Foundations of an Em-

(1797–1879) oder James Fisk (1835–1872), Goulds Partnern bei der Erie Railroad, so kann man von Letzteren eher als Abrissunternehmern sprechen.[57] Sie ruinierten die Erie Railroad, um sich persönlich zu bereichern. Im Westen hatte Jay Gould Gegenspieler in der Gestalt der „Big Four" – Amasa Leland Stanford (1824–1893), Präsident der Central Pacific Railroad (CPR), Collis Potter Huntington (1821–1900), sein Stellvertreter, Charles Crocker (1822–1888), der Chefingenieur der Gesellschaft, und Mark Hopkins (1813–1878), der Schatzmeister des Unternehmens. Sie wurden so mächtig, dass Kritiker behaupteten, die Central Pacific halte Kalifornien in ihren Tentakeln wie ein Oktopus seine wehrlose Beute.[58]

Die Öffentlichkeit zeigte sich alarmiert, wobei ihre Haltung gegenüber den Großunternehmen durchaus differenziert ausfiel. Als Jay Gould 1892 starb, beschrieb ihn die Presse als den reichsten Mann der Welt und schätzte sein Vermögen auf über 100 Millionen Dollar. Sein Konkurrent, „Commodore" Cornelius Vanderbilt, der die New York Central Railroad hatte bauen lassen, bescheinigte Gould „the smartest man in America" zu sein.[59] Für die amerikanische Öffentlichkeit jedoch, die in Gould all das wiederfand, was sie am ungehinderten Gewinnstreben störte, war er mit Sicherheit „the most hated man in America."[60] Die Gründe sind vielfältig. Viele Zeitgenossen erinnerten sich noch an den 24. September 1869, den „Schwarzen Freitag", an dem Gould mit Jim Fisk versucht hatte, den Goldmarkt zu monopolisieren.[61] Antisemitismus spielte mit Sicherheit eine wichtige Rolle, da viele Zeitgenossen fälschlich annahmen, Gould sei Jude.[62]

---

pire. St. Paul, MN: Grenadier Publications, 1997. Young, Biloine W., McCormack, Eileen R. und Atkins, Annette. The Dutiful Son: Louis W. Hill Life in the Shadow of the Empire Builder, James J. Hill. St. Paul, MN: Ramsey County Historical Society, 2010.

57 Fisk wird in der Forschung eine wichtige Rolle in der Partnerschaft mit Jay Gould zugeschrieben. Rugoff, Milton. America's Gilded Age: Intimate Portraits from an Era of Extravagance and Change, 1850–1890. New York: Holt, 1989, S. 52f. Fuller, Robert H. Jubilee Jim: From Circus Traveler to Wall Street Rogue. The Remarkable Life of Colonel James Fisk, Jr. New York: Texere, 2001. McAlpine, R. W. The Life and Times of Col. James Fisk, Jr. New York: Arno Press, 1981. Stafford, Marshall P. The Life of James Fisk, Jr.: A Full and Accurate Narrative of All the Enterprises in Which He Was Engaged. New York: Arno Press, 1981.

58 Robinson, John R. The Octopus: A History of the Construction, Conspiracies, Extortions, Robberies, and Villainous Acts of the Central Pacific, Southern Pacific of Kentucky, Union Pacific, and Other Subsidized Railroads. San Francisco, CA: Eigenverlag, 1894. Norris, Frank. The Octopus: A Story of California. Mineola, NY: Dover Publications, 2003

59 Renehan, Edward. Commodore: The Life of Cornelius Vanderbilt. New York: Basic Books, 2007, S. 372.

60 Klein, The Life and Legend of Jay Gould, S. 3.

61 Birmingham, Stephen. Our Crowd: The Great Jewish Families of New York. Syracuse University Press ed ed. Syracuse, NY: Syracuse University Press, 1996, S. 109.

62 Henry Adams sprach von Gould als „complex Jew". Birmingham, Stephen. Our Crowd, S. 108.

Damit eng in Verbindung stand die Abneigung gegen alle, die ihr Geld mit Spekulationen oder im Bankenwesen machten, anstatt eine Ware zu produzieren, die auf den Markt geworfen werden konnte. 1890 durchquerten mehr als 150.000 Meilen Eisenbahnschienen die Nation und Jay Gould konnte mit Recht für sich in Anspruch nehmen, daran maßgeblich beteiligt gewesen zu sein.[63]

5.4 Körperschaftsrecht und der amerikanische Kapitalismus (*Lock-in 6*)

Der Eisenbahnbau stand direkt mit einer weiteren Schlüsselindustrie in Verbindung – der Stahlindustrie. Frühe Eisenbahnen liefen auf Gusseisenschienen, die bald rissig wurden und brachen, vor allem, nachdem Lokomotiven schneller als 30 Stundenkilometer fuhren. Der härtere und flexiblere Stahl war in der Herstellung jedoch zu teuer, bis ein Engländer namens Henry Bessemer (1813–1898) 1855 ein Verfahren entwickelte, mit dem man aus Gusseisen Stahl machen konnte, das Flussstahl- oder Bessemerverfahren.[64] Es basierte darauf, dass reiner Sauerstoff durch flüssiges Roheisen in einem schwenkbaren Konverter (Bessemerbirne) geleitet wurde.[65] Nach dem Bürgerkrieg wurden reiche Eisenerzvorkommen in der Nähe der Großen Seen entdeckt und nun trat der Bessemerstahl seinen Siegeszug an. Andrew Carnegie war unter den Ersten, die die Möglichkeiten des Stahls richtig einschätzten, und er sollte bald zum ungekrönten König des Stahlgeschäfts aufsteigen.[66] Carnegie verdankte seinen Erfolg seinem Mut und seinem Glück. Noch als Teenager fiel er Thomas Alexander Scott (1823–1883) auf, dem Chef der

---

[63] Husband, Julie und O'Loughlin, Jim. Daily Life in the Industrial United States, 1870–1900. Westport, CT: Greenwood Press, 2004, S. 62.

[64] Tracy, Kathleen. Henry Bessemer: Making Steel from Iron. Hockessin, DE: Mitchell Lane Publishers, 2006.

[65] Heggen, Alfred. Erfindungsschutz und Industrialisierung in Preussen 1793–1877. Göttingen: Vandenhoeck und Ruprecht, 1975, S. 82. Die Fima Krupp versuchte erfolglos, das Patent zu kopieren.

[66] Carnegies schneller Aufstieg zu Reichtum und Ruhm erinnerte an die Helden der populären Romane von Horatio Alger (1832–1899), der den Mythos propagierte, in den USA könne jeder Junge Millionär werden – an weibliche Helden dachte der Autor dabei eher selten. Nackenoff, Carol. The Fictional Republic: Horatio Alger and American Political Discourse. New York: Oxford University Press, 1994. Cook, Charles Orson (Hg.). Horatio Alger: Gender and Success in the Gilded Age. „Ragged Dick" and „Tattered Tom." Hoboken, NJ: Wiley-Blackwell, 2006. Maßgebliche Romane Algers' waren *Ragged Dick* (Boston, MA: Loring, 1868), *Risen from the Ranks; or, Harry Walton's Success* (Philadelphia, PA: J.C. Winston Co, 1874) und *The Backwoods Boy: Or, The Boyhood and Manhood of Abraham Lincoln* (New York: Street and Smith, 1883).

Pennsylvania Railroad, weil er ein sehr guter Telegraphist war.[67] Scott stellte den jungen Carnegie ein, beförderte ihn und lieh ihm Geld für seine ersten Geschäfte auf eigene Faust. Carnegie arbeitete zwölf Jahre für die Eisenbahn und das verlieh ihm unschätzbare Einblicke ins Management von großen Betrieben. Diese langjährige Erfahrung konnte er in der Folge in die Restrukturierung der Stahlunternehmen einbringen.

1872 stürzte er sich ins Stahlgeschäft, nachdem er sich mit Aktienspekulationen das nötige Startkapital besorgt hatte. „My preference was always for manufacturing. I wished to make something tangible and sell it [...]", schrieb er in seiner Autobiographie.[68] Durch Anwendung seiner Kenntnisse und Fertigkeiten auf dem Gebiet der Buchhaltung und des Managements, die er bei der Pennsylvania Railroad erworben hatte, konnte Carnegie das Stahlgeschäft zu einem Großunternehmen zusammenschließen. In Braddock am Monongahela River – heute eine Vorstadt von Pittsburgh, Pennsylvania, – baute er 1872 die modernste Bessemerstahlfabrik seiner Zeit und begann, Stahl im großen Maßstab zu verkaufen. Ein durchschnittlicher Stahlproduzent konnte damals etwa 70 Tonnen Stahl in der Woche erzeugen. Innerhalb von zwei Jahrzehnten schaffte es Carnegie, unglaubliche 10.000 Tonnen pro Woche zu produzieren. Er konnte dank seiner überlegenen Buchhaltung die Produktionskosten von Stahlschienen von 58 Dollar auf 25 Dollar mehr als halbieren. Carnegies Erfolgskonzept war einfach: „Cut the prices; scoop the market; run the mills full [...] Watch the costs, and profits will take care of themselves."[69] Die Profite stiegen ebenso dramatisch, wie die Kosten fielen. 1900 verdiente Carnegie Steel 23 Millionen Dollar in einem einzigen Jahr.[70]

Um die Kosten zu senken und den Ausstoß weiter zu erhöhen, bediente sich Carnegie des Systems der vertikalen Integration. Alle Aspekte des Stahlgeschäfts befanden sich in einer, in Carnegies Hand. Vertikale Integration bedeutete in den Worten eines Zeugen vor einem Untersuchungsausschuss des *House of Representatives* im Jahre 1912, dass „from the moment these crude stuffs were dug out of the earth until they flowed in a stream of liquid steel in the ladles, there was never

---

[67] Hessen, Robert. Steel Titan: The Life of Charles M. Schwab. Pittsburgh, PA: University of Pittsburgh Press, 1990, S. 21.
[68] Carnegie, Andrew. The Autobiography of Andrew Carnegie. New York: Public Affairs, 2011, S. 176.
[69] Buder, Stanley. Capitalizing on Change: A Social History of American Business. Chapel Hill, NC: University of North Carolina Press, 2009, S. 138.
[70] Morris, The Tycoons, S. 321.

a price, profit, or royalty paid to any outsider."⁷¹ Zwischen 1875 und 1900 versuchte Carnegie jeden Handschlag im Zusammenhang mit dem Herstellen von Stahl zu kontrollieren, vom Abbau des Roherzes über die Schmelze von Gusseisen und den Transport desselben über die Großen Seen bis zur Herstellung von Rohstahl und Eisenbahnschienen.⁷²

Zu jeder Zeit hatte Carnegie die Produktionskosten und die Effektivität der Arbeit im Auge. Die hohe Effizienz seiner Betriebe beruhte auf der Konkurrenz seiner Angestellten untereinander, Carnegie war dabei nicht zimperlich. Die Gewinner dieses innerbetrieblichen Wettbewerbs wurden mit Anteilen an der Firma belohnt, die Verlierer wurden entlassen. Für die Arbeiter bedeutete dies lange Arbeitszeiten von zwölf Stunden am Tag, geringe Löhne und gefährliche Arbeitsbedingungen. Bei Schichtwechsel am Ende der Woche wurden auch schon mal 24 Stunden am Stück („kurzer Wechsel") gearbeitet. Carnegie hielt die absolute Aktienmehrheit und er zahlte den Anteilseignern so gut wie nie Dividenden. Die gemachten Profite wurden sofort wieder reinvestiert, um neue Fabriken zu eröffnen und neue Maschinen zu kaufen. Sogar seine Geschäftspartner empfanden Carnegie als hart.⁷³

Andrew Carnegie beherrschte die amerikanische Stahlindustrie während drei langer Jahrzehnte und machte aus Carnegie Steel den größten Stahlkonzern der Welt. Der erste Wolkenkratzer wurde mit Carnegie-Stahl erbaut, Carnegie-Stahl stützt das Washington Monument, aus ihm wurden die Pfeiler der Hochbahnen New Yorks und die Stützelemente der Brooklyn Bridge gebaut. Am Ende des 19. Jahrhunderts war Andrew Carnegie der bekannteste Industrielle der Welt geworden und Stahl hatte Eisen ein für alle Mal verdrängt.

Edwin Laurentine Drake (1819–1880) entdeckte 1859 Erdöl in Pennsylvania und löste damit einen „Ölrausch" aus, der Tausende bewog, ihren bisherigen Beruf aufzugeben und auf den Ölfeldern nach dem „Schwarzen Gold" zu suchen.⁷⁴ In den Tagen vor dem Automobil und dem Benzin wurde Rohöl in Schmiermittel für Maschinen und als Kerosin für Lampen raffiniert. Elektrisches Licht war noch unbekannt und der traditionelle Waltran war zu teuer und zu

---

71 United States, Congress und House of Representatives. Investigation of United States Steel Corporation: Report No. 1127. Washington, DC: Government Printing Office, 1912 Aug 2, S. 42.
72 Misa, Thomas J. A Nation of Steel: The Making of Modern America, 1865–1925. Baltimore, MD: Johns Hopkins University Press, 1995, S. 155f.
73 Campbell, Ballard C. Disasters, Accidents, and Crises in American History: A Reference Guide to the Nation's Most Catastrophic Events. New York: Facts on File, 2008, S. 165. Kahan, Paul. The Homestead Strike: Labor, Violence, and American Industry. New York: Routledge, 2014, S. 42–56.
74 Brice, William R. Myth, Legend, Reality: Edwin Laurentine Drake and the Early Oil Industry. Oil City, PA: Oil Region Alliance of Business, Industry & Tourism, 2009.

geruchsintensiv, um weiter als Brennstoff für Lampen zu dienen.[75] Der Preisunterschied für Rohöl, das bei der Produktion etwa 50 Cents pro Barrel (159 Liter) kostete, im Osten als Kerosin aber für 50 Cents pro Gallone (3,8 Liter) verkauft werden konnte, brachte viele Investoren auf die Idee, Öl in großem Stil zu raffinieren. Eine „Raffinerie" konnte in den 1860er und 1870er Jahren für wenig Geld erworben werden. Mehr als 25.000 Dollar waren nicht nötig – das war in etwa der Preis einer Meile Eisenbahnschienen. Die Investitionen waren also niedrig und die Rendite war hoch. Rasch entstand eine boomende Erdölindustrie. Allerdings war die Konkurrenz beträchtlich – gerade zwischen den vielen kleinen Raffinerien. Es oblag einem Mann, den chaotischen Wettbewerb an die Kandare zu legen: John D. Rockefeller. Er bediente sich dazu des Trusts, einer neuen Organisationsform, und konnte so nach und nach die Konkurrenz ausschalten. Auf diese Weise gelang es ihm, 90 Prozent des Ölgeschäfts mithilfe seiner Standard Oil Company zu kontrollieren.[76]

John D. Rockefeller wuchs als der Sohn des durchtriebenen Wunderheilers William Avery Rockefeller (1810–1906) auf, der angeblich ein Mittel gegen Krebserkrankungen gefunden hatte und damit über Land zog. Unter der unnachgiebigen Anleitung seines Vaters lernte John D. hart zu verhandeln.[77] Der Sohn begann als Buchhalter in Cleveland zu arbeiten und konnte sich mit 21 Jahren als Geschäftsmann selbständig machen. Er hatte Erfolg, weil er immer Kapital in Form von Krediten auftreiben konnte. Rockefeller war ein zurückhaltender junger Mann, für den das Geschäft die einzige Leidenschaft darstellte. Um nicht vom Bürgerkrieg bei seinem Erwerbsstreben behindert zu werden, warb er einen Ersatzmann an, der statt seiner in den Krieg zog und unterschied sich darin nicht von Gould, Carnegie oder J.P. Morgan. Im Jahr 1865 war er bereits ein wohlhabender Mann und kaufte die Geschäftsanteile seines Partners mit geliehenem Geld. Nun kontrollierte er die größte Ölraffinerie von Cleveland, Ohio. Wie andere Geschäftsmänner seiner Zeit wollte er das persönliche Risiko minimieren

---

75 Tunis, Edwin. Colonial Craftsmen and the Beginnings of American Industry. Baltimore, MD: Johns Hopkins University Press, 1999, S. 67f.
76 Laughlin, Rosemary. John D. Rockefeller: Oil Baron and Philanthropist. Greensboro, NC: Morgan Reynolds Pub., 2004. Mayhew, Anne. Narrating the Rise of Big Business in the USA: How Economists Explain Standard Oil and Wal-Mart. London, New York: Routledge, 2008. Tarbell, Ida M. und Chalmers, David Mark. The History of the Standard Oil Company. Mineola, NY: Dover Publications, 2003.
77 Chernow, Ron. Titan: The Life of John D. Rockefeller, Sr. New York: Random House, 1998, S. 63f.

und den Profit maximieren und gab deshalb die Kontrolle seines Geschäfts auf, um eine Aktiengesellschaft zu gründen, die das Geschäftsrisiko auf viele Schultern übertrug. 1870 ging er mit seiner Raffinerie an die Börse und gründete die Standard Oil Company, den Vorläufer der heutigen Exxon.[78]

Als Inhaber der größten Ölraffinerie in Cleveland verlangte Rockefeller „Rabatte" von den Eisenbahngesellschaften, die seine Produkte transportierten. Diese Rabatte setzte er strategisch ein, um seine Konkurrenten auf dem Markt zu unterbieten.[79] Die Eisenbahnen waren so erpicht darauf, mit Rockefeller ins Geschäft zu kommen, dass sie ihm nicht nur Rabatte auf die Transportkosten einräumten, sondern ihm sogar Zahlungen zukommen ließen, die aus den Geschäften mit seinen Konkurrenten stammten. Nicht nur konnte Rockefeller sein Öl mit einem Preisnachlass von einem Dollar pro Barrel verschiffen, sondern er erhielt noch einmal einen Dollar für jedes Barrel, das seine Konkurrenten zum Endverbraucher transportierten. Dieser Preisnachlass sorgte bald dafür, dass Rockefeller seine Konkurrenten aufkaufen konnte. 1871 gab es in Cleveland außer Rockefellers Betrieb keine weitere Raffinerie mehr. Nun ging er daran, den nationalen und internationalen Markt zu erobern.

Cleveland, Pittsburgh, Philadelphia und New York City waren die Zentren des Geschäfts mit Rohöl aus Pennsylvania. Standard Oil bediente sich ähnlich fragwürdiger Geschäftspraktiken im Kampf um den amerikanischen Markt wie andere Unternehmen. Effektive Produktion und ein System von „Rabatten" der Eisenbahngesellschaften ließen die Gesellschaft rasch zum nationalen Player aufsteigen. Konkurrenten gaben auf: Sie waren dem Preiskrieg nicht gewachsen. Als Gegenleistung erhielten sie Aktien der Standard Oil und führten ihre Firmen pro forma unter ihrem alten Namen weiter. So konnte es schon einmal geschehen, dass kleine Raffinerien, die nicht an Rockefeller verkaufen wollten, doch unter dem Dach der Standard Oil landeten, weil sie an einen vermeintlich von Rockefeller unabhängigen Produzenten verkauft hatten, der aber insgeheim längst zum Konzern gehörte.[80] Dies blieb im Großen und Ganzen geheim, bis das Parlament des Staates New York 1879 einen Untersuchungsausschuss einsetzte, der die Geschäftspraktiken der Eisenbahngesellschaften kritisch beleuchtete.[81]

---

[78] Wall, Bennett H., Carpenter, C. Gerald und Yeager, Gene S. Growth in a Changing Environment: A History of Standard Oil Company (New Jersey), Exxon Corporation, 1950–1975. New York: McGraw-Hill, 1988.
[79] Chernow, Ron. Titan: The Life of John D. Rockefeller, S. 114–117.
[80] Chernow, Ron. Titan, S. 152–170.
[81] Olien, Roger M. und Hinton, Diana Davids. Oil and Ideology: The Cultural Creation of the American Petroleum Industry. Chapel Hill, NC: University of North Carolina Press, 2000, S. 58f. New York, Legislature, Assembly und Special Committee on Railroads. Proceedings of the Special

John D. Rockefeller hatte mit seinen Geschäftspartnern bis 1881 ein Firmenimperium aufgebaut, das 40 einzelne Unternehmen umfasste. Diese Firmen, die in begrenztem Rahmen schon zusammenarbeiteten, wurden in einem Trust zusammengeschlossen. Die Anteilseigner der verschiedenen Bereiche des Ölgeschäfts übereigneten neun Treuhändern ihre Anteile, die ihnen dafür Anteilsscheine an dem neuen Trust ausstellen sollten. Die Trustees sollten daraufhin als Direktoren aller im Trust zusammengeschlossenen Firmen das gesamte Geschäft vom Ölbohren bis zum Absatz der fertigen Produkte kontrollieren. Die Anteilseigner sollten eine Dividende auf die Gewinne erhalten. Dieses Projekt wurde tatsächlich realisiert und Rockefeller ließ sich in seinem Hauptquartier auf dem Broadway in New York nieder. 1887 war die Standard Oil eine der größten Firmen der Welt und kontrollierte das Ölgeschäft fast vollständig. Standard Oil produzierte nur so viel, dass die Preise stabil und hoch blieben. 1888 untersuchte ein New Yorker Senator die Geschäftspraktiken der Standard Oil, um herauszufinden, wie es zu dieser marktbeherrschenden Stellung kommen konnte. Nachdem es sich verdeutlichte, dass ein Gericht die Aufhebung des Trusts anordnen würde, löste sich der Trust auf und organisierte sich als Standard Oil Company neu. Siebzig Firmen und 23 Raffinerien kontrollierten 84 Prozent des in Nordamerika geförderten Rohöls. Zwar reduzierte sich dieser Anteil durch internationale Konkurrenz und weil sich einige kleinere Unabhängige auf dem Markt behaupten konnten, aber es bedurfte des Eingreifens der Bundesregierung unter Theodore Roosevelt, der 1906 einen Gerichtsprozess gegen die Standard Oil anstrengen ließ, der durch sämtliche Instanzen ging. 1911 entschied der Oberste Gerichtshof, Standard Oil hätte gegen das Sherman-Antitrustgesetz verstoßen und verfügte die Auflösung des Konzerns. Aus diesem Großkonzern entstanden in der Folge Exxon, Mobil, Chevron, American und die deutsche Esso.[82]

Der Trust stellte eine Form horizontaler Integration dar, die sich in bemerkenswerter Weise von Carnegies vertikaler Integration unterschied. Zunächst versuchte Rockefeller nicht, jeden Aspekt des Ölgeschäfts von der Rohölquelle bis zum Verkauf des Kerosins zu überwachen. Er brachte lediglich alle Raffinerien

---

Committee on Railroads: Appointed under a Resolution of the Assembly to Investigate Alleged Abuses in the Management of Railroads Chartered by the State of New York (1879). New York: Evening Post Steam Presses, 1879, S. 821–827.

[82] Tarbell, Ida M. The History of the Standard Oil Company. New York: McClure, Phillips & Co., 1904, 2 Bände. Tarbell war *Muckraker*. Zu den *Muckrakers* siehe Hillstrom, Laurie Collier. The Muckrakers and the Progressive Era. Detroit, MI: Omnigraphics, 2010. Zur Standard Oil: Laughlin, Rosemary. John D. Rockefeller: Oil Baron and Philanthropist. Greensboro, N.C: Morgan Reynolds Pub, 2004. Mayhew, Anne. Narrating the Rise of Big Business in the USA How Economists Explain Standard Oil and Wal-Mart. London, New York: Routledge, 2008.

unter seine Kuratel. Nachdem er eine beinahe monopolistische Position errungen hatte, konnte er die Profite maximieren, indem er die Produktion beschränkte und so die Preise hochtrieb.[83] Da Standard Oil den Markt oligopolistisch im Griff hatte, bot sich die Firma als Ziel all derjenigen an, die argumentierten, Trusts stellten eine Verschwörung gegen die Interessen der amerikanischen Bevölkerung dar.

1890 wurde der *Sherman Anti-Trust Act* verabschiedet. Er legte in § 1 fest: „Every contract, combination in the form of trust or otherwise, or conspiracy, in restraint of trade or commerce among the several States, or with foreign nations, is declared to be illegal." In § 2 hieß es: „Every person who shall monopolize, or attempt to monopolize, or combine or conspire with any other person or persons, to monopolize any part of the trade or commerce among the several States, or with foreign nations, shall be deemed guilty of a felony [...]"[84]

Dieses Gesetz war sehr populär, weil Trusts und Oligopole in populistischer Manier unter Generalverdacht gestellt wurden und das Gesetz versprach, gegen illegale Kombinationen von großen Firmen vorzugehen. Das Problem war, dass dieses Gesetz sehr hastig erlassen worden war und nicht sehr präzise definierte, was als illegal und was als legal angesehen werden sollte. So wurden beispielsweise ungemein wichtige Konzepte wie „Behinderung des Handels" („restraint of trade") oder die Begriffe „combination" oder „monopolize" nicht hinreichend genau definiert. Diese Begriffe sind für Laien möglicherweise eindeutig, doch die Gerichtshöfe, die die Einhaltung des Gesetzes garantieren sollten, sahen dies anders. Infolgedessen gab es sehr unterschiedliche Interpretationen des *Sherman Anti-Trust Law*. Wie widersinnig diese Interpretationen ausfallen konnten, zeigt die Anwendung des Gesetzes gegen Aktionen von Gewerkschaften, die als Verschwörung zum Zwecke der Behinderung des Handels angesehen wurden. Einer der wichtigen Fälle war die Entscheidung *Loewe v. Lawler* von 1908, auch bekannt als Danburry Hatters' Case.[85]

---

83 Chandler, Alfred D. und Hikino, Takashi. Scale and Scope: The Dynamics of Industrial Capitalism. Cambridge, MA: Belknap Press, 1994, S. 24 f.
84 1890 USC 647 chapter 26 Stat 209. Miller, Roger LeRoy und Cross, Frank B. The Legal Environment Today: Business in Its Ethical, Regulatory, E-Commerce, and International Setting. Mason, OH: Thomson/West, 2007, Appendix F, S. 750.
85 Loewe v. Lawlor, 208 U.S. 274 (1908). Der *Supreme Court* der USA entschied in diesem Fall, dass das Sherman-Antitrust-Gesetz gegen Gewerkschaften angewendet werden könne, wenn diese in den zwischenstaatlichen Handel eingriffen, und verfügte, die Gewerkschaftsführer könnten persönlich für Schäden, die ihre Gewerkschaften während eines Streiks verursachten, haftbar gemacht werden. Merritt, Walter Gordon. The Law of the Danbury Hatters' Case. Annals of the American Academy of Political and Social Science. 1910 Sep 1; 36 (2):11–22.

Immerhin waren Trusts nach der Verabschiedung des *Sherman Antitrust Act* illegal.[86] Standard Oil änderte daraufhin seine Taktik und stellte sich als Holding Company neu auf.[87] Holding Companies operierten ganz ähnlich wie Trusts, waren aber legal. Anstelle miteinander konkurrierender Gesellschaften, die ihre Geschäftsgebiet untereinander aufteilten und Preisabsprachen trafen, fasste die Holding Company miteinander konkurrierende Gesellschaften einfach unter einem Dach mit einer zentralen Verwaltung zusammen. Die Holding Company war damit auch viel leichter zu verwalten als der umständliche Trust mit seinen Treuhändern. Der Staat New Jersey erleichterte die Gründung von Holding Companies enorm, da es 1889 ein Gesetz verabschiedete, das es im Staat zugelassenen Holding Companies erlaubte, Aktien von Gesellschaften zu besitzen, die nicht im Staate New Jersey ansässig waren.[88] Andere Unternehmen wie Diamond Matches und die American Sugar Refining Company folgten dem Beispiel der Standard Oil, gründeten zunächst Trusts und formten diese später zu Holding Companies um. In den 1890er Jahren war New Jersey der Heimatstaat einer Reihe von *Holding Companies* geworden, wovon die größte die Standard Oil war. Mit der wachsenden Komplexität des Unternehmens wurde die Kontrolle durch die Zentrale wichtiger.

Rockefeller zog 1884 permanent nach New York um.[89] Aus seinem Büro auf dem Broadway begann er die Standard Oil nun auch vertikal zu integrieren. Die formale Unabhängigkeit der kleineren Raffinerien wurde beendet und ineffiziente Fabriken wurden geschlossen. Neben der Raffinerie betätigte sich Rockefeller nun auch bei der Ölsuche, dem Transport des Öls und seiner Vermarktung. In den 1890ern kontrollierte er eine riesige vertikal und horizontal integrierte Organisation, die jeden Aspekt des Ölgeschäfts dominierte. John D. Rockefeller wurde sagenhaft reich dabei. Als er 1937 im Alter von 98 Jahren starb, war er der erste Dollarmilliardär. Während seines gesamten Lebens als erwachsener Mann war er immer einer der reichsten Männer Amerikas gewesen. Trotz seiner persönlichen Bescheidenheit, seines baptistischen Glaubens und seiner vielen Spenden für wohltätige Zwecke erreichte er nie die Popularität Andrew Carnegies.

Dies war zum großen Teil das Verdienst der Journalistin Ida M. Tarbell, deren Fortsetzungsreportage „History of the Standard Oil Company" von 1902 to 1905 die Leserinnen und Leser von McClure's Magazine unterhielt, entsetzte oder be-

---

[86] McNeese, Tim. The Robber Barons and the Sherman Anti-Trust Act: Reshaping American Business. New York: Chelsea House Publishers, 2009.
[87] McNeese, The Robber Barons, S. 101.
[88] Markham, A Financial History of the United States, Band 1, S. 356.
[89] Ernst, Joseph W. (Hg.). Dear Father/Dear Son: Correspondence of John D. Rockefeller and John D. Rockefeller, Jr. New York: Fordham University Press, 1994, S. 2.

troffen machte.⁹⁰ McClure war eine Qualitätszeitschrift, die das gebildete Bürgertum zu ihrem Zielpublikum rechnete.⁹¹ Ida Tarbell war in der Ölregion Pennsylvanias aufgewachsen und ihr Vater war der Besitzer einer kleinen Raffinerie gewesen, die von Standard Oil aufgekauft worden war. Sie hatte also durchaus persönliche Motive für ihren Feldzug gegen Rockefeller. Doch waren ihre Methoden und die Präzision ihrer Recherche über jeden Zweifel erhaben, so dass ihre Artikelserie sehr viel Staub aufwirbelte. Als ihre Serie in McClures ausgelaufen war, befürchtete Rockefeller ein Attentat auf ihn und verhielt sich sehr nervös.⁹² Die Standard Oil und der Mann, der sie geschaffen hatte, waren zum Symbol für verbrecherischen Monopolismus geworden. Rockefeller konterte, indem er einen Presseverantwortlichen einstellte, der helfen sollte, sein Image aufzupolieren.⁹³

Rockefeller diente als Blitzableiter für die Spannungen, die im Prozess der industriellen Konsolidierung entstanden waren. Man sah in ihm einen Bösewicht, weil man sich zu Recht vor der Macht der Standard Oil fürchtete. Die unsichtbare Hand des Marktes war unwirksam. Die Gesellschaft unterhielt ein betriebseigenes Spionagesystem zu Unterdrückung möglicher Konkurrenten. Sie trug daher zu Recht den Titel „Lithe [geschmeidiger] Sovereign State of Standard Oil".

Trotz der Ablehnung von Trusts und Großunternehmen, die im Ruf standen, die Gesetze zu missachten, begeisterten sich Amerikaner und Amerikanerinnen für Erfindungen und die Menschen, die sie erdachten. An der Schwelle des 20. Jahrhunderts erreichten die Erfinder Thomas Alva Edison und Alexander Graham Bell Kultstatus. Die Verehrung, die man Männern wie ihnen entgegenbrachte, verschleiert die Tatsache, dass Erfindungen vermarktet werden mussten und die entstehenden neuen Elektrokonzerne bald nicht mehr von den Erfindern, sondern von den Geldgebern kontrolliert wurden. Alexander Graham Bell (1847– 1922), ein Schotte, der versucht hatte, Taubstummen das Sprechen beizubringen, entwickelte eine Methode, Tonaufzeichnungen per Draht zu übermitteln. Das Telefon war geboren. Bell stellte 1876 seine neue Erfindung auf der Philadelphia Centennial Exposition vor und die Western Union, eine der größten Telegraphiegesellschaften der Zeit, zeigte Interesse. Western Union wurde zeitgleich in eine Auseinandersetzung mit Jay Gould verwickelt, die die vollständige Auf-

---

90 Tarbell, The History of the Standard Oil Company. Gilbert Holland Montague. The Legend of the Standard Oil Company. The North American Review. 1905 Sep 1; 181 (586):352–368.
91 Für die Qualitätsmagazine maßgeblich ist Saldern, Adelheid von. Amerikanismus: Kulturelle Abgrenzung von Europa und US-Nationalismus im frühen 20. Jahrhundert. Stuttgart: Franz Steiner Verlag, 2013, S. 28–66.
92 Chernow, Titan, S. 452.
93 Weinberg, Steve. Taking on the Trust: The Epic Battle of Ida Tarbell and John D. Rockefeller. New York: W.W. Norton, 2008, S. 239.

merksamkeit der Direktion erforderte, weshalb die Gesellschaft es versäumte, Bells Patent zu kaufen. Das Resultat war American Bell, die weltgrößte Telefongesellschaft ihrer Zeit unter der Führung des Managers Theodore Newton Vail (1845–1920).[94] Vail entwickelte das erste Langstreckentelefonnetz der Welt und gründete 1885 die American Telephone & Telegraph Company (AT&T) mit Sitz in Bedminster, New Jersey.[95] Er ließ auch das erste transkontinentale Telefonnetz bauen, das Gespräche zwischen New York und San Francisco ermöglichte und zur Eröffnung der Panama-Pacific Exposition in San Francisco 1915 in Betrieb genommen wurde.[96]

Thomas Alva Edison hingegen verkörperte die altmodischen Werte eines Yankee-Tüftlers und des robusten Individualismus, die die Zeitgenossen sehr bewunderten. Wie einer seiner Dynamos arbeitete er unermüdlich – manchmal bis zu 20 Stunden am Tag. Der Autodidakt unterhielt in Menlo Park im Staate New Jersey sein Laboratorium.[97] Zu seinen zahlreichen Erfindungen und Patenten gehörten der Plattenspieler, die Filmkamera und die Glühbirne.

Die Einführung der Elektrizität stellte Ingenieure und Unternehmen vor große Probleme. Mit der Entdeckung eines haltbaren und effektiven Glühfadens für die Glühbirne im Jahre 1879 leitete Edison das Zeitalter der elektrischen Beleuchtung in Privathaushalten ein. Die Frage war nur, wie man diese wunderbare Erfindung vermarkten wollte. Vor der Vermarktung mussten schier unüberwindlich scheinende Probleme gelöst werden. Ein System von Leitungen, Elektrizitätswerken, Generatoren und Sicherungen musste entwickelt und aufgebaut werden. Weil Elektrizität technologisch komplex war und außerdem Gefahr für Leib und Leben in sich barg, musste die Vermarktung alle Aspekte des Einsatzes von elektrischem Strom berücksichtigen. Gefragt waren hier nicht nur Werbefachleute, sondern auch die Ingenieure. Am Anfang der Elektrifizierung der Privathaushalte standen Stromgeneratoren, die im Haus des Endverbrauchers aufgestellt wurden. J. P.

---

94 Louis Galambos. Theodore N. Vail and the Role of Innovation in the Modern Bell System. *The Business History Review*, Band 66, No. 1, High-Technology Industries (Spring, 1992), S. 95–126.
95 Hughes, Thomas Parke. American Genesis: A Century of Invention and Technological Enthusiasm, 1870–1970. New York: Viking, 1989, S. 150–159.
96 Dies wurde ermöglicht, weil in der Zwischenzeit Umsetzer (Repeater) erfunden worden waren, die das Telefonsignal bei großen Entfernungen verstärkten. Murphy, John. The Telephone: Wiring America. New York: Chelsea House Publishers, 2009, S. 87. Froehlich, Fritz E. und Kent, Allen. The Froehlich/Kent Encyclopedia of Telecommunications. New York: M. Dekker, 1991–1999, 18 Bände, Band 2, S. 244.
97 Stross, Randall E. The Wizard of Menlo Park: How Thomas Alva Edison Invented the Modern World. New York: Crown Publishers, 2007.

5.4 Körperschaftsrecht und der amerikanische Kapitalismus (Lock-in 6)

Morgan verfügte schon 1882 über elektrisches Licht in seinem New Yorker Anwesen in der Madison Avenue 219.[98]

Jeden Morgen kam ein Ingenieur vorbei, um den Generator anzuwerfen. Als eine Glühbirne in Morgans Bibliothek durchbrannte und sein Schreibtisch Feuer fing, musste ein Ingenieur gerufen werden, der das Problem behob. Derartige Probleme hielten Morgan nicht davon ab, sehr viel Geld in die Edison General Electric Company zu stecken.

Edison arbeitet unermüdlich am Ausbau seines Netzes, indem er Generatorenhäuser errichten ließ, die elektrische Energie in die Haushalte bringen konnten. Er hatte dabei ein unlösbares Problem: Sein System basierte auf Gleichstrom und so war die Reichweite seines Netzes auf ein Gebiet von zwei Meilen im Umkreis des Generators begrenzt. In George Westinghouse (1846–1914), dem Erfinder und Produzenten der Luftdruckbremse für Züge, entstand Edison ein mächtiger Konkurrent. Sein System hatte den Vorteil, Wechselstrom zu verwenden, und daher konnten größere Entfernungen ohne große Spannungsverluste überwunden werden. Westinghouse forderte die Edison General Electric ohne zu zögern heraus. Beide Unternehmen platzierten sich als komplexe, vertikal integrierte Gesellschaften auf dem Markt, um so die Vermarktung ihrer Produkte vom elektrischen Strom über Leitungssysteme, Generatoren, Glühbirnen bis zu Elektromotoren zu ermöglichen. In den Filialen der Firmen arbeiteten qualifizierte Ingenieure und nicht etwa nur Verkäufer. Sie berieten ihre Kunden und Kundinnen über die Installation und den sicheren Betrieb elektrischer Apparate und boten Reparaturdienste an.[99] Beide Firmen unterhielten große Forschungslaboratorien, um neue Anwendungsgebiete für Elektrizität zu entwickeln. Der Konkurrenzkampf beider Unternehmen wurde mit harten Bandagen ausgetragen. Edison benutzte die weit verbreitete Überzeugung, Wechselstrom sei gefährlicher als Gleichstrom, um seinem Konkurrenten einzuheizen. Er ging sogar soweit, öffentlich einen Elefanten mit Wechselstrom zu exekutieren und diese Quälerei auch noch zu filmen, um für den angeblich sichereren Gleichstrom zu werben.[100] Über Edisons Widerstand hinweg setzte sich das überlegene Wechselstromsystem

---

[98] Skrabec, Quentin R. George Westinghouse: Gentle Genius. New York: Algora Pub, 2007, S. 93.
[99] Frauen gehörten von Anfang an zu den Kunden der Elektrizitätsfirmen, da sie sich Gedanken über arbeitsersparende elektrische Apparaturen zum Beispiel auf dem Bauernhof machten. Holt, Marilyn Irvin. Linoleum, Better Babies, & the Modern Farm Woman, 1890–1930. Lincoln, London: University of Nebraska Press, 1995, S. 21–38.
[100] Zur „Battle of the Currents" siehe Moran, Richard. Executioner's Current: Thomas Edison, George Westinghouse, and the Invention of the Electric Chair. New York: A.A. Knopf, 2002, S. 106–139.

trotzdem als Standard in den USA durch, allerdings auf der Basis von nur 110 Volt, was die Kundschaft beruhigen sollte, die Angst vor einem Stromschlag hatte.[101]

Bis zum Ende des Jahrhunderts hatte sich die Elektrizität durchgesetzt. Straßenbahnen, Untergrundbahnen und Maschinen wurden nun elektrisch angetrieben. Privathäuser, Fabriken und Bürogebäude wurden mit elektrischem Licht ausgestattet. Elektrizität wurde zum Synonym für Modernität und urbanes Leben. Die Großstadt mit ihren hellen Lichtern wurde dem Landleben mit seiner Dunkelheit gegenübergestellt. Noch in den dreißiger Jahren des 20. Jahrhunderts hatten nur zehn Prozent der Farmen elektrisches Licht.

Während sich die Bevölkerung der USA an der Beleuchtung der Großstädte erfreute, wichen die Erfinder den Managern und Investoren. 1892 schloss J. P. Morgan die Elektroindustrie zusammen, verkaufte Edisons General Electric an seinen Konkurrenten Thomson-Houston, setzte Edison damit *de facto* an die Luft und half so bei der Entstehung der General Electric Company, die viermal so groß war wie das alte Unternehmen von Westinghouse. Damit dominierte GE den Markt.[102] Heute ist GE einer der größten Mischkonzerne der Welt mit einem Umsatz von 147 Milliarden Dollar im Jahr und über 300.000 Mitarbeitern in der ganzen Welt.[103]

5.5 Die Entstehung des Massenmarktes

Die Eisenbahn ermöglichte im Laufe der 1880er Jahre die Entstehung eines Massenmarktes für Verbrauchsgüter.[104] Um diesen Markt zu etablieren mussten

---

101 Hargadon, Andrew B. und Douglas, Yellowlees. When Innovations Meet Institutions: Edison and the Design of the Electric Light. Administrative Science Quarterly. 2001 Sep; 46 (3):476–501. Finzsch, Norbert. Henry Adams, Nikola Tesla and the „Body Electric": Intersections between Bodies and Electrical Machines. In: Hampf, M. Michaela und Snyder-Körber, MaryAnn (Hg.). Machine: Bodies, Genders, Technologies. Heidelberg: Winter, 2012, S. 253–278.
102 Reich, Leonard S. The Making of American Industrial Research Science and Business at GE and Bell, 1876–1926. Cambridge, New York: Cambridge University Press, 1985.
103 Zahlen für das Geschäftsjahr 2013. General Electric Company. GE Works: 2013 Annual Report. Fairfield, CT: General Electric Company, 2014, S. 42.
104 Die beste Einführung ist immer noch Strasser, Susan. Satisfaction Guaranteed: The Making of the American Mass Market. New York: Pantheon Books, 1989. Weiterführende Literatur: Blaszczyk, Regina Lee. American Consumer Society, 1865–2005: From Hearth to HDTV. Wheeling, IL: Harlan Davidson, Inc, 2009. Farrell, James J. One Nation under Goods: Malls and the Seductions of American Shopping. Washington, DC: Smithsonian Books, 2010. Glickman, Lawrence B. Buying Power: A History of Consumer Activism in America. Chicago, IL, London: University of Chicago Press, 2009. Goldstein, Carolyn M. Creating Consumers: Home Economists in Twentieth-Century America. Chapel Hill, NC: University of North Carolina Press, 2012. Hoganson, Kristin L. Consu-

die Hersteller Methoden der Massenfabrikation mit Verfahren des Marketings für den Massenmarkt kombinieren. Wo dies gelang, entstanden Unternehmen, die auf lange Zeit eine marktbeherrschende Stellung einnehmen konnten. Die innerbetriebliche Reorganisation von Unternehmenszweigen wie dem Fleischhandel oder im Lebensmittelhandel sorgte für Extraprofite bei Produkten wie Hot Dogs oder Tomatenketchup.

Tabelle 6: Vergleich des Absatzes von lebendigem Vieh mit Kühlfleisch, New York 1882–1886[105]

Jahr	Tonnen	Tonnen
1882	366,487	2,633
1883	392,095	16,365
1884	328,22	34,956
1885	337,82	53,344
1886	280,184	69,769

Was Carnegie für das Stahlgeschäft tat, besorgte Gustavus Franklin Swift (1839–1903) für den Fleischhandel. Noch nach dem Bürgerkrieg wurde Schlachtvieh von Cowboys in die fleischverarbeitenden Zentren getrieben, wo es geschlachtet wurde. Swift kam 1875 nach Chicago, um Fleisch im Auftrag einer Firma aus Boston zu kaufen. Er verstand, dass es effektiver war, das Vieh bereits im Mittleren Westen zu schlachten und das Fleisch per Kühlwagen ohne Gewichtsverlust zu den Verbraucherinnen und Verbrauchern im Osten zu schaffen.[106] Er schuf ein vertikal integriertes Fleischhandelsunternehmen, das den gesamten Vorgang vom Ankauf des Schlachtviehs bis zum Verkauf an die Haushalte kontrollierte. Swift entwickelte den Kühlwagen für Eisenbahnen und Kühlhäuser für die Geschäfte des Einzelhandels. Die Qualität seiner Waren war hoch, die Preise relativ niedrig und die Werbung für seine Produkte effektiv.[107] Es gelang ihm, die Bedenken der Verbraucherinnen zu zerstreuen, die sich Sorgen machten, weil das angebotene Fleisch nicht vom lokalen Metzger geschlachtet worden war. Der Erfolg der Firma

---

mers' Imperium: The Global Production of American Domesticity, 1865–1920. Chapel Hill, NC: University of North Carolina Press, 2007. Ward, Douglas B. A New Brand of Business: Charles Coolidge Parlin, Curtis Publishing Company, and the Origins of Market Research. Philadelphia, PA: Temple University Press, 2010.
105 Railway Review, 29. Januar 1887, S. 62.
106 Walsh, Margaret. The Rise of the Midwestern Meat Packing Industry. Lexington, KY: University Press of Kentucky, 1982. Warren, Wilson J. Tied to the Great Packing Machine. The Midwest and Meatpacking. Iowa City, IO: University of Iowa, 2007, S. 1–7.
107 Strasser, Satisfaction Guaranteed, S. 52.

Swift and Company überzeugte ältere Fleischlieferanten wie Philip Danforth Armour (1832–1901), ähnliche vertikal integrierte Unternehmen hochzuziehen und so in Konkurrenz mit Swift Würste und Hot Dogs an die Endverbraucherin abzusetzen.

So sehr wie Swift den Fleischmarkt veränderte, indem er Massenproduktion mit Massendistribution kombinierte, so sehr wandelte Henry John Heinz (1844–1919) den Lebensmittelhandel um.[108] 1880 war Heinz noch ein örtlicher Produzent von eingelegtem Gemüse, Soßen und Gewürzmischungen. Sein Geschäft am Stadtrand von Pittsburgh, PA, lief mehr schlecht als recht, da er sich noch von den Auswirkungen einer Insolvenz als Konsequenz der Wirtschaftskrise von 1873 erholen musste. In den 1880er Jahren übernahm er neue, effektivere Methoden zur Herstellung von Konserven und bei der Flaschenabfüllung und errichtete ein Netzwerk von Verkaufsstellen, die sein Angebot von 57 verschiedenen Gewürzmischungen in der ganzen Nation an die Verbraucherin brachten. Um einen nie abreißenden Fluss von Rohstoffen wie Gemüse und andere Ausgangsprodukte zu sichern, schuf er eine Einkaufsabteilung, die mit den örtlichen Farmern langfristige Lieferverträge abschloss. Angeschlossen war ein Warenlager, in dem die Ausgangsprodukte gelagert werden konnten. 1888 war Heinz einer der reichsten Bewohner Pittsburghs geworden und sein Ketchup fand sich in jeder amerikanischen Küche. Andere Lebensmittelhersteller nutzten ähnliche Methoden, darunter Quaker (Haferflocken), Campbell (Suppen) und Borden (Kondensmilch). Sie alle koordinierten Massenherstellung mit massenhaftem Vertrieb von fertig verpackten Lebensmitteln zu niedrigen Preisen.[109] Andere Sparten wie Tabak, Getreide, Streichhölzer, Seife und Fotografie integrierten die Produktion in den Vertrieb und setzten sich so auf dem nationalen Markt durch. Unternehmen wie American Tobacco, Procter & Gamble, Quaker Oats, Pillsbury Flour und Eastman Kodak sind auch heute noch Marktführer auf ihrem Gebiet.[110]

---

[108] Skrabec, Quentin R. H.J. Heinz: A Biography. Jefferson, NC: McFarland & Co, 2009.

[109] DuPuis, Steven und Silva, John. Package Design Workbook: The Art and Science of Successful Packaging. Beverly, MA: Rockport Publishers, 2008, S. 13. Strasser, Satisfaction Guaranteed, S. 252–285.

[110] Cox, Howard. The Global Cigarette: Origins and Evolution of British American Tobacco, 1880–1945. New York: Oxford University Press, 2000. Roberts, B. W. C. und Roberts, Snow L. Bull Durham: Business Bonanza, 1866–1940. Durham, NC: Genuine Durham Press, 2002. Dyer, Davis, Dalzell, Frederick und Olegario, Rowena. Rising Tide: Lessons from 165 Years of Brand Building at Procter & Gamble. Boston, MA: Harvard Business School Press, 2004. Schisgall, Oscar. Eyes on Tomorrow: The Evolution of Procter & Gamble. Chicago, IL, New York: J.G. Ferguson Pub. Co. Distributed by Doubleday, 1981. Musser, Joe. The Cereal Tycoon: Henry Parsons Crowell, Founder of the Quaker Oats Co. A Biography. Chicago, IL: Moody Press, 1997. Thornton, Harrison John. The

Die Werbung spielte bei diesen Entwicklungen eine Schlüsselrolle, denn nur mithilfe der Werbung konnten regionale Produkte sich auf dem nationalen Markt durchsetzen. Die Medien, in denen Produkte vor der Erfindung des Radios und des Fernsehens beworben werden konnten, waren Billboards, Postkarten, Zeitungen und Zeitschriften. Während der Kinderzeit der Werbung war diese sehr weit entfernt von den teilweise witzigen und strategischen Werbekampagnen der Gegenwart. Der Werbefachmann am Ende des 19. Jahrhunderts entwarf weder ideenreichen Slogans, noch wählte er das graphische Material für die begleitenden Illustrationen aus. All das wurde vom Kunden besorgt. Der Agent kaufte und verkaufte lediglich Werbeplätze in den Zeitungen. 1876 erschienen rund achttausend Zeitschriften in den USA. Die Werbekunden konnten es sich einfach nicht leisten, jede einzelne Zeitschrift mit ihren Vertriebsdaten und Auflagenzahlen kennenzulernen und anzuschreiben, um ihre Produkte in ihr anzupreisen. Diese Aufgaben übernahm die Werbeagentur, die vom Kunden mit dem fertigen Werbematerial beliefert wurde. Die Werbeagentur wurde auch nicht vom Kunden bezahlt, sondern von der Zeitschrift, die der Agentur 15 bis 20 Prozent der Werbekosten als Kommission zahlten. Es war also aus Sicht der Agentur nicht ganz klar, ob sie im Auftrag des Werbekunden oder im Auftrag der Zeitschrift arbeitete. In der Praxis erhöhten die Werbeagenturen ihren Profit, indem sie vom Kunden sehr hohe Preise verlangten und bei den Zeitschriften sparten, wo sie konnten. Auf diese Weise konnten die Agenturen zusätzlich zu ihrer Kommission hohe Einnahmen verbuchen.[111]

Ein anderes Charakteristikum sorgte für ein schlechtes Image der Werbeindustrie in ihren Kindertagen. Beworben wurden zunächst allerlei Wundermittel, Elixiere und Hausmittel gegen Schuppen und Erkältungskrankheiten. Produkte, wie das Alkohol enthaltende Mittel gegen Menstruationsbeschwerden von Lydia E. Pinkham („Vegetable Compound") waren die Vorreiterprodukte im nationalen Werbemarkt und sorgten rasch dafür, dass Lydia Pinkham eine nationale

---

History of the Quaker Oats Company. Chicago, IL: The University of Chicago Press, 1933. Collins, Douglas. The Story of Kodak. New York: H.N. Abrams, 1990.

111 Applegate, Edd. The Rise of Advertising in the United States: A History of Innovation to 1960. Lanham, MD: Scarecrow Press, 2012. Cruikshank, Jeffrey L. und Schultz, Arthur W. The Man Who Sold America: The Amazing (but True!) Story of Albert D. Lasker and the Creation of the Advertising Century. Boston, MA: Harvard Business Review Press, 2010. McGovern, Charles. Sold American: Consumption and Citizenship, 1890–1945. Chapel Hill, NC: University of North Carolina Press, 2006. Sivulka, Juliann. Soap, Sex, and Cigarettes: A Cultural History of American Advertising. Boston, MA: Wadsworth, Cengage Learning, 2012.

Berühmtheit wurde.[112] Firmen, die auf ihren Ruf bedacht waren, waren zurückhaltend, wenn es um Werbeaufträge ging. Die rasch voranschreitende Professionalisierung der Medizin und die Berufs- und Standesorganisationen, wie die American Medical Association, die diese Professionalisierung vorantrieben, untersagten es ihren Mitgliedern zunächst, Werbekampagnen zu schalten.[113] Gegen Ende des Jahrhunderts hingegen begann die Haltung zur Werbung sich zu wandeln. Der Druck, sich auf dem nationalen Markt zu behaupten, veranlasste viele Firmen, trotz des schlechten Rufs der Werbeindustrie Kampagnen zu schalten. Ivory Soap aus dem Hause Procter & Gamble („99.44% pure", „It floats"), Quaker Oats („The easy food") und Coca-Cola („The ideal brain tonic") waren die größten Profiteure nationaler Werbekampagnen.[114] Die Agenturen wurden verantwortungsbewusster und verbesserten ihren Ruf. Sie schalteten nicht mehr nur die Anzeigen, sondern schrieben die Slogans selbst und entwarfen das Design der Werbung. Mit Beginn des 20. Jahrhunderts waren Werbung und Konsum nicht mehr voneinander zu trennen.

5.6 Das Platzen der Spekulationsblase im Eisenbahngeschäft, 1893

Auch wenn Industriegiganten vom Schlage eines Rockefeller oder Carnegie ihre Konzerne hochzogen, so zeichnete sich doch bald ein Ende der Ära ab, in der einzelne Unternehmer die Geschicke der Aktiengesellschaften im Alleingang lenken konnten. An ihre Stelle traten Manager, Vorstände und Aufsichtsräte. Die für die Investitionen nötige Kapitaldecke wuchs rasch an und Aktiengesellschaften alleine waren in der Lage, das notwendige Geld zu beschaffen und Fusionen und Übernahmen einzuleiten.

Schon gegen Ende des 19. Jahrhunderts hatte die Aktiengesellschaft die GmbH oder das Familienunternehmen als wichtigste Form der Geschäftsorganisation abgelöst. Aktiengesellschaften hatten den Vorteil der beschränkten Haftung wie die GmbH und schützten so die Investoren vor dem Verlust des Privatvermögens, sollte das Unternehmen Insolvenz anmelden müssen. Eine Aktiengesellschaft konnte die Person des Gründers überleben und wurde im

---

112 Stage, Sarah. Female Complaints: Lydia Pinkham and the Business of Women's Medicine. New York: Norton, 1979, S. 205–232. Washburn, Robert Collyer. The Life and Times of Lydia E. Pinkham. New York: Arno Press, 1976.
113 Baker, Robert. Before Bioethics: A History of American Medical Ethics from the Colonial Period to the Bioethics Revolution. Oxford, New York: Oxford University Press, 2013, S. 109.
114 Strasser, Satisfaction Guaranteed, S. 118f., 129–133.

Todesfall des Präsidenten oder Aufsichtsratsvorsitzenden nicht in Familienstreitigkeiten verwickelt wie ein Familienunternehmen. Das für Familienunternehmen typische Auf und Ab, das abhängig war vom Geschäftssinn der Erben, sorgte für wenig Stabilität. In der Aktiengesellschaft waren Eigentümer und Manager zwei verschiedene Körperschaften. Das Management kümmerte sich um die tagtäglichen Entscheidungen auf operativer Ebene, während die Gemeinschaft der Eigentümer den Aufsichtsrat und das Management bestimmte. Kapital konnte durch Ausgabe neuer Aktien jederzeit kurzfristig beschafft werden. Die meisten Investoren kauften Aktien, weil sie sich hohe Dividenden versprachen und überließen die Entscheidungen über den Kurs des Unternehmens sehr gerne professionellen Vorständen, die hohe Gehälter bezogen, sich aber durch einen Griff in die Kasse nicht bereichern konnten. Hinzu kam, dass das amerikanische Rechtssystem, das die Aktiengesellschaft als eine „Person" behandelte, dem Gesetzgeber nach den Bestimmungen des 14. Verfassungszusatzes und dem Gebot des „due process of law" weitgehende Freiheiten einräumte und sich einer stärkeren Regulierung des Aktiengeschäfts auch nach 1873 weitgehend widersetzte.[115] Durch das Angebot von Aktien auf einem grundsätzlich offenen Markt konnten außerdem Aktiengesellschaften Konkurrenten aufkaufen oder durch eine Sperrminorität kontrollieren. Amerikanische Anwälte nutzten das liberale Körperschaftsrecht, um eine Aktiengesellschaft nach der anderen zu bilden. Im Jahre 1883 wurden in Deutschland 192 Aktiengesellschaften gegründet, in den Vereinigten Staaten waren es in neun Bundesstaaten alleine (ohne New York) 2.000 Aktiengesellschaften. 1910 lagen die Zahlen noch weiter auseinander: 261 (Deutschland) im Vergleich zu 22.000 in den USA.[116] Dieser Umstand führte im 20. Jahrhundert zur Entstehung großer Konglomerate von Aktiengesellschaften, ja Oligopolen oder zu Mischkonzernen, die eine breite Palette von Produkten anboten.

Die Fusionsleidenschaft führte zwischen 1890 und 1930 u. a. zu Konzernen wie der Standard Oil oder der General Electric. Als die Trusts zunehmend politische Bedenken auslösten, bildeten sich Holding Companies oder Beteiligungsgesellschaften, um einer strafrechtlichen Verfolgung durch die Behörden zu entgehen. Während der Wirtschaftskrise von 1893 bis 1897 mussten viele Aktiengesellschaften Insolvenz anmelden, um umgehend durch vom Gericht ernannte

---

115 Grundlegend dazu Bowman, Scott R. The Modern Corporation and American Political Thought: Law, Power, and Ideology. University Park, PA: Pennsylvania State University Press, 1996, S. 55–59.
116 Carroll, Archie B, Lipartito, Kenneth, Post, James E., Werhane, Patricia Hogue und Goodpaster, Kenneth E. Corporate Responsibility: The American Experience. Cambridge, New York: Cambridge University Press, 2012, S. 65.

Konkursverwalter restrukturiert, reorganisiert und konsolidiert zu werden. Die Aktiengesellschaften waren somit auch unter den Bedingungen einer Wirtschaftsdepression im Prinzip resilient: Sie entstiegen der Asche der Krise wie der Vogel Phoenix neu, wenn auch mit anderem Namen oder unter veränderten Besitzverhältnissen.

Banken und Investoren spielten eine wichtige Rolle in dieser Konsolidierungsphase nach 1890, so dass der individuelle Unternehmer dem anonymen Finanzkapital weichen musste, in dem Bankenkapital und Industriekapital zum Finanzkapital zusammengeschweißt wurde.[117] Der Bankier J. P. Morgan war gegen Ende des 19. Jahrhunderts einer der wichtigsten Akteure in diesem Prozess der Umgestaltung. Er schmiedete mehrere Unternehmenszweige wie die Eisenbahnen und die Stahlindustrie in Großkonzernen zusammen. Ideologische Schützenhilfe erfuhren die fusionierenden Industriezweige durch die Philosophie des Sozialdarwinismus, der das Überleben des „Stärkeren" mit pseudo-biologischen Theorien rechtfertigte und dem Staat das Recht bestritt, hier regulierend und begrenzend einzuschreiten. Der *Supreme Court* der USA war in dieser Epoche eine Bastion des Konservativismus und legte sich quer, wenn der Staat halbherzige Versuche unternahm, die Herausbildung von Oligopolen zu unterbinden oder bestehende Zusammenschlüsse wie in der Eisenbahn zu kontrollieren.[118]

---

[117] Hilferding, Rudolf. Das Finanzkapital: Eine Studie zur jüngsten Entwicklung des Kapitalismus. Wien: Ignaz Brand & Co., 1910. Sandleben, Guenther. Nationalökonomie und Staat: Zur Kritik der Theorie des Finanzkapitals. Hamburg: VSA, 2003.

[118] Während durch die Entscheidung *Munn v. Illinois* (1879) den Staaten das Recht zugesprochen wurde, Eisenbahnen zu regulieren, wurde durch den Wabash-Fall (1886) diese Entscheidung grundlegend revidiert. In diesem Fall legte der Oberste Gerichtshof fest, bei Aktiengesellschaften handele es sich um „Personen", die den gleichen Schutz wie Privatpersonen genössen. Damit entfiel das in der Verfassung garantierte Recht der Bundesstaaten, den zwischenstaatlichen Handel zu regulieren. Der Interstate Commerce Act von 1887 goß die weitgehenden Freiheiten der „Person" Aktiengesellschaft in die Sprache eines Gesetzes. Siehe Wabash, St. Louis & Pacific Railway Company v. Illinois (118 US 557), 1886. Die durch den Interstate Commerce Act gegründete Interstate Commerce Commission von 1887 erwies sich aber als Papiertiger. Ihre Beschlüsse mussten zum Beispiel durch einen eigenen Gerichtsbeschluss bzw. durch Anweisung des Justizministers umgesetzt werden. Interstate Commerce Act (1887) 24 Stat. 379. Erst mit dem Railroad Safety Appliance Act von 1893 erhielt die ICC genügend Durchschlagkraft. Weitere Modifikationen und Ausweitungen der Kompetenzen erfolgten 1903, 1906 und 1910. Stone, Richard D. The Interstate Commerce Commission and the Railroad Industry: A History of Regulatory Policy. New York: Praeger, 1991, S. 13f. Grundlegend auch Kleinsteuber, Hans J. Staatsintervention und Verkehrspolitik in den USA: Die Interstate Commerce Commission. Ein Beitrag zur politischen Ökonomie der Vereinigten Staaten von Amerika. Stuttgart: Metzler, 1977.

Tabelle 7: Gründungen von Konzernen und Insolvenzrate (1870–1900)[119]

Jahr	Anzahl Konzerne in Tsd.	Insolvenzrate
1870	427	83
1871	457	64
1872	500	81
1873	494	105
1874	559	104
1875	603	128
1876	639	142
1877	637	139
1878	661	158
1879	702	95
1880	747	63
1881	782	71
1882	822	82
1883	864	106
1884	905	121
1885	920	116
1886	970	101
1887	994	97
1888	1047	103
1889	1051	103
1890	1111	99
1891	1143	107
1892	1173	89
1893	1193	130
1894	1114	123
1895	1209	112
1896	1152	133
1897	1059	125
1898	1106	111
1899	1148	82
1900	1174	92

Die Wirtschaftsführer dieser Ära mochten keinen Wettbewerb und versuchten mit allen Mitteln, den freien Wettbewerb durch Zusammenschlüsse und Absprachen zu unterbinden. Unter diesen Unternehmerpersönlichkeiten ragte John Pierpont Morgan (1837–1913) hervor als der Bankier, der als Fusionspapst bekannt werden

---

119 Quelle: Historical Statistics of the United States, Band 2, Series V 20–30, S. 912f. Die jährliche Insolvenzrate bezieht sich auf 10.000 aufgeführte Unternehmen. Explizit nicht eingeschlossen in diese Statistik sind Banken und Einsenbahnen.

sollte.[120] Drei Jahrzehnte lang dominierte Morgan den amerikanischen Banksektor in derart eklatanter Weise, dass seine Gegner behaupteten, er kontrolliere einen riesigen „money trust."[121]

Als Sohn eines prominenten Bankiers hatte J. P. Morgan neben seinem Vermögen auch die Geschäftsmoral der altmodischen Privatbankiers geerbt, Männer, die Charakter und Verlässlichkeit hoch schätzten. Morgan selbst hielt sich aber an die Ideale seiner Zeit: unternehmerische Initiative und Durchsetzungsvermögen. Er revolutionierte das Investment Banking, indem er aktiv in das Geschäft der Aktiengesellschaften eingriff und den Aktienmarkt reorganisierte.

Morgan benutzte seinen beträchtlichen Einfluss, um das Eisenbahngeschäft zu reorganisieren und Riesenunternehmen wie General Electric oder US Steel zu begründen. In den 1890er Jahren machten die Eisenbahnen eine Krise durch und Morgan ordnete das resultierende Chaos mit harter Hand und sehr viel Kapital. Er hatte in den 1880er Jahren schon Erfahrungen bei der Konsolidierung der Baltimore and Ohio Railroad, der Reading Railroad und der Chesapeake and Ohio Railroads sammeln können. Nach der Krise von 1893 fügte er seiner Sammlung die Santa Fe Railroad, die Erie Railroad, die Northern Pacific Railroad und die Southern Railroad hinzu. 1901 krönte er seine Anstrengungen durch die Gründung der Northern Securities Company, einem Eisenbahntrust, in dem Versuch, die Auseinandersetzungen zwischen der Great Northern Railroad und der Northern Pa-

---

120 Strouse, Jean. Morgan: American Financier. New York: Perennial, 2000. Allen, Frederick Lewis. The Great Pierpont Morgan: Pomp and Circumstance. Manley, Robert und Manley, Seon. The Age of the Manager: A Treasury of Our Times. New York: Macmillan, 1962; S. 3–23. S. 20. Zu J.P. Morgan und seinen Zeitgenossen weiterführend siehe Auchincloss, Louis. J.P. Morgan the Financier as Collector. New York: H.N. Abrams, 1990. Corey, Lewis. The House of Morgan: A Social Biography of the Masters of Money. New York: AMS Press, 1969. Jackson, Stanley. J.P. Morgan, a Biography. New York: Stein and Day, 1983. Markham, Jerry W. A Financial History of the United States. Armonk, N.Y: M.E. Sharpe, 2002. Morris, The Tycoons. Tett, Gillian. Fool's Gold the Inside Story of J.P. Morgan and How Wall Street Greed Corrupted Its Bold Dream and Created a Financial Catastrophe. New York: Free Press, 2010.
121 United States, Congress, House und Committee on Banking and Currency. Money Trust Investigation: Investigation of Financial and Monetary Conditions in the United States under House Resolutions Nos. 429 and 504, before a Subcommittee of the Committee on Banking and Currency. Interlocking Directorates. Washington, DC: Government Printing Office, 1913. United States; Congress; House und Committee on Banking and Currency. Money Trust Investigation: Investigation of Financial and Monetary Conditions in the United States under House Resolutions Nos. 429 and 504, before a Subcommittee of the Committee on Banking and Currency. Washington, DC: Government Printing Office, 1913, 3 Bände.

cific Railroad friedlich zu beenden.[122] Auch andere Investmentbanker versuchten ähnliche Fusionen herbeizuführen, doch keiner konnte Morgan das Wasser reichen. Die Northern Securities wäre – hätte sie Bestand gehabt – die größte Aktiengesellschaft der damaligen Welt gewesen.

Morgan schaffte die ruinöse Konkurrenz zwischen den Eisenbahngesellschaften ab, indem er an die gemeinsamen Interessen der Kontrahenten appellierte. In den neu geschaffenen Konzernen wählte er die Manager selbst aus. Die Partner Morgans saßen mitunter in den Aufsichtsräten von Konkurrenzfirmen und bildeten so „interlocking directorates" – eine Konstruktion, die im deutschen Aktienrecht untersagt ist.[123] Bei Vollendung seines „Werks" kontrollierten nur noch sieben Eisenbahnkonzerne zwei Drittel des amerikanischen Schienennetzes.

Kontrolle durch die Banken bedeutete das Ende des spekulativen Wildwuchses im Eisenbahnbau der 1860er und 1870er Jahre. Doch wurde die so hergestellte „Ordnung" teuer erkauft. Morgan „verwässerte" die Aktien der Eisenbahngesellschaften, indem er laufend neue Aktien ausgeben ließ und so die Profite nach oben trieb. Morgans Unternehmen profitierten in geradezu grotesker Weise von den Provisionen derartiger Aktienverkäufe. Die flagrante Überkapitalisierung der Gesellschaften schadete den Unternehmen langfristig, weil sie auf diese Weise Schulden akkumulierten. Die Rentabilität der betroffenen Unternehmen wurde zudem stark herabgesetzt, da der erzielte Gewinn ja in Relation zum investierten Kapital berechnet werden musste. Als ähnlich schädlich sollte sich der Führungsstil der Mitarbeiter Morgans herausstellen, die in seinem Auftrag den Eisenbahngesellschaften vorstanden. Sie waren keine Eisenbahnspezialisten und verstanden nichts vom operativen Geschäft. Für sie waren Eisenbahnen ein Bereich des Bankengeschäfts: Sie waren Männer, die lediglich die Zahlen in ihren Kontobüchern sahen.[124] Aus diesem Grund unterblieben not-

---

122 Der Trust wurde 1904 auf Betreiben Präsident Theodore Roosevelts und unter Berufung auf den Sherman Antitrust Act als Monopol zerschlagen. *Northern Securities Company v. United States*, 193 US 197 (1904).
123 § 100, Absatz 1 Aktiengesetz von 1965. 2014 ist eine Novelle des Aktienrechts vorgelegt worden, über deren Annahme bei Redaktionsschluß noch nicht entschieden worden ist. Der Begriff ist wegen seiner Sonderstellung im amerikanischen Wirtschaftsrecht unübersetzbar und wird auch in der deutschsprachigen Forschung so benutzt. Schneider, Volker, Janning, Frank, Leifeld, Phillip und Malang, Thomas. Politiknetzwerke: Modelle, Anwendungen und Visualisierungen. Wiesbaden: VS Verlag für Sozialwissenschaften, 2009, S. 181. Die amerikanische Entwicklung fasst zusammen Ebke, Werner F. Interlocking Directorates. Zeitschrift für Unternehmens- und Gesellschaftsrecht. 1990; 19 (1):50–109.
124 Jones, Arthur. Capitalism and Christians: Tough Gospel Challenges in a Troubled World Economy. New York: Paulist Press, 1992, S. 35.

wendige technologische und organisatorische Reformen, die ein effizientes Wirtschaften hätten beflügeln können.

Nachdem Morgan die Eisenbahnen unter seine Kontrolle gebracht hatte, begann er 1898 im Stahlgeschäft zu investieren.[125] Der Erwerb von Andrew Carnegies Stahlfabriken ist ein Kapitel aus dem Lehrbuch der kapitalistischen Akkumulation. Die Ära des individualistischen Erfindertyps, der erfolgreich ein Geschäft leitete, ging endgültig zu Ende. Die Aktiengesellschaft sollte auch im Stahlgeschäft die vorherrschende Gesellschaftsform werden. Carnegie repräsentierte die alte Ordnung, Morgan die neue Zeit. Morgan bereitete seinen Coup vor, indem er die Fusionen mehrerer kleiner Stahlfirmen überwachend begleitete, die sich bald vertikal zu integrieren begannen, d. h. sie entwickelten sich von der Herstellung von Stahlfertigwaren zur Produktion von Rohstahl. Carnegie, der seit Jahrzehnten die Produktion von Rohstahl kontrolliert hatte, konterte, indem er mit der Herstellung von Röhren, Nägeln, Draht und Stahlreifen begann. Carnegie ahnte aber, was Morgan vorhatte, denn er sandte seinem Partner Charles M. Schwab im Sommer 1900 ein Telegramm:

> My recent letters predict present state of affairs; urge prompt action essential; crisis has arrived, only one policy open; start at once hoop, rod, wire, nail mills, no halfway about last two. Extend coal and coke roads, announce these; also tubes.[126]

Die Presse hatte große Freude an der bevorstehenden Auseinandersetzung zwischen dem kleinen Schotten und dem langen Wall Street-Bankier. Die „Schlacht der Riesen" stellte sich am Ende als ein undurchsichtiges Manövrieren beider Kontrahenten heraus, bei dem es schwierig ist, zu entscheiden, wer sich letztlich durchgesetzt hat. Der 66 Jahre alte Carnegie akzeptierte es trotz seiner Kämpfernatur, sich letztlich auf Skibo Castle, sein Schloss in Schottland, zurückzuziehen. Es kann jedoch durchaus sein, dass er Morgan dazu gebracht hatte, ihm ein Übernahmeangebot zu machen, denn er wusste, dass Morgan wohl der einzige Bankier war, der über das nötige flüssige Kapital verfügte, um ihn aufzukaufen. Ein Gewährsmann Morgans stattete Carnegie einen Besuch auf dem Golfplatz ab und fragte ihn, wie hoch sein Preis sei. Carnegie kritzelte daraufhin eine Zahl auf seine Scorekarte. Der Gewährsmann eilte mit dieser Information zurück in Morgans Büro und überreichte ihm das „Dokument" Morgan mochte nicht feilschen und bemerkte lakonisch: „I accept this price." Ohne mit der Wimper zu zucken

---

125 United States, Historical Statistics, Band 2, Series P 231–300, S. 693f.
126 Nasaw, Andrew Carnegie, S. 581. Warren, Kenneth. Triumphant Capitalism: Henry Clay Frick and the Industrial Transformation of America. Pittsburgh, PA: University of Pittsburgh Press, 1996, S. 272. Krass, Peter. Carnegie. Hoboken, NJ: John Wiley & Sons, 2002.

hatte Morgan den Kaufpreis von 480 Millionen Dollar für Carnegies Stahlimperium akzeptiert. Carnegies persönlicher Anteil an dem Verkauf belief sich auf mehr als 250 Millionen Dollar. Unbestätigten Gerüchten zufolge, soll Carnegie Morgan später damit aufgezogen haben, er hätte 100 Millionen Dollar mehr verlangen sollen. Morgan hatte aber auch hier das letzte Wort: „You would have got it if you had."[127]

Morgans nächsten Schritte richteten sich darauf, die Konkurrenten Carnegies in einem riesigen Stahlunternehmen zusammenzuschließen. United Steel, das Ergebnis dieses Konzentrationsprozesses, wurde im März 1901 aus der Taufe gehoben. Es war der erste Großkonzern, der die Grenze von einer Milliarde Dollar Aktienkapital sprengte.[128] Das Aktienkapital erreichte die für Zeitgenossen unglaubliche Summe von 1,4 Milliarden Dollar und machte US Steel damit zur größten Aktiengesellschaft der Welt. Trotz ihrer Größe hatte die US Steel nicht das Monopol im Stahlsektor. Kleinere Wettbewerber wie die Bethlehem Steel blieben unabhängig. Anstelle eines Monopols entstand ein Oligopol, eine Marktkonstellation, bei der mehrere große Anbieter den Markt kontrollierten.[129] Andere Industriesparten wie die Elektroindustrie und die Fleischkonzerne formierten sich ebenfalls als Oligopole. Durch die kleine Zahl von Wettbewerbern wurden Preisabsprachen und Kartellierungen leichter gemacht, so dass die Regeln des Wettbewerbs außer Kraft gesetzt wurden. Kleinere Firmen schlossen sich der Richtung der Oligopolisten an und erhielten dafür einen Anteil am Markt.

Als J. P. Morgan 1913 starb, hinterließ er ein Vermögen von 68 Millionen Dollar, worin die geschätzten 50 Millionen aus seiner Kunstsammlung noch nicht eingeschlossen sind. Andrew Carnegie, der vor seinem Tod im Jahre 1919 etwa 300 Millionen Dollar für wohltätige und kulturelle Zwecke spendete, soll über

---

127 Gartner, John D. The Hypomanic Edge: The Link between a Little Craziness and a Lot of Success in America. New York: Simon & Schuster, 2005, S. 161.
128 Zu Carnegies Aufstieg siehe Bridge, James Howard. The History of the Carnegie Steel Company: An Inside Review of Its Humble Origin and Impressive Growth. New York: The Aldine Book Co, 1903. Walker, John Brisben und Bridge, James Howard. The History of the World's Largest Corporation. New York: The Aldine Book Company, 1903. Krass, Peter. Carnegie. Hoboken, NJ: John Wiley & Sons, 2002. Lamont-Brown, Raymond. Carnegie the Richest Man in the World. Thrupp, Stroud, Gloucestershire: Sutton Pub, 2005. Livesay, Harold C. Andrew Carnegie and the Rise of Big Business. New York: Pearson Longman, 2007. Standiford, Les. Meet You in Hell: Andrew Carnegie, Henry Clay Frick, and the Bitter Partnership That Transformed America. New York: Crown Publishers, 2005.
129 Hall, Robert und Lieberman, Marc. Microeconomics: Principles and Applications. Mason, OH: Cengage Learning, 2009, S. 333.

Morgan gesagt haben „[a]nd to think he was not a rich man!"[130] Carnegie missverstand Morgans Ziele gründlich. Ihm war es nie um persönlichen Reichtum gegangen. Ihn interessierte nur die Macht, die aus der Formierung derartig riesiger Industriekonzerne entstand. Nicht die Millionen, die er verdiente, waren das Motiv für seine Handlungen, sondern die Millionen, die er kontrollierte. Morgan prägte so seine Epoche beinahe noch mehr als Rockefeller.[131] Als 1895 im Zuge der Krise von 1893 der Staatsbankrott drohte, wandte sich der amerikanische Präsident an Morgan. Als Eisenbahnkönig, Gründer von US Steel und General Electric läutete Morgan das Zeitalter der Oligopole ein, das über den größeren Teil des 20. Jahrhunderts bestimmend für die US-amerikanische Wirtschaftsgeschichte werden sollte.

John D. Rockefeller Jr., der Sohn des Gründers der Standard Oil, predigte in seiner baptistischen Bibelstunde, dass die Standard Oil Company, wie eine Rosenrasse das Resultat sei von „pruning the early buds that grew up around it. This is not an evil tendency in business. It is merely the working out of a law of nature and a law of God." [132] Mit anderen Worten, die Auslese der Starken und das Beschneiden der Schwachen sei Gottes Werk – dachte jedenfalls der Sohn eines Multimillionärs. Der Vergleich des Kapitalismus mit der Natur bildete die Grundlage eines neuen Denkens innerhalb der sich formierenden Sozialwissenschaften: Man behauptete eine Homonomie oder mindestens eine Analogie zwischen dem Sozialen und dem Biologischen, die auf dem Gesetz der Evolution basierten, wie es vom britischen Biologen Charles Darwin formuliert worden war. In seinem monumentalen Werk „On the Origin of Species" aus dem Jahre 1859 hatte Darwin die Theorie aufgestellt, dass in dem Kampf ums Überleben ein Prozess der Anpassung eines Organismus an seine Umwelt stattfinde, die zu einer

---

[130] Homberger, Eric. Mrs. Astor's New York: Money and Social Power in a Gilded Age. New Haven, CT: Yale University Press, 2002, S. XIV. Morgan gehörte auch zu den Förderern der Universitätsbibliothek in Göttingen, die er großzügig unterstützte. Rohlfing, Helmut. John Pierpont Morgan als Förderer der Göttinger Universitätsbibliothek. In: Kelleter, Frank und Knöbl, Wolfgang. Amerika und Deutschland: Ambivalente Begegnungen. Göttingen: Wallstein, 2006, S. 242–248.
[131] Das Quellenmaterial zu JP Morgan ist umfangreich und wurde in der Forschung bisher nicht ausreichend berücksichtigt. Eine Ausnahme stellt die ausgezeichnete Studie von Susie Pak dar, die zudem brandneu ist: Pak, Susie. Gentlemen Bankers: The World of J.P. Morgan. Cambridge, MA: Harvard University Press, 2013. So liegt u. a. in der Library of Congress die umgangreiche Korrespondenz des Erfinders Nikola Tesla mit JP Morgan aus dem Tesla Museum in Belgrad. Tesla, Nikola. Nikola Tesla Correspondence, MSS Library of Congress.
[132] Bowler, Peter J. Darwin Deleted: Imagining a World without Darwin. Chicago IL: University of Chicago Press, 2013, S. 246.

Auswahl und zu einem Entwicklungsgang führe.[133] Im späten 19. Jahrhundert übertrugen der Brite Herbert Spencer und der Amerikaner William Graham Sumner (1840–1910) diese Theorie auf die Sozialwissenschaften. Der Sozialdarwinismus behauptete einen Zusammenhang zwischen sozialer und ökonomischer Konkurrenz der Individuen und dem, was man Fortschritt nannte.[134] Dass die sozial Schwachen in dieser Konkurrenz Schaden nahmen oder „ausgemerzt" wurden, nahm man nicht nur in Kauf, sondern billigte es ausdrücklich.

Die Theorie vom „Überleben des Stärksten" („survival of the fittest") hatte große Bedeutung für die gesellschaftliche Entwicklung der USA. Schließlich gründete sich auf der Idee der Überlegenheit des Stärksten auch der koloniale Anspruch der USA nach 1898. Wer stärker war als der Nächste erwarb damit quasi automatisch auch das Recht der Herrschaft über den Nachbarn. William Graham Sumner, ein Professor für Politische Ökonomie an der renommierten Yale-Universität, veröffentlichte 1883 ein Buch mit dem bezeichnenden Titel „What Social Classes Owe to Each Other". „The drunkard in the gutter is just where he ought to be, according to the fitness and tendency of things", behauptete Sumner.[135] Jeder Versuch der sozialen Reform oder die Einsetzung von Sozialprogrammen stelle einen Eingriff in die Naturgesetze dar und verlangsame damit die Evolution und den Fortschritt. Im Resultat bedeutete dies, dass dringend notwendige Sozialreformen unterbunden und Reichtum als äußerer Ausdruck von Stärke („Fitness") glorifiziert wurden. Der Wirtschaftswissenschaftler Thorstein Veblen (1857–1929) schrieb 1899 zu diesem Thema:

> For this class also the incentive to diligence and thrift is not absent; but its action is so greatly qualified by the secondary demands of pecuniary emulation, that any inclination in this direction is practically overborne and any incentive to diligence tends to be of no effect. The most imperative of these secondary demands of emulation, as well as the one of widest scope, is the requirement of abstention from productive work [...] [L]abour is felt to be debasing, and this tradition has never died out [...] In order to gain and to hold the esteem of

---

[133] Darwin, Charles. On the Origin of Species by Means of Natural Selection. London: J. Murray, 1859.
[134] In der Forschung ist es umstritten, ob Herbert Spencer zu den Sozialdarwinisten gerechnet werden kann. Ich halte an dieser Lesart fest und stütze mich dabei auf Hawkins, Mike. Social Darwinism in European and American Thought, 1860–1945: Nature as Model and Nature as Threat. Cambridge, New York: Cambridge University Press, 1997, S. 82f.
[135] Sumner, William Graham. What Social Classes Owe to Each Other. New Haven: Yale University Press, 1925, S. 114. Die Erstausgabe erschien 1883. Ders. What Social Classes Owe to Each Other. New York: Harper & Brothers, 1883.

men it is not sufficient merely to possess wealth or power. The wealth or power must be put in evidence, for esteem is awarded only on evidence [...][136]

Deswegen sei es auch angebracht, Reichtum auffällig zur Schau zu stellen.[137] Dieser Veblen-Effekt führte zur protzigen und offensichtlichen Dokumentation persönlichen Reichtums in Form von Villen, Kunstsammlungen und Stiftung von öffentlichen Gebäuden.[138] In einer Epoche, in der Männer wie Rockefeller, Carnegie, Morgan und Vanderbilt riesige Vermögen anhäuften, während ein durchschnittlicher männlicher Arbeiter 500 Dollar im Jahr verdiente, lief der Sozialdarwinismus auf eine Apologie des ungerechten Status quo hinaus.[139]

Andrew Carnegie hat die Theorien Spencers und Sumners wahrscheinlich nie verstanden, aber wie die meisten Unternehmer seiner Zeit begrüßte er ein System, das nicht auf einer moralischen Ökonomie basierte, sondern die Notwendigkeit des Profits „wissenschaftlich" begründete. 1889 veröffentlichte er „The Gospel of Wealth", ein Buch, das die amerikanische Adaption der Theorien des Sozialdarwinismus in verständlicher Form darbot.[140] Carnegie verstieg sich darin zu abenteuerlichen Behauptungen. Der Millionär handele als ein „[...] mere trustee and agent for his poorer brethren, bringing to their service his superior wisdom, experience, and ability to administer, doing for them better than they could or would do for themselves."[141] Carnegie übernahm nicht alle Prämissen des Sozialdarwinismus à la Sumner. Unter anderem betrachtete er soziales Engagement nicht als schädlich für die Evolution. Stattdessen betonte Carnegie die Pflicht der

---

136 Veblen, Thorstein. The Theory of the Leisure Class: An Economic Study in the Evolution of Institutions. New York, London: The Macmillan Company, 1899, S. 36.
137 Parvenus, Angehörige des Geldadels oder Erben wie Leonard Jerome (1817–1891), Samuel Ward McAllister (1827–1895), Caroline Webster Schermerhorn (1830 –1908), die nur als „Mrs. William Astor" bezeichnet wurde, oder William H. Vanderbilt stellten ihren Reichtum gerne zur Schau. Siehe Rugoff, Milton. America's Gilded Age: Intimate Portraits from an Era of Extravagance and Change, 1850 –1890. New York: Holt, 1989, S. 68 – 95.
138 Als Veblen-Effekt bezeichnet man in der Volkswirtschaftslehre das Phänomen, dass die Nachfrage nach bestimmten Produkten trotz einer Preiserhöhung derselben zunimmt, weil Konsumenten durch den Konsum teurer Güter ihren Status gegenüber anderen Individuen herauszustellen versuchen. Der Begriff ist nach Thorstein Veblen benannt.
139 1890 betrug der Durchschnttsverdienst für eine Lehrerin 256 Dollar, für einen Landarbeiter 233 Dollar und für einen Industriearbeiter 486 Dollar. Der Stundenlohn für einen Stahlarbeiter mit einer Zehnstundenschicht lag bei 17 Cents. Ein Kumpel in einer Braunkohlegrube verdiente 18 Cents/h. Die durchschnittliche Arbeitszeit lag bei 60 Stunden/Woche. United States, Historical Statistics of the United States, Band 1, D 765 –793, S. 168.
140 Carnegie, Andrew. The Gospel of Wealth. London: F. C. Hagen & Co, 1889.
141 Carnegie, Andrew. The Autobiography of Andrew Carnegie and His Essay: The Gospel of Wealth. Mineola, NY: 2014, S. 285.

Reichen, ein bescheidenes Leben zu führen und den Überschuss für das Wohl der Menschen zu verwenden.[142] Carnegies Ego war fast genauso groß wie sein Bankkonto: Ein Element von Eitelkeit begleitete alle seine Stiftungen und Zuwendungen. Die Bibliotheken, die er mit Riesensummen ausstattete, enthielten allesamt ein Porträt des edlen Spenders. „Gospel of Wealth" erhielt lobende Rezensionen, überzeugte aber nur wenige seiner Adressaten. J. P. Morgan zog es vor, seine Privatschätze in seiner Bibliothek aufzubewahren und weigerte sich, sein Privatvermögen wie Carnegie zu verteilen.

Der Sozialdarwinismus und das „Evangelium des Reichtums" („Gospel of Wealth") fügten sich nahtlos in eine Zeit ein, in der die rasante Entwicklung der Industrialisierung scheinbar rationale Erklärungen erforderlich machte. Der Erfolg der Großindustrie und der an ihr beteiligten Unternehmen wurde als Ausweis ihrer Überlegenheit und damit als unvermeidlich bewertet. Da ein Eingriff in die Gesetze der Natur nach Überzeugung der Sozialdarwinisten den evolutionären Prozess behindere, konnte das individuelle schlechte Gewissen angesichts der eigenen Bereicherung beruhigt werden. Immerhin verhielt man sich in Übereinstimmung mit wissenschaftlich hergeleiteten Naturgesetzen. Die sozial Schwachen wurden auf dem Altar der sozialdarwinistischen Überzeugungen geopfert. Wenn die sozial Schwachen kurz zuvor aus dem Ausland eingewandert waren oder wenn es sich um *African Americans* handelte, bekam der Sozialdarwinismus eine rassistische Note: Der evolutionäre Prozess wurde mit dem „Rassenfortschritt" der angeblich überlegenen angelsächsischen „Rasse" gleichgesetzt.[143]

Sumner blieb bei seiner Auffassung, dass es notwendig sei, dass auch die Regierung sich jedes Eingriffs in die Wirtschaft enthalte, damit der Gang der

---

142 Hogarty, Richard A. Leon Abbett's New Jersey: The Emergence of the Modern Governor. Philadelphia, PA: American Philosophical Society, 2001, S. 40.
143 Webb, George E. The Evolution Controversy in America. Lexington, KY: University Press of Kentucky, 2002, S. 31, 67. Als Quelle sehr hilfreich Ryan, Frank X. (Hg.). Darwin's Impact: Social Evolution in America, 1880–1920. Bristol: Thoemmes Press, 2001, 3 Bände. Zum Zusammenhang von Sozialdarwinismus mit Rassismus siehe Becker, Peter Emil. Sozialdarwinismus, Rassismus, Antisemitismus und Völkischer Gedanke. Wege ins Dritte Reich. Stuttgart, New York: G. Thieme, 1990. Bublitz, Hannelore, Hanke, Christine und Seier, Andrea. Der Gesellschaftskörper: Zur Neuordnung von Kultur und Geschlecht um 1900. Frankfurt am Main, New York: Campus, 2000. Crook, D. P. Darwin's Coat-Tails: Essays on Social Darwinism. New York: Peter Lang, 2007. Jackson, John P. und Weidman, Nadine M. Race, Racism, and Science: Social Impact and Interaction. Santa Barbara, CA: ABC-CLIO, 2004. Lindquist, Malinda A. Race, Social Science and the Crisis of Manhood, 1890–1970: We Are the Supermen. New York: Routledge, 2012. Numbers, Ronald L. und Stenhouse, John. Disseminating Darwinism: The Role of Place, Race, Religion, and Gender. Cambridge, New York: Cambridge University Press, 1999.

Evolution sich ungehindert entfalten könne. Diese Doktrin des Laissez-Faire bedeutet u.a., dass Sozialdarwinisten sich gegen Schutzzölle aussprachen, die amerikanische Industriestandorte bevorteilten. Für Sumner waren Schutzzölle aus diesem Grund unakzeptabel. Seine scharfen Attacken gegen die Interventionen der Regierung auf dem Markt riefen den Protest der Yaleabsolventen hervor, die sich an der Diskrepanz zwischen sozialdarwinistischer Theorie und der dem Eigennutz verschriebenen Praxis der Schutzzölle nicht stießen. Während in der Theorie des Laissez-Faire die Regierung keine aktive Rolle in der Wirtschaft spielen sollte, bemühten sich Unternehmer immer wieder darum, die Regierung für ihre Interessen einzusetzen, ob es nun um Zölle, Landschenkungen oder Subventionen ging. Ging es jedoch um Steuern oder Regulierung der Wirtschaftspraktiken, waren amerikanische Unternehmer nur allzu bereit, sich auf die Doktrin des Laissez-Faire zu berufen.[144]

Die Geschäftswelt erfuhr in ihrem Bestreben starke Rückendeckung durch den Obersten Gerichtshof der USA. In den 1880er und 1890er Jahren erfolgte eine Neuinterpretation der amerikanischen Verfassung, die auf einen Schutz der Unternehmen vor Steuergesetzgebung, vor dem Einfluss von Gewerkschaften und vor Gesetzen zur Bewahrung des Wettbewerbs hinauslief. Eine Serie von wirtschaftlichen Grundsatzentscheidungen basierte auf der Nutzung des 14. Verfassungszusatzes zum Zwecke der Schonung der Industrie vor Maßnahmen der Bundesregierung. Das 14. *Amendment* war ja erlassen worden, um die befreiten Versklavten vor Maßnahmen der Staatenregierungen zu schützen. In diesem Verfassungszusatz heißt es, kein Bundesstaat könne „[...] deprive any person of life, liberty, or property, without due process of law."[145] Da Aktiengesellschaften vom *Supreme Court* als „Personen" definiert wurden, konnte dieser Text auch auf Konzerne angewandt werden und stellte somit Industriebetriebe unter den besonderen Schutz der Verfassung. Damit wurde es möglich, Gesetze der Bundesstaaten zu kassieren, die das Eisenbahnwesen regulieren sollten, Einkommensteuergesetze für ungültig zu erklären und Gewerkschaften als illegale Formen der Preisabsprache („conspiracy in restraint of trade") zu diskriminieren. Angesichts der massiven Verwerfungen des sozialen Feldes als Folge der Industrialisierung und des Industriekapitalismus war eine derartig einseitige Stellungnahme des Obersten Gerichtshofs bedenklich: Die Rechte der Aktiengesellschaften wurden über die Rechte der Bevölkerung gestellt. In den Worten des Verfassungsrichters

---

144 Faulkner, Harold Underwood. The Decline of Laissez Faire, 1897–1917. Armonk, NY: M.E. Sharpe, Inc; 1989. Fried, Barbara. The Progressive Assault on Laissez Faire: Robert Hale and the First Law and Economics Movement. Cambridge, MA: Harvard University Press, 1998.
145 James, Joseph B. The Ratification of the Fourteenth Amendment. Macon, GA: Mercer University Press, 1984, S. 305.

Stephen Johnson Field (1816–1899) erlaube die Verfassung „[...] no impediments to the acquisition of property."¹⁴⁶ Field war ein Sohn aus einer reichen Familie und war auf die besten Schulen des Landes gegangen. Seine Klassenposition kam in derartig unausgewogenen Stellungnahmen deutlich zum Ausdruck. Auf der Basis dieser Auffassung ließ der Gerichtshof Fusionen ohne Behinderung zu und unternahm nichts, um die Exzesse des formierten Kapitalismus zu unterbinden.¹⁴⁷

5.7 Laissez Faire, Sozialdarwinismus und *Small Government*

Der Romancier Thomas Clayton Wolfe (1900–1938) schrieb unter Bezug auf die Präsidenten des späten 19. Jahrhunderts: „Garfield, Arthur, Harrison, and Hayes [...] for me they were the lost Americans: Their gravely vacant and bewhiskered faces mixed, melted, swam together in the sea-depths of a past intangible, immeasurable, and unknowable as the buried city of Persepolis."¹⁴⁸ Während die Unternehmerpersönlichkeiten wie Rockefeller, Carnegie oder Morgan auch heute noch faszinieren, bleiben die Präsidenten nach Ulysses S. Grant farb- und konturlos.¹⁴⁹ Wolfe hat von ihnen als den „lost Americans" gesprochen.¹⁵⁰ Die Ursache für dieses Phänomen liegt in der relativen Schwäche der Präsidentschaft im Allgemeinen und der Hilflosigkeit der Bundesregierung zwischen der Präsidentschaft Abraham Lincolns (1861–1865) und derjenigen Theodore Roosevelts (1901–1909) im Besonderen. Nach dem Bürgerkrieg verschob sich das Machtzentrum weg von Washington und hin in die Kontore der Wirtschaftsführer. In Friedenszeiten konnte die Bundesregierung nicht die gleiche Durchschlagskraft entwickeln, wie dies noch während des Kriegs der Fall gewesen war, während dem viele

---

146 Siegan, Bernard H. The Supreme Court's Constitution: An Inquiry into Judicial Review and Its Impact on Society. New Brunswick, NJ: Transaction Books, 1987, S. 96.
147 Kens, Paul. Justice Stephen Field: Shaping Liberty from the Gold Rush to the Gilded Age. Lawrence, KS: University Press of Kansas, 1997. Cachan, Manuel. Justice Stephen Field and „Free Soil, Free Labor Constitutionalism": Reconsidering Revisionism. Law and History Review. 2002 Autumn; 20 (3):541–576. Benedict, Michael Les. Laissez-Faire and Liberty: A Re-Evaluation of the Meaning and Origins of Laissez-Faire Constitutionalism. Law and History Review. 1985 Autumn; 3 (2):293–331. Bernstein, David. The Supreme Court and „Civil Rights," 1886–1908. The Yale Law Journal. 1990 Dec; 100 (3):725–744.
148 Wolfe, Thomas. The Four Lost Men. In: Skipp, Francis E. (Hg.) The Complete Short Stories of Thomas Wolfe. New York: Scribner, 1987, S. 106–119, S. 110.
149 Ketchersid, William Lester. The Gilded Age Presidency Reconsidered. Bloomington. 1st Books Library, 2003. Skidmore, Max J. Maligned Presidents: The Late 19th Century. New York: Palgrave MacMillan, 2014, S. 50–121.
150 Wolfe, The Four Lost Men, S. 109.

außergewöhnliche oder neuartige Maßnahmen mit den Erfordernissen des Kriegs begründet werden konnten. Die amerikanische Regierung war – gemessen an der Periode nach 1933 – klein.[151] Der Verlust der Macht im Zentrum der amerikanischen Regierung ging dabei einher mit der zahlenmäßigen Erweiterung des Regierungsapparats.[152] Auch ein „big government" kann eine „schwache" Regierung hervorbringen. Unterbrochen wurde dieser Prozess der Machterosion des politischen Zentrums zugunsten der Peripherie der Ökonomie durch den Aktivismus des Progressivismus, einer Bewegung, die als „Reparaturbetrieb des Kapitalismus" bezeichnet werden könnte.[153] Ähnlich ist der New Deal der 1930er Jahre beschrieben worden, der eine Kompetenzerweiterung des Präsidialamts mit einer Ausweitung der Regierungsaktivitäten und einer Zunahme der Regierungsinstitutionen kombiniert hat. Doch geschah dies in Zeiten des nationalen Notstands auf der Höhe der Weltwirtschaftskrise. Für die Mehrzahl der Jahrzehnte nach 1865 gilt indessen, dass die Regierung relativ schwach war (und auch sein wollte) und die Großunternehmen das Heft in der Hand behielten.

Die Präsidenten zwischen Rutherford B. Hayes und Grover Cleveland (1885– 1889, 1893–1897) konnten wirklich als „vergessene Präsidenten" bezeichnet werden, auch, weil von ihnen wenig erwartet wurde. Bis in die 1890er Jahre war die Mehrzahl der Bevölkerung anscheinend davon überzeugt, der Präsident und die Bundesregierung hätten wenig Befugnisse, sich in die Probleme einzuschalten, die das Ergebnis der radikalen industriellen Transformation nach dem Bürgerkrieg waren. Die Propagandisten von Laissez Faire und Sozialdarwinismus zogen an einem Strang und warnten die Regierung immer wieder davor, zu intervenieren. Jedwedes Einmischen müsse den Gang der natürlichen Entwicklung hemmen. Damit wurde die Bundesregierung zum Zuschauen verurteilt, während die wirklich wichtigen politischen Entscheidungen in der Parteipolitik auf lokaler Ebene getroffen wurden.

---

151 Wilson, Mark. The Business of Civil War: Military Mobilization and the State, 1861–1865. Baltimore, MD: Johns Hopkins University Press, 2006, S. 34–71. Walker, John F. und Vatter, Harold G. The Rise of Big Government in the United States. Armonk, NY: M. E. Sharpe, 1997, S. 5–7.
152 1891 hatte die Bundesregierung 150.844 Posten zu besetzen, davon 95.449 im Postdienst und 34.834 in anderen Bereichen (Zolldienst). 1901 waren es 239.476 Regierungsbeamte, davon 136.192 im Postdienst. United States, Historical Statistics, Band 2, Series Y 308–317, S. 1102f.
153 Bristow, Nancy K. American Pandemic: The Lost Worlds of the 1918 Influenza Epidemic. Oxford, New York: Oxford University Press, 2012, S. 9–34. Keller, Morton. Social and Economic Regulation in the Progressive Era. In: Milkis, Sidney M. and Mileur, Jerome M. (Hg.). Progressivism and the New Democracy. Amherst, MA: University of Massachusetts Press, 1999; S. 126–144. S. 142. Rodgers, Daniel T. Atlantic Crossings: Social Politics in a Progressive Age. Cambridge, MA: Belknap Press of Harvard University Press, 1998, S. 298. Ninkovich, Frank A. The Wilsonian Century: U.S. Foreign Policy since 1900. Chicago, IL: University of Chicago Press, 1999, S. 48.

Diesen Trends zum Trotz wurde die Politik des Sektionalismus, die die geographischen Großräume und ihre Interessen gegeneinandergestellt hatte, durch eine gemeinsame Auffassung von Politik ersetzt. Unternehmer denken nicht sektional, der Markt ist nicht sektional: Im Zusammenhang mit der enormen Ausweitung des nationalen Marktes durch neue Verkehrs- und Kommunikationsmittel musste auch eine nationale Wirtschaftspolitik gefunden werden. Die Korruption und die Missbräuche, die mit der lokalen Parteipolitik beider großer Parteien und den Problemen des Bossism verbunden waren, führten zur Reform des Beamtentums. In den 1880er Jahren wurden der Schutzzoll, die Währungsfrage und die Regulierung von Eisenbahnen und Trusts durch die Bundesregierung auf die Agenda gesetzt. Die „vergessenen Präsidenten" waren durchaus kompetent, aber nicht charismatisch. Sie versuchten, die Nation nach dem verheerenden Bürgerkrieg und den Jahrzehnten der sektionalen Auseinandersetzungen wieder zusammenzubringen. Dass ihnen das gelang, hat auch damit zu tun, dass die *African Americans* und ihre Belange auf dem Altar der übersektionalen Einigung geopfert wurden – vor allem von den Republikanern.

Trotz der geringen Erwartungen an die Präsidentschaft gingen Männer (und in einigen wenigen Bundesstaaten im Westen später auch Frauen) in Rekordzahlen zu den Wahlen. Durchschnittlich 75 Prozent der Wahlberechtigten machten von ihrem aktiven Wahlrecht Gebrauch. 1996 gingen gerade mal 49 Prozent der Wahlberechtigten an die Urnen. Warum waren diese Menschen so beflissen, zur Wahl zu gehen? Die Antwort liegt in der Rolle, die die Politik in der Kultur des *Gilded Age* spielte. Politische Parteien benutzten Posten auf allen Ebenen, von der städtischen über die bundesstaatliche bis zur nationalen Ebene, um ihre Anhänger für ihre politische Unterstützung zu belohnen. Viele Wähler verdankten ihre berufliche Existenz den Parteibossen und der von ihnen kontrollierten „Maschine". In einer sich rasch ändernden und fluiden Welt offerierte die Parteizugehörigkeit auch ein Gefühl des Dazugehörens. So entstanden Gruppenidentitäten, die über Familienzugehörigkeit und Ethnizität hinausgingen. Ebenso wichtig ist der nicht unbeträchtliche Unterhaltungsfaktor der Politik in einer Zeit, in der es weder Radio noch Fernsehen gab. Politische Parteien veranstalteten Umzüge, Paraden, Reden, Picknicks und Fackelzüge. Am 4. Juli wurden zahllose Feuerwerke veranstaltet. Millionen von Wählern und Nichtwählern und -wählerinnen wohnten diesen Ereignissen bei. Außerhalb der großen Städte konnte mit diesen Veranstaltungen nur die innere Mission der protestantischen Kirchen und Glaubensgemeinschaften mithalten.

Tabelle 8: Wahlbeteiligung 1868–1900[154]

Jahr	Prozent	Jahr	Prozent
1868	78.1	1968	60.9
1872	71.3	1972	55.2
1876	81.8	1976	53.5
1880	79.4	1980	54.0
1884	77.5	1984	53.1
1888	79.3	1988	50.2
1892	74.7	1992	55.9
1896	79.3	1996	49.0
1900	73.2	2000	50.3

Politik in Gestalt von Wahlen blieb einem rein weißen männlichen Publikum vorbehalten. Frauen konnten vor 1890 nirgendwo wählen.[155] Ab 1890 verliehen vier Bundesstaaten im Westen Frauen das Wahlrecht: Wyoming (1890), Colorado (1893) und Utah sowie Idaho (1896). In allen anderen Staaten setzten Frauenorganisationen den Kampf um das Wahlrecht fort, indem sie Referenden der Bundesstaaten anstrebten. Afroamerikaner hatten zwar nach der *Reconstruction* das Wahlrecht erhalten, aber wir haben in den vorhergehenden Kapiteln sehen können, wie es ihnen Schritt für Schritt wieder entzogen wurde. Mit dem Abzug der Bundestruppen aus dem Süden nach dem schmachvollen Kompromiss von 1877 entfiel die letzte Barriere, die afroamerikanischen Männern die rechtliche Gleichheit hätte garantieren können.

Die *Democratic Party*, die sich auf die Tradition Thomas Jeffersons und Andrew Jacksons berief, und die *Republican Party* in der Tradition Abraham Lincolns blieben die beiden dominanten politischen Parteien des späten 19. Jahrhunderts. Das „dritte Parteiensystem", das sich nach 1854 etabliert hatte, blieb bis in die 1890er Jahre stabil.[156] Die Wähler identifizierten sich stark mit ihrer jeweiligen Partei. Auch in einem sich rasch industrialisierenden Umfeld blieb die Persistenz

---

[154] Wooley, John und Peters, Gerhard. Voter Turnout in Presidential Elections: 1828–2008. [Web Page]: http://www.presidency.ucsb.edu/data/turnout.php. Gesehen am 23.04.2014.

[155] Frauen hatten in New Jersey bis 1807 das Wahlrecht inne, das ihnen aber im Zuge der Abschaffung der Sklaverei in diesem Staat 1808 entzogen wurde. Dooley, Patricia L. The Early Republic: Primary Documents on Events from 1799 to 1820. Westport, CT: Greenwood Press, 2004, S. 189.

[156] Calhoun, Charles W. From Bloody Shirt to Full Dinner Pail: The Transformation of Politics and Governance in the Gilded Age. New York: Hill and Wang, 2010, S. 16. Hansen, Stephen L. The Making of the Third Party System: Voters and Parties in Illinois, 1850–1876. Ann Arbor, MI: UMI Research Press, 1980, S. XVII.

der Wählergruppen hoch, was viel mit gewachsenen kulturellen Identitäten wie Region, Ethnie oder Religion zu tun hatte und nicht so sehr mit wirtschaftlichen Interessen.

Religion und ethnische Identität spielten in der Politik deshalb eine große Rolle. Im Norden orientierten sich Protestanten der traditionellen Denominationen wie Presbyterianer und Methodisten an der Republikanischen Partei. Die Republikaner unterstützten eine Reihe moralischer Reformen wie die Temperenzbewegung und die Prohibition.[157] Die Demokraten konzentrierten sich auf Migranten sowie Katholiken und Juden. Sie wehrten sich gegen die Schließung von Gasthäusern und Bars am Sonntag und vertraten die Auffassung, dass es beim vorgeblichen Kampf gegen den Alkohol eigentlich um einen Angriff auf die Kultur der Migrantinnen und Migranten ginge.[158]

Hinzu kam die geographische Identifikation des Südens mit den Demokraten. Nach dem Ende der *Reconstruction* hätten die Republikaner im Süden eigentlich nicht mehr antreten müssen. Der Süden wählte mit großer Mehrheit 70 Jahre lang demokratisch.[159] Die Republikaner wurden sehr effektiv mit dem Totschlagargument ausgeschaltet, sie hätten nach dem Bürgerkrieg im Süden eine Herrschaft der *African Americans* etablieren wollen. Die Republikaner taten es ihnen im Norden und Osten gleich, wenn sie forderten, die Wähler sollen „vote the way you shot."[160] Der demokratisch kontrollierte „Solid South" stand so dem bevölkerungsreichen republikanischen Nordosten gegenüber, was den Republikanern mit wenigen Ausnahmen erlaubte, ihren Kandidaten bei Präsidentschaftswahlen durchzubringen. Um die Wahl zu gewinnen, reichte es, Schlüsselstaaten wie Ohio, Indiana und New York zu sichern und eine mögliche Allianz zwischen dem Süden und dem ebenfalls agrarisch geprägten Westen zu verhin-

---

157 Welskopp, Thomas. Amerikas grosse Ernüchterung: Eine Kulturgeschichte der Prohibition. Paderborn: Ferdinand Schöningh, 2010, S. 412.
158 Sismondo, Christine. America Walks into a Bar: A Spirited History of Taverns and Saloons, Speakeasies, and Grog Shops. New York: Oxford University Press, 2011, S. 119–136.
159 Zwischen 1880 und 1924 gewannen die Republikaner bei der Päsidentschaftswahl keinen einzigen Rebellenstaat. 1928 konnten sie erstmals Florida auf ihre Seite ziehen. 1948 stimmte wiederum Florida für den Republikaner Dwight Eisenhower. 1952 gesellte sich Louisiana zu Florida.
160 Nesbit, Robert C. und Thompson, William Fletcher. Wisconsin: A History. Madison, WI: University of Wisconsin Press, 1989, S. 364. House, Albert V. Republicans and Democrats Search for New Identities, 1870–1890. The Review of Politics. 1969 Oct; 31 (4):466–476. Benedict, Michael Les. Southern Democrats in the Crisis of 1876–1877: A Reconsideration of Reunion and Reaction. The Journal of Southern History. 1980 Nov; 46 (4):489–524. Summers, Mark Wahlgren. Party Games: The Art of Stealing Elections in the Late-Nineteenth-Century United States. The Journal of American History. 2001 Sep; 88 (2):424–435.

dern. Republikanische Politiker verstärkten die sektionalen Differenzen, indem sie in emotionaler Weise an die Opfer des Bürgerkriegs erinnerten. Man nannte diese Taktik „waving the bloody shirt". Staaten des Mittleren Westens, die im Bürgerkrieg die Vereinigten Staaten unterstützt hatten, konnten auf diese Weise im republikanischen Lager gehalten werden. „Iowa will go Democratic when Hell goes Methodist", witzelte der republikanische US-Senator Jonathan Dolliver (1858–1910).[161] Kriegsteilnehmer der *Grand Army of the Republic*, einer Organisation von Veteranen des Bürgerkriegs der *US Army*, bildeten eine wichtige Massenorganisation, die die Republikaner unterstützte.[162] Im Gegenzug garantierte die Partei den Veteranen großzügige Pensionen. Bald wurde ein Viertel des Bundeshaushalts der USA für diese Kriegsrenten ausgegeben, wobei Kriegsteilnehmer auf der Seite der Rebellenstaaten keinen Penny sahen. 1885 lebten fast 1,5 Millionen Veteranen in den USA, die im Jahr 1886 alleine 143 Millionen Dollar an Pensionsmitteln ausgezahlt bekamen.[163]

Die Machtverteilung im Land blieb bis in die 1890er Jahre hinein weitgehend stabil. Dem republikanischen Präsidenten stand dabei ein mehrheitlich demokratischer Kongress gegenüber, wobei die Demokraten besonders im *House of Representatives* stark waren, wo sich lokale Belange leichter artikulieren ließen. Im Senat sah das etwas anders aus. Senatoren wurden vor der Wahlreform durch das 17. Amendment (1913) nicht direkt von den Wählern bestimmt, sondern wurden in den jeweiligen Parlamenten der Bundesstaaten gewählt.[164] Da die *State Legislatures* notorisch bestechlich und empfänglich für Korruption waren, setzten sich hier oft Vertreter der Unternehmerinteressen durch. Dies galt im Süden genauso wie im Norden. Henry Demarest Lloyd, Autor eines einflussreichen Sachbuchs über die Standard Oil Company mit dem Titel „Wealth against Commonwealth" (1894), bemerkte im Hinblick auf das Parlament des Staates Pennsylvania: „The Standard [Oil] has done everything with the Pennsylvania

---

161 Morain, Thomas J. Prairie Grass Roots: An Iowa Small Town in the Early Twentieth Century. Ames, IO: Iowa State University Press, 1988, S. 68.
162 McConnell, Stuart Charles. Glorious Contentment: The Grand Army of the Republic, 1865–1900. Chapel Hill, NC: University of North Carolina Press, 1992. Johnson, Russell L. „Great Injustice": Social Status and the Distribution of Military Pensions after the Civil War. The Journal of the Gilded Age and Progressive Era. 2011 Apr 1; 10 (2):137–160. Glasson, William Henry und Kinley, David. Federal Military Pensions in the United States. New York: Oxford University Press, 1918.
163 United States, Historical Statistics, Bd. 2, Series Y 957–970, S. 1145 und Series Y 971–983, S. 1146.
164 Dautrich, Kenneth und Yalof, David Alistair. American Government: Historical, Popular & Global Perspectives. Belmont, CA: Wadsworth Cengage Learning, 2009, S. C-25.

legislature except refine it."[165] Senatoren vertraten oft kaum verschleiert die Interessen einzelner Unternehmen oder Unternehmergruppen, wie im Falle Nelson Wilmarth Aldrichs (1841–1915), eines mächtigen Republikaners aus Rhode Island.

Die Korruption und das Parteiengezänk, die für die Regierung von Präsident Ulysses S. Grant so typisch gewesen waren, setzten sich in den 1880er Jahren fort. Das *Spoils System*, die Belohnung politischer Unterstützer mit lukrativen Regierungsfunktionen, blieb die Antriebsfeder für die Politik der Parteien. Ein ethisches Verhalten, bei dem sich Individuen geweigert hätten, durch derartige politische Patronage reich zu werden, wurde lediglich von einer kleinen Minderheit von Reformern gefordert. Die meisten respektablen Bürger und Bürgerinnen waren von der Politik ohnehin abgestoßen. Korruption und Wahlbetrug wurden einfach als gegeben akzeptiert.[166] Die Republikaner waren allerdings untereinander zerstritten und ihre Flügel wurden von starken Parteifunktionären geführt, die sich rühmten, den Präsidenten nach ihrer Pfeife tanzen lassen zu können.[167]

Bei der Präsidentschaftswahl von 1880 weigerten sich die Republikaner, Ullyses S. Grant ein drittes Mal zu nominieren. Auch der innerhalb der Partei pro-

---

165 Brock, James W. und Elzinga, Kenneth G. Antitrust, the Market, and the State: The Contributions of Walter Adams. Armonk, NY: M. E. Sharpe, 1991, S. 81. Lurie, Jonathan. H. D. Lloyd: A Note. Agricultural History. 1973 Jan; 47 (1):76–79, S. 77.

166 Zur Präsidentschaft Rutherford B. Hayes siehe Marschall, Richard. Bully! The Life and Times of Theodore Roosevelt. Washington, DC, New York: Regnery Pub., 2011, S. 26. Trefousse, Hans L. Rutherford B. Hayes. New York: Times Books, 2002. Als Quelle unverzichtbar Williams, Diary and Letters of Rutherford Birchard Hayes.

167 Zu den Lagern innerhalb der Republikanischen Partei und ihren jeweiligen Anführern sowei den Reformbestrebungen der Partei siehe Magness, Phillip W. und Weissburg, Paul. Rules of the Game: How Government Works and Why It Sometimes Doesn't. Prince Frederick, MD: Recorded Books; 2011. (7 CDs), Lecture 3: Half-Breeds, Stalwarts, Mugwumps, and Assassins. DiSalvo, Daniel. Engines of Change: Party Factions in American Politics, 1868–2010. New York: Oxford University Press, 2012, S. 161f. Peskin, Allan. Who Were the Stalwarts? Who Were Their Rivals? Republican Factions in the Gilded Age. Political Science Quarterly. 1984; 99 (4):703–716. McFarland, Gerald W. *Mugwumps*, Morals, & Politics, 1884–1920. Amherst, MA: University of Massachusetts Press, 1975, S. 55. Tucker, David M. *Mugwumps:* Public Moralists of the Gilded Age. Columbia, MO: University of Missouri Press, 1998, Seite X. Summers, Mark W. Rum, Romanism & Rebellion: The Making of a President, 1884. Chapel Hill, NC: University of North Carolina Press, 2000. Nevins, Grover Cleveland, S. 178. Muzzey, David Saville. James G. Blaine: A Political Idol of Other Days. Port Washington, NY: Kennikat Press, 1963, S. 160. Butler, Leslie. Critical Americans: Victorian Intellectuals and Transatlantic Liberal Reform. Chapel Hill, NC: University of North Carolina Press, 2007, S. 203. Zook, Ellsworth Erving. James G. Blaine and the Mulligan Letters. Madison, WI: University of Wisconsin, 1918. Summers, Rum, Romanism, and Rebellion, S. 135–142. Clouatre, Doug. Presidential Upsets: Dark Horses, Underdogs, and Corrupt Bargains. Santa Barbara, CA: ABC-CLIO, 2013, S. 192f.

minente Blaine wurde übergangen. Stattdessen wurde ein relativ unbekannter Kandidat gekürt, James A. Garfield aus Ohio.[168] Garfield konnte die Wahl relativ deutlich mit 214 zu 155 Wahlmännerstimmen für sich entscheiden.

In den Jahren nach dem Ende des Bürgerkriegs wuchsen der bürokratische Aufwand und die Befugnisse der Bundesregierung deutlich an. Es gab nahezu 150.000 Stellen, die aus dem Bundesbudget bezahlt wurden. Das alte *Spoils System* mit seiner Vergabe von Posten nach Parteizugehörigkeit schien nicht mehr zeitgemäß zu sein, denn es bekamen nicht die Qualifiziertesten die Regierungsjobs, sondern die treuesten Parteisoldaten. Politiker mit Einfluss sahen sich einem nie abreißenden Strom von Bittstellern ausgesetzt, die eine Anstellung für sich oder Familienmitglieder erheischten. Eine Reform sollte fortan Eingangsqualifikationen für alle Positionen definieren und eine Prozedur entwickeln, mithilfe derer man die geeigneten von den schlechten Aspiranten für Regierungsposten unterscheiden könnte. Der Ruf nach qualifizierten Staatsbeamten stellte sowohl ein Bestreben dar, nur die Besten für derartige Aufgaben zu gewinnen, war darüber hinaus aber auch ein verschleierter Versuch, die ethnische Diversifizierung in den Vereinigten Staaten zumindest auf dem Gebiet der Regierungsposten zu verhindern. Die Auseinandersetzungen um die Reform des Öffentlichen Dienstes sollten in der Ermordung des Präsidenten James Garfield münden.

Am 2. Juli 1881 wurde Präsident Garfield von einem offensichtlich geisteskranken und enttäuschten Parteigänger der Republikaner in den Rücken geschossen, während er auf einen Zug im Bahnhof von Washington, DC wartete. Die Presse schob den *Stalwarts* den Tod des Präsidenten in die Schuhe, nicht so sehr, weil sie den Täter angestiftet, sondern weil sie das politische Klima für den Mord bereitet hatten. Ironischerweise führte der Tod Garfields zum Niedergang eben jener Fraktion der Republikaner, die zunächst von ihm zu profitieren schien. Das *Spoils System* geriet immer mehr unter Druck. Die Menschen verlangten nach einer Reform des Öffentlichen Dienstes. Auch wenn Garfields Ermordung sich als Segen für die Befürworter einer solchen Reform herausstellte, so war der Weg hierhin lang und steinig. Etliche Gegner der Reform sahen ganz genau, dass der Öffentliche Dienst Angehörige der Arbeiterklasse und Einwanderer und Einwanderinnen diskriminieren würde. Just zu dem Zeitpunkt, als irische Einwanderer begannen, sich in der lokalen und regionalen Politik einen Platz zu erkämpfen, drohten die Reformer damit, die Regierungsposten wieder in die Hände der gebildeten weißen angelsächsischen Elite zu legen.

---

[168] Morgan, H. Wayne. From Hayes to McKinley: National Party Politics, 1877–1896. Syracuse, NY: Syracuse University Press, 1969, S. 100.

Die Reform kam trotz aller Kritik. 1883 wurde der *Pendleton Act* nach einer erhitzten Debatte und vielen Kompromissen im Kongress verabschiedet.[169] Der Gesetzesentwurf wurde im Kongress vom langjährigen demokratischen Senator, Kandidat für das Amt des Vizepräsidenten und Reformer George Hunt Pendleton (1825–1889) aus Ohio gesponsert.[170] Der *Pendleton Act* verfügte, dass Posten der Bundesregierung nach dem Leistungsprinzip vergeben werden sollten und dass die Bewerber – von Frauen war noch keine Rede – eine Aufnahmeprüfung zu absolvieren hatten. Das Gesetz verbot ebenso die Entlassung von Beamten aus politischen Gründen. Es machte es auch unmöglich, dass Parteien von Regierungsangestellten Zahlungen einfordern konnten. Eine Kommission, die dreiköpfige *Civil Service Commission*, wurde eingerichtet, um das Gesetz durchzusetzen.[171] Ihre Mitglieder wurden vom Präsidenten eingesetzt. Von den rund 150.000 Regierungsposten wurden allerdings nur knapp zehn Prozent durch das Gesetz abgedeckt.[172] Die Hälfte aller Posten bei der Bundespost und die meisten Stellen beim Zoll fielen unter das Gesetz. Durch den Wegfall der Zahlungen von Amtsinhabern an die Parteien (*Kickbacks*) hoffte man die finanzielle Basis der Bosse austrocknen zu können. Anstelle der *Kickbacks* finanzierten nun zunehmend große Unternehmen die Parteien, so dass die nicht intendierte Folge der Reform des Öffentlichen Dienstes eine größere Einflussnahme der Großunternehmen auf die Politik war.

Die Populisten entstanden aus einer Revolte der Farmer im Süden und Westen der USA gegen die Finanzpolitik der Vereinigten Staaten. Die Kontraktion des Währungsvolumens nach dem Ende des Bürgerkriegs führte zu einer deflationären Politik des teuren Geldes, durch die Zinsen nach oben gingen und Kredite knapp wurden. Ein Farmer, der sich 1868 1.000 Dollar geliehen hatte, um seine Farm aufzubauen, musste 1888 die doppelte Menge an Weizen produzieren, um in der Lage zu sein, seine monatlichen Kreditraten zurückzuzahlen. Hinzu kam, dass er seine Kredite in harten Golddollar zurückzahlen musste, während sein Kredit wahrscheinlich in Greenbacks ausgezahlt worden war.[173] Hinzu kamen die

---

169 Rosenbloom, David H. und Emmert, Mark A. Centenary Issues of the Pendleton Act of 1883: The Problematic Legacy of Civil Service Reform. New York: M. Dekker, 1982.
170 Mach, Thomas S. „Gentleman George" Hunt Pendleton: Party Politics and Ideological Identity in Nineteenth-Century America. Kent, OH: Kent State University Press, 2007.
171 Smith, Darrell Hevenor. The United States Civil Service Commission: Its History, Activities, and Organization. New York: AMS Press, 1974.
172 1891 hatte die Bundesregierung 150.844 Posten zu besetzen, davon 95.449 im Postdienst und 34.834 in anderen Bereichen (Zolldienst). United States, Historical Statistics, Band 2, Series Y 308–317, S. 1103.
173 Goodwyn, Democratic Promise, S. 13.

Schutzzölle, die Importwaren verteuerten und dafür sorgten, dass amerikanische Farmer Schwierigkeiten hatten, ihre Produkte auf dem Weltmarkt abzusetzen.

Schutzzölle waren keine ganz neue Erscheinung der amerikanischen Wirtschaftspolitik. Die Preise der importierten Produkte sollten auf diese Weise erhöht werden und die amerikanische Industrie sollte angekurbelt werden. Schon Alexander Hamilton hatte diese Politik vorgeschlagen. Der Kongress hatte den ersten Schutzzoll nach dem Krieg von 1812 im Jahre 1816 verabschiedet. Er belegte Importwaren mit einem Einfuhrzoll zwischen 7,5 und 40 Prozent und wurde damals in einer vollständig anderen Situation mit den Stimmen des Südens verabschiedet.[174] 1828 folgte der protektionistische *Tariff of Abominations*, der beinahe zu einer sektionalen Krise geführt hätte.[175] Die Republikaner benutzten die Zollpolitik zu politischen Zwecken: Sie belohnten 1861 damit ihre Unterstützer aus dem Lager der Wirtschaft und benutzten ihn gleichzeitig, um den Bundeshaushalt in Zeiten eines sehr kostspieligen Bürgerkriegs aufzustocken. Nach dem Ende des Kriegs passten die Republikaner die Zollpolitik immer weiter den Bedürfnissen der Unternehmer im Nordosten der Republik an. Um 1880 drohte der Schutzzoll zu einem echten Problem zu werden, denn er bremste die Prosperität der sich immer mehr auf den Export verlegenden Industrie und er generierte mit anderen Einnahmen des Bundes sehr viel Einkommen. Die Regierung wusste kaum noch, wohin mit dem vom Zoll generierten Reichtum. Anstatt im Geldkreislauf der Nation zu zirkulieren, lagen enorme Kapitalien in den Tresoren des Schatzamtes und wurden nicht investiert. Grafik 5 zeigt die erwirtschafteten Überschüsse in Tausend Dollar. Zwischen 1866 und 1900 wurde im Staatshaushalt so ein Überschuss von 1,61 Milliarden Dollar erwirtschaftet. Erstaunlicher ist, dass von den eingenommenen 13 Milliarden Dollar knapp die Hälfte aus den Einfuhrzöllen des *Customs Service* stammten.

Für viele amerikanische Farmer, vor allem im Süden und im Westen, die versuchten, ihre Produkte auf dem Weltmarkt zu platzieren, war dies ein Ärgernis, weil sie mit hohen Zöllen belegte Produkte einkaufen mussten. Diese Gruppe war an einer deutlichen Senkung der Zölle interessiert. Vertreter der Idee des Freihandels und gemäßigte Politiker aller Lager verlangten nach einer Zollreform. Schon die Wahlprogramme der Demokraten in den Jahren 1876 und 1880 hatten eine Zollpolitik verlangt, die Abstand vom Schutzzoll nehmen und nur zur Fi-

---

174 Finzsch, Konsolidierung und Dissens, S. 191.
175 Finzsch, Konsolidierung und Dissens, S. 270 f. Northrup, Cynthia Clark und Turney, Elaine C. Prange. Encyclopedia of Tariffs and Trade in U.S. History. Westport, CT: Greenwood Press, 2003, 3 Bände, Band 1, S. 363.

nanzierung des Bundeshaushalts eingesetzt werden sollte.[176] 1892 wurde diese Forderung erneuert und die republikanische Zollpolitik wurde in Bausch und Bogen als verfassungswidrig und einseitig attackiert. Diejenigen aber, die vom Schutzzoll profitierten wie Andrew Carnegie, der auf dem Schutz der „jungen" Industrie gegen europäische Konkurrenz bestand, und die Produzenten von Wolle, Häuten und die Holzindustrie, bestanden auf der Weiterführung der republikanischen Zollpolitik. Viele Arbeiter glaubten, die Schutzzölle garantierten ihnen ihre Stelle und ihre relativ hohen Löhne, da sie der amerikanischen Industrie einen Vorteil gegenüber ausländischen Unternehmen gewähre.

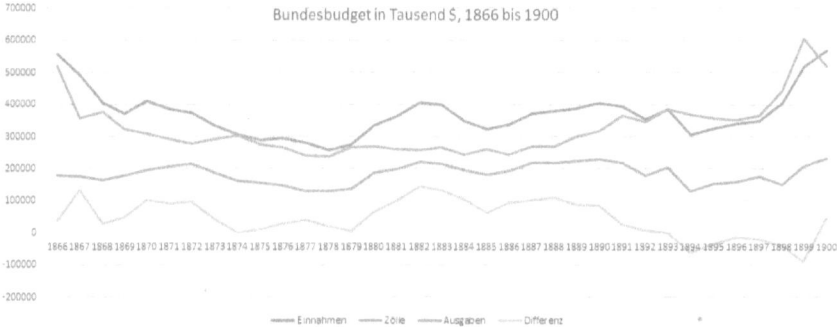

Grafik 5: Bundesbudget in Tausend US-Dollar, 1866–1900[177]

Die Republikaner witterten eine Gelegenheit, die Zollpolitik zu ihren Gunsten politisch nutzbar zu machen. James G. Blaine erkannte als erster die Möglichkeit, von der Bürgerkriegsrhetorik wegzukommen.[178] Er befürwortete eine Allianz von Unternehmern, den Gewerkschaften und den Produzenten von Rohmaterialien im Westen und hoffte, auf diese Weise den Osten und den Westen gegen den konsistent demokratisch wählenden Süden zu vereinen. Diese Taktik versagte zwar in der Wahl von 1884, war jedoch erstmalig 1888 erfolgreich. Cleveland hatte seine Lektion gelernt: 1884 noch hatte er die Zollfrage eher vernachlässigt, 1887 engagierte er sich im Kampf gegen die hohen Zölle.

Die Republikaner entgegneten, das „Herumfummeln" („Tinkering") am Zoll sei dazu angetan, den Wohlstand des Landes zu gefährden, indem die Industrie

---

176 Goldstein, Judith. Ideas, Interests, and American Trade Policy. Ithaca, NY: Cornell University Press, 1993, S. 108.
177 United States, Historical Statistics, Band 2, Series Y 335–338 und Y352–357, S. 1104–1106.
178 Campbell, Ballard C. The Human Tradition in the Gilded Age and Progressive Era. Wilmington, DE: SR Books, 2000, S. 25.

geschädigt und die Löhne gesenkt würden. Außerdem würden die Farmer ihre Absätze auf dem nationalen Markt in Frage stellen. Mit dieser Taktik gewann Benjamin Harrison das Weiße Haus bei der Wahl von 1888. Cleveland holte zwar ein Prozent mehr Wählerstimmen als sein Gegner, da Harrison aber alle Staaten im Westen und Norden mit Ausnahme von Connecticut und New Jersey gewinnen konnte, lag er bei den Wahlmännerstimmen mit 233 zu 168 vorn.

Mit der Rückgewinnung der Macht fuhren die Republikaner einen noch wirtschaftsfreundlicheren Kurs. Die Abkehr von der Bürgerkriegsrhetorik erlaubte ihnen auch, die Situation der ehemals Versklavten neu zu überdenken. Die *Force Bill* aus der Feder des republikanischen Senators Henry Cabot Lodge, die das Ziel gehabt hatte, das den *African Americans* im Süden *de jure* zugesagte Wahlrecht *de facto* durchzusetzen, starb 1890 im mehrheitlich aus Republikanern bestehenden Kongress einen unrühmlichen Tod, im Wesentlichen, weil der republikanische Vizepräsident Levi P. Morton (1824–1920) während des demokratischen *Filibuster* im Senat untätig herumsaß und Republikaner aus dem Westen, die ein Interesse an der Prägung von Silber als Münzgeld hatten, die *Force Bill* in einem politischen Kuhhandel mit den Demokraten im Austausch für die Zustimmung zum *Sherman Silver Purchase Act* aufgaben.[179] Derselbe Kongress verabschiedete den höchsten Zollsatz in der Geschichte der Vereinigten Staaten. Dieser neue Zolltarif, der vom Kongressabgeordneten William McKinley aus Ohio eingebracht worden war, löste im Süden große Bestürzung aus. Präsident Harrison war unter anderem gewählt worden, um den Schutz der Industrie aufrechtzuerhalten, nicht um einen noch höheren Zollsatz durchzusetzen. Der McKinley-Zoll hätte das Problem zu hoher Überschüsse auf die Weise gelöst, dass überhaupt keine ausländischen Waren mehr in den Vereinigten Staaten hätten abgesetzt werden können. Die Demokraten verdammten deshalb den McKinley-Zoll und bezeichneten den recht spendablen Kongress unter der Kontrolle der Republikaner als „Milliardenkon-

---

179 Mit *Filibuster* ist die Verschleppung und letztlich Verhinderung einer Abstimmung im Kongress gemeint, die durch künstliche Ausdehnung der Redezeit erreicht wird. Der *Sherman Silver Purchase Act* von 1890 erhöhte die Menge des von der Bundesregierung aufgekauften Silbers. Der Staat erwarb nach 1890 monatlich 4,5 Millionen Ounces (127,5 Tonnen) Silber. Bezahlt wurde der Kauf durch besondere Banknoten (*coin notes*), die entweder in Gold oder in Silber eingetauscht werden konnten. Der Zweck des Gesetzes lag in der Erhöhung der Inflation. Das Gesetz wurde im Doppelpack mit dem McKinley Zolltarif verabschiedet. Der Zweck des Gesetzes wurde nicht erreicht, da die meisten Käufer der Banknoten diese umgehend in Gold umtauschten und auf diese Weise der Goldvorrat der Bundesregierung abschmolz. 1893 wurde das Gesetz auf Initiative von Präsident Grover Cleveland deshalb kassiert. Cleveland, Grover. Message on the Repeal of the Sherman Silver Purchase Act. In: Hofstadter, Richard und Hofstadter, Beatrice K. (Hg.). Great Issues in American History from Reconstruction to the Present Day, 1864–1981. New York: Vintage Books, 1982, S. 145–148.

gress".[180] Der 51. Kongress (1889–1891), der in beiden Häusern eine republikanische Mehrheit aufwies, erwarb sich diesen Namen zu Recht, denn er verwendete den Überschuss des Bundeshaushalts für die Finanzierung bestimmter Maßnahmen, die einer kleinen Minderheit von republikanischen Wählern und Unterstützern zugutekamen. So wurden mit Bundesmitteln öffentliche Baumaßnahmen und weitere großzügige Kriegsrenten für (republikanische) Veteranen des Bürgerkriegs bewilligt – sehr zum Ärger der Demokraten.[181] Der Versuch John Bynum (D-IN), die Erhöhung der Ausgaben für Kriegspensionen an die Steigerung der Steuerausgaben zu binden, schlug fehl.[182] Die Konsequenzen für die Republikaner waren drastisch. In den Midtermwahlen von 1890 wurden die Republikaner hart abgestraft. McKinley verlor sein Mandat. 1892 siegte Cleveland über Harrison und versprach, den McKinley-Zoll wieder rückgängig zu machen.

Die Wähler waren sich in der Frage der Zoll- und Fiskalpolitik keineswegs einig, doch bildete sich ein Konsens heraus, in dem es um die Regulierung der Eisenbahnlinien durch den Bund ging. Auch die Trusts erregten allgemeinen Unwillen und sollten stärker kontrolliert werden. Schon 1870 hatte sich Widerstand gegen die Preispolitik der Eisenbahnlinien geregt. Die *Patrons of Husbandry*, auch *Grange* genannt, hatte sich 1867 gegründet. Zunächst handelte es sich bei dieser Organisation um einen Zusammenschluss der Farmer zum Zwecke von Schulungen. Rasch politisierten sich die Mitglieder der *Grange* und überführten ihre Organisation in eine politisierte Plattform des Widerstands gegen die Eisenbahnen und die Preispolitik des Bundes. *Grangers* wurden auf lokaler Ebene in politische Ämter gewählt und ermöglichten es einigen Staaten des Mittleren Westens, Gesetze zur Kontrolle der Eisenbahnen durchzusetzen. Diese Gesetze galten zunächst als verfassungskonform. Noch 1877 im Fall *Munn v. Illinois* (94 U.S. 113) hatte der Oberste Gerichtshof das Recht auf Regulierung der Eisenbahnen durch Bundesstaaten mit dem Hinweis auf das öffentliche Interesse unterstützt.[183] *Munn v. Illinois* sollte jedoch eine Ausnahme bleiben. Schon 1886

---

180 Cashman, Sean Dennis. America in the Gilded Age: From the Death of Lincoln to the Rise of Theodore Roosevelt. New York: New York University Press, 1993, S. 270.
181 Chisholm, Donald. Waiting for Dead Men's Shoes: Origins and Development of the U.S. Navy's Officer Personnel System, 1793–1941. Stanford, CA: Stanford University Press, 2001, S. 399.
182 Stewart, Charles Haines. Budget Reform Politics: The Design of the Appropriations Process in the House of Representatives, 1865–1921. Cambridge, New York: Cambridge University Press, 1989, S. 174.
183 *Munn v. Illinois*, 94 US 113 (1877), war eine Entscheidung des *Supreme Court*, die es Bundesstaaten gestattete, bestimmte Geschäftssparten innerhalb ihrer Grenzen zu regulieren. Der 14. Verfassungszusatz begrenzte nicht das Recht des Saates Illinois, in die Preisgestaltung der großen Getreidezwischenhändler einzugreifen. Privatfirmen könnten im öffentlichen Interesse durch den Bundesstaat mit Restriktionen belegt werden. Lepsius, Oliver. Verwaltungsrecht unter

nahm der *Supreme Court* eine radikal andere Position ein. In *Wabash, St. Louis, and Pacific Railway Co. v. Illinois* entschied der Oberste Gerichtshof, dass Eisenbahngesellschaften im grenzüberschreitenden Verkehr zwischen Bundesstaaten nicht unter die Jurisdiktion der Bundesstaaten, sondern unter die Zuständigkeit des Bundes fielen.[184] Da mehr als Dreiviertel aller Eisenbahnlinien zwischen einzelnen Bundesstaaten operierten, hatte der *Supreme Court* die Gesetze der Bundesstaaten zur Regulierung der Eisenbahnen weitgehend unwirksam gemacht.

Die öffentliche Empörung über die Entscheidung des Obersten Gerichtshofs führte zur Einrichtung einer Senatskommission und zur rasch folgenden Verabschiedung des ersten Bundesgesetzes zur Regulierung der Eisenbahnen, dem *Interstate Commerce Act*, der 1887 während der ersten Regierungszeit Clevelands beide Häuser passierte.[185] Das Gesetz etablierte die erste Regulierungsbehörde des Bundes, die *Interstate Commerce Commission* (ICC). Zur Anwendung kam dabei das Verfassungsgebot, das dem Bund die Hoheit in Angelegenheiten des zwischenstaatlichen Verkehrswesens zusprach (*interstate commerce clause*). Die ICC war anfangs noch eine schwache Institution, die aber über die Jahre an Einfluss gewann.

Wenig später erließ der Kongress den *Sherman Antitrust Act* (1890).[186] Dieses Gesetz ließ die Konzentration von Unternehmen durchaus zu, verbot aber Trusts. Theoretisch wurde es Unternehmen untersagt, Absprachen zu tätigen, die den

---

dem Common Law: Amerikanische Entwicklungen bis zum New Deal. Tübingen: Mohr Siebeck, 1997, S. 76.
184 Wabash, St. Louis & Pacific Railroad Company v. Illinois, 118 US 557 (1886). Lepsius, Verwaltungsrecht, S. 77.
185 United States, Congress, Senate und Select Committee on Interstate Commerce. Report of the Senate Select Committee on Interstate Commerce (With Appendix). Forty-Ninth Congress, First Session.–Submitted to the Senate January 18, 1886. Washington, DC: Government Printing Office, 1886, 2 Bände. Prager, Robin A. Using Stock Price Data to Measure the Effects of Regulation: The Interstate Commerce Act and the Railroad Industry. The RAND Journal of Economics. 1989 Summer; 20 (2):280–290. Gilligan, Thomas W., Marshall, William J. und Weingast, Barry R. Regulation and the Theory of Legislative Choice: The Interstate Commerce Act of 1887. Journal of Law and Economics. 1989 Apr; 32 (1):35–61. Childs, William R. State Regulators and Pragmatic Federalism in the United States, 1889–1945. The Business History Review. 2001 Winter; 75 (4):701–738. Hovenkamp, Herbert. Regulatory Conflict in the Gilded Age: Federalism and the Railroad Problem. The Yale Law Journal. 1988 May; 97 (6):1017–1072.
186 Cefrey, Holly. The Sherman Antitrust Act. Getting Big Business under Control. New York: Rosen Pub. Group, 2004. Letwin, William. Law and Economic Policy in America: The Evolution of the ShermanAntitrust Act. Chicago, IL: University of Chicago Press, 1981. Worth, Richard. Sherman Antitrust Act. New York: Marshall Cavendish Benchmark, 2012.

freien Wettbewerb behinderten.[187] Das Gesetz untersagte die Bildung von Pools und Trusts, doch es unternahm nichts gegen Holding Companies wie die Standard Oil, da die Holding Company ja eine einzige Firma (und nicht ein Konglomerat) darstellte, also auch keine unfairen Preisabsprachen oder Behinderungen des freien Wettbewerbs umsetzen konnte.[188]

Diese Schwäche sorgte für weitgehende Ineffizienz des *Sherman Act*. In dem Jahrzehnt nach der Verabschiedung des Gesetzes erreichte die Bundesregierung in nur sechs Fällen eine Auflösung von Trusts. Dagegen schritt die Regierung in vier Fällen gegen Gewerkschaften ein, die sie einer „conspiracy in restraint of trade" bezichtigte. Zu allem Überfluss kassierte der *Supreme Court* 1895 das Gesetz im Fall *United States v. E. C. Knight Co.*[189] Das Gericht befand, das Monopol der American Sugar Refining Company, die 98 Prozent der Zuckerproduktion in den USA kontrollierte, könne nicht gebrochen werden, da die lokale Herstellung von Zucker (manufacture) nicht dasselbe sei wie der Handel (trade) zwischen den Staaten.[190]

Sowohl die Interstate Commerce Commission als auch der *Sherman Antitrust Act* belegen die Besorgnis eines großen Teils der Öffentlichkeit über die Rolle der Großkonzerne. Die Bereitschaft der Bundesregierung, sich im Interesse des Ge-

---

[187] Grandy, Christopher. Original Intent and the Sherman Antitrust Act: A Re-examination of the Consumer-Welfare Hypothesis. The Journal of Economic History. 1993 Jun; 53 (2):359–376.

[188] Letwin, William. Law and Economic Policy in America: The Evolution of the Sherman Antitrust Act. Chicago, IL: University of Chicago Press, 1981. Sehr knapp: Cefrey, Holly. The Sherman Antitrust Act. Getting Big Business under Control. New York: Rosen Pub. Group, 2004. McNeese, Tim. The Robber Barons and the Sherman Anti-Trust: Reshaping American Business. New York: Chelsea House Publishers, 2009, S. 88.

[189] *United States v. E. C. Knight Co.*, 156 US 1 (1895). 1891 kaufte Henry O. Havemeyer (1847–1907), der CEO der American Sugar Refinery die Hälfte der Aktien des Zuckerimperiums von Claus Spreckels (1828–1908) und gewann damit Zugang zur Zuckerproduktion in Hawai'i. 1892 übernahm die American Sugar Refinery Company (ASRC) die Kontrolle über die E.C. Knight Company und andere Hersteller von Zucker. Damit hatte sie ein nahezu vollständiges Monopol. Präsident Cleveland wies die Bundesregierung an, gegen die ASRC nach den Bestimmungen des *Antitrust Law* vorzugehen, um den Kauf des kleineren Konkurrenten zu verhindern. Der *Supreme Court* widersprach der Regierung und ließ verlauten, „[...] that the result of the transaction was the creation of a monopoly in the manufacture of a necessary of life", doch könne dies durch das vorliegende Gesetz nicht verhindert werden. Barnikel, Hans Heinrich. Probleme der wirtschaftlichen Konzentration. Darmstadt: Wissenschaftliche Buchgesellschaft, 1975, S. 180. Zu Havemeyer siehe Catlin, Daniel. Good Work Well Done: The Sugar Business Career of Horace Havemeyer, 1903–1956. New York: D. Catlin, 1988. Havemeyer, Harry W. Henry Osborne Havemeyer: The Most Independent Mind. New York: H.W. Havemeyer, 2010.

[190] Das Gesetz machte „[...] every contract, combination in the form of trust or otherwise, or conspiracy, in restraint of *trade* [meine Hervorhebung, M.H.] or commerce among the several States, or with foreign nation [...] illegal."

meinwohls einzuschalten, wuchs. Es sollte aber noch bis ins 20. Jahrhundert dauern, bevor Präsidenten bereit waren, die gesetzlichen Möglichkeiten zu Verhinderung von Wettbewerbsverzerrungen durch die Konzerne auch einzusetzen.

Mit den Konzentrationsbewegungen des Kapitals in Form von Trusts und Kartellen stand das zweite große wirtschaftspolitische Problem des *Gilded Age* nur indirekt in Beziehung: Die Frage, auf welcher Edelmetallgrundlage die amerikanische Währung basieren sollte. Der Bund hatte während des Bürgerkriegs Papiergeld ausgegeben, die *Greenbacks*, so genannt, weil die Geldscheine auf einer Seite mit grüner Farbe bedruckt waren. Mit diesem Geld hatte der Norden den Bürgerkrieg gewonnen, gleichzeitig hatte die Ausgabe von rund 450 Millionen Dollar als *Greenbacks* die Inflation beschleunigt. Kreditnehmer, die ihre Schulden in inflationären Greenbacks abtragen konnten, schätzten das Papiergeld, Gläubiger, die für ihre Kredite im Wert abgesenktes Fiatgeld erhielten, lehnten die *Greenbacks* ab. Weil vor allem Farmer im Westen und Süden Kredite aufgenommen hatten und weil die meisten Banken sich im Nordosten der USA konzentrierten, konnte die Währungsfrage auch zu einem Problem zwischen den Sektionen der Nation werden. Der Westen und Süden unterstützten eine inflationäre Währung und forderte zusätzlich zur Ausprägung von Goldmünzen die Zirkulation von „überbewertetem" Silber, während der Nordosten eine Beschränkung auf die Ausprägung von deflationär wirkenden Goldmünzen verlangte.

Mit der Entscheidung für den Goldstandard 1873 waren die Währungsprobleme aber nicht gelöst, im Gegenteil. Durch die Umstellung auf die Goldwährung wurde es noch schwerer, Kredite zu bekommen. Bald wurden Rufe nach einer höheren Inflationsrate laut, um die Kreditsituation zu entspannen. Statt der *Greenbacks* sollten jetzt allerdings Silbermünzen in Umlauf gebracht werden. Die Silberfrage erregte die Gemüter wie kein anderes politisches Problem dieser Jahre. Auf der einen Seite standen diejenigen, die glaubten, nur eine auf Gold basierende Währung sei „ehrlich", darunter viele Gläubiger aus dem Osten, die kein Interesse an einer inflationären Entwicklung hatten. Auf der gegenüberliegenden Seite fanden sich neben den Schuldnern und Farmern aber auch die Magnaten der Silberindustrie, die mit den riesigen Silberfunden im Westen einen Absatzmarkt für ihr Silber suchten. Die Silberfunde der 1860er und 1870er Jahre hatten den Markt mit billigem Silber überflutet. Staaten wie Nevada und Colorado, in denen sich viele Silberbergwerke befanden, verlangten vom Bund den Ankauf von Silber, um den Preis für das Edelmetall zu stützen. Farmer und Schuldner sahen in der Ausprägung inflationärer Silbermünzen den Ausweg aus der Hochzinspolitik für private Anleihen. Verschuldung und Deflation hatten viele Farmer brotlos gemacht, weil ihre Farmen unter den Hammer gekommen waren. „The farmer pays his debts with his labor. His crops cost him as much labor now as in 1870, but he receives only from one-fourth to one-half as much for them", bemerkte 1891 ein

Zeitungsverleger aus Kansas.[191] Farmer erhofften sich einen stetigen Zustrom von Silberdollars und eine Verbesserung ihrer Situation.[192]

Die Vertreter des Silbers wurden nicht müde, darauf hinzuweisen, dass die Vereinigten Staaten bis 1873 ein Bimetall-System unterhalten hatten, bei dem sowohl Gold- wie auch Silbermünzen zirkulierten. In diesem *annus horribilis* hatte der Kongress Silber aus dem Währungssystem ausgeschlossen, indem er den Ankauf und die Prägung von Silber unterbunden hatte. Dieses „Crime of '73" wurde später mit Verschwörungstheorien unterlegt, in denen der Süden und der Westen vom Nordosten und dem Finanzkapital verraten und verkauft worden seien. 1878 verabschiedete der Kongress den *Bland-Allison Act* und überstimmten President Hayes' Veto der Maßnahme. Das Gesetz verlangte von der Regierung den Ankauf von Silber und kam so den Vertretern der Silberstaaten entgegen. Minenbesitzer freuten sich über steigende Silberpreise. Zu einer spürbaren Inflation kam es dennoch nicht.[193]

Der öffentliche Druck zur Erleichterung der Inflation nahm nicht ab. Die virtuelle Koalition von Minenbesitzern und Anhängern des Farmer-Arbeiterblocks erreichte zunächst jedoch nichts. Dies änderte sich erst wieder 1890, als Staaten im Westen den McKinley-Zolltarif unterstützten und der Kongress dafür den *Sherman Silver Purchase Act* verabschiedete, der die Menge des anzukaufenden Silbers auf 4,5 Millionen Unzen (knapp 128 Tonnen) im Monat herauf setzte. Wieder resultierte dies nicht in merkbarer Reduktion des Geldwerts, weshalb ungeduldige Verfechter der Silberwährung eilends die Parole „free and unlimited coinage of silver" ausgaben. Dies wäre eine Maßnahme gewesen, die die gesamten Silbervorräte der USA in Münzgeld umgewandelt hätte, wobei das Verhältnis des Werts von Silber in Relation zum Gold auf 16:1 festgeschrieben worden wäre.[194]

Die Silberfrage verlief quer zu Parteigrenzen. Die Demokraten hofften, Gemeinsamkeiten zwischen den Wählern des Südens und des Westens dazu nutzen zu können, den Sieg über die Republikaner erringen zu können. Der demokratische Präsident Grover Cleveland war jedoch in Finanzfragen ein Konservativer und verteidigte den Goldstandard entschlossen. Trotz der Wirtschaftskrise von

---

191 Peffer, William Alfred. The Farmer's Side: His Troubles and Their Remedy. New York: D. Appleton and Company, 1891, S. 29.
192 Ostler, Jeffrey. Why the Populist Party Was Strong in Kansas and Nebraska but Weak in Iowa. *The Western Historical Quarterly*, Band 23, No. 4 (Nov., 1992), S. 451–474.
193 McCulley, Richard T. Banks and Politics during the Progressive Era: The Origins of the Federal Reserve System, 1897–1913. New York: Garland Pub, 1992, S. 23f. Thiemeyer, Guido. Internationalismus und Diplomatie: Währungspolitische Kooperation im europäischen Staatensystem 1865–1900. München: Oldenbourg, 2009, S. 112f.
194 Walton, Gary M. History of the American Economy. Mason, OH: Cengage, 2013, S. 349.

1893 berief er im August 1893 eine Sondersitzung des Kongresses ein und ließ beide Häuser den *Sherman Silver Purchase Act* widerrufen. Innerhalb von vier Tagen fiel der Silberpreis von 83 Cents/Unze auf 62 Cents. Die Wirtschaft im Westen der USA wurde von diesem Preissturz schwer getroffen. Die Arbeitslosigkeit in den Minenstädten erreichte Rekordmarken.[195] Der Verfall des Silberpreises beflügelte den Umtausch von Papier- und Silbergeld in „harte" Golddollars, so dass die Goldreserven des Bundes rasch abnahmen.[196] Die Kassation des Gesetzes verhalf den USA nicht zu einer Besserung der wirtschaftlichen Lage, spaltete aber die Nation in zwei geographische Hälften, wobei der Mississippi eine Zeitlang eine ähnlich unüberwindliche Grenze darstellte, wie es die Mason-Dixon-Linie vor 1865 gewesen war.[197] Wütende Farmer rieten Präsident Cleveland, sich nicht im Westen blicken zu lassen, wenn ihm sein Leben lieb sei. Ihre Situation verschärfte sich in der Depression nach 1893 und bald sprachen die von der Krise gebeutelten Menschen von einer Verschwörung der *Goldbugs*, womit sie die Vertreter der Hochfinanz im Osten meinten.[198] Eine Zeitung aus Nebaska bediente sich der Rhetorik des Klassenkampfes, als sie meldete: „The conflict between the common people and the overbearing, despotic, insulting moneyed aristocracy, who have set themselves up as our dictators, is inevitable." [199]

Im Winter 1894/95 belastete Cleveland das politische Klima mit seinem Abkommen mit J.P. Morgan, um die Goldreserven zu retten. Nun schien offensichtlich, dass die Regierung nicht nur enge Bindungen zur Hochfinanz unterhielt, sondern von ihr sogar abhängig war. Zahlreiche Menschen verloren die Illusion, auf friedlichem oder reformatorischem Wege noch etwas erreichen zu können. Der harte Winter, die hohe Arbeitslosigkeit, die Verzweiflung der Farmer und der Klassenkampf von Oben gegen die Arbeiterinnen und Arbeiter ließen so manchen von offenem Aufruhr reden.

Mit den Konzentrationsbewegungen der amerikanischen Wirtschaft, der Ideologie der individuellen Stärke, der Gleichsetzung von Individuen und Korporationen im Wirtschaftsrecht, der Vergabe riesiger Ländereien, die den *Native Americans* gehört hatten, und der Festlegung auf den Goldstandard in Zeiten der wirtschaftlichen Krisen war der Weg bereitet für eine Zuspitzung wirklicher

---

195 Iversen, Kristen. Molly Brown: Unraveling the Myth. Boulder, CO: Johnson Books, 1999, S. 102.
196 Poole, Keith T. und Rosenthal, Howard. Ideology & Congress. New Brunswick, NJ: Transaction Publishers, 2007, S. 134.
197 Poole, Keith T. und Rosenthal, Howard. Ideology & Congress, S. 134 f.
198 Milton Friedman. Bimetallism Revisited. The Journal of Economic Perspectives. 1990 Autumn; 4 (4):85–104.
199 Pollack, Norman. The Populist Mind. Indianapolis, IN: Bobbs-Merrill, 1967, S. 42.

und gefühlter Klassengegensätze. Die Lösung dieser Gegensätze hätte eine aktive Wirtschafts- und Reformpolitik der Regierung erfordert. Das Zinsniveau hätte gesenkt werden müssen. Den Arbeiterinnen und Arbeitern hätte ein Koalitionsrecht die Möglichkeit gegeben, höhere Löhne durchzusetzen, die den Konsum von in den USA produzierten Waren gefördert hätte. Eine zurückhaltende Landpolitik und die Einhegung der Rechte von Aktiengesellschaften hätten die Rechte der *Native Americans* und der unmittelbar produzierenden Bevölkerung geschützt. Da sich die republikanischen Administrationen solchen Lösungen verschlossen, kam es zu Gegenreaktionen, die sich in gewaltsamen Konflikten entluden.

6 Die Radikalisierung sozialer Konflikte im Kontext von Masseneinwanderung und Rassismen, 1870–1900

Bestimmend für die Arbeitsverfassung der USA während des *Gilded Age* wurden neben den Klassenkämpfen und Streiks die rechtlichen und ökonomischen Diskriminierungen, die das System des Rassismus erzeugte, indem Weiß gegen Schwarz, Eingewanderte gegen Alteingesessene und Englisch sprechende Menschen gegen die polyglotte Masse des „Rests" ausgrenzend gegenüber gestellt wurden. *White Ango-Saxon Protestants* (WASP) reagierten gegen die Einwanderung von ethnischen Gruppen, die nicht „weiß" waren oder nicht einer der traditionellen protestantischen Glaubensrichtungen anhingen. Die Zuwanderung von billigen Arbeitskräften aus China und die Gegenwart spanisch-sprechender „Californios" gaben den rassistischen Gruppen im Lande Auftrieb. Die Reaktion gegen Immigrantinnen und Immigranten und die rassistische Abwehr gegen *African Americans* müssen als Teil des gleichen Dispositivs gesehen werden, unter dem auch den *Native Americans* das Lebensrecht abgesprochen wurde, auch dann, wenn sich die Rassismen gegen Zugewanderte und *African Americans* in seinen Formen durchaus wandelbar zeigten. Dieser *Lock-in* des rassistischen Dispositivs baute historisch auf dem System der rassistischen Suprematie des Südens auf, extendierte und modifizierte in Übereinstimmung mit dem Sozialdarwinismus im Zusammenhang mit der Vertreibung der *Native Americans* und perpetuierte und exportierte es unter den Bedingungen der Industrialisierung in den Norden, wo es hervorragend instrumentalisiert werden konnte, um Arbeitskämpfe auszubremsen oder aufzuweichen. Damit entsprechen die vorangegangenen *Lock-ins 1–4* der *Critical Juncture* (*Critical Juncture 7*), die für das *Lock-in* des Rassismus bestimmend waren (*Lock-in 7*) Den Massen der diskriminierten Einwanderer aus Süd- und Osteuropa gegenüber standen *African Americans*, die mithilfe von Auswanderungsgesetzen aus dem Land geschafft werden sollten.[1]

---

[1] Upchurch, Legislating Racism, S. 23–45. Breitzer, Susan Roth. Race, Immigration, and Contested Americanness: Black Nativism and the American Labor Movement, 1880–1930. Race/Ethnicity: Multidisciplinary Global Contexts. 2011; 4 (2):269–283. Omatsu, Glenn. Racism or Solidarity? Unions and Asian Immigrant Workers. The Radical Teacher. 1995; (46) :33–37. Zur Politik der gewerkschaftlichen Rassentrennung und zum AFL im Süden Honey, Michael K. Southern Labor and Black Civil Rights: Organizing Memphis Workers. Urbana, IL: University of Illinois Press, 1993. Ausnahmen bestätigten die Regel. Gerteis, Joseph. Class and the Color Line: Interracial Class Coalition in the Knights of Labor and the Populist Movement. Durham, NC: Duke University Press, 2007.

OpenAccess. © 2019 M. Michaela Hampf, publiziert von De Gruyter. Dieses Werk ist lizenziert unter der Creative Commons Attribution-NonCommercial-NoDerivatives 4.0.
https://doi.org/10.1515/9783110657746-008

Aus rassistischen Gründen diskriminierte afroamerikanische Arbeiter und Arbeiterinnen konnten als Streikbrecher eingesetzt werden.² Die rassistischen Überzeugungen eines großen Teils der Facharbeitergewerkschaften stützten dabei dieses System nachhaltig. In den Diskussionen um den Eintritt der USA in ein koloniales System des *Empire* diente dieser internalisierte Rassismus als Rechtfertigung der imperialen Ansprüche der USA gegenüber *people of color*.

6.1 Klassenkämpfe, Streiks und die Etablierung eines Systems der rechtlichen und ökonomischen Diskriminierung, 1877–1882

Im Zusammenhang mit der Diskussion der Westexpansion und der Urbanisierung wurde hier ja schon auf das Paradox hingewiesen, dass die Migration in den USA in der Zeit der Industrialisierung in zwei entgegengesetzte Richtungen verlief. Zum einen zogen immer mehr amerikanische Familien in den Westen und versuchten ihr Glück als Farmer auf einem Stück Land, auf dem 20 Jahre zuvor noch *Native Americans* gelebt hatten, zum anderen strömte die Landbevölkerung nach dem Bürgerkrieg in die Städte und wurde Teil der Industriearbeiterschaft. Industriestädte wie Pittsburgh, Chicago, New York und Detroit zogen Familien und Einzelpersonen vom Land magnetisch an. Hinzu kamen die Millionen von Migranten und Migrantinnen, die aus politischen, wirtschaftlichen oder kulturellen Gründen ihre Heimat in Europa und Asien verließen und in die USA einwanderten. Die Wanderungsbewegung von den landwirtschaftlichen Peripherien in die industriellen Zentren war somit Teil einer globalen Wanderung. Menschen aus Irland, China, Italien, Russland und Österreich-Ungarn verließen ihre Heimat ja nicht nur, um nach Nordamerika auszuwandern. Argentinien nahm im 19. Jahrhundert große Mengen von Migranten italienischer Abstammung auf. Deutsche gingen nach Brasilien.³ Der Arbeiterhistoriker David Montgomery fasste diese

---

2 Fusfeld, Daniel Roland and Bates, Timothy Mason. The Political Economy of the Urban Ghetto. Carbondale, IL: Southern Illinois University Press, 1984, S. 19 f. Bracey, John H., Meier, August und Rudwick, Elliott M. (Hg.). Black Workers and Organized Labor. Belmont, CA: Wadsworth Pub. Co, 1971. Moreno, Paul D. Black Americans and Organized Labor: A New History. Baton Rouge, LA: Louisiana State University Press, 2006. Salmond, John A. Southern Struggles: The Southern Labor Movement and the Civil Rights Struggle. Gainesville, FL: University Press of Florida, 2004. Zieger, Robert H. For Jobs and Freedom: Race and Labor in America Since 1865. Lexington, KY: University Press of Kentucky, 2007.
3 Baily, Samuel L. Immigrants in the Lands of Promise: Italians in Buenos Aires and New York City, 1870–1914. Ithaca, NY: Cornell University Press, 1999. Baily, Samuel L. und Míguez, Eduardo

globale Wanderung treffend zusammen, als er schrieb „[...] the rural periphery of the nineteenth century industrial world became the primary source of supply for ‚human machines'."⁴ Gerade die Trennung der Arbeiterschaft in unterschiedliche Ethnien, Religionen und Sprachgruppen erschwerte die Herstellung übergreifender Solidarität (*Critical Junctcure*). Dem entgegen wirkte die alltägliche Erfahrung gemeinsamer Ausbeutung. Weit verbreitete Kinderarbeit in Gruben und Fabriken, die Notwendigkeit, nicht zur Familie gehörende Hausgäste aufzunehmen, um die Miete bezahlen zu können, und das Erfordernis der Mitarbeit von Frauen, weil der Lohn des Mannes als „Haupternährer" nicht ausreichte, waren Erfahrungen, die jede Familie unabhängig von Herkunftsland, Bekenntnis oder Hautfarbe machte.

Tabelle 9: Durchschnittliche Jahreslöhne der Industriearbeiter 1849–1909

Jahr	Produktionsarbeiter	Lohnsummen	Jahreslohn in $
1849	957.000	237.000.000	247
1859	1.311.000	379.000.000	289
1869	2.054.000	621.000.000	302
1879	2.733.000	948.000.000	346
1889	4.129.000	1.821.000.000	441
1899	4.502.000	1.893.000.000	420
1904	5.182.000	2.441.000.000	471
1909	6.262.000	3.205.000.000	511

Unterschiedliche ethnische Herkunft und unterschiedliche Qualifizierung korrelierten. Die Carnegie-Stahlfabrik vor den Toren Pittsburghs ist ein gutes Beispiel für die globale Vernetzung des Arbeitsmarktes. Als Andrew Carnegie seine erste Stahlfabrik im Jahre 1872 eröffnete, stellte sein Generaldirektor William R. Jones

---

José. Mass Migration to Modern Latin America. Wilmington, DE: Scholarly Resources, 2003. Braun, Felipe Kuhn. História Da Imigraçao Alema No Sul Do Brasil. Porte Alegre: Costoli Soluções Gráficas, 2010. Dreher, Martin Norberto, Jung, Greisi Fabiane Griesang, Mugge, Miquéias Henrique und Seifert, Keity Link. Degredados De Mecklenburg-Schwerin e Os Primórdios Da Imigraçao Alema No Brasil. São Leopoldo: Oikos Editora, 2010. Grützmann, Imgart, Dreher, Martin Norberto und Feldens, Jorge Augusto. Imigração Alemã No Rio Grande Do Sul Recortes. São Leopoldo, RS: Okos Editora. UNISINOS, 2008. Neumann, Gerson Roberto. Brasilien ist nicht weit von hier! Die Thematik der deutschen Auswanderung nach Brasilien in der deutschen Literatur im 19. Jahrhundert (1800–1871). Frankfurt am Main, New York: P. Lang, 2005.
4 Montgomery, David. The Fall of the House of Labor: The Workplace, the State, and American Labor Activism, 1865–1925. Cambridge, New York, Paris: Cambridge University Press. Editions de la Maison des Sciences de l'Homme, 1987, S. 68.

(1839–1889) mit Vorliebe Arbeiter aus der ländlichen Umgebung Pennsylvanias ein. Zwanzig Jahre später bestand die Belegschaft Carnegies aus Bauernjungs mit einem gänzlich anderen geographischen Hintergrund. Nun überwogen Zuwanderer aus Österreich-Ungarn, die gerade in die USA gekommen und bereit waren, für niedrige Löhne zu arbeiten. Trotz des riesigen Bedarfs an Industriearbeitern nach dem Bürgerkrieg blieben die Löhne niedrig, denn die Unternehmer konnten diesen Bedarf weitgehend mit Neuankömmlingen aus Europa und Asien decken. Während der Wirtschaftskrisen von 1873 bis 1878 und von 1893 bis 1898 fielen die Nominallöhne sogar dramatisch und erholten sich nur langsam bis zum Jahr 1900.[5] Die Facharbeiterschaft stammte oft noch aus den Reihen der anglophonen „Natives" oder den Einwanderern der Zeit vor dem Bürgerkrieg. Angelernte und ungelernte Kräfte rekrutierten sich eher aus den Reihen der „neuen Einwanderung". Die Mechanisierung und Arbeitsteilung der Industriearbeit machte Facharbeiter überflüssig. Sie wurden durch angelernte oder ungelernte Arbeiter ersetzt, die auch untereinander nationalistische und rassistische Vorurteile pflegten. Carnegies Manager Henry Clay Frick stellte 1884 Ungarn und Slawen als Streikbrecher in den Kohlegruben Pennsylvanias ein und als diese sechs Jahre später selbst streikten, ersetzte er sie durch Italiener. Die Mehrzahl der neuen und ungelernten Kräfte kam nach 1880 aus Süd- und Osteuropa, während die alten Facharbeiter eher aus Nord- und Westeuropa stammten. Sie kritisierten die Neuankömmlinge unter Verwendung rassistischer Stereotype.[6]

Die Ressentiments dieses irischen Arbeiters waren typisch und unterstrichen die Allgegenwart rassistischer Praktiken und Diskurse in der sich formierenden Industriearbeiterschaft. Ethnische und religiöse Unterschiedlichkeit wurde in der Regel rassifiziert, d.h. als Eigenschaften einer eigenen „Rasse" wahrgenommen und beschrieben. Selbst die gebildete Elite sprach damals von der polnischen „Rasse" oder der „jüdischen Rasse". Dabei galt die Regel, dass jede Gruppe von Neuankömmlingen unterhalb der bereits im Lande lebenden Menschen angesiedelt war. Neuankömmlinge von der europäischen „Peripherie" wurden als unassimilierbare Herumtreiber konstruiert, die politisch und sozial korrumpiert waren und auf keinen Fall in die Gewerkschaft aufgenommen werden sollten (*Critical Juncture*).[7]

---

[5] Siehe Tabelle 9. Man muss sich verdeutlichen, dass ein Durchschnittslohn von 420 Dollar im Jahr (1899) bedeutete, dass eine Familie mit einem Dollar und 15 Cents am Tag auskommen musste, wenn der Industriearbeiter der alleinige Verdiener war. In die Lohnsummen eingeschlossen sind allerdings auch die Löhne für Frauen und Kinder. Quelle: Historical Statistics of the United States, Band 2, Series P 1–12, S. 666.
[6] Zitiert in: Montgomery, The Fall of the House of Labor, S. 82.
[7] Montgomery, The Fall of the House of Labor, S. 82.

Die Iren, die die Italiener so stark verurteilten, hatten sich nur eine Generation zuvor ähnliche Invektiven als faule Untermenschen anhören müssen. Der Sozialdarwinismus war anschlussfähig sowohl an die mitgebrachten nationalistischen Vorurteile wie an die rassistischen Diskurse der bereits in den USA lebenden Gruppen. Nach der Überzeugung eines Großteils der sich als Weiße begreifenden Amerikaner und Amerikanerinnen standen die Weißen an der Spitze der amerikanischen Kultur und Zivilisation. Wer aber konnte als Weißer gelten? Die soziale Konstruiertheit dieser Kategorie ist nirgendwo sichtbarer als in dem Statement eines irischen Schauerarbeiters, der angab, er selbst beschäftige nur „Weiße" zum Verladen der Fracht im Hafen, wobei er Polen und Italiener ausdrücklich in dieser Gruppe ausschloss.[8] Diese Exklusion war u. a. auch gegen afroamerikanische Schauerleute gerichtet, die am untersten Ende der Wertschätzung standen, möglicherweise auch, weil sie sich oft als Streikbrecher missbrauchen ließen.[9]

Die deutlichste rassistische Diskriminierung am Arbeitsplatz war gegen *African Americans* und Menschen asiatischer Herkunft gerichtet. Wie andere Menschen aus der agrarischen Peripherie fanden afroamerikanische Männer Arbeit als unterbezahlte Hilfskräfte in der Industrie der Städte. Frauen und Mädchen arbeiteten in den Haushalten der weißen Mittelschicht als Zugehfrauen, Kindermädchen oder Köchinnen. Als Abkömmlinge von Versklavten oder als Menschen, die die Sklaverei noch am eigenen Leib erfahren hatten, war ihnen die Akkordarbeit in der Gruppe nicht unbekannt.

Diese Form der Diskriminierung etablierte das zweigliedrige Arbeitssystem, das in den USA seit dem 19. Jahrhundert endemisch ist. In der oberen „Etage", die vom CEO bis zum hochqualifizierten Angestellten oder Techniker reicht, fanden sich mehrheitlich weiße Männer. In der zweiten Etage, die alle niederen Angestellten, Fabrikarbeiter, Farmkräfte und die Angehörigen von Berufsgruppen, die Gefahren und Schmutz am Arbeitsplatz ausgesetzt sind, fanden sich über-

---

[8] Yanow, Dvora. Constructing „Race" and „Ethnicity" in America: Category-Making in Public Policy and Administration. Armonk, NY: M.E. Sharpe, 2003, S. 58.
[9] Nelson, Bruce. Divided We Stand: American Workers and the Struggle for Black Equality. Princeton, NJ: Princeton University Press, 2001, S. 19, 23–25. Weiterführende Literatur zu den Whiteness Studies viz. Garner, Steve. Whiteness: An Introduction. Milton Park, Abingdon, Oxon, New York: Routledge, 2007. Ignatiev, Noel. How the Irish Became White. New York: Routledge, 2008. Carter, Julian. The Heart of Whiteness: Normal Sexuality and Race in America, 1880–1940. Durham, NC: Duke University Press, 2007. Gómez, Laura E. Manifest Destinies the Making of the Mexican American Race. New York: New York University, 2007. Moreton-Robinson, Aileen, Casey, Maryrose und Nicoll, Fiona Jean. Transnational Whiteness Matters. Lanham, MD: Lexington Books, 2008. Nevels, Cynthia Skove. Lynching to Belong: Claiming Whiteness through Racial Violence. College Station, TX: Texas A&M University Press, 2007.

proportional viele Angehörige ethnischer Minderheiten, *African Americans* und Frauen.[10]

Am untersten Ende – sozusagen im Keller – standen jedoch die *African Americans*, die als Strafgefangene unter irgendeinem Vorwand verhaftet worden waren und nun als Arbeitskräfte verliehen wurden, wobei sie keinen Lohn bezogen und ihre Haftstrafe nach Belieben durch Hinzufügung neuer fadenscheiniger Gründe verlängert werden konnte. Diese Form der Gefangenenarbeit, das *convict lease system,* erlaubte es Privatpersonen, unter dem Deckmantel des Justizsystems, eine neue Form der Sklaverei einzuführen. Sehr oft verrichteten schwarze Gefangene, in *Chain Gangs* aneinander gekettet, Arbeit beim Bau der Straßen oder bei der Terpentingewinnung im Süden, bewacht von bewaffneten Wächtern im Dienste des Sheriffs, verurteilt unter dem Vorwand der „Landstreicherei". Ein Afroamerikaner, der seine Schulden während eines dreijährigen Aufenthalts in einem der Gefängnisse abarbeiten musste, fasste das System der Chain Gang folgendermaßen zusammen: „[...] call it slavery, peonage, or what not, the truth is we lived in a hell on earth [...]"[11]

Der gegen Menschen aus Asien gerichtete Rassismus konzentrierte sich vor allem auf den Westen der USA, den hier lagen die größten chinesischen Communities. Japanische Einwanderer und Einwandererinnen waren wegen ihrer kleineren Zahlen zunächst noch nicht betroffen – 1890 waren erst 2.000 Japaner und Japanerinnen in die USA eingewandert. Im Falle der chinesischen Arbeitskräfte kam es zu einer eigenartigen Verquickung von Rassismen mit der Rhetorik der Arbeiterbewegung. Chinesen in den Goldminen, beim Eisenbahnbau, in den Schuhfabriken und Wäschereien wurden als „Werkzeuge des Kapitals" diffamiert, die von den Unternehmern angeworben würden, um Lohndumping zu betreiben. An der Westküste, wo der Strukturwandel von einer vor allem auf die Goldindustrie ausgerichteten Wirtschaft hin zu einer stärker diversifizierten Ökonomie in der Krise von 1873 Probleme schuf, wurden chinesische Arbeitskräfte für die Wirtschaftsprobleme verantwortlich gemacht. Politiker, Journalisten, geistliche und vor allem selbsternannte „Arbeiterführer" vom Schlage des irischen Einwanderers Dennis Kearney (1846?–1907) setzten sich mit dem Slogan „The Chinese must go!" für eine Ausweisung der Chinesen aus Kalifornien ein. Er gründete 1878 die kurzlebige *Workingmen's Party of California*, eine nationalistische und in Worten sozialistische Gruppierung, die man durchaus als Vorläuferin faschistischer Bestrebungen bezeichnen kann, die aber nach 1880 mit der Verbesserung der

---

[10] Better, Shirley Jean. Institutional Racism: A Primer on Theory and Strategies for Social Change. Lanham, MD: Rowman & Littlefield Publishers, 2008, S. 65–67.
[11] Katzman, David M. und Tuttle, William M. Plain Folk: The Life Stories of Undistinguished Americans. Urbana, IL: University of Illinois Press, 1982, S. 159.

wirtschaftlichen Lage an Bedeutung verlor. Mit der Verabschiedung des *Chinese Exclusion Act* (1882) begann ein bis 1943 wirksamer Ausschluss der chinesischen Einwanderung und wurde der Grundstein gelegt für eine generelle Quotierung der Einwanderung nach rassistischen Gesichtspunkten.[12] Unterstützt wurden sie dabei auch von der Arbeiterbewegung, die sich massiv für die Passage des *Chinese Exclusion Act* einsetzte. So unterstützte die *American Federation of Labor* unter ihrem Präsidenten Samuel Gompers die Annahme dieses Gesetzes, mit Argumenten, die auf die „Rettung der Männlichkeit" weißer Arbeit und den Schutz weißer Frauen vor Verlust ihres Arbeitsplatzes hinausliefen.[13] Hier liegt eine weitere Kreuzung (*Critical Juncture*) auf dem Pfad der historischen Entwicklung hin zu einer Verfestigung des Systems (*Lock-in*).

6.2 Der große Eisenbahnstreik von 1877

Der Eisenbahnstreik von 1877 galt allen Beteiligten als Fanal. Die Unternehmer und die Regierung sahen in ihm einen Ausbruch von ungeahnter Radikalität, die als Ergebnis der Machinationen von ausländischen Agitatoren und Kommunisten interpretiert wurde. Die Arbeiter und die Gewerkschaften wurden sich ihrer Stärke bewusst und die Gewerkschaftsbewegung nahm nach 1877 einen Aufschwung, der die Klassenfrage schärfer konturierte und Diskurse anschob, in deren Zentrum Begriffe wie Gerechtigkeit und Ausbeutung standen.

---

[12] Saxton, Alexander. The Indispensable Enemy: Labor and the Anti-Chinese Movement in California. Berkeley, CA: University of California Press, 1995. Finzsch, Norbert. ‚Einige unserer Fabriken sind geschlossen worden und andere haben ihre Arbeiter entlassen': Die Rezession der 1870er Jahre und die Industriearbeiter San Franciscos – Eine Analyse der Arbeitsstättenzählungen von 1870 und 1880. Amerikastudien/American Studies. 1987; (31):453–468. Der CEA hatte zunächst eine Laufzeit von zehn Jahren, wurde 1892 wieder um zehn Jahre verlängert und galt ab 1902 ohne zeitliche Begrenzung bis 1943. Anlässlich der Beratungen zur Perpetuierung des Gesetzes hielt und veröffentlichte Samuel Gomper 1901 seine notorische Meat vs. Rice-Rede, die zur Verlägerung des Gesetzes ad infinitum beitrug. American Federation of Labor. Some Reasons for Chinese Exclusion. Meat vs. Rice. American Manhood against Asiatic Coolieism. Which Shall Survive? Washington, DC: Government Printing Office, 1902.

[13] Calavita, Kitty. The Paradoxes of Race, Class, Identity, and „Passing": Enforcing the Chinese Exclusion Acts, 1882–1910. Law & Social Inquiry. 2000 Winter; 25 (1):1–40. Jung, Moon-Ho 1969. Outlawing „Coolies": Race, Nation, and Empire in the Age of Emancipation. American Quarterly. 2005 Sep; 57(3).

Es begann am 14. Juli 1877, dem Jahrestag der Französischen Revolution von 1789. Der ungeplante Streik brach in Martinsburg, West Virginia, aus.¹⁴ Es war kein Zufall, dass sich der Streik in der Eisenbahnindustrie entzündete, doch reichten die Probleme weit über die Eisenbahnen hinaus. Auf die Wirtschaftskrise von 1873 war eine lange Phase der ökonomischen Kontraktion gefolgt, die drei Millionen Menschen arbeitslos machte. Diejenigen, die ihre Arbeit behalten konnten, mussten erhebliche Lohnkürzungen hinnehmen. Familien fielen unter das Existenzminimum und Suppenküchen in den großen Städten linderten die größte Not. Als ein Zigarrenmacher aus Cincinnati, Ohio, gefragt wurde, wie er seine fünfköpfige Familie mit einem Wochenlohn von fünf Dollar durchbrächte, antwortete er: „I don't live. I am literally starving. We get meat once a week, the rest of the week we have dry bread and black coffee."¹⁵

Die Streikwelle hatte sich bis zum 16. Juli auf die gesamte Baltimore and Ohio Railroad (B&O) in West Virginia verteilt und hatte sich von dort aus schnell entlang der großen Schienennetze ausgebreitet. 100.000 Eisenbahner waren schließlich in den Ausstand getreten. Bestreikt wurden vor allem die B&O, die Pennsylvania Railroad und die New York Central von Baltimore bis San Francisco. Die Streikenden beklagten sich über fortgesetzte Lohnreduzierungen. Sie wurden von vielen anderen Lohnabhängigen unterstützt, denen klar war, was Lohnkürzungen auf dem Höhepunkt einer Wirtschaftskrise bedeuteten. Sogar die Milizen der Bundesstaaten weigerten sich vielfach, gegen die Streikenden auszurücken. In Reading, PA, weigerte sich die Miliz, das Feuer auf die Eisenbahner zu eröffnen: „We may be militiamen, but we are workmen first."¹⁶

Die Lasten der Wirtschaftskrise trafen die Arbeiterklasse schlimmer als alle anderen Gruppen. Die Aktiengesellschaften entließen Beschäftigte, um Kosten zu sparen. Lohnkürzungen wurden flächendeckend durchgesetzt. Dennoch wurden Dividenden an die Anteilseigner gezahlt. Die Baltimore and Ohio Railroad (B&O) kündigte eine zehnprozentige Lohnabsenkung an und zwar ausgerechnet in derselben Woche, in der sie den Aktionären eine zehnprozentige Dividende versprochen hatten. Die Bremser in West Virginia, die schon dreimal eine Lohn-

---

14 Bruce, Robert V. 1877, Year of Violence. Chicago: I.R. Dee, 1989. Foner, Philip Sheldon. The Great Labor Uprising of 1877. New York: Monad Press, 1977. Stowell, David O. The Great Strikes of 1877. Urbana, IL: University of Illinois Press, 2008. Stowell, David O. Streets, Railroads, and the Great Strike of 1877. Chicago, IL: University of Chicago Press, 1999.
15 Roger-Cooper, Justin. Blood or Bread: The 1877 General Strike and Anglophone Food Riots. Academia.edu. [Web Page]: https://www.academia.edu/2997605/2012_ASA_Conference_Paper_on_1877_General_Strike. Gesehen am 6. Februar 2015, n.p.
16 Foner, Philip Sheldon. History of the Labor Movement in the United States. New York: International Publishers, 1947, S. 469.

kürzung hatten hinnehmen müssen und deren Lohn von 70 Dollar auf 30 Dollar im Monat gesunken war, legten darauf ihre Arbeit nieder. Ein Arbeiter erläuterte die Gründe für den Streik:

> We eat our hard bread and tainted meat two days old on the sooty cars up the road, and when we come home, find our children gnawing bones and our wives complaining that they cannot even buy hominy and molasses for food.[17]

Die Eisenbahnunternehmen weigerten sich beharrlich, in Verhandlungen einzutreten, weil sie insgeheim hofften, Bundestruppen und Miliz würden dem Streik ein Ende bereiten. Die Gouverneure von acht Bundesstaaten erklärten, bei dem Streik handele es sich um einen Aufstand und verlangten den Einsatz der US-Armee. Präsident Rutherford B. Hayes, der seine Wahl in der umstrittenen Wahl von 1876 dem Einfluss des Generaldirektors der Pennsylvania Railroad Thomas A. Scott verdankte, zögerte nur kurz, bevor er den Einsatzbefehl für die Armee unterschrieb.[18] Als die Armee eintraf, war das Schlimmste vorüber. Die Armee betätigte sich im Folgenden als Streikbrecherin, indem sie den Zugverkehr wieder in Gang brachte, Züge mit Arbeitswilligen zum Einsatzort eskortierte und die Zuglinien sicherte.

Der Streik von 1877 war spontan und schlecht organisiert angegangen worden. Dennoch verbreitete sich Panik unter den Regierungsmitgliedern und den Besitzenden. Ein Schuldiger musste gefunden werden: Schnell einigte man sich auf die 1876 gegründete kleine *Workingmen's Party* und sagte einen allgemeinen Aufstand voraus. Unbeschadet der Tatsache, dass sich diese marxistisch beeinflusste Partei im Wesentlichen aus Immigranten zusammensetzte und in einen marxistischen und einen lassalleanischen Flügel zerfiel, wurde ihr die Verantwortung für die Unruhen gegeben. Dabei hatte die lassalleanische Parteiführung die Parole ausgegeben, sich am Streik nicht zu beteiligen.[19]

„Any hour the mob chooses it can destroy any city in the country-that is the simple truth", schrieb der Journalist und zukünftige US-Außenminister John Milton Hay (1838–1905) seinem schwerreichen Schwiegervater Amasa Stone (1818–1883).[20] Hay war so aufgebracht über den Streik, dass er sogar einen Ro-

---

[17] July 20, 1877 edition of the *Baltimore American*.
[18] Nelson, Scott Reynolds und Sheriff, Carol. A People at War: Civilians and Soldiers in America's Civil War, 1854–1877. New York: Oxford University Press, 2007, S. 327.
[19] Kipnis, Ira. The American Socialist Movement, 1897–1912. New York: Monthly Review Press, 1972, S. 9. Foner, Philip Sheldon. The Workingmen's Party of the United States: A History of the First Marxist Party in the Americas. Minneapolis, MN: MEP Publications, 1984, S. 76–80.
[20] Thayer, William Roscoe. The Life and Letters of John Hay. Boston and New York: Houghton Mifflin Company, 1915, 2 Bände, Band 2, S. 2.

man über ihn schrieb.[21] Die New York Times veröffentlichte Artikel über die „dangerous classes", und der Independent hatte eine Patentlösung für den Umgang mit streikenden Arbeitern parat, Kugeln und Bajonette.[22]

Zwei Wochen im Sommer des Jahres 1877 war das Kabinett von Präsident Rutherford B. Hayes fast ausschließlich damit beschäftigt, die größte Rebellion seit Ende des Bürgerkriegs niederzuschlagen. Der Präsident traf sich täglich mit seinen Ministern, plante militärische Strategien und saß nachts noch lange am Schreibtisch, wo er sich dem Aktenstudium und der Auswertung der Berichte seiner Generäle widmete. In neun Staaten ließ er das Militär ausrücken, verlegte Kriegsschiffe an die Mündung des Potomac, um die Hauptstadt zu schützen, und drohte damit, das Kriegsrecht zu verhängen.

Der Streik der Bremser auf der B&O war nur der Auslöser für einen Ausstand anderer Eisenbahnarbeiter im ganzen Land. In den großen Eisenbahnknotenpunkten Chicago, St. Louis, Kansas City und San Francisco war die Streikbereitschaft besonders hoch. Innerhalb weniger Tage hatten mehr als 100.000 Eisenbahner die Arbeit niedergelegt. Ihnen folgten bald andere Beschäftigte. Bald befanden sich mehr als eine halbe Million Menschen im Ausstand. Gebäude der Eisenbahngesellschaften wurden zerstört oder in Brand gesteckt. Schienen und Straßen wurden blockiert. Von West Virginia griff der Streik nach Maryland über. Die eingesetzte Nationalgarde des Staates wurde von Bewohnern der Stadt Baltimore angegriffen. Es kam zu heftigen Straßenkämpfen, bei denen zehn Menschen ums Leben kamen und 25 verletzt wurden. Die Milizsoldaten wurden bis zum 22. Juli von Streikenden in den Eisenbahndepots von Camden eingeschlos-

---

21 Hay, John Milton. The Bread-Winners: A Social Study. New York: Harper & Brothers, 1884
22 The Independent, zitiert in Mead, Sidney E. American Protestantism since the Civil War. II. From Americanism to Christianity. The Journal of Religion. 1956 Apr; 36 (2):67–89, S.73. Die „gefährlichen Klassen" waren fester Bestandteil des Diskurses über die Arbeiterklasse der USA, Frankreichs und Englands in den Jahren vor und nach 1877. Moon, Michael. „The Gentle Boy from the Dangerous Classes": Pederasty, Domesticity, and Capitalism in Horatio Alger. Representations. 1987 Summer; (19):87–110. Alexander von Hoffman. An Officer of the Neighborhood: A Boston Patrolman on the Beat in 1895. Journal of Social History. 1992 Winter; 26 (2):309–330. Adshead, Joseph. On Juvenile Criminals, Reformatories, and the Means of Rendering the Perishing and Dangerous Classes Serviceable to the State. Manchester: Printed by J. Harrison and Son, 1856. Brace, Charles Loring. The Dangerous Classes of New York and Twenty Years' Work among Them. New York: Wynkoop & Hallenbeck, 1872. Carpenter, Mary. Reformatory Schools, for the Children of the Perishing and Dangerous Classes, and for Juvenile Offenders. London: C. Gilpin; etc., etc., 1851. Frégier, Honoré Antoine. Des classes dangereuses : De la population dans les grandes villes. Paris: Chez J.-B. Baillière, 1840, 2 Bände. Zu Frankreich siehe Chevalier, Louis. Laboring Classes and Dangerous Classes in Paris during the First Half of the Nineteenth Century. New York: Howard Fertig, 2000.

sen, so dass der Präsident US-Truppen, darunter die Marineinfanterie, zu ihrem Entsatz schicken musste.

Besonders schlimm ging es in Pennsylvania und hier insbesondere in Pittsburgh zu. Die Pennsylvania Railroad Company (PRC) hatte nach der Panic von 1873 die Löhne um zehn Prozent reduziert und im Juni 1877 wurden die schon abgesenkten Löhne um weitere zehn Prozent gekürzt. Betroffen von den Kürzungen waren auch die Beschäftigten der Eisenbahngesellschaften unter der Kontrolle der PRC, deren Heimatbahnhöfe allesamt in Pittsburgh lagen. Der Präsident der PRC Thomas Alexander Scott (1823–1881) traf sich mit einer Delegation der Eisenbahner und erklärte ihnen in dürren Worten, die Lohnkürzungen seien unverzichtbar. Der Wortführer der Arbeiter war Robert A. Ammon, ein 24-jähriger Bremser, der sich für einen Streik einsetzte und die Trainsmen Union organisierte, die alle Eisenbahnarbeiter aufnahm, also nicht nach Berufsgruppen differenzierte.[23] Der Streik weitete sich rasch aus, auch weil das mittlere Management die Streikenden respektlos behandelte.[24] Scott schlug vor, gewaltsam gegen die Streikenden vorzugehen. Die örtliche Polizei und Miliztruppen aus Pittsburgh weigerten sich jedoch, auf die Arbeiter zu schießen. Milizregimenter aus Philadelphia, die mit Schnellfeuerwaffen ausgestattet waren, wurden angefordert. Die Miliz des Staates eröffnete das Feuer und ging mit aufgesetztem Bajonett gegen die Streikenden vor. 20 tote Arbeiter blieben auf dem Schlachtfeld zurück, 29 weitere wurden schwer verletzt.

Wenn die Regierung gehofft hatte, die unangemessene Härte des Militäreinsatzes würde abschreckend wirken, so sah sie sich getäuscht. Die Milizionäre wurden zurückgeworfen, mussten sich in einem Lokschuppen verschanzen. 39 Gebäude der Eisenbahn gingen in Flammen auf, 104 Lokomotiven wurden zerstört und zahlreiche Fracht- und Passagierwaggons sabotiert. Der angerichtete Schaden belief sich nach Schätzungen auf fünf Millionen Dollar.[25] Die Streikenden hatten sich nun auch bewaffnet, ja sie verfügten sogar über eine Kanone. Am 22. Juli wagten die belagerten Milizsoldaten einen Ausbruch aus dem Lokschuppen, schossen sich den Weg frei und flüchteten aus der Stadt. 20 weitere Tote, einschließlich einiger getöteter Soldaten, ließen sie zurück.[26] Der Untersuchungsbericht des Parlaments von Pennsylvania unterstrich die Tatsache, dass eine große Anzahl von Frauen an den Aktionen gegen das Militär und die Ei-

---

23 Churella, Albert J. The Pennsylvania Railroad: Building an Empire, 1846–1917. Philadelphia, PA: University of Pennsylvania Press, 2013, Band 1, S. 480.
24 Commonwealth of Pennsylvania, Senate und House. Report of the Committee Appointed to Investigate the Railroad Riots in July 1877. Harrisburg, PA: Lanes and Hart, 1878, S. 4.
25 Commonwealth of Pennsylvania, Senate und House. Report of the Committee, S. 19.
26 Commonwealth of Pennsylvania, Senate und House. Report of the Committee, S. 12–15.

senbahn beteiligt gewesen seien und hob die Militanz der Frauen hervor.[27] Präsident Hayes befahl nun den Einsatz der regulären Armee. Auch in Philadelphia konnte der Aufstand nur mithilfe von US-Truppen niedergeschlagen werden. In Reading, Pennsylvania, dem Standort der Philadelphia and Reading Railroad, hatte schon im April des Jahres ein Streik der Eisenbahner begonnen. Hier tötete die Miliz am 23. Juli 1977 im Laufe des „Reading Railroad Massacre" zehn Menschen.[28] Zwei Tage später kam es zum Shamokin-Aufstand, bei dem 1.000 Männer und Jugendliche, die mehrheitlich in den Kohlegruben der Umgebung arbeiteten, das Eisenbahndepot der Reading Railroad besetzten und Eigentum der Gesellschaft zerstörten. Die Kohlekumpel waren erbost über das Angebot der Stadt Shamokin, ihnen einen Dollar pro Tag für öffentliche Arbeiten zu zahlen. Der Bürgermeister Shamokins, Besitzer einer Kohlegrube, setzte seine eigene Bürgerwehr ein, die an der Tötung von 14 Menschen beteiligt war. Ähnliche Szenen spielten sich in Scranton, PA, ab, wo die City Guard, eine Bürgerwehr, im Interesse der Unternehmer gegen die Streikenden einschritt und auf am Streik teilnehmende Menschen schoss.[29]

In Illinois kam es zu weitgehendem Stillstand der Eisenbahnen und damit zur Lahmlegung des gesamten Zugverkehrs in westlicher Richtung. Kohlekumpel im ganzen Staat beteiligten sich an den Aktionen und in Chicago konnte die *Workingmen's Party* Massendemonstrationen abhalten, an denen sich 20.000 Menschen beteiligten. Gerichte verurteilten verhaftete Arbeiter und steckten sie ins Gefängnis. Wie an anderen Orten wurde der Streik auch in Chicago mit der Hilfe einer 5.000 Köpfe zählenden Bürgerwehr gewaltsam niedergeschlagen, bevor die Miliz und die Armee eingreifen konnten. Am 25. Juli kam es zur „Schlacht am Viaduct". Bei diesen und anderen Kampfhandlungen kamen 30 Menschen, die meisten von ihnen deutsche und „böhmische" Einwanderer, ums Leben.[30]

Aber auch in Saint Louis, Missouri, streikten die Eisenbahner. East Saint Louis auf der anderen Seite des Missouri gehörte noch zum Bundesstaat Illinois. Hier kam es zur Arbeitsniederlegung und die *Workingmen's Party* von Missouri griff in den Streik ein, indem sie die Brücke über den Fluss überquerten und den

---

27 Commonwealth of Pennsylvania, Senate und House. Report of the Committee, S. 15.
28 Commonwealth of Pennsylvania, Senate und House. Report of the Committee, S. 27.
29 Allgemein zur Gewalt im Laufe des Strikes siehe Bellesiles, Michael A. 1877: America's Year of Living Violently. New York: New Press. Distributed by Perseus Distribution, 2010. Zu Scranton, PA, aus Sicht der Gegner des Streiks Logan, Samuel Crothers. A City's Danger and Defense. Scranton, PA: J. B. Rodgers Printing Co., 1887. Zum Einsatz der Bürgerwehr gegen die Streikenden siehe S. 95–100.
30 Green, James R. Death in the Haymarket: A Story of Chicago, the First Labor Movement, and the Bombing That Divided Gilded Age America. New York: Pantheon Books, 2006, S. 78–80.

Streikenden so ihre Solidarität ausdrückten.[31] In Missouri entwickelte sich daraufhin ein regelrechter Generalstreik, bei dem es um die Einführung des Achtstundentags und das Ende der Kinderarbeit ging.[32] 3.000 Armeesoldaten und 5.000 Polizisten wurden eingesetzt und töteten mindestens 18 Personen in Auseinandersetzungen in und um Saint Louis. Am 28. Juli eroberten diese Truppen das Weichenhaus der Eisenbahn zurück und verhafteten 70 sich darin aufhaltende Streikende.

Die Streikenden wurden sehr oft als Radikale, Kommunisten oder Anarchisten denunziert.[33] In St. Louis gab es zwar eine Organisation der 1. Marxistischen Internationale, jedoch war diese Gruppe zu schwach, um Einfluss auf das Geschehen zu nehmen.[34] Auffällig waren xenophobe Untertöne, weil Deutsche oder österreichische Staatsbürger besonders häufig für die Ausschreitungen verantwortlich gemacht wurden. Am 4. September war alles vorbei. Präsident Hayes vermerkte schon am 5. August in seinem Tagebuch: „The strikes have been put down by *force*." [Hervorhebung im Original, M.H.][35]

Auch wenn der Streik für die Arbeitenden im Lande schlecht ausging, blieb seine Langzeitwirkung beachtlich. Die Arbeiter hatten eine Lektion gelernt. Sie mussten sich besser organisieren. Gewerkschaftsführer Samuel Gompers (1850–1924) fasste die Wirkung des Streiks von 1877 50 Jahre später zusammen: „The railroad strike of 1877 was the tocsin that sounded a ringing message of hope to us all."[36] Die Vorstände der Konzerne hatten auch etwas gelernt: Besser als Miliz oder Truppen eigneten sich private Detekteien zur Niederschlagung von Arbeitskämpfen.

Die Unruhen des Sommers 1877 verdeutlichten die Widersprüche, die die rasche Industrialisierung des Landes zu Tage gefördert hatte. Die Arbeitsbedingungen und die Löhne derjenigen, die jeden Tag riesige Werte schufen, blieben weit hinter den Möglichkeiten auch eines sich formierenden Kapitalismus zurück. Bisher wurde ihre Geschichte aus der Vogelperspektive erzählt. Es gilt nun, sie selbst zu Wort kommen zu lassen. Durch ihre Geschichte(n) wird es möglich sein,

---

31 Laurie und Cole, The Role of Federal Military Forces, S. 50–55.
32 Burbank, David T. Reign of the Rabble: The St. Louis General Strike of 1877. New York: A. M. Kelley, 1966.
33 Commonwealth of Pennsylvania, Report, S. 36. Logan, A City's Danger, S. 32, 40, 42, 109.
34 Pinkerton, Allan. Strikers, Communists, Tramps and Detectives. New York: G. W. Carleton & Co, 1878. Roediger, David. America's First General Strike: The St. Louis ‚Commune' of 1877. Midwest Quarterly. 1989; (21):196–206.
35 *Williams, Diary and Letters of Rutherford Birchard Hayes, Band 3, S. 440.*
36 Filler, Louis. Muckraking and Progressivism in the American Tradition. New Brunswick, NJ: Transaction Publishers, 1996, S. 141.

besser einzuschätzen, wie der Kapitalismus der Trusts und Oligopole die alte Arbeitswelt erschütterte und das Alltagsleben von Millionen Frauen und Männern radikal umformte. Die Flexibilisierung der neuen Arbeitswelt, die zunehmende Trennung von Kopf- und Handarbeit, die Segregation am Arbeitsplatz entlang ethnischer und rassifizierter „Grenzen" und die Eroberung einzelner Bastionen von bisher männlichen Arbeitern vorbehaltenen Nischen auf dem Arbeitsmarkt durch Frauen kennzeichnen die Entwicklung des neuen Arbeitsmarktes. Die Arbeit wurde unpersönlicher und anonymer, wurde in größeren Gruppen und Zusammenhängen organisiert und der einzelne Arbeiter und die einzelne Arbeiterin verloren die Kontrolle über den Arbeitsprozess. Dazu muss man verstehen, dass industrielle Fertigung nach 1860 zunächst ein Prozess war, der der Überwachung und Leitung durch die Facharbeiter unterworfen war. In den Worten William Dudley Haywoods (1869–1928), des Sozialisten und Mitbegründers der *Industrial Workers of the World:* „The manager's brain are under the workman's cap."[37] Der Managementspezialist Frederick Winslow Taylor (1856–1915) beschrieb 1911 diese Struktur wortreicher und umständlicher, kam aber zu einem ähnlichen Ergebnis.[38]

Zu den Arbeitern, die diese Form der Kontrolle ausüben konnten, gehörten die Eisengießer, Glasbläser, Fassbinder, die Maschinisten der Papiermaschinen, Lokomotivführer, Kesselmacher, Klempner, die Maschinisten an den Nähmaschinen in den großen Schuhfabriken, die Setzer und die Bergleute.[39] Drei Prinzipien galten für diese Form der Produktion: 1) Die Arbeiter legten das Arbeitstempo selbst fest, fixierten eine Quote als sogenannten *stint*, unabhängig davon, ob sie gewerkschaftlich organisiert waren oder nicht. 2) Zur Produzentenethik dieser Arbeiter gehörte ein „männliches Auftreten" gegenüber dem Vorgesetzten oder Fabrikbesitzer, aber 3) auch gegenüber den Kollegen am Arbeitsplatz. Dies schloss unter anderem die Einhaltung von geschriebenen oder ungeschriebenen Verhaltenskodizes am Arbeitsplatz ein.[40]

Diese Produzentenethik, die große Teile der amerikanischen Facharbeiterschaft noch um 1870 ausgezeichnet hatte, hatte sich überlebt. Stolz auf ihre Arbeit konnten nur noch wenige Facharbeiter oder Handwerker empfinden. Diese Form

---

[37] Haywood, William Dudley und Bohn, Frank. Industrial Socialism. Chicago, IL: C. H. Kerr & Company, Co-Operative, 1911, S. 25.
[38] Taylor, Frederick Winslow. The Principles of Scientific Management. New York, London: Harper & Brothers, 1911, S. 31f.
[39] Montgomery, David. Workers' Control of Machine Production in the Nineteenth Century. In: Leab, Daniel J. (Hg.). The Labor History Reader. Urbana, IL: University of Illinois Press, 1985, S. 107–131, S. 109.
[40] Montgomery, David. Workers' Control of Machine Production, S. 111–114.

der Entfremdung mag zu den Gründen gehört haben, die Teile der Arbeiterschaft gegen Ende der 1870er Jahre radikalisierte. Andererseits bereiteten die Gleichförmigkeit der Arbeit und die Einebnung der arbeitsinternen Hierarchien auch der Wahrnehmung kollektiver Interessen den Boden. Die von Präsident Hayes so gelobten nüchternen, intelligenten und fleißigen Arbeiter organisierten nicht nur die Streiks des Jahres 1877, sondern organisierten sich zunehmend in Gewerkschaften, die nicht mehr nur lokale Belegschaften einzelner Berufsgruppen zusammenschlossen, sondern versuchten, alle Arbeiter (und später auch Arbeiterinnen) des Landes einzugliedern. Es ging um wesentliche gewerkschaftliche Rechte wie das Recht auf Streiks und Organisation, verbesserte Arbeitsbedingungen, kürzere Arbeitszeiten und höhere Löhne. Angehörige der Mittelschichten zeigten sich besorgt über die Radikalisierung der Arbeiterschaft, fragten sich aber auch, was getan werden könne, um die schlimmsten Auswüchse des ungebremsten Kapitalismus zu beschneiden.

6.3 Diversität und Spaltung der arbeitenden Bevölkerung

Viele Familien der Arbeiterklasse lebten während des *Gilded Age* unterhalb der oder nahe an der Armutsgrenze. Das Auskommen der Familien hing von der Arbeit aller Familienmitglieder ab – unabhängig von Alter und Geschlecht. In einem System der Lohnarbeit war die bezahlte oder unbezahlte Arbeit von Frauen und Kindern essentiell wichtig, um das Überleben der Familie zu sichern. Die umgreifende Mechanisierung in den letzten zwei Jahrzenten des 19. Jahrhunderts erlaubte es, sehr viel mehr Kinder als zuvor in der Industrie zu beschäftigen, weil Körperkraft nicht mehr so entscheidend für den Arbeitseinsatz war. In den Kohlegruben hatten Kinder schon in der Mitte des 19. Jahrhunderts Arbeit gefunden. Ihre geringe Körpergröße hatte sie zu idealen Arbeitern in den engen Flözen gemacht. Auch in der Textilindustrie waren schon früh Kinder zum Einsatz gekommen. Im Maschinenzeitalter konnten Kinder genauso effektiv wie Männer arbeiten, ohne die Löhne zu erhalten, die Männern erlaubt hatte, eine Familie zu ernähren.[41]

Eine Sozialarbeiterin, die sich 1908 mit dem Problem der Kinderarbeit auseinandersetzte, bemerkte:

---

[41] Zitiert in Abbott, Edith, A Study of the Early History of Child Labor in America. American Journal of Sociology 14 (July 1908):15–37, S.33, FN 74. Abbott zitiert den Report of the Massachusetts Bureau of Labor, 1871, S. 500.

> Turning from the extent of child labor to the conditions under which children worked, there is also much variation from state to state; but this variation is due rather to standards set by different manufacturing centers than to the interference of state laws. For child labor was practically unregulated in this country until after the Civil War. A few laws had been passed, but they remained on the statute books as so many dead letters. In Massachuset[t]s s a ten-hour law for children under twelve years was ineffectual, and not only in Massachusetts but in Connecticut and Rhode Island, laws which provided a low minimum of ‚schooling' went unenforced. The inevitable result of this lack of regulation was not only that very young children were worked, but that they were worked long hours, over time, and at night.[42]

Versuche, die Kinderarbeit einzudämmen oder gar abzuschaffen, waren schon vor dem Bürgerkrieg unternommen worden. 1863 hatten verschiedene Saaten Gesetze erlassen, die die Arbeitszeit von Kindern begrenzte, doch wurden diese Gesetze nicht streng genug umgesetzt.

Die Südstaaten weigerten sich in der Regel, überhaupt gegen Kinderarbeit vorzugehen und Kinder wurden im großen Umfang in Fabriken des Südens eingestellt, darunter auch sechs- oder siebenjährige Kinder. In den Kohleminen der Nation, vor allem in den Appalachen, wurde kleine Jungen damit beschäftigt, Abraum und Verunreinigungen aus den Kohlen zu fischen, die an ihnen vorbei auf den Förderschütten transportiert wurden.[43] Eine nationale Kommission zur Untersuchung der Kinderarbeit kam zu dem Schluss, dass mehr als 10.000 Kinder illegal in den Kohlegruben arbeiteten.[44]

Die Grubenindustrie jedoch war nicht der einzige Bereich, in dem sehr junge Kinder Verwendung fanden. Um die Jahrhundertwende arbeitete die absolute Mehrheit aller 7.000 Jungen, die in der Glasindustrie beschäftigt waren, an den extrem heißen Glasöfen. Hier war die Sterblichkeitsrate besonders hoch.[45] Aktivisten und Aktivistinnen mobilisierten massiv gegen die Kinderarbeit. Zu den wichtigsten Aktivistinnen muss Florence Kelley (1859–1932) gerechnet werden, die als Marxistin, Feministin und Sozialarbeiterin schon im jungen Alter die Lage

---

42 Abbott, Edith, A Study of the Early History of Child Labor in America, American Journal of Sociology 14 (July 1908):15–37, S. 32f.
43 Hindman, Hugh D. Child Labor: An American History, Armonk, NY: M. E. Sharpe, 2002, S. 89–120. Derickson, Alan. Black Lung: Anatomy of a Public Health Disaster. Ithaca, NY: Cornell University Press, 1998.
44 Lovejoy, Owen R. The Extent of Child Labor in the Anthracite Coal Industry. National Child Labor Committee (Hg.). Child Labor and the Republic. New York: American Academy of Political and Social Science, 1907, S. 35–49, S. 36.
45 Hoffman, Frederick Ludwig. Mortality from Respiratory Diseases in Dusty Trades (Inorganic Dusts). Washington, DC: Government Printing Office, 1918, S. 292–300.

der Kinderarbeiter in den Glasfabriken hatte studieren können.[46] Die Fotografen George Bretz (1842–1895) und Lewis Wickes Hine (1874–1940) sorgten mit ihren Bildern für Aufmerksamkeit und trugen so zur allmählichen Zurückdrängung dieses Übels bei.[47]

Gegen Ende des Jahrhunderts nahm die Kinderarbeit zu und stieg weiter bis zum Ersten Weltkrieg. Die Volkszählung von 1900 zeigt, dass 1.750.178 Kinder im Alter zwischen zehn und 15 Jahren auf den Farmen, in den Fabriken und Gruben arbeiteten, eine Zunahme von einer Million gegenüber 1870. 1870 waren 13,2 Prozent aller Kinder zwischen zehn und 15 Jahren angestellt, 1900 waren es 18,3 Prozent.[48] Kinder zwischen zehn und 15 Jahren stellten mehr als 18 Prozent der arbeitenden Bevölkerung. Sieben Prozent aller abhängig Beschäftigten außerhalb der Landwirtschaft waren Kinder. Auch bei diesen Zahlen ist eine deutliche Zunahme gegenüber dem Bezugsjahr 1880 festzustellen.[49]

Kinderarbeit war auch innerhalb der Familie gang und gäbe. Es galt Feuerholz zu sammeln oder von den Güterwaggons oder Kohletendern heruntergefallene Kohlestücke aufzuheben. Diese Kohlesammler gingen ihrer Arbeit in der Regel als regelrechte Gangs nach. Kindergruppen machten die Städte unsicher, beginnen kleinere Diebereien und machten Unsinn. Andere Kinder verkauften in den Straßen Obst und Gemüse, boten Zeitungen an oder putzten Schuhe. Zwar bestand in vielen Staaten eine Schulpflicht, doch war sie angesichts der wirtschaftlichen Situation vieler Familien schwer durchzusetzen. Bedienstete der Behörden, die die Anwesenheit der Schülerinnen und Schüler im Unterricht si-

---

46 Sklar, Kathryn Kish. Florence Kelley and the Nation's Work: The Rise of Women's Political Culture, 1830–1900. New Haven, CT: Yale University Press, 1995, S. 280f. Sklar, Kathryn Kish, Schüler, Anja und Strasser, Susan. Social Justice Feminists in the United States and Germany: A Dialogue in Documents, 1885–1933. Ithaca, NY: Cornell University Press, 1998, S. 13–22. Kelley, Florence. Our Toiling Children. Chicago, IL: Women's Temperance Publication Association, 1889. Dies. The Working Child. Chicago, IL: Wm. C. Hollister & Bro., printers, 1896.
47 Freedman, Russell. Kids at Work: Lewis Hine and the Crusade against Child Labor. New York: Houghton Mifflin Harcourt, 1998, S. 47–58 zu den Breaker Boys. Beck, Tom. George M. Bretz: Photographer in the Mines. Catonsville, MD: University of Maryland Baltimore County Library, 1977. Burgan, Michael. Breaker Boys: How a Photograph Helped End Child Labor. Mankato, MN: Compass Point Books, 2012.
48 Bremner, Children and Youth in America, Band 2, S. 605.
49 Carter, Susan und Sutch, Richard. Fixing the Facts: Editing of the 1880 U.S. Census of Occupations with Implications for Long-Term Labor Force Trends and the Sociology of Official Statistics. Historical Methods 29 (1996):5–24.

cherstellen sollten (*truant officers*), kapitulierten vor dem Argument der Eltern, dass ihre Kinder zum Familieneinkommen beizutragen hatten.[50]

Um die Jahrhundertwende begannen auch immer mehr Frauen in der Industrie zu arbeiten. Auch sie erhielten, wie die Kinder, deutlich weniger Lohn. Waren Frauen in den 1870er Jahren typischerweise als Haushaltsgehilfen eingestellt gewesen, arbeiteten sie um 1890 als Fabrikarbeiterinnen und später auch als Sekretärinnen und in der Verwaltung. Der Census von 1870 führte 1,5 Millionen Frauen als Arbeiterinnen außerhalb der Landwirtschaft an. Bis 1900 stieg diese Zahl auf 4,9 Millionen an. 18,8 Prozent aller Industriearbeiter waren 1900 bereits Frauen.[51]

Tätigkeitsfelder und Arbeitsbedingungen der Frauen variierten abhängig von ihrer Hautfarbe und ethnischen Herkunft beträchtlich.[52] Weiße verheiratete Frauen der Arbeiterklasse arbeiteten selten außerhalb des Heims. 1890 waren lediglich drei Prozent der verheirateten weißen Frauen außerhalb des Haushalts tätig. Trotzdem steuerten sie erheblich zum Familieneinkommen bei, indem sie unter anderem Untermieter aufnahmen. In vielen aus Italien eingewanderten Familien wurde Heimarbeit verrichtet, zum Beispiel die Herstellung von künstlichen Blumen. Auf diese Weise konnte das Familieneinkommen verbessert werden.[53] Verheiratete Frauen brauchten auf diese Weise das Haus nicht zu verlassen, was es dem Ehemann erlaubte, die traditionelle patriarchale Wache über die „Familienehre" aufrecht zu erhalten.[54] Afroamerikanische Frauen arbeiteten hingegen unabhängig von ihrem Familienstand zu einem signifikant höheren Anteil außerhalb der Familie. Der Census von 1890 zeigt, dass 25 Prozent der verheirateten schwarzen Frauen außerhalb der Familie arbeiteten, oft als Köchinnen, Dienst- oder Kindermädchen für weiße Mittelschichtsfamilien.[55] Unab-

---

50 Folks, Homer. Poverty and Parental Dependence as an Obstacle to Child Labor Reform. In: National Child Labor Committee (Hg.). Child Labor and the Republic. New York: National Child Labor Committee, 1907, S. 1–8.
51 United States, Historical Statistics, Band 1, Series D 75–84, S. 134.
52 McLennan, Kathleen A. Woman's Place: „Marriage" in America's Gilded Age. Theatre Journal. 1985 Oct; 37 (3):345–356. Tone, Andrea. Black Market Birth Control: Contraceptive Enterpreneurship [sic] and Criminality in the Gilded Age. The Journal of American History. 2000 Sep; 87 (2):435–459. Walkowitz, Daniel J. Working-Class Women in the Gilded Age: Factory, Community and Family Life among Cohoes, New York, Cotton Workers. Journal of Social History. 1972 Summer; 5 (4):464–490.
53 Cohen, Miriam. Workshop to Office: Two Generations of Italian Women in New York City, 1900–1950. Ithaca, NY: Cornell University Press, 1993, S. 101.
54 Cohen, Miriam. Workshop to Office, S. 34.
55 Palmer, Phyllis M. Domesticity and Dirt: Housewives and Domestic Servants in the United States, 1920–1945. Philadelphia, PA: Temple University Press, 1989.

hängig von Hautfarbe und ethnischer Zugehörigkeit waren die Beiträge arbeitender Frauen substantiell für den Lebensstandard der betreffenden Familie. Ein Statistiker berechnete, dass um 1900 64 Prozent der Arbeiterfamilien vom Zusatzeinkommen der Frauen und Kinder abhängig waren.[56]

Während es auch im ausgehenden 19. Jahrhundert immer noch Handwerksbetriebe gab, in der Arbeit mit einem hohen Prestigewert versehen war, setzten sich doch immer stärker Arbeitsformen durch, die durch das Vordringen des Hochkapitalismus und der Großindustrie geprägt waren. Riesige Fabrikkomplexe mit angeschlossenen Industriesiedlungen, Kohleminen, Ölfelder, Sweatshops und Heimarbeit, Stückarbeit und Akkord, alle diese verschiedenen Umfelder beeinflussten auch die Art der Arbeit, die verrichtet wurde. Beim Straßenbau und beim Verlegen von Eisenbahnschienen dominierte noch die Handarbeit mit Schaufel und Spitzhacke – bevor auch hier verstärkt Maschinen zum Einsatz kamen. Diese Diversität ist nur schwer mit dem Rubrum „Arbeiterklasse" zu beschreiben. Ich werde versuchen, dies anhand verschiedener Typen von Arbeit im Folgenden zu erläutern.

In ihrem Buch „China Men" erzählt die chinesisch-amerikanische Romanschriftstellerin Maxine Hong Kingston (1940–) die Geschichte von Ah Goong, einem der *gam saan haak* (Reisenden zum Goldberg), der 1863 nach Kalifornien kam, als es für die Arbeit in den Goldminen schon zu spät war und deshalb bei der Central Pacific Railroad als Schienenarbeiter eingestellt wurde.[57] Chinesische Eisenbahnarbeiter bauten die Eisenbahntrasse von San Francisco über die Sierra Nevada und durch die Mojave-Wüste nach Utah. Für weniger als einen Dollar am Tag hing Ah Goong in einem Korb über den Klippen des American River, legte Sprengkapseln und sprengte den Schienen einen Weg durch die Felsen und setzte Schaufel und Spitzhacke ein, um einen Tunnel durch den Granit zu schneiden. Die Eisenbahngesellschaft setzte das schwer handhabbare und gefährliche Nitroglyzerin ein und Ah Goong brachte die Ladungen an. Um sich etwas hinzuzuverdienen, riskierte er sein Leben und ging mitunter zurück in den Tunnel, um herauszubekommen, warum die Nitroglyzerinladungen nicht explodiert waren. Im Tunnel arbeitete er sieben Tage in der Woche acht Stunden lang. Die Eisenbahngesellschaft versuchte, den Arbeitstag auf zehn Stunden auszuweiten. Ah Goong und Zehntausend seiner chinesischen Kollegen traten 1867 in den Streik. Sie verlangten nicht nur die Rücknahme der Arbeitszeitverlängerung, sondern forderten auch den gleichen Lohn wie die irischen Arbeiter, die 40 Dollar im Monat erhielten, während die chinesischen Arbeitskräfte nur 30 Dollar in der

---

56 Piott, Steven L. Daily Life in the Progressive Era. Santa Barbara, CA: Greenwood, 2011, S. 70.
57 Kingston, Maxine Hong. China Men. New York: Vintage Books, 1989.

Woche bekamen. Der Chefingenieur Charles Crocker sorgte für den Abbruch des Streiks, indem er die chinesischen Arbeiter von den Lebensmittellieferungen abschnitt. Der Streik war gescheitert.[58]

Das Leben beim Bau der Central Pacific war riskant. Die Männer starben in den Abhängen des American River, wenn die Seile rissen, die ihre Körbe in der Luft hielten oder wenn die Arbeiter es nicht mehr rechtzeitig aus dem Gefahrenbereich einer Sprengung schafften. Etliche Männer starben bei Sprengunglücken in den Tunnels. Die Eisenbahngesellschaft erhielt ja eine Landprämie für jede Meile gebauter Strecke und Crocker ließ die Männer in den Wintern der Jahre 1866 und 1867 hart arbeiten, um einen Tunnel durch den berüchtigten Donner Summit zu bauen. Im Winter 1867 fielen mehr als 44 Fuß Schnee.[59] Erfrierungen und Schneeblindheit machten den Arbeitern schwer zu schaffen. Sprengungen lösten große Schneebretter, die die Männer lebendig unter sich begruben. Im Frühjahr schmolz der Schnee und gab den Körper eines Arbeiters frei, der sein Werkzeug noch im Tod umklammert hielt. Nun kann man entgegnen, bei Maxine Hong Kingstons Geschichte handele es sich um einen Roman und damit den Wahrheitsgehalt der Geschichte in Zweifel ziehen. Tatsache ist jedoch, dass die Autorin Fakt und Fiktion hier zu einem intensiven Narrativ verwoben hat und dass die historische Forschung dieses Narrativ im Großen und Ganzen als authentisch bestätigt hat.[60]

Ah Goong war in dieser Geschichte ein Glückspilz. Er lebte lang genug, um zu erleben, dass die Central Pacific 1869 Promontory Point in Utah erreichte, wo sich ihre Schienen mit denen der Union Pacific verbanden. Damit war die erste transkontinentale Eisenbahn der Vereinigten Staaten fertiggestellt.

In der Feierstunde anlässlich der Fertigstellung der Strecke hoben Redner der Eisenbahngesellschaft die vollbrachten Leistungen als „greatest monument of human labor" hervor und klopften sich auf die Schulter, weil sie sich zu einer derartigen Leistung fähig gezeigt hätten.[61] Die chinesischen Arbeitskräfte wurden nicht erwähnt, obwohl über 80 Prozent der Arbeiter der Central Pacific aus China stammten. Die Fotografen, die das Einschlagen des goldenen Nagels in die Strecke

---

58 Arnesen, Eric. Encyclopedia of U.S. Labor and Working-Class History. New York: Routledge, 2007, 3 Bände, Band 1, S. 241–243.
59 Griswold, Wesley S. A Work of Giants: Building the First Transcontinental Railroad. New York: McGraw-Hill, 1962, S. 191.
60 Mancall, Peter und Johnson, Benjamin Heber (Hg.). Making of the American West: People and Perspectives. Santa Barbara, CA: ABC-CLIO, 2007, S. 166.
61 Saxton, Alexander. The Army of Canton in the High Sierra. The Pacific Historical Review. 1966 May; 35 (2):141–152, S. 152.

aus Anlass der Fertigstellung dokumentierten, zeigten nur amerikanische Gesichter.

Ungelernte, hart arbeitende Männer wie Ah Goong bildeten das Rückgrat der amerikanischen Arbeiterklasse im 19. Jahrhundert. Ihre Arbeit mit Schaufel und Spitzhacke hatte sich bis auf die Einführung von Sprengmitteln wenig geändert. Dennoch stellten sie auch in den modernen Industriezweigen wie Stahl, Eisenbahnen und Bergbau einen nicht zu unterschätzenden Teil der Arbeitskräfte. Sie waren es, die die Eisenbahnlinien und Untergrundbahnen bauten und den East River untertunnelten, um die Fundamente der Brooklyn Bridge in den Boden zu versenken.

Am entgegengesetzten Ende des Spektrums befanden sich Facharbeiter wie der Puddler James J. Davis (1873–1947), ein Immigrant aus Tredegar in Wales. Puddler waren Facharbeiter, die im sogenannten Flammofenfrischen, einer besonderen Prozedur zur Herstellung von Schmiedeeisen aus Roheisen, die Produktion leiteten. Das besondere des Puddelverfahrens bestand darin, dass hier nicht mehr Holzkohle zum Einsatz kam, sondern die billigere Steinkohle verwendet werden konnte. Im Puddelofen wurde eine ausreichende Hitze erzeugt, um das meist als Barren vorliegende Roheisen zu schmelzen und es anschließend zu „frischen", das heißt durch Oxidation den Gehalt von Kohlenstoff, Phosphor und Schwefel zu senken. Während das flüssige Eisen durch Oxidation allmählich Kohlenstoff verlor, stieg sein Schmelzpunkt. Obwohl die Temperatur im Ofen gleich blieb, wurde das Metall immer steifer, bis es verklumpte und dem Ofen entnommen werden konnte.[62]

In der Feuerkammer des Ofens wurde billige Steinkohle verbrannt, während der Arbeitsraum so weit wie möglich luftdicht verschlossen war. Dadurch schmolzen die in der Mulde des Arbeitsraums liegenden 200 bis 250 kg Roheisen-Barren. Die Feuerbrücke verhinderte, dass das Eisen unerwünschte Bestandteile der Kohle wie vor allem Schwefel aufnahm, der es unbrauchbar gemacht hätte. Der für die Oxidation erforderliche Sauerstoff wurde nicht durch Gebläse zugeführt, sondern stammte aus der an Sauerstoffverbindungen reichhaltigen Schlacke. Der Puddler musste dazu das Roheisen mit der auf ihm schwimmenden Schlacke ständig mit einer langen Eisenstange umrühren, um den Kohlenstoff zu oxidieren. Gelegentlich musste die Stange ausgewechselt werden, bevor sie weich wurde. Infolge der Oxidation bildeten sich Klumpen von Eisen, die der Puddler

---

[62] Die Abhandlung zum Puddeln beruht auf dem sehr informativen Wikipediaartikel zum Puddelverfahren, der in weiten Teilen die beste auf Deutsch verfügbare Darstellung zum Thema zitiert: Paulinyi, Ákos. Das Puddeln: Ein Kapitel aus der Geschichte des Eisens in der industriellen Revolution. München: Oldenbourg; 1987, S. 107–130. Wikipediaartikel ist unter https://de.wikipedia.org/wiki/Puddelverfahren auffindbar. Gesehen am 13.3.2015.

in etwa 40 Kilogramm schwere Kugeln zusammendrückte, aus denen sich blumenkohlförmige „Luppen" oder Eisenschwämme bildeten. Passte der Puddler nicht auf, so konnten die Luppen auseinanderfallen, so dass sie erneut bearbeitet werden mussten. Die Luppen wurden zur Feuerbrücke geschoben, dem heißesten Ort in der Mulde, wo sie bei geschlossener Arbeitsöffnung für vier bis sechs Minuten der größtmöglichen Hitze ausgesetzt wurden. Anschließend wurde die Klappe des Arbeitsraums geöffnet, die Eisenschwämme mit einer Zange entnommen und über den Hallenboden des Hüttenwerks zum Dampfhammer geschleppt oder in Loren gefahren. Die Menge und die Qualität des erzeugten Schmiedeeisens hingen vom Geschick und der Kraft des Puddlers ab. Es war dies ein Beruf, der Erfahrung, Kraft und Intelligenz erforderte. Schon mit elf Jahren hatte James Davis in der Eisenfabrik in Sharon, Pennsylvania, gearbeitet und war mit 16 Jahren zum Meister befördert worden. Davis verglich seine Arbeit am Puddelofen mit Kuchenbacken.

> I am like some frantic baker in the inferno kneading a batch of iron bread for the devil's breakfast. My spoon weighs twenty-five pounds, my porridge is pasty iron, and the heat of my kitchen is so great that if my body was not hardened to it, the ordeal would drop me in my tracks.[63]

Puddler konnten sieben Dollar am Tag verdienen – vorausgesetzt es gab Arbeit. Doch oft gab es keine Aufträge. Das Eisengeschäft der frühen Jahre war ein Saisongeschäft und eine stetige Anstellung über das ganze Jahr war eher die Ausnahme denn die Regel. Hinzu kamen die Rezessionen nach 1873 und 1893, die auch Spezialisten wie Davis hart trafen. In den 1890ern gehörte er zu einer wachsenden Gruppe von Wanderarbeitern, die auf der Suche nach Arbeit im Land umherirrten. Selbst so gut ausgebildete Handwerker wie Davis waren Konjunkturschwankungen schutzlos ausgeliefert. Hatten sie wegen Arbeitslosigkeit, Krankheit oder Arbeitsunfällen kein Einkommen, waren sie und ihre Familien der Armut überlassen. Es gab weder eine Unfallversicherung und Krankenversorgung noch Arbeitslosengeld. Eine Altersversorgung musste aus dem Ersparten oder durch die Sorge der Familienmitglieder um die aus Altersgründen arbeitsunfähigen Arbeiterinnen und Arbeiter erfolgen. [64]

---

[63] Davis, James John. The Iron Puddler: My Life in the Rolling Mills and What Came of It. New York: Grosset & Dunlap, 1922, S. 107. Davis wurde später Gewerkschafter und Kongressabgeordneter. Von 1921 bis 1930 bekleidete er das Amt des Arbeitsministers in den Kabinetten der Präsidenten Warren G. Harding, Calvin Coolidge und Herbert Hoover.
[64] Davis, James John. The Iron Puddler, S.117.

Ein gewisser Schutz lag in der Wahrung der Berufsgeheimnisse ungelernten Arbeitern gegenüber. Das Wissen um die fachgerechte Behandlung des Roheisens wurde nur von Generation zu Generation weitergegeben. Davis beendete seine Arbeit am Hochofen mit 18 Jahren, weil sein Vater sich noch nicht zurückziehen und seinen Platz dem Sohn überlassen wollte.[65] Puddler waren geradezu die Aristokraten unter den Arbeitern, denn sie kontrollierten das Arbeitstempo aller Beschäftigten, bestimmten, wie gearbeitet wurde und hatten ein Mitspracherecht bei der Entlohnung ihrer Kollegen. Sie stellten ihre eigenen Helfer ein, die sie anlernten.[66]

Damit stellten sie eine Herausforderung für die Fabrikbesitzer dar, denen viel daran lag, die noch verbliebene Arbeitsautonomie der Facharbeiter zu beenden. Zu diesem Zweck setzten sie immer mehr Maschinerie ein, mithilfe derer es möglich wurde, komplexe Arbeitsabläufe in ihre Fragmente zu zerlegen und so Facharbeiter durch ungelernte Arbeiter zu ersetzen, die geringere Stücklöhne erhielten. Im Zuge dieser Entwicklung ersetzte die Bessemerbirne den Puddelofen: 1872 waren lediglich vier Prozent des Schmelzeisens durch Einsatz des Bessemerprozesses in Stahl verwandelt worden. 1880 war dieser Prozentsatz auf 28 Prozent gestiegen. 1882 gab es bereits 15 große Stahlwerke mit insgesamt 37 Konvertern in den USA, die Stahl mittels des Bessemerverfahrens herstellten. Ihre Kapazität belief sich auf zwei Millionen Tonnen Stahl im Jahr.[67] 1892 entstammten schon mehr als 50 Prozent des erzeugten Stahls der Bessemerbirne.[68] Die Arbeit an der Bessemerbirne erforderte zwar auch gut ausgebildete Spezialisten, doch konnte keine dieser Gruppen die absolute Kontrolle über den Produktionsprozess ausüben.[69]

Die Textilfabrik liefert das klassische Beispiel für den Aufstieg der mechanisierten Arbeit im 19. Jahrhundert. Mary, eine Weberin in der Fabrik in Fall River, Massachusetts, erzählte 1903 ihre Geschichte dem Independent. Sie arbeitete schon in der Fabrik seit sie zwölf Jahre alt war und hatte als 14-jährige als Weberin angefangen. Die Mechanisierung der Arbeit hatte bedeutet, dass sie als ausgebildete Weberin nur noch auf das Zerreißen des Fadens lauerte, also die ganze Zeit die Webmaschine überwachte. Die Arbeitsbedingungen waren unmenschlich. Der

---

65 Montgomery, The Fall of the House of Labor, S. 15.
66 Montgomery, The Fall of the House of Labor, S. 15 f.
67 Fitch, Thomas W. Bessemer Steel: Ores and Methods. St. Louis, MO: M. Renshaw, 1882, S. 25. Parallel zum Bessemerverfahren wurden auch gasbetriebene Siemensöfen, die den Stahl vorheizten, eingesetzt.
68 Montgomery, The Fall of the House of Labor, S. 27.
69 Montgomery, The Fall of the House of Labor, S. 29.

Lärm war ohrenbetäubend und die Luft voller kleiner Partikel, die die Lunge reizten und zur Erkrankung der oberen Luftwege beitrugen.[70]

Weberinnen wie Mary wurden zunehmend nach Stücklohn bezahlt und nicht nach Stundenlohn. Sie arbeitete in der Regel zwölf Stunden am Tag und sechs Tage die Woche und kam so auf einen Tageslohn von einem Dollar am Tag. Um die Produktivität und die Ausbeutung zu steigern, mussten die Arbeiterinnen mehrere Webstühle gleichzeitig überwachen.[71] Die überwiegende Mehrzahl der Beschäftigten waren junge, unverheiratete Frauen. Ein Aufstieg innerhalb der Hierarchie des Betriebs oder ein höherer Lohn waren wegen der vergeschlechtlichten Struktur dieser Arbeit unmöglich. Hinzu kamen sexuelle Übergriffe der männlichen Vorgesetzten.[72]

Während der 1880er Jahre verdoppelte sich die Zahl der im Ausland geborenen Fabrikarbeiterinnen. In der Fabrik in Amoskeag, NJ, bestand die Belegschaft mehrheitlich aus Einwandererinnen, davon viele aus den franko-kanadischen Gebieten. Ethnische Differenzen wie etwa zwischen aus England und aus Schottland eingewanderten Arbeiterinnen wie Mary einerseits und den Neuankömmlingen machten es schwer, diese Menschen zu gemeinsamem Handeln zu bringen.[73] Der Charakter dieser Arbeit als Saisonarbeit war mit dafür verantwortlich, dass die Löhne niedrig waren. Die Existenz einer rudimentären Krankenversicherung – meist von der Gewerkschaft organisiert – war die Ausnahme.[74] Nach 20 Jahren Schufterei in der Textilfabrik konnte sich Marys Familie noch nicht mal ein eigenes Haus leisten. Sie hatten gespart, aber es war immer etwas dazwischengekommen.

Im „Neuen Süden" siedelten sich nun vermehrt auch Textilfabriken an, vor allem in den Carolinas und in Georgia. Hier arbeitete typischerweise die gesamte Familie in der Fabrik. Für *African Americans* blieben die Werkstore geschlossen, denn die Unternehmer stellten nur weiße Familien an. Lediglich die schmutzigsten, gefährlichsten und am schlechtesten bezahlten Stellen wurden afroamerikanischen Männern angeboten. Da im Süden die Löhne niedriger waren,

---

70 Adam, Hugo G. The Independent Journal. New York: Independent Journal Publishing Co, Band 58: 1905, S. 242.
71 Reef, Catherine. Working in America. New York: Facts on File, 2007, S. 138.
72 Blewett, Mary H. The Last Generation: Work and Life in the Textile Mills of Lowell, Massachusetts, 1910–1960. Amherst, MA: University of Massachusetts Press, 1990.
73 Stein, Leon und Taft, Philis. Workers Speak: Self-Portraits. New York: Arno, 1971, S. 30. Montgomery, David. Workers'Control in America: Studies in the History of Work, Technology, and Labor Struggles. Cambridge, New York: Cambridge University Press, 1979, S. 37.
74 Adam, Hugo G. The Independent Journal. New York: Independent Journal Publishing Co, 1905, Band 58: S. 242.

verlegten zahlreiche Textilunternehmen aus Neuengland ihren Standort nach südlich der Mason-Dixon-Linie.

In der Bekleidungsindustrie verwandelten die Mechanisierung und Arbeitsteilung das einstmalig unabhängige Handwerk der Schneiderei in eine Fabriktätigkeit. Die Einführung der Nähmaschine mit Fußantrieb in den 1850er Jahren und der Einsatz mechanischer Stoffschneidemaschinen in den 1870er Jahren transformierte den Arbeitsprozess: Durch die weitgehende Standardisierung der Schnittmuster konnte zudem ein Teil der notwendigen Arbeiten in Heimarbeit geleistet werden. In den 1880er Jahren ging man dazu über, ganze Bündel von vorgeschnittenen Rohteilen an Subunternehmer zu geben, die sich gegenseitig unterboten und dann die Teile von Frauen und Mädchen zuhause zusammennähen ließen. Diese Arbeit konnte auch in kleinen, ungelüfteten Räumen, den Sweatshops, oder in der Fabrik des Subunternehmers innerhalb einer Mietskaserne gemacht werden, wo Frauen und Kinder zu minimalen Löhnen die Arbeit leisteten, die früher von einem ausgebildeten Schneider ausgeführt worden war.[75]

Sadie Frowne war eine 16 Jahre alte polnische Jüdin, die während des letzten Jahrzehnts des 19. Jahrhunderts in einem Sweatshop in Brooklyn arbeitete und Unterröcke herstellte. In einem sieben mal fünf Meter großen Raum standen 14 Nähmaschinen. Frowne arbeitete hier elf Stunden am Tag.[76] Sie verdiente etwa 4,50 Dollar in der Woche, von denen sie sich zwei Dollar vom Munde absparte und zurücklegte.[77]

Sadie Frowne war in mehrerer Hinsicht typisch. Lohnarbeiterinnen gegen Ende des 19. Jahrhunderts waren in der Regel jung und unverheiratet. Der größte Teil dieser Frauen arbeitete in der Textilbranche. Kurz dahinter folgte die Arbeit in der Fabrik. Die durchschnittliche Arbeiterin des Jahres 1890 war 22 Jahre alt und hatte mit 15 Jahren angefangen, Geld zu verdienen. Sie arbeitete zwölf Stunden am Tag, sechs Tage die Woche und verdiente weniger als 6 Dollar in der Woche. Das entsprach einem Stundenlohn von knapp neun Cent. Diese jungen Frauen entwickelten sich zu einer eigenen Subkultur. Sie arbeiteten hart und suchten als Ausgleich erschwingliche Vergnügungen wie Tanzlokale, organisierten sich in Clubs oder besuchten Amüsierparks. In der Regel arbeiteten sie etwa acht bis

---

[75] Hapke, Laura. Sweatshop: The History of an American Idea. New Brunswick, NJ: Rutgers University Press, 2004, S. 61f. Zum Thema des „Working Girl" in der fiktionalen Literatur viz. Hapke, Laura. Tales of the Working Girl: Wage-Earning Women in American Literature, 1890–1925. New York, Toronto, New York: Twayne Publishers, 1992.

[76] Cott, Nancy F. Root of Bitterness: Documents of the Social History of American Women. Boston, MA: Northeastern University Press, 1996, S. 431.

[77] Stein und Taft, Workers Speak, S. 118.

zehn Jahre, bevor sie heirateten. Sie wurden diskriminiert und ökonomisch wie sexuell ausgebeutet.[78]

Die Arbeit in Kohle- oder Erzminen stellte zusammen mit der Holzwirtschaft die Bereiche dar, die am gefährlichsten waren. Die Arbeit in den Minen kam einer Schreckenskammer gleich. Ross Moudy war ein Bergarbeiter aus Cripple Creek, Colorado. Zunächst arbeitete er in einer sogenannten Chlorination Mill, in der Gold dem Gestein mithilfe chemischer Prozesse entzogen wurde.[79] Neun oder zehn Stunden am Tag bei einem Lohn von 1,50 bis 2 Dollar am Tag atmete er Schwefeldioxid- oder Chlordämpfe ein. Dabei war der ihn umgebende Staub so dicht, dass die Sicht kaum 60 Zentimeter betrug.[80] Auf Anraten des Betriebsarztes, der ihn zum absoluten Stillschweigen gegenüber der Betriebsleitung verpflichtete, gab er die Arbeit in der Chlormine auf und nahm eine Stelle in einer anderen Goldmine in Cripple Creek an. Diese Goldmine war relativ sicher – gemessen an seinem vorherigen Job.[81]

Beim Besuch einer Gruppe von Aktionären in der Mine kam es zu einem Beinaheabsturz eines der Besucher. Der Mann war weiß wie eine Wand und erklärte Moudy „[...] that instead of being paid $3.00 per day they ought to have all the gold they could take out."[82]

Minenarbeiter starben auch bei Explosionen, Flözbrüchen und Grubenbränden. Neue Technologien beseitigten zwar einige der Gefahrenpotentiale, fügten aber auch neue hinzu. Grubenmaschinen lösten schwere Unfälle aus und führten zu Todesfällen. Mit dem Einsatz von mechanischen Bohrern und Vorschlaghämmern stieg die Staubkonzentration in der Luft. Chronische Lungenerkrankungen und frühe Invalidität waren die Folge. In den Untertagegruben des Westens kamen jährlich durchschnittlich 3,3 Prozent der Kumpel bei Grubenunfällen zu Schaden und 1,25 Prozent erlagen im gleichen Zeitraum ihren schweren Verletzungen. Selbst wenn es ohne spektakuläre Unfälle abging, atmete der Rest der Belegschaft unter Tage Staub und Mineralien ein, die nach wenigen Jahren chronische Erkrankungen mit sich brachten. Nach einem Jahr unter Tage trat Moudy der Gewerkschaft, der 1893 gegründeten Western Federation of Miners (WFM), bei, „[...] because I saw it would help me to keep in work and for protection

---

78 Forman-Brunell, Miriam. Girlhood in America: An Encyclopedia. Santa Barbara, CA: ABC-CLIO, 2001, 2 Bände, Band 1, S. 283. McMaster, Lindsey. Working Girls in the West: Representations of Wage-Earning Women. Vancouver: UBC Press, 2008, S. 72.
79 Die Chlorination Mill befand sich in Gillette, Colorado. Charles William Henderson, Mining in Colorado: a history of discovery, development and production, S. 12.
80 Stein und Taft, Workers Speak, S. 105.
81 Stein und Taft, Workers Speak, S. 105.
82 Stein und Taft, Workers Speak, S. 106.

in case of accident or sickness."[83] Die Gewerkschaft hatte eine Kranken- und Unfallkasse und beschäftigte Krankenschwestern, „[...] so if one is alone and sick he is sure to be taken care of."[84] Moudy erkannte zwar, dass es innerhalb der Gewerkschaft einige Radikale gab, aber er bestand darauf, dass die meisten Gewerkschaftsmitglieder „[...] believe the change will come about gradually and not by revolution."[85]

Moudys größte Sorge war es, an einer CO_2-Vergiftung zu sterben. Dies konnte leicht passieren, weil die Schächte und Stollen schlecht belüftet waren.[86] Die Arbeitsbedingungen in der Mine von Ross Moudy waren nicht einmal besonders schlecht. Ein Kohlekumpel aus den Appalachen, der seit dem zwölften Lebensjahr im Pütt gearbeitet hatte, hatte diesen Job 23 Jahre lang inne.[87] In den 1890s verdienten die Arbeiter etwa 33 Dollar im Monat, was kaum für Unterkunft und Lebensmittel ausreichte. Der Kohlekumpel bemerkte sarkastisch, dass die unter Tage eingesetzten Maultiere besser ernährt würden als die Menschen.[88]

Amerikanische Arbeiterinnen und Arbeiter lebten im späten 19. Jahrhundert nahe am Existenzminimum. Obwohl die Reallöhne zwischen 1873 und 1893 statistisch um 15 Prozent zulegten, traf das nicht für alle arbeitenden Menschen im gleichen Maße zu. *African Americans* und Frauen erhielten weiterhin Hungerlöhne. Auch neu Eingewanderte nahmen einen Platz unten auf der Lohnskala ein. Nach den Krisen von 1873 und 1893 wurden zudem viele der von den Gewerkschaften errungenen Verbesserungen wieder zunichtegemacht. Zwar lagen die Durchschnittslöhne der Amerikaner höher als die der Europäer, doch kennzeichnet die Vereinigten Staaten die große Differenz der Löhne je nach Geschlecht und Herkunft.

Gegen Ende des Jahrhunderts entstand auch eine neue Klasse von Arbeitern – die zahllosen Bürokräfte, Verkaufsfachleute, Telefonistinnen, Sekretärinnen und Manager, die als „white collar workers" bezeichnet werden – auf Deutsch: An-

---

[83] Stein und Taft, Workers Speak, S. 106. Die WFM war eine „internationale" Gewerkschaft, da sie Arbeiter in den USA und Kanada organisierte und zwar nach dem Prinzip der Industriegewerkschaft. Sie war 1903–1904 an den Colorado Labor Wars um Cripple Creek und 1905 an der Gründung der Industrial Workers of the World (IWW) beteiligt. Henderson, Thomas. The Western Federation of Miners: The Course of Western Radical Unionism, 1903–1907. MS-Thesis. Charlotteville, VA: University of Virginia, 1968.
[84] The Independent Journal, Band 57, 1904, S. 381.
[85] Stein und Taft, Workers Speak, S. 107.
[86] Stein und Taft, Workers Speak, S. 107.
[87] Katzman, David M. und Tuttle, William M. Plain Folk: The Life Stories of Undistinguished Americans. Urbana, IL: University of Illinois Press, 1982, S. 143.
[88] Katzman, David M. und Tuttle, William M. Plain Folk, S. 147.

gestellte.⁸⁹ Die Konzentrationsprozesse der Produktion sorgten für einer „Managerrevolution", die in der Verwaltung oder in den Vorstandsetagen der Großunternehmen beschäftigt und von einer wachsenden Gruppe von Hilfskräften ergänzt wurden, die ihnen Tätigkeiten abnahmen. Ein Teil dieser Manager kam aus der Gruppe der vom Abstieg bedrohten Facharbeiter und stieg zu Industriemeistern oder Abteilungsleitern auf. Die schlechter bezahlten Angestelltenstellen wurden zunehmend mit Frauen besetzt, die in den Warenhäusern Tätigkeiten im Verkauf oder als Büroarbeiterinnen ausfüllten.

„The middle class is becoming a salaried class, and is rapidly losing the economic and moral independence of former days", schrieb die Zeitschrift Independent im Jahr 1903.⁹⁰ Der Independent lag damit zwar richtig, begonnen hatte dieser Trend aber schon Jahrzehnte zuvor. Der Konzentrationsprozess des Kapitals hatte schon nach dem Bürgerkrieg eingesetzt und größere Zusammenschlüsse, Trusts und Oligopole benötigten Manager und Leitungskräfte, um ihr Geschäft zu rationalisieren und zu kontrollieren und auf diese Weise die „unsichtbare Hand" des Marktes (Adam Smith) durch die durchaus sichtbare Hand der Manager zu ersetzen.⁹¹ Die Einführung der Aktiengesellschaft trennte das Management von der Gruppe der Kapitalbesitzer, denn selbst hochbezahlte CEOs waren wenig mehr als privilegierte Angestellte. Diese Klasse der Manager rekrutierte sich aus der Gruppe der gut ausgebildeten weißen Mittelschicht. Kleine Unternehmer, die nach dem Bürgerkrieg ihr eigenes Unternehmen gestartet hatten, fanden sich nun als Angestellte einer Großfirma wieder, die ihnen ein Gehalt und vielleicht eine Erfolgsprämie zahlte.

Die Rationalisierung der Arbeit und die sich immer weiter erhöhenden Produktivität amerikanischer Unternehmen wurden mithilfe akribisch ausgetüftelter Studien, die den Grad der Arbeitsteilung vorantrieben, befördert. Diese *Scientific Management* oder wissenschaftliche Betriebsführung genannte Bewegung wurde in wesentlichen Teilen von Frederick Winslow Taylor (1856–1915) begründet, hatte aber seine Entsprechungen auch in Deutschland und anderswo.⁹² Taylor

---

89 Balack, Ulf Frank. Die White-Collar-Gruppe in Philadelphia: Entwicklung, Struktur und Mobilität, 1900–1970. Hamburg: Universitätsverlag, 2001. Davis, Clark. Company Men: White-Collar Life and Corporate Cultures in Los Angeles, 1892–1941. Baltimore, MD: Johns Hopkins University Press, 2000. Linder, Marc. „Time and a Half's the American Way": A History of the Exclusion of White-Collar Workers from Overtime Regulation, 1868–2004. Iowa City, IO: Fanpihua Press, 2004. Wallis, Eileen V. Earning Power: Women and Work in Los Angeles, 1880–1930. Reno, NE: University of Nevada Press, 2010.
90 Zitiert in Zunz, Olivier. Making America Corporate, 1870–1920. Chicago, IL: University of Chicago Press, 1990, S. 12.
91 Smith, Adam. Wealth of Nations. New York: Cosimo, 2007, S. 351.
92 Taylor, Frederick Winslow. The Principles of Scientific Management.

und andere Manager arbeiteten daran, die Planung und die Durchführung von Arbeit weiter zu trennen, durch Zeitstudien den Ablauf der Arbeiten zu optimieren, das Lohnsystem zu differenzieren und dadurch weitere Anreize zu schaffen, genaue Zielvorgaben für die Produktion zu machen und auf der Ebene der Werkshalle besondere Meister einzustellen, die auf das jeweilige Produkt und die für seine Herstellung notwendigen Verrichtungen und Handgriffe spezialisiert waren (Funktionsmeistersystem). Letzter Punkt erwies sich in der Praxis aber als nicht zielführend und wurde deshalb von nur wenigen Unternehmen umgesetzt. *Scientific Management* war aber das Kind seiner Zeit, da es am besten in einer Umgebung funktionierte, in der handwerklich organisierte Massenproduktion vorherrschte. In dem Maße, wie zu einem späteren Zeitpunkt Maschinen den Arbeitstakt vorgeben konnten, musste auch der Taylorismus angepasst werden. Doch liegt diese Phase im 20. Jahrhundert und soll hier nicht vertieft werden.[93] Ab 1882 jedenfalls ließ Taylor groß angelegte *Time Motion Studies* durchführen, bei denen Männer in weißen Hemden jeden Griff, jede Bewegung und jedes Innehalten bei der Arbeit akribisch stoppten und in Listen eintrugen. Ergänzt wurde das Ganze zu einem späteren Zeitpunkt durch die Hochgeschwindigkeitsfotographie mithilfe des Zusammenschaltens verschiedener Kameras, entwickelt von Eadweard Muybridge (1830–1904). Dadurch wurden auch das fotografische Zerlegen und die Dokumentation von Bewegungsabläufen möglich.[94]

Daneben und mitunter in Konkurrenz zu Versuchen, die Produktion effektiver zu gestalten, entwickelte sich eine innerbetriebliche Bürokratie. Alleine um die gigantischen Eisenbahnnetze zu verwalten, brauchte es ausgeklügelte Methoden der Verwaltung. Die Kommunikation lief über teure, langsame und nicht immer geheim zu haltende Telegraphie.[95] Zwar war das Telefon schon 1878 erfunden worden, doch war es ein weiter Weg bis zur Verbreitung dieser Technologie. Na-

---

[93] Gründung des Reichsauschusses für Arbeitszeitermittlung (REFA) in Deutschland 1924.
[94] Eadweard Muybridge. Animal Locomotion Plate 59: Running Man. 1887. Minneapolis Institute of Art. Clegg, Brian. The Man Who Stopped Time: The Illuminating Story of Eadweard Muybridge: Pioneer Photographer, Father of the Motion Picture, Murderer. Washington, DC: Joseph Henry Press, 2007. Russell, Catherine. Experimental Ethnography. Durham, NC: Duke University Press, 1999, S. 69.
[95] Für den Geschäftsgebrauch wurde es deshalb üblich, Telegramme zu verschlüsseln. Dies war auch keine Garantie für die Geheimhaltung des Telegramms, da Codebücher im Handel zu erwerben waren. Wenzlhuemer, Roland. Connecting the Nineteenth-Century World: The Telegraph and Globalization. Cambridge, New York: Cambridge University Press, 2013, S. 247. Derartige Telegrammcodes wurden auch von Regierungen und offiziösen Stellen benutzt. Siehe Archives Nationales [Frankreich]. F^{90} 20890 Compagnie Française des Câbles Télégraphiques.

tionale Telefonnetze wurden erst ab den 1890er Jahren möglich. [96] Dies machte eine Ebene mittleren Managements mit Entscheidungskompetenz erforderlich, die zwischen den Unternehmensspitzen und der Arbeiterschaft standen. Sie betrachteten Gewerkschaften mit Argwohn, da sie befürchteten, diese würden in ihre Funktion als Manager eingreifen. Der typische Bildungsstand dieser Männer war ein High School-Abschluss, ein Privileg, dass damals auf acht Prozent der Bevölkerung beschränkt war. Sie entstammten also der weißen Mittelklasse und verdienten, gemessen an der Arbeiterelite der Zeit, relativ gut: etwa 1.500 bis 4.000 Dollar im Jahr. Die Unternehmensspitzen verfügten demgegenüber in der Regel über einen Hochschulabschluss und verdienten zwischen 4.000 und 15.000 Dollar im Jahr.[97] Im Vergleich dazu konnte eine Einkäuferin in einem Kaufhaus wie Macy's 25 Dollar in der Woche verdienen – im Jahr 1871 ein Spitzenwert.[98]

Nicht alle Manager stammten indessen aus der Mittelklasse. Einige hatten sich als Facharbeiter hochgedient. Man muss sich vor Augen halten, dass es in den USA im Vergleich zu Europa erst sehr spät Ingenieurschulen gab und daher gut ausgebildete Facharbeiter so lange die Funktion der Ingenieure im europäischen

---

96 Problematisch für die Ausbreitung eines nationalen Telefonservice war das Monopol, das Graham Bell für seine Erfindung des Telefons 1876 und 1877 erhalten hatte. Die American Telephone and and Telegraph Company verteidigte dieses Monopol gegen kleinere Telefongesellschaften. Kunden des einen Telefonnetzes konnten nicht mir Benutzerinnen eines anderen Systems verbunden werden. Um 1890 hatten AT&T rund eine Million Telefonkunden in den USA. Etwa 700.000 Anschlüsse existierten bei anderen Gesellschaften. Anrufe zwischen New York und Chicago waren bereits in den 1890er Jahren möglich. Nach 1899 überholte AT&T – nun mit dem Hauptsitz in New York – alle anderen Netze dramatisch. Ein Telefongespräch zwischen San Francisco und New York war dennoch vor 1915 noch nicht möglich. Chapuis, Robert J. und Joel, Amos E. 100 Years of Telephone Switching (1878–1978). Amsterdam, Washington, DC: IOS Press. Ohmsha, 2003, 2 Bände, Band 1, S. 104. Murphy, The Telephone, S. 80–91.
97 Wharton wurde 1881 als erste erfolgreiche Wirtschaftsfakultät der USA an der University of Pennsylvania gegründet. 1898 folgten die Universitäten von Chicago und California. Dartmouth folgte 1900. Erfolgreiche Manager um 1900 hatten also nur selten einen Universitätsabschluss in Wirtschaftswissenschaften. Applegate, The Rise of Advertising, S. 165. 1900 lag der Durchschnitt der jährlich gezahlten Gehälter bei 1.018 Dollar. United States und Census Office. Population of the United States by States and Territories, Counties, and Minor Civil Divisions, as Returned at the Twelfth Census: 1900. Washington, DC: United States Census Printing Office, 1901, S. 300. Ein Angestellter bei der Eisenbahn verdiente im Jahr 1900 1.011 Dollar. United States, Historical Statistics, Band 1, Series D 779–793, S. 168. Das Spitzengehalt eines Eisenbahnmanagers im Jahre 1888 betrug 35.000 Dollar. Walker und Vatter, The Rise of Big Government, S. 6.
98 Benson, Susan Porter. Counter Cultures: Saleswomen, Managers, and Customers in American Department Stores, 1890–1940. Urbana, IL: University of Illinois Press, 1986, S. 25.

System übernehmen mussten, bis Ingenieurschulen begannen, Absolventen auf den Arbeitsmarkt zu schicken.[99]

Die schon angesprochene Lebensgeschichte von Captain William „Billy" Jones (1839–1889) bietet ein Beispiel für solch einen Aufstieg vom Facharbeiter zum Manager. Jones, wie James J. Davis aus Wales stammend, hatte als Zehnjähriger angefangen, in einem Eisenwerk zu arbeiten. Während des Bürgerkriegs diente er als Hauptmann in der US-Armee und benutzte diesen Dienstgrad den Rest seines Lebens. Als Andrew Carnegie sein Stahlwerk am Stadtrand von Pittsburgh gründete, stellte er Jones als seinen Direktor ein. Die Zeitgenossen waren sich einig, dass Jones der beste Stahlkocher seiner Generation war. Er liebte seine Arbeit und forderte sich und seinen Männern viel ab. Sein Motto lautete „Good wages and good workmen". Carnegie versuchte dauernd, die Löhne seiner Arbeiter zu senken, doch Jones setzte sich für sie ein. 1881 setzte er die alte gewerkschaftliche Forderung nach einem Achtstundentag um, indem er Carnegie davon überzeugte, dass ein kürzerer Arbeitstag den Ertrag erhöhen würde, weil weniger Arbeiter fehlten und die Wahrscheinlichkeit für Unfälle abnehmen würde. Jones selbst erhielt ein Spitzengehalt, 25.000 Dollar im Jahr und verdiente damit genauso viel wie der US-Präsident. Dies war 1881 eine sehr hohe Summe und unterstrich den Wert, den Jones für Carnegie hatte. Sein gutes Gehalt bezog Jones nicht sehr lange. Er kam 1889 bei der Explosion eines Hochofens ums Le-

---

99 Belanger, Dian Olson. Enabling American Innovation: Engineering and the National Science Foundation. West Lafayette, IN: Purdue University Press, 1998. Curtis, O. B. und Gergel, Patricia M. The History of the National Council of Examiners for Engineering and Surveying, 1920–2004. Clemson, SC: National Council of Examiners for Engineering and Surveying, 2004. Dennis, Bernard G. American Civil Engineering History: The Pioneering Years. Proceedings of the Fourth National Congress on Civil Engineering History and Heritage, November 2–6, 2002, Washington, DC Reston, VA: American Society of Civil Engineers, 2003. Grayson, Lawrence P. The Making of an Engineer: An Illustrated History of Engineering Education in the United States and Canada. New York: Wiley, 1993. Herrin, Dean A. America Transformed: Engineering and Technology in the Nineteenth Century. Reston, VA: American Society of Civil Engineers, 2002. Kynell-Hunt, Teresa. Writing in a Milieu of Utility: The Move to Technical Communication in American Engineering Programs, 1850–1950. Norwood, NJ: Ablex Pub. Corp, 1996. Rogers, Jerry R. Civil Engineering History: Engineers Make History. Proceedings of the First National Symposium on Civil Engineering History. New York: American Society of Civil Engineers, 1996. Ders. Engineering History and Heritage Proceedings of the Second National Congress on Civil Engineering History and Heritage. Reston, VA: American Society of Civil Engineers, 1998. Ders. International Engineering History and Heritage: Improving Bridges to ASCE's 150th Anniversary. Proceedings of the Third National Congress on Civil Engineering History and Heritage, October 10–13, 2001, Houston, Texas. Reston, VA: American Society of Civil Engineers, 2001.

ben – genauso wie 35.000 andere Arbeiter, die jedes Jahr Arbeitsunfällen zum Opfer fielen.[100]

Immer mehr Bereiche der industriellen Fertigung erforderten umfangreiche Verwaltungs- und Bürotätigkeiten. Der Anteil der *White Collar Workers* vergrößerte sich damit rapide. Auch innerhalb des Büros wurde die Arbeit rationalisiert und technisiert. Die Addiermaschine, die mechanische Schreibmaschine und die Kassenregistriermaschine wurden ab den 1880er Jahren in allen Büros und Warenhäusern verwendet.[101] Die Arbeit in der Aktenablage und Führung der Geschäftskorrespondenz boten Frauen die Möglichkeit, in einem Büro zu arbeiten. Frauen erhielten geringere Löhne als Männer und waren in der Regel für die Bürotätigkeit besser ausgebildet. Außerdem standen Männern in der Verwaltung andere Posten offen. Im Jahr 1900 arbeiteten erstmalig mehr Frauen als Stenotypistinnen oder Sekretärinnen als Männer.[102]

Sylvie Thygeson (1868–1975) war eine der jungen Frauen, die in den 1880ern begann als Sekretärin zu arbeiten. Sie war in Forreston im agrarischen Westen des Staates Illinois aufgewachsen. Ihre Familie legte Wert auf eine gute Ausbildung. Ihr Vater arbeitete als Rechtsanwalt und ihre Mutter war stolz darauf, dass ihre acht Kinder einen High School-Abschluss ablegten. Als Sylvie Thygesons Vater 1884 starb, begann sie zu arbeiten. Nach einer kurzen Zeit als Lehrerin an einer Grundschule, lernte sie Stenographie und mit der Maschine zu schreiben und fand so Arbeit.[103] Nachdem sie geheiratet hatte, gab sie ihre Berufstätigkeit auf.[104]

Thygesons Geschichte unterstreicht die wachsende Bedeutung von Bürotätigkeiten für Frauen, vor allem aus der weißen Mittelklasse. Diese Frauen wurden anfangs wirklich wie die Maschinen, die sie bedienten, *typewriters* genannt und wurden damit virtuell eins mit der Schreibmaschine. Diesen enthumanisierenden Aspekt der Arbeit übersahen die meisten Frauen, da sie stolz auf ihre Arbeit und auf die relativ hohen Löhne waren, die sie mit nach Hause brachten. Um 1890 war

---

100 Eggert, Gerald G. Steelmasters and Labor Reform, 1886–1923. Pittsburgh, PA: University of Pittsburgh Press, 1981, S. 5–13, S. 21. Carnegie, The Autobiography of Andrew Carnegie, S. 203f.
101 Strom, Sharon Hartman. Beyond the Typewriter: Gender, Class, and the Origins of Modern American Office Work, 1900–1930. Urbana, IL: University of Illinois Press, 1992.
102 Strom, Sharon Hartman. Beyond the Typewriter, S. 49, Table 2.
103 Suffragists Oral History Project. The Suffragists: From Tea-Parties to Prison: Oral History Transcript / and Related Material, 1972–1975. [Web Page]: http://www.mocavo.com/The-Suffragists-From-Tea-Parties-to-Prison-Oral-History-Transcript-and-Related-Material-1972-1975/861022/87. Gesehen am 19.02.2015, S. 14.
104 Thygeson wurde später eine feministische Aktivistin, die sich vor allem für das Recht auf Geburtenkontrolle einsetzte. Hajo, Cathy Moran. Birth Control on Main Street: Organizing Clinics in the United States, 1916–1939. Urbana, IL: University of Illinois Press, 2010, S. 25

bei den Berufswünschen junger weißer Frauen die Tätigkeit der Sekretärin ganz weit oben auf der Liste. Diese Arbeit galt nicht nur als hochwertiger als die Fabrikarbeit, sie brachte auch höhere Löhne bei kürzeren Arbeitszeiten mit sich. Bostons Büroarbeiterinnen verdienten mehr als sechs Dollar in der Woche, während Fabrikarbeiterinnen kaum auf einen Wochenlohn von fünf Dollar kamen.

Das Kaufhaus stellte eine weitere Gelegenheit für Frauen dar, eine Stelle außerhalb der Fabrikhalle zu finden. Die Konsumptionskultur des Industriekapitalismus, der ein großes Angebot an Gebrauchsgütern bereitstellte, dominierte zunehmend den amerikanischen Alltag – zumindest in den großen Städten. Das materielle Wohlergehen, das sich im Konsum Ausdruck verschaffte, wurde immer stärker das Ziel eines großen Teils der Bürgerinnen und Bürger. Erwerb und Konsum standen im Mittelpunkt und das Kaufhaus wurde zum steinernen Symbol dieses Strebens nach Konsum.

Das Kaufhaus war im 19. Jahrhundert innerhalb der neuen urbanen Kultur entstanden. Einkaufen wurde zu einer neuen Freizeitbeschäftigung, die in speziellen glamourösen und besonders ausgestalteten Umgebungen stattfand. Der Kauf auch relativ unbedeutender Gebrauchsartikel wie Bettzeug oder Männeroberbekleidung konnte so einen magischen Aspekt bekommen. Das Kaufhaus war architektonisch zwischen Kirche und Palast angesiedelt. Es wies aufwendig ausgestaltete Fassaden auf; hohe Räume, Lichter und Glasvitrinen, Marmor und Messing bestimmten das Design. Kaufhäuser wie Macy's in New York, Wanamaker's in Philadelphia, Filene's in Boston und Marshall Field in Chicago versprachen die unmittelbare Befriedigung von materiellen Bedürfnissen.[105]

Ein solches Kaufhaus wies eine große Belegschaft auf, die man eher mit einem Hotel als mit einer Verwaltung vergleichen könnte: Lagerarbeiter, Kassiererinnen, Verkaufspersonal, Fahrstuhlführer, Buchhalter, Stenografinnen, Telefonistinnen, alle diese neuen Berufsgruppen signalisierten den allmählichen Übergang von einer rein auf Produktion ausgerichteten Wirtschaft zur Entwicklung des dritten Sektors: Dienstleistungen. In den späten 1890er Jahren hatte

---

105 Berkley, George E. The Filenes. Boston, MA: International Pocket Library, 1998. Lancaster, William. The Department Store: A Social History. London, New York: Leicester University Press, 1995. Leannah, Michael. Something for Everyone: Memories of Lauerman Brothers Department Store. Madison, WI: Wisconsin Historical Society Press, 2013. Santink, Joy L. Timothy Eaton and the Rise of His Department Store. Toronto, Buffalo, NY: University of Toronto Press, 1990. Soucek, Gayle. Marshall Field's: The Store That Helped Build Chicago. Charleston, SC: History Press, 2010. Whitaker, Jan. Service and Style: How the American Department Store Fashioned the Middle Class. New York: St. Martin's Press, 2006.

Macy's mehr als 3.000 Angestellte und Marshall Field beschäftigte sogar 6.000 Mitarbeiterinnen und Mitarbeiter.[106]

Unter der Belegschaft gab es sehr unterschiedliche Tätigkeiten, die auch unterschiedlich gut entlohnt wurden. Kassiererinnen und Verpackerinnen verdienten nur drei Dollar in der Woche, während Einkäuferinnen wie die schon erwähnte Belle Cushman schon 1871 25 Dollar in der Woche verdienten.[107] Der strukturelle Sexismus funktionierte aber sehr gut. Cushman war eine Ausnahme. Frauen verdienten auch im Kaufhaus deutlich weniger als gleichqualifizierte Männer. Männliche Abteilungsleiter, sogenannte *floorwalkers,* verdienten zwischen zehn und 16 Dollar in der Woche. Eine Verkäuferin bei Macy's brachte es auf sechs Dollar. In allen Kaufhäusern herrschte eiserne Disziplin: Es war verboten, zu sitzen, es war untersagt, mit anderen Verkäuferinnen zu sprechen. Vergehen gegen die Disziplin wurden mit sofortiger Entlassung geahndet. Der arrogante Marshall Field (1834–1906) entließ außerdem jeden Beschäftigten mit Verbindung zur Gewerkschaft.[108] Für angebliche Bummelei oder Kaugummikauen am Arbeitsplatz hagelte es Geldstrafen, die von den ohnehin mageren Löhnen abgezogen wurden.

Der Aufstieg des Industriekapitalismus veränderte nicht nur den Charakter der Arbeit und des Arbeitsplatzes, sondern griff auch nachhaltig in die Struktur des Familien- und Privatlebens ein. Privatleben und Arbeit wurden noch stärker voneinander getrennt, als dies früher der Fall war. In der vorindustriellen amerikanischen Gesellschaft hatte der Arbeitsplatz innerhalb des Hauses gelegen, in dem die Familie wohnte, oder war doch nicht weit entfernt vom Wohnort der Arbeiterinnen und Arbeiter gewesen. Die Industrialisierung zerstörte den Nexus von Arbeit und Privatleben und ersetzte ihn durch neue Formen der Freizeit. Verheiratete weiße Frauen blieben zuhause, wo sie oft unbezahlte Hausarbeit oder Heimarbeit verrichteten, Männer und unverheiratete Frauen arbeiteten in der Stadt. In besser gestellten Mittelklassefamilien erledigte das angestellte Personal Arbeiten wie Putzen, Kochen oder die Kindererziehung. Die Trennung von Wohnung und Arbeitsplatz erlaubte die Entstehung eines neuen Diskurses der

---

106 Benson, Counter Cultures, S. 23–25. Grippo, Robert M. Macy's: The Store, the Star, the Story. Garden City Park, NY: Square One Publishers, 2009. Hower, Ralph M. History of Macy's of New York, 1858–1919: Chapters in the Evolution of the Department Store. Cambridge, MA: Harvard University Press, 1943.
107 Benson, Counter Cultures, S. 25.
108 Miller, Donald L. City of the Century: The Epic of Chicago and the Making of America. New York: Simon & Schuster, 1996, S. 258.

Häuslichkeit, der das Heim und die Rolle von weißen Frauen innerhalb dieses Heims romantisierte.[109]

Die Trennung von Heim und Arbeit erlaubte es, das Heim als „haven in the heartless world" zu konstruieren, das von der Ehefrau und Mutter geleitet wurde. Der Haushalt wurde eine „separate sphere", ein Zufluchtsort für von der Arbeit zunehmend gestresste Mittelschichtsmänner.[110] Dieser Kult der Häuslichkeit war nichts grundlegend Neues, da er schon in den 1820er Jahren angestoßen worden war, doch erfuhr er unter dem Eindruck der zunehmenden Entfremdung des Privaten und der Arbeitswelt neue Nahrung und konnte sich so noch bis zum Ende des 19. Jahrhunderts und darüber hinaus halten.[111] Freilich wurde der Diskurs um die getrennten Sphären auch dadurch in Frage gestellt, dass immer mehr Frauen der Arbeitswelt zuströmten. Dies wurde von einigen Beobachterinnen als Krisenphänomen wahrgenommen, so als ob die sorgsam gehütete und gegen alle modernen Bedrohungen beschützte Geschlechterideologie des viktorianischen Zeitalters auseinander zu brechen drohte. Der „Engel im Haus" drohte davonzuschweben.[112]

Grundsätzlich gilt festzuhalten, dass der Diskurs der Häuslichkeit vor allem in seiner frühviktorianischen Form sich vor allem mit der Rollenzuweisung der weißen Mittelklasse beschäftigte. „Wahre Frauen" – im Gegensatz zu Frauen aus

---

109 Sawaya, Francesca. Modern Women, Modern Work: Domesticity, Professionalism, and American Writing, 1890–1950. Philadelphia, PA: University of Pennsylvania Press, 2004, S. 4–17. Griswold, Robert L. Family and Divorce in California, 1850–1890: Victorian Illusions and Everyday Realities. Albany, NY: State University of New York Press, 1982, S. 175 f. Coontz, Stephanie, Parson, Maya und Raley, Gabrielle. American Families: A Multicultural Reader. New York: Routledge, 2008, S. 103–114.
110 Lasch, Christopher. Haven in a Heartless World: The Family Besieged. New York: Basic Books, 1977. Matthews, Glenna. „Just a Housewife": The Rise and Fall of Domesticity in America. New York: Oxford University Press, 1987. Hoganson, Kristin L. Consumers' Imperium: The Global Production of American Domesticity, 1865–1920. Chapel Hill, NC: University of North Carolina Press, 2007. McHugh, Kathleen Anne. American Domesticity: From How-To Manual to Hollywood Melodrama. New York: Oxford University Press, 1999.
111 Broder, Sherri. Ideologies of Domesticity: 1890–1929. Dissertation, Amherst, MA: Hampshire College, 1979. Rauchway, Eric. The Refuge of Affections: Family and American Reform Politics, 1900–1920. New York: Columbia University Press, 2001, S. 12. Robert M. Jackson spricht von einer Trennung der zwei Sphären, die um 1890 abgeschlossen gewesen sei. Die neuere Forschung sieht hier weniger einen Automatismus, sondern betont den Klassencharakter des Diskurses. Jackson, Robert Max. Destined for Equality: The Inevitable Rise of Women's Status. Cambridge, MA: Harvard University Press, 1998, S. 7 f.
112 „The Angel in the House" war der Titel eines populären Gedichts von Coventry Patmore (1823–1896), das in drei Teilen zwischen 1854 und 1856 publiziert worden war. Robertson, Angelique. Women Who Did: Stories by Men and Women, 1890–1914. London: Penguin, 2005.

der Arbeiterklasse oder *women of color* – sollten ihre Aktivitäten auf das Haus beschränken. Die Distinktion zwischen der *Lady* und der Arbeiterin wurde damit gegen Ende des 19. Jahrhunderts prononcierter. Eine Lady residierte nun einmal im Heim. Arbeiterinnen hatten schnell ein soziales Stigma, denn sie konnten unmöglich *Ladies* sein. Im amerikanischen Slang wurden Prostituierte oft als *working girls* denunziert. Der Weg von der Arbeiterin zur Sexarbeiterin war nicht weit. Frauen der Arbeiterklasse wehrten sich gegen diesen impliziten Vorwurf.[113]

Das Aufeinandertreffen des Diskurses der Häuslichkeit und die ökonomischen Möglichkeiten der neuen funktionalen Mittelklasse in Zusammenhang mit der „neuen Immigration" führten zu einer veränderten Bedeutung der Hausarbeit. Zunehmend nahmen Dienstmädchen und Haushaltshilfen der *Lady* auch Teile der Hausarbeit ab – jedenfalls im Norden der USA. Im Süden verließ man sich traditioneller Weise auf die Hilfe von afroamerikanischen Frauen im Haushalt. Hausarbeit im Norden wurde zunächst von sogenannten *hired girls* ausgeführt, die mit der Hausfrau gemeinsam Aufgaben im Haushalt erledigten. Später wurde aus diesen Frauen eine *servant* oder *domestic*, die in der Regel im Haushalt untergebracht war. Auch im Sprachgebrauch drückt sich die Tendenz einer größeren Klassendistinktion aus. Die urbane Mittelschicht verließ sich immer stärker auf die Arbeit von Haushaltsgehilfen. Sie „halfen" nicht mehr im Haushalt, sondern erledigten alle Arbeiten, während die Dame des Hauses nur noch als Konsumptionsmanagerin in Erscheinung trat. Auch hier also war der Trend zu größerer Arbeitsteilung deutlich erkennbar. Schon 1870 hatten zwischen 15 und 30 Prozent aller Haushalte Bedienstete, die mit im Haus wohnten. 90 Prozent davon waren Frauen.[114] Fast 1,3 Millionen Frauen waren 1900 als Dienstmädchen oder Haushaltsgehilfe in den USA tätig. Gegenüber 1890 stellte das eine fünfprozentige Steigerung dar.[115]

Das Leben als Dienstmädchen war hart. Diese Tätigkeit wurde zunehmend von eingewanderten Kräften aus Deutschland und Irland ausgeübt. Nach 1880 nahm der Anteil der *new immigrants* deutlich zu. Hausangestellte arbeiteten nicht

---

113 Pascoe, Peggy. Relations of Rescue: The Search for Female Moral Authority in the American West, 1874–1939. New York: Oxford University Press, 1990, S. 59. Meyerowitz, Joanne J. Women Adrift: Independent Wage Earners in Chicago, 1880–1930. Chicago, IL: University of Chicago Press, 1988, S. 30–45.
114 Husband, Julie und O'Loughlin, Jim. Daily Life in the Industrial United States, 1870–1900. Westport, CT: Greenwood Press, 2004, S. 116. Dudden, Faye E. Serving Women: Household Service in Nineteenth-Century America. Middletown, CT, Scranton, PA: Wesleyan University Press. Distributed by Harper & Row, 1983, S. 1.
115 United States. Bureau of the Census. Statistics of Women at Work. Washington, DC: Government Printing Office, 1907, S. 53 f.

nur länger als andere Frauen, sie waren darüber hinaus auch während ihrer Freizeit auf Abruf, konnten das Haus also nur verlassen, wenn dies im Auftrag ihrer Arbeitgeber geschah.[116] Haushaltsangestellte beklagten ihre fehlende Privatsphäre und die beschränkten Möglichkeiten, außerhalb des Haushalts Freizeit zu verbringen. Das Sozialprestige dieser Arbeit war zudem im Vergleich zu einer Tätigkeit im Verkauf sehr niedrig. [117]

Kein Wunder, dass eine Tätigkeit als Dienstmädchen oder Haushaltsgehilfin als die am wenigsten erstrebenswerten Arbeiten galten. Bei den neuen Möglichkeiten, die sich arbeitsuchenden Frauen in der Fabrik und im Büro öffneten, blieb die Hausarbeit für diejenigen übrig, die am geringsten qualifiziert waren.[118]

Bei der geringen Attraktivität des Berufsfelds und unter den sich verändernden Bedingungen für weibliche Berufstätigkeit kam es zu einer relativen Knappheit an Dienstpersonal. Frauen der Mittelklasse befeuerten einen Diskurs, der den Titel *servant problem* trug und davon handelte, wie schwer es sei, „gute Hilfskräfte" zu finden. Für Angehörige der Mittelklasse waren Hausangestellte ein Glücksfall, befreiten sie doch ihre Arbeitgeberinnen von den vielen Routinetätigkeiten im Haushalt. Hausangestellte machten es möglich, mehr Zeit mit den Kindern zu verbringen oder einer ehrenamtlichen oder sozialen Tätigkeit nachzugehen. Die Tätigkeit als Hausgehilfin verstärkte so paradoxerweise einerseits die Tendenz zur Häuslichkeit, andererseits ermöglichte sie für die Frauen, dies es sich leisten konnten, eine Köchin, ein Kindermädchen oder eine Zugehfrau einzustellen, eine Tätigkeit außerhalb des Haushalts, die den Diskurs der Häuslichkeit schwächte.

Mit der veränderten Bedeutung des Heims im Zusammenhang mit der neuen Häuslichkeit veränderte sich die Innenarchitektur des bürgerlichen Hauses in den Jahrzehnten nach dem Bürgerkrieg. Das Innere der Häuser wurde durch voluminösere Möbel und Nippes „kleiner", der verfügbare Raum wurde zugestellt. Diese Innenarchitektur war ein Distinktionsmerkmal in Abgrenzung von den Wohnungen der Arbeiterklasse. Der Anteil des Hauseigentums im Vergleich zu Mietverhältnissen nahm dabei während des gesamten späten 19. Jahrhunderts zu: 46,5 Prozent aller Wohnungen wurden 1900 von ihren Bewohnern als Eigentum

---

116 Linton, Eliza Lynne. On the Side of the Maids. Cornhill Magazine, 29 (1874): 298–307, S. 299.
117 Quoted in Dickinson, Joan Younger. The Role of the Immigrant Women in the U.S. Labor Force, 1890–1910. New York: Arno Press, 1980, S. 113.
118 Katzman, David M. Seven Days a Week: Women and Domestic Service in Industrializing America. New York: Oxford University Press, 1978, S. 3.

besessen, 2000 waren 66,2 Prozent der Bevölkerung Besitzer eines Eigenheims oder einer Wohnung.[119]

Um 1890 hatte das typische Mittelklasseheim Zentralheizung, fließendes Warmwasser aus der Leitung und innerhalb der Wohnung befindliche Badezimmer. Elektrizität wurde Ende des 19. Jahrhunderts auch für Stadtbewohner erschwinglich. Die Einführung des elektrischen Lichts hatte tiefgreifende Auswirkungen auf das Sozialleben. Arbeit konnte auch nach Einbruch der Dunkelheit verrichtet und auch Hausarbeit musste nicht bei Tageslicht erledigt werden.[120]

Obwohl weniger weiße Mittelklassefrauen nach der Heirat arbeiteten, lag doch zwischen dem Familieneinkommen der Arbeiterklasse und dem der Mittelschicht eine riesige Kluft. Wohlhabende Mittelklassefamilien konnten nun die Produkte einkaufen, die von Frauen zuvor zuhause produziert worden waren. Die Hausarbeit der Mittelklassehausfrau wurde durch die Beschäftigung von Personal fast überflüssig. Der Diskurs der Häuslichkeit bedeutete im Unterschied zur frühviktorianischen Kultur vor dem Bürgerkrieg nun, dass weiße Mittelschichtsfrauen ungehindert ihren sozialen Verpflichtungen und karitativen Aufgaben nachgehen konnten. Man könnte überspitzt sagen, dass die Erringung des Frauenwahlrechts beispielsweise das Ergebnis der Freistellung weißer Reformerinnen von der Plackerei im Haushalt war.

Vergleichen wir zur Verdeutlichung dieser These zwei Haushalte miteinander: Margaret Byington (1877–1952), eine Sozialreformerin und Sozialarbeiterin, die eine bedeutende Untersuchung von Homestead, Andrew Carnegies Fabrikstadt vor den Toren von Pittsburgh, schrieb, berichtete über ihren Hausbesuch bei einer Arbeiterfamilie aus dem Osten Europas.[121] Letztere lebte in einer Zweizimmerwohnung, die Teil einer Mietskaserne war. Die Mutter musste die Wäsche in einem Badezuber waschen, der auf einem Stuhl in der Mitte des Zimmers stand. Wäh-

---

119 United States und Bureau of the Census. Population Profile of the United States. Washington, DC: U.S. Dept. of Commerce, Bureau of the Census; 1999, S. 28–30. Die Werte für die elf Rebellenstaaten lagen dabei mit 40 Prozent deutlich unter dem Bundesdurchschnitt. United States, Department of Commerce und United States Census Bureau. Historical Census of Housing Tables. [Web Page]: https://www.census.gov/hhes/www/housing/census/historic/owner.html. Gesehen am 25.2.2015.
120 Rothman, Sheila M. Woman's Proper Place: A History of Changing Ideals and Practices, 1870 to the Present. New York: Basic Books, 1978, S. 15.
121 Byington, Margaret F. Homestead: The Households of a Mill Town. New York: Charities Publication Committee, 1910. Dies. What Social Workers Should Know about Their Own Communities: An Outline. New York: Charity Organization Department of the Russell Sage Foundation, 1912.

rend der großen Wäsche musste sie sich um die beiden Kleinkinder kümmern und verhindern, dass sie sich am kochenden Waschwasser verbrühten.[122]

Wenn man diese Beschreibung mit der Darstellung eines Mittelklasseheims vergleicht, die aus dem Roman *The Gilded Age* von Mark Twain und Charles Dudley Warner stammt, fallen die Unterschiede ins Auge:

> Every room had its book-cases or book-shelves, and was more or less a library; upon every table was liable to be a litter of new books, fresh periodicals and daily newspapers. There were plants in the sunny windows and some choice engravings on the walls, with bits of color in oil or watercolors; the piano was sure to be open and strewn with music; and there were photographs and little souvenirs here and there of foreign travels.[123]

In den Augen Byingtons und vieler ihrer Mittelschichtzeitgenossen konnte die Wohnung der osteuropäischen Einwandererfamilie kaum als „Heim" beschrieben werden. Es gab nicht zur Kernfamilie gehörige Untermieter und zu wenig Betten; es fehlte an Privatheit und Platz.

6.4 Das Auseinanderbrechen von Arbeit und Kapital, 1870–1894

Fabrikstädte wie das von Byington untersuchte Homestead waren im 19. Jahrhundert ein alltäglicher Anblick geworden. Viele wurden eher zufällig gegründet, andere planvoll angelegt. 1892 lebten 8.000 Menschen in Homestead. Das ehemalige verträumte Dorf am Rande von Pittsburgh war nicht wiederzuerkennen. Die Stahlwerke vergrößerten sich ständig und drangen in Wohngebiete ein, so dass die Wohnbezirke der Arbeiterfamilien immer weiter in Richtung der angrenzenden Hügel und Täler verschoben wurden. In einem Viertel mit dem Namen Hollow fanden sich kleine Hütten, die wie Schwalbennester an die Hauswand geklebt lagen, ähnlich den Hütten in den brasilianischen Favelas. Diese zweizimmrigen *Shanties* beherbergten die Arbeiterfamilien der Stahlwerke von Homestead.

An anderen Orten, vor allem in New England, wurden die Industriestädte von langer Hand von den Unternehmen geplant und gebaut. Die Amoskeag Textilfabrik in Manchester, New Hampshire, war eine abgeschlossene Welt für sich, die nach einem Generalplan aus den 1830er Jahren entwickelt und 1837 vollendet

---

[122] Byington, Homestead, S.145.
[123] Twain, Mark und Warner, Charles Dudley. The Gilded Age: A Tale of To-Day. Hartford, CT: American Pub. Co; 1873, 21. Kapitel. [Web Page]: http://xroads.virginia.edu/~Hyper2/Gilded/ch21.txt. Gesehen am 31.10.2008.

worden war.[124] Hinter derartigen Planungen stand ein wohlwollender Paternalismus der Unternehmen.[125] Die Arbeiterfamilien wurden in diesem Diskurs zu Kindern degradiert. Migranten und Migrantinnen sollten in Wohnanlagen wieder von Amoskeag zu amerikanischen Staatsbürgern sozialisiert werden. Gleichzeitig sollten sie von radikalen Agitatoren, der Versuchung, einer Gewerkschaft beizutreten oder zu streiken, ferngehalten werden.[126]

In den 1880ern zählte Amoskeag Zehntausende von Werktätigen, von denen viele in dem Unternehmen gehörenden Mietskasernen lebten. Die Beschäftigten nannten diese Wohnungen „corporations." Es handelte sich bei ihnen um drei- bis fünfstöckige Ziegelbauten, die sich entlang der Hauptverbindungsstraßen vom Stadtzentrum zu den Fabriktoren erstreckten. Die Miete kostete einen Dollar pro Monat. Um an eine der begehrten Wohnungen zu gelangen, musste mehr als ein Familienmitglied in der Textilfabrik arbeiteten, eine Bedingung, die die Aufrechterhaltung der Kinderarbeit förderte. Im Vergleich zu den Elendshütten in Homestead boten die Unternehmenshäuser in Amoskeag jedoch beachtliche Wohnqualität. Nur ein Drittel der Arbeiterfamilien konnte in derartigen Wohnungen unterkommen. Die Mehrzahl der Arbeitenden lebte in Mietswohnungen in der Stadt und etliche besaßen sogar eigene Häuser. Die Textilfabrik übte dennoch einen großen Einfluss auf das Alltagsleben aller Arbeiter aus. „If you told the boss to go to hell, you might as well move out of the city. The boss had the power to blackball you for the rest of your days", berichtete ein Arbeiter.[127]

Die vielleicht berühmteste und berüchtigtste Unternehmensstadt der USA wurde vom Schlafwagenkönig George Mortimer Pullman (1831–1897) knapp 15 Kilometer südlich von Chicago am Ufer des Lake Calumet gebaut. Als Reaktion auf den großen Eisenbahnstreik von 1877 beschloss Pullman, mit seiner Fabrik ans Westufer des Sees umzuziehen, um seine Arbeiter dem „schlechten Einfluss"

---

124 Hareven, Tamara K. und Langenbach, Randolph. Amoskeag: Life and Work in an American Factory-City. Hanover, NH: University Press of New England, 1995.
125 Crawford, Margaret. Building the Workingman's Paradise: The Design of American Company Towns. London, New York: Verso, 1995, S. 12–34.
126 Die Bevölkerung von Homestead setzte sich vorwiegend aus Immigrantinnen und Immigranten der „zweiten Immigration" zusammen. Ab 1920 – also außerhalb unseres Geschichtszeitraums – kamen viele *African Americans* hinzu. Classroom Teaching Resources, „Homestead Census". [Web Page]: http://archives.dreamhosters.com/items/show/128. Gesehen am 11.9.2014. Typische *Mill Towns* in Neuengland waren Berlin, New Hampshire (gegründet 1829), berühmt für seine Papierindustrie, New Haven, Connecticut, das heute Sitz der ehrwürdigen Yale University ist, im 19. Jahrhundert aber das Zentrum der amerikanischen Waffenindustrie darstellte, und Gardner, Massachusetts, bedeutender Sitz der Möbelindustrie.
127 Witt, John Fabian. The Accidental Republic: Crippled Workingmen, Destitute Widows, and the Remaking of American Law. Cambridge, MA: Harvard University Press, 2004, S. 55.

der Stadt Chicago zu entziehen. 1880 erwarb Pullman 4.300 *Acres* bis dato unbesiedelten Landes, auf denen er seine Modellstadt durch den Architekten und Anhänger der *Christian Science* Solon Spencer Beman (1853–1914) im Queen Anne-Stil errichten ließ. Die Stadt hatte einen Flair von Ordnung und Luxus, denn – so Pullman – „[It was...] to the employer's interest to see that his men are clean, contented, sober, educated, and happy."[128] Pullman glaubte fest daran, dass seine praktische Menschenliebe ihm größere Profite bescheren würde, da sie „[...] loss of time and money consequent upon intemperance, labor strikes, and dissatisfaction [...]" verhindere.[129]

Beim Einzug der ersten Familie nach Pullman am 1. Januar 1881 wies die Stadt Parks, künstliche Gewässer, Brunnen, Spielplätze, einen Gemeindesaal, eine Bibliothek, ein Hotel, ein Verwaltungsgebäude, Geschäfte und Markthallen auf. 1.800 Wohnungen waren bezugsfertig. Es gab praktisch alles, außer einer Kneipe. Ein Arbeiter schrieb dem englischen Reformer William Thomas Stead (1849–1912), Autor von „If Christ Came to Chicago", und analysierte die Position der Bewohner von Pullman folgendermaßen:

> The residents in the city [...] ‚paid rent to the Pullman Company, they bought the gas from the Pullman Company, they paid water-tax to the Pullman Company. Indeed, even when they bought gingham for their wives of sugar for their tables at the arcade or the markethouse, it seemed dealing with the Company. They sent their children to Pullman's school, attended Pullman's church, looked at but dared not to enter Pullman's hotel with its private bar, for that was the limit.'[130]

Die einschüchternde Wirkung der Omnipräsenz von Pullman im Leben seiner Arbeiter war das wohl größte Manko in Pullmans Idee. In seinem Bestreben, eine anständige Umwelt zu kreieren, machte Pullman seine eigenen Vorstellungen und Wünsche zum Maßstab des Lebens seiner Mitarbeiter. Mit ihren sauberen und breiten Straßen, ihren Parks und Modellwohnungen war Pullman anderen Industriestädten um Längen voraus. Doch Pullman erwartete auch finanziellen

---

128 Miller, Donald L. City of the Century: The Epic of Chicago and the Making of America. New York: Simon & Schuster, 1996, S. 236. Adams, Sean Patrick. An Uneasy Truce: Worker Responses to Pullman's Model Town, 1880–1894. Madison, WI: University of Wisconsin Press, 1992, S. 19. Buder, Stanley. Pullman: An Experiment in Industrial Order and Community Planning, 1880–1930. New York: Oxford University Press, 1967, S. 40.
129 Cutler, Irving. Chicago: Metropolis of the Mid-Continent. Carbondale, IL: Southern Illinois University Press, 2006, S. 132. [Anonymous]. The Story of Pullman. Chicago, IL: Blakely & Rogers, 1892, S. 32f.
130 Stead, William Thomas. If Christ Came to Chicago! A Plea for the Union of All Who Love in the Service of All Who Suffer. London: Pub. at the Office of "The Review of Reviews", 1894, S. 77.

Gewinn. Er hoffte auf eine Gewinnrate von sechs Prozent im Jahr, weshalb die Mieten in seiner Stadt deutlich höher waren als anderswo. Der Kauf der Häuser war nicht vorgesehen. George Pullman weigerte sich „[to...] sell an acre under any circumstances."[131] Er wollte die vollkommene Kontrolle über seine Stadt nicht hergeben, weil er so über das Instrument der Wohnungskündigung Störenfriede und Revoluzzer fernhalten wollte.[132] Die erstaunten Besucher der Stadt übersahen schnell, dass der Ort für seine Bewohner so etwas wie einen goldenen Käfig darstellte.[133]

Als Gewerkschaftsmitglieder ein Treffen in Pullman organisieren wollten, wurden sie von Spitzeln der Geschäftsleitung überwacht. Der junge, 1879 in Heidelberg promovierte Wirtschaftswissenschaftler und Progressive Richard T. Ely (1854–1943) traf den Nagel auf den Kopf als er 1884 bemerkte:

> In looking over all the facts of the case, the conclusion is unavoidable that the idea of Pullman is un-American. [...] It is benevolent, well-wishing feudalism, which desires the happiness of the people, but in such way as shall please the authorities.[134]

Auch in einigen Textilstädten des Südens wurde eine Art von kapitalistischem Paternalismus durchgesetzt.[135]

Diese weitgehend namen- und gesichtslosen Unternehmensstädte wiesen Geschäfte, Kirchen, Schulen und Häuser im Besitz des Unternehmens auf. Soziale Kontrolle wurde so auf allen Ebenen ausgeübt. Die Beschäftigten erhielten keinen Lohn, sondern „Scrip", eine Art Privatwährung, die nur in den Geschäften des Unternehmens eingelöst werden konnte. Da jegliche Konkurrenz fehlte, lagen die Preise deutlich über dem Durchschnittsniveau, was zu Schulden führte, wodurch die Arbeiter – dem Crop-Lien-System des Südens nicht unähnlich – zum virtuellen Inventar des Unternehmens wurden. Gegen Ende des 19. Jahrhunderts lebten 92 Prozent der Textilarbeiterfamilien im Süden in solchen Unternehmensstäd-

---

131 Lindsey, Almont. The Pullman Strike: The Story of a Unique Experiment and of a Great Labor Upheaval. Chicago, IL: University of Chicago Press, 1964, S. 66.
132 Monti, Daniel J. Race, Redevelopment, and the New Company Town. Albany, NY: State University of New York Press, 1990, S. 12.
133 Buder, Pullman, S. 99.
134 Horn, Steven Edward. Property and Democracy: Authority in Four American Property-Rights Regimes. Ann Arbor, MI: Dissertation an der University of Southern California, Los Angeles, CA, 2008, S. 134. Lindsey, Almont. The Pullman Strike: The Story of a Unique Experiment and of a Great Labor Upheaval. Chicago, IL: University of Chicago Press, 1964, S. 86.
135 Garner, John S. The Company Town: Architecture and Society in the Early Industrial Age. New York: Oxford University Press, 1992, S. 144.

ten.[136] Derartige Städte gab es in allen Staaten südlich der Mason-Dixon-Line, jedoch bildeten die Staaten Georgia und South Carolina das Zentrum.

Diese Unternehmensstädte stellen das dramatischte Beispiel dafür dar, wie traditionelle Formen der Arbeit wie die Sklaverei die klassische Lohnarbeit überformten und veränderten. Der „doppelt freie Lohnarbeiter" (Karl Marx) – frei von Produktionsmitteln und frei seine Arbeit wohlfeil zu verkaufen – war hier eine Illusion. Die interne Kolonisierung des Südens hatte eine Arbeitsorganisation mit sich gebracht, die in der Geschichte des Industriekapitalismus einzigartig war.

6.5 *Critical Juncture:* Die Arbeiterbewegung im Spannungsfeld von Klassenkampf und Sozialpartnerschaft

Die organisierte Arbeiterbewegung war keine Erfindung des *Gilded Age*. Seit der Kolonialzeit hatten sich Facharbeiter in Gewerkschaften zusammengeschlossen. 1866 hatte William H. Sylvis (1828–1869), ein Eisengießer aus Philadelphia, die *National Labor Union* gegründet, die alle Facharbeiter einschließen sollte. Sie bestand nur bis 1874, im Wesentlichen, weil die Gewerkschaft sich sehr stark in der Währungspolitik der Zeit engagierte und erfolglos versuchte, an Wahlen teilzunehmen.[137] Hinzu kam, dass die Mechanisierung auch die Facharbeiter bedrohte, weil ihre Arbeit billiger und besser von angelernten Kräften unter Einsatz von Maschinen bewerkstelligt werden konnte. Viele der alten Facharbeitergewerkschaften der 1860er Jahre verschwanden so oder wurden von Managern und Unternehmern vehement bekämpft. Sicherlich trug zu den Problemen der Gewerkschaften auch bei, dass sie sich lokal – also auf Ebene des einzelnen Betriebs – organisierten, während die Produktion in zunehmenden Maße in verschiedenen vertikal oder horizontal integrierten Betrieben organisiert wurde.[138]

Im späten 19. Jahrhundert hatten auch die Facharbeiter weitgehend die Kontrolle über ihre Arbeitsprozesse verloren. Der einzelne Arbeiter sah sich der anonymen Maschinerie des Industriekapitalismus gegenüber. Arbeit verlor ihre humanistische Konnotation, die sie in der Produzentenethik (producerism) des

---

136 Green, Hardy. The Company Town: The Industrial Edens and Satanic Mills That Shaped the American Economy. New York: Basic Books, 2010, S. 97.
137 Einen biographischen Abriss des Lebens von Sylvis gibt Sylvis, James C. The Life, Speeches, Labors and Essays of William H. Sylvis: Late President of the Iron-Moulders' International Union; and also of the National Labor Union. Philadelphia, PA: Claxton, Remsen & Haffelfinger, 1872, S. 1–94.
138 Whitten, David O. und Whitten, Bessie E. The Birth of Big Business in the United States, 1860–1914: Commercial, Extractive, and Industrial Enterprise. Westport, CT: Praeger, 2006, S. 16.

frühen 19. Jahrhunderts noch gehabt hatte.¹³⁹ Es waren zuallererst die Abwehrkämpfe gegen diese Form der Nivellierung der Arbeit, die Arbeiter dazu bewegte, sich in größeren Verbänden zusammenzuschließen, wobei Gewerkschaften nur einen Teil dieser Verbände ausmachten. Reformbewegungen und alternative Parteien versuchten ebenfalls, sich dem Vordringen des Kapitalismus entgegenzustemmen.

Ein 23-jähriger Maschinenschlosser aus New York, der seinen Beruf seit neun Jahren ausübte, beschrieb 1883 vor einer Senatskommission, wie sich sein Arbeitsleben verändert hatte:

> The trade has been subdivided and those subdivisions have been again subdivided, so that a man never learns the machinist's trade now. Ten years ago he learned, not the whole trade, but a fair portion of it. Also, there is more machinery used in the business, which again makes machinery. In the case of making the sewing machine, for instance, you find that the trade is so subdivided that a man is not considered a machinist at all. Hence it is merely laborers' work and it is laborers that work that branch of our trade.¹⁴⁰

Der junge Maschinenschlosser hatte klar erkannt, welche Kräfte hier am Werk waren. Berufe, die eine Ausbildung voraussetzten, waren immer weiter mechanisiert worden. Qualifizierte Arbeit war durch unqualifizierte Arbeit ersetzt worden. Der Konkurrenzdruck brachte Unternehmer wie Andrew Carnegie dazu, die Kosten immer weiter zu senken – dies geschah meistens in der Form der Einführung neuer, arbeitssparender Maschinen. Löhne für Facharbeiter konnten auf diese Weise abgesenkt werden. Die alte Arbeiterschaft übte immer weniger Kontrolle über die Arbeitsabläufe aus.

Der Verlust der Unabhängigkeit kollidierte mit dem tiefsitzenden Glauben amerikanischer Arbeiter an den Individualismus. Abhängige Arbeit sollte nur eine Übergangstätigkeit bis zur Etablierung eines eigenen Geschäfts oder Betriebs sein. Der *self-made man* entstand als Trope in den 1840er Jahren, bewahrte aber seine

---

139 Finzsch, Konsolidierung und Dissens, S. 302–304. Ohrem, Dominik. „American Knights in Buckskin": Das Männlichkeitsdispositiv der *frontier* und Narrative der Nationsbildung in den USA des 19. und frühen 20. Jahrhunderts. Kleinau, Elke, Schulz, Dirk und Völker, Susanne (Hg.). Gender in Bewegung: Aktuelle Spannungsfelder der Gender und Queer Studies. Bielefeld: transcript, 2013, S. 289–306, S. 295. Rosanne Currarino unterscheidet zwischen verschiedenen Formen des Producerism und macht deutlich, dass die „ältere" Form des *proprietary producerism* der 1840er und 1850er Jahre nach 1873 durch eine neuere Form abgelöst wurde. Currarino, Rosanne. The Labor Question in America: Economic Democracy in the Gilded Age. Urbana, IL: University of Illinois Press, 2011, S. 12–16.
140 United States, Congress, Senate und Committee on Education and Labor. Report of the Committee of the Senate upon the Relations between Labor and Capital. Washington, DC: Government Printing Office, 1885, 4 Bände, Band 1, S. 755.

diskursive Dominanz bis zum Ende des Jahrhunderts.[141] Mit dem Aufstieg der Großindustrie wuchs der Kapitalbedarf, den man zur Gründung eines eigenen Betriebes benötigte, und damit wurde es für die meisten Amerikaner unmöglich, ein eigenes Unternehmen zu gründen.[142]

Derselbe Arbeiter drückte seine wachsende Desillusionierung vom amerikanischen Traum aus. Auf die Frage, ob seine Kollegen jemals erwarten könnten, selbst Unternehmer zu werden, sagte er: „[...] speaking generally, there is no chance. They have lost all desire to become bosses now. [...] the trade has become demoralized. First they earn so small wages; and, next, it takes so much capital to become a boss now that they cannot think of it, because it takes all they can earn to live.[143]

Die Ränge der Lohnarbeiter, die nach Stücklohn oder nach Stundenlohn bezahlt wurden, stiegen im gleichen Maße, wie die Zahl der Großbetriebe zunahm. 1870 bestand schon die Hälfte der amerikanischen Arbeiterklasse („gainfully employed") aus Lohnarbeitern. Die Zahl der nicht im Agrarsektor arbeitenden Lohnarbeiter und Lohnarbeiterinnen stieg nach 1870 mehr als doppelt so

---

141 Zur diskursiven Durchschlagskraft der Trope für die Arbeiterschaft siehe Catano, James V. Ragged Dicks: Masculinity, Steel, and the Rhetoric of the Self-Made Man. Carbondale, IL: Southern Illinois University Press, 2001, S. 121–151. An Quellen erwähne ich hier nur eine kleine repräsentative Auswahl. Chubbuck, Emily. Allen Lucas, the Self-Made Man. New York: Lewis Colby & Co, 1847. Judson, Emily C. Allen Lucas: The Self-Made Man. Utica, NY: Bennett, Backus, & Hawley, 1844. Cleveland, Grover. The Self-Made Man in American Life. New York: T.Y. Crowell, 1897. Howard, Horatio P. A Self-Made Man, Capt. Paul Cuffee. [New York: 1913?]. McClelland, Margaret Grenaway. A Self-Made Man. Philadelphia, PA: Lippincott Company, 1887. Sibley, John Langdon und Morison, John Hopkins. A Remarkable Self-Made Man. Cambridge MA: J. Wilson and Sons, 1886. Anderson, William. Self-Made Men. London: J. Snow, 1865. [Anonymous]. The United States Biographical Dictionary and Portrait Gallery of Eminent and Self-Made Men. Chicago, IL, New York: American Biographical Publishing Company, 1875. Chamberlain, J. S. Success or, The Triumphs and Achievements of Self-Made Men. Chicago, IL: Merchants' Specialty Co, 1891. Craig, Adam. Room at the Top, or, How to Reach Success, Happiness, Fame and Fortune: With Biographical Notices of Successful, Self-Made Men, Who Have Risen from Obscurity to Fame... Also, Rules for Behavior in Society. Augusta, ME: True, 1884. Farningham, Marianne. New World Heroes: Lincoln and Garfield. The Life-Story of Two Self-Made Men, Whom the People Made Presidents. London: W. Scott, 1884. Seymour, Charles C. B. Self-Made Men. New York: Harper & Bros, 1858. Stowe, Harriet Beecher, Stowe, Charles Edward und Munroe, Kirk. The Lives and Deeds of Our Self-Made Men. Boston, MA: Estes and Lauriat, 1889. Siehe auch die vergleichende Dissertation von Reick, Philipp. „Labor is Not a Commodity": Contested Working Class Discourse and the Movement to Shorten the Workday in Berlin and New York City in the Late 1860s and Early 1870s. Berlin: Freie Universität, 2015.
142 United States; Congress; Senate; Committee on Education and Labor. Report of the Committee of the Senate upon the Relations between Labor and Capital, Band 1, S. 756.
143 United States; Congress; Senate; Committee on Education and Labor, S. 756 f.

schnell wie die Gesamtbevölkerung. 1870 gab es 35,9 Prozent männliche Industriearbeiter, 1900 waren es 48,3 Prozent der Beschäftigten.[144] Die Vereinigten Staaten, einst eine Gesellschaft kleiner Ladenbesitzer, Handwerker und Bauern, hatten sich in eine Nation von Aktiengesellschaften und Lohnarbeit verwandelt.

Für Facharbeiter, die Genugtuung und Stolz aus ihrer Arbeit schöpften, bedeutete der Verlust ihrer Facharbeiterposition vor allem den Verlust der Kontrolle über den Produktionsprozess. Aus dem Gefühl der Machtlosigkeit entstand der Drang zu kollektivem Widerstand. Alleine, so viel war klar, hatte der Facharbeiter keine Chance, sich den Tendenzen der Nivellierung zu widersetzen. Zusammen, so hofften Etliche, könne man die verloren gegangene Kontrolle zurückgewinnen. Der New Yorker Maschinenschlosser hatte auch hier keine Illusionen. Für ihn gab es nur eine Lösung: die Abschaffung des Privateigentums an Produktionsmitteln.[145]

Der große Eisenbahnstreik von 1877 belebte die Gründung von Gewerkschaftsorganisationen in den USA. Die *Knights of Labor* (KoL), die erste Massenorganisation der amerikanischen Arbeiterschaft, profitierte am meisten von der gestiegenen Bereitschaft der arbeitenden Menschen, sich zu organisieren. Der *Noble and Holy Order of the Knights of Labor* war 1869 von Uriah Smith Stephens (1821–1882), einem Stoffzuschneider aus Philadelphia gegründet worden. Smith war außerdem Freimaurer und einige der Sitten und Gebräuche der KoL stammten aus dem Umfeld der im 19. Jahrhundert allgegenwärtigen geheimen Bruderschaften. Wie die Freimaurer waren die KoL ein Geheimorden, allerdings hatten sie friedliche Ziele und imaginierten eine weltweite Bruderschaft aller Arbeitenden, vom einfachen Lohnarbeiter bis zum Handwerksmeister, vom Textilarbeiter in Massachusetts zum Stahlkocher in Georgia.[146] Obwohl die KoL keine prominente Rolle im Eisenbahnstreik von 1877 gespielt hatten, erlebten sie in seinem Gefolge einen sagenhaften Zulauf von Mitgliedern. 1878 wurde die Verpflichtung zur Geheimhaltung abgeschafft. Gleichzeitig begann eine offensive Werbekam-

---

144 Montgomery, The Fall of the House of Labor, S. 49.
145 United States; Congress; Senate; Committee on Education and Labor. Report of the Committee of the Senate upon the Relations between Labor and Capital, Band 1, S. 760.
146 Weir, Robert E. Beyond Labor's Veil: The Culture of the Knights of Labor. University Park, PA: Pennsylvania State University Press, 1996, S. 22–25. Milano, Kenneth W. Hidden History of Kensington & Fishtown. Charleston, SC: History Press, 2010, S. 63–66. Die klassische Studie zu den Knights of Labor ist immer noch Fink, Leon. Workingmen's Democracy: The Knights of Labor and American Politics. Urbana, IL: University of Illinois Press, 1983. Zur Arbeit der KoL im Süden siehe Hild, Matthew. Greenbackers, Knights of Labor, and Populists: Farmer-Labor Insurgency in the Late-Nineteenth-Century South. Athens,GA: University of Georgia Press, 2007.

pagne für die *Knights*, die Arbeiter und Arbeiterinnen, gelernte und ungelernte, Immigrantinnen und Immigranten miteinschloss.

Unter ihrem Vorsitzenden, dem *Grand Master Workman* Terence Vincent Powderly, wurden die KoL zur wichtigsten Arbeiterorganisation der 1880er Jahre.[147] Die Gewerkschaft wuchs innerhalb weniger Jahre von 1881 (wenige tausend Mitglieder) zu einer Mitgliederzahl von 700.000 Menschen.[148] Die KoL forderten – eine demokratische Organisation der Arbeiter und Arbeiterinnen in Kooperativen, freien Zugang zum Land, die Überführung der Eisenbahn in Staatseigentum, gleiche Bezahlung für Frauen, die Einführung einer Einkommenssteuer und die Abschaffung der Kinderarbeit. Klassengrenzen sollten abgeschafft werden, weshalb auch Unternehmer den KoL beitreten konnten – wenn auch „Parasiten" wie Bankiers, Spekulanten, Spieler, Rechtsanwälte und Schnapshändler von den KoL ausgeschlossen blieben.[149] „I hate the word ‚class' and would drive it from the English language if I could", stellte Powderly fest.[150] Gekoppelt wurde die „Klassenanalyse" der Opposition von produktiven Menschen einschließlich Unternehmern und „Parasiten", zu denen später noch die Immigranten und Immigrantinnen kommen sollten, mit einer ökonomischen Theorie, die weder die Kapitalakkumulation noch den Begriff des Mehrwerts kannte.[151] Konsequenter-

---

[147] Dieser Titel stammte noch aus dem Umfeld der Freimaurerbünde, die für die KoL Pate gestanden hatten. Phelan, Craig. Grand Master Workman: Terence Powderly and the Knights of Labor. Westport, CT: Greenwood Press, 2000. Atwood, Henry Clinton. The Master Workman: Or, True Masonic Guide: Containing Elucidations of the Fundamental Principles of Free-Masonry, Operative and Speculative – Morally and Beneficially: With Embellishments and Explanations of All the Degrees of the Blue, Or Symbolic Lodge, Chapter, Council, Encampment, Consistory, and Supreme Grand Council, Designed and Properly Arranged Agreeably to the Mode of Work and Lecturing. Also, a Complete Classification of the Various Rites to Wit: the Egyptian, Scottish, French, Ancient and Modern York. New York: Simons & Macoy, 1850. Falzone, Vincent J. Terence V. Powderly: Middle Class Reformer. Washington, DC: University Press of America, 1978. Powderly, Terence Vincent. Thirty Years of Labor, 1859–1889. New York: A. M. Kelley, 1967.
[148] Wheeler, Hoyt N. The Future of the American Labor Movement. Cambridge, New York: Cambridge University Press, 2002, S. 91.
[149] Fink, Workingmen's Democracy, S. 9. Gerteis, Joseph. Class and the Color Line: Interracial Class Coalition in the Knights of Labor and the Populist Movement. Durham, NC: Duke University Press, 2007. Hild, Matthew. Greenbackers, Knights of Labor, and Populists: Farmer-Labor Insurgency in the Late-Nineteenth-Century South. Athens, GA: University of Georgia Press, 2007. Voss, Kim. The Making of American Exceptionalism: The Knights of Labor and Class Formation in the Nineteenth Century. Ithaca, NY: Cornell University Press, 1993.Weir, Robert E. Beyond Labor's Veil: The Culture of the Knights of Labor. University Park, PA: Pennsylvania State University Press, 1996.
[150] Burke, Martin J. The Conundrum of Class: Public Discourse on the Social Order in America. Chicago, IL: University of Chicago Press, 1995, S. 243, FN 7.
[151] Fink, Workingmen's Democracy, S. 6f.

weise versuchten die KoL Streiks zu verhindern. Powderly sah in den Streiks ein Relikt der Barbarei.¹⁵² Er befürwortete Schlichtungsentscheidungen und die Waffe seiner Wahl sollte der Boykott sein. Da er aber nicht alle *locals* der KoL kontrollieren konnte, kam es doch immer wieder zu Streiks unter Beteiligung der *Knights*, darunter zwei erfolgreiche Streiks gegen die Eisenbahnlinien unter der Kontrolle Jay Goulds im Jahre 1885.¹⁵³ Trotz der Zurückhaltung in der Zentrale der KoL entwickelte sich die Organisation schnell zu einer militanten Gewerkschaft, die aus allen Teilen der Gesellschaft Zulauf bekam.

Die *Knights of Labor* hatten aber durchaus Konkurrenz. Andere Gewerkschaften widersetzten sich den breiten Reformzielen der KoL und setzten sich für pragmatische Verbesserungen am Arbeitsplatz ein. Samuel Gompers, ein in London geborener Zigarrenmacher aus einer jüdisch-niederländischen Familie, unterstützte, was er „pure and simple unionism" nannte.¹⁵⁴ Gompers gründete 1881 die *Federation of Organized Trades and Labor Unions* in 1881 und reorganisierte diesen Verband 1886 als *American Federation of Labor* (AFL), einer Dachorganisation der Gewerkschaften in den Vereinigten Staaten. Sein Plan klang einfach: Organisiere die Facharbeiterschaft, weil die die höchste Durchsetzungsfähigkeit hat, und setze dich in Streiks für die Verbesserung der Arbeitsbedingungen und höhere Löhne in einzelnen Unternehmen ein. Dabei sollten die Einzelgewerkschaften autonom bleiben, d.h., sie entscheiden u. a. darüber, wer ihnen als Mitglied beitreten durfte. Dies führte in der Praxis zu einem Ausschluss von Frauen und *African Americans* aus vielen Einzelgewerkschaften. Gompers „Brot-und-Butter-Gewerkschaft" interessierte zunächst wenige arbeitende Menschen. 1886 hatte die AFL 138.000 Mitglieder – im Vergleich dazu hatten die KoL 730.000. Doch sorgte die weitere historische Entwicklung für den raschen Niedergang der *Knights* und den überraschenden Aufstieg der AFL.¹⁵⁵

---

152 Lens, Sidney. The Crisis of American Labor. New York: Sagamore Press, 1959, S. 64.
153 Reef, Working in America, S. 150. Brenner, Aaron, Day, Benjamin und Ness, Immanuel. The Encyclopedia of Strikes in American History. Armonk, NY: M. E. Sharpe, 2009, S. XVIII.
154 Julie Greene kann zeigen, dass die *American Federation of Labor* weitaus politischer war, als Gompers dies darstellte. Greene, Julie. Pure and Simple Politics: The American Federation of Labor and Political Activism, 1881–1917. Cambridge, New York: Cambridge University Press, 1998, S. 3, 60.
155 Gompers, Samuel. Attitude of Labor towards Government Regulation of Industry. Annals of the American Academy of Political and Social Science 32 (1908):75–81. Ders. Free Speech and the Injunction Order. Annals of the American Academy of Political and Social Science 36, no. 2 (1910):1–10. Ders. The Labor Movement and Peace. The Advocate of Peace (1894–1920) 67, no. 1 (1905):12–13. Ders. The Limitations of Conciliation and Arbitration. Annals of the American Academy of Political and Social Science 20 (1902):29–34. Ders. Organized Labor in the Campaign. The North American Review 155, no. 428 (1892):91–96. Ders. Organized Labor's Attitude Toward

Während die KoL und der AFL sich gegenseitig die Mitglieder abspenstig machten – wobei die AFL am Ende siegen sollte – arbeiteten radikale Sozialisten und Anarchisten am Rande des linken politischen Spektrums an weitergehenden Zielen. Die Radikalen bestanden zum überwiegenden Teil aus europäischen Zuwanderungsländern, in denen der europäische Sozialismus mit seiner Betonung der revolutionären Methode prononciert vertreten war.[156] Die Anarchisten hatten Ähnliches im Sinn, wollten aber in der revolutionären Situation auch noch gleich den Staat abschaffen.[157] Beide Gruppen, die sich dem Vorwurf ausgesetzt sahen, sie zögen revolutionäre Rhetorik praktischen Verbesserungen vor, unterstützten die sehr populäre und auch von der AFL geforderte Einführung des Achtstundentags.[158]

Seit den 1840er Jahren hatte die Arbeiterschaft versucht, den allgemein üblichen Zwölfstundentag abzuschaffen. Für den Schlosser und Begründer der *Grand Eight Hour League of Massachusetts*, Ira Steward (1831–1883), bedeutete der verkürzte Arbeitstag nicht nur die Verfügung über mehr Freizeit, sondern auch die Möglichkeit zur Bildung und damit der Ausweg „[...] from slavery and ignorance."[159] Um die Mitte der 1880er Jahre wurde deutlich, dass die Schere zwischen Gewinnen und Löhnen immer größer wurde. Der Achtstundentag anstelle des inzwischen üblichen Zehnstundentags hätte in diesem Zusammenhang auch eine indirekte Lohnerhöhung mit sich bringen können.[160] Die radikalen Sozialisten und Anarchisten setzten sich mit Vehemenz für die Reduktion der Arbeitszeit bei vollem Lohnausgleich ein. Man einigte sich darauf, am 1. Mai 1886 einen nationalen Generalstreik auszurufen, um den Achtstundentag durchzu-

---

Child Labor. In. Annals of the American Academy of Political and Social Science 27 (1906):79–83. Ders. The Peace Crusade in Boston. Organized Labor's Contribution to International Peace. The Advocate of Peace (1894–1920) 61, no. 5 (1899):110–112. Miles, Nelson A., Hampton, Wade, Robinson, Harry P. und Gompers, Samuel. The Lesson of the Recent Strikes. The North American Review 159, no. 453 (1894):180–206.

156 Addams, Jane. Twenty Years at Hull-House: With Autobiographical Notes. New York, Toronto: Signet Classic, 1960, S. 135.

157 Eltzbacher, Paul. Anarchism. New York, London: Benj. R. Tucker. A.C. Fifield, 1908, S. 31–36, 72–80, 100–106, 121–127, 149–159, 276–280. Addams, Twenty Years at Hull-House, S. 135.

158 Haverty-Stacke, Donna T. America's Forgotten Holiday: May Day and Nationalism, 1867–1960. New York: New York University Press, 2009, S. 11–24.

159 Bauer, Stephan und Maylander, Alfred. The Road to the Eight-Hour Day. In. Monthly Labor Review. 1919 Aug 1; 9 (2):41–65.

160 Roediger, David R. und Foner, Philip Sheldon. Our Own Time: A History of American Labor and the Working Day. London, New York: Verso, 1989, S. 123–144.

setzen.¹⁶¹ 350.000 Arbeiter (und wenige Arbeiterinnen) beteiligten sich an diesem Streik, der in der Forschung als „the Great Upheaval" behandelt wird.¹⁶² In der Folge kam es zu mehr als 1.400 einzelnen Streiks, so dass sich sogar Friedrich Engels beeindruckt zeigte.¹⁶³

Alle Fraktionen der Arbeiterbewegung kamen am 1. Mai 1886 in Chicago zusammen, um die bisher größte Kundgebung für die Einführung des Achtstundentags zu veranstalten. Auch die *Knights of Labor* nahmen an dieser Demonstration teil, obwohl Powderly und die Führungsgruppe um ihn herum sich an Veranstaltungen für die Verkürzung der Arbeitszeit nicht einsetzen wollten, weil sie eine Radikalisierung der Bewegung befürchteten. Eine Gruppe von Anarchisten unter Führung von Albert Richard Parsons (1848–1887) und August Vincent Theodor Spies (1855–1887), ein in Hessen geborener Immigrant, gelernter Polsterer und Journalist, führten die Achtstundenbewegung in Chicago an. Ihre revolutionäre Rhetorik versetzte die besitzenden Klassen in Panik.¹⁶⁴ Unterstützt wurden sie von dem kürzlich aus Deutschland eingereisten Johann Most (1846–1906), einem ehemaligen sozialdemokratischen Reichstagsabgeordneten, der sich von der Sozialdemokratie losgelöst hatte und nun zum Anarchismus tendierte. Samuel Gompers war ebenfalls anwesend, um die Gewerkschaften in Chicago zu mobilisieren, obwohl er sich privat reserviert zeigte.¹⁶⁵ Seine Facharbeiter waren Teil der Arbeiterelite und etliche von ihnen arbeiteten noch in kleinen Betrieben oder Werkstätten, in denen die Beziehungen von Arbeitern zur Betriebsleitung durch persönliche Bekanntschaft geprägt waren. In ihren schwarzen Anzügen und gestärkten Hemden standen sie im scharfen Kontrast zur Masse der Streikenden in McCormicks riesiger Landmaschinenfabrik. Es kam zu Auseinandersetzungen mit Streikbrechern vor den Toren der McCormick-Werke und Polizei und Pinkerton-Detektive beschützten die Streikbrecher. 1885 hatte McCormick eine Lohnsenkung zurücknehmen müssen, weil seine Arbeiter gestreikt hatten und die Geschäftsleitung unter Führung von Cyrus Hall McCormick Jr. (1859–1936) war entschlossen, die Macht der Gewerkschaften im folgenden

---

161 Im Untersuchungsbericht des Senats zum Verhältnis von Kapital und Arbeit aus dem Jahr 1883 wiesen die Zeugen immer wieder auf die Notwendigkeit des Achtstundentags hin. United States; Congress; Senate; Committee on Education and Labor. Report of the Committee of the Senate upon the Relations between Labor and Capital, Band 1, S. 295–301, 328–333, 459, 461.
162 Green, James R. Death in the Haymarket: A Story of Chicago, the First Labor Movement, and the Bombing that Divided Gilded Age America. New York: Pantheon Books, 2006, S. 145 f.
163 Sylvers, Malcolm. Marx, Engels und die USA – ein Forschungsprojekt über ein wenig beachtetes Thema. Internationale Marx-Engels-Stiftung. Marx-Engels-Jahrbuch 2004. Berlin: Akademie Verlag, 2005, S. 31–53, S. 47 f.
164 Horowitz, Irving Louis. The Anarchists. New Brunswick, NJ: Aldine Transaction, 2005, S. 423.
165 Avrich, The Haymarket Tragedy, S. 94.

Jahr zu brechen. Sie kaufte neue Maschinen, verhängte eine Aussperrung und setzte neue, ungelernte Arbeitskräfte ein, um die Gewerkschaftsmitglieder aus dem Betrieb zu drängen.[166]

Am 1. Mai 1886 demonstrierten 45.000 Arbeiter friedlich auf der Michigan Avenue, um ihre Unterstützung für den Achtstundentag zu bekunden. Viele stimmten ein Lied an, das die Ideen der Bewegung zum Ausdruck brachte.

> We mean to make things over; we're tired of toil for naught
> But bare enough to live on: never an hour for thought.
> We want to feel the sunshine; we want to smell the flowers;
> We're sure that God has willed it, and we mean to have eight hours.
> We're summoning our forces from shipyard, shop, and mill:
> Eight hours for work, eight hours for rest, eight hours for what we will![167]

Die Situation geriet außer Kontrolle, als am 3. Mai Streikende vor den Toren von McCormick die herangebrachten Streikbrecher angriffen und die Polizei auf die Arbeiter das Feuer eröffnete. Es gab mindestens zwei Tote und zahlreiche Verletzte. Die Radikalen forderten die Arbeiter auf, sich zu bewaffnen und sich zahlreich auf dem Haymarket Square zu versammeln.[168]

Die Demonstration am Abend des 4. Mai war schlecht besucht. Nicht mehr als 3.000 Arbeiter hatten sich im Nieselregen versammelt, um Spies, Parsons und andere Redner zu hören. Der Bürgermeister Carter Henry Harrison, Sr. (1825–1893), ein arbeiterfreundlicher demokratischer Politiker, besuchte die Demonstration und befand, die Versammlung sei friedlich. Wenig später ließ Captain John „Blackjack" Bonfield (1836–1898) von der Chicagoer Polizei, ein Mann der den Ruf genoss, hart gegen Arbeiter durchzugreifen, seine Männer gegen die Demonstranten vorgehen, die inzwischen auf eine Gruppe von 800 bis 1.000 Menschen zusammengeschmolzen waren.[169]

Plötzlich warf jemand eine Bombe zwischen die Polizeibeamten. Die Polizeikräfte begannen, auf die Demonstranten (und die eigenen Leute) zu schießen. Es ergab sich eine allgemeine Melée, alles war sehr unübersichtlich. Verwundete und Tote lagen auf der Straße. Sieben Polizisten und eine unbekannte Anzahl von

---

[166] Avrich, The Haymarket Tragedy, S. 188. Green, Death in the Haymarket, S. 148.
[167] Das Lied „Eight Hours" war 1878 von Rev. Jesse Henry Jones komponiert worden. Der Text stammte von I. G. Blanchard. Shrock, Joel. The Gilded Age. Westport, CT: Greenwood Press, 2004, S. 188–189.
[168] Avrich, The Haymarket Tragedy, S. 189 f. Green, Death in the Haymarket, S. 170 f.
[169] Avrich, The Haymarket Tragedy, S. 97 f. Green, Death in the Haymarket, S. 121–126.

Zivilisten wurden getötet. 67 Polizisten und etwa 30 Streikende wurden zum Teil schwer verletzt.[170]

Die Neuigkeiten vom „Haymarket Riot" erschütterten die Nation. Die Schuldigen schienen leicht auszumachen zu sein. Anarchisten, Radikale, Gewerkschaftsmitglieder, Streikende und Einwanderer wurden kollektiv zu Sündenböcken gemacht. Die nationale Hysterie war am deutlichsten In Chicago zu spüren. Die Polizei verhaftete Spies und andere Redner der Versammlung am Haymarket Square. Hunderte Radikale wurden ins Gefängnis geworfen. Keinem der Verhafteten konnte nachgewiesen werden, die Bombe geworfen zu haben. Acht von ihnen, mehrheitlich deutsche Einwanderer mit anarchistischen Überzeugungen, wurden wegen Mordes angeklagt und verurteilt.[171]

Der Justizminister des Staates Illinois Julius S. Grinnell (1842–1898), forderte „[... to] make examples of them, hang them, and you save our institutions."[172] Die Angeklagten wurden verurteilt, nicht, weil sie eine Bombe geworfen hatten, sondern weil sie ihre Ideen öffentlich propagiert hatten. Sie alle gehörten zum Umfeld der Arbeiter-Zeitung, eines anarchistischen Blattes aus Chicago. [173] Vier wurden gehängt, einer zog es vor, sich in der Zelle selbst zu töten, drei erhielten Gefängnisstrafen.[174] Unter dem Galgen sprach August Spies prophetische Worte: „The time will come when our silence will be more powerful than the voices you throttle today."[175]

Am 26. Juni 1893 begnadigte der Gouverneur des Staates Illinois John Peter Altgeld nach eingehender Beratung auch durch den deutschen Arbeiterführer George Schilling die drei noch lebenden Gefangenen.[176] Er verurteilte das Gerichtsverfahren als einen Schauprozess und schloss „Captain Bonfield is the man

---

170 Avrich, The Haymarket Tragedy, S. XI. Green, Death in the Haymarket, S. 5.
171 Green, Death in the Haymarket, S. 121–126.
172 Horowitz, The Anarchists, S. 433.
173 Margulies, Phillip und Rosaler, Maxine. The Devil on Trial: Witches, Anarchists, Atheists, Communists, and Terrorists in America's Courtrooms. Boston, MA: Houghton Mifflin Co, 2008, S. 29–69.
174 Albert Parsons, August Spies, George Engel (1836–1887) und Adolph Fischer (1858–1887) wurden erhängt. Louis Lingg (1864–1887) tötete sich in seiner Zelle mit einer Stange Dynamit. Oscar Neebe (1850–1916) wurde zu 15 Jahren Gefängnis verurteilt. Die Todesurteile gegen Michael Schwab (1853–1898) und Samuel Fielden (1847–1922) wurden von Gouverneur Richard James Oglesby in lebenslange Haft umgewandelt.
175 Green, Death in the Haymarket, S. 270.
176 Altgeld, John Peter. Reasons for Pardoning Fielden, Neebe and Schwab. Chicago: n.p., 1893. Keil, Hartmut und Jentz, John B. German Workers in Chicago: A Documentary History of Working-Class Culture from 1850 to World War I. Urbana, IL: University of Illinois Press, 1988, S. 104.

really responsible for the death of the police officers."[177] Diese juristisch und politisch einwandfreie Entscheidung kostete Altgeld die Karriere. Trotz der allgemeinen Entrüstung über Altgelds Entscheidung zögerte er keinen Moment. „If I decide they are innocent, I will pardon them, if I never hold office another day."[178] Er wurde in der Folge als „Kommunist" und „Gehilfe von Mördern" vor allem von Theodore Roosevelt denunziert.[179]

Die Haymarketbombe zeitigte langfristige Veränderungen. Für mehrere Jahrzehnte symbolisierte sie ein tiefsitzendes Misstrauen der amerikanischen Bevölkerung gegen die organisierte Arbeiterschaft. Gewerkschaften und politische Parteien links von den Demokraten wurden mit Gewalt, Terror und ausländischen Berufsrevolutionären gleichgesetzt. Der Journalist John Swinton (1829–1901) bezeichnete die Bombe als „[...] a godsend to all enemies of the labor movement."[180] Ihr fiel auch die Bewegung zur Einführung des Achtstundentags zum Opfer und die beendete den Aufstieg der *Knights of Labor*. Sie verloren den *Great Southwestern Railroad Strike* im Frühjahr 1886 gegen Jay Gould und erholten sich von diesem Rückschlag nie wieder.[181] Damit bot sich der *American Federation of Labor* eine historische Chance. Die vom Ausgang der Arbeitskämpfe enttäuschten Facharbeiter wendeten sich von den radikalen Kräften ab und organisierten sich rasch in der AFL. Unter Samuel Gompers stieg sie rasch zur wichtigsten Gewerkschaftsorganisation auf, die erst in den 1930er Jahren und unter den Bedingungen der Weltwirtschaftskrise durch den industriegewerkschaftlich organisierten *Congress of Industrial Organizations* (CIO) Konkurrenz bekam. Bis zu seinem Tod im Jahre 1924 arbeitete Gompers daran, die AFL zu einem disziplinierten Gewerkschaftsdachverband zu formen, der von der Unternehmerseite ernst genommen wurde. In Abkehr von den radikalen Forderungen der Gewerkschaften vor der *Haymarket Riot* vertrat die AFL gemäßigte und pragmatische Forderungen und erzielte praktische, aber begrenzte Erfolge. Höhere Löhne, kürzere Arbeitszeiten, die unter sparsamer Verwendung von Streiks und Boykotts erzielt werden konnten, schonten auch die Gewerkschaftskasse und erlaubten es,

---

177 Smith, Urban Disorder and the Shape of Belief, S. 171.
178 Browne, Waldo R. Altgeld of Illinois: A Record of His Life and Work. New York: B. W. Huebsch, 1924, S. 24.
179 Ferguson, Robert A. The Trial in American Life. Chicago: University of Chicago Press, 2007, S. 230. Altgeld, John Peter. Reply to Roosevelt. Being a Speech of Ex-Governor John Peter Altgeld, Delivered before the Ohio Association of Democratic Clubs of Toledo, August 1, 1900. [Toledo, OH: Eigenverlag?; 1900], S. 10–15.
180 Avrich, The Haymarket Tragedy, S. 429.
181 Case, Theresa Ann. The Great Southwest Railroad Strike and Free Labor. College Station, TX: Texas A&M University Press, 2010.

ein gewerkschaftseigenes Sozialprogramm aufzulegen. Dieser Pragmatismus und die erzielten Erfolge ließen die Mitgliederzahlen der AFL rapide ansteigen. 1898 hatte die Gewerkschaft ca. 250.000 Mitglieder, 1904 waren es über 1.500.000.[182]

Gompers vertraute nicht auf die Hilfe der Regierung. Er wies darauf hin, dass die Gerichte, der Gesetzgeber und die Exekutive auf Seiten der Unternehmer standen. Unter den politischen und ökonomischen Bedingungen der Zeit macht der Brot-und-Butter-Pragmatismus der AFL durchaus Sinn. Die Arbeiteraristokratie – die Facharbeiterschaft – konnte so ihre wirtschaftliche und politische Position verbessern. Der allergrößte Teil der rasch wachsenden ungelernten Arbeiter jedoch hatte wenig von Gompers *Pure and Simple*-Gewerkschaftspolitik. Die frontalen Angriffe der Regierung und der Unternehmer auf die frühe Gewerkschaftsbewegung im Nachgang des „Schicksalsjahrs" 1886 resultierten also in einem gewerkschaftlichen Pragmatismus, der auf die Minderheit der Facharbeiter als den Kern der Gewerkschaftsbewegung ausgerichtet war. Der Anteil dieser Facharbeiter nahm allerdings nach 1870 langsam ab.[183] Hinzu kam, dass die ethnische Komposition der Arbeiterschaft sich nach 1880 radikal veränderte. Vor 1880 war die *Labor Force* ethnisch relativ homogen gewesen: Es dominierten Arbeiter aus nordeuropäischen Ländern, von denen ein großer Prozentsatz Facharbeiter waren. Mit der „neuen Immigration" kamen jedoch Menschen aus Süd- und Osteuropa, aus China und mit der *Great Migration* nach 1890 auch *African Americans* auf der Suche nach Arbeit in die Industriestädte. Sie waren angelernte bzw. Hilfsarbeiter. Die Konzentration des AFL auf Facharbeiter des alten Typs führte zu einer großen Benachteiligung der ungelernten und Hilfsarbeiter in der Lohnentwicklung nach 1880.[184] Das hatte den positiven Verstärkereffekt, dass gelernte Arbeiter ihre Löhne und ihre Arbeitsbedingungen auf Kosten der ungelernten verbessern konnten. Dies stellte die Raison d'Être für die AFL dar, führte jedoch zur Spaltung der Arbeiterklasse in ethnische Gruppen, den weit gehenden Ausschluss der ungelernten Arbeiter und Arbeiterinnen aus der AFL. Das Prinzip der lokalen Gewerkschaftsorganisation anstelle der Industriegewerkschaften und der auf eine Verbesserung des Lebensstandards abzielende Pragmatismus der AFL erschwerten die Organisation einer Gewerkschaft, die alle Arbeiter, gleichgültig ob Männer oder Frauen, Weiße oder *African Americans*, im Land geborene

---

182 Robertson, David Brian. Capital, Labor, and State: The Battle for American Labor Markets from the Civil War to the New Deal. Lanham, MD: Rowman & Littlefield Publishers, 2000, S. 69.
183 1870: 20.5 Prozent; 1880: 17.6 Prozent; 1890: 19 Prozent; 1900: 17 Prozent. Dawson, Andrew. The Paradox of Dynamic Technological Change and the Labor Aristocracy in the United States, 1880–1914. Labor History. 1979; (20):325–351, S. 330f.
184 Greene, Julie. Pure and Simple Politics: The American Federation of Labor and Political Activism, 1881–1917. Cambridge, New York: Cambridge University Press, 1998, S. 21–23.

oder zugewanderte, zusammengeschlossen hätte. Stattdessen blieben die Radikalen unter sich, weitgehend zur Wirkungslosigkeit verdammt, während die AFL vor lauter Pragmatismus und Dünkel der Arbeiteraristokratie zu einem Verband wurde, der auch vor offen sexistischen und rassistischen Positionen nicht zurückschreckte.[185]

Vier Elemente eines Dispositivs kommen hier zusammen: alltägliche Praktiken des Ausschlusses, Diskurse der Minderwertigkeit und der Unangepasstheit, Institutionen, die diese Diskurse in Entscheidungen umsetzen (Nichtaufnahme von Hilfsarbeitern, Minderheiten und Frauen) und Gesetze, wie der *Chinese Exclusion Act*, die auf allen diesen Faktoren aufbauen und sie in einem *Feed-Back-Loop* verstärken. Hier liegt ein weiterer *Lock-in*-Effekt, der die Arbeiter- und Gewerkschaftsbewegung auf eine expansionistische und chauvinistische Generallinie vorbereitete, die in den Jahren nach 1893 an Akzeptanz gewinnen sollte. Auf der anderen Seite stand die Unfähigkeit oder der mangelnde Wille des politisch bewusstesten Teils der sozialistischen Bewegung, über ihre ethnischen Wurzeln hinauszugehen und Menschen zu organisieren, die Englisch als erste Sprache gelernt hatten. Die sektiererische *Socialist Labor Party* (SLP), 1876 gegründet, 1877 in SLP umbenannt, umfasste mehrheitlich deutsch-jüdische Einwanderer, darunter fast keine weiblichen Mitglieder, und war kulturell und sprachlich vom Rest der Arbeiterschaft vollkommen isoliert. Die SLP war auf New York konzentriert und versuchte dort, bei Wahlen ihre Kandidaten durchzubringen. In der Gewerkschaftsarbeit war die Partei nicht sonderlich erfolgreich, weil sie auf ihre eigene sozialistische Gewerkschaft, die *Socialist Trade and Labor Alliance* (gegr. 1895) setzte, während sie die AFL links liegen ließ.[186] Die AFL blieb demzufolge bis

---

[185] Greene, Julie. Pure and Simple Politics, S. 40 f. Stromquist, Shelton. United States of America. Linden, Marcel van der und Rojahn, Jürgen (Hg.). The Formation of Labour Movements, 1870–1914: An International Perspective. Leiden, New York: E.J. Brill, 1990, 2 Bände, Band 2: S. 543–578, S. 569. Zur Position von Frauen in der AFL siehe Nutter, Kathleen Banks. The Necessity of Organization: Mary Kenney O'Sullivan and Trade Unionism for Women, 1892–1912. New York: Garland Pub, 2000, S. XV–XXIV, 1–27.

[186] Socialist Labor Party. Proceedings of the National Convention of the Socialist Labor Party Held at Turner Hall, Allegheny City, PA, Commencing Dec. 26th, 1879. Detroit, MI: National Executive Committee of the Socialist Labor Party, 1880, S. 5–17. Der Text führt u. a. die fast ausnahmslos deutschsprachigen Zeitungen der Partei an. 1889 kam es zu einem ernsthaften Zerwürfnis zwischen den deutschen und den amerikanischen Parteimitgliedern der SLP in New York. Socialist Labor Party. Proceedings of the National Convention Held in Chicago, September 28, 1889. Cincinnati, OH: J. Willig, 1889, ohne Paginierung. De Leon, Daniel und Harriman, Job. The Socialist Trade and Labor Alliance versus the „Pure and Simple" Trade Union: A Debate Held at the Grand Opera House, New Haven, Conn., November 25, 1900, between Daniel De Leon Representing the Socialist Trade & Labor Alliance and the Socialist Labor Party, and Job Harriman Representing the „Pure and Simple" Trade Union and the Social Democratic Party. New York: New

1938 eine reine „Brot-und-Butter-Gewerkschaft", die ihrerseits nicht offen war für Immigranten und angelernte Kräfte. Diese Verzettelung der Kräfte sowie der Chauvinismus und Rassismus der AFL bewirkten einen weiteren *Lock-in*, als dessen Konsequenz Gompers und die AFL die territoriale Expansion der USA und ihre Auswirkungen akzeptierten. Sie wendeten sich jedoch energisch gegen jede Form der Annexion, weil sie den Zustrom chinesischer und anderer Arbeiter in die USA befürchteten.[187] Damit bereiteten sie auch jene Form des *Empire* vor, in der die Vereinigten Staaten keine formellen Kolonien erwarben, aber dennoch die Hegemonie über nicht auf dem nordamerikanischen Kontinentalsockel liegenden Territorien ausüben konnten.[188]

Die Ängste vor destruktiven sozialen Konflikten oder gar Revolten, in die die Arbeiterschaft in den 1870ern und 1880ern verwickelt sein könnten, führten zu einer Suche nach möglichen Reformen. Liberale, die zwar Sympathien für die Arbeiter hatten, sich aber gewaltsamen Lösungsansätzen widersetzten, suchten nach Formeln, die das Los der arbeitenden Menschen erleichtern könnten, doch Klassenkampf und Blutvergießen vermeiden sollten. Zwei Journalisten, Henry George (1839–1897) und Edward Bellamy (1850–1898), schlugen zwei Wege vor, wie dieses Ziel zu erreichen sein sollte. Beide Ansätze waren utopisch, was die Zeitgenossen aber nicht daran hinderte, beide Pläne mit sehr viel Aufmerksamkeit zur Kenntnis zu nehmen.

Der große Eisenbahnstreik von 1877 inspirierte den Journalisten Henry George aus San Francisco dazu, ein Buch zu schreiben, das sich bald zu einem Klassiker der politischen Ökonomie der USA entwickeln sollte. George kannte Armut aus seiner eigenen Biographie und hatte große Sympathien für Leute „von unten". Er veröffentlichte 1879 „Progress and Poverty" und widmete sein Buch „[t]o those who, seeing the vice and misery that spring from the unequal distribution of

---

York Labor News Company, 1900. Kipnis, Ira. The American Socialist Movement, 1897–1912. New York: Monthly Review Press, 1972, S. 19–22.
187 Davis, Horace B. American Labor and Imperialism prior to World War I. Science & Society. 1963 Jan 1; 27 (1):70–76.
188 Scipes, Kim. AFL-CIO's Secret War against Developing Country Workers: Solidarity or Sabotage? Lanham, MD: Lexington Books, 2010, S. 2. Kipnis, The American Socialist Movement, S. 297. Collomp, Cathérine. L'American Federation of Labor et la politique extèrieures des États-Unis: De l'antiimpèrialism á la coopèration idèologique. Ricard, Serge und Bolner, James. La République impérialiste: L'expansionnisme et la politique extérieure des Etats-Unis, 1885–1909. Études et Documents. Aix-en-Provence: Université de Provence, 1987, S. 181–193. Man sollte der Fairness halber bemerken, dass auch die Mehrzahl der amerikanischen Sozialisten den Krieg mit Spanien 1898 befürwortete. Quint, Howard H. American Socialists and the Spanish-American War. American Quarterly. 1958 Jul 1; 10 (2):131–141.

wealth and privilege, feel the possibility of a higher social state and would strive for its attainment."[189]

In seiner Untersuchung erörterte ein Paradox des amerikanischen Lebens: Wie kann es in einem so reichen Land so viel Ungleichheit geben? Kalifornien war ein Paradebeispiel dafür, wie der Einfluss der Monopole anwuchs, wie das Land von großen Gesellschaften aufgekauft wurde und als Spekulationsmasse verkauft wurde. In „Progress and Poverty" entwickelte er eine wirtschaftswissenschaftliche Theorie, die die Verknappung von Land als Ursache für die Armut der Mehrheit verantwortlich machte. Landspekulanten – so George – trugen nichts zur Wirtschaft bei und erzielten dennoch riesige Profite.[190]

Als Panazee für dieses Problem empfahl er eine Steuer auf brachliegendes Land. Eine prohibitive Steuer, die *Single Tax,* sollte die Spekulation unterbinden und damit auch Armut mit Stumpf und Stiel ausrotten. Industriearbeiter würden sich wieder auf dem nun billigen Land niederlassen. Die Löhne für Arbeiter würden durch die Verknappung der industriellen Reservearmee steigen. Die Sicherheit des Arbeitsplatzes würde zunehmen. Die Regierung würde letztlich überflüssig bzw. stark reduziert. Das Ende der Korruption wäre absehbar. Ein ganzes Kapitel seines Bestsellers widmete George der Frage, wie das Leben nach der Verabschiedung der *Single Tax* wohl aussehen werde.[191] Um deutlich zu machen, dass es Handlungsbedarf gebe, endete sein Buch mit einem apokalyptischen Kapitel, das ausmalte, was passiere, wenn nichts unternommen werde, um die Armut zu beenden.[192] Allgemeine Armut, Seuchen und Revolution seien im gegenwärtigen System unvermeidlich.[193]

Seine *Single Tax* öffne einen Ausweg aus dem Klassenkampf. In Georges Ansicht gab es keine Feindschaft zwischen ehrlichen Arbeitern und fleißigen Kapitalisten. Der wirkliche Bösewicht war der gierige Landspekulant. Dank der *Single Tax* könne man dieser Gruppe nun den Garaus machen. Georges Botschaft fand offene Ohren. Der Text erlebte eine millionenfache Verbreitung. Ganze Generationen von Reformern im In- und Ausland bezogen sich auf Henry George.

---

189 George, Henry. Progress and Poverty: An Inquiry into the Cause of Industrial Depressions, and of Increase of Want with Increase of Wealth. The Remedy. San Francisco, CA: W. M. Hinton & Co., printers, 1879, S. V. Die verschiedenen Ausgaben des Textes unterscheiden sich sehr. Die Originalausgabe war mir nicht zugänglich. Ich zitiere hier die Ausgabe von 2005. George, Henry. Progress and Poverty. New York: Cosimo Inc., 2005.
190 George, Henry. Progress and Poverty, S. 233 f.
191 George, Henry. Progress and Poverty, S. 321–334.
192 George, Henry. Progress and Poverty, S. 376.
193 George, Henry. Progress and Poverty, S. 380.

6.5 Critical Juncture: Die Arbeiterbewegung im Spannungsfeld — 377

Das späte 19. Jahrhundert erlebte zahlreiche Visionen eines besseren Lebens. Amerikaner und Amerikanerinnen zerbrachen sich die Köpfe darüber, wie man Verstädterung, Industriekapitalismus und Klassengegensätze miteinander vereinbaren könne. Henry George versuchte seine Ideen als Kandidat der Arbeiter für das Amt des New Yorker Bürgermeisters umzusetzen. Bellamys Nationalismus hatte größere Unterstützer unter den gebildeten Mittelschichten. Wie weit die soziale Utopie sogar in die Kreise der hohen Politik reichte, ersieht man an der arglosen Bemerkung Präsident Hayes angesichts des Eisenbahnstreiks von 1877: „Can't something [be] done by education of the strikers, by judicious control of the capitalists, by wise general policy to end or diminish the evil?".[194] Selbst der amerikanische Präsident erhoffte eine Reform, die auf der Erziehung und Überwachung aller am Streik beteiligten Gruppen gründen sollte. Die Arbeiterschaft sah ihr Ziel weniger in einer Kontrolle der Kapitalisten als in der Wahrnehmung ihrer Interessen: kürzere Arbeitszeiten, höhere Löhne und Wiedergewinnung der verlorenen Autonomie am Arbeitsplatz. 1879 blickte ein Lederfärber aus Massachusetts auf sein Leben zurück und bewertet die Auswirkungen der Industrialisierung folgendermaßen: „What do the Mechanics of Massachusetts say to each other? I will tell you: ‚We must have a change. Any thing is better than this. We cannot be worse off, no matter what the change is'."[195]

Steigende Frustration und zunehmende Unzufriedenheit würden in den nächsten Jahren eine Situation herbeiführen, die Bauern und Arbeiter ihre Differenzen überwinden ließ und den Boden bereitete für die Gründung einer neuen politischen Partei, der Populisten oder *People's Party*.

---

194 Williams, Diary and Letters of Rutherford Birchard Hayes, Band 3, S. 440. Miller, Stephen. Special Interest Groups in American Politics. New Brunswick, NJ: Transaction Books, 1983, S. 91.
195 Smith, Craig R. Silencing the Opposition: Government Strategies of Suppression. Albany, NY: State University of New York Press, 1996, S. 125.

7 Die imperiale Gesellschaft: Territoriale Expansion als „soziales Sicherheitsventil"

Aus der Verbindung der Kräfte, die unter der Agrarkrise nach 1870 litten, und enttäuschten Arbeitern entstand in den 1880er Jahren eine Reformbewegung, der Populismus, ein Arbeiter-Farmer-Block, der wirtschaftliche und politische Forderungen bündelte und emphatisch auf dem Bimetallismus als Panazee der Krisen bestand. Kritisiert wurden nicht nur monopolistisch auftretende Eisenbahngesellschaften und Banken, kritisiert wurden auch Politiker, die eine „harte" Währung auf der Basis des Goldstandards befürworteten. Politisch scheiterte der Populismus an seinen inneren Widersprüchen, dem Sektionalismus der USA mit den divergierenden Interessen von Süden, Westen und Osten und dem Zweiparteiensystem, das sich 1896 für eine politisch höchst zerstörerische Koalition mit den Demokraten anbot (*Critical juncture 8*). Der den Populisten oft gemachte Vorwurf, sie würden sich zu sehr um die Belange der *African Americans* kümmern, führte zur Schwächung der Bewegung. Die in der *Redemption* des Südens gegen die Republikaner erfolgreichen Taktiken des Wahlbetrugs, die die Demokraten perfektioniert hatten, ließen sich auch gegen die Populisten anwenden.[1] Das Scheitern des Populismus sorgte für eine Ernüchterung und bereitete den Weg für den Jingoismus der 1890er Jahre (*Lock-in 8*).[2]

Amerikanischer Expansionismus war eine Grundtatsache amerikanischer politischer Kultur seit der Formulierung der Verfassung und der North-West Ordinance. „I am persuaded no constitution was ever before so well calculated as ours for extensive empire and self government", so hatte Thomas Jefferson bereits 1809 argumentiert.[3] Mit dem Erwerb des riesigen Louisianagebiets im Jahre 1803, dem mexikanischen Krieg (1846–48), dem Gadsden Purchase von 1854 und dem Erwerb Alaskas 1867 war ein Weg beschritten, den man getrost expansionistisch

---

[1] Hild, Matthew. Greenbackers, Knights of Labor, and Populists: Farmer-Labor Insurgency in the Late-Nineteenth-Century South. Athens, GA: University of Georgia Press, 2007, S. 43.
[2] Hofstadter, Richard. The Age of Reform: From Bryan to F. D. R. New York: Vintage Books, 1955, S. 85–90. Selbst Walter Nugent, dessen erklärtes Ziel es ist, die Populisten vom Vorwurf des Rassimus und Jingoismus freizusprechen, muss konzedieren: „[The] Populists […] had three specific foreign resentments: pauper or contract laboring immigrants [wie Chinesen, M.H.], aristocratic English landlords, and Anglo-Jewish bankers." Nugent, Walter T. K. The Tolerant Populists: Kansas Populism and Nativism. Chicago, IL, London: University of Chicago Press, 2013, S. 74. Siehe auch Kerl, To Restore Home Rule.
[3] Brief Thomas Jeffersons an James Madison, 27. April 1809; zitiert in Cogliano, Francis D. Emperor of Liberty: Thomas Jefferson's Foreign Policy. New Haven, CT: Yale University Press, 2014, S. 245.

OpenAccess. © 2019 M. Michaela Hampf, publiziert von De Gruyter. Dieses Werk ist lizenziert unter der Creative Commons Attribution-NonCommercial-NoDerivatives 4.0.
https://doi.org/10.1515/9783110657746-009

nennen konnte. Das Besondere an diesem Expansionismus war, dass er auf das amerikanische Festland beschränkt worden war und dass die weißen Einwohner der erworbenen Gebiete amerikanische Staatsbürger werden sollten – eben jene Verbindung von *Empire* und Selbstregierung, von der Jefferson sprach. Nach 1898 kam es zu einer grundlegenden Veränderung, ja einem radikalen Bruch mit dem Expansionismus alten Stils: Die neuen Gebietserwerbungen lagen außerhalb des amerikanischen Festlandsockels und die Bewohner dieser Gebiete wurden nicht als „Bürger" betrachtet. Sie wurden zu kolonialen Subjekten.[4] „The United States' creation of the offshore empire, its second, had almost nothing to do with the process of settlement, which characterized the first."[5] Insofern wäre es nicht legitim, das Übergreifen des amerikanischen Expansionismus auf Gebiete jenseits des Pacific Rim oder der Atlantikküste mechanistisch als Fortsetzung einer langfristigen Bewegung zu interpretieren, so, als hätten dem alten Expansionismus die Bremsen versagt. Vielmehr wurde die Entscheidung des Erwerbs von Kolonien, Protektoraten und *Dominions* eingeleitet durch verschiedene *Critical Junctures*, die das Einschwenken auf die verfassungsmäßig und politisch problematische Linie von 1898 vorbereiteten und prädeterminierten. Da ist zum einen die Gründung der Standard Oil zu nennen, ein Trust, der erst 1906 in seine Einzelteile zerschlagen wurde und der ein Oligopol auf dem Gebiet der Erdölförderung darstellte. Die nächste *Critical Juncture* ist der Ausbau der amerikanischen Kriegsmarine nach 1883, die als Machtinstrument nur insoweit funktionieren konnte, als geeignete Kohlenstationen (und später Erdölvorkommen) zur Verfügung standen. Der McKinley Tariff von 1890 mit hohen Schutzzöllen für die amerikanische Wirtschaft sollte als Grundlage für Reziprozitätsverträge mit anderen Staaten dienen. Kolonien hatten den Vorteil, als Absatzmärkte zu dienen und gleichzeitig durch Schutzzölle für ausländische Konkurrenten unzugänglich zu sein. Das angebliche Ende der Frontier im Jahre 1890 koinzidierte mit der Wirtschaftskrise von 1893 und den harten Arbeitskämpfen dieser Jahre. Der Druck im Innern erhöhte sich und eine sozialimperialistische Linie wurde wahrscheinlicher. Der Krieg von 1898 schien alle diese Probleme zu lösen. Eine Welle des Nationalismus überwand Klassen- und ethnische Grenzen. Die Wirtschaft erholte sich. Die Kolonien ließen Raum für allerlei Modernisierungsphantasien und Exporte von US-amerikanischer Kultur. (*Lock-in 9*)

---

[4] Zwar hatten die USA schon ab 1858 Inseln im Pazifik annektiert, um dort Guano abzubauen, doch wurden diese Inseln integraler Bestandteil des Territoriums der USA und waren zudem nur von Tieren bewohnt. Brookes, Jean Ingram. International Rivalry in the Pacific Islands, 1800–1875. New York: Russell & Russell, 1972, S. 224–226.

[5] Nugent, Walter T. K. Habits of Empire: A History of American Expansion. New York: Alfred A. Knopf, 2008, S. 301.

7.1 Populismus und die Macht sozialer Bewegungen: Politik und Gesellschaft in den 1890er Jahren

Die 1890er Jahre waren turbulent. Unruhe, Verschiebungen, Proteste, Widerstand der Bauern, Streiks der Arbeiter und Arbeiterinnen, eine schwere Finanzkrise und eine langanhaltende wirtschaftliche Depression markierten das Jahrzehnt. Die Republikaner hatten sich fest als Partei etabliert, die die Interessen der Wirtschaft abdeckte, während die Demokraten wenig mehr zustande brachten, als den Süden und die Einwanderer politisch zu organisieren. In dieses politische Vakuum konnten die *Knights of Labor*, die *Farmers' Alliance* und die *Woman's Christian Temperance Union* stoßen. Sie verbündeten sich 1892 in einer Sammlungsbewegung, an deren Ende eine neue Volkspartei stand. Das Treffen in St. Louis stellte auf dem Weg zu dieser neuen Partei einen bedeutenden Meilenstein dar, denn hier gewann die Programmatik dieser Partei zum ersten Mal Konturen. Laissez-Faire-Politik sollte aufgegeben werden, die Bundesregierung sollte aktiv ins Wirtschaftsleben eingreifen, gleichzeitig sollte die Macht der Exekutive beschnitten werden. 1892 war aber nur das Vorspiel für die Wahl von 1896, einer der am heftigsten umkämpften Wahlkampagnen in der Geschichte der USA. Das Scheitern der Populisten in dieser Wahl nach ihrem selbstzerstörerischen *Merger* mit den Demokraten ebnete den Weg für den Pfad der Expansion – der Krieg gegen Spanien wurde nur zwei Jahre später vom Zaun gebrochen. Damit traten die USA in eine neue Phase ihrer Geschichte ein.

Die *People's Party* und die sich in ihr organisierenden Populisten waren keine Linken oder gar Sozialisten im modernen Sinne des Worts und sie waren auch keine Menschen, die den Kapitalismus von Grund auf reformieren wollten. Obwohl sich ihre Massenbewegung aus einer kooperativen Bewegung der Farmer entwickelte, glaubten sie doch an den Wettbewerb als ein organisierendes Prinzip der Gesellschaft.[6] Der Populismus, eine Strömung der amerikanischen Politik gegen Ende des 19. Jahrhunderts, war keine einheitliche Bewegung. In ihr fanden sich Arbeitervertreter, Sozialreformer, Suffragetten, Temperenzlerinnen, Repräsentanten der Farmer und Antimonopolisten zusammen. Gemeinsam waren ihnen die Kritik am Laissez-Faire-Kapitalismus und die Forderung nach einer aktiveren Rolle der Regierung in Fragen der Wirtschaft, Finanzen und Sozialpolitik. Die Populisten konnten trotz ihrer anderweitig oppositionellen Rolle im amerikanischen politischen Prozess auch als „bürgerliche Reformbewegung" durchaus für den Spanisch-Amerikanischen Krieg instrumentalisiert werden. Dies führte zu dem Paradoxon, dass Populisten sich stark für den Krieg einsetzten, sich

---

6 Goodwyn, Democratic Promise, S. XIII.

aber klar gegen eine Annexionspolitik verwandten.[7] Prominente Populisten wie Marion Butler (1863–1938), der, obwohl er aus North Carolina stammte, wo die Populisten mit den Republikanern koaliert hatten, die Vereinigung der Populisten mit den Demokraten 1896 durchgesetzt hatte, waren auch Vertreter der *White Supremacy*, was ihre Allianz mit den rassistischen Demokraten erst möglich machte.[8] Führer der populistischen Bewegung wie Thomas E. Watson wandelten sich in den Jahren nach 1894 zu Rassisten, die gemeinsame Sache mit terroristischen Organisationen machten.[9]

Begonnen hatte die populistische Bewegung allerdings anders. Was die Populisten von einem großen Teil der Zeitgenossen unterschied, war der Glaube daran, dass die Gesellschaft mithilfe demokratischer Partizipation zum Guten verändert werden konnte. Sie glaubten an den „cooperative commonwealth", wobei hier das Wort Commonwealth nicht nur ein Staatsgebilde bezeichnete, sondern bezeichnenderweise aus dem Adjektiv *common* und dem Substantiv *wealth* zusammengesetzt war.[10] Die beiden Quellen des Populismus, die Farmerbewegung und die Arbeiterbewegung, hatten 1892, bei Gründung der Partei, bereits eine mindestens zwei Jahrzehnte zurückreichende Geschichte. Im Juli 1892 sollten diese beiden Traditionen auf dem Gründungsparteitag in Omaha zusammengeführt werden.

St. Louis war die Gastgeberin eines höchst ungewöhnlichen Treffens im Vorfeld des Gründungsparteitags im Februar des Jahres. Tausende von Farmern, Arbeitern, Reformern und Reformerinnen, und Bürgerinnen und Bürger trafen sich in Missouri, um einem Ereignis beizuwohnen.[11] Die üblichen Berufspolitiker der großen Parteien ließen sich nicht blicken. Stattdessen bevölkerten „[…] mostly gray-haired, sunburned, and roughly clothed men […]" den Versammlungsort.[12] Anwesend waren allerdings die Anführer der Farmer-Bewegung, der *Knights of Labor*, der Single-Tax-Befürworter, und Organisatorinnen der *Illinois Woman's*

---

7 Miller, Worth Robert. Populist Cartoons: An Illustrated History of the Third-Party Movement in the 1890s. Kirksville, MO: Truman State University Press, 2011, S. 171.
8 Hunt, James L. Marion Butler and American Populism. Chapel Hill, NC: University of North Carolina Press; 2003, S. 26–29. Cole, J. Timothy. The Forest City Lynching of 1900: Populism, Racism, and White Supremacy in Rutherford County, North Carolina. Jefferson, NC: McFarland & Co, 2003.
9 Lane, Ambrose I. For Whites Only? How and Why America Became a Racist Nation. Bloomington, IN: AuthorHouse, 2008, S. 111.
10 Goodwyn, Democratic Promise, S. XV.
11 Hicks, John Donald. Populist Revolt: A History of the Farmers' Alliance and the People's Party. Minneapolis, MN: University of Minnesota Press, 2009, S. 224.
12 Hicks, John Donald. Populist Revolt, S. 224.

Alliance [sic!], eine Reformbewegung, die die Arbeitsbedingungen für Frauen und Kinder verbessern wollte.[13]

Die riesige *Exposition Music Hall* (1883–1907) an der Ecke von Olive und 14th Street im Herzen von St. Louis bot ein farbenfrohes Spektakel.[14] Ignatius Loyola Donnelly (1831–1901), ein ehemaliger republikanischer Kongressabgeordneter und Rechtsanwalt, Frauenrechtler und Unterstützer des *Freedmen's Bureau*, der mit Abstand beliebteste Redner der Versammlung, griff die Financiers der Wall Street an.[15] Die Feministin und Temperenzlerin Mary Elizabeth Lease (1850–1933) aus Kansas, die Farmer dazu aufforderte, „[to] raise less corn and more hell", sprach ebenfalls.[16] Terence V. Powdlery, Vorsitzender der *Knights of Labor* und ehemaliges Mitglied der *Greenback-Labor Party*, forderte die Arbeiter auf, mit den Farmern gemeinsam gegen die „nonproducing classes" vorzugehen.[17] Frances Willard (1839–1898) von der *Woman's Christian Temperance Union* setzte sich für ein alkoholfreies Leben und für das Frauenstimmrecht ein. Zwischen den Reden sang die Menge Lieder wie „The Alliance Goes Marching on"[18], „All Hail the Power of Laboring Men,"[19] und „Justice for the Farmer."[20]

---

13 Sklar, Kathryn Kish. Florence Kelley and the Nation's Work: The Rise of Women's Political Culture, 1830–1900. New Haven, CT: Yale University Press, 1995, S. 207–213.

14 Sklar, Kathryn Kish. Florence Kelley, S. 224.

15 Donnelly war u. a. als Schriftsteller sehr erfolgreich, der „pseudowissenschaftliche" Theorien vertrat (Atlantismythos, Shakespeares Autorenschaft) und einen Roman im Stile Bellamys verfasste. Dieser Roman mit dem programmatischen Titel Caesar's Column: A Story of the Twentieth Century erschien unter einem Pseudonym im Jahre 1890. Der Text ist nicht frei von antisemitischen Anspielungen über die Weltverschwörung der „Juden". Donnelly, Ignatius. Caesar's Column: A Story of the Twentieth Century. Chicago, IL: F. J. Schulte & Company, 1890.

16 Schwab, James. Raising Less Corn and More Hell: Midwestern Farmers Speak Out. Urbana, IL: University of Illinois Press, 1988, S.1.

17 Craig, Robert H. Religion and Radical Politics: An Alternative Christian Tradition in the United States. Philadelphia, PA: Temple University Press, 1992, S. 32.

18 „The old Shylock parties are so puffed up with sin,
We will dig a deep grave and drop them in;
They are so dreadful rotten they'd never pay to skin.
The Alliance goes marching on." Vincent, Leopold. The Alliance and Labor Songster: A Collection of Labor and Comic Songs for the Use of Alliances, Grange Debating Clubs and Political Gatherings. Winfield, KS: W. & L. Vincent, 1891. Abgedruckt in Northern Illinois University. Illinois during the Gilded Age. [Web Page]: http://gildedage.lib.niu.edu/islandora/object/niu-gildedage%3A24117. Gesehen am 10.3.2015.

19 „All hail the power of laboring men,
Let the old parties fall.
Put out for candidates good men,
And then elect them all." Vincent, Leopold. The Alliance and Labor Songster.

Im Laufe der nächsten Tage verfassten die Delegierten ein Programm, das eine Vielzahl von Forderungen enthielt, die in ihrer Gesamtschau atemberaubend waren. Sie befassten sich mit der Frage, wie der Arbeitsalltag organisiert werden sollte, sie verlangten eine Währungsreform, die Erweiterung der Rechte von arbeitenden Menschen und forderten mehr Aktivität von der Bundesregierung bei der Sicherung demokratischer Rechte. Die Diskussionen zwischen den Anwesenden bereiteten den Weg für die Verabschiedung eines formell beschlossenen Programms in Omaha wenige Wochen später, das sich von der Resolution von St. Louis nur graduell unterschied.[21] Die Stimmung war optimistisch. Man erwartete Großes von der neuen Partei, doch ob das Bündnis von Farmern und Arbeitern wirklich Bestand haben sollte, musste sich erst noch erweisen.[22]

Was die Delegierten einigte, war die Unzufriedenheit mit den Republikanern und zu einem gewissen Grade auch die Enttäuschung über die Demokraten. Am 2. Juli wollte sich diese Koalition in Omaha treffen, um die Kandidaten für die anstehende Präsidentschaftswahl zu küren. Die dort verabschiedete *Omaha Platform* (1892) stellte die Grundlage für die Politik der *People's Party* bis 1896 dar. Sie war voller konkreter Forderungen: Das Transportsystem sollte der Regierung unterstellt werden, den Farmern sollten durch eine „sub-treasury" günstige Kredite zur Verfügung gestellt werden, der Achtstundentag sollte eingeführt werden, Senatoren sollten durch direkte Wahl bestimmt werden, Papiergeld und die Ausprägung von Silbermünzen sollten den Goldstandard brechen und eine progressive Einkommenssteuer sollte eingeführt werden.[23]

7.2 Die Revolte der Bauern: Soziale Konflikte in den 1880er und 1890er Jahren

Die wohl größte Gruppe, die in den 1880ern und 1890ern politisch aufbegehrte, waren die Bauern.[24] Die Preise, die Farmer auf dem Markt erzielen konnten, verfielen

---

20 "Hark! through the valley loudly sounds the horn,
Down with the oppressors and up with the corn;
We have set the ball a rolling, it gathers as it goes,
Justice and freedom for the farmer." Vincent, Leopold. The Alliance and Labor Songster.
21 McKenna, George. American Populism. New York: Putnam; 1974, S. 88f. Knoles, George Harmon. The Presidential Campaign and Election of 1892. New York: AMS Press, 1971, S. 98–100.
22 Hicks, Populist Revolt, S. 228.
23 Goodwyn, Lawrence. The Populist Moment: A Short History of the Agrarian Revolt in America. New York: Oxford University Press, 1978, S. 55–94.
24 Pollack, Norman. The Just Polity: Populism, Law, and Human Welfare. Urbana, IL: University of Illinois Press, 1987, S. 26.

zusehends. Weizen, für den man 1870 noch mehr als einen Dollar pro *Bushel* bekommen konnte, brachte 1885 nur noch 80 Cents und 1894 60 Cents. Die Farmer erhielten netto noch weniger, etwa 35 Cents für den *Bushel*. Die Baumwollpreise fielen im gleichen Zeitraum von 24 Cents auf sieben Cents. Mais kostete 1870 noch 45 Cents pro *Bushel* und fiel bis 1900 auf 30 Cents. In Teilen von Kansas erhielten die Farmer zehn Cents pro *Bushel* und verzweifelte Farmer verbrannten ihre Ernte lieber als Brennmaterial, als es zu diesem Preis auf dem Markt loszuschlagen. 1894 gehörte beinahe die Hälfte aller Farmen in Kansas den Banken, weil die Farmer zu wenig Geld verdienten, um ihre Hypotheken abzubezahlen. Weiter im Westen kämpften die Bauern mit dem Problem, dass die Eisenbahnlinien exorbitant hohe Preise für den Transport der Ernte auf den Markt verlangten, während Großkunden mit großzügigen Preisnachlässen bedacht wurden. Gleichzeitig waren die Frachttarife für Kurzstrecken im Vergleich zu Langstreckentransporten übeteuert. Die Getreidegroßhändler konnten also ihre Ware billiger von Chicago nach New York und von da nach England transportieren lassen, als ein Farmer aus Dakota seinen Weizen nach Minneapolis versenden konnte. Im Süden war der Kapitalmangel so groß, dass die Farmer sich mit wenigen Ausnahmen im Crop-Lien-System finanzieren mussten. Der Süden nahm deshalb den Charakter eines riesigen Pfandhauses an.[25]

Wähend der Depression nach 1893 ging es den meisten Farmern noch schlechter als zuvor. Eine Farmersfrau aus Kansas schrieb 1894 dem Gouverneur des Staates: „I Take [sic] my pen in hand to let you know that we are Starving to death."[26] An allen Fronten blies der Wind den Farmern ins Gesicht: Bei der Währungspolitik, der Zollpolitik, der Vergabe von Land – Farmer waren die Hauptopfer. Für die Bauern war auch klar, wer die Hauptschuldigen an der Misere waren: der Goldstandard und die Geschäftsbanken im Osten. Gegen die Währungspolitik der Regierung erhob sich deshalb ein Sturm des Protests.

Der Protest der Farmer war dabei nichts Neues. In den 1870er Jahren hatten die Farmer die *Grange*-Bewegung und die *Greenback-Labor Party* unterstützt. Die *Grange*, eigentlich *The National Grange of the Order of Patrons of Husbandry* war ein Zusammenschluss der Farmer gewesen, die 1867 gegründet wurde und 1875 fast 860.000 Mitglieder hatte. Frauen und Männer organisierten sich gleichermaßen in der *Grange* und eine bestimmte Anzahl von Vorstandsposten war für

---

25 Shingleton, Royce. Richard Peters: Champion of the New South. Macon, GA: Mercer University Press, 1985, S. 240.
26 McMath, Robert C. American Populism: A Social History, 1877–1898. New York: Hill and Wang, 1993, S. 181.

Frauen reserviert.[27] Seit den 1880er Jahren aber hatte sich die Situation der Bauern weiter verschlechtert. Es kam zur Radikalisierung einzelner Bestandteile der *Grange*. Man schloss sich in Allianzen zusammen, Kooperativen von Farmern, die gemeinsam gegen ihr Los kämpfen wollten. Die erste Farmerallianz gründete sich im Lampasas County, TX, mit dem expliziten Ziel „[...to fight] land sharks, claim jumpers and horse-thieves."[28]

Entlang der Frontier in Texas, in Blockhäusern in Arkansas oder auf dem platten Land in Louisiana bildeten sich unterschiedliche Gruppen mit sehr ähnlichen Zielen.

Mit dem Wachstum der Allianzen kam es zu überregionalen Zusammenschlüssen, so dass sich am Ende zwei Großallianzen gegenüberstanden: die *Northwestern Farmers' Alliance*, die die alten Grangerstaaten des Mittleren Westens umfasste, und die radikalere *Southern Farmers' Alliance*, die in Texas ihren Anfang nahm, sich aber bald nach Georgia, Arkansas und Louisiana ausbreitete. Die südliche Dachorganisation war sich einig darin, auch afroamerikanische Sharecroppers zu organisieren, obwohl sie beschloss, dies innerhalb einer eigenen Suborganisation zu tun, der *National Colored Farmers' Alliance*, die bald eine Viertelmillion Mitglieder haben sollte.[29]

Die Kunde von den Allianzen wurde während der 1880er Jahre durch Reisekader wie S. O. Daws (1847–?) und William L. Garvin (1850–1933) in Vorträgen verbreitet.[30] Vor allem Daws reiste viel umher und klagte die Kreditgeschäfte an, die die Farmer im Hinterland mit den Inhabern der Läden abzuschließen gezwungen waren.[31] Auch Eisenbahnen, Trusts und die „money power" lagen im Fadenkreuz des Redners. Ausgemergelte Männer und barfüßige Frauen brauchten eigentlich keine Agitation von außen mehr, um zu verstehen, dass das Crop-Lien-

---

27 Marti, Donald B. Women of the Grange: Mutuality and Sisterhood in Rural America, 1866–1920. New York: Greenwood Press, 1991, S. 27. Summerhill, Thomas. Harvest of Dissent: Agrarianism in Nineteenth-Century New York. Urbana, IL: University of Illinois Press, 2005, S. 195–217.
28 Bateman, Newton und Selby, Paul. Historical Encyclopedia of Illinois. Chicago, IL: Munsell Publishing Company, 1913, Band 2, S. 672.
29 Bezüglich der *African Americans* und ihrer Beziehung zum Populismus siehe Gaither, Gerald H. Blacks and the Populist Movement: Ballots and Bigotry in the New South. Tuscaloosa, AL: University of Alabama Press, 2005.
30 Garvin, W. L. und Daws, S. O. History of the National Farmers' Alliance and Co-Operative Union of America. Jacksboro, TX: J. N. Rogers & Co., Printers, 1887. Dunning, Nelson A. The Farmers' Alliance History and Agricultural Digest. Washington, DC: Alliance Publishing Company, 1891, S. 38.
31 Es gibt keine Informationen zur Biografie Daws'. Zur weiteren Karriere Daws' siehe Bissett, Jim. Agrarian Socialism in America: Marx, Jefferson, and Jesus in the Oklahoma Countryside, 1904–1920. Norman, OK: University of Oklahoma Press, 1999, S. 22–65.

System nicht in ihrem Interesse lag. Doch halfen die Vorträge der Allianz, die Enttäuschung und den Zorn zu kanalisieren und dadurch politisch wirksam zu machen. Neue Allianzen entstanden über Nacht, die wiederum Vortragsredner umherschickten, um auch dem letzten Farmer im entlegensten Bezirk klarzumachen, dass er sich organisieren müsse. Die *Southern Alliance* nahm im Herbst 1886 jeden Monat 20.000 neue Mitglieder auf. 1887 hatte die Allianz mehr als 200.000 Mitglieder. 1890 waren mehr als zwei Millionen Menschen in den elf Rebellenstaaten der Allianz beigetreten.[32]

Die Zusammenschlüsse der Farmer versuchten, ihre politische Basis zu verbreitern, indem sie während des großen Eisenbahnstreiks von 1886 Kontakt zu den streikenden Arbeitern aufnahmen. Die *Southern Farmers Alliance* veröffentlichte eine Solidaritätsadresse mit den *Knights of Labor* und forderte Farmer auf, die Texas and Pacific Railroad unter der Kontrolle Jay Goulds zu boykottieren. Sie versorgte überdies die Streikenden mit Nachschub. William Lamb organisierte den Boykott, weil er fand, „[it was...] a good time to help the Knights of Labor in order to secure their help in the near future."[33] Die Solidarität der Allianz war in der Beobachtung gegründet, die Farmer seien auch Arbeiter und die „Arbeiterfrage" sei für beide Gruppen von entscheidender Bedeutung. Als Produzenten müsse man gegen diejenigen zusammenhalten, die Profit aus ihrer Arbeit zögen und deshalb sei der Zusammenschluss der Arbeiter- und der Bauernbewegung richtig.[34]

Die Anführer der Allianz wurden nicht müde zu behaupten, die Allianz sei keine politische Organisation, doch angesichts der sich auftürmenden Probleme war eine Politisierung kaum noch zu verhindern. Das Kernstück der Allianz stellten die Kooperativen dar, die ihre Agrarprodukte gemeinsam auf den Markt brachten und so bessere Preise heraushandeln konnten. Sie gründeten auch eigene Geschäfte und machten so tendenziell die Geschäftsinhaber und ihre Wucherzinsen überflüssig.[35]

Kooperativen funktionierten besonders im Westen und im Süden gut. 1888 konnten die Farmer einen wichtigen Etappensieg erzielen, indem sie den Jute-Trust zwangen, eine geplante Preiserhöhung für Baumwollsäcke zurückzunehmen. Das große Ziel jedoch, den südlichen Ladeninhaber mit seinen Wucherzinsen überflüssig zu machen, wurde nicht erreicht. Die vereinte Opposition von Kaufleuten, Banken, Großhändlern und Herstellern von Fertigwaren verhinderte, dass die Allianzen Kredite erhielten. Der *Texas Exchange*, eine Konsumgenossenschaft, über-

---

32 Greenwood, Janette Thomas. Bittersweet Legacy: The Black and White „Better Classes" in Charlotte, 1850–1910. Chapel Hill, NC: University of North Carolina Press, 1994, S. 156.
33 Goodwyn, The Populist Moment, S. 39. Gerteis, Class and the Color Line.
34 Ayers, The Promise of the New South, S. 220.
35 Goodwyn, The Populist Moment, S. 73.

7.2 Die Revolte der Bauern: Soziale Konflikte in den 1880er und 1890er Jahren

Tabelle 10: Großhandelspreise für Weizen und Baumwolle in Dollar

Jahr	Weizen/Bu.	Baumwolle/Lb.
1870	1,373	0,24
1871	1,581	0,17
1872	1,78	0,205
1873	1,787	0,182
1874	1,517	0,17
1875	1,403	0,15
1876	1,32	0,13
1877	1,685	0,117
1878	1,252	0,113
1879	1,223	0,104
1880	1,057	0,12
1881	1,154	0,113
1882	1,198	0,122
1883	1,038	0,106
1884	0,913	0,106
1885	0,864	0,105
1886	0,797	0,094
1887	0,769	0,103
1888	0,886	0,103
1889	0,895	0,107
1890	0,893	0,111
1891	0,962	0,086
1892	0,788	0,077
1893	0,677	0,083
1894	0,559	0,07
1895	0,6	0,073
1896	0,641	0,079
1897	0,795	0,072
1898	0,885	0,06
1899	0,711	0,066
1900	0,704	0,096

Quelle: Historical Statistics, Band 1, Series E 123–134, S. 208f.

lebte nur eine Saison. Die Farmer erkannten, dass die Kooperativen auf verlorenem Posten standen, solange sich nicht einige Grundregeln des Spiels ändern ließen. Damit war die Politisierung der Bewegung auf der Tagesordnung.

Mit dem langsamen Tod der Kooperativen entstand eine neue Kultur des Politischen in der Farmerbewegung. Kooperativen hatten als Rekrutierungsbüros für eine sehr große Zahl von Bauern im Westen und Süden gewirkt, die nun auch bereit waren, sich politisch zu organisieren. Was als Selbsthilfeorganisation begonnen hatte, transformierte sich nun in politische Aktionen. Farmer aus Texas verabschiedeten 1886 einen Forderungskatalog und forderten Kandidaten bei den anstehenden Wahlen auf, diese Forderungen zu übernehmen. Dieser Forderungskatalog wurde die Grundlage einer politischen Plattform, die von der *Southern Alliance* 1890 initiiert wurde. Wichtige Punkte dieses Programms waren die Regulierung der Eisenbahnen und ihre Verstaatlichung, Gesetze gegen Landspekulation und eine umfassende Währungs- und Kreditreform.[36]

Zunächst benutzte die Allianz dieses Programm lediglich als Messlatte zur Beurteilung der politischen Kandidaten der zwei Mehrheitsparteien. Dabei stellte sich bald heraus, dass es einfacher war, Politikern bestimmte Versprechen abzuringen, als sie zu zwingen, diese Versprechen auch zu halten. Demokraten und Republikaner dachten nicht daran, ihre Verbindung zur Industrie und den Banken zu riskieren, um eine bauernfreundliche Politik zu initiieren. Damit war die Entwicklung der Allianz zu einer dritten Partei beinahe zwangsläufig.

Zu Beginn der Arbeit in der Allianz im Jahre 1877 hatte ihr Präsident, Charles William Macune (1851–1940), darauf bestanden, die Allianz sei „[...] a strictly white man's non-political, secret business association."[37] 1892, 15 Jahre später, war die Allianz nichts mehr von all dem. Auch wenn einige Funktionäre der Allianz im Süden darauf bestanden, ihre Verbindungen zur Demokratischen Partei aufrecht zu erhalten, um die Suprematie der Weißen im Süden nicht zu gefährden, setzten sich die Befürworterinnen und Befürworter einer dritten Partei beim Treffen 1892 in St. Louis durch. Die *Farmers' Alliance* organisierte sich als *People's Party* und gründete damit die Bewegung der Populisten.[38]

Die Beobachtung des Journalisten Frank Basil Tracy (1866–1912) beim ersten Treffen der Populisten in St. Louis traf den Nagel auf den Kopf. Populismus war mehr als eine Liste mit Forderungen und eine Aufzählung wirtschaftlicher Probleme. Kulturell war die Bewegung einem religiösen Erweckungstreffen viel ähnlicher als einer politischen Massenpartei. Zugladungen von Abertausenden Farmern versammelten sich bei Treffen in Zelten oder im Freien und hörten den Reden ihrer Ideologen zu. Der Populismus hatte sich zwar aus den *Farmers' Alliances* entwickelt, doch entwickelte er sich zu einer Massenbewegung mit einer

---

[36] Ostler, Jeffrey. Prairie Populism: The Fate of Agrarian Radicalism in Kansas, Nebraska, and Iowa, 1880–1892. Lawrence, KS: University Press of Kansas, 1993, S. 255.

[37] Hicks, Populist Revolt, S. 110.

[38] Adams, Pauline und Thornton, Emma S. A Populist Assault: Sarah E. Van De Vort Emery on American Democracy, 1862–1895. Bowling Green, OH: Bowling Green State University Popular Press, 1982, S. 105. Brands, H. W. The Reckless Decade: America in the 1890s. University of Chicago Press; Chicago, IL: University of Chicago Press, 2002, S. 196. Der Ausdruck „Nationalism" in diesem Zitat bezog sich auf die von Edward Bellamy ins Leben gerufenen Bewegung der Nationalisten.

eigenen Sprache. Die Populisten formulierten eine Kritik der Industriegesellschaft, verbunden mit einem Aktionsprogramm. Das „Geldsystem" und die Banken arbeiteten – so die Populisten – zum Vorteil Weniger und zum Nachteil Vieler. Sie verlangten die Demokratisierung der Wirtschaft. Der von Charles W. Macune vorgebrachte *Subtreasury-Plan* sah im Wesentlichen vor, die Regierung zu zwingen, die Großbanken als Partnerbanken des Schatzamts aufzugeben, weil diese die eingelagerten Bundesgelder benutzt hatten, um ihre Profite zu vergrößern. Nicht die nationalen Banken, sondern der Bund sollte die Verteilung von Geld organisieren. Damit sollte eine größere Flexibilität gewährleistet sein. Der Preisverfall der Agrarprodukte, so argumentierten die Führer der Farmerallianz, sei das Ergebnis einer großen Nachfrage zu Zeiten der Ernte. Um die erforderliche Flexibilität zu gewährleisten, propagierte Macune die Idee einer mit Regierungsmitteln finanzierten Zwischenlagerung unverderblicher Produkte in Warenhäusern, bis gestiegene Preise die Vermarktung profitabel erscheinen ließ.[39]

Um die Zeit zu überbrücken, in der sie keine Einnahmen zu verzeichnen hatten, sollte die Bundesregierung ihnen Kredite zum Ankauf von Geräten und Saatgut bereitstellen. Die *Subtreasury* wurde so etwas wie ein Glaubensartikel im Süden, wo die Farmer erwarteten, so aus der Schuldenfalle des Crop-Lien-Systems herauszukommen.

Für die Farmer aus dem Westen war der Gegner nicht der Kaufmann, sondern die Hypothek. Hier konzentrierte sich der Populismus auf das Versprechen der Landreform. Die Populisten verlangten die Rückerstattung exzessiver Landgeschenke an die Eisenbahnen und ausländische Investoren. Eisenbahnlinien und Telegraphengesellschaften sollten verstaatlicht werden. Auf diese Weise sollte die Diskriminierung der Farmer durch diese Unternehmen unterbunden werden, da die Eisenbahnen über große Macht verfügten und den *Interstate Commerce Act* von 1887, der dem Bund Kompetenzen im Bereich des Bundesstaatengrenzen überquerenden Verkehrs weitreichende Kompetenzen gegeben hatte, *de facto* aushebeln konnten. Für die Gegner der Populisten war das Staatssozialismus, ungeachtet der Tatsache, dass auch in anderen Industriestaaten die Eisenbahnen sich im Besitz der Regierung befanden.[40]

Das eigentliche Problem, dass Farmer und Arbeiter gemeinsam angehen wollten, war in ihren Augen aber das unfaire Finanz- und Währungssystem der

---

39 Ayers, The Promise of the New South, S. 239. Der ganze Plan ist gut erklärt bei Barnes, Donna A. Rebel Farmers: The Texas Farmers' Alliance. In: Cullen, David O'Donald und Wilkison, Kyle Grant (Hg.). The Texas Left: The Radical Roots of Lone Star Liberalism. College Station, TX: Texas A&M University Press, 2010, S. 36–52.
40 Mitchell, Allan. The Great Train Race: Railways and the Franco-German Rivalry, 1815–1914. New York: Berghahn Books, 2000, S. 42.

Vereinigten Staaten. Bauern und Arbeiter verlangten nach einer „billigen", d. h. inflationären Währung, was durch die Ausprägung von Silber oder Ausgabe von Papiergeld erreicht werden sollte. Farmer unterstützen die Arbeiterbewegung in ihrem Beistand, wo es um den Achtstundentag und die Abschaffung der Vertragsarbeit ging, eine Position, die die Gesetze zur Begrenzung der Einwanderung drei Jahrzehnte später vorwegnahm.[41] Um die politische Macht der neuen Partei zu erweitern, forderte die Plattform die direkte Wahl der Senatoren (1913 im 17. Zusatzartikel zur Verfassung durchgesetzt), geheime Wahlzettel und das Recht auf Gesetzesinitiative, das *Impeachment* für gewählte Volksvertreter und das Recht auf Entscheid durch Referendum.[42] Damit hatte der Populismus eine politische Alternative zum existierenden System eröffnet.[43]

---

[41] Mit Vertragsarbeit meine ich *Contract Labor*, das heißt die Einführung von ausländischen Arbeiterinnen und Arbeitern, die sich für eine bestimmte Dauer als Arbeitskräfte ohne Rechte verpflichteten – eine etwas weichere Form der Sklaverei. Während *Contract Labor* in Afrika und Asien im 19. und 20. Jahrhundert eine übliche Form der kolonialen Ausbeutung darstellte, betraf sie in den USA lediglich *Freedmen*, chinesische und wenige italienische EinwandererInnen, die deswegen als *coolies* oder *dagos* diffamiert wurden. Diese Position ist im Kern rassistisch, da nicht die Einwanderung als solche angegriffen wurde, sondern nur die Einwanderung „unerwünschter" Gruppen wie der Chinese Americans. Nugent verteidigt die Populisten in puncto Rassismus. Nugent, Walter T. K. The Tolerant Populists: Kansas Populism and Nativism. Chicago, IL: Universiy of Chicago Press, 2013, S. 50. Da es sich aber um eine unveränderte Neuauflage aus dem Jahre 1963 handelt, gibt Nugent nicht den neuen Forschungsstand wieder. Hild weist indessen auf die rassistsichen Positionen eines Teils der Allianz hin, vor allem von Ben Tillman und Rebecca Felton. Hild, Matthew. Greenbackers, Knights of Labor, and Populists: Farmer-Labor Insurgency in the Late-Nineteenth-Century South. Athens, GA: University of Georgia Press, 2007, S. 148, 203, 206. Laurie, Bruce. Artisans into Workers: Labor in Nineteenth-Century America. Urbana, IL: University of Illinois Press, 1997, S. 197.

[42] Der geheime Wahlzettel oder *Australian Ballot* wurde in den USA allgemein nach 1884 eingeführt. Der letzte Staat, der zum *Australian Ballot* überging, war Kentucky (1891). Dana, Richard Henry. The Corrupt Practice Act: The Nominating Machinery, and the Australian Ballot System of Massachusetts. A Paper Presented at the Twenty-Ninth Annual Meeting of the New York State Bar Association, Held at... Albany, N.Y., on the 16th and 17th of January, 1906, and Reprinted from the Twenty-Ninth Annual Report of the Proceedings of the Association. Albany, NY, 1906. Fredman, Lionel E. The Australian Ballot: The Story of an American Reform. East Lansing, MI: Michigan State University Press, 1968.

[43] Pollack, Norman. The Populist Response to Industrial America: Midwestern Populist Thought. Cambridge, MA: Harvard University Press, 1962, S. 13.

7.3 Die „Labor Wars": Arbeitskämpfe und Sozialimperialismus

Trotz der Rhetorik der Allianzen, die das enge Bündnis mit der Arbeiterbewegung betonte, kämpften Arbeiterinnen und Arbeiter einen einsamen Kampf. Die sogenannten *Labor Wars* der 1890er Jahre bestanden aus einer ganzen Serie gewalttätiger Streiks.[44] Kohlekumpel streikten, um den Einsatz von Strafgefangenen in den Gruben Tennessees zu unterbinden. Bergleute in den Minen des Coeur d'Alene-Distrikts in Idaho und in Cripple Creek, Colorado, traten 1892 der militanten Bergleutegewerkschaft Western Federation of Miners bei und traten in den Ausstand.[45] Coeur d'Alene war bestens dazu geeignet, Schauplatz einer gewaltsamen Auseinandersetzung zwischen Gewerkschaften und dem Management zu werden, das sich der Pinkerton-Detektivagentur bediente.[46] Gewerkschaftsmitglieder setzten Dynamit ein, um ihren Forderungen Nachdruck zu verleihen.[47] Es gab Tote und Verletzte. Der Gouverneur bat um Einsatz von Bundestruppen, weil Staatsmiliz und Pinkertons überfordert waren.[48] Schließlich griff die Armee ein und verhaftete 300 Arbeiter. Damit war den Streiks erstmalig ein Riegel vorgeschoben.[49] 1899 brachen die Feindseligkeiten erneut aus. Das Ergebnis war ähnlich. Die Armee unter dem Kommando von Brigadegeneral Henry Clay Merriam (1837–1912) brach den Streik und verhaftete die Gewerkschafter und andere Individuen, die mit dem Streiks nichts zu tun gehabt hatten. Sie wurden in mit Stacheldraht umfriedeten Viehkoppeln vier Monate ohne Haftbefehl festgehalten.[50] Die Minenarbeiter des Westens, westlich der Linie von den nördlichen Rockies bis hinunter zur mexikanischen Grenze, zeichneten sich durch besondere Radikalität

---

[44] Lens, Sidney. The Labor Wars: From the Molly Maguires to the Sitdowns. Garden City, NY: Doubleday; 1973. Starr, Timothy. Railroad Wars of New York State. Charleston, SC: History Press, 2012.
[45] Smith, The Coeur d'Alene Mining War of 1892, S. 26.
[46] Mackay, James A. Allan Pinkerton: The First Private Eye. New York: J. Wiley & Sons, 1997.
[47] Horsley, Albert E. The Confessions and Autobiography of Harry Orchard. New York: McClure, 1907, S. 36–38.
[48] Friedman, Morris. The Pinkerton Labor Spy. New York: Wilshire Book Co, 1907. Albert E. Horsley (1866–1954), ein wegen Mordes verurteiltes ehemaliges Mitglied der Gewerkschaft, belastete in seiner Autobiographie die Gewerkschaftsführung schwer. Horsley, The Confessions and Autobiography.
[49] Tate, Michael L. The Frontier Army in the Settlement of the West. Norman, OK: University of Oklahoma Press, 1999, S. 108–109.
[50] Aiken, Katherine G. Idaho's Bunker Hill: The Rise and Fall of a Great Mining Company, 1885–1981. Norman, OK: University of Oklahoma Press, 2005, S. 30. Berman, David R. Radicalism in the Mountain West, 1890–1920: Socialists, Populists, Miners, and Wobblies. Boulder, CO: University Press of Colorado, 2007, S. 120. Kaufman, Stuart Bruce, Albert, Palladino, Peter J., Hughes, Grace, Marla J. und Jeske, Mary C. (Hg.) The Samuel Gompers Papers. Urbana, IL: University of Illinois Press, 1986, 13 Bände, Band 5, S. 93, FN 12.

aus. Sie ließen sich weder von der „Brot-und-Butter-Politik" der AFL besonders bremsen, noch durch den blinden Aktionismus eines Teils der Anarchisten anstecken und setzten auf diese Weise die Arbeit der inzwischen nicht mehr existierenden *Knights of Labor* fort.[51]

Auch die Weichensteller in Buffalo, New York, streikten im Jahr 1892, um ein Gesetz durchzusetzen, das den Zehnstundentag verfügt hatte. Im Hafen von New Orleans streikten die Schauerleute aus dem gleichen Grund. Neben einer Arbeitszeitverkürzung setzten sie sich auch für das Recht der gewerkschaftlichen Organisation ein.[52] Anders als in New York und Idaho konnten die Hafenarbeiter in ihrem Generalstreik einen Teilerfolg erringen: Die Arbeitszeitverkürzung wurde von der Unternehmerseite akzeptiert, wenn auch das Recht auf gewerkschaftliche Organisierung nicht anerkannt wurde. Die Unternehmen strengten nach ihrer Niederlage ein Verfahren gegen die Gewerkschaften wegen Verletzung des Sherman-Antitrust-Gesetzes durch, das aber letztlich im Sande verlief.[53]

Die beiden wichtigsten Auseinandersetzungen der Epoche aber waren die Aussperrung von Homestead (1892)[54] und der Pullman-Streik zwei Jahre später.[55] In beiden Arbeitskämpfen ging es um Grundrechte der Arbeiterschaft und um den Schutz des Privateigentums. Facharbeiter hatten ohnmächtig zusehen müssen, wie das Management ihre Autonomie Schritt für Schritt untergraben hatte. Men-

---

51 Dubofsky, Melvyn. The Origins of Western Working-Class Radicalism, 1890–1905. Leab, Daniel J. (Hg.). The Labor History Reader. Urbana, IL: University of Illinois Press, 1985, S. 230–253.
52 Foner, History of the Labor Movement, Band 8, S. 200–201. Rosenberg, Daniel. New Orleans Dockworkers: Race, Labor, and Unionism, 1892–1923. Albany, NY: State University of New York Press, 1988, S. 31–36.
53 Letwin, William. Law and Economic Policy in America: The Evolution of the Sherman Antitrust Act. Chicago, IL: University of Chicago Press, 1981, S. 115.
54 Krause, Paul. The Battle for Homestead, 1880–1892: Politics, Culture, and Steel. Pittsburgh, PA: University of Pittsburgh Press, 1992. Burgoyne, Arthur Gordon. The Homestead Strike of 1892. Pittsburgh: University of Pittsburgh Press, 1979. Demarest, David P. und Weingartner, Fannia. „The River Ran Red": Homestead 1892. Pittsburgh, PA: University of Pittsburgh Press, 1992. Whitelaw, Nancy. The Homestead Steel Strike of 1892. Greensboro, NC: Morgan Reynolds Pub, 2006.
55 Altman, Linda Jacobs. The Pullman Strike of 1894 Turning Point for American Labor. Brookfield, CT: Millbrook Press, 1994. Burgan, Michael. The Pullman Strike of 1894. Minneapolis, MN: Compass Point Books, 2008. Hirsch, Susan E. After the Strike a Century of Labor Struggle at Pullman. Urbana, IL: University of Illinois Press, 2003. Laughlin, Rosemary. The Pullman Strike of 1894. Greensboro, NC: Morgan Reynolds Pub, 2006. Papke, David Ray. The Pullman Case: The Clash of Labor and Capital in Industrial America. Lawrence, KS: University Press of Kansas, 1999. Schneirov, Richard, Stromquist, Shelton und Salvatore, Nick. The Pullman Strike and the Crisis of the 1890s: Essays on Labor and Politics. Urbana, IL: University of Illinois Press, 1999. Smith, Carl S. Urban Disorder and the Shape of Belief: The Great Chicago Fire, the Haymarket Bomb, and the Model Town of Pullman. Chicago, IL: The University of Chicago Press, 2007.

schen waren durch Maschinen ausgetauscht worden. Spezialisierte Formen der Arbeit waren auf diese Weise durch unqualifizierte ersetzt worden. Der Anteil der Facharbeiter am Produktionsprozess hatte abgenommen. Die sie ersetzenden Hilfsarbeiter kannten die alte Autonomie der Arbeit nicht mehr und ließen sich härter ausbeuten, als das bei den Facharbeitern möglich gewesen war. Arbeiter fühlten sich durch diese Entwicklung bedroht. In den 1890er Jahren versuchten sie, dem Prozess der Minderqualifizierung und Minderbezahlung Einhalt zu gebieten.

Das ausgerechnet die Modellstadt Homestead zum Zentrum eines von Gewalttaten und Repression geprägten Arbeitskampfes werden würde, konnte man kaum vorhersehen. Andrew Carnegie sah sich gerne als Freund der Arbeiter und stellte seine soziale Ader heraus, wo immer dies möglich war. Er unterstützte die *Knights of Labor*, die er unter der Führung konservativer Funktionäre als verantwortungsvoll und gemäßigt in Erinnerung hatte. Er unterhielt freundschaftliche Beziehungen zu einem Teil der Gewerkschaftsführer und sah eine Rolle der Gewerkschaften in der Erziehung der Arbeiterschaft zur Verantwortung.[56] 1885 hatte die New York Times einen Artikel über ihn veröffentlicht, der den Titel „Millionaire Socialist" trug.[57]

1886 war jedoch ein Jahr, in dem sich die Aktionen der Arbeiterschaft intensivierten. Die Zahl der Streikenden verdreifachte sich im Vergleich zum Durchschnitt der vorangegangenen fünf Jahre.

Tabelle 11: Streikaktivitäten der 1880er Jahre[58]

Jahr	Streiks	Betriebe	TeilnehmerInnen
1881	471	2928	129521
1882	454	2105	154671
1883	478	2759	149763
1884	443	2367	147054
1885	645	2284	242705
1886	1411	9891	499489

Die Zahl der bestreikten Betriebe vervierfachte sich. Die Mitgliedschaften in den *Knights of Labor* schnellten von 111.000 im Jahre 1885 auf 730.000 ein Jahr später nach oben. Damit hatte Carnegie nicht gerechnet, als er seine wohlwollenden

---

56 Nasaw, David. Andrew Carnegie. New York: Penguin Press, 2006, S. 279, 256.
57 Nasaw, David. Andrew Carnegie, S. 256.
58 Brecher, Jeremy. Strike! Oakland, CA: PM Press, 2014, S. 40.

Kommentare über Gewerkschaften veröffentlicht hatte.[59] Sechs Jahre später schickte er sich an, eine Gewerkschaft zu vernichten, die genau dieses heilige Recht auf gewerkschaftliche Organisationsfreiheit für sich in Anspruch genommen hatte. Denn wichtiger als seine liberalen Prinzipien war ihm der Gewinn seines Unternehmens. In der Anfangszeit seiner Unternehmungen hatte sich seine gewerkschaftsfreundliche Position ausgezahlt. Die Auseinandersetzungen zwischen seinen Konkurrenten und den Gewerkschaften hatte er geschickt benutzt, um die Konkurrenz zu übernehmen. Starke Facharbeitergewerkschaften hatten in der ersten Hälfte der 1880er Jahre dafür gesorgt, dass Wettbewerber keine Vorteile durch Absenkung der Löhne erzielen konnten. Um 1890 jedoch hatte Carnegie sich auf dem Stahlmarkt vollkommen durchgesetzt und sein ganzer luftiger „Sozialismus" wurde ersetzt durch knallharte Ausbeutung. Nun standen die Gewerkschaften im Weg, wo es um Kontrolle einer ganzen Industriesparte ging. Als sein Hauptgegner stellte sich dabei die *Amalgamated Association of Iron and Steel Workers* (AAISW), kurz die *Amalgamated* heraus, eine der reichsten und größten Facharbeitergewerkschaft der AFL.[60] Vor 1892 hatte die *Almagamated* nach schlechten Erfahrungen in den 1870ern eine eher vorsichtige Politik gefahren, die darauf abzielte, Streiks und Aussperrungen zu vermeiden. 1892 versuchte die Gewerkschaftsführung, die ausgelaufenen Tarifverträge mit der Betriebsleitung in Homestead zu erneuern und erlebte eine böse Überraschung. Ihr wurde mitgeteilt,

> [as] the vast majority of our employees are Non-Union, the Firm has decided that the minority must give place to the majority. These works therefore, will be necessarily Non-Union after the expiration of the present agreement.[61]

Zwar gehörten nur 800 Mitarbeiter der Facharbeitergewerkschaft an, doch konnte sich die *Amalgamated* auf die Solidarität der 3.000 nicht in der Gewerkschaft organisierten Arbeiter verlassen. Arbeiter aus Osteuropa, Waliser, Schotten und Iren hielten in dieser Frage zusammen. Nie zuvor war es vorgekommen, dass man der *Amalgamated* einen Vertrag verweigert hatte. Carnegie war, nachdem er seinem Stellvertreter Henry Clay Frick (1849–1919) Weisung erteilt hatte, nach Schottland abgereist. Frick war ein ausgesprochener Feind der Gewerkschaften und er hatte klare Weisung, bei den Lohnkosten zu sparen. Frick hatte sich in den

---

59 Brecher, Jeremy. Strike!, S. 36, 40.
60 Burgoyne, Arthur Gordon. Homestead: A Complete History of the Struggle of July, 1892, between the Carnegie Steel Company, Limited, and the Amalgamated Association of Iron and Steel Workers. Pittsburgh, PA: Rawsthorne Engraving and Printing Co., 1893.
61 Nasaw, Andrew Carnegie, S. 407.

Arbeitskämpfen der 1880er Jahre als Gewerkschaftsgegner einen Namen gemacht, hatte aber seine Position nicht durchsetzen können, weil Carnegie als Mehrheitseigner der Frick'schen Kokereien ihm untersagt hatte, die Gewerkschaften herauszufordern.[62] 1892 hatte sich das Blatt gewendet. Carnegie war nicht mehr im Land. Frick hatte volle Kontrolle über die Fabrik in Homestead.[63] Frick hielt nicht viel von Gewerkschaften, aber die Gewerkschaften hielten noch viel weniger von ihm. Er galt als einer der meistgehassten Männer Amerikas.

Frick ging gut vorbereitet in die Auseinandersetzungen mit der Gewerkschaft. Er erwartete einen Streik und ließ zunächst einmal einen viereinhalb Meter hohen Zaun um das Fabrikgelände errichten, auf dessen Krone Stacheldraht befestigt war. Es gab Beobachtungstürme mit Scheinwerfern und Schießscharten für die alarmierten Pinkertons, weshalb die ganze Installation den Namen „Fort Frick" trug.[64] 300 Pinkertons waren zum Schutz des Geländes herbeigeordert worden. Sie verdienten fünf Dollar am Tag, mehr als das Doppelte der Homestead-Arbeiter. Die Verhandlungen mit der Gewerkschaft zogen sich hin. Frick spürte, dass er im Vorteil war und verhängte ein Ultimatum. Entweder die Gewerkschaft akzeptierte sein Angebot bis zum 24. Juni 1892 oder er würde nur noch mit Nicht-Gewerkschaftlern verhandeln. Am 28. Juni sperrte er die Mitglieder der Gewerkschaft aus. Dann versuchte er, die Belegschaft durch Streikbrecher aus den umliegenden Großstädten zu ersetzen. 3.000 nicht organisierte Stahlkocher streikten aus Solidarität mit den Mitgliedern der *Amalgamated*. Die Pinkertons übernahmen nicht nur die Kontrolle über die Fabrik, sie wurden von Frick auch noch mit der Einstellung der Streikbrecher beauftragt. Der Ruf der Pinkertons war nicht der Beste.[65]

Die *Pinkerton National Detective Agency* war schon vor dem Bürgerkrieg gegründet worden, hatte aber im Laufe der 1880er Jahre stark expandiert, weil immer mehr Unternehmen sie zur Unterbindung oder zum Brechen von Streiks einsetzten. Die Agentur fand ihre Mitarbeiter unter den Arbeitslosen und Vorbestraften, aber auch Studenten, die sich in den Semesterferien etwas Geld hinzu-

---

62 Nasaw, Andrew Carnegie, S. 309f.
63 Standiford, Meet You in Hell. Sanger, Martha Frick Symington. Henry Clay Frick: An Intimate Portrait. New York: Abbeville Press Publishers, 1998. Schreiner, Samuel Agnew. Henry Clay Frick: The Gospel of Greed. New York: St. Martin's Press, 1995. Warren, Kenneth. Triumphant Capitalism: Henry Clay Frick and the Industrial Transformation of America. Pittsburgh, PA: University of Pittsburgh Press, 1996.
64 Gordon, John Steele. An Empire of Wealth: The Epic History of American Economic Power. New York: HarperCollins, 2004, S. 253.
65 Pizer, Russell A. The Tangled Web of Patent #174,465. Bloomington, IN: Authorhouse, 2009, S. 176.

verdienen wollten. Durch ihren notorischen Einsatz als Gegner der Arbeiter, als Streikbrecher, Spione und Werkschutz waren sie bald zutiefst verhasst.[66]

Am 6. Juli verbreitete sich die Nachricht, die Pinkertons würden versuchen, das Werksgelände auf zwei Schleppkähnen auf dem Monongahela River zu erreichen. Frick versuchte, die Pinkertonleute in die Fabrik zu schmuggeln, doch der Plan schlug fehl. Innerhalb weniger Minuten waren 1.000 bewaffnete Arbeiter auf den Beinen und stürmten zum Flussufer, um die Detektive in Empfang zu nehmen. Beim Versuch, festes Land zu betreten, wurde das Feuer auf die Pinkertons eröffnet. Es kam zu einer Schießerei, die mehr als zwölf Stunden dauerte und bei der mehr als ein Dutzend Pinkertons und 30 Streikende getötet wurden – die genauen Zahlen sind umstritten. Die Detektive kapitulierten und ließen sich entwaffnen.[67] Die Menge, die nun auf vielleicht 10.000 Menschen angewachsen war, war angesichts der Verluste, die sie erlitten hatte, nicht bereit, auf Rache an den Pinkertons zu verzichten. Sie mussten einen wahren Spießrutenlauf absolvieren, wurden geschlagen und geschubst. Im Laufe dieser unwürdigen Vorgänge kamen noch einmal drei Pinkertons ums Leben.[68]

Die Schlacht von „Fort Frick" war zu Ende. Sie endete mit einem fragwürdigen Sieg für die Arbeiter.[69] Eine Kommission der Arbeiter besetzte die Fabrik und organisierte das öffentliche Leben der Gemeinde. Zunächst war die Presse den Streikenden gegenüber positiv eingestellt. Frick wurde aufgefordert, in Verhandlungen mit der Gewerkschaft einzutreten.[70] Die Populisten unterstützten die

---

[66] Umfassende Informationen zur Rolle der Pinkerton-Detektive finden sich in den Archivbeständen der Pinkertons in der Library of Congress. Pinkerton's National Detective Agency; Bangs, George H; Pinkerton, Allan; Pinkerton, Allan; Pinkerton, Robert A; Pinkerton, Robert A. und Pinkerton, William A. Pinkerton's National Detective Agency Records.

[67] Smith, Robert Michael. From Blackjacks to Briefcases: A History of Commercialized Strikebreaking and Unionbusting in the United States. Athens, OH: Ohio University Press. 2003, S. 14–20.

[68] Stowell, Myron R. „Fort Frick"; Or, The Siege of Homestead: A History of the Famous Battle between the Amalgamated Association of Iron and Steel Workers and the Carnegie Steel Company (Limited) of Pittsburgh. Pittsburg, PA: Pittsburg printing Co., 1893, S. 51, S. 58–66. Reef, Catherine. Working in America. New York: Facts on File, 2007, S. 143. Rea, Tom. Bone Wars: The Excavation and Celebrity of Andrew Carnegie's Dinosaur. Pittsburgh, PA: University of Pittsburgh Press, 2001, S. 36. Skurzynski, Gloria. Sweat and Blood: A History of U.S. Labor Unions. Minneapolis, MN: Twenty-First Century Books, 2008, S. 36.

[69] Montgomery, The Fall of the House of Labor, S. 37–38. United States. Congress. House. Committee on the Judiciary. Investigation of the Employment of Pinkerton Detectives in Connection with the Labor Troubles at Homestead, Pa. Washington, DC: Government Printing Office, 1892. Slavishak, Edward. Working-Class Muscle: Homestead and Bodily Disorder in the Gilded Age. Journal of Gilded Age and Progressive Era. 2004; 3 (4):339–368.

[70] Kahan, Paul. The Homestead Strike: Labor, Violence, and American Industry. New York: Routledge, 2014, document 6.

Amalgamated und verurteilten die Anstellung von Söldnern, um den Streik zu verhindern. Der demokratische Senator Daniel Wolsey Voorhees aus Indiana griff Carnegie an, weil dieser untätig in seinem Schloss in Schottland herumlungere.[71] Der Sieg war nur von kurzer Dauer. Vier Tage nach der Schlacht ließ der Gouverneur von Pennsylvania die Nationalgarde aufmarschieren. 8.000 Soldaten besetzten das Gelände. Die Streikenden reagierten zunächst zurückhaltend. Ihnen wurde erst allmählich klar, dass die drei Monate dauernde Anwesenheit der Truppen die Einstellung von Streikbrechern bedeutete, die es Frick erlaubte, die Produktion wieder anlaufen zu lassen.[72]

Dann kam es zu dem tragikomischen Attentatsversuch auf Frick durch den russischen Anarchisten Alexander Berkman (1870–1936).[73] Dieser hatte grandiose Ideen davon, was sein Attentat auf Frick bewegen könne – er träumte von einer allgemeinen Erhebung der Massen. Das Attentat war dilettantisch geplant und durchgeführt.[74] Berkman verbrachte die nächsten 14 Jahre im Gefängnis. Auf die Streikenden in Pittsburgh aber hatte dieses Attentat eine große Wirkung. Frick verstand es, das Attentat journalistisch mit einem solchen Spin zu verkaufen, dass der Mann, den alle hassten, vielleicht nicht von allen über Nacht geliebt wurde, aber doch von vielen Menschen als mutig und entschlossen wahrgenommen wurde.[75]

Über Nacht hatte der Mann, der die Pinkertons auf die Arbeiter gehetzt hatte, die öffentliche Meinung auf seiner Seite. Nach dem fehlgeschlagenen Attentat drehte sich der Diskurs. Die Gewerkschaften hatten die Aktion Berkmans sofort kritisiert, aber der Presse gelang es, Gewerkschaft und Anarchismus als ein und

---

71 Burgoyne, Arthur Gordon. The Homestead Strike of 1892. Pittsburgh, PA: University of Pittsburgh Press, 1979, S. 99. Pinkerton's National Detective Agency. Pinkerton's National Detective Agency and Its Connection with the Labor Troubles at Homestead, Penn., July 6th, 1892. New York: n.p., 1892.
72 Quoted in Krooth, Richard. A Century Passing: Carnegie, Steel and the Fate of Homestead. Lanham, MD: University Press of America, 2002, S. 252.
73 Goldman, Emma. Living My Life. New York: A. A. Knopf, 1931. 2 v., v.1, S. 81–83. Berkman spielt die klassische Rolle des subjektiv von der Sache überzeugten, Argumenten unzugänglichen Fanatikers, der der Arbeiterbewegung Schaden zufügte, weil er den Vorwand für eine diskursive Verkoppelung von Gewerkschaften und terroristischem Anarchismus lieferte.
74 Nasaw, Andrew Carnegie, S. 436. Warren, Triumphant Capitalism, S. 88–89, 212. Berkman, Alexander. Prison Memoirs of an Anarchist. New York: Mother Earth Publishing Association, 1912. In Berkmans Memoiren findet sich kein Hinweis auf Reue für seine Tat. Sie wiedersprechen der Selbststilisierung Fricks als Mann mit übermenschlichen Kräften allerdings diametral.
75 Brands, The Reckless Decade, S. 143.

dieselbe Sache zu denunzieren. Man brauchte hierzu nur den alten Diskurs im Zusammenhang mit der Haymarket Riot von 1886 zu evozieren.[76]

Der Streik wurde beendet. Er kostete die Arbeiter mehr als das Unternehmen: Sie verloren letztlich ihre Gewerkschaft und hatten nicht gutzumachenden finanzielle Ausfälle. Die Verluste des Unternehmens waren zwar beträchtlich, wirkten sich in der Bilanz des Unternehmens im Streikjahr jedoch kaum aus.[77] Nach einer Schließung wegen Reparaturen nahm das Werk die Fabrikation wieder auf – diesmal mit nichtorganisierten Arbeitern. Den Gewerkschaftsmitgliedern wurde eine Wiedereinstellung verwehrt – sie standen auf schwarzen Listen, die unter den Managern der Industrie zirkulierten, und konnten nicht hoffen, irgendwo im Land eine Stelle zu bekommen. Den Arbeitern war eine Lektion erteilt worden.[78]

Die Löhne konnten gesenkt werden, der Zwölfstundentag konnte wieder eingeführt werden, 500 Stellen wurden eingespart. Die Arbeiter erholten sich von diesem Schlag erst in den 1930er Jahren wieder. Trotz der nun einsetzenden Wirtschaftskrise verdreifachte sich die Produktion in Homestead. „Ashamed to tell you the profits these days. Prodigious", schrieb Carnegie einem Freund 1899.[79] Die Profite waren von vier Millionen Dollar im Jahre 1892 auf 40 Millionen im Jahre 1900 gestiegen – so behauptete es zumindest Carnegie. In Wirklichkeit lagen die Profite für 1900 bei etwa 29 bis 31 Millionen Dollar, immer noch eine beeindruckende Zahl.[80]

Ein Jahr nach der Aussperrung bei Homestead brach eine schwere Wirtschaftskrise aus, die zweite nach dem Bürgerkrieg. Es begann im Frühjahr 1893 mit einem Börsenkrach auf Wall Street, der aber nur der Oberflächeneffekt einer tiefen strukturellen Krise war. Der Eckler-Index – ein einfacher Index zur Bewertung von Wirtschaftskrisen – fiel um 26 Prozent. 1873 und in den folgenden Jahren vier Jahren war er um 32 Prozent gefallen.[81] Dennoch kann die Krise von

---

[76] Serrin, William. Homestead: The Glory and Tragedy of an American Steel Town. New York: Times Books, 1992, S. 88.

[77] Quentin R. Skrabec, Jr. Henry Clay Frick: The Life of the Perfect Capitalist. Jefferson, NC: McFarland & Co, 2010. S. 136 f.

[78] Standiford, Meet You in Hell, S. 22. Brands, The Reckless Decade, S. 144. Foner, History of the Labor Movement, Band 8, S. 212. Harvey, George Brinton McClellan. Henry Clay Frick: The Man. Washington, DC: Beard Books, 2002, S. 172.

[79] Beatty, Age of Betrayal, S. 387. Kessner, Thomas. Capital City: New York City and the Men behind America's Rise to Economic Dominance, 1860–1900. New York: Simon & Schuster, 2003, S. 301.

[80] Morris, The Tycoons S. 262 f. Appendix 1, S. 325.

[81] Nelson, Scott Reynolds. A Nation of Deadbeats: An Uncommon History of America's Financial Disasters. New York: Alfred A. Knopf, 2012, S. 190.

1893 in ihren Auswirkungen mit der von 1873 verglichen werden: 500 Banken und insgesamt 16.000 Unternehmen mussten noch 1893 Insolvenz anmelden.[82] 800 Banken insgesamt fielen der Krise bis 1896 zum Opfer. Bis 1894 standen 156 Eisenbahnlinien unter der Aufsicht von Konkursverwaltern. Investitionen ins Eisenbahngeschäft und in der Folge im Stahlsektor waren schon vor 1893 stark abgefallen. Hier kann man wohl eine der Ursachen vermuten – die starke Überinvestition in einem Bereich, der inzwischen gesättigt war.[83]

Die Zahl der Arbeitslosen nahm beängstigend schnell zu. 4,6 Millionen Arbeiterinnen und Arbeiter, knapp 20 Prozent der lohnabhängig Beschäftigten, verloren ihre Anstellung.[84] Die Enttäuschung war besonders groß unter den Arbeitern in der Modellstadt Pullman vor den Toren der Stadt Chicago. Ähnlich wie Carnegie hielt sich der Unternehmer Pullman für einen aufgeklärten Mann, dem das Interesse seiner Beschäftigten am Herzen lag. Dessen ungeachtet wurde seinen Arbeiten zwischen Mai und Dezember 1893 der Lohn fünfmal gekürzt. Ein erfahrener alteingesessener Waggonbauer musste miterleben, wie sein Tageslohn von 2,26 Dollar auf unbeschreiblich niedrige 0,91 Dollar im Frühjahr 1894 abgesenkt wurde.[85] Insgesamt wurden Lohnkürzungen von 18 Prozent umgesetzt. Trotz gesunkener Löhne blieben aber die Mieten in den Häusern des Unternehmens stabil.[86]

Dem widersprach in eklatanter Weise, dass die Miete für die Wohnungen automatisch vom Lohn abgezogen wurde. Ein Arbeiter hatte nach Abzug seiner Miete noch 47 Cents übrig, um zwei Wochen zu leben. Als der auszahlende Bankangestellte ihn fragte, ob er dieses Geld zur Abbezahlung seiner noch offenen Miete einsetzen wolle, antwortete ihm der Mann: „If Mr. Pullman needs that 47 cents worse than I do, let him have it."[87] Pullmans finanzielle Situation war immerhin so gut, dass er seinen Aktionären eine achtprozentige Dividende zahlen konnte. 1892 erzielte Pullman einen Gewinn von 3,25 Millionen Dollar, 1893 waren es vier Millionen.[88] Mehr noch als die Absenkung der Einkommen beschäftigte die Arbeiter die fortschreitende Entqualifizierung ihrer Arbeit. An Stelle

---

82 Northrup, Cynthia L. Clark. The American Economy: A Historical Encyclopedia. Santa Barbara, CA: ABC-CLIO, 2011, 2 Bände, Band 1, S. 222.
83 Wehler, Der Aufstieg des amerikanischen Imperialismus, S. 30.
84 United States, Historical Statistics, Band 1, Series D 85–86, S. 135.
85 Salvatore, Nick. Eugene V. Debs: Citizen and Socialist. Urbana, IL: University of Illinois Press, 1982, S. 127.
86 Dobson, John M. Bulls, Bears, Boom, and Bust: A Historical Encyclopedia of American Business Concepts. Santa Barbara, CA: ABC-CLIO, 2007, S. 184.
87 Lens, The Labor Wars, S. 88.
88 Carwardine, William H. The Pullman Strike. Chicago, IL: C. H. Kerr and Company, 1894, S. 57.

der Tagelöhne traten Stücklöhne, sichtbarer Ausdruck der Ersetzung von Facharbeitern durch angelernte Arbeitskräfte.[89]

Die Unterwerfung einer relativ freien Form der Facharbeit unter das Diktat des Stücklohns und die Einführung einer steilen Hierarchie, die jeden Moment der Produktion kontrollierte, erboste die Arbeiterinnen und Arbeiter zusätzlich. Auch Frauen wehrten sich gegen eine derartige Bevormundung durch Vorarbeiterinnen.[90] Das Reden während der Arbeit wurde unterbunden. Der Maler Theodore Rhodie sah das als Eingriff in seine verfassungsmäßigen Rechte.[91] Es kam zur Revolte. Im Frühjahr 1894 erfuhr die *American Railway Union* (ARU), eine neue Gewerkschaft unter Führung von Eugene Victor Debs (1855–1926), eine einzigartige Steigerung ihrer Mitgliedszahlen.

Debs war der Sohn französisch-elsässischer Einwanderer und war in Indiana aufgewachsen. Ihm lag der Zusammenhalt aller Arbeiter am Herzen, unabhängig von ihrem Ausbildungsgrad und ihrer Herkunft.[92] Die ARU war eine Industriegewerkschaft, die Beschäftigte aller Sparten im Eisenbahngeschäft akzeptierte, von den Lokomotivführern bis zu den Hilfsarbeitern. Diese Inklusivität kam mit einer Einschränkung daher: Afroamerikanische Arbeiter blieben aus der ARU ausgeschlossen. Die angelernten Arbeiter, die lange keinen Zugang zu den Gewerkschaften erhalten hatten, traten der ARU in großen Zahlen bei. Es wurde berichtet, im Herbst 1893 hätten 200 bis 400 Arbeiter am Tag die Beitrittsanträge unterschrieben. Innerhalb eines Jahres hatte die Gewerkschaft 150.000 Mitglieder aufzuweisen.[93]

George Pullman reagierte auf die Klagen der für ihn arbeitenden Menschen, indem er drei Gewerkschaftsführer, die bei ihm vorstellig geworden waren, frist-

---

89 „The employees were cut on an average of 33 1–2 per cent in their wages, many of them 40 per cent and not a few 50 percent. Trimmers were compelled to work on a car by contract so low, [sic!] that after the wages was worked out, it would take three to five days to finish the car, and not one cent allowed to them thereon. First-class mechanics would work ten hours a day for two weeks and receive $9 90. Laborers were known to labor for nine cents an hour for ten hours' work, and earn the glorious sum of ninety cents per day. Inspectors or sub-bosses were placed over little gangs of men, to see that the same quality of work was squeezed out of the already cruelly reduced employees, as they had always been doing. It was, therefore, not surprising in many cases that the wages were so low that with the high rents they could not live." Carwardine, William H. The Pullman Strike, S. 73
90 Salvatore, Eugene V. Debs, S. 127.
91 Montgomery, The Fall of the House of Labor, S. 130. Lindsey, The Pullman Strike, S. 269.
92 Irons, Peter H. A People's History of the Supreme Court: The Men and Women Whose Cases and Decisions Have Shaped Our Constitution. New York: Penguin Books, 2006, S. 245.
93 Davis, Colin J. Eugene V. Debs: From Conservative Unionist to American Socialist. Arnesen, Eric. The Human Tradition in American Labor History. Wilmington, DE: SR Books, 2004, S. 95.

los entließ. Dies löste einen spontanen Streik aus. Im Mai 1893 hatten sich mehr als 90 Prozent der Pullmanbelegschaft dem Streik angeschlossen.[94] Pullmans Antwort lag in der Aussperrung aller Beschäftigten.[95] Im Juni appellierten die Pullmanarbeiter an die ARU, die ihnen zu Hilfe eilte. Sie organisierte einen Boykott sämtlicher Pullmanwagen auf allen Eisenbahnnetzen der USA, obwohl Debs vor einem Streik und Boykott auf dem Höhepunkt einer Wirtschaftskrise gewarnt hatte. Ab dem 29. Juni wurden keine Pullmanwaggons mehr an Züge aus Chicago angekoppelt.[96]

Damit eskalierte der Streik. Der Unternehmerverband der Eisenbahnunternehmer, die *General Managers Association* (GMA), setzte alles daran, um den Streik zu unterbinden. Sie heuerten Streikbrecher an und entließen alle Rangierer, die sich geweigert hatten, Pullmanwaggons anzukuppeln. Die GMA erreichte das Gegenteil: Der Streik weitete sich aus. Ganze Zugbelegschaften legten die Arbeit nieder. Am ersten Tag waren es 18.000 Arbeiter, am dritten Tag 40.000 und am vierten Tag streikten 125.000 Eisenbahnarbeiter im ganzen Land. Die AFL griff den Streik als gefährlich und überflüssig an und versagte ihm die Unterstützung.[97] Trotzdem gab es ab dem 2. Juli keinen Zugverkehr mehr zwischen New York und San Francisco.[98]

So kam es zum *Pullman Strike* mit der Beteiligung von 150.000 Arbeiterinnen und Arbeiter in 27 Bundesstaaten, der das Land praktisch lahmlegte. Dieser Streik war der erste nationale Streik der Vereinigten Staaten. Das gesamte Eisenbahnwesen der USA wurde in Mitleidenschaft gezogen. Bundesgerichtshöfe erließen ein *Omnibus Indictment* und unterbanden durch einstweilige Verfügung die Kommunikation der Gewerkschaftsführung mit der Belegschaft der streiken-

---

[94] Die neueste Arbeit zum Pullmanstreik datiert von 2008. Burgan, Michael. The Pullman Strike of 1894. Minneapolis, MN: Compass Point Books, 2008. Siehe auch Altman, Linda Jacobs. The Pullman Strike of 1894: Turning Point for American Labor. Brookfield, CT: Millbrook Press, 1994. Laughlin, Rosemary. The Pullman Strike of 1894. Greensboro, N.C: Morgan Reynolds Pub, 2006. Schneirov, Stromquist und Salvatore, The Pullman Strike and the Crisis of the 1890s. Stein, R. Conrad. The Pullman Strike and the Labor Movement in American History. Berkeley Heights, NJ: Enslow Publishers, 2001. Vergl. Thomas W. Heathcoate, einer der Streikführer. Lens, The Labor Wars, S. 90. Lindsey, The Pullman Strike, S. 126.
[95] Weir, Robert E. Workers in America: A Historical Encyclopedia. Santa Barbara, CA: ABC-CLIO, 2013. 2 Bände, Band 2, S. 624–626. United States. Strike Commission. Report on the Chicago Strike of June-July, 1894. Washington, DC: Government Printing Office, 1894. Es gibt einen zweiten umfangreicheren Band, der ein Jahr später erschienen ist. United States. Strike Commission. Report on the Chicago Strike of June-July, 1894. Washington: Government Printing Office, 1895.
[96] Brecher, Strike!, S. 88.
[97] Schneirov, Stromquist und Salvatore, The Pullman Strike and the Crisis of the 1890s, S. 9.
[98] Lindsey, Almont. The Pullman Strike: The Story of a Unique Experiment and of a Great Labor Upheaval. Chicago: University of Chicago Press, 1964, S. 144.

den Betriebe. Diese sehr weit definierte einstweilige Verfügung untersagte es Streikenden und Gewerkschaften, nicht im Streik befindliche Arbeiter aufzufordern, sich dem Streik anzuschließen. Durch die einstweilige Verfügung wurde ein Streik zu einer strafbaren Handlung, weil mit dem Streik der Tatbestand der „Missachtung des Gerichts" verbunden war, was automatisch eine Gefängnisstrafe nach sich zog. Das Urteil wegen Missachtung aber erging in einem Verfahren, das nur vor einem Berufsrichter (in diesem Falle William A. Woods) ohne Beteiligung einer Jury durchgeführt wurde.[99] Boykott und Streik wurden so kriminalisiert. Sogar die konservative Chicago Tribune, wahrlich keine Freundin der Streikenden, urteilte im Hinblick auf die einstweilige Verfügung, sie sei „[...] a menace to liberty [...] a weapon ever ready for the capitalist."[100] Eugene Debs war entschlossen, sich davon nicht einschüchtern zu lassen. Diese einseitige Interpretation des Rechts durch die beteiligten Richter wurde 1895 in der Entscheidung des Obersten Gerichtshofs *In Re Debs* (158 U. S. 564) bestätigt.[101]

Die involvierten Bundesrichter Peter Stenger Grosscup (1852–1921) und William Allen Woods (1837–1901) begründeten den Erlass des *Omnibus Indictment* mit dem *Sherman Antitrust Act*.[102] Grosscup war auf Vorschlag von George Pullman für das Richteramt in Chicago nominiert und von Präsident Harrison eingesetzt worden.[103] Mit der weitgehenden Interpretation von Gewerkschaften und Streiks als „Verschwörungen" wurde die Möglichkeit der Gewerkschaften, kollektive Verhandlungen mit der Unternehmerseite zu führen und Forderungen mithilfe von Streiks durchzusetzen, effektiv begrenzt. Weigerungen, diese Verfügung zu befolgen, resultierten in Verhaftungen wegen Missachtung eines Gerichts und dem Verbot des Boykotts/Streiks. Die GMA tat alles, um den Streik zu dis-

---

99 Woods rechtfertigte seine Entscheidung in einem Aufsatz. Woods, William Allan. Injunction in the Federal Courts. Yale Law Journal. 1897; 6 (5):245–251.
100 Lindsey, The Pullman Strike, S. 162.
101 „The order of the Circuit Court finding the petitioner guilty of contempt and sentencing them to imprisonment was not a final judgment or decree. The government of the United States has jurisdiction over every foot of soil within its territory, and acts directly upon each citizen. While it is a government of enumerated powers, it has full attributes of sovereignty within the limits of those powers, among which are thepower over interstate commerce and the power over the transmission of the mails." 158 U. S. 564f.
102 William Woods und Peter Grosscup erließen eine einstweilige Verfügung, die sich auf das Recht der USA bezog, den Postverkehr zu kontrollieren. Der Streik greife die Kontrolle des Postverkehrs an und deshalb wurde die Gewerkschaft aufgefordert, „[to] desist and refrain from in any way or manner interfering with, hindering, obstructing or stopping" den Verkehr auf 22 Bahnlinien. Bancroft, Edgar Addison. *The Chicago Strike of 1894*. Chicago, IL: Gunthorp-Warren, 1895, S. 49.
103 Cahan, Richard. A Court That Shaped America: Chicago's Federal District Court from Abe Lincoln to Abbie Hoffman. Evanston, IL: Northwestern University Press, 2002, S. 41.

kreditieren. Die Presse überschlug sich: Schlagzeilen wie „Wild Riot in Chicago" waren noch harmlos.[104] Die Chicago Tribune titelte am 30. Juni 1894: „Mob Is in Control"[105] gefolgt von „Law Is Trampled On."[106] Besonders Eugene V. Debs zog sich den Zorn der Journalisten zu.

Justizminister Richard Olney (1835–1917), ein Rechtsanwalt mit engen Verbindungen zu Eisenbahnunternehmen, war entschlossen, den Streik mit allen Mitteln zu beenden. In Zusammenarbeit mit dem „Kriegskabinett" (Präsident Grover Cleveland, Generalmajor John M. Scholfield und Kriegsminister Daniel S. Lamont) arbeitete er eine militärische Lösung aus. Debs und andere Gewerkschaftsführer wurden verhaftet und Bundestruppen wurden angefordert, angeblich um den Transport der Post zu sichern. Armeeeinheiten wurden nach Chicago beordert und es wurde eine direkte telegraphische Kommunikationslinie zwischen dem Hauptquartier in Chicago und dem Weißen Haus etabliert, so dass der Präsident laufend unterrichtet wurde.[107]

Die Strategie ging auf. Der Einsatz der Armee wurde mit dem fortgesetzten Verstoß der Gewerkschaft gegen die einstweilige Verfügung begründet. Zwar widersetzte sich der Gouverneur des Staates, John Peter Altgeld, dem Einsatz des Militärs. Die Eisenbahnen seien in Schwierigkeiten, so der Gouverneur in einem Brief an den Präsidenten, nicht, weil kriminelle Handlungen vorlägen, sondern weil die Eisenbahngesellschaften keine Leute finden würden, die bereit wären, ihre Arbeit zu machen.[108] Als Cleveland sich weigerte, Altgelds Protest zur Kenntnis zu nehmen, verfasste der Gouverneur am 5. Juli 1894 ein langes Traktat an den Präsidenten, das ihn auf seinen Eid auf die amerikanische Verfassung hinwies.[109] In

---

104 New York Sun, July 6, 1894. Lindsey, The Pullman Strike, S. 310.
105 Lindsey, The Pullman Strike, S. 310.
106 Chicago Tribune, June 30, 1894. Papke, David Ray. Heretics in the Temple: Americans Who Reject the Nation's Legal Faith. New York: New York University Press, 1998, S. 91.
107 Lindsey, The Pullman Strike, S. 149.
108 Swinton, John. Striking for Life: Labor's Side of the Labor Question. The Right of the Workingman to a Fair Living. Evansville, IN: Keller, 1894, S. 440.
109 „Executive Office, State of Illinois, July 5, 1894.
Hon., Grover Cleveland, President United States, Washington.
Sir: I am advised that you have ordered Federal troops into service in the State of Illinois. Surely, the facts have not been correctly presented to you in the case, or you would not have taken this step, for it is entirely unnecessary, and, as it seems to me, unjustifiable. Waiving all questions of courtesy, I will say that the State of Illinois is not only able to take care of itself, but stands ready to-day to furnish the Federal Government any assistance it may need elsewhere. Our military force is ample, and consists of as good soldiers as can be found in the country. They have been ordered out promptly whenever and wherever they were needed." Protest of Governor Altgeld, of Illinois, in: Swinton, John. A Momentous Question: The Respective Attitudes of Labor and Capital. Philadelphia, PA: Keller, 1895, S. 434–441, S. 437.

einer weiteren Protestnote vom 6. Juli legte er sehr deutlich dar, dass das Verfassungsprinzip der Selbstregierung geachtet werden müsse.[110] In seinen beiden unnötig brüsken und kurzen Antworten vom 5. und 6. Juli 1894 fegte Cleveland die Einwände Altgelds zur Seite und wies auf seine Verpflichtung als Präsident hin, „[to] restore obedience to law and to protect life and property."[111]

Am 5. Juli marschierte die Armee in Chicago ein, begleitet von 3.000 *Federal Deputy Marshals*, die man eilends angeworben und hastig vereidigt hatte und die im Folgenden ihrem schlechten Ruf gerecht werden sollten.[112] Der Unternehmerverband GMA sah seine Strategie aufgehen: „It has now become a fight between the United States Government and the American Railway Union and we shall leave them to fight it out."[113]

Und das geschah auch. Bis zum Einsatz der Truppen war es in Chicago relativ ruhig geblieben. Die Marshals und *Agents Provocateurs* taten das Ihre, um die über den Militäreinsatz aufgebrachte Menge in Gewaltakte zu verwickeln. Debs sah sich mit dem Problem konfrontiert, seine Gewerkschafter nicht mehr kontrollieren zu können. Eisenbahnwaggons wurden blockiert und in Brand gesteckt. An einem einzigen Tag wurde Eigentum im Wert von 340.000 Dollar zerstört. Arbeiter wurden angeschossen, es gab Tote und Verletzte. Trotz Schüssen und aufgepflanzten Bajonetten ließen sich die Streikenden zunächst nicht den Schneid abkaufen. Debs wies zu Recht darauf hin, dass Soldaten keine Züge steuern konnten.[114] Auch wenn die Armee keinen einzigen Zug bewegen konnte,

---

110 „Your answer to my protest involves some startling conclusions, and evades the question at issue, which is that the principle of local self-government is just as fundamental in our institutions as is that of Federal supremacy[...]" Swinton, A Momentous Question, S. 441.

111 „Federal troops were sent to Chicago in strict accordance with the Constitution and laws of the United States, upon the demand of the Post Office Department that I obstruction of the mails should be removed, and upon the representations of the judicial officers of the United States that process of the Federal Courts could not be executed through the ordinary means, and upon abundant proof that conspiracies existed against commerce between the States. To meet these conditions, which are clearly within the province of Federal authority, the presence of Federal troops in the city of Chicago was deemed not only proper but necessary, and there has been no intention of thereby interfering with the plain duty of the local authorities to preserve the peace of the city." [...]"While I am still persuaded that I have neither transcended my authority nor duty in the emergency that confronts us, it seems to me that in this hour of danger and public distress discussion may well give way to active effort on the part of all in authority to restore obedience to law and to protect life and property." Cleveland's Reply, in: Swinton, A Momentous Question, S. 441f., 446.

112 Laurie und Cole, The Role of Federal Military Forces, S. 136f.

113 Salvatore, Eugene V. Debs, S. 131.

114 Morais, Herbert M. und Cahn, William. Gene Debs: The Story of a Fighting American. New York: International Publishers, 1980, S. 44.

erreichten die Kapitalseite und der Staat dennoch ihr Ziel. Die einstweilige Verfügung lähmte den Streik. Debs wurde mit anderen zusammen am 10. Juli verhaftet und wegen Missachtung des Gerichts rechtskräftig zu einer Gefängnisstrafe verurteilt. Der AFL unter Samuel Gompers weigerte sich, den Eisenbahnern und dem Streik zu Hilfe zu kommen. Ihm schmeckte die ganze Idee der Industriegewerkschaft nicht und er sah in dem Streik ein Mittel, die ARU ein für alle Mal zu zerschlagen.[115] Der geplante Generalstreik scheiterte, die ARU-Funktionäre saßen im Gefängnis und der Streik kollabierte innerhalb weniger Tage. Pullman wurde wiedereröffnet, diesmal mit einer neuen Belegschaft. 1.600 ehemalige Beschäftigte verloren ihre Stelle und damit auch ihre Unterkunft.

Im Nachgang untersuchte eine Kommission der Regierung den Streik und vernahm zu diesem Zwecke 107 Zeugen, von Arbeitern in der Fertigung bis hin zu George Pullman selbst. Pullman zeigte sich in einem anderen Licht als zuvor: Störrisch und selbstgerecht hatte er keine Zweifel an der Rechtmäßigkeit seines Vorgehens und an den Aktionen des Unternehmerverbandes. Arbeiter hätten nicht das Recht, sich gewerkschaftlich zu organisieren. Er verteidigte seine Position bis zuletzt: „If we were to receive these men as representatives of the union they could probably force us to pay any wages which they saw fit."[116]

In seiner Gefängniszelle nutzte Debs die Zeit, um die Gründe für die Niederlage zu analysieren. Die Unternehmer wurden von Staat, Gerichten und der Armee unterstützt: Streiks würden sich in der nächsten Zeit nicht lohnen, dafür waren die Karten zu ungerecht verteilt. Die Lösung lag in der Übernahme des Staates durch die Arbeiter und Arbeiterinnen selbst. Debs war als Gewerkschafter ins Gefängnis gekommen; er verließ es als Sozialist. Nach einem kurzen Zwischenspiel bei den Populisten gründete er mit anderen 1900 die *Social Democratic Party of America* und ließ sich fünfmal zum Präsidentschaftskandidaten dieser Partei aufstellen, das letzte Mal im Jahr 1920 aus einer Gefängniszelle, weil er sich gegen den Eintritt der Vereinigten Staaten in den Ersten Weltkrieg ausgesprochen hatte.

Die *Labor Wars* der 1890er Jahre endeten in der Regel bitter für die Streikenden, egal wo: Von Homestead über Coeur d'Alene, von Pullman bis Cripple Creek sahen sich Arbeitende Menschen einer Phalanx von Staat und Kapital gegenüber, gegen die sie zwar anrennen, die sie aber nicht durchbrechen konnten. Für die Politik hielten diese Streiks aber auch einige Lehren bereit. Angesichts der populistischen Agitation, der wirtschaftlichen Probleme durch Überproduktion vor und in der Rezession von 1893 bis 1897 und der offensichtlichen Bereitschaft eines Teils der Arbeiterklasse, einen höheren Anteil an den Erfolgen des ameri-

---

115 Salvatore, Eugene V. Debs, S. 135.
116 United States and Strike Commission. Report on the Chicago Strike, 1895, S. xxvi.

kanischen Kapitalismus zu fordern, befürwortete eine bestimmte Fraktion der politischen und wirtschaftlichen Elite die Flucht nach vorne im Sinne der Konzentration auf „äußere Probleme", mit dem Ziel der Diversion im Innern. Ein solches Vorgehen bot verschiedene Vorteile: Die wirtschaftlichen Probleme der USA nach 1893 hätten durch außenpolitische Aktionen nicht nur überdeckt, sondern auch entschärft werden können. Damit hätten auch die Arbeiterschaft und die unbotmässigen Populisten eingebunden werden können. Rassifizierte Konflikte in der Peripherie hätten von den Klassenkonflikten im Innern ablenken können. Eine derartige Diversion bedurfte aber bestimmter Voraussetzungen. Wie die Politikwissenschaftler Patrick James und Athanasios Hristoulas betont haben, bedarf es für eine Ablenkung dieser Art eine gewisse Vorlaufzeit. Außerdem muss die Möglichkeit, innere Probleme mit innenpolitischen Mitteln zu lösen, ausgeschöpft worden sein. Es „lohnt" sich für die Eliten nicht, wegen kleinerer innerer Konflikte einen Krieg oder eine größere außenpolitische Intervention in Gang zu setzen.[117] Beide Autoren betonen auch den Aspekt der Hysterese bei diesen Vorgängen, also dem Bestehenbleiben einer Wirkung, nachdem die verursachende Kraft aufhört.[118] Bruce Bueno de Mesquita spricht sogar davon, „international relations as a form of domestic politics" zu untersuchen.[119] Der Wirtschaftsjournalist und Finanzfachmann Charles Arthur Conant (1861–1915) verband die „Notwendigkeit" der imperialen Expansion der USA mit wirtschaftlichen und rassistischen Gründen. Für ihn war Imperialismus die natürliche, notwendige und letztlich auch positive Konsequenz des Kapitalismus:

> „This new movement [imperialism, M.H.] is not a matter of sentiment. It is the result of a natural law of economic and race development. The great civilized peoples have to-day at their command the means of developing the decadent nations of the world. This means, in its material aspects, is the great excess of saved capital which is the result of machine production."[120]

Conant begründet seine Parteinahme für eine imperiale Politik der Vereinigten Staaten mit dem Gesetz der „diminishing returns", dem Gesetz vom abnehmenden Grenznutzen.

---

117 James, Patrick und Hristoulas, Athanasios. Domestic Politics and Foreign Policy: Evaluating a Model of Crisis Activity for the United States. The Journal of Politics. 1994; 56 (2):327–348.
118 James, Patrick und Hristoulas, Athanasios. Domestic Politics, S. 337.
119 Bueno de Mesquita, Bruce. Domestic Politics and International Relations. International Studies Quarterly. 2002; 46 (1):1–9, S. 7.
120 Conant, Charles A. The Economic Basis of „Imperialism." The North American Review. 1898 Sep 1; 167 (502):326–340, S. 326.

"The United States cannot afford to adhere to a policy of isolation while other nations are reaching out for the command of these new markets. The United States are still large users of foreign capital, but American investors are not willing to see the return upon their investments reduced to the European level. Interest rates have greatly declined here within the last five years. New markets and new opportunities for investment must be found if surplus capital is to be profitably employed."[121]

Die Frage, welche Form dieser „Imperialismus" annehmen solle, war dabei für ihn nachrangig:

"Whether this policy carries with it the direct government of groups of half-savage islands may be a subject for argument, but upon the economic side of the question there is but one choice – either to enter by some means upon the competition for the employment of American capital and enterprise in these countries, or to continue the needless duplication of existing means of production and communication, with the glut of unconsumed products, the convulsions followed by trade stagnation, and the steadily declining return upon investments which this policy will invoke."[122]

Conant war beileibe kein einsamer Rufer in der Wüste. 1897/98 nahmen die Publikationen, die nach einem amerikanischen Empire riefen oder es in Bausch und Bogen verdammten, dramatisch zu.[123] Theodore Corsson Search (1841–1920), Vorsitzender der *National Association of Manufacturers* (NAM), veröffentlichte 1896 eine Denkschrift, in der er eindrücklich die Notwendigkeit der Erschließung neuer Märkte anmahnte.[124] Auf dem Binnenmarkt verhindere die Wirtschaftskrise entsprechende Absätze, gleichzeitig seien Löhne und Rohstoffpreise deutlich gesunken, wodurch amerikanische Endprodukte deutlich wohlfeiler auf den Markt gebracht werden könnten. Die Gründung der NAM 1895 auf dem Höhepunkt der Wirtschaftskrise war weitgehend das Werk des späteren US-Präsidenten William McKinleys (1843–1901) und der Republikaner.[125]

Thomas J. McCormick hat zeigen können, wie die doppelte Belastung von Wirtschaftskrise und Überproduktion dazu geführt hat, dass Vertreter der Wirtschaftskreise in Washington vorstellig wurden, um Absatzmärkte außerhalb der

---

121 Conant, Charles A. The Economic Basis, S. 338 f.
122 Conant, Charles A. The Economic Basis, S. 339.
123 Wehler, Der Aufstieg des amerikanischen Imperialismus, S. 29 f.
124 Search, Theodore C. Our Trade with South America. The North American Review. 1896 Dec 1; 163 (481):716–724. LaFeber, The New Empire, S. 373.
125 Martin, Cathie J. und Swank, Duane. The Political Construction of Business Interests: Coordination, Growth, and Equality. Cambridge, New York: Cambridge University Press, 2012, S. 95–97. Go, Julian. Patterns of Empire: The British and American Empires, 1688 to the Present. New York: Cambridge University Press, 2011, S. 221.

USA zu öffnen. Zugang zum chinesischen Markt bedeutete nach Auffassung dieser Lobbyisten nicht nur wirtschaftliche Prosperität, sondern auch interne politische Stabilität.[126] Es ist hier nicht die Stelle, um die zahlreichen Argumente für die ökonomischen Ursachen des amerikanischen Imperialismus zu wiederholen und eine derartige Zusammenstellung würde das angestrebte Narrativ der Pfadabhängigkeit auch in unzulässiger Weise verkürzen.[127] Schließlich sind kulturelle wie politische Gründe ebenso ausschlaggebend gewesen. Der Diskurs der (rassifizierten) Überlegenheit ist ein notwendiges, aber nicht hinreichendes Substrat des imperialen Ausgreifens. Gleichzeitig diente ein ausgeprägter Rassismus als ein wichtiges Argument gegen einen „formalen" Imperialismus, da Angehörige von Gruppen, die als minderwertig konstruiert wurden, am Betreten der Vereinigten Staaten gehindert werden sollten. Expansionsgelüste waren kein Widerspruch zum Humanismus; beide stellten vielmehr zwei Seiten derselben Medaille dar, wie Robert Dallek betont hat.[128]

---

[126] McCormick, Thomas J. China Market: America's Quest for Informal Empire, 1893–1901. Chicago, IL: I.R. Dee, 1990.

[127] William A. Williams gehörte zu den frühen Vertretern einer Auffassung, die hinter den wirtschaftlichen Problemen des Landes – allen voran im agrarischen Sektor – die Ursachen für die amerikanische Expansion nach Übersee vermuteten. Williams, William Appleman. The Roots of the Modern American Empire: A Study of the Growth and Shaping of Social Consciousness in a Marketplace Society. New York: Random House, 1969. William Becker gehörte wie Julius Pratt zu den Historikern, die die ökonomischen Argumente bei der Genese des amerikanischen *Empire* herunterspielen Becker, William H. 1899–1920: America Adjusts to World Power. In: Becker, William H. und Wells, Samuel F. (Hg.). Economics and World Power: An Assessment of American Diplomacy since 1789. New York: Columbia University Press, 1984, S. 173–223. Autoren wie Philip S. Foner, Patrick J. Hearden, Walter LaFeber, Carl Parrini und Martin Sklar betonen hingehen die ökonomische Motivation für den Krieg gegen Spanien. Besonders Sklar hat zeigen können, wie sehr die National Association of Manufacturers sich für die Erschließung externer Märkte eingesetzt hat und damit Pratts These vom Desinteresse der Wirtschaft am Krieg von 1898 entscheidende Argumente entgegengesetzt. Parrini, Carl P. und Sklar, Martin J. New Thinking about the Market, 1896–1904: Some American Economists on Investment and the Theory of Surplus Capital. The Journal of Economic History. 1983 Sep 1; 43 (3):559–578. Sklar, Martin J. The N. A. M. and Foreign Markets on the Eve of the Spanish-American War. Science & Society. 1959 Apr 1; 23 (2):133–162.

[128] Dallek, Robert. The American Style of Foreign Policy: Cultural Politics and Foreign Affairs. New York: Knopf. Distributed by Random House, 1983, S. 9.

7.4 Wirtschaftskrise und Kritik am Wertesystem des Industriekapitalismus, 1893–1894

„A fearful crisis is upon us; countless thousands of our fellow men are unemployed; men, women and children are suffering the pangs of hunger!"[129] Dieser Beurteilung durch eine arbeiterfreundliche Zeitschrift konnte sich auch der Eisenbahnunternehmer und Syndikus Cornelius Vanderbilts Chauncey Depew (1834–1928) anschließen: „I have been through all the panics of the last thirty years", schrieb er, „but I have never seen one in which the distress was so widespread and reached so many people."[130]

Tabelle 12: Geschätzte Arbeitslosigkeit in Prozent[131]

Jahr	Lebergott	Romer
1890	4.0	4.0
1891	5.4	4.8
1892	3.0	3.7
1893	11.7	8.1
1894	18.4	12.3
1895	13.7	11.1
1896	14.5	12.0
1897	14.5	12.4
1898	12.4	11.6
1899	6.5	8.7
1900	5.0	5.0

Die Gründe für die Wirtschaftskrise von 1893 waren vielfältig. Zum einen gab es ein deutliches Überangebot an Eisenbahnen, von denen viele ja nur aus Spekulationsgründen gebaut worden waren. Die finanzielle Grundlage etlicher dieser Eisenbahngesellschaften war höchst labil. Als das Eisenbahnbaufieber nachließ, kam es zum Zusammenbruch etlicher Banken, die wiederum andere Banken mit sich in den Abgrund zogen. Auslösender Faktor der Panik war der Zusammenbruch der *Philadelphia and Reading Railroad*, die zu den unterfinanzierten Eisenbahngesellschaften gehörte. Investoren stießen hastig ihre Aktien ab, Banken terminierten fieberhaft ihre Kredite, so dass weitere Banken und Eisenbahnen in

---

[129] Foner, History of the Labor Movement, Band 2, S. 236.
[130] Schwantes, Carlos A. Coxey's Army: An American Odyssey. Lincoln, NE: University of Nebraska Press, 1985, S.13.
[131] Romer, Christina. Spurious Volatility in Historical Unemployment Data. Journal of Political Economy. 1986; 94 (1):1–37.

Mitleidenschaft gezogen wurden. Anleger zogen ihre Gelder aus den Banken ab, mit der Konsequenz, dass Bargeld bald sehr knapp wurde. Gleichzeitig war die Krise von 1893 eine Weltwirtschaftskrise, die Auswirkungen von London bis Buenos Aires zeitigte. Gold wurde auf den internationalen Märkten so knapp, dass die Banken sich weigerten, weiterhin Silber gegen Gold einzutauschen. Mehr als 15.000 Firmen und 500 Banken brachen zusammen, von denen viele im Westen der USA lagen. Nach den Arbeiterinnen und Arbeitern waren die Angehörigen der Mittelschicht am härtesten betroffen, weil sie ihre Hypothekenschulden nicht abbezahlen konnten und deshalb ihre Häuser aufgeben mussten. Die Preise für Baumwolle und Weizen fielen stark (siehe Tabelle 10), was den ohnehin gebeutelten Farmern schadete. Aber auch der *Sherman Silver Purchase Act* von 1890 und der protektionistische *McKinley Tariff* vom gleichen Jahr haben zur Tiefe der Krise beigetragen.[132] Der *Sherman Silver Purchase Act* of 1890 vergrößerte die Menge an Silber, die der Bund anzukaufen gehalten war, auf 4,5 Millionen Unzen oder 128.000 kg im Monat. Das Gesetz war erlassen worden, um die Beschwerden der Farmer im Westen und die Vorwürfe der Silberproduzenten zu entkräften. Die Ausgabe von im Vergleich zum Gold überbewerteter Silberwährung sollte inflationäre Tendenzen fördern, die es den Farmern ermöglichen würden, ihre Schulden schneller zurückzuzahlen. Die Minengesellschaften förderten ein Überangebot an Silber, das auch für die Prägung ausländischer Münzen, namentlich indischer, benötigt wurde. Mit der Aufkündigung der Ausmünzung von Silber durch den indischen Raj 1893 fiel ein wichtiger Kunde der Minenunternehmen auf dem Weltmarkt weg.[133] Die Preise für Silber fielen unter die Produktionskosten. Der Ankauf des Silbers durch die Regierung sollte der Industrie aus der Patsche helfen. Ob der massenhafte Ankauf von Silber zu den Ursachen der Krise von 1893 gezählt werden kann, ist allerdings umstritten. Immerhin sorgten die Ausprägung von Silbermünzen und die Ausgabe von in Gold einzulösenden Silberzertifikaten für den Abfluss der Goldreserven der Bundesregierung und trugen so zu den Problemen des volatilen Finanzsystems bei.[134]

Der protektionistische *McKinley Tariff* von 1890 setzte die Einfuhrzölle auf über 48 Prozent und nutzte so der Industrie. Andere Nationen konterten ihrerseits mit der Heraufsetzung von Importzöllen, die dem Absatz amerikanischer

---

[132] Steeples, Douglas W. und Whitten, David O. Democracy in Desperation: The Depression of 1893. Westport, CT: Greenwood Press, 1998, S. 30, 58–60.

[133] Kazuko, Furuta. Inchon Trade: Japanese and Chinese Merchants and the Shanghai Network. Sugiyama, S. und Grove, Linda (Hg.). Commercial Networks in Modern Asia. Abingdon: Routledge, 2013, S. 71–95, S. 88.

[134] Agger, Eugene E. Our Large Change: The Denominations of the Currency. The Quarterly Journal of Economics. 1918 Feb 1; 32 (2):257–277, S. 266–270.

7.4 Wirtschaftskrise und Kritik am Wertesystem des Industriekapitalismus — 411

Waren im Ausland schadeten.[135] Zwar war das Gesetz mit einer Reziprozitätsklausel versehen, die die Absenkung der Zolltarife für Nationen in Lateinamerika im Austausch für die Absenkung ihrer Zölle vorsah, doch die durch und durch protektionistische Grundidee des Gesetzes muss man dennoch herausstellen.[136] Initiator des Gesetzes war der zukünftige republikanische Präsident William McKinley, der das Gesetz im Tausch für den von den Republikanern abgelehnten *Sherman Silver Purchase Act* durchbrachte.[137] Das Zollgesetz schadete amerikanischen Farmern, da es die Preise für importierte Farmmaschinen nach oben trieb, den Verfall der Preise für Rohstoffe aber nicht aufhalten konnte. 1894 wurde der *McKinley Tariff* leicht modifiziert, 1897 kehrte man wieder zu prohibitionistischen Einfuhrzöllen zurück.[138]

Die Krise, die im Frühjahr 1893 begann, dauerte mehr als vier Jahre. Bis zu 20 Prozent der erwerbstätigen Bevölkerung verloren ihre Stellen und ihre Unterkunft. Der sogenannte *Tramp*, ein Erwerbsloser auf Suche nach Arbeit, wurde zu einer typischen Erscheinung.[139] Der Gouverneur von Kansas, der Populist Lorenzo D. Lewelling (1846–1900), war einer der wenigen, die sich der *Tramps* annahmen. Er veröffentlichte ab Dezember 1893 ein *tramp circular*.[140] In seinem Flugschreiben griff er die *Vagrancy Laws* an,

> [that imprisoned] thousands of men, guilty of no crime but poverty, intent upon no crime but that of seeking employment, have languished in the city prisons of Kansas or performed [...] toil [...] as municipal slaves, because ignorance of economic conditions had made us cruel.[141]

In Ermangelung der einfachsten staatlichen Maßnahmen der Sozialhilfe fiel die Versorgung arbeitsloser und obdachloser Familien privaten und kirchlichen Hilfsorganisationen zu. Etliche Stadtverwaltungen versuchten zu helfen, so gut

---

135 Irwin, Douglas A. Higher Tariffs, Lower Revenues? Analyzing the Fiscal Aspects of „The Great Tariff Debate of 1888." NBER Working Papers 6239. 1997:1–23. Palen, Marc-William. Protection, Federation, and Union: The Global Impact of the McKinley Tariff upon the British Empire, 1890–1894. Journal of Imperial and Commonwealth History. 2010; 38 (3):395–418.
136 Palen, Marc-William. The Imperialism of Economic Nationalism, 1890–1913. Diplomatic History. 2015; 39 (1):157–185, S. 163f.
137 Cashman, America in the Gilded Age, S. 268. Stern, Clarence Ames. Protectionist Republicanism: Republican Tariff Policy in the McKinley Period. Oshkosh, WI: 1971.
138 Terrill, Tom E. The Tariff, Politics, and American Foreign Policy, 1874–1901. Westport, CT: Greenwood Press, 1973, S. 184.
139 Steeples und Whitten, Democracy in Desparation, S. 135–138.
140 Pollack, The Populist Response, S. 35. Wyman, Mark. Hoboes: Bindlestiffs, Fruit Tramps, and the Harvesting of the West. New York: Hill and Wang, 2010, S. 267.
141 Pollack, The Populist Response, S. 34.

es ging, und auch die Gewerkschaften taten das Ihre, um die allergrößte Not zu hindern.[142] New York City gab bis 1898 mehr als drei Millionen Dollar zur Unterstützung privater und kirchlicher Hilfsorganisationen aus.[143] Die Stadt ernährte im Winter 1893 auch rund 85.000 Arbeitslose durch improvisierte Suppenküchen.[144] Die Bundesstaaten und der Bund hatten nicht einen Cent für diese Zwecke übrig. Den Vorstellungen der Sozialdarwinisten und den Anhängern des Laissez-Faire-Kapitalismus entsprechend, glaubte die Mehrheit der amerikanischen Bevölkerung, Wohlfahrtsprogramme der Regierung seien nicht angemessen und führten zur Unterminierung der Arbeitsmoral und zur Heranzüchtung von „Schwachen".[145]

Der Präsident der Stanford University, David Starr Jordan (1851–1931), schrieb 1902, auf dem Höhepunkt der eugenischen Agitation:

> Indiscriminate charity has been a fruitful cause of the survival of the unfit. To kill the strong and to feed the weak is to provide for a progeny of weakness.[146]

Die privaten und kirchlichen Hilfsorganisationen waren bald mit der Masse an Hilfsbedürftigen überfordert. Suppenküchen linderten die schlimmste Not. Auf dem Höhepunkt der Krise riefen Stimmen nach einer stärkeren Rolle des Bundes. Die AFL erklärte:

> Resolved, that the right to work is the right to life, that to deny the one is to destroy the other. That when the private employer cannot or will not give work the municipality, state, or nation must.[147]

Der Diskurs um das „Arbeiterproblem" wurde verstärkt durch die Vorgänge um die sogenannte Coxey's Army von 1894. Jacob S. Coxey war ein reicher Geschäftsmann aus Ohio und ein Anhänger des Populismus. Er hatte sich vehement dafür eingesetzt, den Arbeitslosen und Hungernden der Depressionsjahre nach 1893 zu helfen und zwar mit staatlichen Mitteln. Ausgehend von Massillon, Ohio,

---

142 Warner, Amos Griswold. American Charities: A Study in Philanthropy and Economics. New York, Boston, MA: T. Y. Crowell & Co, 1894.
143 Ruswick, Brent. Almost Worthy: The Poor, Paupers, and the Science of Charity in America, 1877–1917. Bloomington, IN: Indiana University Press, 2013, S. 106.
144 Morris, Patricia McGrath. An Evaluation of the Nutritional Quality of Meals Served in Soup Kitchens in New York State and an Examination of the Factors That Determine Quality. Dissertation, Ithaca, NY: Cornell University, 1988, S. 157.
145 Ruswick, Brent. Almost Worthy, S. 26, 163, 190.
146 Jordan, David Starr. The Blood of the Nation: A Study of the Decay of Races through Survival of the Unfit. Boston, MA: American Unitarian Association, 1902, S. 32.
147 Steeples and Whitten, Democracy in Desperation, S. 117.

organisierte er am 25. März 1894 einen Marsch auf Washington, der von nationaler Presse und öffentlicher Aufmerksamkeit begleitet wurde. Der Marsch rief diejenigen auf den Plan, die in ihm ein Sicherheitsrisiko sahen und befürchteten, die Demonstration könne außer Kontrolle geraten. Die sogenannte Armee Coxeys erreichte schließlich Washington DC und kampierte in der Stadt. Coxey wurde mit einigen seiner Anhänger verhaftet und die ganze Sache endete ziemlich unrühmlich, denn der Kongreß weigerte sich, sich mit dem Problem der Arbeitslosigkeit auseinander zu setzen.[148]

Massen erwerbsloser Amerikaner waren im Frühjahr nach Washington, DC marschiert, um Aufmerksamkeit für ihre Situation zu wecken und den Kongress um Hilfe zu bitten. Von so entlegenen Städten wie Seattle, San Francisco oder aus Denver, Colorado, hatten sich Hunderte von Arbeitslosen dem Treck nach Osten angeschlossen. Jacob S. Coxey aus Massilon, Ohio, war der Anführer der größten Gruppe. Als wohlhabender Industrieller glaubte er, ein Patent für das Ende der Arbeitslosigkeit gefunden zu haben:

> What I am after is to try to put this country in a condition so that no man who wants work shall be obliged to remain idle.[149]

Er schlug Straßenbauprogramme vor, bei denen Arbeitslose eingesetzt werden sollten. Als ehemaliger Anhänger der Greenback-Bewegung zur Einführung der Bona-Fide-Papierwährung wollte er sein Infrastrukturprogramm durch die Ausgabe von Papiergeld und zinslosen Regierungsanleihen finanzieren. Seine Ideen wurden von der AFL und den Populisten unterstützt.

Coxey hatte seinen Marsch in Ohio gestartet, was den Vorteil hatte, dass die Entfernung nach Washington nicht übermäßig groß war. Mit 100 Menschen war er losmarschiert, wobei diese „Armee" täglich neue Mitglieder rekrutierte. Selbst in den winterkalten Alleghenies waren Anhänger zu ihm gestoßen. In Homestead kamen mehrere Hundert von der Aussperrung betroffene Arbeiter hinzu. Coxey nannte seine Unterstützer nicht Armee, sondern „the Commonweal of Christ".[150]

---

148 Tragle, Henry Irving. Coxey's Army. New York: Grossman Publishers, 1974. Hammond, Virgie Lee. 500 Rebels with a Cause: Coxey's Army Bound for Washington, DC. Quincy, IL: Mid-West Press, 1989. McMurry, Donald Le Crone. Coxey's Army: A Study of the Industrial Army Movement of 1894. New York: AMS Press, 1970. Schwantes, A. Coxey's Army.
149 Schwantes, Coxey's Army, S. 21.
150 Folsom, Franklin. America before Welfare. New York: NYU Press, 1996, S. 182–183. Alexander, Benjamin F. Coxey's Army: Popular Protest in the Gilded Age. Baltimore, MD: Johns Hopkins University Press, 2015, S. 56.

Am 1. Mai 1894 erreichte *Coxey's Army* Washington.[151] Die Demonstrierenden durften sich zwar in der Stadt bewegen, hatten aber die Bannmeile um das Kapitol zu respektieren. Coxey setzte sich über dieses Gebot hinweg. In Auseinandersetzungen mit der Polizei kam es zu gewaltsamen Ausschreitungen und Verhaftungen. Coxey wurde 20 Tage weggesperrt und musste eine Geldstrafe von fünf Dollar bezahlen, weil er auf dem Kongressrasen herumgelaufen war.[152] Seine Petition konnte er dem Kongress indessen nicht präsentieren.[153]

Massendemonstrationen arbeitsloser Menschen versetzten die wohlhabenderen Bürgerinnen und Bürger in Panik. 1894 lagen Aufstände und Rebellionen in der Luft, schien es. Die Verhaftung Coxeys und seiner Kollegen nährte die Hoffnung auf ein baldiges Ende der Demonstrationen. Doch befanden sich noch etwa 5.000 Demonstranten auf dem Weg nach Washington. Weil sie sich keinen Zugfahrschein leisten konnten, fuhren sie schwarz in den Güterwaggons der Eisenbahnen. Die besonders Mutigen unter ihnen leiteten ganze Züge um und erweckten damit die schlimmsten Befürchtungen. Das Privateigentum schien unmittelbar bedroht. Gouverneure in den Staaten des Mittleren Westens stellten den Demonstranten Sonderzüge zur Verfügung, um die potentiell gefährlichen Mitglieder von *Coxey's Army* so schnell wie möglich durch den eigenen Staat zu schleusen. Der Gouverneur von Kansas, Lorenzo D. Lewelling, setzte außerdem die *Vagrancy Laws* seines Staates wegen Verfassungswidrigkeit außer Kraft – ein mutiger Schritt – und wies seine Untergebenen an, nicht gegen die Mitglieder der Bewegung vorzugehen.[154] Sensationslüsterne Journalisten taten wenig, um objektiv über die Bewegung zu berichten.[155] Sie ergingen sich in einer militaristischen Sprache, bezeichneten die Demonstranten als Soldaten und sprachen von sich als „Kriegskorrespondenten". Durch diese Berichte erhielt die friedliche Bewegung etwas sehr Bedrohliches und die Berichterstattung unterstrich den Topos der *Res Publica Amissa*.

Im August lösten sich die verlumpten Regimenter der Armee auf. Politisch hatte die Bewegung nichts erreicht. Der Staat hatte keine Gesetze verabschiedet, um die Situation der Arbeitssuchenden zu verbessern. Doch demonstrierte die Bewegung das Potential einer Gruppe von Menschen, die zusammenhielten und politisch etwas verändern wollten. Zumindest die Teilnehmerinnen und Teilnehmer des Marsches hatten etwas gelernt in dieser „living, moving object

---

151 Alexander, Benjamin F. Coxey's Army, S. 97.
152 Alexander, Benjamin F. Coxey's Army, S. 101.
153 Folsom, America before Welfare, S. 185.
154 Alexander, Benjamin F. Coxey's Army, S. 38.
155 Alexander, Benjamin F. Coxey's Army, S. 55.

lesson."[156] Coxeys heruntergekommene „soldiers of misfortune" konnten diejenigen, auf die sie auf unterwegs trafen, aus erster Hand informieren und verwickelten viele der Zaungäste in Diskussionen.[157] Obwohl die Presse im Osten der USA Coxey und seine zusammengewürfelte Gruppe verspottete, waren auch die Journalisten sich im Klaren darüber, dass etwas nicht stimmte im Land. Wie das Aufbegehren der Populisten stellte auch der Marsch Coxeys und seiner Leute das Wertesystem des Industriekapitalismus in Frage und legte offen, welche Möglichkeiten den Bürgerinnen und Bürgern gegeben waren, sich außerhalb der eingefahrenen Wege herkömmlicher Parteipolitik politisch zu engagieren.

7.5 Lock-in 8: Das Scheitern der „Partei des Volkes", 1896

„We meet in midst of a nation brought to the verge of moral, political, and material ruin."[158] Diese Sätze aus dem Parteiprogramm der *People's Party* fassten die Lagebeurteilung aus Sicht der Populisten treffend zusammen. Die Parteidelegierten trafen sich im Juli 1892 in Omaha, um eine nationale Wahlliste zusammenzustellen.[159] Die sehr ausführliche Präambel des Wahlprogramms stellte einen Beschwerdekatalog zusammen, der diese Diagnose vertiefte:

> Corruption dominates the ballot-box, the legislatures, the Congress, and touches even the ermine of the bench. The people are demoralized; most of the States have been compelled to isolate the voters at the polling places to prevent universal intimidation or bribery. The newspapers are largely subsidized or muzzled, public opinion silenced, business prostrated, our homes covered with mortgages, labor impoverished, and the land concentrating in the hands of the capitalists. [...]. The fruits of the toil of millions are boldly stolen to build up colossal fortunes for a few [...]. From the same prolific womb of governmental injustice we breed the two great classes – tramps and millionaires.[160]

Eine fast apokalyptische Grundstimmung beherrschte den Parteitag: Die Welt war aus den Fugen, die Katastrophe stand bevor. Sprache und Rhetorik des Parteiprogramms war gesättigt mit quasi-religiösen Anspielungen und teilte die Welt

---

156 Schwantes, Coxey's Army, S. 222.
157 Schwantes, Coxey's Army, S. 254.
158 Ostrogorski, Moissei Jakowlewitsch. Democracy and the Organization of Political Parties. New York: Haskell House Publishers, 1970, 2 Bände, Band 2, S. 457, FN 1.
159 Preamble of the Populist Party of 1892. In: Hakim, Joy. A History of Us: Sourcebook and Index. Documents that Shaped the American Nation. New York: Oxford University Press, 2002, S. 185.
160 Zinn, Howard und Arnove, Anthony. Voices of a People's History of the United States. New York: Seven Stories Press, 2004, S.229.

in Gut und Böse ein. In der Analyse der Geld- und Finanzpolitik der USA durch Ignatius Donnelly, den Verfasser der Präambel, war die Rede von einer „vast conspiracy against mankind". Donelly warnte vor „[...] terrible social convulsions, the destruction of civilization."[161] Um derartige Gefahren abzuwenden, müssten die Populisten „[...] restore the government of the Republic to the hands of ‚the plain people', with whose class it originated."[162]

Die Delegierten, die in Omaha am 4. Juli eintrafen, kamen auf Pferdewagen, auf Ochsenkarren und zu Fuß. Eine Zugfahrt konnten sich die wenigsten leisten.[163] Der üblicherweise für politische Delegierte reduzierte Fahrpreis war den Populisten nicht zugutegekommen. Die Manager der Eisenbahnunternehmen hatten wohl das Programm der Populisten vom Parteitag in St. Louis wenige Monate zuvor genau studiert.

Die *Farmers' Alliance*, die Überlebenden der *Grange*, die *Knights of Labor* und die WCTU waren alle mit dabei.[164] Abwesend war Leonidas L. Polk (1837–1892), der Präsidentschaftskandidat der Partei. Er war überraschend gestorben und zahlreiche Persönlichkeiten bemühten sich um seine Nachfolge. Man einigte sich schließlich auf den ehemaligen Republikaner James Baird Weaver aus Iowa, einen General a.D. der US-Armee, der 1880 für die Greenback-Labor-Partei kandidiert hatte. Um kein Nord-Südgefälle entstehen zu lassen, wurde als Kandidat für das Amt des Vizepräsidenten der ehemalige Major der Rebellenarmee James G. Field (1826–1901) aufgestellt. Der Bürgerkrieg warf mehr als 30 Jahre nach seinem Beginn immer noch einen langen Schatten – auch innerhalb der *People's Party*. Viele Südstaatendemokraten brachten es nicht übers Herz, mit der Demokratischen Partei, der „party of the fathers", zu brechen und nahmen deshalb am Parteitag auch nicht teil.

Wie es seiner prinzipientreuen Partei entsprach erhielten nicht die Spitzenkandidaten die größte Aufmerksamkeit, sondern das Wahlprogramm. Als der Versammlungsleiter die Liste der Forderungen verlas, die auf dem Programmparteitag in St. Louis im Februar des Jahres verabschiedet worden waren, brach unter den Delegierten fast ein Tumult aus. Einen Ostküstenjournalisten, der dem Parteitag beiwohnte, mutete das Ganze wie eine Wiederholung der Französischen Revolution an.[165] Die Ostküstenpresse tat alles, um die Populisten zu diskredi-

---

161 Zinn, Howard und Arnove, Anthony. Voices of a People's History, S. 229.
162 Zinn, Howard und Arnove, Anthony. Voices of a People's History, S. 230.
163 Goodwyn, The Populist Moment, S. 171.
164 Gerteis, Joseph. Class and the Color Line: Interracial Class Coalition in the Knights of Labor and the Populist Movement. Durham, NC: Duke University Press, 2007.
165 Brands, The Reckless Decade, S. 196.

tieren. Für sie waren die Anhänger der Partei „[…] cranks, lunatics, and idiots."[166] Selbstgerechte Autoren taten die Partie als „calamity howlers" ab. Die Verleihung ehrabschneidender Spitznamen wie „Sockless" Jerry Simpson, Davis „Bloody Bridles" Waite und James H. „Cyclone" Davis tat ein Übriges, um dem Ruf der Populisten zu schaden. Diese wehrten sich: Lorenzo Lewelling as Kansas bemerkte: „They say that I am a ‚calamity howler'. If that is so I want to continue to howl until those conditions are improved […]."[167] Mary Elizabeth Lease reagierte auf den Vorwurf, eine Kommunistin zu sein, unerschrocken: „You may call me an anarchist, a socialist or a communist, I care not, but I hold to the theory that if one man has not enough to eat three meals a day and another man has $25,000,000, that last man has something that belongs to the first."[168]

Die Populisten erhielten immerhin mehr als eine Million Stimmen in der Wahl von 1892, was für eine neue Partei eine ganze Menge ist. Sie besetzten drei Gouverneursposten, zehn Sitze in Kongress und sie gewannen 22 Wahlmännerstimmen zur Wahl des Präsidenten im Electoral College. Auf regionaler Ebene konnten sie 50 Stellen in der Administration einzelner Bundesstaaten besetzen und mehr als 1.500 Lokalpolitiker der Populisten fanden sich auf Stellen der Counties wieder. Durch Zusammenarbeit mit der jeweiligen Oppositionspartei – den Demokraten im Westen und den Republikanern im Süden – konnten sie die Balance des bisherigen Zweiparteiensystems stören und auch auf nationaler Ebene ihre Ziele teilweise verwirklichen. Allerdings bedeutete dies auch, dass sie inhaltliche Konzessionen machen mussten, die einer prinzipienfesten Partei schwerer fielen als den etablierten Großparteien. So führte die Zusammenarbeit der Populisten mit den Republikanern in North Carolina zur sogenannten Fusion, mithilfe derer etliche afro-amerikanische Politiker Einfluss auf ihren Staat ausüben konnten, was etlichen Mitgliedern der *People's Party* sehr missfiel und die Partei dem Vorwurf aussetzte, mit *African Americans* zusammenzuarbeiten.[169]

---

166 Josephson, Matthew. The Politicos, 1865–1896. New York: Harcourt, Brace and Company, 1938, S. 503.
167 Freidel, Frank Burt und Pollack, Norman. Builders of American Institutions: Readings in United States History. Chicago, IL: Rand McNally, 1963, S. 345.
168 Bennett, America, S. 464.
169 Edmonds, Helen G. The Negro and Fusion Politics in North Carolina, 1894–1901. New York: Russell & Russell, 1973. Auf dem Fusion-Ticket wurde 1896 Daniel L. Russell, ein in North Carolina geborener Republikaner, zum Gouverneur des Staates gewählt. Crow, Jeffrey J. and Durden, Robert Franklin. Maverick Republican in the Old North State: A Political Biography of Daniel L. Russell. Baton Rouge, LA: Louisiana State University Press, 1977. Beeby, James M. Revolt of the Tar Heels: The North Carolina Populist Movement, 1890–1901. Jackson, MS: University Press of Mississippi, 2008.

Diese Art der Kooperation funktionierte am besten im Westen, wo sie dazu führte, dass der republikanische Präsident Benjamin Harrison nicht wiedergewählt wurde, dafür aber sein demokratischer Herausforderer Grover Cleveland eine zweite Amtszeit erhielt. Eugene V. Debs beobachtete die Populisten mit Interesse und sagte 1894 voraus: „The People's Party will come into power with a resistless rush as did the Republican party [sic] a little more than 30 years ago."[170]

Die Fusion mit den Demokraten im Westen funktionierte recht gut. Schlechter sah es im Süden aus. Für Demokraten war es fast unvorstellbar, etwas gemeinsam mit Republikanern zu machen, besonders wenn der Spitzenkandidat der Populisten ein ehemaliger Nordstaatengeneral war. Weaver konnte südlich der Mason-Dixon-Linie fast niemanden erreichen. Seine Wahlkampfreise war geprägt von Attacken seiner politischen Gegner mit Eiern, so dass er mitunter wie ein „regular walking omelet" aussah.[171]

Die *People's Party* schnitt bei den Kongresswahlen 1894 viel besser ab, denn sie konnten eine halbe Million Stimmen hinzugewinnen, was wohl im Wesentlichen daran lag, dass im Süden kein ehemaliger republikanischer Armeegeneral zur Wahl stand. Was das Blut gestandener Südstaatler in Wallung brachte, war die Tatsache, dass die Populisten bereit waren, gemeinsame Sache mit schwarzen *Sharecroppers* zu machen. Thomas E. Watson (1856–1922) aus Georgia ging offensiv mit der *Negro Question* um. Als einer der wenigen weißen Politiker war er bereit, schwarze Wähler direkt anzusprechen. Er propagierte bis 1894 eine *interracial* Einheit, da die Interessen der weißen Farmer und der schwarzen Farmer identisch waren.[172]

Ein Populist, der sich als *Hayseeder* bezeichnete und behauptete, unter einem demokratischen Dach geboren, in einer demokratischen Wiege gewiegt und mit einem demokratischen Schlaflied in den Schlaf gesungen worden zu sein, vertrat in einer populistischen Zeitung die Auffassung, *African Americans* hätten das gleiche Recht auf Teilhabe am politischen Prozess wie Weiße, und sprach sich für eine Allianz mit den schwarzen Farmern aus.[173] Ein anderer sagte den Niedergang der Demokraten voraus, obwohl diese versuchten, Rassismus zur Spaltung der Wählerschaft einzusetzen. Trotz dieser und zahlreicher anderer Stimmen, die sich für eine Zusammenarbeit mit *African Americans* stark machten, blieben rassisti-

---

[170] Constantine, J. Robert (Hg.). Letters of Eugene V. Debs. Urbana, IL: University of Illinois Press, 1990, 3 Bände, Band 1, S. 74.
[171] Richardson, Darcy G. Others: Third-Party Politics from the Nation's Founding to the Rise and Fall of the Greenback-Labor Party. New York: IUniverse, Inc., 2004, S. 137. Ayers, The Promise of the New South, S. 261.
[172] Ayers, The Promise of the New South, S. 272.
[173] Ayers, The Promise of the New South, S 272.

7.5 Lock-in 8: Das Scheitern der „Partei des Volkes", 1896 — 419

sche Diskurse mächtig und teilten die Wählerschaft in unterschiedliche Lager. Tom Watson beeilte sich dann auch bald, einer *interracial cooperation* offiziell eine Abfuhr zu erteilen.[174] Jede Form der Politik, die an der etablierten rassifizierten Klassensituation des Südens rüttelte lief Gefahr, politisch, kulturell und notfalls auch gewalttätig sanktioniert zu werden. H.S. Doyle, ein Geistlicher der African Methodist Church aus Birmingham in Alabama, wurde mit Lynching bedroht, weil er sich für die Sache der Populisten einsetzte.[175] Obwohl 2.000 Weiße bereit waren, Watson und Doyle zu beschützen, waren die Populisten einem ähnlichen Druck der angedrohten oder vollzogenen Gewalt ausgesetzt wie die Republikaner im Süden zu Zeiten der *Reconstruction*.[176]

Mit dem Heranrücken der Präsidentschaftswahlen von 1896 verfestigte sich in einem Teil der Wählerschaft die Überzeugung, die Währungsfrage sei das drängendste Problem der Gegenwart. Wieder wurden Rufe laut, die die Ausprägung von Silber verlangten. In beiden großen Parteien gab es hitzige Debatten um die Währungsfrage, wobei sich die Republikaner letztlich für eine Position der harten Währung auf dem Goldstandard entschieden und William McKinley aus Ohio nominierten. Sein klares Bekenntnis zur Bewahrung des Goldstandards spaltete die Partei, denn ein Teil der republikanischen Delegierten, die sich für „freies Silber" einsetzten, verließ unter Protest den Nominierungsparteitag. Auch der demokratische Präsident Grover Cleveland unterstützte den Goldstandard, was zur Revolte der Parteimitglieder aus dem Westen und Süden führte.[177]

Die Revolte der Silberanhänger dominierte den Parteitag der Demokraten 1896 in Chicago. Ben Tillman gab den Ton an, als er den Präsidenten angriff und seine Regierung als undemokratisch und tyrannisch bezeichnete.[178] Bei derartig begrenzten rhetorischen Fähigkeiten fiel es William Jennings Bryan (1860 – 1925) aus Nebraska leicht, seine Partei in einer guten Rede von sich zu überzeugen. Er propagierte die Ausprägung von Silber und brachte damit die Delegierten hinter sich.[179]

---

174 Ayers, The Promise of the New South, S. 273.
175 Fallin, Wilson. The African American Church in Birmingham, Alabama, 1815 – 1963: A Shelter in the Storm. New York: Garland Pub, 1997, S. 74. Beatty, Age of Betrayal, S. 214 f.
176 McIver, Stuart B. Dreamers, Schemers, and Scalawags. Sarasota, FL: Pineapple Press, 1994, S. 120.
177 Bailey, Thomas Andrew und Kennedy, David M. The American Spirit: United States History as Seen by Contemporaries. Lexington, MA: D.C. Heath, 1991, 2 Bände, Band 2, S. 127.
178 Brands, The Reckless Decade, S. 258.
179 Bernstein, The Power of Gold, S. 277.

In seiner Hauptrede fasste Bryan die Sorgen und Beschwerden der Bauern und Arbeiter zusammen und schloss seine Ausführungen mit dem quasi-alttestamentarischen Gebot „[...] you shall not crucify mankind upon a cross of gold".[180] Die Delegierten griffen sich den verdutzten Bryan und trugen ihn auf den Schultern durch den Tagungsort. Der 36-jährige Bryan wurde zum jüngsten Präsidentschaftskandidat seiner Partei gewählt und stand ab sofort im nationalen Rampenlicht.

Die Populisten hielten ihren Parteitag in St. Louis eine Woche nach den Demokraten ab. Bryan war auch bei ihnen populär und so schlugen etliche Delegierte vor, Bryan auch zum Kandidaten der *People's Party* zu küren. In ihrer Begeisterung waren sie sogar bereit, die Wahlplattform der Populisten zu missachten, nur um in der Währungsfrage einen Durchbruch zu erringen.[181]

Es gab auch warnende Worte von Männern wie Tom Watson. Für ihn waren die Anhänger Bryans Opportunisten. Er beschwor die Partei, sich von beiden etablierten Parteien fern zu halten. Im Süden hatten die Demokraten bei den Wahlen von 1892 und 1894 systematisch Wahlen manipuliert und sich so gegen Populisten durchgesetzt. Hier fiel es den Anhängern der *People's Party* besonders schwer, ausgerechnet einen Demokraten zum Kandidaten ihrer Partei zu erheben. Ein anderes Problem bestand in Gestalt des Vizepräsidentschaftskandidaten der Demokraten, Arthur M. Sewall (1835–1900). Sewall war ein Werftbesitzer aus Maine, kontrollierte Eisenbahngesellschaften und war Präsident einer Bank. Er wurde auf das Ticket mit Bryan bugsiert, um die konservativeren Demokraten anzusprechen. Für Populisten aber symbolisierte Sewall alles Schlechte auf der Welt.

Populistische Delegierte versuchten, ihren Prinzipien und ihrem Wahlprogramm beim Parteitag in St. Louis treu zu bleiben. Sie setzten sich für öffentliche Arbeitsbeschaffungsprogramme ein und ein Aufruf, Frauen das Stimmrecht zu geben, scheiterte nur knapp. Es gelang den Befürwortern einer Fusion mit dem Demokraten nur mit Tricks und Täuschung, ihr Ziel durchzusetzen. Der Parteitag entschloss sich, die Frage des Vizepräsidentschaftskandidaten zuerst anzugehen, um auf diese Weise den verhassten Sewall auszuschalten. Tom Watson wurde gewählt, was die Fusion sehr unwahrscheinlich machte. Bryan schickte dem Versammlungsleiter ein Telegramm, in dem er klar machte, dass er weder auf Sewall verzichten, noch mit Watson als Kandidaten antreten würde. Diese Nachricht erreichte die Delegierten aus ungeklärten Gründen jedoch nie. Watsons

---

180 Dighe, Ranjit S. The Historian's Wizard of Oz: Reading L. Frank Baum's Classic as a Political and Monetary Allegory. Westport, CT: Praeger, 2002, Appendix B: William Jenning Bryan's „Cross of Gold" Speech, S. 133–140, S. 139.
181 Brands, The Reckless Decade, S. 270.

Nominierung wurde gefolgt von der Nominierung Bryans als gemeinsamer Kandidat beider Parteien. Die Populisten waren siegesssicher. Nur wenige ahnten, dass die Entscheidung für Bryan auch das Ende der Populistischen Partei bedeuten würde.

Wenige Wahlkämpfe sind mit derartiger Erbitterung und unter Verletzung demokratischer Regeln geführt worden wie die Wahl von 1896. Auf der einen Seite stand der Republikaner William McKinley, der erstklassige Verbindungen zu den Unternehmerverbänden pflegte und vom Industriebaron Marcus Alonzo Hanna (1837–1904) unterstützt wurde.[182] Hanna bediente geschickt die Befürchtungen eines Teils der amerikanischen Unternehmer vor dem Bimetallismus der Demokraten und konnte so 3,5 Millionen Dollar für die Wahlkampfkasse McKinleys einsammeln.[183] Damit wurde ein neuer Rekord erreicht. J. P. Morgan und John D. Rockefeller gaben jeder 250.000 Dollar.[184] McKinley war als Parlamentarier bekannt geworden, weil er den Schutzzoll durchgesetzt hatte, der zwar der Wirtschaft nützte, den Farmern aber zusätzliche Probleme bereitete. Er verkaufte sich als Garant der Prosperität, obwohl er in der Krise von 1893 nur haarscharf am Konkurs vorbeigeschlittert war.[185] Ohne die großzügigen Zuwendungen Hannas und seiner Freunde hätte McKinley 1896 nie antreten können. Anstatt auf eine ausgedehnte Wahlkampftour zu gehen, beschloss McKinley in der Tradition seiner Partei, sein Wahlkampfhauptquartier in sein Haus in Canton, OH, zu verlegen, das er in den folgenden Monaten nicht verließ. Der relativ unbekannte Kandidat konnte sich dies leisten, weil die Republikaner mit ihren fast unbegrenzten finanziellen Mitteln einen modernen Wahlkampf führten. Reden, Poster, Buttons und gedrucktes Material wurden unter das Volk gebracht. Es erschienen rund 250 Millionen Flugblätter, die für McKinley warben. Federführend neben Hanna war George Walbridge Perkins (1862–1920), Vizepräsident der New York Life Insurance Company, der die Idee hatte, erste Meinungsumfragen durchzuführen, um den wahrscheinlichen Ausgang der Wahlen zu prognostizieren.[186] Durch den Rücklauf von Wahlkampfmaterialien waren Perkins und sein Stab in die Lage versetzt, herauszufinden, in welchen Staaten ein möglicher demokratischer Sieg

---

182 Mutch, Robert E. Buying the Vote: A History of Campaign Finance Reform. Oxford, New York: Oxford University Press, 2014, S. 21 f.
183 Mutch, Robert E. Buying the Vote, S. 22.
184 Fahs, Alice und Waugh, Joan. The Memory of the Civil War in American Culture. Chapel Hill, NC: University of North Carolina Press, 2004, S. 187.
185 Skrabec, Quentin R. William McKinley: Apostle of Protectionism. New York: Algora Pub, 2008, S. 111.
186 Die Literatur zu Perkins ist durchweg älteren Datums. Immer noch lesenswert ist Garraty, John A. Right-Hand Man: The Life of George W. Perkins. Westport, CT: Greenwood Press, 1978.

drohte, und schritten entsprechend ein.[187] Theodore Roosevelt, der auch gerne Präsidentschaftskandidat hatte werden wollen, bemerkte sarkastisch, Hanna würde McKinley wie ein Wundermittel anpreisen.[188]

William Jennings Bryan auf der anderen Seite hatte wenig mehr zu bieten als sein rhetorisches Talent. Die Demokraten hatten eine Wahlkampfkasse, die etwa ein Zehntel dessen enthielt, was den Republikanern zur Verfügung stand, trotz der Unterstützung der Silberminen und des Verlegers William Randolph Hearst (1863–1951). Bryan ersetzte durch Energie und Eloquenz, was seiner Partei finanziell fehlte. Er etablierte die Tradition der Wahlkampftournee und besuchte seine Wähler zuhause. Bryan reiste im Laufe des Wahlkampfs 30.000 Kilometer kreuz und quer durch die Nation, sprach in 27 Staaten und in drei Monaten hielt mehr als 600 Reden. Nach seinen eigenen Aussagen hat er auf diese Weise fünf Millionen Amerikaner erreicht.[189] Der Lyriker Nicholas Vachel Lindsay (1879–1931) verglich Bryan mit einem Wirbelwind.[190]

Im Westen erhielt Bryan nach seiner *Cross of Gold*-Rede viel Unterstützung, im Osten hingegen wurde er in der Presse als gefährlicher Revolutionär verunglimpft. Theodore Roosevelt, sehr darum bemüht sein Bild als männlicher Vorkämpfer für die Sache der Republikaner zu polieren, verglich die Demokraten mit den Jakobinern der Französischen Revolution. In seinem unnachahmlichen Stil schlug er vor, ein Dutzend der demokratischen Politiker an die Wand zu stellen und zu erschießen.[191]

Am Wahltag präsentierte sich ein überraschend klares Bild. Die Staaten im Westen, in denen Silber gefördert wurde, unterstützten Bryan. Der Nordosten stand solide hinter McKinley. Mit Ausnahme der *Border States* votierte der Süden demokratisch, was Tom Watson veranlasste, über die Fusionstaktik der Demokraten zu lamentieren.[192]

Der Mittlere Westen war ausgeglichen. Bryan hatte seine Wahlkampftournee in Illinois, Michigan, Ohio und Indiana intensiviert. Die Farmer in diesen Staaten spürten jedoch schon die ersten Anzeichen der Erholung von der Krise und waren

---

[187] Mutch, Buying the Vote, S. 24.
[188] Brands, The Reckless Decade, S. 267.
[189] Bryan, William Jennings. The First Battle: A Story of the Campaign of 1896. Chicago, IL: W. B. Conkey Company, 1898, S. 414–602, S. 604.
[190] Viereck, Peter. Unadjusted Man in the Age of Overadjustment: Where History and Literature Intersect. New Brunswick, NJ: Transaction Publishers, 2004, S. 193.
[191] Josephson, Matthew. The President Makers: The Culture of Politics and Leadership in an Age of Enlightenment, 1896–1919. New York: Harcourt, Brace and Co., 2007, S. 23.
[192] Woodward, C. Vann. Tom Watson: Agrarian Rebel. Oxford, New York: Oxford University Press, 1963, S. 311.

deshalb gegen die Silberideologie der Demokraten relativ immun. Die Demokraten warfen den Republikanern Einschüchterung der Arbeiterschaft in den Städten vor.[193] Einschüchterungsversuche allein konnten das schlechte Abschneiden der Demokraten in den Städten indessen nicht erklären.[194] Arbeiter und Arbeiterinnen, obwohl durchaus bereit, gegen die Unternehmer und Banken vorzugehen, hatten nicht die gleiche Sympathie für die Inflation wie verschuldete Farmer.

Die Wahlbeteiligung war mit 80 Prozent sehr hoch. In den Staaten des Mittleren Westens konnte sie sogar bei 95 Prozent liegen. Für die Wähler des Jahres 1896 ging es um etwas Wesentliches. Zeitungsredaktionen und Gerichtsgebäude wurden am Wahltag belagert, weil die Wähler so früh wie möglich über den Ausgang der Wahlen unterrichtet werden wollten. Bryan war erstaunlich erfolgreich. Er erhielt 6,5 Millionen Wählerstimmen, McKinley brachte es auf 7,1 Millionen. Der Ausgang der Wahlen hing an einigen wenigen Stimmen in verschiedenen Schlüsselstaaten. McKinley gewann die Wahlen in 23 Staaten, Bryan in 22. Das alles entscheidende Wahlmännerkollegium jedoch ließ keinen Zweifel daran, wer die Wahl gewonnen hatte: Hier erhielt Bryan 176 Stimmen, McKinley hingegen 271. Die wirklichen Verlierer der Wahl waren die Populisten. Sie erhielten nur 300.000 Stimmen, mehr als eine Million weniger als 1894. Um Bryan zu unterstützen, hatten sich viele von ihnen den Demokraten angeschlossen. Die *People's Party* hörte auf, auf nationalem Niveau eine Rolle zu spielen. Mit ihr starb die Revolte der Bauern. Bei McKinleys Amtsantritt im März 1897 hatten sich die politischen Stürme, die für die 1890er Jahre so bezeichnend gewesen waren, gelegt. Das Jahrzehnt hatte aufsehenerregende Aktionen von Frauen, Bauern und Arbeitern erlebt. Einen Augenblick lang sah es so aus, als ob diese Reformkräfte eine langfristig wirksame Koalition hätten eingehen können. Letztendlich jedoch scheiterte der Populismus. Was von seinen Themen übrig blieb, die Reform der Währung und der Banken, die Direktwahl der Senatoren durch die Wähler und Wählerinnen und die größere Rolle der Bundesregierung in der Wirtschaftspolitik, wurde in den nächsten 20 Jahren ohne die Populisten angegangen. Da die Reformen im Innern gescheitert waren, konnte die Frustration der Wähler nach außen abgelenkt werden. Die rassistischen Kräfte und Strömungen bei den Populisten unterstützten den „wunderbaren kleinen Krieg" gegen Spanien. Er ent-

---

193 Der Direktor der Steinway Piano Company soll seinen Arbeitern angeblich geraten haben: „Men, vote as you please, but if Bryan is elected tomorrow the whistle will not blow Wednesday morning." Boller, Paul F. Presidential Campaigns from George Washington to George W. Bush. New York: Oxford University Press, 2004, S. 178.
194 Morse, Kathryn Taylor. The Nature of Gold: An Environmental History of the Klondike Gold Rush. Seattle, WA: University of Washington Press, 2003, S. 27.

fachte den Nationalismus und vereinte die entzweite Nation, die sich nun anschickte, eine Weltmacht zu werden.

7.6 *Lock-in 9:* Der Spanisch-Amerikanische Krieg, 1898

Die „Psychology of Jingoism" war eine Schrift des englischen Publizisten und Wirtschaftswissenschaftlers John Atkinson Hobson, die 1901, also drei Jahre nach dem Spanisch-Amerikanischen Krieg, in London publiziert wurde.[195] Hobson nennt als Kennzeichen des Jingoismus einen extremen Nationalismus und „[...] primitive passion, modified an intensified by certain conditions of modern civilization."[196] Hobson hatte sicherlich recht mit seiner Einschätzung des Jingoismus als ethnischem Chauvinismus, aber er stand mit ihr alleine da. Denn in der US-amerikanischen Tradition war der Begriff Jingoism positiver besetzt. Er bezeichnete eher die Demonstration der Kriegsbereitschaft bei gleichzeitiger Zurückhaltung. Der Quellenbegriff geht zurück auf den Russisch-Türkischen Krieg (1877/8) und entstammt einem populären nationalistischen Lied:

> We don't want to fight but by jingo if we do...
> We've got the ships, we've got the men, and got the money too!
> We've fought the Bear before... and while we're Britons true,
> The Russians shall not have Constantinople[197]

Als analytischer Begriff bezeichnet Jingoismus einen extremen Nationalismus, der vor der Androhung oder Anwendung von Gewalt zur Durchsetzung außenpolitischer Ziele nicht zurückschreckt. In den Vereinigten Staaten tauchte der Begriff 1893 erstmalig im Zusammenhang mit der geplanten Annexion Hawai'is auf.[198] Es ist jedoch offensichtlich, dass seine Bestandteile Nationalismus, militärische Aggression auch gegen ethnische Gruppen, rassistische Überlegenheitsgefühle gegenüber Indigenen, *African Americans* und Zugewanderten sowie die Vorstellung des „Manifest Destiny" lange vor 1898 zur politischen Diskurslandschaft der USA gehörten. Solange die wirtschaftlichen Schwierigkeiten sich im Rahmen hielten und solange das politische System genug Bindekräfte aufwies,

---

195 Hobson, John Atkinson. The Psychology of Jingoism. London: G. Richards, 1901.
196 Hobson, John Atkinson. The Psychology of Jingoism, S. 2.
197 Baker, Richard Anthony. British Music Hall: An Illustrated History. Barnsley: Pen & Sword Books, 2014, S. 22.
198 Iriye, Akira. From Nationalism to Internationalism: US Foreign Policy to 1914. London, Boston: Routledge & K. Paul, 1977, S. 122.

um Reformen zu ermöglichen, verdichtete sich der Jingoismus nicht zu einer politischen Kraft von Bedeutung. Zu groß waren sektionale Spannungen, die noch offene Rassenfrage, zu wichtig die Frage des Bimetallismus und der Schutzzölle. Im Moment, als die Wirtschaftskrise von 1893 sich entfaltete, die populistische Bewegung zusammengebrochen war, das Ende der Frontier und damit der inneren Kolonisierung erreicht, mit *Plessy v. Ferguson* 1896 die Segregation auch verfassungsrechtlich abgesichert und damit die weiße Suprematie endgültig etabliert waren, konnten sich die Elemente des Jingoismus zu einem wirkungsvollen imperialen Dispositiv zusammenfinden. (*Critical Juncture 9*). Selbst den Anti-Imperialisten, die ja keineswegs immer nur von edlen Motiven angetrieben wurden, fiel es schwer, nach dem Sinken der *USS Maine* einen kühlen Kopf zu bewahren. Die als bedrohliche nationale Krise wahrgenommene Havarie eines Kriegsschiffs im Hafen von Havanna vereinte Mitglieder aller Lager, Demokraten, Republikaner, Südstaatler, Yankees, Expansionisten und Anti-Imperialisten, hinter der Regierung.[199]

Nun wäre es unter Berufung des Primats der Innenpolitik verkehrt zu verschwiegen, dass es nicht schon lange vor dem *annus horribilis* 1898 erste, noch wenig koordinierten Schritte zur Expansion über das Territorium der USA hinaus gegeben habe: Wie bereits berichtet bot 1866 die russische Regierung Alaska den Vereinigten Staaten zum Kauf an, nachdem bereits 1853 der Außenminister William Learned Marcy, ein engagierter Expansionist, in St. Petersburg angefragt hatte, ob Russland nicht Alaska verkaufen wolle. Im Laufe des Bürgerkriegs hatte sich eine enge diplomatische Zusammenarbeit zwischen St. Petersburg und Washington ergeben, die die Verhandlungen erleichterte. Baron Edouard de Stoeckl, der russische Gesandte in den Vereinigten Staaten, begann deshalb auf Weisung seiner Regierung, Verkaufsverhandlungen mit den USA in Washington zu führen. Er und der Secretary of State William H. Seward erarbeiteten einen Vertrag, nach dem die USA Alaska für 7,2 Millionen Dollar erwarben.[200] Ebenfalls 1867 wurden

---

199 Pérez, Louis A. The War of 1898: The United States and Cuba in History and Historiography. Chapel Hill, NC: University of North Carolina Press, 1998, S. 63. „The South at once responded to the national excitement which followed the sinking of the Maine. The first active movement of the regular army was the mobilization of troops in Southern centers. Two of the four major-generals appointed from civil life were veterans of the Confederate army, Fitzhugh Lee and ‚Fighting Joe' Wheeler. This was recognition of a fact that Southerners proudly proclaimed, that ‚upon any battlefield of the war Confederate veterans and their sons will be seen upholding the national honor and guarding the country's safety with all the steadiness and resolution that characterized them in the early sixties.'" Buck, Paul Herman. The Road to Reunion, 1865–1900. Boston, MA: Little, Brown and Company, 1937, S. 306.

200 Sehr knapp zusammengefasst Cohen, Daniel. The Alaska Purchase. Brookfield, CT: Millbrook Press, 1996. Etwas ausführlicher Fremon, David K. The Alaska Purchase in American Hi-

die Midway Islands annektiert. Der *Guano Island Act* autorisierte amerikanische Staatsbürger bisher nicht in Besitz genommene Inseln im Pazifik für die USA zu beanspruchen, um dort Guano abzubauen.[201]

Seward versuchte 1867 vergeblich, die dänischen Virgin Islands käuflich zu erwerben.[202] Gekauft wurden sie erst 1917. Der Versuch, die Dominikanische Republik 1870/71 zu annektieren, scheiterte wiederholt im Senat.[203] Dieser Vorstoß ist ein Lehrstück amerikanischer Außenpolitik, da hier deutlich wird, wie sehr Innen- und Außenpolitik miteinander verknüpft waren. Präsident Grant wollte die dort angeblich existierende Sklaverei beseitigen; diese war dort jedoch lange vorher schon abgeschafft worden. Außerdem hoffte er auf Absatzmärkte für amerikanische Produkte und die Möglichkeit, ehemalige Sklaven außerhalb des Festlands anzusiedeln.[204] Der Hintergrund für die gescheiterte Annexion der Dominikanischen Republik lag in dem Versuch verschiedener dominikanischer Regierungen, mithilfe der USA an der Macht zu bleiben. Nachdem Spanien sein Protektorat über die Dominikanische Republik 1865 zurückgezogen hatte, ergab sich die Möglichkeit für die USA, diese „Lücke" zu füllen. Präsident Grant wollte die Annexion nun durch eine *Joint Resolution* beider Häuser sicherstellen, den Senat also umgehen. Nach einer Nachtsitzung am 22. Dezember 1870 und einer Sitzung am 10. Januar 1871 nahm eine *Commission of Inquiry* die Arbeit auf, der auch Frederick Douglass als Assistant Secretary angehörte. Diese Kommission empfahl die Annexion der Insel, aber die Übernahme der Inselrepublik scheiterte am Veto des Senats.[205] Bei allen Expansionswünschen scheiterten derartige Bestrebungen also immer wieder im Kongress, ein Tatbestand, der es nicht erlaubt,

---

story. Berkeley Heights, NJ: Enslow Publishers, 1999. Das Standardwerk ist nach wie vor Jensen, Ronald J. The Alaska Purchase and Russian-American Relations. Seattle WA: University of Washington Press, 1975. Zur Rolle Sewards Kent, Zachary. William Seward: The Mastermind of the Alaska Purchase. Berkeley Heights, NJ: Enslow Publishers, 2001.

201 „Whenever any citizen of the United States discovers a deposit of guano on any island, rock, or key, not within the lawful jurisdiction of any other government, and not occupied by the citizens of any other government, and takes peaceable possession thereof, and occupies the same, such island, rock, or key may, at the discretion of the President, be considered as appertaining to the United States." 48 U.S.C. ch. 8 §§ 1411–1419, hier 1411.

202 Sy-Wonyu, Aissatou. The Purchase of the Virgin Islands: W. H. Seward's View of Economic Strategy in the Late 19th Century. Cercles. 2002; (5):11–29.

203 Vergl. die Rede von Carl Schurz im Senat vom 11. Januar 1871, in der er vor weiterer Expansion warnte. Seine Argumentation ist dabei in weiten Teilen rassistisch. United States. Congress. The Congressional Globe, Senate, 41st Congress, 3rd Session, S. 25–34.

204 Sumner, Naboth's Vineyard Speech, S. 22.

205 Tansill, Charles Callan. The United States and Santo Domingo, 1798–1873: A Chapter in Caribbean Diplomacy. Gloucester, MA: P. Smith, 1967, S. 341–360.

von einer generell expansionistischen Strömung zu sprechen, wo es um Territorien außerhalb des Festlandsockels ging.

In Hawai'i hatte es seit den 1850er Jahren amerikanische Interessen gegeben, denn seit 1845 war hier der Anbau von Rohrzucker forciert worden. Andere Mächte, allen voran Großbritannien und Frankreich, bekundeten Interesse an Hawai'i, das ein wichtiger Stützpunkt für den Chinahandel war. 1849 unterzeichnete Hawai'i einen Handelsvertrag mit den USA, durch den die Unabhängigkeit Hawai'is offiziell anerkannt wurde.[206] Da Kalifornien 1849 zu den USA gekommen war, erhöhte sich das Interesse an Hawai'i, das nun in unmittelbarer Nachbarschaft zur neuen Pazifikküste der Vereinigten Staaten lag. 1854 begannen Annexionsverhandlungen mit dem hawaianischen Königshaus, die zunächst im Sande verliefen. Nach dem Bürgerkrieg stellten amerikanische Schutzzölle ein Hindernis für den Export von Zucker in die USA dar, weshalb die Regierung Hawai'is ein Handelsabkommen mit den USA schließen wollte. 1867 scheiterte dieser Vertrag im Senat. 1872 durchlief die hawai'ianische Zuckerindustrie eine Krise. 1875 schlossen die USA einen Reziprozitätsvertrag mit Hawai'i ab: Sie gewährten zollfreie Zuckereinfuhr und im Gegenzug das Versprechen, Hawai'i würde keine Landkonzessionen an andere Nationen erlauben.[207] 1884 wurde dieser Vertrag erneuert, die Neuauflage aber erst 1887 ratifiziert, nachdem Honolulu als exklusiver Stützpunkt für amerikanische Schiffe gesichert war. Ab hier war die end-

---

[206] Aus dem Vertrag der USA mit den Hawai'ian Islands vom 20. 12.1849: „[...] There shall be reciprocal liberty of commerce and navigation between the United States of America and the Hawai'ian Islands. No duty of customs, or other impost, shall be charged upon any goods, the produce or manufacture of one country, upon importation from such country into the other, other or higher than the duty or impost charged upon goods of the same kind, the produce of manufacture of, or imported from, any other country; and the United States of America and His Majesty the King of the Hawai'ian Islands do hereby engage, that the subjects or citizens of any other state shall not enjoy any favor, privilege, or immunity, whatever, in matters of commerce and navigation, which shall not also, at the same time, be extended to the subjects or citizens of the other contracting party, gratuitously, if the concession in favor of that other State shall have been gratuitous, and in return for a compensation, as nearly as possible of proportionate value and effect, to be adjusted by mutual agreement, if the concession shall have been conditional." Kingdom of Hawai'i. Treaty with the Hawai'ian Islands, Dec. 20, 1849. [Web Page]: http://www.pixi.com/~kingdom/treaty-1849.html. Gesehen am 22. August 2007.

[207] Treaty of Reciprocity between the United States of America and the Hawai'ian Kingdom. Ratified by the Hawai'ian Islands April 17, 1875. Ratified by the President of the United States, with Amendments, May 31, 1875. Kingdom of Hawai'i. Treaty of Reciprocity between the United States of America and the Hawai'ian Kingdom. [Web Page]: http://www.pixi.com/~kingdom/treaty1875.html. Gesehen am 22. August 2007.

gültige Annexion Hawai'is nur noch eine Frage der Zeit. Sie erfolgte 1898, also dem gleichen Jahr, in dem Kuba und die Philippinen an die USA fielen.[208]

Man wird daher für die Zeit nach 1893 von der Möglichkeit einer sozialimperialistischen Motivationslage auszugehen haben, denn einem Teil der Elite war klar, dass man den Druck der Verteilungskämpfe im Innern durch Expansion nach außen reduzieren konnte. Soziale Kämpfe, wie die Streikwellen, politische Kämpfe, wie die von der *People's Party* geführten Auseinandersetzung, die Gefahr einer klassen- und rassenübergreifenden Zusammenarbeit bei den Populisten, die Währungs- und Wirtschaftskrise nach 1893 mit der von ihr ausgelösten Arbeitslosigkeit, alle diese Faktoren erhöhten den Druck im System.[209] Mit Sozialimperialismus meine ich in Anlehnung an Hans-Ulrich Wehler folgendes:

> Die Industrialisierung und der technologische Fortschritt haben in der weltwirtschaftlichen Krisenphase nach 1873 zuerst die industrie-, dann auch die agrarwirtschaftliche Wachstumsproblematik ungeheuer verschärft. Die Mitlebenden haben intensiv nach Auswegen aus ihrer bedrängten Lage gesucht. Eine Aushilfsmöglichkeit schien die ökonomische Expansion über die nationalen Grenzen hinweg, mithin der Waren- und Kapitalexport zu bieten. Das entsprach vollauf der Motorik des stetig sich ausdehnenden, prinzipiell grenzenlosen Marktes der kapitalistischen Wirtschaft.[210]

Als wichtiger Transmissionsriemen dieser expansionistischen Politik diente die Massenpresse – obwohl die politische Wirkung dieser Presse umstritten ist und ich sie deshalb nicht zu den *Critical Junctures* rechne. Man kann die Rolle der *Yellow Press* am besten als Mittel der Intensivierung eines bereits bestehenden Interesses der USA an Kuba umschreiben. Ohne den seit den 1850er Jahren bestehenden expansionistischen Drive der USA in Richtung Kuba, wäre es der Presse nicht gelungen, die veröffentlichte Meinung in Richtung einer Intervention in Kuba zu drehen. Insofern ist die *Yellow Press* eine Randbedingung, aber keine *Critical Juncture*.[211] Seit dem Ende des Bürgerkriegs und bis 1895 hatten zuerst Joseph Pulitzer und später auch William Randolph Hearst ihre Presseimperien so weit ausgebaut, dass sie in der Lage waren, die veröffentlichte Meinung zu beeinflussen. Ian Mugridge hat 1995 zeigen können, wie weit der Einfluss des Ver-

---

[208] DeConde, A History of American Foreign Policy, Band 1, S. 301f.; Dougherty, Michael. To Steal a Kingdom. Waimanalo, HI: Island Press, 1992.
[209] Rezneck, Samuel. Unemployment, Unrest, and Relief in the United States during the Depression of 1893–97. Journal of Political Economy. 1953; 61 (4):323–345.
[210] Hans-Ulrich Wehler, Sozialimperialismus. In: Wehler, Hans Ulrich (Hg.). Imperialismus. Königstein/Ts., Düsseldorf: Athenäum-Verlag. Droste, 1979, S. 85.
[211] Jones, Howard. Crucible of Power: A History of American Foreign Relations to 1913. Lanham, MD: Rowman & Littlefield Publishers, 2009, S. 271.

legers reichte, wenn er auch nicht alleinentscheidend für den Ausbruch des Kriegs war. Hearsts Einfluss auf die Politik war 1898 erst in ihren Anfängen begriffen und sollte sich in den nächsten 40 Jahren noch beträchtlich steigern.[212] Auch David Nasal bewertet in seiner Studie den Einfluss der sogenannten *yellow paper press* eher vorsichtig und kommt in Anlehnung an Walter LaFeber und John Offner zu dem Ergebnis, dass die Entscheidung, den Krieg zu führen, von langfristig wirkenden politischen, wirtschaftlichen und strategischen Kräften ausgelöst wurde und in den Worten Offners „notwendig" und „unvermeidbar" war.[213] Offner macht vor allem deutlich, dass neben den amerikanischen Direktinvestitionen auf Kuba (ca. 50 Mio. Dollar) und dem Umfang des Handels mit Kuba (100 Mio. Dollar) die politische Instabilität des Systems zur Verunsicherung politischer Kreise führte. Diese Instabilität äußerte sich in der Kandidatur Bryans auf einem Ticket der Populisten und der Demokraten im Jahre 1896, welche Industrielle und Investoren an der Ostküste in helle Panik versetzt hatte.[214]

Dieser „wunderbare kleine Krieg" wurde aus lautstark proklamierten humanitären und sentimentalen, aber weniger aus offensichtlichen wirtschaftlichen und politischen Gründen geführt. Er hatte weitreichende Auswirkungen für die Vereinigten Staaten und Spanien. Für Spanien bedeutete er, bis auf wenige Ausnahmen in Nordafrika, das Ende als Kolonialmacht, für die USA bedeutete er den Eintritt in das Zeitalter des Imperialismus, wie unbeabsichtigt dies immer geschah und wie unvorbereitet die Vereinigten Staaten auch darauf waren.

Man kann die Geschichte des Kriegs schreiben als eine Abfolge von außenpolitischen Entscheidungen, die in der Tradition der territorialen Expansion stehend, eigentlich nur eine logische Entwicklung einer Nation war, die schon mit der Monroe-Doktrin von 1823 angekündigt hatte, dass sie eine hegemoniale Stellung beanspruchte. Für diese Linie ließen sich gute Argumente finden: Die Bestrebungen der USA, Territorium durch Krieg oder Kauf hinzuzugewinnen (Krieg von 1812, Mexikanisch-Amerikanischer Krieg 1846–1848, Gadsden Purchase 1853/54, die Akquisition der Guano Inseln nach dem *Guano Island Act* nach 1857, der Kauf Alaskas 1867), die Filibuster-Unternehmungen im 19. Jahrhundert und die mehrfach gescheiterten Versuche, Kuba zu kaufen, sind Vorläufer des Erwerbs der Philippinen, Guams, Puerto Ricos, Kubas und Hawai'is im Jahre 1898. Man kann eine solche Serialität postulieren, doch verkennt man dabei die unterschiedliche Motivlage und die diversen Ausgangsbedingungen, die zwischen

---

[212] Mugridge, Ian. The View from Xanadu: William Randolph Hearst and United States Foreign Policy. Montreal, Buffalo: McGill-Queen's University Press, 1995.
[213] Nasaw, David. The Chief: The Life of William Randolph Hearst. Boston, MA: Houghton Mifflin, 2000. Siehe auch Offner, An Unwanted War, S. 225–236, S. 225.
[214] Offner, An Unwanted War, S. 14 f.

1812 und 1898 gegolten haben. Viel plausibler erscheint es, die expansive Übernahme der ehemaligen Besitzungen Spaniens nach 1898 aus der inneren Entwicklung der USA abzuleiten, wie dies der Ansatz dieser Studie gewesen ist. Die Identifizierung von kritischen Momenten, an denen der Fluss der Möglichkeiten koaguliert oder sogar kristallisiert, jene „Lock-ins", von denen bisher die Rede gewesen ist, führten mit einer gewissen Folgerichtigkeit zu den außenpolitischen Entscheidungen, die mit der Etablierung eines mehr oder weniger formalen *Empire* der USA selbst zu einem *Lock-in* (*Lock-in 9*) wurden, welches den weiteren Gang der Ereignisse im 20. Jahrhunderts wenn nicht prädeterminierte, so aber präkonfigurierte. Aus diesem Grunde verzichte ich hier auf eine kleinteilige Herleitung der außenpolitischen Entwicklung hin zur Entscheidung, einen Krieg mit Spanien zu führen, und konzentriere mich auf ein Tableau, das mit kräftigen Pinselstrichen das Bekannte referiert und in den Gesamtansatz der Studie integriert.[215]

Teil des sozialimperialistischen Dispositivs waren verschiedene Texte und Vorschläge aus den Sparten der Militärplanung, Geschichtswissenschaft, Ge-

---

[215] Der Krieg selbst war kurz und wurde auf amerikanischer Seite mit minimalen Verlusten geführt, denn der spanische Gegner war selbst für die nur wenig gerüsteten USA keine militärische Herausforderung. Im Oktober 1868 war die erste kubanische Unabhängigkeitsbewegung entstanden und in der Folge entbrannte ein offener Kolonialkrieg mit Spanien, der von 1868 bis 1878 andauerte und mit der Niederlage der Aufständischen endete, die zum Teil auch in internen Auseinandersetzungen und Rassismen unter den Aufständischen begründet lag. Im Spanischen heißt der Krieg deswegen *la Guerra de los Diez Años*. Zu den sozialen Bedingungen und zum Verlauf dieses Kriegs siehe Casanovas, Joan. Bread or Bullets! Urban Labor and Spanish Colonialism in Cuba, 1850–1898. Pittsburgh, PA: University of Pittsburgh Press, 1998, S. 97–126. Nicht leicht zugänglich, dafür aber sehr informativ ist die Dissertation von Ziegler, Vanessa Michelle. The Revolt of „the Everfaithful Isle": The Ten Years' War in Cuba, 1868–1878. Santa Barbara, CA: University of California, 2007. Ähnliches kann von den Philippinen berichtet werden, wo spätestens mit der Veröffentlichung des Romans „Noli Me Tangere" des Arztes José Protasio Rizal (1861–1896), dem 1896 durch die Spanier hingerichteten Vordenker der philippinischen Unabhängigkeitsbewegung, ein Gründungsdokument des philippinischen Nationalismus und des Widerstands gegen die spanische Besetzung vorlag. Rizal y Alonso, José. Noli Me Tangere. Berlin: Berliner Buchdruckerei-Actien-Gesellschaft, 1886. Der Erstdruck des spanischen Buches wurde durch Vermittlung des österreichischen Gymnasiallehrers Dr. Ferdinand Blumentritt (1853–1913) möglich. Blumentritt, Ferdinand. Die Philippinen: Eine übersichtliche Darstellung der ethnographischen und historisch-politischen Verhältnisse des Archipels. Hamburg: Verlagsanstalt und Druckereri a.-g. (Vormals J. F. Richter), 1900. Sichrovsky, Harry. Der Revolutionär von Leitmeritz: Ferdinand Blumentritt und der philippinische Freiheitskampf. Wien: Österreichischer Bundesverlag, 1983. Mit der Gründung der *Katipunan* unter Andres Bonifacio begann der bewaffnete Kampf gegen die Spanier, die aber zunächst obsiegen konnten, weil auch hier die Aufständischen gespalten waren. Cristobal, Adrian E. The Tragedy of the Revolution. Makati City, Philippines: Studio 5 Pub, 1997, S.

schichtsphilosophie und Eugenik: Ab 1890 geriet die US-amerikanische Außenpolitik unter den Einfluss Alfred T. Mahans (1840–1914), dem Autor von „*The Influence of Sea Power upon History, 1600–1783*" (1890), der in weiteren Denkschriften den Vorschlag machte, die Karibik, Hawai'i und die Philippinen als Flottenstützpunkte zu übernehmen.[216] Mahan verband dabei die Monroe-Doktrin mit dem wissenschaftlichen Rassismus seiner Zeit, ökonomischen Argumenten und militärische Gesichtspunkte mit geopolitischen Plattitüden, ja er behauptete sogar die Kongruenz des Militärischen mit dem Politischen:

> Whether they will or no[t], Americans must now begin to look outward. The growing production of the country demands it. An increasing volume of public sentiment demands it. The position of the United States, between the two Old Worlds and the two great oceans, makes the same claim, which will soon be strengthened by the creation of the new link joining the Atlantic and the Pacific. The tendency will be maintained and increased by the growth of the European colonies in the Pacific, by the advancing civilization of Japan, and by the rapid peopling of our Pacific States with men who have all the aggressive spirit of the advanced line of national progress.[217]

Besonders Hawai'i befand angeblich in Gefahr, von den Japanern übernommen zu werden.[218] Sollte dies geschehen – so Mahan – bestehe Gefahr für die amerikanische Pazifikküste. Er schlug weiterhin vor, einen den Pazifik mit dem Atlantik verbindenden Kanal zu erbauen, um die Flotten schnell verlegen zu können und regte den massiven Ausbau der US Navy an. Als Industrienation könnten die USA es sich nicht leisten, nicht nach neuen Absatzmärkten zu suchen.[219]

Expansionisten, allen voran Theodore Roosevelt, lobten das Werk Mahans, doch muss man Roosevelt zugestehen, dass viele der Überlegungen, die sich bei

---

216 Mahan, Alfred Thayer. The Influence of Sea Power upon History, 1660–1783. Boston, MA: Little, Brown & Co., 1890.
217 Mahan, Alfred Thayer. The Interest of America in Sea Power: Present and Future. Boston, MA: Little, Brown and Company, 1897, S. 22. Der Artikel wurde zuerst veröffentlicht im Atlantic Monthly, 1890.
218 Mahan, Alfred Thayer. Mahan on Naval Warfare: Selections from the Writing of Rear Admiral Alfred T. Mahan. Boston, MA: Little, Brown, 1918, S. 102–110, 285–287, 356,
219 Die Debatte um die künftige Seekriegsstrategie der USA war wesentlich älter als Mahans Buch. Schon früh forderten Marinekreise den Ausbau einer schlagkräftigen Kriegsmarine. Apt, Benjamin L. Mahan's Forebears: The Debate over Maritime Strategy, 1868–1883. Naval War College Review. 1997; (50):86–111. O'Connell, Robert L. Sacred Vessels: The Cult of the Battleship and the Rise of the U.S. Navy. New York: Oxford University Press, 1993. Nicht vergessen werden sollten die strukturellen Veränderungen in der US Navy wie zum Beispiel die Gründung des Naval War College, das die moderne Ausbildung der Seekadetten gewährleistete. Grenville, J. A. S und Young, George Berkeley. Politics, Strategy, and American Diplomacy: Studies in Foreign Policy, 1873–1917. New Haven, CT: Yale University Press, 1966, S. 1–38.

Mahan finden, von ihm schon in seinem Buch über den Seekrieg von 1812 (1882) angelegt gewesen waren.[220] Das heißt aber nicht, dass Mahans Thesen nicht allgemein sehr beachtet wurden.[221]

Neben Mahan müssen andere Quellen genannt werden, wenn es um die „intellektuelle Vaterschaft" der expansionistischen Tendenzen und um die Errichtung eines amerikanischen Imperiums geht: John B. Judis nennt hier vor allem Brooks Adams mit seinem Buch „The Law of Civilization and Decay", das vor seiner Publikation 1895 als Artikelserie erschienen war.[222] Der Rechtsanwalt und Historiker Brooks Adams (1848–1927), ein Bruder Henry Adams', prognostizierte den Untergang der Zivilisation als Ergebnis der ökonomischen Konkurrenz der Gesellschaftsmitglieder:

> The evidence, however, seems to point to the conclusion that, when a highly centralized society disintegrates, under the pressure of economic competition, it is because the energy of the race has been exhausted. Consequently, the survivors of such a community lack the power necessary for renewed concentration, and must probably remain inert until supplied with fresh energetic material by the infusion of barbarian blood.[223]

Dieser „umgekehrte" Rassismus kam den Expansionisten vom Schlage Roosevelts und Cabot Lodges zupass, denn sie wurden nicht müde, die Qualitäten der „Krieger" gegenüber den „Kaufleuten" hervorzuheben.[224]

---

[220] Roosevelt, Theodore. The Naval War of 1812. New York: G. P. Putnam's Sons, 1882.

[221] Hamilton, Richard F. President McKinley, War and Empire. New Brunswick, NJ: Transaction Publishers, 2006–2007, 2 Bände, Band 2, S. 42f. Hamilton geht mit Julius Pratt und anderen Autoren ins Gericht, die versucht haben, intellektuelle Führer der Expansionisten - wie Mahan - zu benennen und hat dafür gute Gründe. Die Frage ist jedoch, wie sich „Einfluss" messen lässt. Wenn fünf Prozent der amerikanischen Bevölkerung mit den Ideen der Expansionisten durch eigene Lektüre vertraut waren, finde ich das beachtlich viel. Ideen sind wie Viren: Sie verbreiten sich rasant und mutieren dabei. Qualitätszeitschriften und die Massenpresse greifen Ideen auf und Prediger verkünden sie von den Kanzeln. Weiter käme man mit einer diskurstheoretischen Analyse, die die Möglichkeit beinhaltet, dass Argumente aufgegriffen und verbreitet werden, ohne dass im Einzelnen nachgewiesen werden muss, dass z. B. Mahan Einfluss aufs Kabinett McKinleys hatte. Der Begriff des Diskurses taucht indessen in Hamiltons zweibändigem Werk kein einziges Mal auf. Zum Einfluss Mahans siehe auch Missal, Alexander. Seaway to the Future: American Social Visions and the Construction of the Panama Canal. Madison, WI: University of Wisconsin Press, 2008, S. 28f. Zur Bedeutung der Qualitätszeitschriften Saldern, Amerikanismus, S. 28–66.

[222] Adams, Brooks. The Law of Civilization and Decay: An Essay on History. London, New York: S. Sonnenschein & Co., MacMillan & Co, 1895.

[223] Adams, Brooks. The Law of Civilization and Decay, S. XI.

[224] Judis, John B. The Folly of Empire: What George W. Bush Could Learn from Theodore Roosevelt and Woodrow Wilson. Oxford, New York: Oxford University Press, 2006, S. 36.

> We need, then, the iron qualities that must go with true manhood. We need the positive virtues of resolution, of courage, of indomitable will, of power to do without shrinking the rough work that must always be done, and to persevere through the long days of slow progress or of seeming failure which always come before any final triumph, no matter how brilliant. [225]

Henry Cabot Lodge, Theodore Roosevelt, der Philosoph und Historiker John Fiske (1842–1901), der Diplomat und Verleger der New York Tribune, Whitelaw Reid (1837–1912), der Journalist, Diplomat und Herausgeber des *Atlantic Monthly*, Walter Hines Page (1855–1918), und Brooks Adams stammten aus einer Generation, waren – mit wenigen Ausnahmen – über das Studium in Harvard miteinander verbunden, kannten sich untereinander persönlich und tauschten sich regelmäßig aus. Hinzu kam Josiah Strong (1847–1916), ein protestantischer Theologe und Verleger, eine der zentralen Figuren des *Social Gospel*, einer theologisch-sozialen Bewegung, die ihren Höhepunkt im frühen 20. Jahrhundert hatte. Strong hatte 1885 ein einflussreiches und sich gut verkaufendes Buch veröffentlicht, in dem er die Gefahren benannt hatte, die den USA durch die Industrialisierung drohten, und das die Theorien Herbert Spencers über die Überlegenheit der „Anglo-Saxon Race" aufgriff und christlich gewendet als „evangelischen Imperialismus" popularisierte.[226]

> Again, another marked characteristic of the Anglo-Saxon is what may be called an instinct or genius for colonizing. His unequaled energy, his indomitable perseverance, and his personal independence, made him a pioneer. He excels all others in pushing his way into new countries. It was those in whom this tendency was strongest that came to America, and this inherited tendency has been further developed by the westward sweep of successive generations across the continent. [...] The time is coming when the pressure of population on the means of subsistence will be felt here as it is now felt in Europe and Asia. Then will the world enter upon a new stage of its history–the, final competition of races, for which the Anglo-Saxon is being schooled. Long before the thousand millions are here, the mighty centrifugal tendency, inherent in this stock and strengthened in the United States, will assert itself. Then this race of unequaled energy, with all the majesty of numbers and the might of wealth behind it–the representative, let us hope, of the largest liberty, the

---

225 Roosevelt, Theodore. „Manhood and Statehood." The Works of Theodore Roosevelt. New York: Collier and Son, 1900, 14 Bände, Band 12: The Strenuous Life, S. 212.

226 Strong, Josiah. Our Country: Its Possible Future and Its Present Crisis. New York: Baker & Taylor for the American Home Missionary Society, 1885. Shenk, Wilbert R. North American Foreign Missions, 1810–1914: Theology, Theory, and Policy. Grand Rapids, MI: William B. Eerdmans Pub, 2004, S. 163, FN 1. Eine englische Auflage von 175.000 Stück wurde innerhalb kurzer Zeit verkauft. Es folgten Übersetzungen. Strong, Josiah. Unser Land, dessen mögliche Zukunft und gegenwärtige Crisis. Cleveland, OH: Ohio, Lauer & Mattill, 1891.

purest Christianity, the highest civilization–having developed peculiarly aggressive traits calculated to impress its institutions upon mankind, will spread itself over the earth. [227]

Man kann diese Gruppe als den „inneren Zirkel" der expansionistischen Intellektuellen ihrer Zeit bezeichnen. Wichtig ist, dass sie über Zugang zur Massenpresse verfügten und ihre Ideen so propagieren konnten.[228] Der Pressezar William R. Hearst gab an, er habe drei Millionen Dollar investiert, um den Krieg mit Spanien zu propagieren.[229]

Nicht getrennt von diesen expansionistischen Ansätzen war das genuine Engagement vieler US-Amerikaner für die Sache der kubanischen Revolution. Der Slogan „Cuba Libre" erfreute sich großer Popularität unter der US-amerikanischen Bevölkerung, die Geld für die Aufständischen sammelte.[230]

1892 gründet José Marti (1853–1895) den *Partido Revolucionario Cubano* mit Sitz in New York und Philadelphia sowie Niederlassungen in Tampa, Key West, Florida und auf Puerto Rico.[231] Auf den Philippinen gründet sich *La Liga Filipina*, eine Reformgruppe, die Änderungen der spanischen Politik mit friedlichen Mitteln anstrebte. Gründungsmitglied war jener José Rizal, der verhaftet, verbannt und schließlich hingerichtet wurde. Seine Verbannung sorgte zunächst für den Niedergang der Bewegung. Andrés Bonifacio y de Castro (1863–1897) gründet daraufhin die *Katipunan*, eine geheime nationalistische Bruderschaft, die die bewaffnete Revolution gegen Spanien anstrebte. Bonifacio griff zur Untergrund-

---

227 Strong, Josiah. Our Country, S. 173, 175.
228 Judis, The Folly of Empire, S. 35.
229 Janeway, The Economics of Crisis, S. 106.
230 Pérez, Louis A. Cuba and the United States: Ties of Singular Intimacy. Athens, GA: University of Georgia Press, 2003, S. 86 f. Das beigefügte Foto zeigt die Rolle, die die „Cuba-Solidarität" für die innere Befindlichkeit der USA spielte. Rebellen und Unionisten konnten sich für die Befreiung Kubas endlich die Hände reichen. Es handelt sich um eine Fotografie des Fotografen Fitz William Guerin, der ein dekorierter Bürgerkriegsveteran war. [Web Page] https://www.1843magazine.com/ideas/the-daily/cuba-libre. Gesehen am 9.12.2016.
231 Zum kubanischen Archivmaterial, das ich nicht einsehen konnte, konsultiere man Archivo Nacional de Cuba. Inventario General del Archivo de la Delegación del Partido Revolucionario Cubano en Nueva York (1892–1898) Tomo 1. Habana, Cuba: Impr. „El Siglo XX," Sociedad Editorial Cuba Contemporánea, 1918. Die folgenden Titel sind in der LoC einsehbar: Partido Revolucionario Cubano, and Seccion Puerto Rico. Memoria De Los Trabajos Realizados 1895 á 1898. New York City: Impr. A. W. Howes, 1898. Partido Revolucionario Cubano, and Sección Puerto Rico. Memoria de los Trabajos Realizados por la Sección Puerto Rico del Partido Revolucionario Cubano. New York City: Impr. de A. W. Howes, 1898. Varona, Enrique José. Cuba contra Espana: Manifiesto del Partido Revolucionario Cubano a Los Pueblos Hispano-Americanos. New York: S. Figueroa, 1895.

7.6 Lock-in 9: Der Spanisch-Amerikanische Krieg, 1898 — 435

arbeit, weil er die *Liga Filipina* für ineffektiv hielt.[232] Auch er scheiterte an den inneren Spannungen der Aufständischen.

1895 erfolgte ein Aufstand der kubanischen Unabhängigkeitsbewegung *Ejército Libertador de Cuba*, der aber vom spanischen Militär blutig niedergeschlagen wurde. José Martí and Máximo Gómez Baez (1836–1905) kehren nach Kuba zurück, um den Unabhängigkeitskrieg weiterzuführen. Sie wurden dabei vom *Partido Revolucionario Cubano* in den USA unterstützt. US-Präsident Grover Cleveland erließ eine Neutralitätsproklamation angesichts des kubanischen Aufstands, unternahm aber nichts, um dem Wirken der kubanischen Revolutionäre auf dem amerikanischen Festland Einhalt zu gebieten.

1896 begann Spanien mit der Politik der „Konzentrierung", also der Internierung von kubanischen Zivilisten in Lagern: Unter den Insassen der Lager brachen Seuchen aus und es gab viele Todesfälle.[233] Der US-Kongress beschloss darauf mit überwältigender Mehrheit am 28. Februar bzw. 2. März 1896 die Anerkennung des kubanischen Freiheitskampfes durch die Resolution des Demokraten John T. Morgan und des Republikaners Donald Cameron. Dem gegenüber expansionistischen Bestrebungen zurückhaltenden Cleveland wurde auf diese Weise signalisiert, dass in der Sache Kubas etwas unternommen werden musste, denn Politiker aus beiden Parteien engagierten sich offenbar für die kubanische Sache.[234]

Die genozidale Konzentrierungspolitik der Spanier erregte auch das Gemüt William McKinleys. Er sagte in seiner ersten Jahresbotschaft vom 6. Dezember 1897:

---

[232] Castillo y Jiménez, José M. del. El Katipunan ó el Filibusterismo en Filipinas: Crónica Ilustrada con Documentos, Autógrafos y Fotograbados. Madrid: Imp. del Asilo de huérfanos del S. C. de Jesús, 1897. Reyes y Florentino, Isabelo de los. La Religion Del „Katipunan." Madrid: Tipolit. de J. Corrales, 1900. St. Clair, Francis. The Katipunan: The Rise and Fall of the Filipino Commune. Manila: Amigos del pais, 1902. Der letzte Text ist eine Anklage gegen die Katipunan und eine Verteidigung der sapnischen Kolonialherrschaft bzw. der amerikanischen Übernahme der Inseln.

[233] 1897 kamen über 100.000 Menschen zu Tode. Das schlimmste Lager war Santa Clara, wo laut Kotel und Rigoulot zwischen 1895 und 1897 fast 70.000 Menschen durch Hunger, Seuchen und Gewalt umkamen. Kotek, Joël und Rigoulot, Pierre. Le Siècle des Camps: Détention, Concentration, Extermination. Cent Ans de Mal Radical. Paris: Lattès, 2000 [E-Book, keine Seitenangabe]. Crompton, Samuel Etinde. The Sinking of the USS Maine: Declaring War against Spain. New York: Chelsea House Publishers, 2009, S. 30. Garcia, Guadalupe. Urban Guajiros: Colonial Reconcentración, Rural Displacement and Criminalisation in Western Cuba, 1895–1902. Journal of Latin American Studies. 2011 May 1; 43 (2):209–235.

[234] Cleaver, Nick. Grover Cleveland's New Foreign Policy: Arbitration, Neutrality, and the Dawn of American Empire. New York: Palgrave MacMillan, 2014, S. 33.

> The cruel policy of concentration was initiated [in Cuba] February 16, 1896. The productive districts controlled by the Spanish armies were depopulated. The agricultural inhabitants were herded in and about the garrison towns, their lands laid waste, and their dwellings destroyed. This policy the late cabinet of Spain justified as a necessary measure of war and as a means of cutting off supplies from the insurgents. *It has utterly failed as a war measure. It was not civilized warfare: it was extermination.*[235]

Auf den Philippinen war schon am 26. August 1896 die Revolution ausgebrochen. Kurz vor dem Ende seiner Amtszeit erklärte Präsident Cleveland, die USA sähen sich gezwungen zu intervenieren, falls es Spanien nicht gelänge, der Lage in Kuba Herr zu werden. 1896 wurde der erste formale Kriegsplan gegen Spanien durch Leutnant zur See William Warren Kimball (1848–1930) erarbeitet.[236] Nach diesem Plan sollte das Hauptkriegsgebiet in der Karibik mit Kuba und Puerto Rico im Zentrum liegen. Der Konflikt sollte hauptsächlich auf See ausgetragen werden. Manila sollte von See her blockiert und möglicherweise sollten auch spanische Küstenstädte bombardiert werden.

Ab 1897 lieferten sich William Randolph Hearst und sein New York Journal und Joseph Pulitzer mit seiner New York World eine erbitterte Presseschlacht um die Vorherrschaft auf dem New Yorker Zeitungsmarkt. Ihre Sensationsberichterstattung über die Kämpfe der Spanier gegen die Revolutionäre auf Kuba verstärkte das antispanische Ressentiment in den USA und bereitete einen Umschwung der öffentlichen Meinung vor.

Am 4. März 1897 trat Präsident William McKinley sein Amt an. Theodore Roosevelt wurde in seinem Kabinett zum Staatssekretär im Marineministerium ernannt. Im gleichen Jahr wurde Emilio Famy Aguinaldo (1869–1964) im Exil in Hong Kong zum Führer der philippinischen Unabhängigkeitsbewegung. McKinley war ein Expansionist, wenn auch nicht vom Schlage Theodore Roosevelts. McKinley behielt seine expansionistischen Ansichten zunächst für sich und versuchte, sich verschiedene Optionen in der Auseinandersetzung mit Spanien offen zu halten.[237] Er war zudem zutiefst religiös – ein missionsbeflissener Methodist vom alten Schlage – und pflegte politische Entscheidungen mit Rücksicht auf göttliche Eingebungen zu treffen. Die Vorsicht McKinleys hat dazu geführt, dass ihm Teile der zeitgenössischen Öffentlichkeit und der Forschung Schwäche und

---

235 William McKinley, First Annual Message, Presented in Written form to Congress December 6, 1897.
236 Trask, David F. The War with Spain in 1898. Lincoln, NE: University of Nebraska Press, 1996, S. 74 f., 514, FN 5.
237 Benjamin, Jules R. The United States and the Origins of the Cuban Revolution: An Empire of Liberty in an Age of National Liberation. Princeton, NJ: Princeton University Press, 1990, S. 40 f.

mangelndes Verständnis für die amerikanische Position vorgeworfen haben.[238] Alles in allem muss man McKinley bescheinigen, dass er der erste „moderne" Präsident gewesen ist, der die Exekutive stärkte, indem er eine geschickte Außenpolitik umsetzte.[239] Sein schlechter Ruf als zögerlicher Politiker, der keine klare Linie hatte, und von der Presse vor sich hergetrieben wurde, ist ungerechtfertigt, wie Kevin Phillips und Deborah Marinski gezeigt haben.[240]

Am 1. Januar 1898 gewährte Spanien Kuba eine begrenzte Autonomie. Kurz danach trat der spanische Gesandte in Washington Enrique Dupuy de Lôme y Paulin (1851–1904) zurück. Der Grund war ein abgefangener Brief an seinen Freund, den Politiker José Canalejas Mendéz (1854–1912) in Kuba, in dem McKinley als schwach und als schlechter Politiker bezeichnet wurde.[241]

Dieser schädliche Brief geriet in die Hände des New York Journal, das ihn prompt veröffentlichte. Anlässlich eines „freundschaftlichen" Besuchs in Kuba explodierte am 15. Februar 1898 unter ungeklärten Umständen die USS Maine im Hafen von Havanna und riss mehr als 260 amerikanische Seeleute in den Tod.[242] Die Ursachen der Explosion sind bis heute nicht klar. Zeitgenossen nahmen an, dass eine spanische Unterwassermine das Schiff versenkt hatte.[243]

---

[238] Dobson, John M. Reticent Expansionism: The Foreign Policy of William McKinley. Pittsburgh, PA: Duquesne University Press, 1988, S. 24.

[239] Gould, Lewis L. The Presidency of William McKinley. Lawrence, KS: Regents Press of Kansas, 1980, S. 231–243.

[240] Phillips, Kevin. William McKinley. New York: Times Books, 2003, S. 135–160. Marinski, Deborah R. William McKinley: A Modern Man. New York: Nova Science Publishers, 2011, S.

[241] Wright, Marcus J. Wright's Official History of the Spanish-American War. Washington, DC: War Records Office, 1900, S. 63f.

[242] Rickover, Hyman G. How the Battleship Maine Was Destroyed. Washington, DC: Government Printing Office, 1976, S. 94–97, 104–106.

[243] Nach dem Krieg, im Jahre 1912, hoben amerikanische Armee-Pioniere das Schiff, so dass eine Untersuchung am Wrack selbst möglich wurde. Wiederum kam die Regierung zu dem Ergebnis, eine spanische Mine sei die Ursache des Untergangs gewesen. Mehr als ein halbes Jahrhundert später, im Jahr 1974, unternahm Admiral Hyman Rickover eine selbständige Studie der Versenkung der Maine und kam zu dem überraschenden Ergebnis, eine spontane Kohlestaubexplosion hätte zu einer Zündung des Munitionsbunkers geführt und sei somit für den Verlust des Schlachtschiffes verantwortlich zu machen. Die zunächst plausibel klingenden Ergebnisse Rickovers wurden 1995 einer erneuten Überprüfung durch Peggy und Harold Samuels unterzogen. Das Ehepaar wies Rickover konkrete Fehler nach und führt weitere Argumente ins Feld, warum der Auslöser der Explosion eine kleine spanische Unterwassermine gewesen sein muss. Samuels, Peggy und Samuels, Harold. Remembering the Maine. Washington, DC: Smithsonian Institution Press, 1995. Weems macht das Argument, die spanische Rechte unter Weyler sei für die Explosion verantwortlich gewesen. Weems, John Edward. The Fate of the Maine. College Station, TX: Texas A & M University Press, 1992, S. 54. Die beiden Gruppen, die am meisten vom Untergang der Maine hätten profitieren können, waren die kubanischen Insurgenten und die amerikanischen Expan-

Der einflussreiche republikanische Senator und Geschäftsmann aus Vermont, Redfield Proctor (1831–1908), ein ehemaliger Kriegsminister, machte sich nach einer Reise nach Kuba bald nach dem Untergang der *Maine* im Kongreß und innerhalb der Geschäftswelt für einen Krieg mit Spanien stark.[244] Seine Rede vor dem Senat am 17. März 1898 gab wohl den Ausschlag für die Entscheidung, Spanien den Krieg zu erklären. Proctor widmete einen Großteil seiner Rede den Bedingungen in den Konzentrationslagern der Spanier.[245]

Am 28. März 1898 entschied ein Bericht des U.S. Naval Court of Inquiry, die *Maine* sei von einer spanischen Mine getroffen worden. Am nächsten Tag stellte McKinley Spanien ein Ultimatum, in dem er die Kolonialmacht aufforderte, Kuba in die Unabhängigkeit zu entlassen, was Spanien in einer Antwort vom 1. April 1898 ablehnte.

Am 4. April erschien das New York Journal mit einer Sonderauflage von einer Million Exemplaren, in der der Krieg gegen Spanien gefordert wurde. Erst am 11. April 1898 bekannte McKinley sich in einer „Kriegsbotschaft" an den Kongress zum Ziel der Intervention auf Kuba. Diese Rede war ein politischer Drahtseilakt, da es galt, nicht im Einklang miteinander stehende politische und wirtschaftliche Ziele zu einer Strategie zu vereinen.[246] McKinley sprach eine deutliche Sprache. Folgende Gründe führte er für die Intervention an:

Die Unfähigkeit Spaniens, die Insel zu kontrollieren:

---

sionisten. Erstere hätten ein Motiv gehabt, mit dem sie die USA in den Krieg hineinziehen konnten, um so den Untergang Spaniens zu besiegeln. Die Expansionisten hätten einen Vorwand für die Kriegserklärung gehabt. Für beide Verdachtsmomente gibt es indessen keinen Beweis und es ist fraglich, ob nordamerikanische Expansionisten den Untergang des neusten Schiffs einer ohnehin nicht sehr großen Kriegsmarine und den Tod von 260 amerikanischen Seeleuten in Kauf genommen hätten. Es gab den Verdacht, dass spanische Rechtsradikale um General Weyler das Schiff in die Luft gejagt haben könnten, denn wenige Tage vor der Explosion kursierten Flugblätter, die den Tod der US-Amerikaner verlangten. Hier bleiben zwei Fragen: Diese Gruppierungen hätten damit einen Vorwand für einen bewaffneten Konflikt geliefert, der in der Niederlage Spaniens geendet hätte. Dies war abzusehen, vor allem für die Militärs. Angehörige dieser Gruppen hätten sich zudem an Bord begeben müssen, um eine Bombe im Innern zu platzieren und zu zünden. Beides sind keine sehr wahrscheinlichen Möglichkeiten. Am wenigsten hatte die spanische Regierung von dem Konflikt zu gewinnen und sie ist diejenige, die wir mit größter Wahrscheinlichkeit von der Liste der Verdächtigen streichen können. Es bleibt die Unfallvariante, die politisch am meisten Sinn macht.

244 Davis, Michelle Bray und Quimby, Rollin W. Senator Proctor's Cuban Speech: Speculations on a Cause of the Spanish-American War. Quarterly Journal of Speech. 1969 Apr (55):131–141. Offner, An Unwanted War, S. 133 f.
245 Berner, Brad K. The Spanish-American War: A Documentary History with Commentaries. Lanham, MD: Rowman & Littlefield, 2014, S. 52 f.
246 Berner, Brad K. The Spanish-American War, S. 59 f.

> The present revolution is but the successor of other similar insurrections which have occurred in Cuba against the dominion of Spain, extending over a period of nearly half a century, each of which, during its progress, has subjected the United States to great effort and expense in enforcing its neutrality laws, caused enormous losses to American trade and commerce, caused irritation, annoyance, and disturbance among our citizens, and, by the exercise of cruel, barbarous, and uncivilized practices of warfare, shocked the sensibilities and offended the humane sympathies of our people.

Die anhaltenden Gewalttaten gegen Zivilisten und die Zerstörung der Insel:

> Since the present revolution began in February 1895, this country has seen the fertile domain at our threshold ravaged by fire and sword, in the course of a struggle unequaled in the history of the island and rarely paralleled as to the numbers of the combatants and the bitterness of the contest by any revolution of modern times, where a dependent people striving to be free have been opposed by the power of the sovereign state. [...] In addition, I asked the immediate revocation of the order of reconcentration, so as to permit the people to return to their farms and the needy to be relieved with provisions and supplies from the United States, cooperating with the Spanish authorities, so as to afford full relief.

Der Verlust amerikanischen Kapitals als Folge des Bürgerkriegs:

> Our trade has suffered; the capital invested by our citizens in Cuba has been largely lost, and the temper and forbearance of our people have been so sorely tried as to beget a perilous unrest among our own citizens, which has inevitably found its expression from time to time in the national legislature; so that issues wholly external to our own body politic engross attention and stand in the way of that close devotion to domestic advancement that becomes a self-contained commonwealth, whose primal maxim has been the avoidance of all foreign entanglements. All this must needs awaken, and has, indeed, aroused the utmost concern on the part of this government, as well during my predecessor's term as in my own.

Die Zerstörung der USS *Maine:*

> These elements of danger and disorder already pointed out have been strikingly illustrated by a tragic event which has deeply and justly moved the American people. I have already transmitted to Congress the report of the Naval Court of Inquiry on the destruction of the battleship *Maine* in the harbor of Havana during the night of the 15th of February. The destruction of that noble vessel has filled the national heart with inexpressible horror. Two hundred and fifty-eight brave sailors and marines and two officers of our Navy, reposing in the fancied security of a friendly harbor, have been hurled to death, grief and want brought to their homes, and sorrow to the nation.[247]

---

[247] United States. Department of State. Papers Relating to the Foreign Relations of the United States: 1898. Washington, DC: Government Printing Office, 1901, S. 750–760.

Am 19. April verabschiedete der Kongress in einer gemeinsamen Sitzung beider Häuser mit 311 zu sechs Stimmen im Repräsentantenhaus und 42 zu 35 Stimmen im Senat eine Resolution, die die Unabhängigkeit Kubas anerkannte (ohne die Revolutionsregierung anzuerkennen) und den Präsidenten berechtigte, mit Gewalt gegen Spanien vorzugehen. Der letzte Punkt dieser kurzen Resolution war das *Teller Amendment*, benannt nach Senator Henry Moore Teller aus Colorado, das festlegte, die USA beabsichtigten nicht, Kuba zu annektieren, sondern man wolle die Insel so schnell wie möglich nach Wiederherstellung normaler Verhältnisse verlassen.[248] Am 20. April unterzeichnete McKinley die Kriegserklärung und damit bestand zwischen beiden Ländern der Kriegszustand. William McKinley befahl eine Blockade Kubas und mobilisierte 125.000 Freiwillige, während die Spanier die Bucht von Guantánamo verminten.

Am 1. Mai 1898 besiegte US Kommodore George Dewey mit seiner Flottille das spanische Geschwader im Hafen von Manila auf den Philippinen. Die amerikanische Flottille, bestehend aus den Kreuzern *U.S.S. Olympia, Raleigh, Boston* und *Baltimore* und mehreren kleineren Kriegsschiffen hatte von Hongkong aus Manila angegriffen und die spanische Flotte in sechs Stunden vernichtend besiegt.

Am 4. Mai 1898 wurde mit der Unterstützung Präsident McKinleys eine Joint Resolution ins Abgeordnetenhaus eingebracht, die die Annexion Hawai'is forderte. Drei Tage später verabschiedete auch der Senat trotz aller verfassungsrechtlichen Bedenken die Joint Resolution zur Annexion Hawai'is.[249] Gleichzeitig verlangten McKinley und sein Kabinett in Anlehnung an ein Memorandum des Außenministeriums die Überlassung einer Kohlestation in Manila, während der Rest der Philippinen bei Spanien verbleiben sollte. Emilio Famy Aguinaldo kehrte 1898 auf Einladung der amerikanischen Regierung aus seinem Exil in Hong Kong auf die Philippinen zurück und errichtete eine Regierung, während von San Francisco aus die ersten amerikanischen Truppen nach Manila entsandt wurden, um die dortigen spanischen Truppen zu unterwerfen. Währenddessen sammelten sich in den USA diejenigen Kräfte, die eine komplette oder teilweise Annexion der Philippinen verlangen, nicht nur eine Überlassung eines Militärhafens. Ende Juli waren 11.000 amerikanische Soldaten auf den Philippinen eingetroffen, die Manila am 13. August praktisch ohne Widerstand einnehmen konnten. Auf dem Weg

---

248 Congressional Record, 55th Congress, Second Series, Band 32, S. 4062. Zu Teller, einem Vertreter freien Silbers aus Colorado, siehe Ellis, Elmer. Henry Moore Teller: Defender of the West. Caldwell, ID: The Caxton Printers, Ltd, 1941. Mitterling, Doris. Guide to the Henry Moore Teller Papers, 1862–1908. Boulder, CO: Western Historical Collections, University of Colorado Libraries, 1974.

249 „Joint Resolution to Provide for Annexing the Hawai'ian Islands to the United States," July 7, 1898, ch. 55, 30 Stat. 750 (1898).

7.6 Lock-in 9: Der Spanisch-Amerikanische Krieg, 1898 — 441

zu den Philippinen hatten die amerikanischen Truppen Guam, einen Teil der spanischen Marianen, eingenommen. Am 1. Juli hatten amerikanische Truppen die Außenbezirke von Santiago de Cuba erreicht und zwangen so die spanische Flotte, den Hafen dieser Stadt zu verlassen. Auf der Flucht aus dem Hafen wurden die meisten spanischen Schiffe versenkt, während sich die spanischen Truppen in Santiago am 16. Juli ergaben. Damit war der Krieg gegen Spanien vorüber. Nach der Eroberung Puerto Ricos kam es zum Waffenstillstand.

Anlässlich des spanischen Friedensangebots mussten einige Entscheidungen getroffen werden. Die Annexion Kubas stand seit dem *Teller Amendment* nicht mehr zur Debatte und Kuba musste in die Unabhängigkeit entlassen werden. Die anderen insularen Besitzungen Spaniens hingegen waren vom *Teller Amendment* nicht betroffen.

Das Ergebnis des Kriegs jedoch, mit den einfachen und verlustarmen Eroberungen des spanischen Kolonialreichs, öffnete die Tür für eine Änderung der amerikanischen Politik und spielte einer Reihe von republikanischen Senatoren in die Hände, die sich den Expansionismus und den Imperialismus auf die Fahnen geschrieben hatten, seitdem Hawai'i 1893 um die Aufnahme in die USA ersucht hatte. McKinley gab den Forderungen und Begehrlichkeiten dieser Republikaner nach, weil auch er im Grunde eine imperialistische Politik befürwortete, aber zu klug war, dies in aller Öffentlichkeit zuzugeben. Immerhin benötigte er für die Ratifizierung der Annexion der Philippinen die Zustimmung des Senats, in dem eine ausreichend große Minderheit anti-imperialistischen Positionen zuneigte und die Ratifizierung hätte verhindern können.[250] Der Anführer der pro-annexionistischen Republikaner war leicht zu identifizieren. Es war kein Geringerer als Theodore Roosevelt, der sogar von seinem Posten als Stellvertretender Marineminister zurückgetreten war, um seine expansionistischen Vorstellungen realisieren zu können. Er hatte als Oberstleutnant des 1. Kavallerieregiments (der „Rough Riders"), eines Freiwilligenverbandes, an der Eroberung Santiagos mitgewirkt und hatte seine Kriegsteilnahme flugs im folgenden Jahr mit einem Buch mit dem Titel „Rough Riders" vermarktet, das seitdem durch zahlreiche Neuauflagen gegangen ist.[251] In diesem Buch heißt es zu Beginn des ersten Kapitels:

> During the year preceding the outbreak of the Spanish War I was Assistant Secretary of the Navy. While my party was in opposition, I had preached, with all the fervor and zeal I possessed, our duty to intervene in Cuba, and to take this opportunity of driving the Spaniard

---

[250] Tucker, Spencer. The Encyclopedia of the Spanish-American and Philippine-American Wars: A Political, Social, and Military History. Santa Barbara, CA: ABC-CLIO, 2009, 3 Bände, Band 1, S. 491.
[251] Roosevelt, Theodore. The Rough Riders. New York: C. Scribner's Sons; 1899.

from the Western World. Now that my party had come to power, I felt it incumbent on me, by word and deed, to do all I could to secure the carrying out of the policy in which I so heartily believed; and from the beginning I had determined that, if a war came, somehow or other, I was going to the front.[252]

Sein Freund, Senator Henry Cabot Lodge, ein Befürworter einer Intervention in Kuba lange vor dem Krieg, weil er den Zugang zu einem zukünftigen Kanal durch Nicaragua gegen europäische Mächte sichern wollte, hielt engen politischen Kontakt zu Roosevelt.[253] Roosevelt nannte dann im selben Buch auch diejenigen Politiker, mit denen er am engsten kooperierte, um den Anschluss der spanischen Besitzungen an die USA zu bewerkstelligen:

As for the Senators, of course Senator Lodge and I felt precisely alike; for to fight in such a cause and with such an enemy was merely to carry out the doctrines we had both of us preached for many years. Senator [Cushman Kellogg] Davis, Senator [Redfield] Proctor, Senator [Joseph Benson] Foraker, Senator [William Eaton] Chandler, Senator [John Tyler] Morgan, Senator [William Pierce] Frye, and a number of others also took just the right

---

252 Roosevelt, Theodore. The Rough Riders, S. 1.
253 „Those, Mr. President, are some of the more material interests involved in this question, but we have also a broader political interest in the fate of Cuba. The great island lies there across the Gulf of Mexico. She commands the Gulf, she commands the channel through which all our coastwise traffic between the Gulf and our Northern and Eastern states passes. She lies right athwart the line which leads to the Nicaragua Canal. Cuba in our hands or in friendly hands, in the hands of its own people, attached to us by ties of interest and gratitude, is a bulwark to the commerce, to the safety, and to the peace of the United States. We should never suffer Cuba to pass from the hands of Spain to any other European power. [...] I have spoken of our material interests. I have referred to our political interests in the future of Cuba. But, Mr. President, I am prepared to put our duty on a higher ground than either of those, and that is the broad ground of a common humanity. No useful end is being served by the bloody struggle that is now in progress in Cuba, and in the name of humanity it should be stopped. [...]" United States. Congress. Congressional Records, 54 Cong., 1 Sess., S. 1971–1972. Lodge und Roosevelt publizierten gemeinsam einen historiographischen Text, der die Tugenden amerikanischer Männlichkeit beschwor. Lodge, Henry Cabot und Roosevelt, Theodore. Hero Tales from American History. New York: The Century Company, 1895. Die These, der Spanisch-Amerikanische Krieg sei vor allem durch eine maskulinistische Genderpolitik ausgelöst worden, vertritt die Historikerin Hoganson. Hoganson, Kristin L. Fighting for American Manhood: How Gender Politics Provoked the Spanish-American and Philippine-American Wars. New Haven, CT: Yale University Press, 1998, S. 101, 110–124. Hogansons Thesen sind sicherlich beachtenswert, messen aber McKinley eine zu passive Rolle zu. Seine expansionistische Grundhaltung wurde von seiner realpolitischen Erfahrung in Schach gehalten. Man kann die aggressive Männlichkeit der *Jingoists* verantwortlich machen für den Krieg von 1898; an den soliden wirtschaftlichen, politischen und kulturellen Interessen der USA an diesem Krieg ändert das nicht viel. Zur Freundschaft zwischen beiden Republikanern siehe Widenor, William C. Henry Cabot Lodge and the Search for an American Foreign Policy. Berkeley, CA: University of California Press, 1980, S. 24, 79–88.

ground; and I saw a great deal of them, as well as of many members of the House, particularly those from the West, where the feeling for war was strongest.[254]

Unter den engen politischen Freunden Roosevelts fand sich auch Kapitän Alfred T. Mahan, der mit seinen Büchern und Aufsätzen an der Aufrüstung der Kriegsmarine mitgewirkt hatte, aber auch die New York Tribune und ihr Herausgeber Whitelaw Reid (1837–1912), der als Diplomat und Vizepräsidentschaftskandidat der Republikaner Prominenz erreichte, und diejenigen Teile der Presse, die Wirtschaftsinteressen und religiöse Interessen am stärksten vertraten.[255] Besonders Reid setzte sich schon 1898 dafür ein, sowohl Kuba als auch Puerto Rico und die Philippinen zu behalten, um diese Inseln zu pazifizieren und zu kultivieren. Er entwickelte zu diesem Zwecke eine Theorie, die es möglich machen sollte, verfassungsmäßige Bedenken zu umgehen.[256]

Richter Peter S. Grossup vom United States District Court schrieb am 3. Mai 1898 in der Chicago Tribune:

[...] The Latin race, tho[ugh] still preeminent in many fields, is a diminishing race; the Anglo-Saxon, preeminent in all the arts and ambitions that make this age powerful, is an increasing race. It is the only race that has, since the beginning of time, correctly conceived the individual rights of men, and is, on that account, more than anything else, surviving, by fitness, the other races. [...] This war has shown that we need a home port in Asiatic waters. The strategy of war has compelled us to obtain a temporary foothold in the Philippines. I believe we will find a way to make it permanent (and), having no policy looking to colonial settlement, we will find such a way without offending any great power [...][257]

---

[254] Roosevelt, Rough Riders, S. 1. Cushman Kellogg Davis (1838–1900) saß von 1887 bis 1900 für Minnesota im Senat. Er war an den Friedensverhandlungen mit Spanien beteiligt. Redfield Proctor (1831–1908) war Kriegsminister vom 1889 bis 1891 und Senator für Vermont von 1891 bis 1908. Joseph Benson Foraker (1846–1917) war Senator für Ohio von 1897–1909. William Eaton Chandler (1835–1917) war Marineminister und 1887–1901 Senator für New Hampshire. John Tyler Morgan (1824–1907) sticht aus der Gruppe der übrigen genannten Senatoren heraus. Er war Demokrat, ein fanatischer Gegner der Reconstruction, ein offener Rassist und Expansionist. William Pierce Frye (1830–1911), Senator für Maine, hatte seinen Senatorenposten mehr als 30 Jahre inne. Quatannens, Jo Anne McCormick und Boyle, Diane B. Senators of the United States: A Historical Bibliography. A Compilation of Works by and about Members of the United States Senate, 1789–1995. Washington, DC: Government Printing Office, 1995.
[255] Pratt, A History of United States Foreign Policy, S. 214. Reid war ein sehr effektiver Propagandist territorialer Expansion, wobei er sich nachhaltig für eine Aufnahme Puerto Ricos in die USA einsetzte. Außenminister John Milton Hay hatte für ihn als Journalist gearbeitet.
[256] Reid, Whitelaw. The Territory with Which We Are Threatened. The Century: A Popular Quarterly. 1898; 56 (5):788–794.
[257] Rystad, Göran. Ambiguous Imperialism: American Foreign Policy and Domestic Politics at the Turn of the Century. Stockholm: Esselte Studium, 1975, S. 51.

Henry Watterson, Herausgeber des in Louisville erscheinenden Courier, gab am 22. Juni 1898 ein Interview im expansionistischen New York Herald, in dem er erklärte, es sei Zeit für eine aggressivere Außenpolitik der USA.

> To surrender territory acquired by the outlay of so much blood and treasure would be a wanton and cowardly abandonment of obligations and opportunities literally heaven-sent, for they were not originally contemplated by anybody [...] The traditional stay-at-home and mind-your-own-business policy laid down by Washington was wise for a weak and struggling nation [...] But each of the centuries has its own tale of progress to tell [...] We must adapt ourselves to the changed order. We must make a new map [...] The United States from now on is destined to be a world power. Henceforth its foreign policy will need to be completely reconstructed.

Amerikanische Unternehmer, die vor dem Krieg mehrheitlich eine anti-imperialistische Position eingenommen hatten, vollzogen im Frühjahr 1898 plötzlich eine Kehrtwende. Zum Verständnis ist es vielleicht wichtig, die Verbindung zu den Ereignissen in China zu ziehen, wo die europäischen Mächte eine aggressivere Linie als bisher verfolgten. 1897 hatte das Deutsche Reich Kiatschow Bay im Süden der Provinz Shantung annektiert und hatte weitgehende Rechte von der chinesischen Regierung erpresst, die ihm auch in einem Vertrag von 1898 gewährt wurden. Die deutschen Aktionen wurden zum Vorbild für eine Reihe anderer Mächte, darunter Russland, das Port Arthur übernahm, wodurch es Zugriff auf die Mandschurei erhielt. Frankreich hatte bereits ein umfangreiches Protektorat errichtet, verlangte aber im Anschluss an die Konzessionen, die den Deutschen gemacht wurden, weitere Rechte über chinesisches Territorium. Die Briten, denen es eher um den ökonomischen Zugang zu diesem riesigen Markt als um territoriale Zugewinne ging, nahmen nach dem vergeblichen Versuch, die anderen europäischen Nationen zur Wahrung der nationalen Integrität Chinas zu bewegen, eine ähnliche Position ein wie diese und erwarben weitere Territorien gegenüber Port Arthur und bei Hongkong. Es sah so aus, als ob China aufgeteilt werden würde und die amerikanischen Interessen dabei zu kurz kommen würden.[258] Wenn auch der Sieg im Krieg gegen Spanien an den chinesischen Problemen nicht viel änderte, sah es doch so aus, als ob Militärbasen auf Hawai'i, Guam und den Philippinen zusammen mit einem Kanal durch Mittelamerika die geopolitische Situation der USA stark verändern könnten. Das New Yorker Journal of Commerce schrieb,

---

258 Pratt, A History of United States Foreign Policy, S. 198 f.

> [To give up those islands] would be an act of inconceivable folly in the face of our imperative future necessities for a basis of naval and military force on the Western shores of the Pacific.[259]

Ähnlich wurde im Falle von Puerto Rico argumentiert. Das Journal of Commerce, das vor dem Krieg antiimperialistisch aufgetreten war, vollzog einen vollständigen Kurswechsel und schlug die Annexion von Puerto Rico und Kuba trotz des *Teller Amendments* vor.[260] Vertreter der protestantischen Kirchen stießen ins gleiche Horn. Mit Ausnahme der politisch eher radikalen Quaker und Unitarier und der Teile der Katholischen Kirche, die ein Vordringen der Protestanten in katholische Territorien nur mit Argwohn betrachten konnten, sahen die Protestanten den raschen und einfachen Sieg über Spanien als ein Zeichen göttlicher Zustimmung und unterstützten Pläne zur Übernahme der Inseln.[261] Protestantische Christen hätten die Pflicht, zivilisierend und missionierend einzugreifen, denn die Vorsehung habe sie offensichtlich dazu beauftragt. Der methodistische Geistliche Adna B. Leonard veröffentlichte unter dem Titel „Prospective Mission Fields" in der Zeitschrift Gospel in All Lands im August 1898 einen Artikel, der sich auf die göttliche Vorsehung berief.

> [...] an overruling Providence has thrust us out to the ‚uttermost parts of the earth', there to break the power of Spanish despotism [...] These marvelous events are now history, but no moral ken can foretell their far-reaching influences. But we do know that great opportunities are suddenly open before the Christian Church for advancing among long-oppressed peoples the kingdom of God [...] The Christian Church must follow the army and occupy the territory conquered by the war power of the nation.[262]

Aber auch Politiker bedienten sich einer quasi-religiösen Sprache, wenn es um die Annexion der Philippinen ging: Senator Orville Hitchcock Platt (1827–1905), ein Republikaner aus Connecticut, sagte anlässlich eine Rede im US Senat am 9. Januar 1899:

> I believe that back of it all was the hand of Providence [...] I believe the hand of Providence brought about the conditions which we must either accept or be recreant to duty. I believe that those conditions were a part of the great development of the great force of Christian civilization on earth. I believe the same force was behind [...] our ships in Manila Bay that

---

259 Pratt, A History of United States Foreign Policy, S. 214.
260 Burns, Richard Dean, Siracusa, Joseph M. und Flanagan, Jason C. American Foreign Relations since Independence. Santa Barbara, CA: ABC-Clio, 2013, S. 118.
261 Martínez-Fernández, Luis. Protestantism and Political Conflict in the Nineteenth-Century Hispanic Caribbean. New Brunswick, NJ: Rutgers University Press, 2002, S. 22f.
262 Leonard, Adna B. Prospective Mission Fields. Gospel in All Lands. 1898 Aug; 19 (8):363–364.

was behind the landing of Pilgrims on Plymouth Rock. I believe that we have been chosen to carry forward this great work of uplifting humanity on earth.[263]

Wirtschaftliche Interessen und der religiös verbrämte „imperialism of righteousness" kamen in der Okkupation der Philippinen also zusammen.[264]

Auf der anderen Seite formierten sich die Gegner einer Übernahme der spanischen Besitzungen, die in der Forschung Antiimperialisten genannt werden, ohne dass sie die politische Ausrichtung eines emanzipatorischen Antiimperialismus beanspruchen könnten, wie er in der zweiten Hälfte des 20. Jahrhunderts vorherrschte. Auf Seiten der Antiimperialisten ist vor allem die *American Anti-Imperialist League* (AIL) zu nennen, die sich ab 1898 gegen die Annexion der Philippinen wandte. Sie hatte auf der Höhe ihrer Geschichte 30.000 Mitglieder und bestand bis 1920 fort, allerdings war ihr Einfluss nach 1900 begrenzt. Unter ihren Mitgliedern waren auffallend viele Frauen, darunter die Sozialreformerin und Feministin Jane Addams, die unitarische Frauenrechtlerin und Sozialarbeiterin Fanny Baker Ames (1840–1931), die weltberühmte Astronomin Mary Emma Byrd (1849–1934), die Sozialreformerin Josephine Shaw Lowell (1843–1905), die Pazifistin und Sozialreformerin Lucia Ames Mead (1856–1936), die Verlegerin Alice Thacher Post (1853–1947) und die aus Deutschland stammende Mary Fels (1863–1953), Zionistin, Philanthropin und Vorkämpferin der Bodenreformbewegung.[265]

Frauen konnten 1898 bei nationalen Wahlen zwar noch nicht das Wahlrecht auf nationalem Niveau ausüben, doch innerhalb der AIL waren sie sehr zahlreich vertreten. Der Kampf gegen den Imperialismus und der Kampf für das Frauenwahlrecht koordinierten sich zeitgleich und so kam es zu einer gegenseitigen Durchdringung der jeweiligen Organisationen. Suffragetten sahen deutlich, dass es in beiden Fällen um eine Form der Vorenthaltung von politischen Rechten ging, und verbanden den Kampf gegen den Imperialismus mit dem Kampf für die eigenen Rechte. Es gab aber auch Frauen, die den Imperialismus akzeptierten oder gar unterstützten, sich aber gleichzeitig für das Wahlrecht von Frauen in den neuen Kolonien einsetzten. Viele Frauenrechtlerinnen sahen sich als Opfer eines Imperialismus im Innern. Die *Anti-Imperialist League* hatte viele Sprecherinnen,

---

[263] U. S. Congressional Record 55th Congress, Third Session, S. 501.
[264] Edmundo Eusebio Valera, Jr. ‚Imperialism of Righteousness': The Influence of the American Protestant Social Gospel on Foreign Missions and Expansionism, 1890–1910, Dissertation Fordham University, New York, 1998.
[265] Waugh, Joan. Unsentimental Reformer: The Life of Josephine Shaw Lowell. Cambridge, MA: Harvard University Press, 1998. Crapol, Edward P. Women and American Foreign Policy: Lobbyists, Critics, and Insiders. New York: Greenwood Press, 1987, S. 72.

7.6 Lock-in 9: Der Spanisch-Amerikanische Krieg, 1898 — 447

war aber bemüht, die Präsenz dieser Frauen innerhalb der Organisation herunterzuspielen. Dies schien schon alleine deshalb angeraten, weil man die Öffentlichkeit bei der Wahl von 1900 gegen McKinley mobilisieren wollte, um seine Wiederwahl zu unterbinden und so vielleicht die Ratifizierung des Friedensvertrages von Paris zu verhindern, in dem Spanien seine Kolonien an die USA abtrat. Frauen hatten aber noch kein Wahlrecht und die Verbindung von prominenten Suffragetten mit den Zielen der AIL hätte der Mobilisierung männlicher Wähler möglicherweise geschadet. Obwohl Frauen unter den Gründungsmitgliedern der AIL waren, dauerte es bis nach der katastrophalen Wahl von 1900, bis sie auf nationaler Ebene auftreten durften.[266]

Unter den prominenten männlichen Mitgliedern der AIL sind der ehemalige Stahlunternehmer, Multimillionär und Pazifist Andrew Carnegie (1835–1919) und der Schriftsteller und Publizist Mark Twain zu nennen, aber auch der Psychologe und Philosoph William James (1842–1910), der Pädagoge, Pazifist, Eugeniker und Präsident der Stanford University David Starr Jordan[267] und der Gewerkschaftsführer Samuel Gompers (1850–1924). Der ehemalige Finanzminister und Senator aus Massachusetts George S. Boutwell (1818–1905) fungierte als Präsident der League. Boutwell war ein effektiver Redner, der immer wieder auf die Widersprüche hinwies, die sich aus der demokratischen Verfassung der USA und ihrer imperialen Politik ergaben. 1899 verglich er die Vereinigten Staaten mit dem römischen Imperium und dem englischen *Empire*, als er sagte:

> Rome seized provinces and ruled and taxed peoples without their consent through the agency of praetors and governors-general. We have seized Puerto Rico, Cuba, and the margins of two islands in the Philippines, and we are ruling and taxing the inhabitants without their consent through the agency of military chieftains, who, for the time being, are endowed with full powers. Was the empire of Rome imperialistic, and wherein does our rule in the islands differ from the rule of Rome in Judea or in Gaul and Britain? And if different, then in what respect? Is England an empire, with two hundred million natives in India, whom she rules and taxes upon her own judgment and in constant denial of the right of those whom she claims as her subjects to tax and govern themselves? Are we not pursuing, or attempting

---

266 Die ganze Bewegung der Antiimperialisten ist ausführlich bei E. Berkeley Tompkins in seiner klassischen Studie nachgezeichnet, so dass ich hier darauf nicht weiter eingehen werde. Tompkins, E. Berkeley. Anti-Imperialism in the United States: The Great Debate, 1890–1920. Philadelphia, PA: University of Pennsylvania Press, 1970. Aus der AIL und unter Beteiligung wichtiger Frauen entstanden dann in den Zwanziger Jahren die *Women's International League for Peace and Freedom*, the *National Citizens Committee on Relations with Latin America* und andere Organisationen.
267 Jordan, David Starr. The Question of the Philippines: An Address Delivered before the Graduate Club of Leland Stanford Junior University, on February 14, 1899. Palo Alto, CA: Printed for the Graduate Club by the Courtesy of J.J. Valentine, 1899.

to pursue, the same policy in Puerto Rico, Cuba and the Philippines? Is it to be said that our title to the islands is superior to the title of Britain on the continent of Asia? Both titles were acquired by force, and in that respect they are of equal value. The title of England in India was wrested from peoples who had enjoyed it from antehistorical ages.[268]

Vor allem Gompers, aber auch Boutwell, mobilisierten gegen koloniale Neuerwerbungen, weil sie Angst um amerikanische Arbeitsplätze hatten, die sie durch die Konkurrenz mit Niedriglohnländern gefährdet sahen:

> If the Philippines are annexed what is to prevent the Chinese, the Negritos and the Malays coming to our country? How can we prevent the Chinese coolies from going to the Philippines and from there swarm into the United States and engulf our people and our civilization? If these new islands are to become ours, it will be either under the form of Territories or States. Can we hope to close the flood-gates of immigration from the hordes of Chinese and the semi-savage races coming from what will then be part of our own country? Certainly, if we are to retain the principles of law enunciated from the foundation of our Government, no legislation of such a character can be expected.[269]

Mark Twain wandelte sich von einem enthusiastischen Unterstützer des Kriegs zu einem entschiedenen Gegner. Noch 1898 verteidigte er den Krieg als einen Feldzug zur Befreiung der Kubaner, aber schon 1900 äußerte der große amerikanische Satiriker ernste Zweifel, ob die Amerikaner die gemachten Versprechungen im Falle der Filipinos einhalten würden.[270]

Am Ende nützte das alles jedoch nichts: Im Friedensvertrag zwischen Spanien und den Vereinigten Staaten vom 10. Dezember 1898 trat Spanien Kuba, Puerto Rico und Guam an die USA ab. Die Philippinen wurden für 20 Millionen

---

268 Boutwell, George S. Imperialism and Anti-Imperialism, Address at a Conference of Anti-Imperialists, Boston, May 16, 1899, abgedruckt in Boutwell, George S. The Crisis of the Republic, Boston: Dana Estes and Co., 1900. Ders. Address by the Hon. Geo. S. Boutwell Delivered in Faneuil Hall, Boston, January 1, 1903 at the Celebration of the Fortieth Anniversary of the Emancipation Proclamation, by the Colored People of Boston and Vicinity. Boston, MA: [The Ant-Imperialist League?], 1903. Ders. The Crisis of the Republic. Boston, MA: D. Estes & Company, 1900. Ders. Imperialists or Republicans? Address before the Essex Institute, Salem, Mass., January 9, 1899. Washington, DC: Anti-Imperialist League, 1899. Ders. Mass Meetings of Protest against the Suppression of Truth about the Philippines, Faneuil Hall, Thursday, March 19, 3 and 8 P.m.: Addresses by George S. Boutwell... [at al.]. Boston: [The Anti-Imperialist League?], 1903. Ders. The President's Policy War and Conquest Abroad, Degradation of Labor at Home. Chicago, IL: American Anti-Imperialist League, 1900.
269 Samuel Gompers, Imperialism – Its Dangers and Wrongs. In: Kaufman et al., The Samuel Gompers Papers, Band 5, 1996, S. 20–30, S. 28.
270 Twain, Mark. Following the Equator and Anti-Imperialist Essays. New York: Oxford University Press, 2010.

Dollar an die USA verkauft.[271] Nach heftigen Debatten im US-Senat wurde der Vertrag am 6. Februar 1899 mit 57 zu 27 Stimmen, also knapp über der erforderlichen Zweidrittelmehrheit von 56 Stimmen angenommen. Präsident McKinley unterzeichnete ihn schon am nächsten Tag. Im Falle Kubas stand man vor dem Problem, dass die Insel nicht förmlich übernommen werden konnte, ohne das *Teller Amendment* abzuschaffen, während man sich auch nicht einfach zurückziehen konnte, denn dann hätte man die Insel der politisch unliebsamen Revolutionsbewegung überlassen. Bei Wahlen nach 1902 gingen regelmäßig die radikalen Vertreter von *Cuba Libre* als Sieger hervor, obwohl die Amerikaner die gemäßigten Kräfte finanziell und organisatorisch unterstützten. Trotzdem konnten die USA ihre Hegemonie auch ohne formelle Beherrschung der Insel durchsetzen. Das *Platt Amendment* von 1903[272], Reziprozitätsverträge, die die wirtschaftliche Durchdringung der Insel durch amerikanisches Kapital sicherten, politische Manipulationen und kulturelle Vorherrschaft sicherten bis 1959 die amerikanische Hegemonie, wenn auch das *Platt Amendment* unter dem *New Deal* und der *Good Neighbor Policy* abgeschafft wurde. Der US-amerikanische Historiker Thomas G. Paterson hat in diesem Zusammenhang von Hegemonie gesprochen als „[...] the dominance or preponderant influence that permitted U.S. decisions to condition Cuba's politics, economy, culture, society, and military."[273]

Auf den Philippinen verlief die Entwicklung etwas anders als auf Kuba. Emilio Aguinaldo, der Führer des gescheiterten Aufstands von 1896–97, hatte eine Armee aufgestellt und kontrollierte Luzon. Nach der Unterzeichnung des Friedensvertrages zwischen Spanien und den Vereinigten Staaten am 10. Dezember 1898, in dem Spanien die Philippinen, Guam und Puerto Rico an die USA abgetreten bzw. verkauft hatte, wurde deutlich, dass die US-Regierung eine Politik der Assimilierung verfolgte. Am 4. Februar 1899 brachen die Feindseligkeiten zwischen den Filipinos und dem US-Militär aus, nachdem amerikanische Soldaten drei Filipinos in einem Vorort von Manila getötet hatten. In der folgenden Schlacht um Manila

---

271 A Treaty of Peace Between the United States and Spain, U.S. Congress, 55th Cong., 3d sess., Senate Doc. No. 62, Part 1 (Washington: Government Printing Office, 1899), S. 5–11.
272 Der wichtigste Passus aus dem *Platt Amendment* zur kubanischen Verfassung von 1903 lautete: „The Government of Cuba consents that the United States may exercise the right to intervene for the preservation of Cuban independence, the maintenance of a government adequate for the protection of life, property, and individual liberty, and for discharging the obligations with respect to Cuba imposed by the Treaty of Paris on the United States, now to be assumed and undertaken by the Government of Cuba." „The Platt Amendment," in Bevans, Charles I. (Hg.) Treaties and Other International Agreements of the United States of America, 1776–1949. Washington, DC: Government Printing Office, 1968–1976, 13 Bände, Band 8, S. 1116–1117.
273 Paterson, Thomas G. Contesting Castro: The U.S. and the Triumph of the Cuban Revolution. Oxford University Press, NY 1994, S. 7.

standen sich 19.000 US-Truppen und 15.000 Filipinos gegenüber. Die zweitägige Schlacht endete mit einem amerikanischen Sieg, doch dauerte der folgende Krieg mehr als zwei Jahre und erforderte den Einsatz von 112.000 amerikanischen Soldaten. Auf philippinischer Seite konnte Aguinaldo etwa 50.000 Kämpfer ins Feld führen. 4200 Amerikaner und 20.000 Filipinos fielen in diesem ungleichen Krieg. Die Zahl der zivilen Opfer und der getöteten Guerillakämpfer ist unbekannt, lag aber deutlich höher und wird auf 200.000 geschätzt.[274]

Der Kampf Aguinaldos war weitgehend vorüber, nachdem Luna, sein bester Kommandeur ermordet und Aguinaldo selbst im März 1901 von den Amerikanern gefangen genommen worden war. Er schwor der Sache der philippinischen Revolution ab, leistete einen Treueid auf die USA und forderte seine Kämpfer auf, die Waffen niederzulegen, weil er überzeugt war, dass der Kampf verloren war. Der Widerstand hielt dessen ungeachtet bis 1903 an. Interessanterweise entstand auf Mindanao und Sulu nach anfänglicher Neutralität der vorwiegend muslimischen Bevölkerung ein neues Widerstandsnest. 1903 hatten die amerikanischen Besatzungsbehörden die Provinz Moro etabliert und begannen, in die inneren Angelegenheiten des dortigen Sultanats hineinzuregieren. Zunächst wurde die Sklaverei abgeschafft, in den Schulen wurde ein nichtmuslimisches Curriculum durchgesetzt und die Autorität der traditionellen lokalen Führer wurde untergraben.[275] Ein neues Rechtssystem schaffte die Scharia, das islamische Rechtssystem, ab. Damit wurden die USA zunehmend als Gegner des Islam wahrgenommen und als Folge entstand militärischer Widerstand.[276]

Die Provinz Moro wurde deshalb bis 1914 unter Militärrecht gestellt und man kann sagen, dass die Vereinigten Staaten fast zehn Jahre brauchten, um den

---

[274] Linn, Brian McAllister. Guardians of Empire: The U.S. Army and the Pacific, 1902–1940. Chapel Hill, NC: University of North Carolina Press, 1997. Ders. The Philippine War, 1899–1902. Lawrence, KS: University Press of Kansas, 2000. Ders. The U.S. Army and Counterinsurgency in the Philippine War, 1899–1902. Chapel Hill, NC: University of North Carolina Press, 1989. Schirmer, Daniel B. Republic or Empire: American Resistance to the Philippine War. Cambridge, MA: Schenkman Pub. Co.; distributed by General Learning Press, Morristown, NJ, 1972. Aus philippinischer Sicht ist die am besten zugängliche Quellensammlung die mehrbändige Zusammenstellung von Zaide und Zaide. Zaide, Gregorio F. und Zaide, Sonia M. Documentary Sources of Philippine History. Metro Manila, Philippines: National Book Store, 1990, 12 Bände.

[275] Moro Province; Superintendent of Schools und Saleeby, Najeeb M. Magindanaw Reader, for the Public Schools of the Moro Province. Zamboanga: Mindanao Herald Press, 1905. Moro Province, Superintendent of Schools und Saleeby, Najeeb M. Sulu Reader for the Public Schools of the Moro Province. Zamboanga, PI: Mindanao Herald Press, 1905.

[276] Magdalena, Federico V. The Battle of Bayang and Other Essays on Moroland. Marawi City, Philippines: Mamitua Saber Research Center, Office of the Vice Chancellor for Research & Extension, Mindanao State University, 2002. Fulton, Robert A. Moroland, 1899–1906 America's First Attempt to Transform an Islamic Society. Bend, Or: Tumalo Creek Press, 2007, S. VI.

Widerstand muslimischer Bevölkerungsgruppen zu brechen. Dabei wurden Methoden angewandt, die der Theorie von der angeblichen kulturellen Überlegenheit der Amerikaner Lügen straften, denn die US-Verwaltung und das Militär setzten zur Niederschlagung des Aufstandes Internierungslager ein, in denen Kriegsgefangene, aber auch die Zivilbevölkerung eingesperrt wurden. Die gleiche Politik, die die Amerikaner für einen Krieg gegen Spanien mobilisiert hatte, nämlich die *Reconcentrados* der Spanier auf Kuba, wurde nun von der amerikanischen Besatzungsmacht auf den Philippinen praktiziert.

Widerstand wurde erbarmungslos niedergemacht, wobei auch vor der Ausrottung ganzer Dorfbevölkerungen nicht zurückgeschreckt wurde. Besonders die „Schlachten" – man könnte hier eher von genozidalen Massakern sprechen – von Bud Dajo (1906) und Bud Bagsak auf Sulu (1913) stechen hervor als Ansätze zu einer Politik, die in letzter Konsequenz auch vor der Vernichtung indigener Gruppen nicht zurückschreckte.[277] In diskursiver Hinsicht, wie auch was die Praxis im Operationsgebiet angeht, verhielten sich die US-amerikanischen Truppen ähnlich wie im Kampf gegen *Native Americans*.[278] Philippinische Muslime waren diejenigen, die sich als letzte den amerikanischen Invasoren entgegenstellten. Vor allem die Tausugs auf Sulu erinnern sich bis heute an die „militärischen Übungen", die die US-Armee auf ihrer Insel abhielt.

Im Bericht der *Philippine Commission* an den Kriegsminister aus dem Jahre 1906 hieß es über den Kampf bei Bud Dajo, die muslimischen Kräfte hätten sich in einem erloschenen Krater auf der Insel zurückgezogen.[279]

> Detachments, therefore, of United States troops, assisted by U.S. marines, constabulary (the U.S. troops consisting largely of scouts, and the constabulary in part of Moros), assaulted the stronghold and exterminated the band. The position was first shelled by a naval gunboat and then assaulted by the combined Government forces. Among those in the crater were more or less Moro women and children, who were unavoidably killed. The shelling, of course, necessarily killed all who came in the way of missiles and the women fought beside the men and held their children before them. The Moros, men and women, were all

---

[277] Fulton, Robert A. Honor for the Flag: The Battle of Bud Dajo – 1906 and the Moro Massacre. Bend, OR: Tumalo Creek Press, 2011. Feuer, A. B. America at War: The Philippines, 1898–1913. Westport, CT: Praeger, 2002, S. 223–233.

[278] Gedacht, Joshua. ‚Mohammedan Religion Made It Necessary to Fire': Massacres on the U.S. Imperial Frontier, from South Dakota to the Southern Philippines. In: McCoy, Alfred W. und Scarano, Francisco A. The Colonial Crucible: Empire in the Making of the Modern American State. Madison, WI: University of Wisconsin Press, 2009, S. 397–409.

[279] United States und Bureau of Insular Affairs. War Department: Seventh Annual Report of the Philippine Commission, 1906. Washington, DC: Government Printing Office, 1907, s.p.

> fanatics, sworn to die rather than to yield, and certain, as they believed, of a glorious reward in the world to come if they died killing Christians.[280]

Die Moros wurden in diesem Bericht als gesetzlose Fanatiker dämonisiert und die Verluste unter Frauen und Kindern waren unvermeidlich – nach Aussage dieses Berichts. Tatsächlich handelte es sich nicht um eine Bande von gesetzlosen Kriminellen, die sich in die Berge zurückgezogen hatten, sondern um ein Dorf von Moros, das sich gegen die schwer bewaffneten amerikanischen Verbände mit Speeren und Dolchen zur Wehr setzte.[281] Von den 1.000 Moros, die sich den US-Truppen widersetzt hatten, überlebten nur sechs das dreitägige Schlachten.

1913 wiederholten sich diese Szenen auf Jolo. Die zuständige Philippine Commission meldete in ihrem Bericht, dass die US-Armee mit der Unterstützung lokaler Gruppen, das ganze Jahr damit beschäftigt gewesen sei, die Moros zu entwaffnen. Diese Aktionen trafen auf entschiedenen Widerstand unter der Bevölkerung. Auch hier wurde Artillerie gegen Zivilisten in Bud Bagsak eingesetzt. Am Ende des fünftägigen Kampfes führte General John Pershing seine Truppen ins Innere des Ortes und brach das letzte Widerstandsnest der Muslime auf Sulu.[282] Die Akte von Kriegsverbrechen in beiden zitierten Beispielen waren keine Ausnahme. Schon 1899 erreichten die USA Berichte von Kriegsgräueln der US-Armee, die offensichtlich weitgehend durch die rassistische Einstellung vieler US-Militärs erst ermöglicht wurden. So berichtete der Soldat L. F. Adams aus Ozark in Missouri über eine Schlacht am 4. und 5. Februar 1899:

> In the path of the Washington Regiment and Battery D of the Sixth Artillery there were 1,008 dead niggers, and a great many wounded. We burned all their houses. I don't know how many men, women, and children the Tennessee boys did kill. They would not take any prisoners.[283]

Unteroffizier Howard McFarland aus der Kompanie B, 43. Infanterieregiment schrieb an das Fairfield Journal in Maine:

> I am now stationed in a small town in charge of twenty-five men, and have a territory of twenty miles to patrol [...] At the best, this is a very rich country; and we want it. My way of

---

[280] Kurz zitieren
[281] Hurley, Vic. Swish of the Kris: The Story of the Moros, New York: E.P. Dutton & Co., Inc., 1936, S. 185 f.
[282] Hurley, Swish of the Kris, S. 229–230.
[283] Lens, Sidney. The Forging of the American Empire. London, Sterling, VA, Chicago, IL: Pluto Press. Haymarket Books, 2003, S. 188.

7.6 *Lock-in 9*: Der Spanisch-Amerikanische Krieg, 1898 — 453

> getting it would be to put a regiment into a skirmish line, and blow every nigger into a nigger heaven. On Thursday, March 29, eighteen of my company killed seventy-five nigger bolomen and ten of the nigger gunners [...] When we find one that is not dead, we have bayonets.[284]

Das offensichtliche Missverhältnis zwischen der Zahl der Gefangengenommenen und Getöteten, bei dem die Zahl der getöteten Gegner weit höher lag als die Zahl der Verwundeten und Gefangenen, wurde von General MacArthur mit den Worten erklärt:

> It arises from the fact that our soldiers are trained in what we call ‚fire discipline'; that is, target practice. In other words, they know how to shoot.[285]

Die Aussagen der einfachen Soldaten sprachen eine andere Sprache: A. A. Barnes, Batterie G, Third United States Artillery, schrieb am 20. März 1899 seinem Bruder:

> The town of Titatia was surrendered to us a few days ago, and two companies occupy the same. Last night one of our boys was found shot, and his stomach cut open. Immediately orders were received from General Wheaton to burn the town and kill every native in sight, which was done to a finish. About one thousand men, women, and children were reported killed. I am probably growing hard-hearted, for I am in my glory when I can sight my gun on some dark skin and pull the trigger.

F. L. Poindexter vom Zweiten Oregon Regiment, schrieb über einen Angriff auf die indigene Bevölkerung vom 18. März 1899:

> [R]eports, which afterwards proved to be somewhat exaggerated, came in that two companies of the Twenty-second Infantry had been literally cut to pieces, having fallen into an ambush. After a hasty consultation it was decided to proceed at once to kill or drive into the lake every native possible to be found in the half-moon district lying between the mouth of the Mateo River and the further end of the lake, a distance of twelve miles.[286]

Der Kolonialkrieg der Amerikaner auf den Philippinen erfuhr jedoch nach 1904 kaum noch Beachtung in den Medien und konnte deswegen sehr lange fortgeführt

---

[284] Storey, Moorfield and Codman, Julian. Secretary Root's Record.: „Marked Severities" in Philippine Warfare. An Analysis of the Law and Facts Bearing on the Action and Utterances of President Roosevelt and Secretary Root. Boston, MA: G.H. Ellis Co., Printers, 1902.
[285] Aussage vor dem Senate Committee on Affairs in the Philippine Islands, S. 894.
[286] Storey, Moorfield and Codman, Julian. Secretary Root's Record: "Marked Severities" in Philippine Warfare. An Analysis of the Law and Facts Bearing on the Action and Utterances of President Roosevelt and Secretary Root. Boston, MA: G.H. Ellis Co., Printers, 1902, S. 25.

werden, ohne dass sich nennenswerter Widerstand regte.²⁸⁷ Er stellte ein Experimentierfeld für einen Kolonialkrieg neuen Typs dar, auf dem die US-Armee alle Erfahrungen sammeln konnte, die in späteren Auseinandersetzungen wichtig werden würden.²⁸⁸ Ein verwickelter und komplexer Pfad führte somit von der Landnahme amerikanischer Farmer im Westen der USA zum ersten Kolonialkrieg der USA auf den Philippinen. Expansionismus, Rassismus, religiöse und kulturelle Missionsbestrebungen, die Idee des Fortschritts und der Überlegenheit der angelsächsischen Rasse, alles Elemente einer immanenten Entwicklung, die im Innern der USA stattgefunden hatte, führten in eine Praxis kolonialer Unterdrückung, die nun externalisiert werden konnte.

---

287 Welch, Richard E. Jr. American Atrocities in the Philippines: The Indictment and the Response. Pacific Historical Review. 1974 May 1; 43 (2):233–253.
288 „All of the American military's concepts of, and practical experience in, modern irregular warfare originate in the Philippines even if most researchers know next to nothing about the campaign. A thorough analysis of the campaign reveals many of the same themes the Army is faced with today in modern nation-building efforts including intrusive political restrictions on military operations, unrealistic goals for military forces, utilizing natives in military operations, and overcoming an extreme lack of intelligence. While the antecedents for many of these ideas can be found in a variety of earlier conflicts, the Philippines represents the original confluence of all of these notions at the same time in a situation that many soldiers today can relate with. Thus, while the Philippine Insurrection was clumsily fought and clumsily recorded, its importance as a watershed in American counter insurgency policy should not be forgotten." Nicholas A. Benson. A Clumsy War: An Inquiry on the Operational Ambiguities of America's Counterinsurgency Campaign in the Philippines and Its Opaque History, MA-Thesis, United States Naval Academy, Annapolis, MD 2002, S. 42, [Web Page]: http://www.usna.edu/History/honors/2003/BensonThesis.doc. Gesehen am 15.11.2003.

8 Zusammenfassung

Es war das Ziel dieser Abhandlung, die Entwicklung der Vereinigten Staaten zwischen 1865 und 1900 als Abfolge von Prozessen darzustellen, die weder mit zwanghafter Notwendigkeit noch vollkommen zufällig zur hegemonialen Stellung geführt haben, die die USA nach 1898 eingenommen haben. Diese Entwicklung hätte auch anders verlaufen können. Es gibt in der Geschichte keine Linearität und keine Notwendigkeit. Geschichte ist ein Prozess mit vielen Faktoren, die alle miteinander verbunden sind und sich alle gegenseitig beeinflussen. Da Menschen Mangelwesen sind, die für ihre Existenz und ihr Überleben bestimmte materielle Voraussetzungen benötigen, gibt es zwar eine starke Tendenz, die Erreichung dieser Voraussetzungen als Explanans menschlichen Handelns zu sehen, doch sind die materiellen Voraussetzungen vielfach vermittelt, werden von ideologischen, religiösen, politischen, kulturellen Faktoren geglättet und aufgeworfen, abgeschwächt oder verstärkt. Materielle Voraussetzungen sind zudem historisch wandelbar und sind über sozioökologische Rückkopplungsmodelle gesellschaftlich beeinflussbar. Der Weg der Vereinigten Staaten von Amerika vom Dissens des Bürgerkriegs hin zum aggressiven Nationalpatriotismus des ausgehenden 19. Jahrhunderts war geprägt durch Schwellen, sogenannte *Lock-ins*, die der Theorie der Pfadabhängigkeit entsprechend, eine Lösung einer bestimmten, begrenzten Problemlage herbeiführten, die nicht unbedingt die logisch beste oder wünschenswerte Lösung darstellte, die aber zum Ausgangspunkt weiterer Problematiken wurde, die nach einer Phase der Latenz und Unentschiedenheit sich wieder verdichteten und einer Lösung zugeführt wurden. Im Laufe des hier präsentierten historischen Narrativs habe ich neun solcher Kristallisationspunkte benannt. Der erste lag in Präsident Andrew Johnsons „Programm der Versöhnung", das von einer möglichst raschen Reintegration der alten Eliten des Südens in die politischen Strukturen der wiedervereinten Union ausging. Johnson ging es um die nationale Einheit. Die Belange von rund vier Millionen Sklavinnen und Sklaven, die keinen Besitz und kein Einkommen hatten, waren ihm dabei gleichgültig. Damit wurde die Bühne bereitet für eine Kooperation der alten und neuen Eliten des Südens und des Nordostens. Versuche der „radikalen" Republikaner, diese Grundsatzentscheidung rückgängig zu machen, scheiterten am entschiedenen Widerstand der alten Landbesitzerelite im Süden, die in der Lage war, Teile der weißen Bevölkerung im Süden für ihre Interessen zu mobilisieren und so das Programm der radikalen Republikaner zu verhindern.

Der „Kampf im Süden" kulminierte schließlich im resignierten Abzug der US-Armee aus dem Süden (*Lock-in 2*), wodurch die Südstaatendemokraten und die mit ihnen verbundenen suprematistischen Terrortruppen wie der KKK und andere

Verbände freie Hand bekamen und die Republikaner und die *Freedpeople* Schritt für Schritt zurückdrängen konnten, bis der Süden „solide" geworden war, im Sinne der Alleinherrschaft einer politischen Partei.

Es bedurfte zur Beendigung der Rekonstruktionspolitik des Kongresses aber mehr als des Einsatzes der Demokraten zur Herbeiführung eines Apartheid-Systems im Süden. Die Republikanische Partei war im doppelten Sinne die Partei Lincolns. Sie hatte eine Anti-Sklavereitradition, aber sie hatte auch deutliche Bezüge zu einer wirtschaftsfreundlichen Haltung, die die Tradition der in den Republikanern aufgegangenen Whigs fortführte. Um die *Reconstruction* zum Scheitern zu bringen, war es auch nötig, die Republikaner zu einer Partei der Unternehmer umzuformen, ein Prozess, der dadurch erleichtert wurde, dass ein Großteil der Bevölkerung des Nordostens nach 1873 andere Probleme hatte als die Emanzipation der ehemaligen Sklavinnen und Sklaven. Klassenkämpfe, wirtschaftliche Not, hervorgerufen durch die rasche Industrialisierung des Nordens, Massenimmigration und der Verlust der Kontrolle über den Arbeitsprozess prägten die Diskurse der Jahre nach der Wirtschaftskrise von 1873. Die Abwendung der Republikaner und eines großen Teils der Wählerschaft von den Problemen der *Reconstruction* sorgte für die Zweiteilung der Nation in einen agrarischen Süden und einen industriellen Nordosten. Das Ende der *Reconstruction* (*Lock-in 3*) stellt jene Bifurkation dar, die es den Republikanern erlaubte, sich auf das „Kerngeschäft" der Industrialisierung zu beschränken und den Süden den national unerheblichen Demokraten zu überlassen.

Der Eisenbahnbau von Investoren des Ostens, die Landgeschenke der Bundes- und Staatenregierungen erhielten, um den Bau von Eisenbahnen zu finanzieren, sowie der Landhunger von prospektiven Farmerfamilien führten zu einer aggressiven Landnahme in jenen Teilen des US-Territoriums, in dem noch große Gruppen von *Native Americans* lebten. Der Siedlerimperialismus, der in der Vertreibung der *Native Americans* nach 1865 resultierte (*Lock-in 4*), stellte eine notwendige Voraussetzung für diese Landnahme dar. Die indigene Bevölkerung musste nicht nur die ökonomische und rechtliche Kontrolle über ihr Land verlieren, sie musste auch reloziert werden, wobei die Regierung, Armee und Eisenbahngesellschaften nicht davor zurückschreckten, Genozide zu begehen, indem sie die Lebensgrundlage der indianischen Gruppen zerstörten (Massentötungen der Büffel) und immer wieder Massaker an indianischen Gruppen verübten. Ohne Vertreibung der Indianer und Enteignung ihres Landes wäre der Eisenbahnbau, wie er betrieben wurde, nicht möglich gewesen.

Die Eisenbahn (*Lock-in 6*) prägte als Schlüsselindustrie und Motor des Industriekapitalismus die Entwicklung des amerikanischen Wirtschaftswesens in der Phase nach dem Bürgerkrieg, da andere Schlüsselindustrien (Eisen, Stahl), die Entwicklung des Agrarwesens (exportorientierter Rohstoffanbau im Süden,

Mittleren und Fernen Westen) und die demographischen Verschiebungen (Zuzug von Immigranten und Immigrantinnen) vom Ausbau des Eisenbahnwesens direkt abhingen. Gleichzeitig generierte die Eisenbahnindustrie die Exzesse der Spekulation, die 1873 und 1893 zu zwei schweren und langwierigen Rezessionen führten, die arbeitende Menschen an den Rand des Ruins brachten.

Die dem Kapitalismus inhärente Tendenz zu Konzentration konnte zwar auch in England, Frankreich und Deutschland etwa zeitgleich beobachtet werden, doch zeichnete sich die amerikanische Entwicklung dadurch aus, dass die Rechte von Individuen, wie sie während der *Reconstruction* definiert worden waren, auf die wirtschaftlichen Körperschaften übertragen wurden, weshalb eine wirkungsvolle Interessenvertretung der arbeitenden Menschen ausgehebelt werden konnte. Dieser *Lock-in*-Effekt (*Lock-in 6*) führte zu einem Wettbewerbsvorteil der Unternehmer, da Gewerkschaften durchweg als „Verschwörung" oder Streiks als Eingriff in die Vertragshoheit der Unternehmen definiert werden konnten.

Verstärkt wurde diese Form der rechtlichen und ökonomischen Diskriminierung durch das System des Rassismus, das Weiß gegen Schwarz, Eingewanderte gegen Alteingesessene und Englisch sprechende Menschen gegen die polyglotte Masse des „Rests" stellte. Dieser *Lock-in* (*Lock-in 7*) baute auf dem System der rassistischen Suprematie des Südens auf, perpetuierte und exportierte es unter den Bedingungen der Industrialisierung in den Norden und konnte hervorragend instrumentalisiert werden, um Arbeitskämpfe auszubremsen oder aufzuweichen. Aus rassistischen Gründen diskriminierte Arbeiter und Arbeiterinnen konnten als Streikbrecher eingesetzt werden. Die an Rassenzuordnungen ausgerichtete Politik eines großen Teils der Facharbeitergewerkschaften stützte dabei dieses System nachhaltig. In den Diskussionen um den Eintritt der USA in ein koloniales System des *Empire* diente dieser internalisierte Rassismus als Rechtfertigung der imperialen Ansprüche der USA gegenüber *people of color*.

Dieser Rassismus machte auch vor den Organisationen der Arbeiterbewegung nicht halt. Er manifestierte sich hier in vierfacher Hinsicht, als alltägliche Praktiken des Ausschlusses, als Diskurse der Minderwertigkeit und der Unangepasstheit, innerhalb von Institutionen, die diese Diskurse in Entscheidungen umsetzen (Nichtaufnahme von Hilfsarbeitern, Minderheiten und Frauen), und in Gesetzen wie dem *Chinese Exclusion Act*, die auf allen diesen Faktoren aufbauten und sie in einem Feed-Back-Loop verstärken: Die Arbeiter- und Gewerkschaftsbewegung wurden so auf eine expansionistische und chauvinistische Generallinie vorbereitet, die in den Jahren nach 1893 und im Zusammenhang mit der Diskussion um den Erwerb amerikanischer Kolonien an Akzeptanz gewinnen sollte.

Alle *Lock-ins* zusammengenommen in ihrer Sequentialität bedingen die letzte Koagulation der amerikanischen Geschichte des 19. Jahrhunderts, den Spanisch-

Amerikanischen Krieg von 1898. Er ist Endpunkt einer Entwicklung von Verfestigungen in der Innenpolitik, zugleich Ausgangspunkt der Ausbildung einer globalen Rolle der USA im 20. Jahrhundert. Der Spanisch-Amerikanische Krieg stellt das Scharnier dar, das die innere Entwicklung der USA und die Bedeutung der Vereinigten Staaten als ökonomische, militärische und kulturelle Vormacht des 20. Jahrhunderts miteinander verbindet. Ohne diesen Krieg hätten die USA wahrscheinlich weder Puerto Rico noch die Philippinen erworben. Ohne diese Territorien hätte die Rolle der USA im Fernen Osten im Hinblick auf China und Japan anders ausgesehen. Ohne das Steckenpferd der kontrafaktischen Geschichte hier zu Schanden zu reiten, kann man behaupten, dass der *splendid little war* den Aufstieg der USA abschloss und dem europäischen Kolonialismus *old style* die Todesglocke läutete. Der Kolonialkrieg auf den Philippinen zeigt schließlich, dass die Stereotype des *indian-hating* und des anti-schwarzen Rassismus auch unter den Bedingungen eines militärischen Engagements außerhalb der USA wirksam und bedeutungsvoll blieben.

9 Quellenverzeichnis

9.1 Archivquellen und unveröffentlichte Primärquellen

Archives Nationales de France, Paris: Serie F 90.
Library of Congress, Washington, DC:
Manuscript Collection: Thomas Nast Papers.
Manuscript Collection: Federal Writers' Project of the United States Work Projects Administration.
Louisiana and Lower Mississippi Valley Collections. Louisiana State University Libraries: Special Collections in the Hill Memorial Library, Baton Rouge, LA:
Embree, Joseph. Family Papers, 1826–1894: MS 692.
Conner, Lemuel P. Family Papers, 1818–1853: MSS 81, 1403, 1431, 1475, 1551, 1595, 1710, 1793, 1859, 1934, 1999, hier MS 1403.
National Archives and Records Administration, Washington, DC:
Record Group 7: Records of the Bureau of Entomology and Plant Quarantine, 1863–1956.
Record Group 105: Records of the Field Offices for the State of Louisiana, Bureau of Refugees, Freedmen, and Abandoned Lands, 1863–1872.
Record Groups 241: Records of the Patent and Trademark Office.

9.2 Veröffentlichte Quellen

Abbott, Edith. „A Study of the Early History of Child Labor in America." American Journal of Sociology. 1908 Jul 1, 14(1):15–37.
Adam, Hugo G. The Independent Journal. New York: Independent Journal Publishing Co, 1848.
Adams, Andy. The Log of a Cowboy: A Narrative of the Old Trail Days. Boston, MA, New York: Houghton, Mifflin and Company, 1903.
Adams, Angela und Willi Paul Adams. Die Federalist-Artikel. Paderborn, München, Wien, Zürich: Ferdinand Schöningh, 1994.
Adams, Brooks. The Law of Civilization and Decay: An Essay on History. London, New York: S. Sonnenschein & Co., MacMillan & Co, 1895.
Adams, Charles Francis. Chapters of Erie and Other Essays. Bedford, MA: Applewood Books, 1871.
Adams, Frank. „Extending the Area of Irrigated Wheat in California for 1918." University of California. College of Agriculture. Agricultural Experiment Station. Circular No. 182 (1917).
Adams, Samuel Hopkins. The Great American Fraud. Chicago, IL: P. F. Collier, 1905.
Addams, Jane. Twenty Years at Hull-House: With Autobiographical Notes. New York, Toronto: Signet Classic, 1960.
Adshead, Joseph. On Juvenile Criminals, Reformatories, and the Means of Rendering the Perishing and Dangerous Classes Serviceable to the State. Manchester: Printed by J. Harrison and son, 1856.
Agger, Eugene E. „Our Large Change: The Denominations of the Currency." The Quarterly Journal of Economics 32, no. 2 (1918):257–77.

Alger, Horatio. The Backwoods Boy: Or, The Boyhood and Manhood of Abraham Lincoln. New York: Street and Smith, 1883.

Alger, Horatio. Ragged Dick. Boston, MA: Loring, 1868.

Alger, Horatio. Risen from the Ranks, or, Harry Walton's Success. Philadelphia, PA: J.C. Winston Co, 1874.

Altgeld, John Peter. Reasons for Pardoning Fielden, Neebe and Schwab. Chicago, IL: [Selbstverlag?], 1893.

Altgeld, John Peter. Reply to Roosevelt: Being a Speech of Ex-Governor John Peter Altgeld, Delivered before the Ohio Association of Democratic Clubs of Toledo, August 1, 1900. [Toledo, OH: Selbstverlag? 1900].

American Federation of Labor. Some Reasons for Chinese Exclusion. Meat vs. Rice. American Manhood against Asiatic Coolieism. Which Shall Survive? Washington, DC: Government Printing Office, 1902.

Anderson, Isabel. Presidents and Pies: Life in Washington 1897–1919. Boston, MA, New York: Houghton Mifflin Company, 1920.

Anderson, James. „Statistics of Telegraphy." Journal of the Statistical Society of London 35, no. 3 (1872):272–326.

Anderson, William. Self-Made Men. London: J. Snow, 1865.

[Anonymous]. Acht Opfer des Klassenhasses. Zürich: Mitgliedschaft Deutscher Sozialisten, 1888.

[Anonymous]. The Anarchist Riot in Chicago – A Dynamite Bomb Exploding Among the Police [McCormick Strike, Haymarket Square], 1886.

[Anonymous]. Convention to Consider the Opening of Indian Territory: Proceedings of the Convention to Consider the Opening of Indian Territory Held at Kansas City, Mo. February 8, 1888. Kansas City, MO: Press of Ramsey, Millett & Hudson, 1888.

[Anonymous]. Die maskirte Dame des Weissen Hauses oder, der Ku-Klux-Klan. Philadelphia, PA, 1868.

[Anonymous]. [„Review of Social Statics, or the Conditions Essential to Human Happiness Specified, and the First of Them Developed by Herbert Spencer"]. The North American Review. 1858; 86(178):60–83.

[Anonymous]. „The Eugenics Record Office." Science. 1913, 37(954):553–554.

[Anonymous]. „The Federal Reserve – Zionist Jewish Private Bankers." [Web Page]: http://www.rense.com/general85/feddrec.htm. Gesehen am 9.7.2015.

[Anonymous]. „The First Dynamite Bomb Thrown in America" May 4th, 1886. The Personnel of the Great Anarchist Trial at Chicago. Begun Monday June 21st 1886. Ended Friday, August 20th 1886. Chicago, IL: Published by the Inter Ocean Co, 1886.

[Anonymous]. The Forty Acres Documents: What Did the United States Really Promise the People Freed from Slavery? Baton Rouge, LA: House of Songhay Commission for Positive Education, 1994.

[Anonymous]. Life of Jim Crow, Showing How He Got His Inspiration As a Poet the Number of Fathers Who Claimed Him When He Got Up in the World, Though None Would Own Him Before: the Magic Spring „Way in De Woods Ob Ole Kaintuck, Where De Little Fairy Told Him of His Futur Greatness and Consequence in De World": His Interview With Gineral Jackson, With a Whole Basket Full of Incidents Which Befel Him Before He Made His Grand Jump on the Stage! Philadelphia, PA: For Sale, Wholesale and Retail by James M'Minn at No. 96 North Seventh Street, and at No. 44 Strawberry St, 1835.

[Anonymous]. The Masked Lady of the White House or, The Ku-Klux-Klan: A Most Startling Exposure. Philadelphia, PA: C.W. Alexander, 1868.

[Anonymous]. Memorial of the Indian Delegates against the Passage by Congress of Any Act for the Organization of United States Territorial Government over the Indian Country. Washington, DC: Printed by J. L. Ginck, 1880.

[Anonymous]. The New Testament of Our Lord and Saviour Jesus Christ: Translated into the Indian Language. Ordered to Be Printed by the Commissioners of the United Colonies in New England, at the Charge, and With the Consent of the Corporation in England for the Propagation of the Gospel Amongst the Indians in New-England. Cambridge, MA: Samuel Green and Marmaduke Johnson, 1661.

[Anonymous]. Remonstrance of the Cherokee, Creek, Choctaw, and Seminole Delegations against the Organization of the Indian Territory into a Territory of the United States. Washington, DC: Printed by John L. Ginck, 1876.

[Anonymous]. The Story of Pullman. Chicago, IL: Blakely & Rogers, 1892.

[Anonymous]. The United States Biographical Dictionary and Portrait Gallery of Eminent and Self-Made Men. Chicago, IL, New York: American biographical publishing company, 1875.

Antin, Mary. From Plotzk to Boston. Boston, MA: W. B. Clarke, 1899.

Antin, Mary. The Promised Land. Boston, MA, New York: Houghton Mifflin Company, 1912.

Antin, Mary. They Who Knock at Our Gates: A Complete Gospel of Immigration. Boston, MA, New York: Houghton Mifflin Company, 1914.

Antin, Mary. Vom Ghetto ins Land der Verheißung. Stuttgart: R. Lutz, 1913.

Archivo Nacional de Cuba. Inventario General del Archivo de la Delegación del Partido Revolucionario Cubano en Nueva York (1892–1898). Tomo 1. Habana, Cuba: Impr. „El Siglo XX," Sociedad Editorial Cuba Contemporánea, 1918.

Atwood, Henry Clinton. The Master Workman: Or, True Masonic Guide: Containing Elucidations of the Fundamental Principles of Free-Masonry, Operative and Speculative – Morally and Beneficially: With Embellishments and Explanations of All the Degrees of the Blue, Or Symbolic Lodge, Chapter, Council, Encampment, Consistory, and Supreme Grand Council, Designed and Properly Arranged Agreeably to the Mode of Work and Lecturing. Also, a Complete Classification of the Various Rites to Wit: the Egyptian, Scottish, French, Ancient and Modern York. New York: Simons & Macoy, 1850.

Aveling, Edward Bibbins und Marx Aveling, Eleanor. The Working-Class Movement in America. London: Swan, Sonnenschein & Co, 1891.

Babbitt, Edwin D. Vital Magnetism, the Life-Fountain Being an Answer to Dr. Brown-Sequard's Lectures on Nerve Force: The Magnetic Theory Defended and a Better Philosophy of Cure Explained. New York: Published by E.D. Babbitt, 1874.

George E. Baker (Hg.). The Works of William Henry Seward. Boston, New York: Houghton, Mifflin and Company, 1884.

Baker, Ray Stannard. Following the Color Line. New York: Doubleday, Page & Company, 1908.

Baker, Ray Stannard. The Spiritual Unrest. New York: Frederick A. Stokes Company, 1910.

Ball, Terence. Abraham Lincoln: Political Writings and Speeches. Cambridge, New York: Cambridge University Press, 2013.

Bancroft, Edgar Addison. The Chicago Strike of 1894. Chicago, IL: Gunthorp-Warren, 1895.

Bancroft, Frederic (Hg.). Speeches, Correspondence and Political Papers of Carl Schurz. New York: Negro Universities Press, 1969.

Barrick, Michael Mathers. The Dangerous Delusion of American Exceptionalism. Granite Falls, NC: Defiantly Rural Pub, 2011.
Bateman, Newton und Selby, Paul. Historical Encyclopedia of Illinois. Chicago, IL: Munsell Publishing Company, 1913.
Bauer, Stephan und Maylander, Alfred. „The Road to the Eight-Hour Day." Monthly Labor Review 9, no. 2 (1919):41–65.
Benedict, Michael Les. The Fruits of Victory: Alternatives in Restoring the Union, 1865–1877. Lanham, MD: University Press of America, 1986.
Bennett, Elmer F. and Seaton, Fred A. Federal Indian Law. Washington DC: Government Printing Office, 1958.
Berkman, Alexander. Prison Memoirs of an Anarchist. New York: Mother Earth Publishing Association, 1912.
Berkman, Alexander. und Goldman, Emma. Anarchism on Trial: Speeches of Alexander Berkman and Emma Goldman before the United States District Court in the City of New York, July, 1917. New York: Mother Earth Publishing Association, 1917.
Berlin, Ira, Reidy, Joseph P. und Rowland, Leslie S.. The Black Military Experience. Cambridge, New York: Cambridge University Press, 1982.
Berner, Brad K. The Spanish-American War: A Documentary History with Commentaries. Lanham, MD: Rowman & Littlefield, 2014.
Bevans, Charles I. Treaties and Other International Agreements of the United States of America, 1776–1949. 13 Bände. Washington, DC: Government Printing Office, 1968–1976.
Bioletti, Frederic T. „Control of Raisin Insects." University of California. College of Agriculture. Agricultural Experiment Station. Circular No. 135 (1915).
Bioletti, Frederic T., Cruess, W. V und Davi, Horace Denan. Changes in the Chemical Composition of Grapes during Ripening. Berkeley, CA: University of California Press, 1918.
Blake, Tom. „Avoyelles Parish, Louisiana. Largest Slaveholders from 1860 Slave Census Schedules and Surname Matches for African Americans on 1870 Census." [Web Page]: http://freepages.genealogy.rootsweb.ancestry.com/~ajac/laavoyelles.htm. Gesehen am 13.7.2015.
Bland, R. P. und Poor, Henry V.. „Debtor and Creditor." The North American Review 127, no. 263 (1878):117–31.
Blaustein, Albert P. und Zangrando, Robert L.. Civil Rights and African Americans: A Documentary History. Evanston, IL: Northwestern University Press, 1991.
Blumentritt, Ferdinand. Die Philippinen: Eine übersichtliche Darstellung der ethnographischen und historisch-politischen Verhältnisse des Archipels. Hamburg: Verlagsanstalt und Druckereri a.-g. (Vormals J. F. Richter), 1900.
Botkin, Benjamin Albert. The American People in Their Stories, Legends, Tall Tales, Traditions, Ballads and Songs. London: Pilot Press ltd, 1946.
Boutwell, George S. Address by the Hon. Geo. S. Boutwell Delivered in Faneuil Hall, Boston, January 1, 1903 at the Celebration of the Fortieth Anniversary of the Emancipation Proclamation, by the Colored People of Boston and Vicinity. Boston, MA: [The Ant-Imperialist League?], 1903.
Boutwell, George S. The Crisis of the Republic. Boston, MA: D. Estes & Company, 1900.
Boutwell, George S. Imperialists or Republicans? Address before the Essex Institute, Salem, Mass., January 9, 1899. Washington, DC: Anti-Imperialist League, 1899.

Boutwell, George S. Mass Meetings of Protest Against the Suppression of Truth About the Philippines, Faneuil Hall, Thursday, March 19, 3 and 8 P.m.: Addresses by George S. Boutwell... [Et al.]. Boston: [The Anti-Imperialist League?], 1903.

Boutwell, George S. The President's Policy War and Conquest Abroad, Degradation of Labor at Home. Chicago, IL: American Anti-Imperialist League, 1900.

Bowers, Edward A. „The Condition of the Forests on the Public Lands of the United States." Publications of the American Economic Association 6, no. 1/2 (1891):154–57.

Brace, Charles Loring. The Dangerous Classes of New York and Twenty Years' Work among Them. New York: Wynkoop & Hallenbeck, 1872.

Bremner, Robert H. Children and Youth in America: A Documentary History. Cambridge, MA: Harvard University Press, 1970–1974.

Bridge, James Howard. The History of the Carnegie Steel Company: An Inside Review of Its Humble Origin and Impressive Growth. New York: The Aldine Book Co, 1903.

Brown, J. G, Lucy Stone und National American Woman Suffrage Association Collection. The History of Equal Suffrage in Colorado, 1868–1898. Denver, CO: News job printing Co., 1898.

Browne, Waldo R. Altgeld of Illinois: A Record of His Life and Work. New York: B. W. Huebsch, 1924.

Brownell, Blaine A. und Warren E Stickle. Bosses and Reformers: Urban Politics in America, 1880–1920. Boston, MA: Houghton Mifflin, 1973.

Brutschke, Fritz. Die landwirtschaftlichen Maschinen in den Vereinigten Staaten von Amerika und der Arbeiterersatz: Bericht des zum Studium des nordamerikanischen landwirtschaftlichen Maschinenwesens entsandten sachverständigen Ingenieur Brutschke. Berlin: Deutsche Landwirtschaftsgesellschaft, 1904.

Bryan, William Jennings. The First Battle: A Story of the Campaign of 1896. Chicago, IL: W. B. Conkey Company, 1898.

Bryan, William Jennings. The Second Battle, or, The New Declaration of Independence, 1776–1900. An Account of the Struggle of 1900. Chicago, Ill: W.B. Conkey Co., 1900.

Bryce, James Bryce. The American Commonwealth. London, New York: Macmillan and Co, 1888.

Bryson, Phillip J. The Economics of Henry George History's Rehabilitation of America's Greatest Early Economist. New York: Palgrave Macmillan, 2011.

Burgoyne, Arthur Gordon. Homestead: A Complete History of the Struggle of July, 1892, Between the Carnegie Steel Company, Limited, and the Amalgamated Association of Iron and Steel Workers. Pittsburgh, PA: Rawsthorne Engraving and Printing Co., 1893.

Byington, Margaret F. Homestead: The Households of a Mill Town. New York: Charities Publication Committee, 1910.

Byington, Margaret F. What Social Workers Should Know about Their Own Communities: An Outline. New York: Charity organization department of the Russell Sage foundation, 1912.

Byler, Charles A. Civil-Military Relations on the Frontier and beyond, 1865–1917. Westport, CT: Praeger Security International, 2006.

Cahan, Richard. A Court That Shaped America: Chicago's Federal District Court from Abe Lincoln to Abbie Hoffman. Evanston, IL: Northwestern University Press, 2002.

Cahill, Cathleen D. Federal Fathers & Mothers: A Social History of the United States Indian Service, 1869–1933. Chapel Hill, NC: University of North Carolina Press, 2011.

Caldwell, William B. Notes on the Coal and Iron Ores of Western Kentucky. Frankfort, KY: John D. Woods, 1878.
California, Agricultural Experiment Station, Berkeley, Eugene W Hilgard, Louis Paperelli und Frederick Theodore Bioletti. Report of the Viticultural Work during the Seasons 1883–4 and 1884–5 [1885 and 1886, 1887–89, 1887–93]. Sacramento, CA: J. J. Ayres, supt. state printing, 1886–1996.
California und Lester Grant Burnett. State Tenement House Act and State Hotel and Lodging House Act of California. Sacramento, CA: California State Printing Office, 1917.
Capen, Nahum. Reminiscenses of Dr. Spurzheim and George Combe and a Review of the Science of Phrenology, from the Period of Its Discovery by Dr. Gall, to the Time of the Visit of George Combe to the United States, 1838, 1840. New York: Fowler & Wells, 1881.
Carnegie, Andrew. The Autobiography of Andrew Carnegie. New York: PublicAffairs, 2011.
Carnegie, Andrew. The Autobiography of Andrew Carnegie and His Essay: The Gospel of Wealth. Mineola, NY, n.p., 2014.
Carnegie, Andrew. The Gospel of Wealth. London: F. C. Hagen & Co., 1889.
Carpenter, Mary. Reformatory Schools, for the Children of the Perishing and Dangerous Classes, and for Juvenile Offenders. London: C. Gilpin, etc., etc., 1851.
Carter, Sarah. Montana Women Homesteaders: A Field of One's Own. Helena, MT: Farcountry Press, 2009.
Carwardine, William H. The Pullman Strike. Chicago, IL: C. H. Kerr and Company, 1894.
Castillo y Jiménez, José M. del. El Katipunan ó El Filibusterismo En Filipinas Crónica Ilustrada Con Documentos, Autógrafos y Fotograbados. Madrid: Imp. del Asilo de huérfanos del S. C. de Jesús, 1897.
Cerruti, F. E. und Eusebio de Salazar y Mazarredo. Peru and Spain: Being a Narrative of the Events Preceding and Following the Seizure of the Chincha Islands with an Analysis of the Despatch of Señor Salazar y Mazarredo. London: Williams and Norgate, 1864.
Chamberlain, J. S. Success or, The Triumphs and Achievements of Self-Made Men. Chicago, IL: Merchants' specialty Co., 1891.
Chubbuck, Emily. Allen Lucas, the Self-Made Man. New York: Lewis Colby & Co, 1847.
City of Los Angeles. Department of Public Service. Complete Report on Construction of the Los Angeles Aqueduct. Los Angeles, CA: The Standard Printing Co, 1913.
Clark, J. Reuben. Memorandum on the Monroe Doctrine. Washington, DC: Government Printing Office, 1930.
Classroom Teaching Resources. „Homestead Census." [Web Page]: http://archives.dreamhosters.com/items/show/128. Gesehen am 13.7.2015.
Cleveland, Grover. The Self-Made Man in American Life. New York: T.Y. Crowell, 1897.
Clifton, Robert T. Barbs, Prongs, Points, Prickers, & Stickers a Complete and Illustrated Catalogue of Antique Barbed Wire. Norman, OK: University of Oklahoma Press, 1970.
Clower, George W. „A Letter on Sherman's March through Georgia." The Georgia Historical Quarterly 37, no. 2 (1953):160–162.
Coates, James. How to Mesmerize: A Manual of Instruction in the History, Mysteries, Modes of Procedure, and Arts of Mesmerism or Animal Magnetism, Clairvoyance, Thought Reading, and Mesmeric Entertainments. Chicago, IL: National Institute of Science, 1897.
Commonwealth of Pennsylvania, Senate und House. Report of the Committee Appointed to Investigate the Railroad Riots in July 1877. Harrisburg, PA: Lanes and Hart, 1878.

Comstock, Anthony. Frauds Exposed or, How the People Are Deceived and Robbed, and Youth Corrupted. New York: J. H. Brown, 1880.

Conant, Charles A. „The Economic Basis of ‚Imperialism'." The North American Review 167, no. 502 (1898): 326–40.

Constantine, J. Robert (Hg.). Letters of Eugene V. Debs. Urbana, IL: University of Illinois Press, 1990.

Craig, Adam. Room at the Top, or, How to Reach Success, Happiness, Fame and Fortune: With Biographical Notices of Successful, Self-Made Men, Who Have Risen from Obscurity to Fame... Also, Rules for Behavior in Society. Augusta, ME: True, 1884.

Croly, Herbert David. Marcus Alonzo Hanna His Life and Work. New York: The Macmillan Company, 1912.

Croly, Herbert David. The Promise of American Life. New York: The Macmillan Company, 1909.

Cumming, Kate. Gleanings from Southland: Sketches of Life and Manners of the People of the South Before, During and After the War of Secession, With Extracts from the Author's Journal and Epitome of the New South. Birmingham, AL: Roberts & Son, 1895.

Currie, David P. The Constitution of the United States: A Primer for the People. Chicago, IL: University of Chicago Press, 1988.

Curtis, George Ticknor und YA Pamphlet Collection (Library of Congress). The Case of the Virginius, Considered with Reference to the Law of Self-Defence. New York: Baker, Voorhis & Co., etc., etc., 1874.

Cushing, Caleb. The Treaty of Washington: Its Negotiation, Execution, and the Discussions Relating thereto. Freeport, NY: Books for Libraries Press, 1970.

Dana, Richard Henry. The Corrupt Practice Act: The Nominating Machinery, and the Australian Ballot System of Massachusetts. A Paper Presented at the Twenty-Ninth Annual Meeting of the New York State Bar Association, Held at... Albany, N.Y., on the 16th and 17th of January, 1906, and Reprinted from the Twenty-Ninth Annual Report of the Proceedings of the Association. Albany, NY: 1906.

Danver, Steven Laurence. Revolts, Protests, Demonstrations, and Rebellions in American History: An Encyclopedia. Santa Barbara, CA: ABC-CLIO, 2011.

Darwin, Charles. On the Origin of Species by Means of Natural Selection. London: J. Murray, 1859.

Davenport, Charles Benedict und Steggerda, Morris. Race Crossing in Jamaica. Washington, DC: Carnegie Institution of Washington, 1929.

Davenport, Charles Benedict. The Feebly Inhibited. Cold Spring Harbor, NY: n.p., 1915.

Davenport, Charles Benedict. State Laws Limiting Marriage Selection Examined in the Light of Eugenics. Cold Spring Harbor, NY: n.p.1913.

Davenport, Charles Benedict, Harry Hamilton Laughlin, David Fairchild Weeks, Edward Ransom Johnstone und Henry Herbert Goddard. The Study of Human Heredity. Cold Spring Harbor, NY: n.p. 1911.

De Leon, Daniel und Job Harriman. The Socialist Trade and Labor Alliance versus the „Pure and Simple" Trade Union: A Debate Held at the Grand Opera House, New Haven, Conn., November 25, 1900, Between Daniel De Leon Representing the Socialist Trade & Labor Alliance and the Socialist Labor Party, and Job Harriman Representing the „Pure and Simple" Trade Union and the Social Democratic Party. New York: New York Labor News Company, 1900.

Dell, Floyd. Moon-Calf: A Novel. New York: A. A. Knopf, 1920.

[Democratic Party]. Official Proceedings of the Democratic National Convention Held in 1864. Chicago, IL: The Times Steam Book and Job Printing House, 1864.

Denny, Edward W. The Story of Manhattan Beach: A Practical and Picturesque Delineation of Its History, Development and Attractions. New York: F. Hart & Co., 1879.

Dewey, John. Experience and Nature. Chicago, IL, London: Open Court Publishing Company, 1925.

Dewey, John. The Quest for Certainty: A Study of the Relation of Knowledge and Action. New York: Minton, Balch, 1929.

Dickerson, Donna Lee. The Reconstruction Era: Primary Documents on Events from 1865 to 1877. Westport, CT: Greenwood Press, 2003.

Dixon, Edward H. The Terrible Mysteries of the Ku-Klux-Klan: A Full Expose of the Forms, Objects, and „Dens" of the Secret Order: With a Complete Description of Their Initiation. From the Confession of a Member. New York: n.p., 1868.

Donaldson, Thomas. „The Public Lands of the United States." The North American Review 133, no. 297 (1881):204–13.

Donaldson, Thomas Corwin. The Public Domain: Its History, With Statistics, With References to the National Domain, Colonization, Acquirement of Territory, the Survey, Administration and Several Methods of Sale and Disposition of the Public Domain of the United States, With Sketch of Legislative History of the Land States and Territories, and References to That of Several Foreign Governments. Washington, DC: Government Printing Office, 1884.

Donnelly, Ignatius. Caesar's Column: A Story of the Twentieth Century. Chicago, IL: F. J. Schulte & Company, 1890.

Dooley, Patricia L. The Early Republic: Primary Documents on Events from 1799 to 1820. Westport, CT: Greenwood Press, 2004.

Dredge, James. The Pennsylvania Railroad: Its Organization, Construction, and Management. London, New York: Offices of „Engineering." John Wiley and Sons, 1879.

Dunn, Robert. „Some Observations on the Psychological Differences Which Exist among the Typical Races of Man." In: Transactions of the Ethnological Society of London 3 (1865), S. 9–25.

Dunning, Nelson A. The Farmers' Alliance History and Agricultural Digest. Washington, DC: Alliance publishing Company, 1891.

Ellis, Charles. Statehood: A Lecture Delivered in the Salt Lake Theatre, February 7th, 1892. Salt Lake City, UT: C. Ellis, 1892.

Eltzbacher, Paul. Anarchism. New York, London: Benj. R. Tucker. A.C. Fifield, 1908.

Encyclopaedia Britannica, Inc. The Annals of America: 1858–1865. The Crisis of the Union, Vol. 9. Chicago, IL: Encyclopædia Britannica, 1976–1987.

Estabrook, Arthur Howard und Davenport, Charles Benedict. The Nam Family: A Study in Cacogenics. Cold Spring Harbor, NY, Lancaster, PA: The New era printing company, 1912.

Farningham, Marianne. New World Heroes: Lincoln and Garfield. The Life-Story of Two Self-Made Men, Whom the People Made Presidents. London: W. Scott, 1884?

Fitch, Thomas W. Bessemer Steel: Ores and Methods. St. Louis, MO: M. Renshaw, 1882.

Flank, Lenny. The Haymarket Trial Selected Testimony from the Trial of the Chicago Anarchists: Albert Parsons and August Spies. St. Petersburg, FL: Red and Black Publishers, 2011.

Folks, Homer. „Poverty and Parental Dependence as an Obstacle to Child Labor Reform." In: National Child Labor Committee (Hg.). Child Labor and the Republic. New York: National Child Labor Committee, 1907, S. 1–8.

Forten, Charlotte L. „Life on the Sea Islands." Atlantic Monthly XIII (1864):587–69, 666–676.
Forten, Charlotte L. Journal. New York: Dryden Press, 1953.
Forten, Charlotte L. The Journal of Charlotte Forten a Free Negro in the Slave Era. New York: Norton, 1981.
Forten, Charlotte L., Christy Steele, Kerry A. Graves und Linda Clavel. A Free Black Girl before the Civil War the Diary of Charlotte Forten, 1854. Mankato, MN: Blue Earth Books, 2000.
Forten, Charlotte L und Brenda E Stevenson. The Journals of Charlotte Forten Grimké. New York: Oxford University Press, 1988.
Foster, William Z. The Great Steel Strike and Its Lessons. New York: B. W. Huebsch, Inc, 1920.
Fraser, James W. A History of Hope: When Americans Have Dared to Dream of a Better Future. New York: Palgrave Macmillan, 2002.
Frégier, Honoré Antoine. Des classes dangereuses : De la population dans les grandes villes. Paris: Chez J.-B. Baillière, 1840.
Friedman, Morris. The Pinkerton Labor Spy. New York: Wilshire book Co., 1907.
Frohnen, Bruce. The American Nation: Primary Sources. Indianapolis, IN: Liberty Fund, 2008.
Garis, Roy L. Immigration Restriction: A Study of the Opposition to and Regulation of Immigration into the United States. New York: The Macmillan Company, 1927.
Garland, Hamlin. Main-Travelled Roads: Six Mississippi Valley Stories. Boston, MA: Arena, 1891.
Garvin, W. L und S. O Daws. History of the National Farmers' Alliance and Co-Operative Union of America. Jacksboro, TX: J. N. Rogers & Co., printers, 1887.
General Electric Company. GE Works: 2013 Annual Report, General Electric Company, Fairfield, CT, 2014.
George, Henry. The Life of Henry George. Garden City, NY: Doubleday, Page, 1911.
George, Henry. Progress and Poverty. New York: Cosimo Inc., 2005.
George, Henry. Progress and Poverty: An Inquiry into the Cause of Industrial Depressions, and of Increase of Want with Increase of Wealth – The Remedy. San Francisco, CA: W. M. Hinton & Co., printers, 1879.
Gibson, William. Paris during the Commune: With a Character Sketch by His Wife. London, Nottingham: Howitt and Son, 1895.
Gilbert Holland Montague. „The Legend of the Standard Oil Company." The North American Review 181, no. 586 (1905):352–68.
Gill, Thomas P. „Landlordism in America." The North American Review 142, no. 350 (1886):52–67.
Goldman, Emma. My Disillusionment in Russia. London: C. W. Daniel Company, 1925.
Gompers, Samuel. „Attitude of Labor towards Government Regulation of Industry." Annals of the American Academy of Political and Social Science 32 (1908):75–81.
Gompers, Samuel. „Free Speech and the Injunction Order." Annals of the American Academy of Political and Social Science 36, no. 2 (1910):1–10.
Gompers, Samuel. „The Labor Movement and Peace." The Advocate of Peace (1894–1920) 67, no. 1 (1905):12–13.
Gompers, Samuel. „The Limitations of Conciliation and Arbitration." Annals of the American Academy of Political and Social Science 20 (1902):29–34.
Gompers, Samuel. „Organized Labor in the Campaign." The North American Review 155, no. 428 (1892):91–96.

Gompers, Samuel. „Organized Labor's Attitude toward Child Labor." Annals of the American Academy of Political and Social Science 27 (1906):79–83.

Gompers, Samuel. „The Peace Crusade in Boston. Organized Labor's Contribution to International Peace." The Advocate of Peace (1894–1920) 61, no. 5 (1899):110–112.

Gordon, Ann D. (Hg.). The Selected Papers of Elizabeth Cady Stanton and Susan B. Anthony: In the School of Anti-Slavery, 1840 to 1866. New Brunswick, NJ: Rutgers University Press, 1997–2013.

Grady, Henry Woodfin. The New South: Writings and Speeches of Henry Grady. Savannah, GA: Beehive Press, 1971.

Graf, LeRoy P., Haskins, Ralph W. und Bergeron, Paul H. (Hg.). The Papers of Andrew Johnson. Knoxville, TN: University of Tennessee Press, 1967–2000.

Grant, Ulysses S. Personal Memoirs. New York: Modern Library, 1999.

Grey, Zane. The Heritage of the Desert: A Novel. New York, London: Harper & Brothers, 1910.

Grey, Zane. The Last Trail: A Story of Early Days in the Ohio Valley. New York: A.L. Burt Company, 1909.

Grey, Zane. The Light of Western Stars: A Romance. New York: Grosset & Dunlap, 1914.

Grey, Zane. The Spirit of the Border: A Romance of the Early Settlers in the Ohio Valley. New York: A.L. Burt Company, 1906.

Guenther, Carl Hilmar, Beckmann Hurst, Regina und Kamphoefner ,Walter D.. An Immigrant Miller Picks Texas: The Letters of Carl Hilmar Guenther. San Antonio, TX: Maverick Pub. Co, 2001.

Hacker, Louis Morton und Zahler, Helene Sara. The Shaping of the American Tradition. New York: Columbia University Press, 1947.

Hakim, Joy. A History of Us: Sourcebook and Index. Documents That Shaped the American Nation. New York: Oxford University Press, 2002.

Hamilton, Alexander, Madison, James und John, Jay. The Federalist Papers. Minneapolis, MN: Filiquarian Publishing, 2007.

Harris, Townsend. The Complete Journal of Townsend Harris First American Consul and Minister to Japan. Rutland, VT: C.E. Tuttle Co, 1959.

Harvey, William Hope. A Tale of Two Nations. Chicago, IL: Coin publishing Company, 1894.

Hauser, Elizabeth J. (Hg.). Tom L. Johnson: My Story. Kent, OH: Kent State University Press, 1993.

Hay, John Milton. The Bread-Winners: A Social Study. New York: Harper & brothers, 1884.

Haywood, William Dudley und Bohn, Frank. Industrial Socialism. Chicago, IL: C. H. Kerr & Company, Co-Operative, 1911.

Headley, Joel Tyler. The Great Riots of New York, 1712 to 1873: Including a Full and Complete Account of the Four Days' Draft Riot of 1863. New York: E. B. Treat, 1873.

Helbich, Wolfgang Johannes, Walter D. Kamphoefner und Ulrike Sommer. Briefe aus Amerika: Deutsche Auswanderer schreiben aus der Neuen Welt 1830–1930. München: C.H. Beck, 1988.

Henderson, Caroline A. und Turner, Alvin O. (Hg.). Letters from the Dust Bowl. Norman, OK: University of Oklahoma Press, 2001.

Henry, Alice, Stella M. Franklin, Amy Walker Field und Margaret Dreier Robins. Life and Labor. Chicago, IL: National Women's Trade Union League of America, 1911.

Herbert Hoover Presidential Library and Museum. „Bricker Amendment Collection." [Web Page]: http://hoover.nara.gov/education/nhd/historydayBrickerAmend.html. Gesehen am 13.7.2015.

Hergesheimer, E. Map Showing the Distribution of the Slave Population of the Southern States of the United States Compiled from the Census of 1860. Sold for the Benefit of the Sick and Wounded Soldiers of the U. S. Army. [Washington, DC]: US Coast Guard, 1861.

Hietala, Thomas R. Manifest Design: American Exceptionalism and Empire. Ithaca, NY: Cornell University Press, 2003.

Hippisley, Alfred Edward. A Catalogue of the Hippisley Collection of Chinese Porcelains. Washington, DC: Selbstverlag, 1890.

Hippisley, Alfred Edward. A Sketch of the History of Ceramic Art in China with a Catalogue of the Hippisley Collection of Chinese Porcelains. Washington, DC: US National Museum, 1902.

Hobson, John Atkinson. The Psychology of Jingoism. London: G. Richards, 1901.

Hodgson, Godfrey. The Myth of American Exceptionalism. New Haven: Yale University Press, 2009.

Hoffman, Frederick Ludwig. Mortality from Respiratory Diseases in Dusty Trades (Inorganic Dusts). Washington, DC: Government Printing Office, 1918.

Hofstadter, Richard und Hofstadter, Beatrice K. (Hg.). Great Issues in American History from Reconstruction to the Present Day, 1864–1981. New York: Vintage Books, 1982.

Horsley, Albert E. The Confessions and Autobiography of Harry Orchard. New York: McClure, 1907.

Hosen, Frederick E. Federal Laws of the Reconstruction: Principal Congressional Acts and Resolutions, Presidential Proclamations, Speeches and Orders, and Other Legislative and Military Documents, 1862–1875. Jefferson, NC: McFarland & Co, 2010.

Howard, Horatio P. A Self-Made Man, Capt. Paul Cuffee. [New York?: 1913?]

Hunt, James. „On Physio-Anthropology, Its Aim and Method." Journal of the Anthropological Society of London. 1867, 5:ccix–cclxx.

Hunter, Robert. Poverty. New York, London: The Macmillan Company. Macmillan & Co., ltd, 1904.

Institut für Marxismus-Leninismus beim ZK der SED. Karl Marx, Friedrich Engels: Werke. Berlin: Dietz, 1956. 38 Bände.

Israel, Fred L. und McInerney, Thomas J. Presidential Documents: Words That Shaped a Nation from Washington to Obama. Routledge: New York, 2013.

James, William. Pragmatism: A New Name for Some Old Ways of Thinking. New York etc.: Longmans, Green, and Co, 1907.

Jordan, David Starr. The Blood of the Nation: A Study of the Decay of Races through Survival of the Unfit. Boston, MA: American Unitarian Association, 1902.

Jordan, David Starr. The Question of the Philippines: An Address Delivered before the Graduate Club of Leland Stanford Junior University, on February 14, 1899. Palo Alto, CA: Printed for the Graduate Club by the courtesy of J.J. Valentine, 1899.

Judson, Emily C. Allen Lucas: The Self-Made Man. Utica, NY: Bennett, Backus, & Hawley, 1844.

Kamphoefner, Walter D., Wolfgang Johannes Helbich und Ulrike Sommer. Briefe aus Amerika: News from the Land of Freedom. German Immigrants Write Home. Ithaca, NY: Cornell University Press, 1991.

Kappler, Charles Joseph (Hg.). Indian Affairs: Laws and Treaties. Washington, DC: Government Printing Office, 1904.

Katzman, David M. und William M Tuttle. Plain Folk: The Life Stories of Undistinguished Americans. Urbana, IL: University of Illinois Press, 1982.

Kaufman, Stuart Bruce, Peter J. Albert, Grace Palladino, Marla J. Hughes und Mary C. Jeske (Hg.). The Samuel Gompers Papers. Urbana, IL: University of Illinois Press, 1986–2013. 13 Bände.

Kearney, Dennis. The Workingmen's Party of California: An Epitome of Its Rise and Progress. San Francisco: Bacon & Co., printers, 1878.

Kelley, Florence. Our Toiling Children. Chicago, IL: Women's Temperance Publication Association, 1889.

Kelley, Florence. The Working Child. Chicago, IL: Wm. C. Hollister & Bro., printers, 1896.

Kelley, Florence, Kathryn Kish Sklar und Beverly Wilson Palmer. The Selected Letters of Florence Kelley, 1869–1931. Urbana, IL: University of Illinois Press, 2009.

Kingdom of Hawai'i. „Treaty of Reciprocity between the United States of America and the Hawai'ian Kingdom." [Web Page]: http://www.pixi.com/~kingdom/treaty1875.html. Gesehen am 13.7.2015.

Kingdom of Hawai'i. „Treaty with the Hawai'ian Islands, Dec. 20, 1849." [Web Page]: http://www.pixi.com/~kingdom/treaty-1849.html. Gesehen am 13.7.2015.

Kipling, Rudyard. The White Man's Burden. London: s.n., 1899.

Kjellen, Rudolf. Die Großmächte der Gegenwart. Bremen: Dogma, 2012.

Kohut, Andrew, and Stokes, Bruce. America against the World: How We Are Different and Why We Are Disliked. New York: Times Books, 2006.

Kornbluh, Joyce L., Fred Thompson und Franklin Rosemont. Rebel Voices: An IWW Anthology. Oakland, CA: PM Press, 2011.

Kraus, Herbert. Die Monroedoktrin in ihren Beziehungen zur amerikanischen Diplomatie und zum Völkerrecht. Berlin: J. Guttentag, 1913.

Löwy, Bella. „The Russian Jews. Extermination or Emancipation?" The Jewish Quarterly Review 6, no. 3 (1894):533–46.

Lansing, Robert. Pan-Americanism. Washington, DC: Government Printing Office, 1915.

Lathrop, Julia Clifford. The Children's Bureau. Chicago, IL: The University of Chicago press, 1912.

Lazarus, Emma. „The New Collossus." [Web Page]: http://www.loc.gov/exhibits/haventohome/images/hh0041s.jpg. Gesehen am 13.7.2015.

Lehmkuhl, Ursula. „Auswandererbriefe aus Nordamerika." [Web Page]: http://www.auswandererbriefe.de/. Gesehen am 13.7.2015.

Lemkin, Raphael. Axis Rule in Occupied Europe: Laws of Occupation, Analysis of Government, Proposals for Redress. Washington, DC: Carnegie Endowment for International Peace, Division of International Law, 1944.

Leonard, Adna B. „Prospective Mission Fields." Gospel in All Lands 19, no. 8 (1898):363–64.

Lincoln, Abraham. Lincoln Speeches. New York: Penguin Group, 2012.

Link, Arthur Stanley. The Papers of Woodrow Wilson. Princeton, NJ: Princeton University Press, 1966–1994.

Linton, Eliza Lynne. „On the Side of the Maids." Cornhill Magazine 29 (1874):298–307.

Lippmann, Walter. Drift and Mastery. New York: M. Kennerley, 1914.

Lloyd, Henry Demarest. Lords of Industry. New York and London: G. P. Putnam's Sons, 1910.

Lloyd, Henry Demarest. Wealth against Commonwealth. New York: Harper & Brothers, 1894.
Lockwood, Lewis C. und Charlotte L. Forten. Two Black Teachers during the Civil War: Mary S. Peake, The Colored Teacher at Fortress Monroe. New York: Arno Press, 1969.
Lodge, Henry Cabot. Speech by Henry Cabot Lodge on Immigration [Microform] Mr. Flint Presented the Following Speech on the Subject of Immigration Delivered by Hon. Henry Cabot Lodge, Before the Boston City Club, Boston, Mass., on March 20, 1908. Washington, D.C: G.P.O, 1908.
Lodge, Henry Cabot. Speeches and Addresses, 1884–1909. Boston: Houghton Mifflin, 1909.
Lodge, Henry Cabot und Theodore Roosevelt. Hero Tales from American History. New York: The Century Company, 1895.
Logan, Samuel Crothers. A City's Danger and Defense. Scranton, PA: J. B. Rodgers printing Co., 1887.
Lovejoy, Owen R. „The Extent of Child Labor in the Anthracite Coal Industry." Child Labor and the Republic. (Hg.) National Child Labor Committee, 35–49. New York: National Child Labor Committee, 1907.
Lum, Dyer D. A Concise History of the Great Trial of the Chicago Anarchists in 1886. Chicago, IL: Socialistic Publishing Company, 1886.
Lynch, John Roy. The Facts of Reconstruction. New York: The Neale Publishing Company, 1913.
MacGregor, Ford Herbert. Tenement House Legislation, State and Local. Madison, WI: Wisconsin library commission, 1909.
Mackinder, Halford John. Democratic Ideals and Reality: A Study in the Politics of Reconstruction. New York: H. Holt and Company, 1919.
Madsen, Deborah L. American Exceptionalism. Jackson: University Press of Mississippi, 1998.
Maffly-Kipp, Laurie F. und Kathryn Lofton. Women's Work: An Anthology of African-American Women's Historical Writings from Antebellum America to the Harlem Renaissance. Oxford, New York: Oxford University Press, 2010.
Mahan, Alfred Thayer. The Influence of Sea Power upon History, 1660–1783. Boston, MA: Little, Brown & Co., 1890.
Mahan, Alfred Thayer. Mahan on Naval Warfare: Selections from the Writing of Rear Admiral Alfred T. Mahan. Boston, MA: Little, Brown, 1918.
Marble, Manton. „Currency Quacks, and the Silver Bill." The North American Review 126, no. 260 (1878):156–70.
McClelland, Margaret Grenaway. A Self-Made Man. Philadelphia, PA: Lippincott Company, 1887.
McKenna, George. American Populism. New York: Putnam, 1974.
McLean, George N. The Rise and Fall of Anarchy in America from Its Incipient Stage of the First Bomb Thrown in Chicago: A Comprehensive Account of the Great Conspiracy Culminating in the Haymarket Massacre, May 4th, 1886. A Minute Account of the Apprehension, Trial, Conviction and Execution of the Leading Conspirators. Chicago, IL, Philadelphia, PA: R. G. Badoux & Co, 1888.
McPherson, Edward. The Political History of the United States of America during the Period of Reconstruction (from April 15, 1865, to July 15, 1870). Washington, DC: Philp & Solomons, 1871.
Mergenthaler, Ottmar. Catalogue A. Baltimore, MD: Selbstverlag, 1898.
Merrill, Walter McIntosh und Louis Ruchames. The Letters of William Lloyd Garrison. Cambridge, MA: Belknap Press of Harvard University Press, 1971–1981.

Merritt, Walter Gordon. „The Law of the Danbury Hatters' Case." Annals of the American Academy of Political and Social Science 36, no. 2 (1910):11–22.

Meyers, Christopher C. The Empire State of the South: Georgia History in Documents and Essays. Macon, GA: Mercer University Press, 2008.

Miller, Hunter (Hg.). Treaties and Other International Acts of the United States of America. 8 Bände. Washington, DC: Government Printing Office, 1931–1948.

Miller, Roger LeRoy und Frank B. Cross. The Legal Environment Today: Business in Its Ethical, Regulatory, E-Commerce, and International Setting. Mason, Ohio: Thomson/West, 2007.

Miller, Worth Robert. Populist Cartoons: An Illustrated History of the Third-Party Movement in the 1890s. Kirksville, MO: Truman State University Press, 2011.

Mississippi, Legislature, and Joint Special Committee on the Insurrection in Vicksburg, 1874. Report of the Joint Special Committee Appointed to Investigate the Late Insurrection in the City of Vicksburg, Warren County. Jackson, Miss: Pilot publishing Company, state printers, 1875.

Missouri Pacific Railway Company (1880–1909). Statistics and Information Concerning the Indian Territory Oklahoma, and the Cherokee Strip... With Compliments of the General Passenger Department of the Missouri Pacific Railway Co. St. Louis, MO: Woodward & Tiernan, [1894?].

Moore, Frank (Hg.). Speeches of Andrew Johnson, President of the United States. Boston, MA: Little, Brown, and Company, 1865.

Moore, John Bassett. Henry Clay and Pan-Americanism. New York: Columbia University Press, 1915.

Morison, Elting Elmore, John Morton Blum und John J. Buckley. Letters. Cambridge, MA: Harvard University Press, 1951–1954.

Moro Province, Superintendent of Schools und Najeeb M. Saleeby. Magindanaw Reader, for the Public Schools of the Moro Province. Zamboanga: Mindanao herald press, 1905.

Moro Province, Superintendent of Schools und Najeeb M. Saleeby. Sulu Reader for the Public Schools of the Moro Province. Zamboanga, PI: Mindanao herald press, 1905.

Morrill, Justin Smith. Speech of Hon. Justin S. Morrill, of Vermont, on the Bill Granting Lands for Agricultural Colleges. Washington, DC: Congressional globe office, 1858.

National Archives and Records Administration. Records of the Field Offices for the State of Louisiana, Bureau of Refugees, Freedmen, and Abandoned Lands, 1863–1872. Washington DC: U.S. Congress and National Archives and Records Administration, 2004.

National Child Labor Committee. Child Labor and the Republic. New York: National Child Labor Committee, 1907.

[National Union Republican Party]. Republican National Convention: Presidential Election, 1872. Proceedings of the National Union Republican Convention Held at Philadelphia, June 5 and 6, 1872. Washington, DC: Gibson Brothers, Printers, 1872.

Neihardt, John Gneisenau. Black Elk Speaks: The Complete Edition. Lincoln, NE: University of Nebraska Press, 2014.

Nelson A. Miles, Wade Hampton, Harry P. Robinson und Samuel Gompers. „The Lesson of the Recent Strikes." The North American Review 159, no. 453 (1894):180–206.

Nelson, Knute. „A Summary of Our Most Important Land Laws." Annals of the American Academy of Political and Social Science 33, no. 3 (1909):127–35.

New York, Legislature, Assembly und Special Committee on Railroads. Proceedings of the Special Committee on Railroads: Appointed Under a Resolution of the Assembly to

Investigate Alleged Abuses in the Management of Railroads Chartered by the State of New York (1879). New York: Evening Post Steam Presses, 1879.
New York (State). The Tenement House Laws of the City of New York. The Tenement House Act. New York: The Tenement House Department, 1903.
Norris, Frank. The Octopus: A Story of California. Mineola, NY: Dover Publications, 2003.
Northern Illinois University. „Illinois during the Gilded Age." [Web Page]: http://gildedage.lib.niu.edu/islandora/object/niu-gildedage%3 A24117. Gesehen am 13.7.2015.
Oklahoma Author's Club. The Romance of Oklahoma. Oklahoma City, OK: Oklahoma Author's Club, 1920.
Palmer, Beverly Wilson und Holly Byers Ochoa. The Selected Papers of Thaddeus Stevens. Pittsburgh, PA: University of Pittsburgh Press, 1997–1998.
Partido Revolucionario Cubano. Seccion Puerto Rico. Memoria de los Trabajos Realizados 1895 á 1898. New York City: Impr. A. W. Howes, 1898.
Partido Revolucionario Cubano. Sección Puerto Rico. Memoria de los Trabajos Realizados por la Sección Puerto Rico del Partido Revolucionario Cubano. New York City: Impr. de A. W. Howes, 1898.
Paxson, Frederic L. The Last American Frontier. New York: Macmillan, 1910.
Pease, Donald E. The New American Exceptionalism. Minneapolis: University of Minnesota Press, 2009.
Pease, Verne S. In the Wake of War: A Tale of the South under Carpet-Bagger Administration. Chicago, New York: G. M. Hill Company, 1900.
Peffer, William Alfred. The Farmer's Side: His Troubles and Their Remedy. New York: D. Appleton and Company, 1891.
Peirce, E. D. Five Lectures Upon the Cause, Prevention, and Cure of Disease, the Mysteries and Fallacies of the Faculty, and upon the Origin, Design, Benefit and Phenomena of Animal Magnetism with an Appendix, Containing Many Interesting Facts on Magnetism or Mesmerism, and Clairvoyance: Directions for Using the Magnetic Machine in Various Chronic Complaints: The Recipes for Making Their Appropriate Medicines, the Mode of Giving It, Miscellaneous Remarks, &c. &c. Rochester, NY: Rochester Daily Advertiser Book & Job Office, 1847.
Perry, Matthew Calbraith. Narrative of the Expedition of an American Squadron to the China Seas and Japan, Performed in the Years 1852, 1853 and 1854, Under the Command of Commodore M. C. Perry, United States Navy. Washington, DC: A. O. P. Nicholson, printer, 1856.
Pierce, Edward Lillie. A Diplomatic Fiasco: The Rejected Treaty for St. Thomas. Boston, MA: R. F. Wallcut, 1889.
Pierce, Edward Lillie. The Negroes at Port Royal: Report of E. L. Pierce, Government Agent, to the Hon. Salmon P. Chase, Secretary of the Treasury. Boston, MA: R. F. Wallcut, 1862.
Pike, James Shepherd. The Prostrate State: South Carolina under Negro Government. New York: D. Appleton, 1874.
Pinkerton, Allan. Strikers, Communists, Tramps and Detectives. New York: G. W. Carleton & Co, 1878.
Poliakov, Léon. The History of Anti-Semitism. London: Routledge & Kegan Paul, 1974–1985.
Porterfield, Jason. The Homestead Act of 1862: A Primary Source History of the Settlement of the American Heartland in the Late 19th Century. New York: Rosen Pub. Group, 2005.

Powderly, Terence Vincent. „Immigration's Menace to the National Health." The North American Review 175, no. 548 (1902):53–60.

Powderly, Terence Vincent. Thirty Years of Labor, 1859–1889. New York: A. M. Kelley, 1967.

Pugh, Evan. A Report Upon a Plan for the Organization of Colleges for Agriculture and the Mechanic Arts with Special Reference to the Organization of the Agricultural College of Pennsylvania, in View of the Endowment of This Institution by the Land Scrip Fund, Donated by Congress to the State of Pennsylvania, Addressed to the Board of Trustees of the Agricultural College of Pennsylvania, Convened at Harrisburg, January 6, 1864. Harrisburg, PA: Singerly & Myers, printers, 1864.

Rauschenbusch, Walter. Christianity and the Social Crisis. New York: Macmillan Co, 1907.

Rauschenbusch, Walter. A Theology for the Social Gospel. New York: The Macmillan Company, 1917.

Reef, Catherine. Working in America. New York: Facts on File, 2007.

Reichskommission in Chicago, 1893. Amtlicher Bericht über die Weltausstellung in Chicago 1893. Berlin: Reichsdruckerei, 1894.

Reid, Whitelaw. After the War: A Southern Tour. May 1, 1865, to May 1, 1866. Cincinnati, OH, New York: Moore, Wilstach & Baldwin, etc., etc., 1866.

Reid, Whitelaw. „The Territory with Which We Are Threatened." The Century: A Popular Quarterly 56, no. 5 (1898):788–94.

Resident of Utah. Utah and Statehood: Objections Considered, Simple Facts Plainly Told. With a Brief Synopsis of the State Constitution. New York: Printed for the author by Hart & Von Arx, 1888.

Reyes y Florentino, Isabelo de los. La Religion del „Katipunan". Madrid: Tipolit. de J. Corrales, 1900.

Rice, Clinton. The New Territorial Government of the District of Columbia under the Act of Congress Entitled „An Act to Provide a Government for the District of Columbia," Approved February 21, A. D. 1871. Washington, DC: Philp & Solomons, 1871.

Riis, Jacob A. How the Other Half Lives: Studies Among the Tenements of New York. New York: Charles Scribner's Sons, 1890.

Ringwalt, John Luther. Development of Transportation Systems in the United States. Philadelphia, PA: Railway World Office, 1888.

Riordon, William L. Plunkitt of Tammany Hall: A Series of Very Plain Talks on Very Practical Politics. New York: Signet Classic, 1996.

Rizal y Alonzo, José. Noli Me Tangere. Berlin: Berliner Buchdruckerei-Actien-Gesellschaft, 1886.

Robinson, John R. The Octopus: A History of the Construction, Conspiracies, Extortions, Robberies, and Villainous Acts of the Central Pacific, Southern Pacific of Kentucky, Union Pacific, and Other Subsidized Railroads. San Francisco, CA: Eigenverlag, 1894.

Roosevelt, Theodore. Address of Hon. Theodore Roosevelt Before the Naval War College, Newport, R.I., Wednesday, June 2, 1897. Washington: Navy Branch, Govt. Print. Off, 1897.

Roosevelt, Theodore. Letters. Cambridge, MA: Harvard University Press, 1951–1954.

Roosevelt, Theodore. The Naval War of 1812. New York: G. P. Putnam's sons, 1882.

Roosevelt, Theodore. The Rough Riders. New York: C. Scribner's Sons, 1899.

Roosevelt, Theodore. Theodore Roosevelt: An Autobiography. New York: The Macmillan Company, 1913.

Roosevelt, Theodore. The Winning of the West: An Account of the Exploration and Settlement of Our Country from the Alleghanies to the Pacific. New York: G. P. Putnam's sons, 1889–1896. 4 Bände.
Roosevelt, Theodore. The Works of Theodore Roosevelt. New York: Collier and Son, 1900. 14 Bände.
Ross, Edward A. „The Causes of Race Superiority." Annals of the American Academy of Political and Social Science 18, no. July 1 (1901):67–89.
Ross, William Potter. Indian Territory: Remarks in Opposition to the Bill to Organize the Territory of Oklahoma before the Committee on Territories of the House of Representatives, February 9th, 1874. Washington, DC: Gibson Bros., printers, 1874.
Ruiz Leyn, José. Los Filibusteros en Madrid y el Apresamiento del „Virginius." Madrid: Impr. de T. Fortanet, 1874.
Ryan, Frank X. Darwin's Impact: Social Evolution in America, 1880–1920. Bristol: Thoemmes Press, 2001.
Samito, Christian G. Changes in Law and Society during the Civil War and Reconstruction: A Legal History Documentary Reader. Carbondale, IL: Southern Illinois University Press, 2009.
San Francisco [City and County]. The Building Law of the City and County of San Francisco: Bill. No. 1121. Ordinance No. 1008. The State Tenement House Act. Ordinance No. 746. Regulating the Construction of Buildings Used as Automobile Garages. San Francisco: Daily Pacific Builder, 1910.
Sandino, Augusto César. Sandino Without Frontiers: Selected Writings of Augusto Cňsar Sandino on Internationalism, Pan-Americanism, and Social Questions. Hampton, VA: Compita Pub, 1988.
Sargent, Charles S. „The Protection of Forests." The North American Review 135, no. 311 (1882):386–401.
Schaack, Michael J. Anarchy and Anarchists: A History of the Red Terror and the Social Revolution in America and Europe. Communism, Socialism, and Nihilism in Doctrine and in Deed. The Chicago Haymarket Conspiracy and the Detection and Trial of the Conspirators. Chicago, IL, New York, Philadelphia, PA, St. Louis, MO, Pittsburg, PA: F. J. Schulte & Company. W.A. Houghton. S.F. Junkin & Co. P.J. Fleming & Co, 1889.
Schurz, Carl. Annexation of San Domingo. Washington: F. & J. Rives. G. A. Bailey, Printers, 1871.
Schurz, Carl. Speeches, Correspondence and Political Papers of Carl Schurz. New York: G.P. Putnam's Sons, 1913.
Scruggs, William Lindsay. British Aggressions in Venezuela or, The Monroe Doctrine on Trial. Atlanta, Ga: The Franklin printing and publishing Co., 1895.
Search, Theodore C. „Our Trade with South America." The North American Review 163, no. 481 (1896):716–24.
Seymour, Charles C. B. Self-Made Men. New York: Harper & bros, 1858.
Shafer, Byron E. Is America Different? A New Look at American Exceptionalism. Oxford, New York: Clarendon Press. Oxford University Press, 1991.
Sheldon, Charles Monroe. In His Steps „What Would Jesus Do?" Chicago, IL: Advance Publishing Co, 1897.
Sherman, William T. Memoirs of General W.T. Sherman. New York: Library of America. Distributed to the trade in the U.S. and Canada by Viking Press, 1990.

Sherrill, Charles Hitchcock. The Pan-Americanism of Henry Clay, Sarmiento and Root. Buenos Aires: J. Grant & son, printers, 1909.
Sibley, John Langdon und John Hopkins Morison. A Remarkable Self-Made Man. Cambridge MA: J. Wilson and sons, 1886.
Silagi, Michael. Henry George und Europa: Zur Entstehungsgeschichte der europäischen Bodenreformbewegungen. München: Etana, 1973.
Sinclair, Upton. The Jungle. Harmondsworth: Penguin, 1974.
Skipp, Francis E. (Hg.). The Complete Short Stories of Thomas Wolfe. New York: Scribner, 1987.
Smith, Adam. Wealth of Nations. New York: Cosimo, 2007.
Smith, Jean. „Frankie Mae." Negro Digest 17, no. 8 (1968):84–90.
Smith, L. M. The Great American Crisis or, Cause and Cure of the Rebellion: Embracing Phrenological Characters and Pen-and-Ink Portraits of the President, His Leading Generals and Cabinet Officers. Cincinnati, OH: Johnson, Stephens & Co., printers, 1862.
Smith, Steven B, Danilo Petranovic, Ralph Lerner und Benjamin A. Kleinerman (Hg.). The Writings of Abraham Lincoln. New Haven, CT, London: Yale University Press, 2012.
Socialist Labor Party. Proceedings of the National Convention Held in Chicago, September 28, 1889. Cinncinati, OH: J. Willig, 1889.
Socialist Labor Party. Proceedings of the National Convention of the Socialist Labor Party Held at Turner Hall, Allegheny City, PA, Commencing Dec. 26th, 1879. Detroit, MI: National Executive Committee of the Socialist Labor Party, 1880.
Söderlind, Sylvia und Carson, James Taylor. American Exceptionalisms from Winthrop to Winfrey. Albany: State University of New York Press, 2011.
Sombart, Werner. Warum gibt es in den Vereinigten Staaten keinen Sozialismus? Tübingen: J.C.B. Mohr (P. Siebeck), 1906.
Speer, William S. The Encyclopedia of the New West: Containing Fully Authenticated Information of the Agricultural, Mercantile, Commercial, Manufacturing, Mining and Grazing Industries, and Representing the Character, Development, Resources and Present Condition of Texas, Arkansas, Colorado, New Mexico and Indian Territory. Also, Biographical Sketches of Their Representative Men and Women. Marshall, TX: The United States biographical publishing Company, 1881.
Spies, August Vincent Theodore. The Accused, the Accusers. Chicago, IL: Socialistic publishing society, [1886?].
Spies, August Vincent Theodore und Albert R. Parsons. The Great Anarchist Trial: The Haymarket Speeches as Delivered on the Evening of the Throwing of the Bomb at Haymarket Square, Chicago, May 4, 1886. Chicago, IL: The Chicago labor press association, 1886.
Sprague, C. P., and H. W. Atwell. The Western Shore Gazetteer and Commercial Directory, for the State of California Containing the Names of All the Adult Male Citizens of the State [...] Yolo County. Woodland, CA: C.P. Sprague & H.W. Atwell, 1870.
St. Clair, Francis. The Katipunan: The Rise and Fall of the Filipino Commune. Manila: Amigos del Pais, 1902.
St. Louis Merchants' Exchange, George Hagar Morgan und Smith, Eugene. Annual Statement of the Trade and Commerce of Saint Louis. St. Louis, MO: Press of R. P. Studley & Co., 1866–1919.
Stanwood, Edward. A History of the Presidency from 1897 to 1909. Boston and New York: Houghton Mifflin Company, 1912.

Stead, William Thomas. If Christ Came to Chicago! A Plea for the Union of All Who Love in the Service of All Who Suffer. London: Pub. at the office of „The Review of Reviews", 1894.
Steffens, Lincoln. The Shame of the Cities. New York: McClure, Phillips & Co, 1904.
Stein, Leon und Philip Taft. Workers Speak: Self Portraits. New York: Arno, 1971.
Stephens, Alexander Hamilton. A Constitutional View of the Late War Between the States, Its Causes, Character, Conduct and Results, Presented in a Series of Colloquies at Liberty Hall. Philadelphia, PA: National Publishing Company, 1868–1970.
Stevens, Thaddeus. Speech of Hon. T. Stevens, of Pennsylvania, Delivered in the House of Representatives, March 19, 1867 on the Bill (H.R. no. 20) Relative to Damages to Loyal Men, and for Other Purposes. Washington, DC: Republican Congressional Executive Committee, 1867.
Stimson, Henry L. American Policy in Nicaragua. New York: C. Scribner's sons, 1927.
Storey, Moorfield und Julian Codman. Secretary Root's Record: „Marked Severities" in Philippine Warfare: An Analysis of the Law and Facts Bearing on the Action and Utterances of President Roosevelt and Secretary Root. Boston, MA: G.H. Ellis Co., printers, 1902.
Stowe, Harriet Beecher, Charles Edward Stowe und Kirk Munroe. The Lives and Deeds of Our Self-Made Men. Boston, MA: Estes and Lauriat, 1889.
Stowell, Myron R. „Fort Frick", Or, The Siege of Homestead: A History of the Famous Battle Between the Amalgamated Association of Iron and Steel Workers and the Carnegie Steel Company (Limited) of Pittsburgh. Pittsburg, PA: Pittsburg printing Co., 1893.
Strong, Josiah. Our Country: Its Possible Future and Its Present Crisis. New York: Baker & Taylor for the American Home Missionary Society, 1885.
Strong, Josiah. Unser Land, dessen mögliche Zukunft und gegenwärtige Crisis. Cleveland, OH: Ohio, Lauer & Mattill, 1891.
Suffragists Oral History Project. „The Suffragists: From Tea-Parties to Prison." [Web Page]: http://www.oac.cdlib.org/view?docId=kt2 h4n992z&chunk.id=tpage&brand=oac4&doc.view=entire_text. Gesehen am 13.7.2015.
Sumner, Charles. Naboth's Vineyard Speech. Washington, DC: F. & J. Rives & G. A. Bailey, Printers, 1870.
Sumner, Charles. Speech of Hon. Charles Sumner, of Massachusetts, on the Cession of Russian America to the United States. Washington, DC: Printed at the Congressional Globe Office, 1867.
Sumner, Charles. The Works of Charles Sumner. Boston, MA: Lee and Shepard, 1870–1983.
Sumner, Charles. What Social Classes Owe to Each Other. New York: Harper & brothers, 1883.
Sumner, Charles. What Social Classes Owe to Each Other. New Haven: Yale University Press, 1925.
Sweet, J. P. „A Day on Coney Island": Containing a Description of That Celebrated Watering Place, Its Geological Formation and Social History, With a Graphic Description of Its Magnificent Surroundings, As Viewed from the Great Iron Observatory; Containing, Also, an Account of the ‚Dream' of A.T. Stewart, in Which He Endeavors to Extend His Financial Operations to Our Dreamy Satellite; Also, His Introduction to Several Distinguished Lunarians; the Work Concludes With a Brief Description of the Principal Hotels at Coney Island and Finally Foreshadows the Ultimate Submersion of This Lovely Island Beneath the Frozen Waters of the Ocean; in Heroic Verse. New York: Printing House of H.T. Cornett, 1880.

Swinton, John. A Momentous Question: The Respective Attitudes of Labor and Capital. Philadelphia, PA: Keller, 1895.

Swinton, John. Striking for Life: Labor's Side of the Labor Question. The Right of the Workingman to a Fair Living. Evansville, IN: Keller, 1894.

Sylvis, James C. (Hg.). The Life, Speeches, Labors and Essays of William H. Sylvis: Late President of the Iron-Moulders' International Union, and also of the National Labor Union. Philadelphia, PA: Claxton, Remsen & Haffelfinger, 1872.

Tappan, Eva March, Karl Julius Ploetz, William H Tillinghast und Horatio W Dresser. The World's Story: A History of the World in Story, Song and Art. Boston, MA, New York: Houghton Mifflin Company, 1914.

Tarbell, Ida M. The History of the Standard Oil Company. New York: McClure, Phillips & Co., 1904.

Tarbell, Ida M. und David Mark Chalmers. The History of the Standard Oil Company. New York: Harper & Row, 1966.

Taylor, Frederick Winslow. The Principles of Scientific Management. New York, London: Harper & Brothers, 1911.

Taylor, Frederick Winslow. The Principles of Scientific Management. New York, London: Harper & Brothers, 1911.

Taylor, Frederick Winslow. Shop Management: A Paper Read Before the American Society of Mechanical Engineers. New York: 1903.

Thayer, William Roscoe. The Life and Letters of John Hay. Boston and New York: Houghton Mifflin Company, 1915.

The Library of Congress. „A Century of Law Making for a New Nation: U.S. Congressional Documents and Debates, 1774–1875." [Web Page]: http://memory.loc.gov/cgi-bin/ampage?collId=llac&fileName=041/llac041.db&recNum=393. Gesehen am 13.7.2015.

The Maritime Canal Company of Nicaragua. Certificate of Incorporation and Other Documents. New York: C. G. Burgoyne, 1889.

Thomas, John Jacob. Farm Implements and Farm Machinery. New York: O. Judd Company, 1886.

Thompson, C. Mildred. Reconstruction in Georgia: Economic, Social, Political, 1865–1872. New York: Columbia University Press, 1915.

Tiedeman, Christopher Gustavus. A Treatise on State and Federal Control of Persons and Property in the United States Considered from Both a Civil and Criminal Standpoint. St. Louis, MO: The F. H. Thomas Law Book Co, 1900. 2 Bände.

Tolman, William Howe. Social Engineering: A Record of Things Done by American Industrialists Employing Upwards of One and One-Half Million of People. New York: McGraw publishing Company, 1909.

Trent, Logan Douglas. The Credit Mobilier. New York: Arno Press, 1981.

Trumbull, Lyman. Speech of Hon. Lyman Trumbull of Illinois on the Freedmen's Bureau, Delivered in the Senate of the United States, February 20, 1866. Washington, DC: Chronicle Book and Job Print, 1866.

Turner, Frederick Jackson. The Significance of the Frontier in American History. Madison, WI: State Historical Society of Wisconsin, 1894.

Twain, Mark. Following the Equator and Anti-Imperialist Essays. New York: Oxford University Press, 2010.

Twain, Mark und Warner, Charles Dudley. The Gilded Age: A Tale of to-Day. Hartford, CT: American Pub. Co, 1873.

United Nations. „Convention on the Prevention and Punishment of the Crime of Genocide." [Web Page]: http://www.hrweb.org/legal/genocide.html. Gesehen am 9.7.2015.

United States. The Public Statutes at Large of the United States of America. Boston, MA: Charles C. Little and James Brown, 1845.

United States. The Statutes at Large: Treaties, and Proclamations of the United States of America. Boston, MA: Little & Brown, 1868.

United States und Bureau of Corporations. The Lumber Industry. New York: Arno Press, 1972.

United States und Bureau of the Census. Population Profile of the United States. Washington, DC: US Dept. of Commerce, Bureau of the Census, 1999.

United States und Bureau of the Census. Statistics of Women at Work. Washington, DC: Government Printing Office, 1907.

United States und Bureau of the Census. Population Profile of the United States. Washington, DC: U.S. Dept. of Commerce, Bureau of the Census, 2000.

United States und Census Office. Population of the United States by States and Territories, Counties, and Minor Civil Divisions, as Returned at the Twelfth Census: 1900. Washington, DC: United States Census Printing Office, 1901.

United States und Congress. The Congressional Globe. Washington, DC: Blair & Rives, 1834–1873.

United States, Congress, House und Committee on Banking and Currency. Money Trust Investigation: Investigation of Financial and Monetary Conditions in the United States under House Resolutions Nos. 429 and 504, before a Subcommittee of the Committee on Banking and Currency. Interlocking Directorates. Washington, DC: Government Printing Office, 1913.

United States, Congress, House und Committee on the Judiciary. Investigation of the Employment of Pinkerton Detectives in Connection with the Labor Troubles at Homestead, Pa. Washington, DC: Government Printing Office, 1892.

United States, Congress, House und Committee on the Judiciary. Hearings Before the Committee on the Judiciary, House of Representatives, Sixty-Fourth Congress, First[-Second] Session. Washington: G.P.O, 1917.

United States, Congress und House of Representatives. Investigation of United States Steel Corporation: Report No. 1127. Washington, DC: Government Printing Office, 1912.

United States, Congress und House of Representatives. Reports of Committees of the House of Representatives for the Second Session of the Forty-Second Congress in Four Volumes. Washington, DC: Government Printing Office, 1872.

United States, Congress und House of Representatives. United States Congressional Serial Set, 108th Congress, Serial No. 14829, House Documents No. 67–95. Washington DC: Government Printing Office, 2004.

United States, Congress und Joint Committee on the Conduct of the War. Report of the Joint Committee on the Conduct of the War. Wilmington, NC: Broadfoot Pub. Co, 1998–.

United States, Congress und Joint Committee on the Conduct of the War. Report of the Joint Committee on the Conduct of the War at the Second Session, 38th Congress. Washington, DC: Government Printing Office, 1865.

United States, Congress, und Joint Select Committee on the Condition of Affairs in the Late Insurrectionary States. Report of the Joint Select Committee Appointed to Inquire into the Condition of Affairs in the Late Insurrectionary States, So Far as Regards the Execution of

Laws, and the Safety of the Lives and Property of the Citizens of the United States and Testimony Taken. Washington, DC: Government Printing Office, 1872.

United States, Congress und Senate. Index to the Reports of the Committees of the Senate of the United States for the Second Session of the Forty-Second Congress, 1871–72 in Four Volumes. Washington, DC: Government Printing Office, 1872.

United States, Congress und Senate. Laws in Relation to Freedmen Compiled by Command of Major General O.O. Howard, Commissioner, Bureau of Refugees, Freedmen and Abandoned Lands, in: Executive Documents: 39th Congress, 2nd Session. Washington, DC: Government Printing Office, 1867.

United States, Congress, Senate und Committee on Education and Labor. Investigation of Strike in Steel Industries: Hearings Before the Committee on Education and Labor, United States Senate, Sixty-Sixth Congress, First Session, Pursuant to S. Res. 202. Washington DC: Govt. Print. Off, 1919.

United States, Congress, Senate, Committee on Education and Labor und William Squire Kenyon. Investigating Strike in Steel Industries Report. ‹Pursuant to S. Res. 188›. Washington, DC: Government Printing Office, 1919.

United States, Congress, Senate und Select Committee on Interstate Commerce. Report of the Senate Select Committee on Interstate Commerce (With Appendix). Forty-Ninth Congress, First Session. Submitted to the Senate January 18, 1886. Washington, DC: Government Printing Office, 1886.

United States, Congress, Senate und Select Committee to Inquire into the Mississippi Election of 1875. Mississippi in 1875: Report of the Select Committee to Inquire into the Mississippi Election of 1875, With the Testimony and Documentary Evidence. Washington, DC: Government Printing Office, 1876.

United States, Congress, Senate und Select Committee to Investigate Alleged Outrages in the Southern States. Report on the Alleged Outrages in the Southern States. Washington, DC: Government Printing Office, 1871.

United States und Department of Agriculture. List of Agricultural Colleges and of Farmers' Clubs, and Agricultural, Horticultural, and Pomological Societies on the Books of the Department of Agriculture, June 1, 1872, together with the Name of the President and Secretary of Each. Washington, DC: Government Printing Office, 1872.

United States und Department of Agriculture. List of Agricultural Societies and Farmers' Clubs Established to Promote the Agricultural, Horticultural, and Pomological Interests of the Farmer, on the Books of the Department of Agriculture, July 4, 1876, Being the Centennial Year of American Independence, together with a List of Agricultural Colleges. Washington, DC: Government Printing Office, 1876.

United States, Department of Agriculture und Office of Experiment Stations. Organization Lists of the Agricultural Colleges and Experiment Stations in the United States, 1889, 1892–1912. Washington, DC: Government Printing Office, 1889–1913. 24 Bände.

United States, Department of Commerce und Bureau of the Census. Historical Statistics of the United States: Colonial Times to 1970, 2 Vols. White Plains NY: Kraus International Publications, 1989.

United States, Department of Commerce und United States Census Bureau. „Historical Census of Housing Tables." [Web Page]: https://www.census.gov/hhes/www/housing/census/historic/owner.html. Gesehen am 13.7.2015.

United States und Department of Labor Statistics. „Consumer Price Index Data from 1913 to 2013." [Web Page]: http://www.usinflationcalculator.com/inflation/consumer-price-index-and-annual-percent-changes-from-1913-to-2008/. Gesehen am 13.7.2015.

United States und Utah Commission. Utah Statehood: Reasons Why It Should Not Be Granted. Salt Lake City, UT: Tribune print, 1887.

United States und Department of State. Message of the President Relating to the Steamer Virginius, with the Accompanying Documents, Transmitted to Congress, January 5, 1874. Washington: G.P.O, 1874.

United States und Department of State. Papers Relating to the Foreign Relations of the United States: 1898. Washington, DC: Government Printing Office, 1901.

United States und Department of the Interior. Message from the President of the United States Transmitting Letter of the Secretary of the Interior Relative to Pending Legislation Providing for the Opening Up to Settlement of Certain Lands in the Indian Territory. Washington, DC: Government Printing Office, 1885.

United States und Dept. of Agriculture. Persons Employed in Meat Inspection. Washington, DC: Government Printing Office, 1907.

United States, Dept. of Agriculture, United States und Bureau of Animal Industry. Regulations Governing the Meat Inspection of the United States Department of Agriculture as Amended, Effective May 1, 1908. Washington, DC: Government Printing Office, 1908.

United States, Electoral Commission (1877) und Congress. Electoral Count of 1877: Proceedings of the Electoral Commission and of the Two Houses of Congress in Joint Meeting Relative to the Count of Electoral Votes Cast December 6, 1876, for the Presidential Term Commencing March 4, 1877. Washington, DC: Government Printing Office, 1877.

United States und Geneva Arbitration Tribunal. Argument of the United States, Delivered to the Tribunal of Arbitration at Geneva, June 15, 1872. Paris: Dubuisson & Co., 1872.

United States und Geneva Arbitration Tribunal. Réclamations de l'Alabama. Paris: Impr. de Dubuisson, etc, 1871–1972.

United States. Industrial Commission. Report of the Industrial Commission on Agriculture and Agricultural Labor, Including Testimony with Review and Topical Digest Thereof. Washington, DC: Government Printing Office, 1901.

United States. Patent Office. Improvement in Type-Writing Machines: US207559 A. 27. August 1878.

United States. Philippine Commission. Report of the Philippine Commission to the Secretary of War 1900–1915. Washington, DC: Government Printing Office, 1901ff. 32 Bände.

United States. President. A Compilation of the Messages and Papers of the Presidents Prepared Under the Direction of the Joint Committee on Printing, of the House and Senate, Pursuant to an Act of the Fifty-Second Congress of the United States. New York: Bureau of National Literature, 1914.

United States. President. Department of State. State Papers and Publick [sic] Documents of the United States, from the Accession of George Washington to the Presidency Exhibiting a Complete View of Our Foreign Relations since That Time. Boston, MA: Printed and Published by Thomas B. Wait, 1819, 12 Bände.

United States. President. Message of the President of the United States Respecting the Relations with Chile. Washington, DC: Government Printing Office, 1892.

United States, Rhode Island. General Assembly. Act of Congress, Granting Lands for the Establishing of Agricultural Colleges. Providence, RI: A. Anthony, printer to the state, 1863.

United States. Supreme Court. Reports of Cases Argued and Adjudged in the Supreme Court of the United States. Washington, DC: Published for John Conrad and Co, 1804–1862.

United States. Supreme Court. Cases Argued and Adjudged in the Supreme Court of the United States. Washington, DC: W.H. & O.H. Morrison, 1866–1874.

United States. War Department. The War of the Rebellion: A Compilation of the Official Records of the Union and Confederate Armies. Washington, DC: Government Printing Office, 1880–1901.

United States. War Department und Lieber, Francis. Instructions for the Government of Armies of the United States in the Field. Washington: G.P.O. 1898.

United States. Strike Commission. Report on the Chicago Strike of June-July, 1894. Washington DC: Government Printing Office, 1895.

University of California at Santa Barbara. The American Presidency Project [Web Page]: http://www.presidency.ucsb.edu. Gesehen am 9.7.2015.

University of California. College of Agriculture. Agricultural Experiment Station. „Announcements of Farmers' Short Courses for 1912 at the University Farm, Davis, California." Circular No. 78 (Juni 1912).

Van Doren, Carl (Hg.). The Literary Works of Abraham Lincoln. Norwalk, CT: Easton Press, 1980.

Varona, Enrique José. Cuba Contra Espana: Manifiesto del Partido Revolucionario Cubano a los Pueblos Hispano-Americanos. New York: S. Figueroa, 1895.

Veblen, Thorstein. The Theory of the Leisure Class: An Economic Study in the Evolution of Institutions. New York, London: The Macmillan Company, 1899.

Veiller, Lawrence. Tenement House Commission [of the State New York]. Tenement House Legislation in New York 1852–1900. Albany, NY: Brandow, 1900.

Vincent, Leopold. The Alliance and Labor Songster. Winfield, KS: H. & L. Vincent, printers, 1890.

Vincent, Leopold. The Alliance and Labor Songster: A Collection of Labor and Comic Songs for the Use of Alliances, Grange Debating Clubs and Political Gatherings. Winfield, KS: W. & L. Vincent, 1891.

Voss-Hubbard, Mark. Illinois's War: The Civil War in Documents. Athens, OH: Ohio University Press, 2013.

Walker, A. J. The Revised Code of Alabama. Montgomery, AL: Reid & Screws, 1867.

Walker, Jeanie Mort. Life of Capt. Joseph Fry, the Cuban Martyr. Hartford: J. B. Burr publishing Co., 1874.

Walker, John Brisben und Bridge, James Howard. The History of the World's Largest Corporation. New York: The Aldine book company, 1903?

Warburg, Paul M. „Defects and Needs of Our Banking System." Proceedings of the Academy of Political Science in the City of New York 4, no. 4 (1914):7–22.

Ward, Lester Frank. Dynamic Sociology. New York: D. Appleton and company, 1883.

Warmoth, Henry Clay. War, Politics, and Reconstruction: Stormy Days in Louisiana. Columbia, SC: University of South Carolina Press, 2006.

Warner, Amos Griswold. American Charities: A Study in Philanthropy and Economics. New York, Boston, MA: T. Y. Crowell & Co., 1894.

Washington, George. „Farewell Address to the People of the United States." The Independent Chronicle (1796).
Welky, David. America between the Wars, 1919–1941: A Documentary Reader. Malden, MA: Wiley-Blackwell, 2012.
Wheeler, Noyes. The Phrenological Characters and Talents of Henry Clay, Daniel Webster, John Quincy Adams, William Henry Harrison, and Andrew Jackson. Boston, MA: Dow & Jackson, 1844.
Wiley, Harvey Washington. Chemistry and Longevity: Food in Its Relation to Individual and National Development. New York: Hundred Year Club, 1900.
Willard, Frances E. Do Everything: A Handbook for the World's White Ribboners. Chicago, IL: The Woman's temperance publishing association, 1895.
Williams, Charles Richard (Hg.). Diary and Letters of Rutherford Birchard Hayes. Columbus, OH: The Ohio State Archæological and Historical Society, 1922.
Wilson, Henry. History of the Reconstruction Measures of the Thirty-Ninth and Fortieth Congresses. Hartford, CT, Chicago, IL: Hartford Publishing Company. J. A. Stoddard, etc., etc., 1868.
Wilson, William Dexter. Attainder of Treason and Confiscation of the Property of Rebels: A Letter to the Hon. Samuel A. Foot, LL. D., on the Constitutional Restrictions upon Attainder and Forfeiture for Treason against the United States. Albany, NY: Weed, Parsons and Company, Printers, 1863.
Wister, Owen. Red Men and White. New York: Harper, 1896.
Wister, Owen. Ulysses S. Grant. Boston: Small, Maynard, 1901.
Wister, Owen. The Virginian a Horseman of the Plains. New York: Grosset & Dunlap, 1925.
Wood, Charles Erskine Scott. Heavenly Discourse. New York: Vanguard press, The New Masses, 1927.
Woods, William Allan. „Injunction in the Federal Courts." Yale Law Journal 6, no. 5 (1897):245–51.
Wooley, John and Peters, Gerhard. „Voter Turnout in Presidential Elections: 1828–2008." [Web Page]: http://www.presidency.ucsb.edu/data/turnout.php. Gesehen am 13.7.2015.
Wright, Marcus J. Wright's Official History of the Spanish-American War. Washington, DC: War Records Office, 1900.
Zaide, Gregorio F. und Zaide, Sonia M.. Documentary Sources of Philippine History. Metro Manila, Philippines: National Book Store, 1990.

9.3 Sekundärliteratur

Abadinsky, Howard. Organized Crime. Wadsworth, OH: Cengage Learning, 2012.
Abbott, Martin Linton. „Free Land, Free Labor, and the Freedmen's Bureau." Agricultural History 30, no. 4 (1956):150–156.
Abbott, Martin Linton. The Freedmen's Bureau in South Carolina, 1865–1872. Chapel Hill, NC: University of North Carolina Press, 1967.
Abbott, Richard H. The Republican Party and the South, 1855–1877: The First Southern Strategy. Chapel Hill, NC: University of North Carolina Press, 1986.

Ackerman, Kenneth D. Boss Tweed the Rise and Fall of the Corrupt Pol Who Conceived the Soul of Modern New York. New York, Berkeley, CA: Carroll & Graf Publishers. Distributed by Publishers Group West, 2005.
Ackermann, Rolf. Pfadabhängigkeit, Institutionen und Regelreform. Tübingen: Mohr Siebeck, 2001.
Adams, John Quincy. „John Quincy Adams's Account of the Cabinet Meeting of November 7, 1823." [Web Page]: http://www.mtholyoke.edu/acad/intrel/jqacab.htm. Gesehen am 9.7.2015.
Adams, Judith A. The American Amusement Park Industry: A History of Technology and Thrills. Boston, MA: Twayne Publishers, 1991.
Adams, Pauline und Thornton, Emma S. A Populist Assault: Sarah E. Van De Vort Emery on American Democracy, 1862–1895. Bowling Green, OH: Bowling Green State University Popular Press, 1982.
Adams, Sean Patrick. An Uneasy Truce: Worker Responses to Pullman's Model Town, 1880–1894. Madison, WI: University of Wisconsin Press, 1992.
Adamson, Christopher R. „Punishment after Slavery: Southern State Penal Systems, 1865–1890." Social Problems 30, no. 5 (1983):555–69.
Agamben, Giorgio. Was ist ein Dispositiv? Berlin: Diaphenes, 2009.
Agger, Eugene E. „Our Large Change: The Denominations of the Currency." The Quarterly Journal of Economics 32, no. 2 (1918):257–77.
Aiken, Katherine G. Idaho's Bunker Hill: The Rise and Fall of a Great Mining Company, 1885–1981. Norman, OK: University of Oklahoma Press, 2005.
Alanen, Arnold R. Morgan Park Duluth, U.S. Steel, and the Forging of a Company Town. Minneapolis, MI: University of Minnesota Press, 2007.
Aldrich, Lisa J. Cyrus McCormick and the Mechanical Reaper. Greensboro, NC: Morgan Reynolds Pub, 2002.
Alexander, Benjamin F. Coxey's Army: Popular Protest in the Gilded Age. Baltimore, MD: Johns Hopkins University Press, 2015.
Alexander, Charles C. „Prophet of American Racism: Madison Grant and the Nordic Myth." Phylon. 1962, 23 (1):73–90.
Allen, Frederick Lewis. „The Great Pierpont Morgan: Pomp and Circumstance." In: Robert Manley und Seon Manley (Hg.). The Age of the Manager: A Treasury of Our Times. New York: Macmillan, 1962, S. 3–23.
Allen, James S. Reconstruction: The Battle for Democracy (1865–1876). New York: International Publishers, 1937.
Allen, Oliver E. The Tiger: The Rise and Fall of Tammany Hall. New York: Addison-Wesley, 1993.
Allen, Will. The War on Bugs. White River Junction, VT: Chelsea Green Pub, 2008.
Alonso, Karen. Schenck v. United States: Restrictions on Free Speech. Springfield, NJ: Enslow Publishers, 1999.
Altman, Linda Jacobs. The Pullman Strike of 1894: Turning Point for American Labor. Brookfield, CT: Millbrook Press, 1994.
Alvarez, Alejandro. The Monroe Doctrine: Its Importance in the International Life of the States of the New World. Buffalo, NY: W.S. Hein, 2003
Alvarez, Alex. Native America and the Question of Genocide. Lanham, MD, Boulder, CO: Rowman & Littlefield, 2016.

Ambrose, Stephen E. Nothing Like It in the World: The Men Who Built the Transcontinental Railroad, 1863–1869. New York: Simon & Schuster, 2000.
Anderson, Aaron D. Builders of a New South: Merchants, Capital, and the Remaking of Natchez, 1865–1914. Jackson, MS: University Press of Mississippi, 2013.
Anderson, Eric und Moss, Alfred A. . The Facts of Reconstruction: Essays in Honor of John Hope Franklin. Baton Rouge, LA: Louisiana State University Press, 1991.
Anderson, Gary Clayton. Sitting Bull and the Paradox of Lakota Nationhood. New York: Pearson/Longman, 2007.
Anderson, James D. The Education of Blacks in the South, 1860–1935. Chapel Hill, NC: University of North Carolina Press, 1988.
Anderson, Karen. Changing Woman: A History of Racial Ethnic Women in Modern America. New York: Oxford University Press, 1996.
Anderson, Nancy K, Linda S. Ferber und Helena Wright. Albert Bierstadt: Art & Enterprise. New York: Hudson Hills Press, 1990.
Andersson, Rani-Henrik. The Lakota Ghost Dance of 1890. Lincoln, NE: University of Nebraska Press, 2008.
Angermann, Erich. „Der Imperialismus als Formwandel des amerikanischen Expansionismus: Eine Studie über den Gedanken einer zivilisatorischen Sendung der Vereinigten Staaten." Jahrbuch für Geschichte von Staat, Wirtschaft und Gesellschaft Lateinamerikas 4, no. 1 (1967):694–725.
Angermann, Erich. Die Vereinigten Staaten von Amerika seit 1917. München: Deutscher Taschenbuch-Verlag, 1978.
Angus, Ian. „Empire, Borders, Place: A Critique of Hardt and Negri's Concept of Empire." [Web Page]: http://www.sfu.ca/personal/iangus/empire.pdf. Gesehen am 13.7.2015.
Angus, Ian. The World Outside: Collected Short Fiction about Women at Work. New York: Four Winds Press, 1977.
Antin, Mary. The Promised Land. Kila, MT: Kessinger Publishing, 2004.
Applegate, Edd. The Rise of Advertising in the United States: A History of Innovation to 1960. Lanham, MD: Scarecrow Press, 2012.
Apps, Jerold W. Horse-Drawn Days: A Century of Farming with Horses. Madison, WI: Wisconsin Historical Society Press, 2010.
Apt, Benjamin L. „Mahan's Forebears: The Debate over Maritime Strategy, 1868–1883." Naval War College Review 50 (1997):86–111.
Araral, Eduardo. „Bureaucratic Incentives, Path Dependence, and Foreign Aid: An Empirical Institutional Analysis of Irrigation in the Philippines." Policy Sciences. 2005, 38 (2/3):131–157.
Arestis, Philip und Sawyer, Malcolm C. Path Dependency and Macroeconomics. New York: Palgrave Macmillan, 2009.
Armstrong, Kenneth A. und Bulmer, Simon. The Governance of the Single European Market. Manchester, New York: Manchester University Press, 1998.
Arnesen, Eric. Black Protest and the Great Migration: A Brief History with Documents. Boston, MA: Bedford/St. Martin's, 2003.
Arnesen, Eric. Encyclopedia of U.S. Labor and Working-Class History. New York: Routledge, 2007.
Arnesen, Eric. The Human Tradition in American Labor History. Wilmington, DE: SR Books, 2004.

Arnesen, Eric. Waterfront Workers of New Orleans: Race, Class, and Politics, 1863–1923. Urbana, IL: University of Illinois Press, 1994.
Aron, Cindy Sondik. Ladies and Gentlemen of the Civil Service: Middle-Class Workers in Victorian America. New York: Oxford University Press, 1987.
Aron, Cindy Sondik. Working at Play: A History of Vacations in the United States. New York: Oxford University Press, 1999.
Aron, Raymond. The Imperial Republic: The United States and the World, 1945–1973. New Brunswick, NJ: Transaction Publishers, 2009.
Aron, Stephen. „Pioneers and Profiteers: Land Speculation and the Homestead Ethic in Frontier Kentucky." The Western Historical Quarterly 23, no. 2 (1992):179–98.
Aronson, Michael. Nickelodeon City: Pittsburgh at the Movies, 1905–1929. Pittsburgh, PA: University of Pittsburgh Press, 2008.
Arthur, W. Brian. Increasing Returns and Path Dependence in the Economy. Ann Arbor, MI: University of Michigan Press, 1994.
Arthur, W. Brian. „Competing Technologies, Increasing Returns, and Lock-In by Historical Events." The Economic Journal. 1989, 99 (394):116–131.
Ashby, Ruth. Boss Tweed and Tammany Hall. San Diego, CA: Blackbirch Press, 2002.
Atkins, Stephen E. Encyclopedia of Right-Wing Extremism in Modern American History. Santa Barbara, CA: ABC-CLIO, 2011.
Atkinson, Carol L. Military Soft Power: Public Diplomacy through Military Educational Exchanges. Plymouth: Rowland & Littlefield, 2014.
Aubenas, René. La Vie Exemplaire de Carl Schurz 1829–1906, Champion de la Liberté dans L'Ancien et le Nouveau Monde, les Années de Lutte. Paris: La Pensée Universelle, 1972.
Auchincloss, Louis. J.P. Morgan the Financier As Collector. New York: H.N. Abrams, 1990.
Avrich, Paul. The Haymarket Tragedy. Princeton, NJ: Princeton University Press, 1984.
Avrich, Paul. und Karen Avrich. Sasha and Emma: The Anarchist Odyssey of Alexander Berkman and Emma Goldman. Cambridge, MA: Belknap Press of Harvard University Press, 2012.
Ayers, Edward L. The Promise of the New South: Life after Reconstruction. Oxford, New York: Oxford University Press, 2007.
Bacevich, Andrew J. The Limits of Power: The End of American Exceptionalism. New York: Metropolitan Books, 2008.
Baecker, Thomas. Die deutsche Mexikopolitik 1913/1914. Berlin: Colloquium Verlag, 1971.
Baer, George W. One Hundred Years of Sea Power: The U.S. Navy, 1890–1990. Stanford, CA: Stanford University Press, 1994.
Baggett, James Alex. The Scalawags: Southern Dissenters in the Civil War and Reconstruction. Baton Rouge, LA: Louisiana State University Press, 2003.
Baier, Melanie. Die Pfadabhängigkeit: Zur Theorie der Pfadabhängigkeit, Pfadbrechung und Pfadkreation von Institutionen. 2004. [Web Page]: http://www.qucosa.de/fileadmin/data/qucosa/documents/1462/1140595687176-1541.pdf. Gesehen am 5.5.2016.
Bailey, Anne M. und Llobera, Josep R. The Asiatic Mode of Production: Science and Politics. London, Boston, MA: Routledge & Kegan Paul, 1981.
Bailey, Richard. Neither Carpetbaggers nor Scalawags: Black Officeholders during the Reconstruction of Alabama, 1867–1878. Montgomery, AL: NewSouth Books, 2010.
Bailey, Thomas A. „Why the United States Purchased Alaska." Pacific Historical Review 3 (1934):39–49.

Bailey, Thomas A. and Kennedy, David M.. The American Spirit: United States History As Seen by Contemporaries. Lexington, MA: D.C. Heath, 1991.
Baily, Samuel L. Immigrants in the Lands of Promise: Italians in Buenos Aires and New York City, 1870–1914. Ithaca, NY: Cornell University Press, 1999.
Baily, Samuel L. und Eduardo José Míguez. Mass Migration to Modern Latin America. Wilmington, DE: Scholarly Resources, 2003.
Baker, Robert. Before Bioethics: A History of American Medical Ethics from the Colonial Period to the Bioethics Revolution. Oxford, New York: Oxford University Press, 2013.
Bakhtin, Mikhael M. „The Forms of Time and the Chronotope in the Novel: Notes toward a Historical Poetics." The Dialogic Imagination: Four Essays. Mikhael M. Bakhtin, 84–258. Austin, TX: University of Texas Press, 1981.
Balack, Ulf Frank. Die White-Collar-Gruppe in Philadelphia: Entwicklung, Struktur und Mobilität, 1900–1970. Hamburg: Universitätsverlag, 2001.
Balch, Thomas Willing. The Alabama Arbitration. Freeport, NY: Books for Libraries Press, 1969.
Baldwin, Davarian L. Chicago's New Negroes: Modernity, the Great Migration, & Black Urban Life. Chapel Hill, NC: University of North Carolina Press, 2007.
Banaszak, Lee Ann. Why Movements Succeed or Fail: Opportunity, Culture, and the Struggle for Woman Suffrage. Princeton, NJ: Princeton University Press, 1996.
Banchoff, Thomas. „Path Dependence and Value-Driven Issues: The Comparative Politics of Stem Cell Research." World Politics. 2005, 57 (2):200–230.
Banner, Stuart. How the Indians Lost Their Land Law and Power on the Frontier. Cambridge, MA: Belknap Press of Harvard University Press, 2005.
Barber, Benjamin R. Fear's Empire: War, Terrorism, and Democracy. New York: W.W. Norton & Co, 2003.
Bardaglio, Peter Winthrop. Reconstructing the Household: Families, Sex, and the Law in the Nineteenth-Century South. Chapel Hill, NC: University of North Carolina Press, 1995.
Barnes, Donna A. „Rebel Farmers: The Texas Farmers' Alliance." In: David O'Donald Cullen und Kyle Grant Wilkison (Hg.). The Texas Left: The Radical Roots of Lone Star Liberalism. College Station, TX: Texas A&M University Press, 2010, S. 36–52.
Barnes, William und Morgan, John Heath. The Foreign Service of the United States: Origins, Development, and Functions. Washington DC: Department of State, 1961.
Barnikel, Hans Heinrich. Probleme der wirtschaftlichen Konzentration. Darmstadt: Wissenschaftliche Buchgesellschaft, 1975.
Barrett, James R. William Z. Foster and the Tragedy of American Radicalism. Urbana, IL: University of Illinois Press, 1999.
Barreyre, Nicolas. „The Politics of Economic Crises: The Panic of 1873, the End of Reconstruction, and the Realignment of American Politics." The Journal of the Gilded Age and Progressive Era 10, no. 4 (2011):403–23.
Barrick, Michael Mathers. The Dangerous Delusion of American Exceptionalism. Granite Falls, NC: Defiantly Rural Pub, 2011.
Barron, Hal S. Those Who Stayed Behind: Rural Society in Nineteenth-Century New England. Cambridge, New York: Cambridge University Press, 1984.
Barry, Francis S. The Scandal of Reform: The Grand Failures of New York's Political Crusaders and the Death of Nonpartisanship. New Brunswick, NJ: Rutgers University Press, 2009.
Barsh, Russel Lawrence. „An American Heart of Darkness: The 1913 Expedition for American Citizenship." Great Plains Quarterly. 1993, 13 (2):115–91.

Barth, Gunther Paul. Bitter Strength: A History of the Chinese in the United States, 1850–1870. Cambridge, MA: Harvard University Press, 1964.

Barth, Gunther Paul. Instant Cities: Urbanization and the Rise of San Francisco and Denver. Albuquerque, NM: University of New Mexico Press, 1988.

Barthes, Roland. „Le Discours de l'Histoire." Social Science Information 6, no. 4 (1967):63–75.

Barthes, Roland. „L'Effet de Réel." Communications 11, no. 11 (1968):84–89.

Basch, Linda G., Blanc-Szanton, Cristina und Schiller, Nina Glick. Towards a Transnational Perspective on Migration: Race, Class, Ethnicity and Nationalism Reconsidered. New York: New York Academy of Sciences, 1992.

Basel, Roberta. Sequoyah: Iventor of Written Cherokee. Minneapolis, MN: Compass Point Books, 2007.

Beale, Howard K. Theodore Roosevelt and the Rise of America to World Power. Baltimore, MD: Johns Hopkins University Press, 1984.

Bean, Christopher B. A Stranger amongst Strangers: An Analysis of the Freedmen's Bureau Subassistant Commissioners in Texas, 1865–1868. Denton, TX: University of North Texas, 2008.

Beatty, Jack. Age of Betrayal: The Triumph of Money in America, 1865–1900. New York: Alfred A. Knopf, 2007.

Beatty, Jack. Colossus: How the Corporation Changed America. New York: Broadway Books, 2001.

Beauchamp, K. G. History of Telegraphy. London: Institution of Electrical Engineers, 2001.

Beauregard, Robert A. When America Became Suburban. Minneapolis, MN: University of Minnesota Press, 2006.

Becher, Ronald. Massacre along the Medicine Road: A Social History of the Indian War of 1864 in Nebraska Territory. Caldwell, ID: Caxton Press, 1999.

Beck, Tom. George M. Bretz: Photographer in the Mines. Catonsville, MD: University of Maryland Baltimore County Library, 1977.

Beck, Ulrich. „Jenseits von Klasse und Nation: Individualisierung und Transnationalisierung sozialer Ungleichheiten." Soziale Welt. 2008, 59 (4):301–325.

Beales, D. E. D. und Blanning, T. C. W. „Prince Kaunitz and ‚The Primacy of Domestic Policy'". The International History Review. 1980, 2 (4):619–624.

Beckel, Deborah. Radical Reform: Interracial Politics in Post-Emancipation North Carolina. Charlottesville, VA: University of Virginia Press, 2011.

Becker, Manfred und Anja Beck. Die Quadriga postmoderner Beliebigkeit und ihre Folgen für Wirtschaft und Gesellschaft. Eine empirische Studie zur Entwicklung und Steuerung von Individualisierung, Fragmentierung, Temporalisierung und Ästhetisierung. München und Mehring: Rainer Hampp Verlag, 2014.

Becker, Peter Emil. Sozialdarwinismus, Rassismus, Antisemitismus und völkischer Gedanke. Stuttgart, New York: G. Thieme, 1990.

Becker, William H. „1899–1920: America Adjusts to World Power." In: William H. Becker und Samuel F. Wells (Hg.). Economics and World Power: An Assessment of American Diplomacy since 1789. New York: Columbia University Press, 1984, S. 173–223.

Becker, William H. „American Manufacturers and Foreign Markets, 1870–1900: Business Historians and the ‚New Economic Determinists'". The Business History Review. 1973, 47 (4):466–481.

Bederman, Gail. Manliness & Civilization: A Cultural History of Gender and Race in the United States, 1880–1917. Chicago, IL: University of Chicago Press, 1995.
Beeby, James M. Revolt of the Tar Heels: The North Carolina Populist Movement, 1890–1901. Jackson, MS: University Press of Mississippi, 2008.
Beede, Benjamin R. The War of 1898 and U.S. Interventions, 1898–1934: An Encyclopedia. New York: Garland, 1994.
Beerbühl, Margrit Schulte. „War England ein Sonderfall der Industrialisierung? Der ökonomische Einfluss der protestantischen Immigranten auf die Entwicklung der englischen Wirtschaft vor der Industrialisierung." Geschichte und Gesellschaft 21, no. 4 (1995):479–505.
Beisel, Nicola Kay. Imperiled Innocents: Anthony Comstock and Family Reproduction in Victorian America. Princeton, NJ: Princeton University Press, 1997.
Beisner, Robert L. (Hg.). American Foreign Relations since 1600: A Guide to the Literature. Santa Barbara, CA: ABC-CLIO, 2003.
Beisner, Robert L. Twelve against Empire – the Anti-Imperialists, 1898–1900. Chicago, IL: Imprint Publications, 1992.
Belanger, Dian Olson. Enabling American Innovation: Engineering and the National Science Foundation. West Lafayette, IN: Purdue University Press, 1998.
Belko, William S. „John C. Calhoun and the Creation of the Bureau of Indian Affairs: An Essay on Political Rivalry, Ideology, and Policymaking in the Early Republic." The South Carolina Historical Magazine. 2004 Jul 1, 105(3):170–197
Bellesiles, Michael A. 1877: America's Year of Living Violently. New York: New Press. Distributed by Perseus Distribution, 2010.
Belz, Herman. „Abraham Lincoln and American Constitutionalism." The Review of Politics 50, no. 2 (1988):169–97.
Belz, Herman. Emancipation and Equal Rights Politics and Constitutionalism in the Civil War Era. New York: Norton, 1978.
Belz, Herman. Reconstructing the Union: Theory and Policy during the Civil War. Westport, CT: Greenwood Press, 1979.
Bemis, Samuel Flagg. The Latin American Policy of the United States. New York: Harcourt, Brace and company, 1943.
Bemong, Nele, Borghart, Pieter, De Dobbeleer, Michel und Demoen, Kristoffel. Bakhtin's Theory of the Literary Chronotope: Reflections, Applications, Perspectives. Gent: Ginko, Academia Press, 2010.
Bender, Peter. Weltmacht Amerika: Das Neue Rom. Stuttgart: Klett-Cotta, 2003.
Bender, Thomas. Rethinking American History in a Global Age. Berkeley, CA: University of California Press, 2002.
Bendroth, Margaret Lamberts und Lieson Brereton, Virginia. Women and Twentieth-Century Protestantism. Urbana, IL: University of Illinois Press, 2002.
Benedict, Michael Les. „Laissez-Faire and Liberty: A Re-Evaluation of the Meaning and Origins of Laissez-Faire Constitutionalism." Law and History Review 3, no. 2 (1985):293–331.
Benedict, Michael Les. „Southern Democrats in the Crisis of 1876–1877: A Reconsideration of Reunion and Reaction." The Journal of Southern History 46, no. 4 (1980):489–524.
Benjamin, Jules R. The United States and the Origins of the Cuban Revolution. An Empire of Liberty in an Age of National Liberation. Princeton, NJ: Princeton University Press, 1990.

Bennett, Andrew und Elman, Colin. „Complex Causal Relations and Case Study Methods: The Example of Path Dependence." Political Analysis. 2006, 14(3):250–267.
Bennett, Bridget. The Damnation of Harold Frederic: His Lives and Works. Syracuse, NY: Syracuse University Press, 1997.
Bennett, William John. America: The Last Best Hope. Nashville, TN: Nelson Current, 2007.
Bensel, Richard Franklin. Yankee Leviathan: The Origins of Central State Authority in America, 1859–1877. Cambridge, New York: Cambridge University Press, 1990.
Benson, Nicholas A. A Clumsy War: An Inquiry on the Operational Ambiguities of America's Counterinsurgency Campaign in the Philippines and Its Opaque History [Web Page]: http://www.usna.edu/History/honors/2003/BensonThesis.doc. Gesehen am 15. November 2003.
Benson, Susan Porter. Counter Cultures: Saleswomen, Managers, and Customers in American Department Stores, 1890–1940. Urbana, IL: University of Illinois Press, 1986.
Bentley, George R. A History of the Freedmen's Bureau. New York: Octagon Books, 1970.
Bentley, George R. „The Political Activity of the Freedmen's Bureau in Florida." The Florida Historical Quarterly 28, no. 1 (1949):28–37.
Bergmann, Peter. „American Exceptionalism and German ‚Sonderweg' in Tandem." The International History Review 23, no. 3 (2001):505–34.
Berkley, George E. The Filenes. Boston, MA: International Pocket Library, 1998.
Berlin, Ira. Free at Last: A Documentary History of Slavery, Freedom, and the Civil War. New York: The New Press, 1992.
Berlin, Ira. Freedom: A Documentray History of Emancipation, 1861–1867. The Wartime Genesis of Free Labor: The Upper South. Cambridge, New York: Cambridge University Press, 1993.
Berlin, Ira. Slaves No More: Three Essays on Emancipation and the Civil War. Cambridge, New York: Cambridge University Press, 1992.
Berlin, Ira, Glymph, Thavolia, Miller, Steven F., Reidy, Joseph P., Rowland, Leslie S. und Saville, Julie (Hg.). Freedom: A Documentary History of Emancipation, 1861–1867. Series I, Volume III: The Wartime Genesis of Free Labor: The Lower South. Cambridge, New York: Cambridge University Press, 1990.
Berlin, Ira, Joseph P. Reidy und Leslie S. Rowland. The Black Military Experience. Cambridge, New York: Cambridge University Press, 1982.
Berman, David R. Radicalism in the Mountain West, 1890–1920: Socialists, Populists, Miners, and Wobblies. Boulder, CO: University Press of Colorado, 2007.
Berman, John S. Coney Island. New York: Barnes and Noble Books, 2003.
Bernstein, David. „The Supreme Court and ‚Civil Rights', 1886–1908." The Yale Law Journal 100, no. 3 (1990):725–44.
Bernstein, Peter L. The Power of Gold: The History of an Obsession. New York: Wiley, 2004.
Bernstein, Peter L. Wedding of the Waters: The Erie Canal and the Making of a Great Nation. New York: W.W. Norton, 2005.
Berressem, Hanjo. „Oekologik|Oekosophie: Das Ereignis der Stadt." In: Norbert Finzsch (Hg.). Clios Natur: Vergleichende Aspekte der Umweltgeschichte. Berlin, Münster, Hamburg, New York: LIT, 2008, S. 8–41.
Beschloss, Michael R. Presidential Courage: Brave Leaders and How They Changed America, 1789–1989. New York: Simon & Schuster, 2007.

Bethel, Elizabeth. „The Freedmen's Bureau in Alabama." The Journal of Southern History 14, no. 1 (1948):49–92.
Better, Shirley Jean. Institutional Racism: A Primer on Theory and Strategies for Social Change. Lanham, MD: Rowman & Littlefield Publishers, 2008.
Beyer, Jürgen. „Pfadabhängigkeit ist nicht gleich Pfadabhängigkeit! Wider den impliziten Konservatismus eines gängigen Konzepts." Zeitschrift für Soziologie. 2005, 34(1):5–21.
Beyer, Jürgen. „The Same or Not the Same: On the Variety of Mechanisms of Path Dependence." International Journal of Social Sciences. 2010, 5(1):1–11.
Bianculli, Anthony J. Trains and Technology: The American Railroad in the Nineteenth Century. Newark, DE: University of Delaware Press, 2001–2003.
Binda, Lawrance. The Big, Bad Book of Mike: Rogues, Rascals and Rapscallions Names Micheal, Mike and Mickey. Lincoln, NE: iUniverse, 2003.
Birmingham, Stephen. Our Crowd: The Great Jewish Families of New York. Syracuse, NY: Syracuse University Press, 1996.
Bishop, Judson W. „History of the St. Paul & Sioux City Railroad, 1864–1881." Minnesota Historical Collections 10 (1903):399–415.
Bissett, Jim. Agrarian Socialism in America: Marx, Jefferson, and Jesus in the Oklahoma Countryside, 1904–1920. Norman, OK: University of Oklahoma Press, 1999.
Blackburn, George M. „Paris Newspapers and the American Civil War." Illinois Historical Journal. 1991, 84(3):177–19
Blackmon, Douglas A. Slavery by Another Name: The Re-Enslavement of Black People in America from the Civil War to World War II. New York: Doubleday, 2008.
Blakemore, Harold. British Nitrates and Chilean Politics, 1886–1896: Balmaceda and North. London: Athlone Press for the Institute of Latin American Studies, 1974.
Blassingame, John W. The Slave Community Plantation Life in the Antebellum South. New York: Oxford University Press, 1979.
Blaszczyk, Regina Lee. American Consumer Society, 1865–2005 from Hearth to HDTV. Wheeling, IL: Harlan Davidson, Inc, 2009.
Blatter, Joachim, Janning, Frank und Wagemann, Claus. Qualitative Politikanalyse: Eine Einführung in Forschungsansätze und Methoden. Wiesbaden: VS Verlag für Sozialwissenschaften, 2007.
Bleakley, Hoyt und Lin, Jeffrey Y. Portage: Path Dependence and Increasing Returns in U.S. History. Cambridge, MA: National Bureau of Economic Research, 2010.
Blewett, Mary H. The Last Generation Work and Life in the Textile Mills of Lowell, Massachusetts, 1910–1960. Amherst: University of Massachusetts Press, 1990.
Blewett, Mary H. Men, Women, and Work Class, Gender, and Protest in the New England Shoe Industry, 1780–1910. Urbana, IL: University of Illinois Press, 1988.
Blom, Ida. Medicine, Morality, and Political Culture: Legislation on Venereal Disease in Five Northern European Countries, c.1870-c.1995. Lund: Nordic Academic Press, 2012.
Blue, Frederick J. Charles Sumner and the Conscience of the North. Arlington Heights, IL: Harlan Davidson, 1994.
Blum, Edward J. Reforging the White Republic: Race, Religion, and American Nationalism, 1865–1898. Baton Rouge, LA: Louisiana State University Press, 2005.
Boehm, Lisa Krissoff. Popular Culture and the Enduring Myth of Chicago, 1871–1968. New York: Routledge, 2004.

Bolkhovitinov, Nikolai N. „How It Was Decided to Sell Alaska." International Affairs (1988):116–26.
Boller, Paul F. Presidential Campaigns from George Washington to George W. Bush. New York: Oxford University Press, 2004.
Bontje, Marco Arjan, Musterd, Sako und Pelzer, Peter. Inventive City-Regions: Path Dependence and Creative Knowledge Strategies. Farnham, Burlington, VT: Ashgate, 2011.
Boot, Max. „Neocons." Foreign Policy. 2004, (140):20–28.
Borchard, Gregory A. Abraham Lincoln and Horace Greeley. Carbondale, IL: Southern Illinois University Press, 2011.
Borchart, Joachim. Der Europäische Eisenbahnkönig Bethel Henry Strousberg. München: C.H. Beck, 1991.
Borchert, James und Borchert, Susan. „Downtown, Uptown, Out of Town: Diverging Patterns of Upper-Class Residential Landscapes in Buffalo, Pittsburgh, and Cleveland, 1885–1935." Social Science History 26, no. 2 (2002):311–46.
Borgens, Edward G. Background of the Monroe Doctrine. New York: Vantage Press, 2004.
Borjas, George J. und National Bureau of Economic Research. Mexican Immigration to the United States. Chicago, IL: University of Chicago Press, 2007.
Borón, Atilio. Empire and Imperialism: A Critical Reading of Michael Hardt and Antonio Negri. London, New York, New York: Zed Books. Distributed in the USA exclusively by Palgrave Macmillan, 2005.
Bose, Purnima. „General Electric, Corporate Personhood, and the Emergence of the Professional Manager." In: Purnima Bose und Laura E. Lyons (Hg.). Cultural Critique and the Global Corporation. Bloomington, IN: Indiana University Press, 2010, S. 28–63.
Boutier, Jean. „Fernand Braudel als Historiker des Ereignisses." In: Andreas Suter und Manfred Hettling (Hg.). Struktur und Ereignis. Göttingen: Vandenhoeck & Ruprecht, 2001, S. 138–57.
Bowen, David Warren. Andrew Johnson and the Negro. Knoxville.TN: University of Tennessee Press, 1989.
Bowes, John P. The Trail of Tears: Removal in the South. New York: Chelsea House, 2007.
Bowler, Peter J. Darwin Deleted: Imagining a World Without Darwin. Chicago, IL: University of Chicago Press, 2013.
Bowman, Scott R. The Modern Corporation and American Political Thought Law, Power, and Ideology. University Park, PA: Pennsylvania State University Press, 1996.
Bracher, Karl Dietrich. Deutscher Sonderweg: Mythos Oder Realität? München: R. Oldenbourg, 1982.
Bradford, James C. Admirals of the New Steel Navy: Makers of the American Naval Tradition, 1880–1930. Annapolis, MD: Naval Institute Press, 1990.
Bradley, Mark L. The Army and Reconstruction, 1865–1877. Washington, DC: Center of Military History, 2015.
Brands, Henry William. American Colossus: The Triumph of Capitalism, 1865–1900. New York: Doubleday, 2010.
Brands, Henry William. The Money Men: Capitalism, Democracy, and the Hundred Years' War over the American Dollar. New York: W.W. Norton & Co, 2006.
Brands, Henry William. The Reckless Decade: America in the 1890s. Chicago, IL: University of Chicago Press, 2002.
Braudel, Fernand. Les Écrits de Fernand Braudel. Paris: Éditions de Fallois, 1997–2001.

Braun, Felipe Kuhn. História da Imigraçao Alema no Sul do Brasil. Porte Alegre: Costoli Soluções Gráficas, 2010.

Bravo Valdivieso, Germán. El Incidente del „USS Baltimore" Como una Gresca de Marineros Borrachos, en Valparaíso, Estuvo a Punto de Provocar una Guerra entre Chile y Estados Unidos. Valparaiso: Ediciones Altazor, 2002.

Brebner, J. Bartlet. „A Changing North Atlantic Triangle." International Journal. 1948, 3(4):309–319.

Brecher, Jeremy. Strike! Oakland, CA: PM Press, 2014.

Brenner, Aaron, Day, Benjamin und Ness, Immanuel. The Encyclopedia of Strikes in American History. Armonk, NY: M. E. Sharpe, 2009.

Bresnahan, Roger J. In Time of Hesitation: American Anti-Imperialists and the Philippine-American War. Quezon City, Philippines: New Day Publishers, 1981.

Brewer, Stewart. Borders and Bridges: A History of U.S.-Latin American Relations. Westport, CT: Praeger Security International, 2006.

Brezina, Corona. America's Political Scandals in the Late 1800s: Boss Tweed and Tammany Hall. New York: Rosen Pub. Co, 2004.

Brice, William R. Myth, Legend, Reality: Edwin Laurentine Drake and the Early Oil Industry. Oil City, PA: Oil Region Alliance of Business, Industry & Tourism, 2009.

Bridger, Bobby. Buffalo Bill and Sitting Bull Inventing the Wild West. Austin, TX: University of Texas Press, 2002.

Bridges, Amy. Morning Glories: Municipal Reform in the Southwest. Princeton, NJ: Princeton University Press, 1997.

Bristow, Nancy K. American Pandemic: The Lost Worlds of the 1918 Influenza Epidemic. Oxford, New York: Oxford University Press, 2012.

Broadwater, Robert P. Ulysses S. Grant: A Biography. Santa Barbara, CA: Greenwood, 2012.

Brock, James W. und Kenneth G Elzinga. Antitrust, the Market, and the State the Contributions of Walter Adams. Armonk, NY: M. E. Sharpe, 1991.

Brock, Ralph H. „„The Republic of Texas Is No More': An Answer to the Claim That Texas Was Unconstitutionally Annexed to the United States." Texas Tech Law Review 28 (1997):680–745.

Broder, Sherri. „Ideologies of Domesticity: 1890–1929." Diss. Hampshire College, 1979.

Brodie, Fawn McKay. Thaddeus Stevens, Scourge of the South. New York: Norton, 1959.

Brody, David. Labor in Crisis the Steel Strike of 1919. Urbana, IL: University of Illinois Press, 1987.

Brook, Timothy (Hg.). The Asiatic Mode of Production in China. Armonk, NY: M. E. Sharpe, 1989.

Brookes, Jean Ingram. International Rivalry in the Pacific Islands, 1800–1875. New York: Russell & Russell, 1972.

Brooks, Stephen. American Exceptionalism in the Age of Obama. New York: Routledge, 2013.

Brophy, James M. Capitalism, Politics, and Railroads in Prussia, 1830–1870. Columbus, OH: Ohio State University Press, 1998.

Brown, Benjamin Clifford. Racial Conflict and Violence in the Labor Market Roots in the 1919 Steel Strike. New York: Garland Pub, 1998.

Brown, Canter. Florida's Black Public Officials, 1867–1924. Tuscaloosa, AL: University of Alabama Press, 1998.

Brown, Jonathan C. und Knight, Alan. The Mexican Petroleum Industry in the Twentieth Century. Austin, TX: University of Texas Press, 1992.
Brown, Mark Herbert. The Flight of the Nez Perce. New York: Putnam, 1967.
Brown, Victoria Bissell. The Education of Jane Addams. Philadelphia, PA: University of Pennsylvania Press, 2007.
Browning, James B. „The North Carolina Black Code." The Journal of Negro History 15, no. 4 (1930):461–73.
Bruce, Robert V. 1877, Year of Violence. Chicago, IL: I.R. Dee, 1989.
Bruner, Robert F. und Sean D. Carr. The Panic of 1907: Lessons Learned from the Market's Perfect Storm. Hoboken, NJ: John Wiley & Sons, 2007.
Brunner, Otto, Werner Conze und Koselleck, Reinhart. Geschichtliche Grundbegriffe: Historisches Lexikon zur politisch-sozialen Sprache in Deutschland. Stuttgart: E. Klett, 1972–1997.
Brunnbauer, Ulf. Transnational Societies, Transterritorial Politics: Migrations in the (Post-) Yugoslav Region, 19th–21st Century. München: R. Oldenbourg, 2009.
Bryan, Ferald Joseph. Henry Grady or Tom Watson? The Rhetorical Struggle for the New South, 1880–1890. Macon, GA: Mercer University Press, 1994.
Bryan, Mary Lynn McCree und Freeman Davis, Allen. 100 Years at Hull-House. Bloomington: Indiana University Press, 1990.
Bryson, Phillip J. The Economics of Henry George: History's Rehabilitation of America's Greatest Early Economist. New York: Palgrave Macmillan, 2011.
Bublitz, Hannelore, Hanke, Christine und Seier, Andrea. Der Gesellschaftskörper: Zur Neuordnung von Kultur und Geschlecht um 1900. Frankfurt am Main, New York: Campus, 2000.
Buder, Stanley. Capitalizing on Change: A Social History of American Business. Chapel Hill, NC: University of North Carolina Press, 2009.
Buder, Stanley. Pullman: An Experiment in Industrial Order and Community Planning, 1880–1930. New York: Oxford University Press, 1967.
Budiansky, Stephen. The Bloody Shirt: Terror after Appomattox. New York: Viking, 2008.
Bueno de Mesquita, Bruce. Domestic Politics and International Relations. International Studies Quarterly. 2002, 46(1):1–9.
Buhle, Paul und Buhle, Mari Jo (Hg.). History of Woman Suffrage: The Concise History of Woman Suffrage. Selections from History of Woman Suffrage, Edited by Elizabeth Cady Stanton, Susan B. Anthony, Matilda Joslyn Gage und the National American Woman Suffrage Association. Urbana, IL: University of Illinois Press, 2005.
Buhle, Paul M. und Rice-Maximin, Edward. William Appleman Williams: The Tragedy of Empire. New York: Routledge, 1995.
Bullough, William A. The Blind Boss & His City: Christopher Augustine Buckley and Nineteenth-Century San Francisco. Berkeley, CA: University of California Press, 1979.
Burbank, David T. Reign of the Rabble: The St. Louis General Strike of 1877. New York: A. M. Kelley, 1966.
Burchard, Veronica. „Lincoln's Refutation of Secession." OAH Magazine of History 21, no. 1 (2007):29–32.
Burgan, Michael. Breaker Boys: How a Photograph Helped End Child Labor. Mankato, MN: Compass Point Books, 2012.

Burgan, Michael. The Haymarket Square Tragedy. Minneapolis, MN: Compass Point Books, 2006.
Burgan, Michael. The Pullman Strike of 1894. Minneapolis, MN: Compass Point Books, 2008.
Burgers, Johannes Hendrikus. „Max Nordau, Madison Grant, and Racialized Theories of Ideology." Journal of the History of Ideas. 2011, 72(1):119–140.
Burgoyne, Arthur Gordon. The Homestead Strike of 1892. Pittsburgh: University of Pittsburgh Press, 1979.
Burke, Martin J. The Conundrum of Class: Public Discourse on the Social Order in America. Chicago, IL: University of Chicago Press, 1995.
Burlin, Paul T. Imperial Maine and Hawai'i: Interpretive Essays in the History of Nineteenth-Century American Expansion. Lanham, MD: Lexington Books, 2006.
Burlingame, Michael. Abraham Lincoln a Life. Baltimore: Johns Hopkins University Press, 2008.
Burns, James MacGregor und Dunn, Susan. The Three Roosevelts: Patrician Leaders Who Transformed America. New York: Atlantic Monthly Press, 2001.
Burns, Richard Dean, Siracusa, Joseph M. und Flanagan, Jason C.. American Foreign Relations since Independence. Santa Barbara, CA: ABC-Clio, 2013.
Burr, Lawrence und Bryan, Tony. US Cruisers 1883–1908: The Birth of the Steel Navy. Oxford: Osprey, 2008.
Burrows, Edwin G. und Wallace, Mike. Gotham: A History of New York City to 1898. New York: Oxford University Press, 1999.
Burton, David Henry. Cecil Spring Rice: A Diplomat's Life. Rutherford, London, Cranbury, NJ: Fairleigh Dickinson University Press. Associated University Presses, 1990.
Buschena, David und Zilberman, David. „Generalized Expected Utility, Heteroscedastic Error, and Path Dependence in Risky Choice." Journal of Risk and Uncertainty 2000, 20(1):67–88,
Butler, Leslie. Critical Americans: Victorian Intellectuals and Transatlantic Liberal Reform. Chapel Hill, NC: University of North Carolina Press, 2007.
Byington, Margaret Frances. Homestead, the Households of a Mill Town. New York: Arno, 1969.
Byrne, William A. „,Uncle Billy' Sherman Comes to Town: The Free Winter of Black Savannah." The Georgia Historical Quarterly 79, no. 1 (1995):91–116.
C. Barron McIntosh. „One Man's Sequential Land Alienation on the Great Plains." Geographical Review 71, no. 4 (1981):427–45.
Cachan, Manuel. „Justice Stephen Field and ‚Free Soil, Free Labor Constitutionalism': Reconsidering Revisionism." Law and History Review 20, no. 3 (2002):541–76.
Cahan, Richard. A Court That Shaped America: Chicago's Federal District Court from Abe Lincoln to Abbie Hoffman. Evanston, IL: Northwestern University Press, 2002.
Calavita, Kitty. „The Paradoxes of Race, Class, Identity, and ‚Passing': Enforcing the Chinese Exclusion Acts, 1882–1910." Law & Social Inquiry 25, no. 1 (2000):1–40.
Calhoun, Charles W. From Bloody Shirt to Full Dinner Pail: The Transformation of Politics and Governance in the Gilded Age. New York: Hill and Wang, 2010.
Calhoun, Charles W. Minority Victory Gilded Age Politics and the Front Porch Campaign of 1888. Lawrence, Kan: University Press of Kansas, 2008.
California, Legislature und Senate. California's Compulsory Sterilization Policies, 1909–1979: July 16, 2003 Informational Hearing. Sacramento, CA: Senate Publications, 2003.
Callinicos, Alex. Imperialism and Global Political Economy. Cambridge, Malden, MA: Polity Press, 2009.

Callinicos, Alex. The New Mandarins of American Power: The Bush Administration's Plans for the World. Cambridge, Malden, MA: Polity Press, 2003.
Campbell, Ballard C. Disasters, Accidents, and Crises in American History: A Reference Guide to the Nation's Most Catastrophic Events. New York: Facts on File, 2008.
Campbell, Ballard C. The Human Tradition in the Gilded Age and Progressive Era. Wilmington, DE: SR Books, 2000.
Campbell, Duncan Andrew. English Public Opinion and the American Civil War. Woodbridge, Suffolk, Rochester, NY: Royal Historical Society/Boydell Press, 2003.
Campbell, James E. The Presidential Pulse of Congressional Elections. Lexington, KY: University Press of Kentucky, 1997.
Cannato, Vincent J. American Passage: The History of Ellis Island. New York: Harper, 2009.
Capoccia, Giovanni und Kelemen, R. Daniel. „The Study of Critical Junctures: Theory, Narrative, and Counterfactuals in Historical Institutionalism." World Politics 2007, 59(3):341–369,
Capps, John M. und Capps, Donald (Hg.). James and Dewey on Belief and Experience. Urbana, IL: University of Illinois Press, 2005.
Carbaugh, Robert J. International Economics. Mason, OH: South-Western Cengage Learning, 2011.
Cardyn, Lisa. „Sexualized Racism/Gendered Violence: Outraging the Body Politic in the Reconstruction South." Michigan Law Review 100, no. 4 (2002):675–867.
Carlson, Leonard A. Indians, Bureaucrats, and Land: The Dawes Act and the Decline of Indian Farming. Westport, CT: Greenwood Press, 1981.
Carosso, Vincent P und Carosso, Rose C.. The Morgans: Private International Bankers, 1854–1913. Cambridge, MA: Harvard University Press, 1987.
Carrigan, William D und Webb, Clive. Forgotten Dead: Mob Violence against Mexicans in the United States, 1848–1928. Oxford, New York: Oxford University Press, 2013.
Carroll, Archie B., Lipartito, Kenneth, Post, James E., Hogue Werhane, Patricia und Goodpaster, Kenneth E.. Corporate Responsibility: The American Experience. Cambridge, New York: Cambridge University Press, 2012.
Carter, Dan T. When the War Was Over: The Failure of Self-Reconstruction in the South, 1865–1867. Baton Rouge, LA: Louisiana State University Press, 1985.
Carter, Julian. The Heart of Whiteness: Normal Sexuality and Race in America, 1880–1940. Durham: Duke University Press, 2007.
Carter, Robert A. Buffalo Bill Cody: The Man behind the Legend. New York: Wiley, 2000.
Carter, Susan and Sutch, Richard. „Fixing the Facts: Editing of the 1880 U.S. Census of Occupations with Implications for Long-Term Labor Force Trends and the Sociology of Official Statistics." Historical Methods. 1996 (29):5–24.
Cartosio, Bruno und Debouzy, Marianne. In the Shadow of the Statue of Liberty: Immigrants, Workers and Citizens in the American Republic, 1880–1920. Saint-Denis: Presses Universitaires de Vincennes, 1988.
Carwardine, Richard. Lincoln: A Life of Purpose and Power. New York: Alfred A. Knopf, 2006.
Casanovas, Joan. Bread or Bullets! Urban Labor and Spanish Colonialism in Cuba, 1850–1898. Pittsburgh, PA: University of Pittsburgh Press, 1998.
Case, Theresa Ann. The Great Southwest Railroad Strike and Free Labor. College Station, TX: Texas A&M University Press, 2010.
Cashman, Sean Dennis. America Ascendant from Theodore Roosevelt to FDR in the Century of American Power, 1901–1945. New York: New York University Press, 1998.

Cashman, Sean Dennis. America in the Age of the Titans: The Progressive Era and World War I. New York: New York University Press, 1988.

Cashman, Sean Dennis. America in the Gilded Age: From the Death of Lincoln to the Rise of Theodore Roosevelt. New York: New York University Press, 1993.

Catano, James V. Ragged Dicks: Masculinity, Steel, and the Rhetoric of the Self-Made Man. Carbondale, IL: Southern Illinois University Press, 2001.

Cates, David und Armstrong, Margalynne. Plessy V. Ferguson: Segregation and the Separate but Equal Policy. Minneapolis, MN: ABDO Pub, 2013.

Catlin, Daniel. Good Work Well Done: The Sugar Business Career of Horace Havemeyer, 1903–1956. New York: D. Catlin, 1988.

Cefrey, Holly. The Sherman Antitrust Act: Getting Big Business under Control. New York: Rosen Pub. Group, 2004.

Ceplair, Larry. Anti-Communism in Twentieth-Century America: A Critical History. Santa Barbara, CA: Praeger, 2011.

Chamberlain, John. Farewell to Reform the Rise, Life and Decay of the Progressive Mind in America. Chicago, IL: Quadrangle Books, 1965.

Chandler, Alfred D. The Railroads: Pioneers in Modern Management. New York: Arno Press, 1979.

Chandler, Alfred D. The Visible Hand: The Managerial Revolution in American Business. Cambridge, MA: Belknap Press, 1977.

Chandler, Alfred D. und Hikino, Takashi. Scale and Scope: The Dynamics of Industrial Capitalism. Cambridge, MA: Belknap Press, 1994.

Chapman, Richard A. The Civil Service Commission, 1855–1991: A Bureau Biography. London, New York: Routledge, 2004.

Chapuis, Robert J. und Joel, Amos E.. 100 Years of Telephone Switching (1878–1978). Amsterdam, Washington, DC: IOS Press. Ohmsha, 2003.

Chardavoyne, David G. United States District Court for the Eastern District of Michigan: People, Law, and Politics. Detroit, MI: Wayne State University Press, 2012.

Cherepanova, Rozaliya. „Discourse on a Russian ‚Sonderweg': European Models in Russian Disguise." Studies in East European Thought 62, no. 3/4 (2010):315–29.

Chernow, Ron. The House of Morgan: An American Banking Dynasty and the Rise of Modern Finance. New York: Grove Press, 2001.

Chernow, Ron. Titan: The Life of John D. Rockefeller, Sr. New York: Random House, 1998.

Chevalier, Louis. Laboring Classes and Dangerous Classes in Paris during the First Half of the Nineteenth Century. New York: Howard Fertig, 2000.

Chhetri, Netra B., Easterling, William E., Terando, Adam und Mearns, Linda. „Modeling Path Dependence in Agricultural Adaptation to Climate Variability and Change." Annals of the Association of American Geographers 2010, 100(4):894–907.

Childs, William R. „State Regulators and Pragmatic Federalism in the United States, 1889–1945." The Business History Review 75, no. 4 (2001):701–38.

Chisholm, Donald. Waiting for Dead Men's Shoes Origins and Development of the U.S. Navy's Officer Personnel System, 1793–1941. Stanford, CA: Stanford University Press, 2001.

Chung, Hwan-Woo. „Economic Reform and Path Dependence in China: A Comparative Study of Reform and Development in Nanjing and Suzhou." Asian Perspective 2003, 27(2):205–239.

Chung, Hye Seung. Hollywood Asian: Philip Ahn and the Politics of Cross-Ethnic Performance. Philadelphia: Temple University Press, 2006.

Churella, Albert J. The Pennsylvania Railroad: Building an Empire, 1846–1917. Philadelphia, PA: University of Pennsylvania Press, 2013–.

Cimbala, Paul A. The Freedmen's Bureau: Reconstructing the American South after the Civil War. Malabar, FL: Krieger Pub, 2005.

Cimbala, Paul A. „The Freedmen's Bureau, the Freedmen, and Sherman's Grant in Reconstruction Georgia, 1865–1867." The Journal of Southern History 55, no. 4 (1989):597–632.

Cimbala, Paul A. und Miller, Randall M.. The Freedmen's Bureau and Reconstruction: Reconsiderations. New York: Fordham University Press, 1999.

Clark, Christopher M. The Sleepwalkers: How Europe Went to War in 1914. London, New York: Allen Lane, 2012.

Clark, Gordon L. und Wójcik, Dariusz. The Geography of Finance: Corporate Governance in the Global Marketplace. Oxford, New York: Oxford University Press, 2007.

Cleaver, Nick. Grover Cleveland's New Foreign Policy: Arbitration, Neutrality, and the Dawn of American Empire. New York: Palgrave MacMillan, 2014.

Clegg, Brian. The Man Who Stopped Time: The Illuminating Story of Eadweard Muybridge: Pioneer Photographer, Father of the Motion Picture, Murderer. Washington, DC: Joseph Henry Press, 2007.

Clements, Kendrick A. und Eric A. Cheezum. Woodrow Wilson. Washington, DC: CQ Press, 2003.

Cleveland, Frederick Albert und Powell, Fred Wilbur. Railroad Promotion and Capitalization in the United States. New York: Arno Press, 1981.

Clinton, Catherine. „Reconstructing Freedwomen." In: Catherine Clinton und Nina Silber (Hg.). Divided Houses: Gender and the Civil War. New York: Oxford University Press, 1992, S. 306–319.

Clouatre, Doug. Presidential Upsets: Dark Horses, Underdogs, and Corrupt Bargains. Santa Barbara, CA: ABC-CLIO, 2013.

Coben, Stanley. A. Mitchell Palmer: Politician. New York: Da Capo Press, 1972.

Cochran, Robert T. „Cold-Eyed Soldier of Fortune Who Became a ‚President'." Smithsonian 12, no. 3 (1981):117–28.

Cogliano, Francis D. Emperor of Liberty: Thomas Jefferson's Foreign Policy. New Haven, CT: Yale University Press, 2014.

Cohen, Daniel. The Alaska Purchase. Brookfield, CT: Millbrook Press, 1996.

Cohen, Miriam. Workshop to Office: Two Generations of Italian Women in New York City, 1900–1950. Ithaca, NY: Cornell University Press, 1993.

Cohen, Nancy. The Reconstruction of American Liberalism, 1865–1914. Chapel Hill, NC: University of North Carolina Press, 2002.

Colby, Ira C. „The Freedmen's Bureau: From Social Welfare to Segregation." Phylon 46, no. 3 (1985):219–30.

Cole, J. Timothy. The Forest City Lynching of 1900: Populism, Racism, and White Supremacy in Rutherford County, North Carolina. Jefferson, NC: McFarland & Co, 2003.

Coleman, James M. und Stone, Gregory W.. „James P. Morgan: Scientific Contributions." Journal of Coastal Research 14, no. 3 (1998):867–71.

Collier, David. „Comment: QCA Should Set Aside the Algorithms." Sociological Methodology 44, (2014):122–126.
Collier, Ruth Berins und Collier, David. Shaping the Political Arena: Critical Junctures, the Labor Movement, and Regime Dynamics in Latin America. Notre Dame, IN: University of Notre Dame Press, 2002.
Collin, Richard H. Theodore Roosevelt, Culture, Diplomacy, and Expansion: A New View of American Imperialism. Baton Rouge, LA: Louisiana State University Press, 1985.
Collins, Charles Wallace. The Fourteenth Amendment and the States: A Study of the Operation of the Restraint Clauses of Section One of the Fourteenth Amendment to the Constitution of the United States. Clark, NJ: Lawbook Exchange, 2004.
Collins, Douglas. The Story of Kodak. New York: H.N. Abrams, 1990.
Collomp, Cathérine. Entre Classe et Nation: Mouvement Ouvrier et Immigration aux États-Unis 1880–1920. Paris: Belin, 1998.
Collomp, Cathérine. „L'American Federation of Labor et la Politique Extérieures des États-Unis: De l'Antiimpérialism à la Coopération Idéologique." In: Serge Ricard und James Bolner (Hg.). La République Impérialiste: L'Expansionnisme et la Politique Extérieure des Etats-Unis, 1885–1909. Études et Documents. Aix-en-Provence: Université de Provence, 1987, S. 181–93.
Conrad, Sebastian. What Is Global History? Princeton, NJ: Princeton University Press, 2016.
Conrad, Sebastian. und Osterhammel, Jürgen. Das Kaiserreich transnational: Deutschland in der Welt 1871–1914. Göttingen: Vandenhoeck & Ruprecht, 2004.
Conrad, Sebastian., Randeria, Shalini und Sutterlüty, Beate. Jenseits des Eurozentrismus: Postkoloniale Perspektiven in den Geschichts- und Kulturwissenschaften. Frankfurt am Main, New York: Campus, 2002.
Conway, Lorie. Forgotten Ellis Island: The Extraordinary Story of America's Immigrant Hospital. New York: Smithsonian Books. Collins, 2007.
Cook, Adrian. The Alabama Claims: American Politics and Anglo-American Relations, 1865–1872. Ithaca, NY: Cornell University Press, 1975.
Cook, Charles Orson (Hg.). Horatio Alger: Gender and Success in the Gilded Age. „Ragged Dick" and „Tattered Tom". Hoboken, NJ: Wiley-Blackwell, 2006.
Cooke, Alistair. Images of America: Selected Readings Based on Alistair Cooke's America. New York: Knopf, 1978.
Cooling, Benjamin Franklin. Benjamin Franklin Tracy: Father of the Modern American Fighting Navy. Hamden, CT: Archon Books, 1973.
Cooling, Benjamin Franklin. Gray Steel and Blue Water Navy: The Formative Years of America's Military-Industrial Complex, 1881–1917. Hamden, CT: Archon Books, 1979.
Coontz, Stephanie, Parson, Maya und Raley, Gabrielle. American Families: A Multicultural Reader. New York: Routledge, 2008.
Cooper, Edward S. William Worth Belknap an American Disgrace. Madison NJ, London: Fairleigh Dickinson University Press. Associated University Presses, 2003.
Corey, Lewis. The House of Morgan: A Social Biography of the Masters of Money. New York: AMS Press, 1969.
Corner, Paul. „The Road to Fascism: An Italian Sonderweg?" Contemporary European History 11, no. 2 (2002):273–95.
Correia, David. Properties of Violence: Law and Land Grant Struggle in Northern New Mexico. Athens, GA: University of Georgia Press, 2013.

Cortada, James N. und Cortada, James W.. U.S. Foreign Policy in the Caribbean, Cuba, and Central America. New York: Praeger, 1985.
Cortada, James W. „Diplomatic Rivalry between Spain and the United States Over Chile and Peru, 1865–1871." Inter-American Economic Affairs 27 (1974):47–57.
Cortada, James W. Spain and the American Civil War Relations at Mid-Century, 1855–1868. Philadelphia, PA: American Philosophical Society, 1980.
Costin, Lela B. Two Sisters for Social Justice: A Biography of Grace and Edith Abbott. Urbana, IL: University of Illinois Press, 2003.
Cott, Nancy F. Root of Bitterness: Documents of the Social History of American Women. Boston, MA: Northeastern University Press, 1996.
Cottman, George S. „Old-Time Slums of Indianapolis." The Indiana Quarterly Magazine of History. 1911 Dec 1, 7 (4):170–173.
Cowan, Robin und Gunby, Philip. „Sprayed to Death: Path Dependence, Lock-in and Pest Control Strategies." The Economic Journal 1996, 106 (436):521–542.
Cox, Howard. The Global Cigarette: Origins and Evolution of British American Tobacco, 1880–1945. New York: Oxford University Press, 2000.
Cox, LaWanda. „The Promise of Land for the Freedmen." The Mississippi Valley Historical Review 45, no. 3 (1958): 413–40.
Cox, LaWanda. Freedom, Racism, and Reconstruction: Collected Writings of LaWanda Cox. Athens, GA: University of Georgia Press, 1997.
Cox, Michael. „Empire by Denial: The Strange Case of the United States." International Affairs. 2005, 81(1):15–30.
Craig, Reginald S. The Fighting Parson: The Biography of Colonel John M. Chivington. Los Angeles, LA: Westernlore Press, 1959.
Craig, Robert H. Religion and Radical Politics: An Alternative Christian Tradition in the United States. Philadelphia, PA: Temple University Press, 1992.
Crandall, Samuel B. Treaties: Their Making and Enforcement. Clark, NJ: Lawbook Exchange, 2005.
Crapol, Edward P. James G. Blaine: Architect of Empire. Wilmington, DE: Scholarly Resources, 2000.
Crapol, Edward P. Women and American Foreign Policy: Lobbyists, Critics, and Insiders. New York: Greenwood Press, 1987.
Crawford, Jay Boyd. The Credit Mobilier of America: Its Origin and History, Its Work of Constructing the Union Pacific Railroad and the Relation of Members of Congress Therewith. New York: AMS Press, 1971.
Crawford, Margaret. Building the Workingman's Paradise: The Design of American Company Towns. London, New York: Verso, 1995.
Cristobal, Adrian E. The Tragedy of the Revolution. Makati City, Philippines: Studio 5 Pub, 1997.
Crompton, Samuel Etinde. The Sinking of the USS Maine: Declaring War against Spain. New York: Chelsea House Publishers, 2009.
Cronon, Edmund David. Black Moses: The Story of Marcus Garvey and the Universal Negro Improvement Association. Madison, WI: University of Wisconsin Press, 1955.
Crook, D. P. Darwin's Coat-Tails: Essays on Social Darwinism. New York: Peter Lang, 2007.
Crouch, Barry A. „,All the Vile Passions': The Texas Black Code of 1866." The Southwestern Historical Quarterly 97, no. 1 (1993):12–34.

Crouch, Barry A. The Freedmen's Bureau and Black Texans. Austin, TX: University of Texas Press, 1992.

Crouch, Barry A. „,To Enslave the Rising Generation': The Freedmen's Bureau and the Texas Black Code." In: Cimbala, Paul Allan und Miller, Randall M. (Hg.). The Freedmen's Bureau and Reconstruction: Reconsiderations. New York: Fordham University Press, 1999, S. 261–87.

Crow, Peter. Do, Die, or Get Along: A Tale of Two Appalachian Towns. Athens, GA: University of Georgia Press, 2007.

Cruikshank, Jeffrey L. und Schultz, Arthur W.. The Man Who Sold America: The Amazing (but True!) Story of Albert D. Lasker and the Creation of the Advertising Century. Boston, MA: Harvard Business Review Press, 2010.

Cruse, J. Brett. Battles of the Red River War: Archeological Perspectives on the Indian Campaign of 1874. College Station, TX: Texas A&M University Press, 2008.

Culbertson, Margaret. „Mail-Order House and Plan Catalogues in the United States, 1876–1930." Art Documentation: Journal of the Art Libraries Society of North America. 1992, 11 (1):17–20.

Currarino, Rosanne. The Labor Question in America: Economic Democracy in the Gilded Age. Urbana, IL: University of Illinois Press, 2011.

Currell, Susan und Cogdell, Christina. Popular Eugenics: National Efficiency and American Mass Culture in the 1930s. Athens, OH: Ohio University Press, 2006.

Current, Richard Nelson. Those Terrible Carpetbaggers. New York: Oxford University Press, 1988.

Curtis, O. B. und Gergel, Patricia M.. The History of the National Council of Examiners for Engineering and Surveying, 1920–2004. Clemson, SC: National Council of Examiners for Engineering and Surveying, 2004.

Cushman, Gregory T. Guano and the Opening of the Pacific World a Global Ecological History. Cambridge, New York: Cambridge University Press, 2013.

Cutler, Bruce. The Massacre at Sand Creek: Narrative Voices. Norman, OK: University of Oklahoma Press, 1995.

Cutler, Irving. Chicago, Metropolis of the Mid-Continent. Carbondale, IL: Southern Illinois University Press, 2006.

Czitrom, Daniel. „Underworlds and Underdogs: Big Tim Sullivan and Metropolitan Politics in New York, 1889–1913." In: Raymond A. Mohl (Hg.). The Making of Urban America. Wilmington, DE: Scholarly Resources, 1988, S. 131–51.

Dahl, Eric J. „Naval Innovation: From Coal to Oil." Joint Force Quarterly 27 (2000–2001):50–56.

Dallek, Robert. The American Style of Foreign Policy: Cultural Politics and Foreign Affairs. New York: Knopf. Distributed by Random House, 1983.

Danaher, Kevin und Mark, Jason. Insurrection: Citizen Challenges to Corporate Power. New York: Routledge, 2003.

Daniels, Roger. The Politics of Prejudice: The Anti-Japanese Movement in California and the Struggle for Japanese Exclusion. Berkeley, CA: University of California Press, 1977.

Dauphine, James G. „The Knights of the White Camelia and the Election of 1868: Louisiana's White Terrorists, A Benighting Legacy." Louisiana History: The Journal of the Louisiana Historical Association 30, no. 2 (1989):173–90.

Dautrich, Kenneth und Yalof, David Alistair. American Government Historical, Popular & Global Perspectives. Belmont, CA: Wadsworth Cengage Learning, 2009.

David, Paul A. „Clio and the Economics of QWERTY." The American Economic Review 75, no. 2 (1985):332–37.

David, Paul A. Path Dependence and the Quest for Historical Economics: One More Chorus of the Ballad of QWERTY. Oxford: Nuffield College, 1997.

David, Paul A. „Path Dependence, Its Critics and the Quest for ‚Historical Economics'". In: Hodgson, Geoffrey Martin (Hg.). The Evolution of Economic Institutions: A Critical Reader. Cheltenham, Northampton, MA: Edward Elgar, 2007, S. 120–144.

David, Paul A. „‚Why Are Institutions the Carriers of History'? Path Dependence and the Evolution of Conventions, Organizations and Institutions." Structural Change and Economic Dynamics. 1994, 5 (2):205–220.

Davies, Hannah Catherine. „Transatlantic Speculations: A Transnational and Comparative History of the Panics of 1873." Dissertation Freie Universität Berlin, 2014.

Davis, Clark. Company Men: White-Collar Life and Corporate Cultures in Los Angeles, 1892–1941. Baltimore, MD: Johns Hopkins University Press, 2000.

Davis, Horace B. „American Labor and Imperialism Prior to World War I." Science & Society 27, no. 1 (1963):70–76.

Davis, J. C. Bancroft. Mr. Fish and the Alabama Claims: A Chapter in Diplomatic History. Freeport, NY: Books for Libraries Press, 1969.

Davis, John Martin und Tremmel, George B. Parole, Pardon, Pass and Amnesty Documents of the Civil War: An Illustrated History. Jefferson, NC, London: McFarland, 2014.

Davis, Margaret Leslie. Dark Side of Fortune: Triumph and Scandal in the Life of Oil Tycoon Edward L. Doheny. Berkeley, CA: University of California Press, 1998.

Davis, Michelle Bray und Quimby, Rollin W. „Senator Proctor's Cuban Speech: Speculations on a Cause of the Spanish-American War." Quarterly Journal of Speech, no. 55 (1969):131–41.

Davis, Thomas J. Plessy v. Ferguson. Santa Barbara, CA: Greenwood, 2012.

Dawson, Andrew. „The Paradox of Dynamic Technological Change and the Labor Aristocracy in the United States, 1880–1914." Labor History 20 (1979):325–51.

Dawson, Joseph G. Army Generals and Reconstruction: Louisiana, 1862–1877. Baton Rouge, LA: Louisiana State University Press, 1982.

Dedinger, Beatrice. „The Franco-German Trade Puzzle: An Analysis of the Economic Consequences of the Franco-Prussian War." The Economic History Review 65, no. 3 (2012):1029–1054.

De Genova, Nicholas. Racial Transformations: Latinos and Asians Remaking the United States. Durham, NC: Duke University Press, 2006.

De Landa, Manuel. A Thousand Years of Nonlinear History. New York: Zone Books, 1997.

De Testa, Maria und Gautier, Antoine. „Le Diplomate Russe Edouard de Stoeckl (ca. 1805–1892) et la Cession de l'Alaska aux États-Unis." In : Dies. Drogmans et Diplomates Européens auprès de la Porte Ottomane. Instanbul: ISIS, 2003, S. 463–469.

Dean, John W. Warren G. Harding. New York: Times Books, 2004.

Dearborn, Mary V. Mistress of Modernism: The Life of Peggy Guggenheim. Boston, MA, New York: Houghton Mifflin, 2004.

Debs, Eugene V. und Constantine, J. Robert. Letters of Eugene V. Debs. Urbana, IL: University of Illinois Press, 1990.

Decker, Julio. „The Immigration Restriction League and the Political Regulation of Immigration, 1894–1924." Dissertation University of Leeds, 2012.
Decker, Julio. „The Transnational Biopolitics of Whiteness and Immigration Restriction in the United States, 1894–1924." In: Lehmkuhl, Ulla , Bischoff, Eva und Finzsch, Norbert (Hg.). Provincializing the United States: Colonialism, Decolonization, and (Post)Colonial Governance in Transnational Perspective. Heidelberg: Winter, 2014, S. 121–153.
DeConde, Alexander. A History of American Foreign Policy. New York: Scribner, 1978.
Dehler, Gregory J. Chester Alan Arthur: The Life of a Gilded Age Politician and President. New York: Nova Science Publishers, 2011.
Deleuze, Gilles. Logik des Sinns. Frankfurt/Main: Suhrkamp, 1993.
Deleuze, Gilles. Logique du Sens. Paris: Éditions de Minuit, 1969.
Deleuze, Gilles. Pourparlers: 1972–1990. Paris: Editions de Minuit, 1990.
Deleuze, Gilles und Félix Guattari. Anti-Ödipus: Kapitalismus und Schizophrenie I. Frankfurt/Main: Suhrkamp, 1977.
Deleuze, Gilles und Félix Guattari. A Thousand Plateaus: Capitalism and Schizophrenia. Minneapolis, MN: University of Minnesota Press, 1987.
Deleuze, Gilles und Félix Guattari. Was Ist Philosophie? Frankfurt/Main: Suhrkamp, 2000.
Deleuze, Gilles und Félix Guattari. What Is Philosophy? New York, London: Verso, 1994.
Deleuze, Gilles und Félix Guattari. Tausend Plateaus: Kapitalismus und Schizophrenie II. Berlin: 1992.
Delfino, Susanna und Gillespie, Michele. Global Perspectives on Industrial Transformation in the American South. Columbia, MO: University of Missouri Press, 2005.
Dell, Pamela. Wilma Mankiller: Chief of the Cherokee Nation. Minneapolis, MN: Compass Point Books, 2006.
Demarest, David P. und Weingartner, Fannia. „The River Ran Red" Homestead 1892. Pittsburgh: University of Pittsburgh Press, 1992.
DeMille, Anna George. „Henry George: The '86 Mayoralty Campaign." American Journal of Economics and Sociology 5, no. 2 (1946):247–60.
Dennis, Bernard G. American Civil Engineering History: The Pioneering Years. Proceedings of the Fourth National Congress on Civil Engineering History and Heritage, November 2–6, 2002.Washington, DC, Reston, VA: American Society of Civil Engineers, 2003.
Denson, John V. Reassessing the Presidency: The Rise of the Executive State and the Decline of Freedom. Auburn, AL: Mises Institute, 2001.
Dent, David W. The Legacy of the Monroe Doctrine: A Reference Guide to U.S. Involvement in Latin America and the Caribbean. Westport, CT: Greenwood Press, 1999.
Derickson, Alan. Black Lung: Anatomy of a Public Health Disaster. Ithaca, NY: Cornell University Press, 1998.
Derickson, Alan. Workers' Health, Workers' Democracy: The Western Miners' Struggle, 1891–1925. Ithaca, NY: Cornell University Press, 1988.
Deverell, William Francis und David Igler. A Companion to California History. Chichester, Malden, MA: Wiley-Blackwell, 2008.
Dickerson, Dennis C. Out of the Crucible: Black Steelworkers in Western Pennsylvania, 1875–1980. Albany, NY: State University of New York Press, 1986.
Dickinson, Joan Younger. The Role of the Immigrant Women in the U.S. Labor Force, 1890–1910. New York: Arno Press, 1980.

Dighe, Ranjit S. The Historian's Wizard of Oz: Reading L. Frank Baum's Classic as a Political and Monetary Allegory. Westport, CT: Praeger, 2002.
DiMarco, Louis A. Anatomy of a Failed Occupation: The U.S. Army in the Former Confederate States, 1865 to 1877. Arlington, VA: The Land Warfare Papers. A National Security Affairs Paper Published on Occasion by the Institute of Land Warfare, 2007.
Diner, Hasia R. The Jews of the United States, 1654 to 2000. Berkeley, CA: University of California Press, 2004.
Dinneen, Joseph F. Ward Eight. New York: Arno Press, 1976.
DiSalvo, Daniel. Engines of Change: Party Factions in American Politics, 1868–2010. New York: Oxford University Press, 2012.
Dobie, J. Frank. The Longhorns. Austin, TX: University of Texas Press, 2000.
Dobkowski, Michael N. The Tarnished Dream: The Basis of American Anti-Semitism. Westport, CT: Greenwood Press, 1979.
Dobson, John M. Bulls, Bears, Boom, and Bust: A Historical Encyclopedia of American Business Concepts. Santa Barbara, CA: ABC-CLIO, 2007.
Dobson, John M. Reticent Expansionism: The Foreign Policy of William McKinley. Pittsburgh, PA: Duquesne University Press, 1988.
Dodge, Grace H. Grace H. Dodge: Her Life and Work. New York: Arno Press, 1974.
Dolfsma, Wilfred. Institutions, Communication and Values. Basingstoke, New York: Palgrave Macmillan, 2009.
Dolkart, Andrew. Biography of a Tenement House in New York City: An Architectural History of 97 Orchard Street. Santa Fe, NM: The Center for American Places, 2006.
Donald, David Herbert. Charles Sumner and the Coming of the Civil War. Naperville, IL: Sourcebooks, 2009.
Donald, David Herbert. Lincoln. New York: Simon & Schuster, 1995.
Donhardt, Gary L. In the Shadow of the Great Rebellion: The Life of Andrew Johnson, Seventeenth President of the United States (1808–1875). New York: Nova Science Publishers, 2007.
Dougherty, Kevin. The Port Royal Experiment: A Case Study in Development. Jackson, MS: University Press of Mississippi, 2014.
Dougherty, Michael. To Steal a Kingdom. Waimanalo, HI: Island Press, 1992.
Dougill, J. W. „Path Dependence and a General Theory for the Progressively Fracturing Solid." Proceedings of the Royal Society of London. Series A, Mathematical and Physical Sciences. 1983, 390 (1799):341–351.
Doyle, Michael W. Empires. Ithaca, NY: Cornell University Press, 1986.
Dozer, Donald Marquand. The Monroe Doctrine, Its Modern Significance. Tempe: Center for Latin American Studies, Arizona State University, 1976.
Dray, Philip. There Is Power in a Union: The Epic Story of Labor in America. New York: Doubleday, 2010.
Dreesen, Philipp, Kumiega, Lukasz und Spieß, Constanze (Hg.). Mediendiskursanalyse: Diskurse, Dispositive, Medien, Macht. Berlin: Springer, 2014.
Dreher, Martin Norberto, Greisi Fabiane Griesang Jung, Miquéias Henrique Mugge, and Keity Link Seifert. Degredados de Mecklenburg-Schwerin e os Primórdios da Imigraçao Alema No Brasil. São Leopoldo: Oikos Editora, 2010.
Dresden, Donald W. The Marquis de Morès: Emperor of the Bad Lands. Norman, OK: University of Oklahoma Press, 1970.

Du Bois, Cora Alice. The 1870 Ghost Dance. Lincoln, NE: University of Nebraska Press, 2007.
Du Bois, W. E. B. Black Reconstruction in America, 1860–1880. New York: Atheneum, 1973.
Dubofsky, Melvyn. Industrialism and the American Worker, 1865–1920. Wheeling, IL: H. Davidson, 1996.
Dubofsky, Melvyn. „The Origins of Western Working-Class Radicalism, 1890–1905." In: Daniel J. Leab (Hg.). The Labor History Reader. Urbana, IL: University of Illinois Press, 1985, S. 230–253.
Dubofsky, Melvyn und McCartin, Joseph Anthony. We Shall Be All: A History of the Industrial Workers of the World. Urbana, IL: University of Illinois Press, 2000.
Dudden, Faye E. Serving Women: Household Service in Nineteenth-Century America. Middletown, CT, Scranton, PA: Wesleyan University Press. Distributed by Harper & Row, 1983.
Due, John F. Government versus Private Financing of the Railroad Industry. Transportation Journal. 1982, 21 (3):16–21.
Dunlavy, Colleen A. Politics and Industrialization: Early Railroads in the United States and Prussia. Princeton, NJ: Princeton University Press, 1994.
Dunn, Joeming W. und Espinosa, Rod. Ulysses S. Grant: 18th U.S. President. Edina, MN: Magic Wagon, 2012.
Dunn, Stephen Porter. The Fall and Rise of the Asiatic Mode of Production. London, Boston: Routledge & Kegan Paul, 1982.
Dunn, William R. „I stand by Sand Creek": A Defense of Colonel John M. Chivington and the Third Colorado Cavalry. Fort Collins, CO: Old Army Press, 1985.
DuPuis, Steven und Silva, John. Package Design Workbook: The Art and Science of Successful Packaging. Beverly, MA: Rockport Publishers, 2008.
Durden, Robert Franklin. The Dukes of Durham, 1865–1929. Durham, NC: Duke University Press, 1975.
Dyer, Davis, Dalzell, Frederick und Olegario, Rowena. Rising Tide: Lessons from 165 Years of Brand Building at Procter & Gamble. Boston, MA: Harvard Business School Press, 2004.
Easton, Susan. „Electing the Electorate: The Problem of Prisoner Disenfranchisement." The Modern Law Review 69, no. 3 (2006):443–52.
Ebke, Werner F. „Interlocking Directorates." Zeitschrift für Unternehmens- und Gesellschaftsrecht 19, no. 1 (1990):50–109.
Edmo, William D. History and Culture of the Boise Shoshone and Bannock Indians. Pittsburgh, PA: Dorrance Publishing Co., 2010.
Edsforth, Ronald und Larry Bennett. Popular Culture and Political Change in Modern America. Albany NY: State University of New York Press, 1991.
Edwards, Laura F. „Sexual Violence, Gender, Reconstruction, and the Extension of Patriarchy in Granville County, North Carolina." The North Carolina Historical Review 68, no. 3 (1991):237–60.
Edwards, Laura F. „The Problem of Dependency: African Americans, Labor Relations, and the Law in the Nineteenth-Century South." Agricultural History 72, no. 2 (1998):313–40.
Edwards, Linda McMurry. George Washington Carver, Scientist and Symbol. New York: Oxford University Press, 1981.
Edwards, Rebecca. New Spirits: Americans in the Gilded Age, 1865–1905. New York: Oxford University Press, 2006.
Edwards, Stewart. The Paris Commune 1871. London: Eyre and Spottiswoode, 1971.

Edwards, Wendy J. Deichmann und De Swarte Gifford, Carolyn. Gender and the Social Gospel. Urbana, IL: University of Illinois Press, 2003.

Eggert, Gerald G. Richard Olney: Evolution of a Statesman. University Park: Pennsylvania State University Press, 1974.

Eggert, Gerald G. Steelmasters and Labor Reform, 1886–1923. Pittsburgh, PA: University of Pittsburgh Press, 1981.

Eggertsson, Thrainn. „The Economics of Institutions: Avoiding the Open-Field Syndrome and the Perils of Path Dependence." Acta Sociologica 1993, 36 (3):223–237

Egnal, Marc. Clash of Extremes: The Economic Origins of the Civil War. New York: Hill and Wang, 2009.

Eisenach, Eldon J. The Social and Political Thought of American Progressivism. Indianapolis, IN: Hackett Pub, 2006.

Eisenstark, Reyna, Friedenthal, Lora, and Weber, Jennifer L.. Progressivism. New York: Chelsea House, 2009.

Eland, Ivan. The Empire Has No Clothes: U.S. Foreign Policy Exposed. Oakland, CA: The Independent Institute, 2008.

Eland, Ivan. Putting „Defense" back into U.S. Defense Policy: Rethinking U.S. Security in the Post-Cold War World. Westport, CT: Praeger, 2001.

Eller, Ronald D. Miners, Millhands, and Mountaineers: Industrialization of the Appalachian South, 1880–1930. Knoxville, TN: University of Tennessee Press, 1982.

Elliott, Claude. „The Freedmen's Bureau in Texas." The Southwestern Historical Quarterly 56, no. 1 (1952):1–24.

Elliott, Lawrence. George Washington Carver: The Man Who Overcame. Englewood Cliffs, NJ: Prentice-Hall, 1966.

Elliott, Mark. Color-Blind Justice: Albion Tourgée and the Quest for Racial Equality from the Civil War to Plessy v. Ferguson. Oxford, New York: Oxford University Press, 2006.

Ellis, Elmer. Henry Moore Teller: Defender of the West. Caldwell, ID: The Caxton Printers, Ltd, 1941.

Ellis, Richard. The Development of the American Presidency. New York: Routledge, 2012.

Elsässer, Jürgen. Der Deutsche Sonderweg: Historische Last und politische Herausforderung. Kreuzlingen: Diederichs, 2003.

Engle, Stephen Douglas. Struggle for the Heartland: The Campaigns from Fort Henry to Corinth. Lincoln, NE: University of Nebraska Press, 2001.

Engs, Robert Francis und Randall M. Miller. The Birth of the Grand Old Party: The Republicans' First Generation. Philadelphia, PA: University of Pennsylvania Press, 2002.

Epps, Garrett. Democracy Reborn: The Fourteenth Amendment and the Fight for Equal Rights in Post-Civil War America. New York: H. Holt, 2006.

Epstein, Lawrence J. At the Edge of a Dream: The Story of Jewish Immigrants on New York's Lower East Side 1880–1920. San Francisco, CA: Jossey-Bass, 2007.

Ernst, Joseph W. Hg. Dear Father/Dear Son: Correspondence of John D. Rockefeller and John D. Rockefeller, Jr. New York: Fordham University Press, 1994.

Escott, Paul D. Major Problems in the History of the American South: Documents and Essays. Boston, MA: Houghton Mifflin, 1999.

Escott, Paul D. und David R. Goldfield. Major Problems in the History of the American South: Documents and Essays. Lexington, MA: D.C. Heath, 1990.

Estlund, Cynthia and Wachter, Michael L. (Hg.) Research Handbook on the Economics of Labor and Employment Law. Cheltenham, Northampton, MA: Edward Elgar, 2012
Esty, Amos. Plessy v. Ferguson. Greensboro, N.C: Morgan Reynolds Pub, 2012.
Evans, David C. Custer's Last Fight: The Story of the Battle of the Little Big Horn. El Segundo, CA: Upton & Sons, 1999.
Evans, Harold, Buckland, Gail und Baker, Kevin. The American Century. New York: Knopf, 1998.
Evans, Sara M. Born for Liberty: A History of Women in America. New York, London: Free Press. Collier Macmillan, 1989.
Everly, Elaine C. „Marriage Registers of Freedmen." Prologue 5, no. 3 (1973):150–154.
Ewald, Alec C. „Criminal Disenfranchisement and the Challenge of American Federalism." Publius 39, no. 3 (2009):527–56.
Fagg, John Edwin. Pan Americanism. Malabar, FL: R.E. Krieger Pub. Co, 1982.
Fahs, Alice und Joan Waugh. The Memory of the Civil War in American Culture. Chapel Hill: University of North Carolina Press, 2004.
Fairclough, Adam. „,Forty Acres and a Mule': Horace Mann Bond and the Lynching of Jerome Wilson." Journal of American Studies 31, no. 1 (1997):1–17.
Fallin, Wilson. The African American Church in Birmingham, Alabama, 1815–1963: A Shelter in the Storm. New York: Garland Pub, 1997.
Falzone, Vincent J. Terence V. Powderly: Middle Class Reformer. Washington, DC: University Press of America, 1978.
Farhat, Nadim. „Le Conflit Communautaire Belge entre Contigence Identitaire et de Terminisme Historique: Analayse de ‚Path Dependence' de la Formation des Communautés et des Trajectoires Institutionelles." Revue Française de Science Politique. 2012, 62 (2):231–254.
Farmer-Kaiser, Mary. Freedwomen and the Freedmen's Bureau: Race, Gender, and Public Policy in the Age of Emancipation. New York: Fordham University Press, 2010.
Farmer-Kaiser, Mary. „,With a Weight of Circumstances like Millstones about Their Necks': Freedwomen, Federal Relief, and the Benevolent Guardianship of the Freedmen's Bureau." The Virginia Magazine of History and Biography 115, no. 3 (2007):412–42.
Farmer, Mary J. „,Because They Are Women': Gender and the Virginia Freedmen's Bureau's „War on Dependency." In: Paul A. Cimbala und Randall M. Miller (Hg.). The Freedmen's Bureau and Reconstruction: Reconsiderations. New York: Fordham University Press, 1999, S. 161–192.
Farquhar, Michael. A Treasury of Foolishly Forgotten Americans: Pirates, Skinflints, Patriots, and Other Colorful Characters Stuck in the Footnotes of History. New York: Penguin Books, 2008.
Farrell, James J. One Nation under Goods: Malls and the Seductions of American Shopping. Washington, DC: Smithsonian Books, 2010.
Faulkner, Carol. Lucretia Mott's Heresy: Abolition and Women's Rights in Nineteenth-Century America. Philadelphia, PA: University of Pennsylvania Press, 2011.
Faulkner, Harold Underwood. The Decline of Laissez Faire, 1897–1917. Armonk, NY: M. E. Sharpe, Inc, 1989.
Faulkner, Harold Underwood. Politics, Reform, and Expansion: 1890–1900. New York: Harper, 1959.
Feimster, Crystal Nicole. Southern Horrors: Women and the Politics of Rape and Lynching. Cambridge, MA: Harvard University Press, 2009.

Feldman, Glenn. The Irony of the Solid South Democrats, Republicans, and Race, 1865–1944. Tuscaloosa: The University of Alabama Press, 2013.

Fellman, Michael. Citizen Sherman: A Life of William Tecumseh Sherman. New York: Random House, 1995.

Ferguson, Kathy E. Emma Goldman: Political Thinking in the Streets. Lanham, MD: Rowman & Littlefield Publishers, 2011.

Ferguson, Niall. Virtual History: Alternatives and Counterfactuals. New York: Basic Books, 1999.

Ferguson, Niall. Colossus: The Price of America's Empire. New York: Penguin Press, 2004.

Ferguson, Niall. „An Empire in Denial: The Limits of US Imperialism." Harvard International Review. 2003, 25 (3):64–69.

Ferguson, Robert A. The Trial in American Life. Chicago: University of Chicago Press, 2007.

Fernald, James Champlin. The Imperial Republic. New York, London: Funk & Wagnalls Company, 1898.

Ferrell, Claudine L. Reconstruction. Westport, CT: Praeger, 2003.

Feuer, A. B. America at War: The Philippines, 1898–1913. Westport, CT: Praeger, 2002.

Fiebig-von Hase, Ragnhild. „Amerikanische Friedensbemühungen in Europa, 1905–1914." In: Norbert Finzsch und Hermann Wellenreuther. Liberalitas: Festschrift für Erich Angermann zum 65. Geburtstag. Stuttgart: F. Steiner, 1992, S. 285–318.

Fiebig-von Hase, Ragnhild. „Imperialismus als ‚Sicherheitspolitik': Die Okkupation Haitis durch die USA im Sommer 1915." In: Felix Becker, Holger Meding und Barbara Potthast (Hg.). Iberische Welten: Festschrift zum 65. Geburtstag von Günter Kahle. Köln, Weimar, Wien: Böhlau Verlag, 1994, S. 219–241.

Fiebig-von Hase, Ragnhild. Lateinamerika als Konfliktherd der deutsch-amerikanischen Beziehungen, 1890–1903: Vom Beginn der Panamerikapolitik bis zur Venezuelakrise von 1902/03. Göttingen: Vandenhoeck & Ruprecht, 1986.

Field, Ron und Bielakowski, Alexander M.. Buffalo Soldiers: African American Troops in the US Forces, 1866–1945. Oxford, New York: Osprey Pub, 2008.

Filler, Louis. Muckraking and Progressivism in the American Tradition. New Brunswick, NJ: Transaction Publishers, 1996.

Fink, Leon. The Long Gilded Age: American Capitalism and the Lessons of a New World Order. Philadelphia, PA: University of Pennsylvania Press, 2015.

Fink, Leon. Major Problems in the Gilded Age and the Progressive Era: Documents and Essays. Boston, MA: Houghton Mifflin, 2001.

Fink, Leon. Workingmen's Democracy: The Knights of Labor and American Politics. Urbana, IL: University of Illinois Press, 1983.

Finkelman, Paul. Encyclopedia of African American History, 1619–1895: From the Colonial Period to the Age of Frederick Douglass. New York: Oxford University Press, 2006.

Finkelman, Paul. Encyclopedia of the United States in the Nineteenth Century. New York: Charles Scribner's Sons, 2001.

Finley, Randy. From Slavery to Uncertain Freedom: The Freedmen's Bureau in Arkansas, 1865–1869. Fayetteville, AK: University of Arkansas Press, 1996.

Finzsch, Norbert. „‚The Aborigines… Were Never Annihilated, and Still They Are Becoming Extinct': Settler Imperialism and Genocide in Nineteenth-Century America and Australia." In: A. Dirk Moses (Hg.) Empire, Colony, Genocide: Conquest, Occupation, and Subaltern Resistance in World History. New York: Berghahn Books, 2008, S. 253–270.

Finzsch, Norbert. (Hg.). Clios Natur: Vergleichende Aspekte der Umweltgeschichte. Berlin, Münster, Hamburg, New York: LIT, 2008.

Finzsch, Norbert. Die Goldgräber Kaliforniens: Arbeitsbedingungen, Lebensstandard und politisches System um die Mitte des 19. Jahrhunderts. Göttingen: Vandenhoeck & Ruprecht, 1982.

Finzsch, Norbert. „Discourses of Genocide in Eighteenth- and Nineteenth-Century America and Australia." Genderforum (Rac(e)Ing Questions II: Gender and Postcolonial/Intercultural Issues) 10 (2005).

Finzsch, Norbert. „‚Einige unserer Fabriken sind geschlossen worden und andere haben ihre Arbeiter entlassen': Die Rezession der 1870er Jahre und die Industriearbeiter San Franciscos – Eine Analyse der Arbeitsstättenzählungen von 1870 und 1880." Amerikastudien/American Studies 31 (1987):453–468.

Finzsch, Norbert. „The End of Slavery, the Role of the Freedmen's Bureau and the Introduction of Peonage." In: Ulrike Schmieder (Hg.). The End of Slavery in Africa and the Americas: A Comparative Approach. Berlin: LIT Verlag, 2011, S. 141–163.

Finzsch, Norbert. „Henry Adams, Nikola Tesla and the ‚Body Electric': Intersections between Bodies and Electrical Machines." In: Hampf, M. Michaela Hampf und Snyder-Körber, MaryAnn (Hg.). Machine: Bodies, Genders, Technologies. Heidelberg: Winter, 2012, S. 253–278.

Finzsch, Norbert. „History as a Bag of Tricks We Play on the Dead: Theorien der Narrativität in der anglo-amerikanischen Historiographie der letzten 20 Jahre." Jahrbuch für Geschichte von Staat, Wirtschaft und Gesellschaft Lateinamerikas 35 (1998):245–73.

Finzsch, Norbert. „Introduction." In: Norbert Finzsch und Hermann Wellenreuther (Hg.). Visions of the Future in Germany and America. Oxford, New York: Berg Publishers, 2001, S. 1–21.

Finzsch, Norbert. „‚It Is Scarcely Possible to Conceive That Human Beings Could Be So Hideous and Loathsome': Discourses of Genocide in Eighteenth and Nineteenth-Century America and Australia." Patterns of Prejudice 39, no. 2 (2005):97–115.

Finzsch, Norbert. Konsolidierung und Dissens: Nordamerika von 1800 bis 1865. Münster: LIT, 2005.

Finzsch, Norbert. „Krise und „Rasse": Wie Hypersegregation strukturellen Rassismus erzeugt." In: Andreas Etges und Winfried Fluck (Hg.). American Dream? Eine Weltmacht in der Krise. Franfurt/Main, New York: Campus, 2011, S. 177–194.

Finzsch, Norbert. „Reconstruction and ‚Wiederaufbau' in German and American Perspective: Some Remarks on the Comparison of Singular Developments, ‚Sonderweg' and Exceptionalism." In: Finzsch, Norbert und Martschukat, Jürgen (Hg.). Different Restorations: Reconstruction und „Wiederaufbau" in the United States and Germany: 1865–1945–1989. Providence, RI, Oxford: Berghahn, 1996, S. 1–24.

Finzsch, Norbert. „Siedlerimperialismus und Genozid in den Vereinigten Staaten und Australien." In: Hartmut Lehmann und Claudia Schnurmann (Hg.). Atlantic Understandings: Essays on European and American History in Honor of Hermann Wellenreuther. Münster: LIT Verlag, 2006, S. 271–285.

Finzsch, Norbert. „Wissenschaftlicher Rassismus in den Vereinigten Staaten, 1850 bis 1930." In: Heidrun Kaupen-Haas und Christian Saller (Hg.). Wissenschaftlicher Rassismus: Analysen einer Kontinuität in den Human- und Naturwissenschaften. Frankfurt, New York: Campus, 1999, S. 84–110.

Finzsch, Norbert. „‚[…] Extirpate or Remove That Vermine': Genocide, Biological Warfare, and Settler Imperialism in the Eighteenth and Early Nineteenth Century." Journal of Genocide Research 10, no. 2 (2008):215–232.
Finzsch, Norbert., Horton, James Oliver und Horton, Lois E. Horton. Von Benin nach Baltimore: Die Geschichte der African Americans. Hamburg: Hamburger Edition, 1999.
Finzsch, Norbert. und Martschukat, Jürgen. Different Restorations: Reconstruction and „Wiederaufbau" in Germany and the United States, 1865, 1945, and 1989. Providence, RI, Oxford: Berghahn Books, 1996.
Finzsch, Norbert und Wellenreuther, Hermann. Liberalitas: Festschrift für Erich Angermann zum 65. Geburtstag. Stuttgart: F. Steiner, 1992.
Fioretos, Orfeo, Falletti, Tulia G. und Sheingate, Adam. The Oxford Handbook of Historical Institutionalism. Oxford, New York: Oxford University Press, 2016.
Fischer, Fritz. Germany's Aims in the First World War. New York: W. W. Norton, 1967.
Fischer, Fritz. Griff nach Der Weltmacht: Die Kriegszielpolitik des kaiserlichen Deutschland 1914/18. Düsseldorf: Droste, 1961.
Fisher, Christopher T. Nation Building and the Vietnam War. Pacific Historical Review. 2005, 74 (3):441–456.
Fisher, Christopher T. The Illusion of Progress. Pacific Historical Review. 2006, 75 (1):25–51.
Fitzgerald, Michael W. Splendid Failure: Postwar Reconstruction in the American South. Chicago, IL: Ivan R. Dee, 2007.
Fitzgerald, Michael W. „‚To Give Our Votes to the Party': Black Political Agitation and Agricultural Change in Alabama, 1865–1870." The Journal of American History 76, no. 2 (1989):489–505.
Fitzpatrick, Peter. „Righteous Empire." Unbound. 2006, 2:1–18.
Fitzpatrick, Peter und Joyce, Richard. „The Normality of the Exception in Democracy's Empire." Journal of Law and Society 2007, 34 (1):65–76.
Flack, Horace Edgar. The Adoption of the Fourteenth Amendment. Buffalo, NY: W.S. Hein, 2003.
Fleegler, Robert L. Ellis Island Nation: Immigration Policy and American Identity in the Twentieth Century. Philadelphia, PA: University of Pennsylvania Press, 2013.
Fleming, Walter L. Civil War and Reconstruction in Alabama. New York: The Columbia University Press, 1905.
Fleming, Walter L. „Forty Acres and a Mule." The North American Review. 1906, 182 (594):721–737.
Fletcher, John Gould. Arkansas. Chapel Hill: Univ. of North Carolina Press, 1947.
Flynn, Dennis O. und Giraldez, Arturo. „Path Dependence, Time Lags and the Birth of Globalisation: A Critique of O'Rourke and Williamson." European Review of Economic History. 2004, 8 (1):81–108.
Flynn, Thomas R. „Foucault as Philosopher of the Historical Event." In: Marc Rölli (Hg.). Ereignis auf Französisch: Von Bergson bis Deleuze. München: Wilhelm Fink, 2004, S. 209–234.
Flynn, Thomas R. Sartre, Foucault, and Historical Reason. Chicago, IL: University of Chicago Press, 1997–2005.
Fogel, Robert William. Railroads and American Economic Growth: Essays in Econometric History. Baltimore, MD: Johns Hopkins Press, 1964.
Fogel, Robert William. The Union Pacific Railroad: A Case in Premature Enterprise. Baltimore, MD: Johns Hopkins Press, 1960.

Fogelson, Robert M. Bourgeois Nightmares: Suburbia, 1870–1930. New Haven, CT: Yale University Press, 2005.
Fogelson, Robert M. The Great Rent Wars: New York City, 1917–1929. New Haven, CT: Yale University Press, 2013.
Folsom, Franklin. America before Welfare. New York: NYU Press, 1996.
Foner, Eric. Free Soil, Free Labor, Free Men: The Ideology of the Republican Party before the Civil War. Oxford, New York: Oxford University Press, 1995
Foner, Eric. Reconstruction: America's Unfinished Revolution, 1863–1877. New York: Perennial Classics, 2002.
Foner, Eric. A Short History of Reconstruction, 1863–1877. New York: Harper & Row, 1990.
Foner, Eric und Joshua Brown. Forever Free: The Story of Emancipation and Reconstruction. New York: Knopf, 2005.
Foner, Philip Sheldon. The Great Labor Uprising of 1877. New York: Monad Press: distributed by Pathfinder Press, 1977.
Foner, Philip Sheldon. History of the Labor Movement in the United States. New York: International Publishers, 1975.
Foner, Philip Sheldon. The Workingmen's Party of the United States: A History of the First Marxist Party in the Americas. Minneapolis, MN: MEP Publications, 1984.
Forbath, William E. Law and the Shaping of the American Labor Movement. Cambridge, MA: Harvard University Press, 1991.
Foreign Policy Association und Joseph Jr. Nye. „Global Q&A: The Paradox of American Power: A Conversation with Joseph Nye Jr." [Web Page]: http://www.fpa.org/topics_info2414/topics_info_show.htm?doc_id=103659. Gesehen am 9.7.2015.
Forman-Brunell, Miriam. Girlhood in America: An Encyclopedia. Santa Barbara, CA: ABC-CLIO, 2001.
Foucault, Michel. Dits et Ècrits, 1954–1988. Paris: Gallimard, 1994. 4 Bände.
Foucault, Michel. „Qu'est-ce qu'un auteur?" Michel Foucault. Dits et Écrits, 1954–1988. Paris: Gallimard, 1994, Band 1, S. 789–821.
Foucault, Michel. „Theatrum Philosophicum." In: Gilles Deleuze und Michel Foucault. Der Faden ist gerissen. Berlin: Merve, 1977, S. 21–58.
Fradin, Dennis B. und Judith Bloom Fradin. Ida B. Wells: Mother of the Civil Rights Movement. New York: Clarion Books, 2000.
Frank, Andrew und Mark C. Carnes. The Routledge Historical Atlas of the American South. New York: Routledge, 1999.
Frankel, Oz. „Whatever Happened to ‚Red Emma'? Emma Goldman, from Alien Rebel to American Icon." The Journal of American History 83, no. 3 (1996):903–942.
Franklin, John Hope und Foner, Eric Foner. Reconstruction after the Civil War. Chicago, IL, London: University of Chicago Press, 2013.
Fraser, James W. A History of Hope: When Americans Have Dared to Dream of a Better Future. New York: Palgrave Macmillan, 2002.
Fraser, Matthew. Weapons of Mass Destraction: Soft Power and the American Empire. Toronto, ON: Key Porter Books, 2003.
Frazier, Ian. Great Plains. New York: Picador USA, 2001.
Fredman, Lionel E. The Australian Ballot: The Story of an American Reform. East Lansing, MI: Michigan State University Press, 1968.

Fredrickson, George M. „A Man but Not a Brother: Abraham Lincoln and Racial Equality." The Journal of Southern History 41, no. 1 (1975):39–58.
Freeberg, Ernest. Democracy's Prisoner: Eugene V. Debs, the Great War, and the Right to Dissent. Cambridge, MA: Harvard University Press, 2008.
Freedman, Jonathan. The Temple of Culture: Assimilation and Anti-Semitism in Literary Anglo-America. New York: Oxford University Press, 2000.
Freedman, Russell. Kids at Work: Lewis Hine and the Crusade against Child Labor. New York: Clarion Books, 1994.
Freidel, Frank Burt und Pollack, Norman. Builders of American Institutions: Readings in United States History. Chicago, IL: Rand McNally, 1963.
Fremon, David K. The Alaska Purchase in American History. Berkeley Heights, NJ: Enslow Publishers, 1999.
Fried, Barbara. The Progressive Assault on Laissez Faire: Robert Hale and the First Law and Economics Movement. Cambridge, MA: Harvard University Press, 1998.
Friedman, Jonathan und Randeria, Shalini. Worlds on the Move: Globalization, Migration, and Cultural Security. London, New York, New York: I.B. Tauris. Distributed in the United States by Palgrave Macmillan, 2004.
Friedman, Milton. „Bimetallism Revisited." The Journal of Economic Perspectives 4, no. 4 (1990):85–104.
Friedman, Milton. „The Crime of 1873." Journal of Political Economy 98, no. 6 (1990):1159–1194.
Friedman, Milton und Schwartz, Anna J. A Monetary History of the United States, 1867–1960. Princeton, NJ: Princeton University Press, 1963.
Froehlich, Fritz E. und Allen Kent. The Froehlich/Kent Encyclopedia of Telecommunications. New York: M. Dekker, 1991.
Frost, Robert. The Road Not Taken: And Other Poems. New York: Dover Publications, 1993.
Fry, C. George und Kurz, Joel R.. Washington Gladden as a Preacher of the Social Gospel, 1882–1918. Lewiston, NY: E. Mellen Press, 2003.
Fry, Joseph A. „From Open Door to World Systems: Economic Interpretations of Late Nineteenth Century American Foreign Relations." Pacific Historical Review 1996, 65 (2):277–303.
Fuchs, Lawrence H. The American Kaleidoscope: Race, Ethnicity, and the Civic Culture. Hanover, NH: Wesleyan University Press, 1990.
Fuller, Robert H. Jubilee Jim from Circus Traveler to Wall Street Rogue: The Remarkable Life of Colonel James Fisk, Jr. New York: Texere, 2001.
Fulton, Robert A. Honor for the Flag: The Battle of Bud Dajo – 1906 and the Moro Massacre. Bend, OR: Tumalo Creek Press, 2011.
Fulton, Robert A. Moroland, 1899–1906 America's First Attempt to Transform an Islamic Society. Bend, OR: Tumalo Creek Press, 2007.
Gabriel, Mary. Notorious Victoria: The Life of Victoria Woodhull, Uncensored. Chapel Hill, N.C: Algonquin Books of Chapel Hill, 1998.
Gaido, Daniel. The Formative Period of American Capitalism: A Materialist Interpretation. New York: Routledge, 2006.
Gaither, Gerald H. Blacks and the Populist Movement: Ballots and Bigotry in the New South. Tuscaloosa, AL: University of Alabama Press, 2005.
Galambos, Louis. „Theodore N. Vail and the Role of Innovation in the Modern Bell System." The Business History Review 66, no. 1 (1992):95–126.

Gallego Palomares, José Ángel. Ferrocarril y Transición al Capitalismo en la Mancha, 1850–1936. Ciudad Real: Almud, Ediciones de Castilla-La Mancha, 2009.
Gao, Chunchang. African Americans in the Reconstruction Era. New York: Garland Pub, 2000.
Garbade, Kenneth D. Birth of a Market: The U.S. Treasury Securities Market from the Great War to the Great Depression. Cambridge, MA: MIT Press, 2012.
Garcia, Guadalupe. „Urban Guajiros: Colonial Reconcentración, Rural Displacement and Criminalisation in Western Cuba, 1895–1902." Journal of Latin American Studies 43, no. 2 (2011):209–235.
Garcia, Neftali G. The Mexican Revolution: Legacy of Courage. Bloomington, IN: Xlibris Corporation, 2010.
Garcia, Matt. A World of Its Own: Race, Labor, and Citrus in the Making of Greater Los Angeles, 1900–1970. Chapel Hill, NC: University of North Carolina Press, 2001.
Garner, John S. The Company Town: Architecture and Society in the Early Industrial Age. New York: Oxford University Press, 1992.
Garner, John S. The Model Company Town: Urban Design through Private Enterprise in Nineteenth-Century New England. Amherst, MA: University of Massachusetts Press, 1984.
Garner, Steve. Whiteness: An Introduction. Milton Park, Abingdon, Oxon, New York: Routledge, 2007.
Garraty, John A. Right-Hand Man: The Life of George W. Perkins. Westport, CT: Greenwood Press, 1978.
Garrett, Martin A. und Xu, Zhenhui. „The Efficiency of Sharecropping: Evidence from the Postbellum South." Southern Economic Journal 69, no. 3 (2003):578–595.
Garrison, Tim Alan. The Legal Ideology of Removal: The Southern Judiciary and the Sovereignty of Native American Nations. Athens, GA: University of Georgia Press, 2002.
Garrouste, Pierre und Ioannides, Stavros. Evolution and Path Dependence in Economic Ideas: Past and Present. Cheltenham, Northampton, MA: Edward Elgar, 2001.
Gartner, John D. The Hypomanic Edge: The Link between a Little Craziness and a Lot of Success in America. New York: Simon & Schuster, 2005.
Garud, Raghu und Karnøe, Peter. Path Dependence and Creation. Mahwah, NJ: Lawrence Erlbaum Associates, 2001.
Gates, Paul W. „History and Appraisal of U. S. Land Policy 1862–1935." Agricultural History 36, no. 4 (1962):224.
Gates, Paul W. „Land Policy and Its Relation to Agricultural Production and Distribution, 1862 to 1933: Discussion." The Journal of Economic History 22, no. 4 (1962):473–476.
Gates, Paul W. Free Homesteads for All Americans: The Homestead Act of 1862. Washington, DC: Civil War Centennial Commission, 1962.
Gates, Paul W. „Land Policy and Tenancy in the Prairie Counties of Indiana." Indiana Magazine of History 35, no. 1 (1939):1–26.
Gedacht, Joshua. „‚Mohammedan Religion Made It Necessary to Fire': Massacres on the U.S. Imperial Frontier, from South Dakota to the Southern Philippines." In: Alfred W. McCoy und Francisco A. Scarano .The Colonial Crucible: Empire in the Making of the Modern American State.Madison, WI: University of Wisconsin Press, 2009, S. 397–409.
Geiger, Rudolf. Der deutsche Amerikaner: Carl Schurz. Vom deutschen Revolutionär zum amerikanischen Staatsmann. Gernsbach: Katz, 2007.
Geist, Valerius. Buffalo Nation: History and Legend of the North American Bison. Stillwater, MN: Voyageur Press, 1996.

Geisst, Charles R. Monopolies in America: Empire Builders and Their Enemies from Jay Gould to Bill Gates. Oxford, New York: Oxford University Press, 2000.

Geisst, Charles R. Wall Street: A History from Its Beginnings to the Fall of Enron. Oxford, New York: Oxford University Press, 2004.

Gengarelly, W. Anthony. Distinguished Dissenters and Opposition to the 1919–1920 Red Scare. Lewiston, NY: E. Mellen Press, 1996.

Genthe, Arnold und Tchen, John Kuo Wei. Genthe's Photographs of San Francisco's Old Chinatown. New York: Dover Publications, 1984.

George, Alexander L, und Juliette L George. Woodrow Wilson and Colonel House: a Personality Study. New York: Dover Publications, 1964.

George, Charles. Life under the Jim Crow Laws. San Diego: Lucent Books, 2000.

Gerber, David A. Anti-Semitism in American History. Urbana, IL: University of Illinois Press, 1986.

Gerteis, Joseph. Class and the Color Line: Interracial Class Coalition in the Knights of Labor and the Populist Movement. Durham, NC: Duke University Press, 2007.

Gilderhus, Mark T. Pan American Visions: Woodrow Wilson in the Western Hemisphere, 1913–1921. Tucson, AZ: University of Arizona Press, 1986.

Gillette, William. Retreat from Reconstruction, 1869–1879. Baton Rouge: Louisiana State University Press, 1979.

Gilligan, Thomas W., Marshall, William J. und Weingast, Barry R.. „Regulation and the Theory of Legislative Choice: The Interstate Commerce Act of 1887." Journal of Law and Economics 32, no. 1 (1989):35–61.

Gilmore, Kim. „Slavery and Prison: Understanding the Connections." Social Justice 27, no. 3 (81) (2000):195–205.

Ginger, Ray. The Age of Excess: The United States from 1877 to 1914. New York: Macmillan, 1975.

Gingrich, Newt und Haley, Vince. A Nation Like No Other: Why American Exceptionalism Matters. Washington, DC, New York: Regnery Pub. Distributed to the trade by Perseus Distribution, 2011.

Gjerde, Jon. Major Problems in American Immigration and Ethnic History: Documents and Essays. Boston, MA: Houghton Mifflin, 1998.

Glasner, David und Cooley, Thomas F. (Hg.). Business Cycles and Depressions: An Encyclopedia. New York: Garland Pub, 1997.

Glasson, William Henry und Kinley, Kinley. Federal Military Pensions in the United States. New York etc.: Oxford University Press, American Branch, 1918.

Glickman, Lawrence B. Buying Power: A History of Consumer Activism in America. Chicago, IL, London: University of Chicago Press, 2009.

Go, Julian. Patterns of Empire: The British and American Empires, 1688 to the Present. New York: Cambridge University Press, 2011.

Gold, Charles H. „Hatching Ruin," or, Mark Twain's Road to Bankruptcy. Columbia, MO: University of Missouri Press, 2003.

Goldberg, Michael L. „Non-Partisan and All-Partisan: Rethinking Woman Suffrage and Party Politics in Gilded Age Kansas." The Western Historical Quarterly 25, no. 1 (1994):21–44.

Goldenberg, Barry M. The Unknown Architects of Civil Rights Thaddeus Stevens, Ulysses S. Grant, and Charles Sumner. Los Angeles, CA: Critical Minds Press, 2011.

Goldman, Emma. My Disillusionment in Russia. London: C. W. Daniel Company, 1925.

Goldstein, Carolyn M. Creating Consumers: Home Economists in Twentieth-Century America. Chapel Hill, NC: University of North Carolina Press, 2012.
Goldstein, Eric L. The Price of Whiteness: Jews, Race, and American Identity. Princeton, NJ: Princeton University Press, 2006.
Goldstein, Judith. Ideas, Interests, and American Trade Policy. Ithaca: Cornell University Press, 1993.
Goldstein, Judith. The Politics of Ethnic Pressure the American Jewish Committee Fight Against Immigration Restriction, 1906–1917. New York: Garland Pub, 1990.
Goldstein, Warren Jay. Playing for Keeps: A History of Early Baseball. Ithaca, NY: Cornell University Press, 1989.
Goldstone, Jack A. „Initial Conditions, General Laws, Path Dependence, and Explanation in Historical Sociology." American Journal of Sociology. 1998, 104 (3):829–845.
Golway, Terry. Machine Made: Tammany Hall and the Creation of Modern American Politics. New York: W.W. Norton & Company, 2014.
Gómez, Laura E. Manifest Destinies: The Making of the Mexican American Race. New York: New York University, 2007.
Goodin, Robert E. und Tilly, Charles. The Oxford Handbook of Contextual Political Analysis. Oxford: New York: Oxford University Press, 2006.
Goodstein, Eban. „The Economic Roots of Environmental Decline: Property Rights or Path Dependence?" Journal of Economic Issues. 1995, 29 (4):1029–1043.
Goodwin, Jason. Otis: Giving Rise to the Modern City. Chicago, IL: Ivan R. Dee, 2001.
Goodwyn, Lawrence. Democratic Promise: The Populist Moment in America. New York: Oxford University Press, 1976.
Goodwyn, Lawrence. The Populist Moment: A Short History of the Agrarian Revolt in America. New York: Oxford University Press, 1978.
Gordon, John Steele. An Empire of Wealth: The Epic History of American Economic Power. New York: HarperCollins, 2004.
Gordon, John Steele. The Scarlet Woman of Wall Street: Jay Gould, Jim Fisk, Cornelius Vanderbilt, the Erie Railway Wars, and the Birth of Wall Street. New York: Weidenfeld & Nicolson, 1988.
Gould, James W. „American Imperialism in Southeast Asia before 1898." Journal of Southeast Asian Studies. 1972, 3 (2):306–314.
Gould, Lewis L. The Presidency of William McKinley. Lawrence, KS: Regents Press of Kansas, 1980.
Gould, Stephen Jay. The Mismeasure of Man. New York: Norton, 2006.
Gowan, Peter. „Empire as Superstructure." Security Dialogue. 2004, 35 (2):258–261.
Graff, Henry F. Grover Cleveland. New York: Times Books, 2002.
Graham, W. A. The Story of the Little Big Horn: Custer's Last Fight. Mechanicsburg, PA: Stackpole Books, 1994.
Grandy, Christopher. „Original Intent and the Sherman Antitrust Act: A Re-Examination of the Consumer-Welfare Hypothesis." The Journal of Economic History 53, no. 2 (1993):359–376.
Grant, H. Roger. „Follow the Flag": A History of the Wabash Railroad Company. DeKalb, IL: Northern Illinois University Press, 2004.
Graves, Joseph L. The Emperor's New Clothes: Biological Theories of Race at the Millennium. New Brunswick, NJ: Rutgers University Press, 2001.

Grayson, Lawrence P. The Making of an Engineer: An Illustrated History of Engineering Education in the United States and Canada. New York: Wiley, 1993.
Grebing, Helga, von der Brelie-Lewien, Doris und Franzen Hans-Joachim. Der „Deutsche Sonderweg" in Europa 1806–1945: Eine Kritik. Stuttgart: W. Kohlhammer, 1986.
Green, Fletcher M. „Origins of the Credit Mobilier of America." The Mississippi Valley Historical Review 46, no. 2 (1959):238–251.
Green, Hardy. The Company Town: The Industrial Edens and Satanic Mills That Shaped the American Economy. New York: Basic Books, 2010.
Green, James R. Death in the Haymarket: A Story of Chicago, the First Labor Movement, and the Bombing That Divided Gilded Age America. New York: Pantheon Books, 2006.
Greenberg, Kenneth S. Honor & Slavery Lies, Duels, Noses, Masks, Dressing as a Woman, Gifts, Strangers, Humanitarianism, Death, Slave Rebellions, the Proslavery Argument, Baseball, Hunting, and Gambling in the Old South. Princeton, NJ: Princeton University Press, 1996.
Greene, Julie. Pure and Simple Politics: The American Federation of Labor and Political Activism, 1881–1917. Cambridge, New York, Cambridge University Press, 1998.
Greenwald, Emily. Reconfiguring the Reservation: The Nez Perces, Jicarilla Apaches, and the Dawes Act. Albuquerque, NM: University of New Mexico Press, 2002.
Greenwood, Janette Thomas. Bittersweet Legacy: The Black and White „Better Classes" in Charlotte, 1850–1910. Chapel Hill, NC: University of North Carolina Press, 1994.
Grenville, J. A. S und Young, George Berkeley. Politics, Strategy, and American Diplomacy: Studies in Foreign Policy, 1873–1917. New Haven, CT: Yale University Press, 1966.
Griffis, William Elliot. Townsend Harris: First American Envoy in Japan. Freeport, NY: Books for Libraries Press, 1971.
Grippo, Robert M. Macy's: The Store, the Star, the Story. Garden City Park, NY: Square One Publishers, 2009.
Griswold, Robert L. Family and Divorce in California, 1850–1890: Victorian Illusions and Everyday Realities. Albany, NY: State University of New York Press, 1982.
Griswold, Wesley S. A Work of Giants: Building the First Transcontinental Railroad. New York: McGraw-Hill, 1962.
Grodinsky, Julius. Jay Gould: His Business Career, 1867–1892. New York: Arno Press, 1981.
Grodinsky, Julius. Transcontinental Railway Strategy, 1869–1893: A Study of Businessmen. Philadelphia, PA: University of Pennsylvania Press, 1962.
Grossman, Mark. Political Corruption in America: An Encyclopedia of Scandals, Power, and Greed. Millerton, NY: Grey House Pub, 2008.
Grützmann, Imgart, Dreher, Martin Norberto und Feldens, Jorge Augusto. Imigração Alemã No Rio Grande do Sul Recortes. São Leopoldo, RS: Okos Editora. UNISINOS, 2008.
Guha, Ranajit. Dominance without Hegemony: History and Power in Colonial India. Cambridge, MA: Harvard University Press, 1997.
Guha, Ranajit. Elementary Aspects of Peasant Insurgency in Colonial India. Durham, NC: Duke University Press, 1999.
Guha, Ranajit. Subaltern Studies: Writings on South Asian History and Society. Delhi, New York: Oxford University Press, 1982.
Gurock, Jeffrey S. Anti-Semitism in America. New York: Routledge, 1998.
Gurock, Jeffrey S. East European Jews in America, 1880–1920: Immigration and Adaptation. New York: Routledge, 1998.

Gustafson, Melanie S. Women and the Republican Party, 1854–1924. Urbana, IL: University of Illinois Press, 2001
Gutman, Herbert George. The Black Family in Slavery and Freedom, 1750–1925. New York: Pantheon Books, 1976.
Gutmann, Myron P., Pullum-Pinon, Sara M., Witkowski, Kristine, Deane, Glenn D., und Merchant, Emily. „Land Use and Familiy Formation in the Settlement of the US Great Plains." Social Science History 36, no. 3 (2012):279–310.
Gyory, Andrew. Closing the Gate: Race, Politics, and the Chinese Exclusion Act. Chapel Hill, NC: University of North Carolina Press, 1998.
Hackemer, Kurt. The U.S. Navy and the Origins of the Military-Industrial Complex, 1847–1883. Annapolis, MD: Naval Institute Press, 2001.
Hagedorn, Hermann. The Roosevelt Family of Sagamore Hill. New York: Macmillan, 1954.
Hahn, Hans-Werner. Die industrielle Revolution in Deutschland. München: Oldenbourg Verlag, 2005.
Hajo, Cathy Moran. Birth Control on Main Street: Organizing Clinics in the United States, 1916–1939. Urbana, IL: University of Illinois Press, 2010.
Hall, John, Dominguez Lacasa, Iciar und Günther, Jutta. „Path Dependence and QWERTY's Lock-In: Toward a Veblenian Interpretation." Journal of Economic Issues 45, no. 2 (2011): 457–64.
Hall, Linda B. und Coerver, Don M.. Revolution on the Border the United States and Mexico, 1910–1920. Albuquerque: University of New Mexico Press, 1988.
Hall, Linda B. und Coerver, Don M.. „Woodrow Wilson, Public Opinion, and the Punitive Expedition: A Re-Assessment." New Mewico Historical Review 72 (1997):171–194.
Hall, Peter A. und Taylor, Rosemary C. R. „La Science Politique et les Trois Néo-Institutionalismes." Revue Française de Science Politique. 1997, 47 (3/4):469–496.
Hall, Robert und Lieberman, Marc. Microeconomics: Principles and Applications. Cengage Learning, 2009.
Halpern, Monica und Ann Rossi. Moving North: African Americans and the Great Migration, 1915–1930. Washington, DC: National Geographic, 2006.
Hämäläinen, Pekka. The Comanche Empire. New Haven, CT: Yale University Press, 2008.
Hamilton, Daniel W. The Limits of Sovereignty: Property Confiscation in the Union and the Confederacy during the Civil War. Chicago, IL: University of Chicago Press, 2007.
Hamilton, Richard F. President McKinley, War and Empire. New Brunswick, NJ: Transaction Publishers, 2006–2007.
Hammond, Virgie Lee. 500 Rebels with a Cause: Coxey's Army Bound for Washington, DC. Quincy, IL: Mid-West Press, 1989.
Hampf, M. Michaela und Simone Müller-Pohl. Global Communication Electric: Business, News and Politics in the World of Telegraphy. Frankfurt/Main: Campus, 2013.
Hanna, Alfred Jackson und Kathryn Abbey Hanna. Napoleon III and Mexico: American Triumph over Monarchy. Chapel Hill, NC: University of North Carolina Press, 1971.
Hanna, Kathryn Abbey. „The Roles of the South in the French Intervention in Mexico." The Journal of Southern History. 1954, 20 (1):3–21.
Hannigan, Robert E. The New World Power: American Foreign Policy, 1898–1917. Philadelphia, PA: University of Pennsylvania Press, 2002.

Hansen, Bradley A. und Hansen, Mary Eschelbach. „The Role of Path Dependence in the Development of US Bankruptcy Law, 1880–1938." Journal of Institutional Economics. 2007, 3 (2):203–225.
Hansen, Stephen L. The Making of the Third Party System: Voters and Parties in Illinois, 1850–1876. Ann Arbor, MI: UMI Research Press, 1980.
Hapke, Laura. Sweatshop: The History of an American Idea. New Brunswick, NJ: Rutgers University Press, 2004.
Dies Tales of the Working Girl: Wage-Earning Women in American Literature, 1890–1925. New York, Toronto, New York: Twayne Publishers, 1992.
Harbaugh, William Henry. Lawyer's Lawyer, the Life of John W. Davis. New York: Oxford University Press, 1973.
Harbaugh, William Henry. Power and Responsibility: The Life and Times of Theodore Roosevelt. New York: Farrar, Straus and Cudahy, 1961.
Hardt, Michael und Negri, Antonio. Empire. Cambridge, MA: Harvard University Press, 2000.
Hareven, Tamara K. und Randolph Langenbach. Amoskeag: Life and Work in an American Factory-City. Hanover, NH: University Press of New England, 1995.
Hargadon, Andrew B. und Yellowlees Douglas. „When Innovations Meet Institutions: Edison and the Design of the Electric Light." Administrative Science Quarterly 46, no. 3 (2001):476–501.
Harris, William Hamilton. The Harder We Run: Black Workers Since the Civil War. New York: Oxford University Press, 1982.
Harvey, David. The New Imperialism. Oxford, New York: Oxford University Press, 2005.
Harvey, Frank P. Explaining the Iraq War: Counterfactual Theory, Logic and Evidence. Cambridge, New York: Cambridge University Press, 2012.
Harvey, George Brinton McClellan. Henry Clay Frick: The Man. Washington, DC: Beard Books, 2002.
Haskins, James, Kathleen Benson und Virginia Schomp. The Rise of Jim Crow. Tarrytown, NY: Marshall Cavendish Benchmark, 2008.
Hata, Donald Teruo. „Undesirables": Early Immigrants and the Anti-Japanese Movement in San Francisco, 1892–1893. Prelude to Exclusion. New York: Arno Press, 1978.
Haupt, Claudia E. Religion-State Relations in the United States and Germany the Quest for Neutrality. Cambridge, New York: Cambridge University Press, 2012.
Havemeyer, Harry W. Henry Osborne Havemeyer: The Most Independent Mind. New York: H.W. Havemeyer, 2010.
Haverty-Stacke, Donna T. America's Forgotten Holiday: May Day and Nationalism, 1867–1960. New York: New York University Press, 2009.
Hawkins, Mike. Social Darwinism in European and American Thought, 1860–1945: Nature as Model and Nature as Threat. Cambridge, New York: Cambridge University Press, 1997.
Haynes, Frederick Emory. James Baird Weaver. New York: Arno Press, 1975.
Heale, M. J. American Anticommunism: Combating the Enemy Within, 1830–1970. Baltimore, MD: Johns Hopkins University Press, 1990.
Healy, David. James G. Blaine and Latin America. Columbia, MO: University of Missouri Press, 2001.
Healy, David. US Expansionism: The Imperialist Urge in the 1890s. Madison, WI: University of Wisconsin Press, 1970.
Hedlund, Stefan. Russian Path Dependence. London, New York: Routledge, 2005.

Heggen, Alfred. Erfindungsschutz und Industrialisierung in Preußen 1793–1877. Göttingen: Vandenhoeck und Ruprecht, 1975.
Heidegger, Martin. Sein und Zeit. Tübingen: Niemeyer, 1986.
Heinrich, Torsten. Technological Change and Network Effects in Growth Regimes: Exploring the Microfoundations of Economic Growth. New York: Routledge, 2013.
Hellmann, Gunther, Vagner, Wolfgang und Baumann, Baumann. Deutsche Außenpolitik: Eine Einführung. Wiesbaden: Springer, 2014.
Henderson, Thomas. „The Western Federation of Miners: The Course of Western Radical Unionism, 1903–1907." Dissertation University of Virginia, 1968.
Henderson, Wayne und Scott Benjamin. Standard Oil: The First 125 Years. Osceola, WI, USA: Motorbooks International, 1996.
Hendricks, Gordon. Albert Bierstadt: Painter of the American West. New York: Harrison House, 1988.
Henig, Gerald S. Henry Winter Davis: Antebellum and Civil War Congressman from Maryland. New York: Twayne Publishers, 1973.
Henige, David P. Numbers from Nowhere: The American Indian Contact Population Debate. Norman, OK: University of Oklahoma Press, 1998.
Henry, Robert S. „The Railroad Land Grant Legend in American History Texts." Mississippi Valley Historical Review 32, no. 2 (1945):171–194.
Herfel, William E. „Positive Feedback and Praxiology: Path Dependence in Action." In: Gasparski, Wojciech und Airaksinen, Timo (Hg.). Praxiology and the Philosophy of Technology. New Brunswick, NJ: Transaction Publishers, 2008, S. 55–80.
Hernández, Telesforo-Marcial. Ferrocarriles y Capitalismo en el País Valenciano, 1843–1879. Valencia: Excmo. Ayuntamiento de Valencia, Delegación Municipal de Cultura, 1983.
Herrin, Dean A. America Transformed: Engineering and Technology in the Nineteenth Century. Reston, VA: American Society of Civil Engineers, 2002.
Hersey, Mark D. My Work Is That of Conservation: An Environmental Biography of George Washington Carver. Athens, GA: University of Georgia Press, 2011.
Hessen, Robert. Steel Titan: The Life of Charles M. Schwab. Pittsburgh, PA: University of Pittsburgh Press, 1990.
Hewitt, Ben. The Town That Food Saved: How One Community Found Vitality in Local Food. Emmaus, PA: Rodale, 2011.
Hicks, John Donald. Populist Revolt: A History of the Farmers' Alliance and the People's Party. Minneapolis, MN: University of Minnesota Press, 2009.
Hidy, Ralph Willard. The Great Northern Railway: A History. Boston, MA: Harvard Business School Press, 1988.
Hietala, Thomas R. Manifest Design American Exceptionalism and Empire. Ithaca, NY: Cornell University Press, 2003.
Higginbotham, A. Leon. Shades of Freedom: Racial Politics and Presumptions of the American Legal Process. New York: Oxford University Press, 1996.
Higgs, Robert. Competition and Coercion: Blacks in the American Economy, 1865–1914. Chicago, IL: University of Chicago Press, 1980.
Higham, John. Send These to Me Immigrants in Urban America. Baltimore: Johns Hopkins University Press, 1984.
Higham, John. Strangers in the Land: Patterns of American Nativism, 1860–1925. New Brunswick, NJ: Rutgers University Press, 2002.

Hild, Matthew. Greenbackers, Knights of Labor, and Populists: Farmer-Labor Insurgency in the Late-Nineteenth-Century South. Athens, GA: University of Georgia Press, 2007.

Hilferding, Rudolf. Das Finanzkapital: Eine Studie zur jüngsten Entwicklung des Kapitalismus. Wien: Ignaz Brand & Co., 1910.

Hillstrom, Kevin. The Dream of America Immigration, 1870–1920. Detroit, MI: Omnigraphics, 2009.

Hillstrom, Laurie Collier. The Muckrakers and the Progressive Era. Detroit, MI: Omnigraphics, 2010.

Hindman, Hugh D. Child Labor: An American History. Armonk, NY: M. E. Sharpe, 2002.

Hine, Robert V. und John Mack Faragher. Frontiers: A Short History of the American West. New Haven, CT: Yale University Press, 2007.

Hira Singh. The Asiatic Mode of Production: A Critical Analysis. Toronto: Dept. of Sociology, University of Toronto, 1983.

Hirsch, Susan E. After the Strike: A Century of Labor Struggle at Pullman. Urbana, IL: University of Illinois Press, 2003.

Hirschbein, Ron. Voting Rites: The Devolution of American Politics. Westport, CT: Praeger, 1999.

Hoch, Bradley R. Thaddeus Stevens in Gettysburg: The Making of an Abolitionist. Gettysburg, PA: Adams County Historical Society, 2005.

Hodgson, Godfrey. The Myth of American Exceptionalism. New Haven: Yale University Press, 2009.

Hoerder, Dirk. American Labor and Immigration History, 1877–1920s: Recent European Research. Urbana, IL: University of Illinois Press, 1983.

Hoerder, Dirk und Faires, Nora Helen. Migrants and Migration in Modern North America Cross-Border Lives, Labor Markets, and Politics. Durham, NC: Duke University Press, 2011.

Hoffer, Williamjames. Plessy v. Ferguson: Race and Inequality in Jim Crow America. Lawrence, Kan: University Press of Kansas, 2012.

Hoffmann, Donald. The Architecture of John Wellborn Root. Chicago, IL: University of Chicago Press, 1988.

Hofstadter, Richard. The Age of Reform: From Bryan to F. D. R. New York: Vintage Books, 1955.

Hofstadter, Richard. Anti-Intellectualism in American Life. New York: Knopf, 1963.

Hofstadter, Richard. The Paranoid Style in American Politics, and Other Essays. New York: Vintage Books, 2008.

Hoganson, Kristin L. Consumers' Imperium: The Global Production of American Domesticity, 1865–1920. Chapel Hill, NC: University of North Carolina Press, 2007.

Hoganson, Kristin L. Fighting for American Manhood: How Gender Politics Provoked the Spanish-American and Philippine-American Wars. New Haven, CT: Yale University Press, 1998.

Hogarty, Richard A. Leon Abbett's New Jersey: The Emergence of the Modern Governor. Philadelphia: American Philosophical Society, 2001.

Hoge, Cecil C. The First Hundred Years Are the Toughest: What We Can Learn from the Century of Competition Between Sears and Wards. Berkeley, CA: Ten Speed Press, 1988.

Holberton, William B. Demobilization of the Union Army 1865–1866. MA-Thesis, Lehigh University, 1993.

Holberton, William B. Homeward Bound: The Demobilization of the Union and Confederate Armies, 1865–1866. Mechanicsburg, PA: Stackpole Books, 2001.

Hollandsworth, James G. An Absolute Massacre: The New Orleans Race Riot of July 30, 1866. Baton Rouge, LA: Louisiana State University Press, 2001.
Holli, Melvin G. The American Mayor: The Best & the Worst Big-City Leaders. University Park, PA: Pennsylvania State University Press, 1999.
Holli, Melvin G. Reform in Detroit: Hazen S. Pingree and Urban Politics. Westport, CT: Greenwood Press, 1981.
Hollinshead, Byron. Sourcebook and Index: Documents That Shaped the American Nation. New York: Oxford University Press, 2003.
Holmes, Jack D. L. „The Underlying Causes of the Memphis Race Riot of 1866." Tennessee Historical Quarterly. 1958, 17 (3):195–221.
Holt, Michael F. By One Vote: The Disputed Presidential Election of 1876. Lawrence, KS: University Press of Kansas, 2008.
Holt, Marilyn Irvin. Linoleum, Better Babies, & the Modern Farm Woman, 1890–1930. Lincoln, London: University of Nebraska Press, 1995.
Homberger, Eric. Mrs. Astor's New York: Money and Social Power in a Gilded Age. New Haven, CT: Yale University Press, 2002.
Hopkins, June. Harry Hopkins: Sudden Hero, Brash Reformer. New York: St. Martin's Press, 1999.
Horn, Steven Edward. „Property and Democracy: Authority in Four American Property-Rights Regimes." Dissertation, University of Southern California, 2008.
Horowitz, Irving Louis. The Anarchists. New Brunswick, NJ: Aldine Transaction, 2005.
Horton, James Oliver. „Social History and the African American Experience." In: Beth L. Savage und Carol D. Shull (Hg.). African American Historic Places. Washington, DC: Preservation Press, 1994, S. 15–24.
Horst, Ulrich. „Ergodicity and Non-Ergodicity in Economics", Working Paper. http://horst.qfl-berlin.de/sites/files/u2/Palgrave.pdf. Gesehen am 1.4.2017. Seit 2018 unter anderer URL: https://www.applied-financial-mathematics.de/sites/default/files/Palgrave.pdf. Gesehen 12.5.2018.
Hosen, Frederick E. Federal Laws of the Reconstruction: Principal Congressional Acts and Resolutions, Presidential Proclamations, Speeches and Orders, and Other Legislative and Military Documents, 1862–1875. Jefferson, NC: McFarland & Co, 2010.
Houghton, Gillian. Ellis Island: A Primary Source History of an Immigrant's Arrival in America. New York: Rosen Pub. Group, 2004.
House, Albert V. „Republicans and Democrats Search for New Identities, 1870–1890." The Review of Politics 31, no. 4 (1969):466–476.
Hovenkamp, Herbert. „Regulatory Conflict in the Gilded Age: Federalism and the Railroad Problem." The Yale Law Journal 97, no. 6 (1988):1017–1072.
Howard, Ernest. Wall Street Fifty Years After Erie: Being a Comparative Account of the Making and Breaking of the Jay Gould Railroad Fortune. Boston, MA: The Stratford Company, 1923.
Howard, Victor B. Religion and the Radical Republican Movement, 1860–1870. Lexington, KY: University Press of Kentucky, 1990.
Howbert, Irving. The Indians of the Pike's Peak Region Including an Account of the Battle of Sand Creek, and of Occurrences in El Paso County, Colorado, during the War with the Cheyennes and Arapahoes, in 1864 and 1868. New York: The Knickerbocker Press, 1914.

Howe, George F. Chester A. Arthur: A Quarter-Century of Machine Politics. Norwalk, CT: Easton Press, 1987.
Hower, Ralph M. History of Macy's of New York, 1858–1919: Chapters in the Evolution of the Department Store. Cambridge, MA: Harvard University Press, 1943.
Howse, Jennifer. Reconstruction. New York: Weigl Publishers, 2008.
Hudson, David L. The Fourteenth Amendment: Equal Protection under the Law. Berkeley Heights, NJ: Enslow Publishers, 2002.
Hudson, Linda S. Mistress of Manifest Destiny: A Biography of Jane McManus Storm Cazneau, 1807–1878. Austin: Texas State Historical Association, 2001.
Hughes, Thomas Parke. American Genesis: A Century of Invention and Technological Enthusiasm, 1870–1970. New York: Viking, 1989.
Huhnholz, Sebastian. Krisenimperialität: Romreferenz im US-amerikanischen Empire-Diskurs. Frankfurt/Main: Campus, 2014.
Hume, Richard L. und Jerry B. Gough. Blacks, Carpetbaggers, and Scalawags: The Constitutional Conventions of Radical Reconstruction. Baton Rouge, LA: Louisiana State University Press, 2008.
Hummel, Jeffrey Rogers. Emancipating Slaves, Enslaving Free Men: A History of the American Civil War. Chicago, IL: Open Court, 1996.
Hunt, James L. Marion Butler and American Populism. Chapel Hill, NC: University of North Carolina Press, 2003.
Hunt, Michael H. Ideology and U.S. Foreign Policy. New Haven, CT: Yale University Press, 2009.
Hurley, Vic. Swish of the Kris: The Story of the Moros. New York: E.P.Dutton & Co., Inc., 1936.
Hutcheon, Linda. The Politics of Postmodernism. London, New York: Routledge, 2003.
Husband, Julie und Jim O'Loughlin. Daily Life in the Industrial United States, 1870–1900. Westport, CT: Greenwood Press, 2004.
Icenoggle, Jodi. Schenck v. United States and the Freedom of Speech Debate: Debating Supreme Court Decisions. Berkeley Heights, NJ: Enslow Publishers, 2005.
Igler, David. Industrial Cowboys: Miller & Lux and the Transformation of the Far West, 1850–1920. Berkeley, CA: University of California Press, 2001.
Ignatieff, Michael. Empire Lite: Nation-Building in Bosnia, Kosovo, and Afghanistan. Toronto: Penguin Canada, 2003.
Ignatieff, Michael. The Lesser Evil: Political Ethics in an Age of Terror. Edinburgh: Edinburgh University Press, 2005.
Ignatiev, Noel. How the Irish Became White. New York: Routledge, 2008.
Ikenberry, G. John. The Crisis of American Foreign Policy: Wilsonianism in the Twenty-First Century. Princeton, NJ: Princeton University Press Princeton, 2009.
Ikenberry, G. John und Inoguchi, Takashi. The Uses of Institutions: The U.S., Japan, and Governance in East Asia. New York: Palgrave Macmillan, 2007.
Ikenberry, G. John, Mastanduno, Michael und Wohlforth, William Curti. International Relations: Theory and the Consequences of Unipolarity. Cambridge, New York: Cambridge University Press, 2011.
Ingle, Joseph B. Slouching toward Tyranny: Mass Incarceration, Death Sentences and Racism. New York: Algora, 2015.
Iriye, Akira and Saunier, Pierre-Yves. The Palgrave Dictionary of Transnational History. Basingstoke: Palgrave Macmillan, 2009.

Irons, Peter H. A People's History of the Supreme Court: The Men and Women Whose Cases and Decisions Have Shaped Our Constitution. New York: Penguin Books, 2006.

Irwin, Douglas A. „Higher Tariffs, Lower Revenues? Analyzing the Fiscal Aspects of ‚The Great Tariff Debate of 1888'." NBER Working Papers 6239 (1997):1–23.

Israel, Paul. From Machine Shop to Industrial Laboratory: Telegraphy and the Changing Context of American Invention, 1830–1920. Baltimore, MD: Johns Hopkins University Press, 1992.

Iversen, Kristen. Molly Brown: Unraveling the Myth. Boulder, Colo: Johnson Books, 1999.

Jackson, Curtis Emanuel und Galli, Marcia J. A History of the Bureau of Indian Affairs and Its Activities among Indians. San Francisco, CA: R & E Research Associates, 1977.

Jackson, John P. und Weidman, Nadine M.. Race, Racism, and Science Social Impact and Interaction. Santa Barbara, CA: ABC-CLIO, 2004.

Jackson, John P. „The Origins of Scientific Racism." The Journal of Blacks in Higher Education. 2005, (50):66–79.

Jackson, Luther P. „The Educational Efforts of the Freedmen's Bureau and Freedmen's Aid Societies in South Carolina, 1862–1872." The Journal of Negro History 8, no. 1 (1923):1–40.

Jackson, Robert Max. Destined for Equality: The Inevitable Rise of Women's Status. Cambridge, MA: Harvard University Press, 1998.

Jackson, Stanley. J.P. Morgan: A Biography. New York: Stein and Day, 1983.

Jacobson, Matthew Frye. Barbarian Virtues: The United States Encounters Foreign Peoples at Home and Abroad, 1876–1917. New York: Hill and Wang, 2000.

Jäger, Wolfgang und Welz, Wolfgang. Regierungssystem der USA: Lehr- und Handbuch. München, Wien: R. Oldenbourg Verlag, 1995.

Jaher, Frederic Cople. A Scapegoat in the New Wilderness: The Origins and Rise of Anti-Semitism in America. Cambridge, MA: Harvard University Press, 1994.

James, Edward T., Miller Jacoby, Robin, Schrom Dye, Nancy und National Women's Trade Union League of America. Papers of the Women's Trade Union League and Its Principal Leaders: Guide to the Microfilm Edition. Woodbridge, CT: Published for the Schlesinger Library, Radcliffe College by Research Publications, 1981.

James, Henry. Richard Olney and His Public Service with Documents, Including Unpublished Diplomatic Correspondence. New York: Da Capo Press, 1971.

James, Joseph B. The Ratification of the Fourteenth Amendment. Macon, GA: Mercer University Press, 1984.

James, Patrick and Hristoulas, Athanasios. „Domestic Politics and Foreign Policy: Evaluating a Model of Crisis Activity for the United States." The Journal of Politics. 1994, 56(2):327–348.

James, Ronald M. The Roar and the Silence: A History of Virginia City and the Comstock Lode. Reno, NV: University of Nevada Press, 1998.

Janeway, Eliot. The Economics of Crisis: War, Politics, and the Dollar. New York: Weybright and Talley, 1968.

Jaron Browne. „Rooted in Slavery: Prison Labor Exploitation." Race, Poverty & the Environment 14, no. 1 (2007):42–44.

Jaycox, Faith. The Progressive Era. New York: Facts on File, 2005.

Jeffers, H. Paul. Roosevelt the Explorer: Teddy Roosevelt's Amazing Adventures as a Naturalist, Conservationist, and Explorer. Lanham, MD, Summit, PA: Taylor Trade Pub., 2003.

Jenkins, Wilbert L. Seizing the New Day: African Americans in Post-Civil War Charleston. Bloomington, IN: Indiana University Press, 1998.

Jensen, Derrick. The Culture of Make Believe. New York: Context Books, 2002.

Jensen, Ronald J. The Alaska Purchase and Russian-American Relations. Seattle WA: University of Washington Press, 1975.

Jessen, Jens. „Das Märchen vom Revisionisten." Die Zeit 34 (2014).

Johanek, Michael C. und Puckett, John L.. Leonard Covello and the Making of Benjamin Franklin High School: Education as if Citizenship Mattered. Philadelphia, PA: Temple University Press, 2007.

Johanningsmeier, Edward P. Forging American Communism the Life of William Z. Foster. Princeton, NJ: Princeton University Press, 1994.

Johnson, Gerald W. The Imperial Republic: Speculation on the Future, if Any, of the Third U.S.A. New York: Liveright, 1972.

Johnson, Ludwell H. „Lincoln and Equal Rights: The Authenticity of the Wadsworth Letter." The Journal of Southern History 32, no. 1 (1966):83–87.

Johnson, Ludwell H. „Lincoln's Solution to the Problem of Peace Terms, 1864–1865." The Journal of Southern History 34, no. 4 (1968):576–586.

Johnson-Parris, Afi S. „Felon Disenfranchisement: The Unconscionable Social Contract Breached." Virginia Law Review 89, no. 1 (2003):109–138.

Johnson, Russell L. „'Great Injustice': Social Status and the Distribution of Military Pensions after the Civil War." The Journal of the Gilded Age and Progressive Era 10, no. 2 (2011):137–160.

Joiner, Thekla Ellen. Sin in the City: Chicago and Revivalism, 1880–1920. Columbia, MO: University of Missouri Press, 2007.

Jonas, Manfred. The United States and Germany a Diplomatic History. Ithaca, NY: Cornell University Press, 1984.

Jones, Arthur. Capitalism and Christians: Tough Gospel Challenges in a Troubled World Economy. New York: Paulist Press, 1992.

Jones, Brian Jay. Washington Irving: An American Original. New York: Arcade Publishing, 2011.

Jones, Edward L. und Hayes, Floyd W. Forty Acres and a Mule: The Rape of Colored Americans. A Manifesto to the United States Government. Seattle, WA: E.L. Jones, 1994.

Jones, Howard. Crucible of Power: A History of American Foreign Relations to 1913. Lanham, MD: Rowman & Littlefield Publishers, 2009.

Jones, Jaqueline. „The Political Implications of Black and White Women's Work in the South, 1890–1965." In: Louise Tilly und Patricia Gurin (Hg.). Women, Politics, and Change. New York: Russell Sage Foundation, 1990, S. 108–129.

Jones, Jaqueline. The Dispossessed: America's Underclasses from the Civil War to the Present. New York: Basic Books, 1992.

Jordan, David M. Roscoe Conkling of New York: Voice in the Senate. Ithaca NY: Cornell University Press, 1971.

Jordan, Winthrop D. und Leon F. Litwack. The United States. Englewood Cliffs, NJ: Prentice Hall, 1994.

Josephson, Matthew. The Politicos, 1865–1896. New York: Harcourt, Brace and company, 1938.

Josephson, Matthew. The President Makers: The Culture of Politics and Leadership in an Age of Enlightenment, 1896–1919. New York: Harcourt, Brace and Co., 2007.

Josephson, Matthew. The Robber Barons: The Great American Capitalists, 1861–1901. New Brunswick, NJ: Transaction Publishers, 2011.
Judis, John B. The Folly of Empire: What George W. Bush Could Learn from Theodore Roosevelt and Woodrow Wilson. Oxford, New York: Oxford University Press, 2006.
Jung, Moon-Ho 1969. „Outlawing ‚Coolies': Race, Nation, and Empire in the Age of Emancipation." American Quarterly 57, no. 3 (2005).
Kador, John. Charles Schwab: How One Company Beat Wall Street and Reinvented the Brokerage Industry. Hoboken, NJ: J. Wiley, 2002.
Kagan, Robert. „The Benevolent Empire." Foreign Policy. 1998, (111):24–35
Kahan, Paul. The Homestead Strike: Labor, Violence, and American Industry. New York: Routledge, 2014.
Kaiser, Ronald W. „The Kondratieff Cycle: Investment Strategy Tool or Fascinating Coincidence?" Financial Analysts Journal. 1979, 35 (3):57–66.
Kambourian, Elizabeth Cann. The Freedmen's Bureau in Virginia: Names of Destitute Freedmen Dependent upon the Government in the Military Districts of Virginia. Bowie, MD: Heritage Books, 1997.
Kampmark, Binoy. „William Appleman Williams's Tragedy Fifty Years on." The Historical Journal 2010, 53 (3):783–794.
Kanellos, Nicolás, Kenya Dworkin y Méndez und Alejandra Balestra. Herencia: The Anthology of Hispanic Literature of the United States. Oxford, New York: Oxford University Press, 2002.
Kann, Bob. Belle and Bob La Follette Partners in Politics. Madison: Wisconsin Historical Society Press, 2008.
Kaplan, Justin. Lincoln Steffens: Portrait of a Great American Journalist. New York: Simon & Schuster, 2013.
Kaplan, Leslie. Brooklyn Bridge. Barrytown, NY, New York: Station Hill Press, 1992.
Kappler, Charles Joseph Hg. Indian Affairs: Laws and Treaties. Washington, DC: Government Printing Office, 1904.
Karabell, Zachary. Chester Alan Arthur. New York: Times Books, 2004.
Kato, Junko. Regressive Taxation and the Welfare State: Path Dependence and Policy Diffusion. Cambridge, New York: Cambridge University Press, 2003.
Katz, Friedrich. The Life and Times of Pancho Villa. Stanford, CA: Stanford University Press, 1998.
Katzman, David M. Seven Days a Week: Women and Domestic Service in Industrializing America. New York: Oxford University Press, 1978.
Katzman, David M. und William M Tuttle. Plain Folk the Life Stories of Undistinguished Americans. Urbana, IL: University of Illinois Press, 1982.
Kauffman, Stuart A. The Sciences of Complexity and „Origins of Order." PSA: Proceedings of the Biennial Meeting of the Philosophy of Science Association. 1990, S. 299–322.
Kauffman, Stuart A. The Origins of Order: Self-Organization and Selection in Evolution. New York: Oxford University Press, 1993.
Kazuko, Furuta. „Inchon Trade: Japanese and Chinese Merchants and the Shanghai Network." In: S. Sugiyama und Linda Grove (Hg.). Commercial Networks in Modern Asia. Abingdon: Routledge, 2013, S. 71–95.
Keating, Ann Durkin. Chicagoland: City and Suburbs in the Railroad Age. Chicago, IL: University of Chicago Press, 2005.

Kehoe, Alice Beck. The Ghost Dance: Ethnohistory and Revitalization. Long Grove, IL: Waveland Press, 2006.

Kehoe, Elisabeth. The Titled Americans: Three American Sisters and the British Aristocratic World into Which They Married. New York: Atlantic Monthly Press, 2004.

Kehr, Eckart und Wehler, Hans Ulrich. Der Primat der Innenpolitik: Gesammelte Aufsätze zur preußisch-deutschen Sozialgeschichte im 19. u. 20. Jahrhundert. Berlin: de Gruyter, 1970.

Keil, Hartmut und Jentz, John B.. German Workers in Chicago: A Documentary History of Working-Class Culture from 1850 to World War I. Urbana, IL: University of Illinois Press, 1988.

Keith, LeeAnna. The Colfax Massacre: The Untold Story of Black Power, White Terror, and the Death of Reconstruction. Oxford, New York: Oxford University Press, 2008.

Kelley, Blair Murphy. Right to Ride: Streetcar Boycotts and African American Citizenship in the Era of Plessy v. Ferguson. Chapel Hill, NC: The University of North Carolina Press, 2010.

Kelley, Robin D. G. Freedom Dreams: The Black Radical Imagination. Boston, MA: Beacon Press, 2002.

Kelsey, Marie Ellen. Ulysses S. Grant: A Bibliography. Westport, CT: Praeger, 2005.

Kennedy, David M. Over Here: The First World War and American Society. New York: Oxford University Press, 1980.

Kennedy, Randall. The Persistence of the Color Line: Racial Politics and the Obama Presidency. New York: Pantheon, 2011.

Kens, Paul. Justice Stephen Field Shaping Liberty from the Gold Rush to the Gilded Age. Lawrence, Kan: University Press of Kansas, 1997.

Kent, Zachary. William Seward: The Mastermind of the Alaska Purchase. Berkeley Heights, NJ: Enslow Publishers, 2001.

Keohane, Robert O. und Nye, Joseph S. Power and Interdependence. Boston: Longman, 2012.

Keren, Michael and Sylvan, Donald A. International Intervention: Sovereignty versus Responsibility. Portland, OR: F. Cass, 2002.

Kerl, Kristoff. „To Restore Home Rule": Angloamerikanische Männlichkeit und Antisemitismus im US-Süden zwischen den 1860er und 1920er Jahren. Dissertation, Universität zu Köln, 2015.

Kerrigan, Michael. American Presidents: A Dark History. New York: Metro Books, 2013.

Kersten, Stephen A. Housing Regulation and Reform in Boston, 1822–1924: Antecedents of Zoning. Waltham, MA: Brandeis University, 1973.

Kessler, Walter. Carl Schurz: Kampf, Exil und Karriere. Köln: Greven, 2006.

Kessner, Thomas. Capital City: New York City and the Men behind America's Rise to Economic Dominance, 1860–1900. New York: Simon & Schuster, 2003.

Ketchersid, William Lester. The Gilded Age Presidency Reconsidered. Bloomington, IN: 1st Books Library, 2003.

Khagram, Sanjeev und Levitt, Peggy. The Transnational Studies Reader: Intersections and Innovations. New York: Routledge, 2008.

Khan, M. A. Muqtedar. „The Postmodern Empire: The United States' New Foreign Policy and its Global Challanges." The Brown Journal of World Affairs 2004, 10 (2):271–283.

Kidwell, Clara Sue. The Choctaws in Oklahoma: From Tribe to Nation, 1855–1970. Norman, OK: University of Oklahoma Press, 2007.

Kindahl, James K. „Economic Factors in Specie Resumption: The United States, 1865–1879."
In: Robert William Fogel und Stanley L. Engerman (Hg.). The Reinterpretation of American Economic History. New York: Harper & Row, 1971, S. 468–479.

Kindleberger, Charles Poor. Economic Response: Comparative Studies in Trade, Finance, and Growth. Cambridge, MA: Harvard University Press, 1978.

King, Wilma. Stolen Childhood: Slave Youth in Nineteenth-Century America. Bloomington, IN: Indiana University Press, 2011.

Kingston, Maxine Hong. China Men. New York: Vintage Books, 1989.

Kinshasa, Kwando Mbiassi. Black Resistance to the Ku Klux Klan in the Wake of the Civil War. Jefferson, NC: McFarland & Co, 2006.

Kipnis, Ira. The American Socialist Movement, 1897–1912. New York: Monthly Review Press, 1972.

Klass, Tobias N. „Jenseits von Ahnen und Erben: Nietzsches Ereignis." In: Marc Rölli (Hg.). Ereignis auf Französisch: Von Bergson bis Deleuze. München: Wilhelm Fink, 2004, S. 43–61.

Klein, Maury. The Life and Legend of Jay Gould. Baltimore, MD: Johns Hopkins University Press, 1986.

Kleinsteuber, Hans J. Staatsintervention und Verkehrspolitik in den USA: Die Interstate Commerce Commission. Ein Beitrag zur politischen Ökonomie der Vereinigten Staaten von Amerika. Stuttgart: Metzler, 1977.

Kline, Benjamin. First along the River: A Brief History of the U.S. Environmental Movement. Lanham, MD: Rowman & Littlefield, 2007.

Kluger, Richard und Kluger, Phyllis. The Paper: The Life and Death of the New York Herald Tribune. New York: Knopf, 1986.

Knight, Alan. The Mexican Revolution. Lincoln, NE: University of Nebraska Press, 1990.

Knoedelseder, William. Bitter Brew: The Rise and Fall of Anheuser-Busch and America's Kings of Beer. New York: HarperBusiness, 2012.

Knoles, George Harmon. The Presidential Campaign and Election of 1892. New York: AMS Press, 1971.

Kocka, Jürgen. „Der ‚Deutsche Sonderweg' in der Diskussion." German Studies Review 5, no. 3 (1982):365–79.

Kocka, Jürgen. und Haupt, Heinz-Gerhard. Comparative History and the Quest for Transnationality: Central European Approaches and New Perspectives. New York: Berghahn Books, 2009.

Koenen, Anne. Mail-Order Catalogs in the US, 1880–1930: How Sears Brought Modernization to American Farmers. Paderborn: Universität Paderborn, 2001.

Koestler-Grack, Rachel A. William Tecumseh Sherman. New York: Chelsea House Publishers, 2009.

Kohn, George C. The New Encyclopedia of American Scandal. New York: Facts on File, 2001.

Koht, Halvdan. „The Origin of Seward's Plan to Purchase the Danish West Indies." The American Historical Review 50, no. 4 (1945):762–767.

Kohut, Andrew und Bruce Stokes. America against the World: How We Are Different and Why We Are Disliked. New York: Times Books, 2006.

Konvitz, Milton R. und Theodore Leskes. A Century of Civil Rights. New York: Columbia University Press, 1961.

Kornbluh, Joyce L, Fred Thompson und Franklin Rosemont. Rebel Voices: An IWW Anthology. Oakland, CA: PM Press, 2011.

Korngold, Ralph. Thaddeus Stevens: A Being Darkly Wise and Rudely Great. Westport, CT: Greenwood Press, 1974.

Koselleck, Reinhart und Wolf-Dieter Stempel. Geschichte: Ereignis und Erzählung. München: W. Fink, 1973.

Kotek, Joël und Pierre Rigoulot. Le Siècle des Camps: Détention, Concentration, Extérmination. Cent Ans de Mal Radical. Paris: Lattès, 2000.

Kouwenhoven, John Atlee. Partners in Banking: An Historical Portrait of a Great Private Bank, Brown Brothers, Harriman & Co., 1818–1968. Garden City, NY: Doubleday, 1983.

Krader, Lawrence und Kovalevskii, M. M. The Asiatic Mode of Production: Sources, Development and Critique in the Writings of Karl Marx. Assen: Van Gorcum, 1975.

Kraditor, Aileen S. The Radical Persuasion, 1890–1917: Aspects of the Intellectual History and the Historiography of Three American Radical Organizations. Baton Rouge, LA: Louisiana State University Press, 1981.

Krall, Lisi. „US Land Policy and the Commodification of Arid Land (1862–1920)." Journal of Economic Issues 35, no. 3 (2001):657–674.

Krass, Peter. Carnegie. Hoboken, NJ: John Wiley & Sons, 2002.

Krause, Paul. The Battle for Homestead, 1880–1892: Politics, Culture, and Steel. Pittsburgh, PA: University of Pittsburgh Press, 1992.

Kremer, Gary R. George Washington Carver: A Biography. Santa Barbara, CA: Greenwood, 2011.

Krooth, Richard. A Century Passing: Carnegie, Steel and the Fate of Homestead. Lanham, MD: University Press of America, 2002.

Küçükyazici, Günes. „Literature Review on Organizational Path Dependence." GAU Journal of Social and Applied Sciences. 2014, 6 (10):60–72.

Kulenkampff, Angela. Österreich und das Alte Reich: Die Reichspolitik des Staatskanzlers Kaunitz unter Maria Theresia und Joseph II. Köln: Böhlau, 2005.

Kuznets, Simon Smith. Capital in the American Economy: Its Formation and Financing. Princeton, NJ: Princeton University Press, 1961.

Kynell-Hunt, Teresa. Writing in a Milieu of Utility: The Move to Technical Communication in American Engineering Programs, 1850–1950. Norwood, NJ: Ablex Pub. Corp, 1996.

Köhler, Angelika. „Charged with Ambiguity: The Image of the New Woman in American Cartoons." In: Ann Heilmann und Margaret Beetham (Hg.). New Woman Hybridities: Feminity, Feminism and International Consumer Culture, 1880–1930. London, New York: Routledge, 2004, S. 158–178.

Labbé, Ronald M. und Jonathan Lurie. The Slaughterhouse Cases: Regulation, Reconstruction, and the Fourteenth Amendment. Lawrence, KS: University Press of Kansas, 2005.

Laclau, Ernesto und Chantal Mouffe. Hegemony and Socialist Strategy: Towards a Radical Democratic Politics. London, New York: Verso, 2014.

LaFeber, Walter. Inevitable Revolutions: The United States in Central America. New York: W.W. Norton, 1993.

LaFeber, Walter. The New Empire: An Interpretation of American Expansion, 1860–1898. Ithaca, NY: Cornell University Press, 1998.

LaFeber, Walter. „The ‚Lion in the Path': The U. S. Emergence as a World Power." Political Science Quarterly 1986, 101 (5):705–718,

LaFeber, Walter. „The Tension between Democracy and Capitalism during the American Century." In: Hogan, Michael J. (Hg.). The Ambiguous Legacy U.S. Foreign Relations in the „American Century." Cambridge, New York: Cambridge University Press, 1999, S. 152–182.

Lafferty, William M. und Ruud, Audun. Promoting Sustainable Electricity in Europe: Challenging the Path Dependence of Dominant Energy Systems. Cheltenham, Northampton, MA: Edward Elgar, 2008.

Laird, Pamela Walker. Advertising Progress: American Business and the Rise of Consumer Marketing. Baltimore, MD: The Johns Hopkins University Press, 1998.

Lamont-Brown, Raymond. Carnegie the Richest Man in the World. Thrupp, Stroud, Gloucestershire: Sutton Pub, 2005.

Lamoreaux, Naomi R. *History Matters: Essays on Economic Growth, Technology, and Demographic Change* by Timothy W. Guinnane, William A. Sundstrom, Warren Whatley. Journal of Economic Literature 43, no. 4 (2005):1065–1066.

Lampert, Jay. Deleuze and Guattari's Philosophy of History. London, New York: Continuum, 2006.

Lancaster, William. The Department Store a Social History. London, New York: Leicester University Press, 1995.

Landon-Lanbe, John, Hugh Rockoff und Richard H. Steckel. „Droughts, Floods, and Financial Distress in the United States." In: Gary D. Libecap und Richard H. Steckel (Hg.). The Economics of Climate Change: Adaptations Past and Present. Chicago, IL, London: The University of Chicago Press, 2011, S. 73–98.

Lane, Ambrose I. For Whites Only? How and Why America Became a Racist Nation. Bloomington, IN: AuthorHouse, 2008.

Lane, Charles. The Day Freedom Died: The Colfax Massacre, the Supreme Court, and the Betrayal of Reconstruction. New York: Henry Holt and Co, 2008.

Langley, Lester D. und Thomas David Schoonover. The Banana Men: American Mercenaries and Entrepreneurs in Central America, 1880–1930. Lexington, KY: University Press of Kentucky, 1995.

Langum, David J. Crossing Over the Line: Legislating Morality and the Mann Act. Chicago, IL: The University of Chicago Press, 1994.

Lantis, Jeffrey S. US Foreign Policy in Action: An Innovative Teaching Text. Chichester: John Wiley & Sons, 2013.

Lanza, Michael L. Agrarianism and Reconstruction Politics: The Southern Homestead Act. Baton Rouge, LA: Louisiana State University, 1990.

Largent, Mark A. Breeding Contempt: The History of Coerced Sterilization in the United States. New Brunswick, NJ: Rutgers University Press, 2008.

Larner, John B. „List of Principal Municipal Authorities of the Cities of Washington, Georgetown and the District of Columbia." Records of the Columbia Historical Society, Washington, DC 23 (1920):180–187.

Larsen, Lawrence H. und Nancy J Hulston. Pendergast! Columbia, MO: University of Missouri Press, 1997.

Larson, Erik. The Devil in the White City: Murder, Magic, and Madness at the Fair That Changed America. New York: Crown Publishers, 2003.

Larson, John Lauritz. „'Bind the Republic Together': The National Union and the Struggle for a System of Internal Improvements." The Journal of American History. 1987, 74 (2):363–387.

Lasch, Christopher. Haven in a Heartless World: The Family Besieged. New York: Basic Books, 1977.

Latham, Frank Brown. The Rise and Fall of Jim Crow, 1865–1964. New York: F. Watts, 1969.

Laufer, William S. Corporate Bodies and Guilty Minds: The Failure of Corporate Criminal Liability. Chicago, IL: University of Chicago Press, 2006.

Laughlin, Rosemary. John D. Rockefeller: Oil Baron and Philanthropist. Greensboro, NC: Morgan Reynolds Pub, 2004.

Laughlin, Rosemary. The Pullman Strike of 1894. Greensboro, NC: Morgan Reynolds Pub, 2006.

Laurie, Bruce. Artisans into Workers: Labor in Nineteenth-Century America. Urbana, IL: University of Illinois Press, 1997.

Laurie, Clayton D. und Ronald H. Cole. The Role of Federal Military Forces in Domestic Disorders, 1877–1945. Washington, DC: Center of Military History, U.S. Army. For sale by Supt. of Docs, Government Printing Office, 1997.

Lawrence, Frederick M. „Civil Rights and Criminal Wrongs: The Mens Rea of Federal Rights Crimes." Tulane Law Review 67 (1993):2113–2229.

Lawson, Colin W. „Path-Dependence and the Economy of Belarus: The Consequences of Late Reform." In: Korosteleva, Elena A., Lawson, Colin W., Marsh, Rosalind J. (Hg.). Contemporary Belarus: Between Democracy and Dictatorship. London, New York: RoutledgeCurzon, 2003, S. 125–136.

Leach, William. Land of Desire: Merchants, Power, and the Rise of a New American Culture. New York: Pantheon Books, 1993.

Leannah, Michael. Something for Everyone Memories of Lauerman Brothers Department Store. Madison, WI: Wisconsin Historical Society Press, 2013.

Lebergott, Stanley. The Americans: An Economic Record. New York: W.W. Norton, 1984.

Lederhendler, Eli. Jewish Immigrants and American Capitalism, 1880–1920: From Caste to Class. Cambridge, New York: Cambridge University Press, 2009.

Ledford, Kenneth F. „Comparing Comparisons: Disciplines and the Sonderweg." Central European History 36, no. 3 (2003):367–374.

Lee, Anne Feder. The Hawai'i State Constitution. Oxford, New York: Oxford University Press, USA, 2011.

Lee, Shelley Sang-Hee. A New History of Asian America. New York: Routledge, 2014.

Lehmann, Silke. „Lorenz von Stein über den amerikanischen Sozialismus und Kommunismus." In: Finzsch, Norbert und Wellenreuther, Hermann (Hg.). Liberalitas: Festschrift für Erich Angermann zum 65. Geburtstag. Stuttgart: Franz Steiner Verlag, 1992, S. 207–222.

Lehmkuhl, Ursula. „Diplomatiegeschichte als internationale Kulturgeschichte: Theoretische Ansätze und empirische Forschung zwischen Historischer Kulturwissenschaft und Soziologischem Institutionalismus." Geschichte und Gesellschaft. 2001, 27 (3):394–423

Lehmkuhl, Ursula. Pax Anglo-Americana: Machtstrukturelle Grundlagen anglo-amerikanischer Asien- und Fernostpolitik in den 1950er Jahren. München: Oldenbourg, 1999.

Lehmkuhl, Ursula, Eva Bischoff und Norbert Finzsch (Hg.). Provincializing the United States: Colonialism, Decolonization, and (Post)Colonial Governance in Transnational Perspective. Heidelberg: Winter, 2014.

Lehrer, Susan. Origins of Protective Labor Legislation for Women, 1905–1925. Albany: State University of New York Press, 1987.
Leiken, Robert S. A New Moment in the Americas. New Brunswick, NJ: Transaction Publishers, 1994.
Lens, Sidney. The Crisis of American Labor. New York: Sagamore Press, 1959.
Lens, Sidney. The Labor Wars: From the Molly Maguires to the Sitdowns. Garden City, NY: Doubleday, 1973.
Lens, Sidney. The Forging of the American Empire. London, Sterling, VA, Chicago, IL: Pluto Press. Haymarket Books, 2003.
Lepsius, Oliver. Verwaltungsrecht unter dem Common Law: Amerikanische Entwicklungen bis zum New Deal. Tübingen: Mohr Siebeck, 1997.
Letwin, William. Law and Economic Policy in America: The Evolution of the Sherman Antitrust Act. Chicago, IL: University of Chicago Press, 1981.
Lewin, Roger. In the Age of Mankind: A Smithsonian Book of Human Evolution. Washington, DC: Smithsonian Books, 1988.
Lewy, Guenter. Were American Indians the Victims of Genocide? [Web Page]: http://historynewsnetwork.org/article/7302. Gesehen am 13. April 2015.
Li, Linda Chelan. Rural Tax Reform in China: Policy Process and Institutional Change. London, New York: Routledge, 2012.
Libecap, Gary D. und Zeynep K. Hansen. „‚Rain Follows the Plow' and Dryfarming Doctrine: The Climate Information Problem and the Homestead Failure in the Upper Great Plains, 1890–1915." Journal of Economic History 62, no. 1 (2002):86–120.
Liddic, Bruce R. Vanishing Victory: Custer's Final March. El Segundo, CA: Upton & Sons, Publishers, 2004.
Lieberman, Robert C. „The Freedmen's Bureau and the Politics of Institutional Structure." Social Science History 18, no. 3 (1994):405–437.
Liebowitz, Stan J. und Stephen E. Margolis. „The Fable of the Keys." Journal of Law and Economics 33, no. 1 (1990):1–25.
Liebowitz, Stan J. und Stephen E. Margolis. „Path Dependence, Lock-In, and History." [Web Page]: https://www.researchgate.net/publication/5213887. Gesehen am 5. Mai 2016.
Liebowitz, Stan J. und Stephen E. Path Dependence and Lock-In. Cheltenham, Northampton, MA: Edward Elgar Publishing, 2014.
Limerick, Patricia Nelson. The Legacy of Conquest: The Unbroken Past of the American West. New York: W.W. Norton, 2006.
Lind, Michael. What Lincoln Believed: The Values and Convictions of America's Greatest President. New York: Doubleday, 2005.
Linder, Marc. „Time and a Half's the American Way": A History of the Exclusion of White-Collar Workers from Overtime Regulation, 1868–2004. Iowa City, IO: Fanpihua Press, 2004.
Lindquist, Malinda A. Race, Social Science and the Crisis of Manhood, 1890–1970: We Are the Supermen. New York: Routledge, 2012.
Lindsay, Brendan C. Murder State: California's Native American Genocide, 1846–1873. Lincoln, NE: University of Nebraska Press, 2012.
Lindsey, Almont. The Pullman Strike: The Story of a Unique Experiment and of a Great Labor Upheaval. Chicago, IL: University of Chicago Press, 1964.

Lindstrom, Richard. „'Not from the Land Side, but from the Flag Side': Native American Responses to the Wanamaker Expedition of 1913." Journal of Social History. 1996, 30 (1):209–227.
Link, Arthur Stanley. Woodrow Wilson and a Revolutionary World, 1913–1921. Chapel Hill, NC: University of North Carolina Press, 1982.
Link, Arthur Stanley. Woodrow Wilson and the Progressive Era, 1910–1917. New York: Harper, 1954.
Linn, Brian McAllister. Guardians of Empire: The U.S. Army and the Pacific, 1902–1940. Chapel Hill, NC: University of North Carolina Press, 1997.
Linn, Brian McAllister. The Philippine War, 1899–1902. Lawrence, KS: University Press of Kansas, 2000.
Linn, Brian McAllister. The U.S. Army and Counterinsurgency in the Philippine War, 1899–1902. Chapel Hill, NC: University of North Carolina Press, 1989.
Lippke, Richard L. „The Disenfranchisement of Felons." Law and Philosophy 20, no. 6 (2001):553–580.
Lipset, Seymour Martin. American Exceptionalism: A Double-Edged Sword. New York: W.W. Norton, 1996.
List, Martin, Behrens, Maria, Reichardt, Wolfgang und Simonis, Georg. Internationale Politik: Probleme und Grundbegriffe. Opladen: VS Verlag für Sozialwissenschaften, 1995.
Litwack, Leon F. The American Labor Movement. Englewood Cliffs, NJ: Prentice-Hall, 1962.
Litwack, Leon F. Been in the Storm So Long: The Aftermath of Slavery. New York: Vintage Books, 1980.
Litwack, Leon F. How Free Is Free? The Long Death of Jim Crow. Cambridge, MA: Harvard University Press, 2009.
Litwak, Robert. Regime Change: U.S. Strategy through the Prism of 9/11. Washington, DC, Baltimore, MD: Woodrow Wilson Center Press. Johns Hopkins University Press, 2007.
Livesay, Harold C. Andrew Carnegie and the Rise of Big Business. New York: Pearson Longman, 2007.
Lockey, Joseph Byrne. Orígenes del Panamericanismo. Caracas: Gobierno de Venezuela, 1976.
Lösche, Peter (Hg.). Länderbericht USA: Geschichte, Politik, Wirtschaft, Gesellschaft, Kultur. Bonn: Bundeszentrale für Politische Bildung, 2008.
Lofgren, Charles A. „United States v. Curtiss-Wright Export Corporation: An Historical Reassessment." The Yale Law Journal 83, no. 1 (1973):1–32.
Logan, Shirley W. We Are Coming: The Persuasive Discourse of Nineteenth-Century Black Women. Carbondale, IL: Southern Illinois University Press, 1999.
Loheide, Boris. „Agrobusiness und Globalisierung: Die Entstehung des transatlantischen Rindfleischmarktes 1870–1914." Dissertation, Universität zu Köln, 2008.
Lomas, Charles Wyatt. The Agitator in American Society. Englewood Cliffs, NJ: Prentice-Hall, 1968.
Lombardo, Paul A. Three Generations, No Imbeciles: Eugenics, the Supreme Court, and Buck v. Bell. Baltimore, MD: Johns Hopkins University Press, 2008.
Lombardo, Paul A. A Century of Eugenics in America: From the Indiana Experiment to the Human Genome Era. Bloomington, IN: Indiana University Press, 2011.
Lord, Walter. The Good Years: From 1900 to the First World War. New Brunswick, NJ: Transaction Publishers, 2011.

Lowe, Richard. „The Freedmen's Bureau and Local Black Leadership." The Journal of American History 80, no. 3 (1993):989–998.
Lowe, Richard. „The Freedmen's Bureau and Local White Leaders in Virginia." The Journal of Southern History 64, no. 3 (1998):455–472.
Lubetkin, M. John. Jay Cooke's Gamble: The Northern Pacific Railroad, the Sioux, and the Panic of 1873. Norman, OK: University of Oklahoma Press, 2006.
Lubove, Roy. The Progressives and the Slums: Tenement House Reform in New York City, 1890–1917. Westport, CT: Greenwood Press, 1974.
Luecke, John. The Great Northern in Minnesota: The Foundations of an Empire. St. Paul, MN: Grenadier Publications, 1997.
Luedtke, Luther S. Nathaniel Hawthorne and the Romance of the Orient. Bloomington, IN: Indiana University Press, 1989.
Lukes, Bonnie L. Woodrow Wilson and the Progressive Era. Greensboro, N.C: Morgan Reynolds Pub, 2006.
Lurie, Jonathan. „H. D. Lloyd: A Note." Agricultural History 47, no. 1 (1973):76–79.
Lynch, Denis Tilden. „Boss" Tweed the Story of a Grim Generation. New Brunswick, NJ: Transaction Publishers, 2002.
Lynch, John Roy. Reminiscences of an Active Life: The Autobiography of John Roy Lynch. Chicago, IL: University of Chicago Press, 1970.
Lüthi, Barbara. „Invading Bodies": Medizin und Immigration in den USA (1880–1920). Frankfurt am Main, New York: Campus, 2009.
Mach, Thomas S. „Gentleman George" Hunt Pendleton: Party Politics and Ideological Identity in Nineteenth-Century America. Kent, OH: Kent State University Press, 2007.
Mackay, James A. Allan Pinkerton: The First Private Eye. New York: J. Wiley & Sons, 1997.
Madsen, Axel. The Marshall Fields. New York: J. Wiley, 2002.
Madsen, Deborah L. American Exceptionalism. Jackson, MS: University Press of Mississippi, 1998.
Magdalena, Federico V. The Battle of Bayang and Other Essays on Moroland. Marawi City, Philippines: Mamitua Saber Research Center, Office of the Vice Chancellor for Research & Extension, Mindanao State University, 2002.
Magness, Phillip W. und Weissburg, Paul. Rules of the Game: How Government Works and Why It Sometimes Doesn't. Prince Frederick, MD: Recorded Books, 2011.
Magnusson, Lars und Ottosson, Jan. The Evolution of Path Dependence. Cheltenham, Northampton, MA: Edward Elgar, 2009.
Magnusson, Lars und Ottosson, Jan. Evolutionary Economics and Path Dependence. Cheltenham, Northampton, MA: Edward Elgar Publishing, 1997.
Magrath, C. Peter. Morrison R. Waite: The Triumph of Character. New York: Macmillan, 1963.
Mahoney, James und Schensul, Daniel. „Historical Context and Path Dependence." In: Robert E. Goodin und Charles Tilly (Hg.). The Oxford Handbook of Contextual Political Analysis. Oxford: Oxford University Press, 2006, S. 454–471.
Mahoney, James und Thelen, Kathleen Ann. Explaining Institutional Change Ambiguity, Agency, and Power. Cambridge, New York: Cambridge University Press, 2010.
Mahoney, James. „Path Dependence in Historical Sociology." Theory and Society. 2000, 29 (4):507–548.
Mahoney, James. The Legacies of Liberalism: Path Dependence and Political Regimes in Central America. Baltimore, MD: Johns Hopkins University Press, 2001.

Maier, Charles S. Among Empires: American Ascendancy and Its Predecessors. Cambridge, MA: Harvard University Press, 2006.
Maier, Charles S. „Empire's Past... Empire's Future." South Central Review 2009, 26 (3):2–19.
Maihafer, Harry J. The General and the Journalists: Ulysses S. Grant, Horace Greeley, and Charles Dana. Washington, DC: Brassey's, 1998.
Malone, Ann Patton. „Piney Woods Farmers of South Georgia, 1850–1900: Jeffersonian Yeomen in an Age of Expanding Commercialism." Agricultural History. 1986, 60 (4):51–84.
Malone, Michael P., Roeder, Richard B. und Lang, William L. Montana: A History of Two Centuries. Seattle, WA: University of Washington Press, 1991.
Maltz, Earl M. The Fourteenth Amendment and the Law of the Constitution. Durham, NC: Carolina Academic Press, 2003.
Mancall, Peter und Heber Johnson, Benjamin (Hg.). Making of the American West: People and Perspectives. Santa Barbara, CA: ABC-CLIO, 2007.
Mann, Susan A. „Slavery, Sharecropping, and Sexual Inequality." Signs 14, no. 4 (1989):774–798.
Manza, Jeff und Uggen, Christopher. „Punishment and Democracy: Disenfranchisement of Nonincarcerated Felons in the United States." Perspectives on Politics 2, no. 3 (2004):491–505.
Marcus, Alan I. Agricultural Science and the Quest for Legitimacy: Farmers, Agricultural Colleges, and Experiment Stations, 1870–1890. Ames, IO: Iowa State University Press, 1985.
Margulies, Phillip und Maxine Rosaler. The Devil on Trial: Witches, Anarchists, Atheists, Communists, and Terrorists in America's Courtrooms. Boston, MA: Houghton Mifflin Co, 2008.
Marinski, Deborah R. William McKinley: A Modern Man. New York: Nova Science Publishers, 2011.
Markel, Rita J. Grover Cleveland. Minneapolis, MN: Twenty-First Century Books, 2007.
Markham, Jerry W. A Financial History of the United States. Armonk, NY: M. E. Sharpe, 2002.
Marquard, Leopold. South Africa's Colonial Policy: Presidential Address Delivered at the Annual Meeting of the Council of the South African Institute of Race Relations in the Hiddingh Hall, Cape Town, on January 16, 1957. Johannesburg: The Institute, 1957.
Marschall, Richard. Bully! The Life and Times of Theodore Roosevelt. Washington, D.C, New York: Regnery Pub. Distributed to the trade by Perseus Distribution, 2011.
Marshall, F. Ray. Labor in the South. Cambridge, MA: Harvard University Press, 1967.
Marshall, James M. Land Fever: Dispossession and the Frontier Myth. Lexington, KY: University Press of Kentucky, 1986.
Marti, Donald B. Women of the Grange: Mutuality and Sisterhood in Rural America, 1866–1920. New York: Greenwood Press, 1991.
Martin, Cathie J. und Duane Swank. The Political Construction of Business Interests: Coordination, Growth, and Equality. Cambridge, New York: Cambridge University Press, 2012.
Martin, Ron. „Roepke Lecture in Economic Geography: Rethinking Regional Path Dependence: Beyond Lock-in to Evolution." Economic Geography 2010, 86 (1):1–28
Martínez-Fernández, Luis. Protestantism and Political Conflict in the Nineteenth-Century Hispanic Caribbean. New Brunswick, NJ: Rutgers University Press, 2002.

Martinez, J. Michael. Carpetbaggers, Cavalry, and the Ku Klux Klan: Exposing the Invisible Empire during Reconstruction. Lanham, MD: Rowman & Littlefield, 2007.
Matsen, William E. „The Battle of Sugar Point: A Re-Examination." Minnesota History. 1987, 50 (7):269–275.
Matthews, Glenna. „Just a Housewife": The Rise and Fall of Domesticity in America. New York: Oxford University Press, 1987.
Matthews, Peter Hans. „Positive Feedback and Path Dependence: Using the Law of Large Numbers." The Journal of Economic Education 2001, 32 (2):124–136.
Mattison, Ray H. „The Hard Winter and the Range Cattle Business." The Montana Magazine of History. 1951 Oct 1, 1 (4):5–21.
Mau, Steffen. Social Transnationalism: Lifeworlds beyond the Nation-State. London, New York: Routledge, 2010.
May, Ernest R. The Making of the Monroe Doctrine. Cambridge, MA: Belknap Press of Harvard University Press, 1975.
May, Ernest R., Rosecrance, Richard N. und Steiner, Zara (Hg.). History and Neorealism. Cambridge, New York: Cambridge University Press, 2010.
May, Robert E. The Southern Dream of a Caribbean Empire, 1854–1861. Gainesville, FL: University Press of Florida, 2002.
Mayhew, Anne. Narrating the Rise of Big Business in the USA: How Economists Explain Standard Oil and Wal-Mart. London, New York: Routledge, 2008.
Mayhew, David R. Parties and Policies: How the American Government Works. New Haven, CT: Yale University Press, 2008.
Mazour, Anatole G. „The Prelude to Russia's Departure from America." Pacific Historical Review 10, no. 3 (1941):311–319.
McAlpine, R. W. The Life and Times of Col. James Fisk, Jr. New York: Arno Press, 1981.
McBride, Mary Gorton und Ann M. McLaurin. Randall Lee Gibson of Louisiana: Confederate General and New South Reformer. Baton Rouge, LA: Louisiana State University Press, 2007.
McBride, Paul. Culture Clash: Immigrants and Reformers, 1880–1920. San Francisco, CA: R and E Research Associates, 1975.
McConnell, Stuart Charles. Glorious Contentment: The Grand Army of the Republic, 1865–1900. Chapel Hill: University of North Carolina Press, 1992.
McCormick, Charles H. Seeing Reds: Federal Surveillance of Radicals in the Pittsburgh Mill District, 1917–1921. Pittsburgh, PA: University of Pittsburgh Press, 1997.
McCormick, James M. American Foreign Policy and Process. Belmont, CA: Cengage Learning Wadsworth, 2014.
McCormick, Thomas J. China Market: America's Quest for Informal Empire, 1893–1901. Chicago, IL: I.R. Dee, 1990.
McCulley, Richard T. Banks and Politics during the Progressive Era: The Origins of the Federal Reserve System, 1897–1913. New York: Garland Pub, 1992.
McDougall, Walter A. Promised Land, Crusader State: The American Encounter with the World since 1776. Boston: Houghton Mifflin, 1997.
McDougall, Walter A. „What the U.S. Needs to Promote in Iraq (Hint: It's Not Democratization Per Se)." Foreign Policy Research Institute Wire 11, no. 2 (2003).
McDougall, Walter A. „Back to Bedrock: The Eight Traditions of American Statecraft." Foreign Affairs 1997, 76 (2):134–146.

McFarland, Gerald W. Inside Greenwich Village: A New York City Neighborhood, 1898–1918. Amherst: University of Massachusetts Press, 2001.

McFarland, Gerald W. Mugwumps, Morals, & Politics, 1884–1920. Amherst: University of Massachusetts Press, 1975.

McFeely, William S. Yankee Stepfather: General O. O. Howard and the Freedmen. New Haven, CT: Yale University Press, 1968.

McGerr, Michael E. A Fierce Discontent: The Rise and Fall of the Progressive Movement in America, 1870–1920. New York: Free Press, 2003.

McGovern, Charles. Sold American: Consumption and Citizenship, 1890–1945. Chapel Hill, NC: University of North Carolina Press, 2006.

McGuire, Shawn J. „Path-Dependency in Plant-Breeding: Challenges Facing Participatory Reforms in the Ethiopian Sorghum Improvement Program." Agricultural Systems 96, no. 1–3 (2008):139–149.

McHugh, Cathy L. Mill Family: The Labor System in the Southern Cotton Textile Industry, 1880–1915. New York: Oxford University Press, 1988.

McHugh, Kathleen Anne. American Domesticity: From How-to Manual to Hollywood Melodrama. New York: Oxford University Press, 1999.

McIver, Stuart B. Dreamers, Schemers, and Scalawags. Sarasota, FL: Pineapple Press, 1994.

McJimsey, George T. Harry Hopkins: Ally of the Poor and Defender of Democracy. Cambridge, MA: Harvard University Press, 1987.

McLennan, Kathleen A. „Woman's Place: ‚Marriage' in America's Gilded Age." Theatre Journal 37, no. 3 (1985):345–356.

McMaster, Lindsey. Working Girls in the West: Representations of Wage-Earning Women. Vancouver: UBC Press, 2008.

McMath, Robert C. American Populism: A Social History, 1877–1898. New York: Hill and Wang, 1993.

McMurry, Donald Le Crone. Coxey's Army: A Study of the Industrial Army Movement of 1894. New York: AMS Press, 1970.

McNeese, Tim. The Gilded Age and Progressivism, 1891–1913. New York: Chelsea House, 2009.

McNeese, Tim. The Robber Barons and the Sherman Anti-Trust Act: Reshaping American Business. New York: Chelsea House Publishers, 2009.

McPherson, James M. Abraham Lincoln and the Second American Revolution. New York: Oxford University Press, 1990.

McPherson, James M. Battle Cry of Freedom: The Civil War Era. New York: Oxford University Press, 1988.

McPherson, James M. Ordeal by Fire: The Civil War and Reconstruction. Boston, MA: McGraw-Hill, 2001.

McPherson, James M. The Struggle for Equality: Abolitionists and the Negro in the Civil War and Reconstruction. Princeton, NJ: Princeton University Press, 1964.

McWhirter, Cameron. Red Summer: The Summer of 1919 and the Awakening of Black America. New York: Henry Holt & Co, 2011.

Mead, Sidney E. „American Protestantism since the Civil War. II. From Americanism to Christianity." The Journal of Religion 36, no. 2 (1956):67–89.

Meier, Christian. Der Historiker und der Zeitgenosse: Eine Zwischenbilanz. München: Siedler, 2014.

Meissner, Werner. China zwischen Nationalem ‚Sonderweg' und universaler Modernisierung: Zur Rezeption westlichen Denkens in China. München: W. Fink, 1994.
Mercer, Lloyd J. Railroads and Land Grant Policy: A Study in Government Intervention. New York: Academic Press, 1982.
Merk, Frederick. The Monroe Doctrine and American Expansionism, 1843–1849. New York: Knopf, 1966.
Merriner, James L. Grafters and Goo Goos: Corruption and Reform in Chicago, 1833–2003. Carbondale, IL: Southern Illinois University Press, 2004.
Messer-Kruse, Timothy. The Haymarket Conspiracy: Transatlantic Anarchist Networks. Urbana, IL: University of Illinois Press, 2012.
Messer-Kruse, Timothy. The Trial of the Haymarket Anarchists: Terrorism and Justice in the Gilded Age. New York: Palgrave Macmillan, 2011.
Messner, Steven F., Baller, Robert D. und Zevenbergen, Matthew P.. „The Legacy of Lynching and Southern Homicide." American Sociological Review 70, no. 4 (2005):633–655.
Meyer, Howard N. The Amendment That Refused to Die: Equality and Justice Deferred. The History of the Fourteenth Amendment. Lanham, MD: Madison Books, 2000.
Meyer, Michael C. „Felix Sommerfeld and the Columbus Raid of 1916." Arizona and the West 25, no. 3 (1983): 213–228.
Meyer, Michael C. „The Mexican-German Conspiracy of 1915." The Americas 23, no. 1 (1966): 76–89.
Meyer, Michael C. „Villa, Sommerfeld, Columbus y los Alemanes." Historia Mexicana 28, no. 4 (1979): 546–566.
Meyer, Michael C, William L. Sherman und Susan M. Deeds. The Course of Mexican History. New York: Oxford University Press, 1999.
Meyerowitz, Joanne J. Women Adrift: Independent Wage Earners in Chicago, 1880–1930. Chicago, IL: University of Chicago Press, 1988.
Michael, Robert. A Concise History of American Antisemitism. Lanham, MD: Rowman & Littlefield, 2005.
Michno, Gregory. Battle at Sand Creek: The Military Perspective. El Segundo, CA: Upton and Sons, Publishers, 2004.
Micklethwait, John und Wooldridge, Adrian. The Company: A Short History of a Revolutionary Idea. New York: Modern Library, 2003.
Milano, Kenneth W. Hidden History of Kensington & Fishtown. Charleston, SC: History Press, 2010.
Milkis, Sidney M. und Mileur, Jerome M. . Progressivism and the New Democracy. Amherst: University of Massachusetts Press, 1999.
Miller, Donald L. City of the Century: The Epic of Chicago and the Making of America. New York: Simon & Schuster, 1996.
Miller, George Hall. Railroads and the Granger Laws. Madison, WI: University of Wisconsin Press, 1971.
Miller, Marvin D. Terminating the „Socially Inadequate": The American Eugenicists and the German Race Hygienists, California to Cold Spring Harbor, Long Island to Germany. Commack, NY: Malamud-Rose, 1996.
Miller, Melinda C. „Land and Racial Wealth Inequality." The American Economic Review 101, no. 3 (2011):371–76.
Miller, Nathan. Theodore Roosevelt: A Life. New York: Morrow, 1992.

Miller, Nathan. New World Coming: The 1920s and the Making of Modern America. New York: Scribner, 2003.

Miller, Sally M. Victor Berger and the Promise of Constructive Socialism, 1910–1920. Westport, CT: Greenwood Press, 1973.

Miller, Stephen. Special Interest Groups in American Politics. New Brunswick, NJ: Transaction Books, 1983.

Miller, Worth Robert. „Farmes and Third Party Politics." In: Charles W. Calhoun (Hg.). The Gilded Age: Perspectives on the Origins of Modern America. Lanham, MD: Rowman & Littlefield Publishers, 2007, S. 283–306.

Miller, Worth Robert. Populist Cartoons: An Illustrated History of the Third-Party Movement in the 1890s. Kirksville, MO: Truman State University Press, 2011.

Miller, Zane L. Boss Cox's Cincinnati: Urban Politics in the Progressive Era. Columbus, OH: Ohio State University Press, 2000.

Mills, Charles W. „Revisionist Ontologies: Theorizing White Supremacy." Social and Economic Studies. 1994, 43 (3):105–134.

Miner, H. Craig. The St. Louis-San Francisco Transcontinental Railroad: The Thirty-Fifth Parallel Project, 1853–1890. Lawrence, KS: University Press of Kansas, 1972.

Ministerium für Schule und Weiterbildung des Landes Nordrhein-Westfalen. Kernlehrplan für das Gymnasium – Sekundarstufe I (G8) in Nordrhein-Westfalen: Geschichte. Frechen: Ritterbach Verlag, 2007.

Mintz, Steven. African American Voices the Life Cycle of Slavery. St. James, NY: Brandywine Press, 1993.

Mintz, Steven und Kellogg, Susan. Domestic Revolutions: A Social History of American Family Life. New York, London: Free Press. Collier Macmillan, 1988.

Misa, Thomas J. A Nation of Steel: The Making of Modern America, 1865–1925. Baltimore, MD: Johns Hopkins University Press, 1995.

Missal, Alexander. Seaway to the Future: American Social Visions and the Construction of the Panama Canal. Madison, WI: University of Wisconsin Press, 2008.

Mitchell, Allan. The Great Train Race. Railways and the Franco-German Rivalry, 1815–1914. New York: Berghahn Books, 2000.

Mitchell, Mary Niall. Raising Freedom's Child: Black Children and Visions of the Future after Slavery. New York: New York University Press, 2008.

Mitchener, Kris James und Marc D. Weidenmier. Empire, Public Goods, and the Roosevelt Corollary. Cambridge, MA: National Bureau of Economic Research, 2004.

Mittelman, Amy. Brewing Battles: A History of American Beer. New York: Algora Pub, 2008.

Mitterauer, Michael. Die Entwicklung Europas: Ein Sonderweg? Legitimationsideologien und die Diskussion der Wissenschaft. Wien: Picus, 1999.

Mitterling, Doris. Guide to the Henry Moore Teller Papers, 1862–1908. Boulder, CO: Western Historical Collections, University of Colorado Libraries, 1974.

Mixon, Scott. „The Crisis of 1873: Perspectives from Multiple Asset Classes." The Journal of Economic History 68, no. 3 (2008):722–757.

Mizruchi, Susan L. The Science of Sacrifice: American Literature and Modern Social Theory. Princeton, NJ: Princeton University Press, 1998.

Mjagkij, Nina. Organizing Black America: An Encyclopedia of African American Associations. New York: Garland, 2001.

Mock, Cary J. „Drought and Precipitation Fluctuations in the Great Plains during the Late Nineteenth Century." Great Plains Research: A Journal of Natural and Social Sciences, Paper 7, no. 1 (1991):26–57.
Moffat, William C. Soldier's Pay [Web Page]: http://www.cincinnaticwrt.org/data/ccwrt_history/talks_text/moffat_soldiers_pay.html. Gesehen am 5. Januar 2017.
Mohr, Clarence L. „Before Sherman: Georgia Blacks and the Union War Effort, 1861–1864." The Journal of Southern History 45, no. 3 (1979):331–52.
Mombauer, Annika. „The Fischer Controversy, Documents and the ‚Truth' about the Origins of the First World War." Journal of Contemporary History 48, no. 2 (2013):290–314.
Moneyhon, Carl H. Arkansas and the New South, 1874–1929. Fayetteville, AR: University of Arkansas Press, 1997.
Montejano, David. Anglos and Mexicans in the Making of Texas, 1836–1986. Austin, TX: University of Texas Press, 1987.
Montgomery, David. The Fall of the House of Labor: The Workplace, the State, and American Labor Activism, 1865–1925. Cambridge, New York, Paris: Cambridge University Press. Editions de la Maison des Sciences de l'Homme, 1987.
Montgomery, David. „Workers' Control of Machine Production in the Nineteenth Century." In: Daniel J. Leab (Hg.). The Labor History Reader. Urbana, IL: University of Illinois Press, 1985, S. 107–131.
Monti, Daniel J. Race, Redevelopment, and the New Company Town. Albany, NY: State University of New York Press, 1990.
Moon, Michael. „‚The Gentle Boy from the Dangerous Classes': Pederasty, Domesticity, and Capitalism in Horatio Alger." Representations, no. 19 (1987):87–110.
Moore, Jacqueline M. Cow Boys and Cattle Men: Class and Masculinities on the Texas Frontier, 1865–1900. New York: New York University Press, 2010.
Moore, Mark Harrison und Gerstein, Dean R.. Alcohol and Public Policy: Beyond the Shadow of Prohibition. Washington, DC: National Academy Press, 1981.
Moos, Malcolm. The Republicans: A History of Their Party. New York: Random House, 1956.
Morain, Thomas J. Prairie Grass Roots an Iowa Small Town in the Early Twentieth Century. Ames: Iowa State University Press, 1988.
Morais, Herbert M. und Cahn, William. Gene Debs: The Story of a Fighting American. New York: International Publishers, 1980.
Moran, Richard. Executioner's Current: Thomas Edison, George Westinghouse, and the Invention of the Electric Chair. New York: A.A. Knopf, 2002.
Moreton-Robinson, Aileen, Casey, Maryrose und Nicoll, Fiona Jean. Transnational Whiteness Matters. Lanham, MD: Lexington Books, 2008.
Morgan, H. Wayne. From Hayes to McKinley: National Party Politics, 1877–1896. Syracuse, NY: Syracuse University Press, 1969.
Morris, Charles R. The Tycoons: How Andrew Carnegie, John D. Rockefeller, Jay Gould, and J.P. Morgan Invented the American Supereconomy. New York: H. Holt and Co, 2005.
Morris, James M. und Patricia M. Kearns. Historical Dictionary of the United States Navy. Lanham, MD: Scarecrow Press, 2011.
Morris, Lloyd R. Incredible New York. New York: Arno Press, 1975.
Morris, Patricia McGrath. „An Evaluation of the Nutritional Quality of Meals Served in Soup Kitchens in New York State and an Examination of the Factors That Determine Quality." Dissertation, Cornell University, 1988.

Morris, Roy. Fraud of the Century: Rutherford B. Hayes, Samuel Tilden, and the Stolen Election of 1876. New York: Simon & Schuster, 2003.
Morris, Thomas D. Southern Slavery and the Law, 1619–1860. Chapel Hill: University of North Carolina Press, 1996.
Morse, Kathryn Taylor. The Nature of Gold: An Environmental History of the Klondike Gold Rush. Seattle: University of Washington Press, 2003.
Moser, John E. Twisting the Lion's Tail: American Anglophobia between the World Wars. New York: New York University Press, 1999.
Most, Doug. The Race Underground: Boston, New York, and the Incredible Rivalry That Built America's First Subway. New York: St. Martin's Press, 2014.
Mozingo, Louise A. Pastoral Capitalism: A History of Suburban Corporate Landscapes. Cambridge, MA: MIT Press, 2011.
Mugridge, Ian. The View from Xanadu: William Randolph Hearst and United States Foreign Policy. Montreal, Buffalo: McGill-Queen's University Press, 1995.
Müller-Pohl, Simone. „The Class of 1866 and the Wiring of the World: Telegraphic Networks in Maritime Space, 1858–1914." Dissertation, Freie Universität Berlin, 2012.
Mulrooney, Margaret M., Historic American Buildings Survey, Historic American Engineering Record und America's Industrial Heritage Project. A Legacy of Coal the Coal Company Towns of Southwestern Pennsylvania. Washington, DC: Historic American Buildings Survey, Historic American Engineering Record, National Park Service, 1989.
Munden, Christopher P. „Jay Cooke: Banks, Railroads, and the Panic of 1873." Pennsylvania Legacies 11, no. 1 (2011):3–5.
Murphy, Gretchen. Hemispheric Imaginings: The Monroe Doctrine and Narratives of U.S. Empire. Durham, NC: Duke University Press, 2005.
Murphy, John. The Telephone: Wiring America. New York: Chelsea House Publishers, 2009.
Murray, Robert K. Red Scare: A Study in National Hysteria, 1919–1920. Westport, CT: Greenwood Press, 1980.
Mushkat, Jerome. Fernando Wood: A Political Biography. Kent, OH: Kent State University Press, 1990.
Musser, Joe. The Cereal Tycoon: Henry Parsons Crowell, Founder of the Quaker Oats Co. A Biography. Chicago, IL: Moody Press, 1997.
Mutch, Robert E. Buying the Vote: A History of Campaign Finance Reform. Oxford, New York: Oxford University Press, 2014.
Muthyala, John. Dwelling in American: Dissent, Empire, and Globalization. Hanover, NH: Dartmouth College Press, 2012.
Muzzey, David Saville. James G. Blaine a Political Idol of Other Days. Port Washington, NY: Kennikat Press, 1963.
Myers, Gustavus. The History of Tammany Hall. New York: Boni & Liveright, Inc, 1917.
Myers, Walter Dean und Bonnie Christensen. Ida B. Wells: Let the Truth Be Told. New York: Amistad/Collins, 2008.
Münnix, Gabriele. „Anything Goes? Zum Schlagwort von der postmodernen Beliebigkeit." In: André Schütte (Hg.). Freiheit, Moral, Beliebigkeit: Was sollen wir tun? Rheinbach: CMZ-Verlag, 2013, S. 43–72.
Nabers, Deak. Victory of Law: The Fourteenth Amendment, the Civil War, and American Literature, 1852–1867. Baltimore, MD: Johns Hopkins University Press, 2006.

Nackenoff, Carol. The Fictional Republic: Horatio Alger and American Political Discourse. New York: Oxford University Press, 1994.
Nagel, Joane. American Indian Ethnic Renewal: Red Power and the Resurgence of Identity and Culture. New York: Oxford University Press, 1996.
Nasaw, David. Andrew Carnegie. New York: Penguin Press, 2006.
Nasaw, David. The Chief: The Life of William Randolph Hearst. Boston, MA: Houghton Mifflin, 2000.
Nasaw, David. Going Out: The Rise and Fall of Public Amusements. New York, NY: BasicBooks, 1993.
National Archives and Founders Online. „John Paul Jones to the Commissioners, 9 December 1778." [Web Page]: http://founders.archives.gov/?q=%22Imperial%20Republic%22&s=1511311111&r=1. Gesehen am 28.6.2016.
National Bureau of Economic Research. Output, Employment and Productivity in the United States after 1800. New York: National Bureau of Economic Research, 1966.
National Research Council (U.S.) und Committee on the Future of the Colleges of Agriculture in the Land Grant University System. Colleges of Agriculture at the Land Grant Universities: Public Service and Public Policy. Washington, DC: National Academy Press, 1996.
Nealon, Jeffrey T. Post-Postmodernism, or, The Cultural Logic of Just-in-Time Capitalism. Stanford, CA: Stanford University Press, 2012.
Nelson, Bruce. Divided We Stand: American Workers and the Struggle for Black Equality. Princeton, NJ: Princeton University Press, 2001.
Nelson, Lewis B. History of the U.S. Fertilizer Industry. Muscle Shoals, AL: Tennessee Valley Authority, 1990.
Nelson, Megan Kate. Ruin Nation: Destruction and the American Civil War. Athens, GA: University of Georgia Press, 2012.
Nelson, Scott Reynolds. A Nation of Deadbeats: An Uncommon History of America's Financial Disasters. New York: Alfred A. Knopf, 2012.
Nelson, Scott Reynolds. „A Storm of Cheap Goods: New American Commodities and the Panic of 1873." The Journal of the Gilded Age and Progressive Era 10, no. 4 (2011):447–453.
Nelson, Scott Reynolds und Carol Sheriff. A People at War Civilians and Soldiers in America's Civil War, 1854–1877. New York: Oxford University Press, 2007.
Nerburn, Kent. Chief Joseph & the Flight of the Nez Perce the Untold Story of an American Tragedy. New York, NY: HarperCollins, 2005.
Nesbit, Robert C. und Thompson, William Fletcher. Wisconsin: A History. Madison, WI: University of Wisconsin Press, 1989.
Netz, Reviel. Barbed Wire: An Ecology of Modernity. Middletown, CT: Wesleyan University Press, 2004.
Neu, Charles E. An Uncertain Friendship: Theodore Roosevelt and Japan, 1906–1909. Cambridge, MA: Harvard University Press, 1967.
Neumann, Gerson Roberto. Brasilien ist nicht weit von hier! Die Thematik der deutschen Auswanderung nach Brasilien in der deutschen Literatur im 19. Jahrhundert (1800–1871). Frankfurt am Main, New York: P. Lang, 2005.
Nevels, Cynthia Skove. Lynching to Belong: Claiming Whiteness through Racial Violence. College Station, TX: Texas A&M University Press, 2007.
Nevins, Allan. Grover Cleveland: A Study in Courage. Norwalk, CT: Easton Press, 1989.

Nevins, Allan. Henry White: Thirty Years of American Diplomacy. New York, London: Harper & Brothers, 1930.

Newfield, Christopher. Ivy and Industry: Business and the Making of the American University, 1880–1980. Durham, NC: Duke University Press, 2003.

Newsom, Kevin Christopher. „Setting Incorporationism Straight: A Reinterpretation of the Slaughter-House Cases." The Yale Law Journal 109, no. 4 (2000):643–744.

Newton, Michael. The Ku Klux Klan in Mississippi: A History. Jefferson, NC: McFarland & Co, 2010.

Nichols, Christopher McKnight. Promise and Peril: America at the Dawn of a Global Age. Cambridge, MA: Harvard University Press, 2011.

Nielsen, Kim E. Un-American Womanhood: Antiradicalism, Antifeminism, and the First Red Scare. Columbus, OH: Ohio State University Press, 2001.

Nieman, Donald G. From Slavery to Sharecropping: White Land and Black Labor in the Rural South, 1865–1900. New York: Garland, 1994.

Ninkovich, Frank A. The United States and Imperialism. Malden, MA: Blackwell Publishers, 2001.

Ninkovich, Frank A. The Wilsonian Century: U.S. Foreign Policy since 1900. Chicago, IL: University of Chicago Press, 1999.

Norgren, Jill. Belva Lockwood: Equal Rights Pioneer. Minneapolis, MN: Twenty-First Century Books, 2009.

Norgren, Jill. Belva Lockwood: The Woman Who Would Be President. New York, London: New York University Press, 2007.

North, Douglass C. The Economic Growth of the United States, 1790–1860. Englewood Cliffs, NJ: Prentice-Hall, 1961.

Northrup, Cynthia Clark und Prange Turney, Elaine C.. Encyclopedia of Tariffs and Trade in U.S. History. Westport, CT: Greenwood Press, 2003.

Northrup, Cynthia L. Clark. The American Economy: A Historical Encyclopedia. Santa Barbara, CA: ABC-CLIO, 2011.

Norton, Mary Beth. „‚Either Married or Bee Married': Women's Legal Equality in Early America." In: Pestana, Carla Gardina und Sharon V. Salinger (Hg.). Inequality in Early America. Hanover, NH: University Press of New England, 1999, S. 25–45.

Nugent, Walter T. K. Progressivism: A Very Short Introduction. Oxford, New York: Oxford University Press, 2010.

Nugent, Walter T. The Tolerant Populists: Kansas Populism and Nativism. Chicago, IL: Universiy of Chicago Press, 2013.

Numbers, Ronald L. und Stenhouse, John. Disseminating Darwinism: The Role of Place, Race, Religion, and Gender. Cambridge England, New York: Cambridge University Press, 1999.

Nutter, Kathleen Banks. The Necessity of Organization: Mary Kenney O'Sullivan and Trade Unionism for Women, 1892–1912. New York: Garland Pub, 2000.

Nye, David E. Consuming Power: A Social History of American Energies. Cambridge, MA: MIT Press, 1998.

Nye, Joseph S. The Paradox of American Power: Why the World's Only Superpower Can't Go It Alone. Oxford, New York: Oxford University Press, 2002.

Nye, Joseph S. „Power and Interdependence Revisited." International Organization. 1987, 41(4):725–753.

Nye, Joseph S. Soft Power: The Means to Success in World Politics. New York: Public Affairs, 2004.
Nye, Joseph S. „The Velvet Hegemon." Foreign Policy 136 (2003):74–75.
Nye, Joseph S. „The Dependent Colossus." Foreign Policy. 2002, (129):74–76.
Nye, Joseph S. „The Future of American Power: Dominance and Decline in Perspective." Foreign Affairs. 2010, 89(6):2–12.
O'Brien, Sharon. American Indian Tribal Governments. Norman, OK: University of Oklahoma Press, 1989.
O'Brien, Thomas F. The Century of U.S. Capitalism in Latin America. Albuquerque: University of New Mexico Press, 1999.
O'Connell, Kevin. Tom Johnson: The Life and Times of Cleveland's Greatest Mayor. Cleveland, Ohio: Green Road Press, 2001.
O'Connell, Robert L. Sacred Vessels: The Cult of the Battleship and the Rise of the U.S. Navy. New York: Oxford University Press, 1993.
O'Foran, Shelly. Little Zion: A Church Baptized by Fire. Chapel Hill, NC: University of North Carolina Press, 2006.
O'Leary, Brendan. The Asiatic Mode of Production: Oriental Despotism, Historical Materialism, and Indian History. Oxford, Cambridge, MA: B. Blackwell, 1989.
Oates, Stephen B. Our Fiery Trial Abraham Lincoln, John Brown, and the Civil War Era. Amherst: University of Massachusetts Press, 1979.
Ochiai, Akiko. „The Port Royal Experiment Revisited: Northern Visions of Reconstruction and the Land Question." The New England Quarterly 74, no. 1 (2001):94–117.
Offner, John L. An Unwanted War: The Diplomacy of the United States and Spain over Cuba, 1895–1898. Chapel Hill, NC: University of North Carolina Press, 1992.
Ohrem, Dominik. „,American Knights in Buckskin': Das Männlichkeitsdispositiv der Frontier und Narrative der Nationsbildung in den USA des 19. und frühen 20. Jahrhunderts." In: Elke Kleinau, Dirk Schulz und Susanne Völker (Hg.). Gender in Bewegung: Aktuelle Spannungsfelder der Gender und Queer Studies. Bielefeld: transcript, 2013, S. 289–306.
Oleinik, Anton. Market as a Weapon: The Socio-Economic Machinery of Dominance in Russia. New Brunswick, NJ: Transaction Publishers, 2010
Olien, Roger M. und Davids Hinton, Diana. Oil and Ideology: The Cultural Creation of the American Petroleum Industry. Chapel Hill, NC: University of North Carolina Press, 2000.
Olson, Lynne. Freedom's Daughters: The Unsung Heroines of the Civil Rights Movement from 1830 to 1970. New York: Scribner, 2001.
Onuf, Peter S. Jefferson's Empire: The Language of American Nationhood. Charlottesville, VA: University Press of Virginia, 2000.
Oppenheimer, Joe A. Principles of Politics: A Rational Choice Theory Guide to Politics and Social Justice. Cambridge, New York: Cambridge University Press, 2012.
Organisation of American Historians. The LaPietra Report: A Report to the Profession [Web Page]: http://www.oah.org/about/reports/reports-statements/the-lapietra-report-a-report-to-the-profession/. Gesehen am 30. November 2016.
Orlemann, Eric C. Caterpillar. St. Paul, MN: Motorbooks, 2006.
Osterhammel, Jürgen. Die Verwandlung der Welt: Eine Geschichte des 19. Jahrhunderts. München: Beck, 2009.

Osterhammel, Jürgen. The Transformation of the World: A Global History of the Nineteenth Century. Princeton, NJ: Princeton University Press, 2014.

Osterhammel, Jürgen und Petersson, Niels P. Globalization: A Short History. Princeton, NJ: Princeton University Press, 2005.

Osthaus, Carl R. Freedmen, Philanthropy, and Fraud: A History of the Freedman's Savings Bank. Urbana, IL: University of Illinois Press, 1976.

Ostler, Jeffrey. Prairie Populism: The Fate of Agrarian Radicalism in Kansas, Nebraska, and Iowa, 1880–1892. Lawrence, KS: University Press of Kansas, 1993.

Ostler, Jeffrey. „Why the Populist Party Was Strong in Kansas and Nebraska but Weak in Iowa." The Western Historical Quarterly 23, no. 4 (1992):451–474.

Ostrogorski, Moissei Jakowlewitsch. Democracy and the Organization of Political Parties. New York: Haskell House Publishers, 1970, 2 Bände.

Otfinoski, Steven. Chester Arthur. Tarrytown, NY: Marshall Cavendish Benchmark, 2010.

Otis, D. S., Prucha, Francis Paul , United States, Congress, House und Committee on Indian Affairs. The Dawes Act and the Allotment of Indian Lands. Norman, OK: University of Oklahoma Press, 1973.

Oubre, Claude F. Forty Acres and a Mule: The Freedmen's Bureau and Black Land Ownership. Baton Rouge, LA: Louisiana State University Press, 1978.

Oubre, Claude F. „,Forty Acres and a Mule': Louisiana and the Southern Homestead Act." Louisiana History: The Journal of the Louisiana Historical Association. 1976, 17 (2):143–157.

Oulton, Nicholas. Chain Indices of the Cost of Living and the Path-Dependence Problem. London: Centre for Economic Performance, London School of Economics and Political Science, 2007.

Outhwaite, William. Europe since 1989: Transitions and Transformations. London, New York: Routledge, 2015.

Overmyer-Velázquez, Mark. Beyond la Frontera: The History of Mexico-U.S. Migration. New York: Oxford University Press, 2011.

Owen, Thomas C. Dilemmas of Russian Capitalism: Fedor Chizhov and Corporate Enterprise in the Railroad Age. Cambridge, MA: Harvard University Press, 2005.

Paine, Albert Bigelow. Mark Twain: A Biography. The Personal and Literary Life of Samuel Langhorne Clemens. New York, London: Harper, 1935.

Painter, Nell Irvin. Standing at Armageddon: The United States, 1877–1919. New York: W.W. Norton, 1987.

Pak, Susie. Gentlemen Bankers: The World of J.P. Morgan. Cambridge, MA: Harvard University Press, 2013.

Palen, Marc-William. „The Imperialism of Economic Nationalism, 1890–1913." Diplomatic History 39, no. 1 (2015):157–85.

Palen, Marc-William. „Protection, Federation, and Union: The Global Impact of the McKinley Tariff upon the British Empire, 1890–1894." Journal of Imperial and Commonwealth History 38, no. 3 (2010):395–418.

Palier, Bruno und Bonoli, Guiliano. „Phénomènes de ‚Path Dependence' et Réformes des Systèmes de Protection Sociale". Revue Française de Science Politique. 1999, 49 (3):399–420.

Palladino, Paolo. Entomology, Ecology, and Agriculture: The Making of Scientific Careers in North America, 1885–1985. Amsterdam: Harwood Academic Publishers, 1996.

Palmer, Jessica Dawn. The Dakota Peoples: A History of the Dakota, Lakota and Nakota through 1863. Jefferson, NC: McFarland & Co, 2008.
Palmer, Phyllis M. Domesticity and Dirt: Housewives and Domestic Servants in the United States, 1920–1945. Philadelphia, PA: Temple University Press, 1989.
Papke, David Ray. Heretics in the Temple: Americans Who Reject the Nation's Legal Faith. New York: New York University Press, 1998.
Papke, David Ray. The Pullman Case: The Clash of Labor and Capital in Industrial America. Lawrence, KS: University Press of Kansas, 1999.
Parker, Geoffrey und Philip E. Tetlock. „Counterfactual History: Its Advocates, Its Critics, & Its Uses." In: Philip E. Tetlock, Richard Ned Lebow und Geoffrey Parker. Unmaking the West: „What-If" Scenarios That Rewrite World History.Ann Arbor, MI: University of Michigan Press, 2006., S. 363–392.
Parker, Marjorie H. „Some Educational Activities of the Freedmen's Bureau." The Journal of Negro Education 23, no. 1 (1954):9–21.
Parker, Matthew. Panama Fever: The Epic Story of One of the Greatest Achievements of All Time – the Building of the Panama Canal. New York: Doubleday, 2007.
Parrini, Carl P. und Sklar, Martin J. „New Thinking about the Market, 1896–1904: Some American Economists on Investment and the Theory of Surplus Capital." The Journal of Economic History 43, no. 3 (1983):559–78.
Pascoe, Peggy. Relations of Rescue: The Search for Female Moral Authority in the American West, 1874–1939. New York: Oxford University Press, 1990.
Passavant, Paul A. und Dean, Jodi. Empire's New Clothes: Reading Hardt and Negri. New York: Routledge, 2004.
Paterson, Thomas G. Contesting Castro: The United States and the Triumph of the Cuban Revolution. New York: Oxford University Press, 1994.
Patel, Kiran Klaus. Nach der Nationalfixiertheit: Perspektiven einer transnationalen Geschichte. Berlin: Humboldt Universität, 2004.
Patel, Kiran Klaus. „,Transnations' among ,Transnations'? The Debate on Transnational History in the United States and Germany." Amerikastudien / American Studies. 2009, 54 (3):451–472.
Pattie, Frank A. Mesmer and Animal Magnetism: A Chapter in the History of Medicine. Hamilton, NY: Edmonston Pub, 1994.
Paul, Ron. End the Fed. New York: Grand Central Pub, 2009.
Paulet, Elisabeth. The Role of Banks in Monitoring Firms: The Case of the Crédit Mobilier. London, New York: Routledge, 1999.
Paulinyi, Ákos. Das Puddeln: Ein Kapitel aus der Geschichte des Eisens in der industriellen Revolution. München: Oldenbourg, 1987.
Paxson, Frederic L. The Last American Frontier. New York: Macmillan, 1910.
Payne, Walter A. (Hg.). Benjamin Holt: The Story of the Caterpillar Tractor. Stockton, CA: University of the Pacific, 1982.
Pease, Donald E. The New American Exceptionalism. Minneapolis: University of Minnesota Press, 2009.
Peden, Henry C. und Shagena, Jack L. . The Ma & Pa Remembered: A History of the Maryland & Pennsylvania Railroad. Bel Air, MD: Privately printed by the Authors, 2011.
Pennington, Jack L. The Battle of the Little Bighorn: A Comprehensive Study. El Segundo, CA: Upton & Sons, 2001.

Pérez, Louis A. Cuba and the United States: Ties of Singular Intimacy. Athens, GA: University of Georgia Press, 2003.
Pérez, Louis A. The War of 1898: The United States and Cuba in History and Historiography. Chapel Hill, NC: University of North Carolina Press, 1998.
Perdue, Theda und Green, Michael D. The Cherokee Nation and the Trail of Tears. New York: Viking, 2007.
Perman, Michael. Emancipation and Reconstruction, 1862–1879. Arlington Heights, IL: Harlan Davidson, 1987.
Perman, Michael. The Road to Redemption: Southern Politics, 1869–1879. Chapel Hill, NC: University of North Carolina Press, 1984.
Perret, Geoffrey. Ulysses S. Grant: Soldier & President. New York: Modern Library, 1999.
Peskin, Allan. Garfield: A Biography. Kent, OH: Kent State University Press, 1999.
Peskin, Allan. „Was There a Compromise of 1877?" The Journal of American History 60, no. 1 (1973):63–75.
Peskin, Allan. „Who Were the Stalwarts? Who Were Their Rivals? Republican Factions in the Gilded Age." Political Science Quarterly 99, no. 4 (1984–1985):703–716.
Pestana, Carla Gardina und Salinger, Sharon V.. Inequality in Early America. Hanover, NH: University Press of New England, 1999.
Pestritto, Ronald J. und Atto, William J.. American Progressivism a Reader. Lanham, MD: Lexington Books, 2008.
Pfannestiel, Todd J. Rethinking the Red Scare: The Lusk Committee and New York's Crusade against Radicalism, 1919–1923. New York: Routledge, 2003.
Phelan, Craig. Grand Master Workman: Terence Powderly and the Knights of Labor. Westport, CT: Greenwood Press, 2000.
Phillips, Dennis. „The Tragedy of American Diplomacy: A Tribute to the Legacy of William Appleman Williams." Australasian Journal of American Studies 2007, 26 (2):89–98.
Phillips, Kevin. William McKinley. New York: Times Books, 2003.
Phipps, Stanley S. From Bull Pen to Bargaining Table: The Tumultuous Struggle of the Coeur D'Alenes Miners for the Right to Organize, 1887–1942. New York: Garland, 1988.
Pierson, Paul. Politics in Time: History, Institutions, and Social Analysis. Princeton, NJ: Princeton University Press, 2004.
Piott, Steven L. American Reformers, 1870–1920: Progressives in Word and Deed. Lanham, MD: Rowman & Littlefield Publishers, 2006.
Piott, Steven L. Daily Life in the Progressive Era. Santa Barbara, CA: Greenwood, 2011.
Pisani, Donald J. From the Family Farm to Agribusiness: The Irrigation Crusade in California and the West, 1850–1931. Berkeley, CA: University of California Press, 1984.
Pisani, Donald J. To Reclaim a Divided West: Water, Law, and Public Policy, 1848–1902. Albuquerque, NM: University of New Mexico Press, 1992.
Pisani, Donald J. Water and American Government: The Reclamation Bureau, National Water Policy, and the West, 1902–1935. Berkeley, CA: University of California Press, 2002.
Pisani, Donald J. Water, Land, and Law in the West: The Limits of Public Policy, 1850–1920. Lawrence, KS: University Press of Kansas, 1996.
Pitsula, James Michael. Keeping Canada British: The Ku Klux Klan in 1920s Saskatchewan. Vancouver, BC: UBC Press, 2013.
Pizer, Russell A. The Tangled Web of Patent #174,465. Bloomington, IN: Authorhouse, 2009.

Pletcher, David M. Mexico Opens the Door to American Capital, 1877–1880. The Americas. 1959, 16 (1):1–14.
Poliakov, Léon. The History of Anti-Semitism. London: Routledge & Kegan Paul, 1974–1985.
Pollack, Norman. The Just Polity: Populism, Law, and Human Welfare. Urbana, IL: University of Illinois Press, 1987.
Pollack, Norman. The Populist Mind. Indianapolis, IN: Bobbs-Merrill, 1967.
Pollack, Norman. The Populist Response to Industrial America: Midwestern Populist Thought. Cambridge, MA: Harvard University Press, 1962.
Polyné, Millery. From Douglass to Duvalier: U.S. African Americans, Haiti, and Pan Americanism, 1870–1964. Gainesville, FL: University Press of Florida, 2010.
Polyné, Millery. „Expansion Now!: Haiti, ‚Santo Domingo', and Frederick Douglass at the Intersection of U.S. and Caribbean Pan-Americanism." Caribbean Studies. 2006, 34 (2):3–45.
Pommersheim, Frank. Broken Landscape: Indians, Indian Tribes, and the Constitution. Oxford, New York: Oxford University Press, 2009.
Ponso, Marzia. Una Storia Particolare: „Sonderweg" Tedesco e Identita Europea. Bologna: Il mulino, 2011.
Poole, Keith T. und Rosenthal, Howard. Ideology & Congress. New Brusnwick, NJ: Transaction Publishers, 2007.
Pope, Steven W. Patriotic Games: Sporting Traditions in the American Imagination, 1876–1926. Knoxville, TN: University of Tennessee Press, 2007.
Porterfield, Jason. The Homestead Act of 1862: A Primary Source History of the Settlement of the American Heartland in the Late 19th Century. New York: Rosen Pub. Group, 2005.
Postel, Charles. The Populist Vision. Oxford, New York: Oxford University Press, 2007.
Potter, David Morris. Division and the Stresses of Reunion, 1845–1876. Glenview, IL: Scott, Foresman, 1973.
Powell, John. Encyclopedia of North American Immigration. New York: Facts on File, 2005.
Powers, Thomas. The Killing of Crazy Horse. New York: Alfred A. Knopf, 2010.
Prager, Robin A. „Using Stock Price Data to Measure the Effects of Regulation: The Interstate Commerce Act and the Railroad Industry." The RAND Journal of Economics 20, no. 2 (1989): 280–290.
Pratt, Julius William. Challenge and Rejection: The United States and World Leadership, 1900–1921. New York: Macmillan, 1967.
Pratt, Julius William. A History of United States Foreign Policy. Englewood Cliffs, NJ: Prentice-Hall, 1965.
Preston, Samuel H. und Haines, Michael R.. Fatal Years: Child Mortality in Late Nineteenth-Century America. Princeton, NJ: Princeton University Press, 1991.
Price, Jay M. Cherokee Strip Land Rush. Charleston, SC: Arcadia Pub, 2006.
Pries, Ludger. Die Transnationalisierung der sozialen Welt: Sozialräume jenseits von Nationalgesellschaften. Frankfurt am Main: Suhrkamp, 2008.
Prince, K. Stephen. Stories of the South: Race and the Reconstruction of Southern Identity, 1865–1915. Chapel Hill, NC: University of North Carolina Press, 2014.
Pringle, Henry F. Theodore Roosevelt: A Biography. New York: Blue ribbon books, 1931.
Promey, Sally M. Painting Religion in Public: John Singer Sargent's Triumph of Religion at the Boston Public Library. Princeton, NJ: Princeton University Press, 1999.
Purcell, L. Edward. Vice Presidents: A Biographical Dictionary. New York: Facts On File, 2010.

Quatannens, Jo Anne McCormick und Boyle, Diane B. Senators of the United States: A Historical Bibliography. A Compilation of Works by and About Members of the United States Senate, 1789–1995. Washington, DC: Government Printing Office, 1995.

Quigley, Paul. Shifting Grounds Nationalism and the American South, 1848–1865. New York: Oxford University Press, 2011.

Quint, Howard H. „American Socialists and the Spanish-American War." American Quarterly 10, no. 2 (1958):131–41.

Raat, W. Dirk und Beezley, William H.. Twentieth-Century Mexico. Lincoln, NE: University of Nebraska Press, 1986.

Raban, Jonathan. Bad Land: An American Romance. New York: Pantheon Books, 1996.

Rabinowitz, Howard N. Southern Black Leaders of the Reconstruction Era. Urbana, IL: University of Illinois Press, 1982.

Rable, George C. But There Was No Peace: The Role of Violence in the Politics of Reconstruction. Athens, GA: University of Georgia Press, 2007.

Rachal, John R. „Gideonites and Freedmen: Adult Literacy Education at Port Royal, 1862–1865." The Journal of Negro Education 55, no. 4 (1986):453–469.

Rankin, David C. „The Origins of Negro Leadership in New Orleans during Reconstruction." In: Howard N. Rabinowitz (Hg.). Southern Black Leaders of the Reconstruction Era. Urbana IL: University of Chicago Press, 1982, S. 155–190.

Ransom, Roger L. und Sutch. Richard. One Kind of Freedom: The Economic Consequences of Emancipation. Cambridge, New York: Cambridge University Press, 2001.

Raphael, Lutz. Jenseits von Strukturwandel oder Ereignis? Neuere Sichtweisen und Schwierigkeiten der Historiker im Umgang mit Wandel und Innovation. Historische Anthropologie. 2009, 17 (1):110–120.

Rapport, Sara. „The Freedmen's Bureau as a Legal Agent for Black Men and Women in Georgia: 1865–1868." The Georgia Historical Quarterly 73, no. 1 (1989):26–53.

Rauchway, Eric. The Refuge of Affections: Family and American Reform Politics, 1900–1920. New York: Columbia University Press, 2001.

Raulet, Gérard. Historismus, Sonderweg und dritte Wege. Frankfurt am Main, New York: P. Lang, 2001.

Rauschenbusch, Walter. The Social Principles of Jesus. Folcroft, PA: Folcroft Library Editions, 1976.

Rayback, Joseph G. A History of American Labor. New York: Free Press, 1966.

Rea, Tom. Bone Wars: The Excavation and Celebrity of Andrew Carnegie's Dinosaur. Pittsburgh, PA: University of Pittsburgh Press, 2001.

Reed, Christopher Robert. Knock at the Door of Opportunity: Black Migration to Chicago, 1900–1919. Carbondale, IL: Southern Illinois University Press, 2014.

Reef, Catherine. Working in America. New York: Facts on File, 2007.

Rehnquist, William H. Centennial Crisis: The Disputed Election of 1876. New York: Alfred A. Knopf. Distributed by Random House, 2004.

Reich, Leonard S. The Making of American Industrial Research Science and Business at GE and Bell, 1876–1926. Cambridge, New York: Cambridge University Press, 1985.

Reick, Philipp. „Labor is Not a Commodity": Contested Working Class Discourse and the Movement to Shorten the Workday in Berlin and New York City in the Late 1860s and Early 1870s. Dissertation, Berlin: Freie Universität, 2015.

Reid, Debra Ann und Bennett, Evan P. (Hg.). Beyond Forty Acres and a Mule: African American Landowning Families since Reconstruction. Gainesville, FL: University Press of Florida, 2012.
Reinhardt, Stefan. Die Darstellung der Revolution von 1848/49 in den Lebenserinnerungen von Carl Schurz und Otto von Corvin. Frankfurt am Main, New York: P. Lang, 1999.
Renehan, Edward. The Monroe Doctrine: The Cornerstone of American Foreign Policy. New York: Chelsea House, 2007.
Renehan, Edward. Commodore: The Life of Cornelius Vanderbilt. New York: Basic Books, 2007.
Renehan, Edward. Dark Genius of Wall Street: The Misunderstood Life of Jay Gould, King of the Robber Barons. New York: Basic Books, 2005.
Renshaw, Patrick. The Wobblies: The Story of the IWW and Syndicalism in the United States. Chicago, IL: Ivan R. Dee, 1999.
Resende-Santos, João. Neorealism, States, and the Modern Mass Army. New York: Cambridge University Press, 2007.
Restad, Hilde Eliassen. „Old Paradigms in History Die Hard in Political Science: US Foreign Policy and American Exceptionalism." American Political Thought 1, no. 1 (2012):53–76.
Rezneck, Samuel. „Unemployment, Unrest, and Relief in the United States during the Depression of 1893–97." Journal of Political Economy. 1953, 61 (4):323–345.
Richardson, Darcy G. Others: Third-Party Politics from the Nation's Founding to the Rise and Fall of the Greenback-Labor Party. New York: IUniverse, Inc., 2004.
Richardson, Heather Cox. The Death of Reconstruction: Race, Labor, and Politics in the Post-Civil War North, 1865–1901. Cambridge, MA: Harvard University Press, 2001.
Richardson, Joe M. „An Evaluation of the Freedmen's Bureau in Florida." The Florida Historical Quarterly 41, no. 3 (1963):223–238.
Rickover, Hyman G. How the Battleship Maine Was Destroyed. Washington, DC: Government Printing Office, 1976.
Rimlinger, Gaston V. „Labor and the Government: A Comparative Historical Perspective." The Journal of Economic History. 1977, 37 (1):210–225.
Ritter, Gretchen. Goldbugs and Greenbacks: The Antimonopoly Tradition and the Politics of Finance in America. Cambridge, New York: Cambridge University Press, 1997.
Rixen, Thomas, Viola, Lora Anne und Zürn, Michael. Historical Institutionalism and International Relations: Explaining Institutional Development in World Politics. Oxford, New York: Oxford University Press, 2016.
Roark, James L. Masters without Slaves: Southern Planters in the Civil War and Reconstruction. New York: Norton, 1977.
Roberts, B. W. C. und Roberts, Snow L.. Bull Durham: Business Bonanza, 1866–1940. Durham, NC: Genuine Durham Press, 2002.
Roberts, Giselle. The Confederate Belle. Columbia: University of Missouri Press, 2003.
Roberts, Robert North, Hammond, Scott J. und Sulfaro, Valerie A.. Presidential Campaigns, Slogans, Issues, and Platforms: The Complete Encyclopedia. Santa Barbara, CA: Greenwood, 2012.
Robertson, Angelique. Women Who Did: Stories by Men and Women, 1890–1914. London: Penguin, 2005.
Robertson, David Brian. Capital, Labor, and State: The Battle for American Labor Markets from the Civil War to the New Deal. Lanham, MD: Rowman & Littlefield Publishers, 2000.

Rodgers, Daniel T. Atlantic Crossings: Social Politics in a Progressive Age. Cambridge, MA: Belknap Press of Harvard University Press, 1998.

Rodriguez, Gregory. Mongrels, Bastards, Orphans, and Vagabonds: Mexican Immigration and the Future of Race in America. New York: Vintage Books, 2008.

Roediger, David R. „America's First General Strike: The St. Louis ‚Commune' of 1877." Midwest Quarterly 21 (1989–1990):196–206.

Roediger, David R. Working toward Whiteness: How America's Immigrants Became White. The Strange Journey from Ellis Island to the Suburbs. New York: Basic Books, 2005.

Roediger, David R. und Foner, Philip Sheldon. Our Own Time: A History of American Labor and the Working Day. London, New York: Verso, 1989.

Roger-Cooper, Justin. „Blood or Bread: The 1877 General Strike and Anglophone Food Riots." [Web Page]: https://www.academia.edu/2997605/2012_ASA_Conference_Paper_on_1877_General_Strike. Gesehen am 13.7.2013.

Rogers, Jerry R. Civil Engineering History: Engineers Make History. Proceedings of the First National Symposium on Civil Engineering History. New York: American Society of Civil Engineers, 1996.

Rogers, Jerry R. Engineering History and Heritage: Proceedings of the Second National Congress on Civil Engineering History and Heritage. Reston, VA: American Society of Civil Engineers, 1998.

Rogers, Jerry R. International Engineering History and Heritage: Improving Bridges to ASCE's 150th Anniversary. Proceedings of the Third National Congress on Civil Engineering History and Heritage, October 10–13, 2001, Houston, Texas. Reston, VA: American Society of Civil Engineers, 2001.

Rohlfing, Helmut. „John Pierpont Morgan als Förderer der Göttinger Universitätsbibliothek." In: Kelleter, Frank und Knöbl, Wolfgang (Hg.). Amerika und Deutschland: Ambivalente Begegnungen. Göttingen: Wallstein, 2006, S. 242–248.

Roithmayr, Daria. Reproducing Racism: How Everyday Choices Lock In White Advantage. New York: New York University Press, 2014.

Romer, Christina. „Spurious Volatility in Historical Unemployment Data." Journal of Political Economy 94, no. 1 (1986):1–37.

Roosevelt, Theodore. The Rough Riders. New York: Barnes & Noble Books, 2004.

Rose, J. Holland, Newton, Arthur Percival, Benians, E. A. und Dodwell, Henry. The Cambridge History of the British Empire. Cambridge: Cambridge University Press, 1929–1959.

Rose, James Douglas. Duquesne and the Rise of Steel Unionism. Urbana, IL: University of Illinois Press, 2001.

Rose, Willie Lee Nichols. Rehearsal for Reconstruction: The Port Royal Experiment. Athens, GA: University of Georgia Press, 1999.

Rosen, Jeffrey. The Supreme Court: The Personalities and Rivalries That Defined America. New York: Times Books, 2007.

Rosenberg, Charles E. The Trial of the Assassin Guiteau: Psychiatry and Law in the Gilded Age. Chicago, IL: University of Chicago Press, 1968.

Rosenberg, Daniel. New Orleans Dockworkers: Race, Labor, and Unionism, 1892–1923. Albany, NY: State University of New York Press, 1988.

Rosenberg, Emily S. Transnational Currents in a Shrinking World 1870–1945. Cambridge, MA: Harvard University Press, 2014.

Rosenberg, Emily S. A World Connecting, 1870–1945. Cambridge, MA: Belknap Press of Harvard University Press, 2012.

Rosenberg, Emily S. und Foner, Eric. Spreading the American Dream: American Economic and Cultural Expansion, 1890–1945. New York: Hill and Wang, 1982.

Rosenbloom, David H. und Emmert, Mark A. Centenary Issues of the Pendleton Act of 1883: The Problematic Legacy of Civil Service Reform. New York: M. Dekker, 1982.

Rosenbloom, Joshua L. Path Dependence and the Origins of the Cotton Textile Manufacturing in New England. In: Farnie, D. A. und Jeremy, David J. (Hg.). The Fibre that Changed the World: The Cotton Industry in International Perspective, 1600–1990s. Oxford, New York: Oxford University Press, 2004, S. 365–394.

Rosenfeld, Gavriel. „Why Do We Ask ‚What If?': Reflections on the Function of Alternate History." History and Theory. 2002, 41 (4):90–103.

Ross, Jeffrey Ian, (Hg.). American Indians at Risk. Santa Barbara, CA: ABC Clio, 2014.

Ross, Michael A. Justice Miller's Reconstruction: The Slaughter-House Cases, Health Codes, and Civil Rights in New Orleans, 1861–1873." The Journal of Southern History 64, no. 4 (1998):649–676.

Ross, Michael A. Justice of Shattered Dreams: Samuel Freeman Miller and the Supreme Court during the Civil War Era. Baton Rouge, LA: Louisiana State University Press, 2003.

Rossum, Ralph A. Federalism, the Supreme Court, and the Seventeenth Amendment: The Irony of Constitutional Democracy. Lanham, Md: Lexington Books, 2001.

Rothman, Sheila M. Woman's Proper Place: A History of Changing Ideals and Practices, 1870 to the Present. New York: Basic Books, 1978.

Royce, Edward Cary. The Origins of Southern Sharecropping. Philadelphia: Temple University Press, 1993.

Royster, Charles. The Destructive War: William Tecumseh Sherman, Stonewall Jackson, and the Americans. New York: Vintage Books, 1993.

Rozema, Vicki. Voices from the Trail of Tears. Winston-Salem, NC: J.F. Blair.

Ruane, Joseph und Todd, Jennifer. „The Roots of Intense Ethnic Conflict May Not in Fact be Ethnic: Categories, Communities and Path Dependence." European Journal of Sociology / Archives Europènnes de Sociologie / Europäisches Archiv für Soziologie. 2004, 45 (2):209–232.

Rubin, Hyman. South Carolina Scalawags. Columbia, SC: University of South Carolina Press, 2006.

Rugoff, Milton. America's Gilded Age: Intimate Portraits from an Era of Extravagance and Change, 1850–1890. New York: Holt, 1989.

Ruppel, Kristin T. Unearthing Indian Land: Living with the Legacies of Allotment. Tucson, AR: University of Arizona Press, 2008.

Rushdy, Ashraf H. A. American Lynching. New Haven, CT: Yale University Press, 2012.

Russell, Catherine. Experimental Ethnography. Durham, NC: Duke University Press, 1999.

Russell, Francis. The Shadow of Blooming Grove Warren G. Harding in His Times. New York: McGraw-Hill, 1968.

Ruswick, Brent. Almost Worthy: The Poor, Paupers, and the Science of Charity in America, 1877–1917. Bloomington, IN: Indiana University Press, 2013.

Rutkow, Ira M. James A. Garfield. New York: Times Books, 2006.

Ruttan, Vernon W. „Induced Innovation, Evolutionary Theory and Path Dependence: Sources of Technical Change." The Economic Journal. 1997, 107 (444):1520–1529.

Ryan, David. US Foreign Policy in World History. New York: Routledge, 2000.
Rystad, Göran. Ambiguous Imperialism: American Foreign Policy and Domestic Politics at the Turn of the Century. Stockholm: Esselte studium, 1975.
Rüsen, Jörn. Grundzüge einer Historik, 3 Bände. Band 1: Historische Vernunft: Die Grundlagen der Geschichtswissenschaft. Göttingen: Vandenhoeck und Ruprecht, 1983.
Rüsen, Jörn. Grundzüge einer Historik, 3 Bände. Band 2: Rekonstruktion der Vergangenheit: Die Prinzipien der Historischen Forschung. Göttingen: Vandenhoeck und Ruprecht, 1986.
Sachsenmaier, Dominic. Global Perspectives on Global History: Theories and Approaches in a Connected World. Cambridge, New York: Cambridge University Press, 2011.
Saito, Natsu Taylor. Meeting the Enemy: American Exceptionalism and International Law. New York, London: New York University Press, 2010.
Saldern, Adelheid von. Amerikanismus: Kulturelle Abgrenzung von Europa und US-Nationalismus im frühen 20. Jahrhundert. Stuttgart: Franz Steiner Verlag, 2013.
Saller, Carol und Green, Ken. Florence Kelley. Minneapolis, MN: Carolrhoda Books, 1997.
Salvatore, Nick. Eugene V. Debs: Citizen and Socialist. Urbana, IL: University of Illinois Press, 1982.
Samuels, Ernest. Henry Adams. Cambridge, MA: Belknap Press of Harvard University Press, 1989.
Samuels, Peggy und Harold Samuels. Remembering the Maine. Washington, DC: Smithsonian Institution Press, 1995.
Sancton, Thomas A. „The Myth of French Worker Support for the North in the American Civil War." French Historical Studies. 1979, 11 (1):58–80.
Sandleben, Guenther. Nationalökonomie und Staat: Zur Kritik der Theorie des Finanzkapitals. Hamburg: VSA, 2003.
Sandmeyer, Elmer Clarence. The Anti-Chinese Movement in California. Urbana, IL: University of Illinois Press, 1991.
Sandoz, Mari. The Buffalo Hunters: The Story of the Hide Men. Lincoln, NE: University of Nebraska Press, 2008.
Sanger, Martha Frick Symington. Henry Clay Frick: An Intimate Portrait. New York: Abbeville Press Publishers, 1998.
Santink, Joy L. Timothy Eaton and the Rise of His Department Store. Toronto, Buffalo: University of Toronto Press, 1990.
Saville, Julie. The Work of Reconstruction from Slave to Wage Laborer in South Carolina, 1860–1870. Cambridge, New York: Cambridge University Press, 1994.
Sawaya, Francesca. Modern Women, Modern Work: Domesticity, Professionalism, and American Writing, 1890–1950. Philadelphia, PA: University of Pennsylvania Press, 2004.
Sawer, Marian. Marxism and the Question of the Asiatic Mode of Production. The Hague: Nijhoff, 1977.
Saxton, Alexander. „The Army of Canton in the High Sierra." The Pacific Historical Review 35, no. 2 (1966):141–152.
Saxton, Alexander. The Indispensable Enemy: Labor and the Anti-Chinese Movement in California. Berkeley, CA: University of California Press, 1995.
Sayre, Laura Browne und Clark, Sean. Fields of Learning: The Student Farm Movement in North America. Lexington, KY: University Press of Kentucky, 2011.
Scaturro, Frank J. The Supreme Court's Retreat from Reconstruction: A Distortion of Constitutional Jurisprudence. Westport, CT: Greenwood Press, 2000

Scheman, L. Ronald. The Inter-American Dilemma: The Search for Inter-American Cooperation at the Centennial of the Inter-American System. New York: Praeger, 1988.
Schicketanz, Frank Michael. The „Lebenserinnerungen" of Carl Schurz: A Critical Reading. Konstanz: Hartung Gorre-Verlag, 1987.
Schirmer, Daniel B. Republic or Empire: American Resistance to the Philippine War. Cambridge, MA: Schenkman Pub. Co., distributed by General Learning Press, Morristown, NJ, 1972.
Schisgall, Oscar. Eyes on Tomorrow: The Evolution of Procter & Gamble. Chicago, IL, New York: J.G. Ferguson Pub. Co. Distributed by Doubleday, 1981.
Schlesinger, Arthur M., Israel, Fred L. und Frent, David J.. The Election of 1876 and the Administration of Rutherford B. Hayes. Philadelphia, PA: Mason Crest Publishers, 2003.
Schlun, Betsy van. Science and the Imagination: Mesmerism, Media, and the Mind in Nineteenth-Century English and American Literature. Glienicke, Berlin, Madison, WI: Galda + Wilch Verlag, 2007.
Schmidt, Burghart. Postmoderne: Strategien des Vergessens. Ein kritischer Bericht. Darmstadt: Luchterhand, 1986.
Schmidt, Regin. Red Scare: FBI and the Origins of Anticommunism in the United States, 1919–1943. Copenhagen: Museum Tusculanum Press, University of Copenhagen, 2000.
Schneider, Anne Larason. „Patterns of Change in the Use of Imprisonment in the American States: An Integration of Path Dependence, Punctuated Equilibrium and Policy Design Approaches." Political Research Quarterly. 2006, 59 (3):457–470.
Schneider, Volker, Frank Janning, Phillip Leifeld und Thomas Malang (Hg.). Politiknetzwerke: Modelle, Anwendungen und Visualisierungen. Wiesbaden: VS Verlag für Sozialwissenschaften, 2009.
Schneirov, Richard, Shelton Stromquist und Nick Salvatore (Hg.). The Pullman Strike and the Crisis of the 1890s: Essays on Labor and Politics. Urbana, IL: University of Illinois Press, 1999.
Schoening, Benjamin S. und Eric T. Kasper. Don't Stop Thinking About the Music: The Politics of Songs and Musicians in Presidential Campaigns. Lanham, MD: Lexington Books, 2012.
Schoonover, Thomas David (Hg.). Mexican Lobby: Matías Romero in Washington, 1861–1867. Lexington, KY: University Press of Kentucky, 1986.
Schoonover, Thomas David. „Dollars over Dominion: United States Economic Interests in Mexico, 1861–1867." Pacific Historical Review. 1976, 45 (1):23–45
Schreier, Barbara A. Becoming American Women: Clothing and the Jewish Immigrant Experience, 1880–1920. Chicago, IL: Chicago Historical Society, 1994.
Schreiner, Samuel Agnew. Henry Clay Frick: The Gospel of Greed. New York: St. Martin's Press, 1995.
Schulman, Daniel und Meryl Treatner. The Freedmen's Bureau. New York: Macmillan/McGraw-Hill, 2002.
Schulze, Suzanne. Horace Greeley: A Bio-Bibliography. New York: Greenwood Press, 1992.
Schumpeter, Joseph A. Theorie der wirtschaftlichen Entwicklung. Leipzig: Duncker & Humblot, 1911.
Schwab, James. Raising Less Corn and More Hell: Midwestern Farmers Speak Out. Urbana, IL: University of Illinois Press, 1988.
Schwantes, Carlos A. Coxey's Army: an American Odyssey. Moscow, ID: University of Idaho Press, 1994.

Schwartz, Eric. A World Contender: Americans on the Global Stage 1900–1912. Philadelphia, PA: Mason Crest Publishers, 2005.

Schweninger, Loren. „Toward a Deeper Understanding of Reconstruction: The Freedman's Bureau, the Republican Party, and Northern Opinion in Post-Civil War America." Reviews in American History 22, no. 1 (1994):82–84.

Scipes, Kim. AFL-CIO's Secret War against Developing Country Workers: Solidarity or Sabotage? Lanham, MD: Lexington Books, 2010.

Scott, Robert. Blood at Sand Creek: The Massacre Revisited. Caldwell, ID: Caxton Printers, 1994.

Seager, Robert. Alfred Thayer Mahan: The Man and His Letters. Annapolis, MD: Naval Institute Press, 1977.

Seitz, Don Carlos. Joseph Pulitzer, His Life & Letters. New York: AMS Press, 1970.

Seligman, Edwin Robert Anderson. The Income Tax: A Study of the History, Theory, and Practice of Income Taxation at Home and Abroad. Boston, MA: Adamant Media Corporation, 2001.

Seltzer, Curtis. Fire in the Hole: Miners and Managers in the American Coal Industry. Lexington, KY: University Press of Kentucky, 1985.

Senghaas, Dieter. On Perpetual Peace: A Timely Assessment. New York: Berghahn Books, 2007.

Sengoopta, Chandak. Darwin, Darwinism, and the Modern World. Prince Frederick, MD: Recorded Books, 2004.

Serrin, William. Homestead: The Glory and Tragedy of an American Steel Town. New York: Times Books, 1992.

Setterfield, Mark. „Expectations, Path Dependence and Effective Demand: A Macroeconomic Model along Keynesian Lines." Journal of Post-Keynesian Economics 1999, 21 (3):479–501

Shafer, Byron E. Is America Different? A New Look at American Exceptionalism. Oxford, New York: Clarendon Press. Oxford University Press, 1991.

Shammas, Carole. „Anglo-American Household Government in Comparative Perspective." The William and Mary Quarterly 52, no. 1 (1995):104–44.

Shannon, Fred A. The Farmer's Last Frontier: Agriculture, 1860–1897. White Plains, NY: M. E. Sharpe, 1977.

Shannon, Fred A. und Huhn Jones, Robert. The Centennial Years: A Political and Economic History of America from the Late 1870s to the Early 1890s. Garden City, NY: Doubleday, 1967.

Shapiro, Herbert. White Violence and Black Response from Reconstruction to Montgomery. Amherst: University of Massachusetts Press, 1988.

Sharrow, Walter G. „William Henry Seward and the Basis for American Empire, 1850–1860." Pacific Historical Review. 1967, 36 (3):325–342.

Shearer, Benjamin F. The Uniting States: The Story of Statehood for the Fifty United States. Westport, CT: Greenwood Press, 2004.

Sheffer, Jolie A. The Romance of Race: Incest, Miscegenation, and Multiculturalism in the United States, 1880–1930. New Brunswick, NJ: Rutgers University Press, 2013.

Sheinin, David. Beyond the Ideal: Pan Americanism in Inter-American Affairs. Westport, CT: Greenwood Press, 2000.

Shenk, Wilbert R. North American Foreign Missions, 1810–1914: Theology, Theory, and Policy. Grand Rapids, MI: William B. Eerdmans Pub, 2004.
Sherrill, Charles Hitchcock. The Pan-Americanism of Henry Clay, Sarmiento and Root. Buenos Aires: J. Grant & son, printers, 1909.
Sherwin, Oscar. Prophet of Liberty: The Life and Times of Wendell Phillips. Westport, CT: Greenwood Press, 1975.
Shingleton, Royce. Richard Peters: Champion of the New South. Macon, GA: Mercer University Press, 1985.
Shlomowitz, Ralph. „,Bound' or ,Free'? Black Labor in Cotton and Sugarcane Farming, 1865–1880." The Journal of Southern History 50, no. 4 (1984):569–596.
Shortell, Christopher. Rights, Remedies, and the Impact of State Sovereign Immunity. Albany, NY: State University of New York Press, 2008.
Shostak, Sara, Conrad, Peter und Horwitz, Allan V. „Sequencing and Its Consequences: Path Dependence and the Relationships between Genetics and Medicalization." American Journal of Sociology 2008, 114 (S1):287–316.
Shrock, Joel. The Gilded Age. Westport, CT: Greenwood Press, 2004.
Shumsky, Neil L. The Evolution of Political Protest and the Workingmen's Party of California. Columbus, OH: Ohio State University Press, 1991.
Shumway, George und Frey, Howard C. Conestoga Wagon, 1750–1850: Freight Carrier for 100 Years of America's Westward Expansion. York, PA: G. Shumway, 1968.
Sicherman, Barbara. Alice Hamilton: A Life in Letters. Urbana, IL: University of Illinois Press, 2003.
Sichrovsky, Harry. Der Revolutionär von Leitmeritz: Ferdinand Blumentritt und der philippinische Freiheitskampf. Wien: Österreichischer Bundesverlag, 1983.
Siegan, Bernard H. The Supreme Court's Constitution: An Inquiry into Judicial Review and Its Impact on Society. New Brunswick, NJ: Transaction Books, 1987.
Siemon-Netto, Uwe. „Sonderweg: The Closing of the German Mind." The National Interest, no. 70 (2002):33–43.
Sigerman, Harriet. Elizabeth Cady Stanton: The Right Is Ours. New York: Oxford University Press, 2001.
Silagi, Michael. Henry George und Europa: Zur Entstehungsgeschichte der europäischen Bodenreformbewegungen. München: Etana, 1973.
Silver, Lindsay M. „The Nation's Neighborhood": The People, Power, and Politics of Capitol Hill since the Civil War. Ann Arbor, MI: Proquest, 2007.
Simms, Brendan. The Impact of Napoleon: Prussian High Politics, Foreign Policy and the Crisis of the Executive, 1797–1806. Cambridge, New York: Cambridge University Press, 1997.
Simons, Anna. „The Death of Conquest." The National Interest. 2003 (71):41–49.
Simpson, Brooks D. Let Us Have Peace Ulysses S. Grant and the Politics of War and Reconstruction, 1861–1868. Chapel Hill: University of North Carolina Press, 1991.
Singles, Kathleen. Alternate History: Playing with Contingency and Necessity. Berlin: De Gruyter, 2013.
Sinke, Suzanne M. Dutch Immigrant Women in the United States, 1880–1920. Urbana, IL: University of Illinois Press, 2002.
Siry, Joseph. Carson Pirie Scott: Louis Sullivan and the Chicago Department Store. Chicago, IL: University of Chicago Press, 1988.

Sismondo, Christine. America Walks into a Bar: A Spirited History of Taverns and Saloons, Speakeasies, and Grog Shops. New York: Oxford University Press, 2011.
Sivulka, Juliann. Soap, Sex, and Cigarettes: A Cultural History of American Advertising. Boston, MA: Wadsworth, Cengage Learning, 2012.
Skaggs, Jimmy M. The Great Guano Rush: Entrepreneurs and American Overseas Expansion. New York: St. Martin's Press, 1994.
Skidmore, Max J. Maligned Presidents: The Late 19th Century. New York: Palgrace MacMillan, 2014.
Sklar, Kathryn Kish. Florence Kelley and the Nation's Work: The Rise of Women's Political Culture, 1830–1900. New Haven, CT: Yale University Press, 1995–.
Sklar, Kathryn Kish, Schüler, Anja und Strasser, Susan. Social Justice Feminists in the United States and Germany: A Dialogue in Documents, 1885–1933. Ithaca, NY: Cornell University Press, 1998.
Sklar, Martin J. „The N. A. M. and Foreign Markets on the Eve of the Spanish-American War." Science & Society 23, no. 2 (1959):133–62.
Skrabec, Quentin R. The 100 Most Significant Events in American Business: An Encyclopedia. Santa Barbara, CA: Greenwood, 2012.
Skrabec, Quentin R. The Carnegie Boys: The Lieutenants of Andrew Carnegie That Changed America. Jefferson, NC: McFarland & Co, 2012.
Skrabec, Quentin R. George Westinghouse: Gentle Genius. New York: Algora Pub, 2007.
Skrabec, Quentin R. H. J. Heinz: A Biography. Jefferson, NC: McFarland & Co, 2009.
Skrabec, Quentin R. Henry Clay Frick: The Life of the Perfect Capitalist. Jefferson, NC: McFarland & Co, 2010.
Skrabec, Quentin R. William McKinley: Apostle of Protectionism. New York: Algora Pub, 2008.
Skurzynski, Gloria. Sweat and Blood: A History of U.S. Labor Unions. Minneapolis, MN: Twenty-First Century Books, 2008.
Slabaugh, Arlie R. Confederate States Paper Money: Civil War Currency from the South. Iola, WI: Krause Publications, 2008.
Slap, Andrew L. The Doom of Reconstruction: The Liberal Republicans in the Civil War Era. New York: Fordham University Press, 2006.
Slavishak, Edward. „Working-Class Muscle: Homestead and Bodily Disorder in the Gilded Age." The Journal of the Gilded Age and Progressive Era. 2004 Oct 1, 3 (4):339–368,
Sleeman, William. Preserving the Past: A Legislative History of the Freedman's Bureau Records Preservation Act of 2000. Buffalo, NY: W.S. Hein, 2006.
Slotkin, Richard. Regeneration through Violence: The Mythology of the American Frontier, 1600–1860. Middletown, CT: Wesleyan University Press, 1973.
Slotkin, Richard. The Fatal Environment: The Myth of the Frontier in the Age of Industrialization, 1800–1890. Norman, OK: University of Oklahoma Press, 1998.
Sluby, Patricia Carter. The Inventive Spirit of African Americans: Patented Ingenuity. Westport, CT: Praeger, 2004.
Smalley, Vern. Little Bighorn Mysteries: Issues Concerning the Approach to and Conduct of the Battle of the Little Bighorn. Bozeman, MT: Little Buffalo Press, 2005.
Smallwood, James, Howell, Kenneth Wayne und Taylor, Carol C.. The Devil's Triangle: Ben Bickerstaff, Northeast Texans, and the War of Reconstruction. Lufkin, TX: Best of East Texas Publishers, 2007.
Smiley, Jane. Moo: A Novel. New York: Anchor Books, 2009.

Smith, Albert C. „,Southern Violence' Reconsidered: Arson as Protest in Black-Belt Georgia, 1865–1910." The Journal of Southern History 51, no. 4 (1985):527–564.
Smith, Carl S. Urban Disorder and the Shape of Belief: The Great Chicago Fire, the Haymarket Bomb, and the Model Town of Pullman. Chicago, IL: The University of Chicago Press, 2007.
Smith, Craig R. Silencing the Opposition: Government Strategies of Suppression. Albany, NY: State University of New York Press, 1996.
Smith, Darrell Hevenor. The United States Civil Service Commission: Its History, Activities, and Organization. New York: AMS Press, 1974.
Smith, Earl und Hattery, Angela J.. „Incarceration: A Tool for Racial Segregation and Labor Exploitation." Race, Gender & Class 15, no. 1/2 (2008):79–97.
Smith, Goldwin Albert. The Treaty of Washington, 1871: A Study in Imperial History. New York: Russell & Russell, 1971.
Smith, Helmut Walser. „When the Sonderweg Debate Left Us." German Studies Review 31, no. 2 (2008):225–240.
Smith, Joseph. Historical Dictionary of United States-Latin American Relations. Lanham, MD: Scarecrow Press, 2007.
Smith, Robert Michael. From Blackjacks to Briefcases: A History of Commercialized Strikebreaking and Unionbusting in the United States. Athens, OH: Ohio University Press, 2003.
Smith, Robert Wayne. The Coeur D'Alene Mining War of 1892: A Case Study of an Industrial Dispute. Gloucester, MA: P. Smith, 1968.
Smith, Willard H. Schuyler Colfax: The Changing Fortunes of a Political Idol. Indianapolis, IN: Indiana Historical Bureau, 1952.
Smoak, Gregory E. Ghost Dances and Identity Prophetic Religion and American Indian Ethnogenesis in the Nineteenth Century. Berkeley, CA: University of California Press, 2006.
Snay, Mitchell. Horace Greeley and the Politics of Reform in Nineteenth-Century America. Lanham, MD: Rowman & Littlefield, 2011.
Snipp, C. Matthew. American Indians: The First of This Land. New York: Russell Sage Foundation, 1989.
Söderlind, Sylvia und Carson, James Taylor. American Exceptionalisms from Winthrop to Winfrey. Albany: State University of New York Press, 2011.
Soennichsen, John Robert. The Chinese Exclusion Act of 1882. Santa Barbara, CA: Greenwood, 2011.
Solomon, Brian and Yough, Patrick. Coal Trains: The History of Railroading and Coal in the United States. Minneapolis, MN: MBI Pub. Company, 2009.
Somervill, Barbara A. Warren G. Harding. Minneapolis, MN: Compass Point Books, 2003.
Sorin, Gerald. A Time for Building: The Third Migration, 1880–1920. Baltimore, MD: Johns Hopkins University Press, 1992.
Soucek, Gayle. Marshall Field's the Store That Helped Build Chicago. Charleston, SC: History Press, 2010.
Sparrow, John C. History of Personnel Demobilization in the United States Army. Washington, DC: Dept. of the Army, 1952
Spears, Timothy B. Chicago Dreaming: Midwesterners and the City, 1871–1919. Chicago, IL: University of Chicago Press, 2005.

Spitzer, Robert J. The Presidential Veto: Touchstone of the American Presidency. Albany, NY: State University of New York Press, 1988.
Stafford, Marshall P. The Life of James Fisk, Jr.: A Full and Accurate Narrative of All the Enterprises in Which He Was Engaged. New York: Arno Press, 1981.
Stage, Sarah. Female Complaints: Lydia Pinkham and the Business of Women's Medicine. New York: Norton, 1979.
Stalcup, Brenda. Reconstruction: Opposing Viewpoints. San Diego, CA: Greenhaven Press, 1995.
Stamp, Jimmy. Fact of Fiction? The Legend of the QWERTY Keyboard [Web Page]: http://www.smithsonianmag.com/arts-culture/fact-of-fiction-the-legend-of-the-qwerty-keyboard-49863249/. Gesehen am 14. Februar 2017.
Stampp, Kenneth M. The Era of Reconstruction, 1865–1877. New York: Knopf, 1965.
Standiford, Les. Meet You in Hell: Andrew Carnegie, Henry Clay Frick, and the Bitter Partnership That Transformed America. New York: Crown Publishers, 2005.
Stanley, Amy Dru. „Beggars Can't Be Choosers: Compulsion and Contract in Postbellum America." The Journal of American History 78, no. 4 (1992):1265–1293.
Stanley, Amy Dru. From Bondage to Contract: Wage Labor, Marriage, and the Market in the Age of Slave Emancipation. Cambridge, New York, NY: Cambridge University Press, 1998.
Starr, Timothy. Railroad Wars of New York State. Charleston, SC: History Press, 2012.
Steele, Brent J. „Ontological Security and the Power of Self-Identity: British Neutrality and the American Civil War." Review of International Studies. 2005, 31 (3):519–540.
Steen, Harold K. The U.S. Forest Service: A History. Durham, NC: University of Washington Press, 2004.
Steeples, Douglas und Whitten, David O.. Democracy in Desperation: The Depression of 1893. Westport, CT: Greenwood Press, 1998.
Stein, Leon und Taft, Philip. Workers Speak: Self-Portraits. New York: Arno, 1971.
Steiner, Dale R. Of Thee We Sing: Immigrants and American History. San Diego, CA: Harcourt Brace Jovanovich, 1987.
Stentiford, Barry M. The American Home Guard: The State Militia in the Twentieth Century. College Station, TX: Texas A&M University Press, 2002.
Stephenson, D. Grier. The Waite Court: Justices, Rulings, and Legacy. Santa Barbara, CA: ABC-CLIO, 2003.
Sterman, John D. und Wittenberg, Jason. „Path Dependence, Competition, and Succession in the Dynamics of Scientific Revolution." Organization Science. 1999, 10 (3):322–341.
Stern, Clarence Ames. Protectionist Republicanism: Republican Tariff Policy in the McKinley Period. Ann Arbor, MI: Edwards Brothers, 1971.
Stewart, Charles Haines. Budget Reform Politics: The Design of the Appropriations Process in the House of Representatives, 1865–1921. Cambridge, New York: Cambridge University Press, 1989.
Stewart, David O. Impeached: The Trial of President Andrew Johnson and the Fight for Lincoln's Legacy. New York: Simon & Schuster, 2009.
Stewart, James Brewer. Wendell Phillips: Liberty's Hero. Baton Rouge, LA: Louisiana State University Press, 1986.
Stewart, Richard W. American Military History. Washington, DC: Center of Military History, United States Army, 2009.

Stites, Francis N. Private Interest & Public Gain: The Dartmouth College Case, 1819. Amherst, MA: University of Massachusetts Press, 1972.
Stockley, Grif. Ruled by Race: Black/White Relations in Arkansas from Slavery to the Present. Fayetteville, AK: University of Arkansas Press, 2009.
Stockwell, Mary. Woodrow Wilson the Last Romantic. New York: Nova Science Publishers, Inc, 2008.
Stoddard, Lothrop. Master of Manhattan: The Life of Richard Croker. New York, Toronto: Longmans, Green and Co, 1931.
Stone, Richard D. The Interstate Commerce Commission and the Railroad Industry: A History of Regulatory Policy. New York: Praeger, 1991.
Stourzh, Gerald. From Vienna to Chicago and back: Essays on Intellectual History and Political Thought in Europe and America. Chicago, IL: University of Chicago Press, 2007.
Stout, Mary. Native American Boarding Schools. Santa Barbara, CA: Greenwood, 2012.
Stover, John F. The Life and Decline of the American Railroad. New York: Oxford University Press, 1970.
Stowell, David O. The Great Strikes of 1877. Urbana, IL: University of Illinois Press, 2008.
Stowell, David O. Streets, Railroads, and the Great Strike of 1877. Chicago, IL: University of Chicago Press, 1999.
Strachan, Hew. World War I: A History. Oxford, New York: Oxford University Press, 1998.
Strasser, Susan. Commodifying Everything: Relationships of the Market. New York: Routledge, 2003.
Strasser, Susan. Satisfaction Guaranteed: The Making of the American Mass Market. Washington, DC: Smithsonian Institution Press, 1995.
Stratton, Joanna L. Pioneer Women: Voices from the Kansas Frontier. New York: Simon and Schuster, 1981.
Strom, Claire. „Texas Fever and the Dispossession of the Southern Yeoman Farmer." The Journal of Southern History. 2000, 66 (1):49–74.
Strom, Sharon Hartman. Beyond the Typewriter: Gender, Class, and the Origins of Modern American Office Work, 1900–1930. Urbana, IL: University of Illinois Press, 1992.
Stromquist, Shelton. „United States of America." In: Marcel van der Linden und Jürgen Rojahn (Hg.). The Formation of Labour Movements, 1870–1914: An International Perspective. Leiden, New York: E.J. Brill, 1990, S. 543–578.
Stross, Randall E. The Wizard of Menlo Park: How Thomas Alva Edison Invented the Modern World. New York: Crown Publishers, 2007.
Strouse, Jean. Morgan: American Financier. New York: Perennial, 2000.
Stuart, Graham H. und Tigner, James Lawrence. Latin America and the United States. Englewood Cliffs, NJ: Prentice-Hall, 1975.
Stuart, Paul. The Indian Office: Growth and Development of American Institution, 1865–1900. Ann Arbor, MI: UMI Research Press, 1979.
Summerhill, Thomas. Harvest of Dissent: Agrarianism in Nineteenth-Century New York. Urbana, IL: University of Illinois Press, 2005.
Summers, Mark W. Railroads, Reconstruction, and the Gospel of Prosperity: Aid under the Radical Republicans, 1865–1877. Princeton, NJ: Princeton University Press, 1984.
Summers, Mark W. Rum, Romanism & Rebellion the Making of a President, 1884. Chapel Hill, NC: University of North Carolina Press, 2000.

Summers, Mark Wahlgren. „Party Games: The Art of Stealing Elections in the Late-Nineteenth-Century United States." The Journal of American History 88, no. 2 (2001):424–435.
Sunstein, Cass R. „Constitutionalism and Secession." The University of Chicago Law Review 58, no. 2 (1991):633–670.
Sutherland, Jonathan. African Americans at War: An Encyclopedia. Santa Barbara, CA: ABC-CLIO, 2004.
Svaldi, David. Sand Creek and the Rhetoric of Extermination: A Case Study in Indian-White Relations. Lanham, MD: University Press of America, 1989.
Swinney, Everette. Suppressing the Ku Klux Klan: The Enforcement of the Reconstruction Amendments, 1870–1877. New York: Garland, 1987.
Swint, Kerwin C. Mudslingers: The Twenty-Five Dirtiest Political Campaigns of All Time: Countdown from No. 25 to No. 1. New York: Union Square Press, 2008.
Swinton, John. A Momentous Question: The Respective Attitudes of Labor and Capital. New York: Arno, 1969.
Sy-Wonyu, Aissatou. „The Purchase of the Virgin Islands: W. H. Seward's View of Economic Strategy in the Late 19th Century." Cercles 5 (2002):11–29.
Sydow, Jörg, Schreyögg, Georg und Koch, Jochen. „Organisatorische Pfade – Von der Pfadabhängigkeit zur Pfadkreation?" In: Schreyögg, Georg und Sydow, Jörg (Hg.). Managementforschung 13. Wiesbaden: Gabler, 2003, S. 257–294.
Sydow, Jörg, Schreyögg, Georg und Koch, Jochen. „Organizational Path Dependence: Opening the Black Box." The Academy of Management Review. 2009, 34 (4):689–709.
Sydow, Jörg, Lerch, Frank und Staber, Udo. „Planning for Path Dependence? The Case of a Network in the Berlin-Brandenburg Optics Cluster." Economic Geography. 2010, 86 (2):173–196.
Sydow, Jörg und Schreyögg, Georg. The Hidden Dynamics of Path Dependence: Institutions and Organizations. Basingstoke, New York: Palgrave Macmillan, 2009.
Sylvers, Malcolm. „Marx, Engels und die USA – Ein Forschungsprojekt über ein wenig beachtetes Thema." Marx-Engels-Jahrbuch 2004. Internationale Marx-Engels-Stiftung, 31–53. Berlin: Akademie Verlag, 2005.
Syrett, John. The Civil War Confiscation Acts: Failing to Reconstruct the South. New York: Fordham University Press, 2005.
Szabo, Franz A. J. Kaunitz and Enlightened Absolutism, 1753–1780. Cambridge, New York: Cambridge University Press, 1994.
Szabo, Franz A. „Prince Kaunitz and the Primacy of Domestic Policy: A Response." The International History Review. 1980, 2 (4):625–635.
Tansill, Charles Callan. The United States and Santo Domingo, 1798–1873: A Chapter in Caribbean Diplomacy. Gloucester, MA: P. Smith, 1967.
Tappan, Eva March, Ploetz, Karl Julius, Tillinghast, William H. und Dresser, Horatio W.. The World's Story: A History of the World in Story, Song and Art. Boston, MA, New York: Houghton Mifflin Company, 1914.
Tarbell, Ida M. The Life of Elbert H. Gary: A Story of Steel. New York: Greenwood Press, 1969.
Tate, Michael L. The Frontier Army in the Settlement of the West. Norman, OK: University of Oklahoma Press, 1999.
Taylor, George Rogers und Irene D. Neu. The American Railroad Network, 1861–1890. Urbana, IL: University of Illinois Press, 2003.

Taylor, Kay Ann. „Mary S. Peake and Charlotte L. Forten: Black Teachers during the Civil War and Reconstruction." The Journal of Negro Education 74, no. 2 (2005):124–137.
Tebbel, John William. The Marshall Fields: A Study in Wealth. New York: E.P. Dutton, 1947.
Tenório, Douglas Apratto. Capitalismo e Ferrovias no Brasil as Ferrovias em Alagoas. Maceió: EDUFAL, 1979.
Terrill, Tom E. The Tariff, Politics, and American Foreign Policy, 1874–1901. Westport, CT: Greenwood Press, 1973.
Teschke, Benno. The Myth of 1648: Class, Geopolitics, and the Making of Modern International Relations. London, New York: Verso, 2003.
Tett, Gillian. Fool's Gold: The Inside Story of J.P. Morgan and How Wall Street Greed Corrupted Its Bold Dream and Created a Financial Catastrophe. New York: Free Press, 2010.
The JBHE Foundation. „Lincoln's Second Inaugural: Press Reactions to the Most Eloquent Presidential Address in American History." The Journal of Blacks in Higher Education, no. 43 (2004):44–46.
Thelen, David. „The Nation and Beyond: Transnational Perspectives on United States History." The Journal of American History. 1999, 86 (3):965–975.
Theobald, Paul. Call School: Rural Education in the Midwest to 1918. Carbondale, IL: Southern Illinois University Press, 1995.
Thiemeyer, Guido. Internationalismus und Diplomatie: Währungspolitische Kooperation im europäischen Staatensystem 1865–1900. München: Oldenbourg, 2009.
Thomas, David Hurst. Skull Wars: Kennewick Man, Archaeology, and the Battle for Native American Identity. New York: Basic Books, 2000.
Thomas, Nicholas. Colonialism's Culture: Anthropology, Travel, and Government. Princeton, NJ: Princeton University Press, 1994.
Thompson, David. „Oliver Otis Howard: Reassessing the Legacy of the ‚Christian General'." American Nineteenth Century. 10 (2009):273–298.
Thorne, Alison Comish. Visible and Invisible: Women in Land-Grant Colleges, 1890–1940. Logan, UT: Utah State University, 1985.
Thornton, Harrison John. The History of the Quaker Oats Company. Chicago, IL: The University of Chicago Press, 1933.
Thornton, Russell. American Indian Holocaust and Survival: A Population History since 1492. Norman, OK: University of Oklahoma Press, 1987.
Tindall, William. „A Sketch of Alexander Robey Shepherd." Records of the Columbia Historical Society, Washington, DC 14 (1911):49–66.
Todd, Anne M. Italian Immigrants, 1880–1920. Mankato, MN: Blue Earth Books, 2002.
Tokei, Ferenc. Essays on the Asiatic Mode of Production. Budapest: Akademiai Kiado, 1979.
Tompkins, E. Berkeley. Anti-Imperialism in the United States the Great Debate, 1890–1920. Philadelphia: University of Pennsylvania Press, 1970.
Tone, Andrea. „Black Market Birth Control: Contraceptive Enterpreneurship and Criminality in the Gilded Age." The Journal of American History 87, no. 2 (2000): 435–459.
Tortella Casares, Gabriel. Los Origenes del Capitalismo en España: Banca, Industria y Ferrocarriles en el Siglo XIX. Madrid: Tecnos, 1995.
Trachtenberg, Alan. The Incorporation of America: Culture and Society in the Gilded Age. New York: Hill and Wang, 2007.
Tracy, Kathleen. Henry Bessemer: Making Steel from Iron. Hockessin, DE: Mitchell Lane Publishers, 2006.

Trafzer, Clifford E. As Long as the Grass Shall Grow and Rivers Flow: A History of Native Americans. Fort Worth, TX: Harcourt College Publishers, 2000.
Tragle, Henry Irving. Coxey's Army. New York: Grossman Publishers, 1974.
Trask, David F. The War with Spain in 1898. Lincoln, NE: University of Nebraska Press, 1996.
Trefousse, Hans L. Benjamin Franklin Wade: Radical Republican from Ohio. New York: Twayne Publishers, 1963.
Trefousse, Hans L. Carl Schurz: A Biography. New York: Fordham University Press, 1998.
Trefousse, Hans L. Impeachment of a President: Andrew Johnson, the Blacks, and Reconstruction. Knoxville, TN: University of Tennessee Press, 1975.
Trefousse, Hans L. Rutherford B. Hayes. New York: Times Books, 2002.
Trefousse, Hans L. Thaddeus Stevens: Nineteenth-Century Egalitarian. Chapel Hill: University of North Carolina Press, 1997.
Trelease, Allen W. White Terror: The Ku Klux Klan Conspiracy and Southern Reconstruction. Westport, CT: Greenwood Press, 1979.
Tschachler, Heinz. The Greenback: Paper Money and American Culture. Jefferson, NC: McFarland, 2010.
Tuck, Stephen G. N. We Ain't What We Ought to Be: The Black Freedom Struggle, from Emancipation to Obama. Cambridge, MA: Belknap Press of Harvard University Press, 2010.
Tucker, David M. Mugwumps: Public Moralists of the Gilded Age. Columbia: University of Missouri Press, 1998.
Tucker, Robert W. und Hendrickson, David C.. Empire of Liberty: The Statecraft of Thomas Jefferson. New York: Oxford University Press, 1990.
Tucker, Spencer. American Civil War: The Definitive Encyclopedia and Document Collection. Santa Barbara, CA: ABC Clio, 2013.
Tucker, Spencer. The Encyclopedia of the Spanish-American and Philippine-American Wars: A Political, Social, and Military History. Santa Barbara, CA: ABC-CLIO, 2009.
Tucker, Spencer, Arnold, James R. und Wiener, Roberta. The Encyclopedia of North American Indian Wars, 1607–1890: A Political, Social, and Military History. Santa Barbara, CA: ABC-CLIO, 2011.
Tunis, Edwin. Colonial Craftsmen and the Beginnings of American Industry. Baltimore, MD: Johns Hopkins University Press, 1999.
Turnbull, Stacy. Robert Speer: Denver's Building Mayor. Palmer Lake, CO: Filter Press, LLC, 2011.
Twyman, Robert W. History of Marshall Field & Co., 1852–1906. New York: Arno Press, 1976.
Tyler, Alice Felt. The Foreign Policy of James G. Blaine. Hamden, CT: Archon Books, 1965.
Uebele, Martin. International and National Wheat Market Integration in the 19th Century: A Comovement Analysis. Münster: WWU Münster, 2009.
Ueda, Reed und Wright, Conrad Edick. Faces of Community: Immigrant Massachusetts, 1860–2000. Boston, MA: Massachusetts Historical Society, 2003.
Uggen, Christopher und Manza, Jeff. „Democratic Contraction? Political Consequences of Felon Disenfranchisement in the United States." American Sociological Review 67, no. 6 (2002):777–803.
Ulrich, Bernd und Benjamin Ziemann. German Soldiers in the Great War: Letters and Eyewitness Accounts. Barnsley: Pen & Sword Military, 2010.

Unger, Irwin. The Greenback Era: A Social and Political History of American Finance, 1865–1879. Princeton, NJ: Princeton University Press, 1964.
Unger, Nancy C. Fighting Bob La Follette the Righteous Reformer. Madison, WI: Wisconsin Historical Society Press, 2008.
US Army Center of Military History. American Military History: The United States Army and the Forging of a Nation, 1775–1917. [Web Page]: http://www.history.army.mil/books/amh-v1/ch13.htm. Gesehen am 5.5.2016.
US Department of State. „What We Do." [Web Page]: http://careers.state.gov/learn/what-we-do/mission. Gesehen am 13.7.2015.
Utley, Robert Marshall und Washburn, Wilcomb E. Indian Wars. Boston, MA: Houghton Mifflin, 2002.
Uviller, H. Richard und William G. Merkel. The Militia and the Right to Arms, or, How the Second Amendment Fell Silent. Durham, NC: Duke University Press, 2002.
Valera, Edmundo Eusebio Jr. „Imperialism of Righteousness": The Influence of the American Social Gospel on Foreign Missions and Expansionism, 1890–1910. Dissertation, Fordham University, 1998.
Vandiver, Frank Everson. How America Goes to War. Westport, CT: Praeger, 2005.
Vargas, Oscar-René. Elecciones Presidenciales en Nicaragua, 1912–1932: Análisis Sociopolítico. Managua, Nicaragua: Fundación Manolo Morales, 1989.
Vargas, Oscar-René. La Intervención Norteamericana en Nicaragua y Sus Consecuencias, 1910–1925. Managua, Nicaragua: Centro de Investigaciones de la Realidad en América Latina. Centro de Investigación y Desarrollo Ecotextura, 1989.
Veggeland, Noralv. Paths of Public Innovation in the Global Age: Lessons from Scandinavia. Cheltenham, Northampton, MA: Edward Elgar, 2007.
Vergne, Jean-Philippe und Durand, Rodolphe. „The Missing Link between the Theory and Empirics of Path Dependence: Conceptual Clarification, Testability Issue, and Methodological Implications." Journal of Management Studies. 2010, 47 (4):736–759.
Vertovec, Steven. Transnationalism. London, New York: Routledge, 2009.
Vertovec, Steven und Cohen, Robin. Migration, Diasporas, and Transnationalism. Cheltenham, Northampton, MA: Edward Elgar, 1999.
Vielhaber, Carsten. Die Präfixe der Postmoderne oder wie man mit dem Mikroskop philosophiert. Münster: LIT, 2001.
Viereck, Peter. Unadjusted Man in the Age of Overadjustment: Where History and Literature Intersect. New Brunswick, NJ: Transaction Publishers, 2004.
Von Hoffman, Alexander. „An Officer of the Neighborhood: A Boston Patrolman on the Beat in 1895." Journal of Social History 26, no. 2 (1992):309–330.
Voss, Kim. The Making of American Exceptionalism: The Knights of Labor and Class Formation in the Nineteenth Century. Ithaca, NY: Cornell University Press, 1993.
Walett, Francis G. An Economic History of the United States: Summary of All Phases of Economic Growth. Abingdon: Routledge, 2006.
Walker, John F. und Vatter, Harold G.. The Rise of Big Government in the United States. Armonk, NY: M.E. Sharpe, 1997.
Walkowitz, Daniel J. „Working-Class Women in the Gilded Age: Factory, Community and Family Life among Cohoes, New York, Cotton Workers." Journal of Social History 5, no. 4 (1972):464–90.

Wall, Bennett H., Carpenter, C. Gerald und Yeager, Gene S.. Growth in a Changing Environment: A History of Standard Oil Company (New Jersey), Exxon Corporation, 1950–1975. New York: McGraw-Hill, 1988.
Wallis, Eileen V. Earning Power: Women and Work in Los Angeles, 1880–1930. Reno, NE: University of Nevada Press, 2010.
Walsh, Margaret. The Rise of the Midwestern Meat Packing Industry. Lexington, KY: University Press of Kentucky, 1982.
Walters, Ryan S. The Last Jeffersonian: Grover Cleveland and the Path to Restoring the Republic. Bloomington, IN: Westbow Press, 2012.
Walton, Gary M. History of the American Economy. Mason, OH: Cengage, 2013.
Wang, Xi. The Trial of Democracy: Black Suffrage and Northern Republicans, 1860–1910. Athens, GA: University of Georgia Press, 1997.
Ward, Andrew. The Slaves' War: The Civil War in the Words of Former Slaves. Boston, MA: Houghton Mifflin Co, 2008.
Ward, Douglas B. A New Brand of Business: Charles Coolidge Parlin, Curtis Publishing Company, and the Origins of Market Research. Philadelphia, PA: Temple University Press, 2010.
Warren, Kenneth. The American Steel Industry, 1850–1970: A Geographical Interpretation. Pittsburgh, PA: University of Pittsburgh Press, 1988.
Warren, Kenneth. Big Steel: The First Century of the United States Steel Corporation, 1901–2001. Pittsburgh, PA: University of Pittsburgh Press, 2001.
Warren, Kenneth. Industrial Genius: The Working Life of Charles Michael Schwab. Pittsburgh, PA: University of Pittsburgh Press, 2007.
Warren, Kenneth. Triumphant Capitalism: Henry Clay Frick and the Industrial Transformation of America. Pittsburgh, PA: University of Pittsburgh Press, 1996.
Warren, Wilson J. Tied to the Great Packing Machine. The Midwest and Meatpacking. Iowa City, IO: University of Iowa, 2007.
Washburn, Robert Collyer. The Life and Times of Lydia E. Pinkham. New York: Arno Press, 1976.
Washington, Delo E. „Education of Freedmen and the Role of Self-Help in a Sea Island Setting, 1862–1982." Agricultural History 58, no. 3 (1984):442–55.
Waugh, Joan. Unsentimental Reformer: The Life of Josephine Shaw Lowell. Cambridge, MA: Harvard University Press, 1998.
Weaver, Frederick Stirton. An Economic History of the United States: Conquest, Conflict, and Struggles for Equality. Lanham, MD, London: Rowman & Littlefield, 2016
Webb, George E. The Evolution Controversy in America. Lexington, KY: University Press of Kentucky, 2002.
Weber, Gabriele. Die europapolitische Rolle der Bundesrepublik Deutschland aus der Sicht ihrer EG-Partner: Deutscher Sonderweg oder europäische Musterrolle? Bonn: Europa Union, 1984.
Weber, Ronald. The Midwestern Ascendancy in American Writing. Bloomington, IN: Indiana University Press, 1992.
Webster, Laura Josephine. The Operation of the Freedmen's Bureau in South Carolina. New York: Russell & Russell, 1970.
Weems, John Edward. The Fate of the Maine. College Station, TX: Texas A & M University Press, 1992.

Wehler, Hans-Ulrich. „1889: Wendepunkt der amerikanischen Außenpolitik: Die Anfänge des modernen Panamerikanismus – Die Samoakrise." Historische Zeitschrift 201, no. 1 (1965):57–109.
Wehler, Hans-Ulrich. Der Aufstieg des amerikanischen Imperialismus: Studien zur Entwicklung des Imperium Americanum 1865–1900. Göttingen: Vandenhoeck & Ruprecht, 1974.
Wehler, Hans-Ulrich. Deutsche Gesellschaftsgeschichte. München: C.H. Beck, 1987–2008.
Wehler, Hans-Ulrich. Imperialismus. Königstein/Ts: Athenäum-Verlag. Droste, 1979.
Weig, Barbara. Resilienz komplexer Regionalsysteme: Brunsbüttel zwischen Lock-in und Lernprozessen. Wiesbaden: Springer, 2016.
Weinberg, Arthur und Shaffer Weinberg, Lila. The Muckrakers. Urbana, IL: University of Illinois Press, 2001.
Weinberg, Steve. Taking on the Trust: The Epic Battle of Ida Tarbell and John D. Rockefeller. New York: W.W. Norton, 2008.
Weir, Robert E. Beyond Labor's Veil: The Culture of the Knights of Labor. University Park, PA: Pennsylvania State University Press, 1996.
Weir, Robert E. Workers in America: A Historical Encyclopedia. Santa Barbara, CA: ABC-CLIO, 2013.
Weisbrod, Bernd. „Der englische ‚Sonderweg' in der Neueren Geschichte." Geschichte und Gesellschaft 16, no. 2 (1990):233–252.
Weiser, Eugene. The Pennsylvania Railroad. Seaford, DE: Dragonwick Pub, 2013.
Welch, Richard E. Imperialists vs. Anti-Imperialists: The Debate over Expansionism in the 1890's. Itasca, IL: F. E. Peacock Publishers, 1972.
Welch, Richard E. Jr. „American Atrocities in the Philippines: The Indictment and the Response." Pacific Historical Review 43, no. 2 (1974): 233–53.
Wellenreuther, Hermann. „England und Europa: Überlegungen zum Problem des englischen Sonderwegs in der europäischen Geschichte." In: Norbert Finzsch und Hermann Wellenreuther. (Hg.). Liberalitas: Festschrift für Erich Angermann zum 65. Geburtstag. Stuttgart: F. Steiner, 1992, S. 89–124.
Wendt, Alexander. Social Theory of International Politics. Cambridge, UK, New York: Cambridge University Press, 1999.
Wenzlhuemer, Roland. Connecting the Nineteenth-Century World: The Telegraph and Globalization. Cambridge, New York: Cambridge University Press, 2013.
Wesley, Edgar B. „Forty Acres and a Mule and a Speller." History of Education Journal. 1959, 10 (1/4):56–70.
West, Jerry Lee. The Reconstruction Ku Klux Klan in York County, South Carolina, 1865–1877. Jefferson, NC: McFarland & Co, 2002.
Westhoff, Laura M. A Fatal Drifting Apart: Democratic Social Knowledge and Chicago Reform. Columbus, OH: Ohio State University Press, 2007.
Westwood, Howard C. „Sherman Marched: And Proclaimed ‚Land for the Landless.'" The South Carolina Historical Magazine 85, no. 1 (1984):33–50.
Wetta, Frank Joseph. The Louisiana Scalawags: Politics, Race, and Terrorism during the Civil War and Reconstruction. Baton Rouge, LA: Louisiana State University Press, 2012.
Wetzsteon, Ross. Republic of Dreams Greenwich Village, the American Bohemia, 1910–1960. New York: Simon & Schuster, 2002.
Wheeler, Hoyt N. The Future of the American Labor Movement. Cambridge, New York: Cambridge University Press, 2002.

Whitaker, Jan. Service and Style: How the American Department Store Fashioned the Middle Class. New York: St. Martin's Press, 2006.

Whitcomb, John und Whitcomb, Claire. Real Life at the White House: Two Hundred Years of Daily Life at America's Most Famous Residence. New York: Routledge, 2000.

White, Deborah G. Ar'n't I a Woman? Female Slaves in the Plantation South. New York: W.W. Norton, 1999.

White, Hayden V. Metahistory: The Historical Imagination in Nineteenth-Century Europe. Baltimore, MD: Johns Hopkins University Press, 1973.

White, Howard A. The Freedmen's Bureau in Louisiana. Baton Rouge, LA: Louisiana State University Press, 1970.

White, Ronald C. Liberty and Justice for All: Racial Reform and the Social Gospel (1877–1925). Louisville, KY: Westminster John Knox Press, 2002.

Whitelaw, Nancy. The Homestead Steel Strike of 1892. Greensboro, NC: Morgan Reynolds Pub, 2006.

Whitelaw, Nancy. Victory in Destruction: The Story of William Tecumseh Sherman. Greensboro, NC: Morgan Reynolds Pub, 2005.

Whitelaw, Nancy. William Tecumseh Sherman: Defender and Destroyer. Greensboro, NC: Morgan Reynolds, Inc, 1996.

Whites, LeeAnn. Gender Matters: Civil War, Reconstruction, and the Making of the New South. New York: Palgrave Macmillan, 2005.

Whittaker, Frederick. A Complete Life of General George A. Custer. Lincoln, NE: University of Nebraska Press, 1993.

Whitten, David O. und Whitten, Bessie E.. The Birth of Big Business in the United States, 1860–1914: Commercial, Extractive, and Industrial Enterprise. Westport, CT: Praeger, 2006.

Widdis, Randy W. With Scarcely a Ripple: Anglo-Canadian Migration into the United States and Western Canada, 1880–1920. Montreal, Ithaca, NY: McGill-Queen's University Press, 1998.

Widenor, William C. Henry Cabot Lodge and the Search for an American Foreign Policy. Berkeley, CA: University of California Press, 1980.

Wieland, Thomas. Neue Technik auf alten Pfaden? Forschungs- und Technologiepolitik in der Bonner Republik: Eine Studie zur Pfadabhängigkeit des technischen Fortschritts. Bielefeld: transcript, 2009.

Wiese, Andrew. Places of Their Own: African American Suburbanization in the Twentieth Century. Chicago, IL: University of Chicago Press, 2004.

Wiggins, Sarah Woolfolk. The Scalawag in Alabama Politics, 1865–1881. Tuscaloosa, AL: University of Alabama Press, 1991.

Wikipedia. Puddelverfahren. [Web Page]: https://de.wikipedia.org/wiki/Puddelverfahren. Gesehen am 13.3.2010.

Wilcove, David Samuel. No Way Home: The Decline of the World's Great Animal Migrations. Washington, DC: Island Press/Shearwater Books, 2008.

Wiley, Peter Booth und Korogi Ichiro. Yankees in the Land of the Gods: Commodore Perry and the Opening of Japan. New York: Viking, 1990.

Willert, James. Little Big Horn Diary: A Chronicle of the 1876 Indian War. El Segundo, CA: Upton, 1997.

Williams, Lou Falkner. The Great South Carolina Ku Klux Klan Trials, 1871–1872. Athens, GA: University of Georgia Press, 2004.
Williams, Michael. Americans and Their Forests: A Historical Geography. Cambridge, New York: Cambridge University Press, 1989.
Williams, Miriam F. From Black Codes to Recodification Removing the Veil from Regulatory Writing. Amityville, NY: Baywood Pub, 2009.
Williams, Robert Chadwell. Horace Greeley: Champion of American Freedom. New York: New York University Press, 2006.
Williams, William Appleman. America and the Middle East: Open Door Imperialism or Enlightened Leadership? New York: Rinehart, 1958.
Williams, William Appleman. America Confronts a Revolutionary World, 1776–1976. New York: Morrow, 1976.
Williams, William Appleman. America in Vietnam: A Documentary History. Garden City, NY: Anchor Press/Doubleday, 1985.
Williams, William Appleman. American-Russian Relations, 1781–1947. New York: Octagon Books, 1971.
Williams, William Appleman. Americans in a Changing World: A History of the United States in the Twentieth Century. New York: Harper & Row, 1978.
Williams, William Appleman. The Contours of American History. New York: W.W. Norton, 1988.
Williams, William Appleman. Empire as a Way of Life: An Essay on the Causes and Character of America's Present Predicament, Along With a Few Thoughts about an Alternative. New York: Oxford University Press, 1980.
Williams, William Appleman. From Colony to Empire: Essays in the History of American Foreign Relations. New York: J. Wiley, 1972.
Williams, William Appleman. The Great Evasion: An Essay on the Contemporary Relevance of Karl Marx and on the Wisdom of Admitting the Heretic into the Dialogue about America's Future. Chicago, IL: Quadrangle Books, 1964.
Williams, William Appleman. The Roots of the Modern American Empire: A Study of the Growth and Shaping of Social Consciousness in a Marketplace Society. New York: Random House, 1969.
Williams, William Appleman. The Shaping of American Diplomacy. Chicago, IL: Rand McNally, 1970–.
Williams, William Appleman. The Tragedy of American Diplomacy. New York: W.W. Norton & Co, 2009.
Williams, William Appleman. The United States, Cuba, and Castro: An Essay on the Dynamics of Revolution and the Dissolution of Empire. New York: Monthly Review Press, 1962.
Willis, John C. Forgotten Time the Yazoo-Mississippi Delta After the Civil War. Charlottesville: University Press of Virginia, 2000.
Willis, Martin. Mesmerists, Monsters, and Machines: Science Fiction and the Cultures of Science in the Nineteenth Century. Kent, OH: Kent State University Press, 2006.
Wilm, Julius. „Free Land for Settlers: An American Dream and Its Realities in the Antebellum Era". Dissertation, Universität zu Köln, 2016.
Wilson, Bobby M. America's Johannesburg: Industrialization and Racial Transformation in Birmingham. Lanham, MD: Rowman & Littlefield Publishers, 2000.
Wilson, Charles Morrow. The Monroe Doctrine: An American Frame of Mind. Princeton, NJ: Auerbach, 1971.

Wilson, G. Lloyd und Spencer, Ellwood H. . „Growth of the Railroad Network in the United States." Land Economics 26, no. 4 (1950):337–345.

Wilson, James G. The Imperial Republic: A Structural History of American Constitutionalism from the Colonial Era to the Beginning of the Twentieth Century. Aldershot, Burlington, VT: Ashgate, 2002.

Wilson, Mark. The Business of Civil War: Military Mobilization and the State, 1861–1865. Baltimore: Johns Hopkins University Press, 2006.

Wilson, Theodore Brantner. The Black Codes of the South. University, AL: University of Alabama Press, 1965.

Wimmer, Andreas und Kössler, Reinhart. Understanding Change: Models, Methodologies, and Metaphors. Houndmills, Basingstoke, Hampshire, New York: Palgrave Macmillan, 2006.

Wimmer, Andreas and Schiller, Nina Glick. Methodological Nationalism and the Study of Migration. European Journal of Sociology. 2002, 43 (2):217–240.

Winkler, Heinrich August. „Und erlöse uns von der Kriegsschuld." Die Zeit 32 (2014).

Winter, J. M. The Legacy of the Great War: Ninety Years on. Columbia, Kansas City, MO: University of Missouri Press, 2009.

Witt, John Fabian. The Accidental Republic: Crippled Workingmen, Destitute Widows, and the Remaking of American Law. Cambridge, MA: Harvard University Press, 2004.

Wolcott, David B. und Head, Tom. Crime and Punishment in America. New York: Facts on File, 2010.

Wolff, Joshua D. Western Union and the Creation of the American Corporate Order, 1845–1893. Cambridge, New York: Cambridge University Press, 2013.

Wolmar, Christian. The Great Railroad Revolution: The History of Trains in America. New York: PublicAffairs, 2012.

Woloch, Nancy. Muller v. Oregon: A Brief History with Documents. Boston, MA: Bedford Books of St. Martin's Press, 1996.

Wood, Amy Louise. Violence. Chapel Hill, NC: University of North Carolina Press, 2011.

Woodiwiss, Michael. Organized Crime and American Power: A History. Toronto, Buffalo, NY, London: University of Toronto Press, 2001.

Woodward, C. Vann. Reunion and Reaction: The Compromise of 1877 and the End of Reconstruction. New York, Oxford: Oxford University Press, 1991.

Woodward, C. Vann. Tom Watson: Agrarian Rebel. Oxford: Oxford University Press, 1963.

Worster, Donald. Dust Bowl: The Southern Plains in the 1930s. New York: Oxford University Press, 2004.

Worth, Richard. Sherman Antitrust Act. New York: Marshall Cavendish Benchmark, 2012.

Wright, Gavin. „Persisting Dixie: The South as an Economic Region." In: Craig S. Pascoe, Karen Trahan Leathem und Andy Ambrose (Hg.). The American South in the Twentieth Century. Atlanta, GA, Athens, GA: Atlanta History Center. University of Georgia Press, 2005, S. 77–90.

Wright, George C. Racial Violence in Kentucky, 1865–1940: Lynchings, Mob Rule, and „Legal Lynchings." Baton Rouge, LA: Louisiana State University Press, 1990.

Wunder, John R. „,Merciless Indian Savages' and the Declaration of Independence: Native Americans Translate the Ecunnaunuxulgee Document." American Indian Law Review. 2000, 25 (1):65–92.

Wyman, Mark. Hoboes: Bindlestiffs, Fruit Tramps, and the Harvesting of the West. New York: Hill and Wang, 2010.

Xin, Gu. Path Dependence, Institutional Embeddedness, and Institutional Change. Singapore: East Asian Institute, 1999.

Yániz Ruiz, Juan Pedro. „1848–1860: Expediciones Filibusteras contra Cuba." Historia y Vida 16, no. 178 (1983):68–87.

Yanow, Dvora. Constructing „Race" and „Ethnicity" in America: Category-Making in Public Policy and Administration. Armonk, NY: M. E. Sharpe, 2003.

Yates, Jeff und Fording, Richard. „Politics and State Punitiveness in Black and White." The Journal of Politics 67, no. 4 (2005):1099–1121.

Yesuf, Mahmud und Bluffstone, Randall A. „Poverty, Risk Aversion, and Path Dependence in Low-Income Countries: Experimental Evidence from Ethiopia." American Journal of Agricultural Economics. 2009, 91 (4):1022–1037.

Yeung, Godfrey. „Hybrid Property, Path Dependence, Market Segmentation and Financial Exclusion: The Case of the Banking Industry in China." Transactions of the Institute of British Geographers. 2009, 34 (2):177–194.

Young, Bette Roth. Emma Lazarus in Her World: Life and Letters. Philadelphia, PA: Jewish Publication Society, 1995.

Young, Biloine W., Eileen R. McCormack und Annette Atkins. The Dutiful Son: Louis W. Hill Life in the Shadow of the Empire Builder, James J. Hill. St. Paul, MN: Ramsey County Historical Society, 2010.

Young, William H. und Nancy K. Young. The Great Depression in America: A Cultural Encyclopedia. Westport, CT: Greenwood Press, 2007.

Zeigler, Robert. „Cowboy Strike of 1883." Handbook of Texas Online. [Web Page]: https:// tshaFSonline.org/handbook/online/articles/oec02. Gesehen am 1. Oktober 2008.

Zieger, Robert H. For Jobs and Freedom: Race and Labor in America since 1865. Lexington, KY: University Press of Kentucky, 2007.

Ziegler, Vanessa Michelle. „The Revolt of ‚the Everfaithful Isle': The Ten Years' War in Cuba, 1868–1878." Dissertation, University of California, 2007.

Zima, Peter V. Moderne/Postmoderne: Gesellschaft, Philosophie, Literatur. Tübingen: Francke, 2001.

Zimmerman, Mosche. Darkah Ha-Meyuhedet Shel Germanyah Ba-Historyah. Yerushalayim: Hotsa'at sefarim 'a. sh. Y.L. Magnes, ha-Universitah ha-'Ivrit, 1989.

Zimmermann, Matilde. Sandinista: Carlos Fonseca and the Nicaraguan Revolution. Durham, NC: Duke University Press, 2000.

Zink, Harold. City Bosses in the United States: A Study of Twenty Municipal Bosses. Durham, NC: Duke University Press, 1930.

Zinn, Howard und Arnove, Anthony. Voices of a People's History of the United States. New York: Seven Stories Press, 2004.

Zinzen, Arthur. Dampfkessel und Feuerungen: Ein Lehr- und Handbuch. Berlin: Springer, 1957.

Zipf, Karin L. Labor of Innocents: Forced Apprenticeship in North Carolina, 1715–1919. Baton Rouge, LA: Louisiana State University Press, 2005.

Zook, Ellsworth Erving. James G. Blaine and the Mulligan Letters. Madison, WI: University of Wisconsin, 1918.

Zuczek, Richard. State of Rebellion: Reconstruction in South Carolina. Columbia, SC: University of South Carolina Press, 1996.

Zunz, Olivier. Making America Corporate, 1870–1920. Chicago, IL: University of Chicago Press, 1990.

Zwick, Jim. Mark Twain's Weapons of Satire: Anti-Imperialist Writings on the
  Philippine-American War. Syracuse, NY: Syracuse University Press, 1992.

Personenregister

Ackermann, Rolf 38
Adams, Brooks 432
Adams, Charles Francis Henry 263
Adams, John 263
Adams, John Quincy 240, 263
Addams, Jane 446
Agamben, Giorgio 56
Aguinaldo, Emilio 449
Altgeld, John Peter 236, 371f., 403
Ames, Adelbert 165
Ames, Fanny Baker 446
Anderson, Jo 199
Anthony, Susan B. 122f., 199, 268, 415f., 424
Antin, Mary 174, 233
Araral, Eduardo 35
Arthur, W. Brian 45
Arthur, William Brian 259
Aveling, Eleanor Marx 213
Averell, Mary Williamson 240

Babcock, Orville Elias 145
Bakhtin, Mikhael 30
Banks, Nathaniel 96
Barnes, A. A. 453
Barthes, Roland 30
Bassom, M. 94, 97
Basso, M. 94
Bell, Alexander Graham 197, 240f., 281f., 284, 349
Belmont, August 260, 306, 321
Bessemer, Henry 273, 342
Bierstadt, Albert 226
Black Elk 172, 224
Black Kettle 219
Blaine, James G. 311
Blom, Ida 37
Bonfield, John „Blackjack" 370f.
Bonifacio y de Castro, Andrés 434
Booth, John Wilkes 100
Boutwell, George S. 447f.
Bradley, Joseph Philo 167
Brandegee, Augustus 115

Bretz, George 336
Brown, Matt 187
Bruce, Blanche Kelso 131
Bryan, William Jennings 29, 193, 378, 419–423
Bryce, James 249
Butler, Marion 381
Byington, Margaret 357f.
Bynum, John 313
Byrd, Mary Emma 446

Cardozo, Francis Lewis 132
Cardyn, Lisa 81
Carnegie, Andrew 27, 195, 221, 241, 264, 267, 273–276, 285, 288, 294–296, 298f., 301, 311, 322, 350f., 363, 393–399, 447
Carr, Julian Shakespeare 194
Carver, George Washington 200
Chandler, Zachariah 180, 269f., 279, 442f.
Chase, Salmon P. 73, 100, 119f., 157–159
Chief Joseph 220f.
Chivington, John M. 218f.
Claiborne, P. 97
Clay, Henry 125f., 240, 294f., 323, 394f., 398
Cleveland, Grover 238, 259, 262
Cody, Buffalo Bill 225
Colfax, Schuyler 145
Collier, David 12, 38, 127, 278, 433
Conant, Charles Arthur 406f.
Connecticut 106, 115, 312, 335, 359, 445
Cooke, Jay 154f.
Corliss, Alonzo B. 137
Coughlin, John Joseph 250
Cournot, Antoine Agustin 44
Cox, Jacob Dolson 145
Coxey, Jacob S. 412f.
Crazy Horse 217, 219
Crocker, Charles 272
Croker, Richard 249f., 253
Cushman, Belle 353, 442f.
Custer, George Armstrong 219–221, 226

Dallek, Robert 408
Darwin, Charles 296f., 299
Davenport, Charles Benedict 240f.
David, Paul A. 7, 11f., 15, 20, 34–36, 38, 42, 49, 64, 68, 72, 101, 106, 108, 110, 113, 120, 131, 150f., 155, 163, 165, 167, 187f., 208, 212f., 216, 219f., 230, 237, 240, 260f., 276, 301, 306f., 309, 321f., 325, 327, 332f., 343, 346, 356, 362, 368, 373, 389, 391–393, 403, 410, 412, 419, 429, 436, 447
Davis, Henry Winter 66f.
Dawes, Henry Laurens 222
Daws, S. O. 385
Debs, Eugene V. 399–405, 418
Deere, John 199
Deleuze, Gilles 30, 50–52, 55f.
Deming, Henry Champion 106
Depew, Chauncey 409
Dixon, Joseph Kossuth 224
Donnelly, Ignatius Loyola 382, 416
Douglass, Frederick 43, 99, 122, 124, 143, 152f., 426
Downing, Jacob 217
Drake, Edwin Laurentine 275
Drake, Elias F. 180f., 275
Drew, Daniel 271
Dupree, Jack 138
Dupuy de Lôme y Paulin, Enrique 437

Edison, Thomas A. 27, 45, 281–284
Embree, Joseph 24, 97
Emory, William H. 75
Engels, Friedrich 22f., 54, 369
Evans, John 218

Ferguson, John H. 229
Fels, Mary 446
Field, James G. 416
Fischer, Fritz 2, 371
Fish, Hamilton 148
Fisk, James 266, 272
Fiske, John 433
Flowers, Andrew J. 138
Forten, Charlotte 73f.
Foster, Abby Kelly 122
Forster, Stephen Symonds 122

Foucault, Michel 49–52, 55f.
Frederic, Harold 201
Frick, Henry Clay 323, 394–397
Frost, Robert 32
Frowne, Sadie 344
Fukuyama, Francis 48

Garfield, James A. 114, 123, 301, 308, 364
Garland, Hannibal Hamlin 201
Garrison, William Lloyd 123
Garrouste, Pierre 35
Garvin, William L. 385
George, Henry 375
George Hunt Pendleton 309
Gladstone, William Ewart 148
Gompers, Samuel 326, 332, 367, 369, 372, 391, 405, 447f.
Gordon, John Brown 135
Gould, Jason 139, 155f., 240, 264, 266f., 269, 271–273, 276, 281, 372, 437
Gowan, Peter 17
Grady, Henry Woodfin 192f.
Gramsci, Antonio 4, 58
Grant, Madison 238
Grant, Ulysses S. 58–60, 72f., 87, 114f., 118, 127, 139, 144–149, 151–153, 157, 160, 165, 180, 182f., 199, 213, 226, 238f., 241, 244, 248, 266f., 301, 307, 389, 426
Greeley, Horace 147, 226
Grey, Pearl Zane 226
Griffin, Charles 75
Grinnell, Julius S. 371
Grosscup, Peter Stenger 402
Grossup, Peter S. 443
Guattari, Félix 51f., 55f.
Guha, Ranajit 6

Hampton III, Wade 87, 368
Hanna, Marcus Alonzo 421
Hardt, Michael 8–11
Harrison, Benjamin 75, 151, 203, 223, 226, 240, 286, 301, 312f., 329, 370, 402, 418
Harvey, William Hope 262
Hayes, Rutherford B. 89, 165–168, 263, 301f., 307f., 317, 328f., 331f., 334, 377
Hearst, William Randolph 422, 428f., 436

Heidegger, Martin 50f.
Henderson, Caroline 184
Hendricks, Thomas A. 157
Hicks, James 85
Hill, James Jerome 271
Hilton, Judge Henry 261
Hinds, James M. 139
Hine, Lewis Wickes 336
Hobson, John Atkinson 424
Holt, Benjamin Leroy 191
Hopkins, Charles 272
Howard, Oliver O. 71, 78, 220
Huntington, Collis Potter 272

Ikenberry, G. John 16
Ioannides, Stavros 35

Jackson, Andrew 5, 9, 61, 74, 90, 150, 164, 192, 214, 218, 225, 239f., 292, 299, 354, 417
Jefferson, Thomas 1, 9, 19, 57, 88, 107, 127f., 156, 202, 222, 286, 378, 381, 385, 398
Johnson, Andrew 57, 71, 82, 100–103, 105, 108f., 113–115, 117, 119f., 144, 168
Jones, William 350
Jordan, David Starr 412, 447

Kato, Junko 35
Kaunitz-Rietberg, Wenzel Anton Graf 21
Kehr, Eckart 2, 21
Kelley, Florence 335f., 382
Kelley, William D. 121
Kenna, Michael 250
Kindleberger, Charles P. 44, 209
Kingston, Maxine Hong 338
Koselleck, Reinhart 50

LaFeber, Walter 12, 14, 18, 20, 407f., 429
Lamb, William 386
Lamont, Daniel S. 295, 403
Lazarus, Emma 233, 261
Lease, Mary Elizabeth 262, 382, 417
Lee, J. M. 94
Lehmkuhl, Ulla 4, 42, 234, 237
Lewelling, Lorenzo D. 411, 414, 417

Lincoln, Abraham 59, 63–68, 95, 100–102, 120, 132, 147, 149, 172, 211, 214, 220f., 223, 250, 253, 273, 283, 313, 364, 402, 436
Lodge, Henry Cabot 237f., 312, 366, 433, 442
Lomasney, Martin Michael 250
Lowell, Josephine Shaw 446
Lux, Charles 188
Lynch, John Roy 131, 162

Maby, E. 97
MacDonald, Paul 13–15, 18
Mackenzie, Ranald S. 216
Macune, Charles William 388f.
Mahan, Alfred T. 431
Maier, Charles S. 16f.
Marquard, Leopold 11, 26
Marshall, John 90, 163, 173, 196, 216, 229, 272, 314, 352f.
Marti, José 434
Marx, Karl 6, 22f., 55, 77, 213, 362, 369, 385
Maximilian I 149
McCallum, Daniel Craig 270
McClellan, George 66, 398
McCormick, Cyrus Hall 199, 369f.
McFarland, Howard 452
McKinley, William 29, 308, 312f., 317, 379, 411, 419, 421–423, 432, 436–438, 440–442, 447, 449
McLaughlin, James 223
Mead, Lucia Ames 446
Méndez, Buenaventura Báez 152, 188
Mendéz, José Canalejas 437
Merriam, Henry Clay 391
Miller, Henry 188
Miller, Samuel Freeman 119
Montgomery, David 139
Morgan, Daniel 93
Morgan, John Pierpont 61, 199, 205, 230, 247, 260–264, 267, 276, 278, 283f., 290–296, 298f., 301, 308, 318, 392, 401, 421, 435, 442f.
Morse, Samuel F. B. 271, 423
Morton, Levi P. 312

Most, Johann 45, 65, 84, 182, 227, 275, 315, 369

Napoleon III 149
Negri, Antonio 8–11
Nietzsche, Friedrich 50f.
North, Douglas C. 43
Nye, Joseph 4, 15

Offner, John 24, 429, 438
Oglesby, Richard J. 236, 371
O'Hara, James Edward 131
Olney, Richard 403
Outhwaite, William 37

Parsons, Albert Richard 82, 236, 286, 369–371
Peffer, William Alfred 176, 317
Pendleton, George Hunt 309
Pershing, John 452
Phillips, Dennis 19, 66, 253, 278, 437
Phillips, Wendell 66, 124
Pierrepont, Edward 165
Pinkham, Lydia E. 287f.
Platt, Orville Hitchcock 445
Plessy, Homer A. 229
Plunkitt, George Washington 251f.
Poindexter, F. L. 453
Polk, Leonidas L. 416
Post, Alice Thacher 446
Powderly, Terence Vincent 237, 366f., 369, 382
Proctor, Redfield 438, 443
Pulitzer, Joseph 262, 428, 436
Pullman, George Mortimer 237, 359–361, 392, 399–403, 405

Rapier, James Thomas 131
Reid, Whitelaw 433, 443
Remington, Frederic 226
Revels, Hiram Rhodes 131
Riis, Jacob August 241–243, 247
Robeson, George Maxwell 145
Rockefeller, John D. 27, 240, 245, 264, 267, 276–278, 280f., 288, 296, 298, 301, 421

Roosevelt, Theodore 212, 231, 251, 278, 307, 313, 372, 422, 431–433, 441
Rostow, Walt Whitman 48
Rousseau, Lovell Harrison 75
Rüsen, Jörn 30–32, 54

Sandoz, Jules 223
Sartre, Jean-Paul 49, 51
Schmitt, Carl 19
Scholfield, John M. 403
Schurz, Carl 147, 152, 168, 426
Scott, Thomas Alexander 273
Seligman, Joseph 261
Senghaas, Dieter 22
Sewall, Arthur M. 420
Seward, William H. 149–151, 425f.
Seymour, Horatio 144
Sheridan, Philip Henry 211
Sherman, William Tecumseh 61, 70, 72f., 84, 102, 216f., 278f., 312, 392
Sholes, Christopher Latham 34
Simons, Anna 16, 366
Sitting Bull 219, 223
Smith, Jean Wheeler 80
Spencer, Herbert 206, 220, 240, 255, 297, 360, 441
Spies, August Vincent Theodor 236, 369–371
Stampp, Kenneth M. 62
Stanford, Amasa Leland 166, 272, 313, 447
Stanton, Edwin McMasters 119f., 122f.
Stanton, Elizabeth Cady 122
Stanton, Susan B. 123
Steffens, Lincoln Joseph 253
Stephens, Alexander Hamilton 106
Stevens, Thaddeus 103, 114–116, 157
Steward, Ira 368
Strong, Josiah 433
Strong, William Lafayette 251
Strousberg, Bethel Henry 154
Sullivan, Timothy Daniel 213, 229, 250, 374
Sumner, Charles 68, 114, 116, 123, 148, 152, 157, 297–300, 426
Sy-Wonyu, Aissatou 151

Taylor, Frederick Winslow 333, 347
Teller, Henry Moore 222, 440f., 449

Thompson, Wallace   88
Thomson, John Edgar   270
Thygeson, Sylvie   351
Tilden, Samuel   89, 146, 165f.
Tillman, Ben   390, 419
Tracy, Frank Basil   273, 388
Trumbull, Lyman   107f.
Turner, Frederick Jackson   78, 184, 225, 374
Twain, Mark   263, 358, 447f.
Tweed, William Marcy   146, 248–250

Vail, Theodore Newton   282
Vanderbilt, Cornelius   244, 266, 272, 298
Vanderbilt, William   244
Veblen, Thostein   44, 297f.
Voorhees, Daniel Wolsey   397

Wade, Benjamin F.   66f., 120, 157, 368
Waite, Morrison Remick   159
Walls, Josiah T.   131
Wanamaker, Lewis Rodman   224f., 352
Warmoth, Henry Clay   125

Watson, Tom   193, 381, 418–420, 422
Watterson, Henry   444
Weaver, James Baird   257, 416, 418
Webster, Daniel   240
Wehler, Hans-Ulrich   2, 11f., 21, 23, 27, 146, 152f., 201, 399, 407, 428
Welch, William   240
White, Hayden   30, 74, 77, 83f., 86f., 90, 128, 137, 159, 162, 166, 190, 202, 204, 219, 226, 228, 237, 259, 324, 347, 381, 386
Whitfield, Henry B.   85
Wieland, Thomas   37
Wilkins, Lucinda   93
Williams, William Appleman   1f., 12–14, 18f., 82, 128, 147, 195, 263, 307, 332, 377, 408
Wister, Owen   226
Woods, William Allen   402

Ortsregister

Alabama   61, 74, 77 f., 82, 86, 103, 125, 131, 134, 137–139, 141, 148 f., 151, 156, 164, 183, 195, 385, 419
Alaska   10, 75, 151, 425 f.
Amoskeag, NJ   343
Arkansas   61, 68, 74, 90, 139, 164, 171, 173, 183, 192, 197, 385
Atlanta, GA   61, 192, 195
Australien   215, 232

Baltimore   4, 30, 36, 64, 110 f., 194, 233, 237, 241, 257, 259, 264, 269, 275 f., 292, 302, 327–329, 336, 347, 413
Baton Rouge, LA   24, 60, 66, 74 f., 77, 89, 94, 104, 113, 119, 125 f., 137, 192, 321, 417
Berkeley   8, 24, 62, 110, 122, 146, 188 f., 202, 223, 229, 231, 235, 249, 326, 401, 426, 431, 442, 447
Berlin   2, 8, 21, 23, 45, 51 f., 55 f., 70, 80 f., 86, 96, 116, 129, 140, 205, 209, 215, 239, 264, 359, 364, 369, 430
Birmingham, AL   191, 195 f., 272, 419
Black Hawk, MS   187
Black Hills   219
Boston, MA   4, 6, 65, 73, 82, 101, 103, 108, 123, 138, 150, 161, 174, 201, 205, 213, 216, 226 f., 230, 233, 235, 238, 240, 244, 250 f., 271, 273, 285–287, 328 f., 344, 352, 364, 368, 371, 412, 424 f., 429, 431, 448, 453
British Columbia   151
Brunsbüttel   37
Bud Bagsak   451
Bud Dajo   451

California   8, 24, 62, 118, 122, 175 f., 179 f., 183, 188 f., 191, 202 f., 208 f., 214, 223, 231, 235, 238, 241, 244, 249, 272, 325 f., 338, 349, 354, 361, 376, 427, 430, 442
Canton, OH   339, 421
Castle Clinton   231
Chattanooga, TN   138

Cheyenne, WY   171, 218 f., 228
Chicago, IL   18, 22, 45, 49, 62 f., 107, 113, 115, 126 f., 160, 162, 174, 184, 186, 212, 225, 227–231, 233, 235–237, 239, 251, 253, 258, 262, 265, 284–287, 296, 302, 314 f., 321, 327, 329, 331, 333, 336, 347, 349, 352 f., 355, 359–361, 364, 366, 369, 371 f., 374, 378, 382, 384 f., 388, 390, 392, 399, 401–405, 408, 417, 419, 422, 443, 448, 452
China   6, 18, 36, 175, 207, 231, 238, 320 f., 338 f., 373, 408, 444, 458
Cleveland, OH   245, 276
Cold Spring Harbor   240
Colorado   173, 175, 183, 217–219, 304, 316, 345 f., 391, 413, 440
Coney Island, NY   229
Cripple Creek   345 f., 391, 405

Dänemark   241
Deadwood, SD   209
Detroit, MI   174, 232, 278, 374
Deutschland   2, 5, 8, 50, 153 f., 175, 188, 205, 207, 231, 235 f., 289, 296, 347 f., 355, 369, 446, 457
Dominikanische Republik   152, 426

East Baton Rouge, LA   93 f.
Ellis Island   231 f., 237
England   5 f., 36, 72 f., 79, 148 f., 156, 191, 198, 207, 231, 239, 247, 259, 262, 329, 343, 359, 384, 447 f., 457

Fall River, MA   342
Florida   58, 60, 71, 74, 80, 89, 131, 139, 148, 153, 165 f., 183, 195, 197, 305, 321, 434
Frankreich   5, 149 f., 188, 245, 329, 348, 427, 444, 457

Galizien   238
Genf   148

Georgia   21, 58, 61, 71–74, 80, 84, 103, 106, 128, 136–139, 158, 163f., 195, 200f., 213f., 343, 362, 365f., 378, 385, 390, 418, 434
Großbritannien   148f., 151, 156, 205, 235, 263, 427
Guam   441, 444, 448f.
Guantanamo   19

Hawai'i   427
Hell's Kitchen   243
Hester Street   235
Homestead, PA   102, 170, 175f., 179f., 184, 215, 246, 275, 357–359, 392–398, 405, 413

Idaho   175, 183, 210, 220, 264, 304, 391f.
Illinois   60, 67, 78, 99, 107f., 125, 131, 147, 150, 167, 183, 198f., 203, 208, 230, 233, 236f., 251, 255, 258, 261, 266, 290, 304, 313f., 320f., 325, 327, 331, 333, 346, 349, 351, 360, 363–365, 371f., 381–383, 385, 390–392, 399, 403, 418, 422
Indiana   96, 105, 145, 157, 174, 179, 183, 198, 241, 246, 257, 305, 397, 400, 412, 422
Iowa   181, 183, 198f., 201, 203, 264, 285, 306, 317, 347, 388, 416
Irland   137, 175, 207, 231, 235, 250, 321, 355
Italien   150, 175, 207, 231, 235, 238, 247, 321, 337

Japan   16, 189, 207, 231, 431, 458
Jolo   452

Kalabrien   238
Kanada   131, 151, 156, 174f., 220, 231f., 346
Kansas   158, 165, 173, 177f., 183f., 189, 228, 230, 269, 301, 317, 329, 378, 382, 384, 388, 390, 392, 411, 414, 417, 437, 450
Kentucky   88f., 113, 143, 150, 163, 179, 194f., 199, 230, 272, 285, 299, 321, 390
Kiatschow Bay   444
Kuba   428f., 435–438, 440–443, 445, 448f., 451

Little Rock, AK   139
Los Angeles, CA   114, 218, 228, 231, 347, 361
Louisiana   10, 24, 58, 60, 66, 68, 70, 74f., 77, 88f., 92–95, 97f., 104, 112f., 119, 125f., 131, 134, 137, 139–141, 159, 165f., 183, 192, 195, 197, 305, 321, 385, 417
Lower Easr Side   241
Lower East Side   235
Luzon   449

Madison County, FL   139
Maine   420, 425, 435, 437, 443, 452
Manchester, NH   358
Marengo County, AL   138
Martinsburg   327
Massachusetts   68, 86, 114, 152, 237, 247, 250, 258, 302, 307, 334f., 342f., 359, 365, 368, 377, 390, 447
Massillon, OH   412
Memphis, TN   113
Mexiko   149f., 155, 175, 185, 189, 207, 231
Mindanao   450
Minneapolis, MN   5, 56, 214, 230, 237, 246f., 253, 269, 328, 348, 381, 384, 392, 396, 401
Mississippi   5, 24, 69f., 82f., 85, 88, 94, 97, 103f., 107, 120, 127, 131–133, 139, 146, 158, 162–165, 183, 187, 192, 201, 203, 207, 253, 318, 417
Missouri   87, 132, 166, 172, 183, 185, 193, 197, 228, 249, 307, 331f., 381, 452
Montana   175, 177, 183, 212, 219f., 228

Nebraska   318
Neuseeland   232
Nevada   183, 209, 228, 316, 347
New York   1–9, 11f., 14–16, 18, 20–23, 32f., 35–39, 42, 46, 51f., 58f., 61f., 64, 66, 68, 70–74, 76–82, 84–87, 89f., 92, 102, 104f., 108–110, 114, 116f., 120, 123–128, 130–135, 139f., 143–150, 155, 159, 162, 165–168, 172, 174, 176f., 180, 187f., 190, 192–195, 197–200, 203f., 206, 208–210, 212–214, 216–219, 221–224, 226–233, 235–244, 247–253, 256, 258–263, 265–278, 280–

290, 292f., 295–299, 301f., 304–307, 309, 312–315, 317, 321f., 324, 327–329, 331–333, 335–339, 341, 343f., 347–350, 352–357, 359–364, 366–369, 372–379, 383–385, 389–393, 395–398, 400f., 403f., 407f., 411–413, 415, 417–419, 421–423, 431–437, 438, 441–444, 446, 448
Nicaragua 442
North Carolina 24, 67, 74, 77f., 82, 86–88, 100, 114, 126, 131, 134, 137–139, 150, 164, 187, 189, 194, 197, 218, 230f., 274, 277, 284f., 287, 306f., 354, 381, 386, 417, 421, 425, 450
North Dakota 175, 183, 201, 203

Ohio 66, 107, 114, 120, 122f., 145, 165, 198, 226, 241, 245, 249, 255, 263, 276, 292, 305, 308f., 312, 327, 372, 396, 412f., 419, 422, 433, 443
Oklahoma 155, 172f., 175, 184f., 188, 203, 212f., 215f., 219, 222f., 256, 385, 391
Omaha, NE 180, 228, 381, 383, 415f.
Oregon 166, 183, 203, 214, 220, 453
Österreich 21
Österreich-Ungarn 231, 321, 323

Pearl River 26, 175
Pennsylvania 7, 72, 114, 121f., 154, 157, 190, 196, 199, 219, 232, 247, 252, 268, 270, 274f., 277, 289, 306, 327f., 330–332, 341, 349, 354, 365f., 397, 447
Philadelphia, PA 7, 60, 73, 77, 84, 90, 106, 112, 121f., 154, 165, 180, 208, 219, 228, 230, 232, 235f., 244, 253, 261, 273, 277, 281, 285, 299, 330f., 337, 347, 352, 354, 362, 364f., 382, 403, 409, 434, 447
Philippinen 29, 35, 189, 428–431, 434, 436, 440f., 443–446, 448f., 451, 453f., 458
Pittsburgh, PA 115, 174, 196, 222, 246, 253, 274, 277, 286, 294, 321, 330, 350f., 357f., 392, 394–397, 430, 437
Pointe Coupée Parish, LA 94, 97
Polozk 174
Promontory Point 268, 339

Puerto Rico 434, 436, 443, 445, 447–449, 458

Reading, PA 327
Russland 10, 174f., 231f., 235, 268, 321, 425

Saint Helena Island, SC 73
San Francisco, CA 122, 208–210, 212, 218, 231, 233, 244, 249, 269, 272, 282, 327, 329, 338, 349, 375f., 401, 413, 440
Sand Creek, CO 218f.
Savannah, GA 61, 84, 193
Scranton, PA 331, 355
South Carolina 58, 60, 70–74, 77, 80, 84, 87–89, 103–105, 109, 126, 128, 132, 134, 162, 165f., 190, 195, 218, 362
South Dakota 175, 223, 451
Spanien 29, 375, 380, 408, 423, 426, 429f., 434–438, 440f., 443–445, 447–449, 451
Sulu 450–452

Tennessee 61, 68, 84, 100–102, 112–114, 120, 135, 138, 140, 164, 195, 200, 452
Texas 10, 30, 74, 78, 82, 84, 124, 133, 152, 158, 163f., 173, 175, 187f., 195, 197, 210, 212f., 216, 234, 267, 324, 350, 372, 385f., 388f., 437
Titatia 453
Tombstone, AZ 209
Türkei 231

Utah 175, 183, 199, 228, 268, 304, 338f.

Vicksburg, MS 164
Virgin Islands 151, 426
Virginia 61, 68, 73f., 80, 83, 90, 124, 137, 163f., 166, 209, 327, 346
Virginia City, NV 209

Washington, DC 4f., 18, 20, 23f., 60, 63, 72f., 78, 82, 86, 92, 100, 106, 108, 110, 113, 116, 128f., 131, 137f., 142, 144, 147–152, 157f., 162, 164–166, 171, 173, 176, 183, 190, 199f., 203, 205, 210, 212f., 215, 218, 221, 224, 230, 241,

247–249, 260, 275, 284, 292, 301, 307f., 314, 326, 335, 348–350, 355, 357, 363, 366, 385, 396, 398, 401, 403, 407, 413f., 423, 425f., 437, 439, 443f., 448f., 451
Washington (State)   175, 205
West Virginia   327, 329

Wisconsin   18, 20, 23, 151, 183, 200f., 225, 230, 244, 305, 307, 352, 360, 432, 451
Wounded Knee, SD   223f.
Wyoming   175, 183, 210, 220, 228, 304

Yazoo, MS   127, 163

www.ingramcontent.com/pod-product-compliance
Lightning Source LLC
Chambersburg PA
CBHW020602300426

44113CB00007B/475